敦煌寫本齋文所見
敦煌民眾的精神世界與日常生活

◎

周尚兵 著

上海古籍出版社

國家社會科學基金一般項目（14BZS076）成果

# 目　録

## 研　究　篇

## 資 料 篇

# 研究篇

# 導　　論

　　"三日入廚下,洗手作羹湯"①,即便再平常不過的平日飲食生活,也蘊含著群體共同遵循的行爲規則和生活習俗。敦煌百姓"崇儒重佛"②,特別是在八至十世紀,"佛教融入敦煌社會之中,所有社會活動無不打上佛教烙印"③。沉浸於佛教文化氛圍中的各項社會活動又映照出敦煌地區何許樣的生活習俗與生活情態?

　　斯二八三二號之《時氣》云:"春雲散野,淑氣浮天;幡華爛漫,淑景争耀。"伯二六三一號之時景《春時》云:"韶揚葉媚,滌紺殿以流暉;新烏初飛,遶禪林而弄羽。"幡華、紺殿、禪林,觸目之處儘是佛教文物的影子,生活已然繞不開佛教的影響。證諸敦煌齋文文獻,敦煌百姓的飲食、學習、工作、休閒、社交、娛樂等日常生活確實都已蒙上了佛教齋會的光暉。

　　齋會,指設齋食供養佛、法、僧三寶的法會。"齋"的本義,指清净身心。在三寶供養法會中,不論施者、受者,均應慎守身口意三業,清净身心,故又稱齋會④。在各類齋會中,受齋的僧人都要替施齋之主向佛申意、陳願。這類爲齋主向佛申陳心願的文本,即齋文。敦煌寫卷中存有數百件這樣的齋文。齋文因齋會而生,今日留存的每一件齋文抄件,其背後即是當日敦煌民衆隆重舉行的一場佛事齋會。

　　佛事本爲人事而設,敦煌地區各種齋會所反映出來的人事,涉及敦煌民衆的生、老、病、死以及吃、住、行、用、樂、育等社會生活的各個層面,是當時敦煌民衆社會生活的真實記録。同一類齋會及其齋文,映射出敦煌民衆在同一事件上共同遵循的行爲規則。各種齋會中敦煌民衆虔誠申意的身影,聚合成當日種種社會生活的實像,折射出他們日常生活的精神面貌及其所奉行的價值準則。齋會、齋文成爲認識當時社會實像的一個窗口。

　　衆所周知,要瞭解一個區域社會,應瞭解其中每一個鮮活的個體在當時的所思所想。齋文正記録了敦煌百姓當日的所思所想。對敦煌寫本齋文所記録的民衆生活及其精神世界的復原性研究,不僅可以填補齋文學術研究上的空白,而且可以復原出當時地域文化的成長方式。

---

① （清）彭定求等編:《全唐詩》卷三〇一王建《新嫁娘詞》,中華書局,1960年,第3423頁。
② 弗魯格三四二號背之《主簿》條等。本書所用敦煌齋文資料,皆據本書"資料篇"所列的齋文清本。
③ 馬德、王祥偉:《中古敦煌佛教社會化論略》,中國社會科學出版社,2010年,第1頁。
④ 詳參慈怡主編:《佛光大詞典》,佛光出版社,1988年,第6550頁。

# 一、關於齋文研究的學術史回顧

敦煌寫卷中所保存的數百件齋會上設齋施主自撰或僧人代寫的向佛陳意、申願之文,在原寫卷中有齋文、願文、齋願文、齋琬文、嘆佛文等多種題名,由此導致學界對這批齋會申意陳願文書的整體類屬命名產生了不同的看法,目前有齋文、齋意文、願文等幾種。

一九九〇年以前,對於齋文文獻的稱名很混亂,在《敦煌遺書總目索引》中就有釋門文範、應用文範、釋子文、釋門雜文、雜齋文等,陳祚龍先生還一度用"藝文"來稱呼"齋文"①。

鑒於原寫卷中的題名以及所使用的齋會場合,一九九〇年,郝春文教授在其《敦煌寫本齋文及其樣式的分類與定名》中,率先使用了"齋文"這個類屬名稱來總稱這批只在齋會場合下纔使用的陳意、申願文。他認爲:從文本的使用情況來看,敦煌遺書中的齋文及其文範樣式,應按其性質以"齋文"和"齋儀"來總稱之。齋儀與書儀性質相同,是供起草齋文者參考使用的文樣;齋文文本是僧人在各類齋會上宣讀的文書,它既有實用性,又保存了"齋儀"的一些特點。一九九六年,郝春文教授再撰《關於敦煌寫本齋文的幾個問題》,對"齋文""願文"與"發願文"的區別與關係進行了闡述,認爲齋會文獻中的"願文"只是齋文中的一種。按照文體結構,一篇完整的齋文可以解析爲五個部分:一、頌揚佛與佛法的功德法力,稱"號頭";二、説明齋會事由,讚歎被追福、祈福者或齋主、施主的美德,稱"歎德";三、敘述設齋的緣由與目的,稱"齋意";四、描繪齋會的盛況,稱"道場";五、表達對佛的種種祈求,稱"莊嚴"②。一九九八年,在爲《敦煌學大辭典》所撰寫的"齋文""發願文"等詞條中,郝春文教授再次確認了他的齋文類屬命名觀點。

號頭,在齋儀中又稱爲"嘆佛"。一九九四年,王書慶以齋文中的"號頭"段落作爲考察對象,發表了《敦煌寺廟"號頭文"略説》,提出了"號頭文"的概念:"所謂'號頭文',指的是唐宋時期在佛事活動道場中的開場白。"他認爲這種開場白是相對固定的,"舉行哪一種佛事活動的道場,就用哪一種固定的模式作爲該道場的開端,然後再明意和祈願"③。號頭可以作爲一個單獨的對象來進行考察,但顯然,"號頭文"不适合作爲齋文的總稱。一九九九年,宋家鈺發表了《佛教齋文源流與敦煌本〈齋文〉書的復原》一文,對齋文的特徵、異名、源流等進行了考論,認爲齋文具有四段式文體結構,一篇完整的齋文應該具有歎德、齋意、道場、莊嚴四個部分④。目前學界關於敦煌齋文的文體結構有"三分法""四段法""五段法""六段法""七段

① 陳祚龍:《新校重訂唐代吐蕃統治瓜、沙時期間當地釋衆事佛的幾種藝文》,載《敦煌學海探珠》,臺灣商務印書館,1979 年,第 344 頁。
② 詳見郝春文:《中古時期社邑研究》,上海古籍出版社,2019 年,第 181、401—413 頁。
③ 王書慶:《敦煌寺廟"號頭文"略説》,《社科縱橫》1994 年第 4 期,收録於王書慶、楊富學著:《敦煌佛教與禪宗研究論文集》,香港天馬出版有限公司,2006 年,第 92 頁。
④ 宋家鈺:《佛教齋文源流與敦煌本〈齋文〉書的復原》,《中國史研究》1999 年第 2 期,第 72 頁。

法"等五種,劉傳啓認爲:從敦煌齋文寫本固有的文體結構劃分及編撰抄寫的實際情況來看,由"號頭""嘆德""齋意""道場""莊嚴"五個部分組成的"五段法"和由"號頭""正文(嘆德或嘆德＋齋意)""號尾(齋意＋道場＋莊嚴,或道場＋莊嚴,或莊嚴)"三部分組成的"三分法"更能概括絶大多數敦煌佛教齋文的文體結構類型①。

　　侯沖提出了"齋意文"的概念。侯沖所述的"齋意",指的是設齋意旨,他認爲齋意又有許多不同的名稱,如迴向、發願、表白、莊嚴、嘆佛咒願等。"辯齋意,就是根據齋供儀式舉行的時間、地點、原因、目的、願望和法會具體安排等不同情況,向施主咒願並滿足施主願心的一個儀式程序。"②齋意文就是上述儀式中表述設齋意旨的文本,"從這些文本在齋供儀式中的出現場合來説,它們都屬於齋文,確切地説是齋意文"。敦煌文獻中的法事願文,不能脱離具體法事的特定背景,"從齋供法事的實際操作來看,願文從屬於齋意文,因此,不能用願文來作爲齋意文的通稱"③。

　　一九九一年,黄征、吴偉聯名發表了《〈敦煌願文集〉在輯校中》一文,開始使用"願文"這一類屬名稱來總稱敦煌文獻中的所有祈願文。其後,兩人又聯名發表了《〈敦煌願文集〉輯校中的一些問題》,黄征又單獨發表了《敦煌願文散校》④,仍然以"願文"作爲總稱類屬名。一九九四年,池田温在敦煌召開的"敦煌學國際學術研討會"上提交了《吐魯番、敦煌功德録和有關文書——日本古代願文的源流》一文,將敦煌吐魯番文獻中的願文文獻與日本的願文文獻進行比較研究⑤。黄征、趙鑫曄認爲池田温的研究爲敦煌"願文"的稱呼提供了日本文獻的依據⑥。一九九五年,黄征、吴偉共同編校的《敦煌願文集》由岳麓書社出版,自此,"願文"作爲所有祈願文的總稱類屬名正式展現於學人面前。二〇〇九年,黄征發表《敦煌願文研究述要》,以《漢語大詞典》"願"字下所收相關詞條爲例證再次表述了他的"願文"總稱觀點⑦。

　　在黄征、吴偉看來,"用於表達祈福禳災及兼表頌贊的各種文章都是願文,敦煌願文則是特指敦煌文獻、石窟題記和絹畫、幡繒中所發現的願文"⑧。在這樣的定義下,《敦煌願文集》"收集的内容極其寬泛,不僅包括郝春文先生所謂的齋文,還包括諸如發願文、燃燈文、轉經文、鎮宅文、咒願新郎新婦文乃至寫經題記等等,不一而足"⑨。任何定義都要基於特定的考察對象,就敦煌齋會文獻這個考察對象而言,"願文"無疑是從屬於"齋文"的。《敦煌願文集》

① 劉傳啓:《敦煌佛教齋文文體結構的劃分》,《西華師范大學學報》2021 年第 6 期,第 54 頁。
② 侯沖:《中國佛教儀式研究——以齋供儀式爲中心》,上海古籍出版社,2018 年,第 167 頁。
③ 侯沖:《中國佛教儀式研究——以齋供儀式爲中心》,上海古籍出版社,2018 年,第 190 頁。
④ 黄征、吴偉:《〈敦煌願文集〉輯校中的一些問題》,《敦煌研究》1992 年第 1 期,第 63 頁;黄征:《敦煌願文散校》,《敦煌研究》1994 年第 3 期,第 128—133 頁。
⑤ [日]池田温:《吐魯番、敦煌功德録和有關文書——古代日本願文的源流》,載《敦煌研究院創立五十周年紀念——敦煌學國際學術研討會論文集》,1994 年 8 月。
⑥ 趙鑫曄:《敦煌佛教願文研究》,南京師范大學博士學位論文,2009 年,第 1 頁。
⑦ 黄征:《敦煌願文研究述要》,《藝術百家》2009 年第 2 期,第 4—7 頁。
⑧ 黄征、吴偉:《敦煌願文集》"前言",岳麓書院,1995 年,第 1—2 頁。
⑨ 方廣錩:《評〈敦煌願文集〉》,載《敦煌吐魯番研究》第二卷,北京大學出版社,1997 年,第 386 頁。

收録了大量的齋文卻又把它從屬於願文之下,這就産生了概念上的抵牾之處,進而引起了研究思維上的混亂。一九九七年,方廣錩教授在爲《敦煌願文集》撰寫的書評中,對於用"願文"一詞作爲齋會陳願文本的總稱提出了自己的看法,從文體等角度來看,他認爲郝春文以"齋文"來總稱齋會文獻的觀點比較允當①。一九九九年,饒宗頤先生發表《談佛教的發願文》,指出"發願是佛教信徒一項重要的宗教手續",探討了"發願"的本義,認爲"黄征編纂《敦煌願文集》,取極度寬的觀點,采廣義的願文説,把所有齋文……都看作願文,標題作願文,其實多出自擬議,一概收入《願文集》中,似不免有點'濫'"②。王三慶教授以"齋願文本"來總稱敦煌的齋會文獻,認爲"願文"實不能作爲齋會文獻的總稱,其評論黄征以"願文"作齋會文獻總稱觀點時説:"佛教原來也有自己的一套齋戒儀式,各宗各派或多或少都有些許的差異,在傳入中國之後,不免也要入境問俗,吸收中土的習俗儀典。因此,若要詳論其間儀式的交流及細節等問題,誠非幾句話可以厘清。何況所謂'願'者,不過齋會或典禮儀式進行當中的一小節文字,還不是這些齋願文本足以代表,怎能以願文稱之? 其不合理處極其明顯。也因如此,其對齋願文字的認識反不如張廣達、郝春文及宋家鈺等幾位先生的正確。"③一九九七年,張廣達教授發表了《"歎佛"與"歎齋"——關於敦煌文書中的〈齋琬文〉的幾個問題》,根據《齋琬文》所列各種齋會或法會所用的"歎齋"文樣,他認爲可以將齋文分爲七類:(1)與戒律規定的本來意義上的持齋有關的齋文:八關齋文、布薩文、三長齋月文、懺悔文、受戒文等;(2)與行道、行香之官齋以及相應之私齋有關的齋文;(3)百官爲廣開福門、祈求勝願而舉行的法會所用的齋文;(4)個人或社邑爲祈求各種護佑的功德法會所用的齋文;(5)爲悼亡追福而舉行的法會所用的齋文;(6)爲結來世勝果而舉行的法會所用的齋文;(7)因供養、施捨而舉行的法會所用的齋文。依據上述分類,張廣達教授明確了"齋文"的定義和範圍,指出了齋文主要分爲兩種:一是與戒律規定的本來意義上的持齋有關的齋文;二是僧、俗二衆參與的以爲施主祈願爲主要目的的齋會或法會上用以表達施主願望的齋文④。趙玉平因此認爲張廣達教授的研究實際上已經基本解決了齋文和願文定名之爭的問題,只是學界注意不夠而已⑤。確切地説,齋文的應用場合爲齋會,在齋會上宣述齋意的文書稱爲齋文⑥。二〇〇七年,太史文《論齋文的表演性》從"願"的真實含義入手討論了"願文"的本來意義,認爲郝春文關於齋文、願文的立論是正確的⑦。二〇一六年,曹凌通過比較研究,認同"在齋供法會上使用的有

① 方廣錩:《評〈敦煌願文集〉》,載《敦煌吐魯番研究》第二卷,北京大學出版社,1997年,第386頁。
② 饒宗頤:《談佛教的發願文》,載《敦煌吐魯番研究》第四卷,北京大學出版社,1999年,第484頁。
③ 王三慶:《敦煌佛教齋願文本研究》,新文豐出版公司,2009年,第216頁。
④ 張廣達:《"歎佛"與"歎齋"——關於敦煌文書中的〈齋琬文〉的幾個問題》,載《慶祝鄧廣銘教授九十華誕論文集》,河北教育出版社,1997年,第60—73頁。又收録於《文書、典籍與西域史地》,廣西師範大學出版社,2008年,第192—210頁。
⑤ 趙玉平:《唐五代宋初敦煌佛齋禮儀研究》,上海師範大學博士學位論文,2015年,第6頁。
⑥ 曹凌:《中古佛教齋會疏文的演變》,《魏晉南北朝隋唐史資料》第三三輯,上海古籍出版社,2016年。
⑦ 太史文:《論齋文的表演性》,載郝春文主編《敦煌吐魯番研究》第一〇輯,上海古籍出版社,2007年。

祈願内容的文書（包括範本和實用文本）"是齋文,齋會用文將齋文與其他類型的祈願文書從本質上區分開來①。

由於《敦煌願文集》集中校録了一批齋文文書,"願文"作爲敦煌齋會文獻的總類目名稱還是得到了一部分學者的支持。二〇〇二年,王曉平在《東亞願文考》一文中將敦煌願文與日本、朝鮮的願文進行比較,明確表示同意黄征、吴偉的願文定義。二〇〇五年黄維忠在《從敦煌藏文文獻看發願文的界定》中,從藏文願文文獻的角度考察了發願文的名稱,他認爲"祈願文""發願文"和"願文"皆可混用來稱呼願文。二〇〇六年,依空在南京"轉型期的敦煌學——繼承與發展國際學術研討會"上提交了《敦煌佛教願文探微》一文,沿用了"願文"稱呼②。二〇〇九年,趙鑫曄《敦煌佛教願文研究》從"誓願願文和咒願願文"的角度進一步定義了"願文就是佛教徒表達誓願或做法事時施主表達咒願之文",認爲"願文包括齋文,但是齋文不能囊括願文③。二〇一三年,敏春芳在其《敦煌願文詞彙研究》一書中認爲黄征的願文"解釋和表述比較全面、準確"④。二〇一八年,陳曉紅《敦煌願文的類型研究》也是認同黄征"願文"的説法⑤。

總之,對齋會齋文的類屬命名絶不能脱離它的應用環境來進行討論。如果不考慮其具體的應用環境,"從表面上看,將齋意文稱爲願文,並將其與寫經願文、俗人願文相提並論,並無不妥"⑥。但是只要考慮具體的應用環境,則"願文"總稱類名就不能準確定位敦煌齋文特定的向佛申陳意願及其"齋會"的用途。因此,對於敦煌齋會申陳意願文書這個特定的考察對象,其總稱類屬名還是以"齋文"名之較爲妥當。

齋文的含義既明,則可以就此含義追溯相關的學術研究史。目前學術界對於敦煌寫本齋文的研究,主要集中於以下三個方面:一是對齋文進行整理、校録以及對齋文詞彙進行語義考釋;二是利用齋文中所蘊含的人事信息進行史實考索;三是對齋文中所蘊含的民俗行爲、佛教信仰及人生終極關懷問題進行揭示。

## （一）關於齋文文書的整理、校録及詞彙考釋

因爲伯二九四〇號《齋琬文》含有完整的序言和十類八十餘個齋文名目,使得《齋琬文》成爲敦煌齋會文獻中最具有代表性的作品之一,因此早期的齋文文本整理以《齋琬文》最爲突出。一九三九年,那波利貞對伯二九四〇號《齋琬文》進行了初步研究並釋録刊布了其中

① 曹凌:《中古佛教齋會疏文的演變》,《魏晉南北朝隋唐史資料》第三三輯,上海古籍出版社,2016 年,第 152—176 頁。
② 依空:《敦煌佛教願文探微》,載劉進寶、高田時雄:《轉型期的敦煌學》,上海古籍出版社,2007 年,第 205—217 頁。
③ 趙鑫曄:《敦煌佛教願文研究》,南京師范大學博士學位論文,2009 年,第 15、27 頁。
④ 敏春芳:《敦煌願文詞彙研究》,民族出版社,2013 年,第 1 頁。
⑤ 陳曉紅:《敦煌願文的類型研究》,九州出版社,2018 年,第 5 頁。
⑥ 侯沖:《中國佛教儀式研究——以齋供儀式爲中心》,上海古籍出版社,2018 年,第 190 頁。

的十類八十餘個齋文名目①。一九七九年,陳祚龍《新校重訂〈齋琬文〉》對伯二九四〇號、伯二一〇四號背兩卷《齋琬文》進行了校錄②。梅弘理據多種《齋琬文》異本,對《齋琬文》進行了文本復原的研究工作③。宋家鈺以斯一四四一號背、伯三八一九號、伯三四九四號等卷子爲底本,參考伯二五八八號、斯六九二三號等卷子,力圖復原出敦煌地區流傳的《齋文》原貌④。

二〇〇九年,王三慶教授將其多年研究齋文文本的成果結集爲《敦煌佛教齋願文本研究》一書出版⑤,該書最主要的成就之一就是對《齋琬文》的復原整理。通過對伯二九四〇號、伯二五四七號、伯二一〇四號背等十四件齋琬文殘卷的拼接釋錄,爲學界提供了一個相對完整的《齋琬文》文本。稍有遺憾的是文字校對上略有疏漏,如第七五頁"景樣所以天長"當作"景祚所以天長";"愛標三漏之功"當作"爰標三漏之功",等等。同年五月,趙鑫曄博士將俄敦〇一三一九號+俄敦〇一三一〇號+俄敦〇二九六九號+俄敦〇三〇一六號+俄敦〇三〇二四號+俄敦〇三一五三號+俄敦〇三一五九號+俄敦〇一三一六號等綴合並確定爲《齋琬文》。二〇一七年,朱義霞在前人研究基礎上,再次整理釋錄了《齋琬文》⑥。

《敦煌佛教齋願文本研究》尚有對北大敦一九二號《諸文要集》、斯一四四一號背等《雜齋文》、伯三一二九號《諸雜齋文》等卷子的整理研究。北大敦一九二號《諸文要集》一卷先有白化文、李鼎霞校錄本以及趙和平校錄本,然而白、趙二個整理本中没有解决的一些問題,在王三慶的三校本中仍然没有得到解决。如卷末最後一段《歎佛號頭》,應據伯三三〇七號、斯八一七八號、斯九五〇九號、斯四九二號背+斯三四三號等卷校釋完整:"大覺之存也,惟清惟[寂]。大覺之化也,曰慈曰悲。紺光返照,白[法]圓明,運啓(啓運)四生而五(悟)常樂者,有[佛]矣[夫]。"該書還對敦煌齋會文獻的意義進行了探討,指出"世人試圖藉齋戒以增福田,施錢財以求果報,這種現實性的目的總是齋會盛行的原因"⑦。

寧可、郝春文《敦煌社邑文書輯校》、土肥義和《Tun‒huang and Turfan Documents Concerning Social and Economic History Ⅵ:The Associations and Related Documaents》以及唐耕耦、陸宏基《敦煌社會經濟文獻真跡釋錄》等幾種作品對社齋文及其相關的社條等文獻進行了整理釋錄。一九九五年,王書慶編撰《敦煌佛學·佛事篇》一書,其中的"功德篇"是對相關齋文的校錄⑧,社齋文被歸於其中的"祈禱類"。

————————————

①　那波利貞:《關於按照佛教信仰組織起來的中晚唐五代時期的社邑》,《史林》1939年第24卷第3號,又見《唐代社會文化史研究》,東京創文社,1974年。

②　陳祚龍:《新校重訂〈齋琬文〉》,載《敦煌學海探珠》,臺灣商務印書館,1979年,第322頁。

③　梅弘理:《根據伯二五四七號寫本對〈齋琬文〉的復原和斷代》,《敦煌研究》1990年第2期。

④　宋家鈺:《S. 1441等:敦煌本〈齋文〉書復原全文》《佛教齋文源流與敦煌本〈齋文〉書的復原》,載宋家鈺、劉忠編:《英國收藏敦煌漢藏文獻研究——紀念敦煌文獻發現一百周年》,中國社會科學出版社,2000年,第97—112、295—319頁。

⑤　王三慶:《敦煌佛教齋願文本研究》,新文豐出版公司,2009年。

⑥　朱義霞:《敦煌寫本〈齋琬文〉研究》,西南大學碩士學位論文,2017年。

⑦　王三慶:《敦煌佛教齋願文本研究》,新文豐出版公司,2009年,第34頁。

⑧　王書慶:《敦煌佛學·佛事篇》,甘肅民族出版社,1995年,第15—91頁。

　　黄征、吴偉《敦煌願文集》校録了一批齋文。該書出版後，以《敦煌願文集》爲基礎材料庫的諸多領域如語言學、民俗學、宗教學等方面的研究就此次第展開。敏春芳《敦煌願文詞彙研究》、黑維强《敦煌吐魯番社會經濟文獻詞彙研究》[①]、楊秀英《敦煌願文社會交際稱謂詞初探》[②]等論著就是以《敦煌願文集》爲基本材料庫對齋文中出現的疑難詞彙進行文義考釋方面的佳作。這樣的成果還有不少，例如一九九九年，黄征《敦煌願文"莊嚴""資熏""資莊"考辨》一文指出了此前的研究者由於未能明瞭"莊嚴"等詞爲裝飾義而對齋文文獻的理解多有失誤。二〇〇〇年，黄征《敦煌字詁——"并""並""併"考辯》運用齋文語料揭示了"并""並""併"三字在實際使用中，其意義有明確分工。二〇〇〇年，曾良《敦煌願文在漢語詞彙史上的研究價值》引用齋文詞彙，專門討論了敦煌齋會文獻的語言研究價值[③]，不煩一一備舉[④]。對《敦煌願文集》作語言文字校勘的作品也有不少，如：黄征《敦煌願文散校》[⑤]；吴新江《〈敦煌願文集〉校點獻疑》[⑥]；張小平《〈敦煌願文集〉校補》[⑦]；張生漢《敦煌願文校讀劄記》[⑧]；龔澤軍《敦煌願文校補五十例》[⑨]；趙鑫曄《〈敦煌願文集〉校勘劄記》[⑩]，等等。杜朝暉、張春秀、張小艷等人的敦煌文獻名物研究亦有助於齋文詞義的理解[⑪]。

---

① 黑維强：《敦煌吐魯番社會經濟文獻詞彙研究》，民族出版社，2010 年。

② 楊秀英：《敦煌願文社會交際稱謂詞初探》，《敦煌研究》2003 年第 2 期，第 83—87 頁。

③ 曾良：《敦煌願文在漢語詞彙史上的研究價值》，《文獻》2000 年第 1 期，第 223—233 頁。

④ 敏春芳：《敦煌願文詞匯研究》，蘭州大學博士學位論文，2006 年；張琴：《〈敦煌願文集〉復音詞研究》，南京師范大學碩士學位論文，2012 年；周静：《〈敦煌願文集〉程度副詞研究》，陝西師范大學碩士學位論文，2011 年；楊秀英：《從願文復數表示法看復數詞尾"們"的産生》，《殷都學刊》2001 年第 2 期，第 99—102 頁；楊秀英：《敦煌願文詞義試解》，《山東教育學院學報》2002 年第 3 期，第 49—51 頁；楊秀英：《敦煌願文社會交際稱謂詞研究》，《廣西社會科學》2002 年第 6 期，第 157—159 頁；楊秀英：《敦煌願文社會交際稱謂詞初探》，《敦煌研究》2003 年第 2 期，第 83—87 頁；敏春芳：《敦煌願文詞語例釋》，《敦煌學輯刊》2005 年第 1 期，第 97—107 頁；武學軍、敏春芳：《敦煌願文婉詞試解（一）》，《敦煌學輯刊》2006 年第 1 期，第 126—132 頁；趙鑫曄：《敦煌願文詞語考釋札記》，《敦煌學輯刊》2006 年第 2 期，第 29—33 頁；敏春芳：《敦煌願文中的名詞加綴雙音詞》，《敦煌學輯刊》2006 年第 4 期，第 107—111 頁；敏春芳：《出自佛教典籍的口語詞》，《敦煌學輯刊》2007 年第 4 期，第 169—187 頁；敏春芳：《敦煌願文詞語詁解》，載鄭炳林、樊錦詩、楊富學主編：《絲綢之路民族古文字與文化學術討論會文集》，三秦出版社，2007 年，第 858—880 頁；武學軍，敏春芳：《敦煌願文中〈漢語大詞典〉未見或書證不足的"死亡"義婉詞零拾》，《河北北方學院學報》2007 年第 5 期，第 21—24 頁；敏春芳：《敦煌願文詞語辯考札記》，《西北民族大學學報》2007 年第 1 期；敏春芳：《敦煌願文中的同素異序雙音詞》，《敦煌研究》2007 年第 3 期，第 107—111 頁；趙鑫曄：《敦煌文獻訓詁拾零》，《新疆師范大學學報》2007 年第 4 期，第 20—23 頁；敏春芳：《敦煌願文中"覺"及其相關詞語解詁》，《敦煌學輯刊》2009 年第 3 期，第 92—104 頁；曹小云、李志紅：《從〈敦煌願文集〉看〈漢語大詞典〉的收詞釋義問題》，《池州學院學報》2009 年第 5 期，第 73—76 頁；敏春芳、哈建軍：《〈漢語大詞典〉漏收敦煌願文詞目補釋（一）》，《敦煌學輯刊》2011 年第 2 期，第 68—75 頁；薛倩倩：《〈敦煌願文集〉總括副詞淺析》，《語文知識》2012 年第 1 期，第 90—92 頁；趙鑫曄：《敦煌願文〈齋琬文一卷并序〉典故考釋》，載《中國古代文學文獻學國際學術研討會論文集》，鳳凰出版社，2006 年。

⑤ 黄征：《敦煌願文散校》，《敦煌研究》1994 年第 3 期，第 128—133 頁。

⑥ 吴新江：《〈敦煌願文集〉校點獻疑》，《古漢語研究》2001 年第 3 期，第 85—90 頁。

⑦ 張小平：《〈敦煌願文集〉校補》，《西域研究》2003 年第 2 期，第 105—108 頁。

⑧ 張生漢：《敦煌願文校讀劄記》，《河南廣播電視大學學報》2002 年第 4 期，第 25—26 頁。

⑨ 龔澤軍：《敦煌願文校補五十例》，《圖書館雜誌》2005 年第 2 期，第 69—72 頁。

⑩ 趙鑫曄：《〈敦煌願文集〉校勘劄記》，《敦煌學研究》2006 年第 1 期。

⑪ 杜朝暉：《敦煌名物研究》，中華書局，2011 年；張春秀：《敦煌變文名物研究》，西南交通大學出版社，2015 年；張小艷：《敦煌社會經濟文獻詞語論考》，上海人民出版社，2013 年。

鑒於俄藏敦煌齋文在《敦煌願文集》中釋録不多,爲彌補所缺,二〇〇九年,黄征教授指導其博士生趙鑫曄對俄藏敦煌齋文進行了全面的整理釋録①。趙鑫曄博士論文的下篇對黄征《敦煌願文集》作了比較全面的校勘,其對俗字、疑難詞句的訓詁及異文的考訂,頗有助於對齋文文獻的正確理解。

以上文本整理與詞義考釋的研究,屬於敦煌齋文的基礎性研究,爲正確理解齋文提供了文獻基礎。

## (二) 利用齋文中所蘊含人事信息進行歷史史實考索

齋文中出現的敦煌人物、事件等人事信息反映出多維度的歷史史實。

陸離運用伯二二五五號、伯二三二六號《祈福發願文》、伯二三四一號《燃燈文》、伯三二五六號《願文》、斯二一四六號《行城文》、伯二八〇七號《齋文》《行城文》等六件齋文中的人事信息,考訂了文書的寫作年代,得出當時的吐蕃皇太子爲赤祖德贊的長兄藏瑪,他以贊普長子的身份被立爲太子,後來由於信佛而出家爲僧。吐蕃皇太子平時也承擔一些較爲重要的政務,爲日後繼承贊普之位積累才幹,藏瑪於七九八～八一五年來到敦煌,是爲了處理雙方和好事宜。這些齋文背後所蘊含的人事信息可以幫助了解當時吐蕃王位的繼承制度,以及蕃佔時期河隴地區的僧官制度②。

楊秀清、楊寶玉、吳麗娛等人先後考索過伯三八〇四號《咸通七年(八六六)願文》中出現的敦煌人物以及該次法會的政治背景。楊秀清考證出張議潮入朝時其子尚幼③,張議潮無法將政權交給其子,只得交給其侄子張淮深,給以後敦煌政局的動蕩埋下了隱患。楊寶玉、吳麗娛在《P.3804 咸通七年願文與張議潮入京前夕的慶寺法會》一文中指出:伯三八〇四號願文适用的慶寺法會舉辦於咸通七年八月十五日,是張議潮入京前夕召開的家族盛會,也是他離開沙州之前舉辦的最後一次重大政治活動。張議潮本人和張淮深、張氏全族以及敦煌佛教界領袖全體出席,説明張議潮的入京不但是影響張氏全族、也是牽動敦煌政局和社會人心的大事。張議潮之所以倉促地爲尚未完工的佛寺舉辦慶賀法會,其深層目的,乃在離開敦煌之前炫耀己威,以穩定和拉攏人心④。

伯二〇四四號背是一卷《齋儀》,其所收文本有的原有標題,有的没有。學界廣爲應用的《聞南山講》齋文,其實應當分爲兩篇,前一部分從"聞南山講"起至"助供檀那等陳力修齋,休祥潛降"止,此即衆所周知的《聞南山講》。後一部分從"當岳瀆降靈之日,是申甫誕慶之辰"

---

① 趙鑫曄:《敦煌佛教願文研究》,南京師範大學博士學位論文,2009 年。
② 陸離:《有關吐蕃太子的文書研究》,《敦煌學輯刊》2003 年第 1 期,第 29—41 頁。
③ 楊秀清:《西漢金山國史研究》,甘肅人民出版社,1999 年,第 35—37 頁。
④ 楊寶玉、吳麗娛:《P.3804 咸通七年願文與張議潮入京前夕的慶寺法會》,《南京師範大學學報》2007 年第 4 期,第 71 頁。

起至"相公壽同衡岳,崇崇而永固南山;禄比滄溟,渺渺而長鎮西塞"止,應當定名爲《太保相公誕慶文》。在誕慶文之後則是另一篇《亡文》。慶誕文中的太保相公,有研究者考訂爲"張淮深"①。一九九六年,榮新江教授《歸義軍史研究——唐宋時代敦煌歷史考索》一書中則考訂該太保相公爲平定安史之亂的僕固懷恩。《歸義軍史研究》中運用齋文考索歷史史實之處尚多,如運用《捨施疏》及斯一一八一號《長興二年(九三一)十二月二十六日河西節度使結壇供僧燃燈捨施祈願文》等齋文考證其中的"大王"即曹議金②。

龔澤軍利用斯五九五七號《亡僧尼捨施文》、伯二二二六號背《捨施文》等齋文考察了晚唐五代宋初敦煌地區如何處理亡故僧尼的財物事宜③。郝春文教授利用斯一一六四號 + 斯一一六四號背《開經文》中的人事信息討論了歸義軍初期與中原地區文化交流的問題,該件齋文适用的齋會是當時僧團舉行的盛大齋會,其中的"令六和尚"地位僅次于"今大唐聖主"而高于都僧統和尚書,給他祈願的語言是"長承帝澤"、爲"國師"、贊王化,只能認爲是代表中原來到敦煌的和尚④。

總之,運用齋文對敦煌歷史史實的考索,揭示了敦煌寫本齋文應用的具體歷史背景,爲齋文的深入解讀提供了準確的時空范圍及相應的制度文化背景。

## (三) 齋文所蘊含的民俗行爲、佛教信仰及人生終極關懷問題研究

王三慶教授《從敦煌齋願文獻看佛教與中國民俗的融合》認爲:齋文與齋會是中古時期敦煌百姓借助僧團這樣的專業性神職人員來解決人生終極關懷問題的手段,"追薦與煉度,可以解脱人死之後的種種困擾與賜予生者無窮的希望;而祈福齋會更賜人生對未來諸多的憧憬和活下去的勇氣",只是後來發展到"過分崇信齋會可以解決人生的一切",由此引起誇財耀勢、違法斂財等社會弊端而招人詬病。在以齋會爲手段解決人生終極關懷問題的過程中,齋文的訓導化俗以及傳教之功"已爲中國文化中的重要符號,也是今天時常可以看見的民間風俗"。作爲上述觀點的例證,王三慶教授依據相關齋文討論了"生命禮俗中佛教與中國民俗的融合""營建禮俗中佛教與中國民俗的融合""從節日法會儀式看佛教與中國民俗的融合",進而理清了佛教信仰及齋會儀式在敦煌逐漸融入庶民百姓生活的過程,認爲職業僧團發展出一套有效的因應制度引導著庶民百姓的生活,從而實現了佛教在敦煌的在地化⑤。

譚蟬雪研究員利用一部分齋文資料對中古時期敦煌地區的民俗進行了系列研究,如用

① 見孫修身:《張淮深之死再議》,《西北師范學院學報》1982 年第 2 期,第 33—38 頁;鄧文寬:《張淮深平定甘州回鶻史實鉤沉》,《北京大學學報》1986 年第 5 期。
② 榮新江:《歸義軍史研究——唐宋時代敦煌歷史考索》,上海古籍出版社,2015 年,第 104 頁。
③ 龔澤軍:《古代僧尼遺產處理的文獻分析——以敦煌願文爲例》,《重慶三峽學院學報》2012 年第 2 期,第 87—90 頁。
④ 郝春文:《S. 1164 歸義軍初期〈開經文〉辨》,《中國歷史文物》2006 年第 3 期,第 64 頁。
⑤ 王三慶:《從敦煌齋願文獻看佛教與中國民俗的融合》,新文豐出版公司,2009 年,第 32—35 頁。

斯四四四八號、伯三二七六號背等文獻研究敦煌百姓的印沙、脱佛、脱塔等民俗活動；用伯三七六五號之《四門轉經文》、伯二八五四號之《豎幢傘文》、伯三四〇五號之《安傘文》等研究敦煌地區正月裏的歲時佛俗；用伯二六四二號、斯二八三二號、伯二二三七號背等文獻中的喪葬材料考察敦煌地區儒釋道三教整合的喪俗等，一系列研究成果先後匯集爲《敦煌歲時文化導論》《敦煌民俗——絲路明珠傳風情》兩本專著①。於是兩編可盡覽中古時期敦煌百姓民風習尚的諸種情態，與敦煌壁畫一起再現了中古時期敦煌的民俗畫面。王安琪利用伯三七七一號、斯二七一七號兩件文書討論了敦煌民衆的七七齋和逆修齋②。高國藩亦曾運用敦煌齋文研究過敦煌民俗，其可資參考的論文有：《論敦煌民間七七齋喪俗》③《古敦煌民間葬俗》④《驅儺風俗與敦煌民間歌謠》⑤。氏著《敦煌民俗學》⑥是早期系統研究敦煌民俗的第一部作品。其後的著作尚有《敦煌古俗與民俗流變：中國民俗探微》⑦《敦煌巫術與巫術流變：中國民俗探微》⑧《敦煌俗文化學》⑨等，這些後期作品誠如余欣所評論的"常任意發揮，録文也錯漏百出，不可輕信"⑩。二〇二〇年，段鵬以齋會文本爲中心考察了晚唐五代時期敦煌社會的宗教生活，認爲齋會文本透射出當時人們對美好生活的訴求和向往⑪。

　　利用齋文資料研究敦煌民俗現象的論著甚多，不能一一備舉，惟撮其相關而要者略述之。羅華慶研究了九至十一世紀敦煌的行像和浴佛活動⑫。張弓主要運用籍帳資料討論了敦煌春月、秋冬三季的傳統節俗及佛教節慶活動⑬。阿依先討論了誕育願文中的民衆意願與行爲⑭。王維莉《唐五代宋初敦煌寺院四時節俗》也運用籍帳、齋文資料討論了敦煌寺院的四季節日，認爲敦煌寺院節日的内容和形式都帶有世俗性，寺院與俗世社會在節日文化方面趨向融合⑮。余欣利用齋會文獻，從道場施捨、設齋啓願、燃燈供養三個方面考察了敦煌民衆的行爲習俗⑯。

---

① 譚蟬雪：《敦煌歲時文化導論》，新文豐出版公司，1998 年；《敦煌民俗——絲路明珠傳風情》，甘肅教育出版社，2006 年。
② 王安琪：《敦煌寫本 P. 3771、S. 2717 整理與研究》，西華師范大學碩士學位論文，2021 年。
③ 高國藩：《論敦煌民間七七齋喪俗》，《東方文化》1981 年第 1 期。
④ 高國藩：《古敦煌民間葬俗》，載《學林漫録》第一〇輯，中華書局，1985 年，第 72—79 頁。
⑤ 高國藩：《驅儺風俗與敦煌民間歌謠》，載《文史》第二九輯，中華書局，1988 年，第 287—299 頁。
⑥ 高國藩：《敦煌民俗學》，上海文藝出版社，1989 年。
⑦ 高國藩：《敦煌古俗與民俗流變：中國民俗探微》，河海大學出版社，1989 年。
⑧ 高國藩：《敦煌巫術與巫術流變：中國民俗探微》，河海大學出版社，1993 年。
⑨ 高國藩：《敦煌俗文化學》，三聯書店，1999 年。
⑩ 余欣：《神道人心——唐宋之際敦煌民生宗教社會史研究》，中華書局，2006 年，第 41 頁。
⑪ 段鵬：《九至十世紀敦煌社會生活研究——以齋會文本爲中心的考察》，蘭州大學博士學位論文，2020 年。
⑫ 羅華慶：《9 至 11 世紀敦煌的行像和浴佛活動》，《敦煌研究》1988 年第 4 期，第 98—103 頁。
⑬ 張弓：《敦煌春月節俗探論》，《中國史研究》1989 年 3 期；《敦煌秋冬節俗初探》，載段文傑主編：《1990 敦煌學國際研討會文集·石窟史地語文編》，遼寧美術出版社，1995 年。
⑭ 阿依先：《祈佛佑道、護祐誕生——以敦煌難月誕育願文爲中心》，《敦煌學輯刊》2007 年第 2 期，第 150—159 頁。
⑮ 王維莉：《唐五代宋初敦煌寺院四時節俗》，西北師范大學碩士學位論文，2011 年。
⑯ 余欣：《神道人心：唐宋之際敦煌民生宗教社會史研究》，中華書局，2006 年。

　　王亞麗利用敦煌寫本醫籍祝由方的記録，證實了敦煌地區傳世文獻中有記載的一些民俗行爲，也揭示了傳世文獻中所罕見的一些民俗行爲①。比較而言，祝由方中顯示的行爲内容與唐《四時纂要》各月篇首所記録的避免衝煞妖災的行爲記録類若，這種趨吉免禍的民俗行爲，在敦煌百姓那裏，也可以經由佛教齋會來禳解，比如斯三四二七號《安宅文》所代表的禳解齋會。

　　湛如法師對敦煌齋文、齋會類型等進行了細緻研究，考察了唐五代的齋會與庶民信仰、敦煌的齋會與民間信仰問題②。荒見泰始討論了齋文與俗講間的演變關係，認爲齋文的“梵唄、贊嘆、押座文變爲開頭的韻文；表白、莊嚴變爲變文開頭的散文部分等等”③。周雪芹《從敦煌願文看唐宋時期民衆的佛教信仰》、党燕妮《晚唐五代宋初敦煌民間佛教信仰研究》都利用敦煌齋文研究了敦煌百姓的阿彌陀、藥師佛、觀世音、文殊、十王、毗沙門天王、賓頭盧、海龍王等神祇崇拜信仰。周雪芹認爲齋文具有融合三教的特點，“從對敦煌民衆祈願的分析，可以看出民衆真正追求的是現實生活的平安幸福，他們對於佛教思想境界的理解是模糊的、膚淺的。他們把佛教作爲一種換取平安幸福的工具和方法，這體現了敦煌民衆在佛教信仰上的實用主義特徵”④。党燕妮通過對敦煌民衆的佛教信仰與功德活動的分析，認同“實用性”是敦煌民衆佛教信仰的最大特點：晚唐五代宋初敦煌地區各種信仰共納，而敦煌佛教信仰具有廣泛的普遍性和兼容性，進一步本土化、社會化、民間化，使民間佛教信仰成爲敦煌佛教的主流，帶有鮮明的實用性和功利性特點⑤。錢光勝利用齋文文書討論了敦煌地區的地獄神崇拜問題，他認爲齋文“在敦煌的地位和影響幾乎可與佛經相等同”，民衆對生死問題的關注加速了佛教地獄思想的中土化、世俗化，“齋會是佛教地獄觀念得以進入民衆的最重要的日常生活渠道之一，社邑是重要的橋梁和載體”⑥。

　　張承柬《敦煌寫本齋文探析》就敦煌寫本齋文與禮懺文的關係、齋文的文化意義等方面進行了探討。他認爲：禮懺文是僧人出家正式修行要用的文類，齋文則是僧人應僧俗二衆請求做法事而制作的文類，禮懺文作爲僧尼的自修文本，在内容上當然比齋文要更嚴謹，而齋文則在通俗易懂、吸引民衆方面超過禮懺文，齋文更能反映民俗佛教的面貌。在齋文中，佛門制度與儒家禮俗的融合幾乎達到了渾然一體的程度，體現了“平民百姓的通俗精神和價值取向”。在佛教盛行的背景下，歸義軍政權比較務實地“通過日常的行政禮儀和宗教活動形

①　王亞麗：《中古民俗文化管窺——以敦煌寫本醫籍爲中心》，《敦煌學輯刊》2011 年第 4 期，第 111—117 頁。

②　湛如：《敦煌佛教律儀研究》，中華書局，2003 年。

③　［日］荒見泰始：《敦煌“莊嚴文”初探——唐代佛教儀式上的表白及對敦煌變文的影響》，《文獻》2008 年第 2 期，第 42—52 頁。

④　周雪芹：《從敦煌願文看唐宋時期民衆的佛教信仰》，中央民族大學碩士學位論文，2005 年，第 49 頁。

⑤　党燕妮：《晚唐五代宋初敦煌民間佛教信仰研究》，蘭州大學博士學位論文，2009 年；《晚唐五代宋初敦煌佛教信仰特點初探》，《世界宗教研究》2007 年第 2 期，第 36—37 頁。

⑥　錢光勝：《敦煌願文中的地獄神考述》，《内蒙古社會科學》2008 年第 5 期，第 94 頁；錢光勝：《唐五代宋初冥界觀念及其信仰研究》，甘肅文化出版社，2019 年。

成了類似於國家精神的秩序文化"①。汪娟《敦煌禮懺文研究》通過對敦煌寫本《法身禮》《十二光禮》《上生禮》等禮懺文獻的研究,認爲:佛教的目的在於透過實際的修持,獲得生死的究竟解脫,佛教徒都是希望透過禮懺可以達到證悟實相、涅槃寂静的境界,都是持著來世得以往生净土的希望②。正如張承東所説,齋文是俗世信衆做法事時的通俗陳願文本。但它與僧尼的專業禮懺文所承擔的功能其實並無差别,齋文同樣解决俗世信衆的終極關懷問題,表述著俗世信衆同樣的往生净土需求。

冀志剛《唐後期五代宋初敦煌信衆佛教信仰研究——以齋會爲中心》在王三慶教授的研究基礎上,列制了敦煌地區定期和不定期齋會一覽表,認爲敦煌齋會的功能之一是人們在保持齋會神聖性的同時,"借着齋會的舉辦大吃大喝",齋會聚餐成爲加强各成員之間友好聯繫的紐帶,促進了信徒與僧侣之間的團結。引人關注的是他注意到了敦煌百姓的"樂生"問題,他認爲佛教中國化的進程已經部分修正了"人生皆苦"的基本教義,將苦樂視爲可以相互轉化的兩極,棄苦得樂,無需來世,今生種因,今生得果,只有"生"纔有現世的諸種幸福③。

陳麗雄《唐宋敦煌願文中的人生哲學思想研究》以齋文爲考察對象探討了人生終極關懷問題,他認爲:願文本質上是發願者與諸佛諸神之間關於"去禍、求福"兩個主題内容的對話,去禍主要關乎現實,求福除了追求現世的福分以外,還包括往生之後的福報,在去禍與求福之間,發願者極其注重對於現世實際福報的追求④。

侯沖的博士論文《中國佛教儀式研究——以齋供儀式爲中心》運用敦煌齋會材料對中國的佛教儀式及齋僧形態進行了新的探索,揭示了中國佛教儀式由施僧食向施餓鬼食轉變的歷程⑤。侯沖的研究可以讓我們以齋僧模式的新切入點來重新審視齋文。馬德、王偉祥《中古敦煌佛教社會化論略》將敦煌佛教活動文獻分爲十類,其中的行事類、功德類、濟世類三類即各種齋文,這些齋文代表著僧團和官方各種定期和不定期的齋會,都是"打着佛教儀式旗號",實質卻是"綜合的服務於社會的文化活動,又是一種政治活動"⑥。趙玉平《唐五代宋初敦煌佛齋禮儀研究》認爲:在唐五代宋初的敦煌,甚至整個中國,起着禮儀作用的佛教齋會早已被整個社會所接受⑦。趙和平《武則天爲已逝父母寫經發願文及相關敦煌寫卷綜合研究》通過對敦煌寫卷中的武則天爲已逝父母寫經發願文及其爲兒子李弘所寫一切道經發願文的

① 張承東:《敦煌寫本齋文探析》,首都師范大學碩士學位論文,2004年,第46頁。
② 汪娟:《敦煌禮懺文研究》,法鼓文化事業股份有限公司,1998年。
③ 冀志剛:《唐後期五代宋初敦煌信衆佛教信仰初探——以齋會爲中心的考察》,首都師范大學碩士學位論文,2004年。
④ 陳麗雄:《唐宋敦煌願文中的人生哲學思想研究》,西北師范大學碩士學位論文,2018年。
⑤ 侯沖:《中國佛教儀式研究——以齋供儀式爲中心》,上海古籍出版社,2018年。
⑥ 馬德、王偉祥:《中古敦煌佛教社會化論略》,中國社會科學出版社,2010年。
⑦ 趙玉平:《唐五代宋初敦煌佛齋禮儀研究》,上海師範大學博士學位論文,2015年。

復原研究,提出了一些武則天與宗教之間關係的看法,指出了武則天時期造經活動"以佛、道外表,體現儒家的子孝、母慈的底蘊"①。顏廷亮亦曾指出:"願文之類表面上看是宗教活動特別是佛事活動中應用的,而實際上乃是儒家思想的產物。"②社齋文研究是目前齋文研究中最爲充分的部分,通過對社齋文和社條的研究,郝春文教授廓清了敦煌社邑運轉的具體情形,揭示出敦煌私社具有的教育與教化功能,其代表作《中古時期社邑研究》更充分展示了傳統社邑與佛教從衝突到相容的發展歷程,指出"唐五代宋初敦煌僧人以世俗目的和非宗教身份加入傳統私社,既可以看作是這一時期僧人的世俗化,也可以看作是佛教在這一時期更加深入到傳統文化與傳統習俗中"。孟憲實《敦煌民間結社研究》探討了敦煌民間結社與社會互動的關係③。

　　通過以上齋會及齋會文獻研究現狀的回顧,可以看到:學界雖已指出齋文與齋會是當時解決人生終極關懷問題的手段,於齋文的文化意義進行了較爲充分的揭示,然而對如何達成這些文化意義的實踐途徑卻缺乏實質性的討論。應該説,通過齋文的誦讀宣傳,佛教給時人確立了"建福"與"建功"兩條並行的實現人生目標的奮鬥途徑,給人們樹立了"日常生活處,即是積福處,即是建功處"的生活理念,導引着人們日常生活的實踐行爲始終圍繞著生聚"五福"、死往"净土"的目標奮進。目前學界對齋會、齋會文獻研究的主要關注點在於中古敦煌的民俗及佛教信仰、儀式上,與齋文相聯繫的民俗現象、信仰問題雖已揭示無遺,但這些現象背後所反映的百姓日常生活的精神面貌及其所奉行的價值準則方面仍未得到應有的重視和研究。張廣達先生早就指出這一問題有深入研究的必要:"與研究唐代詩人的雅文化相比,對社會下層的俗文化的研究顯得非常欠缺。涵蓋著人數最廣大的平民百姓階層的俗文化有什麼内涵?下層百姓抱有何種價值觀?他們是否已經有了某種自我主體意識?《太平廣記》中大量的神怪故事、敦煌齋文中大量的祈望乃至頌聖語句產生於何種心理動機?"④每篇實用齋文都包含着贊佛的號頭、對齋主的歎德、設齋的齋意、道場盛況以及對佛的祈願莊嚴等内容,從現有的研究來看,目前的齋文研究所利用的對象大多是號頭和齋意部分,這只是利用了齋文所含學術信息的一小部分。對齋主的歎德部分——這個最能反映敦煌百姓精神風貌的信息主體,常常被當作對齋主的"虚飾、誇飾之詞"看待,尚没有被充分運用,其研究近乎於空白狀態,因此很有必要據"歎德"這個齋文學術信息主體展開對敦煌百姓日常生活中精神風貌的研究。

---

① 趙和平:《武則天爲已逝父母寫經發願文及相關敦煌寫卷綜合研究》,《敦煌學輯刊》2006 年第 3 期,第 20 頁。
② 顏廷亮:《〈陽都衙齋文〉校録及其他》,《甘肅社會科學》1998 年第 5 期,第 76 頁。
③ 孟憲實:《敦煌民間結社研究》,北京大學出版社,2009 年。
④ 胡戟主編:《二十世紀唐研究》,中國社會科學出版社,2002 年,第 4 頁。

# 二、本課題的研究內容及研究方法

惟有普通大衆的日常生活,纔能真正展示一個地區的人情世態和社會風貌,日常生活的規則和社會生活的經驗在大衆的日常生活中起著實際行爲指南的作用,少數精英的知識、思想、生活,僅是區域社會生活中的指向標。通過敦煌文獻,楊秀清指出:"我們能夠非常清楚地感受到日常生活的規則和社會生活的經驗在大衆的日常社會生活所起的作用。"對於敦煌大衆來說,"社會經驗與規則既是常識,又是思想,更是一種秩序和制度"。敦煌大衆日常生活中的規則與經驗,"在敦煌變文、講經文、通俗詩歌、故事傳說中都有記載,但比較集中的材料是被衆多學者稱爲童蒙讀物的文獻"①。其實,敦煌大衆日常生活規則與經驗的記錄載體還有齋文,被太史文稱爲"富於表演性"的齋文,"尤其是在佛教儀軌中,大聲朗讀的效果非常好"②。應該說,作爲一種思想與規則的記錄載體,齋文不僅有着完整而真實的文本,還通過在齋會中的誦讀表演在社區中向大衆廣播,其影響力遠超於沒有表演性的靜態的童蒙讀物。儘管在齋會現場誦讀過的齋文被當場焚燒掉了,但留存至今的齋儀、齋文抄件也還是當時敦煌百姓日常生活中的實用品。這些實用品所映射出來的人事,勾勒出當日敦煌百姓生老病死、行用樂育的生活百態,於是"文—會—事"成爲本項目考察研究的基本思路。在這個基本思路下,借鑒文化史學的考察視野,以聚類研究爲基本方法,對大量的類似評斷用詞與祈願語句進行聚類分析,歸納出它們共同的思想內核,從而得出堅實可靠的結論。

齋文中大量內容相似的歙德頌揚語詞,一般的看法是博齋主歡心的千篇一律的虛飾套語。但換一種角度看,在大量類似的頌揚語詞的背後,其實是齋主們內心深處真正的現實期盼。而衆多的這種期盼,匯聚成敦煌民衆日常生活中的價值判斷和行爲規約。齋文反映出齋會與禮俗共同構成了當時敦煌民衆的生活調節器。基於以上兩個視點,結合現有齋文研究的現狀,在前人已有的研究基礎上,本項目研究的主要創新內容有三個方面:

## (一) 齋會中的物品流動

齋文應齋會而生,齋會因施捨而起,施捨者得福無量。齋會中的物品流動最先從僧俗百姓的施捨行爲開始。敦煌僧俗百姓樂於捨施,據現存的三十餘件《施捨疏》,百姓所施物品大致有十個去向:施入大衆、充大衆;入修造;施入行像;充經僦;施入寺院;施入宕泉窟;施入大像、充大像;充乳藥、充藥;入法事、充法事;充見前僧僦、充僧僦③。這十個去向比較具體地説

①　楊秀清:《社會生活的常識、經驗與規則及其思想史意義——以唐宋時歷敦煌地區爲中心》,《敦煌研究》2006年第4期,第43頁。

②　太史文:《論齋文的表演性》,載郝春文主編:《敦煌吐魯番研究》第一〇輯,上海古籍出版社,2007年,第297頁。

③　郝春文:《唐後期五代宋初敦煌僧尼的社會生活》,中國社會科學出版社,1998年,第261—262、268—269頁。

明了敦煌百姓日常生活中如何施捨、如何供奉佛法僧三寶。齋儭會在佛事結束後進行分配，"分配原則是由參加者均分"，製作齋文、主持齋會並誦讀齋文者，因其額外的貢獻，將獲得兩人份的收入①。

追溯捨施物品的去向，可以發現大部分普通百姓通常無力獨自舉辦齋會，大多是在都司、寺院置辦道場時，相機施捨物品給道場，這種情況下的施主們不必考慮齋會的道場布設問題。除此之外，齋主都必須考慮"嚴庭宇、飾華第"的道場布設事宜，布置道場是齋主的重頭工作之一。

道場布設所需要的物品通常由寺院道場司保管和調配使用。一個布置完成的道場，所涉及到的物質配置有：屏帷、幢幡、佛像、氍毯、焚香、香花、香湯、百味珍饌等。寺院在準備道場時，若有物品不敷使用，供養具通過寺院間的相互配借來解決，釜、碗、碟之類的生活用品通過租用、僧人自帶、寺院自備等方式來解決。寺院間調度配借供養具是常態。布設於野外、家庭中的道場，其安佛設座所用的佛像等物品由齋主向寺院道場司請用。

齋會進行期間的物質消耗主要是香品的消費。百和香、六味香、旃檀香、蘇合香、龍腦香、甘露香、沉香、安息香等八類名貴焚香以其留香持久、香清益遠的特點而成爲"證盟功德"的佛事用香，它們同時也是名貴的香境和薰衣用香。名貴的焚香通常只有寺院和社會上層人士消費。市場上供應有同一基礎香方的高端產品和低配產品，普通百姓日常薰衣、薰室所用的焚香乃是平民版的中低端產品。齋會期間的沐浴香湯，可以購買澡豆使用，也可以採集時令香草配制，敦煌百姓常用的香湯香草有艾、香棗花、苜蓿香等。

齋主們以虔誠的心爲齋會準備各種美味而豐盛的食品，備辦齋僧的飲食是齋主們的另一個重頭工作。通過對伯三二三一號《平康鄉官齋籍》的再考察，弄清了齋僧食品通常有菜、餅、羹粥三類。菜有燉煮菜、清炒菜、生凉冷盤菜；羹粥有漿水粥、白粥、醑粥、羹飥等；餅有菜餅、蒸餅、炸糕等，偶爾會有炊飯。

齋會中的粥要添加石香，石香又作"藥食香""藥石香"。敦煌可用作佛事石香的材料有馬藺、落藜、草豉子、檳榔、棗子、升麻、芍藥、訶梨勒、枸杞、槐花、槐子、杏仁、阿魏、温桲、柘榴、梅子、葡萄乾、梨、酥、乳等二十餘種，這只是百姓日常生活中煮粥所用食材中的一部分，佛事活動中加入這些石香炒制藥食粥，除了食物增香、預防疾病、治療疾病的一般藥用功效外，都有較强的香口香身、安神强志、除煩的作用。佛事的石香是有明確目的指向的香藥食材，用於增益佛事舉行的效果，不是所有的藥食材料都能用作佛食的石香。

基於伯三六四四號、斯六二〇八號等文書所載録的調味食材，確定了敦煌百姓日常生活中的調料清單：作醬醃菜保鮮保脆劑使用的石髓；作醬醃菜提色媒染劑使用的白礬、皂礬；作食品增色劑使用的梔子、石榴、紫草、蘇芳木、紅麴、醬清、餳糖；作菜品提鮮增香劑使用的檳

---

① 　郝春文：《唐後期五代宋初敦煌僧尼的社會生活》，第334、337頁。

榔、茱萸、胡椒、椒、畢撥、桂皮、胡榾子、馬芹子、生薑、橘皮、蒔蘿、高良薑、蔥、胡荽、阿魏、草
豉、茴香；爲食物調味用的油、油麻、鹽、醬、醋、漿水、豆豉、腐乳、條脯、乾酪、鹿臟、獐臟、石
蜜、砂糖、餳糖、蔗蓂、大黄、蔥、蒜、韭、薤；制作保健漿粥飲品食材的高良薑、訶黎勒、胡桃瓢、
乾棗；作麵食品改良劑使用的胡桐淚、白礬。基於上述的各種調料，敦煌百姓廚營百味，進而
反映出唐五代時期人們日常生活中的一些基本理念：一是通過各種調料的使用，追求食物的
“色、香、味”，以提高飲食生活的舒適度；二是在調料的選擇上，調料多具有“長年”“養顔”的
作用，寄託著古人通過飲食“長壽”的理想；三是這些調料的合理使用，可以殺蟲去毒，保持身
體的康健。齋會中的百味供陳，是敦煌百姓在當時飲食理念和食材條件下的色、香、味、形最
高水準的飲食盛筵。

　　通過對齋會中物品流動的考察，可以認爲，敦煌百姓的齋會既是一次文化享受的過程，
亦是一次物質享受，尤其是洗浴和美食享受的過程。營齋爲積福，在敦煌百姓那裏，做齋得
福得歡娱，“非福無以置歡娱”，齋會成爲敦煌百姓文化享受的必需品之一。

## （二）建福：衆生皆苦，惟福是憑

　　在“崇儒重佛”的敦煌地區，伯二八六七號、俄藏弗魯格三四二號背之《主簿》等齋文中所
述的“播千載之英聲，崇一乘之勝軌”是敦煌百姓最理想的人生圖景。所謂“播千載之英聲”，
是儒家人生三不朽目標的最高追求。以齋文來看，在儒家那裏，獲取千載英聲、成就人生三
不朽價值目標的具體途徑是“人倫龜鏡，朝筭棟梁”，以此“立功立事立言”，功成名就，“五福
齊臻”“家榮國寵”，得享美滿的人生。此種狀態，世人常以“好生”一言以總之。“崇一乘之勝
軌”則是佛教信衆的終極實踐目標，它解決敦煌百姓“好死”的終極關懷問題，其實踐方法即
纍積現實生活中的福善，藉福善而往生淨土——“好死”的彼岸。“好生、好死”構成了中古敦
煌百姓共同追求的生活旋律，齋文里的各種祈願與嘆德頌語縱然千般變化，其核心的本質，
無非就是圍繞儒、佛兩種人生價值觀祈求生集“五福”、死往“淨土”。

　　斯三四三號背＋斯四九九二號之《賢者文》等齋文頌揚齋主們“妙達一乘”“早達苦空”，
即齋主們心中早有了成佛的覺悟，心中有了佛的存在，則信衆們的辛勤勞作就擁有了掙錢供
佛的神聖性，勞動者因此享受著有心靈寄託的勞作之樂，佛教的説教具有了與基督教徒所標
榜的工作即禱告、敬業勞作是對上帝的最好奉獻等同樣的心靈解脱功效。在營齋即福、福得
歡娱的觀念下，經由勞作、奉施、齋會的連續流程，至少在齋會期間，信衆的身心是快樂而充
實的。因此，在信佛的人生中，齋會與捨施建福，信衆們心中原本“苦空”的世界因此而充實，
並不算“苦空”。

　　斯五六三七號之《亡考妣三周》等齋文中所述的“隨彌陀而生淨土，逐彌勒而下閻浮”是
最能表達世人“好生好死”意願的佛教祈願語句。彌陀淨土，即西方極樂世界，死往彌陀淨
土，是謂“好死”；彌勒現身閻浮，出現太平盛世，人人幸福，是謂“好生”。世人更多地用佛教

的"净土"話語系統進行"好死"意願的申陳,其常用語詞是"往生淨土""神生淨土"。在佛教那裹,只須生時積累福業、善業,死時就可以"乘佛願力,上品往生阿彌陀佛國土""往極樂生天處"。福業由施捨奉供三寶、持齋戒而得,佛教宣稱"福不唐捐",因此敦煌百姓"匪懈晨宵"於奉供三尊、常年設願於齋會,其目的就是爲了生時享福業之歡娛、死後能清昇彼岸。

考察齋會所蘊含的悲喜情感,只有悼亡齋會充滿悲思,其他類別的齋會均富於喜慶。各種喜慶齋會飾芳院、焚名香、陳齋供、延僧佛、列華筵、設音樂、踏歌舞,爲參與齋會者搭建了"舞席歌筵"的活動舞臺。與會者賓主儘歡,共同證盟了齋主的現世歡樂與來世福田。"家傳正信,敬重福田"的齋主們,在他們人生歷程的每一個重要生活節點,都有可能按照他們所虔信的佛教行爲方式來行事。日常生活中,舉凡誕育、求學、婚姻、建宅、平安、病患、死亡等居家生活的每個節點,都有齋主們虔誠設齋會的身影,齋文所反映出來的家庭生活的點點滴滴證實了這一點。其實日常生活的所有關節點,中國傳統文化中都有相關的慶賀儀式,只是在佛教信衆那裹,傳統的慶賀儀式只有單一的喜慶功能,不如用佛教齋會,既可以有同樣的極限歡慶,又分享了設齋帶來的功德福田,遂使"喜上添福"的慶賀齋會日益爲信衆所樂用。生活中的喪事、衝撞神鬼之類的潛在災事,在佛教齋會能"轉災成福"的宣傳下,信衆也樂於用齋會來處理相關日常生活節點中的禍災事宜。"一人表賀,實謂力微。信男信女,施一切普誦。"施一切普誦是積極參與公共齋會的信衆們的真正貢獻。因此種貢獻,共悲齋會得以轉禍爲福,共慶齋會得望普天安樂,凡參與者皆獲積福,各自皆大歡喜。

敦煌百姓還通過邑義團體的力量來從事建福活動,社邑所有的建福活動,無論是事先由社條約束,還是由社官相時提議討論,都是全體社衆通過之後纔能實行,所有建福活動是屬於整個社邑團體的"合意同歡"與"共崇至福"。敦煌石窟壁畫中有大量的社人供養題名,但那些題名中所提到的社,僅僅代表供養者屬於這個社邑,社人的供養行爲屬於社人自己"隨力所造,不關社[司]"。

在生產領域,佛教的影響力主要在於舉行祈農齋會,其具體形式有賽天王、祈賽雨雪、祈田蠶、祈穀、除害蟲等五種。就形式來看,佛教祈農齋會進程的推進近乎千篇一律:搭建道場、設供焚香請佛、誦經咒、誦齋文申願、設樂、享食,遠不如傳統祭祀方式那樣複雜多變,給人以多變的觀感。然而在佛教信衆那裹,傳統祭祀不能像佛教齋會那樣額外給予承辦者及其親眷功德福田,恰如祈雨齋文所云:以一食施三寶,不僅實現了祈農的功能,還可以使承辦者"合家大小并保休宜,遠近支親,咸蒙吉慶"。福不唐捐,在佛教信衆那裹,有功德福田的祈農齋會要比複雜多變的傳統祭祀更加吸引人。

總的來看,敦煌百姓信衆的日常生活的確是按照佛教"八福田"的概念體係來應對佛教宣稱的"人生皆苦",人生所有的苦都有對應的功德"福田"方法禳解,齋會是做功德獲"福田"的重要手段,"福"既可以解決來世的苦,八福扶身而神歸淨土,獲得死後的終極解脫快樂,又可以在現實生活中"去禍除災",轉禍爲福,因此,佛教爲信衆構建了他們日常生活的基本理念：“人用福田爲本”“福是安身之本”。由此，“建福”就成了信衆日常生活的一個重要側面。

信衆經由齋會的建福生活，既是來世幸福的憧憬，也是現實快樂的源泉。

## （三）建功：棟梁家國，龜鏡人倫

在斯二八三二號、伯三一二九號等一系列齋文中頻頻出現的“五百”一詞及其同義詞“半千”“應賢”“間生”“間出”，是中國儒家政治文化的代表符號。自孟子提出“五百年必有王者興”之説起，“五百”就作爲一個成數，日益演化成爲中國儒家政治文化的代表符號，它代表著儒家所認同的三代“大同”政治理想、“選賢與能”的任人機制以及“講信修睦”的生活氛圍，三者匯融而爲“天下大治”。

“五百年必有王者興”思想的核心部分，就是期待著賢明王者、輔弼能臣應世而現，給人們營造出清明政治與修睦社會的良好局面。因此，廣泛使用的“應賢”類詞語，表明了敦煌百姓對清明政治與修睦社會的期盼，意味著修睦社會與清明政治是當時敦煌百姓的集體認同與共同追求。在當時的敦煌人看來，但凡能使敦煌地區走向清明政治與修睦社會的人，不拘階層高低，無論其影響的範圍大小，都是“五百年應一賢”，五百、應賢所代表的崇賢價值觀遂成爲敦煌地區各階層人士人生價值的評價標準之一。

輔弼能臣是應賢，鄉間楷模亦是應賢，德藝雙馨是應賢的具體考量標準。藝能、技能是成爲輔弼能臣的前提，也是個人成家立業的基石，敦煌百姓崇尚文武雙全。斯五六三七號之《征還》云：“經文髫齒之前，緯武冠年之後。”一系列齋主的嘆德詞句表明，敦煌地區在孩童髫年之前的教育階段，除了進行日常生活必須的“能寫會算”基本技能訓練外，在個人品性的養成上，遵循漢代以來的“經明行修”培養模式。在弱冠之前的成長階段，敦煌地區強調“懷百藝以資身”“多藝多能”，尤其推崇文武雙全。不過齋文裏基本没有提及農工商技藝，所稱揚者惟有儒家六藝。在儒家六藝中，敦煌百姓雖然也看重文章詞藻、騎馬射箭之能，但更多地是強調文者在禮樂上的“訓俗匡時”與九數上的“程功節費，開略有術”之能。齋文裏所看重的武才，更偏重於武略優長方面。總的看來，齋文嘆德所揭示的文武才能的考量指標表明：敦煌地區重視人才的真實辦事能力，與顔之推所論六類實干人才的標準完全相同。

鄉間楷模的應賢標準亦适用於婦女。伯三七七二號＋伯三七七二號背之《元日》云：“婦德女儀，揚暉素篆。”以婦德女儀而“揚暉素篆”是敦煌百姓對婦女生命歷程的價值期許，即或達不到揚暉素篆，書傳有名，至少也要在姻親、鄉黨中傳下美名，“四德光於姻親，六行揚於里閈”。敦煌地區的婦德要求與中原無别，都是儒家的三從、四德、六行。從齋文看，敦煌百姓所認同的婦功至少包含五個方面：一是指絲、麻、毛等紡績、縫紉之事；二是主司中饋之事；三是主司家中祭祀之事；四是奉侍尊親之事；五是主訓育子嗣之事。女儀、母儀，指婦女的爲母之道和爲人母的儀范。敦煌母儀風範以班昭《女誡》爲軌範，推崇婦女"温容韶雅，淑禮和柔"。從齋文來看，敦煌婦女的行爲模板是斯二八三二號之《亡妣文》中所説的"訓子行孟氏之風，和親有謝家之則"。謝家，即以孝道、和睦親族著稱於世的陳郡謝氏，謝道韞爲陳郡謝氏婦女的傑出代表。敦煌婦女訓育子嗣所推崇的典範是以傳承清廉家風、教子有道的敬姜與孟母，世以"姜孟"並稱。具體而言，敦煌婦女教子的主要内容爲三備、六條。三備爲敦煌地區公認的"君、父、師"三備與《孝經》中的"德、行、言"三備。"君、父、師"的三備，側重於社會生活的側面；"德、行、言"的三備，側重於家庭生活的側面。二者結合，行爲身範，母儀外則。六條是指咸熙二年（二五六）西晉官府所頒布的六條中正品評人才、薦舉賢才的標準。六條從德、能、勤、清、信、學六個方面來考察和選拔人才，是一個比較綜合的考評體系，其中含有可以跨越時代的人才評價標準與人文精神，後世遂在此基礎上損益、完善而爲"德能勤績"的綜合考核評價體係，沿用至今。就唐代考課的"四善二十七最"來看，六條所藴含的内容仍然是唐朝人才評價體係中的重要内容。齋文所云敦煌地區訓子以"六條"，表明在唐五代宋初時，六條一直是敦煌家庭教育中的重要内容。

伯三七七〇號之《安傘文》云："惟願長承五福，永謝百憂。"五福的人生是一種物質生活富裕、精神生活愉悦、無疾長壽、樂盡天年的理想人生，缺其一而不能爲美滿，五福相生才算是真正的幸福人生，由此"五福咸臻""五福臨門"成爲傳統文化對終極人生關懷的最高境界設計，這是傳統文化背景下的"好生"，於是"長承五福"就成爲了敦煌齋文裏最具典型性的祈願語句。佛教傳入後，其宣稱的人生八苦、三災、八難、九横，與傳統文化中所論的災禍觀念交集無多，佛教更新了世人的災難禍患觀念，尤其使世人對死亡有了"恐落三塗"的懼怕感。在新的災患觀念下，佛教宣稱功德福田可以免除災患，轉禍爲福，營齋即得福，施者即得福，由此佛教給傳統文化的"百福"賦予了新的含義，中國傳統文化中原本泛指而又模糊的百福變得清晰而形象具體起來，各種類型的齋會構成了"百福"的全體，"是福咸臻"因此具有了可操作性。百福資身，轉禍爲福，福將劫遠，是謂佛教文化氛圍下的"好生"。

斯五五七三號之《社齋文》云："伏惟三官衆社等高門君子，塞下賢禮。"俄敦一二〇〇號之《女人社課邑文》云："並是高門士女，豪族夫娘。"並是高門在齋文中並不是誇飾之詞，其在齋文中的本義是贊譽社衆或個人具有彬彬禮儀、謙謙德行，有著與高門君子同樣的德行風範，故齋文中的高門君子是指"高門中人的文化家風"，不是實指高門中人的出身血統。齋文中頻頻以"高門君子"爲喻，正反映了唐代以來敦煌百姓重積學、重修身的君子世風。在重家風的背景下，通過齋文，可以看到，儒家的"仁義禮智信，温良恭儉讓"是敦煌百姓處理家庭、家族關係的基本準則，"訓傳五教"是敦煌百姓以高門君子爲最佳模版的行爲實踐；"六順淳風"是百姓家庭生活要達到的文化氛圍和目標。鄉間、鄉里是百姓家庭生活之外的第一生活空間，邑義是百姓在家庭、鄉里中間的一個次級生活空間，在這兩個空間中，敦煌百姓以"懷公義於鄉間""坊巷禮傳於孝義"爲行爲指歸，構建起當地社會中的公序良俗和德行風範，纔有了百姓心中的敦煌"禮儀之鄉""敦煌勝境"。

通過齋文"應賢"及其評價標準的宣傳使敦煌百姓意識到：輔弼能臣、朝廷棟梁是應賢，鄉間楷模、人倫龜鏡亦是應賢。出仕朝廷是立事立功處，日常生活亦是立事立功處，"人倫龜鏡，朝筭棟梁"都能使人生達成幸福美滿。

# 第一章　齋會中的物品流動

斯四六四二號之《考妣》云："就此家庭，謹崇福會。"斯五九五七號之《脱服文》云："屈請聖凡，就此家庭。"伯三六〇一號之《亡考》云："於是張翠幕，懸繒幡，梵響盈空，香煙匝席。"斯二七一七號背之《慶新宅》云："故能羅嚴佛像，列席新庭。"斯五六三七號之《優婆夷》："廚營百味，爐焚浄土之香；焚唄盈場，供列香積之饌。"斯二八三二號之《闍梨》云："於是罄［捨］衣資，沐浴身心，内外虚浄。嚴飾院宇，廣薦珍羞。煙焚衆香，供設千味，翠幕横掣，紅幡豎張。"斯四九九二號背＋斯三四三號之《願文》云："故於是日，灑掃庭宇，嚴飾道場，請佛延僧，設齋追福。"

上引諸齋文、齋儀大致揭示了敦煌地區齋會推進的七個具體環節：

第一步：齋主確定齋意及齋會的時間、地點。

第二步：屈請聖凡，疏請或執名邀請參與齋會的僧衆，給付齋儭。

第三步：清寶地，飾院宇，準備齋會的道場。

第四步：羅嚴佛像，安佛設座。

第五步：香湯沐浴，潔浄身心，焚香設供。

第六步：梵響盈空，僧人主持齋會，誦經，宣讀齋文。

第七步：廚營百味，設筵齋僧，齋會結束。

圍繞上述七個環節，産生了一系列相關物品的流動，以布設道場和設食齋僧兩個環節中的物質流動最爲關鍵，敷設道場、廚營百味是齋主們的兩項重頭工作。

## 第一節　飾華第：齋會道場布置中的物質流動

斯四六四二號之《考》云"就此家庭"、《妣》云"就此寺院"、《星使大夫》云"就此寶界"；斯二八三二號之《號尾》云"齋設金園"；斯六三一五號之《祈雨文》云"就此靈龕"；伯三二八二號背之《燃燈文》云"就此寶坊"；斯五九五七號之《臨壙文》云"就此荒郊"；斯五六三七號之《臨壙》云"就此荒疃"。伯二九九一號背之《爲夢妣起塔》云"就此山原"；伯二〇五八號背之《社齋文》云"結真場於巷陌"；伯三七二二號背之《亡男文》云"就此所居"。伯三八〇六號背之

《患文》云"就此所居"。

準上引,齋會舉辦的地點有:家庭、寺院、金園、靈龕、寶坊、寶界、荒郊、荒壠、山原、巷陌、所居等。其中的"所居",不僅包括日常生活的居住場所,還包括職業生活的工作場所,如斯三五六五號《歸義軍節度使設齋功德疏》的設齋地點就在"於衙龍樓上"。伯三三八八號《開運四年(九四七)三月九日曹元忠爲故兄追念設供請金光明寺僧疏》云:"就衙奉爲故兄太傅大祥追念設供。"

齋會的地點既定,接下來是布置齋會的道場,斯四六四二號之《道場》云:

> 於是飾華第,嚴綺庭;屏帷四合而煙凝,花數五色而雲萃。長幡挈拽,豔起空中;矩斾連懸,暈飛簷下。請真容而稽顙,紫磨金姿;延彩像以虔恭,白毫玉色。旋迎法寶,開妙袟以先浮;啓召聖僧,賓頭盧而降趾。僧尼肅穆,如從舍衛大城;道衆駢闐,若赴崆峒方所。長者居士,咸契良因;清信夫娘,同緣善會。梵[聲]寥亮,香氣氛氳;百味珍羞,一時供養。

斯二八三二號之《夫嘆齋分爲段》云道場情狀:

> 是日也,嚴清甲第,素幕橫舒;像瞻金容,延僧白足;經開貝葉,梵奏魚山;珍羞具陳,爐香馚馥道場。

伯三一一四號背之《願文》云道場情狀:

> 掃户開筵,庭中列座;甘露一灑,香風四薰;像列金儀,僧鋪錦席。

準上引,一個布置完成的道場,即"飾華第"所涉及的物質配置有:屏帷、幢幡、真容、氍毹、焚香、香花、香湯、百味珍羞等。隨著齋會地點與規模的差異,相應的物質流動也有差異。

## 一、飾華第,嚴綺庭:道場物質的配借與租賃

就準備齋會的道場而言,設置在寺院、金園的道場,其準備工作要稍微容易一點,因爲寺院中通常儲備著舉辦各種齋會所需的物質。而家庭、靈龕、寶塔、荒郊、山原、巷陌、坊里、所居等其他場所都是在室外,需要另行搭建道場,以達到"飾華第,嚴綺庭"的莊嚴效果。

搭建道場所用的物料,首推"屏帷"與"幢幡",齋文中有多種表述,如斯二八三二號諸篇齋儀云:"翠幕橫挈,紅幡豎張""素幕橫舒""庭張翠幕,宅曳花幡""張曳幕,施翠屏""帷垂廣

院,幕覆長空";伯二〇四四號背云"張翠幕,列畫圖";伯三六〇一號云"張綺幕,掣幡幢""張翠幕,懸繒幡";伯三八〇〇號之《滿月》云:"今日翠幕展凝煙之色,綵幡開涵苔之花。"

從上面的描述看,齋會道場都是先使用幔布搭建起幕屋,再樹幢幡。幕屋的構件有屏、有帷、有帳,甚至有可能是屏、帷、帳的結合,搭建於庭院或者郊原外。帷、帳、屏三者的形制與區別及其混合搭建方式,蕭默先生已利用盛唐第三三窟、第四四五窟等壁畫圖像述之已明①。齋會中的幕屋應該是混合搭建的帷帳屏,這樣纔能滿足齋會時各方面的使用要求。

搭建幕屋的工作,敦煌文獻中稱爲"帳設",家庭營齋的帳設工作自然是由齋主負責,社邑團體營齋的帳設由社邑三官指定專人負責。斯四六六〇號《兄弟社欠色物、入麥及罰筵席等曆》就記錄了因"帳設"承辦者不力而被罰了"釀膩壹筵"。

幢,既是供養具,也是道場莊嚴用具,佛教節日與齋會道場都要用到它。其形制,"組織爲一件錦幢的幾個基本部件是:羅表、絹裏、錦裙、火珠、各色錦繡絹帛拼綴的者舌與帶"②。

伯三六〇一號之《亡考》云:"張綺幕,掣幡幢。"斯一四四一號背之《國忌·睿宗大聖皇帝忌六月廿日》云:"厥今宏開玉殿,廣豎幢幡。"掣與豎,説明了幢的使用方式。掣是用手擎舉著幢;豎是樹立安放於幢座上,伯二六一三號《唐咸通十四年(八七三)正月四日沙州某寺交割常住物等點檢曆》中有"大幢座貳"。基於考古實物與壁畫圖像的研究也證實了這一點,"幢的使用,須有撐竿中挑,或擎舉而行,或置放於固定的處所"③。

斯一八二三號之《亡考文》、伯二六四二號+伯二六四二號背之《亡姥文》云:"開玉藏而轉金言,龕金容橫輝幢傘。"傘也是齋會中莊嚴道場的用品之一,又稱傘蓋,齋文中稱爲寶蓋、華蓋、幢蓋。"依據使用方式的不同,傘蓋主要可以分爲兩種類型:一種是懸掛型,另一種是支撐型。懸掛型的傘蓋是在外部中央或四周懸吊,支撐型傘蓋是在傘的內部中央安裝傘柄撐持或以四角立柱支撐。"④懸掛型傘的使用動作爲"張",支撐型傘的使用動作是"持",在齋文中都有反映,斯四二四五號背《結壇祈福文》云:"兹會也,張繡傘,掛銀幡。"斯二一四六號之《行城文》云:"爰集緇徒,競持幡蓋。"

幡是齋會中必不可少的裝飾物,"唐代以後,佛徒祈福、發願,多以此爲獻佛貢品懸於寺廟和佛窟中佛像的兩側。盛唐第一三〇窟曾發掘天寶十三載(七五四)絹幡實物,與壁畫所繪形制相同"⑤。其具體形制如下頁左圖。

據上引伯二六一三號所記錄的幡的尺寸,研究者計算出唐五代"小幡的尺寸不超過貳米,大幡的尺寸在十三~十五米之間。現存較完整的幡中,高度爲壹點叁至貳米的數量最

---

① 蕭默:《敦煌建筑研究》,文物出版社,1989年,第202—203頁。
② 揚之水:《曾有西風半點香——敦煌藝術名物叢考》,三聯書店,2012年,第63頁。
③ 揚之水:《曾有西風半點香——敦煌藝術名物叢考》,三聯書店,2012年,第63頁。
④ 王樂:《敦煌傘蓋的材料與形制研究》,《敦煌學輯刊》2009年第2期,第97頁。
⑤ 季羨林主編:《敦煌學大辭典》,上海辭書出版社,1998年,第197頁。

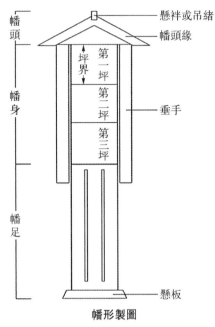

幡形製圖

楊建軍、崔岩:《唐代佛幡圖案與工藝研究》,
《敦煌研究》2014 年第 2 期,第 5 頁。

圖中標注文字:
懸袢或吊緒
幡頭緣
幡頭
坪界
第一坪
幡身
第二坪
垂手
第三坪
幡足
懸板

多"①。齋文中只提到了"繒幡",這應當是所有絲帛材質幡的概稱,實際上,在敦煌洞窟中發現了以絹、綺、羅、綾、錦等絲製幡以及以麻、紙爲材質的幡。

　　左圖中的"幡頭",即敦煌文獻中的"幡額"。幡的頭、身、足等支撐部件爲木制,幡面爲絲、麻、紙制,幡身大而沉重,幡面易損。如果只是在固定地點擺設,還不是個問題。然而隨著齋會、佛事道場的頻繁變換,就産生了幡的收納與搬運問題。以幡的形制而論,其突出的幡額和幡座部分,在搬運中極易受損,故敦煌籍賬文獻中屢見幡額修、造的記録,如,斯六九八一號《年代不明諸色斛斗破曆》:"粟叄斗,沽酒,造幡額下手喫用。"伯二〇四〇號背《後晉時期净土寺諸色入破曆祆會稿》第二〇九行:"麥壹斗,僧統制幡額了日造局席。"第二五二～二五三行:"粟捌斗,沽酒僧統制幡額了日造食起用。粟一斗,買苴造幡額了日用。"第二八三行:"油肆升,僧統造幡額了日造局席用。"第八四五行:"麵五升,僧統起幡額時造食女人用。"

　　幕屋搭建好後,地面上要鋪上氈毯,以備敷座請像。净土寺爲舉辦佛事,需要在東定城佈置一個道場,專門催驢運送氈毯,斯五〇三九號《年代不明諸色斛斗破用曆》云:"粟肆斗,催驢東定城五日安道場施氈用。"布置完該道場的僧政回來後受到犒勞,伯二〇四〇號背第二五〇行記載:"粟貳斗,宋僧政東定城置道場了迴日迎候用。"

　　百姓家中或多或少都置有氈毯,斯一七七六號《顯德五年(九五八)大乘寺法律尼戒性等交割常住什物點檢曆狀》記録了磑户康義盈、李粉堆二人用家中的白方氈抵債給寺院。然而寺院或百姓家中即或有氈毯,在辦齋會時也有可能出現不夠用的情形。在此種情況下,民間多是採用借用或租用的方式來解決。伯二五五五號《諸親借氈褥名目》所記載的正是借用氈毯的情形:

　　　　今月十六日諸親借氈褥名目如數:
　　　　金光明寺借花氈兩領、褥一條、白方氈肆領。索家白方氈一領、方褥兩領。康端公紅花氈三領,一領在堂内。

　　在舉辦齋會盛事時,因參與人員增多,餐具、炊具不敷使用是最易出現的一種情形,民間

① 　楊建軍、崔岩:《唐代佛幡圖案與工藝研究》,《敦煌研究》2014 年第 2 期,第 5 頁。

或自配、或請用、或租用來解決此問題。斯一二六七號背《某年四月卅日某寺上座因佛事配物帖》中就有"皿物：人各椀碟五事"。也可以請用，如伯三九七二號《辰年四月十一日請漆器具名如後》：

> 辰年四月十一日情（請）漆器具名如後：
> 盤子七十枚，疊子七十枚，椀伍十枚，晟子五枚，團盤二枚。

"請"其實是一種租用。郝春文教授統計敦煌諸寺的常住物，發現各寺的鑊釜鐺鏊鍋等都比較多，"鑊釜鐺鏊鍋等不便借用，所以各寺都多準備一些，以備不時之用"[1]。即便準備充足，在盂蘭盆會等盛大齋會時仍有不夠用的情形，斯六七八一號記錄了某寺連續兩年租用油樑戶炒料大釜的情形：

> 七月十五日及諸雜納油壹碩貳卧，油壹卧充亥年煙火價用，又貳卧充子年煙火價用；貳卧肆勝子年催釜價用，又壹卧亥年秋季催釜價用。

就現有資料看，請用、租用、自配的物品多屬生活用具，供養具則是各寺間調配使用。七月十五中元節、盂蘭盆節二節同時，因此敦煌的盂蘭盆節相當隆重，僧團近乎是舉全部寺院之力來備辦這場盛事，幡傘等莊嚴道場的物品於各寺間進行了配調使用。斯二五七五號背《天成三年（九二八）七月十二日都僧統海晏爲七月十五日莊嚴道場配借諸寺幡傘等帖》：

> 右常例七月十五日應官巡寺，必須併借幢傘，莊嚴道場。
> 金光明寺故小娘子新見要傘拾副。龍興叄副，官繡傘叄副。普傘壹副，幡伍拾口，經巾壹條，額壹條。安國大銀幡貳拾口，經巾壹條，額兩片。開元寺大銀幡六拾口。靈修繡幡捌口。乾、淨土各額壹條。
> 大雲寺要傘叄副。開壹副。國壹副，乘額一條。靈修銀幡貳拾口，經巾壹條，額壹條，蓮壹副，大繡像二。
> 靈圖寺要傘兩副。普兩副。奉唐寺幡貳拾口。安國寺幡貳拾口，額壹條，經巾壹條。普青裙額一條。靈修、蓮、安國官幡各七口。
> 三界寺要傘。靈修傘壹副，大乘壹副，乘額壹條，經巾壹條。淨土幡貳柒口。開大像貳，大額壹條。國經巾壹副。
> 右上件所配幡傘，便須準此支付，不得妄有交互者。

---

[1] 郝春文：《唐後期五代宋初敦煌僧尼的社會生活》，中國社會科學出版社，1998年，第161—162頁。

　　　　天成三年七月十二日帖。

　　　　應管内外都僧統　海晏。

　　敦煌寺院之間互相配借、調度道場物品應該是常態,伯二〇四〇號背記録有浄土寺天福九年甲辰年(九四四)以後的入破曆,其第二五七行記載:"七月十三日,沽酒,諸寺和尚就寺差幡傘來看用。"這筆支出是爲七月十五日盂蘭齋會配借幡傘的招待費用。

　　總而言之,搭建道場所需的基本物品有帳、帷、屏、幢、幡、傘等。在出現不敷使用的情形下,通過自備、配借、租用、請用等方式來解決。

## 二、列釋座,建尊容:安佛設座

　　幕屋道場初步搭建好後,就要安佛設座,以便奉佛,此即齋文中所説的"列釋座,建尊容"。尊容,即佛像,齋文中又稱爲金容、金像、真容、真儀;釋座,又稱爲寶座。如斯一八二三號之《亡考文》云:"香湯灑於私第,敷寶座於家庭。"伯二六四二號+伯二六四二號背之《亡姊文》云:"香水灑於私第,敷寶座於家庭。"斯五六三七號之《嘆僮僕德》云:"於是像敷寶座,經轉金言;會僧聖凡,廚筵香饌。"斯四四九二號背+斯三四三號之《亡文》云:"於是列釋座,建尊容,爐焚海岸香,供設天廚饌。"

　　"列釋座,建尊容"的具體流程,侯沖已據"道安三例"及義净《南海寄歸内法傳》等文獻論説分明①,惟其於齋主從何處請得佛像未加論説。侯沖揭示説:"用於齋僧的佛像往往是專用的或共用的,並非施主自己所獨有,所以一般要從某個地方請至宅中安設。"②依據敦煌文獻,這個請得佛像的"某個地方"是指寺院中的"道場司"。

　　據斯二五七五號背、伯三一六七號背、俄敦一三二九號背+俄敦二一五一號背等文獻,敦煌寺院中設有"道場司"。循名責實,道場司應當是爲佈置各種道場提供相應物品的職司,斯二五七五號背《己丑年(九二九)三月廿六日應管内外都僧統爲道場納色目牓稿》在分配各人應税麥油柴藥等物質後,"諸餘沿道場雜要敷具,仍仰道場司校量差發,不得偏併,妄有加減"。則知該次道場所需的生活易耗品以自配的方式解決,而其他供養具則自道場司調撥差發,且不得偏併和妄有加減。足以説明道場司保存著莊嚴道場所需的各種用具。

　　敦煌寺院保存有各種載體的佛像,依據諸寺常住物點檢曆所作的統計,其名目有:脱空金渡像、大佛屏風、佛屏風像、佛屏風、金銅阿彌陀像、阿彌陀屏風、繡阿彌陀像、生絹阿彌陀像、藥師琉璃金銅像、生絹盧舍那像、生絹千佛像、布畫千佛像、千佛布像、集聖絹像、繡像、絹

---

①　侯沖:《中國佛教儀式研究——以齋供儀式爲中心》,上海古籍出版社,2018年,第57—71頁。

②　侯沖:《中國佛教儀式研究——以齋供儀式爲中心》,上海古籍出版社,2018年,第58頁。

畫像子、繼像子、織成像、畫布像、木白像、無座像、金銅菩薩、畫布觀世音像、未禄繼觀世音像、金銅聲聞像、大文殊新像、漢畫地藏菩薩像、板畫地藏菩薩像、大悲絹像、四天王絹像、天王像子①。之所以有各種各樣的佛像，是爲了適應信衆們的不同信仰，以便他們在不同種類的齋會中請得他們所信奉的佛像，由此反映出敦煌民衆的佛教信仰類型及其所尊奉的種種神祇，周雪芹、党燕妮等人已據齋文進行了詳細的討論②。

　　這些佛像等供養具是寺院的常住物，理論上應歸保存常住物的直歲僧人保管於常住倉。但實際上，它們並不是由保存常住物的直歲僧人來保管，直歲僧人只是保管了存放相關物品的櫃函，比如，净土寺的常住物資料完整無缺，"但供養具部分卻未記佛像、佛衣頭冠、經巾、幡、幢、傘等。從其函櫃部分有盛幡傘大長函、盛頭冠子函、盛佛衣櫃子等來看，該寺應有幡傘等物品，只是未將其列入常住什物""大乘寺之供養具部分保存完整，亦無幢傘和佛像"③。這兩個大寺不可能没有"佛像"等供養具和莊嚴具。出現空有函櫃這樣的情況，只是因爲該寺院的幢傘、佛像等物品實際上由道場司在使用、管理，這樣以便齋主們隨時能從道場司那裏請得佛像及相關物品，及時莊嚴道場，舉辦齋會。衆所周知，齋會是講究時效性的。由於敦煌民衆舉辦齋會的頻率相當高，各類道場所需的佛像、幢幡等物品經常不在寺院裏，直歲僧人那裏就只好空餘函櫃，以致在點檢時都不再將其計入常住什物。伯三四三二號龍興寺的點檢歷中就留下了一條幡傘被行像社請走而點檢不在的記録："析高離錦表、色絹裏傘壹，紅絹裙並絲懸針線袋羅網、並金銅杏葉莊嚴，周圍柒箇。在行像社。"

　　總之，布置道場所需的一應幄帳、幢幡、傘蓋、氈褥、漆器等由寺院道場司負責保管。若寺院舉辦大型齋會時幡幢等供養具不夠敷設時，在各寺院間相互配借；生活用具則通過借用、請用、租用、自備等多種方式解決。百姓或社邑舉辦齋會時，佛像、幢幡等一應供養用具由百姓按實際需求向道場司請至營齋地點敷設。

## 第二節　齋僧、齋供中的"廚營百味"

　　以齋食齋僧是齋會中必不可少的環節，齋文中每有體現。如斯四四九二號背＋斯三四三號之《亡文》云："爐焚海岸香，供設天廚饌。"斯三四三號背＋斯四九九二號之《亡兄弟文》云："廚饌香積，爐列名香。"斯一四四一號背之《亡父母文》云："爐焚百和之香，廚饌七珍之味。"伯三四九四號之《佛堂》云："廚營百味，爐列名香。"伯三三六二號之《社邑》云："爐焚六

① 郝春文：《唐後期五代宋初敦煌僧尼的社會生活》，中國社會科學出版社，1998年，第131—133頁。
② 周雪芹：《從敦煌願文看唐宋時期民衆的佛教信仰》，中央民族大學碩士學位論文，2005年；党燕妮：《晚唐五代宋初敦煌民間佛教信仰研究》，蘭州大學博士學位論文，2005年。
③ 郝春文：《唐後期五代宋初敦煌僧尼的社會生活》，中國社會科學出版社，1998年，第158頁。

鉄,飯資百味。"

"廚營百味""飯資百味"只是泛指,敦煌百姓"備精細於佛僧"的美食,具體爲"珍蔬美饌異果"①。中古敦煌百姓爲了齋會,確實是盡心盡力地置辦美味飯食。本節即考察敦煌百姓如何備置齋會中的七珍百味。

## 一、伯三二三一號《平康鄉官齋籍》所反映的齋僧標準餐

伯二九九一號背記録有官齋時用的齋儀《官齋行道》。伯三二三一號《平康鄉官齋籍》是九七四~九七六年敦煌平康鄉七次官方齋僧的帳籍,它記録有負責各類器具備辦和食物製作的"工頭":磑麵頭、押油頭、蒸餅頭、餛餅頭、餡餅頭、胡餅頭、菜憸子頭、餧子頭、白粥兼漿水頭、醉粥頭、酥粥頭、餞床頭、煮菜頭、羹飪頭、送盤牙盤並食丹頭、食布頭、生菜頭、净草頭、蕢頭。

這件文書中的食物名目與工頭名稱,高啓安教授曾作過探討②,然仍有一些問題如餡餅、醉粥頭、净草頭等名實問題没有解決。蔡秀敏也利用該件文書討論過敦煌地區的餅類及煮、炒、蒸、羹四種烹飪方法③,於其中的工頭等問題置而不論。由於這件文書反映了敦煌地區齋僧及日常生活中的食物結構問題,有必要對這件文書中食品的名實問題重加考訂,冀以明其細微。

充分考慮敦煌地區的食料品種以及相關食品的製作方法是理解伯三二三一號所涉食品種類和製作技法的關鍵。

### (一) 净草頭、净炒頭

《周禮·天官》"食醫"條論五味調和云:"凡和,春多酸,夏多苦,秋多辛,冬多咸,調以滑、甘。"④其中的"滑",指運用勾芡法製作菜肴。只是當時勾芡所用的"芡"是米漿水,稱爲"瀋滫",《禮記·内則十二》云:"堇、苣、枌、榆、免、薧,滫瀡以滑之。"⑤至隋代時,勾芡已是著名的製作美味菜品的技法之一,《隋書·音樂志》云:"荆包海物必來陳,滑甘滫瀡味和神。"⑥唐代

---

① 斯五六三九號+斯五六四〇號之《滿月》。
② 高啓安、索黛:《敦煌古代僧人官齋飲食檢閲——敦煌文獻 P. 3231 卷内容研究》,《敦煌研究》1998 年第 3 期;高啓安:《唐五代敦煌飲食文化研究》,民族出版社,2004 年,第 395—407 頁。
③ 蔡秀敏:《唐代敦煌飲食文化研究》,臺灣中正大學碩士學位論文,2003 年,第 330—339 頁。
④ (漢) 鄭玄注,(唐) 賈公彦疏:《周禮注疏》卷五《天官冢宰下》,收入(清) 阮元校刻:《十三經注疏》,中華書局,1980 年,第 667 頁。
⑤ (漢) 鄭玄注,(唐) 孔穎達疏:《禮記注疏》卷二七《内則》,收入(清) 阮元校刻:《十三經注疏》,中華書局,1980 年,第 1461 頁。
⑥ (唐) 魏徵等撰:《隋書》卷一三《音樂志》,中華書局,1973 年,第 295 頁。

進士王參元家失火之後,“脂膏滫瀡之具,或以不給”[①]。唐人亦常以“滫瀡”爲調和之喻,如皮日休《樵火》詩云:“松膏作滫瀡,杉子爲珠璣。”[②]

勾芡能製作美味菜品,不勾芡亦能製作出同樣的美味菜品。唐代已有炒菜,如:炒河蝦,顧况詩云:“鈒鏤銀盤盛炒蝦,鏡湖蓴菜亂如麻。”[③]炒菜中不勾芡的製作技法,稱爲“浄炒”,亦稱爲“清炒”,清炒菜在形、色上别是一番光景,如:賈思勰所記録的“葱炒雞子”就是不勾芡的浄炒、清炒[④]。

“音近借字”是敦煌文書書寫中的普遍現象,伯三二三一號中也不例外,如卷中的“漿水”就借音寫作“將水”;“菜模子”又寫作“菜模子”,高啓安已指出“模”“模”的正字應當是“饃”[⑤];“羹託”“羹飥”均見於卷中,其正當以“羹飥”爲是。“食單”,卷中又寫作“食丹”,“丹”爲“單”的借音字。伯三二三一號中的“浄草頭”,就是寫了個音近字,如果以音讀解之,其音讀即如“浄炒頭”。

浄草頭,即浄炒頭,負責製作清炒菜肴的廚師長或者工頭。

## (二) 餼餅、肉餅

“餼”,《説文解字》本作“氣”,義爲“饋客芻米也”[⑥]。餼餅,伯二〇四九號背《浄土寺願達牒》中正寫作“氣餅”;上圖一一〇號背的食物種類中有“氣餅”。蔡秀敏推測“餼餅”爲饋贈用餅,“敦煌文書中所反映的餼餅,主要作爲寺院的官齋等場合的祭品,按:由於‘餼’有贈送之意,故推知敦煌文書中的餼餅,應是祭典結束之後,由寺院分送給參與官齋者的餅類”[⑦]。然而斯一三六六號中的“餼餅”“餪餅”等卻是寒食節座設時自用的餅,並非是饋贈用餅。

餼餅之“餼”是指製作餅的原材料。按:餼餅之“餼”,即“餼客”之“餼”。餼客謂以肉食之類款待賓客,《禮記·聘義》云:“主國待客,出入三積,餼客於舍,五牢之具陳於内,米三十車,禾三十車,芻薪倍禾,皆陳於外。”[⑧]五牢之具爲牛、羊、豕各五頭,餼餅即以牛、羊、豕爲餡的肉餅。因爲餅中有肉餡,所以每個餼餅的用麵量較少,譚蟬雪研究員計算出“每分餼餅需麵零點二九升”[⑨]。餼餅的計量單位是“分”或“枚”,斯二五七五號云“齋時,新戒食料,人各餪餅兩事,餼餅一翻,胡餅一枚,餢飳一個”,兩事與一翻是個對語,就是指餪餅、餼餅人各“兩個”。

---

① (清) 董誥等撰:《全唐文》卷五七五柳宗元《賀進士王參元失火書》,中華書局,1983年,第5812頁。
② (清) 彭定求等編:《全唐詩》卷六一一皮日休《樵火》,中華書局,1960年,第7049頁。
③ (清) 彭定求等編:《全唐詩》卷八六九顧況《和知章詩》,中華書局,1960年,第9855頁。
④ (北魏) 賈思勰撰,繆啓愉校釋:《齊民要術校釋(第二版)》卷六《養鷄第五十九》,中國農業出版社,1998年,第450頁。
⑤ 高啓安:《唐五代敦煌飲食文化研究》,民族出版社,2004年,第121頁。
⑥ (漢) 許慎著,班吉慶等點校:《説文解字校訂本》,鳳凰出版社,2004年,第201頁。
⑦ 蔡秀敏:《唐代敦煌飲食文化研究》,臺灣中正大學碩士學位論文,2003年,第116頁。
⑧ (漢) 鄭玄注,(唐) 孔穎達疏:《禮記注疏》卷六三《聘義》,收入(清) 阮元校刻:《十三經注疏》,中華書局,1980年,第1693頁。
⑨ 季羨林主編:《敦煌學大辭典》,上海辭書出版社,1998年,第445頁。

肉餅，在古代屬於上食，各種重要的節慶、待客場合都少不了它的身影。而且在敦煌，它並不在齋戒的行列中，"唐宋時敦煌當地的僧人可以吃肉、喝酒，持齋並非不茹葷，只是過午不食"[①]。除了待客，高啓安業已指出餛餅主要作爲佛事活動及節慶時的重要食品[②]。

### （三）饋餅、油蜜蒸餅

饋餅，即三日"饋女"所饋贈夫家的"油蜜蒸餅"。晚唐崔龜圖《北户録注》引顏之推《証俗音》云："今謂女嫁後三日餉食爲饋女。"[③]宋人饋女所餉食品是油蜜蒸餅："三日，女家送彩段、油蜜蒸餅，謂之'蜜和油蒸餅'。"[④]民俗食品通常都有很强的傳承性，宋人的饋女食品應當是傳承自唐人。

所謂"蜜和油"，其實是指以油、蜜和麵製作餅料的方法。中國本來就有製作"蜜餅"的傳統，《楚辭·招魂》曰："粔籹蜜餌，有餦餭兮。"東漢王逸注云："餦餭，餳也。言以蜜和米麵，熬、煎作粔籹。搗黍作餌，又有美餳，衆味甘美也。"[⑤]上引文中，用蜜或餳和麵，制成餅料，然後熬、煎，熬是指入爐烤制，煎是指用油煎炸。

漢代時，北地胡式餅傳入。胡式餅的特點，就是利用牛羊膏脂作起麵的原材料，此即賈思勰所説的"以髓脂、蜜，合和麵"[⑥]皆須以蜜調水溲麵，若無蜜，煮棗取汁；牛羊膏脂亦得；用牛羊乳亦好"[⑦]。牛羊膏脂在餅類製作中起著起酥劑的作用。漢人在吸收胡式餅的特點後，在傳統的蜜餅料中加入了牛羊油脂、豬油脂或植物油脂，就成了油蜜類餅餌。準備好油蜜餅料，待麵料發起後，製成各種餅狀，或油炸、或入爐烤、或上籠蒸，其油炸品稱爲巨勝奴，又稱酥蜜寒具；其入爐烤熟的成品，稱爲髓餅，也稱爲酥餅、沙餅；上籠扆蒸製的就是油蜜蒸餅。

油蜜蒸餅，肥美柔滑、酥軟細膩、香甜可口，的確是一種美味食品。饋女送油蜜蒸餅，無非是冀其夫妻生活如蜜裏調油般和美，家業蒸蒸日上，取其良好喻意也。

如此美味的食品，自然也是齋會等各種盛大場合下的食品。

### （四）醇粥、醪糟粥

唐《初學記》引東漢王粲《七釋》云："瓜州紅麴，參糅相半，軟滑膏潤，入口流散。"[⑧]則敦煌

---

① 譚蟬雪：《敦煌民俗——絲路明珠傳風情》，甘肅教育出版社，2006年，第63頁。
② 高啓安：《唐五代敦煌飲食文化研究》，民族出版社，2004年，第111頁。
③ （唐）段公路撰，（唐）崔龜圖注：《北户録注》卷二《食目》，中華書局，1985年，第31頁。
④ （宋）孟元老撰，鄧之誠注《東京夢華録注》卷五《娶婦》，中華書局，1982年，第145頁。
⑤ （漢）王逸撰：《楚辭章句》卷九《招魂章句第九》，文淵閣四庫全書第1062册，臺北商務印書館，1985年，第64頁。
⑥ （北魏）賈思勰撰，繆啓愉校釋：《齊民要術校釋（第二版）》卷九《餅法第八十三》，中國農業出版社，1998年，第632頁。
⑦ （北魏）賈思勰撰，繆啓愉校釋：《齊民要術校釋（第二版）》卷九《餅法第八十三》，中國農業出版社，1998年，第635頁。
⑧ （唐）徐堅等撰：《初學記》卷二六《器物部》，中華書局，1962年，第637頁。

自漢末以來就已使用紅麴，而且口感極佳，天下傳名。紅麴"既可釀酒，又可充食用色素"①。傳世文獻中紅麴既可指紅色，又可指紅醪糟，如："孟蜀尚食掌食典一百卷，有'賜緋羊'。其法：以紅麴煮肉，緊卷石鎮，深入酒骨淹透，切如紙薄，乃進。注云：酒骨，糟也。"②以醪糟爲烹飪輔料發展出古代的風味糟醉菜系列，醉制法爲烹飪技法之一。自隋代以後，糟製菜是各地的風味佳品，"煬帝幸江都，吳中貢糟蟹、糖蟹"③。七月藏瓜、桃，韓鄂《四時纂要》云"醬、糟並佳"④。可見糟醉法已是當時大眾常用的廚中技法。

斯三八三六號背《雜集時用要字》中有"白醪"，即白醪糟。紅醪糟簡稱紅糟，白醪糟又簡稱白糟，伯四九七九號《天寶十載（七五一）二月酒行安胡到芬牒》記載酒行安胡到芬"供糟甘甕"。紅糟、白糟並是製作糟醉菜的必備原料，尤其是敦煌的紅糟，漢唐間傳名天下，敦煌就不可能沒有糟醉烹飪技法。

醉，古同"醉"。醉粥，即醉粥，採用糟醉烹飪技法製作成的粥，也就是用紅糟或者白糟爲輔料制作成的醪糟粥。

## (五) 生菜頭、冷菜頭

生菜，今葉用萵苣的俗稱，屬菊科萵苣屬，爲一年生或二年生的草本作物，可生食，脆嫩爽口。李璠認爲這種萵苣是從中亞細亞經"和闐國"傳入中原⑤，這就是伯二六〇九號《俗務要名林》等文獻所記錄的敦煌的"萵苣"。

直到明代，葉用萵苣始有"生菜"之稱的記錄，勞費爾因此指出："唐代以前的作家似乎沒有提'生菜'（'萵苣'在北京常用的名字）或'白苣'。"⑥中國東部有本土原生的萵苣屬蔬菜，稱爲"苦菜"或"苦蕒菜"，故勞費爾確認中國萵苣"較好的西方品種是從外國傳來的"⑦。

唐代以前的文獻確曾提到過"生菜"，但那都是指沒有煮過或者經過斷生處理而製作的涼菜，不是指今天的葉用萵苣。如《三國志》卷三〇云："倭地溫暖，冬夏食生菜。"⑧晉《抱朴子》卷八云："及食生菜肥鮮之物，令人羸强難閉。"⑨《太平御覽》引孫思邈《齊人月令》曰："凡立春日食生菜，不可過多，取迎新之意而已，及進漿粥，以導和氣。"⑩杜甫《陪鄭廣文游何將軍山林十首》云："棘樹寒雲色，茵蔯春藕香。脆添生菜美，陰益食單涼。"⑪杜甫《立春詩》云："春

① 王子輝：《隋唐五代烹飪史綱》，陝西科學技術出版社，1991年，第46頁。
② （宋）陶谷撰，李益民等注釋：《清異錄（飲食部分）》，中國商業出版社，1985年，第31—32頁。
③ （宋）陶谷撰，李益民等注釋：《清異錄（飲食部分）》，中國商業出版社，1985年，第16頁。
④ （唐）韓鄂撰，繆啓愉校釋：《四時纂要校釋》卷四《七月》，農業出版社，1981年，第179頁。
⑤ 李璠：《中國栽培植物發展史》，科學出版社，1984年，第117頁。
⑥ ［美］勞費爾著，林筠因譯：《中國伊朗編》，商務印書館，1964年，第225頁。
⑦ ［美］勞費爾著，林筠因譯：《中國伊朗編》，商務印書館，1964年，第226頁。
⑧ （晉）陳壽撰：《三國志》卷三〇《倭人傳》，中華書局，1964年，第855頁。
⑨ 王明：《抱朴子內篇校釋》卷八《釋滯》，中華書局，1985年，第150頁。
⑩ （宋）李昉等撰：《太平御覽》卷二〇《時序部五》，中華書局，1960年，第99頁。
⑪ （清）彭定求等：《全唐詩》卷二二四，杜甫《陪鄭廣文游何將軍山林十首》，中華書局，1960年，第2379頁。

日春盤細生菜,忽憶兩京梅發時。"①唐張鷟《朝野僉載》云:"袁守一性行淺促,時人號爲'料斗鼻翁雞'。任萬年尉,雍州長史竇懷貞每欲鞭之。乃于中書令宗楚客門餉生菜,除監察,懷貞未知也。"②晚唐楊曄《膳夫經手録》云:"苣蓿、勃公英皆可爲生菜。"③在唐人那裏,适合於製作生菜的品種較多,"生菜中,又有胡荽、芸薹、白苣、邪蒿"④。孟詵《食療本草》云:"香菜,温,又云香戎。去熱風。生菜中食,不可多食。"⑤

總之,唐五代時期的"生菜",不是指今天的葉用萵苣,而是特指未經烹煮過的生的菜或者經過斷生處理後調制成的冷盤涼菜,則伯三二三一號官齋籍中的生菜頭,即是負責製作冷盤菜的廚師長或工頭。

### (六) 食丹、食單;蕢頭、簀頭

上引杜甫詩"脆添生菜美,陰益食單涼"中的食單,是指鋪在地上供擺放食品進餐用的墊單,其製作材料有布、褐等,如伯二六一三號點檢曆中的"伍色褐食單一條"。伯三二三一號中的"食丹",即食單。

蕢,同"簀"⑥。簀的本義是"用竹子或木條編成的牀墊""粗蔑席或蘆席"⑦。高啓安認爲"簀"是"和尚聚餐時席地而坐的席子"⑧,確實如此。中國傳統宴會的鋪設方式主要是敷席,《周禮·春官》"司几筵"條云:"司几筵,掌五几、五席之名物,辨其用,與其位。"賈公彦釋云:"凡敷席之法,初在地者一重謂之筵,重在上者即謂之席。"⑨鋪於地上的第一重"筵",通常用可以隔潮的竹子或蒲葦制成。只是粗蔑席或蘆席因其席面相對粗糙,使用時還要配上食單,再擺上食物。其實,只用食單就行,無簀席亦可,而且蕢頭也僅僅出現於此卷,其他敦煌文獻中稱爲"鋪設"。斯一二六七號背《某年四月卅日某寺上座因佛事配物帖》的事務分配中,由都講法師負責該次佛事的所有"鋪設"。伯三二三一號官齋中也應當有相應的職司人員,簀頭即是專事鋪設的負責工頭。

### (七) 煮菜頭

從烹飪技法來看,"煮"主要是指燉煮,與前述的"炒"是不同的技法。煮菜頭,應當是負

---

①　(清)彭定求等:《全唐詩》卷二二九,杜甫《立春詩》,中華書局,1960年,第2493頁。
②　(唐)張鷟撰:《朝野僉載》卷二,中華書局,1979年,第46頁。
③　(唐)楊曄撰:《膳夫經手録》,《叢書集成續編》第八六册,臺北新文豐出版公司,1989年,第589頁。
④　(唐)蘇敬等撰,尚志鈞輯校:《新修本草(輯復本第二版)》卷一八《菜部》,安徽科學技術出版社,2004年,第265頁。
⑤　(唐)孟詵等撰,尚志鈞輯釋:《食療本草》,安徽科學技術出版社,2003年,第29頁。
⑥　《漢語大詞典》編纂委員會編纂:《漢語大詞典》,崇文書局等,2010年,第二版,第3492頁。
⑦　《漢語大詞典》編纂委員會編纂:《漢語大詞典》,崇文書局等,2010年,第二版,第3206頁。
⑧　高啓安:《唐五代敦煌飲食文化研究》,民族出版社,2004年,第406頁。
⑨　(漢)鄭玄注,(唐)孔穎達疏:《周禮注疏》卷二〇,收入(清)阮元校刻《十三經注疏》,中華書局,1980年,第775頁。

責燉煮菜製作的廚師長或工頭。高啓安認爲煮菜頭是"負責炒菜"的頭①。

## （八） 羹飥頭

　　餺飥，韓鄂稱爲"餺飥片子"②，即今各種形狀的"麵片"。餺飥又寫作飪飥、不託、不飥。敦煌文獻中"餺飥"的異詞稱呼最多：餺飥、勃飥、餺飥、没飥、飥。唐人楊曄明確地説："不飥，有薄展而細粟者；有帶而長者；有方而葉者；有厚而切者；有側粥者，有切麵筋、夾粥、薤粥、劈粥之徒，其名甚多，皆不飥之流也。"③據此，唐人餺飥的形狀甚多，至少有四種最常見的形狀：有薄展而細粟的小圓麵片；有帶而長的扯麵片；有方而葉的切麵片；有厚而切的塊狀麵片，常見爲菱形。其他更多的形狀如"柳葉"等，難以一一稱名，"皆不飥之流也"。在具體做法上，有一種做法是賈思勰所記錄的搓麵成粗條，切爲二寸小段備用，要吃時再將小段按壓成小薄片④，上引楊曄所謂"薄展而細粟者"大抵如是。

　　餺飥亦可以做成麵麭狀，又稱作"切麵"或"方碁"，斯三二二七號背＋斯六二〇八號《雜集時用要字·飲食部》列有"方碁"。其具體做法是：錫好麵，搓成細條狀，或揪或切爲小顆粒麭。賈思勰的做法是"切作方碁"，蒸熟晾乾，待吃時再入鍋煮。從形製上看，繆啓愉説："此麵食很像杭州的名點'貓耳朵'。"⑤唐人食用切麵，"南蠻陷交阯，徵諸道兵赴嶺南。詔湖南水運，自湘江入澪渠，江西造切麭粥以饋行營"⑥。楊曄明確地將"切麵筋"歸爲"不飥之流"。斯三九〇五號《唐天復元年（九〇一）金光寺造窟上梁文》云："餺飥空中亂撒，恰似雨點一般。"如雨點般的餺飥，顯然是指顆粒麭狀的方碁餺飥，而且還是賈思勰所記錄的那種做法，纔能用作上梁時拋撒的乾果。伯三三九一號、斯三八三六號背《雜集時用要字》皆記載有"飳飥"，但"飳"字字書未載，是"方"字涉飲食類而產生的增旁新字，故此"飳飥"當校作"方飥"，爲唐人對"方碁餺飥"的新構名詞。方飥是唐人"一日節"的節令食品，斯五六五八號《珠玉抄》云："十月曉，又曰'旦'，何謂？昔漢高祖十月一日入秦，故作'一日節'，方飥爲尚。"

　　餺飥可以煎著吃，伯二〇三二號背《後晋時代净土寺諸色入破曆算會稿》記載："麵五卧，善惠開七齋時煎餺飥用。"即以少水煮，入味，煎收汁，類似於今天的炒麵片。餺飥最常見的吃法是湯煮著吃，伯三三〇二號記載："調停一鑊餺飥，一杓先入喉中。"伯三二三一號"羹飥"一詞説明了中古敦煌人如何調停餺飥，即先製作羹湯，用羹湯而不是用清水湯煮熟

---

① 高啓安：《唐五代敦煌飲食文化研究》，民族出版社，2004 年，第 406 頁。
② （唐）韓鄂撰，繆啓愉校釋：《四時纂要校釋》卷四《七月》，農業出版社，1981 年，第 179 頁。
③ （唐）楊曄：《膳夫經手録》，《續修四庫全書》第一一一五册，上海古籍出版社，2002 年，第 525 頁。
④ （後魏）賈思勰撰，繆啓愉校釋：《齊民要術校釋（第二版）》卷九《餅法第八十二》，中國農業出版社，1998 年，第635 頁。
⑤ （後魏）賈思勰撰，繆啓愉校釋：《齊民要術校釋（第二版）》卷九《餅法第八十二》，中國農業出版社，1998 年，第635、639 頁。
⑥ （後晋）劉昫等：《舊唐書》卷一一九《懿宗紀》，中華書局，1975 年，第 652 頁。

餺飥。

### （九）送盤、牙盤頭

　　牙盤，敦煌文獻中又常寫作"衙盤"，它不是日常生活中使用的器皿，而是典禮或祭祀活動時纔會用到的禮器，"敦煌文獻中的牙盤指的不是某特定形狀的盤子，而是具有獻祭功能的盤子，即牙盤主要是寺廟用來盛放佛前貢品的器具，不是普通的食用器皿"[①]。正因爲牙盤是禮器，所以伯三二三一號纔需要特別指出送盤、牙盤。牙盤所盛的食品是官齋時供佛用的，而送盤食品則是齋僧用的。

　　通過伯三二三一號官齋籍中飲食詞匯的名實考訂，弄清了這七次官齋不僅規模大，而且食品也相當豐盛。其中菜品有燉煮菜、清炒菜、生涼菜；主食則有菜餅、肉餅、酥蜜蒸餅、蒸餅、胡餅、餻床[②]、油炸糕；羹粥有漿水粥、白粥、酥粥、醇粥、羹飥。餅、菜、羹粥，不僅是中古敦煌人的標準正餐，也是今北方麵食地區標準的用餐配置。

　　敦煌齋會食品中偶而會有蒸飯和羹。據斯一二六七號背《某年四月卅日某寺上座因佛事配物帖》，該次佛事中由自晏負責"吹（炊）飯"、由戒榮負責"菜齋"、由都講法師負責"鋪設"、由妙行負責"羹"、由玄照等人負責"餅"。炊飯是以大米或小米爲原料的蒸飯。羹又可稱爲"湯"，斯四二四五號背《結壇祈福文》云："食來香積，可滿玉而彫金；湯自仙宮，乃瓊漿而玉液。"

　　總之，敦煌齋會中的食物有菜、飯、餅、粥、湯、漿飲等，品種相當豐富。

## 二、"飯資百味"的味道調和

　　伯三四九四號之《佛堂》云："廚營百味，爐列名香。"伯三三六二號背之《社邑文》云："爐焚六銖，飯資百味。"北敦〇〇〇一七號之《歎願文》云："爐焚六銖，飡資百味。"中古敦煌百姓如何"廚營百味""飯資百味"，目前尚無細致的研究。所幸伯三六四四號《學童習字》所記錄的一首雜貨鋪徠客叫賣詞從供給側的方面提供了敦煌地區所用的調料細節，藉此我們可以探討中古時期敦煌百姓的"飯資百味"。

　　伯三六四四號後唐時期敦煌店鋪"徠客叫賣詞"共列有三十件物品，李正宇研究員將其分爲"藥材""食物及果品""調味品""衣物"四類[③]。劉再聰又將其中的"白礬皂礬，紫草蘇芳"

---

① 安忠義：《敦煌文獻中幾種食器考辨》，《中國文物科學研究》2016 年第 3 期，第 76 頁。
② 餻床，指用糜爲原料製作的蒸糕。張小豔認爲是用黏米煮成的濃稠粥，冷卻後成爲塊餅狀。詳參張小豔：《敦煌社會經濟文獻詞語論考》，上海人民出版社，2013 年，第 378 頁。
③ 李正宇：《叫賣市聲之祖——敦煌遺書中的店鋪叫賣口號》，《尋根》1997 年第 4 期，第 42 頁。李正宇：《叫賣文學之祖——敦煌遺書兩首店鋪叫賣口號》，《絲綢之路》2012 年第 16 期，第 25 頁。

四種商品再次析出,將其視作敦煌地區染紫用的"染料",探討了晚唐以來敦煌地區普遍穿用紫色服裝、進而突破隋唐時期紫服穿用制度的問題①。蘇芳即蘇芳木,又稱蘇木,游麗雲探討了蘇木在敦煌用作染料和妝容材料的話題②。依據李正宇研究員的錄文,論者或據以論述唐五代敦煌的藥店南藥、北藥品種齊全③;或據以論述商業廣告文學④;或據以討論唐宋時期敦煌貿易繁榮情狀⑤;或據以說明敦煌地區的水果和調味品種類⑥,等等。就現有研究來看,除了上述蘇方、紫草等四種物品在敦煌如何使用得到初步研究外,叫賣詞中的其他物品,尤其調味品等飲食類物品在敦煌地區如何使用,研究跡近於空白,"徠客叫賣詞"商品供給側背後潛隨的敦煌百姓飲食及其生活理念沒有得到應有的彰顯。

自古至今,中藥鋪經營都是一種專業性極強的行業。中藥鋪在收藥、售藥、坐堂問診、代客煎藥之外,極少還有兼業經營的,以藥鋪而兼業服裝、食品經營就更屬罕見。即如今日,飲食調料店裏售賣的中藥類調味料多達四五十餘種,而今人卻絕不會將其視爲藥鋪。所以,敦煌使用"徠客叫賣詞"叫賣服裝、調料等類產品的店鋪不可視爲藥鋪,只能是日用雜貨鋪。

自初唐時期孫思邈撰《千金食治》,提出有病當先"以食治之,食療不愈,後乃命藥"⑦的療病策略之後,食療方法深入人心,一部分藥材就具有了"食、醫"兩用的用途。而隨著這部分藥材"食"用途的日漸廣泛,它們就逐漸演變成人們日常飲食生活中的調味料,《千金食治》首列的"檳榔"即其顯例。敦煌日用雜貨鋪裏用來徠客的"藥材"類商品,固然有其藥材上的醫療作用,然而它在日用雜貨鋪裏出現的本來面目,對於百姓而言,主要是用作日常生活中的調味料。

可以說,"徠客叫賣詞"較充分地顯露了敦煌地區百姓衣、食生活的供給側細節,由此揭示出唐五代宋初敦煌人的日常飲食生活狀況以及相關的生活理念。

## (一) 關於伯三六四四號徠客叫賣詞的釋錄問題

自李正宇研究員首先釋錄伯三六四四號中的店鋪"徠客叫賣詞"以來,學界均是據其錄

① 劉再聰、趙玉平:《唐宋敦煌染料與紫服制度的被突破——以 P. 3644 爲中心》,《南京師範大學學報》2010 年第 5 期,第 59—64 頁。
② 游麗雲:《唐代仕女妝容文化探微》,臺北稻鄉出版社,2015 年,第 240—243 頁。
③ 趙琪等:《以敦煌醫學文獻考察唐代敦煌的醫學教育和醫療狀況》,《中醫藥導報》2017 年第 8 期。趙琪等:《以敦煌遺書考證道地藥材的形成和發展》,《中醫藥導報》2017 年第 3 期。
④ 王文寶:《中國民俗研究史》,黑龍江人民出版社,2003 年,第 22 頁。崔銀河、崔燕:《中國文化與廣告》,中國傳媒大學出版社,2012 年,第 63 頁。顏廷亮、張彥珍:《西陲文學遺珍》,甘肅人民出版社,2000 年,第 16 頁。艾紹強:《絕版中國:永遠的敦煌》,中國工人出版社,2008 年,第 176 頁。朱鳳玉:《敦煌文獻中的廣告文學》,鄭炳林、鄭阿財主編:《港臺敦煌學文庫》第一四册,甘肅人民出版社,2014 年,第 271—291 頁。
⑤ 李鑫:《唐五代宋初的敦煌城市》,南京師範大學碩士學位論文,2008 年,第 19 頁。楊秀清:《華戎交匯的都市:敦煌與絲綢之路》,甘肅人民出版社,2000 年,第 50—51 頁。李正宇、李樹輝:《絲綢之路與敦煌》,載祝忠元、紀永元主編:《敦煌陽關玉門關論文選萃》,甘肅人民出版社,2003 年,第 73 頁。譚蟬雪:《敦煌民俗——絲路明珠傳風情》,甘肅教育出版社,2006 年,第 20 頁。
⑥ 馬燕雲:《唐五代宋初敦煌社會消費問題研究》,西北師範大學碩士學位論文,2007 年,第 20—21 頁。
⑦ (唐) 孫思邈撰,吳受琚注釋:《千金食治》,中國商業出版社,1985 年,第 13 頁。

文展開後續研究。經復檢伯三六四四號圖版，發現李氏録文壁有微瑕，遂重新校録如下：

> 某乙鋪上且有：橘皮胡桃瓢，栀子高良薑，陸(六)路訶黎勒，大腹及檳榔。亦有蒔蘿
> 蓽撥，蕪荑大黄，油麻椒荕(蒜)，阿昔(錫)藕弗(覆)，香甜乾棗，醋齒石榴。絹帽子，羅襆
> 頭。白礬皂礬，紫草蘇芳。紗糖吃時牙齒美，錫糖咬時舌頭甜。市上買取新襖子，街頭
> 易得紫綾衫。闊口褲，斬(嶄)新鞋，大跨腰帶拾三事。

陸路訶梨勒，李正宇研究員釋作"陸路通"和"訶梨勒"兩種物事，或有疏誤。按：中古時期六、陸二字同音，《康熙字典》總結説："陸，《唐韻》《廣韻》《集韻》《類篇》《韻會》並'力竹切'，音六。"① 故"陸路訶梨勒"讀同"六路訶梨勒"，因音同，唐五代時醫家就將"六路訶梨勒"寫作"陸路訶梨勒"。六路，又作六棱，六路訶梨勒是訶梨勒中品質最佳者，多於或少於六路，醫者稱爲"雜路勒"。《南方草木狀》云："訶梨勒，樹似木梡，花白，子形如橄欖，六路，皮肉相著，可作飲，變白髭髮令黑。出九真。"② 五代《海藥本草》云："方家使陸路訶梨勒，即六棱是也。"③ 北宋《本草圖經》云訶梨勒在七、八月"實熟時采，六路者佳。《嶺南異物志》云：廣州法性寺佛殿前，有四五十株，子極小，而味不澀，皆是六路"④。訶梨勒味本酸、澀，而其味不澀的六路訶梨勒在藥用之外，還被廣泛用作日常生活的食材，用於泡酒、作飲、煲粥。

"阿昔(錫)藕弗(覆)，香甜幹棗"，張涌泉教授釋録作"阿苗藕弗香，甜乾棗"⑤。李正宇研究員釋録爲"河(荷)藕弗(佛)香，甜乾棗"。按：即便是録作"苗"，也應當校作"昔"。蓋寫本中"昔""苗"常形近而誤，如伯三七七〇號之《社文》中的"應蓮花劫，續息千苗"，斯五五六一號之《社齋文》中就寫作"應蓮花劫，續息千昔"。故此徠客叫賣詞中的"阿苗"應當校作"阿昔(錫)"。阿錫爲先秦以來太行山以東著名的細布，司馬相如《子虛賦》云："於是鄭女曼姬，被阿錫，揄紵縞。"⑥ 藕弗，當校録作"藕覆"，藕覆是膝褲、襪褲的別稱。"阿錫藕覆"，反映出敦煌地區"衣"生活中的一些細節。

"錫糖咬時舌頭甜"的"咬"，李正宇先生校作"嚼"。按：不校亦可。錫糖即麥芽糖，又別稱"絞絞糖"，是因爲麥芽糖在稀釋作調料外，日常食用最常見的方法是用兩根筷子不斷地互相絞繞，待膠固于筷子上成爲半凝固體後，用舌頭舔食或咬食，故此有"錫糖咬時舌頭甜"的説法。

大腹及檳榔，即大腹檳榔的殼與果實。唐代只有檳榔入藥，到五代時，大腹皮又單獨入

---

① (清)陳廷敬等撰、漢語大辭典編纂處整理：《康熙字典》標點整理本，漢語大辭典出版社，2005年，第1343頁。
② (晉)嵇含：《南方草木狀》卷中，《文淵閣四庫全書》第589册，臺北商務印書館，1986年，第589頁。
③ (五代)李珣撰，尚志鈞輯校：《海藥本草(輯校本)》卷三《木部》，人民衛生出版社，1997年，第63頁。
④ (宋)蘇頌撰，尚志鈞輯復校：《本草圖經》卷一二《木部下品》，安徽科學技術出版社，1994年，第416頁。
⑤ 張涌泉主編：《敦煌經部文獻合集》第八册，中華書局，2008年，第4285頁。
⑥ (漢)司馬遷撰：《史記》卷一一七《司馬相如列傳》，中華書局，1959年，第3011頁。

藥[1],才需要分别指稱檳榔的殼與果實,於是有“大腹及檳榔”,其實是一件物事。則店鋪“徠客叫賣詞”總計有三十件物品。

## (二) 中古時期敦煌地區的調料清單

伯三六四四號叫賣詞中除服裝以外的二十一件物品: 橘皮、胡桃、梔子、高良薑、訶黎勒、檳榔、蒔蘿、蓽撥、蕪荑、大黄、油麻、椒、蒜、乾棗、石榴、白礬、皂礬、紫草、蘇芳、砂糖、餳糖等,在日常生活中都有作調料的用途,廚中或用於調味、或用於提色、或用於增香、或製作漿粥飲,一直沿用至今。只有白礬稍有例外,白礬即明礬,其主要化學成份爲硫酸鋁鉀或者硫酸鋁銨,其中的鋁元素在人體内不能吸收和排出,會在人體内形成鋁富積,進而影響人體對鐵、鈣等成份的吸收,導致骨質疏鬆、貧血,甚至於影響神經細胞的發育而導致癡呆,因此國家明令限制白礬的使用量和應用領域,並推薦相應的無鋁産品來替代明礬,尤其在麵食生産領域。

高啓安、蔡秀敏據敦煌寺院入破曆等文書考察了中古時期敦煌地區使用的鹽、醋、醬與醬清、漿水、花椒、生薑、豆豉、草豉、阿魏、胡椒、畢撥、桂皮、胡桐淚等調料[2]。朱鳳玉列舉了《俗務要名林》“飲食部”中的幾種調料: 醬、酢、鹽、豉、油、糖、餳[3]。余欣等人討論了《俗務要名林》《雜集時用要字》中的畢茇、胡芹子、馬芹子等調味料[4]。

茱萸自先秦以來就是古人廚中必用的辣味調料,又别稱“藙”“欓”。東漢張衡《南都賦》論“廚膳”之事云:“蘇藙紫薑,拂徹膻腥。”西晉周處《風土記》云:“三香椒欓薑。”[5]斯六二〇八號《雜集時用要字》“薑筍部”提到了“紫薑”,即鮮生薑。敦煌寫本《開蒙要訓》中的“葱蒜韭薤,茱萸椒薑”,正是昔日廚中著名的辛辣三香。

斯六二〇八號《雜集時用要字》“乾味部”提到了石髓、鹿臘等乾貨調味品: 砂磄(糖)、石蜜、胡椒、畢撥、胡榗子、馬芹子、橘皮、石髓、乳腐、條脯、乾酪、鹿臘、獐臘。

前文已討論過敦煌的紅麴,是糟醉風味菜的原料和天然的紅色素。

將上述物料按其使用性質分類,就得到了中古敦煌地區日常飲食生活中較爲完整的廚中調料清單:

甲. 醬醃菜保鮮保脆: 石髓。

乙. 醬醃菜提色媒染: 白礬、皂礬。

丙. 食品增色: 梔子、石榴、紫草、蘇芳木、紅麴、醬清、餳糖。

---

① (五代) 日華子集,尚志鈞輯釋:《日華子本草(輯釋本)》卷一二《木部中品》,安徽科學技術出版社,2005 年,第 134 頁。

② 高啓安:《唐五代敦煌飲食文化研究》,民族出版社,2004 年,第 48—51 頁;蔡秀敏:《唐代敦煌飲食文化研究》,臺灣中正大學中國文學系碩士學位論文,2003 年。

③ 朱鳳玉:《從敦煌寫本看唐代民間的飲食生活》,鄭炳林、鄭阿財主編:《港臺敦煌學文庫》第 14 册,甘肅人民出版社,2014 年,第 105 頁。

④ 余欣:《敦煌的博物學世界》,甘肅教育出版社,2013 年,第 342—346、364 頁。

⑤ (宋) 李昉等撰:《太平御覽》卷九五八《木部七》,中華書局,1960 年,第 4253 頁。

　　丁．菜品提鮮增香：檳榔、茱萸、胡椒、椒、畢撥、桂皮、胡榗子、馬芹子、生薑、橘皮、蒔蘿、高良薑、蔥、胡荽、阿魏、草豉、茴香。

　　戊．食物調味：油、油麻、鹽、醬、醋、漿水、豆豉、乳腐、條脯、乾酪、鹿臘、獐臘、石蜜、砂糖、餳糖、蕪荑、大黃、蔥、蒜、韭、薤。

　　己．保健漿粥飲品：高良薑、訶黎勒、胡桃瓤、乾棗。

　　庚．麵食品改良：胡桐淚、白礬。

　　上述的分類或有不恰當之處，但突出它們最常見的日常生活用途業已足夠。根據這份調料清單，它們在菜品、食品中的搭配使用，構建出中古時期敦煌百姓豐富多彩的飲食生活。

## （三）中古敦煌日常生活飲食中的色彩

　　日常生活中食品的色彩，來源於食物原料的本色，以及烹調製作時的增色與調色。唐人已經非常講究食品的色、香、味、形，如崔安潛"鎮西川三年，唯多蔬食。宴諸司，以麵及餉菌之屬染作顏色，用象豚肩、羊臑、膾炙之屬，皆逼真也"[①]。敦煌百姓也不例外。

### 甲．敦煌紅豉的紅色

　　中古敦煌百姓重視食品的調色。高啓安已指出斯四六八五號中的"紅豉"是豆豉[②]。無論原料用黃豆還是黑豆，經發酵、曬制後，都只能製作出黑色的豆豉。要成爲紅豉，就必須有紅色增色工藝。

　　中古廚中增紅的方法大致有三種。一種是用叫賣詞中的"白礬皂礬，紫草蘇芳"來增紅。葛洪"治作赤鹽法"云："用寒鹽一斤，又作寒水石一斤，又作寒羽涅一斤，又作白礬一斤，合內鐵器中，以炭火火之，皆消而色赤，乃出之可用也。"[③]《四時纂要》中的"紅雪"，由蘇方木與朱砂共同染成[④]。宋人給豆子增紅的工藝："先將鹽霜梅一個安在鍋底下，淘淨大粒青豆、蓋梅。又將豆中作一窩，下鹽在內。用蘇木煎水，入白礬些少，沿鍋四邊澆下，平豆爲度。用火燒乾，豆熟，鹽又不泛而紅。"[⑤]蘇芳木在其中的作用就是給豆子染紅，孫世增先生解釋說："蘇木，豆科木本植物，其心材質脆，投入熱水中，水呈桃紅色，加醋，變黃色，再加鹼，又變爲紅色。這裏作染色劑用。"[⑥]用蘇木作染色劑，必須借助明礬、皂礬等媒染劑，色素才能比較穩定地附著在被染物體上。斯四六五八號中的"紅豉"，或許就是採用了上述的增色工藝。現今民間喜事所用的紅蛋，即用蘇木直接開水湯染成桃紅色。

　　敦煌的紅豉也有可能採用瓜州聞名於世的紅麴來增紅，前引材料表明唐五代也確實用

①　（宋）孫光憲：《北夢瑣言》卷三，中華書局，2002年，第57頁。
②　高啓安：《唐五代敦煌飲食文化研究》，民族出版社，2004年，第50頁。
③　王明：《抱朴子內篇校釋增訂本》卷一六《治作赤鹽法》，中華書局，1985年，第289—290頁。
④　（唐）韓鄂撰，繆啓愉校釋：《四時纂要校釋》卷五《十二月》，農業出版社，1981年，第250頁。
⑤　（宋）浦江吳氏撰，孫世增、唐艮注釋：《吳氏中饋錄》，中國商業出版社，1987年，第27頁。
⑥　（宋）浦江吳氏撰，孫世增、唐艮注釋：《吳氏中饋錄》，中國商業出版社，1987年，第27頁。

紅麴來給食物增色。紅麴加入肉製品中,能增加其色、香、味,尤其顏色紅亮誘人。斯六二〇八號《雜集時用要字·飲食部》中列有"肉繡腸"和"灌腸"兩種產品,二者間的區別,應該就是"肉繡腸"在灌製過程中加了紅麴增色,類似今日之紅腸。

　　敦煌的紅豉也可能是將油豉增紅而成。油豉的做法:"豉三合,油一升,酢五升,薑、橘皮、蔥、胡芹、鹽,合和,蒸。蒸熟,更以油五升,就氣上灑之。訖,即合甀覆瀉甕中。"[①]將油豉所用的油用紫草作增紅處理,就得到了紅油豆豉。今天的紅油,由辣椒、紫草、油三種原料煎熬而成,古代廚中有類似的紅油。《禮記》論調和飲食之宜云:"脂用蔥,膏用薤,三牲用藙。"[②]鄭玄注"藙"爲"煎茱萸也",唐人孔穎達疏云:"今蜀郡作之,九月九日取茱萸,折其枝,連其實,廣長四五寸,一升實,可和十升膏,名之藙。"[③]茱萸香味濃郁,味道辛辣,"藙"就是油煎茱萸而成的香辣油,用以給各類食品尤其是肉類增色、增味,相當於今日之油潑辣子。藙中若再加入紫草增強紅色,其色、味就與今日的香辣紅油無甚差別。敦煌紅豉如果採用紫草煎藙來染紅,其口感、色味有如今日的香辣紅油豆豉。

　　使用上述紅色增色工藝,分別得到紅色的鹽乾豆豉、汁水豆豉、紅油豆豉三種產品,敦煌百姓據各自的喜好採用相應的工藝。從供給側而言,三種增紅工藝所使用的各種材料都能很方便地從店鋪裏買到。

### 乙. 醬醃菜的黃、赤色

　　斯六二〇八號《雜集時用要字·薑筍部》提到了"醬瓜",高啓安討論過敦煌的葅菜。醬瓜、葅菜即今天的醬醃菜系列。自古至今,醬醃菜的口感都追求"爽脆",這就要在醃製過程中恰當地使用保脆劑,"碳酸鈣、氯化鈣、硫酸鈣、硫酸鋁鉀"是醬醃菜中最常用的保脆劑,"使用量是菜重的 0.05% 就可以達到保脆效果"[④],這是今日醬醃菜製作中不可或缺的"浸灰工藝"。石髓,即石鐘乳,其主要的成分是碳酸鈣,與石灰的成份相同,而"石髓"被中古敦煌人列入"乾味部"用以調味,其唯一的應用領域就是給醬菜、醃菜保鮮保脆,使醬醃菜品爽脆可口。石灰應用於食品製作領域,唐人稱爲"味灰"。[⑤]

　　敦煌原產道地石膏,孫思邈論藥出州土云:"沙州:石膏。"[⑥]沙州開元貢有"野馬皮、石膏、碁子石、牸羊角"[⑦]。石膏的主要成份是硫酸鈣,日常生活中用作豆腐的成型劑,也是作醬醃

---

① (北魏)賈思勰撰,繆啓愉校釋:《齊民要術校釋(第二版)》卷九《素食第八十七》,中國農業出版社,1998 年,第 652 頁。

② (漢)鄭玄注,(唐)孔穎達疏:《禮記注疏》卷二六《內則》,收入阮元校刻:《十三經注疏》,中華書局,1980 年,第 1466 頁。

③ (漢)鄭玄注,(唐)孔穎達疏:《禮記注疏》卷二六《內則》,收入阮元校刻:《十三經注疏》,中華書局,1980 年,第 1467 頁。

④ 蘇青海、蘇純營:《醬醃菜的脆性變化及保脆措施》,《四川食品工業科技》1995 年第 3 期,第 32 頁。

⑤ (唐)梅彪撰:《石藥爾雅》,收入(明)張宇初、邵以正等編:《道藏》第一九冊,文物出版社、上海書店、天津古籍出版社,1988 年,第 63 頁。

⑥ (唐)孫思邈:《千金翼方》卷一《藥錄纂要》,人民衛生出版社,影印,1955 年,第 6 頁。

⑦ (唐)李吉甫撰,賀次君點校:《元和郡縣圖志》卷四〇《隴右道》,中華書局,2005 年,第 1026 頁。

菜的常用保脆劑。但石膏竝未列入乾味部，不能判定石膏在敦煌是否也被當作保脆劑使用。

白礬作爲抗氧化劑使用，對瓜蔬的保色效果比較顯著。僧人贊寧（九一九～一〇〇一）云：“菱煮過，以礬湯焯之，紅緑如生。”①在醬醃菜時，既要保色又要保脆，石髓（碳酸鈣）和白礬（硫酸鋁鉀）往往會配伍使用，如：作醬腌蒜黄瓜、冬瓜、茄子，“秋間小黄瓜一斤，石灰、白礬湯焯過，控乾。鹽半兩，醃一宿。又鹽半兩，剥大蒜瓣三兩，搗爲泥，與瓜拌匀，傾入醃下水中，熬好酒、醋浸著，涼處頓放。冬瓜、茄子同法。”②雖然没有材料説明敦煌會將石髓與白礬同用，但“礬湯”在醬醃菜品製作中能保色保脆，在贊寧生活的五代宋初應該已成爲生活常識，才會被贊寧總結並記入《物類相感志》中。況且石髓加入敦煌日常生活之乾味部，冬藏菜的“浸灰工藝”成爲孩童生活的常識，已然顛覆了我們對古人食品添加劑應用上的認識。

王艷明討論了吐魯番地區生産的蔬菜有蔥、蒜、韭、芥、蔓菁、薺、蘿蔔、胡瓜（黄瓜）、蘭香、荏、白菜等多種③。高啓安討論了敦煌的蘿蔔、豇豆、薺菜、蔓菁、蔥、韭菜、葫蘆、苜蓿等蔬菜④。再結合寫本《俗務要名林》與《雜集時用要字》等文獻，從供給側上看，敦煌醬瓜的原料來自於本地所產的各種瓜，而適合醃制的冬藏菜蔬則有豇豆、蘿蔔、蔓菁、菘菜（白菜）、蒜、薤、芥、黄瓜等。醃菜原料或許還有甘藍，其時也稱爲“藍菜”。孫思邈云藍菜“久食大益腎，填髓腦，利五臟，調六腑。胡居士云：‘河東、隴西羌胡多種食之，漢地鮮有。’其葉長大厚，煮食甘美，經冬不死，春亦有英。其花黄，生角結籽”⑤。唐《本草拾遺》云藍菜“煮作菹，經宿漬色黄”⑥。

醬醃菜講究色澤鮮亮，從而增加菜品的可接受性。“比丘尼梵正，庖制精巧，用鮓、鱸膾、脯、鹽醬瓜蔬，黄赤雜色，鬥成景物。若坐及二十人，則人裝一景，合成《輞川圖》小樣。”⑦鹽醬瓜蔬，即醬醃菜。要使醬醃菜黄、赤顏色鮮亮，可通過醬色、瓜蔬原色和加料染色來達到。從敦煌當時的供給側來看，使用石榴、栀子、紅麴、醬清、餳糖等都可以給醬醃菜增色。通常而言，豇豆、蘿蔔、蔓菁、藍菜等醬菜會用石榴皮、栀子作增黄處理，而菘菜、薤等會用紅麴作增紅處理，醬瓜會用醬清、餳糖作醬赤色處理。

石榴有酸、甜兩種。叫賣詞中的醋齒石榴，即酸石榴，既是水果，又是藥材，還是廚中調味品。西北地方作羊肉胡羹，“蔥頭一斤，胡荽一兩，安石榴汁數合，口調其味”⑧。人們在食

①    引見《物類相感志》，中華書局，1985 年，第 21 頁。按：（宋）釋贊寧撰：《物類相感志》十卷，現存的一卷本爲原十卷本的節略改編本，十八卷本爲原十卷本的擴編本。詳見宋軍朋：《〈物類相感志〉與〈格物粗談〉内容之比較研究》，華東師範大學碩士學位論文，2004 年；趙美傑：《贊寧〈物類相感志〉研究》，華東師範大學碩士學位論文，2008 年。

②    （宋）浦江吳氏撰，孫世增、唐艮注釋：《吳氏中饋録》，中國商業出版社，1987 年，第 15 頁。

③    王艷明：《從出土文書看中古時期吐魯番地區的蔬菜種植》，《敦煌研究》2002 年第 2 期，第 82—88 頁。

④    高啓安：《唐五代敦煌飲食文化研究》，民族出版社，2004 年，第 34—38 頁。

⑤    （唐）孫思邈撰，吳受琚注釋：《千金食治》，中國商業出版社，1985 年，第 57 頁。

⑥    （唐）陳藏器撰，尚志鈞輯釋：《〈本草拾遺〉輯釋》卷七《果菜米部》，安徽科學技術出版社，2003 年，第 296 頁。

⑦    （宋）陶谷撰，李益民等注釋：《清異録（飲食部分）》，中國商業出版社，1987 年，第 4—5 頁。

⑧    （北魏）賈思勰撰，繆啓愉校釋：《齊民要術校釋（第二版）》卷八《羹臛法第七十六》，中國農業出版社，1998 年，第 584 頁。

用鮮石榴時,剥皮會將手指甲染黃,散落在衣服上的石榴皮汁液會染成黃色斑點,這樣的生活常識使人們認識到石榴皮可以染黃,其所染黃色即是著名的秋香色,民間又戲稱爲"鹹菜色"。若再加上明礬等媒染劑,秋香黃的顏色會更加亮麗,固色效果也更好。要給醬醃菜增黃,在敦煌,人們會自然而然地想到石榴皮帶來的秋香黃,"該色素適宜做飲料及食品的著色劑"①。百姓家中冬季醃菜染黃所需的少量石榴皮,可以從雜貨店鋪買鮮石榴或者從藥鋪買乾石榴皮,據伯三五九六號等文獻,"石榴、石榴皮、石榴花、石榴子、石榴根"在敦煌均入於藥方②。

　　梔子染黃自漢以來就已成爲大衆生活常識。太史公曰:"若千畝厄、茜,千畦薑、韭,此其人皆與千户侯等。"③注云:"厄,鮮支。"鮮支即西漢時梔子之別稱。梔子"果實入中藥或作調味品",富"含黃酮類梔子素、果膠、鞣質、藏紅花酸、藏紅花素、梔子甙、熊果酸等成分"④,是一種營養性著色劑,也是養生常品。除了給醬醃菜等食品著色外,梔子作爲調料的最主要用途還是製作鹵湯。黃鹵與紅鹵都要用到梔子,只是在用量上有所差別。黃、紅鹵湯用以煮制豆類、肉類食品,尤其是三牲下貨及蹄爪,斯二四七二號《辛巳年十月三日州司倉公廨斛斗交過憑》記載:"羊腸壹副,破麵三升。"斯六二〇八號中提到敦煌的食材有"頭蹄、肝肚"。古代西北地方冬季缺少新鮮蔬菜,以梔子爲調料,能有效補充維生素 B 和 A,於冬季日常生活中尤爲必須品,故日用雜貨鋪徠客物品中有"梔子"。

　　白菜等原料在醃菜時加紅麴,食用時再以麻油煎茱萸調拌,顏色紅鮮誘人,香辣脆爽,其口感絶不亞於今日之辣白菜。薤,又稱薤頭,是唐代著名的越冬蔬菜,"在唐朝人的食物中,薤菜始終占居顯耀的位置"⑤。薤頭本身潔白,用紅麴增紅後,茱萸辣油拌食,成爲香辣薤頭。時至今日,薤頭醃製品仍不出白、紅兩種吃法。白的酸甜,紅的香辣。

## (四) 中古敦煌日常生活飲食的香與味

　　朱鳳玉教授據《俗務要名林》説明了敦煌烹調食物產生的味道有"酸、鹹、辛、辣、苦、甘、甜、淡"等數種⑥。"甜、淡"是指烹調中的不加鹽狀態,在北方稱"甜",在南方稱"淡"⑦。這種不加鹽或少加鹽烹調所呈現出來的味道,即食物本身的味道,古稱本味,今稱原味。由此知

---

① 阿布來提·阿布都熱西提:《甜石榴皮和酸石榴皮中天然黃色素的提取及其穩定性比較分析》,《食品科學》2009 年第 15 期,第 132 頁。
② 牟海霞:《唐五代敦煌藥材資源——以敦煌漢文醫藥文獻爲中心探究》,西北師範大學碩士學位論文,2015 年,第 24 頁。
③ (漢) 司馬遷:《史記》卷一二九《貨殖列傳》,中華書局,1959 年,第 3272 頁。
④ (元) 忽思慧撰,李春方譯注:《飲膳正要》,中國商業出版社,1988 年,第 463 頁。
⑤ 王賽時:《唐代飲食》,齊魯書社,2003 年,第 40 頁。
⑥ 朱鳳玉:《從敦煌寫本看唐代民間的飲食生活》,鄭炳林、鄭阿財主編:《港臺敦煌學文庫》第 14 冊,甘肅人民出版社,2014 年,第 105 頁。
⑦ 參見(北魏) 賈思勰撰,繆啓愉校釋:《齊民要術校釋(第二版)》卷八《脯腊第七十五》,中國農業出版社,1998 年,第 582 頁。

中古時期敦煌人在"酸、甘、鹹、辛、苦"五味調和之外,還講究食物本身的味道。而追求食物的本味,一直是古今烹飪中的重要目標之一,"凡食物不能廢鹹,但少加使淡,淡則物之真味、真性俱得"①。

隋唐時期已相當注重食物的增色增香。隋代謝諷《食經》中有"十二香點臛"②,即製作羹湯時加了十二香增香調味,但具體是哪十二香,史籍已失載。唐代韋巨源著名的"燒尾宴"食單中有"賜緋含香粽子蜜淋""天花饆饠九煉香""丁子香淋膾臘別"③等。賜緋含香粽子是經過增紅、加香處理的粽子,食用時再澆淋蜜汁。天花饆饠的餡料用天花蕈和精煉過的九煉香調製。丁子香淋膾的做法,先臘別,即用調料醃拌好魚肉膾片,再澆淋丁香油食用。

中古敦煌的食譜雖已不存,但從《俗務要名林》《雜集時用要字》等文獻中的烹調方法和食物原料,還是可以窺知一些敦煌食品的香與味。

### 甲. 檳榔、大腹皮作香辛調味料

日常生活中人們嚼食檳榔,"飲啖設爲口實"④。作爲食治的材料,孫思邈首列檳榔,以其"消谷逐水,除淡澼,殺三蟲,去伏屍,治寸白"⑤。在煮制、烹調肉類時,加入檳榔作香辛料,可以使各種調料的味道均勻滲透到肉類深層肌裏,不僅食物入味充分,而且在食物冷卻後仍然能保留濃郁如初的香味,還可以起到殺蟲防腐的功用,食物保持新鮮不變質的時間更長。在大塊煮肉還很流行的唐代,檳榔作爲調料——其去腥、回香、入味、殺蟲保鮮的好處顯而易見。晚唐的段成式在談論酒食美味時,就記錄了用檳榔煮肉的方法,"乳煮羊胯利法:檳榔詹闊一寸,長一寸半,胡飯皮。"⑥引文中的"胯利",唐人又寫作"窟利"。

如今檳榔、大腹主要用作入味劑,製作各種鹵菜,尤其是鹵鴨,武漢周黑鴨即其代表産品,百姓日常生活中主要是製作醬香檳榔鴨。

### 乙. 橘皮與敦煌的條脯、鹿臘、獐臘及臘汁味

伯三二八四號《新集吉凶書儀》云敦煌聘禮曰:"次豬羊,次須麵,次野味,次果子,次蘇油、鹽,次醬醋,次椒薑蔥蒜。"抄自中原《吉凶書儀》的伯三四四二號、斯六五三七號等寫卷並沒有上引内容,高啓安因此判定是"抄寫者根據敦煌當地婚俗中送禮的實際情況所加"⑦。這份聘禮單顯示出敦煌地區在漢地傳統聘禮物色之外,增加了敦煌的地域特色,"或者是當地的土産,如酥油;或者是本地所闕之物,如生薑;或者是本地日常生活中之必需品,如醬醋和

① (清)曹庭棟撰,王振國整理:《老老恒言》,人民衛生出版社,2006年,第9頁。
② (宋)陶谷撰,李益民等注釋:《清異録(飲食部分)》,中國商業出版社,1987年,第14頁。
③ (宋)陶谷撰,李益民等注釋:《清異録(飲食部分)》,中國商業出版社,1987年,第9、10頁。
④ (北魏)賈思勰撰,繆啓愉校釋:《齊民要術校釋(第二版)》卷一〇《五穀、果蔬、菜茹非中國物産者》,中國農業出版社,1998年,第738頁。
⑤ (唐)孫思邈撰,吳受琚注釋:《千金食治》,中國商業出版社,1985年,第20頁。
⑥ (唐)段成式撰:《酉陽雜俎》卷七《酒食》,中華書局,1981年,第71頁。
⑦ 高啓安:《唐五代敦煌飲食文化研究》,民族出版社,2004年,第156頁。

椒薑蔥蒜,河西地區的飲食,每頓不離酸、辣之味"[1]。聘禮中的野味,與婚姻奠雁之禮有關,在"無雁時,野雉、野鶩等可代之"[2]。敦煌有傳統的獵場,據伯二〇〇五號《沙州都督府圖經》,其東南部水曲之處,"多野馬、犛[牛]""□狼蟲豹,窟穴其[中]"。敦煌市場上的各種野味,由網鷹人、獵户等提供[3],敦研〇〇一號文書有獵户向官方納"黄羊兒"的記録,敦煌的土貢中有"野馬皮"。直到近代,敦煌的"野馬、野豬、野羊、野雞、豹、虎、熊、狼、兔"等野物仍然存在[4]。

黄羊、鹿、犛牛、獐子、野豬、熊等形體較大的野味,多是"臘而食之",於是就有了斯六二〇八號乾味部中的條脯、鹿臘、獐臘。野味膻腥味大,多以香辛料醃制,方才臘味醇美,進而形成臘汁味系列食品。其時通行的脯臘之法,當屬賈思勰所記載的五味脯臘法。其原料用牛、羊、獐、鹿、野豬、家豬的精肉,其具體方法是:先用牛羊骨製作骨汁高湯,"掠去浮沫",加入豆豉使湯"色足味調",再加鹽、蔥白、花椒、生薑、橘皮等五味于湯中,將肉料浸入湯中醃制,"味徹乃出"[5],於北風處陰乾收藏。

作五味脯臘時,不加鹽、豉,同時將肉料批爲薄片,陰乾後"脆如淩雪",賈思勰稱其爲"甜脆脯"[6]、韓鄂則稱爲"淡脯"[7]。製作脆脯時若另加紅麴增紅,食用時再用"煠"法過油輕炸,就得到了唐代著名的"赤明香":"赤明香,世傳仇士良家脯名也。輕薄、甘香、殷紅、浮脆,後世莫及。"[8]其中橘皮乃是五味脯臘中"甘香"的關鍵。橘皮,又稱陳皮、紅皮、貴老等,雖是苦味調料之冠,卻只能充當調味料的配角,"單一的陳皮味是不能構成菜肴口味的",只有和花椒、草果、生薑等佐料結合在一起,"才能産生一種帶有獨特風格特色的菜肴味型"[9]。

賈思勰的五味脯臘既已"味徹",唐人又在"味徹"之後,再"以蔥、椒、鹽湯中猛火煮之,令熟後,掛著陰乾。經暑不敗。遠行即致妙"[10]。再次充分入味的肉脯經臘月的風薰,積澱下歲月的味道,煮熟後,香味濃郁醇厚,除直接食用外,還切成肉粒或磨成粉末,和其湯汁,成爲餅、菜、飯、鈔諸種食物製作中的調味品[11],今則稱爲臘汁味。臘汁味系列食品在唐代頗受歡迎,成爲日常生活中食物儲備的代名詞,此唐人所謂"脯臘朡胰以供滋膳,參术芝桂以防屙

①　譚蟬雪:《敦煌民俗——絲路明珠傳風情》,甘肅教育出版社,2006 年,第 195 頁。
②　譚蟬雪:《敦煌民俗——絲路明珠傳風情》,甘肅教育出版社,2006 年,第 195 頁。
③　參見高啓安:《唐五代敦煌飲食文化研究》,民族出版社,2004 年,第 47 頁。
④　(清) 蘇履吉、曾誠撰:道光《敦煌縣誌》,臺北成文出版社有限公司,1970 年,第 372—373 頁。
⑤　(北魏) 賈思勰撰,繆启愉校釋:《齊民要術校釋(第二版)》卷八《脯腊第七十五》,中國農業出版社,1998 年,第 579、582 頁。
⑥　(北魏) 賈思勰撰,繆启愉校釋:《齊民要術校釋(第二版)》卷八《脯腊第七十五》,中國農業出版社,1998 年,第 579 頁。
⑦　(唐) 韓鄂撰,繆启愉校釋:《四時纂要校釋》卷五《十二月》,農業出版社,1981 年,第 245 頁。
⑧　(宋) 陶谷撰,李益民等注釋:《清異録(飲食部分)》,中國商業出版社,1987 年,第 3 頁。
⑨　李俊傑、郭小雯編著:《百味香料調美味配單方》,湖南科學技術出版社,2005 年,第 263 頁。
⑩　(唐) 韓鄂撰,繆启愉校釋:《四時纂要校釋》卷五《十二月》,農業出版社,1981 年,第 245 頁。
⑪　參王賽時:《唐代飲食》,齊魯書社,2003 年,第 71—72 頁。

疾"①者。王梵志筆下的窮漢,即使再赤貧,也還是有"鹿脯三四條,石鹽五六顆"②來待客的。"秦烹惟羊羹,隴饌有熊臘"③,包括敦煌在内的西北脯臘味傳名天下。

**丙. 敦煌的瓜瓠與焦式烹調**

據《俗務要名林》,敦煌的烹調技法有"焦"法。朱鳳玉釋云:"類似今天燥煮的一種烹飪法。"④繆啓愉釋云:"焦,用少量的水緩火油燜"⑤。

按:焦式烹調法即今日乾鍋菜式烹調法。其原材料中必須有肥肉,方能在緩火加熱中均匀出油而達到油燜菜的效果,所以賈思勰説焦法"偏宜豬肉,肥羊肉亦佳"。其具體的做法是:用豉、鹽、薑、椒等組配好調料,肉切塊,蔥掰開,於銅鐺中布一層肉就布一層蔥,蔥上撒調料,再如法布第二層、第三層,下少水焦之,此爲肉焦。若將蔥换作瓜瓠、菌蕈之類,即成素焦。"焦瓜瓠、菌,雖有肉、素兩法,然此物多充素食,故附素條中。"⑥高啓安討論過中古敦煌的瓜瓠與發菜、菌菇等食材⑦,敦煌又有上好的河西肥羊,正是焦式烹調中最適用的原料。"葛花消酒毒,萸蒂發羹香"⑧,焦式烹調中加入茱萸、胡椒等香辛調料,百味馨香,這才是古人真正的香辣乾鍋菜式。

**丁. 大黄的菜用與調味**

河西是大黄的道地産地之一,《新修本草》云大黄"調中化食,安和五臟""生河西山谷及隴西。二月、八月采根",以其根莖紋理如大理石而被稱爲"河西錦紋"。現今敦煌野生藥材中有"土大黄"⑨,又稱"羊蹄大黄""牛舌大黄","九月采根,破之亦有錦文。日干之,亦呼爲土大黄"⑩。伯三六四四號叫賣詞中的大黄不知是哪一種大黄。

大黄根莖在唐代家庭日常生活中的用途是作屠蘇酒、備急丸和茵陳丸。唐人於元日"進屠蘇酒""又上椒酒、五辛盤于家長以獻壽"⑪。宋人龐元英云:"唐歲時節物,元日則有屠蘇酒、五辛盤和咬牙餳。"⑫據斯六五三一號,敦煌"歲日賞屠蘇酒、五辛盤、假花果、膠牙餳"⑬,與

① (後晉)劉昫等:《舊唐書》卷一○二《元行沖傳》,中華書局,1975年,第3177頁。
② (唐)王梵志著、項楚校注:《王梵志詩校注》,上海古籍出版社,1991年,第431頁。
③ (清)王文誥輯注,孔凡禮點校:《蘇軾詩集》,中華書局,1982年,第120頁。
④ 朱鳳玉:《敦煌通俗字書所呈現之唐五代社會文化研究芻議——以敦煌寫本〈俗務要名林·飲食部〉爲例》,《敦煌吐魯番研究》第十四輯,上海古籍出版社,2014年,第508頁。
⑤ (北魏)賈思勰撰,繆啓愉校釋:《齊民要術校釋(第二版)》卷九《素食第八十七》,中國農業出版社,1998年,第656頁。
⑥ (北魏)賈思勰撰,繆啓愉校釋:《齊民要術校釋(第二版)》卷九《素食第八十七》,中國農業出版社,1998年,第655頁。
⑦ 參見高啓安:《唐五代敦煌飲食文化研究》,民族出版社,2004年,第35、41頁。
⑧ (清)彭定球等:《全唐詩》卷三七王績《食後》,中華書局,1960年,第485頁。
⑨ 《敦煌市志》編纂委員會編:《敦煌市志》,新華出版社,1994年,第707頁。
⑩ (宋)蘇頌撰,尚志鈞輯校:《本草圖經》卷八《草部下品》,安徽科學技術出版社,1994年,第244頁。
⑪ (唐)韓鄂撰,繆啓愉校釋:《四時纂要校釋》卷一《正月》,農業出版社,1981年,第11頁。
⑫ (宋)龐元英:《文昌雜録》卷三,中華書局,1985年,第21頁。
⑬ 録文據周一良、趙和平:《唐五代書儀研究》,中國社會科學出版社,1995年,第157頁。

中原稍有差異。屠蘇酒的配方有多種，但都離不了大黄，韓鄂記録了唐五代最常見的屠蘇酒配方："大黄、蜀椒、桔梗、桂心、防風各半兩，白術、虎杖各一兩，烏頭半分。右八味，剉，以絳囊貯，歲除日薄晚，掛井中，令至泥。正旦出之，和囊浸於酒中，從少起至大，逐人各飲少許，則一家無病。"[1]備急丸和茵陳丸也都要用到大黄，這兩種丸藥是唐五代時居家旅行的常備藥，大多家中自製，韓鄂記録了這兩種丸藥的配方和製作方法[2]。敦煌亦流傳有這兩種丸藥的配方[3]。

河西的錦紋大黄還可以蔬用，"其莖味酸，堪生啖"[4]。土大黄以其葉形，又稱羊蹄，而中藥中稱"羊蹄"者凡兩種，一種是《詩經》所云的"蓄"，"又一種極相似而味酸，呼爲酸模"[5]。唐《本草拾遺》云："酸模，葉似羊蹄，是山大黄，亦名當藥。"[6]山大黄，即土大黄的又一别稱，"羊蹄根"正是寥科酸模屬的土大黄，"可作菜食"[7]。據斯三八三六號背《雜集時用要字》，可作菜食的羊蹄，在敦煌正作爲日常生活的基本常識教授給學童。

大黄的葉極酸，而其葉柄和杆莖卻如同紅富士蘋果一樣具有自然的酸甜，所以生啖、蔬用的部位其實是葉柄和杆莖。葉柄、杆莖帶來的自然酸甜常常用開水煮出，濾其汁作調味劑使用，製作泡菜、調餡、烹菜，更用以"溲"麵，製作糕點、脆餅等各種餜食。

敦煌的糕糜，用黄米或小米發酵蒸制[8]，蒸熟後切成菱形、方形或三角，其横切面狀如蜂窩，透著酥軟。這種糕糜的調味，只有原味、酸甜、棗汁三種。其中的酸甜味，現代廚中就來自於大黄的杆莖。

**戊．敦煌的乳腐、乾酪調味及其酪漿、漿水麵**

斯六二〇八號中的"乳腐"，並非今日豆製品的"腐乳"，其原料是牛乳，加熱，以醋爲成型劑，用重物鎮壓的方法擠去水份[9]，今民間稱之爲"奶豆腐"。與賈思勰所記的酸甜味的"熟酪"[10]方法相比，大同小異。熟酪是用上次留下的甜酪發酵，如同用老麵發麵，時間長而難於控制發酵的程度，而乳腐則立等可成，"乳腐"可視作"熟酪"的速成版本。熟酪乾制後稱爲"乾酪"，乳腐乾制後稱爲"乳餅"。

鮮乳腐散發著清新的奶香與淡淡的酸甜味，用以醃拌食物，别具風味。唐人作山藥粉，

① （唐）韓鄂撰，繆啓愉校釋：《四時纂要校釋》卷五《十二月》，農業出版社，1981 年，第 262—263 頁。
② （唐）韓鄂撰，繆啓愉校釋：《四時纂要校釋》卷五《十二月》，農業出版社，1981 年，第 252—253 頁。
③ 參見叢春雨：《敦煌中醫藥精萃發微》，中醫古籍出版社，2000 年，第 196、202 頁。
④ （唐）蘇敬等撰，尚志鈞輯校：《新修本草（輯復本第二版）》卷一〇《草部下品之上》，安徽科學技術出版社，2004 年，第 141 頁。
⑤ （唐）蘇敬等撰，尚志鈞輯校：《新修本草（輯復本第二版）》卷一一《草部下品之下》，安徽科學技術出版社，2004 年，第 159 頁。
⑥ （唐）陳藏器撰，尚志鈞輯釋：《〈本草拾遺〉輯釋》卷八《解紛一》，安徽科學技術出版社，2003 年，第 366 頁。
⑦ （唐）陳藏器撰，尚志鈞輯釋：《〈本草拾遺〉輯釋》卷八《解紛一》，安徽科學技術出版社，2003 年，第 366 頁。
⑧ 高啓安：《唐五代敦煌飲食文化研究》，民族出版社，2004 年，第 160 頁。
⑨ （唐）韓鄂撰，繆啓愉校釋：《四時纂要校釋》卷二《二月》，農業出版社，1981 年，第 61 頁。
⑩ （北魏）賈思勰撰，繆啓愉校釋：《齊民要術校釋（第二版）》卷六《養羊第五十七》，中國農業出版社，1998 年，第 432—433、435—436 頁。

即用乳腐調拌。《方山廚録》云："去皮,於篛籬中磨涎,投百沸湯中,當成一塊。取出,批爲炙臠,雜乳腐爲罨炙。素食尤珍。入臛用亦得。"①油炸的山藥粉塊以外,用乳腐拌食其他可以生啖的大黄葉柄、生菜、瓜果等,就得到了與今日果蔬沙拉極其相似的系列美食,此所謂"素食尤珍"者。

乳餅可入藥和日常食用。日常食用的方法是作乳餅麵:"乳餅一個,切作豆子樣""用麵拌,煮熟,空腹食之。"②唐人則是作漿水麵:乳餅"細切如豆,麵拌,醋漿水煮二十餘沸"③。

斯六二〇八號中提到的"酪漿",用乾酪或乳餅製成。乾酪與乳餅,其實只是乾燥方法上略有差異,味道上並無差别,都可以入臛用,主要作漿、粥的調味劑:"作粥、作漿時,細削,著水中,煮沸,便有酪味。"④酪味,即今日的奶香味。如上法作出酪漿之後,入冬瓜等菜同煮,即得到著名的"奶香冬瓜湯",更通俗的叫法是"奶湯冬瓜"。敦煌出産冬瓜。

**己. 栀子、檳榔、紅麯、高良薑、畢撥、茱萸、阿魏、胡椒、花椒、桂皮、胡榶子、馬芹子、生薑、橘皮、蒔蘿、豆豉與煮肉**

《俗務要名林》的烹調技法有"煮"法,是"將食物放入水或湯的鍋裏加熱烹熟的一種烹飪方法"⑤。高啓安已指出斯三二七八號提到的"熟肉"是"煮肉"⑥。煮肉無非是不加佐料的白水煮和加了佐料的湯水煮。野馬皮是敦煌的貢品,野馬肉是敦煌著名的野味食品。唐《食醫心鏡》中的野馬肉吃法,既用湯水煮,又推崇白水煮:"細切,於豉汁中煮,著五味、蔥白調和,作醃臘食之。作羹粥及白煮吃,妙。"⑦

"白煮吃"之所以稱妙,乃在於食物本身的味道。前文已述中古時期敦煌人講究食物本身的味道,而肉類食物最本色的味道,莫過於不加任何調料的白水煮,賈思勰稱之爲"白肉"⑧。白肉煮好後,切成膾片做涼盤,再配以蒜齏、椒鹽等多種調味汁食用;又或切成片、丁、末、臠塊,另加佐料、配菜入鍋烹炒或煮作羹臛,如唐人的"白煮豬肉","煮令熟,細切,作膾,和醬、醋食之。或作羹粥,炒,任性食之"⑨。是爲唐人日常生活中的回鍋肉系列。

加佐料的湯水煮。上所列出的栀子、檳榔、紅麯、高良薑、畢撥、茱萸、阿魏、胡椒、花椒、桂皮、胡榶子、馬芹子、生薑、橘皮、蒔蘿、豆豉等佐料可以單味或多味組合加入到湯水中,再

---

① (唐)韓鄂撰,繆啓愉校釋:《四時纂要校釋》卷二《二月》,農業出版社,1981年,第55頁。
② (元)忽思慧撰,李春方譯注:《飲膳正要》,中國商業出版社,1988年,第185—186頁。
③ (唐)孟詵撰,張鼎增補,尚志鈞輯校:《食療本草》,安徽科學技術出版社,2003年,第104頁。
④ (北魏)賈思勰撰,繆啓愉校釋:《齊民要術校釋(第二版)》卷六《養羊第五十七》,中國農業出版社,1998年,第433頁。
⑤ 朱鳳玉:《敦煌通俗字書所呈現之唐五代社會文化研究芻議——以敦煌寫本〈俗務要名林·飲食部〉爲例》,《敦煌吐魯番研究》第十四輯,上海古籍出版社,2014年,第507頁。
⑥ 高啓安:《唐五代敦煌飲食文化研究》,民族出版社,2004年,第167頁。
⑦ (唐)咎殷撰,尚志鈞輯校:《食醫心鏡(重輯本)》,安徽科學技術出版社,2003年,第226頁。
⑧ (北魏)賈思勰撰,繆啓愉校釋:《齊民要術校釋(第二版)》卷八《脏、腤、煎、消法第七十八》,中國農業出版社,1998年,第606、609頁。
⑨ (唐)咎殷撰,尚志鈞輯校:《食醫心鏡(重輯本)》,安徽科學技術出版社,2003年,第227頁。

與肉同煮，既不失食物本味，又可以去腥增香、解膩增鮮，這種煮法發展出今日紅燒、鹵煮兩大菜品系列，只不過中古時期的叫法有多種，如賈思勰稱爲脏、腤、煎、消、菹綠等，其實只是對料物進行煎、炒、炸、滑油、焯燙、水浸、醃臘等預處理方法上的區別。在對料物預處理之後，"無非是用鹽豉蔥薑等與肉類同煮"①。對料物的預處理，《食醫心鏡》中稱爲"治如食法"，在其後的加料煮中，強調於"豉汁中煮"，舉凡狐肉、野馬肉、驢肉、熊肉、豬肚、羊肺、水牛肉、豬肉莫不如此②。強調於"豉汁中煮"，在味道之外，就是給肉品作醬色處理，煮出的肉品紅亮誘人。

　　湯水煮的肉料有大有小，小塊的肉料煮到收汁就成了紅燒肉，如賈思勰所記的"綠肉"，其做法是：將豬、雞、鴨等肉料切成小方塊，先白煮，換水後下鹽、豉汁煮，再入蔥、薑、橘、胡芹、小蒜等調味煮，收汁起鍋時加醋。繆啓愉先生認爲這道菜其實該叫"醋溜紅燒肉"③。小塊肉加料湯煮，成爲紅燒菜；大塊肉加入多味佐料後煮熟煮透，就成了鹵煮肉。

**庚．高良薑、訶黎勒、胡桃瓤、乾棗與敦煌的保健漿粥飲**

　　水之外，唐代日常生活飲料分爲酒、漿、茶三大系列，各具功能。陸羽曰："至若救渴，飲之以漿；蠲憂忿，飲之以酒；蕩昏寐，飲之以茶。"④作飲的"漿"，自先秦以來就是"米汁釀過略有酸味的漿汁"⑤，中古時期敦煌人用以佐餐、作飲的"漿水""米漿"正是這種酸漿汁⑥。漿水是百姓日常生活的常用飲品，唐人謂"貧居之易辨"⑦。此處"辨"作"治"解。

　　漿水發展到了唐代，已有了五穀漿、果漿、蔬漿及乳漿等品種，又有發酵與不發酵的區分，製作中還會加入合適的藥材以增強漿水的食補保健功效，杜若漿、赤箭漿、三勒漿等即是唐代行用較廣的保健漿水。

　　伯二二八二號所載的"高良薑三味飲"，雖以"飲"爲名，其實是治療"濕霍"的藥湯⑧，並不是日常生活中的保健漿水。用高良薑製作的保健漿水，唐人稱爲"杜若漿"，王績《食後》詩云："始暴松皮脯，新添杜若漿。"⑨沈括考證云："杜若即今之高良薑，後人不識，又別出高良薑條，如赤箭再出天麻條、天名精再出地菘條、燈籠草再出苦菣條，如此之類極多。"⑩高良薑還

---

① （北魏）賈思勰撰，繆啓愉校釋：《齊民要術校釋（第二版）》卷八《脏、腤、煎、消法第七十八》，中國農業出版社，1998年，第608頁。

② （唐）咎殷撰，尚志鈞輯校：《食醫心鏡（重輯本）》，安徽科學技術出版社，2003年，第225、226、228、230、245、247、249頁。

③ （北魏）賈思勰撰，繆啓愉校釋：《齊民要術校釋（第二版）》卷八《菹綠第七十九》，中國農業出版社，1998年，第610、613頁。

④ 吳覺農主編：《茶經述評》第二版，中國農業出版社，2005年，第164頁。

⑤ 蘇諾：《古代保健"茶湯"的醫學史研究》，中國中醫科學院博士學位論文，2009年，第32頁。

⑥ 高啓安：《唐五代敦煌飲食文化研究》，民族出版社，2004年，第148—149頁。

⑦ （唐）穀神子撰：《博異志》，中華書局，1980年，第41頁。

⑧ 叢春雨：《敦煌中醫藥精萃發微》，中醫古籍出版社，2000年，第220頁。

⑨ （清）彭定球等：《全唐詩》卷三七王績《食後》，中華書局，1960年，第485頁。

⑩ （宋）沈括撰，胡道靜校注：《新校正夢溪筆談》卷三《藥議》，中華書局，1957年，第333頁。

是作藥粥的主料,用高良薑六分,"以水二升煎高良薑,取一升半,去滓,投米煮粥食之"①。

唐人廣泛應用訶梨勒。作爲果藥,其入藥、泡酒、陳明、僧海霞、李應存等人據敦煌文獻述之已明②。訶梨勒作爲果食可直接嚼食,"若能每日嚼一顆咽汁,亦終身無病"③。在吐魯番市場上,訶梨勒每顆價格"上直錢貳文五分、次貳文、下一文五分",敦煌不可能與鄰近的吐魯番有上百倍的價差,故伯二六八九號所述的"訶梨勒價六斗八升"並不是一顆訶梨勒的價格,而"應該是一百二十六顆訶梨勒的價格"④,即敦煌市場上訶梨勒每顆均價亦是兩文,"日嚼一顆"也是可能的。在不算高的價格下,訶梨勒的應用普遍,日常生活中多是作漿、作飲、煮粥。作漿,須發酵,"候發定,即止。但密封。此月一日合,滿三十日即成。味至甘美,飲之醉人,消食、下氣。須是八月合即成,非此月不佳矣"⑤。作飲,"訶梨勒一枚,打碎爲末""以水一升,煎三兩沸,後下訶梨勒,更煎三五沸,候如曲塵色,著少鹽,服"⑥。《南部新書》云:"用新訶子五顆、甘草一寸,並拍破,即汲樹下水煎之,色若新茶,味如綠乳,服之消食疏氣,諸湯難以比也。"⑦

叫賣詞中的胡桃瓤,即今核桃仁,"食之令人肥健,潤肌,黑鬚髮",但在唐宋時期的認知中,胡桃卻又是不可多食之物。孫思邈云胡桃"不可多食,動痰飲,令人噁心,吐水、吐食"⑧。宋《圖經本草》云:"性熱,不可多食。"⑨《開寶本草》曰:"多食動風、脫人眉。同酒食,多令咯血。"⑩直到《本草綱目》中,李時珍才糾正其非。但唐人在"不可多食"的認知下,對胡桃的日用量不大,且週期極長,《食療本草》云:"凡服胡桃,不得並食。初日服一顆,每五日加一顆,至二十顆止,周而復始。"⑪唐《海上集驗方》的胡桃粥,用量也不大,"去皮研膏,水攪濾汁,米熟後加入,多煮生油氣"⑫。"胡桃煮肉肉不臭"⑬,自五代以後,廚中用胡桃去除肉類的腥味,尤其與羊肉同煮時效果極佳,"先將羊肉放在鍋內,用胡桃二三個,帶殼煮三四滾。去胡桃,再放三四個,竟煮熟,然後開鍋,毫無膻氣"⑭。作羊肉粥,"杏仁同煮則易糜,胡桃同煮則

---

① (唐)咎殷撰,尚志鈞輯校:《食醫心鏡(重輯本)》,安徽科學技術出版社,2003年,第243頁。
② 陳明:《印度梵文醫典〈醫理精華〉研究》,商務印書館,2014年,第55—61、122—123、193—195頁。僧海霞:《唐宋時期"藥中王"訶梨勒醫方探析——基於敦煌醫藥文獻考察》,《敦煌研究》2016年第2期,第67—72頁。李應存:《淺談敦煌醫學卷子中的訶梨勒組方》,《中醫學通報》2005年第3期,第29—31頁。
③ (唐)義淨撰,王邦維校注:《南海寄歸內法傳校注》卷三《二十八進藥方法》,中華書局,1995年,第160頁。
④ 王進玉:《敦煌學和科技史》,甘肅教育出版社,2011年,第344頁。
⑤ (唐)韓鄂撰,繆啓愉校釋:《四時纂要校釋》卷四《八月》,農業出版社,1981年,第195頁。
⑥ (唐)咎殷撰,尚志鈞輯校:《食醫心鏡(重輯本)》,安徽科學技術出版社,2003年,第238頁。
⑦ (唐)錢易撰,黃壽成點校:《南部新書》庚,中華書局,2002年,第107—108頁。
⑧ (唐)孫思邈撰,吳受琚注釋:《千金食治》,中國商業出版社,1985年,第32頁。
⑨ (宋)蘇頌撰,尚志鈞輯復:《本草圖經》卷一六《果部》,安徽科學技術出版社,1994年,第560頁。
⑩ (明)李時珍撰,劉衡如等校注:《本草綱目》新校注本第三版卷三〇《胡桃》,華夏出版社,2008年,第1210頁。
⑪ (明)李時珍撰,劉衡如等校注:《本草綱目》新校注本第三版卷三〇《胡桃》,華夏出版社,2008年,第1211頁。
⑫ (清)曹庭棟撰、王振國整理:《老老恒言》,人民衛生出版社,2006年,第81頁。
⑬ (宋)贊寧撰:《物類相感志》,中華書局,1985年,第1頁。
⑭ (宋)蘇軾:《格物粗談》卷下,中華書局,1985年,第22頁。

不膩”①。

棗，補中益氣，孫思邈云：“久服輕身，長年，不饑。神仙。”②但大棗不宜生食，“生者食之過多，令人腹脹。蒸、煮食之，補腸胃，肥中益氣”③。大棗蒸、煮食以外的日常用法，賈思勰已總結爲棗脯、乾棗、棗油以及酸棗麨四種，其中的酸棗麨，其實就是今日的乾棗粉，與其他材料配合，作糕點和作漿水，“以方寸匕，投一椀水中，酸甜味足，即爲好漿”④。亦可“煮棗取汁”⑤溲麵，作餅作糕，伯三三九一號《雜集時用要字》中有“棗糕”。用棗之法大抵如斯，至今如此，敦煌亦莫能例外。

**辛. 胡桐淚、白礬與麵食品改良**

賈思勰説做各種餅食，當用“餅酵”——即用酸漿或粥中加酒等方法來發酵麵團，“麵當令起”“麵起可作”⑥。高啓安討論敦煌的餅食時説：“蒸餅技術的關鍵是發麵，需要酵母。”⑦中古時期並沒有今天所用的微生物酵母，多採用酒酵、酸漿方法發酵，此種發酵方法的缺陷是起麵時間長，夏天一般要四五個小時以上，冬天甚至要一到兩天，更爲麻煩的是，稍不留意，麵團就會發酸。古人用加鹼劑或白礬的方法來快速起麵並改良麵團品質。

敦煌文書中的“梧桐餅”，就是以胡桐淚爲改良劑製作出的食品。胡桐淚是一種天然鹼劑，“能軟一切物”⑧，用其和麵，“有中和酸及酥化麵的作用，故做出來的餅味道相當好，而且起麵的速度快”⑨，至今仍有用者。

據伯二〇三二號背的記録，淨土寺在七月十五日“麩伍斗，賣（買）白樊（礬）用”；據斯六四五二號的記録，淨土寺在十月十四日“油貳升，買礬用”⑩。敦煌僧團極其重視七月十五的盂蘭盆節和十月十五的下元節，這兩個節日中寺廟需要製作大量的麵食，譚蟬雪指出：“在下元節以豐盛的供品獻佛，超過了七月十五日盂蘭盆節二碩三斗造佛盆麵，可見寺院對下元節還是相當重視的。”⑪高啓安統計説：佛盆節“各寺院所用的麵油數量不相同，而像淨土寺這樣

① （清）曹庭棟撰、王振國整理：《老老恒言》，人民衛生出版社，2006 年，第 96 頁。
② （唐）孫思邈撰，吳受琚注釋：《千金食治》，中國商業出版社，1985 年，第 21—22 頁。
③ （唐）孟詵撰，張鼎增補，尚志鈞輯校：《食療本草》，安徽科學技術出版社，2003 年，第 66 頁。
④ （北魏）賈思勰撰，繆啓愉校釋：《齊民要術校釋（第二版）》卷四《種棗第三十三》，中國農業出版社，1998 年，第 264 頁。
⑤ （北魏）賈思勰撰，繆啓愉校釋：《齊民要術校釋（第二版）》卷九《餅法第八十二》，中國農業出版社，1998 年，第 634 頁。
⑥ （北魏）賈思勰撰，繆啓愉校釋：《齊民要術校釋（第二版）》卷九《餅法第八十二》，中國農業出版社，1998 年，第 632—633 頁。
⑦ 高啓安：《唐五代敦煌飲食文化研究》，民族出版社，2004 年，第 107 頁。
⑧ （唐）孫思邈撰，吳受琚注釋：《千金食治》，中國商業出版社，1985 年，第 12 頁。
⑨ 高啓安：《唐五代敦煌飲食文化研究》，民族出版社，2004 年，第 124 頁。
⑩ 録文參唐耕耦、陸宏基編：《敦煌社會經濟文獻真跡釋録》第 3 輯，全國圖書館微縮復製中心，1990 年，第 481、222 頁。
⑪ 譚蟬雪：《敦煌民俗——絲路明珠傳風情》，甘肅教育出版社，2006 年，第 116 頁。

的寺院則一次需要三石到四石五斗麵,有些更多,達到了四十多石"①。一碩即一石,一次性要發三四百斤甚至上千斤麵,用賈思勰所記録的發麵方法不僅費工費時,也不可能及時完成節日中龐大的造食工作,只能使用改良劑來快速發麵,白礬正具有這種作用。白礬是國家明令禁止前發麵"泡打粉"的主要成份,用其發麵立等可用,且用泡打粉製作出來的麵食又白又暄,净土寺恰在要大量發麵的中元、下元節有買礬的記録,絶非偶然。

### (五)敦煌調料性味功能所顯示的唐人日常生活理念

直到元人忽思慧撰《飲膳正要》,始有專章討論廚中調料的性味功能,此前皆散見於時人筆記及本草著作中,中古敦煌所用調料的性味功能目前只見於本草著作。

作爲調料,其首先的功能是"滋食味",用以製作出美味的食品。如胡椒"調食用之,味甚辛美,而芳香不及蜀椒"②;蒔蘿"消食,温胃,善滋食味,多食無損,即不可阿魏同合,奪其味也"③;蔥"和美衆味,若藥劑必用甘草也"④;蕪荑"作醬食之,甚香美。其功尤勝於榆人,惟陳久者更良"⑤;大蒜"俗人作齏以啖肉膾……此物煮爲羹臛極美,熏氣亦微。下氣,消穀,除風,破冷,足爲饌中之俊"⑥。蓽茇"味辛烈於蒳醬"⑦,"胡人將來此,調食用之"⑧,善"滋食味"⑨。

伯三八一〇號中記録有"神仙粥",寄託著敦煌人"神仙長年"的夢想。伯三六四四號中列舉的廚房用料也大都兼有"輕身長年""好顔色"的美容保健功能,如高良薑"下氣,益聲,好顔色"⑩;橘皮"久服去臭,下氣通神,輕身長年"⑪;梔子"主五内邪氣,胃中熱氣,面赤酒皰齇鼻,白癩、赤癩,瘡瘍,療目熱赤痛"⑫;胡麻"久服輕身不老,明耳目,耐饑渴,延年"⑬;花椒"久服之頭不白,輕身增年。開腠理,通血脈,堅齒髮,調關節,耐寒暑"⑭;大棗"久服輕身長季,不

① 高啓安:《唐五代敦煌飲食文化研究》,民族出版社,2004年,第384頁。
② (唐)蘇敬等撰,尚志鈞輯校:《新修本草(輯復本第二版)》卷一四《木部下品》,安徽科學技術出版社,2004年,第205頁。
③ (唐)李珣撰,尚志鈞輯校:《海藥本草(輯校本)》卷二《草部》,人民衛生出版社,1997年,第30頁。
④ (宋)陶谷撰,李益民等注釋:《清異録(飲食部分)》,中國商業出版社,1985年,第39頁。
⑤ (唐)孟詵撰,張鼎增補,尚志鈞輯校:《食療本草》,安徽科學技術出版社,2003年,第74頁。
⑥ (唐)蘇敬等撰,尚志鈞輯校:《新修本草(輯復本第二版)》卷一八《菜部》,安徽科學技術出版社,2004年,第275頁。
⑦ (唐)蘇敬等撰,尚志鈞輯校:《新修本草(輯復本第二版)》,安徽科學技術出版社,2004年,第138頁。
⑧ (唐)李珣撰,尚志鈞輯校:《海藥本草(輯校本)》,人民衛生出版社,1997年,第357、93頁。
⑨ (唐)李珣撰,尚志鈞輯校:《海藥本草(輯校本)》卷二《草部》,人民衛生出版社,1997年,第24頁。
⑩ (唐)陳藏器撰,尚志鈞輯釋:《〈本草拾遺〉輯釋》卷八《解紛一》,安徽科學技術出版社,2003年,第353頁。
⑪ (唐)蘇敬等撰,尚志鈞輯校:《新修本草(輯復本第二版)》卷一二《木部上品》,安徽科學技術出版社,2004年,第184頁。
⑫ (唐)蘇敬等撰,尚志鈞輯校:《新修本草(輯復本第二版)》卷一三《木部中品》,安徽科學技術出版社,2004年,第188頁。
⑬ (唐)蘇敬等撰,尚志鈞輯校:《新修本草(輯復本第二版)》卷一九《米部》,安徽科學技術出版社,2004年,第277頁。
⑭ (唐)蘇敬等撰,尚志鈞輯校:《新修本草(輯復本第二版)》卷一四《木部下品》,安徽科學技術出版社,2004年,第197頁。

饑神仙"①。燒尾宴食單中有"長生粥",雖不明其用料,但唐人"長年"的飲食理念已顯露無疑。

　　唐人認爲魚、肉、蔬菜、穀米等食物或多或少具有毒性或者寄生蟲。魚、肉中有細菌寄生蟲,比如線蟲,古人稱爲"寸白"②;黍"性寒,有少毒。不堪久服,昏五臟,令人好睡"③;小麥"作麵有熱毒,多是陳裛之色"④。既然食材中略含有毒性,則以各種方法去解毒。如麵毒,古人以爲"原湯化原食",直到宋代還是如此,"世人食麵已,往往繼進麵湯,云能解麵毒"⑤。而最常用的解麵毒方法是在麵料中加入胡桐淚,因胡桐淚"殺火毒及麵毒"⑥。

　　唐五代人認爲合理使用調料,可以起到去蟲、殺毒、解毒的功效。如胡椒"殺一切魚、肉、鱉、蕈毒"⑦;大棗"和百藥毒,通九竅"⑧;蒔蘿"殺魚、肉毒。補水藏,及壯筋骨,治腎氣"⑨;高良薑"解酒毒,消宿食"⑩;大蒜"除風邪,殺毒氣"⑪;小蒜"温中,除邪痹毒氣"⑫;蕪荑"散皮膚骨節中淫淫行毒,去三蟲,化食,去寸白"⑬;阿魏"主殺諸小蟲"⑭"禦一切蕈、菜毒"⑮;葱根"殺一切魚、肉毒";大黃"殺一切蟲。……殺胡夷魚、鮧魚、檀胡魚毒"⑯;酒"殺一切蔬菜毒";醬"殺一切蔬菜、蕈毒";醋"殺一切魚、肉、菜毒"⑰;油麻"殺一切蟲"⑱。

　　以上對伯三六四四號、斯六二〇八號等文獻所載錄的調料及其使用的討論,復原了中古

①　(唐)蘇敬等撰,尚志鈞輯校:《新修本草(輯復本第二版)》卷一七《果部》,安徽科學技術出版社,2004年,第254頁。

②　(唐)孫思邈撰,吳受琚注釋:《千金食治》,中國商業出版社,1985年,第20頁。

③　(唐)孟詵撰,張鼎增補,尚志鈞輯校:《食療本草》,安徽科學技術出版社,2003年,第11頁。

④　(唐)孟詵撰,張鼎增補,尚志鈞輯校:《食療本草》,安徽科學技術出版社,2003年,第8頁。

⑤　(宋)方勺撰,許沛藻、楊立揚點校:《泊宅編》卷八,中華書局,1983年,第46頁。

⑥　(五代)日華子集,尚志鈞輯釋:《日華子本草(輯釋本)》卷四《玉石部下品》,安徽科學技術出版社,2005年,第27頁。

⑦　(五代)日華子集,尚志鈞輯釋:《日華子本草(輯釋本)》卷一三《木部下品》,安徽科學技術出版社,2005年,第145頁。

⑧　(唐)孟詵撰,張鼎增補,尚志鈞輯校:《食療本草》,安徽科學技術出版社,2003年,第66頁。

⑨　(五代)日華子集,尚志鈞輯釋:《日華子本草(輯釋本)》卷八《草部中品之下》,安徽科學技術出版社,2005年,第85頁。

⑩　(五代)日華子集,尚志鈞輯釋:《日華子本草(輯釋本)》卷八《草部中品之下》,安徽科學技術出版社,2005年,第76頁。

⑪　(唐)蘇敬等撰,尚志鈞輯校:《新修本草(輯復本第二版)》卷一八《菜部》,安徽科學技術出版社,2004年,第275頁。

⑫　(唐)蘇敬等撰,尚志鈞輯校:《新修本草(輯復本第二版)》卷一八《菜部》,安徽科學技術出版社,2004年,第275頁。

⑬　(唐)蘇敬等撰,尚志鈞輯校:《新修本草(輯復本第二版)》卷一三《木部中品》,安徽科學技術出版社,2004年,第191頁。

⑭　(唐)蘇敬等撰,尚志鈞輯校:《新修本草(輯復本第二版)》卷九《草部中品之下》,安徽科學技術出版社,2004年,第139頁。

⑮　(五代)日華子集,尚志鈞輯釋:《日華子本草(輯釋本)》卷八《草部中品之下》,安徽科學技術出版社,2005年,第81頁。

⑯　(五代)日華子集,尚志鈞輯釋:《日華子本草(輯釋本)》卷九《草部下品之上》,安徽科學技術出版社,2005年,第100頁。

⑰　(五代)日華子集,尚志鈞輯釋:《日華子本草(輯釋本)》,安徽科學技術出版社,2005年,第3頁。

⑱　(唐)孟詵撰,張鼎增補,尚志鈞輯校:《食療本草》,安徽科學技術出版社,2003年,第2、3頁。

敦煌人民如何修治食物的色、香、味,進而反映出唐五代人們日常生活中的一些基本理念:一是通過各種調料的使用,追求食物的"色、香、味",以提高飲食生活的舒適度;二是在調料的選擇上,調料多具有"長年""養顔"的作用,寄託著古人通過飲食"長壽"的理想;三是調料的合理使用可以殺蟲、去毒,保持身體的康健。

總起來看,敦煌齋會中的"飯資百味",凉菜、炒菜、燉菜、羹湯、粥流、漿飲、餅餌、炊飯等品種齊全,不僅色、香、味、形俱佳,而且還秉持了以食養生的生活理念。

## 第三節　沐浴身心,焚香設供:齋會中的香湯和焚香

"香"是中古時期敦煌百姓的日常生活用品之一,尤其在各類佛事活動中不可或缺。佛事活動中所用的"香"有焚香、香湯、香粉、石香、香花等品類,而以焚香最爲人知,敦煌齋文中有較爲具體的焚香記録,如:斯三四三號背 + 斯四九九二號"爐焚海岸之香""爐焚天香";斯一四四一號背"爐焚栴檀""爐焚百和之香""爐焚百味";斯一八二三號"爐焚净土之百味";斯二七一七號背"爐焚六銖";斯五六三七號"爐焚净土之香";斯五五七三號"爐焚百和之香";斯五六三九號 + 斯五六四〇號"焚一瓣之旃檀""爐焚百寶""爐焚寶香""爐焚龍寶之香""香焚牛首";伯三八〇六號背"爐焚龍腦之香";伯二八二〇號"一炷牛香而慘澹";伯二〇五八號背"厥今敷寶坐、列真儀、備天廚、焚六味者";伯二八五四號"焚海香而奏魚梵";伯三七六五號"爐焚净土之香""爐焚六銖""爐焚龍寶之香""香焚百味";俄敦〇〇一四一號背"香焚牛頭";斯四〇八一號"爐薰不死之香";伯二八五〇號"爐焚蘇合";伯三五三五號"海香郁毓以雲飛,虹幡窈窕而電曳";北敦一三三六二號"身心安泰,無勞月氏之香"。

敦煌地區的香藥貿易、香藥品種、香藥方及香藥流轉,學界已有研究[①]。至於敦煌百姓日常生活中使用了哪些焚香、薰香、香湯、石香、香花等則著墨無多。敦煌齋文及相關文獻記録了這些香,通過這些香的使用,我們可以探討敦煌百姓日常生活中的香事,以及在香事背後所蘊含的生活理念。

① 廖淇清:《敦煌香藥方與唐代香文化》,南華大學敦煌研究中心編:《敦煌學》第二六輯,臺北市樂學書局有限公司,2005 年,第 191—214 頁;姜伯勤:《敦煌吐魯番文書與絲綢之路》,文物出版社,1994 年,第 130—141 頁;鄭炳林:《晚唐五代敦煌寺院香料的科徵與消費》,《敦煌學輯刊》2011 年第 2 期,第 1—12 頁;畢波:《粟特人與晉唐時期陸上絲綢之路香藥貿易》,《臺灣東亞文明研究學刊》2013 年第 2 期;温翠芳:《唐代外來香藥研究》,重慶出版社,2007 年;温翠芳:《中古中國外來香藥研究》,科學出版社,2016 年;叢春雨主編:《敦煌中醫藥全書》,中醫古籍出版社,1994 年,第 641—644、695—696 頁。[美]愛德華·謝弗著,吳玉貴譯:《唐代的外來文明》第七、十、十一章,陝西師範大學出版社,2005 年。温翠芳:《中古時代絲綢之路上的香藥貿易中介商研究》,《唐史論叢》2010 年第 1 期,第 320—330 頁。

# 一、中古敦煌百姓所用的焚香品類

自西漢武帝時丁緩創制"隔火熏香"的博山香爐,脂類香料香氣濃郁、擴散力強、留香持久的特點得到了充分發揮,再加上博山香爐所營造出來的煙氣裊繞的迷人意境,中國傳統的熏香之俗于兹益盛。佛教傳入中國後,"佛教與外來的印度文化爲中國的寺廟帶來了大量的新香料,而衆多的有關焚香和香料的習俗和信仰也隨之傳入了中國,從而加強和豐富了中國古老的焚香的傳統"①。傳統的用香習俗與佛教用香習慣兩相結合,敦煌地區的香事日盛。

檢視前引敦煌齋文,敦煌佛教信衆們爐中所焚的各種焚香,除"天香""寶香"是泛指日常生活及供奉神佛所熏燒的名香外,其他的香名都是實指某一品類的香,可以分爲八組:1. 百和、百味、百寶;2. 六味、六銖;3. 牛頭、牛首、牛香、旃檀香、海岸之香、海香;4. 蘇合香;5. 龍腦、龍寶;6. 不死之香、甘露香;7. 月氏之香、安息香;8. 净土之香、沉香。

## (一) 百和、百味、百寶

"博山爐中百和香,郁金蘇合及都梁。"②"已纏一繭催衣縷,復搗百和裛衣香。"③百和香本是中國百姓薰衣被之香和室内衛生薰香,佛教入中國後,它自然而然地成爲了"爐焚百和之香"的供佛用香。到唐代,"百和香"已有了比較成熟而通用的配方:

> 百和香通道俗用者方
>
> 沉水香五兩　甲香　丁子香　雞骨香　兜婁婆香各二兩　熏陸香　白檀香　熟捷香　炭末各二兩　零陵香　藿香　青桂皮　白漸香柴也　青木香　甘松香各一兩　雀頭香　蘇合香　安息香　麝香　燕香各半兩
>
> 　　上二十味,末之,酒灑令軟,再宿酒氣歇,以白蜜和,納瓷器中,蠟紙封勿令泄,冬月開取用,大佳④。

準上引,百和香是用多種香料按比例配製而成的和合香,非單品香,"百"言其所用的香料品種多,並非實指。此類用料多的和合香,又稱爲"千和香""九和香""百濯香""百寶香"⑤"百雜香"⑥等。故此,敦煌齋文中所説的"爐焚百和""爐焚百味""爐焚百寶",不過是"百和香"在敦

---

① ［美］愛德華·謝弗著,吳玉貴譯:《唐代的外來文明》,陝西師範大學出版社,2005 年,第 209 頁。
② （南朝梁）吳均:《行路難》,載（宋）郭茂倩編:《樂府詩集》,中華書局,1979 年,第 1002 頁。
③ 逯欽立輯校:《先秦漢魏晉南北朝詩·梁詩》卷二四王筠《行路難》,中華書局,1998 年,第 2011 頁。
④ （唐）孫思邈撰,李景榮等校釋:《備急千金要方校釋》,人民衛生出版社,1998 年,第 139 頁。
⑤ （宋）洪芻等撰,田淵整理點校:《香譜（外四種）》,上海書店出版社,2018 年,第 20—22、2 頁。
⑥ （宋）李昉等:《太平廣記》卷一〇九《報應十八》,中華書局,1961 年,第 837 頁。

煌地區的異名稱謂而已。

## (二) 六味、六銖

自從有了"隔火薰香"的薰香方式及具有卡丹環裝置的"被中香爐"①，以和合香薰衣、薰被就成爲日常生活中的時尚。漢唐間有名的薰衣之香當數葛洪所傳的"六味熏衣香"：

> 沉香一片。麝香一兩。蘇合香蜜塗，微火炙，少令變色。白膠香一兩。搗沉香令破如大豆粒。丁香一兩，亦別搗，令作三兩段。搗餘香訖，蜜和爲炷，燒之。若薰衣，著半兩許。又藿香一兩，佳②。

唐代流傳下來的薰衣香方有很多，例如，韓鄂所稱"最妙"的六味薰衣香方：

> 薰衣香：方甚衆，此最妙。沉香一斤，昆侖者甲香二兩半，蘇合香一兩半，白檀香屑、丁香各一兩，麝香半兩③。

唐化度寺所傳的六味香方：

> 沉香一兩半　白檀香五兩　蘇合香一兩　甲香一兩，煮　龍腦半兩　麝香半兩
> 右件香細剉爲末，用馬尾篩羅，練蜜溲和，得所用之④。

六銖是重量單位，爲一兩的二十四分之一，比喻重量極輕，敦煌文獻云"衣六銖霧綃之衣""曳六銖之妙服"⑤，則知"六銖衣"是指極輕薄精美的絲織品。"纖蓋低垂金翡翠，熏籠亂搭繡衣裳。"⑥"朝衣正在天香裏，諫草應焚禁漏中。"⑦唐宋時期只要是稍微精緻的衣衫，在穿用之前都會薰香，更何況妙服"六銖衣"。"翠蓋亭亭水滿塘，六銖新製帶天香。"⑧新做的六銖衣所攜帶的天香，自然是指薰衣之香。

---

① （漢）劉向撰，（晉）葛洪集，向新陽、劉克任校注：《西京雜記校注》卷一，上海古籍出版社，1991年，第59頁。
② （晉）葛洪撰，王均寧點校：《肘後備急方》卷六《治卒誤吞諸物及患方第五十一》，天津科學技術出版社，2000年，第183頁。
③ （唐）韓鄂原編，繆啓愉校釋《四時纂要校釋》卷五《十二月》，農業出版社，1981年，第257頁。
④ （宋）洪芻撰：《香譜》卷下《香之法》，《文淵閣四庫全書》第844冊，臺北商務印書館，1985年，第233頁。
⑤ 江藍生、曹廣順編著：《唐五代語言詞典》"六銖"條，上海教育出版社，1997年，第236頁。
⑥ （清）彭定球等編：《全唐詩》卷四三九白居易《石榴樹》，中華書局，1980年，第4889頁。
⑦ （清）彭定球等編：《全唐詩》卷六一三皮日休《送令狐補闕歸朝》，中華書局，1980年，第7068頁。
⑧ （宋）王之道：《相山集》卷一三《和趙積中白蓮三首》，《文淵閣四庫全書》第1132冊，臺北商務印書館，1985年，第619頁。

百和薰衣香可作供佛之用,六味薰衣香自然也可以作供佛之用。則知齋文"爐焚六味""爐焚六銖"中的"六味""六銖",乃是泛指薰衣、裛衣之香。

趙鑫曄據鳩摩羅什譯《妙法蓮華經‧藥王菩薩本事品》"又雨海此岸栴檀之香,此香六銖,價直娑婆世界,以供養佛"等資料,考釋"六銖"爲一種"名貴佛香""也有可能就是指牛頭栴檀香"①,可備一説。

### (三) 牛頭、牛首、牛香、旃檀、海岸之香、海香

齋文"爐焚旃檀"中的旃檀,即牛頭旃檀香,源自印度摩羅耶山出産的香檀樹,又稱旃檀、赤旃檀、牛首旃檀。其得名之由,法雲《翻譯名義集》卷三云:"此洲有山,名曰高山,高山之峰,多有牛頭旃檀。若諸天與修羅戰時,爲刀所傷,以牛頭旃檀,塗之即愈。以此山峰狀如牛頭,於此峰中,生旃檀樹,故名牛頭。"②由此知敦煌齋文中的牛頭、牛首、牛香、旃檀香,並是牛頭旃檀香在敦煌地區的省稱。

海岸之香,即海岸香。唐代湛然《止觀輔行傳弘決》卷二云:"海岸香者,經云:海此岸栴檀之香。"③則敦煌齋文中的"海岸之香"即是"旃檀香"的別稱,"海香"又是"海岸之香"的省稱。

### (四) 蘇合香

"被之用丹漆,薰用蘇合香"④,自漢至唐代,蘇合香就以其"極芬香"而備受推崇,至於"不復入藥,惟供合好香耳"⑤。直到唐初,中原所用的蘇合香"從西域及昆侖來,紫赤色,與紫真檀相似"⑥,敦煌爲蘇合香東入中原所必經的陸路節點,敦煌民衆的"爐焚蘇合"即情理中事。

### (五) 龍腦、龍寶

龍腦香取自龍腦香屬樹種的樹脂,樹脂乾燥後"狀若云母,色如冰雪"⑦,中醫稱其爲"冰片",又別稱片腦、瑞腦等。液態的龍腦樹脂,古稱"婆律膏""油腦"。龍腦香之所以稱爲"龍腦",蓋"因其狀加貴重之稱也"⑧。

---

① 趙鑫曄:《敦煌願文詞語考釋劄記》,《敦煌學輯刊》2006 年第 2 期,第 30 頁。
② [日]小野玄妙等編:《大正新脩大藏經》第五四册,佛陀教育基金會,1960 年,第 1104 頁。
③ [日]小野玄妙等編:《大正新脩大藏經》第四六册,佛陀教育基金會,1960 年,第 189 頁。
④ (宋)郭茂倩:《樂府詩集》卷三九《瑟調曲》,古辭《艷歌行》,中華書局,1979 年,第 580 頁。
⑤ (唐)蘇敬等撰,尚志鈞輯校:《新修本草(輯復本第二版)》卷一二《木部上品》,安徽科學技術出版社,2004 年,第 184 頁。
⑥ (唐)蘇敬等撰,尚志鈞輯校:《新修本草(輯復本第二版)》卷一二《木部上品》,安徽科學技術出版社,2004 年,第 184 頁。
⑦ (唐)玄奘、辯機原著,季羡林等校注:《大唐西域記校注》卷一〇《十七國‧秣羅矩咤國》,中華書局,1985 年,第 859 頁。
⑧ (明)李時珍著,劉衡如校點:《本草綱目校點本》卷三四《龍腦香》,人民衛生出版社,1975 年,第 1965 頁。

“爐焚龍寶之香”中的“龍寶香”，史籍中別無明文，應當是“龍腦香”或者“龍涎香”的別稱。天然冰片，即天然的龍腦香樹脂結晶體，出産極少，民間視若珍寶。龍寶香以寶爲名，應當是爲了突出强調它的貴重性，故此齋文中的“龍寶香”或即是指龍腦香。

## （六）不死之香、甘露香

“不死”係梵語詞彙，“不死者，甘露之譯也”①。則不死之香即甘露之香，甘露香爲藏香。“甘露”的藏語本義是“對治病魔的藥”，佛教傳入藏地後，傳統藏文文獻對梵文“不死”的解釋爲“無病”“祛病”，與藏語“甘露”的本義保持著一致性，“甘露”是藏族傳統文化中的概念，不是舶來品②。

推其本義，甘露香是指能治病、祛病的香。時至今日，甘露香依然重視它的嗅聞薰治醫療作用，現今的製作者都强調他們的香方源自於八世紀的藏醫寶典《四部醫典》。《四部醫典》中記載的“香薰療法常用藥物有三十多種，如沉香、甘松、檀香、肉桂、硇砂、麝香、木香、藏紅花、冰片、琥珀、唐古拉特青蘭、藏菖蒲、藏蔻、烈香杜鵑花、松香等，其中藏紅花、藏菖蒲、藏蔻、唐古拉特青蘭等爲藏藥所獨有”③。古代留傳下來的“王景略藏香方”所用的原料正屬於《四部醫典》所記諸藥的范疇：

> 速香二片，沉香、黄熟香、黄檀香、廣木香各四兩，春花、甘松、三柰、玫瑰瓣、母丁香、細辛、檜皮、生軍、排草、乳香、金顔香、唵叭欖油、蘇合油、伽倫、水安息各二兩，冰片一兩。上各爲極細末，以頂好榆麵，火消十兩，化水，加老醇酒，調和爲香。④

藏香的醫療功效，可以“開關竅”“治痘”“催生”“清目”“治老人腸燥氣虚便秘”等⑤。藏香何時始傳入敦煌地區不得而知，至少在蕃佔期間（七八一～八四八年），統治敦煌地區的吐蕃人帶來了他們可以療病的甘露香。據斯六四五二號的記録，在九八一年，寺廟於阿柴啗胡邊買藥，而這位阿柴啗胡是吐谷渾或吐蕃人，在敦煌經營藥店售賣藏藥⑥，甘露香是地道的藏藥香。

## （七）月氏之香、安息香

“身心安泰，無勞月氏之香。”月氏之香是指經由大月氏故地進入中國的波斯“安息香”，段成式云：“安息香樹，出波斯國，波斯呼爲辟邪。樹長三丈，皮色黄黑，葉有四角，經寒不凋。

① 丁福保撰：《佛學大辭典》，文物出版社，1983 年影印，第 296 頁。
② 黄福開、劉英華：《藏藥浴“五味甘露方”源流考》，《中國藏學》2002 年第 4 期，第 130 頁。
③ 張煜等：《唐宋時期中藏醫香薰療法的比較研究》，《中國傷殘醫學》2012 年第 3 期，第 16 頁。
④ （清）趙學敏著，閆志安、肖培新校注：《本草綱目拾遺》卷二《火部》，中國中醫出版社，2007 年第 2 版，第 30 頁。
⑤ （清）趙學敏著，閆志安、肖培新校注：《本草綱目拾遺》卷二《火部》，中國中醫出版社，2007 年第 2 版，第 30 頁。
⑥ 鄭炳林：《晚唐五代敦煌市場的外來商品輯考》，見鄭炳林主編《敦煌歸義軍史專題研究續編》，蘭州大學出版社，2003 年，第 415 頁。

二月開花,黄色,花心微碧,不結實。刻其樹皮,其膠如飴,名安息香。六七月堅凝,乃取之。燒之通神明,辟衆惡。"①

## (八) 浄土之香、沉香

浄土之香,應當是指衆香國香積浄土之香,因爲此浄土之香屬於天上諸天之香,"比於十方諸佛世界人天之香,最爲第一"②。而這個人天諸香"最爲第一"的香,宋人丁謂以爲非"沉香"莫屬:

> 故經云:"沉香堅林。"又曰:"沉水香堅。"降真之夕,傍尊位而奉爐香者,煙高丈餘,其色正紅,得非天上諸天之香耶?③

總上而言,在齋會中敦煌百姓常用的焚香計有八種:百和香、六味香、旃檀香、蘇合香、龍腦香、甘露香、沉香、安息香。

## 二、香湯與中古敦煌百姓的蘭湯浴

斯一八二三號之《亡考文》云:"香湯灑於私第,敷寶座於家庭。"伯二六四二號+伯二六四二號背之《亡妣文》云:"香水灑於私第,敷寶座於家庭。"斯三九一四號《壽昌夏末結壇發願文》云:"香湯灑於六街。"伯三一一四號背之《願文》云:"甘露一灑,香風四薰。"香湯、香水是用多種香料熬製而成的温水湯。做佛事時,用這種温水香湯沐浴以及用灑筒噴灑於道場的房舍、街坊内外,以營造出美妙的香風香氣環境。

香湯最主要的用途還是沐浴浄身,"香湯沐浴"是佛事活動中不可缺少的環節。敦煌文獻中有《佛説温室洗浴衆僧經》的義疏四件④,該經宣揚香湯沐浴可以"令衆生長夜清浄,穢垢消除,不遭衆患""除去七病,得七福報"⑤。敦煌僧衆看來是接受了沐浴"除病得福"的思想,寺院裏配有浴室,在舉辦公私佛事前都要香湯沐浴,斯二五七五號《後唐天成四年(九二九)三月六日應管内外都僧統置方等戒壇牓》云"一朝盡暮煮藥香湯,以備浄戒沐浴"⑥。姜伯勤

---

① (唐) 段成式撰,方南生點校:《酉陽雜俎》卷一八《木篇》,中華書局,1981 年,第 177 頁。
② 賴永海、高永旺譯注:《維摩詰經》卷下《香積佛品第十》,中華書局,2010 年,第 155 頁。
③ (宋) 洪芻等撰,田淵整理點校:《香譜(外四種)》,上海書店出版社,2018 年,第 2 頁。
④ 張先堂:《中國古代的温室浴僧供養活動》,饒宗頤主編:《敦煌吐魯番研究》第一五輯,上海古籍出版社,2015 年,第 221—224 頁。
⑤ (東漢) 安世高譯:《佛説温室洗浴衆僧經》,[日] 小野玄妙等編:《大正新脩大藏經》第一六册,佛陀教育基金會,1960 年,第 802、803 頁。
⑥ 唐耕耦、陸鴻基編:《敦煌社會經濟文獻真蹟釋録》第四輯,全國圖書館文獻縮微復製中心,1990 年,第 134—140 頁。

教授業已指出："沙州僧團的宗教生活中廣泛使用香湯沐浴。"①

　　佛教香湯所用的香料，通常"以牛頭栴檀、白檀、紫檀、沉水、熏陸、郁金香、龍腦香、零陵香、藿香等，於净石上磨作香泥，用爲香水"②。"以牛頭栴檀、紫檀、多摩羅香、甘松、川藭、白檀、郁金、龍腦、沉香、麝香、丁香，以如是等種種妙香，隨所得者，以爲湯水置净器中"③。用料最多的洗浴香湯達到了三十二種，伯三二三〇號《金光明最勝王經》卷七云："如是洗浴之法，當取香藥三十二味，所謂：菖蒲、牛黄、苜蓿香、麝香、雄黄、合昏樹、白及、芎藭、枸杞根、松脂、桂皮、香附子、沉香、栴檀、零陵香、丁子、鬱金、婆律膏、蓽香、竹黄、細豆蔻、甘松、藿香、茅根香、叱脂、艾納、安息香、芥子、馬芹、龍花鬚、白膠、青木，皆等分。"

　　敦煌寺院在舉辦佛事期間，確實或多或少地使用了上述的諸種香料，"這些香藥對於敦煌諸寺來説，多從域外或外地輸入，而價格亦頗昂貴"④。正因爲香價昂貴，伯三〇四七號所載佛事中所用的香料，"由主持法會活動的寺院向參加的僧尼个人科徵，科徵的標準是二十人左右承擔等分三色香即乳頭香、鬱金香、栴檀香一兩"⑤。

　　敦煌民衆也熟悉各種香料，並將其作爲學童必備的知識編入童蒙教材。斯一三〇八號《開蒙要訓》作爲低齡兒童開蒙的教材，追求教學内容全面。限於低齡學童開蒙的特點，《開蒙要訓》所涉各個類别的内容都極簡。在如此極簡的内容中，《開蒙要訓》還是給兒童列入了蘭香、藿香、麝香等香品的教學内容，足可見證"香"確實是當時日常生活中的必需品。适合於大齡成童用的蒙學教材則要詳細得多，如伯三三九一號《雜集時用要字》中列有青木香、郁[金]香、丁香、[乳頭]香、安悉香、龍腦香；俄敦二八二二號《雜集時用要字》列有木香、沉香、丁香、檀香、茅香、乳香、龍腦、安息香；斯六一七號《俗務要名林·香部》列有九種香品：牛頭栴檀香、薰陸香、沉水香、箋香、零陵香、藿香、甲煎香、丁子香、蘭澤香。

　　孟子曰："雖有惡人，齋戒沐浴，則可以祀上帝。"⑥中華民衆本就有"齋戒沐浴"的傳統，信奉佛教沐浴"得福報"的信念後，百姓於各種佛事及典禮儀式之前更是要香湯沐浴。只是上述的域外香料比較昂貴，只有上層社會人士方用得起，"唐朝上層社會的男男女女都生活在香雲繚繞的環境中。他們的身上散發著香味，浴缸中加了香料，而衣服上則掛著香囊，庭院住宅内，幽香撲鼻"⑦。至於下層百姓的香湯沐浴，還是習慣用各種香草煮製的傳統的"蘭湯"。南朝宋劉義慶《幽明録》云："廟方四丈，不墉壁，道廣四尺，夾樹蘭香。齋者煮以沐浴，

---

① 姜伯勤：《敦煌吐魯番文書與絲綢之路》，文物出版社，1994 年，第 133 頁。
② （唐）義净譯：《浴佛功德經》，[日] 小野玄妙等編：《大正新脩大藏經》第一六册，佛陀教育基金會，1960 年，第 800 頁。
③ （唐）寶思維譯：《佛説浴像功德經》，[日] 小野玄妙等編：《大正新脩大藏經》第一六册，佛陀教育基金會，1960 年，第 800 頁。
④ 姜伯勤：《敦煌吐魯番文書與絲綢之路》，文物出版社，1994 年，第 132 頁。
⑤ 鄭炳林：《晚唐五代敦煌寺院香料的科徵與消費》，《敦煌學輯刊》2011 年第 2 期，第 4 頁。
⑥ （清）阮元校刻：《十三經註疏·孟子注疏》，中華書局，1980 年，第 2730 頁。
⑦ [美] 愛德華·謝弗著，吳玉貴譯：《唐代的外來文明》，陝西師範大學出版社，2005 年，第 208 頁。

然後親祭,所謂‘浴蘭湯’。”①

　　民間最爲人知的“蘭湯”使用場合莫過於端午節。端午節俗佩香囊、浴蘭湯、吃粽子。“敦煌不産菰葉,亦不産可以包粽的竹葉,每年端午先把糯米煮成熟飯,然後放在一個淺容器内攤平,還可撒些紅棗之類的配料,上面加以重壓,使其黏結成型,到第二天切開便成塊狀的團粽,當地又稱粽糕”②。因爲缺少粽葉而産生的粽糕變通也發生在蘭湯上。“蘭湯”所用的蘭,是別稱“都梁香”的佩蘭或者別稱“山薄荷”的蘭香,這兩者都不産於敦煌,於是敦煌百姓用本地的時令花草來替代“蘭”製作“蘭湯”。據伯四六三八號所記的端午禮物,用以替代“蘭”的本地花草,有香棗花、苜蓿香、菁苜根香、艾等幾種。

　　香棗花,即沙棗花,留香持久。“每年五月前後開花,串串鵝黃小花在銀灰綠底的叶子襯托下,香氣四溢。端午之際,家家户户外出採擷,或置案頭,或插門户,此俗至今相沿不衰。”③此花置於香囊或浴湯中,同樣也香氣四溢。

　　苜蓿香,譚蟬雪研究員釋爲“芸香”④。“芸香”是靈香草,它只是“葉似苜蓿”,並不是“苜蓿香”。古代的苜蓿首先是指豆科的紫花苜蓿,其葉可以用來制作苜蓿露:“採其葉,依薔薇露法蒸取餾水,甚芳香。”⑤柳宗元得韓愈寄詩,“先以薔薇露盥手,薰玉蕤香,後發讀”⑥。但直接使用苜蓿葉,“無香草氣味”⑦,而古人卻正是用“苜蓿葉”作香:“崔寔《四時月令》作香澤法:用清油浸蘭香、藿香、雞舌香、苜蓿葉四種,以新綿裹,浸胡麻油,和豬脂納銅鐺中,沸定,下少許青蒿,以綿冪瓶,鐺嘴瀉出,瓶收用之。”⑧苜蓿葉,《千金方》中稱“苜蓿香”,《齊民要術》直接作“苜蓿”:“合香澤法:好清酒以浸香,雞舌香、藿香、苜蓿、澤蘭香,凡四種,以新綿裹而浸之。用胡麻油兩分,豬脂一分,納銅鐺中,即以浸香和之……下少許青蒿以發色。”⑨直接使用的苜蓿葉,繆啓愉教授指出其“非指豆科的苜蓿”⑩。不是豆科的苜蓿,有芳香的葉且又名“苜蓿”的植物,大概只有俗稱“野苜蓿”的豆科黃花草木樨,它與黃花苜蓿極難分辨,以致於植物學家程瑤田也出了差錯,將《本草綱目》記載的黃花苜蓿認做了草木樨⑪。草木樨芳香化濁、截瘧,用於暑濕胸悶、口臭、頭脹、頭痛、瘧疾、痢疾。草木樨叶還是是廚中調食、調酒的常見香

①　(唐)徐堅等撰:《初學記》卷一三《禮部上》,中華書局,1962年,第318頁。
②　譚蟬雪:《敦煌民俗——絲路明珠傳風情》,甘肅教育出版社,2006年,第91頁。
③　譚蟬雪:《敦煌民俗——絲路明珠傳風情》,甘肅教育出版社,2006年,第89頁。
④　譚蟬雪:《敦煌民俗——絲路明珠傳風情》,甘肅教育出版社,2006年,第89頁。
⑤　(明)王象晉:《二如亭群芳譜》,詳參孫啓忠編著:《苜蓿經》,科學出版社,2016年,第30、48頁。
⑥　(後唐)馮贊撰:《雲仙雜記》卷六《大雅之文》,《文淵閣四庫全書》第1035册,臺北商務印書館,1985年,第673頁。
⑦　張振萬等編著:《中國植物志》第四二卷第二分册,科學出版社,1998年,第313頁。
⑧　(明)李時珍:《本草綱目》卷一四《蘭草》,人民衛生出版社,1975年,第906頁。
⑨　(後魏)賈思勰撰,繆啓愉校釋:《齊民要術校釋(第二版)》卷五《種紅藍花梔子第五十二》,中國農業出版社,1998年,第367頁。
⑩　(後魏)賈思勰撰,繆啓愉校釋:《齊民要術校釋(第二版)》卷五《種紅藍花梔子第五十二》,中國農業出版社,1998年,第370頁。
⑪　詳參孫啓忠編著:《苜蓿經》,科學出版社,2016年,第30—34頁。

料。無論苴蓿香是指哪種,端午節時都已綠葉茂盛,正合作香囊、調香澤。

菁苴根香,譚蟬雪、鄭炳林等均認爲是來自域外的"青木香"①,屬名貴香品。域外青木香在唐初就"皆用合香,不入藥用,惟製蛀蟲丸用之。常能煮以沐浴,大佳爾"②。中國本土的菊科植物"木香"亦被稱爲"青木香",唐人云此種木香"葉似羊蹄而長大,花如菊花,其實黃黑,所在亦有之",這種木香的最佳道地品種"生永昌山谷"③。唐代"所在亦有之"的木香現今仍廣泛分布於西北地區,故禮單中的"菁苴根香"更可能是指西北本地的"木香",端午時節採來作"野芹之獻"正合時宜。

門户上懸艾草是端午傳統習俗。古代"蘭湯不可得,則以午時取五色草拂而浴之"④。艾草,又名黃草,爲五色草之一。敦煌的蘭湯不可得,百姓可用艾葉來熬湯沐浴。直到今天,艾草仍是敦煌地區廣爲採集的野生藥材之一⑤。

伯二五六五號《醫方書》中用到了"六月六日麴末,三升"。民間以六月六日爲一年當中氣温最高之時,又屬諸神會聚之辰,故各地形成許多民俗,諸如洗浴、曬物、曬經、製麴等,伯二七二一號記載:"六月六日何謂:其日造醬、麴及收枸子,大良。"文獻没有記録唐宋時期六月六日敦煌是否有香湯洗浴之俗,至少明清時期敦煌民衆要香湯沐浴:"六月六日,各家採藥草煎湯,男女大小皆洗浴,謂不出瘡疥。"⑥敦煌具有去瘡疥作用的時令香藥草有落藜、馬藺、艾草等,詳見下節敦煌百姓的野外採集品。

如上所考,香棗花、苴蓿香、菁苴根香、艾叶、落藜等幾種香草,屬於敦煌百姓食、熏、浴所用的經濟香料。

## 第四節　齋會中的石香與藥食

斯一二六七號背《上座因法事配諸僧納物帖》云:"十八人,人各麵二斗五升;米一升;麥一斗;柴一束;油一升;生菜、蘿蔔菜各一斗。椒薑各少多。"⑦各人所科配的油鹽菜蔬等屬於"食料",椒薑則是"石香"。斯二五七五號背《三月四日普光寺道場差發牓》調集法事所需的

① 譚蟬雪:《敦煌民俗——絲路明珠傳風情》,甘肅教育出版社,2006 年,第 89 頁;鄭炳林:《晚唐五代敦煌寺院香料的科徵與消費》,《敦煌學輯刊》2011 年第 2 期,第 8 頁。
② (唐)蘇敬等撰,尚志鈞輯校:《新修本草(輯復本第二版)》卷六《草部上品之上》,安徽科學技術出版社,2004 年,第 97 頁。
③ (唐)蘇敬等撰,尚志鈞輯校:《新修本草(輯復本第二版)》卷六《草部上品之上》,安徽科學技術出版社,2004 年,第 97 頁。
④ (明)謝肇淛撰:《五雜組》卷二《天部二》,中華書局,1959 年,第 35 頁。
⑤ 《敦煌市志》編纂委員會編:《敦煌市志》,新華出版社,1994 年,第 707 頁。
⑥ (清)蘇履吉、曾誠撰:道光《敦煌縣志》卷七,收入《中國方志叢刊·華北地方·第 351 號》,臺北成文出版有限公司,1970 年,第 344—345 頁。
⑦ 郝春文等編著:《英藏敦煌社會歷史文獻釋録》第五卷,社會科學文獻出版社,2006 年,第 297 頁。

諸種物什當中有"石香廿"一項。鄭炳林教授考證云:"唐耕耦先生認爲'廿'後缺一字,如果像唐先生所説,這個字應當是計量單位,最有可能是'兩'字。可能就是方等道場受戒僧尼飲食、沐浴中使用的甘湯美藥或者煮藥香湯。至於'石香'是什麽樣的香料,典籍中没有記載,有待以後考證。"①

石香,應當是"藥石香"的省稱。斯二五七五號背中提到的"甘湯美藥",是指佛事期間爲僧衆備辦藥食的原材料。烹製佛事藥食時要添加相應的"美藥",用來烹製藥食的"香藥"即是"藥食香"。《祖庭事苑》"羅漢藥食"條云:"食當作石,取療病義,故曰藥石。夫攻病曰藥,劫病曰石。古以砭石爲針也。"②"藥食香"即"藥石香",省稱"石香"。石香是一個集合概念,其後若有量詞,應該是"種"。

# 一、野外採集品: 敦煌百姓的藥食原料

應該説,自初唐時孫思邈確立"食療不愈,後乃命藥"③的療病策略之後,在日常飲食中加入合適的藥食同源的食材製作藥食、藥膳就成了百姓喜愛的飲食品類,《患文》《患差文》中就屢見"藥食"一詞。

百姓日常生活中的藥食、藥膳,其目標是養生健體,食材范圍相當廣泛,有相當一部分來自於田野採集品。法事中製作藥食的"石香"材料則有著明顯的"香"的目的性,其製成的藥食有著香口、香身的作用,取材范圍有一定的局限。因此,日常生活中的藥食食材並不全都是法事藥食中的"石香"。本節即考察中古敦煌百姓的田野採集品,以明了百姓日常生活與法事期間在藥食材料選擇上的差别。

## (一) 冬葵

"青青園中葵"中的葵,係指錦葵科植物冬葵。冬葵菜是藥食同源的食物,具有通乳、凉血解毒、行水滑腸等藥用功效,伯三八二一號《浣溪沙》詞云:"山後開園種藥葵。"

"烹葵邀上客"④,唐人以葵菜叶"爲百菜主"⑤,不僅僅是百姓日常生活的常用菜,也是待客用的上等菜。斯六一七號《俗務要名林》、伯三三九一號《雜集時用要字》等所列的菜蔬中都有"葵"。葵在敦煌的食用很普遍,以致於伯三四三八號以"葵腹草腸"作爲敦煌地區普通

---

① 鄭炳林:《晚唐五代敦煌寺院香料的科徵與消費》,《敦煌學輯刊》2011 年第 2 期,第 10 頁。
② (宋)善卿編:《祖庭事苑》卷一,藏經書院編:《新編卍續藏經》第 113 册,新文豐圖書出版有限公司,1983 年,第 15 頁。
③ (唐)孫思邈撰,吳受琚注釋:《千金食治》,中國商業出版社,1985 年,第 13 頁。
④ (清)彭定求編:《全唐詩》卷一二六王維《晚春嚴少尹與諸公見過》,第 1276 頁。
⑤ (唐)蘇敬等撰,尚志鈞輯校:《新修本草(輯復本第二版)》卷一八《菜上》,安徽科學技術出版社,2004 年,第 264 頁。

飯食的代表,而同一時期中原地區普通飯食的代表稱爲"炊菽羹藜"①。

作爲百菜主的葵,自漢代以來既有園植,也有野外採集品。葵除葉用外,還採集籽實入藥,其子"實大如指頂,皮薄而扁,實内子輕虛如榆莢仁,四、五月種者可留子,六、七月種者爲秋葵,八、九月種者爲冬葵,經年收采"②。冬葵野生者甚多,至今冬葵子仍是敦煌地區廣爲採集的野生藥材之一③。

## (二)苦苣、苦蕒、甜苣、苦菜

俄敦二八二二號《雜集時用要字》蔬菜中的"苦苣",是菊科苦苣菜屬一、二年生草本植物,在伯三三九一號《雜集時用要字》、北敦〇三九二五號作"苦蕒"。苦苣、苦蕒又稱爲"苦菜""野苣",野苣越採越甘甜,《飲食須知》卷三"苦菜"條云:"味苦、性寒,即苦蕒。家種者,呼爲苦苣。不可合蜜食,令人作内痔。脾胃虛寒者忌食。鹽婦不可食,令蛾子青爛。野苣若五六回拗後,味反甘滑,勝於家種也。"④《千金食治》"野苣"條云其"味苦、平、無毒。久服輕身少睡"⑤。野苣的特性,使得它成爲百姓長期野外採集的品種。

伯三三九一號《雜集時用要字》所列的蔬菜中另有"野萵苣",但它並不是"野苣",野萵苣應該是"萵苣"傳入敦煌後的野化品種,所以伯三三九一號《雜集時用要字》中既有"萵苣",又有"野萵苣"。

伯三三九一號《雜集時用要字》中有"甜苣",這是一種普遍食用的野蔬,也被稱爲苦菜,其學名爲"長裂苦苣菜"。日常生活中有七八種野蔬都被稱爲"苦菜",在敦煌被稱爲"苦曲曲"或者"蛐蛐菜"的苦菜,其藥名爲"敗醬草",至今仍是敦煌地區廣爲採集的野生藥材之一⑥。另有一種"所在有之"的苦菜,即《詩經》"堇茶如飴"中的茶,具有"久食安心、益氣、聰察,少臥,輕身,耐老,耐飢寒"⑦的功效,其"叶似苦苣而細,斷之而有白汁,花黃似菊"⑧。

各種苦菜向來是民眾喜愛的野蔬,伯四六二四號《詠廿四氣詩·詠小滿四月中》詩云:"向來看苦菜,獨秀也何爲?"

## (三)青蒿、椒蒿、邪蒿、茼蒿、赤蒿、白蒿

蒿類植物的生命力極強,常見的蒿類植物在敦煌地區基本都能生長,主要的品種有青

---

① 王賽時:《唐代飲食》,齊魯書社,2003年,第51—52頁。
② (明)李時珍:《本草綱目》卷一六《葵》,人民衛生出版社,1975年,第1039頁。
③ 《敦煌市志》編纂委員會編:《敦煌市志》,新華出版社,1994年,第707頁。
④ (元)賈銘撰,陶文臺註釋:《飲食須知》卷三,中國商業出版社,1985年,第23頁。
⑤ (唐)孫思邈撰,吳受琚注釋:《千金食治》,中國商業出版社,1985年,第56頁。
⑥ 《敦煌市志》編纂委員會編:《敦煌市志》,新華出版社,1994年,第707頁。
⑦ (唐)孫思邈撰,吳受琚注釋:《千金食治》,中國商業出版社,1985年,第37頁。
⑧ (唐)蘇敬等撰,尚志鈞輯校:《新修本草(輯復本第二版)》卷一八《菜部》,安徽科學技術出版社,2004年,第266頁。

蒿、椒蒿、邪蒿、茼蒿、赤蒿、白蒿。

唐代時，草蒿"處處有之，即今青蒿，人亦取雜香菜食之"①。俄敦二八二二號的蔬菜中就有"青蒿"。伯三三九一號《雜集時用要字》中的椒蒿，其學名龍蒿，又名狹葉青蒿、蛇蒿、青蒿，廣泛分布於新疆、甘肅、青海②。

斯六一七號《俗務要名林·草部》中的薪蒿，即邪蒿，根葉可食，孫思邈云："味辛、温、澀、無毒。主胸膈中臭惡氣，利腸胃。"③孟詵云："似青蒿細軟。主胸膈中臭爛惡邪氣。利腸胃，通血脈，續不足氣。生食微動風氣，作羹食良。不與胡荽同食，令人汗臭氣。"④

伯三三九一號《雜集時用要字》菜蔬中又有茼蒿，其"又名蓬蒿、同蒿、菊花菜等名，爲菊科植物茼蒿的莖葉"，其"味辛、平、無毒。安心氣，養脾胃，消痰飲"⑤。伯二六二四號《詠廿四氣詩·詠白露八月節》云："養羞因野鳥，爲客訝蓬蒿。"

斯三八三六號背中的赤蒿，當是指紅梗藜蒿，即今藜蒿，又稱蘆蒿，通常野生於湖泊草灘岸邊，敦煌那些"水草滋茂"的草場，正具備藜蒿的生長條件。

斯三八三六號背中的白蒿，即皤蒿，"味甘、平，無毒。主五臟邪氣，風寒濕痹，補中益氣，長毛髮令黑，療心懸，少食常飢。久服輕身，耳目聰明不老"⑥。古代的食用方法作醋腌生菜，"白蒿苗、根，生搗，醋腌爲菹食，甚益人"⑦。當今的吃法在斷生凉拌外，或是清炒、或是作湯羹、或是作餡、或是作菜窩頭等。而白蒿"所在有之也"⑧，全國各地均出産白蒿，多生於山坡、路邊、林緣、草地、河湖岸邊、礫質坡地等⑨。白蒿，別稱苦蒿，被視爲敦煌農田中的害草之一⑩。

## (四) 砂蓬、沙米

斯三八三六號背中的"砂蓬"，即沙蓬，其"種子含豐富澱粉，可食；植株可作牲畜飼料"⑪，民間採其籽實，稱爲"沙米"。《肅州新志》云："沙米，出野外茨莖上。雨浴則生，旱則無，夷夏

① (唐) 蘇敬等撰，尚志鈞輯校：《新修本草（輯復本第二版）》卷一八《菜部》，安徽科學技術出版社，2004 年，第155 頁。
② 林有潤編著：《中國植物志》第七六卷第二分冊，科學出版社，1991 年，第 186 頁。
③ (唐) 孫思邈撰，吳受琚注釋：《千金食治》，中國商業出版社，1985 年，第 37 頁。
④ (唐) 孟詵等撰，尚志鈞輯釋：《食療本草》，安徽科學技術出版社，2003 年，第 31 頁。
⑤ (唐) 孫思邈撰，吳受琚注釋：《千金食治》，中國商業出版社，1985 年，第 47 頁。
⑥ (唐) 蘇敬等撰，尚志鈞輯校：《新修本草（輯復本第二版）》卷六《草部上品之上》，安徽科學技術出版社，2004 年，第 99 頁。
⑦ (唐) 孟詵等撰，尚志鈞輯釋：《食療本草》，安徽科學技術出版社，2003 年，第 44 頁。
⑧ (唐) 蘇敬等撰，尚志鈞輯校：《新修本草（輯復本第二版）》卷六《草部上品之上》，安徽科學技術出版社，2004 年，第 99 頁。
⑨ 林有潤編著：《中國植物志》第七六卷第二分冊，科學出版社，1991 年，第 106 頁。
⑩ 《敦煌市志》編纂委員會編：《敦煌市志》，新華出版社，1994 年，第 99 頁。
⑪ 中國科學院中國植物志編輯委員會：《中國植物志》第二五卷第二分冊，科學出版社，1979 年，第 49 頁。

皆取子爲米食之。花叶如雞冠,抽紅穗,子粒白色,和羊羹味尤美。"①伯二○○五號《沙州都督府圖經》卷三"野穀"條云:"唐聖神皇帝垂拱四年,野穀生於武興川。其苗藜高二尺以上,四散似蓬,其子如葵子,色黄赤。似葵子肥而有脂,炒之作麨,甘而不熱。收得數百石以充軍糧。"高啓安認爲此野穀即是"沙米"②。古代沙米的食用方法:"作爲粥,滑膩可食;或屑之,可充餅餌、茶食之需。"③

## (五) 落藜

伯六○○二號《辰年某寺諸色入破歷算會牒殘卷》記載:"麵陸䉆伍勝、油伍勝半、粟陸䉆、麥叁䉆,已上充九月布薩設誦戒昌(唱)道及賣藜造藥食食用。"④敦煌吐魯番文書中的買、賣二字常有混通,如斯三六六號"豆貳斗,七月十五日買瓜供養及破盆用"。斯一○五三號背"豆貳斗,賣瓜七月十五日東窟供養用"。阿斯塔那五一四號墓《高昌内藏奏得稱價錢帳》中的"買"即是"賣"之意⑤。故伯六○○二號寺院九月"賣藜造藥食食用"的正解應是"買藜造藥食食用"。

"藜"是"藜"的俗字,"藜"是"灰藋"的學名。《開蒙要訓》中的"藜",在天理本與羅氏舊藏綴合本中作"藋"⑥。《本草綱目》云:"藜即灰藋之紅心者,莖、叶稍大。河朔人名落藜,南人名胭脂菜,亦曰鶴頂菜。"⑦則伯六○○二號中的"藜"即"藋",亦稱"落藜""灰藋"。斯三八三六號背的"落梨",即"落藜";伯三三九一號《雜集時用要字》中的"灰調",乃"灰藋"的俗稱異寫,灰藋在敦煌又稱爲"灰條",現今仍是敦煌地區廣爲採集的野生藥材之一⑧。

## (六) 沙蔥

伯三三九一號《雜集時用要字》中有"沙蔥",其學名爲"蒙古韭",又名苔蔥、格蔥、山蔥、鹿兒蔥,生長於海拔800～2800米的荒漠、砂地或干旱山坡,是沙漠草甸植物的伴生植物,甘肅各處沙磧地都有生長,唐人曹唐《病馬》詩云:"隴上沙蔥葉正齊,騰黄猶自跼贏蹄。"⑨

沙蔥是當地百姓廣爲採集的野蔬之一。《本草綱目》云:"苔蔥,野蔥也,山原平地皆有之。生沙地者名沙蔥,生水澤者名水蔥,野人皆食之。開白花,結子如小蔥頭。"⑩"其葉與家

① (清) 何衍慶等編:光緒《肅州新志》"物産",《中國地方志集成·甘肅府縣志輯》第四八册,鳳凰出版社,2009年,第503頁。
② 高啓安:《唐五代敦煌飲食文化研究》,民族出版社,2004年,第43頁。
③ (清) 趙學敏著,閆志安校注:《本草綱目拾遺》卷八,中國中醫藥出版社,2007年第二版,第287頁。
④ 唐耕耦、陸鴻基編:《敦煌社會經濟文獻真蹟釋録》第3輯,全國圖書館文獻縮微復製中心,1990年,第315頁。
⑤ 朱雷:《敦煌吐魯番文書論叢》,甘肅人民出版社,2000年,第72—73頁。
⑥ 張涌泉主編:《敦煌經部文獻合集》第八册,中華書局,2008年,第4111頁。
⑦ (唐) 陳藏器撰,尚志鈞輯釋:《〈本草拾遺〉輯釋》卷七《果菜米部》,安徽科學技術出版社,2003年,第306頁。
⑧ 《敦煌市志》編纂委員會編:《敦煌市志》,新華出版社,1994年,第707頁。
⑨ (清) 彭定球等:《全唐詩》卷六四○,曹唐《病馬》,第7344頁。
⑩ (明) 李時珍:《本草綱目》卷二六《苔蔥》,人民衛生出版社,1975年,第1588頁。

蔥同,大更過之,味辣於家蔥;根絕似蒜頭,大更過之,味亦辣於蒜,善食辣辛者,不能罄一枚。"①

沙蔥爲藥食同源的食物,孫思邈云其"味辛、微温、無毒。除瘴氣惡毒,久食益膽氣,强志"②。其食用方法,在凉拌、炒食之外,"腌之調羹,勝如韭,雉羹、兔羹尤宜"③。

### (七) 白草、茨萁、芨芨

伯二五五五號之《望敦煌》詩云:"數回瞻望敦煌道,千里茫茫盡白草。"白草即斯三八三六號背、斯八六七八號等文獻中提到的"茨萁"。茨萁,又稱席萁草、芨芨草,這是河西走廊最爲人知的野草,《酉陽雜俎》云:"席箕,一名塞蘆,生北胡地。""瓜州飼馬以賓草,沙州以茨箕,涼州以勃突渾,蜀以稗草。"④

劉滿、張小豔教授考證指出:白草不僅用作飼料,還可以編制筐、席等器具和打製紙漿⑤。白草莖桿成熟後木質化,堅勁難折,"其用如竹",在敦煌被廣泛應用,如用作維護渠堤的材料,斯八六七八號《渠人轉帖》云:"人各枝七束、茨萁五束。帖至,立便送於陰婆莊上堤送納者。"

白草的籽粒營養價值很高,人稱"芨芨米""芨箕米"。雖其籽粒甚小,但是分佈廣泛,兼及採集容易,故此產量頗豐,古代百姓常用作家畜的精飼料。平常歲月,百姓採集白草籽養雞喂羊;凶年飢歲,人亦食用,光緒《肅州新志》云:"芨箕米,即芨芨草之子也。凶年人多採食。"⑥

### (八) 賓草

前引"瓜州飼馬以賓草",則知斯三八三六號背中的"賓草",是瓜州乃至整個敦煌地區養馬的主要飼草之一。賓草,又作"蘋草",其別稱有四葉草、田字草、水草頭、水金花頭、野草頭、野連菜、野極菜、十字草、妹妹草、破銅錢草、夜裏串、夜爬山等,分佈於全國各地。《本草綱目》云:"其草四葉相合,中折十字,故俗呼爲四葉菜、田字草、破銅錢,皆象形也。"⑦賓草根至今是敦煌地區廣爲採集的野生藥材之一⑧。

① (清) 趙學敏著,閏志安校注:《本草綱目拾遺》卷八《諸蔬部》,中國中醫藥出版社,2007 年第二版,第 324 頁。
② (唐) 孫思邈撰,吳受琚注釋:《千金食治》,中國商業出版社,1985 年,第 43 頁。
③ (清) 趙學敏著,閏志安校注:《本草綱目拾遺》卷八《諸蔬部》,中國中醫藥出版社,2007 年第二版,第 324 頁。
④ (唐) 段成式撰:《酉陽雜俎》卷一六《毛篇》,續集卷一〇《支植下》,中華書局,1981 年,第 159、288 頁。
⑤ 參張小豔:《敦煌社會經濟文獻詞語論考》,上海人民出版社,2013 年,第 565 頁。劉滿:《白草考》,載氏著《河隴歷史地理研究》,甘肅文化出版社,2009 年,第 537 頁。
⑥ (清) 何衍慶等編:光緒《肅州新志》"物產",《中國地方志集成·甘肅府縣志輯》第四八冊,鳳凰出版社,2009 年,第 503 頁。
⑦ (明) 李時珍:《本草綱目》卷二六《菜部》,人民衛生出版社,1975 年,第 1369 頁。
⑧ 《敦煌市志》編纂委員會編:《敦煌市志》,新華出版社,1994 年,第 707 頁。

黨河上游的荒漠半荒漠草原上又別有"濱草",但那是又名"賴草"的"重穗濱草",不是"賓草"。

據李時珍所引,陳藏器《本草拾遺》中稱"賓草"爲"芣菜",是當時民衆廣爲採集的野蔬之一,其食用方法與"草頭"即苜蓿菜完全相同:采嫩莖叶洗净,斷生凉拌、炒食或做羹湯。

## (九) 黃草、黃草泊、藎草

斯三八三六號背中有"黃草",羽四一號《雜字一本》中有"黃草泊"。斯五四四八號《敦煌録》"貳師泉"條云:"去沙〔州〕城東三程。漢時,李廣利軍行渴乏,祝山神,以劍札(扎)山,因之水下,流向西數十里黃草泊。"李正宇研究員釋云:"黃草泊,約即今甜水井道班西北八公裏許之退化湖泊,東南距懸泉谷口二十餘里。"①由此知黃草泊是敦煌地區一個顯著的地標性自然景觀,位於沙州東通瓜州的道路上。

西北地區的藎草和艾草都被稱作"黃草",然而"黃草泊"説明了該種黃草所生長的水生潮濕環境,這表明此種黃草只能是"藎草"而不是"艾草",因爲藎草"叶似竹而細薄,莖亦圓小。生平澤溪澗之側"②。藎草可以入藥,其最顯著的療效是"殺皮膚小蟲""洗瘡有效"③。

藎草是相當重要的染色原料,藎草"可以染黃作金色",荆襄人尤其以善用此草而聞名天下,"荆襄人煮以染黃,色極鮮好"④。藎草還可作生活用品的編織原料,白居易《晝寢》詩云:"坐整白單衣,起穿黃草履。"⑤

黃草有洗瘡效果,必定被敦煌百姓作爲蘭湯浴的原料之一。它作爲印染與編織原料,也必定是敦煌百姓的採集品。

## (十) 艾、黃草

斯六一七號《俗務要名林·草部》蒿類植物中列有"艾",伯四六三八號的端午禮物中有"艾"。艾,又名冰臺、醫草、黃草、艾蒿⑥,是藥食同源的食物,"春月採嫩艾作菜食,或和麵作餛飩如彈子"⑦。艾汁和麵作的餛飩,今稱爲"青團",是端午的節令食品之一。

---

① 李正宇:《古本敦煌鄉土志八種箋證》,甘肅人民出版社,2008 年,第 306 頁。
② (唐)蘇敬等撰,尚志鈞輯校:《新修本草(輯復本第二版)》卷一一《草部下品之下》,安徽科學技術出版社,2004 年,第 160 頁。
③ (唐)蘇敬等撰,尚志鈞輯校:《新修本草(輯復本第二版)》卷一一《草部下品之下》,安徽科學技術出版社,2004 年,第 159—160 頁。
④ (唐)蘇敬等撰,尚志鈞輯校:《新修本草(輯復本第二版)》卷一一《草部下品之下》,安徽科學技術出版社,2004 年,第 160 頁。
⑤ (清)彭定球等:《全唐詩》卷四三三白居易《晝寢》,中華書局,1960 年,第 4783 頁。
⑥ (明)李時珍:《本草綱目》卷二六《菜部》,人民衛生出版社,1975 年,第 935 頁。
⑦ (唐)孟詵撰,張鼎增補,尚志鈞輯校:《食療本草》卷二,安徽科學技術出版社,2003 年,第 49 頁。

## (十一) 莎草泊、莎草、香附子

伯三六四四號《學童習字》提到了敦煌的"莎草泊",莎草生長於沼澤或水邊潮濕之處。莎草根入藥,"根名香附子,一名雀頭香,大下氣,除胸腹中熱,所在有之"。"無毒,主除胸中熱,充皮毛。久服利人,益氣,長須眉。"①伯三三九一號《雜集時用要字》"雜藥"中有"香附子",陶穀《清異錄》云其又名"回頭青"。莎草根"和合香用之",在唐代以來各種薰香盛行的文化背景下,香附子的用途廣泛,用量大,民間採集者甚衆。

莎草的穗像韭菜薹,俗又稱"野韭菜",花果期在夏、秋季,子實極多,成熟後即脫落,春季出苗,是蟲鳥和食草動物的主要食物來源之一,亦是家畜的精飼料之一。相對於其他野菜之屬,敦煌莎草的生長環境使得它的籽實、根塊的採摘要稍稍困難一些。

伯二六五四號《唐沙州倉曹會計牒》記錄沙州官倉中貯存有"壹阡柒拾捌碩肆斗肆勝肆合貳勺草子""肆拾三碩玖斗肆勝肆合三勺草子"。伯三四四六號背《唐沙州倉曹會計牒》記錄有"肆拾三碩玖斗肆勝肆合三勺草子""壹阡三拾三碩五斗草子,毛麟、張□下打得納"。其中的"草子"即草籽,是百姓的野外採集品,其中當有籽實極多的莎草草籽、白草草籽。

## (十二) 蘆葦、蘆茭

斯六一七號《俗務要名林·草部》中有蘆、葦、荻等數種,這是遍布於敦煌各處水澤的植物。伯五〇三四號《沙州圖經卷第五》云壽昌縣東南十里的壽昌海,"地多蘆、葭"②。水生蘆葦初生時可作菜茹,稱"蘆筍"。早春的蘆筍是河西絲路上的佳饌,張籍《涼州詞》云:"邊城暮雨雁飛低,蘆筍初生漸欲齊。"③

蘆葦根入藥,"蘆根,味甘,寒。主消渴,客熱,止小便利"④。直到今天,蘆根還是敦煌地區廣爲採集的野生藥材⑤。

蘆葦莖稈"爲造紙原料或作編席織簾及建棚材料,莖、葉嫩時爲飼料;根狀莖供藥用,爲固堤造陸先鋒環保植物"⑥。蘆葦嫩莖葉還可以曬製成乾草或青貯,青貯後的蘆葦草香味更濃。蘆葦莖幹木質化後還可以作柴燒。斯三八三六號背所列植物中有"蘆茭",蘆葦無論老、嫩,收割後皆稱爲"蘆茭"。

蘆葦的公私應用都相當普遍,如伯三三九一號《雜集時用要字》使用物中的"葦箔"。伯

---

① (唐)蘇敬等撰,尚志鈞輯校:《新修本草(輯復本第二版)》卷九《草部中品之下》,安徽科學技術出版社,2004年,第134頁。
② 李正宇:《古本敦煌鄉土志八種箋證》,甘肅人民出版社,2008年,第161頁。
③ (清)彭定球等:《全唐詩》卷三八六,張籍《涼州詞》,第4357頁。
④ (唐)蘇敬等撰,尚志鈞輯校:《新修本草(輯復本第二版)》卷一一《草部下品之下》,安徽科學技術出版社,2004年,第167頁。
⑤ 《敦煌市志》編纂委員會編:《敦煌市志》,新華出版社,1994年,第707頁。
⑥ 林有潤編著:《中國植物志》第九卷第二分冊,科學出版社,2002年,第28頁。

三三二四號背記載:"見今又鄉司差遣車牛艾蘆茭者。"伯四六九七號記載:"酒半甕,付打葦子百姓解火用。"

## (十三) 羊蹄、土大黄

斯三八三六號背中的"羊蹄",並不是指羊的爪蹄,而是蓼科植物羊蹄草,是敦煌百姓的野蔬之一。孟詵曰:"羊蹄,葉作菜,止癢。不可多食,令人下氣。"[①]現今敦煌野生藥材中有"土大黄"[②],又稱羊蹄大黄、牛舌大黄,"九月採根,破之亦有錦文。日乾之,亦呼爲'土大黄'"[③]。土大黄以其葉形如羊蹄,又稱羊蹄,而中藥中稱爲"羊蹄"者凡兩種:一種是《詩經》所云的"蓄","又一種極相似而味酸,呼爲酸模"[④]。唐《本草拾遺》云:"酸模,葉似羊蹄,山大黄,亦名當藥。"[⑤]山大黄,即土大黄的又一別稱,"羊蹄根"正是蓼科酸模屬的土大黄,"可作菜食"[⑥]。

## (十四) 駝蹄

斯三八三六號背中的"駝蹄",指多年生蒺藜科植物駱駝蹄草,是生長於乾旱地區的優質牧草,分布於今内蒙古、甘肅、青海、西藏和新疆,其根莖現在也入藥用,主治頑固性頭痛。

## (十五) 蒲菊、蒲公英

斯三八三六號背中有"蒲菊酒"、斯六二〇八號果子部中有"蒲菊"、酒部中有"蒲菊酒"。

蒲菊,又稱蒲公英、蒲公草,"叶似苦苣,花黄,斷有白汁,人皆啖之"[⑦]。至今仍是廣泛食用的野蔬。蒲菊根、莖、叶全草入藥,是現今敦煌地區廣爲採集的野生藥材之一[⑧],民間常以其乾葉泡水代茶飲。

## (十六) 沙棗、沙棗花

伯四六三八號端午節禮物中有"香棗花",譚蟬雪研究員已指出香棗花即敦煌本地的沙棗花。野生的沙棗果實一般在十月中下旬成熟,沙棗成熟後,也是百姓採集的對象[⑨]。食用

---

① (唐)孟詵撰,張鼎增補,尚志鈞輯校:《食療本草》,安徽科學技術出版社,2003年,第53頁。
② 《敦煌市志》編纂委員會編:《敦煌市志》,新華出版社,1994年,第707頁。
③ (宋)蘇頌撰,尚志鈞輯校:《本草圖經》卷八《草部下品之上》,安徽科學技術出版社,1994年,第244頁。
④ (唐)蘇敬等撰,尚志鈞輯校:《新修本草(輯復本第二版)》卷一一《草部下品之下》,安徽科學技術出版社,2004年,第159頁。
⑤ (唐)陳藏器撰,尚志鈞輯釋:《〈本草拾遺〉輯釋》卷八《解紛一》,安徽科學技術出版社,2003年,第366頁。
⑥ (唐)陳藏器撰,尚志鈞輯釋:《〈本草拾遺〉輯釋》卷八《解紛一》,安徽科學技術出版社,2003年,第366頁。
⑦ (唐)蘇敬等撰,尚志鈞輯校:《新修本草(輯復本第二版)》卷一一《草部下品之下》,安徽科學技術出版社,2004年,第168頁。
⑧ 《敦煌市志》編纂委員會編:《敦煌市志》,新華出版社,1994年,第707頁。
⑨ 《敦煌市志》編纂委員會編:《敦煌市志》,新華出版社,1994年,第707頁。

之外,香棗是中古敦煌百姓的典禮供品之一,斯一七二五號背《某年張智剛請祭諸神用物牒》"釋典"用"香棗一升","祭社"用"香棗二升"。

## (十七) 馬芹、野茴香

伯三三九一號《雜集時用要字》"雜藥"中列有"馬芹子"。北大敦一六二號背無名女弟子將"芹子一升,檳榔一顆"施入寺院,只是不知這個"芹子"是指"馬芹子"還是"胡芹子"。

馬芹子屬於藥食同源的食物,《日華子本草》云:"馬芹,嫩時可食。子治卒心痛,炒食令人得睡。"[1]斯五九二七號背"麵拾貳碩肆斗,油壹斗叁勝,馬芹子貳勝半,草豉壹勝,充解齋用"。馬芹子又可作調料用,"下氣消食。調味用之,香似橘皮,而無苦味"[2]。"馬芹子和醬食諸味良"[3]。就實際情形看,馬芹子直接炒食食用的不多,主要還是作調味料用。

《本草綱目》云馬芹子俗稱"野茴香"[4]。依據多年的實地考察,高啓安指出:"野茴香在河西的許多地方都有,當地人在其成熟後採集來籽實,與麥子等摻在一起,用來做炒麵,有一種清香味。"[5]

## (十八) 菌子、地軟

斯五九二七號背記有"麥壹斗,買菌子一斗用"。菌子,又稱菌菇、蘑菇、草蘑,"蘑菇,野外近樹澤處多生,不似沙灘者綿"[6]。在黨河的上游、下游,有許多美水草的地方,其中就有野生的菌子。"菌子有數般,槐樹上生者良。"[7]採集的菌子鮮用,也可曬乾備用,即伯三六四四號學童習字所寫的"桿草磨"(乾草蘑)。

菌菇產於沙灘者綿軟,又稱"地軟",俄敦二八二二號《雜集時用要字·農田部》中有"地軟"。地軟,又名地皮菜、地見皮、地卷皮,在潮濕的沙地、草灘和荒野裏都可以找到。

## (十九) 馬齒莧

伯三四六八號《年末驅儺詞》祝願敦煌百姓"穀桿大於牛腰,蔓菁賤於馬齒"。馬齒,即馬齒莧,是著名野蔬和中藥材,至今仍是敦煌居民的野外採集藥品[8]。

① (五代)日華子集,尚志鈞輯釋:《日華子本草(輯釋本)》卷一九《菜部》,安徽科學技術出版社,2005年,第215頁。
② (唐)蘇敬等撰,尚志鈞輯校:《新修本草(輯復本第二版)》,安徽科學技術出版社,2004年,第274頁。
③ (唐)孟詵撰,張鼎補,尚志鈞輯校:《食療本草》,安徽科學技術出版社,2003年,第36—37頁。
④ (明)李時珍:《本草綱目》卷二六,人民衛生出版社,1975年,第1635頁。
⑤ 高啓安:《唐五代敦煌飲食文化研究》,民族出版社,2004年,第41頁。
⑥ (清)何衍慶等編:光緒《肅州新志》"物產",《中國地方志集成·甘肅府縣志輯》第四八冊,鳳凰出版社,2009年,第503頁。
⑦ (唐)孟詵撰,張鼎增補,尚志鈞輯校:《食療本草》,安徽科學技術出版社,2003年,第52頁。
⑧ 《敦煌市志》編纂委員會編:《敦煌市志》,新華出版社,1994年,第707頁。

## （二十）刺薊

伯五〇三四號《沙州圖經卷第五》云壽昌縣東南十里的壽昌海，“地多蘆、薊”。薊，李正宇研究員釋爲“大薊”①。按：薊有大薊、小薊，卷中並未指明是何種薊，因其生長於壽昌海畔，箋釋當作“小薊”或者“刺薊”爲宜。唐《新修本草》云：“大、小薊根，味甘、温。主養精保血。”“大薊是虎薊，小薊是貓薊，叶並多刺，相似。田野甚多，方藥不復用，是賤之故。”“大薊生山谷，小薊生平澤。”②

刺薊爲菊科植物小薊的全草或嫩莖葉、根，又稱“泥胡菜”，生長於山坡、河旁、荒地、田間，是敦煌百姓廣爲食用的野蔬，可以做涼菜和菜窩窩。

## （二十一）胡桐、梧桐、胡桐淚

北敦〇三九二五號《諸雜字一本》所列諸種食物中有“梧桐淚”。伯四九〇九號《東窟油麵抄》記録有“造梧桐餅麵壹斗”。

貞觀三年（六二九），玄奘西行求法，行經玉門關，“遥見玉門關，去關上流十里許，兩岸可闊丈餘，傍有梧桐樹叢”③。梧桐，別本又作“胡桐”，箋釋者云：“‘胡桐’是。”④梧桐、胡桐皆是指西北地區的胡楊樹。胡楊樹生長過程中，樹脂從樹皮的裂口中滋出，其形如淚，故此稱爲“胡桐淚”，亦稱“梧桐淚”。胡桐淚“出肅州川西平澤及山谷中”⑤，是甘肅西部敦煌、酒泉及其周邊地區的特産之一，當時已認識到胡桐淚“殺火毒及麵毒”⑥。

敦煌地區屬麵食區，然而麵“有微毒”是初唐以來的生活常識。唐初甄權《藥性論》云：“小麥，臣，有小毒。”⑦孟詵《食療本草》云小麥“作麵有熱毒，多是陳裹之色”⑧；陳藏器云麵“性壅熱，小動風氣”⑨。宋人説得更直接，“小麥性寒，作麵則温，而有毒”⑩。麵有微毒的觀念，直到清代才逐漸被破除。麵既有微毒，而又必須食用，那就想法設法去除其毒。孫思邈云麵毒“畏漢椒、蘿蔔”，李時珍引用其説，並云“枸杞苗、胡桐泪”也能解麵毒⑪。自唐代始，人皆以麵食與蘿蔔、漢椒相配食爲宜。今蘭州牛肉麵中必有蘿蔔，或即是以蘿蔔解麵毒之遺意。唐五

---

① 李正宇：《古本敦煌鄉土志八種箋證》，甘肅人民出版社，2008 年，第 180 頁。

② （唐）蘇敬等撰，尚志鈞輯校：《新修本草（輯復本第二版）》，安徽科學技術出版社，2004 年，第 135 頁。

③ （唐）慧立、彦悰著：《大慈恩寺三藏法師傳》卷一，中華書局，1983 年，第 14 頁。

④ （唐）慧立、彦悰著：《大慈恩寺三藏法師傳》卷一，中華書局，1983 年，第 15 頁。

⑤ （唐）蘇敬等撰，尚志鈞輯校：《新修本草（輯復本第二版）》卷五《玉石等部下品》，安徽科學技術出版社，2004 年，第 80 頁。

⑥ （五代）日華子集，尚志鈞輯釋：《日華子本草（輯釋本）》卷四《玉石部下品》，安徽科學技術出版社，2005 年，第 27 頁。

⑦ （唐）甄權撰，尚志鈞輯釋《藥性論（輯復本）》，安徽科學技術出版社，2006 年，第 112 頁。

⑧ （唐）孟詵撰，張鼎增補，尚志鈞輯校《食療本草》，安徽科學技術出版社，2003 年，第 8 頁。

⑨ （唐）陳藏器撰，尚志鈞輯釋《〈本草拾遺〉輯釋》卷七《果菜米部》，安徽科學技術出版社，2003 年，第 311 頁。

⑩ （宋）蘇頌等撰，尚志鈞輯校《本草圖經》卷一八《米部》，安徽科學技術出版社，1994 年，第 602 頁。

⑪ （明）李世珍撰，劉衡如等校注：《本草綱目新校注本·第三版》，華夏出版社，2008 年，第 981、256 頁。

代時期敦煌人應當是用胡桐淚來解麪毒，因爲胡桐淚中富含胡楊根係從鹼性土壤中吸收的鹼，是一種天然碱劑，"能軟一切物"①，用其和麪，"有中和酸及酥化麪的作用，故做出來的餅味道相當好，而且起麪的速度快"②，至今仍有應用者。

梧桐餅正是敦煌人以胡洞淚爲發麪劑製作的餅。運用胡桐淚，既解了麪毒，又起到了改善麪食品質的效果。胡桐淚是敦煌百姓的野外採集品。

## (二十二) 甘草

甘草是著名的解毒藥，號稱"解百藥毒""主五臟六腑寒熱邪氣，堅筋骨，長肌肉，倍力，金瘡尰，解毒""生河西川谷積沙山及上郡"③。

敦煌產甘草，伯二〇〇五號《沙州都督府圖經卷第三》云"甘草驛"在沙州東北一百卌五里，"驛側有甘草，因以爲號"。甘草是現今敦煌地區廣爲採集的野生藥材之一④。

## (二十三) 地甚、白刺、鎖陽

斯三八三六號背中列有"地甚"，這應該是指敦煌地區普遍生長的"地甚子"，即蒺藜科植物"白刺"的果實。地甚子初成熟時爲紅色，成熟後爲黑色，其味酸甜中帶澀，口感有類於今天的葡萄酒，含有多種人體所需要的微量元素，人稱"沙漠櫻桃""酸胖"，是古代敦煌百姓的秋季採集品之一。

白刺現在主要分布於敦煌綠洲北部邊緣到安西之間的廣大鹽漬化土壤上⑤。在古代，白刺葉可用作家畜飼料，割刺是當時常見的生產活動之一，如伯二〇三二號背"麪貳斗五升，窟上乲刺，僧食用""麩四斗，窟上乲刺時餵馬用"。白刺生長迅速，其枝幹材質堅硬，主要用作燃料和作棘籬，斯三二二七號背＋斯六二〇八號中有"棘籬"。棘籬，又稱笓籬、笓籬。編笓籬是一個技術活，編製者稱爲"笓籬博士"，如伯二〇三二號背"麪三斗，造芘籬博士用"。笓籬可用作園籬，如斯三七二八號"普光寺門楪樹園白刺拾束"；亦可用於水利修治，如斯五〇〇八號"麥貳斗、粟貳斗，買笓籬納水官用"。白刺還可以直接作修渠材料，如伯三四一二號背《壬午年(九八二)五月十五日渠人轉帖》記錄修渠所需材料云："今緣水次逼近，要通底河口，人各鍬钁壹事，白刺壹束，樫一束，掘壹莖。"伯五〇三二號《渠人轉帖》中有四次修渠的記錄，分別要求渠人各帶材料"白刺三束""白刺五束""白刺三束""白刺一束"。

敦煌民眾在長期利用白刺的同時，不可避免地要發現寄生於白刺根上的另一種植物，這

---

① (五代) 李珣撰，尚志鈞輯釋：《海藥本草》輯校本，人民衛生出版社，1997 年，第 12 頁。

② 高啓安：《唐五代敦煌飲食文化研究》，民族出版社，2004 年，第 124 頁。

③ (唐) 蘇敬等撰，尚志鈞輯校：《新修本草(輯復本第二版)》卷六《草部上品之上》，安徽科學技術出版社，2004 年，第 90 頁。

④ 《敦煌市志》編纂委員會編：《敦煌市志》，新華出版社，1994 年，第 707 頁。

⑤ 《敦煌市志》編纂委員會編：《敦煌市志》，新華出版社，1994 年，第 99 頁。

種植物今稱爲"鎖陽"。儘管唐五代時還不知其藥性功效,然而在長期的食用實踐中,必然會發現它與肉蓯蓉相類。直到北宋時,"鎖陽"纔由著名醫家龐安時記録進他的《本草補遺》。

### (二十四) 柴炭、檉柳、梭梭柴、肉蓯蓉

俄敦二八二二號器用物中列有"柴炭"。伯三三九一號《雜集時用要字》中列有"燋柴""炭火"。北敦〇三九二五號中有"炭"。伯二〇三二號背"粟五斗,鄧住子邊買炭用""豆壹石,田盈子鈷鏴鑊子炭價及手工用"。足以説明炭是中古敦煌百姓的日用生活品之一。

敦煌的高級香炭可能是由外地輸入,但日常生活、生産用的普通"炭",應該是本地燒制,伯二〇四〇號背《後晉時期净土寺諸色入破歷筭會稿》記録有"麵柒斗,燒炭時僧糧用"。

董希文舊藏記載有五月"六日,城南園看南山酒壹角",六月"四日,南園看南山酒貳斗伍升"[①]。伯二六二九號記載有七月"五日,迎南山酒伍升,下檐酒伍升。六日,衙内看南山酒壹斗"。則知此處的南山並不是指祁連山,而是指敦煌市南的三危山、鳴沙山等南部山峰。斯五四四八號《敦煌録一卷》云鳴沙山在沙州城南十里,"其山,東西八十里,南北四十里,高處五百尺"。相傳南山有觀音菩薩化現之處,敦煌百姓崇敬南山,視其爲聖山,每年都要迎賽南山,如斯一三九八號載"十月四日迎賽南山酒壹斗"。

伯三九〇九號《障車文》云:"梭梭南山,迢迢北斗。"梭梭,黃征教授校作"峻峻"[②],無校記。峻峻,指山高貌。只是敦煌的南山,相對海拔高度並不見高,最高處算下來也不到一百七十米,地形還多是丘陵。山不見高峻,倒是南山丘陵地帶遍布著天然梭梭林,梭梭樹耐乾旱且快速生長的生物屬性,"在沙漠地區常形成大面積純林,有固定沙丘的作用"[③]。南山作爲當時的聖山,信奉佛教的敦煌民衆當然不會隨意砍伐山上的梭梭樹。直到今天,敦煌市殘存的天然梭梭林依然分布於南部山區,"在三危山、鳴沙山南部丘陵地帶分布有少量霸王、梭梭、沙拐棗、麻黃以及一些菊科植物"[④]。梭梭樹屬小喬木,枝條密佈,高一至九米,普遍高二至五米,屬沙漠地帶非常顯眼的標誌性植物,"梭梭南山"描述的正是當時敦煌遍布著梭梭樹的南部聖山的自然景觀,這也是沙漠地區獨有的風景特徵。如果換成中國南方的淺山丘陵地帶,就得是"郁郁南山"了。伯二〇〇五號《沙州都督府圖經》記敦煌東南林藪"蔽虧日月"。伯二五五一號聖曆元年(六九八)《李君莫高窟佛龕碑並序》記樂僔於莫高窟"杖錫林野,行止此山",説明當時自莫高窟遠望,林野莽然。敦煌南山的林野中,自然少不了高大的梭梭樹。

梭梭,又稱瑣瑣柴。其嫩枝、叶可作爲駱駝和羊的飼料;其枝幹燃燒時火力旺盛,而且燃

①　唐耕耦、陸鴻基編:《敦煌社會經濟文獻真蹟釋録》第3輯,全國圖書館文獻縮微復製中心,1990年,第272頁。
②　黃征、吳偉:《敦煌願文集》,岳麓書社,1995年,第973頁。
③　中國科學院植物研究所等編著:《中國植物志》第五〇卷第二分册,科學出版社,1979年,第141頁。
④　《敦煌市志》編纂委員會編:《敦煌市志》,新華出版社,1994年,第99頁。

燒完全，僅留下極少的灰，是最佳的燒柴和燒炭原料。瑣瑣柴"取以燒炭，耐久無煙，謂之瑣瑣炭"①。瑣瑣炭在燃燒時還別有清香，因此需求量很大。燋柴，即焦柴，指火力很旺的薪柴，在敦煌地區自非瑣瑣柴莫屬。斯六三〇六號《歸義軍時期破歷》記録修大閘所用的材料有"白刺一車、枝十五束、栓八笙、檉十束、羊皮肆張"，可見枝、白刺、檉是不同的柴類，"枝"應當是指檉柳以外的火力旺盛的梭梭樹枝或者胡楊樹枝。

伯二〇〇五號《沙州都督府圖經卷三》"苦水"條云："源出瓜州東北十五里，名鹵澗水。直西，流至瓜州城北十余里，西南流一百廿里至瓜州常樂縣南山南，號爲苦水。又西行卅里，入沙州東界故魚泉驛南。"在苦水的尾水處，也就是苦水在瓜州與沙州的交界處，必定生長出苦水柴灣。柴灣通常是由胡楊、沙棗樹、梭梭樹、檉柳、白刺、沙蓬、鹹柴、蒿草等多種植物形成的生態群落，今這個交界處在敦煌境内叫做"蘆草溝"，顯然是一個柴灣。伯二〇四九號背記録"油二斗，梁户人苦水檉一車用"，苦水檉，即是指從苦水尾水附近的柴灣打來的檉枝。文獻中既已特别指明檉柴，則"枝"柴就只能是檉以外的梭梭樹枝或者胡楊樹枝。

斯六一七號《俗務要名林·木部》有"檉"。斯五六七一號《諸雜字》中有"乾檉"。伯三三九一號《雜集時用要字》中列有"白檉""赤檉"。檉，指檉柳。白檉，當是指白花檉柳。赤檉，又稱西河柳、紅柳，它是現今敦煌地區野生採集藥材之一②。

檉柳的"木材密質而重，可作薪炭柴，亦可作農具用材。其細枝柔韌耐磨，多用來編筐，堅實耐用；其枝幹亦可編耱和農具柄把。其枝葉纖細懸垂，婀娜可愛，一年開花三次，鮮綠粉紅花相映成趣"③。古代敦煌地區主要把檉柳用作燃料，伯三一六〇號《辛亥年（九五一）押衙知内宅司宋遷嗣檉破用歷狀並判憑》記録了内宅司辛亥年各月的用檉量及其用途，其六月用檉如下："十八日付佛奴檉伍束，付歌郎練綾柒束，付不勿洗衣壹束，燒熨㪷壹束。十九日付花娘壹束，付佛奴壹束。廿日看于闐使煑肉檉壹束，付清奴染檉肆束，付富勝檉壹束，造食兩束。付争子洗衣壹束，煑油檉肆束，付佛奴伍束，付員富壹束，廿一日付祐慶壹束，付佛奴叁束。廿三日付佛奴兩束，花娘壹束。"準上引，六月合計用檉四十二束，使用於練綾、染衣及洗衣、造食、煑油、煑肉等生産、生活用途。檉柳亦用於修治水渠，如伯五〇三二號《甲申年（九八四）某月十七日渠人轉帖》記載"今緣水次逼近，切要修治沙渠口，人各檉一束"。

敦煌百姓每天生産、生活的燒柴對檉柴的取用量相當大，已經對居住環境産生了一些不利影響，成爲一個社會難題，以致於要在年終驅儺儀式上號召大家不要隨意打取檉柴，伯三七〇二號《驅儺文》云："大家至須努力，營農休取柴檉。"

肉蓗蓉是著名的中藥材，係唐代土貢之一，"在西北地方有'沙漠人参'之稱，有補精血、

① （清）何衍慶等編：光緒《肅州新志》"物産"，《中國地方志集成·甘肅府縣志輯》第四八册，鳳凰出版社，2009年，第507頁。
② 《敦煌市志》編纂委員會編：《敦煌市志》，新華出版社，1994年，第707頁。
③ 李錫文等編著：《中國植物志》第二五卷第二分册，科學出版社，1990年，第159頁。

益腎壯陽、潤腸通便之功效"①。唐《新修本草》云其"久服輕身。生河西山谷及代郡雁門。五月五日採,陰乾"②。肉蓯蓉是多年生寄生性種子植物,主要寄主爲梭梭、紅柳(檉柳)、鹹柴等植物。中古敦煌民衆在伐採檉柳、梭梭柴、鹹柴等柴草的過程中,必然要發現寄生於這些植物根上的"肉蓯蓉"。

蓯蓉又分肉蓯蓉、草蓯蓉。草蓯蓉"形短而少花",唐代以來,時人將"草蓯蓉刮去花,以代肉爾"③。即便今天,草蓯蓉仍然"爲中藥肉蓯蓉的代用品,有補腎壯陽、潤腸通便之效,主治腎虛陽萎、腰關節冷痛、便秘等"④。敦煌出産草蓯蓉,又稱"列當""栗當""花蓯蓉"等,主要寄生於蒿類植物根上,是現今敦煌百姓的野外採集藥材之一⑤。敦煌文獻中有使用和買賣蓯蓉的記録,如斯一七三三號"蓯蓉三升";斯六〇六四號"二斗麥,買蓯蓉"。只不知上引的蓯蓉是肉蓯蓉還是草蓯蓉。肉蓯蓉"生時似肉,以作羊肉羹,補虛乏極佳,亦可生啖"⑥,可見在古代日常生活中,肉蓯蓉主要作羹或生食。蓯蓉亦可泡酒或泡水服用,唐《食醫心鏡》云:"治陽事不興:栗當(一名列當)二斤,右搗簁畢,以酒一斗浸,經宿,遂性飲之。"⑦

## (二十五) 馬藺

斯三八三六號背中的馬藺,即馬蘭,別稱馬蓮、旱蒲,"形似萱,開碧花,似南方蝴蝶花,路旁野地俱有"⑧。伯三三九一號《雜集時用要字》中有"馬藺子"。馬藺花、根、籽入藥,馬藺子在唐代以前稱爲"蠡實",一名"荔實",《新修本草》云:"荔似蒲根,可爲刷。"⑨在唐五代時,馬藺亦可作爲野蔬,《日華子本草》云馬藺"亦可蔬菜食,莖、葉同用"⑩。

馬藺的現代用途比古代稍廣,增加了造紙、避孕等新用途:"馬藺習性耐鹽鹹、耐踐踏,根系發達,可用於水土保持和改良鹽鹹土;葉在冬季可作牛、羊、駱駝的飼料,並可供造紙及編織用;根的木質部堅韌而細長,可制刷子;花和種子入藥,馬藺種子中含有馬藺子甲素,可作

① 王文采等編著:《中國植物志》第六九卷,科學出版社,1990 年,第 87 頁。
② (唐)蘇敬等撰,尚志鈞輯校:《新修本草(輯復本第二版)》卷七《草部上品之下》,安徽科學技術出版社,2004 年,第 101 頁。
③ (唐)蘇敬等撰,尚志鈞輯校:《新修本草(輯復本第二版)》卷七《草部上品之下》,安徽科學技術出版社,2004 年,第 101 頁。
④ 王文采等編著:《中國植物志》第六九卷,科學出版社,1990 年,第 72 頁。
⑤ 《敦煌市志》編纂委員會編:《敦煌市志》,新華出版社,1994 年,第 707 頁。
⑥ (唐)蘇敬等撰,尚志鈞輯校:《新修本草(輯復本第二版)》卷七《草部上品之下》,安徽科學技術出版社,2004 年,第 101 頁。
⑦ (唐)咎殷撰,尚志鈞輯復:《食醫心鏡》,安徽科學技術出版社,2003 年,第 234 頁。
⑧ (清)何衍慶等編:光緒《肅州新志》"物産",《中國地方志集成·甘肅府縣志輯》第四八册,鳳凰出版社,2009 年,第 506 頁。
⑨ (唐)蘇敬等撰,尚志鈞輯校:《新修本草(輯復本第二版)》卷八《草部下品之上》,安徽科學技術出版社,2004 年,第 128 頁。
⑩ (五代)日華子集,尚志鈞輯釋:《日華子本草(輯釋本)》卷七《草部中品之上》,安徽科學技術出版社,2005 年,第 70 頁。

口服避孕藥。"①

伯二〇三二號背中有"粟叁斗,壹斗衆僧買馬藺用"。馬藺不僅是中古敦煌百姓的採集品,現今也是敦煌百姓的野外採集藥材之一②。

## (二十六) 羊莿、刺蜜

伯三三九一號《雜集時用要字》在其薪材類中列有"羊莿"。羊莿,即羊刺,雖屬豆科,但卻只有駱駝能吃,其他家畜不能食用,所以又稱"駱駝刺"。分布於内蒙古、甘肅、新疆。在敦煌,現今主要分布於緑洲西部邊緣以西的荒漠地帶。駱駝刺除了作薪材外,還可以製作刺蜜,其方法是:成熟時,直接採集;未成熟時,將刺株放入水中熬制③。

## (二十七) 接續、問荆

斯三八三六號背與伯三六四四號都提到了"接續",此即中藥"問荆"。唐《本草拾遺》云問荆"苗似木賊,節節相接,亦名接續草"④。現今也是敦煌百姓的野外採集藥材之一⑤。

## (二十八) 香蒲草、蒲黄、蒲筍

俄敦二八二二號農田部中有"菱茳"、器用物部中有"蒲苫"。伯三三九一號《雜集時用要字》菜蔬部中有"萑",萑、蒲的生長環境相同。斯二四七四號《庚申至壬午年(九八〇～九八二)歸義軍衙内麵油破曆》記録有"準舊,結蒲逐日早上各麵一升,午時各胡餅兩枚"。

結蒲,即編制蒲苫席。蒲,指香蒲草。前文已述敦煌地區的湖沼及沙漠地區淺水灘中生長著蘆葦,這樣的生態環境也适宜香蒲草的生長。春夏初生的嫩蒲草自先秦以來就是著名的野蔬,嫩根莖也可以食用,稱爲蒲筍。蒲葉老時可作爲編織材料編織箔席、苫簿、扇子等。香蒲草成熟後,中生蒲棒,蒲棒上的花蕊可入藥,名爲"蒲黄",現今也是敦煌百姓的野外採集藥材之一⑥。

總上述二十八種採集物品,除接續草、駝蹄草不能用作日常食材外,其他的品種在适宜的節令内都有較好的"養生健體"作用,被百姓用作藥食、藥膳。

# 二、石香與佛事藥食的功用

伯二〇四九號背"油叁勝,布薩戒師道師及抄藥食用""油壹升,布薩時抄藥食用";斯四

---

① 錢嘯虎等編著:《中國植物志》第一六卷第一分册,科學出版社,1985 年,第 157 頁。
② 《敦煌市志》編纂委員會編:《敦煌市志》,新華出版社,1994 年,第 707 頁。
③ 參見劉滿:《釋"刺蜜"》,載氏著《河隴歷史地理研究》,甘肅文化出版社,2009 年,第 543 頁。
④ (唐) 陳藏器撰,尚志鈞輯釋:《〈本草拾遺〉輯釋》卷三《草部》,安徽科學技術出版社,2003 年,第 102—103 頁。
⑤ 《敦煌市志》編纂委員會編:《敦煌市志》,新華出版社,1994 年,第 707 頁。
⑥ 《敦煌市志》編纂委員會編:《敦煌市志》,新華出版社,1994 年,第 707 頁。

七八二號"油壹勝,草豉壹抄,充造藥食用";伯四九五七號"油壹升,充藥食用。白麵壹斗五升,充造藥食人食用";伯二〇四〇號背"油半升,臘月八日抄藥食用";斯一五一九號"油柒升,酥半升,八日靈藥食用";伯六〇〇二號"麵陸斗伍勝、油伍勝半、粟陸斗、麥叁斗,已上充九月布薩設誦戒昌(唱)道及賣(買)藜造藥食食用。"《唐(開元九年?)于闐某寺支出簿》:"(十二月)八日,出錢壹伯三拾伍文:糶澡豆貳勝<sub>勝別拾文</sub>;杏仁貳勝<sub>勝別廿文</sub>;温勃叁拾顆<sub>廿五文</sub>;酢壹斗<sub>五十文</sub>,供齋及温室、蘇合等用""出錢貳伯玖拾伍文,糶稻穀花貳勝<sub>六十文</sub>,錫一斤<sub>一百文</sub>,柘留三顆<sub>卅伍文</sub>,棗貳勝<sub>十二文</sub>,梅子壹勝<sub>八文</sub>,阿魏<sub>卅文</sub>,榲桲貳拾顆<sub>廿文</sub>,煙薰蒲萄一勝<sub>十文</sub>,供看燈官寮蘇山藥食等用。"[1]

以上諸條記録,表明在齋會或佛事活動中,僧人要備置藥食,即斯二五七五號《天成肆年(九二九)三月六日應管内外都僧統置方等戒壇牓》中所提到的"甘湯美藥""羹飿粥流",佛事的藥食要用各種"石香"來調製。

檢視敦煌文獻,齋會和佛事中可用作"石香"的品種有馬藺、落藜、草豉子、檳榔、棗子、升麻、芍藥、訶梨勒、枸杞、槐花、槐子、杏仁、阿魏、温桲、柘榴、梅子、葡萄乾、梨、酥、乳等二十餘種,分述如下:

## (一) 馬藺

前節已述敦煌百姓採集馬藺。《新修本草》云馬藺"味甘、平、温,無毒。主皮膚寒熱,胃中熱氣,風寒濕痹。堅筋骨,令人嗜食。止心煩痛,利大小便,長肌肉肥大。久服輕身。花葉去白蟲,療喉痹"[2]。伯二〇三二號背中有"粟叁斗,壹斗衆僧買馬藺用"。馬藺雖是藥材,其實在唐初時就已經"方藥不復用"[3],成爲了冷背藥。既不入常用藥,則百姓使用馬藺,就只剩下食用和日用的用途。敦煌僧人買馬藺,一是作藥食用,一是作香湯用。其作藥食,能起到"止心煩痛""療喉痹"的功效。馬藺子"療金瘡、血内流、癰腫等病,有效"[4],煎湯薰洗,可以去瘡潔身,可作爲香湯的原料。

## (二) 落藜

前已述及落藜作齋會時用作石香。落藜全草含有揮發油、藜鹼等特有物質,能防止消化道的寄生蟲、消除口臭,乃是古代百姓著名的香食材料。《本草拾遺》"灰藋"條云:"味甘,平,

① 唐耕耦、陸鴻基編:《敦煌社會經濟文獻真蹟釋録》第三輯,全國圖書館文獻縮微復製中心,1990 年,第 293、294 頁。
② (唐)蘇敬等撰,尚志鈞輯校:《新修本草(輯復本第二版)》卷八《草部下品之上》,安徽科學技術出版社,2004 年,第 128 頁。
③ (唐)蘇敬等撰,尚志鈞輯校:《新修本草(輯復本第二版)》卷八《草部下品之上》,安徽科學技術出版社,2004 年,第 128 頁。
④ (唐)蘇敬等撰,尚志鈞輯校:《新修本草(輯復本第二版)》卷八《草部下品之上》,安徽科學技術出版社,2004 年,第 128 頁。

無毒。主惡瘡,虫、蚕、蜘蛛等咬,搗碎和油敷之,亦可煮食。亦作浴湯,去疥癬風瘙。燒爲灰,口含及内齒孔中,殺齒䘌甘瘡。""子:炊爲飯,香滑,殺三虫。"①齒䘌,"指牙齒蛀空朽痛,齦腫腐臭"②。

"炊菽羹藜,簞食瓢飲"一向被視爲簡陋的飲食,則知寺院購買灰藋自不是貪於口腹,而是製作藥食,其目的在於防止口臭而影響佛事效果,與佛事中含口香丸具有同等的效果,甚至要優於口香丸,蓋口香丸治標,灰藋還能治本。

## (三) 草豉子

斯四七八二號記載"油壹勝,草豉壹抄,充造藥食用";北大敦一六二號背明確説明施入寺院的"草豉"作爲佛事活動的香藥。

《本草拾遺》云草豉"味辛,平,無毒。主惡氣、調中,益五臟,開胃,令人能食。生巴西諸國,草似韭,豉出花中,人食之"③。蓀核"生函谷川谷及巴西"④。巴西諸國是指以今重慶爲中心的巴子國以西各古族所居之地,這個地區出產的"似韭,豉出花中"的藥草實是草豆蔻,也最爲道地,"豆蔻,苗似山姜,花黄白,苗、根及子亦似杜若"⑤。杜若,即良薑,良薑子即紅豆蔻。因此鄭炳林教授將草豉比定爲薑科的"草豆蔻"不誤⑥。

草豆蔻作食物調料時,在除腥增香之外,其突出的藥用功效在於"去口臭氣""甚香,可恒含之"⑦。則知用草豉作藥食的目的與落藜相同,都是"香口"。唐人講究香口,玄宗異母兄寧王憲"每與賓客議論,先含嚼沉麝,方啓口發談,香氣噴於席上"⑧。草豉子"一勝陸文",價格比綠豆還要便宜兩文⑨,香口效果不亞於沉香、麝香,可謂物美價廉,故敦煌百姓使用較多,常被當作禮物饋遺,如斯四六七七號《弟僧楊法律致僧兄戒滿狀》載楊法律送給其兄僧戒滿"草豉子壹袋"⑩。

## (四) 檳榔

北大敦一六二號背施主比丘法照明確地將"檳榔"施作乳藥。乳藥"不是專指鍾乳藥,更

① (唐)陳藏器撰,尚志鈞輯釋:《〈本草拾遺〉輯釋》卷七《果菜米部》,安徽科學技術出版社,2003年,第304頁。
② (唐)陳藏器撰,尚志鈞輯釋:《〈本草拾遺〉輯釋》卷三《草部》,安徽科學技術出版社,2003年,第67頁。
③ (唐)陳藏器撰,尚志鈞輯釋:《〈本草拾遺〉輯釋》卷三《草部》,安徽科學技術出版社,2003年,第67頁。
④ (唐)蘇敬等撰,尚志鈞輯校:《新修本草(輯復本第二版)》卷一二《木部上品》,安徽科學技術出版社,2004年,第179頁。
⑤ (唐)蘇敬等撰,尚志鈞輯校:《新修本草(輯復本第二版)》卷一七《果部》,安徽科學技術出版社,2004年,第253頁。
⑥ 鄭炳林:《晚唐五代敦煌寺院香料的科徵與消費》,《敦煌學輯刊》2011年第2期,第8頁。
⑦ (唐)蘇敬等撰,尚志鈞輯校:《新修本草(輯復本第二版)》卷一七《果部》,安徽科學技術出版社,2004年,第253頁。
⑧ (五代)王仁裕撰,曾貽芬點校:《開元天寶遺事》,中華書局,2006年,第57頁。
⑨ 參見高啓安:《唐五代敦煌飲食文化研究》,民族出版社,2004年,第40頁。
⑩ 唐耕耦、陸鴻基編:《敦煌社會經濟文獻真蹟釋錄》第3輯,全國圖書館文獻縮微復製中心,1990年,第48頁。

不是指乳頭香，乃是泛指一般用於維持身體健康的藥品"①。檳榔作爲藥食同源的食物已見述於前。檳榔是與今口香糖同功的口香藥，亦是饋遺禮物。

## （五）香棗、沙棗

香棗，即沙棗，爲敦煌佛事藥食的原材料之一。伯二〇三二號背載"白麵三勝，園内斫香棗木僧食用""麵壹斗，園子送胡蘭盆棗與用"。《唐（開元九年？）于闐某寺支出簿》載"棗貳勝十二文……供看燈官寮蘇山藥食等用"。敦煌有著名的鳴山大棗、香沙棗及從胡地來的胡棗。棗是毫無疑問的石香之一，大棗"補中益氣，强力，除煩悶，療心下懸，腸澼。久服輕身長年，不飢神仙"②"久服香身"③。

## （六）升麻、芍藥

伯三五四一號背記弟子無名施入寺院"升麻、芍藥共二兩"。升麻是各種腫痛、口舌瘡、口氣的解毒藥。《本草拾遺》云："今人多呼小升麻爲落新婦，功用同于升麻，亦大小有殊。"《日華子本草》云："安魂定魄，並鬼附啼泣；游風腫毒，口气，疳匿。"④升麻的日常用法是煎水含漱或淋洗，"取葉作小兒浴湯，主驚"⑤。

自魏晉以來，芍藥"道家亦服食之，又煮石用之"，則知芍藥自來被用作保健藥食品，其作爲藥材，"主邪氣腹痛，除血痹，破堅積，寒熱疝瘕，止痛，利小便，益氣，通順血脈，緩中，散惡血，逐賊血，去水氣，利膀胱、大小腸，消癰腫，時行寒熱，中惡，腹痛、腰痛"。由於以上的藥效，芍藥主要被當作止痛藥使用，"俗方以止痛，乃不減當歸"⑥。除此之外，芍藥還有"退熱，除煩，益氣"⑦的功效。

施入寺院的"芍藥"，如是鮮花，當是作花供。入藥用的"芍藥根"，除了是婦科良藥外，它還有"退熱""除煩""益氣""補勞"等功效⑧。芍藥甘草湯是漢代以來有名的除煩止痛的湯飲。

---

① 陳明：《敦煌的醫療與社會》，中國大百科全書出版社，2018 年，第 244 頁。
② （唐）蘇敬等撰，尚志鈞輯校：《新修本草（輯復本第二版）》卷一七《果部》，安徽科學技術出版社，2004 年，第 254 頁。
③ （唐）孟詵撰，張鼎增補，尚志鈞輯校：《食療本草》卷一，安徽科學技術出版社，2003 年，第 66 頁。
④ （五代）日華子集，尚志鈞輯釋：《日華子本草（輯釋本）》卷五《草部上品之上》，安徽科學技術出版社，2005 年，第 40 頁。
⑤ （唐）陳藏器撰，尚志鈞輯釋：《〈本草拾遺〉輯釋》卷八《解紛一》，安徽科學技術出版社，2003 年，第 334 頁。
⑥ （唐）蘇敬等撰，尚志鈞輯校：《新修本草（輯復本第二版）》卷八《草部中品之上》，安徽科學技術出版社，2004 年，第 116 頁。
⑦ （五代）日華子集，尚志鈞輯釋：《日華子本草（輯釋本）》卷七《草部中品之上》，安徽科學技術出版社，2005 年，第 58 頁。
⑧ （五代）日華子集，尚志鈞輯釋：《日華子本草（輯釋本）》卷七《草部中品之上》，安徽科學技術出版社，2005 年，第 58—59 頁。

## （七）訶梨勒

唐人廣泛應用訶梨勒，已見於前述。北大敦一六二號背、伯二八六三號將訶梨勒施入乳藥。其作爲乳藥，其主要作用是"消食疏氣"。

## （八）枸杞

枸杞，又稱"地仙苗"。斯四四七〇號節度副使張弘願將"狗氣子一盤"施入寺院。狗氣子，即枸杞的子實。斯六一七號《俗務要名林》將枸杞列於菜蔬部，因爲"其叶可作羹，味小苦"，枸杞野生於"常山平澤及諸丘陵阪岸上。冬採根，春、夏採葉，秋採莖、實，陰乾"①。

枸杞是著名的保健滋補藥材。作爲藥食同源的食物，枸杞子及葉"並堅筋耐老，除風，補益筋骨，能益人，去虛勞"②。《日華子本草》云枸杞"除煩，益志，補五勞七傷，壯心氣"③。

## （九）槐花、槐子

伯二五八三號背寺主戒清爲比丘尼堅正的念誦齋會中，齋襯有"槐花兩升半"。伯三五四一號背弟子無名施"槐子七顆"。

槐花在五代以前主要是食用，直到五代時始入藥用，《日華子本草》首載此藥④。槐花味苦，清熱解毒，是民間常用的藥食材料，其食用之法詳見下節。

槐子，又稱槐實，在日常生活中主要是作爲養生養顏藥和染料。《新修本草》云："槐子以多連者爲好。""今令人腦滿，髮不白而長生。"⑤俄敦二八二二號《顏色部》中列有"槐子"。槐花也可作爲染料："槐花，今染家亦用。收時折其未開花，煮一沸，出之釜中，有所澄下稠黃滓，滲漉爲餅，染色更鮮明。"⑥

## （十）杏仁

杏仁作爲藥食原料，《千金食治》云其"味甘、苦、温、冷而利、有毒。主欬逆上氣，腸中雷鳴，喉痺，下氣"⑦。《本草拾遺》云其"本功外，殺蟲"⑧。《食療本草》云："牙齒蟲䘌，杏仁燒

---

① （唐）陳藏器撰，尚志鈞輯釋：《〈本草拾遺〉輯釋》卷四《木部》，安徽科學技術出版社，2003 年，第 183 頁。
② （唐）孟詵撰，張鼎增補，尚志鈞輯校：《食療本草》，安徽科學技術出版社，2003 年，第 98—99 頁。
③ （五代）日華子集，尚志鈞輯釋：《日華子本草（輯釋本）》卷一一《木部上品》，安徽科學技術出版社，2005 年，第 121 頁。
④ （五代）日華子集，尚志鈞輯釋：《日華子本草（輯釋本）》卷一一《木部上品》，安徽科學技術出版社，2005 年，第 120 頁。
⑤ （唐）蘇敬等撰，尚志鈞輯校：《新修本草（輯復本第二版）》卷一二《木部上品》，安徽科學技術出版社，2004 年，第 182 頁。
⑥ （宋）唐慎微撰，尚志鈞校：《證類本草》，華夏出版社，1993 年，第 345 頁。
⑦ （唐）孫思邈撰，吳受琚注釋：《千金食治》，中國商業出版社，1985 年，第 28 頁。
⑧ （唐）陳藏器撰，尚志鈞輯釋：《〈本草拾遺〉輯釋》卷一〇《解紛三》，安徽科學技術出版社，2003 年，第 443 頁。

存性,研膏髮裹,内蟲孔中,殺蟲去風,其痛便止。"①則知杏仁作藥食,其功用大致與落藜相當。

## (十一) 温桲

斯三二二七號背＋斯六二〇八號《雜集時用要字》中的"榲桲",斯六一七號《俗務要名林·果子部》寫作"鳥教"。鳥教即鳥勃,慧琳《一切經音義》云:"鳥勃林,即嗢勃林也。木果也,似木苽而大,甚香。"②榲桲爲敦煌佛事藥食原料之一,是唐代以來著名的石香,五代《日華子本草》云榲桲"除煩渴,治氣",《開寶本草》記其"温中,下氣,消食,除心間醋水,去臭"③。則知食用榲桲亦可以去臭香身。

榲桲不僅香,還具有給食物增色的作用,當它與糖水相配並以文火燉煮時,顏色就會從蒼白轉變爲粉紅、再轉變成半透明的深寶紅色。

## (十二) 柘榴

柘榴,即安石榴。前引用作藥食的石榴以顆論,顯然是指其果實,而不是根叶。果實入饌,前已説明主要是調味調色,其藥性功能並不明顯,"主穀利、洩精"。

## (十三) 梅子

梅子,又稱青梅、梅實,係薔薇目果梅樹的果實,廚中常用它調制酸甜味,屬於藥食兩用的食物,《食療本草》云梅實:"食之除悶安神。""擘破水漬,以少蜜相和,止渴、霍亂、心腹不安及痢赤。治瘧方多用之。"④《千金食治》云梅實:"下氣,除熱煩滿,安心,止肢體痛。"⑤

梅實,以火薰乾者爲烏梅,以鹽漬殺者爲白梅。烏梅歷來作爲調味料和香口藥用,"梅曝乾爲腊,羹臛齏中,又可含以香口"⑥。

## (十四) 葡萄乾

煙薰葡萄,即葡萄乾,可作藥食原料。其食治功能,《千金食治》云:"味甘、辛、平、無毒。主筋骨濕痹;益氣,倍力,强志,令人肥健,耐飢,忍風寒。久食輕身不老,延年。"⑦

---

① （唐）孟詵撰,張鼎增補,尚志鈞輯校:《食療本草》,安徽科學技術出版社,2003 年,第 93 頁。
② （唐）慧琳:《一切經音義》,徐時儀校注:《一切經音義三種校本合刊》,上海古籍出版社,2008 年,第 1436 頁。
③ （五代）日華子集,尚志鈞輯釋:《日華子本草（輯釋本）》卷一八《果部》,安徽科學技術出版社,2005 年,第 203—204 頁。
④ （唐）孟詵撰,張鼎增補,尚志鈞輯校:《食療本草》,安徽科學技術出版社,2003 年,第 68 頁。
⑤ （唐）孫思邈撰,吳受琚注釋:《千金食治》,中國商業出版社,1985 年,第 25 頁。
⑥ （唐）徐堅撰《初學記》卷二八《果木部》,第 682 頁。
⑦ （唐）孫思邈撰,吳受琚注釋:《千金食治》,中國商業出版社,1985 年,第 21 頁。

## （十五）梨

梨是敦煌貢品之一。斯一七二五號背《某年張智剛請祭諸神用物牒》用到“梨五十課”。斯五四二號背《戌年六月沙州諸寺丁口車牛役簿》記録“張不要修倉五日、看梨園五日”。伯二六二九號《年代不明歸義軍衙内酒破曆》載七月廿六日“支索僧正納梨酒壹角”。

梨作爲藥食同源的食物，《千金食治》云梨“除客熱氣，止心煩”[①]。《食療本草》亦云梨“除客熱，止心煩”[②]。

## （十六）酥、乳

斯一五一九號記録辛亥年（八九一）十二月“油柒升，蘇半升，八日靈藥食用”。

酥，亦名酪酥，敦煌文獻中也寫作“蘇”，是用牛乳或羊乳提煉而成的酥油，《新修本草》稱其“微寒，補五臟，利大腸，主口瘡”，且“牛酥胜於羊酥，其犛牛復優於于家牛”[③]。孫思邈特別指出只有沙牛乳和綿羊乳煉成的酥纔有治口瘡的功效：“沙牛及白羊酥，味甘、微寒、無毒，除胸中客氣，利大小腸，治口瘡。”[④]白羊即綿羊。

佛教徒的飲食有“五辛”之禁，“五辛”指蔥、蒜、韭、薤、興渠（阿魏）。《受菩提心戒儀》云：“破齋破戒飲酒食肉，及食五辛，如是等罪無量無邊，不可憶知。”[⑤]佛教徒之所以禁食五辛，蓋以五辛薰人而妨礙修行。以此之故，齋會、佛事期間不僅要禁食五辛，而且還要香口、香身，加了各種“石香”的藥食藥粥就是爲了實現香口、香身。

如上所述，敦煌地區佛事活動中加入了多種石香炒制的藥食，在食物增香、預防疾病、治療疾病的一般藥用功效外，都有較强的香口香身、安神强志、除煩寧神的作用。也就是說，“石香”是有明確目標指向的藥食原材料，用於佛事舉行期間的香口、香身、止煩，用以保障並增益佛事舉行的效果，並不是所有的藥食材料都能用作佛事藥食的“石香”。

# 三、香花與香花供

伯二〇四四號背之《花供》云：“獻花菩薩，最近佛前。身居七寶之臺，迴處千花之坐。頭垂瓔珞，臂掛天衣；各添無盡之香，供獻長生[之]果。”

佛教宣稱香花供養可以得到十德福報，《佛爲首迦長者說業報差別經》云：“若有衆生，奉

---

① （唐）孫思邈撰，吳受琚注釋：《千金食治》，中國商業出版社，1985年，第30頁。
② （唐）孟詵撰，張鼎增補，尚志鈞輯校：《食療本草》，安徽科學技術出版社，2003年，第95頁。
③ （唐）蘇敬等撰，尚志鈞輯校：《新修本草（輯復本第二版）》卷一五《獸禽部》，安徽科學技術出版社，2004年，第212頁。
④ （唐）孫思邈撰，吳受琚注釋：《千金食治》，中國商業出版社，1985年，第70頁。
⑤ ［日］小野玄妙等編：《大正新脩大藏經》第一八册，佛陀教育基金會，1960年，第941頁。

施香華，得十種功德。"①香花成爲供佛香品之一，信衆向佛供養香花以四月八日、二月八日爲最，伯二〇八一號《四月八日、二月八日功德法》云："種種伎樂香花供養，令一切人物得同會行道。若俗人設供請佛，檀主與其眷屬，執持香花，路左奉迎，恭敬供養，如法齋會，如是齋畢，然後還寺。"斯三八七九號載四月八日供佛時，"香花柳葉，不令闕少一色"。

百姓在齋會、佛事中都要用到香花。伯三一二九號之《西隱三藏爲先師中祥文》云："于日精修品饌，潔滿香花。"斯六四一七號之《患文》云："厥今宏敷寶地，廣闢真場；緇徒轉如來之文，香花[供]優曇之壇。"伯二八二〇號之《還願意》云："於日香花滿座，玉梀如意。"

香花可以是時令鮮花，也可以是仿真紙花、絹花、花樹等。斯六五三七號背、伯三七三〇號背《某甲等謹立社條》云："逐年正月，印沙佛一日，香花佛事，齋主供備。"正月裏的敦煌，還没有鮮花，齋會、供佛只能用紙花、絹花、花樹。關於敦煌節慶、佛事中使用花樹、紙花、絹花，譚蟬雪研究員依據伯四六四〇號、伯二六二九號、伯三一一一號等文書闡述已明②。沙武田、李玭玭也討論了唐五代佛教香花供養在敦煌地區的諸種表現③。

花分林花、草花。"五月榴花紅勝火"，伯二五四三號背、伯二五六五號敘寫敦煌"月仲朱明"端午時節的景觀，有兩種標誌性的植物："蜀葵則早發祥花，梅榴乃正開新葉。"敦煌的蜀葵，顯然不是西南的蜀葵，應當是來自於西域（今新疆）的蜀葵品種。榴當是指安石榴，斯六一七號《俗務要名林·果子部》列有"石榴"。伯三九六七號周卿泰《初夏登金光明寺鍾樓有懷奉呈》詩云："邊樹開花[晚]，危山狀似秋。"④農曆五月中旬前後，敦煌的榴樹正開新葉，已入仲夏，在季節上的確比中原地區要晚得多。

敦煌既時節差晚，自入夏及秋，園花、野花次第綻放，花香襲人，香花正是供佛的佳品。敦煌民衆樂意奉施香花，北大敦一六二號背記錄女弟子李氏施"花半斤"；斯六二一五號記載無名施主施"花壹斤"。伯二八六三號記載弟子無名施"紅花一斤"；伯二五八三號背比丘尼堅正施"槐花二升半"等等。上引文中的紅花當是菊科的紅藍花。至於"花"，應當是各種時令鮮花的泛稱。适合供養的鮮花，《蘇悉地羯羅經·供養花品第八》云："或小草花，或中樹花，大樹花，種種諸花，隨類應用。"⑤

伯四六三八號《右軍衛士將使孔公浮圖功德銘並序》記莫高窟前"林花散地"。伯三四〇五號之《營窟稿》記莫高窟前"門枕清流，共林花[而]發彩"。敦煌的林花與中原地區不異，斯二五九三號《沙州圖經》稱敦煌"無椅（檹）、桐、梓、漆、梎、柏"之類的樹，但其"草木略與東華夏同"⑥，意即東部華夏中原地區常見的樹種在敦煌都有栽種，確實如此。在伯三八三七號

---

① ［日］小野玄妙等編：《大正新脩大藏經》第一冊，佛陀教育基金會，1960年，第895頁。
② 譚蟬雪：《敦煌民俗——絲路明珠傳風情》，甘肅教育出版社，2006年，第103—104頁。
③ 沙武田、李玭玭：《佛教香花供養在唐五代敦煌地區的表現》，《敦煌學輯刊》2018年第3期，第130—148頁。
④ 詳見徐俊：《敦煌詩集殘卷輯考》，中華書局，2000年，第446—447頁。
⑤ ［日］小野玄妙等編：《大正新脩大藏經》第一八冊，佛陀教育基金會，1960年，第608頁。
⑥ 參見李正宇：《古本敦煌鄉土志八種箋證》，甘肅人民出版社，2008年，第5、8—9頁。

背、伯三五四一號背、北大敦一六二號背、斯一一二八六號等《捨施疏》中可見到的樹類品種有：白楊、柳樹、榆樹、槐樹、杏樹。其他常見的樹種還有：石榴樹、桑樹、棗樹、李樹、桃樹、梨樹、柰樹等①。榴、杏、棗、李等果樹雖不适合大量取枝採花，但少量取幾枝供佛還是不成問題的。

樹花之外又有草花。斯三八三六號背、伯三七一八號中的"萱草"，仲夏開花，俗稱"黃花"，道光《敦煌縣志》所載物產中有"黃花"②。伯三三九一號《雜集時用要字》中的"苦蕒""甜苣"、俄敦二八二二號中的"苦苣"等苦菜開花很是絢爛。白中顯紫的苦蒿花也很燦爛。這些都屬供養花品中的"小草花"。

敦煌文獻直接記載的草花品類並不多，賴醫療文獻還可以找出一些。牟海霞勾輯文書和典籍，找出了唐五代時期出產於敦煌本地的植物類藥材：

　　艾、扁豆、白芷、蓽豆、草豆蔻、蔥、樫木、大蒜、大豆、大棗、大麥、稻米、黍米、甘草、枸杞、黃瓜、槐（槐根、槐葉）、黑豆、葫蘆、胡麻、葡萄、蒺藜、芥子、韭葉、薯蕷（山藥）、桔梗、椒、江豆（豇豆）、李子、蘆根、柳（柳枝、柳根、柳葉）、麻黃、馬齒莧、馬芹、蔓菁子、苜蓿、蕎麥、瞿麥、忍冬、桑（桑白皮、桑耳、桑葚、桑葉、桑枝、桑皮）、秫米、沙參、葶藶子、粟米、桃（桃仁、桃葉、桃枝、桃花、桃根、桃皮）、藤梨、越瓜、菟絲子、油麻、杏仁、小麥、小豆、香戎、菊花、榆葉、芋③。

上引植物藥中除去穀米菜蔬後，餘下的甘草、忍冬、麻黃、蒺藜、芥子、菟絲子、葶藶子、馬芹、菊花、枸杞等都有很好看的花朵。如馬芹，即馬蘄，勞費爾認爲"馬蘄"或"牛蘄"是一種野紫蘿蘭④。如黃菊、紫菊，伯三五五〇號《中秋慶窟文》云："厥今中秋欲末，祈恩於三世之前。黃菊初開，焚寶香於大尊之下。"伯三八四三號云："紫菊發而玉露垂，城邑暎而金風舉。"忍冬，即金銀花，至今仍在敦煌廣爲栽植⑤。斯六九八一號背"五月廿三日，粟肆斗，疊苜蓿園看十鄉判官用"，苜蓿園中種的不管是紫花苜蓿，還是黃花苜蓿，花開時節，香逸四方。

總之，儘管中古敦煌的草花品類不詳，至少前述的蜀葵、苜蓿、忍冬、菊花、紅花、萱草黃花等草花都适合於供佛。

---

① 參見鄭炳林主編：《敦煌歸義軍史專題研究》，蘭州大學出版社，2003 年，第 200—203 頁；高啓安：《唐五代敦煌飲食文化研究》，民族出版社，2004 年，第 37—38 頁。
② 道光《敦煌縣志》卷七，《中國方志叢刊·華北地方·第 351 號》，臺北成文出版有限公司，1970 年，第 370 頁。
③ 牟海霞：《唐五代敦煌藥材資源》，西北師范大學碩士學位論文，2015 年，第 54 頁。
④ ［美］勞費爾著，林筠因譯：《中國伊朗編》，商務印書館 1964 年，第 17 頁。
⑤ 《敦煌市志》編纂委員會編：《敦煌市志》，新華出版社，1994 年，第 707 頁。

# 四、敦煌百姓日常生活中的香事

敦煌百姓日常生活中的穿衣、飲食、洗浴均關涉香事。

## (一) 敦煌民衆薰衣之習與敦煌的"合香家"

《本草經集注》云:"沉香、薰陸香、藿香、詹糖香、楓香並微温。""此六種香皆合香家要用,不正復入藥。"[①]。合香家,是掌握了合香的基本理論與操作方法的職業生産者[②],向市場提供各種香品。

伯二六一三號《唐咸通十四年(八七三)正月四日沙州某寺交割常住物等點檢曆》記録有"熏籠貳"件。熏籠,又寫作"薰籠",是薰香、薰衣被用的罩籠,孟浩然《寒夜》詩云:"夜久燈花落,薰籠香氣微。"[③]如前所考,敦煌佛事中所用到的百和、六味、蘇合、甘露等七類焚香,本來就是薰衣之香,點檢曆中的"薰籠"恰説明了敦煌百姓與華夏東部百姓一樣有著薰衣之習。

斯四三二九號背記録了敦煌所用的兩種衣香方:

> 薰衣香方
>
> 沉香一斤 甲香九兩 丁香九兩 麝香一兩 甘松香一兩 薰陸香一兩 白檀香一兩
>
> 右件七味搗碎爲末,取□一兩半,和令相著,蜜和之。
>
> 裛衣香方
>
> 苓陵香一兩 藿香一兩 甘松四兩 丁香四兩 薰陸香三兩 沉香三兩
>
> 上件麁搗,主絹袋盛之。[④]

温翠芳發現"敦煌出土美容薰衣香方使用了許多内地美容方中不常用的外來香藥,如薰陸香、蓖麻仁、白蜜、没石子等",這與敦煌"易受域外美容知識的影響有關"[⑤]。則敦煌的香方與中原香方的區别顯而易見,敦煌香方有自己的特點和獨特配方,足以説明敦煌有本地的薰香生産者——和香家,這是敦煌文獻裏没有記録的一個行業,則敦煌地區職業類别中再添一種[⑥]。斯四三二九號背中掌握了"治口氣臭方"的樊佛奴,若不是醫家,就是合香家。

---

① (南朝梁) 陶弘景:《本草經集注》,人民出版社,1994 年,第 256 頁。
② 參見温翠芳:《中古中國外來香藥研究》,科學出版社,2016 年,第 184 頁。
③ (清) 彭定球等:《全唐詩》卷一六〇,孟浩然《寒夜》,第 1655 頁。
④ 此據圖版録文。另參考馬繼興等輯校:《敦煌醫藥文獻輯校》,江蘇古籍出版社,1998 年,第 408—409 頁;叢春雨:《敦煌中醫藥全書》,中醫古籍出版社,1994 年,第 641 頁。
⑤ 温翠芳:《唐代外來香藥研究》,重慶出版社,2007 年,第 319 頁。
⑥ 其他的工匠種類,見馬德:《敦煌工匠史料》,甘肅人民出版社,1997 年;馬德:《敦煌工匠研究》,文物出版社,2018 年。

前引諸種薰衣香方都用到了域外的名貴香料。温翠芳認爲"唐人的'薰衣香方'中大量使用了外來香藥,有的配方中所含的外來香藥竟高達百分之八十,最低的也達到了百分之六十五"①。含有大比例外來香藥成份的薰衣香價格昂貴,應該只是社會上層人士的生活用香,不太适合平民的消費。适合平民消費的薰衣香,其外來香料的比例較低,如孫思邈所記録的只有一味外來香藥而香味卻不減於它方的"極美"衣香方:

> 藿香、零陵香各四兩 甘松香、茅香各三兩 丁子香一兩 苜蓿香二兩
>
> 右六味各搗,加澤蘭葉四兩,粗下用之,極美②。

> 《備急》裏衣香方
>
> 藿香 零陵香 甘松香各一兩 丁香二兩
>
> 右四味,細剉如米粒,微搗,以絹袋盛衣箱中③。

上面的衣香方中,只有丁香是來自於域外。至遲晋代時,藿香已有本土生産,左思《吴都賦》云:"草則藿蒳豆蔻。"④零陵香出自於永州,"湘源生零陵香,歲市上供,人苦之。"⑤甘松香,"叢生,叶細,出凉州"⑥。

比較上引兩種裏衣香方,我們就看到了同一基礎香方的高配版與平民版。高配版增加了域外的薰陸香和沉香,用量也足,而平民版不僅外來香藥的品種單一,即使僅有的一味,其用量也減少了一半。有些香方中域外香料甚至以分、銖、顆、枚等爲單位入方,一"分"爲四分之一兩,"從敦煌出土的醫方文書來看,訶梨勒常以'分''顆'入藥,丁香常以'分''枚'入藥,其用量極少,是平民消費得起的物質"⑦。可以斷言,在保持基本香味不變的情形下,敦煌的合香家們既生産上層人士消費的高配版,也會生産平民消費的平民版。

## (二) 香酥之供: 敦煌百姓的採集與香食

落藜是野蔬⑧。寺院於市場上"買藜造藥食"等事,説明當時敦煌百姓有採集野蔬、藥材於市場上售賣的行爲。

百姓於市集上售賣其採集品一事絶不止於落藜,前引施捨疏中的"槐花""槐子"以及斯

---

① 温翠芳:《唐代外來香藥研究》,重慶出版社,2007 年,第 1 頁。
② (唐)孫思邈撰,李景榮等校釋:《備急千金要方校釋》,人民衛生出版社,1998 年,第 139 頁。
③ (唐)王燾撰,高文柱校注:《外臺秘要方校注》卷三二《裏衣乾香方五首》,學苑出版社,2010 年,第 1168 頁。
④ (宋)李昉等:《太平御覽》卷九七一《果部八》,中華書局,1960 年,第 4036 頁。
⑤ (宋)歐陽修、宋祁等撰:《新唐書》卷一九七《韋丹傳》,中華書局,1975 年,第 5631 頁。
⑥ (唐)陳藏器撰,尚志鈞輯釋:《〈本草拾遺〉輯釋》卷三《草部》,安徽科學技術出版社,2003 年,第 95 頁。
⑦ 温翠芳:《中古中國外來香藥研究》,科學出版社,2016 年,第 335—336 頁。
⑧ 詳見王賽時:《唐代飲食》,齊魯書社 2003 年,第 51—52 頁。

二五七五號佛事食物"菜蔬薺酪"中的"薺"都是田野採集品。此處只談百姓諸種採集回來後的香食問題。

百姓喜食薺菜,以"薺,味甘""生叶作菹、羮亦佳"①。用"薺"作羮粥,"利肝氣"而又"清腸"。寺院中以薺作藥食,既味甘可口,亦有藥石之利。薺菜焯水作菹,調食香美,伯三四九一號《某寺因佛事分配勾當帖》中的"薺酢"正是"薺菹",與百姓日常的食用方式並無差異。

伯三八〇〇號之《慶橋》云:"五雲送香酥之供,九霄聞天樂之聲。""香酥槐花"或即是香酥之供中的一種,鮮槐花雖有清香,但保存的時間較短,不适合供佛用。故此信衆施入寺院的槐花,只宜製作藥食。槐花"味苦",是有名的凉血止血、清肝瀉火的良藥,是著名的時令"石香"。它作爲藥材使用時,最初傳遞給人們的信息是"炒服"②。炒服,就少不了油的運用,高啓安已注意到寺院炒藥食時都"要用一定數量的油"③。油的運用,無非是煎、炸、炒、和水煮羮。槐花的民間食用方法大致有六:甲. 香酥,槐花裹上雞蛋麵粉,作丸或片,入鍋炸至金黃。乙. 炒食,通常與雞蛋組配,用油炒製或攤煎成薄餅。丙. 作餡料,製作包子、餃子、餡餅。各種素餡料,事先要用少許油拌料,再加入槐花;各種肉餡,都要用香油和鹽等調料拌匀後,再和入槐花。丁. 作湯羜,事先炒料,加湯製作成湯羜。戊. 槐花裹麵蒸或焯熟凉拌,要用香油及醬醋等制作味碟,沾食或拌食。己. 槐花湯、粥,煮制,不用油。寺院用槐花炒制藥食,不脱以上六端。香酥槐花正是百姓"廚營百味"之一。油炸食品散發出來的悠悠馨香,有如焚香一樣的功效使得香酥食品尤其適宜於上供佛前,所以有"五雲送香酥之供",精美的"象耳餅"即香酥供品之一。俄敦〇〇一四一號背《社齋文》云:"香焚牛頭,餅陳象耳。"象耳餅,即形狀如耳朵的餅,今又稱爲"貓耳朵餅""牛耳朵餅""豬耳朵餅"。

斯一一二八六號記韓骨子捨施"槐一梗(根)",北大敦一六二號背記比丘法照"畔上榆樹三根,施入修行廊"。"薺花榆莢深村裏,亦道春風爲我來"④,薺菜、槐花、榆錢,爲入春之後百姓三大著名香食。現今敦煌的第八怪,"榆錢也是一道菜"。榆錢如此香食,不見它奉施給寺院僧衆的蹤影,無它,榆葉"性至滑利,初生葉,人以作糜羜輩,令人睡眠。稽公所謂:榆,令人瞑也"⑤。百姓食榆,可以酣然入眠,而僧衆則"務於不寐"⑥,以致於有提神作用的茶湯大興。故此,榆錢雖爲香美藥食,然在修行與佛事期間,卻與僧人無緣。

總之,百姓與僧衆的香食藥食,不是製作方法的差異,而是思想觀念上的差異。百姓於

---

① (唐)蘇敬等撰,尚志鈞輯校:《新修本草(輯復本第二版)》卷一八《菜部》,安徽科學技術出版社,2004 年,第 266 頁。
② (五代)日華子集,尚志鈞輯釋:《日華子本草(輯釋本)》卷一一《木部上品》,安徽科學技術出版社,2005 年,第 120 頁。
③ 高啓安:《唐五代敦煌飲食文化研究》,民族出版社,2004 年,第 303 頁。
④ (清)彭定球等:《全唐詩》卷四五〇,白居易《春風》,中華書局,1960 年,第 5088 頁。
⑤ (唐)蘇敬等撰,尚志鈞輯校:《新修本草(輯復本第二版)》卷一二《木部上品》,安徽科學技術出版社,2004 年,第 181 頁。
⑥ (唐)封演撰,趙貞信校注:《封氏聞見記校注》卷六《飲茶》,中華書局,2005 年,第 51 頁。

市場上售賣的時鮮採集品雖多，可供僧眾選擇使用的對象卻只有那些具有醒神、香口、香身作用的產品。即百姓藥食無限制，僧眾藥食有禁忌。

## （三）香湯、蘭湯、澡豆與敦煌百姓的沐浴

在人們使用時令香草製作香湯、蘭湯潔身的同時，澡豆自入唐以後日漸成爲清潔手面、潔身洗浴的常用物。茲録《千金翼》"澡豆方"如下：

丁香、沉香 桃花 青木香 木瓜花 鐘乳粉各三兩 麝香半兩 楂花 櫻桃花 白蜀葵花 白蓮花 紅蓮花各四兩 李花 梨花 旋復花各六兩 玉屑 真珠各二兩 蜀水花一兩

右十八味，搗末，乳等並研，以絹下之，合和大豆末七合，研之千遍，密貯勿洩，常以洗手面，然作妝。百日面如玉，光潤悦澤，去臭氣、粉滓，咽喉臂膊皆用洗之，悉得如意①。

上面澡豆方的組配，以香草、香花、香藥結合，以豆麵爲粉劑，因此，澡豆的本質仍是蘭湯、香湯，它既吸取了香湯、蘭湯的優點，卻又比香湯、蘭湯有使用上的方便，故此澡豆在入唐以後日漸成爲百姓日常生活中的用品。

不同的澡豆配方，無非是在香花、香藥的比例和用量上有所不同，其組方原理則無區別，現存二十餘例澡豆方的香藥比例統計證實了這一點②。香花、香藥比例與用量上的差別，形成價格的梯層差別，説明澡豆的生產也存在著高配版與平民版。

伯三六七一號、斯四六六三號等卷《雜抄》云："十二月八日何謂？其日沐浴，轉癉除萬病，名曰溫室，至今不絕。"可見溫室沐浴是敦煌僧俗的生活習俗之一。伯三二六五號《報恩寺開溫室浴僧記》談到溫室沐浴要用七物："一者然火，二者淨水，三者澡豆，四者蘇膏，五者淳灰，六者楊枝，七者内衣。此是澡浴之法。"③伯三三九一號《雜集時用要字》所列使用物中有"藻豆"，即澡豆。其市場價格，《唐(開元九年?)于闐某寺支出簿》云："(十二月)八日，出錢壹伯三拾伍文：糴澡豆貳勝勝別拾文。"④勝，即容積單位"升"⑤。澡豆於市場上購得，一升拾文，價格很公道。這種澡豆確實是大眾消費品，有了澡豆，哪怕隆冬季節，百姓也以可以進行"香身"的蘭湯浴了。

需要補充説明的是唐人在沐浴香身之後，還有用"香粉"傅身來保持身香的問題。敦煌壁畫中繪有金鈿盒，伯三一六一號、伯四〇〇四號、伯二六一三號、斯一七七六號等點檢曆中

---

① (唐)王燾撰，高文柱校注：《外臺秘要方校注》卷三三《澡豆方八首》，學苑出版社，2010年，第1159—1160頁。
② 溫翠芳：《唐代外來香藥研究》，重慶出版社，2007年，第290—291頁。
③ [日]小野玄妙等編：《大正新脩大藏經》第一六册，佛陀教育基金會，1960年，第802頁。
④ 唐耕耦、陸鴻基：《敦煌社會經濟文獻真蹟釋録》第3輯，全國圖書館文獻縮微復製中心1990年，第293頁。
⑤ 王建軍：《敦煌社邑文書中的特殊量詞》，《中國語言學報》2008年第13期。

都有"香奩"。香粉盒有木、漆、瓷等各種材質,揚州掃垢山唐墓出土的瓷質粉妝盒釉面平常且形制粗糙,爲平民女子的日常用品①。唐代瓷粉盒採用子母口②,密封性能良好,於妝粉有很好的隔潮防護效果。流傳至今的"唐宮迎蝶粉"方、孫思邈"香粉方"表明唐人製作妝粉所用的基粉仍是"粉英",粉英爲"米心所成",光滑細膩,"作香粉以供粧摩身體"③。如前所述,齋會、佛事爲保證效果,需要香身,所以在齋戒沐浴之後用妝粉"粧摩身體"也是順理成章的行爲。

以上以齋文及相關文獻爲中心,討論了敦煌百姓的齋會用香,以及日常生活中穿衣、飲食、洗浴中的香事。

百和香、海岸香等八類焚香,或多或少地都用到了栴檀、沉香、蘇合、龍腦等幾種,它們在寧神開竅等藥效外,都有留香持久、香清益遠的特點④,適足於達成佛事"香爲信使"、廣知十方聖凡"證盟功德"的使命⑤,它們是佛事用香。在舉辦各種功德齋會時,敦煌百姓不論貴賤,爐中焚薰的香,都應該是這種具有"證盟功德"效果的焚香,此丁謂《天香傳》所云"奉神明"也。

八類佛事用香同時也是名貴的薰衣之香,因其名貴,只有寺院及社會上層人士方能消費得起,平民百姓只有在舉辦齋會等特殊情形下纔會偶而消費這些名貴香品。在日常生活中,平民百姓所用的衣香乃是前面所討論的平民版產品,社會分層差異在生產過程中已顯示出來。敦煌市場上價格公道的平民版衣香和澡豆,表明"香"確屬百姓日常生活中的常用品。

雖然香品、澡豆等產品的消費存在著分層現象,但它們在香衣、香身、香境、浴洗等衛生功能的訴求上卻不存在分層的差異,反映出區域社會全體居民共同的生活理念,這源自於中國傳統文化的魅力。漢族先民自先秦以來就以香草薰焚、蘭湯沐浴來"養生祛病"⑥,深受漢文化影響的藏族,"冰片檀香馬蘭花俱香,薰衣其水時常灑庭院"⑦,與漢族的用香理念也並無差異。漢香、藏香,都是通過薰嗅、外敷、口含、内服、浸浴、噴灑來清潔環境,預防和治療疾病,此是漢文化傳承有自的用香"達蠲潔"⑧的生活習俗。

據伯二九四〇號所列的齋會名目,涉及到衣食住行、婚喪嫁娶、生老病死、生產活動等各個方面,齋會在敦煌民衆的日常生活中無所不在。伯三一二九號之"[先]修十會齋文"云:"非福[無以置歡娛],[非]齋無以資後果。"所有的齋會,都是通過焚香、香湯營造出"香境",以莊嚴的儀式,借助於僧人的禱祝向佛申陳己身諸願,進而得到心靈的安寧和愉悅。再加上齋會時藥食香口、沐浴香身、薰衣香風,整個佛事期間,香事給營辦齋會者帶來了身心一體的

---

① 趙天、王鵬:《粉妝盒蓋見證揚州唐人起居》,《揚州日報》2010 年 5 月 13 日第 C04 版。
② 揚州博物館:《揚州城東唐墓清理報告》,《東南文化》1988 年第 6 期,第 89 頁。
③ (後魏)賈思勰撰,繆啓愉校釋:《齊民要術校釋(第二版)》卷五《種紅藍花梔子第五十二》,第 372 頁。
④ 參見溫翠芳:《唐代外來香藥研究》第二章,重慶出版社,2007 年。
⑤ 香的使命的討論,參見侯沖:《中國佛教儀式—以齋供爲中心》第二章二節,上海古籍出版社,2018 年。
⑥ 傅京亮:《中國香文化史》,齊魯書社,2007 年,第 67 頁。
⑦ (吐蕃)宇妥·元丹貢布等著,李永年譯:《四部醫典》,人民衛生出版社,1983 年,第 44 頁。
⑧ (宋)洪芻等撰,田淵整理點校:《香譜(外四種)》,上海書店出版社,2018 年,第 2 頁。

安寧與愉悦。生命的本質，就在於生命存續的同時，享受生命的樂趣。齋會與香事，就帶來了生命存續時的樂趣。做齋得福得歡娱，這纔是敦煌地區百姓樂此不疲地舉辦齋會的内趨動力。

# 本　章　小　結

審視敦煌齋會推進的七個環節，最初的物品流動從齋主給付齋儭開始，齋儭會在佛事結束後進行分配，"分配原則是由參加者均分"，其中製作齋文、主持齋會並誦讀齋文者，因其額外的貢獻，將獲得兩人份的收入①。

其次的物品流動在道場搭建的環節。寺院道場司預備、保管著搭建道場所需的一應供養具及相關物品。道場物品若出現不敷使用的情形，供養具通過寺院間的相互配借來解決，寺院間配借調度供養具是一個常態。齋會期間所需的碗鍋等生活用具，通過請用、租用、借用、自配等方式解決。百姓若於家中、野外舉辦齋會，佛像、幢傘等供養具由百姓向道場司請用。

齋會進行期間的物品流動主要是香品的消費。百和香、六味香、旃檀香、蘇合香、龍腦香、甘露香、沉香、安息香等八類名貴香品以其留香持久、香清益遠的特點而成爲"證盟功德"佛事用香，它們同時也是名貴的薰衣用香。敦煌百姓只在舉行齋會等特殊情形下纔會偶而消費名貴香品，平時則購買普通用品，敦煌市場上有價格公道的焚香、澡豆等普通産品，它們是在香湯沐浴、焚香薰染"養生祛病"文化傳統下百姓日常生活的衛生用品。

備辦齋僧的飲食是齋主的重頭工作。齋主們以虔誠的心爲齋會準備各種美味而豐盛的食品，食品通常有菜、餅、羹粥三類。菜有燉煮菜、清炒菜、生涼菜；羹粥有漿水粥、白粥、酵粥、羹飥等；餅有菜餅、肉餅、蒸餅、炸糕等，偶爾會有炊飯。齋會中的百味供陳是敦煌百姓在當時飲食理念和食材條件下的色、香、味、形最高水準的飲食盛筵。

齋會中物品的流動，顯示出齋會既是一次文化享受的過程，亦是一次物質享受的過程。營齋爲積福，在敦煌百姓那裏，做齋得福得歡娱，"非福無以置歡娱"，齋會成爲敦煌百姓文化享受的必需品。

---

① 郝春文：《唐後期五代宋初敦煌僧尼的社會生活》，中國社會科學出版社，1998 年，第 334、337 頁。

# 第二章　建福：衆生皆苦，惟福是憑

斯四四九二號背＋斯三四三號之《社齋文》云："爐香鬱郁以蒸空，梵響清泠而肅物。"斯五九五七號之《亡妣文》云："宏敷寶地，梵響盈場。"梵響，即僧人念佛誦經之聲。念佛誦經，既是僧人的必修功課，也是僧人獲得宗教收入的基本技能。如：伯二〇四九號背《後唐長興二年(九三一)正月沙州淨土寺直歲願達手下諸色入破曆》第四三行："麥肆卧伍勝，宅内富恩念誦入。麥叁卧，正月燃燈入。麥柒卧，郭骨兒妻患念誦入。"第一四四行："布壹丈，高孔目初件念誦入。布壹疋，高孔目弟二件念誦入。"伯二〇三二號背《後晉時代淨土寺諸色入破曆祢會稿》"麥入"第五九五行："麥八卧，金銀匠王流住患念誦入。"第五九七行："麥壹碩，善勝念誦入。"第五九九行："麥七斗，十二月諸巷轉經嚫入。"等等。

齋主施財，僧人念誦。僧人得財施，施者得福祐，"施者得福"[①]，這是佛教僧團給信衆確立的最基本的價值觀念，也是寺院僧團存在的經濟基礎。在"施者得福"的背後，潛隨著當時人們"好生好死"的行爲實踐。

俄藏弗魯格三四二號背之《主簿》云：

> 惟公才高命代，思逸陵雲。馳雅俗之憲章，把縉紳之龜鏡。於是職監百里，宣製錦之芳猷；任察一同，藻烹鮮之美質。約金科而去濫，佩玉印以全真。播千載之英聲，崇一乘之勝軌。須緣某事云云。伏惟公人倫龜鏡，朝箄棟梁，然慎四知，又除三惑。加以崇儒重佛，悦禮敦詩。故得王仲腐毫，楊雄擱筆。

伯三四九四號之《願文》云：

> 伏惟公才高冠世，思逸陵雲；馳雅俗之憲章，攉縉紳之龜鏡。於是職監百里，宣製錦之芳猷；任察一同，藻烹鮮之美質。約金科而去濫，佩玉印以全真。播千載之英聲，隆一乘之勝軌。遂使弘揚聖教，受囑金口之蹤；抽捨珍絲，欵望當來之福。以斯捨施功德、無限勝因，總用莊嚴施主即體：惟願冰鏡轉清，瑶花挺秀；家榮國寵，茅土山河；惟孝惟忠，

---

① ［日］小野玄妙等編：《大正新脩大藏經》第二二册，佛陀教育基金會，1960年，第268、481頁。

立功立事。

上引文中的"播千載之英聲,崇一乘之勝軌",揭示了"崇儒重佛"的敦煌百姓社會生活的最理想的生活圖景。

所謂"播千載之英聲",是儒家人生目標的最高追求。對於儒家而言,可傳名千載的英聲來自於立德、立功、立言"三不朽"。唐孔穎達釋云:"立德謂創制垂法,博施濟衆。""立功謂拯厄除難,功濟于時。""立言謂言得其要,理足可傳。"①在儒家那裏,獲取千載英聲、成就人生三不朽價值目標的具體途徑,即上引文中的"人倫龜鏡,朝箏棟梁",以此"立功立事",則功成名就,"家榮國寵",得享美滿的人生。此種生活狀態,世人常以"好生"一言以喻之。

"播千載之英聲"解決了敦煌百姓在世生活時"好生"這個終極關懷問題,"崇一乘之勝軌"則是解決敦煌百姓"好死"這個終極關懷問題。"一乘",佛教徒謂引導衆生修行成佛的唯一方法或途徑。佛教修行的最高境界是成就涅槃,"涅槃,原來指吹滅,或表吹滅之狀態。其後轉指燃燒煩惱之火滅盡,完成悟智(即菩提)之境地。此乃超越生死之悟界,亦爲佛教終極之實踐目的"②。"崇一乘之勝軌"的具體實現途徑,即纍積現實生活中的福善,籍福善而神生净土——到達"好死"的彼岸。

由此,"好生、好死"構成了中古敦煌百姓共同追求的生活旋律,敦煌齋文里的各種祈願與嘆德頌語縱然千般變化,其核心的本質,無非就是圍繞儒、佛兩種人生價值觀祈求生集"五福"、死往"净土"。

# 第一節　"苦空"非"苦空"

"惟佛之爲教也,勸臣以忠,勸子以孝,勸國以治,勸家以和。弘善示天堂之樂,懲非顯地獄之苦。不惟一字以爲褒貶,豈止五刑而作戒。"③隨著世人對佛教、儒家共同本質的認識逐漸加深,越來越多的信衆儒、佛兼修,到隋末時已發展到"儒流遍師孔、釋"④的程度,到唐代,儒、佛兼修擴展的范圍就更加廣泛。敦煌地區作爲佛教傳入中國的先行站,百姓既服膺儒學,亦信奉佛教,其中"博通三教"的突出者,被當地人譽稱爲"賢者"。敦煌齋文中有《賢者文》,大致有兩個版本:

---

① (晉)杜預注,(唐)孔穎達疏:《左傳注疏》卷三五,收入(清)阮元校刻:《十三經注疏》,中華書局,1980年,第1979頁。
② 慈怡主編:《佛光大辭典》,佛光出版社,1988年,第4149頁。
③ (清)董誥等撰:《全唐文》卷一五七李師正《辯惑一》,中華書局,1983年,第1608頁。
④ (唐)釋道宣:《續高僧傳》,[日]小野玄妙等編:《大正新脩大藏經》第五〇册,佛陀教育基金會,1960年,第439頁。

一是斯三四三號背＋斯四九九二號、斯五六三七號之《賢者文》：

　　惟賢者乃宿植德因，幼懷聰敏；博通三教，妙達一乘；惠悟絕群，行名超世。雖居白衣之服，還修不二之因；混迹居凡，每曉真如之理。內緣淨慮，絕我相於四生；外棄煩諠，頓證如來之教。

二是斯五六三九號＋斯五六四〇號、伯二〇五八號之《賢者文》：

　　性含淳粹，聰敏居懷；早達苦空，深知幻化。所以來投求法主，投誠寶坊；志心於不二之法門，超寂而四禪[之]可鑑。去二邊之妄想，不有不無；驅渴愛之樊籠，非真非假。

在中原地區，天授三年（六九二）《大周故裴府君墓誌銘》①云：

　　君稟家庭之雅訓，早事從師，記山水之芳□，識河篇之淵潤。湛幽情於蠹簡，思洽五門；聆雅操於穿林，契通三古。君本懷淳質，性好□□，信適教之沖虛，總玄門之妙旨。敬崇三寶，歸尚一乘，早達苦空，晤知生滅。雖則運甓百隧，終歸素履之交；抱布貿邊，豈失鄉川之價。

聖曆二年（六九九）《大周故文林郎貞隱子先生墓誌銘並序》②云：

　　先生諱弘則，字崇道，本太原祁縣，大業初，因官徙於洛京，今爲緱氏人也。……父德琮，唐徵士。鋒鉅自然，天機洞發，旁通三教，獨禦一乘，混名利而不知，處真俗而誰辯。瞻言後嗣，不墜家風。君即徵士之第三子也，趨庭有立，觀象參玄。粵自妙年，性與神遇，兼忘聘釋，大歸儒首，道無不在，人莫知之。

在敦煌地區，斯四九七六號背《社齋文》云：

　　厥今坐前齋主捧爐啓願所申意者，奉爲三長邑義保願功德之嘉會也。伏惟諸社衆乃並是高門勝族，百郡名家；玉葉瓊枝，蘭芬桂馥。出忠於國，入孝於家；令譽播於寰中，秀雅聞於宇內。加以傾心三寶，攝念無生；越愛染於稠林，悟真如之境界。體榮華之非

① 周紹良、趙超主編：《唐代墓志彙編續編》，上海古籍出版社，2001年，第318頁。
② 周紹良、趙超主編：《唐代墓志彙編》，上海古籍出版社，1992年，第941頁。

實，覽人事之虛無；志在歸依，情存彼岸。遂乃共結良緣，同增勝福；會齋凡聖，蓮坐花臺；崇敬三尊，希求勝福。故能年三不闕，月六無虧；建竪檀那，崇修法會。

總上引資料，不管是敦煌還是中原，無論是社邑的百姓社衆，還是博通三教的賢者，對佛教理解與接受的最高程度，無非就是"早達苦空，歸尚一乘"。上引中的真如、苦空、如來、三寶、不二、一乘等詞，也無非是同一思想概念的不同表述。

在佛教信衆們"混跡居凡"的日常生活中，"每曉真如之理"。伯四〇四四號記修文坊巷社的社人們"專心念善，精持不二之言；探賾桑門，每嘆苦空之義"。真如是佛教核心的概念，佛家講究真如，認爲人世間的榮華非實、人事虛無，一切皆苦，凡事俱空，唯有真如永在，此即佛教所謂的人生皆"苦空"。"早達苦空"，是指信徒們早已認清了人世間苦空的本質，明悟真如之理，有了成佛的覺悟。成就佛覺的途徑，即上引"歸尚一乘"或"妙達一乘"。乘，本來是指車乘，比喻能載人到達涅槃的境界。一乘，謂引導教化一切衆生成佛的惟一方法或途徑，這個方法或途徑就是上引材料中所説的"證如來之教"。所謂"如來"，即憑藉真如之道，累積善因而有成佛的覺悟；或者闡揚真如之道，使衆生開解而增長智慧、消除煩惱、獲得福田。

然則如何積累善因？如何闡揚真如之道？佛教開出的惟一法子就是割捨資財，獲得福田："夫正法所以流布，貴在尊經。福田所以增長，功由齋戒。故捨一齋之供，福紹餘糧；施一錢之資，果超天寶。所以福田可重，財累可輕。"①先看中原地區的例子。大和九年（八三五）《唐故東都留守北衙右屯營軍押衙宣節副尉守右威衛沁州□儁府折衝都尉員外置同正員上柱國賜紫金魚袋鉅鹿魏府君墓誌銘》②云：

> 府君在日，性好崇善，割捨資財，布施供養，設齋懸幡，寫經鑄像，竪立燈臺，添修石柱。在城諸寺及以嵩山龍門、白馬、慧林、龍興所有伽藍釋境，處處安名，大德老宿，尋常諸謁。更有諸院天王，一一隨心資助，無不周遍。兼放家人阿枝、采仙從良。所種福田功德，並皆慶贊以記。

咸亨二年（六七一）《洛州洛陽縣張處□□誌並序》③云：

> 公乃幼懷肥遁，黜弓冶之良榮；長好消聲，哂逌聞於夷皓。襟清質白，涅而不渝，精誠布施，勤修無怠。伽藍營構，遠近必臻；經像造書，大小咸預。

① （唐）釋道世著，周叔迦、蘇晉仁校注：《法苑珠琳校注》卷九一《受齋篇第八十九》，中華書局，2003 年，第2617 頁。
② 周紹良、趙超主編：《唐代墓誌彙編》，上海古籍出版社，1992 年，第 2162 頁。
③ 周紹良、趙超主編：《唐代墓誌彙編》，上海古籍出版社，1992 年，第 532—533 頁。

上引兩件碑文雖敍事簡略,但仍可以看出魏府君、張處士等人在日常生活中,於周邊寺院隨心資助,遍訪名僧大德,寫經鑄像,闡揚佛教。各種設齋布施供養,積累福田善因,正是佛教徒"證如來之教"的具體做法。

敦煌信衆得證如來之教的行爲、方法與中原無殊,只是文獻記錄得更爲詳細,伯二九四〇號《齋琬文一卷并序》記錄了敦煌百姓十類八十餘種積累善因、闡揚真如的做法:

> 總有八十餘條,撮一十等類。所則舊例,獻替前規。分上、中、下目,用傳末葉。其所類號,勒之於左。
>
> 一、歎佛德:王宮誕質;踰城出家;轉妙法輪;示歸寂滅。
>
> 二、慶皇猷:鼎祚遐隆;嘉祥薦祉;四夷奉命;五穀豐登。
>
> 三、序臨官:刺史;長史;司馬;六曹;縣令;縣丞;主簿;縣尉;折衝。
>
> 四、隅受職:文;武。
>
> 五、酬慶願:僧尼;道士;女官。
>
> 六、報行道:被使:東、西、南、北;征討:東西、南北。
>
> 七、悼亡靈:僧尼;法師;律師;禪師;俗人考、妣、男、婦、女。
>
> 八、述功德:造繡像;織成;鑴石;彩畫;雕檀;金銅;造幡;造經;造堂;造浮圖;[造燈輪];[開講];[散經];[盂盆];[造溫室]。
>
> 九、賽祈讚:祈雨;賽雨;賽雪;滿月;生日;散學;關字;藏鈎;散講;三長;平安;邑義;脫難;患差;受戒;賽入宅。
>
> 十、祐諸畜:放生;贖生;馬死;牛死;駝死;驢死;羊死;犬死;猪死。

"應有所祈者,並此詳載",誠如伯二九四〇號序文中所言,敦煌地區佛教僧團所認可的各種積累善因、闡揚真如的方法已詳於是編,雖於"述功德"中有遺漏義橋、義井、慶鍾、施粥等子項目的小疏漏,其於大類則已然完備無遺了。

上述信衆各種得證"如來"之教的具體做法,都需要"割捨資財"。現在的問題是信衆的資財如何得來?

"雖則運鹺百隧,終歸素履之交;抱布貿遷,豈失鄉川之價。"上引裴府君的資財是公道經商得來的,財力既充,自然可以安心地去歸尚一乘。官宦之家有優厚的俸禄及由此衍生出來的各種產業,資財充裕,自可以從事各種捨施,歸尚一乘。對於普通百姓而言,他們就必須更加辛勤地勞作,纔能保證在家庭生活基本需求之外,有相應的財力來設齋奉佛,比如北大敦二〇二號+北大敦一九五號+伯三九八四號所記的邑社成員即是如此,二十三個社員在"克己晨耕,利豐屯聚,獲田旰事,廩食充實"之後纔起意修復坊內的"唐家佛堂"。總之,在接受了佛教信仰之後,信衆們的日常生活就多了這樣一幅圖景:先是儘心勞作、工作以獲取資財,然後以餘財奉施於佛前獲得善福。敦煌民衆以餘財奉施佛前的主要途徑即上述十類八十餘種齋會項目。

由於心中有了佛的存在,信衆們的工作、勞作便擁有了努力勞作、挣錢供佛的神聖性,從而使得勞動者享受著心有寄託的勞作之樂,這與基督教所標榜的工作即禱告、敬業勞作是對上帝的最好奉獻的説辭一樣①。

前章已討論過營辦齋會中的物質流動,在捨財營齋的過程中,信衆們享受著營辦齋會時的充實,先是有"沐浴身心""飯資百味"的身口之樂,復有焚香誦經陳願所帶來的"内緣净慮、外棄煩誼"的心靈超脱,再有獲得"福田功德"之後可以"神遊净土"的美好憧憬。如此"利樂",收穫多多。

總之,在勞作、奉施與齋會的連續流程下,至少在齋會期間,信衆的身心是快樂而充實的。在信佛的人生中,施者得福的行爲實踐,使得信衆們心中原本"苦空"的世界其實並不算"苦空",人生至少還有營齋帶來的身口之樂、福善之悦。

## 第二節　神生净土,清昇彼岸

斯五六三七號之《亡考妣三周》祈願云:"惟願隨彌陀而生净土,逐彌勒而下閻浮;聞正法頓悟無生,遇諸佛同登妙果。"這是最能表達世人"好生好死"意願的佛教話語。彌陀净土,即西方極樂世界,死往彌陀净土,是謂"好死";彌勒現身閻浮,出現太平盛世,人人幸福,是謂"好生"。世人更多地用佛教的"净土"話語系統進行"好死"意願的申陳,常用語詞是"往生净土""神生净土"。

### 一、神生净土:彌陀信仰與佛教"好死"的彼岸

"奉爲某闍梨自捨化已來,不知識神往生何路?"②親友離世,生者悲傷,亡者魂歸何處?每於此時,敦煌百姓都不得不對生死問題作出思考。在尋求敦煌百姓對生死問題的答案之前,兹先將敦煌百姓對亡者死後魂路去識的祈願語句舉例如後:

斯三四三號背＋斯四九九二號之《亡兄弟文》云:

總斯多善、莫限良緣,先用奉資亡靈去識:惟願彌陀接引,將居净土之宮;慈氏會中,

① 詳參［美］施密特著,汪曉丹等譯:《基督教對文明的影響》第八章《勞動和經濟自由的尊嚴》,北京大學出版社,2004年。
② 伯三六○一號之《亡僧尼捨施文》。

先爲龍花初首。

斯四四九二號背＋斯三四三號之《願亡文》云：

　　託質紅蓮，清昇彼岸，蔭七重寶樹，坐千葉蓮花。悠遊常樂之階，永居無生之境。

斯五四三號背之《亡文》云：

　　以兹良祐，總有資勳亡靈去識：惟願拂蕩紛[滅]，清昇彼岸；蔭七重寶樹，坐千葉蓮花。悠游長樂之階，永居無生之境。亦用功德莊嚴施主障纏蕩滌，垢累消除，富貴日遷，世榮相繼，大小清吉，萬善勳修，含識有情，俱登大道。

斯一四四一號背之《亡父母文》云：

　　總斯多善、無限勝因，先用莊嚴亡者所生魂路：惟願神生淨土，識坐蓮台；常辭五濁之中，永出六天之外。

斯一八二三號之《亡考文》云：

　　總斯多善、無限勝因，先用莊嚴亡靈所生魂路：惟願長辭惡道，絕愛水之三塗；永離蓋纏，斷貪河於八苦；黿遊碧沼，泛般若之舟航；託質青蓮，證涅槃之彼岸。

斯四四九二號背＋斯三四三號之《亡尼文》云：

　　以斯功德，並用莊嚴亡尼所生魂路：惟願神超火宅，生淨土之蓮臺；識越三塗，入花林之佛國。

斯四四七四號背《敦煌鄉信士張安三父子敬造佛堂功德記》云：

　　先用資益過往亡靈：神生淨土，見所生佛；聞法永離三途八難，超生涅槃彼岸。

伯三八一九號＋伯三八二五號之《亡僧文》云：

　　總斯多善、無限福因,先用奉資亡靈去識：惟願神生淨土,識坐蓮臺；花開聞解脫之香,舉足昇涅槃之果。

斯五九五七號之《亡姚文》云：

　　惟願以茲設齋功德、迴向福因,盡用莊嚴亡姚所生魂路：惟願入總持之慧苑,遊無漏之法林；證解脫之空門,到菩提之彼岸。

斯五六三七號之《亡考姚三周》云：

　　以茲設齋功德、無限勝因,先用莊嚴亡考姚所生魂路：惟願隨彌陀而生淨土,逐彌勒而下閻浮；聞正法頓悟無生,遇諸佛同登妙果。

斯五六三九號＋斯五六四〇號之《亡考》云：

　　以此多善,並用資嚴亡考生界者也：伏願神生淨土,識往西方；蓮花化生,坐登上品。

斯五六三九號＋斯五六四〇號之《亡孩子》云：

　　惟孩子化生玉殿,遊戲金臺；不歷三塗,無爲八難。捨閻浮之短壽,覩淨土以長生；捨有漏之形軀,證菩提之妙果。

斯五九五七號之《亡考文》云：

　　惟願以斯設齋功德、一一念誦勝因,總用資薰亡考所生魂路：惟願坐蓮臺而居上品,乘般若而往西方；飡法味而會無生,超一乘而登彼岸。

伯三二八二號背之《臨壙文》：

　　所有行香功德、念誦善根,總用莊嚴亡靈去識：願亡者超於火宅,恒居淨土之門。

伯三二八二號背之《燃燈文》：

惟願超茲火宅,居淨土之金臺;越此危塗,入花林之佛國。

伯三六〇一號之《脫服文》云:

　　總用莊嚴亡父所生神路:惟願駕仙鶴以西遊,常居淨土;嚴寶車而東邁,上品往生。聞正法以悟玄空,體大道而歸[常]樂。

俄藏弗魯格二六三號＋弗魯格三二六號之《臨壙文》云:

　　以斯捨施功德,迴向福因,先用莊嚴亡靈去識:惟願神遊淨土,[永]離濁劫;頓悟無生,速坐蓮臺。遇諸佛同登妙果。

以上句例表明:敦煌百姓在對待死生問題上的話語概念系統,純屬佛教話語系統,其核心關鍵詞有三:淨土、涅槃、彼岸。揆諸其他卷子中的相關祈願語句,雖沒有直接用淨土、涅槃、彼岸這三個核心關鍵詞,但卻使用了異詞同義的表述方式,如淨國、淨刹、淨坊、寶地、寶界、寶坊等,都是"淨土"的同義異詞。安養世界,即西方極樂世界,亦與淨土同義。這樣的例子很多,如:

斯二八三二號之《亡禪師》云:

　　以茲勝妙,莫限[良]因,先用奉資和尚靈識:欄楯華碧,引向西方;足步金繩,魂游寶地。千葉蓮座,擁入天宮。五色彩雲,往詣佛國。

斯五一五號之《亡考》云:

　　以茲種種功德,無限勝因,先用莊嚴亡考所生魂路:惟願識託西方,神遊淨刹。給孤園內,常聞八解之音;耆樹林間,沐浴塵勞之垢。

斯五一五號之《亡妻》云:

　　以茲功德,無限勝因,惣用莊嚴亡妻所生魂路:唯願天宮妙室,相見逢迎,鼓樂弦歌,常歡快樂。

斯三四三號背＋斯四九九二號之《亡女文》云:

　　總斯多善,無疆勝因,先用莊嚴賢息所生魂路:惟願足躡紅蓮出三界,逍遙獨步極樂鄉;安養世界睹彌陀,知足天宮遇彌勒。

斯四四九二號背＋斯三四三號之《亡姪文》云:

　　考斯勝福,莫限良緣,先用奉資亡靈去識:惟願白毫引道,一念昇於梵天;紅蓮化生,刹那遊於佛國。

斯五四三號背之《亡文》云:

　　以茲良祐,總有資勳亡靈去識:惟願拂蕩紛[滅],清昇彼岸,蔭七重寶樹,坐千葉蓮花。悠游長樂之階,永舉無生之境。

斯一四四一號背之《亡女》云:

　　以斯設齋功德、迴向福因,先用奉資亡靈去識:惟願澄神八解,回證三空;授記於彌勒之前,傳心於釋迦補處。

俄藏弗魯格二六三號＋弗魯格三二六號之《亡僧尼捨施文》云:

　　以斯捨施功德、迴向福因,先用莊嚴亡靈所生魂路:惟願身騰六牙之象,長遊兜率之宮;足踏千花,永棄閻浮之境;迴超沙界,高步金蓮;長辭五濁之中,願出六天之外。

斯五五八〇號《亡考文》云:

　　以斯淨福,先用莊嚴亡闍梨四生魂路:惟願廣截惡道,直詣淨方。聞三思之淨音,見七珍之寶樹。歡娛快樂過於遍淨之天,安樂清涼昇於無動之國。

斯六四一七號之《臨壙文》云:

　　惟願碧池受氣,紅蓮化生。法水潤身,香風動識。於一念,頃悟百法明門;遊歷十方,奉事諸佛。

伯二三八五號背《願亡》云：

識託西方，魂遊淨國；永辭生滅，長啓無爲。

北敦〇四六八七號之《嚴亡》云：

惟願凌妙識於薩雲若海，晤神照於般若多聞。高昇解脱之津，永謝輪迴之苦。

伯二〇五八號之《亡齋文》云：

以斯設供功德、捨施迴向福因，總用莊嚴亡者所生魂路：惟願神遊淨刹，足蹈千花；遨遊智惠之門，出離淤泥之境。

通過以上的齋文句例，可以看到：每當臨壙、追福，敦煌百姓不得不對死生問題作出思考時，佛教給出的最高終極關懷的答案惟有"超一乘而登彼岸""證涅槃之彼岸"，齋文顯示敦煌百姓認可了這個答案。

上引諸句例表明：在成佛的最高境界之外，"神遊淨土"被認爲是人死之後的美好歸宿。佛教的彌陀信仰確立了"佛國淨土"的大衆信念：世俗衆生所居之地是一個人欲橫流、煩惱叢生、痛苦畢集的"五濁惡世"，這樣渾濁污穢的地方不值得人生留戀；而由諸佛菩薩以广大本願力化生而成的佛居之地則没有"五濁"的任何垢染，是一片清净國土，此之謂佛國淨土、莊嚴刹土。在佛國淨土中，衆生壽命無限，無諸煩惱惡趣苦患，彼此平等和睦相處，且一應物質伎樂皆"應念而生"，人死後往生淨土，"在那里可以度過福樂超出人世想象的美滿生活"①。如此美滿的死後生活，"神遊淨土"自然就成了人們心中非常理想的"好死"結果。

從上引齋文中"淨土"的使用頻率看，"神遊淨土"比"彼岸涅槃"更受百姓的歡迎，這與敦煌百姓的彌陀信仰有關。敦煌百姓崇拜阿彌陀佛，嚮往彌陀淨土，"隋唐時期敦煌阿彌陀信仰逐漸從佛像的崇拜轉向對阿彌陀淨土的嚮往，早期以尊像爲主的觀想、禮拜、崇敬，到後來各方淨土經變的大量出現，修持方式也由觀想念佛轉向稱名念佛，阿彌陀淨土即西方極樂世界已經開始深入到佛教徒的思想觀念中，唐代阿彌陀信仰達到了極盛，並長期持續不衰"②。敦煌百姓極力渲染死後神生淨土的美好生活，"敦煌壁畫把人世繁華富麗集中、夸飾地'移植'到淨土之中，并把它表現成來世托生之所，淨土里的'人物'從衣著、飲食、宮室到自然環

---

① 孫昌武：《中國佛教文化史》，中華書局，2010 年，第 146 頁。
② 党燕妮：《晚唐五代宋初敦煌民間佛教信仰研究》，蘭州大學博士學位論文，2009 年，第 28 頁。

境也都被具體化、形象化了,這樣的净土乃是按照人們理想的人生模式來構想的死后永生的樂國"①。更爲重要的是,在彌陀信仰及其簡便易行的修持方式下,敦煌百姓深信只要稱名念佛、誓願往生西方極樂世界,死後就可以往生净土樂國。因此,敦煌百姓要在各種場合下表述他們誓願往生净土"好死"的心願。各種齋會,尤其臨壙、追福齋會就是敦煌百姓表述"好死"心願的莊重場合。

"神遊净土"是人生"好死"的最美歸宿。在佛教的概念系統中,只要彌勒佛現身閻浮,人世間就會出現太平盛世,人人幸福,這便是佛教徒"好生"的生活。由此,"隨彌陀而生净土,逐彌勒而下閻浮"就成了佛教話語系統下敦煌百姓對"好生好死"心願虔誠而又全面的表述。

中國傳統觀念的五福與鬼魂、地府、天堂等概念揉合在一起,形成了傳統文化中"好生好死"的話語系統。五福集聚,得享"好生"的幸福生活。人死爲鬼魂,古人深信只要有子嗣持續四時祭祀,鬼魂就能在地府生活中安寧無憂,福佑家人。若無人祭祀,斷了香火,鬼魂將會遭罹各種艱難而化爲作祟的厲鬼,"不得好死"。所以在古人心中,"有子萬事足",有子不唯老有所依,更是因爲可以祭祀不斷,死后可以安魂,得有"好死"的結果。佛教傳入中國后,也宣稱"鬼只能依賴子孫的祭祀或拾取人間的遺棄物而生活"②,更是加強了世人通過祭祀可使鬼魂安寧生活的信念。因此,在"好生好死"的心理預期下,"斷子絶孫""不得好死"遂成爲對他人詛咒之尤毒者。

總上而言,在世人心中有二套"好生好死"的話語系統:一套是中國傳統文化的"五福""六極";另一套是佛教傳入的"净土"與"三塗八難",它補充完善了傳統文化關於"好死"與"不得好死"的内涵。敦煌齋文里的大量祈望語句所使用的就是這兩套話語系統,所表達的心願乃是對"好生好死"的衷心期盼。

## 二、敬重福田,式崇白業: 敦煌信衆"清昇彼岸"的途徑

神遊净土、清昇彼岸是佛教給百姓信衆樹立的終極實踐目標。斯五一五號之《亡號》云:

> 緬尋大教,皆崇孝理之風;歷考前修,並得報先之禮。非神道不可以追薦,非法力不可以清昇。

"非神道不可以追薦,非法力不可以清昇",佛教宣稱惟有佛法纔能讓人清昇彼岸,達成人生最後的終極目標。齋文開篇必有的嘆佛功德,其目的就是要通過各類齋會場合的反復宣傳,

---

① 孫昌武:《中國佛教文化史》,中華書局,2010 年,第 831 頁。
② 楊曾文主編:《中國佛教基礎知識》,宗教文化出版社,1991 年,第 182 頁。

使信衆確信：惟有佛教三寶纔能助人超越生死、清昇彼岸。如，伯三七六五號背之《逆修》云：

> 夫佛般若山，巍巍無邊；法般若海，森森可窮；僧般若舟，遙遙無際。登之者，越生死
> 之囂塵；度之者，逾涅槃之彼岸。三寶境界，不可思議。凡所皈投，皆蒙利益！

北敦○○○六二號之《社文》云：

> 夫開運[像]、鑒昏衢、津萬物者，佛也；破業障、生惠牙、谿巨海、倒邪山者，法也；寔
> 福田、堅良因、崇舟檝者，僧也。始知三寶福田，其大矣哉！

除了助人清昇彼岸的功用外，佛教僧團還宣稱三寶佛力潛祐，可以"長爲利益"。其向信
衆們所許諾的諸項利益，茲撮舉如下：
伯三一二九號之《田僕射修宅設齋文》云：

> 歸依者，遠超三界；迴向者，近免三塗。

俄藏弗魯格二六三號+弗魯格三二六號之《造像》云：

> 歸依者，迢超苦海；迴向者，永離蓋纏。

伯三三○七號之《願》云：

> 佛法衆寶，富樂我群有；福德智雲，清涼我火宅。歸依者，無幽不燭；迴向者，有感
> 必通。

斯四四九二號背+斯三四三號之《轉經號頭》云：

> 夫佛日舒光，無災不遺；般若流渲，何福不臻。

斯四九七六號背《社齋文》：

> 歸依者，有障必除；迴向者，無災不殄。

斯五五六一號之《難月文》云：

　　歸依者，苦原必盡；迴向者，樂果斯深。

斯二八三二號之《釋迦讚》云：

　　歸依者，消殃而置福；迴向者，去危而獲安。

上引歸依三寶的諸種好處，表述雖然多樣，陳述的真正實質卻只有一種：消災免難，集福超昇。以三寶爲對象的祈願證實了這個實質性的陳述，如斯六四一七號之《臨壙文》云："又將功德，次用莊嚴持爐至孝、內外姻親等：惟願三寶覆護，衆善資持；災障不侵，功德圓滿。"斯五五七三號之《社齋文》云："又持勝善，伏用莊嚴持爐施主即體：惟願三寶覆[護]，衆[善]莊嚴；灾障不侵，功德圓滿。"

在爲"清昇彼岸"這個終極目標努力的過程中，信衆歸依三寶的各種佛教活動還會因爲"迴向"而兹生出許多其他的福益，從齋文的莊嚴部分可以看到："獲益的人包括'上界'（上界四王）和'下界'（下方八部）的神靈，地方官（使主）、社邑成員及其眷屬，甚至法界蒼生都可以跟著沾光。獲益的時限包括'今生後世，此生他生'。獲益内容包括免罪（罪等浮雲）、攘災（災殃殄滅、門無九橫等）、祈福（是福咸臻）、身體康健長壽[體若金剛，常堅常固，命比大春（椿）而不凋，壽齊劫石而無儘]、富貴（七珍滿室）、逍遥快樂（煩惱稠林，惠風飄而叶落）等，名目繁多，簡直是可以隨意填寫的空白支票。"①既然歸依三寶有這樣那樣的現世來世利益，信衆們自然要"同發勝心，歸依三寶"②"久修福業，深種善根。始自歸依，長爲利益"③。

"奉屈三尊，式崇白業。"④"敬重三寶，成樹福田。"⑤佛、法、僧三寶，亦稱三尊。斯六四一七號之《願文》云："虔念三尊，每求多福。"但是上述的各種佛教利益和三尊、三寶的賜福並不白給，需要信衆們作相應付出。

白業，即善業，是指以"五戒十善"持齋修行。"奉屈三尊，式崇白業"的行爲在齋文中主要體現爲："年三不闕，月六無虧。"⑥"三長供養，月六修齋。"⑦年三月六常持齋戒的直接好處是可得"三堅之福"，伯三七七二號＋伯三七七二號背之《諸齋月》云："惟某體安以嶽德，扇以

---

①　郝春文：《中古時期社邑研究》，上海古籍出版社，2019年，第183頁。
②　斯四九九二號背之《社齋文》。
③　伯三一二九號之《田僕射修宅設文》。
④　伯三五四一號之《願文》。
⑤　伯三七二二號背之《征行迴》。
⑥　斯四九七六號背、斯五五三七號之《社齋文》等。
⑦　伯三七六五號背之《社邑文》。

玄風。罄五家之財,樹三堅之福。"三堅之福,即堅財、堅身、堅命之福。佛教認爲:"若能持以布施梵行清淨之人,遠示無上安樂涅槃,或求當來天人樂果,即爲堅固之財。""若能持守五戒,清淨五染,修習菩提無上之道,以證金剛不壞之身,即爲堅固之身。""若能了知四諦,修習正法,超越生死,以續常住不朽慧命,即爲堅固之命。"①則知所謂樹三堅之福,實即追求無上安樂的具體實施過程。

"敬崇三寶,成樹福田",指布施資財以進行三寶文物建設及公共設施建設而成就的功德福田。它的具體行爲,在齋文中描述爲"契無爲之勝果,罄捨奇珍;憑有作之良緣,弘闡大教"②。福業,指布施行善、慈悲利生等造福的功德。則知福業與福田功德的内涵相若。敦煌佛教徒不僅推崇"弘闡大教"的各項功德,而且尤爲推崇義橋、義井、施粥等公益性功德,認爲公益功德最益人天,尤其值得讚頌,如斯二七一七號背之《號頭》云:"但貧苦者,由慳貪而不得;富樂者,因布施而來。三寶福田,義爲大也。"伯三八〇〇號之《慶橋》頌讚義橋的功德福田云:"福田之内,此福最深。功德之中,此功最大。"

白業、福業都以"敬崇三寶"爲先,三寶福田因此被信衆視爲最上福田。斯四四九二號背＋斯三四三號之《社齋文》云:

　　夫坼昏綱、爍煩疴、萬類開覺而發心者,佛;崇智山、釋生路、六道絕而永亡者,法;觀其用、調其御、一受證斷而遐昇者,僧。是知佛法僧寶,最上福田。

人生積纍白業、福業,其終極的目的只在於福樂百年、清昇彼岸。伯三七六五號背之《亡僧捨施文》云:

　　以斯捨施功德、啓願勝因,先用奉資亡闍梨所生神道:惟願一花捧足,承白業以生天。

伯二八二〇號之《忌日》云:

　　先用奉資考姚生界:伏願[往]極樂生天之處,早證無爲;儻淪泅浴浪之中,速超彼岸。

生天,佛教指"一切衆生修行五戒十善之因,則受其果報,生欲界天、色界天或無色界

---

① 慈怡主編:《佛光大辭典》,佛光出版社,1988年,第648頁。
② 伯三四九四號之《慶經文》。

天"①。承白業以生天，即生前積纍善業，死後可入極樂天界樂土。能助人生天的還有前述的功德、福業，伯三一二九號之《慶經并捨墮文》云："助生天之福業，資出世[之舟船]。"

生時積累福業、善業，死時就可以"乘佛願力，上品往生阿彌陀佛國土""往極樂生天處"，這就是佛教給信衆們指出的"好死"的達成途徑。

## 三、年年啓願，月月傾心：信衆積纍福善的日常生活

在中國傳統文化概念中，世人只要生前"攸好德"，有子嗣，就可以達成在地府"好死"的心願。在這種"好死"思想的導引下，人們注重自己生前的德行，講求平日裏的"積德"，如伯三一二九號之《和尚慶經文》云："積德累功，修身慎行，知福[是安身]之本，知惠是入聖之因。"

在佛教的彼岸"好死"目標下，人們關注於平日裏的積福、積善，"意出繁花，心惟積善"②，而且在信衆那裏，積福善是一件令人愉快的事情，伯三一二九號之"雲陽和尚大會齋文"云："非福無以置歡娛。"

在佛教信衆那裏，達成超越人天之路、成就大覺的目標需要長時間的累積福善，"福不可不積，智不可不增"③。

"奉供三尊，福津九壤"④，信衆們的積福積善，從每日晨昏的奉供三尊開始。唐五代宋初敦煌的阿彌陀信仰極盛，其主要表現爲寫經做功德、講《阿彌陀經》、稱名念佛、繪製彌陀淨土變相等。信衆們供奉阿彌陀佛及西方三聖像，隨身攜帶無量壽陀羅尼輪或者於家中淨處放置或懸掛阿彌陀像，以香、花供養，晨昏兩時於像前稱名念佛⑤。信衆們的虔誠，伯二四四九號背《尼患文》中的"郎君"可爲佐證："復能廣其福善，注意真宗，崇習匪懈於晨宵，轉念豈離於心口。"伯三二三二號《患文》云："焚香側席，不厭兩時。"

伯三一二九號之《[先]修十會齋文》云："非福[無以置歡娛]，[非]齋無以資後果。"營齋既然直接關乎身後之果，以此信衆們"積善匪懈"⑥，日常奉供三尊外，信衆們還積極營齋以求積福積善，進而形成了"年常發願、每載興齋"的行爲習慣。伯二〇五八號之《願齋文》云：

> 齋主某公逈後代俊德，英明哲良；至孝居身，天知禮樂。常以信捨爲念，虔仰釋門；含君子之風懷，敬重福田。託三寶而作歸依，率一心而崇萬善。所以年常發願，每歲獻

---

① 慈怡主編：《佛光大辭典》，佛光出版社，1988年，第1331頁。
② 伯二八二〇號之《還願意》。
③ 伯三一二九號之《雲陽和尚大會齋文》。
④ 伯二二九一號之《亡兄》。
⑤ 詳參党燕妮：《晚唐五代宋初敦煌民間佛教信仰研究》，蘭州大學博士學位論文，2009年，第34、44頁。
⑥ 斯六四一七號之《願文》、伯三三六二號背之《願》。

僧；保護家門，無諸災障。

伯三三六二號背之《願》云：

信珠皎潔，智水澄清；仁義立身，忠孝存性。悟浮泡之若幻，體坏質而非常；虔念三尊，每求多福。由是年年啓願，遮九橫而長消；月月傾心，冀三災而永滅。

斯五一五號之《亡文》云：

設齋修福，年年列供，月月延僧。

伯三二八二號背之《齋願文》云：

所以年常發願，希大小以平安。每載興齋，用資家國。

敦煌百姓相信"福不唐捐"①，所以"匪懈晨宵"於奉供三尊，常年設願於齋會，就是爲了生時享福善之歡娛，死後能神遊浄土、清昇彼岸。

## 第三節　生有何歡：信衆日常生活中的建福齋會

若論齋會活動帶給敦煌民衆歡樂的極致，以現存齋文看來，莫如正月十五的燃燈齋會。斯一三一六號《某寺油麵破歷》載："油貳勝半，充十五夜點影登（燈）用。"伯三四九〇號背《油破歷》載："油叁升，付願真燃長明燈及正月十五點影燈用。"伯三七七二號＋伯三七七二號背之《正月半》云："故於鄴主登高之日，吳王射雉之辰。爐炳寶香，廚營珍味。"斯二八三二號、伯二六三一號之《十五日》云："初入三春，欣逢十五。燈籠火樹，争燃九陌之時；舞席歌筵，大啓千金之夜。"上引齋儀、齋文中雖是用典，卻已説明了敦煌地區正月十五日歡娛活動的前奏由白天的登高、田獵、百戲、舞席歌筵等構成，晚上觀賞影燈、享受早已準備的廚營珍味，以晚上"燈廣車輪，照谷中之萬樹。佛聲接曉，梵響與簫管同音"的窟上燃燈而達到上元齋會的高潮，"上自最高官員，下至道俗士庶，全城奔赴莫高窟，設供焚香、燃燈誦佛、振鍾鳴樂，既有齋

---

① 伯三一二九號之《先修十會齋文》。

會活動的肅穆,亦有全民同樂的歡悦"①。

舞席歌筵觀影燈,享現世之樂;燃燈祈佛訴心願,建來世之福。在敦煌民衆這裏,現世的歡樂與來世的福緣奇妙地結合成爲一個整體,這正是齋會的文化魅力所在,齋會是百姓生有所歡的源泉之一。

# 一、舞席歌筵——慶揚齋會所見百姓生活

王三慶教授系統整理録校斯一四四一號背、斯五六三七號等卷子,綴爲一卷,名其爲《〈雜齋文〉一本》②。《雜齋文》中有"慶揚文"類目,其下列有新建佛堂、佛像或菩薩、佛經、幡傘等四個項目的慶賀齋儀。究其本質,乃是佛教文物、公共設施創設後的慶賀齋儀。這類齋儀,伯二九四〇號《齋琬文一卷并序》中列入"述功德"中,這只是稱名與分類上的不同,其本質並無差異。伯二九四〇號"述功德"類共有十五個項目:造繡像;織成;鐫石;彩畫;雕檀;金銅;造幡;造經;造堂;造浮圖;[造燈輪];[開講];[散經];[盂盆];[造温室]。北大敦一九二號《諸文要集》雖未分目,但其屬於慶揚類的齋儀有:金銅像、畫像、佛堂、慶經、慶幡、慶佛、慶菩薩、義井、義橋、長幡、浮圖等十一個項目。伯三八〇〇號之中有慶鍾、慶橋等項目。伯二五四七號《齋琬文》第八類"述功德"中有造繡像、織成、鐫石、彩畫、雕檀、金銅、造[幡]、造浮圖、造燈輪、開講、散經、盂盆等十二個項目。去除重復,敦煌可資慶揚的建造類項目總計有十七個:造繡像、織成、鐫石、彩畫、雕檀、金銅、造幡、造經、造堂、造浮圖、慶佛菩薩、義井、義橋、慶鍾、燈輪、盂盆、温室等。

北大敦一九二號之《金銅像》云:"敬設清齋,虔誠福慶。"伯三八〇〇號之《慶鍾》敘慶揚盛況云:"月面高展,星衆雲羅,稽首於千花會中,跪膝於黄金地上,盛事若此,誰人當之?"《慶橋》記慶揚盛況云:"五雲送香酥之供,九霄聞天樂之聲。無數信人,稽首佛足。大哉盛會,誰人當之?"伯三一二九號實用齋文抄件之《寧州慶鍾樓文》描寫慶賀場面云:"勝事俄周,共建齋羞,用申慶贊。於是闢芳院,列華筵,請朱□□□□,□□□而應供,樂聲嘹亮,雅梵虚徐,摠用莊嚴。"

總上諸例,知慶揚類齋會除了常規的設像、設供、誦經、陳願外,還要列華筵,設音樂,樂聲嘹亮,九霄聞天樂之聲。由於諸項環節齊備,慶揚類齋會的花費不菲,伯二六三八號《清泰三年(九三六)沙州儭司教授福集等狀》記録了設樂、諸寺蘭若慶揚等相關的支出:"粗緤伍拾柒匹,三年中間諸處人事、七月十五日賞樂人、二月八日賞法師、禪僧衣直、諸寺蘭若慶揚等

---

① 譚蟬雪:《敦煌民俗——絲路明珠傳風情》,甘肅教育出版社,2006年,第54頁。
② 參王三慶:《敦煌佛教齋願文本研究》第四章《〈雜齋文〉一本之係聯研究》,新文豐出版有限公司,2009年,第153—213頁。

用。布貳千柒佰壹拾尺,三年中間沿僧門、八日法師、七月十五日設樂、三窟禪僧衣直、布薩慶揚等用。"

慶揚齋會所設的音樂,其承擔者應當是寺院所屬的音聲人[①]。寺院音聲人在佛教節日、俗世歲時節日時往往被安排設樂,譚蟬雪曾指出正月里六齋日的設樂,"其目的也不是單純地慶賀娛樂,而是作爲一種佛事建福活動"[②]。慶揚齋會中的設樂,也是建福活動中的有機組成部分。

通常設樂會伴隨著踏歌、踏舞以儘極歡。如二月八日行城設樂,斯二一四六號之《行城文》云:"尊卑霧集,大小雲奔;笙歌競奏而啾嘬,法曲爭陳而嘈切。"伯二八五四號之《行城文》云:"幡花臨路而前引,梵唄盈空而沸騰;鳴鍾鼓而龍吟,吹笙歌而鳳儷。群寮並集,緇素咸臻。"設樂的支出,斯一〇五三號背《丁卯至戊辰某寺諸色斛斗破曆》記有:"粟叁斗,二月八日郎君踏悉磨遮用。"其中的"踏悉磨遮"即蘇幕遮樂舞[③]。再如寒食節時的設樂踏歌,斯三八一號《龍興寺毗沙門天王靈驗記》云:"大蕃歲次辛巳潤(閏)二月十五日,因寒食,在城官寮(僚)百姓就龍興寺設樂。"斯四七〇五號《某寺諸色斛斗破用歷》記有:"寒食踏歌羊價麥九斗、麻四斗。"按照慣例,慶揚齋會既然設樂,當伴有踏歌、踏舞,只是不知齋會時是參觀者即興參與踏舞,還是請專人來表演。伯三二七二號《丙寅年(九六六)牧羊人兀林狀並判憑》中的"定興郎君踏儷來,白羊羯壹口",即是由定興郎君率領的舞隊表演,寺院因此付酬白羊羯壹口[④]。從寒食節的情形看,寺院付酬的踏歌踏舞者,應該只是領舞者,起著調節活動節奏的作用,而百姓則是即興參與踏歌舞,否則就難稱"在城官僚百姓"設樂。

斯三八一號《龍興寺毗沙門天王靈驗記》記"寺卿張閏子家人圓滿,至其日暮間,至寺看設樂"。一旦設樂,自有如張閏子一樣的百姓觀衆和參與者,慶揚齋會既然也設樂,自然也會出現"無數信人"來"稽首佛足"的盛況。

斯一四四一號背之《佛堂》云:"厥今有信士某公曉知坏患,深悟光[隙]難留;割捨煩誼,希求未來之佑。遂乃罄割赤仄,抽減璡瓊;建雀利之浮圖,砌和璧以斯畢。"則知建佛堂有個人獨資修建者,然更多是由社邑合群體之力修造。上述的十七個修造功德項目,佛堂、佛像、浮屠塔等屬大型修建類的修福功德,多非百姓個人財力之所能承擔,往往要合社邑之力,如伯三一二九號之《□□社衆造佛涅槃》等。斯四七四號《社邑慶像文抄》云:"時則有三官社衆等於當坊蘭若內,塑釋迦牟尼佛並二菩薩阿難、迦葉、二金剛神等一座。"前引北大敦煌二〇二號＋北大敦一九五號＋伯三九八四號《社官董海等廿三人重修唐家佛堂功德記》載前後兩

① 姜伯勤指出敦煌的音聲人分爲寺院音聲人和歸義軍節度使樂營、樂營使、樂行及其所屬音聲人,各自的服務對象不同。見姜伯勤:《敦煌藝術宗教與禮樂文明》,中國社會科學出版社,1996年,第509頁。
② 譚蟬雪:《敦煌民俗——絲路明珠傳風情》,甘肅教育出版社,2006年,第43頁。
③ 姜伯勤:《敦煌藝術宗教與禮樂文明》,中國社會科學出版社,1996年,第529頁。
④ 譚蟬雪:《敦煌民俗——絲路明珠傳風情》,甘肅教育出版社,2006年,第42頁。

代社長合全社之力方纔修復唐家佛堂。

佛教徒大力提倡造經修福，宣稱"修福田，莫[若]立塔寫經"①。相較而言，造經的費用可多可少，個人財力足以承擔，遂導致私人寫經修福者衆多。開元二年（七一四）七月二十九日，唐玄宗下敕禁止民間私自寫經、只能於寺院請得："如聞坊巷之内，開鋪寫經，公然鑄佛。自今以後，村坊街市等，不得輒更鑄像、寫經爲業。須瞻仰尊容者，任就寺禮拜。須經典誦讀者，勒於寺贖取，如經本少，僧爲寫供。諸州寺觀，亦宜準此。"②

總結而言，十七種慶揚齋會的源頭，源自於信衆的修福田建功德的思想，其中較普遍者爲造經。諸項建造活動，既有財力充沛的個人建造者，更有集衆人之力的社邑團體。慶揚功德齋會飾芳院、延僧佛、陳齋供、列華筵、設音樂、踏歌舞，搭建了"舞席歌筵"的活動舞臺，與會者在禮佛之後就可以即興踏歌舞，可謂是賓主儘歡，共同證盟了齋主的現世歡樂與來世之福田。

# 二、家傳正信——信衆居家生活中的齋會

百姓對佛教的接受程度有層次高低的不同。斯二八三二號之《釋迦讚》中的西受降城使趙公，"乃家崇正信，門傳善風"。伯三五七五號之《願齋》文中的某公，"乃家傳正信，敬重福田"。正信，"謂正直之信念。系相對於邪信而言，即指虔信佛所説正法之心，此信心不因遭逢諸異道而稍生疑念"③。由此知"家傳正信"這類家庭中人對佛的虔誠信仰度極高，以致於"奉佛"成爲家傳門風，遂使"重福田""崇善事"成爲家庭成員日常生活中的行爲指南之一。在這樣的門風及正信信念下，信衆人生歷程的每一個重要生活節點，都有可能按照他們所虔信的佛教行爲方式行事。

考百姓人生歷程的關鍵節點，在從小到大的居家生活中，無非是誕育、求學、婚姻、建宅、平安、病患、死亡等環節。這些居家生活的佛教行爲方式，最後都要落實到相應的齋會上，分別爲家口平安、難月、生日、滿月、散學、娛樂、婚禮、入宅、脱難、患差、死亡等名目。

## （一）家口平安

無論古今，"家口平安"都是人生值得慶賀的樂事之一。在佛教信衆那裏，家口平安絶對是佛力護佑的必然結果，要舉辦平安齋會以酬報佛法的佑護。伯二九四〇號、伯二五四七號

---

① 日本東京書道博物館藏《佛説決罪福經上下卷》題記，見黄征、吴偉編：《敦煌願文集》，岳麓書社，1995 年，第 836 頁。
② （宋）王溥撰：《唐會要》卷四九《雜録》，中華書局，1955 年，第 860 頁。
③ 慈怡主編：《佛光大辭典》，佛光出版社，1988 年，第 1996 頁。

《齋琬文》賽祈讚中設有《平安》的名目,雖然諸《齋琬文》中的《平安文》都已缺失,但其他卷中保存有《平安文》四件,以伯二八二〇號之中的《平安文》最爲完整:

> 蓋聞佛示權身,月含衆水。普霑一雲一雨,不惟中葉中枝。攝萬有而法性皆空,赴群心而神功不昧。於日[也],霞籠綺席,瑞遶朱門。嚴鼎餗於華堂,萊鴻恩休於祿位者,即有信士保慶平安,有斯良欸。儒門開鎖,義府雌黃。秀百步之香蘭,早垂仙露;聳一枚之月桂,盡帶春雲。加以意幻空花,心遊實際。拜鷲嶺之文像,歸齡鶴之齋筵。莫不寶座金爐,沉香雅梵,僧[衆]肅穆而龍象玉象,葉花涵滔而青蓮白蓮。洗六塵於清净海中,崇百福於彌盧山上。可使良緣善利,將九族而同榮,玉液神丹,共八仙而比壽。如斯勝事,莫可宣揚。先用奉資信士所履:伏願雄飛鷟日,高萬里之逞途;金色巢蓮,得千年之富貴。賢夫人伏願曹門女戒,流懿範於香幃;道輶[德]風,保歡娛於繐帳。郎君子伏願鶵鴻羽翼,翔天上之煙霞;學海波瀾,振人間之聲價。小娘子伏願紅連白芷,花光翠黛之容;臻首娥媚,玉動保神仙之態。

伯二八二〇號之《賽願平安文》云:

> 伏以能仁利濟,善巧無邊。春雷震演法之音,秋月做毫光之色。嶮路上爲梯爲凳,暗益群生;欲流中如艬如舟,潛扶萬彙意者,發清净願,信希眷屬平安。

伯二五四七號之《甘州任家平安》云:

> 惟公牽絲甘野,述職蕃維。地接豺狼之郊,路當沙漠之境。推謂死節,遠還報國之心;志願生還,近撫崇家之念。今既長幼平善,再臨右掖之門;貴賤咸安,並[返京都之]城。

在甘州任上家口長幼平善,得以重回長安,再臨右掖,值得慶賀。賽願只是慶賀家口平安的方式之一。在中國的文化傳統中,家口平安是上天恩德、祖靈保佑的結果,要採用設犧牲告祭的方式以示慶賀。

## (二) 誕育: 難月、滿月、生日

伯二五八七號背之《難月》云:"斯乃身纏五障,縱蕩六塵。今既月臨,分舛命若經危,仗衆生以延齡,祈萬靈而垂護。"佛教以爲孩子出生之時,即母親痛苦受難甚至死亡之時,是以將孕婦臨產之月稱爲難月。在此難月,佛教宣稱佛力可以佑護母子平安、順利生產,因此有難月齋會及其後續的滿月、生日慶賀齋會。難月齋會"通過寺僧誦經讚像求取功德,以迴向保佑母子平安,是當時人們處理誕育的主流形式,慶誕生賀滿月兼及傷亡夭折祝成長的吉凶庶務,也以類似形態展開,最世俗的事務也與宗教行爲聯結,含有善行與財施的基底,其本質是精神上的訴求與信向。而集中了道教符印、密宗咒語、菩薩信仰,甚至中梵醫術的可操作實踐性手法,亦爲人們所奉行習用"①。

孟子曰:"不孝有三,無後爲大。"家中添丁進口,自古皆以爲喜事,需要慶賀,是以中國既有傳統的誕育慶賀方式,亦有上述佛教傳入後的佛教慶賀方式。傳統的生育習俗如報喜、洗三、滿月人事等,佛教的生育習俗如臨產之月寫經、營辦齋會祈求福佑平安生產等,譚蟬雪已詳細論説②。

## (三) 散學

伯二九四〇號、伯二五四七號《齋琬文》中都有"散學"一項,由於文本缺失,已無法知其確切含義,惟據字面義稍加推測之。

"散學"有放學、私塾二義③,其中"放學"指學童結束當天的學業自學校返歸家中。這是常規性的教學散學,若是這種常規性的教學散學也要舉辦賽祈齋會,那齋會也就太偽濫了。因此"散學"之"散",必定不是平時散學的"散",應該是同於"散經"之"散",即"滿散"。

法會圓滿日時眾人散去,稱爲滿散:"滿散時所掛之牌,稱爲滿散牌。所諷誦之經,稱爲散經。"④"法會修畢時之讀經,是曰散經。"⑤由此,學習上的"滿散",只能是指修業結束,圓滿畢業,此後不再去學校進行常規上下學的散學。畢業是人生歷程中的大事件,是一個有紀念意義的人生關節點,值得舉辦酬謝齋會,散學類似於今日各類學校的畢業典禮。

## (四) 娛樂

娛樂是居家休閒和社交活動的重要內容之一,體現於齋文中的娛樂活動有《藏鈎》和《閞字》。

伯二五四七號之《藏鈎》云:

> 惟某以獻歲芳年,早春閒夜。藏鈎戲謔,秉燭歡遊。故能薄賽少多,迴充功德。共珍齋功,以賀新正。

---

① 阿依先:《祈佛求道、護祐誕生——以敦煌〈難月〉誕育願文爲中心》,《敦煌學輯刊》2007 年第 2 期,第 159 頁。
② 譚蟬雪:《敦煌民俗——絲路明珠傳風情》,甘肅教育出版社,2006 年,第 248—258 頁。
③ 羅竹風主編:《漢語大詞典》第五卷,上海辭書出版社,1986 年,第 484 頁。
④ 慈怡主編:《佛光大辭典》,佛光出版社,1988 年,第 5834 頁。
⑤ 丁福保:《佛學大辭典》,文物出版社,1984 年,第 1146 頁。

斯四四七四號之《藏鈎》云：

> 公等投名兩扇，列位分明；看上下以探籌，賭爭勝負。或長行而遠眺，望絶跡以無蹤；遠近勞藏，或度貌而難測。鈎母[者]怕情而戰戰，把鈎者膽碎以兢兢。恐意度心，直擒斷行。或因言而[失]碼，或因笑以輸籌；或含笑而命鈎，或覷涎而落節。連贏九勝，躑躅十強；叫動天崩，聲遥海沸。定強弱於兩朋，建清齋於一會。

藏鈎"實際是一種智力和心理比賽，藏鈎高手一是善於觀察藏鈎人的舉止表情，二是精於推測，只有做到這兩點，纔能每猜必中"[①]。其中的心理活動令人悸動，引人入勝，齋文中稱爲"謔笑"，岑參詠嘆爲"射得半段黃金錢，此中樂事亦已偏"[②]。

伯二五四七號之《関字》云：

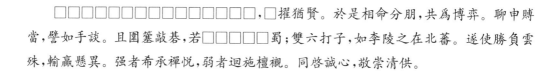

> □□□□□□□□□□□□□□□□，□擢猶賢。於是相命分朋，共爲博弈。聊申賻當，譬如手談。且圍籛敲碁，若□□□□蜀；雙六打子，如李陵之在北蕃。遂使勝負雲殊，輸贏懸異。強者希承禪悦，弱者迥施檀襯。同啓誠心，敬崇清供。

上引齋儀中用作"関"戲的名目有手談、圍籛、雙陸，皆屬棋類遊戲。手談即圍棋，敦煌文獻中有斯五五七四號《棋經一卷》。圍籛即唐人的"籛戲"，又稱"格五"，漢人吾丘壽王"以善格五召待詔"，顏師古注"格五"云："劉德曰：'格五，棋行。《籛法》曰：籛、白、乘、五，至五，格不得行，故云格五。'師古曰：'即今戲之籛也。'"[③]雙陸以棋手所擲骰子的點數確定行棋的步數，棋手則視步數選擇最佳的走法，莫高窟第七窟繪有雙陸博戲圖。

手談、圍籛、雙陸皆是益智遊戲，伯二七一八號《王梵志詩》云："雙陸智人戲，圍棋出專能。"博弈類遊戲益智、愉悦身心，本是件好事，然而大多數情況下被人用於賭博，因此，耽於博戲者被世人視爲不務正業的"傔隸"之人，伯三八八三號《孔子相託相問書》藉小兒之口表述了博戲敗身敗事的觀點："吾不博戲也。天子好博，風雨無期；諸侯好博，國事不治；吏人好博，文案稽遲；農人好博，耕種失時；學生好博，忘讀書詩；小兒好博，笞撻及之。此是無益之事，何用學之！"

沉湎於博戲固然傷身敗家，偶爾小賭則可怡情。在敦煌，小賭怡情的形式之一是用輸家的賭資作爲祈福齋會之資，"迴充功德"，如此參與遊戲者既得現時的"歡遊"，又得來世的"禪悦"。輸家雖輸，但既有參與娛樂之樂，又有功德福田，輸贏雙方各生歡喜。

---

① 叢振：《敦煌游藝文化研究》，中國社會科學出版社，2019年，第208頁。
② 彭定球等編：《全唐詩》卷一九九岑參《敦煌太守後庭歌》，第2056頁。
③ （漢）班固撰，（唐）顏師古注：《漢書》卷六四《朱買臣傳》，中華書局，1962年，第2795—2796頁。

## (五) 婚禮

譚蟬雪研究員詳論敦煌婚姻儀式各環節的傳統禮儀,謂於成禮之後的咒願階段亦有參用佛教咒願文者,而其文中又"滲進了世俗的富貴榮禄的内容,可見佛教信仰深入到社會生活的各個方面"[1]。

其實中古時期婚姻各個階段皆有佛教儀式,如:送嫁前的"嫁行"、喜宴中的"修清供"等。具體來説,有嫁行咒願、禮席咒願、成禮祈福祝願、禮成祝願新婚夫婦等幾個階段,斯五五四六號《咒願壹本》中甚至把僧人咒願禮畢之後應該得到的齋儭數目也記録了下來:"祝願禮畢,合得結:羊一口。"也就是説,當時婚姻禮儀既有純傳統文化形式的,也有佛教形式的。兹引相關齋儀如後,以詳叙佛教形式的婚姻儀式細節。

斯一六八六號之《吐蕃時期嫁行文》云:

> 雍儀淑質,並天上之仙娥;玉貌透迤,實人間之莫比。故得名傳狼岫,譽播燕山。求千載之良姻,結萬年之玉眷。今則榮爲已就,發日逼臨,慮路上之災非。伏聞三寶能濟厄危,諸佛如來有求必遂。是以來投寶地,親詣金田。爐焚百和之香,財施七珍之服。[惟願]三尊衛護,寶體無危;八部加威,行程安泰;人馬平善,早達上州;遂稱其心,以和琴瑟。然後先亡玉葉,咸沐良緣;見在金枝,俱霑勝益。

伯三五七五號之《禮席》云:

> 惟公雖居欲界,每發勝心。慕清土之長居,猒三塗之苦患。年依二八,桃李争輝。咸遇陰陽,遂成禮娉。欲傷生聚宴,恐功非儀。害命求婚,慮招後報,遂變清醽爲净水,化血肉以作香飡。六畜免屠割之殃,人席[無]誅煞之咎云云。

伯三七二二號背之《婚禮文》云:

> 原夫無色之色,示妙色於人間云云。今所爲婚姻禮備,迴席充齋。敬仰虔誠,以崇慶願也。齋主某公並敦煌望族,閭里名家,共結婚姻,正當秦晉。所以兩家卜筮,悵邕以成親;一日兩斯成就,吉辰而邀迓。方欲俯從俗典,罇俎珍脩,亨族延賓,以歡紹嗣適娉。斯乃福是人倫之本,齋實萬善之[基]。所以迴此皇庖,爰修清供,庶希靈澤,蔭護見前;敬就今辰,廣延親眷,薰修善業,崇蔭福田。更届法徒,莊嚴供養。伏願十萬大道,乘玉輦而來

---

① 譚蟬雪:《敦煌民俗——絲路明珠傳風情》,甘肅教育出版社,2006年,第224頁。

儀;三代[大]士,駕金鷥而降下。充塞宅內,周遍虛空。攝受丹心,證明功德。當願以兹勝善,無量勝因,先用莊嚴齋主及親家翁母:即使三災永離,九厄長消。雲除曩劫之災,霧卷積年之罪。身同松柏,冬夏常榮。心等瑪瑙,內外貞淨。新婦夫妻等願福業來臻,善緣湊集。命齊椿壽,質類松筠。男女敷榮,子孫昌熾。家盈天寶之貨,室足良井之財。宅舍光華,人神叶贊。亦願二儀交泰,四氣朗清。五穀熟成,萬人安樂。天下地上,水陸眾生,咸離苦因,俱登正道。

北大敦一九二號之《新婦》云:

內訓持家,紡績之功彌著;溫和令譽,雍穆之禮唯高。顏色未虧於四鄰,晨昏豈辭於堂上。

伯四六三八號背《新婦祝願文》云:

蓋聞夫婦之道,稟二儀以爲姻;情重移天,結三世而作親。恩深伉儷,族貴隆蔭長新;和如琴瑟,家富孟嘗之君。顏如桂月轉茂,貌同神婆星津。願白鹿呈祥,降瑞龍鱗。世世共王□昏好,代代門出公孫。生男聰敏六藝,曉覽能仁。產女柔□婉順,四德照明,備功勤心。福壽千秋之歲,祿[延]一萬餘春。奴婢雙雙趨走,前後仕宦歡忻。牛羊卻無計算,遍野滿草成群。馳馬往來影日,隊隊恰似廣寒。廩積百種之益,匣貯七寶□□。層舍飾鈽□□,戶牖總是金銀。

## (六) 脫難、免橫事

伯二九四〇號、伯二五四七號等《齋琬文》賽祈讚中有《脫難》文,是擺脱了各種無妄之災後大事慶賀時所用的陳願文書。伯二〇四四號背之《脫難文》云:

寶鏡雖明,猶被塵染;松筠志操,尚有霜凋。塵蒙鏡[而]豈能昏,霜凋松而焉能改?是知黃金被爍而不變,白玉縱點[而]非瑕。若仲尼遊於陳邦,公冶長居於縲紲。[非]逢秦鏡藏之,空悲鬱衍之心。高天麗日而雖明,詎監覆盆之下?遂乃傾心佛日,渴仰大乘。故得事皎無私,釋然消散云云。

伯二八二〇號之《橫事》云:

　　右所申意者,被惡人羅織,抑押其身。欲爭論而理,且靈疑銷停而莫非自忍。今則唯憑佛力,願作證明。遂抽已分之財,供獻祇園之德,修齋勝善,并已周圓。今對佛前,伏希表白。

　　古今百姓居家生活中的無妄之災、橫降禍事,當以無故攤上官司爲最,是以"官事得脱"亦屬脱難,如,伯二二九一號之《官府得免》文云:"身無釋行,口無擇言。義重鄉閭,仁倫衆[中]。苽田李下,情避嫌疑。温樹盃泉,生知傳忠。頃以枉羅[視]聽,[橫被縶]維。廣落桂枝,永遊蓮葉。而皇天親有德,諸佛念無辜。遂乃事潔隨珠,理明秦鏡。逾標令德,益震嘉聲。可謂彰勁草於疾風,識挐松於歲暮。今者功德如上。唯願長無九橫,永離百憂;播美震階,揚芬素里。"

　　王三慶將伯二九四〇號、伯二五四七號《齋琬文》中的"脱難"校爲"婏難"①。準上引諸條脱難文義,將"脱難"校作"婏難",文與義不符,若校作"免難",則文義兩洽。

## (七) 賽入宅

　　關於古人建宅卜地、擇吉、上梁、暖房、鎮宅等習俗,譚蟬雪已詳爲具説②,惟於喬遷新居、舊宅翻新落成的慶賀典禮用佛俗齋會一節過於簡略,兹爲補苴一二。

　　檢現存的《入宅文》,不考慮其號頭"嘆佛德"部分的差異,十四篇《入宅文》共有五個不同版本:

北大敦一九二號、斯五六三七號之《入宅文》云:

　　加以卜兆清居,選奇福地。召功人以構栘,日暎紅梁;專工力以削成,月暈朱柱。簷楹攢集,棟宇參差。華屋與玉砌爭光,綺院與瓊堂競色。既建功畢,祈合吉徵,或恐驚動土公,輕觸神鬼,凡力匪能消伏,聖德方可殄除。故就新居,虔誠妙功。

俄藏弗魯格二六三號 + 弗魯格三二六號之《入宅文》云:

　　其宅乃陰陽合會,龜兆相扶;八卦吉祥,五行通利;四方平正,八表堪居。離坎分南北之堂,震兑列東西之室。左青右白,妙採乾坤;前朱後玄,雅合陰陽之道。惟願入宅已後金龍遠宅,玉鳳銜珠;地涌珊瑚,天垂瑪瑙。四王持劍,斬斫魔軍;八部冥加,蕩除鬼魅。人增壽命,各保長年。功德云云。

---

① 王三慶:《敦煌佛教齋願文本研究》,新文豐出版有限公司,2009 年,第 8、56、72 頁。
② 譚蟬雪:《敦煌民俗——絲路明珠傳風情》,甘肅教育出版社,2006 年,第 30—33 頁。

伯三五四一號之《入宅》云：

乃杏梁新構，桂柱初雕。地鎮龍蛇，圖居奕塏。華庭曜[彩]，碧牖含煙。四方磕匝而仁隣，二氣貞淳而吉慶。云云。願上方[天]主，雨下摩尼之珠；下界地藏，踴出蓮花之藏。丹井流潤，漸呈遐齡，嘉樹澄陰，庇增高譽。夫娘則花萼端肅，志麗邕樂。兒郎則門著珪璋，望標冠冕。

斯五九五七號之《入宅文》云：

於是卜居勝地，揆日籌庸；跨滯閭閻，羅兹甲第；彫楹霧合，綺棟雲浮；洞户迎風，高窗孕月；簷舒鳳起，砌引花明；井植雙桐樹，門縈五柳。宏規既就，勝業先崇；嚴瑩閑庭，式崇清供。

羽七五〇號《入宅文》云：

敬陳齋意[者]，爲修造此宅，近日遷居，設齋慶落矣。凡移居修造，孕觸陰陽。吉年未來，借日修造，逆黄順黑，慮有相妨；恐起土不安，筑墻不便，或犯月建，或沖日遊，如斯辜愆，興造□□。恐成災變，遂歸佛法，匡建道場。□□□□□□□□，焚名香，清灑第，敷牀坐，屈緇黄，求□□□□□□報。願一居以後，門興人貴，百子千孫，福禄□□。□□□□□□接軌，素綬排扉。千殃自銷，□□輻湊。擊鐘鼎，赫哉盛哉，復以[此]福，傍括無邊，上通有頂，凡厥形類，廣霑勝因，清衆齊心，普爲念誦。

上引五個版本，有兩種單純是描述新居勝狀的慶賀樣文，另三種則涉及時人"禍災成福"的思維觀念。

實用齋文抄件伯三一二九號《魏尚書新市後創立第宅慶宅文》描述了屋主魏尚書對未來居住生活潛在災變的擔憂："或有穿掘土地，抵犯神祇，誤損生靈，潛隳窟穴。"在當時人那裏，不僅五方五帝、土地陰公、山川百靈等諸神靈會影響到入居以後的吉慶與否，還有居宅内外一切動植生靈、未知墳塋窟穴、巡查遊神、魔神鬼魅等，它們在建造房屋過程中有可能受到了無心的傷害，它們的怨恨、報復將會釀成將來居家生活中的種種災變，必須採取措施將那些可能的災變轉禍爲福，所以需要安宅、鎮宅。傳統的安宅、鎮宅法是擇良月吉日祭祀，如，斯四四〇〇號《曹延禄醮奠文》云："依法廣備書符、清酒雜果、乾魚鹿肉、錢財米飵，是事皆新，敬祭於五方五帝、土地陰公、山川百靈一切諸神。""今將禮單，獻奉神王，禍災成福，特請降筵。"在佛教信衆那裏，佛法也可以轉禍成福，佛力可以安宅吉慶，即前引文樣中所謂"凡力匪能消伏,聖德方可殄除",因此,安宅也要舉辦齋會。在俄藏弗魯格二六三號 + 弗魯格三二六號、斯五六三七號等完整《入宅文》齋儀中,其迴向的第一祈願都是"人增壽命,各保長年。憂患消除,慶流後胤"。可見在信眾那裏,舉辦慶宅齋會,不僅有效地平復了前述各種無辜之愆,而且還可以憑借做齋的功德,祈得佛的護佑,"觸事皆和",可以説,慶宅齋會集厭煞、慶宅、鎮宅、得福等多種功能於一體,可以"一居以後,門興人貴",最大程度地滿足了屋主"禍災成福"的心願,從此可以安心地在新宅中生活下去。

## (八) 患差

敦煌齋文中有不少於七十五件患文、十五件患差文。患文是佛教信眾"爲解除病患所舉行壇法儀規中所念誦的應用文書"[1]。患差文是病愈後酬謝佛恩齋會上念誦的應用文書。

患文中敘患者病因病狀,頗多同義、近義描述,如斯四四九二號背 + 斯三四三號之《患文》云病"染患已來,經今數旬,藥食頻投,未蒙痊損";斯五四五三號《患文》云病者"染患已經數旬,藥餌頻申,未蒙瘳減"。將這些同義描述歸爲一類,則患文云病患情形有五類:

1. 斯四四九二號背 + 斯三四三號等因"四大"不調而"伏枕累夕":

　　火風不適,寒暑乖違;五情不安,四大無順;伏枕累夕,未能起居。雖藥食屢施,竟無瘳減;爰憑法力,用益身田。

2. 斯四四九二號背 + 斯三四三號、俄藏弗魯格二六三號 + 弗魯格三二六號、伯二〇五八號、伯二〇五八號背等不明病因而染患"經今數旬":

　　染患已來,經今數旬,藥食頻投,未蒙痊損。所以危中告佛,厄乃求僧;仰託三尊,乞垂加護。

3. 斯五四三號背、斯一四四一號背、伯二六三一號、伯三八一九號 + 伯三八二五號等因飲食不調、動止不安"服靈方而未損":

　　寒暑氣候,攝養乖方;忽值微病,乖違動止。服靈方而未損,軫慮晨宵;仰法藥而痊除,是投三寶。

4. 北敦〇〇〇六二號等因"四大假合"而使久病"未蒙瘳減":

_____

① 鄭志明:《佛教生死學》,中央編譯出版社,2008 年,第 252 頁。

惟患者乃四大假合，尪疾纏身；百節酸疼，六情恍惚。雖服人間藥餌，世上醫王種種療治，未蒙瘳減。

5. 斯五五六一號、伯二八五〇號等因業障致病：

蓋在凡緣所閑，不覺[不]知；今臥疾中，始悟前障。

不覺不知，積深廣業。今既臥病，始悟前愆。

佛教以"地、水、水、風"爲身體的"四大種""四界神"，四大和合而成身體。伯二一一五號《張仲景五臟論》云："四大五蔭，假合成身，一大不調，百病俱起。"上引齋文中所説的"四大假合""四大無順"，即四大不調而致四百四病。

在佛教醫學中，除了四大不調的四百四病外，"還有飲食不調、座禪不調、業病、魔病、鬼病共六種。第一二種，由醫師療治；第三四種，以懺悔罪障之力治；第五六種，以神咒治，非法威之力不能治"[①]。四大不調、飲食不調類的疾病，敦煌百姓的確是請醫師治療，此即上引北敦〇〇〇六二號等患齋文中所説的運用人間藥餌，"世上醫王種種療治"。伯三六四四號《學童習字》通過一組詞彙，從病症描述、請醫問診、開方療治等方面勾勒出敦煌民衆請醫師治療疾病的生活場景，如病狀描述："冷熱；寒暖；肚脹；腰疼；氣脈不通；四支沉重；瘡痍；疥瘺；夢寢驚飛魂；抽減。"問診情形："大夫；請召醫師別脈。淼。細。滑。"開方治療："煎者（煮）湯藥。"

只有在種種藥食療治無效之後，民衆纔會意識到因業障致病，纔會想到用佛力救濟，繼而營辦齋會，期望以營齋功德所得的福報而"早離牀枕"，如伯三二七六號背之《俗患文》云：

仰啓蓮花藏界，清凈法身；百億如來，恒沙化佛；清涼山頂，大聖文殊；鷄足巖中，得道羅漢；龍宮秘典，鷲嶺微言；道眼他心，一切賢聖。惟願[發]神足，運悲心；降臨道場，證明功德。厥今廣延清衆，開闡一乘，爐焚寶香，虔供啓願，捨施念誦者，有誰施作？時則有坐前執爐施主奉爲某官染患已來，今經累月之福會也。惟患某官乃堂堂美德，神假英靈。文武雙全，忠孝兼備。雖居欲網之內，心攀正覺之書。遂則寒暑集退，攝養五情。疹氣雲消，瘟風霧卷。伏聞三寶是出世之法王，諸佛如來爲四生之慈父。惟患某官自云多生業障，難可計知。見世新薰，煩惱記憶，今對佛前法前僧前，希垂懺滌。願罪消滅，所有辜命負財，俱受功德。發歡喜心，放免患兒，仍復於舊。以斯捨[施]功[德]，迴向福因，先用莊嚴惟患官即體：伏願四佰四病，藉此雲消；五蓋四纏，因兹斷滅。摩訶般若。

① 馬伯英：《中國醫學文化史》，上海人民出版社，1994年，第354頁。

準上引,營辦齋會對於患者來説,實際是一種綜合治療方案,既有醫藥的生理治療,又有咒願、懺悔罪障等精神上的治療。

首先,辦齋會必須營造"香境",經辦者要在患者屋中薰香、要用香湯給患者沐浴。前章已述敦煌地區齋會中所使用的八大類焚香,其主要原料爲青木香、丁香、薰陸香、沉香、雞舌香、藿香、龍腦香、安息香、郁金香、紫檀香、白檀香、蘇合香、甲香、甘松香、豆蔻等,這些香料同時也是中醫所用的藥材,它們具有"芳香開竅、辟穢化濁、化瘀解毒、除惡殺蟲"的功效①。自初唐以來,醫者廣泛使用這些香藥來治療"肺癆、瘧疾、霍亂、天花、麻風、痢疾等傳染性疾病",亦用以治療"惡核毒腫、金瘡、諸瘡等外科疾病",還用於"嘔吐、腹脹、痞疾等消化道疾病",甚至用於防治精神類疾病②。尤其焚香中的"甘露藏香",其開發出來的本來目的就是要通過薰嗅來"對治病魔"。香藥的薰嗅療法是佛醫、中醫的治療方法之一,因此,齋會上的焚香及香湯沐浴實際上對患者產生了以"薰嗅""洗浴"開關竅的治療作用。

其次,佛教宣稱"咒"能治邪魅鬼病,斯一四四一號背、伯三八一九號+伯三八二五號之《慶經》文云:"偈乃破闇除昏,咒則逐邪殄魅。"舉辦齋會時要用香湯給患者沐浴,沐浴時要行咒願。伯三二三〇號《金光明最勝王經》云:"世尊!我當爲彼持經法師及餘有情,於此經典樂聽聞者,説其呪藥洗浴之法。彼人所有惡星災變與初生時星屬相違,疫病之苦、鬥諍戰陣、惡夢鬼神、蠱毒厭魅、呪術起屍,如是諸惡爲障難者,悉令除滅。諸有智者,應作如是洗浴之法,當取香藥三十二味。"前章已討論過這三十二味香藥,用它們"煎湯洗浴,取其氣而捨其味,輕清宣散,芳香透表,通絡疏竅"③。香水溫湯的配製並不是隨意組合,從上引的經咒中,可以看到佛醫十分強調它的療效。而且以諸種藥材配製的湯液浸浴、薰蒸,也是中醫的常規療法之一。中醫講究"痛則不通,通則不痛",香湯浸浴的通絡疏竅功能,對患者有比較好的治療作用。香湯沐浴時所念誦的咒語,即佛教的神咒治療法,"佛教咒語在南北朝至隋唐時期已深深地滲透到醫學當中",佛教能夠盛行的原因之一,"就在於佛教咒語配合藥物治愈疾病後,贏得了患者對佛教的進一步信仰,因而達到了以醫弘教的目的。另一方面,佛教咒語的心理安慰對身心疾病的治療也不容忽視"④。

咒願之外,還有懺悔。爲患者所辦齋會時的懺悔、祈禱,使患者相信佛力已經將他的業障消解,此即上述"以懺悔罪障之力"治療業罪的治療方法,主要是從精神層面對患者進行救治,它是"回到佛法的思想體係中進行身心的安頓。這種安頓來自於精神的修持,不只是肉體的健康保健而已,還包含了對生命的體驗與實踐,追究靈性永恆常存的根本之道。這樣的

① 李應存主編:《敦煌佛書與傳統醫學》,中醫古籍出版社,2013年,第71頁。
② 溫翠芳:《中古中國外來香藥研究》,科學出版社,2016年,第330頁。詳見氏著《唐代外來香藥研究》,重慶出版社,2007年,第320—394頁。
③ 李應存主編:《敦煌佛書與傳統醫學》,中醫古籍出版社,2013年,第161頁。
④ 李應存主編:《敦煌佛書與傳統醫學》,中醫古籍出版社,2013年,第162頁。

醫療觀，不是只看肉體無病的現實利益，還包含了心靈的精神升華”①。當然，舉辦齋會並不意味著放棄了用醫藥進行的生理療治，它只是治療方法之一。

病患通過藥物、齋會的綜合治療後，病情好轉、痊愈，家庭要舉辦慶賀齋會酬謝佛恩。斯二八三二號之《患差文》云：

> 不逢扁鵲，寄託金人。願得痊和，清齋是賽。作念已竟，[聖力]潛加。清涼闇投，熱惱斯退。既蒙願遂，焉敢慢之。乃建清齋，以酬佛力。

北大敦一九二號之《患差號尾》云：

> 傾因攝養乖方，久嬰疲疾。默念大覺，用保微軀。善願既從，天佛咸啓。若欲醍醐之味，如湌甘露之漿，苦患頓除，身心遍悦，不勝感賀，敬豎良田。

伯三一二九號之《安化柳僕射疾愈賽願文並喜男覯省文》是柳僕射病愈後酬謝佛恩齋會上所用齋文的抄件，它説明了患差齋會的真實性。對於患者而言，病差後再度用香薰浴洗，實際上是一個鞏固治療的過程。因此，與病患聯係在一起的齋會絕不止於齋會，它是確確實實的醫療過程，在敦煌民衆那裏稱爲“冥療”，是諸種可選療病方式中的一種。斯二八三二號之《患差》云：

> 結清净，集祥福，則近事女之作也。貞節孤立，常心禮儀；不貪色境之塵，有志菩提之路。頃鍾艱疲，危命將懸；啓告金師，冀欲冥療。作念已畢，聖心垂矜，清涼暗投，熱惱將息。方知樂因既發，苦果尋飜；正信纔興，邪山自倒。若欲保安家眷，會由福德之功；護念資身，要藉善根之力。

上引齋儀表明：因爲憑藉佛力冥療病愈，病者感謝佛恩浩蕩，徹底消除了己身過往的業障，“苦果尋飜”，因而“正信纔興，邪山自倒”，更加地信奉佛教，敬崇善業福德。患者以營齋之功德消除己身業障、實施冥療獲得心寧的過程，太史文强調爲“療以善業”②，但這只是整個儀式過程的表面，實質上齋會中起治療功效的介質是各種香藥香湯的“通絡疏竅”，它使醫者對患者的藥物生理治療更快見效。

---

① 鄭志明：《佛教生死學》，中央編譯出版社，2008 年，第 271 頁。
② 參見太史文：《療以善業——中古佛教患文》，余欣主編：《中國中古研究》第二卷，中西書局，2019 年，第 45—72 頁。

　　總之，透過患文、患差文，我們可以清晰地看到敦煌百姓治療病症的應對途徑：若是身體不适，首先歸爲四大不調、飲食不調或動止不安，先以中醫或佛醫的藥物進行生理治療。若久治不愈，則考慮病因爲己身業罪或鬼魅作祟，則添加冥療進行綜合治療，舉辦齋會以消除己身業障、驅除鬼魅，齋會功德儀式爲表，安頓心靈；焚香香湯治療爲裏，疏經通絡。表裏結合，共除病患，俾使患者身心康寧。患者病愈，家庭舉行賽願齋會，共享福田。

## （九）悼亡靈

　　亡者永寂，親者斯痛，"今辰永別，再會無緣！"一語道盡了生者對亡者的沉沉哀思與悲痛，然而"亡者壽盡今生，隨緣設化"①，"有情輪回六道生，猶如車輪無終始"②，在佛教信衆那裏，死亡不過是另一個生命途程的開始。生者對亡者的唯一希冀，不過是期望亡者在另一個生命途程裏少遭苦難、離苦得樂，而實現這一願望的手段，惟有給死者追福，敦煌佛教形成了一整套與儒家傳統喪祭禮儀相當的追福喪儀，詳見下表：

**儒家祭禮與佛教齋忌對照表③**

| 儒 家 祭 禮 | | 敦煌佛家齋忌 | |
| --- | --- | --- | --- |
| 名　稱 | 主　要　内　容 | 名　稱 | 主　要　内　容 |
| 大小殮 | 設靈座，裝殮後入棺 | 入龕佛事 | 整裝後屍體入龕或入棺 |
| 墓祭 | 墓地祭奠，祭畢升柩入壙 | 臨壙設祭 | 墓地設齋會，僧俗行"十念" |
| 虞祭 | 迎神歸宅，三虞祭 | 累七齋 | 每七天設齋供奉十王，至七七 |
| 卒哭祭 | 三月設祭卒哭 | 百日齋 | 設齋供奉十王 |
| 小祥 | 十三月行祭 | 一年齋（小祥） | 一周年設齋供奉十王 |
| （無） | | 中祥 | 兩周年齋 |
| 大祥 | 廿五月祭 | 三年齋（大祥） | 三周年設齋供奉十王，脫服 |
| 禫祭 | 大祥後間月，除服 | （無） | |

　　追福齋會總計有十個。亡者死後，亡靈滯停於冥界，其下一個生命途程開始的時間取決於"活著的家庭成員的追悼和勤勉程度"④，因此追福喪儀的"十齋從初七至三年，一齋都不可

---

① 弗魯格二六三號＋弗魯格三二六號之《臨壙文》。
② （唐）般若譯：《大乘本生心地觀經》，［日］小野玄妙等編：《大正新脩大藏經》第三冊，佛陀教育基金會，1960年，第302頁。
③ 譚蟬雪：《敦煌民俗——絲路明珠傳風情》，甘肅教育出版社，2006年，第373—374頁。
④ 太史文：《〈十王經〉與中國中世紀佛教冥界的形成》，上海古籍出版社，2016年，第5頁。

缺,否則亡靈將在中陰滯留受苦"①。佛教提供了追福齋的極簡儀式,斯三一四七號《十王經》云:"如至齋日到,無財物及有事忙,不得作齋請佛、延僧建福,應其齋日,下食兩盤,紙錢喂飼。新亡之人,並歸在一王,得免冥間業報飢餓之苦。"在這樣的極簡儀式下,追福營齋的財物並不是關鍵,考驗的是世間親人的有心和勤勉,只要家人有心,都能爲亡靈完成十齋追福。

斯一四四一號背等《亡文》迴向部分云:

> 總斯多善,無限勝因,先用奉資亡靈去識:惟願神生淨土,識坐蓮臺,花開聞解脫之香,舉足昇涅盤之果。又持勝福,次用莊嚴齋主即體:惟願殃與電滅,障逐雲消,長夜清宜,永年康吉,然後豎通[法]界,傍括四生,并沐勝因,咸登覺道。摩訶般若。

斯一四四一號背之《亡父母文》迴向部分云:

> 惟願神生淨土,識坐蓮台。常辭五濁之中,永出六天之外。又持勝善,奉用莊嚴齋主眷屬等:伏願心同朗月,春夏恒明;體侣貞松,秋冬不變。然後七世父母,蓮華化生,人與非人,咸蒙吉慶。

據上引迴向部分,追福營齋所成就的功德被分享給三部分人:首先是亡靈,其次是營齋的親眷,再次是法界衆生。親人眷屬爲亡靈的有心與勤勉並不是没有回報,他們可以在追福營齋中分享"六分"功德。

斯三一四七號《佛說閻羅王授記四衆逆修生七齋往生淨土經》云:

> 若亡没已後,男女六親眷屬爲作齋者,七分功德,亡人唯獲一分,六分生人將去。

伯三五七五號《逆修》云:

> 惟公孝友承家,謙恭處俗。則律閑雅,清信證明。後能馳心彼岸,投足化城。悟泡幻之不堅,知浮生之蹔有。所以生前造善,全收七倍之功;没後崇齋,惟霑一分之益。是以豎四弘之誓願,精五力以虔城。建此逆修,於今某七。功德云云。

伯二〇四四號之《逆修》云:

---

① 譚蟬雪:《敦煌民俗——絲路明珠傳風情》,甘肅教育出版社,2006 年,第 376 頁。

福在修而可昌,善假資而可大。蟾滿輪而影净,福克建而必堅。齋預修而果圓,智光發而影足。非上士而不效,非信士之不嚴。全收之福,可憑建津梁而託。是日修預前之勝福,對春景而虔虔。

準上引,追福齋會中分享給營齋親眷的功德份額很高。因爲亡後設齋所享的功德少,佛教又提倡不需要分享功德給他人的"預修生七齋",即逆修本人可"全收七倍之功",享"全收之福"。一般情況下,無家口親眷者會自營預修齋,因"家口總死盡,吾死無親表",孤獨的生者纔會"急手賣資産,與設逆修齋"①。

同是亡逝,若論悲痛之劇,莫若福禍轉變只在瞬間的"産亡"之事。斯二八三二號之《因產亡事》云:

惟靈貌踰南國,姿越東隣;權軏天生,規章自舉。班氏之風光於九族,孟母之德福於六姻。將謂諸天比壽,至聖齊年。何期天降斯禍,令[福]爲災,因産歸於巨夜。嗟乎!驪珠未見兮驪龍并没,子罄未分兮巢柯[共]摧。

產婦生産,百姓家中要添丁進口,這本是大好喜事的預期,奈何孕婦産難而亡,"令福爲災",家人只得强忍悲痛,由喜事預期而轉辦喪事,經營追福齋會。此中雖有喪婦之悲,卻也可以"轉禍祈福",親眷有了功德而可以分享冥福之報。

追福齋會使人世間的凄惨之事轉變爲冥福之報,滿足了百姓"禍災成福"的心理需求。

以上從九個方面討論了敦煌信衆居家生活中各個生活關節點所舉辦的齋會。這些日常生活的關節點,中國傳統文化中都有相關的慶賀儀式。只是在佛教信衆那裏,傳統慶賀儀式只有喜慶的功能,莫如用佛教齋會,齋會既得以極限歡慶,又分享了功德福田,遂使"喜上添福"的慶賀齋會爲信衆所樂用。生活中的喪事、衝撞神鬼之類的潛在災事,佛教宣稱齋會能"轉災成福"。因爲齋會的"禍災成福"功能,信衆也樂於用齋會來處理相關日常生活節點的禍災事宜。

## 三、居家者孝悌延遠——齋文所見百姓的家庭生活

伯二〇四四號背之《願》云:"伏願營農者一收萬斛;經求者小往大來;仕官者遷職日新;居家者孝悌延遠云云。"孝悌是指父母慈愛、子女孝順、兄弟姊妹友愛的狀態。這種狀態下的家庭生活充滿了親人間的關懷與温暖,是古人最理想的居家生活圖景,中古時期敦煌百姓家

---

① 郝春文等編著:《英藏敦煌社會歷史文獻釋録》第四卷,社會科學出版社,2006年,第68頁。

庭日常生活最普遍的願景亦是如此,所以"孝悌延遠"就成了敦煌百姓對家庭生活最普遍的企盼。

## (一)"生恩至重,鞠育情深"——齋文中的父母慈愛

孩子降世,親人歡喜,滿月之時,"諸親共賞,咸稱掌上之珠;父母同歡,競捧懷中之寶"①。孩童人生歷程中所感受到的第一抹親情,從父母的生養鞠育開始,竹馬、沙塔、弄影、搖車、嬉處、學步、學語等一系列齋文詞彙生動地反映出父母對孩子的鞠育恩情。

### 甲．竹馬

竹馬是一種經典的兒童玩具,其主體爲一端刻有馬頭的竹竿或木桿,兒童夾竹馬於腿間,作揮鞭騎馬遊戲。馬鞭以皮革編成,斯三七二八號背《左街僧録大師壓座文》云:"父憐編革竹爲馬,母惜胭腮黛染眉。"

"竹馬喧庭"②,竹馬的遊戲場所主要爲庭院、巷路。斯四六五四號之《亡孩子》云:"關關語喈,戬美美於堂前;竹馬揮鞭,縱嬌顔於膝下。"斯六六三一號《九相觀詩一本·童子相第二》云:"三周離膝下,七載育成童。竹馬遊間路,紙鶴戲雲中。"敦煌佛爺廟灣三六號魏晉墓西壁繪有父母陪伴童子騎竹馬遊戲圖。

### 乙．沙塔

伯二三一三號背之《亡孩子》云:"何期竹馬罷遊,沙塔崩壞!"沙塔,即孩子們以沙子堆建各種屋、塔的游戲,類似於今之積木遊戲。

孩子們可於野外玩沙,《大方廣佛華嚴經》卷九:"今此童子,在河渚上,與諸童子聚沙爲戲。"③爲安全計,父母多是將沙堆放於庭院中供孩子們遊戲,斯五六三九號 + 斯五六四〇號之《亡孩子》云:"東西室内,不聞唤父之聲;南北階前,空視聚沙之處。"斯二八三二號之亡孩子《三日》云:"豈期珠欲圓而忽碎,花正芳而降霜。致使聚沙之處,命伴無聲;桃李園中,招花絶影。或則池邊救蟻,或則林下聚砂。遊戲尋常,不逾咫尺。"

### 丙．弄影

弄影是一種兒童智力開發遊戲。通常由父母於牀帳前設燈光,以手勢組合成各種圖形影射於帳上,以圖影的奔突變化及匹配的擬聲逗弄孩童開心。

斯五六三九號 + 斯五六四〇號之《亡孩子》云:"惟孩子鳳鶴俊骨,天降異靈;弄影巡床,多般語笑。"

### 丁．搖車

搖車,齋文中又稱爲"嬌車",即嬰兒睡覺用的可推可搖的籃車。嬉處,齋文中又稱"戲

---

① 伯二〇四四號背之《滿月》。
② 斯五六三九號 + 斯五六四〇號之《亡妣》。
③ 〔日〕小野玄妙等編:《大正新脩大藏經》第一〇册,佛陀教育基金會,1960 年,第 704 頁。

處"，是指孩童曾經玩耍過的各個場所。孩子不幸早夭，惟剩下昔時的搖車和戲耍之處，父母睹此生悲，斯三四三號背＋斯四九九二號之《女孩子》云："父心切切，母意惶惶；看戲處以增悲，睹搖車而掩泣。"斯四四九二號背＋斯三四三號之《亡尼》云："父心切切，母意惶惶；睹嬉處以增悲，對嬌車而灑淚。"

**戊．學語、學步**

孩童咿咿學語、蹣跚學步階段是最引人愛憐的時期，父母以此忘憂。斯五六三九號＋斯五六四〇號有《亡孩子》兩篇，其一云："解行而三步五步，解父母之愁容；學語而一言兩句，別尊卑之顏色。"其二云："似笑似語，解父母之愁容；或坐或行，遣傍人之愛美。"伯二〇四四號背之《亡孩子》云："學步起坐未分，乍語乍言，尊卑未辯。"斯二八三二號之《亡孩子》云："能行三步五步，起坐未分；學語一言兩言，尊卑未辯。"

"竹馬喧庭""弄影巡牀"，孩童成長的一幕幕情景，可見證父母生養、鞠育之深情，斯四四九二號背＋斯三四三號之《脫服》云："斯乃生恩至重，鞠育情深。"

孩子成人，離不開父母的訓育之功。只是每提及父母的訓育大恩，齋文即以孟母、田母、姜氏、孔子等典範人物教子的事跡相比類。如斯二八三二號之《亡姊文》云："訓子行孟氏之風，和親有謝家之則。"孟母教子的典型事件有三遷擇鄰、斷機教子兩事，伯二六三一號之《姊》云："所翼久流慈訓，育子擇鄰。"伯三一二九號之《□□爲國夫人設齋》："加以從夫舉案，訓子擇鄰。"斯五六三九號＋斯五六四〇號之《亡考》云："將謂長居人世，訓子擇鄰。"田稷之母教子爲官清廉，伯二九九一號背之《姊》云："惟某四德含章，六行標舉，清廉甚田稷之母，禮儀重孟軻之規。"伯二三八五號背之《姊》云："族嗣英風，宗高穆伯。"穆伯之妻敬姜教子有方，"匡子過失，教以法理"①，孔子稱揚其爲"慈母"，與孟軻之母齊名，世稱"姜孟"。孔子教子的事跡，典籍中以"孔鯉過庭"稱之，伯二八二〇號之《亡考》云："秋風而橋樹含霜，鯉庭香墜；夜月而蘭花泛露，岱岳魂飛。"伯二九九一號背之亡《兒》云："何圖甘泉先竭，良才易摧。長乖膝下之歡，永隔過庭之影。"

現有齋文雖缺乏敦煌地區父母、長輩訓育子孫的具體物象記錄和事例，但祭文中有不少敦煌本地的實例。如，北敦〇二一二六號背《光啓三年（八八七）丁未歲七月一日祭妹文》云："維歲次丁未七月癸酉朔一日兄什郎謹以香茶乳藥之奠，敬祭於故闍梨之靈：伏惟靈恩同依地，惟素小承恩蔭，養育成人。於親立節，族內有因。投師問道，理連天親。"北敦〇四一〇八號《大唐天福四年歲次丁亥祭亡夫人文稿》②是實用祭文的底稿，其文云："伏惟［靈］素質凝然，清貞令德；温恭作性，婉順懷柔；貌並巫山，容過洛浦。訓子有孟陵之譽，成家播曹班之風。德美洽於六親，軌範能和九族。"伯二〇一一號《姪女祭大阿爺文》云："維歲次辛酉年七

---

① （漢）劉向：《列女傳》卷一《母儀傳》，中華書局，1985年，第15頁。
② "大唐天福四年歲次丁亥"，敦煌研究院編《敦煌遺書總目索引新編》校改爲"大唐天復四年（九〇四）歲次丁亥"。
　　按：天復四年爲甲子年，天福四年爲己亥年，當校作"天復四年歲次己亥"。

月壬午朔廿二日癸卯姪女□娘子謹以清酌之奠,敬祭於故大阿爺之靈:伏惟靈久承恩德,養育成人。"斯三八一號背《孫女十二娘祭婆婆文》云:"維歲次丁亥五月庚子朔十五日甲寅孫女十二娘謹以清酌之奠,敬祭於故婆婆之靈:伏維靈天然德厚,自性矜憐。每蒙訓育,與子無異。"

## (二)"同氣情深"——齋文中的兄弟姊妹情

斯二七二四號《華嚴經卷第三題記》云:

> 夫妙旨無言,故假教以通理;圓體無形,必藉[像]以表真。是以亡兄沙門維那慧超,悟財命難恃,識三聖易依,故[傾]資竭賄,唯福是憑。圖金容於靈刹,寫沖典於竹素,而終功未就,倏遷異世。弟比丘法定,仰瞻遺跡,感慕遂深,故瑩飾圖刹,廣寫衆經:《華嚴》《涅槃》《維摩》《金剛般若》《金光明》《勝鬘》,冀福鍾亡兄,騰勝梵鄉,遊形淨國,體悟無生,早[出]苦海,普及含靈,齊成正覺①。

如果加上道場、嘆德的描述,上引的寫經題記就是一篇完整的"悼亡靈"實用齋文。弟弟爲亡兄完成未竟的心願,又寫衆經爲兄長追福,冀其神歸淨土、遠離苦海、成就正覺,兄弟間的深情躍然於字裏行間。

伯二九九一號背"悼亡靈"類齋文收有悼兄弟文三篇:

> 亡兄
>
> 寔乃清襟迴徹,志識淹和;邁姜氏之傳衣,逾卜生之讓宅。宜其克遵萬始,永茂三荆;在原之德未崇,陟岡之望俄軫。愴連枝而殞絶,咽同氣而摧心;晷刻不停,奄經某日。由是廣崇福利,奉冀資燻。
>
> [亡弟]
>
> 惟亡弟兢淳毓性,敬愛昭夷(儀);推梨表謙退之能,讓棗結敦和之性。猗猗棣萼,吐四照而連趺;靡靡蘭英,滋九畹而攢秀。不謂蠆貽毀貫,雁影虧行,痛結深衷,悲添望緒。敬於某日,式罄於資,奉供三尊,福津九壤。
>
> 兄弟通用
>
> 逸氣與雲霞俱上,雅志將泉石共貞。孝悌標懷橘之年,英靈對桃李之歲。何期松門之念,恨花萼而何依,棠樹之悲,痛連枝而莫返。惟[亡]兄寔迺清襟迴[徹],志識溫和上同。

---

① 郝春文等編著:《英藏敦煌社會歷史文獻釋錄》第十四卷,社會科學文獻出版社,2016年,第68頁。

準上引,齋文中敘同胞情誼,常以同氣、連枝並舉,二詞皆指同胞兄弟姐妹間的親密關係。只是齋文中敘同氣連枝之情,多是用典,少見敦煌本地區的具體物像和事例記錄。所用之典,大致有姜氏傳衣、卜生讓宅、推棗讓梨、三荆四鳥等。

姜氏傳衣,趙鑫曄考訂其爲"共被"與"傅衣"二典的雜揉,"共被"用漢代姜肱兄弟情深"同被共臥"之典,"傅衣"用後漢陳留人范丹、尹苞二人"出入共一單衣"之典[①],雜揉二典以敘兄弟同氣連枝情深、異姓金蘭義重。

卜生讓宅,指的是西漢卜式注重兄弟情誼,多次將房宅、錢財讓給其弟,後人讚其兄弟情深,佩服其推財讓義之舉。

敦煌百姓推重兄弟情誼,伯二六六八號背之《亡兄弟》云:"骨肉情深,天倫義重;急難斯濟,花萼於依。"但齋文中缺乏敦煌本地區兄弟間推財讓義的具體事例,而現實生活中倒是不乏兄弟姊妹間的財物糾紛。如,伯三七七四號《丑年(八二一)十二月沙州僧龍藏牒——爲遺產分割糾紛》所記錄的齊周與其大哥財產糾紛的事件;斯六四一七號背《孔員信女、三子爲遺產事訴狀》所記錄的孔員信第三子與其二姐之間的財產糾紛案。

社邑齋文體現了敦煌百姓"異姓兄弟"間的情誼。伯二五四七號之《課邑》云:"惟某等並是別宗昆季,追朋十室之間;異族弟兄,託交四海之內。可謂邦家令望,鄉黨楷模。"斯五五一號之《社齋文》云:"唯官録已下合邑人等並是晉昌勝族,九郡名流。故能結異宗兄弟,爲出世親鄉。"斯五五二〇號《社條》規定:"結義以後,須存義讓,大者如兄,小者如弟。"斯五六二九號《敦煌郡某乙等社條壹道》云:"若社人本身及妻二人身亡者,熷(贈)例人麥粟及色物,準數近(盡)要使用。及於葬送,亦次(須)痛熱,便供親兄弟壹般輕(擎)舉,不許僧(憎)嫌穢污。若有不親近擎舉者,其人罰體膩壹筵。"在社條的規約下,即便社邑中的異姓兄弟也能做到急難斯濟、患難相恤,更何況血緣親情下的親兄弟。或許兄弟間推財讓義的難度比較高,但兄弟間"急難斯濟"的情誼應該比較普遍。

最能體現敦煌百姓兄弟間情誼的事情,莫過於給兄弟作擔保人。作擔保人就意味著替對方承擔相關的經濟或社會責任。如斯六八二九號背《卯年(八二三)悉董薩部落百姓張和子預造芘籬價麥契》記載,該件契約中的擔保人爲張賈子,如果其兄張和子沒有按時完成寺院貳拾扇芘籬的編造工作,就要加倍賠償芘籬四十扇以及預付的工價麥兩馱,"中間或身東西,一仰保人等代還"。斯七六六號背《甲申年(九八四)平康鄉百姓曹延延貸絹契》中,兄長曹延昌爲其弟曹延延作擔保口承人,實際擔保人是其子曹吉成,"若或延延身東西不平善者,一仰口承男吉成面上取好本絹壹疋"。

承諾爲兄弟"代承課役"也能體現兄弟間的情誼。唐代時百姓外出本縣,必須申領過所。直到晚唐時,"如果到中國去旅行,要有兩個證明:一個是城市王爺的,另一個是太監的。城

---

① 詳見趙鑫曄:《敦煌佛教願文研究》,南京師范大學博士學位論文,2009 年,第 197—198 頁。

市王爺的證明是在道路上使用的,上面寫明旅行者以及陪同人員的姓名、年齡,和他所屬的宗族,因爲所有在中國的人,無論是中國人,阿拉伯人還是其他外國人,都必要使其家譜與某一氏族聯繫起來。而太監的證明上則註明旅行者隨身攜帶的白銀與貨物,在路上,有關哨所要檢查這兩種證明"①。哨所要檢查的證件即過所。敦煌所在的瓜沙地區嚴格地履行了唐朝的過所制度,73TAM509:8/13《唐開元二十年(七三二)瓜州都督府給西州百姓遊擊將軍石染典過所》係西州百姓石染典在瓜州申領返程過所,此過所原件上"有朱印五處,首爲'瓜州都督府之印',中間三印爲'沙州之印',尾部印爲'伊州之印'。另有朱筆、墨筆勾勒"②。申請過所必須要有五名擔保人,擔保人在保證請過所者爲合法編户外,還要爲被擔保者離鄉之後"代承課役"③。如高昌縣麴嘉琰外出隴右經商期間,其"户徭"即由作爲擔保人的同籍兄弟麴嘉瓚代承④。敦煌百姓申請過所,兄弟作擔保人當屬首選。代承課役的責任非輕,最能體現兄弟間爲彼此的家庭生活有所擔當的親密情誼。

## (三)"孝盡温清"——齋文中的父母子女親情

齋文顯示出敦煌百姓對家庭生活的理想圖景:"父母有榮養之歡,賢子展色難之禮。"⑤"不求榮禄,養性丘園。"⑥一家人不求榮禄,父母慈愛,子女孝順,團團圓圓,怡怡然養性丘園。古今家庭之樂,不外如斯。父母鞠育之恩、榮養之歡已述於前,此處僅叙子女對父母的色難之禮。

羽七四九號《臨曠文》云:"天雖大,比父之恩尚小;地雖廣,喻母之慈不周。山重海深,亦不足類父母恩愛矣。"敦煌百姓將"父母深恩"總結爲十種,編爲《十恩德》《孝順樂》《十種緣》等曲子辭廣爲傳唱,"敦煌曲子辭《十恩德》十首、《孝順樂》十二首、《十種緣》十三首,三者篇數多少雖不等,但十種恩情及其順序則基本一致,説明三者在創作過程中曾互相影響,只因演唱的曲調不同而爲不同的題目",至今仍在河西傳唱的《十重深恩》俗曲,"可以説這是活著的敦煌曲子辭《十恩德》《十重緣》和《孝順樂》"⑦。三十五首父母恩德曲子辭的主旨,在於宣傳父母恩情至重,子女應當孝順父母,以盡色難之養。在思想上廣泛宣傳要孝順父母之外,伯三八二一號《白侍郎作〈十二時行孝文〉》還提供了敦煌地區十二時行孝"展色難之禮"的標準行爲模板:

① 佚名撰,穆根來等譯:《中國印度見聞録》,中華書局,1983 年,第 18 頁。
② 國家文物局古文獻研究室等編:《吐魯番出土文書》第九册,文物出版社,1990 年,第 40 頁。
③ 程喜霖:《唐代過所研究》,中華書局,2000 年,第 85—86 頁。
④ 國家文物局古文獻研究室等編:《吐魯番出土文書》第九册,文物出版社,1990 年,第 51、57 頁。
⑤ 伯三七二二號背之《生女》。
⑥ 伯二〇四四號背《社文》。
⑦ 高啓安:《〈十重深恩〉與敦煌曲子辭〈十恩德〉〈十種緣〉〈孝順樂〉》,《敦煌研究》1991 年第 1 期,第 97 頁。

平旦寅，早起堂前參二親。處分家中送疎(漱)水，莫交(教)父母唤聲頻。

日出卯，立身之本須行孝。甘脆盤中莫使空，時時奉上知饑飽。

食時辰，居家治務最須勲。無事等閒莫外宿，歸來勞費父孃嗔。

隅中巳，終孝之心不合二。竭力勲酬乳哺恩，自得名高上史記。

正南午，侍奉尊親莫辭訴。回幹就濕長成人，如今去合論辛苦。

日昳未，在家行孝兼行義。莫取妻言兄弟疏，卻交(教)父母流雙淚。

晡時申，父母堂前莫動塵。縱有些些不稱意，向前小語善諮聞。

日入酉，但願父母得長受(壽)。身如松栢色堅政，莫學愚人多飲酒。

黄昏戌，下簾拂床早交畢。安置父母卧高堂，睡定然乃抽身出。

人定亥，父母年高須報愛。但能行孝向尊親，總得揚名於後世。

夜半子，孝養父母存終始。百年恩愛暫時間，莫學愚人不歡喜。

雞鳴醜，高樓大宅得安久。常勸父母發慈心，孝傳題名終不朽。

在上引的行孝要求中，孝順不僅僅是對父母衣食住行等物質需求上的滿足，還包括家庭和睦、勲謹持家、孝義立身等家庭文化氛圍的營建，俾使父母雙親身心康健，行爲標準的要求很高。只是具體到敦煌齋文中，除了寫經、臨壙、十齋追福等實例外，缺乏其他色養父母的事例與物像記録。齋文中談及色養父母，多是用典，所關涉的孝親歷史人物有老萊子、曾參、閔子騫、黄香、董永、陸績、孟宗、王祥等。

伯二八二〇號之《男意》云："本冀彩服萊衣，奉温凊而就養，豈謂鵙衢鶴羽，殯萁之幽魂。"彩服萊衣，是指春秋時楚國老萊子侍奉雙親的事跡。老萊子侍奉雙親至孝，儘管已高年七十，依然穿著五彩衣，作嬰兒戲以取樂父母。後世遂以"萊衣""彩衣""彩服"指代小兒穿的五彩衣。"彩服萊衣"表示對雙親的孝養，《二十四孝》以"戲彩娱親"稱之。

伯二〇四四號背之《公》云："問孝昇夫子之堂，温凊入魯參之室。"伯二〇四四號背之"願文"云："奉親者母無嚙指之憂，父有琴聲之悦。"魯參，即魯國人曾參。嚙指，敘曾參與其母親母子連心的故事。"温凊"指曾參侍奉父母極爲孝順，"昏定晨省，調寒温，适輕重，勉之於糜粥之間，行之於衽席之上，而德美重於後世"。《二十四孝》尤崇前者，以"嚙指痛心"稱之。

伯二六三一號之《考大祥》云："公孝倫曾閔，無切思業。"曾即曾參，閔爲閔子騫。閔子騫孝敬父母，憐愛異母兄弟，爲孝悌的代表人物。《二十四孝》以"蘆衣順母"稱之。

斯五六三九號＋斯五六四〇號之《亡考妣意》云："北堂扇枕，慶及温凊。"此是指後漢江夏人黄香的孝親事跡。黄香九歲喪母，事父儘孝，"夏天暑熱，扇涼其枕簟；冬天寒冷，以身暖其被席"。《二十四孝》以"扇枕温衾"稱之。

伯三三四六號之《盂蘭盆》云："曾子行孝，典籍稱傳；董永事親，留名後世。"東漢千乘人董永家貧，侍父孝順，父死而無錢安葬，乃賣身葬父。《二十四孝》以"賣身葬父"稱之。

斯五六三九號＋斯五六四〇號之《亡考妣意》云："未申獻橘之誠,空攀傳衣之意。"伯二九九一號背之《亡兄弟》云："孝悌標懷橘之年,英靈對桃李之歲。"斯二八三二號之《亡妣》云："至孝攀號躃踴,奉橘已無因。"懷橘、獻橘、奉橘,指漢末陸績孝敬母親的事跡。陸績六歲時,于九江見袁術,袁術拿出橘子招待他,因其母喜愛吃橘子,陸績便將二枚橘子收藏於懷中,"欲歸以遺母"。《二十四孝》以"懷橘遺親"稱之。

伯二八二〇號之《生日》云："信士學海名儒,英賢問望。孝悌而萊衣孟筍,凌雲而片玉桂枝。"孟筍,指三國時期吳國人孟宗孝親的故事。孟宗的老母親病重,冬日裏思竹笋煮羹,孟宗不得已於竹林中抱竹而泣,孝感天地,地裂出笋數莖,持歸作羹奉母。《二十四孝》以"哭竹生筍"稱之。

伯三七二二號之《亡妣》云："寒園取筍,凍浦求魚。難薦奉[母]之情,無展温清之禮。"伯二〇四四號背之《亡孩子》文云："將冀永抽林笋,常臥冰魚。"寒園取筍、永抽林筍,即上述孟宗孝親之事。凍浦求魚、常臥冰魚,指西晉琅玡人王祥孝親的事跡。王祥早年喪母,繼母朱氏不喜王祥,由是失愛于父母。其繼母冬天想食生魚,王祥解衣臥於冰上以求魚,雙鯉躍出,持歸供母。《二十四孝》以"臥冰求鯉"稱之。

前引"父有琴聲之悦"的"琴聲"亦是用典,指孔子的學生宓子賤在單父"鳴琴而治"的事跡。宓子賤治理單父時,將諸項政事安排得井井有條,屬下佐吏各盡其能,單父大治。宓子賤無所憂心,由此不出公堂,每天彈琴取樂,悠然自處,伯三七七二號＋伯三七七二號背之《縣丞尉主簿》云："伯蘭和子賤之琴,珪馥泉明之酒。"齋文中用"父有琴聲之悦",是要求子女們把家中諸事安排順遂,使父親心無掛礙,享琴聲悠然、心境平和之樂。"奉親者,母無嚙指之憂,父有琴聲之悦。不求榮禄,養性丘園。"齋文用不同的語詞提出了與《白侍郎作〈十二時行孝文〉》同樣的孝親要求。

齋文中雖是用典,卻足以説明上述孝順父母的事跡廣爲敦煌百姓所知,是敦煌百姓孝順父母的樣板。重宣講、提要求、樹榜樣,敦煌地區通過齋文的誦唱營建了孝順父母報生養恩情的文化氛圍,使齋會也成爲孝義文化宣傳的一個重要舞臺。在這樣的文化背景下,一定有敦煌本地孝順父母的典型人物,只是齋文中没能體現出來。

"忠現獻贊,孝盡温清"[1]映照出敦煌地區百姓的父母子女親情。"家中傳義,世世有荆樹之風;子孝孫慈,代代有傳衣[之]美"[2]适足以表達敦煌百姓向往美好家庭生活的共同心聲。

## （四）"結髮情深"——齋文中的夫妻深情

伯二三八五號之《妻》云：

---

① 伯三七七二號＋伯三七七二號背之《縣丞尉主簿》。
② 伯三四九四號之《慶經文》。

想夫妻之義重，每念傷酸；歎結髮之情深，彌增眷慕。

斯五六三九號＋斯五六四○號之《亡妻》云：

遊空存蘭眼，爭似汝身留。去歲香幃暖，今朝莊露秋。幾般鸞鳳歸，應付別人收。

"爭似汝身留"！物在人已逝，丈夫睹物思人，妻子音容宛在，徒然傷感。"賢夫思紅顏之不見，痛割心腸；念結髮之情深，更長難度。"①在鳳釵、銀缸、織機等一系列物像下，敦煌百姓夫妻生活的點點滴滴在悼亡妻、悼亡夫齋文中真實地展露出來。

斯二八三二號之《女人》云："鳳釵在匣，無由重掛之期；鸞鏡塵埃，何有再瑩之日。"《亡妻》云："閨闈閴寂，羅幌無光。""紅粉落於鏡前，點涕痕於席上。"斯二七一七號背之《亡妻文》云："罷鸞鏡於粧臺，匣鳳釵於綺帳。"斯五一五號之《亡號》云："閨儀罷鸞鏡之容，寶帳別鴛鴦之伴。"伯二八二○號之《亡妻》云："齊眉而玉臉初著，半笑而雲髮欲墜。……遂使賢夫郎傷看粉糅，痛切扉蕪。"伯二八二○號之《亡夫》云："遂使賢某室小娘子霞殘玉筯，露濕花鈿。卷簾而萱草蘺蘺，鴛鴦羅帶；獨坐而銀缸寂寂，翡翠孤鴻。"斯五六三九號＋斯五六四○號之《亡妻》文之一云："惟小娘子芳枝麗質，芙蓉而解語堂階……對鸞鏡以含嬌，去鳳釵而益態。"《亡妻》文之二云："若何深閨塵露縠幽，帳隕輕羅。雲鬢金蟬，墜鳳釵玉雀。"伯二五四七號之《官庶等妻亡》云："野陳賓敬之容，冀無異妻之偶。"

上引悼亡妻文，如果忽略掉其中的懷舊傷情成份，經由妝臺、鸞鏡、妝粉、花鈿、雲鬢、鳳釵、綺帳、匣函、燭臺等系列物像，則可顯露出敦煌百姓平日里夫妻生活的真實內容：白日裏，妻子於臥房妝臺前對鸞鏡結雲鬢、施粉黛、貼花黃、插鳳釵；晚上，銀缸燭耀，妻子對鸞鏡卸妝，取下鳳釵，解散雲鬢，"對鸞鏡以含嬌，去鳳釵而益態"，夫妻間日常生活中的情洽歡笑、解語安慰、舉案賓敬等一幕幕情景就真實地顯露出來。

斯五三八一號背《康大娘遺書一道》云：

日落西山昏，孤男流（留）一群。剪刀並桁尺，賤接（妾）隨身合（荷）。合流（盒留）殘妝粉？留且與後人。有情憐男女，無情亦任君。黃錢無用時，徒勞作微塵。

康大娘臨終將去，其遺書中充滿了對人世親情的無限眷戀，多麼期望能活著將盒中妝粉用完，繼續與丈夫、孩子相伴。遺書以妝粉、黃錢花鈿等展示出了與上述齋文同樣的生活情態。

"剪刀並桁尺"揭示出敦煌婦女做女紅的勞作畫面。斯五五九九號有"娘子"文兩則，其

---

① 斯五一五號之《亡號》。

一云："而又針頭逞巧，繡龍鳳以潛翔；機上逞功，對鴛鴦而織出。"其二云："莫不裁羅刻錦，刀邊而奇巧多般；刺繡補方，針下而神功絕妙。"兩則娘子文雖是分述生在與故去兩種情狀，其女紅內容則並無差別，都是敘述女子在樓機上提花織錦的情形。樓機，齋文中又稱爲"針樓"，斯二八三二號之《十二月時·七月七日》文云："牽牛渡銀漢之辰，織女上針樓之夜。"剪刀、匹尺、衣桁、針頭是古代女子縫織衣衫的基本工具，針頭逞巧、裁羅刻錦描述的是女子刺繡、紡織、縫紉的工作場景，敦煌女子作爲丈夫賢室"謹潔治家"的一面由此展示出來。

斯二八三二號之《夫亡》云：

庭前悄悄，望圓月以增悲；帳[中]寥寥，對孤燈而更切。問念以孤鸞獨處，臨鏡匣而增悲；別鶴分飛，睹琴聲而氣盡。

現存的十餘篇悼亡夫齋文，大致如上引文一樣，均是妻子懷念丈夫生前令德、感嘆丈夫沒後自己形單影隻的孤獨悲傷："入室無賓致禮，倍增悲結之心；出戶有隔幽泉，反益孤得之思。""秦樓月白兮，蕭史不來；緱嶺猿啼兮，王喬已去。"即便用典，也只是類說無從再見良人的惆悵心境，缺乏如悼妻那樣的具體物像場景。

總結而言，齋文通過丈夫回憶妻子化妝、女紅的情景，反映出家庭生活中夫妻情愛的點點滴滴。

## 四、嵩原同慶、轉禍祈福——全民齋會中的百姓積福

以敦煌齋文爲據，再參考其他傳世文獻，王三慶將齋會分成"全國性定時舉行的法會和區域性不定時舉行的法會兩大類"，其中全國性定時舉行的法會又分與佛陀有關的紀念日、全國僧尼信衆舉行的常規性定期齋會、全國性普天同慶的祝賀官齋日、全國性普天同悲的官齋追悼法會四種[1]。

循名責實，上述全國性定時舉行的法會的重要特徵有二：一是指全國范圍內的全域；二是指參與法會的僧俗信衆全體。要言之，就是具有全地域性、全民性的公共齋會。在全國全民性的公共齋會外，敦煌地區還有僧俗全民參與的地域性公共齋會，合二者而爲敦煌百姓全部的公共齋會。譚蟬雪細緻地闡述了敦煌地區全民性的歲時節俗，各類全民性公共齋會亦在其討論之中[2]。茲據其所論，列《唐五代宋初敦煌全民公共齋會一覽表》如下：

① 王三慶：《敦煌佛教齋願文本研究》，新文豐出版有限公司，2009年，第40、9—24頁。
② 譚蟬雪：《敦煌民俗——絲路明珠傳風情》第二篇《歲時節令篇》，甘肅教育出版社，2006年。

### 唐五代宋初敦煌全民公共齋會一覽表

| 齋會名稱 | 舉辦時季 | 主辦機構 | 主要活動内容 |
|---|---|---|---|
| 上元燃燈/轉法妙輪 | 正月十五 | 敦煌衙府與僧團共辦 | 設道場、佛前燃燈祈願、造食、設樂踏舞、觀影燈 |
| 安傘旋城 | 正月齋日中的任一日 | 敦煌衙府與僧團共辦 | 四面八方安白傘、豎幢蓋;設樂行城 |
| 行像/踰城出家 | 二月八日 | 敦煌衙府與僧團共辦 | 設道場、行像、踏舞設樂 |
| 示衆寂滅 | 二月十五 | 僧團 | 設供奠佛追福 |
| 王宫誕質 | 四月八日 | 敦煌衙府與僧團共辦 | 造幡、寫經;八日大會;伎樂香花供養,百姓行香祈福、求子 |
| 盂蘭盆節 | 七月十五 | 敦煌衙府與僧團共辦 | 嚴飾佛堂、寺院;設盂蘭盆蘭道場;造盂蘭盆、破盆;造花樹;百姓户内祭拜亡靈;圖像寫經;設樂 |
| 仲秋佛事 | 八月十五 | 敦煌衙府與僧團共辦 | 脱沙脱佛、布施大會、白露道場、個人造功德 |
| 下元齋會 | 十月十五 | 僧團 | 設道場、供佛、造食、燃燈 |
| 臘八浴佛 | 十二月八日 | 僧團 | 臘八道場、温室浴僧、遍窟燃燈、臘八制藥、解齋設席 |

　　敦煌"普天同慶的祝賀官齋日"與"普天同悲的官齋追悼法會"並没有在上表中體現出來,這只是因爲這類齋會的舉辦時間實際上並不固定而没有列出。普天同慶的祝賀官齋日包括諸誕慶、鼎祚遐隆、嘉祥薦祉、四夷奉命、五穀豐登等,普天同悲的官齋追悼法會則爲諸國忌日。這些齋會都由官方出資主辦。

　　敦煌地區有區域性的祝賀官齋日、官齋追悼法會,主要是歸義軍時期節度使太保相公的誕慶或者天公主的亡故之類,齋儀中有專門的樣文,如伯二〇四四號背之《太保相公慶誕文》云:

　　　　當岳瀆降靈之日,是申甫誕慶之辰。百祥而允屬禎期,五福而克臻幽贊。飛沉祝壽,品彙獻齡。伏惟太保相公涵黄陂萬頃,澄徹無涯;聳嶽松千尋,堅貞有節。……伏願太保相公年齊龜鶴,永永無窮;壽比松椿,青青益茂。……崤原同慶,枝葉連芳。家藏盈袟詔書,位冠公侯極品。加以輟廄中之愛馬,獻天上之明君。騰驤而獨步雲衢,踜蹀而迴追電影。能將致遠之力,以陳戀主之心。同卜式之不惜家財,類霍光之無希華第。實邦國之柱石,爲朝庭之棟梁。有上將可以治五軍,有賢相可以匡社稷。自然八方静謐,四海樂康。今者龍飛啓肇之月，祥光滿室之辰，萬國同懽，千靈［共］祉。相公廣陳佛事，虔修道場；度僧以福報聖明，列樂而用慶昌運。……相公壽同衡岳，崇崇而永固南山；禄比滄溟，沙沙而長鎮西塞。

準上引，敦煌地區祝賀類官齋法會的最大特點在於"崤原同慶，枝叶連芳"。

最具有敦煌地域特色的公共齋會當推正月間的"安傘旋城"。伯三四〇五號之《安傘》云：

上元下葉，是十齋之勝辰；安傘行城，實教中之大式。所以聲鍾擊皷，排雅樂於國門。命二部之僧尼，大持幡蓋，蓮花千樹，登城邑而周旋。士女王公，悉攜香而布散，梵音與佛聲震地。念誦傾心，簫管絃歌，共浮雲爭響。我皇降龍顔於道側，虔捧金爐，爲萬姓而期恩，願豐年而不儉，五稼倍收於南畝，三農不廢於桑麻，家給年登，千廂足望。

正月齋日乃帝釋四天王伺察人間善惡的時間，齋文稱"十齋勝辰"。在此勝辰之時的祈願能直達佛聽、達成心願，故敦煌地區於正月齋日里安傘巡城，"行城隊伍執蓮花、持爐捧香，在鼓樂聲中繞城遊行。其成員包括僧尼、衙府官員及全城百姓，是一次群衆性的佛事活動"①。

從上表所列諸種齋會來看，敦煌地區的公共齋會以全民"共慶"齋會佔絕大多數。共慶齋會都要設樂大慶，在群體的歡樂中，全民共同祈福。共同祈福的内容無非是期望普天安樂，同霑善慶，如俄敦一二二八號《二月八日文》祈願云：

時則有我府主大王先奉爲龍天八部，護國護人；佛日恒暉，法輪常轉；刀兵罷散，四海通還；疫癘不侵，欃槍永滅；所有妖災殄滅，應是瑞色雲臻；風雨順時，普天安樂。

斯四四一三號《二月八日》祈願云：

以［此］勝福，莫限良緣，先用莊嚴奉資龍天八部、聖神贊普［逫］沴掃靡，座前尊賢，禄位恒昌，預會群寮，福山永鎮；城隍士女，保命千春；此界含靈，同霑善慶。

至於共悲法會，只有佛涅槃日、國忌日或者歸義軍時期的太保相公亡故追悼這樣的場合，一年之中這樣的情形並不多見。共悲法會，也就是同佛涅槃紀念法會一樣的超脱了親友關係的大衆設供追福，從而實現爲亡者的"轉禍祈福"，這實際上也是所有追悼齋會的共同本質，伯二〇四四號背之《亡文》云：

---

① 譚蟬雪：《敦煌民俗——絲路明珠傳風情》，甘肅教育出版社，2006年，第46頁。

　　納百川者,其惟滄海;作群聖之首者,唯我調御能仁。由是位極金輪,尊超粟散。雖碧殿紫微之貴,咸居影嚮之中;凌空縮地之流,俱在刹塵之内。至哉我佛之力,難可讚揚者矣! 公節已輸忠,孝能反哺。禮貫五常之首,義傾萬里之心,文逸九流之書,武縱七擒之德。可謂春蘭獨秀,松生寒谷者哉! ……將謂責實納慶,永沐康寧;奈何哀信忽臨,轉禍祈福。

"轉禍祈福",即以齋會爲平臺,爲亡者祈願,爲生者積福。

　　"士女王公,悉攜香而布散",由於公共齋會的道場由僧團或官方出資,人天之際的通道已經搭建好,故信衆個人只須拈香前往、傾心念誦,即可獲得佛佑而得享福田,以此人皆樂往,至於"群寮並集,緇素咸臻",盛況空前。中國書店〇七〇號之《被使》云:"一人表賀,實謂力微。信男信女,施一切普誦。"羽七四九號《臨壙文》云:"一人表白,獲將力微。大衆虔誠,普爲念誦。"一切普誦是積極參與公共齋會的信衆們的真正貢獻。

　　共悲齋會可以轉禍爲福,共慶齋會得望普天安樂。齋會無論悲、喜,凡參與者皆獲積福,各自皆大歡喜。

## 第四節　建福一日:敦煌民衆建福的社邑樣本

　　任繼愈主編《佛教大辭典》、丁福保撰《佛學大詞典》、慈怡主編《佛光大辭典》均無"建福"的詞條,而"建福"一詞於敦煌文獻尤其齋文中常見,如伯三二六三號背《新春靈嚴建福文》云:"傾心去禍除災,無過於建福。"斯一四四一號背、伯三四九四號之《佛堂》云:"以斯建福之德,慶讚良緣,總用莊嚴上界四王、下方八部。"伯三六〇一號之《脱服文》云:"營齋宅内,建福家中。"斯二一四六號之《行城文》云:"今則四序將盡,三春肇來;送故納新,除災建福;冀清封壘,保艾蒸黎。"斯二八三二號之《脱服》云:"營齋宅内,脱[此]凶裳;建福家庭,著斯吉服。因茲受吉,吉則長安。藉此除兇,兇尋永散。"斯五六三七號之《亡考妣三周》云:"營齋宅内,脱凶服却掛吉衣;建福家庭,昊天之恩無忘。"伯三八〇〇號背之《正月十五燈文》云:"加以信崇佛日,大扇玄門,每歲之初,靈龕建福。"伯二〇五八號背《燃燈文》云:"況於四序初辰,三春首朔;同增上願,建福燃燈。"斯五六三七號之《亡童僕》云:"於是像敷寶座,經轉金言;會僧聖凡,廚筵香饌。以斯設齋功德、建福勝因,總用莊嚴亡魂所生之路。"斯五九五七號、俄藏弗魯格二六三號+弗魯格三二六號之《轉經文》云:"故能虔誠像教,法苑留心;建福禳災,宣傳海藏。遂使經開般若,句句談不二之章;呪讚秘方,聲聲唱無爲之理。"伯三一四九號之《施粥》云:"所以年初建福,遍鳳臺而朗星燈。"總以上句例,"建福"是指捐捨資財從事三寶文物創設、齋會營辦等可以獲得佛教福田的所有事件和活動過程。

　　建福的主體可以是僧團、家庭、個人和社會團體,其中的社會團體又分爲邑社和行會兩類。目前有十七件記録敦煌社邑進行三長齋、設供、建福活動的實用轉帖,相應的建福活動所用到的齋儀、齋文有《三長齋》《課邑文》《社齋文》《燃燈文》《印沙佛文》等。現有齋文所反映的由敦煌行會成員所結成的社只有一個:綱社。綱社是唐宋時期從事成批貨物運輸的勞動者所結成的行業社,伯二八二〇號之《綱社平善》即綱社爲在外路途平善而舉辦祈福齋會的文樣。在《房山石經題記》中還可以看到唐代的絹行社、米行社等。

　　邑社和行會社均有建福的需求。郝春文教授指出:隋唐五代時期社邑"所從事的佛教活動的范圍比前一時期更加廣泛,包括設齋、燃燈供佛、行像、印沙佛、建盂蘭盆會、造窟、修窟、造像、建僧塔、建寺、修寺、建佛堂、修佛堂、造經幢、素畫、造寺鍾、買土地、寫經、刻石經等等"。"造像活動已不像前代那樣突出,而設齋活動卻日益成爲最受重視的活動。"[①]孟憲實提到了"敬佛"是社邑"集體禮儀和共同消費"的内容之一[②],對敬佛活動的具體運轉過程則未見有細致的討論。兹以社邑團體爲對象考察他們的建福活動。

# 一、共作福因: 社邑建福活動的制度規定

　　社邑最大的特點是"以衆幫衆",即社邑集團體之力在不定的時刻幫助某個人或事,從而起到扶危度厄、繼絶扶衰的良好效果,"濟事成功,莫近於社。今之結社,共作福因。條約嚴明,愈於公法。行人互相徹勵,勤于修證,則社有生善之功大矣[③]。敦煌的社邑強調"衆須助之",不僅繼絶扶衰、濟事成功,而且還"共作福因""共立勝因""共立善功"[④]"共敦誠意"[⑤],進行團體的建福活動。

　　爲了保障"共立善功"的順利進行,這類有"建福"需求的社邑在社條中有明確的制度性規定,以及違反相關規定後的懲罰措施。斯六五三七號背《某甲等謹立社條》[⑥]是一件敦煌民衆訂立社邑條件的參考文樣:

　　　　某甲等謹立社條:竊以敦煌勝境,地傑人奇,每習儒風,皆存禮教,談量幸解言語美辭,自不能實。須憑衆賴,所以共諸英傑,結爲壹會。先且欽崇禮典,後乃逐吉。春秋二社舊規,建福三齋本分。應有條流,勒㦲(載)具件,壹[壹]別漂(標),各取衆人意懷,嚴

① 郝春文:《中古時期社邑研究》,上海古籍出版社,2019年,第128頁。
② 孟憲實:《敦煌民間結社研究》,北京大學出版社,2009年,第98、126—129頁。
③ (宋)釋贊寧:《大宋僧史略》卷下,[日]小野玄妙等編:《大正新脩大藏經》第五四册,佛陀教育基金會,1960年,第250頁。
④ 伯三七二二號背之《遠忌並邑》《燃燈文》。
⑤ 伯二五四七號之《課邑》。
⑥ 下引文爲筆者核對圖版並參考寧可、郝春文録文綜合校定。參見寧可、郝春文輯校:《敦煌社邑文書輯校》,江蘇古籍出版社,1997年,第42—43頁。

切丁寧,別列事段。

　　一、凡爲邑義,先須逐吉追凶。諸家若有喪亡,便須匍匐成以立(豎),要車齊心成車,要擧亦乃一般。忽若録事帖行,不揀三更夜半,若有前劫(卻)後到,罰責致重不輕。更有事段幾般,一取衆人停穩。

　　[一]、凡爲立社,切要久居。本身若云亡,便須子孫承受,不得妄説辭理,格例合追遊,直至絶嗣無人,不許遺他枝眷。更有諸家横遭厄難,亦須衆力助之,不得慢説異言。伏已便須濟接。若有立莊造舍,男女婚嫁,人事少多,亦乃莫絶。

　　[一]、立條以後,一取三官裁之,不許衆社紊亂條[流],凶悖,上下有此之輩,決杖七下,釀膩壹筵。人家若有喪亡,巡行各使三件,更要偏(遍)贈,便須上馱局席。

　　[一]、逐年正月,印沙佛一日,香花佛食,齋主供備。

　　上件條流,衆意勒定,更無改易。謹具社人名目,用爲後憑驗。

　　正月廿五日淨土寺僧惠信書耳。

伯三五四四號《大中九年(八五五)九月廿九日社長王武等再立條件》是一件實用的社邑條件:

　　社長王武、社官張海清、録事唐神奴等爲城煌(隍)賊亂,破散田苗,社邑難營,不能行下。今大中九年九月廿九日就張禄子家,再立條件爲憑。

　　敦煌一群(郡),禮義之鄉。一爲聖主皇帝,二爲建窟之因,三爲先亡父母追凶就吉,總結量(良)緣,用爲後儉(驗)。

　　一、社内每年三齋二社,每齋人各助麥一斗,每社各麥壹斗、粟壹斗。其社官録[事]行下文帖,其物違時,罰酒一角,其齋正月、五月、九月,其社二月、八月,其齋社違月,罰麥壹碩,決杖卅,行香不到,罰麥一斗。

斯五二七號《顯德六年(九五九)正月三日女人社社條》云:

　　社内正月建福一日,人各税粟壹斗,燈油壹盞,脱塔印沙,一則報君恩深泰,二乃以(與)父母作福。

伯四五二五號《太平興國七年(九八二)二月立社條一道》云:

　　竊以閻浮衆凡上生,要此福因,或則浮生軏福,或則胎生罪重,各各有殊。今則一十九人發弘後(厚)願,歲末就此聖嚴,燃燈齋食,捨施功德,各人麻壹斗,先須秋間齊送,押礓轉轉主人。

又有新年建福一日,人各爐餅一雙,粟一斗,然(燃)燈壹盞,團座設食。若是生死及建福、然(燃)燈齊會之日,或有後到者,罰酒半甕;全不來,罰酒壹甕。

斯六五三七號背《十伍人結社社條》:

竊聞敦煌勝境,憑三寶以爲基。風化人倫,藉明賢而共佐。

一、況沙州是神鄉勝境,先以崇善爲基,初若不歸福門,憑何得爲堅久。三長之日,合意同歡。稅聚頭麵淨油,供養僧佛,後乃衆社請齋。一日果中,得百年餘糧。

斯六五三七號背《上祖社條》:

凡有七月十五日造于蘭盤兼及春秋二局,各納油麵,仰緣(録)事於時出帖納物,若主人不於時限日出者,一切罰麥三斗,更無容免者。

從上引諸社條可知,隨著佛教教義的宣傳及行爲實踐,"建福三齋"已是敦煌信衆日常生活中的"本分",成爲敦煌信衆深度認可的潛意識行爲。"敦煌勝境,憑三寶以爲基;風化人倫,藉明賢而共佐",佛教的建福與儒家的建功,成爲敦煌百姓並行不悖、相融相存的生活目標。

一旦加入社邑,社人就必須積極參與社邑的各類社事,不樂社事者將受到最嚴厲的"棒責"處罰。斯五六二九號《敦煌郡等某乙社條壹道》云:"若有不藥(樂)社事,罰麥伍馱,舉社人數,每人決丈(杖)伍棒。"棒刑已是相當重的懲罰了。建福活動是社邑生活中相當重要的活動之一,社衆必須參加。社人如果不按時交納建福活動所需的資財或者不參加建福活動,將按照社條規定進行處罰。斯一四七五號背《申年五月社司罰請處分狀》揭示了因五月長齋而處罰違規社人的流程:

社司　狀上

五月李子榮齋,不到人:何社長、劉元振並齋麥不送納;不送麥:成千榮;行香不到:羅光進。

右前件人齋及麥、行香不到,準條合罰,請處分。

牒件狀如前,謹牒。

申年五月　日趙庭琳牒

(判)

附案準條處分,庭璘。

廿一日。

具體活動中相關事務的承辦者若承辦不力,也要受到處罰,如斯四六六〇號背《兄弟社欠色物、入麥及罰筵席等曆》就記録了司"帳設"者不參與社事而被罰"釀膩壹筵"。

## 二、社邑建福活動的具體運作

斯六四一七號所記録的社邑建福活動由社官主持進行,其最先的工作是在確定建福時間後的"屈請聖凡":一是請佛邀僧;二是發轉帖通知社衆。

現存有兩通社官請佛邀僧的疏文。斯六四二四號背《乾德六年(九六八)十月社官陰乞德等請賓頭盧波羅墮上座疏》①:

> 謹請西南方難捉(足)山鎮(賓)頭爐(盧)頭波羅墮尚(上)座和尚
>
> 右今月廿三日陰族兄弟就佛堂子内設供。於(依)時講(降)假(駕),誓受佛敕,不舍倉(蒼)生,興運慈[悲],[救人護]國。
>
> 乾德六年戊辰歲十月　日社官陰乞德、録事陰懷慶記。

斯六四二四號背《開寶八年(九七五)十月兄弟社社官陰幸恩等請賓頭盧波羅墮上座疏》:

> 謹請西南方難捉(足)山賓頭盧頭波羅墮上座和尚
>
> 右今月八日南澹部洲薩世界大宋國沙州陰族兄弟就於本居佛堂子準舊設供。伏願誓授(受)佛敕,不捨蒼生,依時降假(駕)。謹疏。
>
> 開寶八年十月　日兄弟社社官陰幸恩等疏。

現存社官通知社衆進行建福活動的轉帖有十餘條。如:斯三二九號背《正月十三日常年設齋轉帖抄》

> 社司轉帖
>
> 右緣常年設齋,人各麥一斗,幸請諸公等,帖至,限今月廿七日齋時於普光寺門取齊。

---

① 文中缺字,據同卷及斯三一五六號背 + 斯三一五六號《安傘文》等齋文常用句例補。另參考寧可、郝春文輯校:《敦煌社邑文書輯校》,江蘇古籍出版社,1997年,第509頁。

俄敦一一〇八二號《社司轉帖》云：

　　社司轉帖
　　□□□□設供，次至李醜子［家］，［幸請］諸［公］等，帖至並限今□□□□□□□於普光寺門［前取齊］。［捉二人］後到者，罰酒一角；［全不來者］，［罰酒］半甕。其帖速［遞相分付］，［不得停滯］，如滯帖［者］，［準條科罰］①。

伯二七一六號背《年支社齋轉帖抄》云：

　　社司轉帖
　　右緣年支社齋，次至劉仵子家，人各麥壹斗，粟壹斗，油半升，麵壹斤，幸請諸公等，帖至，限今月廿八日寅時於永安寺門前取齊。

斯六一九九號《兄弟社轉帖》云：

　　兄弟轉帖
　　右緣音九□□□□□□□，［其］敷設、踏牀、牙盤、毯褥、疊羅等，帖至，限廿二日卯時於主人家［送］納，［捉二人］後到。

伯二八四二號《某月七日建福轉帖》云：

　　（前缺）
　　□□□□□□□□□□□□□□□□香花、［佛食］、氎褥、供養具，一仰法通；佛印五從上，各一；其香花、佛食、佛印不到者，準上科罰。

綜合上引諸條，社邑建福活動的資財由社衆共同承擔，所納資財由虞侯監督使用，斯三七九三號《辛亥年某社造齋等破油面麥數名目》②記載：

　　五月八日造齋，破油麵麥數名目如後：
　　春齋料，油貳斗，麵叄碩肆斗，已上細供肆拾貳分。已次粉拾分，料齋，連夫（麩）麵

---

① 郝春文：《中古時期社邑研究》，上海古籍出版社，2019年，第334頁。
② 寧可、郝春文輯校：《敦煌社邑文書輯校》，江蘇古籍出版社，1997年，第501頁。

貳斗。七月十五日，佛盆料，麵壹碩捌斗，油陸升，粟七斗。十月局席，破麥壹碩伍斗，油伍升，破粟兩碩捌斗。已上三等破用，壹仰一團人上，如有團家闕欠，飯若薄妙（少），罰在團頭身上。其政造三等飯食，一仰虞侯監察。三等料算會，一一爲定，爲憑。

次至某某家，表明設齋建福活動由社衆輪流承辦，承辦者稱主人家或者齋主。其中設齋所需要的佛像、幢傘等供養具應當是從寺院道場司請得，相關的莊嚴物件則由衆社分別提供，在規定時間内送至主人家中進行鋪設。社邑所"税聚頭麵淨油，供養僧佛"之後，"乃衆社請齋"，則知主人家在提供場所外，其主要的任務應當是負責這次活動的香花、佛食、齋食的制作。

## 三、合意同歡，共崇至福：社邑建福活動的本質

伯三八〇六號背之《社文》云：

> 然今諸宿老等寔謂五陵豪族，六郡名家。或代襲簪纓，或里稱冠蓋，或三明表異，或八俊標奇。知芥城之易空，司藤井之難分，共崇至福，各契深誠。

伯二三一三號背之《歡施主》云：

> 知福爲安身之本，善是養慮之基。簡信招朋，抽賢逼侣。邑義相承，共修功德。

斯六五三七號背《十伍人結社社條》云：

> 三長之日，合意同歡。

上引文明確説明了社邑建福活動的目的："合意同歡""共修功德""共崇至福"。

郝春文教授將隋唐五代時期傳統社邑所進行的建福活動分爲五類：建齋；印沙佛；參與寺院的盂蘭盆會；燃燈供佛；從事造窟、修窟、繪畫、塑像、建蘭若、建佛塔等①。

上述五類社邑建福活動，只有前四類被寫入了傳統社邑的社條中。而第五類修造建福活動，要麼臨時組建單獨的佛事社邑，功成之後取散；要麼由社官提出建福意見，由全社討論，未獲通過則罷；討論通過後，修造纔能進入實際的運作。

① 郝春文：《中古時期社邑研究》，上海古籍出版社，2019年，第36—38頁。

　　寫入社條的幾種建福活動,基本上是花費不太多的設齋設供,"社内每年三齋二社,每齋人各助麥一斗,每社各麥壹蚪、粟壹蚪"。麥壹斗的設齋負擔,應該説還是在大多數社人可以承受的范圍内,負擔並不算過重,所以活動中大家沐浴身心、誦經祈福、共享齋食、共成福田,確實是大家在一起的"合意同歡"。

　　現存敦煌文獻反映上述第五類社邑建福活動的功德文共有十二通,詳見下表。

| 卷　　號 | 時　　代 | 功德種類 |
|---|---|---|
| 莫第二一六窟西壁龕下中央《社長氾光秀等再修窟功德記》 | 中唐 | 修窟 |
| 莫第一九二窟東壁《發願功德讚文並序》 | 咸通八年(八六七) | 塑畫造簷 |
| 伯二九九一號《敦煌官品社於莫高窟素畫功德讚文抄》 | 吐蕃時期 | 塑畫真儀 |
| 伯四〇四四號《光啓三年五月十日坊巷社肆拾貳家創修私佛塔記抄》 | 光啓三年(八八七) | 佛塔 |
| 伯二九九一號《敦煌社人平詘子一十人創於宕泉建窟一所》 | | 建窟 |
| 伯二九九一號《修文坊巷社再緝上祖蘭若、標畫兩廊大聖功德讚並序》 | | 再緝蘭若標畫兩廊 |
| 斯四七四號《社邑造佛像功德記抄》 | 張氏歸義軍時期 | 造佛像 |
| 伯三二七六號背《結社修窟功德記抄》 | | 修窟 |
| 伯四九九五號《社邑修功德記》 | | 修窟造像 |
| 伯二九九八號背《社邑修窟功德記抄》 | 顯德四年(九五九)以後 | 修窟 |
| 斯四八六〇號背《社邑建蘭若功德記並序》 | 歸義軍曹氏時期 | 建蘭若 |
| 北大敦二〇二號＋北大敦一九五號＋伯三九八四號《社官董海等廿三人重修唐家佛堂功德記》 | | 修佛堂 |

　　據上表中各件功德文的描述,從事第五類建福功德需要大量的資財,對社衆而言是一個相當沉重的經濟負擔。社衆若財力充盈,一般還是樂於上述修窟、修佛堂等大型建福活動的,北大敦二〇二號＋北大敦一九五號＋伯三九八四號《社官董海等廿三人重修唐家佛堂功德記》[①]即爲顯例:

　　　　厥有社長陰公諱光進,鄉閭高義,謙讓低心,決定良緣,意防三毒,尋師味法,口慎六

---

①　録文引自郝春文:《中古時期社邑研究》,上海古籍出版社,2019年,第381—382頁。

齋。勸朋侶而就福田,割私財先鳴導首。亦乃一鄉耆壽,兩社司存。未逮崇修,強緣有預。豈圖西山奄隙,淚落瓊塊;東水流魂,身同埋玉。其事未遂寄(即)死。後人則有社官董公海,顧樣思人,繼跡斷腸者也。然即録事陰等廿三人,並以克己晨耕,利豐屯聚,獲田旰事,廩食充實。九等之稅頗充,十一之租已備。……此坊有唐家佛堂,院五鄰禮懺,常住年深,桑海遷訛,陵谷星變,刹心堆壞,徘徊毀殘。起意造新,何若修古。揣當來志,僉議允從。一夏未終,四壁再立。簾浮天際,屋起雲心。五土香泥,飾資表裏。百汗功力,築砌高隆。一院合修,兩壁分半。爰乃董公等社,修西方,圖淨土,望惠眼,傾凡心。寶地芳延,珍庭廣布。是以輕毫粉筆,重貿良工,彩聖蓮池,圖真水境,靈獼儷翼,影緑樹而調八音,極樂化生,沐香風而開九品。銀鉤懸曜,金面流暉。法星臨玉質之堂,兔月皎珠簾之外。劃照淨土,幢蓋華而更新;宛爾雙林,妙果繁而秀實。花臺吐聖,運停來神,灌頂流洪,滌除穢質,承因獲福。……

準上引文,該社社人因獲田旰事、辛勤經營而"廩食充實",所以先後兩代社長都提議修復坊內的唐家佛堂,社衆一致"僉議允從",終於將佛堂修舊如新,坊內五鄰得以方便禮懺,社衆也因此功德而"承因獲福"。但若社衆財力不充,社官即使提議此類建造、修營功德活動,也會因社衆表示反對而不得不作罷,斯五八二八號《社司不承修功德狀》反映的正是社官提議修造而社衆以未有條教不允許修造的情況:

> 在城有破壞蘭若及故破佛堂等。社内先來無上件功德修理條教。忽然放帖,集點社人,斂索修理蘭若及佛堂。於他衆人等情里(理)不喜歡修理□□□□□□□□□□□□□□□□□何不相時。只如本社條件,每年正月十四日各令納油半升,於普光寺上燈,猶自有言語,遂即便停。已經五六年來,一無榮益。近日卻置依前稅油上燈,亦有前卻不到,何況條外抑他布施? 從今已後,社人欲得修功德及布施財物,並施力修營功德,任自商量,隨力所造,不關社□。

敦煌石窟壁畫中有大量的社人供養題名[①],但那些題名中所提到的社,僅僅代表供養者屬於這個社邑,該供養行爲僅僅代表社人的個人行爲,與所屬的社邑無關,即上引文中所説的社人"隨力所造,不關社[司]"。總之,社邑所有建福活動,無論是事先由社條約束,還是由社官相時提議討論,都是全體社衆通過後纔能實行,所有建福活動是屬於整個社邑團體的"合意同歡"與"共崇至福"。

---

① 詳見寧可、郝春文輯校:《敦煌社邑文書輯校》附録三,江蘇古籍出版社,1997年,第781頁。

## 第五節　載生品物：祈賽齋會與農牧業生產的節奏

伯三六三三號《辛未年七月沙州百姓等一萬人上迴鶻大聖天可汗狀》云："食是人天。"這是漢人酈食其"民人以食爲天"的敦煌表述。農業生產是人們食物的來源，無論怎麼強調它的重要性都不過分，這是人心之重，以此敦煌百姓在各種場合下都會表述出他們對五穀豐登的期盼，如：斯一四四一號背之《印沙佛文》云："願使郡君延壽，五穀豐堯舜之年；國泰人安，行路滿歌謠之樂。"斯二一四六號之《置傘文》云："然後四時順，五穀登，百殃除，萬祥集。"伯二二五五號背之《仲秋印砂佛布施文》云："五穀豐稔，千箱善盈。"斯五六三九號＋斯五六四〇號之《故水官文》云："務臨渠泊，注洪水以溉六用；夏順秋調，遍甘滋而秀五穀。"《社齋文》云："乞倍勝之田疇。""願六畜之資生。"伯二〇五八號之《燃燈文》云："五稼豐登，萬人樂業。"伯三七二二號背之《婚禮文》云："五穀熟成，萬人安樂。"伯二八二〇號之《三長意》云："更希風雨順時，山川蔟薈，桑麻合敘，境色馨香，耕者不倦於東皋，種萌無榮於南畝。田疇獲稼尅收，六畜常沐於滋榮，水草常甘於永歲。"等等。

農牧業是古代敦煌社會重要的經濟基礎，統治者也象百姓一樣關注、祈盼農牧業的豐收，如後唐長興五年（九三四）正月、二月、五月，伯二七〇四號《曹議金迴向疏》祈願云："千門快樂，三農秀實於東皋；萬户謳謌，五稼豐登於南畝。""西成稼穡，壠畝廣盈而豐登；東作秀苗，善熟倍收而殷實。""西成稼穡，三秋轉茂而豐登；東作秀苗，九夏殷盈於壠畝。"伯二六九七號《後唐清泰三年（九三六）正月歸義軍節度使留後使曹元德轉經捨施迴向疏》祈願云："年豐五稼，家家透滿於倉儲；歲富三農，户户殷盈而廪實。"斯一一八一號＋斯一一八一號背《長興二年（九三一）曹議金結壇轉經供僧唱佛燃燈疏文》祈願云："傾［城宜安］，牧童賀舜日之［風］；闔境康寧，野老播堯年之慶。田祥五稼，千門倍盈於東皋；歲富［恒昌］，［萬户］廣收於南畝。"

敦煌地區一方面通過技術進步來取得好的農牧業收獲[①]，另一方面又確信自然偉力和神靈的存在，通過頻繁的祭祀、祈賽、齋會以求神靈護佑農牧業豐收，從而形成敦煌民眾生產活動中祈農"事神"的日常生活側面。

## 一、中國傳統的農事之神及其祭祀頻率

風調雨順，萬物生長，農牧業豐收。循著這一思維，舉凡與農業相關的各種自然神靈如

---

① 參王進玉：《敦煌學和科技史》第十一章《綿延兩千年的農業生產工具圖譜》，甘肅教育出版社，2011 年；郝二旭：《唐五代敦煌農業專題研究》，蘭州大學博士學位論文，2011 年；《唐五代敦煌農業專題研究》，甘肅文化出版社，2017 年。

土地、川原、風、雨、雷、電、河、湖、山、水等都在古代中國農人的敬崇祭祀、祈賽之列，人們祈禱這些神靈護佑農業有收成，從而形成了古代中國農人祈農"事神"的傳統，尤其以土地神祭祀"社祭"最爲普遍，敦煌地區亦不例外，譚蟬雪指出："敦煌祈賽風俗是傳統習俗、自然崇拜及宗教信仰的綜合反映，是漢族文化和各民族文化、中國本土文化和外來文化交融的結果。其經濟基礎是小農經濟和畜牧業，其思想基礎是'萬物有靈論'。"①

　　敦煌地區祭祀祈賽的對象、内容等問題，譚蟬雪述之已明②，此不贅述，兹據其所述，增補蠶神、河神等相關材料製表如下：

敦煌地區農業事神名目表

| 月份 | 名　稱 | 祭祀場所 | 祭　祀　人 | 文　獻　摘　要 |
|---|---|---|---|---|
| 正月 | 祭風伯 | 風伯神舍 | 每年立春後的第一個丑日，由官府主辦，節度使親臨祭奠 | 斯一七二五號：百穀仰其結實，三農兹以成功，蒼生是依，莫不咸賴 |
| | 賽金鞍山神 | 阿爾金山山麓 | 正月十五日，由官府主辦 | 斯五四四八號：金鞍山在沙山西南，經夏常有雪，山中有神祠甚靈，人不敢近，每歲土主望祀，獻駿馬，驅入山中 |
| | 賽祆 | 祆祠 | 時間不定，隨需要而辦 | 有與農事相關的祈雨、祈穀之祭 |
| 二月 | 祭社稷 | 不定 | 春分前後的戊日。官方、百姓同時祭祀 | 斯一七二五號：敢昭造於社神：惟神德兼博厚，道著方直，載生品物，含養庶類 |
| | 馬祖之祭 | 大澤旁 | 用剛日 | 斯三七二八號：伏以今月廿三日馬群賽神，付設司樏三束 |
| 三月 | 祭川原 | 不定 | 時間不定，由官府主辦 | 斯三七二八號：廿四日祭川原，付設司柴兩束、熟肉樏兩束。馬群賽神，付設司樏三束 |
| | 祭雨師 | 雨師神舍 | 每年立夏後的申日，雨師、雷神共祭 | 斯一七二五號背：敢昭造於雨師：惟神德含元氣，道運陰陽，百穀仰其膏澤，三農粢（資）以成功，蒼生是依，莫不咸賴 |
| | 祭先蠶 | 不定 | 民間自辦 | 斯五六三九號＋斯五六四〇號：伏惟恓心鄉里，養性丘園；分地利以供輪，育蠶絲而應奉。伏慮火虛中蟲，四瘞九燋；致春夏以失時，遭秋冬而無望。今則併申丹懇，虔備清齋；傾心於牛王沙門，稽首馬鳴菩薩。所希蠶農稱意，絲繭遂心 |

①　譚蟬雪：《敦煌祈賽風俗》，《敦煌研究》1993 年第 4 期，第 66 頁。
②　詳參譚蟬雪：《敦煌祈賽風俗》，《敦煌研究》1993 年第 4 期，第 64—66 頁；《敦煌民俗——絲路明珠傳風情》第二篇《歲時節令篇》，甘肅教育出版社，2006 年。

（續表）

| 月份 | 名　稱 | 祭祀場所 | 祭祀人 | 文　獻　摘　要 |
|---|---|---|---|---|
| 四月 | 祭都河女神 | 都鄉口 | 四月、九月,官民共辦 | 伯四六四〇號:庚申年(九〇〇)"四月三日奉判支與都鄉口賽神畫紙叁拾張"。斯四四九二號背＋斯三四三號:邦君伏願小娘子炎光掃疹,春色霞鮮。都河石堰,一修永全;平磨水道,堤防峻堅。俾五稼時稔,百姓豐年;天沐膏雨,地湧甘泉;黃金白玉,報賽神前 |
| | 駝馬入草賽神 | 草場 | 四月下旬,由官方主辦 | 斯一三六六號:準舊,馬群入草賽神細供七分、胡餅二十枚、用麵貳斗叁升叁合、油五合六勺 |
| | 結葡萄賽神 | 葡萄園 | 由官方主辦 | 斯一三六六號:準舊,南沙園結葡萄賽神細供五分、胡餅五十枚、用麵叁斗肆升五合、油肆合 |
| | 賽青苗神 | | 由官方主辦 | 斯一三六六號:準舊,賽青苗神食十二分、用麵叁斗陸升、油貳升肆五合 |
| | 賽祆 | 與賽青苗神同日進行 | | 伯四六四〇號:四月八日賽祆畫紙叁拾張 |
| | 賽金鞍山神 | | 由官方主辦 | 斯一三六六號:準舊,金安(鞍)山賽神麵貳斗 |
| 五月 | 賽駝馬神 | 大澤邊 | 由官方主辦 | 伯四六四〇號:乙未年(八九九)五月十五日賽駝馬神用畫紙肆拾張 |
| | 仲夏雩祀 | 水邊 | 由官方主辦 | 伯四六四〇號:辛酉年(九〇一)五月"六日馬圈口賽神用錢財紙壹帖" |
| | 賽張女郎神 | 水邊 | 由官、民合辦 | 斯六三一五號:囑以朱明仲夏,曙氣炎空,百草無光,家家[田]苗樵淬。……慮恐三春枉力,九秋不登,所以各樽私儲,崇茲[嘉]會。……又持是福,莊嚴張女郎神、江神、海神、河神等;唯願令(領)功德分,發歡喜心;運靈通,降神德,益河流之千渚,施甘澤以濟時 |
| 六月 | 賽馬神 | 大澤邊 | 由官方主辦 | 伯二六四一號:丁未年(九四七)六月"七日使出賽馬神,設用細供叁伯伍拾壹分,胡餅、餑餪壹伯柒拾貳枚,又胡餅壹千叁枚" |
| 七月 | 賽神 | 水邊渠邊 | 由官方主辦 | 伯四六四〇號:乙未年(八九九)七月十日,"同日兩處賽神支錢財畫紙壹帖拾張" |

（續表）

| 月份 | 名　稱 | 祭祀場所 | 祭　祀　人 | 文　獻　摘　要 |
|------|--------|----------|------------|----------------|
| 八月 | 賽張女郎神 | 水邊 | 由官方主辦 | 伯四六四〇號：（庚申年）八月十日賽張女郎神用粗紙叁拾張 |
|  | 馬羊賽神 | 羊圈馬社 | 官民各自舉辦 | 伯二六二九號：（八月）二日夜羊圈發願酒壹角，三日賽神酒半甕。又馬院發願酒壹斗，賽神酒伍斗 |
|  | 賽社 | 不定 | 秋分前後的戊日，官民同時祭祀 | 伯三四二七號：八月五日戊子，社 |
|  | 賽青雷 | 不定 | 秋分 | 斯六三〇六號：賽青雷麥三［斗］ |

上表可資注意者有二：一是祭祀方式及其祭祀本質；二是事神祭祀的頻率。

據上表，敦煌地區事農業神的方式有三種：一是中國傳統的祭祀方式；二是通過佛教齋會；三是賽祆。"敦煌的賽祆活動包括燃燈、供奉神食及酒、幻術表演、雩祭等儀式。"①這些儀式一方面莊重地表達了中國農人對風調雨順的祈願，另一方面以幻術表演等娛樂活動娛神娛已。前已討論過佛教齋會在勞作、奉施與齋會的連續流程下，在齋會期間信衆的身心是快樂而充實的。中國傳統的祭祀方式，亦同樣使百姓快樂而充實，比如社日，王維《涼州郊外遊望》詩云："野老才三户，邊村少四鄰。婆娑依里社，簫鼓賽田神。灑酒澆芻狗，焚香拜木人。女巫紛屢舞，羅襪自生塵。"②田神即社神，社日裏百姓供奉社神，樂舞、享食、酣飲，極樂而歸③。總之，三種祭祀方式都能給予農人在農事勞作前的身心歡娛。

據上表顯示，在農事準備、初起的春季，敦煌地區農神祭祀的頻率爲十天至半月；在孟夏和仲夏，屬農業耕播、鋤耘時期，農事祭祀的頻率爲七至十天。季夏和孟秋，作物生長、結實季節，農神祭祀較少，月別一到二次。仲秋以後，作物收獲，進入季秋謝神報祭時節，頻率爲七天。

總的看來，敦煌地區每項農事開始之時，必有相應的祭祀，農神祭祀的頻率較中原地區爲高。比如正月，在中原地區，漢代《四民月令》中農人只在上旬亥日"祠先穡及祖禰，以祈豐年"④；唐代《四時纂要》中農人也只在望日"祀門户土地"⑤。這樣的頻率差異，應當與地區氣候的差異密切相關。因爲敦煌地區正月時土壤尚未解凍，是真正的農閑階段。而在中原地區，即便正月中"此月人閑"，實際上已經有相對多的農事活動，"可種春麥、蜿豆，儘二月止。

① 解梅：《唐五代敦煌地區賽祆儀式考》，《敦煌學輯刊》2005 年第 2 期，第 148 頁。
② （清）彭定球等：《全唐詩》卷一二六王維《涼州郊外遊望》，中華書局，1960 年，第 1278 頁。
③ 詳參譚蟬雪：《敦煌民俗——絲路明珠傳風情》，甘肅教育出版社，2006 年，第 68—69 頁。
④ （漢）崔寔著，石聲漢校注：《四民月令校注》，中華書局，1965 年，第 7 頁。
⑤ （唐）韓鄂原編，繆啓愉校釋：《四時纂要校釋》卷一《正月》，農業出版社，1981 年，第 18 頁。

可種瓜、瓠、芥、葵、蘆、大、小蔥、蓼、蘇、牧宿子及雜蒜、芋,可別蘆、芥,糞田疇"①。

由於氣候、地域的原因,敦煌地區的大田作物只能實行一年一熟制度②,故上述的農神祭祀頻率,已反映出敦煌地區的農事生產節奏。而農神祭祀時的娛神娛己,使農人在繁重的生產活動中得有稍許身體的輕鬆和心靈釋放。自農事起至農事終,通過各種有間隔的祈農祭祀,敦煌地區的農業生產可謂是張馳有度。

# 二、佛教祈農齋會的具體形式

佛教祈農齋會的具體形式有賽天王、祈賽雨雪、祈田蠶、祈穀、除害蟲等。

## (一) 賽天王

入唐以後,在官私兩方的共同推動下,佛教徒"賽天王"的祈賽活動發展成爲敦煌地區著名的文化景觀,天王像成爲官民共敬的神像,譚蟬雪指出其原因有三:助太宗定難;平蕃有功;佑人濟難。中唐以後,敦煌地區的賽天王要焚香、設供、設樂,"一月兩祭"③。

在佛教徒所勾勒的佛國中,四天王護持著須彌山下四大部洲,是佛教護法神系統中最著名的護法神。敦煌壁畫中繪有衆多的四天王像,其"造型自由,所以比起佛的莊嚴相,菩薩慈悲相,更顯得豐富,也更多地體現了時代的世俗情感和願望"④。最能體現當時世俗情感和願望的經典的四天王形象,在莫高窟晚唐第九窟的四天王畫像中即已出現,這種手持琵琶等法器的四天王經典形象,日漸寄託了中國農人對風調雨順的期盼,四天王後來也就演變爲"職風、調、雨、順"的中國式保護神⑤,受到中國農人廣泛的崇奉。南方增長天王毗琉璃的得名之由,是"因其本誓爲增長自他之威德,助萬物能生之德分而得名增長"⑥。萬物滋生,是農人最樂於看見的場景,具有"助萬物能生"之法力的南方增長天王在農人那裏所受到的關注無疑要比其他天王多一些。另一個受到廣泛關注、信衆較多的天王是梵名"毗沙門"的北方多聞天王,他是主司施福護財的善神。唐後期以降,敦煌"四天王中的北方毗沙門的信仰勃興,由原來守護佛法之神,演變成爲王城的守護神和民衆祈願財富的財神而單獨繪制"⑦。可以斷言,最晚至唐後期,"賽天王"可以滿足敦煌民衆在境域守護、五穀豐登、集聚財富等方面的心

---

① (漢)崔寔著,石聲漢校注:《四民月令校注》,中華書局,1965年,第13頁。
② 詳參郝二旭:《唐五代敦煌農業專題研究》,蘭州大學博士學位論文,2011年;蘇金花:《唐五代敦煌綠洲農業研究》,中國社會科學院研究生院博士學位論文,2002年。
③ 詳參譚蟬雪:《敦煌民俗——絲路明珠傳風情》,甘肅教育出版社,2006年,第56—57頁。
④ 羅華慶編著:《敦煌解讀——佛國尊像》,華東師範大學出版社,2016年,第163頁。
⑤ 詳參牛龍菲:《敦煌壁畫樂史資料總錄與研究》,敦煌文藝出版社,1991年,第549頁。
⑥ 羅華慶編著:《敦煌解讀——佛國尊像》,華東師範大學出版社,2016年,第159頁。
⑦ 羅華慶編著:《敦煌解讀——佛國尊像》,華東師範大學出版社,2016年,第161頁。

理訴求，天王在敦煌百姓那裏有了"調風雨"祈農豐收的功能，以伯二八五四號之《四天王文》的表述最爲明確：

> 夫乾坤之間，萬物咸育；日月之照，四生皆蒙。蠢蠢周流，非法王莫能自覺；攸攸患屬，非天主無以匡持。故諸佛興嗟，降神千界；四王靡化，各王一方。將使魔鬼懾伏而潛藏，群品康哉而安樂。所以按智惠之劍，利可吹毛；帶勇猛之鋒，淨如曉日；操旁偟之戟，迅若流星；挂長彤之弓，曲猶鈎月。或扼腕而靈祇開闢，或嗔目而妖媚吞聲。調風雨於人寰，降休祥於天界。我聖神皇帝合如來[之]囑付，登宇宙之雄尊；遠託明神，用清邦國。故一月兩祭，奠香乳分動笙歌；三心重陳，焚海香而奏魚梵。

其他的天王文則是通過相應的祈願語句來表達祈農豐收，如伯二八五四號之《祭四天王文》云："總斯殊勝，無限良緣，先用莊嚴四天王等：惟願威靈轉盛，福力逾增；護國安人，掃清妖孽。亦使風雨應節，稼穡豐盈；邊庭無征戰之勞，中内有昇平之慶。"

總之，信衆們確信四天王能給他們帶來"風雨應節，稼穡豐盈""遐邇大安"，過上安寧而富足的生活，對處於亂世中的敦煌百姓來說，幾乎是最大的期盼，遂致"賽天王"活動在敦煌地區愈來愈興旺，終於發展成爲常規性的"一月兩祭"，祭祀頻率甚至比佛祖還要高。

## (二) 祈賽雨雪

敦煌地區爲中國極旱地區之一。據統計，其"年平均降雨量三十九點三毫米，而年平均蒸發量則高達二千四百八十六毫米，是降雨量的六十倍。降水形成，夏季多雷陣雨，秋季多細雨，冬季爲降雪。每年降水（包括下雨及落雪）僅有五次左右"[1]。敦煌地區應對雨水稀少和乾旱的措施，在興修水利工程之外，就是祈雨。伯二九四〇號《齋琬文一卷並序》"賽祈類"中列有"祈雨""賽雨""賽雪"三目，可惜其文本内容已缺失。所幸其他卷子中尚存有祈雨文三篇、賀雨文三篇。其中實用賀雨文抄件有伯三一二九號之《道標村賀雨、賀息兵免禍兼慶影燈文》，可惜其賀雨部分殘甚。

茲先節引諸篇如下，斯六三一五號《祈雨文》云：

> 然今跪雙足、捧金爐、焚寶香、陳欵意者，其誰施之？時則有懸泉諸禮士等並共啓一心，各減家儲，就此靈龕，請佛延僧，設齋崇意者。屬以朱明仲夏，曙氣炎空，百草無光，家家[田]苗憔悴。慮恐三春枉力，九秋不登，所以各攄私儲，崇兹嘉會。唯願大慈垂念，釋梵加威。難陁、跋難陁及娑竭羅龍王等，各願受佛付囑，不捨衆生，興運慈悲，救國[護

---

① 李正宇：《敦煌歷史地理導論》，新文豐出版股份有限公司，1997 年，第 117 頁。

人]。遂使須臾,四暝普遍陰雲,瞬息駭雷,何悋一時之慈澤!故使山河重浪,原里敷榮;花發新條,草含翠葉。麥秀兩岐於萬頃,嘉禾合穗於千壇。稽首再賀於前恩,鼓腹歌謠於聖造,唯願莊施法雨,永蔭慈雲;甘露遍空,醍醐秀實。國富恒沙之土,農增九年之儲。咸賴時康,福慶遐遠。唯願以茲設齋種種功德,一一良緣,先用莊嚴釋梵四王、龍天八部:唯願降神足,運悲心;灑甘津,施雨澤。又持是福,莊嚴張女郎神、江神、海神、河神等:唯願領功德分,發歡喜心;運靈通,降神德,益河流之千渚,施甘澤以濟時。又持是福,莊嚴諸施主等:唯願佛護神護,所願遂心;亦使以一食施三寶,滅三毒以去三災,崇百味以供十方,解十纏而資十力。合家大小并保休宜,遠近支親,[咸蒙吉慶]。

伯三三六二號背之《祈雨》云:

今者恩赦普天,福霑率土。皇華宣九重聖旨,紫塞奉萬乘方符。施人及馬、地、水、牛、羊,救命然燈,甘鮮供佛。時則我教授仰恭詔命,俯順絲綸,召鷹塔乘杯,開龍宮貝葉,經聲不絕於七日,玉軸將收於此辰。廣建齋筵,慶揚國祚。是時也,炎陽御節,朱景采時,畏日銷金,蒸雲欝毒,炎氣騰空,火雲正扇。鑠金之景,隔翠幕以臨人;餬石之光,透微雲而赫物。

伯二〇四四號背之《賀雨》云:

青春景末,稍帶愆暘;朱夏旬終,轉增炎旱。迸洪塵而塞路,激暑氣而盈空。蒸嬾柳以枝低,炙芳林以葉卷。州官縣宰,親奠釋於新壇;合社耆年,懇至誠於古廟。纏申啟懇,果應斯心矣。霧舒雲集,滂沱遍野。龍傾甘露,遍灑林原。暴雨狂風,遣送他方之界。芳苗萬頃,金結錦川;稼穡千垅,恰如化出。麥粟收於倉廩,免遭風雨之災;黍禾秀於壠頭,喜無螟螣之患。云云。

伯三一〇六號背《祈雨文》云:

□□□□□□□□□□□□□□□□□□於十地。草木□□,寧躅鑠石之憂;魚鱉爲人,莫救焦谿之旱;飛牲走弊,仰河漢而無微;瘞玉埋金,祭靈山而莫遂;青鳴布葉,暎鳳畛而消黃;翠畎疏莖,竟蘭皋而卷淥。[南]門徒悶,陰石空鞭。巫尪非致雨之靈,畢罕無興雲之驗。四人惶懼,萬姓憂心。對坤宇而虔誠,仰靈壇而致敬。湘中石鷩,詎假鳳翔。關里湮人,空□□土。野無卉草,井竭茲泉。石牛之背無墾,土龍之首□□。

斯四四七四號之《賀雨》云：

> 爲久愆陽，長川銷爍。自春及夏，惟增赫弈之輝；祥雲忽飛，但起罷塵之色。鹿野無稼，蒼生罷農。於是士庶恭心，緇侶虔敬。遂啓天龍於峰頂，禱諸佛於伽藍；及以數朝，時持不絶。是以佛興廣願，龍起慈悲；命雷公，呼電伯。於是密雲朝[凝]，闇布長空；風伯前驅，雨師後灑。須臾之際，滂野田疇。遙山帶月媚之容，遠樹加豐濃之色；芳草競秀，花藥爭開；功人懷擊壤之歡，田父賀東皋之詠。

伯二五八七號之《賀雨》云：

> 頃以甘澤初霽，緑雲尚繁。碧山洗拂以逾青，林院盪滌而增潤。以資之福，廣利三堅。

伯二〇四四號背之《社邑願文》云：

> 頃爲去年之内，時遇愆陽，雲密布以復收，雨將淋而卻散。川原焰起，淹澤煙生。卉木焦枯，花欲發而卻薆。萬人失業，南畝罷耕。百姓憂惶，莫知所措。其願一[也]。伏爲今年之内，甘雨應時，夏麥將熟，秋稼有望。縱有狂風暴雨，騰過諸方；走電飛雷，祚應龍神之意。且見芳苗萬頃，遙觀似錦無殊；稼穡千垅，恰如化出。

上引懸泉鄉諸禮士“各減家儲”，顯然是一場私家舉辦的祈雨齋會。“州官縣宰，親奠釋於新壇”，係官方主辦的祈雨齋會。則知祈雨齋會的舉辦者，既有官方，亦有私家。

“朱明仲夏，曙氣炎空”“朱夏旬終，轉增炎旱”，説明祈雨齋會多在仲夏五月裏舉行。仲夏五月是農作物生長過程中需水量最大的時節，公私上下對雨水的需求都十分迫切，此時公私兩方舉辦祈雨齋會是情理中事。

中國傳統的祈雨方法有多種，如上引伯三一〇六號背《祈雨文》中提到的“瘞玉埋金”祭祀靈山祈雨、擡墍人祈雨、塑土龍祈雨、巫尪祈雨、閉南門求雨、鞭陰石求雨，等等。該件齋文顯示：在諸般傳統方法祈雨無效之後，人們還是得轉投佛法舉辦齋會來祈雨。雖説有佛教徒誇飾佛力偉大的因素在内，卻足以説明當時只要能求得雨水，人們是諸般法門齊用，其間並無絲毫凝滯，佛教祈雨齋會也不例外。從上引諸祈雨齋文中可以看到，舉凡世人認爲可降雨水的諸種神靈，都在敦煌佛教齋會的祈請之列。

在佛教那裏，主管水事與興雲布雨事務的神靈是龍王。諸龍王中，難陀、跋難陀二位龍王在佛陀降誕時，於虛空中吐清净水灌沐太子之身，此神跡最爲百姓所知，尤其跋難陀龍王能順應人心，調御風雨，深得百姓歡喜，有"大喜"之名稱。娑竭羅龍王爲降雨龍神，主司降雨，佛家祈雨必以其爲本尊。上引斯六三一五號《祈雨文》所祈請的正是上述幾位百姓所熟知的龍王，同時又祈請了中國道教系統的張女郎神、江神、海神、河神，斯四四九二號背＋斯三四三號之《都河玉女娘子文》中所祈請的玉女娘子是秦隴地區道教系統中的掌雨水之神，同時亦請十方諸佛、龍神八部加持。斯四四七四號之《賀雨》中既祈請了天龍、諸佛，又祈請了道教神祇的雷公、電伯、風伯、雨師等。譚蟬雪指出"這種佛道交融的現象，是民間信仰的特點之一"①。

　　"賽者，乃酬謝神恩而舉行的祭祀。"②祈雨成功或自然下雨之後，在時人那裏，乃是上天及神靈對敦煌人的恩賜，需要酬謝神恩，因此有"賽雨"齋會。賽雨，又稱賀雨，斯四四七四號之《賀雨》即仲夏久旱得雨之後舉辦慶賀齋會所用的文樣。

　　"瑞雪兆豐年"的諺語也适用於敦煌地區。冬季降雪融化後，增加了地層的含水量，可以有效緩解春季時的旱情。雪水對敦煌地區來說彌足珍貴，因此也要酬謝神恩，要舉辦"賽雪"齋會。

　　敦煌河流的水源主要依靠祁連山的冰雪融水補給，降雨補給了了而已。從氣候特點而言，敦煌地區在夏季有一至二次有效降雨，故仲夏季節祈雨對於農民而言，不只是心理上的安慰，而是想通過祈雨的方式讓降雨及時來臨。

## （三）祈田蠶倍收齋會

　　前已述敦煌民衆有乞田蠶倍熟之願。斯五六三九號＋斯五六四〇號之《蠶筵願文》云：

　　　　伏惟怡心鄉里，養性丘園；分地利以供輪，育蠶絲而應奉。伏慮火虛中毳，四癥九燋；致春夏以失時，遣秋冬而無望。今則併申丹懇，虔備清齋；傾心於牛王沙門，稽首向馬鳴菩薩。所希蠶農稱意，絲繭遂心；縼紬倍獲於常年，絹帛全勝於往歲。王母賜［養］蠶之術③，麻姑呈補繭之方；蛟人曳履以携盤，嫠女褰裳而操使；后土夫人食飼，九天玄女祇供；龍王灑四壁之塵，電母點長明之燭。蠶食［乃］如風如雨，成繭乃如岳如山；一收萬倍之絲綿，絹帛千箱之羅綺。

依據文中所提到的牛王沙門、馬鳴菩薩、王母、麻姑、蛟人、嫠女、后土夫人、九天玄女、龍王、電母等十位神祇，趙玉平分析了敦煌蠶神信仰體系的特點，認爲該類齋文體現了濃厚的本土文化取向，佛教是通過將中國傳統信仰中的神祇填充進佛教祈願體係來實現的，佛教祈蠶齋

---

① 譚蟬雪：《敦煌歲時文化導論》，新文豐出版股份有限公司，1998 年，第 228 頁。
② 譚蟬雪：《敦煌祈賽風俗》，《敦煌研究》1993 年第 4 期，第 61 頁。
③ "養"，底本脱文，《敦煌願文集》據文義校改。

會一定程度上行使了地方上蠶神祭祀的禮儀職責①。在佛教祈蠶儀式的社會意義上,的確如此。但從生產過程來講,祈蠶齋會的本質則是祈雨。

敦煌地區的確有桑麻生產,只是規模有限。伯二〇〇五號《沙州都督府圖經卷第三》記載沙州城北卅里澤"中有池水,周回二百步,堪漚麻。衆人往還,因里數爲號"。伯五〇〇七號《敦煌佚題詩》云:"仕女上(尚)[梳]天寶髻,水流依舊種桑麻。"大谷文書二八三六號敦煌録事董文徹《請純樸相依牒》曰:"其桑麻累年勸種,百姓並足自供,望請檢校營田官,便即月別點閲繭子及布。城内縣官自巡。如有一家不緝績者,罰一回車馱遠使。庶望規模遞洽,純樸相依。"②

從技術上講,敦煌不太適合蠶桑業生產,因爲它的需水量大,而且對水質要求高。漚麻,"漚欲清水,生熟合宜。濁水則麻黑,水少則麻脆。"③敦煌地區适合於漚麻的水源並不多,距沙州城往返八十里的路程纔有一個合适的水源點。桑蠶絲織業的發展需要有上好清水的支持,不僅繅絲時需要大量的清水,其後的蠶絲脱膠加工,無論是用搗練、水湅還是用豬胰練絲,都需要清潔的水源。以石灰、草木灰等鹼劑脱膠的灰練法,需要反復清、盎、揮、沃,亦謂之搗練法。水湅法:"漱生衣絹法,以水浸絹令没,一日數度迴轉之。六七日,水微臭,然後拍出,柔韌潔白,大勝用灰。"④清水資源是敦煌地區緊缺的生產資源。另外,敦煌多風沙,尤其影響飼蠶。多風沙的天氣,常使桑葉蒙塵,帶有灰塵的桑葉是不能直接喂蠶的,必須先用清水洗淨、晾乾,然後纔能上箔喂蠶,否則蠶會生病甚至於死亡,桑叶干净與否對蠶業的影響甚大。洗葉養蠶的勞動量相當大,蠶農祈願"龍王灑四壁之塵",未嘗不是希望稍減洗葉辛勞之意。最爲主要的原因是養蠶的季節恰是農業用水緊張的時節,蠶農常有洗葉乏水之虞,因此,敦煌農人養蠶的動力常有不足,以致於需要官府採用"罰一回車馱遠使"之類的措施來強加督促。

有足夠的清水,纔能保證桑葉的潔淨,方能使"蠶食[乃]如風如雨,成繭乃如岳如山"。上引蠶筵願文中所反映的蠶桑生產問題,在影響产品收成及品質的各個環節,其實都有足夠成熟的技術及工藝支持,不會出現什麽意外現象。惟一的不確定因素,乃是水源、水質的問題。因此,祈蠶齋會的關鍵,還是在於祈雨、祈水,所真正期盼的乃是"龍王灑四壁之塵"。

## (四) 祈穀齋會

譚蟬雪據唐人《歲華紀麗》及伯三二七二號等文獻指出:唐五代敦煌官府實行祈穀古禮,反映了對新的一年人壽年豐的願望⑤。唐五代祈穀禮既可以用中國傳統的祭祀方式,在正月

① 趙玉平:《唐五代宋初敦煌佛齋禮儀研究》,上海師范大學博士學位論文 2015 年,第 67—70 頁。
② 周紹良主編:《全唐文新編》卷二九六董文徹《請純樸相依牒》,吉林文史出版社,2000 年,第 3355 頁。
③ (後魏) 賈思勰撰,繆啓愉校釋:《齊民要術校釋(第二版)》卷二《種麻第八》,中國農業出版社,1998 年第二版,第 118 頁。
④ (後魏) 賈思勰撰,繆啓愉校釋:《齊民要術校釋(第二版)》卷三《雜説第三十》,中國農業出版社,1998 年第二版,第 233 頁。
⑤ 譚蟬雪:《敦煌民俗——絲路明珠傳風情》,甘肅教育出版社,2006 年,第 42 頁。

上辛祈穀祀昊天上帝於圓丘。也可以用佛教齋會來表達，伯二五四七號、伯二九四〇號《齋琬文一卷並序》"慶皇猷"類中"五穀豐登"一目，即是僧團爲統治者舉辦祈穀齋會而預制的文樣。現存於俄藏弗魯格三四二號背、伯二五四七號中的《五穀豐登》齋儀，除去前面慣常的嘆佛號頭外，其後的"時和歲稔"祈願正是傳統祈穀禮的内容：

> 仁霑宇縣，時新鳳曆之初；道格乾坤，景絢鶉居之始。春土夏長，運成熟而無私；霜行雨施，總財成而不測。金渾啓候，玉燭調時；家給千箱之儲，國富九年之福。俗比結繩之代，人歡擊壤之歌。預在含靈，咸遵厭壽。某等模形宇宙，庇影高深，敢薦芳緣，仰誹鴻造。功德如上。惟願保壽與二儀均壽，震光共七曜齊光，海晏河清，時和歲稔。皇嗣虞絃飛韻，聲掩長松之風；震域騰暉，景煥重輪之日。

## （五）除害蟲齋會

斯四六五二號背《驅蝗文》云：

> 竊聞大悲有願，普超無緣。苦厄災危，悉令殄[滅]，是佛所祐生靈之義。今者屬以秋禾始秀，夏麥未登。雖存於人心，然未充於人口。不謂蝨蝗入境，恃賴群威，風聚雲居，遍諸山澤。遂使川願動色，寮吏憂懸。申懇願於三尊，冀招延於百福。我釋門之中，以慈濟爲務。由是召緇伍，闢龍宮，擊鴻鐘，奏魚梵。金經初啓，而蝗乃戢翼不飛；玉軸將終，而蝗乃潛形解散。至哉聖力，能速如然。

蟲、鳥等對農作物有傷害。古代的驅鳥方式，有扎稻草人、張網捕捉及用膠沾固[1]。對於蝗螟等蟲害，在以人力晝夜捕殺、寄望天敵之外，當時人們並無多少除蝗良方，而佛教徒宣稱其經咒可以預防和驅除蝗蟲，其《咒穀子種之令無蟲蝗災起陀羅尼》云："若欲種時，取種子一升，咒二十一遍。以穀著大種種子中種之，終不被蟲食，無有災蝗。"[2]在佛教的宣傳下，敦煌人相信佛力也可以除滅蟲蝗，因此就有了請佛延僧舉辦齋會，祈佛滅蟲驅獸暴，現存有伯二五四七號、伯三四〇五號、伯三八四三號、斯四六五二號背等四篇除蝗齋儀。

就上述佛教祈農齋會的五種具體形式來看，其祈農進程的推進近乎千篇一律：搭建道場、設供焚香請佛、誦經咒、誦齋文申願、設樂、享食，遠不如傳統祭祀方式那樣復雜多變，給人以多變的觀感。然而在佛教信衆那裏，傳統祭祀不能像齋會祈農那樣額外給予承辦者及

---

① （清）董誥等撰：《全唐文》卷八〇一陸龜蒙《禽暴》，中華書局，1983年，第8414頁。
② （唐）釋道世撰，周叔迦、蘇晉仁校注：《法苑珠林校注》卷七五《咒語篇第六十八之二》，中華書局，2003年，第1796頁。

其親眷功德福田,恰如本節所引祈雨齋文所云以一食施三寶,不僅實現了祈農的功能,還可以讓承辦者"合家大小并保休宜,遠近支親,咸蒙吉慶"。福不唐捐,在佛教信衆那裏,有功德福田的祈農齋會要比復雜多變的傳統祭祀更加吸引人。

# 本 章 小 結

佛教徒着力宣傳"施者得福"。據齋文所記,施者得福無量的現實結果,可以使人"八福扶身""福樂百年""福樂承家"等。既然"福"有這樣的來世與現世利益,於是就有了佛教信衆積極"建福"的人生。

上引八福扶身中的八福,係指八福田。關於八福田,有兩種解釋:

一是智顗於《菩薩戒義疏》卷下所列出的"佛田、聖人田、僧田、和尚田、阿闍黎田、父田、母田、病田"八種"堪種福"的田。

二是《梵網經菩薩戒本疏》卷五所舉八種福田:

(一) 曠路義井,謂于曠遠道路,穿鑿義井,以濟往來渴乏之人,是爲福田。

(二) 建造橋樑,謂於通津斷港之處,修造橋樑,用濟往來之人,以免病涉之苦,是爲福田。

(三) 平治險隘,謂道路巇嶮之處,則平坦之;窄隘之處,則開闊之。以免往來顛墜之患,是爲福田。

(四) 孝養父母,謂父母爲形生之本,教養鞠育,愛念切至,當竭力奉養,順適親意,以報劬勞之恩,是爲福田。

(五) 恭敬三寶,佛法僧三者,可尊可貴,稱之爲寶。以其具大功德,普濟群生,超登覺岸。故當皈依恭敬,是爲福田。

(六) 給事病人,謂病患之人,衆苦集身,實可悲憫。當給施湯藥及所須之物,使其四大調和,身得安樂,是爲福田。

(七) 救濟貧窮,謂貧窮之人,所須缺乏,饑餒逼切,無所哀告,當起慈憫之心,隨其所需,皆周給之,是爲福田。

(八) 設無遮會,無遮,即周遍之義。謂修設普度大會,使一切沉魂滯魄,悉仗三寶慈力,皆得脫離苦趣,而獲超升善道,是爲福田。[①]

---

① 慈怡主編:《佛光大辭典》,佛光出版社,1988年,第305頁。

上面八福田的解釋,直接決定了信衆"施者得福"的行爲方式。

前三種福田概念所導致的行爲方式,信衆直接釋讀爲"修橋鋪路鑿井",民間率以三者爲普惠民衆的義舉,此即斯二八三二號之《亡號頭》所稱的"三寶福田,義爲大也",齋儀中有慶橋、慶井的樣文。

在"孝養父母福田"的概念下,民間信衆形成了通過寫經、營齋等爲生父母積福、爲亡父母追福的佛教盡孝方式,與儒家傳統的"温清奉親"並而行之。斯五六三九號 + 斯五六四○號之所云"觸途孝道,惟福是資""無處追薦,惟福是憑",即佛教行孝方式的思想與行爲的真實寫照。

"三寶福田"生福無量的思想所產生的行爲方式有兩類,一是圍繞佛、法、僧三寶進行的十七個文物創設及其相應的慶揚齋會;二是設齋祈福,即心存正信的信衆爲獲得佛佑以各種名義營辦的賽祈贊齋會,涉及生命歷程的方方面面。此類齋會中人們祈佛護佑的最高願望是生者"從福延福""從福至福"、亡者"八福扶身""神歸净土"。

第六類福田所導致的行爲是設置病坊和施藥。敦煌的病坊由官方設置,既可門診,也可住坊治療。伯二六二六號《唐天寶年間敦煌郡會計牒》記錄了敦煌郡病坊的"見在什物"和"見在雜藥"。莫第六一窟南壁描繪了一幅病坊治療圖,有專門的醫工護理。敦煌齋文中並無施藥的齋文,只有信衆的施藥疏文,陳明指出:"敦煌文書表述的基本上是社會中下層百姓出於自身求福的需要,而向寺院或法師們供奉藥物,因此,他們的行爲更吻合印度佛教醫療中'施者得福'的觀念。"[1]

第七類福田是"救濟貧窮",敦煌齋文裏有"施粥"的文樣。

第八類福田設無遮會。敦煌四月八日的佛會即是一次無遮大會,譚蟬雪指出:"在四月大會中,從官府到百姓,均可行大施舍。"[2]

總的來看,敦煌百姓信衆的日常生活的確是按照"八福田"的概念體係來應對佛教宣稱的"人生皆苦"。人生所有的苦都有對應的功德"福田"方法禳解,齋會是做功德獲"福田"的重要手段。在佛教的思想系統裏,所獲之"福"既可以解決來世的苦,八福扶身而神歸净土,獲得死後的終極快樂;又可以在現實生活中"去禍除災",轉禍爲福,因此,佛教爲信衆構建了他們日常生活的基本理念:"人用福田爲本"[3]"福是安身之本"[4]。由此,"建福"就成了信衆們日常生活的一個重要側面。

如本章所討論,經由齋會的建福生活,既是來世的福田,也是現實快樂的源泉。

---

① 陳明:《"施者得福"——中古世俗社會對佛教僧團的醫藥供養》,《世界宗教研究》2013 年第 2 期,第 48 頁。
② 譚蟬雪:《敦煌民俗——絲路明珠傳風情》,甘肅教育出版社,2006 年,第 81 頁。
③ 斯五六三九號 + 斯五六四○號之《社齋文》。
④ 斯二八三二號之《公》;伯二三一三號背之《嘆施主》。

# 第三章　建功：棟梁家國，龜鏡人倫

李白《少年行》詩云：“遮莫姻親連帝城，不如當身自簪纓。”身自簪纓，可說是唐人少年志氣、人生努力的方向所在。敦煌齋文中有類似的表述，如北大敦一九二號嘆少年《男子》德云：“終成閥閱之門，方佩簪纓之錦。”然則世易時移，閥閱之門在唐代終歸已成爲一種文化符號，伯二四八一號背《修繕蘭若功德記》中的“子男五品”纔是唐人奮鬥的現實目標，白居易詩云：“五品不爲賤，五十不爲夭。”“五品足爲婚嫁主，緋袍著了好歸田。”唐代以來的人生“立事”大抵如斯。

杜甫《奉贈韋左丞丈二十二韻》詩云：“自謂頗挺出，立登要路津。致君堯舜上，再使風俗淳。”高适《自淇涉黄河途中》詩云：“若使學蕭曹，功名當不朽。”作爲國家棟梁之材出任要職，輔助賢君使政通人和、風俗淳厚，這大概是唐人“立功”理想的最高境界；稍次一些的立功追求，也是如蕭何、曹參一樣有安定海内、與民休息的不朽功名。“立功有蕭曹之能”①，齋文所示敦煌地區大丈夫的人生理想一同中原地區，“上國良材”“棟梁家國，龜鏡人倫”即是敦煌百姓對大丈夫立身處世的共同期許。

敦煌百姓“崇儒重佛”，儒家的人生追求講究“立德、立功、立言”三不朽，服膺儒素的人追求三不朽。重佛的人生講求“建福”，崇儒的人生重視“建功”。

## 第一節　應賢與間生：敦煌百姓理想的“明王之化”

孟子總結三代以來中國政治文化特徵時説：“五百年必有王者興，其間必有名世者。”朱熹釋云：“自堯、舜至湯，自湯至文、武，皆五百餘年而聖人出。名世，謂其人德業聞望，可名於一世者，爲之輔助。若皋陶、稷、契、伊尹、萊朱、太公望、散宜生之屬。”②唐人員余慶，“少與齊州人何彦先同事學士王義方，義方嘉重之。嘗謂之曰：‘五百年應一賢，足下當之矣。’因改名半千”③。可以説，自孟子提出“五百年必有王者興”之説起，“五百”就作爲一個成數日益演化

---

① 伯二〇四四號背之《亡文》。
② （南宋）朱熹撰：《孟子集注》卷四《公孫丑章句下》，收入朱熹撰：《四書章句集注》，中華書局，1983 年，第 250 頁。
③ （後晉）劉昫等：《舊唐書》卷一九〇《文苑傳》，中華書局，1975 年，第 5014 頁。

爲中國儒家政治文化的獨特代表符號,其符號意義代表著儒家所認同的三代"大同"政治理想、"選賢與能"的任人機制以及"講信修睦"的生活氛圍,三者匯融而爲天下大治。"五百年必有王者興"最引人關注的核心部分,就是期待著賢明王者、輔弼能臣應世而現,給人們營造出清明政治與修睦社會的良好局面。

由於沙漠形成的地理隔斷以及地區相對狹小的限制,敦煌百姓尤其期待地區清明政治與修睦社會的良好局面,遂集體體認同"五百年間王者興、賢人出"的文化現象,如伯三一二九號之"[延安太保]爲侍中生日文"云:"[恭聞壹千年而]聖人生,五百年有賢人出。出即扶危濟難,伊皋之道可觀。"隨著"五百"這個政治文化符號在敦煌深入人心,衍生出多種不同的表述方法,體現在敦煌齋文中的詞彙,就有"五百""半千""應賢""間生"與"千生"等多種。

## 一、敦煌齋文中的五百、半千、應賢、間生、間出、千生

敦煌齋文中的"五百""半千""應賢"三詞的涵義非常明確,即上文所述的"五百年應一賢"。其句例列舉如次:

斯二八三二號之《轉經文》云:

> 伏惟尚書運偶千年之聖,莫不五百之賢。

伯三一二九號之《[延安太保]爲侍中生日文》云:

> [恭聞壹千年而]聖人生,五百年有賢人出。

伯四六三八號《瓜州牒狀》云:

> 太寶應五百之間生,宣宗盛垂衣之美化。

斯六六三號《水陸無遮大會疏文》云:

> 伏惟我太保門傳閥閱,應賢五百之年;嶽瀆生資,當期半千之士。

斯二八三二號之《嚴闍梨》云:

> 惟公五百間生,當代英哲;門傳鼎族,玉葉相承。

斯五六三七號之《僧尼三周》云：

　　伏惟和尚神資特達，氣量宏深；五百挺生，千賢間出。

斯五六三九號＋斯五六四〇號之《造幢傘文》云：

　　伏惟我司徒位縉台衡，榮扶鼎餗。譽高百辟，才華實映於古今；賢應半千，雅量大內而稱美。

俄藏弗魯格二六三號＋弗魯格三二六號之《下元》云：

　　我府主司空慈悲並化，兩曜齊明，造功德而豈罷朝昏，供佛僧而未曾暫憩。實謂人中菩薩，虛傳淨飯之君；五百間生，謾說波羅國主。

伯二〇四四號背之《社邑願文》云：

　　或有衣冠鼎族，臣將子孫，作五百之英賢，爲九三之君子。

伯二二五五號背之《仲秋印砂佛布施願文》云：

　　我教授乃道邁［澄］蘭，才當五百；並股肱王道，撫育黎［黎］。

伯二六四二號＋伯二六四二號背之《新年四門結壇發願文》云：

　　伏惟我太保應生五百，業冠三台；稟海岳之英靈，負星辰之秀哲。

伯二六四二號＋伯二六四二號背之《和尚》云：

　　乃神資特達，器量宏深；五百挺生，千賢間出。

伯三三六二號背之《闍梨》云：

　　惟闍梨可謂神降秀氣，天稟靈骨，山庭孕彩，特異凡倫。即知五百挺生，千年間出。

透過上面的例子,可知"間生"一詞實爲上引"五百間生"的省寫,在齋文中的涵義相當明確,即指"應五百年之運間而生"。間出與間生同義。"間生"之義既明,則相關齋文的旨趣亦明。如,斯二七一七號背之《嘆德》云:

> 惟公乃間生令德,凤負英雄。望高朱紫之風,族重琳琅之貴。

斯二七一七號背之《押衙爲亡考軍使百日設齋文》云:

> 伏惟故尊父軍使乃間生令德,凤負英雄。懷百藝以資身,效千端而輸國。

斯四六四二號之《亡姊》云:

> 即我此州別駕杜公京兆金柯,濮陽瓊葶。命代材韻,間生故賢。仁恕居心,寬厚成性。以禮接物,以慈育人。

斯八一五九號《某僧正功德記》云:

> 厥惟僧正和尚者間生異俊,神授英聰。濟北名家,敦煌鼎族。

斯八六七二號《慈銳爲亡弟鄉官某設齋迴向疏》云:

> 惟亡弟鄉官間生異骨,神授天聰,三端久蘊於胸懷,六藝精通於掌下,故得仁君獎擢。

俄藏弗魯格二六三號+弗魯格三二六號之《俗講莊嚴迴向文》云:

> 次則伏惟天公主夫人間生異德,弘婦道于宮門;凤蘊公平,播母儀於王室。

伯二〇四四號背之《節使》云:

> 聖代賢才,簪纓令族;忠勇獨立,文武兩全。可謂作當世之間生,一星合應。鎮萬岳而風塵自掃,作柱石而天宇轉清。雖實憲其未可及也。

伯二〇四四號背之《夫》云:

賢哲間生，必假雲異。上即[上]應星象，下即下稟山河。作當世之間生，爲人倫[之]標準云云。

伯二〇五八號背之《社齋文》云：

惟諸公乃並是間生英俊，文武全才；於家有清訓之能，奉國竭忠貞之節。

伯二六四二號＋伯二六四二號背之《難巷文》云：

時則有本坊都頭官吏信士等並是間生異俊，文武全才；於家有清訓之能，奉國播忠貞之美。

總上諸例，中國傳統政治文化在敦煌地區的影響，使得百姓接受並認可了"千年之聖、五百之賢"的思想，並且期望這樣的聖、賢能應時而出，遂使家有"千生之俊"成爲敦煌百姓對子嗣的最高祝願，如：伯三四九四號之《嘆像文》云："願使年豐歲稔，家中傳六順之儀；月盛日增，子孫有有千生之俊。"伯二〇五八號之《嘆佛文》云："願使年豐歲稔，家中傳六順之儀；月盛日增，子孫滿千生之俊。"

## 二、"應賢"讚頌的對象及其現實觀照

在上引諸句例中，用"應賢五百""五百間生"等加以讚頌的對象，有當時敦煌地區的高層統治階層，齋文中稱爲"太保""府主司徒""府主司空""尚書""府主大王""天公主夫人"等；其次是別駕、都頭等中下級官員，最低的官職爲鄉官；再次爲坊巷間的社邑長老及社衆；最後是德行堪爲表率的家主、丈夫、僧人等。

大中二年（八四八），張議潮率領沙州大姓及百姓推翻了吐蕃的統治，向唐廷上表，敦煌地區重新歸屬於唐朝治下。大中五年（八五一），唐朝在沙州設立歸義軍。"前期的歸義軍政權（八五一～九一〇），作爲唐朝的一個方鎮。""後期（九一四～一〇三六），逐漸成爲一個奉中原王朝正朔的地方王國。"①自張議潮以後，敦煌地區的政局或有動蕩不寧，然自此不再受吐蕃的欺凌，且"人物風華，一同内地"，文化上不再是吐蕃統治時期的"左衽"，這在當時敦煌人的心中，張議潮無疑就是"應賢"而至給敦煌帶來美好生活的賢人。張議潮之後的歷任長官延續了敦煌地區漢族的統治和文化生活局面，亦屬"應賢"之人。歸義軍歷任最高長官先

① 榮新江：《歸義軍史研究》，上海古籍出版社，2015年，第60頁。

後有司空、司徒、太保、尚書、大王等各種稱號,故在齋文中有對各種稱號之長官的"應賢"讚譽。

"應賢"而至的明君、明王治國,則國泰人安。若政局不穩,則百姓不安。皇位交替之際的明爭暗奪是政局動蕩的主因,幼主即位也可以説是引起國不安泰、民不安生的一大誘因。有道明君長壽治國,是底層百姓的福音,因此,敦煌齋文的頌聖祈願中除了多有應賢之譽外,必然伴隨有祈禱明君長壽的語句。

敦煌齋文裏有對各級官吏德能勤績的頌禱,如斯四六四二號之《亡妣文》,其嘆德頌禱對象從皇帝開始,以下使主、判官、中使、使君、別駕、長使、紀録、曹寮、令長、丞尉,各層級官員幾乎囊括無遺。所謂"大廈雲構,非一木之枝;帝王之功,非一士之略"[①],敦煌民衆之所以對各級官員進行頌讚,無非是希望這些官僚都能官稱其位,各盡本責,與君王共同營建一個清明社會,然后百姓得享安樂。所以,別駕、都頭、僧正、鄉官等中下級官員,以其股肱王道、輔弼能臣的角色而獲得了時人的"應賢"之譽。作爲中下級官吏,要完成輔弼聖人、達成"明王之化"的任務,需要靠自己的能力來仁心處事,故齋文中對此類人物極力讚譽他們的三端六藝、文武雙全以及仁恕居心、忠貞奉國,期望他們能成爲真正的明王佐吏。如伯二八五○號之《燃燈文》云:"坐前郎君昆[季],竭忠赤[而]佐明王;飜武書文,羌境霞湊。"

坊巷社邑成員間的互助、慶吊、建福等各種活動,對敦煌地區修睦社會局面的貢獻毋庸置疑[②],因此坊巷社邑活動的組織者也常常被給予"應賢""間生"之譽。

儒者治國,自修身齊家始,是故在修身、齊家兩個方面有楷模作用的人,在時人看來,亦可擔當"應賢"之譽。因而在齋文中除稱譽其應賢之外,還説他們"於家有清訓之能",讚揚丈夫們"作當世之間生,爲人倫[之]標準""惟公五百間生,當代英哲"等。

上引各條"應賢"例證,既有實用齋文的抄件,也有作爲範本的齋儀。撰寫齋文的僧人在實際撰寫齋文時,對不同齋主的"歎德"頌揚還是有一番考量的,經過僧人與齋主家屬共同考量後的讚語儘管有誇飾的成份,然而也不全是漫無邊際,其對社會、家庭的貢獻即是僧俗共同考量的依據之一,比如伯二○四四號背評贊的和尚只有身有大德,堪爲"釋門龜鏡"者,才會被贊許爲"五百年間,一人而現"。

廣泛使用的應賢類詞語,表明了敦煌百姓對清明政治與修睦社會的期盼,意味著修睦社會與清明政治已成爲當時敦煌百姓的集體認同與共同追求。經由上引例證可知,在當時的敦煌人看來,但凡能使敦煌地區走向清明政治與修睦社會的人,無論其影響的範圍大小,不拘階層高低,都是"五百年應一賢",五百、應賢所代表的崇賢價值觀成爲敦煌地區各階層人士人生價值的評價標準之一。

---

① (唐)魏徵等撰:《隋書》卷六六《房彦謙傳》,北京:中華書局,1973 年,第 1567 頁。
② 詳參孟憲實:《敦煌民間結社研究》第五章《民間結社與社會秩序》,北京大學出版社,2009 年。

## 三、明王之治："應賢"的政治圖景與冥府的"閻王判罰"

"齋局頻頻"①,敦煌地區各種名目的齋會,使得齋文的製作與念誦成爲一個非常重要的宣傳平臺,其輿論導向作用殆與今廣播電臺相當。故齋文之所頌揚者,不能簡單地視爲虛飾、誇飾之語,而應當視爲諸種價值觀宣傳指向標的承載符號。明王之道、明君、應賢等系列詞彙就是這樣的清明政治的代表符號。

伯二〇五八號背之《行城文》云:

> 又持勝福,次用莊嚴都衙已下諸官吏等:伏願奇才出衆,武藝超倫;俱懷恤物之能,共助明王[之]道。

上引中的"明王之道",即道家典籍所稱"明王之治"的同義表述。《莊子·内篇應帝王》云:

> 明王之治,功蓋天下而似不自己,化貸萬物而民弗恃,有莫舉名,使物自喜,立乎不測,而遊於無有者也。

明王之治所指稱的時代,即儒家所稱"天下大同"的時代。前已述"應賢"的符號意義,代表著儒家所認同的三代"大同"政治理想、"選賢與能"的任人機制以及"講信修睦"的生活氛圍,三者匯融而成"天下大治",伏羲、軒轅、堯、舜、禹、湯等人被認爲是天下大治局面的創造者,歷代以六人爲明君,尤其以堯、舜爲代表。

伯三一一四號背之《願文》云:

> 又持是福,次用莊嚴施主合門表里姻親等:惟願命如高山之岳,輔大國之明君;壽等乾坤,作聖主之心腹。

伯二〇四四號背之《太保相公慶誕文》云:

> 繼夔龍之功業,光顯册書;輔堯舜之明君,道諧昌運。

所謂"明君",《左傳·成公二年》:"大夫爲政,猶以衆克,況明君而善用其衆乎?"明君要善用

---

① 斯五六三九號 + 斯五六四〇號之《亡男》、斯六四一七號之《百日齋》。

其衆，共創大業。前述開創天下大治局面的六人在史籍中就以知人善任著稱，齋文稱爲"堯年召忠烈之臣，舜代足深謀之將"。

斯二一四六號之《布薩文》云：

> 伏願明齊舜禹，美叶堯湯；布恩惠於八方，視黔黎於一子。

齋文中極力頌揚執政者爲當世堯舜，就是要在敦煌地區營造明君政治、清明政治的輿論氛圍，所表達的政治訴求就是君王賢明，要求執政者按堯舜之道識人、用人，向明王之治努力。在明王之治的輿論氛圍下，官佐樂爲明王之臣，儘心用命；百姓樂爲治世之民，太平康樂。齋文中此類的同義表述極多，如官佐樂爲明王之臣方面，伯二〇四四號背之《社文》云：

> 煙清遠岫，慶入丹墀。堯年召忠烈之臣，舜代足深謀之將。

伯三三〇七號之《官人》云：

> 憲章人物，[禮]樂名家。儒行清越，作孔門之秀；長道抱德，爲聖道之臣。輔翼皇風而全盛者，賴其人也。

伯二八六七號之《尉》云：

> 惟公鄧苑芳枝，荆巖潤玉。躍鱗舜海，騰繡質於龍門；振羽堯雲，播英名於鳳闕。

百姓樂爲治世之民，享太平安樂，伯三一四九號之《新歲年旬上首於四城角結壇文》云：

> 敦煌永泰，千門唱舜日之歌；蓮府恒昌，萬户舞堯年之喜。

俄藏弗魯格二六三號＋弗魯格三二六號之《慶寺文》云：

> 寧戎靜塞，千門賀舜日之清；歲稔時禮，萬户拜堯年之慶。

伯三八〇〇號之《慶鍾》云：

> 我國家舜日高懸，堯雲低覆。凝瑞氣於九重城上，控龍馬於六條之街。

斯五九五七號之《轉經文》云：

> 龍王歡喜，調順風雨於四時；五稼豐饒，行歌堯舜之大樂。

伯二〇五八號之《燃燈文》云：

> 遂使千門快樂，野老舞舜日之風；萬戶無危，牧童唱堯年之慶。

總之，齋文中明君、應賢、堯年、舜日等系列頌語，以齋文輿論宣傳的方式，暗含著對執政者政治行爲的規范和約束，它要求君上用衆人之智、使衆人之能，臣下用命，"助我皇之寶位，與帝禹而齊明；國泰人安，並唐堯而不異"①。

在頌聖、嘆帝德的語句中，用得最多的詞當屬"堯年""舜日"，如"五谷豐堯舜之年"（斯一四四一號背）、"德過堯舜，道越羲軒""懸舜日於乾坤，噴堯雲于六合"（斯二八三二號）、"聖越羲軒，德逾堯舜"（伯二〇四四號背）、"舜日恒清""行歌堯舜之大樂"（斯五九五七號）、"千門快樂，野老舞舜日之風；萬戶無危，牧童唱堯年之慶"（伯二〇五八號），等等，"堯年""舜日"指稱的正是前述的明君大治時代。

"諸佛以濟物成德，其德云大；百王以擇才爲用，其用云廣。"②佛之德，"福資家國，願保堯年，含靈獲益，俱離苦源"③。佛教爲衆生含靈提供的"俱離苦源"的途徑是生集福善，死考白業。爲此佛教徒構建了"冥界"，設立了衆生進入下一個生命途程之前必有的"閻王判罰"的考評環節。

依據敦煌寫本《十王經》及翟奉達等人的寫經營齋記録，太史文闡明了中國中世紀佛教冥界的形成過程，認爲自七世紀以來，中國佛教徒新構建了人死後的冥界秩序，確立了"對於死者的安排，和對死後世界的行政化"④。敦煌齋文文本缺乏對冥界秩序的具體描述，然而唐人小説所描寫、構建的冥界秩序正可以彌補其闕，敦煌地區廣爲流傳的諸種入冥故事爲敦煌百姓詳細描述了冥府生活的細節。在唐臨（六〇〇～六五九）撰寫的《冥報記》中，冥界裏不僅生界時的親情、鄉情、友情俱存，而且現實生界中的道德文章亦是冥界中的立身之本，如馬嘉運"素有學識，知名州里"，冥界的東海公聞其才學而欲辟爲記室，而馬嘉運因與東海公的行台郎中霍璋相識而得免死，進而轉薦"解文章"的陳子良爲記室⑤。眭仁蒨"少有經學"，其

---

① 伯三四〇五號之《大齋文》。
② 伯三三〇七號之《願》。
③ 斯四八六〇號背《當坊邑義創置伽藍功德記并序》。
④ 太史文著，張煜譯：《〈十王經〉與中國中世紀佛教冥教的形成》，上海古籍出版社，2016年，第4、12頁。
⑤ 李時人編校：《全唐五代小説》卷三唐臨《馬嘉運》，中華書局，2014年，第99頁。

同學趙武與其"恩情深重",冥界太山府君缺一主簿,趙武遂力薦眭仁蒨擔任,而眭仁蒨尚有二十餘年陽壽,趙武因此勸説云:"兄既不得長生,會當有死,死遇際會,未必得官,何惜一二十年苟貪生也?"①李佐時在世間爲山陰縣尉,遂被地府任爲判官,而且"是武義縣令竇堪舉君",李佐時與竇堪還並不相知②。冥界的嫁娶、飲食、宴樂、工作一如生時,如:"太山府君嫁女,知我能梳妝,所以見召。""泰山府君知我善染,乃令我染。"③張仁亶路遇之客,"地府令主河北婚姻,絆男婦腳下"④。與阿六相善之胡人,"其胡在生以賣餅爲業,亦於地下賣餅"⑤。總而言之,在唐人構想的冥界里,"貴賤等級,咸有本位,若棋布焉"⑥。可以説,唐人實際上按照儒家的政治理念構建了冥界的一切生活秩序,冥界生活即如生前,只是加上了冥府"閻王判罰"的環節。

閻王判罰按什麼標準? 閻王"管攝諸鬼,科斷閻浮提内十惡五逆。一切罪人,繫關牢獄,日夜受苦,輪轉其中,隨業報身,定生注死"⑦。則知閻王判罰的標準仍按生前現實生活中的十惡五逆等禮法標準,佛教的"福"——即生前所做各種功德所積纍下來的福田,可以改變人死後在冥界期間及轉生之時的境遇。因此,冥界判官的判罰依據有三個要素:一是本人生前的德業文章;二是考察白業,即其人在生界之時的善惡與積福程度;三是死後在世親友給予其人的十齋追福。

冥界必經的考評,强化了人們的事功與白業意識,促使現實生活中人們更加重視生前的事功與白業,本節所討論的"應賢"就屬德業文章的重要組成部分。

要之,"五百年應一賢"及其同義詞語在齋文中的頻頻使用,使儒家"崇賢"所蘊含的政治圖景與思想理念,隨著齋文的念誦傳播而深入敦煌百姓人心,並日益與佛教的福田思想融匯爲一體,成爲一種常識的價值判斷而規約著人們的日常生活,並在人死之後的冥界中成爲冥界判官判罰時的考量依據。

## 第二節　懷百藝以資身

"人生在世,會當有業。農民則計量耕稼,商賈則討論貨賄,工巧則致精器用,伎藝則沉

①　李時人編校:《全唐五代小説》卷二,唐臨《眭仁蒨》,第56頁。
②　李時人編校:《全唐五代小説》卷一四,戴孚《李佐時》,第474頁。
③　李時人編校:《全唐五代小説》卷一五,戴孚《韋璜》,第528頁。
④　李時人編校:《全唐五代小説》卷一四,戴孚《閻庚》,第478頁。
⑤　李時人編校:《全唐五代小説》卷一七,戴孚《阿六》,第581頁。
⑥　李時人編校:《全唐五代小説》卷三九,鍾簵《柳及》,第1358頁。
⑦　太史文校注敦煌本《十王經》,見太史文著:《〈十王經〉與中國中世紀佛教冥教的形成》,上海古籍出版社,2016年,第182頁。

思法術,武夫則慣習弓馬,文士則講議經書。"①人生會當有業,人之立業只能依靠自己專精的技能,專業之外,還須廣學多聞,以資專業,此是顔之推反復叮嚀子弟的勉學原則,這條原則在敦煌齋文中稱爲"懷百藝以資身"②。

# 一、弱冠前的"經明行修"

"夫明六經之指,涉百家之書,縱不能增益德行,敦厲風俗,猶爲一藝,得以自資。"③伯二〇四四號背之《堂》云:

> 惟公鼎族傳芳,勳庸宿著。神貌卓立,望之澉然。年始弱[冠],經明行修;纔至立身,登朝翊聖。珪璋合禮,文質可觀;天生奇才,經濟邦國。

"年始弱冠,經明行修"是自漢代以來形成的少年懷藝資身的模式,它源起於秦漢以來"鄉舉里選"和"通經入仕"兩種選拔制度。鄉舉里選注重個人在鄉里的德行聲譽方面的"行修",通經入仕注重經學研究方面的"經明"。漢代以來的"經明行修",既有利於子弟早期的育成成長,又有助於他們成年後的仕途選拔,各地相沿成習。在孩童幼少時期,"經明行修"是家庭教育的主要内容和培養方向。隋唐時期科舉制度施行後,"明經"仍是入仕之一途,故此"經明行修"仍是唐代家庭教育的主要内容。

不過"學之興廢,隨世輕重",漢代以通一經而致卿相之事在唐代已不復存在。唐代明經的内容,《唐六典》卷二吏部員外郎條云:

> 其明經各試所習業,文、注精熟,辨明義理,然後爲通。正經有九:《禮記》、《左傳》爲大經,《毛詩》、《周禮》、《儀禮》爲中經,《周易》、《尚書》、《公羊》、《谷梁》爲小經。通二經者,一大一小,若兩中經;通三經者,大、小、中各一;通五經者,大經並通。其《孝經》、《論語》並須兼習。

敦煌石窟保存的儒家經籍文獻約有三二〇餘件,可分爲《易》《書》《詩》《禮》《春秋左氏傳》《春秋穀梁傳》《論語》《孝經》《爾雅》等九類三十六種,學郎的各種題記表明這些經籍正是他們"經明"的教材,與中央的制度規定相符。

---

① 王利器撰:《顔氏家訓集解(增訂本)》,中華書局,1993年,第143頁。
② 見斯二七一七號背之《亡考文》。
③ 王利器撰:《顔氏家訓集解(增訂本)》,中華書局,1993年,第157頁。

　　汪泛舟將敦煌童蒙讀物分爲識字、教育、運用三大類三十六種,其中的教育類有《太公家教》《百行章》《新集嚴父教》《孔子家語》《論語》《孝經》《新集文詞九經抄》《崔氏夫人訓女文》等,這些教材"都是以突出的儒家思想對學生進行立身、處世的道德倫理教育爲其内容的"①,這類教學具有激勵兒童勤奮上進、養成良好品性的積極作用,也就是説,這一部分教材教學所關注的側重點是兒童的"行修"。

　　敦煌地區有統一的經學教材,有專門的行修教材。"年始弱冠,經明行修"是敦煌地區幼童教育的現實寫照之一,並非齋文的虚飾之文。

# 二、成年後的"多藝多能"

　　伯二〇四四號背之"願文"云:

> 習文者夙傳鳳藻,擲地金聲;好武者落雁穿楊,猿啼繞樹。能書者垂露返鵲迴鸞;才饒者樂雲林翫泉石而養性;承順者家傳推讓,門習禮風;奉親者母無嚙指之憂,父有琴聲之悦,不求榮禄,養性丘園;志好者習成儒風,與琴書而爲伴。

上引文以"排句互文"的方式敘寫了敦煌四民各業生活的最理想狀態:個人文武才能出衆,憑之以成家立業;閒暇以棋琴書畫爲娱,樂山樂水養性;家中同枝義重、孝盡温清,居家和美有慶。

　　敦煌學童所學運用類的技能,主要是習字書寫、算術和社邑轉帖、契約等應用書函的寫作訓練等幾個方面②,這只是能滿足日常生活"能寫會算"的基本需求。要達到上述成家立業的理想狀態,單憑學童階段的基礎訓練顯然是不可能的。由此,始冠之後的成家立業,必須另有相關的文武伎藝,伯二七二一號《雜抄一卷並序》云:"賜子千金,不如教子一藝。"齋文中稱爲"百藝",推崇"學行兼敦,藝能獨邁"③。斯五六三七號之《征還》云:"經文髫齒之前,緯武冠年之後。"

　　論及冠年之後的能力培養,文藻只是文才中最直觀而表面的要素,彎弓落雁也只是武者最基本的技能素養,因此上引文中的"習文者夙傳鳳藻,擲地金聲;好武者落雁穿楊,猿啼繞樹"只是作爲個人能力優長的代表符號,並非實指。實際上,齋文中更強調的是"藝能獨邁"

---

①　汪泛舟:《敦煌古代兒童課本》,甘肅人民出版社,2000年,第6頁。
②　參見汪泛舟:《敦煌古代兒童課本》,甘肅人民出版社,2000年,第11—14頁。
③　伯三七二二號背之《亡男文》。

"事藝兼精"①,推崇的是個人素質與技能上的"懷百藝以資身""多藝多能"②。

百藝,概指古代四民各業之工巧技藝,即前引顏之推所云"會當有業"的技藝。敦煌百姓農商工之百藝,馬德、王進玉先生已爲具説③。自漢末以來,在時人心中,百藝實則以儒家六藝爲高,顏之推曾批評説:"多見士大夫恥涉農商,羞務工伎。"④敦煌齋文中雖有記述工匠造物工藝的精巧,卻不涉及工匠人生價值方面的贊許,齋文中所稱揚者惟有儒者的"六藝"。

斯二八三二號之《亡兄弟》云:"有匡時救人之才,懷[訓]俗安人之術。"雖是在誇飾亡故兄弟的才能出衆,實際卻道出了敦煌民衆對個人人生狀態的價值期許。以齋文來看,比較理想的狀態應當是"男資六藝,芳廊廟之中""匡時佐世",稍次一些的是"忠勤奉國""孝悌承家",再次則是"禮樂英才""人倫領袖",也就是最普通的程度也應該是鄉里"閭閻俱瞻"的人倫楷模。因此,齋文中的"百藝資身",在很大程度上等同於"六藝資身"⑤。

儒家的六藝,《周禮·保氏》云:"養國子以道,乃教之六藝:一曰五禮,二曰六樂,三曰五射,四曰五馭,五曰六書,六曰九數。"鄭玄引鄭司農之言注"九數"云:"九數:方田、粟米、差分、少廣、商功、均輸、方程、嬴不足、旁要;今有重差、夕桀、勾股也。"六藝之中,惟九數最難。九數的實踐應用,顏之推總結爲"程功節費,開略有術"。儒家六藝之具體實踐運用,實以顏子推所解釋的軍國六類人才更爲通俗,《顏氏家訓》卷四《涉務篇第十一》云:

> 士君子之處世,貴能有益於物耳,不徒高談虚論,左琴右書,以費人君禄位也! 國之用材,大較不過六事:一則朝廷之臣,取其鑒達治體,經綸博雅;二則文史之臣,取其著述憲章,不忘前古;三則軍旅之臣,取其斷決有謀,強幹習事;四則藩屏之臣,取其明練風俗,清白愛民;五則使命之臣,取其識變從宜,不辱君命;六則興造之臣,取其程功節費,開略有術,此則皆勤學守行者所能辦也。人性有長短,豈責具美于六塗哉? 但當皆曉指趣,能守一職,便無愧耳。

顏氏所論六類人才,分文武兩途。武者更強調軍略,而非單純的武勇;文者則強調治體與訓俗,而非個人的文章詞藻。"但當皆曉指趣,能守一職",顏氏之論的核心在於博涉六藝,惟專精其一,專精者或重於文,或重於武,即上引互文句子中以"夙傳鳳藻、落雁穿楊"所代表者,民間百姓更通俗的説法是"文武雙全",齋文中則稱爲"允文允武""經文緯武"等,如:

斯五六三八號之《慶像文》云:

① 伯三一二九號之《栖隱三藏度人設文》。
② 伯二五四七號之《供奉》。
③ 參見馬德:《敦煌古代工匠研究》,文物出版社,2018 年;王進玉:《敦煌學和科技史》,甘肅教育出版社,2011 年。
④ 王利器撰:《顏氏家訓集解(增訂本)》,中華書局,1993 年,第 143 頁。
⑤ 斯五六三八號之《慶像文》。

惟公乃英靈獨秀，文武雙全；六藝資身，三端絶代。

斯五五六一號之《丈夫患文》云：

惟患者乃英靈俊傑，文武雙全；於家訓五教之儀，奉國守亡軀之效。

斯五六三九號＋斯五六四〇號之《擎像》云：

乃允文允武，敬佛重僧。

斯五六三九號＋斯五六四〇號之《臨壙》云：

惟亡公乃志同崑玉，意並寒松；懷文抱擲地之才，韜武有猿啼之略。

俄藏弗魯格三四二號背之《都督》云：

綜六經而蓋代，該七德以冠時。

斯四四七四號之《使君》云：

氣含白雲，心吐明月；文善九功之美，武明七德之奇。

斯四六五四號之《亡夫文》云：

伏惟靈英傳令德，武振當時。志若風雲，文標出格。

俄敦一一二二二號《亡考文》云：

伏惟亡靈乃門負英豪，代標名族。作閭閻之梁棟，幼曉三墳；爲鼎鼐之鹽梅，凤和八素。而又蘊孫子之韜鈐，負黄公之智略。

北敦〇四四五六號背之《敕使》云：

出孝入忠，經文緯武。

伯二五四七號之《都督》云：

> 伏惟公雲間聳翮，文先二陸之詞；塞外騰聲，武瞻三雄之勇。

伯三八〇〇號之《慶橋》云：

> 惟公性淨秋江，德滿春海。文武並著，信義雙施。

斯一八二三號之《亡考文》云：

> 文超七步，筆操月落龍飛；武越由基，總負亞夫之勇。

伯二〇五八號之《嘆佛文》云：

> 公乃英靈獨秀，六藝俱全；文比子建之蹤，武亞啼猿之妙。

伯二六四二號＋伯二六四二號背之《兄弟》云：

> 惟亡兄乃英靈獨秀，奇傑超倫。文武雙全，忠孝兩備。

伯二〇四四號背之《願》云：

> 量等江湖，德齊山嶽。《詩》、《書》並全，文武雙彰。

斯五五九九號之《公》云：

> 故得幼閑儒素，夙蘊武經。顏子之書劍兩全，陳彭之深謀雙備。

北大敦一九二號之《男子》云：

> 幼沐鬐儒，冀鴻漸而居陸；長勤幹勇，希振〔翼〕以鳴陰。半武半文，不離衣訓；奉忠

奉教，光備邦家。

伯三一二九號之《［邠寧太保慶］道場文》云：

> 蘊經文緯武之才，懷匡國濟時之略。

總上句例，有直接説明文武雙全的，亦有隸事用典來説明文武才能的。檢視齋文，文才方面的隸事用典，有用前代文獻典籍來指代，如三墳、五典、八素、九丘、六經、九經等；亦有用前代文才傑出者來類比，所涉歷史人物有顏淵、屈原、子産、子貢、賈誼、張良、揚雄、江淹、司馬相如、曹植、陸機、陸雲、鮑照、謝朓、陶淵明、沈約、黄霸、龔遂、賈琮、廉范等。武才方面的隸事用典，既有用武者七德、七功來指代；也有用武學文獻三略、六韜來指代；亦有用前代武才傑出者來比喻，所涉歷史人物有孫子、吳起、養由基、田單、子路、白起、黄石公、張良、陳平、彭越、韓信、英布、周亞夫、廉頗、李廣、衛青、霍去病、竇憲、樊噲、耿弇、鄧禹、馬援、曹操、諸葛亮等。

　　上列武才所涉及的歷史人物，可分爲兩類，一類是武勇才能，如樊噲、彭越等，齋文中也贊美這種武勇，如斯五九五七號之《亡姈文》云："惟亡姈乃堂堂美德，六郡英酋；播武藝以先鳴，應良家而入選。"伯二〇四四號背之《武德》云："榮班獨步，爲軍府之爪牙；武藝孤高，作三軍之軌範云云。"另一類是武略優長的人，如陳平、曹操等，斯五六三九號＋斯五六四〇號之《故都衙》云："治人無怨抑之聲，用軍有投醪之感。謀高畫餅，計遠指梅。"齋文中雖也讚揚武勇，但單純強調武勇的案例較少，絶大多數都是強調武略和文武兩全的例子，包括所涉及的武者歷史人物，也都是以武略優長的形象出現，茲舉數例以明之。

　　斯二七一七號背之《公》云：

> 惟公乃間生令德，凤負英雄。望高朱紫之風，族重琳琅之貴。幼閑弓馬，早懷沈謀。扇七德之宏才，蘊六機之俊德。故得久鎮沙漠，歷任轅門；張良之勇略過人，樊噲之深謀異衆。排兵列陣，判命豈惜於微軀；疋馬單槍，登危莫辭於勞苦；修城下壁，每竭輸忠；臥雪眠沙，累施臣節。

北大敦一九二號之《武》云：

> 斯乃凤標勇悍，早植驍雄。七德在心，六奇居念。於是弦驚來箭，穿揚葉於垛前；馬急去鞭，控徘花於埒上。豈直啼猿抱樹，亦得落鷹翻空。故得位贊戎班，榮參武列。

伯二〇四四號背之"太保相公慶誕"文云：

　　度曲逆六奇，韜鈐冠古；運黄石三略，機謀暎今。

上引中的"六機"，即漢曲逆侯陳平爲漢高祖所獻六計，典籍中多以"六奇"稱之。七德，即《左傳·宣公十二年》所云武有七德："夫武，禁暴、戢兵、保大、定功、安民、和衆、豐財者也。"從七德的内涵看，它所强調的著重點是禁暴、安民、和衆、豐財，即武者安邦定國的武略側面，而不是單純的武勇。總的説來，齋文里所看重的武才偏重於武略優長的人才。

　　前所列文才方面所涉及的歷史人物，亦約略分爲兩類，一類是文章詞藻優異，如曹植等；一類有匡時訓俗之能，如子産等。斯六四一七號之《亡男文》云："諸郎君[堅]韌拔階，[文]含夢錦之能；雅量超倫，武備由基之略。"斯五六三九號＋斯五六四〇號之《郎君子》云："伏願文摇五彩之筆，高視洪流；學富九經之書，低看鮑謝。"伯二〇五八號之《俗官》云："乃天資異俊，神授英靈，才談七步之能，學覽三墳之旨。"上引句例中的夢錦、五彩筆、七步等，用江淹、曹植等人事跡來説明文章詞藻優異。應該説，敦煌地區對詞藻方面的文才還是比較看重的，但更多的齋文句例則表明時人更强調文者的見識，如北敦〇四四五六號背之《都督》云："識達九流，學傾八攬。"伯二六三一號之《願文》云："文高二陸[之]前，識達百家之外。"强調文者的識見，是因爲識見纔是文者真實才能的體現，文者主要依靠其見識來"匡時救人、訓俗安人"。齋文中的"匡時訓俗"，常用黄霸、龔遂等人事例，如斯五九五七號之《結壇祈禱發願文》云："河隄善治，黄霸將比今時；隴塞會昌，龔遂復同此日。"

　　從齋文的描述來看，敦煌地區在强調文才之人的訓俗、匡時能力外，同時也講究文者的"多藝多能"。如伯二六四二號＋伯二六四二號背之《法師》、伯二九九一號背之《僧尼飾詞》云：

　　法師乃智達三墳，才通五典，研窮八素，學遍九丘。

伯二五四七號之《出聽訟官》云：

　　惟公英英神俊，名掛月輪；堂堂羽儀，姓題宫柱。清能簡約，忠亮孝誠；博淵憲章，鈎深令範。

北大敦一九二號之《文》云：

　　斯乃棲襟[翰]苑，歷想文場，獵百氏之精華，漱九流之淳粹。

伯二〇四四號背之《亡文》云：

> 禮貫五常之首，義傾萬里之心；文逸九流之書，武縱七擒之德。

伯二〇四四號背之《亡兄》文云：

> 伏願惟靈玉瑩秋光，桂含春色旭日；九流輞學，青雲獨步成身。

伯三五四一號之《法師》云：

> 海納九流，學該萬卷。才吞百氏，識洞五明。

斯四四七四號之《使君》云：

> 氣含白雲，心吐明月；文善九功之美，武明七德之奇。

斯八六七二號《慈銳爲亡弟鄉官某設齋迴向疏》云：

> 惟亡弟鄉官間生異骨，神授天聰。三端久蘊於胸懷，六藝精通於掌下。

伯三六〇一號之《亡考文》云：

> 惟父乃生知異俊，別秀奇能。三端早播於人倫，六藝妙通而曉識。

俄藏弗魯格二六三號＋弗魯格三二六號之《慶寺文》云：

> 伏惟大王膺天文，備德鳳骨雄才；稟地理，降祥龍胎傑俊。蘊黃公之美略，三端絕舉世之神資；抱孫子之韜鈐，六藝有超倫之遠智。

總上引，可知敦煌地區文者的多藝多能，並不單在於詞藻，而以學術博淵、九流皆通、三端俱備、九功式敘等具體要素作爲文才的考量指標。學術博淵方面，指博知憲章經史、諸子百家之精華。九功，《左傳·文公七年》云："六府、三事，謂之九功。水、火、金、木、土、穀，謂之六府。正德、利用、厚生，謂之三事。"文者的"九功之美"乃是指文者要具有成就九功的實踐能力,具體來説,就是要掌握儒家的"九數"之藝,纔具有"厚生利用"的真正本領,纔能落實匡俗濟時、訓俗安人。

經由齋文的嘆德,可以看到敦煌地區推崇"藝能獨邁""事藝兼精",表明敦煌百姓注重人才的實際能力,與顏之推所論六類實干人才的標準完全相同。

# 第三節　婦德女儀,揚暉素篆

伯二五四七號之《元日》云:"婦德女儀,揚暉素篆。"素篆,指書卷文字,常與青緗、青史相並而論。婦女因其婦德女儀而揚暉素篆,以西漢劉向撰《列女傳》開其端,至范曄於青史中添《列女》之目,婦女之以其婦德、女儀立事立功漸爲世人所期許和推崇,至於唐時,婦女立事立功之風更盛,敦煌地區亦不例外。以齋文文獻來看,"揚暉素篆"成爲敦煌地區百姓對婦女生命歷程的價值期許。即或達不到揚暉素篆,書傳有名,至少也要在姻親、鄉黨之中傳下美名,"輝榮九族"①"鄰里欽賢"②。

## 一、齋文所見的"婦德"

婦德,指婦女的德行。齋文中主要是指"四德""六行",多記録於《亡妣文》《亡女文》《新婦文》中,少量存於《亡妻文》中。

北大敦一九二號之《妣》云:

> 温容韶雅,淑禮和柔,懃四德而穆六親,悦母儀而閑婦律。

斯五六三九號 + 斯五六四〇號之《滿月》云:

> 夫人伏願三從皎潔,四德昭明;淑順而蘭菊含芳,叶和而芙蓉迥坼。

伯二六三一號之《亡妣遠忌》云:

> 恭惟四德,與四弘而兼勵;習對六修,將六行而齊美。

---

① 北大敦一九二號之《亡夫妻》。
② 伯二四〇五號背之《祭姊文》。

斯二八三二號之《亡女》云：

　　四德共春色齊輝，六行與秋霜比潔。

斯二八三二號之《新婦》云：

　　賢新可美，四德兼芳。

伯二〇五八號背之《亡娘子文》云：

　　夫人三從實備，四德無虧，堅貞與松柏同芳，遐壽共彌山永固。

伯二九九一號背之《妣》云：

　　惟［妣］門風積善，族望高華，德被有輝，家聲無隕。

伯三七二二號背之《亡妣》云：

　　素標六行，早著四功。能履義於仁門，亦傳規而習禮。

據上引，在儒佛並重的敦煌地區，婦女的婦德不僅包含儒家的德行規范，也包括佛家的德行規范。儒家的婦德內容主要爲三從、四德、六行；佛家的婦德內容則是六修與福樂承家。

齋文中“六行”“四德”常常對舉使用。六行，《周禮·地官·大司徒》云：“以鄉三物教萬民，而賓興之。一曰六德：知、仁、聖、義、忠、和。二曰六行：孝、友、睦、婣、任、恤。三曰六藝：禮、樂、射、禦、書、數。”“善於父母爲孝；善於兄弟爲友；睦親於九族；婣親於外親；任信於友道；恤振憂貧者。”①六行是婦女處理家庭、親友、朋友及鄰里等社會關係的行爲規范。然齋文對婦女“六行”的具體解釋無多，只是簡略地說她們睦親於九族，六行克彰於鄰里。

三從四德，敦煌地區有自己的通俗性解釋。伯二七二一號《雜抄一卷並序》云：

　　論婦人四德三從。何名四德？一、婦德：貞、順；二、婦言：辭、命；三、婦容：婉、

---

① （漢）鄭玄注，（唐）賈公彥疏：《周禮注疏》卷一〇《大司徒》，收入（清）阮元校刻：《十三經注疏》，中華書局，影印 1983 年，第 707 頁。

悦;四、婦功:絲、麻。何名三從? 婦女在家從父,出嫁從夫,夫死從子。

三從四德是古代婦女全體遵從的行爲規則,不掬階層,即便下層奴婢也是按照同樣的行爲標準來考量。斯五六三七號之《婢德》云:

> 惟乃柔和淑質,恭謹爲懷;敬上有鞠躬之心,撫下無嫌恒之貌。兢兢在念,驅馳守勤恪之誠;戰戰晨昏,侍奉有忠赤之道。雖居苦役,三從之禮窮嫻;沾在羈身,四德之能暗曉。

齋文中雖然也説婦女"四德無替,三從有遵"①,但實際上對三從的具體描述極少,現僅發現三例。斯二八三二號之《女人》云:

> 貴族靈源,清風雅量。貌含桃李,心勁笙簧;譽重朝雲,青貞松石。生從父母,早以東隣;及適他宗,曾聞南國。

伯三一二九號之《爲國夫人設齋》云:

> 母儀可繼於前文,婦德必光於後典。加以從夫舉案,訓子擇鄰。

"三從"的行爲方式,迫使婦女喪失自我,在家庭生活中缺乏相應的應變動力,也抑制了婦女自我奮鬥品格的養成,對現今婦女的成長沒有任何借鑑作用。三從在齋文中的宣傳較少,得益於入唐以後的自由開放的文化風氣。在開放自由的文化氛圍下,唐五代時期的婦女們有著比較平等的社會地位,高世瑜因此慨嘆"唐代婦女是中國古代婦女中比較幸運的一群"②。

"四德"即婦德、婦言、婦容、婦功。婦言將在下節的"母儀"中詳述,此處只敘婦德、婦容、婦功。如前引,婦德爲貞、順,指品性上節操貞潔、行爲上溫柔和順,齋文中所贊頌的婦德正屬此義,如:斯五六三九號 + 斯五六四〇號之《亡妻》云:

> 惟靈雍容淑順,禮樂溫柔;内懷宿女之風,外著班家之慧。

斯二八三二號之《亡姊》文:

---

① 伯三七二二號之《亡女文》。
② 高世瑜:《唐代婦女》,三秦出版社,2011 年,第 3 頁。

伏惟靈素質溫柔，志懷貞淑。習閨帷<sup>而</sup><sub>即</sub>母儀肅肅，播婦禮則聲聞洋洋。

婦容爲婉、悦，係指婦女在形象上端莊宜人，在儀容上服飾整潔，恰當地妝扮，以悦己悦人爲旨，强調的是婦女的“風姿”，即先秦以來“女爲悦己者容”的本義。如，斯三四三號背＋斯四九九二號之《優婆夷》云：

乃母儀騰秀，蕙問馳芳；柔範自居，風姿婉淑。

伯二五四七號之《亡妣文》、伯二六三一號之《亡妣遠忌》云：

惟某亡妣柔範居懷，風姿婉淑。四德逾茂，六行聿修。

北敦〇四六八七號之《女生日》云：

惟貞嫻麗淑，令潔端莊；秀祛雲崖，披蓮日浦。

斯五六三九號＋斯五六四〇號之《女莊嚴》云：

性閑皎月，體净秋霜。幼質也，麗南國之風姿；禮[儀]也，蓋西施[之]美貌。

伯二三八五號背之《亡婦》云：

彩雲朝媚，秀慕芳蘭；四德之譽獨彰，千姿之麗罕疋。柔襟雪暎，婦禮播於六親；淑質霜明，女範傳於九族。

據上引諸例，在婦容方面，敦煌百姓雖然也看重婦女容貌本身的麗質，比如贊譽婦女有桃夭之容、千姿之麗、貌等凝脂等，但卻更注重她們端莊的風姿與内在的美德，如斯四四九二號背＋斯三四三號之《呪願小兒子意》云：“娘子神衿穎悟，儀範端嚴。”在敦煌百姓那裏，即使如西施這樣的麗人，其首先關注的重點也是在其“禮儀”上。

婦功爲絲、麻，又稱“女功”，指婦女在家中承擔的生産事務，絲麻紡織是最主要的工作，因此以絲麻釋婦功。“夫婦人之事，存於織紝組紃、酒漿醯醢而已。”[①]敦煌地區對四德婦功的

---

① （北齊）魏收：《魏書》卷九二《烈女傳》，中華書局，1974 年，第 1977 頁。

解釋雖然也同其他地區一樣强調婦女的絲麻紡績、縫紉之功,然如前章所討論的,限於自然地理條件,敦煌地區的桑麻種植並不普遍,因此敦煌婦功的内容與其他地區有較大差異①。從齋文看來,敦煌百姓的婦功至少包含五個方面:一是指絲、麻、毛、棉等紡績、縫紉之事;二是在家中司中饋之事;三是主司家中祭祀準備之事;四是奉侍尊親之事;五是主訓育子嗣之事。訓育子嗣之事將與"婦言"一起詳見於下節,此處只引證前四個方面。

**甲. 絲麻毛等紡績、縫紉之事**

北大敦一九二號之《新婦》云:

> 内訓持家,紡績之功彌著。

斯五五九九號之《娘子》文兩則:

> 而又針頭逞巧,繡龍鳳以潛翔;機上逞功,對鴛鴦而織出。
> 莫不裁羅刻錦,刀邊而奇巧多般;刺繡補方,針下而神功絶妙。

**乙. 主司家中飲食之事**

伯三七七二號+伯三七七二號背之《亡妣文》云:

> 惟某亡妣某夫人四德光備,六行昭宣。内範冠乎良箴,中饋苞乎美誠。

**丙. 主司家中祭祀之事**

伯二九九一號背之《老長》云:

> 惟某氏謹而知禮,不謝鮑蘇之妻;樂道安貧,豈裕梁鴻之婦。有著採蘋之禮,無虧祭服之功。穆穆母儀,詳詳婦德。

伯三三六二號背之《三長齋》云:

> 惟夫人彩雲朝媚,茂實芝蘭;葛覃之譽獨彰,桃夭之容罕足。有著採頻之事,無虧祭脈之功。肅肅母儀,雍雍婦德。

① 徐曉麗對敦煌婦女經濟生活情況進行過討論,詳見氏著《歸義軍時期敦煌婦女社會生活研究》,蘭州大學博士學位論文,2013年。

### 丁．奉侍尊親之事

伯二〇五八號背之《亡齋文》云：

> 乃貞容美德，閨訓自天；軌範不失於晨昏，婦禮靡虧於參問。

婦功強調婦女要内訓持家。在小農經濟時代，女功是家庭生活中婦女立功立事的重要方面。從齋文來看，敦煌百姓極爲重視女功，其重要性絲毫不亞於婦德，如斯一五二二號之《新婦》云："惟願[百靈]影衛，千聖冥加，冀益女功，彌彰婦德。"

以上討論了敦煌婦女四德的婦功、婦容、婦德的具體内涵，從婦女勤以持家、品性節操貞潔、行爲溫柔和順、形象端莊宜人、儀容服飾整潔等方面來看，即便在今天，它也是婦女品格養成中必須要考慮的因素。

## 二、齋文所見"母儀""女儀"與婦女的家庭責任

母儀，《漢語大詞典》釋爲"爲人母的儀范"和"爲母之道"①兩義。北大敦一九二號之《婦人》云：

> 族嗣英風，宗高穆伯；溫容韶雅，淑禮和柔；懃四德而穆六親，悦母儀而聞婦律。名流郡邑，霑寵祿之彌榮；聲振芳鮮，沐蘭閨之永譽。

伯三六〇一號之《亡夫人文》云：

> 惟亡母乃雍雍婦德，將月鏡而同明；穆穆女儀，共春蘭而並馥。

伯二九九一號背之《少長》云：

> 惟某氏貞明婦德，披雲霞而開月鏡；婉麗女儀，間叢薄而舒花錦。

準上引，知齋文中的"女儀"與"母儀"意義相若。在上引齋文中，所期許的爲人之母的儀范是"溫容韶雅，淑禮和柔"，爲母之道所推崇的典範則是傳承清廉家風、教子有道的穆伯之妻——敬姜。概而言之，就是爲母者要通過言傳身教、言行如一來訓育子孫、族嗣英風，其最

---

① 羅竹風主編：《漢語大詞典》第七卷，漢語大詞典出版社，1991年，第820頁。

好的爲母境界應該是下引伯二四〇五號背《祭母文》所言:

> 婦得(德)天生,母儀難疋。其訓子也無雙,其言行也唯一。貞伶(令)久彰,針(箴)規靡失。

"言"即四德之"婦言",是婦女爲母教子的重要載體。

齋文中常形容婦女"四德生知""四德天資""婦德天生",然婦德不會生知,"爲人女"的時期是女子母儀德性的養成階段。母儀的踐行則從女子嫁人開始,女子嫁人即由"爲人女"轉而爲"爲人妻""爲人母""爲人媳",在夫家中擔負的責任與義務隨角色差異而各有側重。從齋文來看,爲人妻要解語堂階、佐夫仁義、有播女功、謹潔治家;爲人母要母儀標範、善訓家風、訓子六條、臧誠有規;爲人媳要孝敬自天、雍穆和親、女範九族、未虧四鄰。

## (一) 爲人妻

齋文關于夫妻"絲羅義重,琴瑟情深"①的具體情形已見於前章,此處僅討論齋文中對妻子的角色定位問題。伯二六五四號《新婦文一本》中那個遊手好閑"慣向村中自由自在,禮儀不學,女功不愛"②的妻子人皆不喜,人所喜愛的妻子是那種"解語堂階、佐夫仁義、有播女功、謹潔治家"的女子。

斯五六三九號 + 斯五六四〇號之《亡妻》云:

> 惟小娘子芳姿麗質,芙蓉而解語堂階;美貌叶和,桃李之能言香閤。

斯二八三二號之《新婦》云:

> 賢新可美,四德兼芳。全其禮則家風益清,佐其夫[則]仁義增敬。一門俱善,長幼同賢。

俄敦二八三二號 + 俄敦二八四〇號 + 俄敦三〇六六號之《亡新婦》云:

> 乃妍華桃李,令問珪璋,有播女功,無怨婦德。

---

① 伯三一二九號之《[昭武]相公遠忌文》。
② 黄征、張涌泉校注:《敦煌變文校注》,中華書局,1997 年,第 1216 頁。爲便於閲讀,原卷中的同音字,引用時已徑行録正。

斯五一五號之《亡號》云：

> 惟賢室可謂雍雍美［德］，貌等凝脂。令德不虧，謹潔治家，若麻姑之儀無失。

## (二) 爲人母

唐人極爲重視子女的教育，伯二八二五號《太公家教》云："養男不教，爲人養奴；養女不教，不如養豬。"教女主要是養成其品德，"相夫教子"的責任界定及行爲方式即女德之一，"訓子"歷來是母親的重要職責。

敦煌地區婦女訓育子孫，教以三備，訓以六條。斯五九五七號之《亡妣文》云：

> 惟亡妣乃四德天資，稟柔和之雅則；六行神秀，含婉約之貞芳。宜家標三備之能，訓子善六條之妙。

上引中的"三備"，有二種解釋，一是敦煌本地自己的解釋，伯二七二一號《雜抄一卷並序》云："何名三備？君、父、師。"一是《孝經》中的解釋，《孝經》云："非先王之法服不敢服，非先王之法言不敢道，非先王之德行不敢行。是故非法不言，非道不行；口無擇言，身無擇行。言滿天下無口過，行滿天下無怨惡。三者備矣，然後能守其宗廟。"

兩種三備的解釋各有側重，"君、父、師"的三備，側重於社會生活的側面，《孝經》"德、行、言"的三備，側重於家庭生活的側面，二者結合，行爲身範，母儀外則，"宜家標三備之能"，使"族嗣英風""家風益清""家聲無隕"。齋文表明敦煌百姓寄予婦女的正是這種期望。伯二九九一號背之《妣》云：

> 惟門風積善，族望高華；德被有輝，家聲無隕。

伯二三一三號背之《嘆施主女》云：

> 女名自古，婦德當今。善訓家風，流恩萬頃。

在上述善訓家風、保持家聲無隕之外，爲人母者要特別注意言傳身教。齋文通過"理應"如何、"方冀"如何、"將謂"如何的陳述，提出了爲人母者"標範"的行爲規範。如，伯二六三一號之《亡妣遠忌》云：

方冀母儀標範，慈訓永遵。

斯一八二三號之《亡妣文》云：

理應久居人代，訓範子孫。

斯五六三七號之《優婆夷》云：

於家立慈範之儀，族內置忠貞之孝。

伯二九九一號背之《官、庶等妻亡》云：

家峻母儀之節，有符班女之規。

在齋文中，母儀標範的主要內容之一是"訓子六條"。無論古今，"望子成龍""望女成鳳"都是父母親最直接的良願。然則何謂"成龍"？"訓子善六條之妙"中的"六條"，是漢魏以來至五代間的"成龍"標準。所謂"六條"，是指咸熙二年（二五六）西晉官府所頒諸郡中正品評人才、薦舉賢才的六條標準："令諸郡中正以六條舉淹滯：一曰忠恪匪躬，二曰孝敬盡禮，三曰友于兄弟，四曰絜身勞謙，五曰信義可復，六曰學以爲己。"①九品中正選官制度雖然爲後人所詬病，但這無關六條的選拔標準本身，應該説，"六條"從德、能、勤、清、信、學等方面來考察和選拔人才，是一個比較綜合的考評體系，後世遂在此基礎上損益完善爲"德能勤績"綜合考核評價體係。"四善二十七最"是唐代官員的考績標準，其中的四善："一曰德義有聞，二曰清慎明著，三曰公平可稱，四曰恪勤匪懈。"②六條、四善間的共同性顯而易見，則"六條"中含有可以跨越時代的人才評價標準與人文精神，所以在唐代，六條仍然是人才評價體係中的重要內容。由此，"六條"仍是唐五代宋初家庭教育中訓子的準繩。

唐代的"四善二十七最"在實際的考評應用當中，一度"被概括爲'清白著稱''强幹有聞'兩大類項"③。"清白""居最"和"連最"的考語曾經是唐代官員群體的追求，這一點在齋文中也屢有體現，如，伯三七二二號之《加官》云："階袟累遷，考課居最。"伯二八六七號之《加官》云："屢彰連最之功，聲加遷喬之路。"

"清白著稱"既然是人才的評價標準之一，則從小就教子以"清"自然也就是爲母訓子的

① （唐）房玄齡等撰：《晉書》卷三《武帝紀》，中華書局，1974 年，第 50 頁。
② （唐）李林甫撰，陳仲夫點校：《唐六典》卷二《吏部》，中華書局，1992 年，第 42 頁。
③ 鄧小南：《課績·資格·考察——唐宋文官考核制度側談》，大象出版社，1997 年，第 21 頁。

内容之一,伯三七七二號+伯三七七二號背之《亡姚文》云:"惟某亡姚四德含章,六行標舉。清廉甚田稷之母,禮儀重孟軻之親。"

身爲人母的儀范,齋文中以敬姜、孟母、班昭等人爲楷模。斯二八三二號之《因産亡事》云:

> 惟靈貌踰南國,姿越東隣;權軌天生,規章自舉。班氏之風光於九族,孟母之德福於六姻。

北大敦一九二號之《願》云:

> 惟太夫人族貴自天,風流惟月;深姿蘊玉,聖德惟霜。等孟母之鴻慈,載修庭閣;若曹大家之清藻,獨振閨闈。富貴若天,貞明比月。志<sup>敦</sup>悦婦禮,儀葉母儀。還將訓子之<sup>方</sup>風,更佐<sup>爲</sup>字人之美。

伯三五七五號之《願齋》云:

> 夫人壽命長遠,惠悟清新。名高女史之箴,譽滿閨蘭之訓。

伯二〇四四號背之《女生日》云:

> 貂蟬襲貴,鍾鼎連芳;母令再新於孟家,女史重彰於姜室。

上引孟母、孟家、孟氏皆指孟母教子事,孟母教子以擇鄰、斷杼二事廣爲人知。母儀"總班氏之門風"中的班氏,即班昭。班昭嫁同郡曹世叔,其晚年所作《女誡》被奉爲古代女子教育的經典,《女誡》強調婦女的"三從四德",與唐人所撰《女則》《女孝經》《女論語》等並爲唐五代時期女教的四大范本,此齋文所謂"曹門女戒,流懿範於香幃"[1]。班昭又有文采,擅長史學,在其兄班固故没後,入東觀藏書閣續修《漢書》,故典籍中又稱其爲"班女""曹大家""曹大姑""女史"等,其女教言論歷來被奉爲家教箴言,齋文所謂"名高女史之箴"即指此事。上引中的"姜室",即與孟母並稱的賢母敬姜,敬姜爲齊侯之女,姜姓,謚曰"敬",故此後人尊稱爲"敬姜"。敬姜是魯大夫公父文伯的母親,乃古代家庭教育中言傳身教的典範人物。唐人李瀚《蒙求》云:"宋女愈謹,敬姜猶績。"可見在唐代,敬姜教子的事跡人盡皆知。

在齋文中,母儀標範的另一主要内容爲"臧誡有規"。臧、誡是一對概念,指褒揚和誡免

---

① 伯二八二〇號之《平安文》。

子女都要有法度規矩，用以約束子女們的行爲，養成他們良好的德性。斯二八三二號之《女人》云："臧誡有規，修容韞德。"

總之，爲人母者要言傳身教，做到：母儀標範、善訓家風、訓子六條、臧誡有規。

## (三) 爲人媳

嫁爲人婦，成爲夫家的新成員，媳婦如何融入夫家的環境是婦女必須面臨的問題。從齋文中可以看到敦煌地區處理這一問題的準則，百姓期望新婦到夫家以後能夠：孝敬自天、雍睦和親、女範九族、未虧四鄰。

孝敬自天，是指新婦到夫家以後要孝敬"姑嫜伯叔"等夫家尊長，尤其對姑嫜要盡孝心，要"孝盡温清"，俄敦二八三二號＋俄敦二八四〇號＋俄敦三〇六六號之《亡新婦》云：

> 窈窕如風曳河陽之柳，郁穆若香飛上苑之葉；暎翠蔓而霧裏蓮生，對明[臺]而鏡前花發。貞操立性，孝敬自天。……憶忠貞[之孝]行，喜温常均；念恭敬之清心，晨昏匪懈。

"孝敬自天"的具體内容，在斯五五四六號《呪願新婦》中明確地解釋爲"孝養父母，宜姑宜嫜"。

對於夫家的姑嫂兄弟等要禮讓，新婦要"温和見譽，雍穆之禮唯高"[1]。使家庭成員雍穆、和睦融洽的和親女性典範，齋文中推崇謝道韞。伯二六四二號背之《亡文》云：

> 惟靈某四德遐著，六行高標；孟家之訓導昭彰，謝氏之貞明皎潔。

斯五六三九號＋斯五六四〇號之《亡姃文》：

> 伏願姃靈四德遐著，六行高標；孟家之訓導昭彰，謝姃之貞明皎潔。

斯四六四二號之《亡姃》云：

> 母儀秀發，閨訓流芳；總班氏之門風，得謝家之令則。

斯二八三二號之《亡姃文》云：

> 訓子行孟氏之風，和親有謝家之則。

---

① 北大敦一九二號之《新婦》。

伯三一二九號之《田夫爲子移居慶修造》云：

　　三千俗里，孟家方得於善鄰；一止郊園，謝氏不慚於農邑。

初唐王勃《滕王閣序》云："非謝家之寶樹，接孟氏之芳鄰。"其中的謝家，即陳郡謝氏。齋文中以貞明皎潔和謝家令則而聞名於世的謝氏婦女，在唐代以前只有陳郡謝氏的謝道韞。謝道韞《晉書》有傳，謝氏遭逢孫恩之亂，有喪夫失子之痛，"自爾嫠居會稽"[①]。陳郡謝氏家風傳承孝道，兄弟和睦，"在謝氏家族，父子不睦、骨肉相殘的事是絶没有的"[②]。齋文中所看重的"和親有謝家之則"即是指此。謝道韞又有才名，尤以"柳絮因風起"來比擬"白雪紛飛"而爲世所知，齋文中擬其事典曰"謝庭"，並與蔡文姬之事相提並論，北敦〇四六八七號之《女滿月》云："願孩子明惠日崇，容言歲益。清襟洽悟，[識]陵蔡室之知；絃風韻高，奇掩謝庭之貌。"蔡室，指漢蔡文姬。謝庭，指謝道韞，亦被稱作"謝室"。

　　在夫家六親九族的親緣關係中，媳婦也要成爲"和親"的典範。斯一八二三號之《亡妣文》云：

　　母儀含於淑質，慈軌叶於謙恭。行順弘於六親，美郫憂於九族。

北大敦一九二號之《婦人》云：

　　懃四德而穆六親，悅母儀而閑婦律。

伯二三八五號之《亡妻》云：

　　柔襟雪暎，婦禮播於六親；淑質霜明，女範傳於九族。

　　維護夫家的四鄰關係，使内外和睦也是媳婦終生的責任。如，北大敦一九二號之《新婦》云："顔色未虧於四鄰，晨昏豈辭於堂上。"伯二六一四號背《甲辰年五月十日田美奴祭丈母文》云："維歲次甲辰五月己酉朔十日戊午女婿田美奴[謹以]清酌之奠，敬祭於故丈母之靈：惟靈恩[穆六]親，義和九族；德洽四鄰，内外俱睦。"

　　總之，孝敬自天、雍睦和親、女範九族、未虧四鄰是通過齋文對媳婦提出的行爲要求。

---

① （唐）房玄齡等撰：《晉書》卷九六《烈女傳》，中華書局，1974 年，第 2516 頁。
② 蕭華榮：《華麗家族：六朝陳郡謝氏家傳》，三聯書店，2008 年，第 2 版，第 183 頁。

　　齋文中還有對婦女們的最高價值期許："列字玉篇,標名金簡。"①這個目標有點高,"揚暉素篆"纔是婦女們可以達到、實現的基本目標。

# 第四節　立功立事：門榮五品,家膺五福

　　齋文中對男子們的價值期許爲立功立事、家榮國寵。斯一四四一號背之《願文》云：

　　　　伏惟公忠孝絶代,信義立身,雅量超群,智識強盛。遂乃弘揚聖教,受囑金口之蹤;抽捨珍絲,欽望當來之福。以斯捨施功德、無限勝因,先用莊嚴施主即體：惟願冰鏡轉清,瑶花挺秀;家榮國寵,茅土山河;惟孝惟忠,立功立事。

　　伯二八二〇號之《僕射》云：

　　　　伏願福隆壽永,進禄位於明時;寶劍雕弓,立功名於聖代。

前章所述的"播千載之英聲,崇一乘之勝軌",實際上是敦煌百姓人生在世終極關懷的最高標準和理想圖景,實在難以企及。上引"寶劍雕弓,立功名於聖代""抽捨珍絲,欽望當來之福"的人生目標則是人所能及,其具體的行爲指南簡捷明了：寶劍雕弓以"建功",即俗言所云"學成文武藝,貨與帝王家"。在敦煌百姓那裏,"願使家盈七寶,長承五品之榮",建功的基本目標,"子男五品"就滿足了。

## 一、家國棟梁之"門榮五品"

　　伯二六三一號之《願文》云："惟願棟梁家國,龜鏡人倫;聲聞九天,光流萬里。"自古至今,作家國之"棟梁"都是家庭、社會對男子的價值期許,其區別只在於不同的時代對"棟梁"的理解不同。入唐以來,只要做到了"門榮五品""子男五品",就算是"棟梁家國"了。衆多齋文中的"願"與"頌"足以説明這一點,如,斯五九五七號之《開經文》云：

　　　　願使家盈七寶,長承五品之榮;風送七珍,常值朝恩之寵。

_____

① 伯三七二二號之《亡姚》。

斯五九五七號之《亡妣文》云：

> 門榮五品，蔭不異於王親；室富積金，貯越銅雀之寶。

伯二四八一號背《修繕蘭若功德記》云：

> 侯伯三階，繼自有才之士；子男五品，乃彰施惠之仁。

伯二八六七號之《尉》云：

> 官承五品，禄暨千鍾。

隋唐時期廢除了前代的九品中正制度，但爲了保證當朝高官與貴族的利益，還是實施了"門蔭"子弟入仕的制度。在唐代，"五品是一條重要的界限。三品以上親貴和五品以上通貴不僅可以門蔭子孫，而且可以免除居住在一起的全家的賦役。六品以下官員不能蔭子孫，也只能免除本人的賦役。政治經濟特權完全與現任官職相聯繫，而與三代以上祖先的官職和門第無關"①。按照唐代的制度規定，只要做到了五品及以上的官，就可以享有上引文中的"蔭不異於王親"的政治和經濟利益。齋文中"子男五品""門榮五品"等，表述的都是在門蔭制度下世世代代、子子孫孫爲官蔭護家族的意願。

　　與"子男五品"類似的同義表達還有"門傳閥閱，代習美儒"②，在這裏，"閥閱"並不是指漢魏以來的傳統士族閥閱，而是指隋朝以來具有門蔭資格的品官家族。代習美儒，是指注重於子弟的才能培養。"門傳閥閱，代習美儒"是在科舉制度下形成的新的行爲指導思想。在科舉制度下，既不能依靠原有的所謂祖宗士族門第，也不能完全依靠父祖的現時門蔭。因爲即便靠門蔭，"不論是千牛、三衛，還是齋郎、品子，均需經過考試"，入唐以後，"由於有蔭者科舉及第後敘品階時加階，升遷也比較迅速，因此，許多好學而又有才能的高官子弟直接從科舉入仕"③。也就是説，培養子弟的才能以科舉入仕，再加上父祖門蔭的加階，品官子弟就能比他人更早地達到家族所希望的"子男五品"，從而實現家族子弟世代爲官的目標。

　　"五品"只是唐代以來仕途追求的基本目標，官品當然是越高越好。齋文中表述擢升官禄意願的語句很多，無非是用諸多的同義詞彙來表達一樣的核心思想，如峻洽、官班、榮班、禄位、官位、五鼎、萬鐘、臺鼎、顯職、紫綬等。如斯五九五七號之《開經文》云：

---

① 吳宗國：《唐代科舉制度研究》，遼寧大學出版社，1992 年，第 284 頁。
② 伯三八〇〇號之《縣令殯夫人設大祥》。
③ 吳宗國：《唐代科舉制度研究》，遼寧大學出版社，1992 年，第 19 頁。

惟願官班日進,方延五鼎之尊;峻洽時遷,座列萬鍾之禄。

伯二九九一號背之《爲夢妣起塔》云:

伏惟至孝等禄位日躋,榮班歲漸。

北敦〇四六八七號之《嚴檀越》云:

瓌寶盈於舍宅,禄位昇於臺鼎云云。

伯二五四七號之《縣丞》云:

惟公金聲凤振,玉譽早聞。位列名班,榮昇顯職。

伯二八二〇號之《文官》云:

伏願龍吟碧海,鳳載清霄。早登峭峻之堲,速入班朝之位。


## 二、家國榮光之"家膺五福"

美滿的人生是人之所願,齋文中多有祈願人生美滿。如伯二八五〇號之《四天王文》云:

伏願長承五福,永謝百憂。

伯三七七〇號之《安傘文》云:

[惟]願長承五福,永謝百憂。

伯三七七二號+伯三七七二號背之《王》云:

唯願某妃更重珪璋之望,逾妍康棣之華。六行克彰,五福冥助。

斯二八三二號之《亡號頭尾》云：

> 唯願諸親眷等三災霧卷，五福雲屯。

斯五六三七號之《征去》云：

> 庶安五福，冀保三軍云云。

伯二〇四四號背之《太保相公誕慶文》云：

> 當岳瀆降靈之日，是申甫誕慶之辰。百祥而允屬禎期，五福而克臻幽贊。

　　人生關懷是每個民族文化應有的母題，擁有幸福美滿的人生也是每個民族人生關懷的共同祈求，中華文化也莫能例外。"五福咸臻"是中華六大元典之一《尚書》對人生關懷、人生幸福所給出的經典答案，"五福臨門"由此成爲祈福、祝福他人的常用語詞。

　　周武王平定天下，"訪於箕子"，問以天下治道，箕子爲説治國九疇："初一曰五行，次二曰敬用五事，次三曰農用八政，次四曰協用五紀，次五曰建用皇極，次六曰乂用三德，次七曰明用稽疑，次八曰念用庶徵，次九曰嚮用五福，威用六極。"[①]前八疇期望通過君主的行事、立制、用人、施教、治民等各個方面建立起一個經濟繁榮、政教大化、人安其份的清明社會，而第九疇"嚮用五福，威用六極"則是維持這個清明社會的有效手段，所以在執政者而言，"斂時五福，用敷錫厥庶民"，即"斂是五福之道以爲教，用布以衆民使慕之"；在百姓庶民而言，則要"惟時厥庶民於汝極，錫汝保極"，即"君上有五福之教，衆民於君取中，與君以安中之善"[②]。"五福""六極"作爲一種維持清明社會的政治手段，須君民共持，孔穎達對此作出了清晰的闡釋："'五福''六極'，天實得爲之，而歷言此者，以人生於世，有此福極，爲善致福，爲惡致極，勸人君使行善也。"[③]

　　"五福""六極"，《尚書》云："五福：一曰壽，二曰富，三曰康寧，四曰攸好德，五曰考終命；六極：一曰兇短折，二曰疾，三曰憂，四曰貧，五曰惡，六曰弱。"[④]孔穎達具體解釋説："'五福'

---

①　（西漢）孔安國傳，（唐）孔穎達疏：《尚書注疏》卷一二《洪範》，收入（清）阮元校刻：《十三經注疏》，中華書局，1980年，第188頁。

②　（西漢）孔安國傳，（唐）孔穎達疏：《尚書注疏》卷一二《洪範》，收入（清）阮元校刻：《十三經注疏》，中華書局，1980年，第189頁。

③　（西漢）孔安國傳，（唐）孔穎達疏：《尚書注疏》卷一二《洪範》，收入（清）阮元校刻：《十三經注疏》，中華書局，1980年，第193頁。

④　（西漢）孔安國傳，（唐）孔穎達疏：《尚書注疏》卷一二《洪範》，收入（清）阮元校刻：《十三經注疏》，中華書局，1980年，第193頁。

者,謂人蒙福佑有五事也。一曰壽,年得長也。二曰富,家豐財貨也。三曰康寧,無疾病也。四曰攸好德,性所好者美德也。五曰考終命,成終長短之命,不橫夭也。”“‘六極’者,謂窮極惡事有六。一曰兇短折,遇兇而橫夭性命也。二曰疾,常抱疾病。三曰憂,常多憂愁。四曰貧,困乏於財。五曰惡,貌狀醜陋。六曰弱,志力尪劣也。”①通過孔穎達的解釋,本來作爲勸善懲惡政治手段之具體措施的“五福”“六極”,實際上演變成了世人對人生關懷、人生幸福問題的直接解讀。自箕子説九疇及周武王行九疇,“六極”遂爲全民之所厭惡,而“五福”則成爲與國上下共同的人生追求目標,於是世人皆望“人蒙壽富康寧好德終命之福,死免凶疾憂貧惡弱之極”②。冀五福而遠六極,遂日益固化爲世人的思維方式之一。前引齋文中的“長承五福”“五福克臻”,恰正是中華傳統文化冀五福、遠六極心理的直接映證。

五福,齋文中或直抒胸臆、或用事典,表達了敦煌百姓對五福的衷心期盼。

## (一) 富

伯二八二〇號之《還願文》云:

> 伏願高門望族,季倫之珠玉增多;保命靈符,梅福之年華更遠。

伯二八二〇號之《亡意》云:

> 伏願壽堅松竹,福比丘山。榮禄永注於千春,富貴長昌於萬載。

上引文中的“季倫”即石崇,字季倫。唐代以前以富聞名的歷史人物,以石崇最爲唐人所稱道,“石崇百道營生,積財如山”③。石崇在荆州刺史任上積累下原始資本後,其後的財富積累以“百道營生”著稱,他以莊園生産爲基礎、兼營工商業的聚財之道尤爲世人所認同,金谷園即其治生農牧業生産、糧食加工、藥材林果、餐飲娛樂、休閒勝地等多種經營的代表。石崇對金谷園的經營使其成爲了古代文化沙龍舉辦地的代表,金谷園作爲文人集會之所,産生了著名的金谷二十四友,留下了石崇著名的《金谷詩序》,金谷酒數成爲中古文人宴飲慣例,金谷宴遊也成爲此後人們仿效的榜樣。應該説,石崇以農爲本而百道營生致富,且以文化形象著稱於世,比較切合敦煌百姓農業生活的實際氛圍和心理指向,故敦煌百姓所崇奉的財富人物以石崇爲榜樣。

---

① (西漢) 孔安國傳,孔穎達注疏:《尚書正義》卷一二《洪範第六》,收入(清) 阮元校刻:《十三經注疏》,中華書局,1980 年,第 193 頁。
② (清) 董誥等撰:《全唐文》卷九四七盧碩《上洪范圖章》,中華書局,1983 年,第 9830 頁。
③ (東晉) 王隱:《晉書》卷三三《石崇傳》,《續修四庫全書》第一二一〇册,上海古籍出版社,1995 年,第 194 頁。

實際上,唐代以前典型的富人形象還有以"端木生涯"而著稱的子貢,然而子貢在敦煌百姓那里主要以"長策濟時"的文者、賢能而非以富者的形象出現,如俄藏弗魯格二六三號+弗魯格三二六號之《脱服文》云:"惟亡考乃天假神姿,智雄英傑;謀能尅獲,長策濟時;用武不下於田單,習文亦超於子貢。"百道營生的石崇纔是唐代以來敦煌百姓心中的富人榜樣。

在佛教那裏,人生最大的苦處,莫過於貧、窮苦,"何苦最爲重,所謂貧、窮苦"①。孔子曰:"富與貴是人之所欲也。"②可見,擺脱貧乏、追求富裕的物質生活以獲得"好生",是人生幸福應有之意。齋文中認可百姓"經求者小往大來"③,應該説,傳統文化并不諱言追求富裕。"富而可求也,雖執鞭之士,吾亦爲之"④,在孔子那裏,只要是正當勞動所得來的富裕,哪怕是"執鞭"這樣社會地位不高的職位,也是樂爲之的。然而求富並不是没有底線的,不損害他人正當利益、不妨礙他人的"好生"生活是傳統文化求富的前提條件和必須遵守的準則,"不義而富且貴,於我如浮雲"⑤,后儒將此有底線的求富行爲闡釋爲"君子愛財,取之有道"。在堅守底線的前提下,傳統文化以元典《易傳》的"開物成務"爲精神理念,鼓勵國人開發技藝、創物利世、器物利用,進行"厚生利用"的財富創造,此即齋文所強調各級官佐之"心懷有成物之能"。通過勞動、通過技藝以獲得財富,這是傳統文化對於"富"所指出的途徑,即齋文中強調的"九功之美"。佛教教人脱貧的思路大抵類同於儒家,也是要求信衆必須是有底線的求富:"五乘漸道者,以人天乘法爲基址,教人先正信因果,具三歸,持五戒,行十善,敦倫盡分,盡職盡責,習技藝,如法求財、理財,交善友,慎出納,具《長阿含經》所言方便、守護、善知識、正命四種具足,在家庭和社會中做一個好人,過好物質、倫理和精神生活,得'現法安樂'。"⑥

## (二) 考終命

死"不横夭",謂之"考終命"。除了直述不願横夭而亡外,敦煌百姓表達此心願還用了梅福、孫臏之典。梅福生活於西漢末、東漢初,字子真,九江壽春人,曾經求學于長安,初爲郡文學,後補南昌縣尉。梅福以忠諫得罪於王氏,避禍居家,"福居家,常以讀書養性爲事",及王莽主政用事,爲避王氏挾嫌追究之禍,梅福棄妻子歸隱山林,"至今傳以爲仙"⑦。在敦煌百姓那裏,梅福就是典型的歷經患難、避過災禍而得終壽考的人,是"不横夭"的典型代表,故前引齋文云其"保命靈符,梅福之年華更遠"。伯三八四五號《齋願文》云:"伏願在齋會者孫賓比

---

① (唐) 釋道宣撰,周叔迦,蘇晉仁校注:《法苑珠林校注》卷八三《怨苦篇第七十七之一》,北京:中華書局,2003年,第 1984 頁。
② (南宋) 朱熹撰:《論語集注》卷二《里仁第四》,收入(南宋) 朱熹撰:《四書章句集注》,中華書局,1983 年,第 70 頁。
③ 伯二〇四四號背之《願》。
④ (宋) 朱熹撰:《論語集注》卷四《述而》,收入《四書章句集注》,中華書局,1983 年,第 96 頁。
⑤ (宋) 朱熹撰:《論語集注》卷四《述而》,收入《四書章句集注》,中華書局,1983 年,第 97 頁。
⑥ 陳明暉:《佛教人生觀》,《法音》1991 年第 4 期,第 11 頁。
⑦ (東漢) 班超:《漢書》卷六七《梅福傳》,中華書局,1962 年,第 2927 頁。

壽，龜鶴齊年。"孫賓，即孫臏，其忍辱負重而得爲上將，終享壽考，與梅福經歷類似，也成爲敦煌百姓羨慕的"不横夭"對象。

## （三）壽

人皆望長壽，上引"伏願壽堅松竹"即爲敦煌百姓直抒"長壽"胸臆，這樣的意願常用生命力長久或質地堅固不壞的物事來比喻，如：靈椿，或稱大椿、巨椿；仙桂；龜鶴；劫石；金石；南山；五岳；山河；滄溟；松篁、筠松等。當然也會用傳説中的長壽人物事典，關涉的人物形象有王母、麻姑、彭祖、王喬、八仙等，如伯二八二〇號之《平安文》云："良緣善利，將九族而同榮；玉液神丹，共八仙而比壽。"伯二八六七號之《尉》云："惟願業崇嵩岳，德富崑溟，慶逐時來，災隨節往。壽齊彭祖，歲等王喬。富貴難倫，榮華莫擬。"斯五九五七號之《度僧尼文》云："伏願南山等壽，同王母之延齡；位極五侯，比麻姑之萬歲。"伯三四九七號《燃燈文》云："伏願南山作壽，同王母之千秋；北極標尊，比麻姑之萬歲。"

## （四）攸好德

伯三八〇〇號之《滿月》云：

> 惟願清風播美，聲滿寰中。德望遐欽，名傳海内。

敦煌百姓推崇個人的德性，講究"德望遐欽""德名遐譽"，這種講究是中國文化"攸好德"傳統的延續。攸好德，即中國傳統文化所頌揚的"德性仁善"，人有好德則少禍患，是爲一福。在敦煌齋文中，"攸好德"既指個人德性完備，又指個人的德性被衆人承認。

個人的德性完備，齋文中最直接的描述就是直稱其人"堂堂美德"，如斯五九五七號之《亡考文》云："惟亡考乃堂堂美德，六郡英酋。"伯三二七六號背之《俗患文》云："惟患某官乃堂堂美德，神假英靈。文武雙全，忠孝兼備。"斯五六三九號＋斯五六四〇號之《武將》云："堂堂美德，侃侃威稜。"

然而更多的是用"美德"的近義、同義詞如俊德、德、德量等來加以讚美，如伯二〇五八號《齋儀》"願齋文"云："齋主某公迺後代俊德，英明哲良。"斯四六四二號之《星使大夫》云："其公歷落俊德，英明冀才。"北大敦一九二號之《上佐》云："惟公萱蘭蘊德，金石吐心。"伯三三六二號背之《亡》云："惟公育德佑時，含章發譽。"斯五六三九號＋斯五六四〇號之《病愈》云："伏惟齋主信珠在性，惠鏡居懷；崇君子之德風，修賢仁之正行。"《女莊嚴》云："伏願青絲不變，紅粉增春；德齊巖下之松，壽等日中之桂。"《文德嘆》云："德量弘深，榮欽禮樂；志超今古，動合神明；神氣高玉壘之雲，仁量闊滄溟之水。"《武德歎》云："風雲稟性，星像間生。信立義存，仁深德重。秉文秉武，爲紫府之良才；盡忠盡貞，作元戎之心腹。"伯二〇四四號背之《願》

云：“量等江湖，德齊山嶽。詩書並全，文武雙彰。”

個人的德性被社會所承認，齋文中分四鄰、群伍、衆中、鄉曲、郡邑等層面來討論。

鄰里、群伍是個人生活中交往最頻繁的小范圍群體，也是對德性認定最有發言權的群體。德性得到鄰伍的認同，即是生活中的基本成功，齋文、祭文中這樣的用例較多，如：北大敦一九二號之《丈夫》云：“門負英豪，代標名族。［寔］閭閻之鼎蓋，長幼承風；爲里閈之楷模，鄰伍欽德。”伯三三六二號背之《社邑》云：“並是流沙士子，塞下賢豪。把人義於交遊，樹信行於鄰里。”斯二八三二號之《僧》云：“德出群伍，高峰貫于白雲。”北敦九三三八號《未年正月索滿子祭姊丈吳郎文》云：“維歲次未［年］正月癸亥朔廿三日乙酉索滿子謹以清酌之奠，敬祭於故姊夫吳郎之靈。志性天然，貞明特達，德備四鄰，能仁高節。”伯二四五〇號背《祭姊文》云：“令軌有［則］，雅操彌堅。親戚畏愛，僯（鄰）里欽賢。”伯二二五五號背之《伏一娘祭叔文》云：“伏惟靈性懷謙謹，敬愛親姻，濟度孤獨，行滿四鄰。”

其次是德性被交流范圍稍廣、但聯係密切度要稍次於鄰伍的閭里人群認可，即齋文所云“衆中”“衆推”“處衆”“人中”等層面上的認可。如：斯二八三二號、斯一四四一號背之《三周》云：“伏惟神氣疏朗，志雅端嚴；朝野羽儀，人倫龜鏡；名流宇外，德備衆中。”斯一四四一號背之《印砂佛文》云：“惟合邑諸公等並是緇中俊傑，衆内高仁。”伯二九九一號背之《官事得脱》云：“義重鄉間，仁倫衆［中］。”伯三三六二號背之《亡父》云：“惟靈德行衆推，忠貞罕及。”斯五一五號之《亡考》云：“伏惟先考名行衆推，信義傳德。”斯六四一七號之《亡考》云：“演慶昌源，延暉秀岳；風標邃遠，器宇清高。奉公輸戰勝之能，不失田單之操；處衆多德，學及西河；於家竭孝悌之名，寔有感笋之業。”伯二二五五號背之《兄善石祭故弟四郎文》云：“惟靈賢行衆推，温恭成性。謙謙禮儀，善理家政。撫恤宗枝，能無偏併。六姻清範，人中最瑩。”

再次是德性被閭里以外的鄉黨人群所承認。如：伯三三六二號背之《亡》云：“清簡［爲］志，冰碧居心。得鄉里之歡［心］，振蕃漢之聲譽。”斯六四一七號之《印沙佛文》云：“惟合邑諸公等並是敦煌盛族，辯縱碧雞；俱持文武之能，久承鄉曲之譽。”伯二五四七號之《課邑》云：“居少長［之中尊］，處鄉間之重望。”伯三七七二號＋伯三七七二號之《考》云：“信順顯於鄉間，意氣出於倫黨。”

復次是德性被范圍更廣泛的地域人群所承認，即齋文所云“邦邑”“海内”“寰中”層面上的認可。如：伯二三一三號背之《歡亡》云：“英然樹德，鄉鄰軌其六能；卓爾修身，邦邑則其五禮。”伯三八〇六號背之《社文》云：“並是別宗昆季，追朋十室之間；異族弟兄，託交四海之内。可謂邦家令望，鄉黨楷模。”斯五四三號背之《亡文》云：“惟靈氣稟沖和，生知禮樂，言也不二，行也無差，鄉間標其賢，郡邑推其譽。”伯三八〇〇號之《慶鍾》云：“惟諸公等並德抱風雲，量吞江漢；信義播於寰中，文武施於大國。”斯四九七六號背《社齋文》云：“惟諸社衆乃並是高門勝族，百郡名家；玉葉瓊枝，蘭芬桂馥。出忠於國，入孝於家；令譽播於寰中，秀雅聞於宇内。”

“德望遐欽，名傳海内”，敦煌百姓對德性的認同雖有層次上的差異，但是對德性考量的本質標準無別。伯三七七〇號背之《號頭》云:"惟孔父垂文,周公建德。美矣哉!"伯三二六〇號背《論義文》云:"孔子垂於明經,周公建於美德。休哉勝矣! 難可具述。"弗魯格二六三號＋弗魯格三二六號之《俗講莊嚴迴向文》云:"孔父垂文,周公建德。美矣盛矣,休哉勝哉!"從上引諸文來看,敦煌民衆對德性的考量標準正是自西周以來確立和推行的六德標準:知、仁、聖、義、忠、和。西周以來民之六德、六行、六藝或者六能,在考評中以德行爲先,蓋能力或有差異,德性應無虧損,最好能德藝雙馨,如斯五六三九號＋斯五六四〇號之《故水官》云:"長光德藝,永負國門。"

究其實,唐代官員的"四善二十七最"標準實際也是德藝兩方面的標準。前文已云唐代官員考評側重清白,敦煌百姓亦認同"清白",如伯二三八五號背之《願亡》云:"五侯推其清白,四海仰其忠貞。"斯五六三九號＋斯五六四〇號之《賢兄》云:"伏惟賢兄問望昭著,清白遐稱。"伯三三六二號背之《三長齋》云:"學窮三藏,辯折千人。清白出群,謙和統衆。"

## (五) 康寧

伯二五四七號之《三長月》云:

惟施主冀百齡而無恙,終四序而康寧。

斯四〇八一號之《難月》云:

母子康寧,保居齡算。

斯六四一七號之《安傘文》云:

將奉保休家國,載育黎元;四方無衰變之憂,郡牧有康寧之慶。

斯二八三二號之《號尾》云:

歡娛益昌,令望充溢。保康寧於萬古,垂佛蔭於千春。

伯二八二〇號之《生日》云:

混宅昌盛,全室康寧。年年無瘴泠之虞,歲歲有休葉之慶。

伯二八二〇號之《三長意》云：

　　願家家長幼，盡獲康寧；户户女男，俱蒙葉慶。

上引文中的“康寧”，係指身體無病無恙的健康狀態，所用乃是其本義。康寧另有“安寧”義，《尚書·多士》云：“非我一人奉德不康寧。”孔傳釋云：“非我天子奉德不能使安之。”使民安之的康寧，首先是指生活環境的“康寧”，即無戰亂、無政亂、生活安樂富足的昇平之境。《貞觀政要·論政體》云：“數年間，海内康寧，突厥破滅。”斯二五七五號《後唐天成肆年三月六日應管内外都僧統置方等戒壇牓》云：“況且香壇浄法，自古歷代難逢。若不值國泰民安，戒場無期製作。今遇令公鴻化，八方無爟火之危；每闡福門，四部有康寧之慶。”

　　“安寧”義的“康寧”，齋文中亦用“時康”“康哉”等同義詞彙來表達。如：斯六四一七號之《安傘文》云：

　　都僧正、都僧録諸僧正法律等：伏願駕三車而利物，嚴六度以莊懷。使法門無衰變之憂，釋衆保康哉之樂。

伯三八〇六號背之《行城文》云：

　　又持勝善，盡用莊嚴我當今皇帝：伏願皇階峻，帝業昌，朝庭獻神測之謀，大國賀康哉之樂。

斯五九五七號之《轉經文》云：

　　故得風調雨順，歲熟時康；道泰清平，謳謡滿路。

　　以上關於五福的種種祈願，齋文中還有許多異詞同義的表述。如關於家富於財貨，伯三四九四號之《佛堂》云：“次用莊嚴施主即體：唯願禄峻五嶽，壽保滄瀛；榮班與日月無虧，家富以自然之珍寶。”伯三七二二號背之《燃燈文》云：“諸助齋信士等壽等安期，年齊白石。財寶逾於金谷，富實贍於銅山。”再如關於身體的康寧，伯二六四二號＋伯二六四二號之《小娘子患文》云：“瘕消疾散，萬人咸康泰之歡；障滅福祟，百姓賴安家之業。”餘不一一備舉。

　　原考“五福”各項含義，“康寧”不僅僅是孔穎達所云“無疾病”的“康”，更强調的是“心情愉悦”的“寧”，講求的是身心愉悦；“攸好德”所强調的是通過行美德而獲得群體的尊重，進而身心愉悦。“考終命”是享天年美滿而逝。“訢合絪緼，積爲壽，蓄爲富，舒爲康寧，敷爲攸好德，益爲考終命。"①五福的人生是一種物質生活富裕、精神生活愉悦、無疾長壽、樂盡天年的理想人生,缺其一而不能爲美滿,五福相生才算是真正的幸福人生,由此"五福咸臻""五福臨門"成爲傳統文化對終極人生關懷的最高境界設計,於是"長承五福"就成爲了敦煌齋文裏最具有典型性的祈願語句。

"五福"是傳統文化對人生關懷問題解答的幸福感層面。其中"五福"之四的"攸好德",既是生時幸福的源泉,也是死後幸福的鑰匙。各種人們認可的好德具體化爲各種行爲,世人統名之曰"百行"。於是"成天下之百行,致生人之五福"②凝固成爲世人的行爲模式,其行爲背后的價值期許乃是"生得好生,死得好死"。

傳統文化的禮制、律令系統的禮法結合以及"德能勤績"以德爲先的官員考課標準,從多個層面對上述行爲方式進行了强化。"人在做,天在看",諸天神佛與地獄王佐共同監察世人善惡而作冥判獎懲的佛教説教,確立了信衆"舉頭三尺有神明"的監察信念。在神明的監察下,信衆們"諸善奉行,諸惡莫作",與傳統文化"成天下之百行"的理念交叉重疊,共同引導著人們從事德善行爲。

從五福的内涵看,富、德兩福通過人的努力尚能達到,而考終命、壽、康寧三福則有太多的不確定性因素,即便付出努力,也不一定能夠達成。因此,百姓人生幸福所能追求的内容大抵集中於"德備衆中""積財積算"而已。總之,傳統文化中的"五福"是敦煌百姓追求人生幸福的主題之一,是齋文中極其重要的祈頌内容。

## 三、百福盈家,福將劫遠

在有確切内涵的五福之外,中國傳統文化中還有泛指各種吉慶祥和之事的"百福",《詩·大雅·假樂》云:"干禄百福,子孫千億。"敦煌齋文中祈願百福臻集、百福盈家。如:

斯四〇八一號之《報願》云:

　　　千灾永謝,百福咸臻。

斯四〇八一號之《僧》云:

　　　千輪耀彩,百福莊嚴。

斯四四九二號背+斯三四三號之《願亡文》云:

① (清)董誥等撰:《全唐文》卷六七〇白居易《策林·興五福,銷六極》,中華書局,1983年,第6280頁。
② (清)董誥等撰:《全唐文》卷二三二張説《節愍太子妃楊氏墓志銘》,中華書局,1983年,第2351頁。

　　百福盈家,七珍常滿。

俄敦〇〇一四一號背《社齋文》云:

　　又持是福,次用莊嚴齋主內外支羅等:惟願龍神替(潛)衛,釋梵冥資。百福盈門,七珍常滿。

斯四四九二號背+斯三四三號之《社齋文》云:

　　先用莊嚴合邑諸公等:惟願九橫滅,三災除,百福臻,萬祥集。

斯五一五號之《亡文》云:

　　惟願三災不染,九橫長消,百福資身,含生同益。

伯三八〇六號背之《夫人》云:

　　永保千秋之寵,恒居萬代之榮。纖障無遺,百福雲集。

伯二九九一號背之《尼》云:

　　身含百福,體離千殃。命遠傳俱,年高壽福。

斯一四四一號背之《患文》云:

　　又持勝善,次用莊嚴施主即體:惟願千殃頓絶,萬福來臻,大小清宜,永無災厄。

　　上引祈願句例中,"百福"並非確指,乃是泛指各種福,其同義詞有"萬福",如斯四六二號之《李十一父》云:"萬福備,千祥集。"斯五六三八號之《慶像文》云:"千祥齊湊,萬福咸臻。"有時也徑直稱爲"福",如伯三八〇六號之《莊嚴節度》云:"代天理物,助聖安人,福將山岳以齊高,壽等海泉而深遠。"伯二八二〇號之《亡意》云:"伏願壽堅松竹,福比丘山。榮禄永注於千春,富貴長昌於萬載。"
　　上引文中的"千災",亦非確指,泛指各種災禍,齋文中的同義詞有"千障""千殃",有時也徑直稱爲"災"或"禍",如斯一四四一號背之《慶經》云:"開卷則衆福臻集,發聲則萬禍俱消。"

百福、千災總是成對出現,與其搭配的來臻、頓絕等詞彙雖然多種多樣,但它們表達的意思卻只有一個:來福去災、避禍就福。自古至今,避禍就福、趨利避害就是人們本能的思維方式和行爲模式。

## (一) 中古敦煌百姓眼中的傳統災禍與佛教的解決辦法

"福是人之所欲""極是人之所惡"[①],在傳統文化裏,六極有一即爲人生之大不幸。然而就唐人對六極的具體解釋來看,除"兇短折,遇兇而橫夭性命也"外,其他的疾、憂、貧、惡、弱都是日常生活中極爲平常之事,且多是針對個體而言,一衆百姓委實司空見慣而不以爲意。因此,與"五福"相對應的窮極惡事"六極"的概念,在齋文裏甚至都没有直接提及。即便如此,佛教仍然宣稱施食齋僧所得到的"五福報"可以使人遠離人間六極。

佛教的"五福報"是指"壽、安、色、力、辯"。《佛説食施獲五福報經》云:

> 佛言:人持飯食施人,有五福德令人得道,智者消息意度弘廓,則獲五福。何等爲五?一曰施命,二曰施色,三曰施力,四曰施安,五曰施辯。
>
> 何謂施命?人不得食時,顏色燋悴,不可顯示,不過七日奄忽壽終,是故智者則爲施食,其施食者則爲施命。其施命者,世世長壽生天世間,壽命延長而不夭傷,自然福報財富無量,是爲施命。
>
> 何謂施色?人不得食時,顏色憔悴,不可顯示,是故智者則爲施食,其施食者則爲施色。其施色者,世世端正生天世間,顏華煒曄,人見歡喜稽首作禮,是爲施色。
>
> 何謂施力?人不得食時,身羸意弱所作不能,是故智者則爲施食,其施食者則爲施力。其施力者,世世多力,生天人間力無等雙,出入進止力不耗減,是爲施力。
>
> 何謂施安?人不得食時,心愁身危坐起不定不能自安,是故智者則爲施食,其施食者則爲施安。其施安者,世世安隱,生天人間不遇衆殃,其所到處常遇賢良,財富無量不中夭傷,是爲施安。
>
> 何謂施辯?人不得食時,身羸意弱口不能言,是故智者則爲施食,其施食者則爲施辯。其施辯者,世世聰明,口説流利無所躓礙,慧辯通達,生天世間,聞者歡喜靡不稽首聽採法言。
>
> 是爲五福施食之報[②]。

---

① (西漢) 孔安國傳,孔穎達注疏:《尚書正義》卷一二《洪範第六》,收入(清) 阮元校刻:《十三經注疏》,中華書局,1980 年,第 193 頁。
② [日] 小野玄妙等編:《大正新脩大藏經》第二册,佛陀教育基金會,1960 年,第 854—855 頁。

據上引，施食齋僧將獲得以下的五種福報：得到長壽的果報；得到好容貌和好身材的果報；得到身體康健的果報；得到身心安寧的果報；得到耳目聰明、口齒伶俐的果報。傳統文化"五福"中的壽、康寧與"六極"中的弱、憂、惡等人生問題，在佛教那裏僅用"齋僧""齋會"這個手段就輕易解決了。

不僅"六極"問題，其實傳統文化裏所有的災難禍患，佛教宣稱都可以憑借三寶偉力來解決，其手段就是舉辦齋會。傳統文化中的災難禍患，敦煌百姓日常生活中常所面臨者，齋文中所提到的大致有五種：一是刀兵之災；二是蟲螟之災；三是霜冷之災；四是疫病之災；五是值妖之災。佛教宣稱設齋祈佛，即可殄滅這五種災。

### 甲．刀兵之災

死於兵燹戰亂即屬於刀兵之災而橫夭性命，不得壽考，爲"六極"之一，故此敦煌百姓都希望免於戰亂，刀兵罷散。如：伯二八五〇號之《轉經文》云："時則有坐前某官先奉爲龍天八部，護國護人；佛日恒輝，法輪常轉；刀兵罷散，四海[通]還。"斯五九五七號之《四門轉經文》云："則有我府主先奉爲國安人泰，刀兵永罷。"與其類似的同義表述還有很多，如：弗魯格二六三號＋弗魯格三二六號之《結壇散食文》云："時則有我司空先奉爲龍天八部，護連（蓮）府却殄灾殃；梵釋四王，伏刀兵而清內外。"斯六六三號之《四門轉經文》云："然後河清海晏，不聞憂苦之聲；四寇來降，永絕烽煙煙塵之戰。"斯五九五七號之《轉經文》云："又持勝善，復用莊嚴我府主貴位：伏願形同大地，福極西江；廣闡真宗，牢增佛日。然後河清海晏，不聞刁斗之聲；四寇降階，永絶煙塵之戰。"

### 乙．蟲螟之災

前章已述蟲螟爲田苗五穀之災，爲農人所不樂見，兹再舉數例：伯三四〇五號之《水旱霜蝗之事》云："願息霜蝗之難。"斯五九五七號之《僧尼得度》云："總斯多善、無疆勝因，先用奉資上界天仙、下方龍鬼：伏願威光盛運，千秋無蟲冷之災；夏順秋調，萬歲有豐盈之喜。"伯二六三一號之《官》云："惟願飛蝗避境，膏雨應旬，麥秀兩歧，禾抽五穗，耕者讓畔，路不拾遺。"

### 丙．霜冷之災

霜雹寒冷事件，齋文描寫爲"霜折芳苗"，禾苗凍傷後，其外形與顏色有類人體的凍瘡疣，齋文中稱爲"霜疣"，又因且、旦手寫形近，俗寫又作"霜疸"。在敦煌，"霜雹""三秋降雪""五月行霜"等氣象災害是農業生產上的大災，如伯四七〇六號《年代不明王寡婦借麥糾紛牒》云："粟十石，辛酉年納地子秋磑使，去辛酉年值雹損田苗，還他不得。"面對不時而來的霜冷之災，敦煌百姓惟有向佛祈願"百穀無霜雹之災"，如斯二一四六號之《置傘文》云："五穀無霜雹之災，萬品登仁壽之城。"伯三一四九號之《新歲年旬上首於四城角結壇文》云："使龍王雨主，九夏疸無傷苗；海聖風神，三秋霜無損穀。"斯五九五七號之《結壇轉經祈福文》云："上方首羅大將，掃蝗軍不犯疆場；下界大海龍王，卷風雹不施霜疸。"伯三二六三號背《新春靈巖建福》云："蝗飛保境，滿願府主之誠；霜雹無因，以保農夫之業。"

### 丁．疫病之災

指各類瘟疫、瘴氣等流行傳染病之類的災難，齋文中又稱爲"疫毒""疫癘""疾疫""時疾"等。佛教信衆認爲時疾、時疫可以憑借齋會福德進行預防和珍滅，伯二六四二號＋伯二六四二號背之《時疾》云："昨以火風差互，小疾時臨。恐轉見而流行，乃賴憑而福德。"

在前章已述，舉辦齋會時的香湯潑灑、香湯沐浴、焚香、藥食等具有保潔環境、身體和提高免疫力的作用，在客觀上具有一定的抗疫效果。是以每當敦煌發生疫情，官方都會"勸率村坊，抽減自己"①來舉辦齋會。村坊的齋會多以社邑爲主體來主辦，如，伯二〇五八號背之《社齋文》云："時即有合坊押衙、信士等乃見域中災癘疾病相仍，掩歿恒時，人心愴切，恃憑佛力，故發勝心之福會也。"官方則舉行四門結壇轉經等大型齋會，如：伯二五四七號、斯五六三七號之《疫病》云："頃以[大遊]癘氣，時多瘴癘之災。廣運蒸氛，便興疾疫之害。所以少長懼而敷妙饌，闔城肅而列香筵。冀痾瘵而絕寰中，屏魑魅而騰海外。"敦煌官民雙方都願意用齋會來應對流行時疫，其關鍵在於敦煌百姓認爲時疫是"衆生之共業"。

在其他類型的齋會中，百姓也都祈願諸種疫毒消散。如，斯三九一四號《壽昌夏末結壇祈福文》云："人無楚切，不染分介之災；牛馬六畜駝羊，疫毒時消時散。"伯三七七〇號之《俗講莊嚴迴向文》云："伏願威光熾盛，福力彌增；興運慈悲，救人護國。使四時順序，八表無虞；九橫不侵，萬人安樂。亦使法輪常轉，佛日長明；刀兵不興，疫毒休息。"斯二一四六號之《行城文》云："冀四王護世，百福潛加；櫕槍掃於天門，疫癘藏於地户。"

### 戊．值妖之災

古人視天時、物類的反常現象爲"妖"。古人講衝煞，尤其孩子出生難月、亡者臨壙之時不得犯煞。妖、煞在古人那裏都是災禍，因此要祈願不值妖災、不逢衝煞。如俄敦〇一二二八號《二月八日》云："所有妖災殄滅，應是瑞色雲臻；風雨順時，普天安樂。"伯三八一九號＋伯三八二五號之《難月文》云："慮恐有傷毀之煞，實懼值妖災之苦。"值妖、衝煞之災純屬中國傳統文化觀念衍伸出來的意念中的災種，《四時纂要》中滿紙的衝煞禳鎮記録，表明唐五代時值妖、衝煞觀念是事關家庭生活、生産的重要行爲指南，必須在行爲上、思想上加以重視，因此，敦煌百姓要祈願不值妖災、不犯衝煞。

總之，上述五種災禍關乎百姓身家切身利益，是百姓生産、生活中密切關注的內容，所以它們纔成爲齋文中重要的祈願內容。

## （二）佛教與中古敦煌百姓眼中的新災難禍患

伯二〇四四號背之《和尚》云："聞[世]有五衰，會有離散。人間八苦，恩愛分張。"佛教教義以"人生是苦"爲核心，宣揚人生有八苦，即生苦、老苦、病苦、死苦、怨憎會苦、愛別離苦、求

---

① 伯二六四二號＋伯二六四二號背之《難巷文》。

不得苦及五取蘊苦。

佛教八苦之一的"死苦",其實中國傳統文化亦有討論,即前引"六極"之首的"兇短折"問題。鄭玄注云:"未齓曰凶,未冠曰短,未婚曰折。"[1]鄭玄的三種解釋,是世人極不願意看到的"白髮人送黑髮人"的年少"早夭",這只是傳統文化"非時而死,不得壽終"的情形之一。對於更多的因各種自然、社會原因導致的"非時而死",佛教補充解釋爲"九橫死",玄奘譯本《藥師琉璃光如來本願功德經》釋"九橫死"曰:一、得病無醫,或因非藥而死;二、爲王法所誅戮;三、畋獵嬉戲,耽淫嗜酒,放逸無度,爲非人奪其精氣;四、被火焚死;五、溺水死;六、爲惡獸所啖食死;七、墮崖而死;八、因中毒或遭咒詛而死;九、爲饑渴所困,不得飲食,而便橫死。

佛教認爲"人生是苦"的具體表現是人生會有三災、八難。三災分大、小三災,大三災指水、火、風三災,小三災指饑饉、疾疫、刀兵三災;八難亦有兩種,一指大火、大水、大風、諸魔邪鬼、刀杖、怨賊、衆邪逆魅、牢獄,而《觀音菩薩普門品》中則指王難、賊難、火難、水難、病難、人難、非人難、毒蟲難。至今民間猶以"人有三災八難"來形容人生中的多災多難。

伯二八二〇號之《亡兄》云:"豈謂魂歸岱岳,儻墜瑤林!"古代時世人深信靈魂不死,"人死曰鬼"[2]"衆生必死,死必歸土,此之謂鬼"[3]。世人相信人死之後化爲鬼魂,歸屬泰山陰間地府管轄,這是與人世間并存的另一個生活空間,"在鬼魂、陰間地府觀念的作用下,人們毫不懷疑人生的終結是一種新生活的開始,如何安葬死者,對於生者來説,也就是如何安排死者在另一個世界里的生活"[4]。

在生者的心目中,亡者在泰山地府的生活情景:鬼魂長爲地府之民,永久生活於地府之中,接受地府之主泰山府君及其屬吏的管轄;地府在初次接收鬼魂時會考量鬼魂的生前德行,對其作出在地府行苦役還是正常生活的冥判,只有正常生活的鬼魂方能享受子嗣的祭祀,纔可以在地府幸福生活並福祐家人[5]。由於地府中享受祭祀的前提是亡魂生前的德行修爲,生者對死者的一再祭祀,也是一再警醒在世之生者重視自己的德行修養,纔能在死後得以享受祭祀,其作用絶不僅僅是祭祀亡者,"祭祀恰恰是强化人生責任、確立人生信念、整頓生活秩序等爲此世服務的最佳方式之一"[6]。在觀念中,只要生前積德,有子嗣續香火祭祀,就可以在地府中幸福地生活。即使是行苦役,與正常生活相比,也只是辛苦勞纍程度上的差

① (西漢)孔安國傳,孔穎達注疏:《尚書正義》卷一二《洪範第六》,收入(清)阮元校刻:《十三經注疏》,中華書局,1980年,第193頁。
② (漢)鄭玄注,(唐)孔穎達疏:《禮記注疏》卷四六《祭法》,收入(清)阮元校刻:《十三經注疏》,中華書局,1980年,第1588頁。
③ (漢)鄭玄注,(唐)孔穎達疏:《禮記注疏》卷四六《祭法》,收入(清)阮元校刻:《十三經注疏》,中華書局,1980年,第1595頁。
④ 王景琳:《鬼神的魔力——漢民族的鬼神信仰》,三聯書店,1992年,第157頁。
⑤ 參見王景琳:《鬼神的魔力——漢民族的鬼神信仰》,三聯書店,1992年,第63頁;蒲慕州:《追尋一已之福——中國古代的信仰世界》第七章《神靈與死後世界·死後世界中之生活》,臺北允晨文化實業股份有限公司,1995年,第216—227頁。
⑥ 方朝暉:《視死如生:中國文化是把死亡當作生者世界的延伸》,《中華讀書報》2012年4月23日。

異。在傳統文化觀念下,世人對死後地府的生活並無多少恐懼感。

佛教給信衆輸入了六道輪回、因果報應的教理。原先死後永爲地府之民的思想逐漸消失,代之以人死後可據果業在天、人、阿修羅、地獄、餓鬼、畜生等六道之間輪回轉世的思想。其中的"地獄",經過中國人的思想改造,不再是每個人死後所必經的輪回之所,"人們基本把地獄設想爲相對於天上、人間的地下幽冥世界"[1]。在中國佛教徒的心目中,人死後靈魂先暫居於冥界,接受冥界閻羅王的評判,中陰期過後由閻羅王決定亡魂轉生何道。作爲冥判的依據,閻羅王及其佐屬會詳細紀録每個人在陽間的善惡行爲。爲惡者在地獄要受到嚴懲,"在佛教典籍中,地獄名目的繁多、景象的悲慘,都是其他宗教所不能及的"[2]。佛教最流行的十八地獄,對應陽世間的十八類罪業,所犯罪業受懲處的極刑乃是民間所形容的"打入十八層地獄,永世不得超生",而且佛教宣教中也尤其突出地獄受罪罰的各種"不得好死"的情形,以故世人皆忌憚墜入十八地獄。於此,傳統文化不願深涉的死後生活世界,佛教以地獄爲載體進行了精致描繪,從而完善了原先中國傳統冥判思想中比較模糊的獎勵與懲罰機制。六道輪回的天、人、阿修羅爲三善道,地獄、餓鬼、畜生爲三惡道,三惡道亦稱爲三塗。若被冥判判入三塗,地獄各種受刑"不得好死",於是"恐落三塗"[3]就成了人們在生死之時必須要考慮的問題。由此導引著人們的前向行爲按照佛教不入三塗的行爲標準行事。前已考論冥界判官的判罰依據有三個要素:一是本人生前的德業文章;二是白業,即其人在生界時的善惡與積福程度;三是死後在世親友給予其人的追福。三大考量標準直接導引著人們注重於生前的德業與福善,積德、積福則不落三塗。

八苦、三災、八難、九橫,與前述傳統文化中所論説的災禍觀念交集無多,可見佛教的傳入更新了世人的災難禍患觀念,由此,祈願遠離這些新的災難禍患也就成了齋文中的重要內容,其中最常見的經典祈願句式有:七枝業净,八苦長辭;六塵永散,八苦長銷;年消九橫,月珍三災;年除九橫,月去三災;三災不染,九橫長消;永離三塗,長辭八難;不歷三塗,無經八難。如:

伯三三六二號之《社邑》云:

　　唯願七枝業净,八苦長辭。

北大敦一九二號之《婦人患差》云:

　　惟願觀音駕月,灑芳液以清襟;大勢垂花,扇香風以盪慮。六塵永散,八苦長銷。

---

① 孫昌武:《中國佛教文化史》,中華書局,2010 年,第 856 頁。
② 方廣錩主編:《中國佛教文化大觀》,北京大學出版社,2001 年,第 344 頁。
③ 斯九九五八號之《陣亡》。

伯三四九四號之《四門轉經文》云：

　　使日消九橫，月殄三災。

斯五一五號之《亡文》云：

　　惟願三災不染，九橫長消；百福資身，含生同益。

北敦○○○一七號之《嘆僧號》云：

　　七支清豫，更嚴七覺之花；八節休宜，還凝八定[之]水。三災不染，九橫無侵云云。

伯三七二二號背之《遠忌并邑》云：

　　願亡者長辭八難，永離三塗。

伯三七二二號背之《亡妣》云：

　　永離三塗之苦，長辭八難之災。

上述各例祈願的類似表述不多，不過了了幾種，撮舉如下：
　　斯五九五七號之《結壇祈禱發願文》云：

　　年消九橫，國有萬喜之歡；時殄三災，境納千祥之慶。

斯六四一七號之《願文》云：

　　於是年年啓願，遮九橫而常安；日日傾心，願三災如[電]滅。

伯二三一三號背之《願男子》云：

　　願福深智遠，命久年長。消九橫于身中，誅三災于體外。

伯二九九一號背之《官府得脫》云：

> 唯願長無九橫，永離百憂；播美震階，揚芬素里。

斯一八二三號之《亡考文》云：

> 惟願長辭惡道，絕愛水之三塗；永離蓋纏，斷貪河於八苦。

總之，八苦、三災、八難、九橫、三塗是佛教傳入後中國百姓在災難認識上的新概念。

### （三）轉禍爲福：百福資身，福將劫遠

在傳統文化中，各種祭祀是世人應對災禍的主要方式之一。佛教傳入後，在新的災禍觀念下："德能禳災，功用必遂；福可去邪，其應必至。"①"恤物安邦，莫先於福善；[除]災殄障，是賴乎真乘。"②"傾心去禍除災，無過於建福。"③舉辦建福齋會、積累福善成爲當時人們應對災禍的新手段。如伯三四〇五號之《國有災癘合城轉經》云：

> 天垂災沴，乃水旱相仍。疾疫流行，是衆生之共業。昨以城隍屬疾，百姓不安。不逢流水之醫，何以濟茲凋瘵？是以我皇[傾心]軫慮，大闡法門；遶寶刹而香氣氤氳，列勝幡而寶幢輝曜。想龍天而驟會，柳塞虛空；天空梵王，震威光而必至。二部大衆，經聲洞曉於闉城，五部真言，去邪魔之疫屬，使災風永卷，不害於人民；障氣漂除，息千門之氛浸，然後人安樂業，帝祚唯禎，與二曜而齊輝，竝三光而潔朗。

伯三七七〇號之《禳災文》云：

> 夫諸佛興悲，無緣普被；有情見異，感跡緣差。故使歸向者，福逐願生；輕毀者，禍從心起。則知禍福自致，非聖愛憎者歟。厥今爰集緇徒，競持幡蓋，列四門之盛會，旋一郡之都城。像設金容，雲飛鷲嶺；迦維猒欲，豈同年哉！所冀四王護世，百福潛加，欃槍掃於天門，疫癘藏於地户；慶雲布野，喜色凝空；倒載干戈，修文[偃武]。總斯功德，迴奉龍天八部云云。

---

① 伯三四〇五號之《水旱霜蝗之事》。
② 伯二二五五號背之《願文》。
③ 伯三二六三號背《新春靈巖建福》。

伯二八二〇號之《三長意》云：

> 伏以除災招福，須憑積善之心；保子安孫，必假銷穰之懇。

斯二一四六號之《豎傘文》云：

> 夫除災靜難者，莫善於佛頂密言；集福延休者，事資於行城念誦。

佛教不僅宣傳齋會可以建福除災，還宣傳佛法可以"轉禍爲福"，如伯三二三二號《患文》云："憑佛門而轉禍爲福。"伯二〇四四號背之《亡文》云："轉禍祈福。"

"百福"雖是中國傳統文化中的概念，但佛教給"百福"賦予了新的含義。"雖示福多途而濟苦，其一福之最者，其惟齋焉!"①"夫齋者，衆善之本，福無以加。"②佛教宣稱營齋纔是福中之最，接受了這個觀點的信衆遂積極營齋。在"營齋即福"的觀念下，中國傳統文化中原本泛指而又模糊的百福遂變得清晰而形象具體起來，各種類型的齋會構成了"百福"的全體，"是福咸臻"因此具有了可操作性。只要營齋，"百福備體，千障消除"在百姓那裏就是可以實現的現實，營齋積福甚至被提到了人倫之本的高度，伯三七二二號背之《婚禮文》云："斯乃福是人倫之本，齋實萬善之[基]。"伯二三一三號背之《歎施主》云："知福爲安身之本，善是養慮之基。"百福資身，轉禍爲福，福將劫遠，是謂"好生"圖景之一。

# 第五節　高門君子，郡邑推賢

齋文中盛贊邑社成員和個人爲"高門君子""高門士女"。如，伯二八二〇號之《還願文》云：

> 鴻恩既滿，妙善將圓，總用奉資信士所履：伏願高門望族，季倫之珠玉增多；保命靈符，梅福之年華更遠。

俄敦一二〇〇號之《女人社課邑文》云：

---

① 斯四六四二號之《星使大夫》。
② 伯三三〇七號之《願文》。

並是高門士女,豪族夫娘。

斯五五七三號《社齋文》云:

伏惟三官衆社等高門君子,塞下賢禮;資身寬弘,絕代兩全。忠孝[兩全],文武兼明。

斯四九七六號背《社齋文》:

伏惟諸社衆乃並是高門勝族,百郡名家;玉葉瓊枝,蘭芳桂馥。出忠於國,入孝於家;令譽播於寰中,肅雅聞於宇內。

斯五九五七號之《邑文》云:

惟邑人乃並是高門君子,百郡名家;桂華瓊枝,蘭芬馨馥。出忠於國,入孝於家。

有的齋文中雖沒有明說"高門",但使用了與"高門"同義的詞語,諸如閥閱、簪纓、冠纓、甲門、鼎族、勝族等。如伯三八〇〇號之《縣令殯夫人設大祥》云:

伏惟府君門傳閥閱,代習美儒。

伯三八〇六號背之《社文》云:

然今諸宿老等寔謂五陵豪族,六郡名家。或代襲簪纓,或里稱冠蓋,或三明表異,或八俊標奇。

斯五五六一號之《社齋文》云:

唯官錄已下合邑人等並是晉昌勝族,九郡名流。故能結異宗兄弟,爲出世親鄰。

伯二五四七號之《課邑》云:

惟某並家傳杞梓,代襲冠纓。

伯二〇五八號背之《燃燈文》云：

　　惟願社衆等乃並是甲門君子，孝悌名家；禮樂資身，文武絕代。

斯二八三二號之《公》：

　　惟公五百間生，當代英哲；門傳鼎族，玉葉相承。

斯五五七三號之《印沙佛文》云：

　　唯施主乃並是甲門君子，孝悌承家；智量超群，行明絕代。

上引諸例中，皆盛讚社衆或個人是高門君子，這是一個引人關注的現象。社衆或個人都是高門君子應該不是事實，就算是虛飾、誇飾之詞，社衆彼此間也知根知底，也沒有什麽實際意義。家庭齋會中更沒有必要作此虛飾，因爲參與家庭齋會者大都是坊巷鄰里和親眷，同樣也是知根知底，完全沒有必要用虛飾之詞。

　　細審諸句例所用場合，發現"高門君子"之語並不是誇飾之詞，它在齋文中的本義是讚譽社衆或個人具有彬彬禮儀、謙謙德行，有著與高門君子同樣的德行風范，即齋文中的高門君子並不是指高門君子的出身血統，而是指"高門君子的文化家風"。

# 一、高門君子在敦煌的文化內涵

　　劉知幾《史通·邑里》云："且自世重高門，人輕寒族。以姓望所出，邑里相矜。"[①]唐代時爲世所重的高門，指漢魏以來形成的門閥士族群體，這是漢魏南北朝時代留給隋唐時代的歷史遺產之一。魏晉以來，士族以其家世清貴、家學淵源以及家法嚴謹而自傲於世。陳寅恪先生指出："所謂士族者，其初並不專用其先代之高官厚祿爲其唯一之表徵，而實以家學及禮法標異於其他族姓。"[②]錢穆先生指出："當時門第傳統共同理想，所希望于門第中人，上自賢父兄，下至佳子弟，不外兩大要目：一則希望其能具孝友之內行，一則希望其能有經籍文史學業之修養。此兩種希望，併合成爲當時共同之家教。其前一項之表現，則成爲家風；後一項之

---

① （唐）劉知幾撰，吳琦等點校：《史通》卷五《因習下》，嶽麓書社，1993 年，第 50 頁。
② 陳寅恪：《唐代政治史述論稿》，生活·讀書·新知三聯書店，2001 年，第 259 頁。

表現,則成爲家學。"①家教又可稱爲"家法",家法本來"指在漢代儒學昌盛之後興起的各家門派專學",還"可以泛指任何一種家傳學問或家學傳統",然而"自魏晉以來,家法亦愈來愈多地被用來專指家族禮法"②。

閥閱群體在隋唐時代雖然喪失了平流進取和免稅的政治經濟特權,但這個群體所擁有的家傳文化,以及家傳文化和家風所帶來的社會聲望、社會地位仍然產生著相當大的社會影響。他們的家學、家法是庶族群體積學、修身時的行爲規範和實踐範本。在唐代,"族望爲時所尚"③,個人的文化素養和家族的社會聲望仍然是全社會的群體訴求,從而形成了唐代"諸臣亦各修家法,務以門族相高"④的文化崇尚。薛元超富貴過人,卻以"不以進士擢第,不娶五姓女,不得修國史"⑤爲平生之恨,可謂在群體訴求背景下無法達成門第心願的典型反映。在這樣的群體訴求背景下,舊姓高門的良好家法、家學成爲世人學習的典範,"開元、天寶之間,傳家法者:崔沔之家學,崔均之家法"⑥。

劉禹錫詩云:"舊時王謝堂前燕,飛入尋常百姓家。"其中的"謝",正是前面所引斯二八三二號、斯四六四二號等齋儀卷子中極力推崇的魏晉舊門陳郡謝氏。雖然齋文中只提到了謝氏,但其他類別的敦煌文獻,如書儀中提到了榮陽鄭氏的家法、蒙書中提到了清河崔氏的家法等。齋文中頻頻以"高門君子"爲喻,正反映了唐代以來敦煌百姓重積學、重修身的君子世風。

只有在邑社的齋文中,纔會用"並是高門君子""並是高門士女"的語句。其文化含義,除了上面所説的德性風范向高門君子看齊外,"並"還有在邑義組織中大家身份地位齊等的含義。這是佛教爲世人解決"窮苦""卑賤"身份地位的一種手段。出家爲僧是擺脫既有社會階層身份、獲得新的僧團平等身份的途徑之一,無論以前是何種身份,只要加入了僧團,在理論上大家的地位平等,因爲"衆生平等"是佛教所宣教義之一。加入佛教的邑義組織是另一個獲得身份地位平等的機會,佛教邑義"作爲深入民間的寺院外圍組織,其成員包括官員、僧人和下層民衆。他們在邑義組織内的地位,并沒有隨著傳統的等級制度而分配相應的位置。邑義組織在專制的等級制身份社會里,在一定程度上模糊了參與者的政治身份和法律身份",邑衆的地位平等,"邑義組織給了底層民衆一個代價很低廉的尊嚴"⑦。佛教以"出世"的精神作"入世"的事業,在邑義組織這里得到了彰顯。邑義組織的行事,可用"共做功德、共渡危難"概括其旨。邑義組織修橋、補路、鑿井、筑亭、造像、營窟、建寺、起塔等活動,入世服務

①　錢穆:《略論魏晉南北朝學術文化與當時門第關係》,載氏著《中國學術思想史論叢》卷三,臺北東大圖書出版公司,1977年,第171頁。
②　吳麗娛:《唐禮摭遺》,商務印書館,2002年,第207、208頁。
③　(宋)司馬光:《資治通鑒》卷二〇〇《唐紀十六》,中華書局,1956年,第6318頁。
④　(宋)歐陽修:《新唐書》卷七一《宰相世系表》,中華書局,1975年,第2179頁。
⑤　周勛初:《唐語林校證》卷四《企羨》,中華書局,1987年,第384頁。
⑥　周勛初:《唐語林校證》卷一《德行》,中華書局,1987年,第3頁。
⑦　尚永琪:《3—6世紀佛教傳播背景下的北方社會群體研究》,吉林大學博士論文,2006年,第179頁。

於社會,這是邑衆"共做功德",共享功德;邑衆之間集資助葬等活動,誠屬"共渡危難"。按佛教功德締造好運的教理①,使大衆確信做功德既可以改變自己的余生運程,少受諸苦,還可以憑所積功德在死後往生净土,得升樂天。也就是説,做功德可以讓人"好生好死"。邑義的"共渡危難",其實是傳統社會宗族組織"以衆幫衆"精神在宗族組織之外的再體現。宗族組織内的"以衆幫衆"并不是平等的,血緣親疏遠近的不同,獲得的幫助程度不同。而佛教邑義組織的集資共助,以依次輪轉獲得邑衆間的互相幫助,機會公平均等。邑義組織的互助生活,可以説是佛教讓大衆體昧"好生"人生的一種重要手段。

"並是高門"的頌讚,既是强調社衆有與高門中人齊等的文化家風,又是强調社衆間彼此地位齊等。

## 二、敦煌百姓的"每習儒風,皆存禮教"

敦煌百姓既以"高門君子"爲榜樣,對高門君子引以爲傲的儒風禮教的認同感極高。斯六五三七號背《某甲等謹立社條》云:"竊以敦煌勝境,地傑人奇,每習儒風,皆存禮故(教)。"儒風禮教在敦煌家庭、社邑、鄉里等層面上得到了全方位的體現。

### (一) 承家盡孝悌之誠: 六順淳風,訓傳五教

伯二六四二號 + 伯二六四二號背之《亡姥》云:

> 惟亡姥乃英靈獨秀,奇傑孤標。於家有清訓之儀,於君立盡忠之効。

伯二六四二號 + 伯二六四二號背之《難巷文》云:

> 時則有本坊都頭官吏信士等並是間生異俊,文武全才;於家有清訓之能,奉國播忠貞之美。

清訓,即清規之意。上引齋儀中雖未明確説明家中清訓的具體内涵,但在其他齋文中則明確指出了居家清訓的内涵爲"孝悌"。如斯四六四二號之《星使大夫》云:

> 則有助供大檀越中使判官弘農楊公:氣逸心遠,情和志閑。孝以承家,忠能奉國。

① 詳參方廣錩主編:《中國佛教文化大觀》,北京大學出版社,2001年,第346頁。

斯四四九二號背＋斯三四三號之《社齋文》云：

> 惟諸公等並乃流沙望族，墨沼英靈；居家盡孝悌之誠，奉國竭忠懃之節。

斯六四一七號之《社邑文》云：

> 合邑人等並是鄉閭貴勝，四海豪族；衣纓子孫，孝悌承家；宣揚令德，博達古今。

伯三四九四號之《慶幡文》云：

> 其公乃英靈獨秀，清鑒不群；承家盡孝悌之誠，奉國竭忠貞之節。

伯三五四一號之《願文》云：

> 然今齋主可謂靈衷爽悟，識達清淳，承家盡孝悌之誠，奉國效忠貞之節。

斯二八三二號之《亡兄弟》云：

> 伏惟公負[貞]清之才，懷山嶽之量。忠勤奉國，孝悌承家。

孝悌只是家中清訓的基本內涵，更加詳細的家中清訓釋義，齋文中尚有仁義、恭敬、六順、五教等。

伯三二七六號背之《印砂佛文》云：

> 惟社衆乃天生異質，地傑高才。於家懷存道之心，匡國抱忠誠之意。

《易·系辭》云："一陰一陽之謂道。""立天之道，曰陰與陽。立地之道，曰柔與剛。立人之道，曰仁與義。"①則"於家懷存道之心"中的"道"，顯是指"立人之道"，即儒家的核心宗旨"仁義"精神。敦煌百姓無論於家於外，都崇尚以仁義立身，如伯三三六二號背之《願》云："仁義立身，忠孝存性。"

---

① （東晉）韓康伯注，（唐）孔穎達正義：《周易正義》卷七《繫辭上》、卷九《説卦》，收入阮元校刻：《十三經注疏》，中華書局，1980年，第78、94頁。

斯一八二三號之《亡考文》云：

　　惟亡拷乃英靈獨秀，奇傑孤標。於家有清訓之儀，於君立盡忠之劾。

《論語・學而》云："夫子温良恭儉讓以得之。"儒門講求彬彬有禮、舉止風雅，所謂君子儒雅。
高門君子的謙謙君子之風是敦煌百姓之所尚，齋文中也是百般讚譽齋主們的態度謙和、舉止
恭謹和雅。如斯四九七六號背《社齋文》："伏惟諸社衆乃並是高門勝族，百郡名家；玉葉瓊
枝，蘭芳桂馥。出忠於國，入孝於家；令譽播於寰中，肅雅聞於宇内。"伯三四九四號之《佛堂》
云："惟公乃稟質英靈，夙標和雅；人倫領袖，鄉閭俱瞻。"
　　斯四八六〇號背《當坊邑義創置伽藍功德記并序》云：

　　厥有當坊義邑社官某等貳拾捌人并龍沙貴族，五郡名家。六順淳風，訓傳五教；英
靈美貌，合郡一模。學實安親，忠能奉國。

　　斯五五六一號之《丈夫患文》云：

　　惟患者乃英靈俊傑，文武雙全；於家訓五教之儀，奉國守亡軀之效。

六順，《左傳・隱公三年》云："君義，臣行，父慈，子孝，兄愛，弟敬，所謂六順。"[1]五教，《左傳・
文公十八年》云："舜臣堯，舉八愷，使主后土，以揆百事，莫不時序，地平天成。舉八元，使布
五教于四方：父義、母慈、兄友、弟恭、子孝。"[2]六順、五教的涵義相若，則"於家訓五教之儀"的
本質還是"孝悌"。
　　六親九族等家族關係的處理，也是本著五教之儀的原則。如伯二六四二號＋伯二六四
二號背之《亡妣》：

　　行順和於六親，美卹憐[於]九族。

　　伯二〇五八號之《亡弟》云：

---

① （晋）杜預注，（唐）孔穎達疏：《春秋左傳正義》卷三，收入阮元校刻：《十三經注疏》，中華書局，1980 年，第
　　1724 頁。
② （晋）杜預注，（唐）孔穎達疏：《春秋左傳正義》卷二〇，收入阮元校刻：《十三經注疏》，中華書局，1980 年，第
　　1862 頁。

留名萬代,侍順六親。

斯一五二二號背之《遠行》云:

素聞清節,操志雲謀。六親仰仁惠之風,九族賴温和之德。

伯二〇五八號之《莊嚴號》云:

六親濟濟,九族詵詵;男標忠孝之名,女慕兼(堅)貞之節。

伯三七七二號+伯三七七二號背之《考》云:

仁信克著,禮則彌深。揚軌範於八紘,播英聲於九服。事親以孝,事君以忠。竭力於家,盡命於國。

總上而言,儒家的"仁義禮智信,温良恭儉讓"是敦煌百姓處理家庭、家族關係的基本準則。"訓傳五教"是敦煌百姓以高門君子爲最佳模版的行爲實踐,"六順淳風"則是百姓家庭生活要達到的文化氛圍和目標。

## (二) 懷公義於鄉間: 邦家令望,鄉黨楷模

伯二〇五八號之《燃燈文》云:"伏願福同滄海,壽比龜山;同日月而九曜齊明,〔扇〕風化如堯年大洽。"伯三四〇五號之《轉經散道場文》云:"唯願福延滄溟,壽比鼇山;捧日月而〔九〕曜齊明,〔扇〕風化如禹湯大洽。"堯舜禹湯時期社會風化的具體内涵,即前引儒家大同時代之世的"講信修睦"。堯年,這是一個古人公認的公序良俗最洽悦的時代。唐朝也是一個公序良俗洽悦的時代,在當時外國商人眼裏,"在商業交易和債務上,中國人都講公道。……放債人和借債人之間總是可以得到公平合理的解決,儘管他們之間的交易没有證人,也不需要什麼誓言的保證,但哪一方也不會背信棄義"①。"跟現在不一樣,往時中國在行政上的卓著成效,實在令人驚歎。其中的一個事例,就是法制,中國人打心底里尊重法制。"②講信義,遵法制,唐朝確實是一個公序良俗洽悦的時代。

伯三五四四號《大中九年(八五五)九月廿九日社長王武等再立條件》云:"敦煌一群

① 佚名著,穆根來等譯:《中國印度見聞録》卷一,中華書局,1983年,第18—19頁。
② 佚名著,穆根來等譯:《中國印度見聞録》卷二,中華書局,1983年,第117頁。

(郡),禮義之鄉。"在敦煌百姓眼裏,禮儀之鄉的敦煌地區風化大洽,是一個公序良俗洽悦的地方。

　　鄉間、鄉里是百姓家庭生活之外的第一生活空間,邑義是百姓在家庭、鄉里中間的一個次級生活空間,在這兩個空間中最能體現一個地區的社會風化與公序良俗。作爲百姓的次級生活空間,邑義在成員間提供人力、物力和情志激勵等多方面的互相幫助。斯五二七號《顯德六年(九五九)正月三日女人社條》載:"夫邑儀(義)者,父母生其身,朋友長其值(志)。遇危則相扶,難則相救。"據此條記載及斯八一六〇號《親情社條》等相關材料,郝春文教授指出:"私社成員的互相幫助,既包括人力、物力的'扶持'和'救助',也包括道德層面的互相激勵(朋友長其志)。"①伯三二七六號背之《社齋文》云:"遂結邑義之良朋,逐載修榮之福。"生活在"良朋"的次級空間裏,極有利於社會公序良俗的形成,因爲邑義中的人際關係主要呈現爲異姓兄弟、賢友良朋的關係,"因而其意義也不限於社内,對於私社成員在社外與他人形成良好的人際關係,對於社會的穩定和鄉里的和睦,也具有積極意義"②。

　　邑義的指導思想及其具體運轉,其本身就是區域社會公序良俗的行爲載體。俄敦一一〇三八號《投社人狀抄》云:

　　　投社人某專甲

　　　右某甲,敦煌極西清塞,託鴻沙盛族。平張(章)結號(好),父子之鄉,布義貞松守節。某乙卯台(始)之歲,早憂恩愛之情;駈烏之年,實攀(盼)意深戀劫(切)。某乙今聞貴社衆會,忽臨華翰之芳,異累不群,土奇誕質。義重二陸,立珍宗而約於時;斷決三章,兢竹清而[如]其語。蓮襟絶代,不違向化之心。家順弟(悌)恭,實抱陳重之泰;忠父慈親,不妄高柴之幸。六親痛熱,騤騎撿愛而(如)奔星;澄難扶頃(傾),尋聲救危[如]扶嶺(鄰)。草人中微,少(紹)稟宗飼(嗣)筍(訓)之因③。

草人,古官名,掌土化之法。"草人"出現在投社狀中的文化意藴,趙家棟解釋云:"這裏指稱土化之風俗,即民風。"投社人的申陳,多維度地陳述了敦煌地區的風化問題。在投社人看來,敦煌百姓具有衆多美好的公序良俗,其中有:甲. 有節義;乙. 遵條式;丙. 崇忠孝;丁. 救危難;戊. 重情誼;己. 講平章。

　　斯六五三七號背《拾伍人結社社條》云:

<hr>

① 　郝春文:《中古時期社邑研究》,上海古籍出版社,2019 年,第 178 頁。
② 　郝春文:《中古時期社邑研究》,上海古籍出版社,2019 年,第 179 頁。
③ 　以上錄文參考了郝春文、趙家棟等人成果。見郝春文:《中古時期社邑研究》,上海古籍出版社,2019 年,第383—384 頁;趙家棟、付義琴:《俄藏敦煌 Дx. 11038〈投社狀〉校理》,載《敦煌學研究》2008 年第 2 期。

　　竊聞敦煌勝境,憑三寶以爲基;風化人倫,藉明賢而共佐。君白(臣)道合,四海來賓。五穀豐登,堅牢之本。人民安泰,恩義大行。家家不失於尊卑,坊巷禮傳於孝宜(義)。

　　上引文表明,敦煌社會的良俗公序,與百姓家庭生活的禮儀目標保持一致,都追求前述的"六順淳風",不失尊卑,講究"坊巷禮傳於孝義"。

　　齋文從各個方面肯定了敦煌地區的公序良俗。比如"公義""信義",伯三七二二號背之《亡考》云:"惟亡考稟靈山岳,挺秀風雲。懷公義於鄉間,盡忠孝於家國。"伯三七七二號＋伯三七七二號背之《亡考》云:"惟某亡考稟質英靈,夙標邃遠,資神挺秀,器識淹凝。信順顯於鄉間,意氣出於倫黨。"

　　伯三七七二號＋伯三七七二號背之《亡考》云:"惟某亡考寔迺依仁履信,守義居貞。處朝庭而謇謇,居鄉間而恂恂。"恂恂,恭謹溫順貌,是"溫良恭儉讓"的具體行爲方式。"恂恂有儒者之風",齋文稱譽亡者生前以"溫良恭儉讓"居處生活於鄉人之間。儒者之風也是次級生活空間——邑義生活的基本風貌,以伯三五三六號背《社條》序中所敘最爲全面:

　　夫立義社,以忠孝爲先。六業和會,然可書條。君子先思而後易,小人先易而後難,決定之言,誰聽百訓。古人有三州父子,五郡兄弟。長幼已有常流,尊卑須之(知)範軌。龍沙古制,則有社邑之名。邊地土豐,鄉間最切,追凶逐吉,自有常規。輕重科承,從來舊典。今已品蔭,悉是高門君子,爲結交情,創新社則。乃具條分明。義須禮儀,長幼有差,仍犯二條,實主掌責行。

　　前已考述"悉是高門君子"之語並不是實指社衆的血統出身,而是指社人們都具有高門君子一樣的道德懿範。高門君子的風範是由一系列儒家禮儀所體現出來的,即序中所提到的常流、範軌、古制、舊典、常規等。常流,即常例,與序文中的範軌、古制、舊典、常規等都是同義詞。序文表明社邑要綜合常例範軌、古制舊典來制定新的社則,而且這個新的社則,明確以儒家的"忠孝爲先",社人相處的基本準則"義須禮儀,長幼有差",若有人違反,社邑的主事人要按社條的規定責罰其人。上件中的具體條罰令文缺失,在斯五五二〇號《社條》中有明確記載:"結義已後,須存義讓,大者如兄,小者如弟。若無禮讓,臨事看過衍輕重,罰醴膩一延(筵)。"

　　"坊巷禮傳於孝義",相比於邑義這個次級生活空間,鄉間坊巷生活空間中的孝義禮讓缺乏有效的監督責罰機制,唯有興論、口碑的約束,齋會"嘆德"部分起到了興論喉舌導向工具的作用,所以,"嘆德"時總要述說齋主或亡靈的"邦家令望,鄉黨楷模",如伯三三六二號背之《亡父》云:

惟靈德行衆推，忠貞罕及。束髮從宦，壯冠而立。鄉閭仰止，朋友盛揖。禮樂行乎州里，信義傳於城邑。

伯二五四七號背之《課邑》云：

惟某並家傳杞梓，代襲冠纓。丈夫云：居少長［之中尊］，處鄉閭之重望。女婦云：節［儉貞柔］，温仁善教。慕善如不及，遠［惡］如探湯。

斯五一五號之《亡考》云：

伏惟先考名行衆推，信義傳德。爲鄉閭之令則，作邦國之鹽梅。

伯三七七二號＋伯三七七二號背之《亡考》云：

惟某先考仁風雅智，標領袖於鄉閭；睿德洪才，響金聲於上國。

斯五四三號背之《亡文》云：

斯乃惟靈氣稟沖和，生知禮樂，言也不二，行也無差，鄉閭標其賢，郡邑推其譽。

斯四四九二號背＋斯三四三號之《亡文》云：

伏惟考君英譽早聞，芳猷素遠；閭閻鼎蓋，郡邑推賢。

與家庭生活"承家盡孝悌之誠"的血緣親情相比，坊巷社區中的禮儀孝義，主要側重於鄉閭里閈的長幼尊卑有序、鄉黨公義及朋友之義，"郡邑推賢"與齋會"嘆德"起到了輿論引導和監督作用。

總的看來，以儒家的"仁義禮智信，温良恭儉讓"爲基本行爲準則，敦煌百姓從家庭、社邑、鄉閭三個不同的側面，構建起當地社會中的公序良俗和德行風範，纔有了敦煌百姓心中的"禮儀之鄉""敦煌勝境"。

## 本　章　小　結

在斯二八三二號、伯三一二九號等齋文中頻頻出現的"五百"及其同義詞一詞"半千""應賢""間生"等,是中國儒家政治文化的代表符號。自孟子提出"五百年必有王者興"之説起,"五百"就作爲一個成數日益演化成爲中國儒家政治文化的代表符號,它代表著儒家所認同的三代"大同"政治理想、"選賢與能"的任人機制以及"講信修睦"的生活氛圍,三者匯融而爲"天下大治"。

千年生聖、五百應賢,"五百年必有王者興"學説的核心部分,就是期待著賢明王者、輔弼能臣應世而現,給人們營造出清明政治與修睦社會的良好局面,因此,廣泛使用的"應賢"類詞語,表明了敦煌百姓對清明政治與修睦社會的期盼,意味著修睦社會與清明政治是當時敦煌百姓的集體認同與共同追求。在當時的敦煌人看來,但凡能使敦煌地區走向清明政治與修睦社會的人,不拘階層高低,無論其影響的範圍大小,都是"五百年應一賢",五百、應賢所代表的崇賢價值觀遂成爲敦煌地區各階層人士人生價值的評價標準之一。

斯五六三七號之《征還》云:"經文髫齒之前,緯武冠年之後。"一系列齋主的嘆德詞句表明,敦煌地區在孩童髫年之前的教育階段,除了進行日常生活必須的"能寫會算"基本技能訓練外,在個人品性的養成上,遵循漢代以來的"經明行修"培養模式。在弱冠之前的成長階段,敦煌地區強調"懷百藝以資身""多藝多能",尤其推崇文武雙全。不過齋文裏基本没有提及農工技藝,所稱揚者惟有儒家六藝。在儒家六藝中,敦煌百姓雖然也看重詞藻之能,但更多地是强調文者在禮樂上的"訓俗匡時"與九數上的"程工節費,開略有術"之能。齋文裏所看重的武才,更偏重於武略優長方面。總的看來,齋文嘆德所揭示的文武才能的考量指標表明:敦煌地區重視人才的真實辦事能力,與顏之推所論六類實干人才的標準完全相同。

伯三七七二號+伯三七七二號背之《元日》云:"婦德女儀,揚暉素篆。"以婦德女儀而"揚暉素篆"是敦煌百姓對婦女生命歷程的價值期許,即或達不到揚暉素篆,書傳有名,至少也要在姻親、鄉黨中傳下美名,"四德光於姻親,六行揚於里閈"。敦煌地區的婦德要求與中原無别,都是儒家的三從、四德、六行。從齋文看,敦煌百姓所認同的婦功至少包含五個方面:一是指絲、麻、毛等紡績、縫紉之事;二是主司中饋之事;三是主司家中祭祀之事;四是奉侍尊親之事;五是主訓育子嗣之事。母儀、女儀,指婦女的爲母之道和爲人母的儀範。敦煌母儀風範以班昭《女誡》爲軌範,推崇婦女"温容韶雅,淑禮和柔"。從齋文來看,敦煌婦女的行爲模板乃斯二八三二號之《亡妣文》中所説的"訓子行孟氏之風,和親有謝家之則"。謝家,即以孝道、和睦親族著稱於世的陳郡謝氏,謝道韞爲女中代表。敦煌婦女爲母教子所推崇的典範是以傳承清廉家風、教子有道的敬姜與孟母,世以"姜孟"並稱。具體而言,敦煌婦女教子的主要内容爲三備、六條。三備爲敦煌地區公認的"君、父、師"三備與《孝經》中的"德、行、言"三備。"君、父、師"的三備,側重於社會生活的側面;"德、行、言"的三備,側重於家庭生活的側面。二者結合,行爲身範,母儀外則。六條是指咸熙二年(二五六)西晉官府所頒布的六條中正品評人才、薦舉賢才的標準。六條從德、能、勤、清、信、學六個方面來考察和選拔人才,是一個比較綜合的考評體系,其中含有可以跨越時代的人才評價標準與人文精神,後世遂在此基礎上損益完善而爲"德能勤績"的綜合考核評價體係。就唐代"四善二十七最"來看,在唐代,六條所蘊含的内容仍然是人才評價體係中的重要内容,齋文所云敦煌地區訓子以"六條",表明在唐五代宋初時六條一直是家庭教育中訓子的準繩。

伯三四九四號"播千載之英聲,崇一乘之勝軌"所代表的終極關懷最高標準和理想圖景,實在難以企及。而伯二八二〇號等齋文所云的"寶劍雕弓,立功名於聖代""抽捨珍絲,欽望當來之福"的人生目標則是人所能及,而且具體的行爲指南簡捷明了:寶劍雕弓以"建功",抽捨珍絲以"建福"。齋文顯示,敦煌百姓建功基礎目標是"子男五品"。

伯三七七〇號之《置傘文》云:"惟願長承五福,永謝百憂。"五福的人生是一種物質生活富裕、精神生活愉悦、無疾長壽、樂盡天年的理想人生,缺其一而不能爲美滿,五福相生才算是真正的幸福人生,由此"五福咸臻""五福臨門"成爲傳統文化對終極人生關懷的最高境界設計,這是傳統文化背景下的"好生",於是"長承五福"就成爲了敦煌齋文里最具典型性的祈願語句。佛教傳入後,其宣稱的人生八苦、三災、八難、九横,與傳統文化中所論的災禍觀念交集無多,佛教更新了世人的災難禍患觀念,尤其使世人對死亡有了"恐落三塗"的懼怕感。在新的災患觀念下,佛教宣稱功德福田可以免除災患,轉禍爲福,營齋即得福,施者即得福,由此佛教給傳統文化的百福賦予了新的含義,中國傳統文化中原本泛指而又模糊的百福變得清晰而形象具體起來,各種類型的齋會構成了"百福"的全體,"是福咸臻"因此具有了可操作性。百福資身,轉禍爲福,福將劫遠,是謂佛教文化氛圍下的"好生"。

斯五五七三號之《社齋文》云:"伏惟三官衆社等高門君子,塞下賢禮。"俄敦〇一二〇〇號之《女人社文》云:"並是高門士女,豪族夫娘。"並是高門在齋文中並不是誇飾之詞,其在齋文中的本義是讚譽社衆或個人具有彬彬禮儀、謙謙德行,有著與高門君子同樣的德行風范,故齋文中的高門君子是指"高門家風",不是實指高門中人。齋文中頻頻以"高門君子"爲喻,正反映了唐代以來敦煌百姓重積學、重修身的君子世風。在重家風的背景下,通過齋文,可以看到,儒家的"仁義禮智信,温良恭儉讓"是敦煌百姓處理家庭、家族關係的基本準則,"訓傳五教"是敦煌百姓以高門君子爲最佳模版的行爲實踐;"六順淳風"是百姓家庭生活要達到的文化氛圍和目標。鄉間、鄉里是百姓家庭生活之外的第一生活空間,邑義是百姓在家庭、鄉里中間的一個次級生活空間,在這兩個空間中,敦煌百姓以"懷公義於鄉閭""坊巷禮傳於孝義"爲行爲指歸,構建起當地社會中的公序良俗和德行風範,纔有了百姓心中的敦煌"禮儀之鄉""敦煌勝境"。

# 結語　齋文的背後：捨得之間

齋文應齋會而生，齋會因捨施而起。

入唐以來，民間流俗，捨施成風。唐玄宗深以爲不值，直斥其弊云："念彼流俗，深迷至理。盡軀命以求緣，竭資財而作福。未來之勝因莫效，見在之家業已空。事等繫風，猶無所悔。"[1]敦煌百姓未能免此流俗，捨施不斷。郝春文教授考評其事説："他們奉獻出自己的物品，希望能夠得到佛的保佑和幫助。施主的物品實際上是被都司、寺院和僧人無償佔有了，得到的只是精神上的安慰。這種交換的得失在今天看來並不難判斷，但在當時，施捨與接受的雙方都不認爲有什麽不妥。"[2]以此看來，無論在當時還是現今，都有智者覺得信衆向寺院或者僧團的捨施大爲不值，然而此中的關鍵是"施捨與接受的雙方都不認爲有什麽不妥"。

追溯敦煌百姓捨施物品的去向，就會發現這些物品與齋會的聯繫程度越來越高。接受了佛教"施者得福"觀念的信衆們在他們早期的捨施中，的確只是單純的供佛功德的捨施，在敦煌的極致情形是伯二八六三號背、伯三五四一號背、北大敦一六二號等捨施疏中以"無名"爲號進行的不留名捨施。唐中後期以來的捨施情形表明："在歸義軍時期特別是曹氏歸義軍時期，許多普通民衆更熱衷於自己組織起來從事修窟、造像、設齋等佛教活動。也就是説，很多人不再將自己的物品施給寺院、僧人，而是直接用這些物品做功德。"[3]修窟、造像等各類佛教文物建造活動在告成之日，必定要舉行慶揚齋會。一句話，就是中唐以後百姓的捨施不再是直接的財物捨施，而是通過"齋會"這個媒介來捨施。在前面的討論中，我們可以看到一場齋會實際上可以分爲兩個部分：以齋文陳願祈福爲目的的文化表演盛筵、以百味供陳爲目的的飲食盛筵。所以，和齋會繫聯在一起的捨施，實際上是施者購買了僧人的"梵響"產品——誦念及其相應表演，這與我們今天去影劇院買票欣賞歌劇並没有什麽差異。僧人付出了他們的文化創造勞動，得到了相應的捨施齋儭。因此，在敦煌百姓那裏，施捨與接受的雙方都不會認爲有什麽不妥。通過齋會，捨施方至少有三個方面的收獲：一是得到了濟渡苦海所需要的功德福田，資未來之幸福；二是享受了齋會現場表演的文化盛筵；三是享受了飯資百味的美食盛筵。因此，在捨施者那裏，捨施是物有所值的。有捨必有得，得在心靈的愉悦。

---

① （清）董誥等撰：《全唐文》卷三〇唐玄宗《禁僧徒斂財詔》，中華書局，1983 年，第 339 頁。
② 郝春文：《唐後期五代宋初敦煌僧尼的社會生活》，中國社會科學出版社，1998 年，第 269 頁。
③ 郝春文：《唐後期五代宋初敦煌僧尼的社會生活》，中國社會科學出版社，1998 年，第 259 頁。

　　百姓的捨施換來了佛教所謂的功德福田,禮佛、誦經、持齋戒等其他途徑也能獲得功德福田,但在敦煌百姓那裏,舉辦齋會最受青睞。其中的緣由有多重:首先,營辦齋會的可操作性强,影響范圍廣,站在施者的立場上,證盟功德的效果最佳。其次,佛教宣稱"佛法僧寶,最上福田"①,相對於其他的途徑而言,齋會中供佛、齋僧、宣揚佛法,屬於全方位的"敬重三寶,成樹福田"②,故此在敦煌民衆那裏,一場齋會而佛、法、僧三寶俱敬,可以獲得最上福田,"雖示福多途而濟苦,其一福之最者,其惟齋焉!"③"夫齋者,衆善之本,福無以加。"④再次,齋會及其齋僧行爲所得到的五福報,最是契合於傳統文化"冀五福、遠六極"的心理需求。又次,齋會是文化與飲食的雙盛筵,給齋主帶來佛法潤身的心靈歡娛、來世幸福及現實的口腹飲食之樂,得到了無限的歡娛,此即齋文中所標稱的"非福無以置歡娛"⑤。最後,"[非]齋無以資後果"⑥,舉辦齋會所得功德可以獲得佛的冥護,死後得往生天,神遊浄土。總之,經由齋會,百姓付出的捨施做到了利益最大化,以此在諸多福田的獲取途徑中,齋會最受敦煌百姓的青睞。

　　齋會是敦煌百姓解決人生終極關懷事務的重要手段。所謂人生終極關懷問題,其實就是人生爲何而生、人死往何處去的問題。敦煌齋文顯示:敦煌百姓關於人生終極關懷的問題有儒、佛兩種答案。

　　中國儒家傳統文化對"爲何而生"這個終極關懷問題的答案分爲兩個層面:一是人生的終極奮鬥目標:即儒家所確立的立德、立功、立言三不朽,齋文中表述爲人生在世要"播千載之英聲",民間通俗的説法是"雁過留聲,人過留名",或許播千載英聲"留名萬代"⑦的目標過於高遠,百姓更認可"德備四鄰""德備衆中"這樣的小范圍聲名。二是人生的幸福感:傳統文化所確立的人生在世的最大幸福感爲"五福臨門",齋文中表述爲"長承五福"。傳統文化關於"人死往何處去"的答案是"人死後長爲泰山地府之鬼",個人生前的德性與死後子嗣的四時祭祀是鬼魂在泰山地府幸福生活的保證。由此,在中國傳統文化裏,個人的德性與後代子嗣是非常重要的兩件大事。子嗣涉及到生時的老有所養以及死後在地府的好死生活處境,古人極爲看重,孟子所謂"不孝有三,無後爲大"者,即是立足於無後代而"絶先祖嗣"⑧。雖然孟子所説的"無後爲大"的含義有多種解釋,但在古人的觀念世界裏,没有子嗣的"斷子絶孫"絶對與"不得好死"同義,因爲没有子嗣的四時祭拜,人死後就要在泰山地府裏執苦役受苦。

　　在儒家的人生終極關懷答案下,世人追求建功立業,關注自己的德性。尤其儒家所説的德性,是事關生、死兩個境界的大事。斯五四三號背之《亡文》云:"斯乃惟靈氣稟沖和,生知

---

①　斯四九九二號背之《社齋文》。
②　伯三七二二號背之《征行迴》。
③　斯四六四二號之《星使大夫》。
④　伯三三〇七號之《願文》。
⑤　伯三一二九號之《雲陽和尚大會齋文》。
⑥　伯三一二九號之《[先]修十會齋文》。
⑦　伯二〇五八號背之《亡弟》。
⑧　(宋)朱熹撰:《孟子集注》卷七《離婁》,收入朱熹撰:《四書章句集注》,中華書局,1983年,第286、287頁。

禮樂,言也不二,行也無差,鄉閭標其賢,郡邑推其譽。"立德既是個人生前的名聲所在,亦是死後美好生活的憑借。德性,不僅是指個人平日的德性完備,還指個人的德性在四鄰、群伍、邑義、衆中、鄉曲、郡邑等自己的生活圈子裏被承認。則知日常生活處,即是個人立德之處。只有被衆人承認了的美德,纔算得上是身後傳美名,庶幾身死而精神不滅,薪盡而火傳。

應該説,儒家的"衆中立德"與"繼先祖嗣"這樣的人生目標是絶大多數百姓都可以實現的人生目標,以此,世人日常生活關注的焦點在於生時的德性與繼先祖嗣。齋文中的"播千載之英聲""德備四鄰""魂歸岱岳""岱岳魂飛""岱[嶽]無再返之期"①等大量語詞表明敦煌百姓的日常生活一直都在傳統文化人生終極關懷思想的導引下。儒家終極關懷思想下的人生,是建功立德的人生,是繼先祖嗣的人生。修橋、補路、鑿井、施粥、賑濟及孝養父母,既是儒家立德處,又是佛教信衆最上福田處。

"超一乘而登彼岸""證涅槃之彼岸"是佛教對人生終極關懷問題給出的答案。佛教認爲"衆生皆苦",不像儒家那樣爲人生提供了最高幸福感。佛教宣稱苦海茫茫,唯福善方可濟渡。佛教給人生提供的惟一幸福感只有"福樂",宣稱"非福無以置歡娛"。以此,佛教信衆人生存在的唯一價值就是積纍福善,庶幾解脱苦難,死後得以清昇彼岸,神遊净土。在前面的討論中,我們看到日常生活中的生、老、病、死、衣、食、住、行、樂、育及生産領域等各個方面都可以藉"齋會"來祈佛福佑和積纍功德福田,則知日常生活處,都是做齋處,都是積福處。佛教的"福",既可以解決現世、來世的苦,八福扶身而神歸净土,獲得死後的終極解脱快樂,又可以在現實生活中去禍除災,轉禍爲福,獲得現世的平安。齋會是敦煌信衆解決人生終極關懷"死往何處去"問題的重要手段,以此"建福"就成了信衆日常生活的一個重要側面。

儒、佛兩種人生終極關懷答案,民間通俗的説法爲"好生好死"。齋文中表述世人"好生好死"意願的祈望語句有兩個核心語詞:"五福"與"净土"。五福是中國傳統文化對於幸福美滿人生的五項評價指標,"五福咸臻"爲世人心中最圓滿的幸福生活,以"五福"爲核心,中國傳統文化構建了一套關於"好生"的話語系統;净土是佛教對死後幸福生活場所的完美描繪,以"净土"爲核心,佛教構建了一套關於"好死"的話語系統。"好生"享五福,"好死"往净土,"五福"與"净土"共同構建了世人生享五福、死入净土的生死思維模式。儒、佛兩家的"好生好死"各有側重,儒家重好生,佛教重好死。齋文里的各種祈願與嘆德頌語縱然千般變化,其核心的本質,無非就是圍繞儒、佛兩種人生價值觀祈求生集"五福"、死往"净土"。

"韶揚葉媚,滌紺殿以流暉;新鳥初飛,遶禪林而弄羽。"佛教造就的生活環境當然不止於"滌紺殿以流暉"這樣的物質環境,還有隨風傳來的"鐘梵合響"的文化意境,伯二六三一號之《時序》云:"花繁鳥集,葉茂鸚喧。炎雲蒸野,暑色侵人。絲竹相參,鐘梵合響。"晨鐘暮鼓,僧尼們早晚集聚禪課,斯四九九二號背+斯三四三號之《僧患文》云:"嚴心進具,轉益修持。晨

---

① 斯二八三二號之《亡號頭》。

昏不假於諮承,且暮無虧于參問。"伯二〇五八號之《尼僧》云:"乃幼懷俊德,負藝懷能;英才每闡於五篇,探頤不虧於七聚。談經無服,蘊八敬而旦夕精持;進具修真,整三千而晨昏匪怠。"晨鐘暮鼓,亦是俗世信衆平日兩時修持的信號,斯二八三二號之《夫人》云:"夜聽洪鍾之嚮,斂玉掌而遥恭;朝師清梵之音,整羅衣而遠敬。"伯三一二九號之《金剛碰慶修功德文》云:"[遂得街巷里]坊,入暮而常聞磬韻;千門萬户,清晨而盡覺香煙。"

禪課,只是僧尼們平日裏宗教生活之一斑。對於僧尼們的諸種宗教生活,在唐人那裏常常將它們比附於儒家的立德、立功、立言三不朽,比如,入唐遊學士人崔致遠就將華嚴宗法藏大師的平生事跡作如斯之喻,有研究者據以指出:"法藏的遊學、削染、示滅三者,就是立德;講演、傳譯、著述就是立言;修身、濟俗、垂訓就是立功。"① 相較而言,俗世普通百姓信衆的宗教生活就只是"隱俗修真"②,也就是修身與濟俗兩個方面。

敦煌百姓推崇"内秘菩薩行"③。齋文裏提到的"修身",既有傳統文化的修身,亦有佛教的修身。傳統文化的修身方式即曾子的"日三省吾身",其檢省自身德性的内容有"爲人謀而不忠乎? 與朋友交而不信乎? 傳不習乎?"④ 這只是曾子最爲看重的三條,實際上,傳統文化修身的全部内容是儒家的仁義禮智信,伯二三一三號背之《歎亡》云:"英然樹德,鄉鄰軌其六能;卓爾修身,邦邑則其五禮。"伯三七七二號 + 伯三七七二號背之《皇太子》云:"修身則日九退思,行孝則朝三問豎。"斯四四七四號之《探油》云:"惟公稟性克和,行惟懿素;情質恭貌,信義成仁。述不貳過而立身,實三思而尅己否。"佛教的修身則是指持戒律修身,斯五六三一號背《僧》云:"玄通經論,窮十二部之秘言;禁守律儀,奉三千戒之要行。"北敦〇〇〇一七號背之《嘆僧號》云:"宿植德本,衆人愛敬;以慈修身,善入佛惠者,則某公之[謂]也。"伯三一二九號之《和尚慶經文》云:"積德累功,修身慎行,知福[是安身]之本,知惠是入聖之因。"實際上,在佛教傳入中國後,儒佛思想就在相互吸收,"儒家的禮義,佛教也在比附、吸收"⑤。在早期,儒家甚至直接將佛教戒律比定爲儒家的五教,如顏之推云:"内外兩教,本爲一體,漸極爲異,深淺不同。内典初門,設五種禁,外典仁、義、禮、智、信,皆與之符。仁者,不殺之禁也;義者,不盜之禁也;禮者,不邪之禁也;智者,不淫之禁也;信者,不妄之禁也。"⑥ 由於儒佛思想相互滲透,所以在修身方式上,信衆往往是儒佛標準並用,"外爲君子儒,内修菩薩行"⑦ 便是兩種修身方式並用後所形成的生活方式,故自唐代以來,"服勤圣人之教,尊禮浮屠之事者,比比有焉"⑧。在"崇儒重佛"的敦煌地區,"外爲君子儒,内修菩薩行"的人亦是比比有焉,如斯六

---

① 郭紹林:《唐代士大夫與佛教(增補本)》,三秦出版社,2006 年,第 272 頁。

② 伯二六三一號之《妣》。

③ 北敦〇〇〇一七號之《誦法華》。

④ (宋)朱熹撰:《論語集注》卷一《學而》,收入朱熹撰:《四書章句集注》,中華書局 1983 年,第 48 頁。

⑤ 郭紹林:《唐代士大夫與佛教(增補本)》,三秦出版社,2006 年,第 270 頁。

⑥ 王利器撰:《顏氏家訓集解(增訂本)》,中華書局,1993 年,第 368 頁。

⑦ (清)董誥等撰:《全唐文》卷六八一白居易《祭中書韋相公文》,中華書局,1983 年,第 6965 頁。

⑧ (清)董誥等撰:《全唐文》卷五七九柳宗元《送文暢上人登五臺遂河朔序》,中華書局,1983 年,第 5851 頁。

一七九號《持齋供佛捨施文》云：“覽儒宗而備曉，諺釋典而窮研。”斯五六三九號＋斯五六四〇號之《社邑文》云：“韜君子之清風，修菩提之白業。”伯二〇五八號背之《願齋文》云：“含君子之風懷，敬重福田。”

“皇天無親，惟德是輔。”[①]在這個思想觀念下，傳統文化有一種自省機制：古代天象、物象出現異常變化且當時又無法合理解釋之時，古人視以爲“妖災”。在古人那裏，妖災是人的德性與行爲出了偏差而上天爲此發出的警醒提示。因此，在妖災出現時，人們要反省自己的過失，糾正自己的過失。君上有明德而下民無災患，這是“皇天無親，惟德是輔”政治理念在底層百姓中形成的思維方式。齋文祈禱君有明德，實則是百姓期望風調雨順、已無災患。齋文裏反映了敦煌百姓值妖災而反省的情形，如斯二八三二號之《從軍陣平安回》云：“惟公懷忠奉國，抱義匡時；名標畫閣之中，聲震寰宇之外。忽見妖星夜朗，煞氣朝凝。”佛教也有自身的反省機制，在佛教那裏，座禪不調和業病兩大類病都屬於己身德性有虧所致，因此需要反思己過並做齋會祈佛禳除，如：弗魯格二六三號＋弗魯格三二六號之《患文》云：“某公染患已來，經今數旬，葉餌頻投。投仗三尊，乞垂加護。其患者乃自從無始曠劫已來，至於今日，造十惡業，身三口四意三業道，廣造諸罪。謹因今日，對三寶前，披肝露膽，不敢覆藏，盡皆懺悔，願罪消滅。”

齋文中的“家崇正信，門傳善風”“家傳正信，敬重福田”“家傳十善，名播五常”“門崇十善，信受一乘”；以及敦煌地區衆多的父母親給孩子取名“糞堆”“搗撞”“佛奴”之類富於佛教色彩的名字[②]，都可以説明敦煌地區百姓的崇佛存在着以家庭爲單位的現象。“中國家庭的宗教行爲，最重要的是在家人死亡之後爲亡者所舉行的喪葬儀式；爲紀念亡故先人而作的祭掃事項，爲娶婦、添丁進口所舉行的慶祝與祭告活動，爲攘除災害祈恩要福所舉行的敬神儀式。”[③]敦煌百姓家庭作爲宗教單元，其宗教活動也確實有上述表現，這只是共性的方面，從第二章所討論的敦煌百姓居家生活的齋會來看，敦煌百姓的宗教活動更具有區域性的特點。他們最爲關注的問題，是祈求各類應賢人物現世，構建現實社會的和睦與平安。追溯敦煌百姓捨施物品的去向[④]，可以發現“求佛佑平安”確實爲第一的捨施要願，這説明在“好生好死”終極關懷問題的解答中，敦煌百姓更偏重於“好生”的平安，齋會只是敦煌百姓實現“好生”的一個具體手段。而百姓之所以樂於採用齋會這個手段，只是因爲傳統慶賀儀式只具有喜慶的功能，而佛教齋會既得以極限喜慶歡慶，還可以產生功德福田，遂使“喜上添福”的慶賀齋會日漸爲信衆所樂用。至於生活中的喪事悼亡、衝撞神鬼之類的潛在災事，齋會又能“轉災

① （漢）孔安國傳，（唐）孔穎達注疏：《尚書正義》卷一二《洪範第六》，收入（清）阮元校刻：《十三經注疏》，中華書局，1980 年，第 193 頁。
② 詳見高啓安：《信仰與生活——唐宋間敦煌社會諸相探賾》，甘肅教育出版社，2014 年，第 29—45 頁。
③ 侯傑、范麗珠：《世俗與神聖：中國民衆宗教意識》，天津人民出版社，2001 年，第 2 版，第 26 頁。
④ 據郝春文《敦煌百姓捨施物品詳表》，詳見《唐後期五代宋初敦煌僧尼的社會生活》，中國社會科學出版社，1998 年，第 242—252 頁。

成福",既成就了功德福田,又得以轉禍爲安,信衆也就樂於用齋會來處理相關日常生活節點中的禍災事宜。

"總斯福善"是敦煌齋文常用的迴向用語。在佛教那裏,人生最大的福報就是"善"。佛教的"善",指"其性安穩,能於現在世、未來世中,給與自他利益之白浄法"。其廣義的"善",指"與善心相應之一切思想行爲,凡契合佛教教理者均屬之"①。斯五一五號之《亡號》云:"緬尋大教,皆崇孝理之風;歷考前修,並得報先之禮。非神道不可以追薦,非法力不可以清昇。"則知敦煌齋文中的"福善",是指善導大師所説的"世善、戒善、行善"三善,亦稱"世福、戒福、行福"三福,"世福指忠信孝悌之道,戒福指戒法,行福指大乘自行化他之行"②。以此觀之,齋文中"福善"的具體内容實際上指禮義、戒律和福田三項,這三項福善思想引導著人們日常生活的行爲方向。故此,齋文中重視福善,認爲"恤物安邦,莫先於福善"③。可以説,齋會這個手段雖屬於佛家,但在其背後運轉的真實思想與行爲準則卻是儒佛一體,在佛事的儀式外衣下,内裏奉行的行爲準則有儒家的忠信孝悌之道。

統觀敦煌齋文,"賢""善"二字可盡齋文之要旨。"賢"的本義爲"有德行,多才能",《漢語大詞典》載其最早的用例是《書·大禹謨》:"克勤於邦,克儉於家,不自滿假,惟汝賢。"④齋文嘆德中所述説的德行、百藝才能與應賢,體現出敦煌百姓追求五福美滿人生的努力,展現出敦煌百姓致力於現世幸福的"建功"人生。"末叶蒼生,咸資福善",敦煌信衆於日常生活中秉禮俗、守戒律、行善事,力圖功行圓滿,清昇彼岸,展現出敦煌百姓爲彼岸幸福的"建福"人生。賢,是爲此岸美好;善,是爲彼岸美好。

齋文云敦煌"齋局頻頻",頻頻的齋局以社區表演、社區廣播的形式,反復地向百姓宣傳賢、善的價值觀,通過嘆德語句樹立儒家"信義雙施"的典範,促使敦煌百姓注重生前的德名,對社區修睦局面的形成有著不可忽視的文化貢獻。

信衆早晚二時焚香禮佛,生活中持戒修行。信衆的生老病死、衣食住行、學習休閒、歲時節慶、農作工作等人生事務,俱用齋會以求福善。齋會是敦煌百姓的建福場所,是敦煌社區的文化盛筵,是設齋百姓的美食盛筵。在敦煌百姓那裏,生前德名,死後生天。生活依禮俗,濟渡靠福善,願成有齋會,歡娛有齋會。齋會活動構建了敦煌百姓日常生活的重要側立面。

① 慈怡主編:《佛光大詞典》,佛光出版社,1988 年,第 4873 頁。
② 慈怡主編:《佛光大詞典》,佛光出版社,1988 年,第 4873 頁。
③ 伯二二五五號背之《願文》。
④ 羅竹風主編:《漢語大詞典》第一〇卷,上海辭書出版社,1992 年,第 234 頁。

# 參考及徵引書目

**一、傳世文獻**（按書名音序排列）

《抱樸子内篇校釋》,（晋）葛洪撰,王明校箋,中華書局,一九八五年。

《北户録注》,（唐）段公路撰,（唐）崔龜圖注,中華書局,一九八五年。

《北夢瑣言》,（宋）孫光憲,中華書局,二〇〇二年。

《備急千金要方校釋》,（唐）孫思邈撰,李景榮等校釋,人民衛生出版社,一九九八年。

《本草綱目拾遺》,（清）趙學敏著,閆志安校注,中國中醫藥出版社,二〇〇七年。

《本草綱目校點本》,（明）李世珍撰,劉衡如等校注,人民衛生出版社,一九七五年。

《本草綱目》（新校注本）,（明）李世珍撰,劉衡如等校注,華夏出版社,二〇〇八年,第三版。

《本草經集注》,（南朝梁）陶弘景,人民出版社,一九九四年。

《〈本草拾遺〉輯釋》,（唐）陳藏器撰,尚志鈞輯釋,安徽科學技術出版社,二〇〇三年。

《本草圖經》,（宋）蘇頌等撰,尚志鈞輯校,安徽科學技術出版社,一九九四年。

《博異志》,（唐）穀神子,中華書局,一九八〇年。

《朝野僉載》,（唐）張鷟撰,中華書局,一九七九年。

《初學記》,（唐）徐堅等撰,中華書局,一九六二年。

《楚辭章句》,（漢）王逸撰,文淵閣四庫全書第一〇六二册,臺北商務印書館,一九八五年。

《大慈恩寺三藏法師傳》,（唐）慧立、彦悰著,孫毓棠、謝方點校,中華書局,一九八三年。

《大唐西域記校注》,（唐）玄奘、辯機原著,季羨林等校注,中華書局,一九八五年。

《道光敦煌縣志》,（清）蘇履吉、曾誠撰,臺北成文出版有限公司,一九七〇年。

《東京夢華録注》,（宋）孟元老撰,鄧之誠注,中華書局,一九八二年。

《法苑珠林校注》,（唐）釋道世著,周叔迦、蘇晉仁校注,中華書局,二〇〇三年。

《法苑珠林校注》,（唐）釋道宣著,周叔迦、蘇晉仁校注,中華書局,二〇〇三年。

《封氏聞見記》,（唐）封演撰,趙貞信校注,中華書局,二〇〇五年。

《格物粗談》,（宋）蘇軾,中華書局,一九八五年。

《光緒肅州新志》,（清）何衍慶等編纂,《中國地方志集成·甘肅府縣志輯》第四八册,鳳凰出版社,二〇〇九年。

《海藥本草(輯校本)》,(五代) 李珣撰,尚志鈞輯復,人民衛生出版社,一九九七年。

《漢書》,(漢) 班固撰,(唐) 顏師古注,中華書局,一九六二年。

《晉書》,(東晉) 王隱,《續修四庫全書》第一二一〇冊,上海古籍出版社,一九九五年。

《晉書》,(唐) 房玄齡等撰,中華書局,一九七四年。

《舊唐書》,(後晉) 劉昫等,中華書局,一九七五年。

《開元天寶遺事》,(五代) 王仁裕撰,曾貽芬點校,中華書局,二〇〇六年。

《康熙字典》標點整理本,(清) 陳廷敬等撰、漢語大辭典編纂處整理,漢語大辭典出版社,二〇〇五年。

《老老恒言》,(清) 曹庭棟撰,王振國整理,人民衛生出版社,二〇〇六年。

《烈女傳》,(漢) 劉向,中華書局,一九八五年。

《南部新書》,(宋) 錢易撰,黃壽成點校,中華書局,二〇〇二年。

《南方草木狀》,(晉) 嵇含,文淵閣四庫全書第五八九冊,臺北商務印書館,一九八六年。

《南海寄歸內法傳校注》,(唐) 義淨撰,王邦維校注,中華書局,一九九五年。

《泊宅編》,(宋) 方勺撰,許沛藻、楊立揚點校,中華書局,一九八三年。

《齊民要術校釋》,(北魏) 賈思勰著,繆啓愉校釋中國農業出版社,一九九八年,第二版。

《千金食治》,(唐) 孫思邈撰,吳受琚注釋,中國商業出版社,一九八五年。

《千金翼方》,(唐) 孫思邈撰,人民衛生出版社,影印,一九五五年。

《清異錄(飲食部分)》,(宋) 陶穀撰,李益民注,中國商業出版社,一九八五年。

《全唐詩》,(清) 彭定球等編,中華書局,一九六〇年。

《全唐文》,(清) 董誥等撰,中華書局,一九八三年。

《日華子本草(輯釋本)》,(五代) 日華子集,尚志鈞輯釋,安徽科學技術出版社,二〇〇五年。

《三國志》,(晉) 陳壽撰,中華書局,一九六四年。

《膳夫經手錄》,(唐) 楊曄撰,收入《叢書集成續編》第八六冊,臺北新文豐出版公司,一九八九年。

《十三經注疏》,(清) 阮元校刻,中華書局,一九八〇年。

《食療本草》,(唐) 孟詵撰,張鼎增補,尚志鈞輯校,安徽科學技術出版社,二〇〇三年。

《食醫心鏡(重輯本)》,(唐) 咎殷撰,尚志鈞輯,安徽科學技術出版社,二〇〇三年。

《史記》,(漢) 司馬遷撰,中華書局,一九五九年。

《史通》,(唐) 劉知幾撰,吳琦等點校,岳麓書社,一九九三年。

《説文解字校訂本》,(漢) 許慎著,班基慶等點校,鳳凰出版社,二〇〇四年。

《四部醫典》,(吐蕃) 宇妥·元丹貢布等著,李永年譯,人民衛生出版社,一九八三年。

《四民月令校注》,(漢)崔寔著,石聲漢校注,中華書局,一九六五年。

《四時纂要校釋》,(唐)韓鄂撰,繆啓愉校釋,農業出版社,一九八一年。

《四書章句集注》,(宋)朱熹撰,中華書局,一九八三年。

《蘇軾詩集》,(清)王文誥輯注,孔凡禮點校,中華書局,一九八二年。

《隋書》,(唐)魏徵等撰,中華書局,一九七三年。

《太平廣記》,(宋)李昉等編,中華書局,一九六一年。

《太平御覽》,(宋)李昉等編,中華書局,一九六〇年。

《唐會要》,(宋)王溥,中華書局,一九五五年。

《唐六典》,(唐)李林甫等撰,陳仲夫點校,中華書局,一九九二年。

《外臺秘要方校注》,(唐)王燾撰,高文柱校注,學苑出版社,二〇一〇年。

《王梵志詩校注》,(唐)王梵志著,項楚校注,上海古籍出版社,一九九一年。

《魏書》,(北齊)魏收,中華書局,一九七四年。

《文昌雜録》,(宋)龐元英,中華書局,一九八五年。

《吳氏中饋録》,(宋)浦江吳氏撰,孫世增等注釋,中國商業出版社,一九八七年。

《五雜組》,(明)謝肇淛,中華書局,一九五九年。

《物類相感志》,(宋)釋贊寧,中華書局,一九八五年。

《西京雜記校注》,(漢)劉向撰、(晉)葛洪集,向新陽、劉克任校注,上海古籍出版社,一九九一年。

《相山集》,(宋)王之道,《文淵閣四庫全書》第一一三二冊,臺北商務印書館,一九八五年。

《香譜(外四種)》,(宋)洪芻等撰、田淵整理點校,上海書店出版社,二〇一八年。

《新唐書》,(宋)歐陽修、宋祁撰,中華書局,一九七五年。

《新校正夢溪筆談》,(宋)沈括撰,胡道靜校注,中華書局,一九五七年。

《新修本草(輯復本)》,(唐)蘇敬等撰,尚志鈞輯校,安徽科學技術出版社,二〇〇四年,第二版。

《藥性論(輯復本)》,(唐)甄權撰,尚志鈞輯釋,安徽科學技術出版社,二〇〇六年。

《〈一切經音義〉三種校本合刊》,(唐)玄應、(唐)慧琳、(遼)釋希麟撰,徐時儀校注,上海古籍出版社,二〇〇八年。

《飲膳正要》,(元)忽思慧撰,李春方譯注,中國商業出版社,一九八八年。

《飲食須知》,(元)賈銘撰,陶文臺註釋,中國商業出版社,一九八五年。

《酉陽雜俎》,(唐)段成式撰,方南生點校,中華書局,一九八一年。

《元和郡縣圖志》,(唐)李吉甫撰,賀次君點校,中華書局,二〇〇五年。

《樂府詩集》,(宋)郭茂倩,中華書局,一九七九年。

《雲仙雜記》,(後唐)馮贄,《文淵閣四庫全書》第一〇三五冊,臺北商務印書館,一九八五年。

《證類本草》,(宋)唐慎微撰,尚志鈞校,華夏出版社,一九九三年。

《肘後備急方》,(晉)葛洪撰、王均寧點校,天津科學技術出版社,二〇〇〇年。

《資治通鑒》,(宋)司馬光編,(元)胡三省音注,中華書局,一九五六年。

**二、出土文獻(按書名音序排列)**

《北京大學圖書館藏敦煌文獻》第一~二冊,北京大學圖書館、上海古籍出版社編,上海古籍出版社,一九九五年。

《敦煌變文校注》,黃征、張涌泉校注,中華書局,一九九七年。

《敦煌表狀箋啓書儀輯校》,趙和平,江蘇古籍出版社,一九九七年。

《敦煌經部文獻合集》,張涌泉主編,中華書局,二〇〇八年。

《敦煌秘笈·影片冊》,杏雨書屋,二〇〇九年~二〇一三年。

《敦煌社會經濟文獻真跡釋録》第二~五輯,唐耕耦、陸宏基編,全國圖書館微縮復製中心,一九九〇年。

《敦煌社會經濟文獻真跡釋録》第一輯,唐耕耦、陸宏基編,書目文獻出版社,一九八六年。

《敦煌社邑文書輯校》,寧可、郝春文輯校,江蘇古籍出版社,一九九七年。

《敦煌學海探珠》,陳祚龍,臺灣商務印書館,一九七九年。

《敦煌醫藥文獻輯校》,馬繼興等輯校,江蘇古籍出版社,一九九八年。

《敦煌願文集》,黃征、吳偉編,岳麓書社,一九九五年。

《俄藏敦煌文獻》第一~一七冊,俄羅斯科學院東方研究所聖彼得堡分所、俄羅斯出版社東方分部、上海古籍出版社編,上海古籍出版社,一九九二年~二〇〇一年。

《法國國家圖書館藏敦煌西域文獻》第一~三四冊,法國國家出版社、上海古籍出版社編,上海古籍出版社,一九九五年~二〇〇五年。

《甘肅藏敦煌文獻》第一~六冊,甘肅省文物局編,甘肅人民出版社,一九九九年。

《吐魯番出土文書》第九冊,國家文物局古文獻研究室等編,文物出版社,一九九〇年。

《英藏敦煌社會歷史文獻釋録》第一~一八卷,郝春文等編著,社會科學文獻出版社,二〇〇一年~二〇二二年。

《英藏敦煌文獻(漢文佛經以外部分)》第一至一四冊,英國國家圖書館、中國社會科學院歷史研究所編,四川人民出版社,一九九〇年~一九九五年。

《英國國家圖書館藏敦煌遺書》第一~五〇冊,方廣錩、吳芳思主編,廣西師範大學出版社,二〇一一年~二〇一七年。

《英國收藏敦煌漢藏文獻研究——紀念敦煌文獻發現一百周年》,宋家鈺、劉忠編,中國社會科學出版社，二〇〇〇年。

《浙藏敦煌文獻》，毛昭晰等主編，浙江教育出版社，二〇〇〇年。

《中國國家圖書館藏敦煌遺書》第一～一四六册，任繼愈主編，北京圖書館出版社，二〇〇五年～二〇一二年。

《中國書店藏敦煌文獻》，《中國書店藏敦煌文獻》編輯委員會，中國書店，二〇〇七年。

### 三、中文著作（按責任者音序排列）

［美］愛德華·謝弗著，吳玉貴譯：《唐代的外來文明》，陝西師範大學出版社，二〇〇五年。

艾紹强：《絶版中國：永遠的敦煌》，中國工人出版社，二〇〇八年。

藏經書院編：《新編卍續藏經》第一一三册，新文豐圖書出版有限公司，一九八三年。

陳明：《敦煌的醫療與社會》，中國大百科全書出版社，二〇一八年。

陳明：《印度梵文醫典〈醫理精華〉研究》，商務印書館，二〇一四年。

陳曉紅：《敦煌願文的類型研究》，九州出版社，二〇一八年。

陳寅恪：《唐代政治史述論稿》，生活·讀書·新知三聯書店，二〇〇一年。

程喜霖：《唐代過所研究》，中華書局，二〇〇〇年。

慈怡主編：《佛光大辭典》，佛光出版社，一九八八年。

叢春雨：《敦煌中醫藥精萃發微》，中醫古籍出版社，二〇〇〇年。

叢春雨主編：《敦煌中醫藥全書》，中醫古籍出版社，一九九四年。

叢振：《敦煌游藝文化研究》，中國社會科學出版社，二〇一九年。

崔銀河、崔燕：《中國文化與廣告》，中國傳媒大學出版社，二〇一二年。

鄧小南：《課績·資格·考察——唐宋文官考核制度側談》，大象出版社，一九九七年。

丁福保撰：《佛學大辭典》，文物出版社，一九八三年影印。

杜朝暉：《敦煌名物研究》，中華書局，二〇一一年。

《敦煌市志》編纂委員會編：《敦煌市志》，新華出版社，一九九四年。

方廣錩主編：《中國佛教文化大觀》，北京大學出版社，二〇〇一年。

傅京亮：《中國香文化史》，齊魯書社，二〇〇七年。

高國藩：《敦煌古俗與民俗流變：中國民俗探微》，河海大學出版社，一九八九年。

高國藩：《敦煌民俗學》，上海文藝出版社，一九八九年。

高國藩：《敦煌俗文化學》，三聯書店，一九九九年。

高國藩：《敦煌巫術與巫術流變：中國民俗探微》，河海大學出版社，一九九三年。

高啟安：《唐五代敦煌飲食文化研究》，民族出版社，二〇〇四年。

高啟安：《信仰與生活——唐宋間敦煌社會諸相探賾》，甘肅教育出版社，二〇一四年。

高世瑜：《唐代婦女》，三秦出版社，二〇一一年。

郭紹林：《唐代士大夫與佛教（增補本）》，三秦出版社，二〇〇六年。

漢語大字典編輯委員會編：《漢語大字典》九卷本（第二版），崇文書局等，二〇一〇年。

郝春文、陳大爲：《敦煌的佛教與社會》，甘肅教育出版社，二〇一一年。

郝春文：《唐後期五代宋初敦煌僧尼的社會生活》，中國社會科學出版社，一九九八年。

郝春文：《中古時期社邑研究》，上海古籍出版社，二〇一九年。

黑維强：《敦煌吐魯番社會經濟文獻詞彙研究》，民族出版社，二〇一〇年。

侯沖：《中國佛教儀式研究——以齋供儀式爲中心》，上海古籍出版社，二〇一八年。

侯傑、范麗珠：《世俗與神聖：中國民衆宗教意識》，天津人民出版社，二〇〇一年，第二版。

胡戟主編：《二十世紀唐研究》，北京：中國社會科學出版社，二〇〇二年。

季羨林主編：《敦煌學大辭典》，上海辭書出版社，一九九八年。

姜伯勤：《敦煌吐魯番文書與絲綢之路》，文物出版社，一九九四年。

姜伯勤：《敦煌藝術宗教與禮樂文明》，中國社會科學出版社，一九九二年。

賴永海，高永旺譯注：《維摩詰經》，中華書局，二〇一〇年。

［美］勞費爾著，林筠因譯：《中國伊朗編》，商務印書館，一九六四年。

李璠：《中國栽培植物發展史》，科學出版社，一九八四年。

李俊傑、郭小雯編著：《百味香料調美味配單方》，湖南科學技術出版社，二〇〇五年。

李時人編校：《全唐五代小說》，中華書局，二〇一四年。

李錫文等編著：《中國植物志》第二五卷第二分册，科學出版社，一九九〇年。

李正宇：《敦煌歷史地理導論》，新文豐出版股份有限公司，一九九七年。

林有潤編著：《中國植物志》第七六卷第二分册，科學出版社，一九九一年。

逯欽立輯校：《先秦漢魏晉南北朝詩·梁詩》，中華書局，一九九八年。

羅華慶編著：《敦煌解讀——佛國尊像》，華東師範大學出版社，二〇一六年。

羅竹風主編：《漢語大詞典》第七卷，漢語大詞典出版社，一九九一年。

羅竹風主編：《漢語大詞典》第五卷，上海辭書出版社，一九八六年。

羅竹風主編：《漢語大詞典》第一〇卷，漢語大詞典出版社，一九九二年。

馬伯英：《中國醫學文化史》，上海人民出版社，一九九四年。

馬德：《敦煌工匠史料》，甘肅人民出版社，一九九七年。

馬德：《敦煌工匠研究》，文物出版社，二〇一八年。

馬德、王祥偉：《中古敦煌佛教社會化論略》，中國社會科學出版社，二〇一〇年。

孟憲實：《敦煌民間結社研究》，北京大學出版社，二〇〇九年。

敏春芳：《敦煌願文詞彙研究》，民族出版社，二〇一三年。

〔日〕那波利貞：《唐代社會文化史研究》，東京創文社，一九七四年。

牛龍菲：《敦煌壁畫樂史資料總録與研究》，敦煌文藝出版社，一九九一年。

蒲慕州：《追尋一已之福——中國古代的信仰世界》，臺北允晨文化實業股份有限公司，一九九五年。

錢光勝：《唐五代宋初冥界觀念及其信仰研究》，甘肅文化出版社，二〇一九年。

錢穆：《略論魏晉南北朝學術文化與當時門第關係》，載氏著《中國學術思想史論叢》卷三，臺北東大圖書出版公司，一九七七年。

錢嘯虎等編著：《中國植物志》第一六卷第一分册，科學出版社，一九八五年。

榮新江：《歸義軍史研究——唐宋時代敦煌歷史考索》，上海古籍出版社，二〇一五年。

〔美〕施密特著，汪曉丹等譯：《基督教對文明的影響》，北京大學出版社，二〇〇四年。

孫昌武：《中國佛教文化史》，中華書局，二〇一〇年。

孫啓忠編著：《苜蓿經》，科學出版社，二〇一六年。

〔美〕太史文著，張煜譯：《〈十王經〉與中國中世紀佛教冥界的形成》，上海古籍出版社，二〇一六年。

譚蟬雪：《敦煌民俗——絲路明珠傳風情》，甘肅教育出版社，二〇〇六年。

譚蟬雪：《敦煌歲時文化導論》，新文豐出版公司，一九九八年。

汪泛舟：《敦煌古代兒童課本》，甘肅人民出版社，二〇〇〇年。

汪娟：《敦煌禮懺文研究》，法鼓文化事業股份有限公司，一九九八年。

王進玉：《敦煌學和科技史》，甘肅教育出版社，二〇一一年。

王景琳：《鬼神的魔力——漢民族的鬼神信仰》，三聯書店，一九九二年。

王利器撰：《顏氏家訓集解（增訂本）》，中華書局，一九九三年。

王賽時：《唐代飲食》，齊魯書社，二〇〇三年。

王三慶：《從敦煌齋願文獻看佛教與中國民俗的融合》，新文豐出版公司，二〇〇九年。

王三慶：《敦煌佛教齋願文本研究》，新文豐出版公司，二〇〇九年。

王書慶：《敦煌佛學·佛事篇》，甘肅民族出版社，一九九五年。

王文寶：《中國民俗研究史》，黑龍江人民出版社，二〇〇三年。

王文采等編著：《中國植物志》第六九卷，科學出版社，一九九〇年。

王子輝：《隋唐五代烹飪史綱》，陝西科學技術出版社，一九九一年。

溫翠芳：《唐代外來香藥研究》，重慶出版社，二〇〇七年。

溫翠芳：《中古中國外來香藥研究》，科學出版社，二〇一六年。

吳覺農主編：《茶經述評》第二版，中國農業出版社，二〇〇五年。

吳麗娛：《唐禮摭遺》，商務印書館，二〇〇二年。

吳宗國：《唐代科舉制度研究》，遼寧大學出版社，一九九二年。

蕭華榮：《華麗家族：六朝陳郡謝氏家傳》，三聯書店，二〇〇八年，第二版。

蕭默：《敦煌建筑研究》，文物出版社，一九八九年。

〔日〕小野玄妙等編：《大正新脩大藏經》第二、三、一〇、一六、一八、二二、五〇、五四、四六册，佛陀教育基金會，一九六〇年。

徐俊：《敦煌詩集殘卷輯考》，中華書局，二〇〇〇年。

徐時儀：《一切經音義三種校本合刊》，上海古籍出版社，二〇〇八年。

顔廷亮、張彥珍：《西陲文學遺珍》，甘肅人民出版社，二〇〇〇年。

揚之水：《曾有西風半點香——敦煌藝術名物叢考》，三聯書店，二〇一二年。

楊秀清：《華戎交匯的都市：敦煌與絲綢之路》，甘肅人民出版社，二〇〇〇年。

楊秀清：《西漢金山國史研究》，甘肅人民出版社，一九九九年。

佚名撰，穆根來等譯：《中國印度見聞録》，中華書局，一九八三年。

遊麗雲：《唐代仕女妝容文化探微》，臺北稻鄉出版社，二〇一五年。

余欣：《敦煌的博物學世界》，甘肅教育出版社，二〇一三年。

余欣：《神道人心——唐宋之際敦煌民生宗教社會史研究》，中華書局，二〇〇六年。

湛如：《敦煌佛教律儀研究》，中華書局，二〇〇三年。

張春秀：《敦煌變文名物研究》，西南交通大學出版社，二〇一五年。

張廣達：《文書、典籍與西域史地》，廣西師範大學出版社，二〇〇八年。

張小豔：《敦煌社會經濟文獻詞語論考》，上海人民出版社，二〇一三年。

張振萬等編著：《中國植物志》第四十二卷第二分册，科學出版社，一九九八年。

中國科學院中國植物志編輯委員會：《中國植物志》，科學出版社，一九七九年。

周紹良、趙超主編：《唐代墓誌彙編》，上海古籍出版社，一九九二年。

周紹良、趙超主編：《唐代墓誌彙編續集》，上海古籍出版社，二〇〇一年。

周紹良主編：《全唐文新編》，吉林文史出版社，二〇〇〇年。

周勳初：《唐語林校證》，中華書局，一九八七年。

周一良、趙和平：《唐五代書儀研究》，中國社會科學出版社，一九九五年。

朱雷：《敦煌吐魯番文書論叢》，甘肅人民出版社，二〇〇〇年。

## 四、中文論文

阿布來提·阿布都熱西提：《甜石榴皮和酸石榴皮中天然黄色素的提取及其穩定性比較分析》，《食品科學》二〇〇九年第一五期。

阿依先：《祈佛佑道、護祐誕生——以敦煌難月誕育願文爲中心》，《敦煌學輯刊》二〇〇七年第二期。

安忠義：《敦煌文獻中幾種食器考辨》，《中國文物科學研究》二〇一六年第三期。

畢波：《粟特人與晉唐時期陸上絲綢之路香藥貿易》，《臺灣東亞文明研究學刊》二〇一三年第二期。

蔡秀敏：《唐代敦煌飲食文化研究》，臺灣中正大學碩士學位論文，二〇〇三年。

曹凌：《中古佛教齋會疏文的演變》，《魏晉南北朝隋唐史資料》第三十三輯，上海古籍出版社，二〇一六年。

曹小云、李志紅：《從〈敦煌願文集〉看〈漢語大詞典〉的收詞釋義問題》，《池州學院學報》二〇〇九年第五期。

陳麗雄：《唐宋敦煌願文中的人生哲學思想研究》，西北師范大學碩士學位論文，二〇一八年。

陳明：《"施者得福"——中古世俗社會對佛教僧團的醫藥供養》，《世界宗教研究》二〇一三年第二期。

陳明暉：《佛教人生觀》，《法音》一九九一年第四期。

池田溫：《吐魯番、敦煌功德録和有關文書——古代日本願文的源流》，載《敦煌研究院創立五十周年紀念——敦煌學國際學術研討會論文集》，一九九四年八月。

党燕妮：《晚唐五代宋初敦煌佛教信仰特點初探》，《世界宗教研究》二〇〇七年第二期。

党燕妮：《晚唐五代宋初敦煌民間佛教信仰研究》，蘭州大學博士學位論文，二〇〇九年。

鄧文寬：《張淮深平定甘州回鶻史實鉤沉》，《北京大學學報》一九八六年第五期。

方廣錩：《評〈敦煌願文〉》，載《敦煌吐魯番研究》第二卷，北京大學出版社，一九九七年。

高國藩：《古敦煌民間葬俗》，載《學林漫録》第一〇輯，中華書局，一九八五年。

高國藩：《論敦煌民間七七齋喪俗》，《東方文化》一九八一年第一期。

高國藩：《驅儺風俗與敦煌民間歌謠》，載《文史》第二九輯，中華書局，一九八八年。

高啓安：《〈十重深恩〉與敦煌曲子辭〈十恩德〉〈十種緣〉〈孝順樂〉》，《敦煌研究》一九九一年第一期。

高啓安、索黛：《敦煌古代僧人官齋飲食檢閱——敦煌文獻 P. 3231 卷內容研究》，《敦煌研究》一九九八年第三期。

龔澤軍：《敦煌願文校補五十例》，《圖書館雜誌》二〇〇五年第二期。

龔澤軍：《古代僧尼遺產處理的文獻分析——以敦煌願文爲例》，《重慶三峽學院學報》二〇一二年第二期。

郝春文：《S. 1164 歸義軍初期〈開經文〉辨》，《中國歷史文物》二〇〇六年第三期。

郝二旭：《唐五代敦煌農業專題研究》，蘭州大學博士學位論文，二〇一一年。

黃福開、劉英華：《藏藥浴"五味甘露方"源流考》，《中國藏學》二〇〇二年第四期。

荒見泰始：《敦煌"莊嚴文"初探——唐代佛教儀式上的表白及對敦煌變文的影響》，《文獻》二〇〇八年第二期。

黄征：《敦煌願文散校》，《敦煌研究》一九九四年第三期。

黄征：《敦煌願文研究述要》，《藝術百家》二〇〇九年第二期。

黄征、吳偉：《〈敦煌願文集〉輯校中的一些問題》，《敦煌研究》一九九二年第一期。

冀志剛：《唐後期五代宋初敦煌信衆佛教信仰初探——以齋會爲中心的考察》，首都師范大學碩士學位論文，二〇〇四年。

李鑫：《唐五代宋初的敦煌城市》，南京師範大學碩士學位論文，二〇〇八年。

李應存主編：《敦煌佛書與傳統醫學》，中醫古籍出版社，二〇一三年。

李應存：《淺談敦煌醫學卷子中的訶梨勒組方》，《中醫學通報》二〇〇五年第三期。

李正宇：《古本敦煌鄉土志八種箋證》，甘肅人民出版社，二〇〇八年。

李正宇：《叫賣文學之祖——敦煌遺書兩首店鋪叫賣口號》，《絲綢之路》二〇一二年第一六期。

李正宇：《叫賣市聲之祖——敦煌遺書中的店鋪叫賣口號》，《尋根》一九九七年第四期。

李正宇、李樹輝：《絲綢之路與敦煌》，載紀忠元、紀永元主編：《敦煌陽關玉門關論文選萃》，甘肅人民出版社，二〇〇三年。

廖淯清《敦煌香藥方與唐代香文化》，南華大學敦煌研究中心編：《敦煌學》第二六輯，臺北市樂學書局有限公司，二〇〇五年。

劉傳啓：《敦煌佛教齋文文體結構的劃分》，《西華師范大學學報》二〇二一年第六期。

劉滿：《白草考》，載氏著《河隴歷史地理研究》，甘肅文化出版社，二〇〇九年。

劉滿：《釋"刺蜜"》，載氏著《河隴歷史地理研究》，甘肅文化出版社，二〇〇九年。

劉再聰、趙玉平：《唐宋敦煌染料與紫服制度的被突破——以 P. 3644 爲中心》，《南京師範大學學報》二〇一〇年第五期。

劉亞麗：《敦煌願文校考》，河北大學碩士學位論文，二〇一二年。

羅華慶：《9 至 11 世紀敦煌的行像和浴佛活動》，《敦煌研究》一九八八年第四期。

陸離：《有關吐蕃太子的文書研究》，《敦煌學輯刊》二〇〇三年第一期。

馬燕雲：《唐五代宋初敦煌社會消費問題研究》，西北師範大學碩士學位論文，二〇〇七年。

〔法〕梅弘理：《根據伯二五四七號寫本對〈齋琬文〉的復原和斷代》，《敦煌研究》一九九〇年第二期。

敏春芳：《出自佛教典籍的口語詞》，《敦煌學輯刊》二〇〇七年四期。

敏春芳：《敦煌願文詞匯研究》，蘭州大學博士學位論文，二〇〇六年。

敏春芳：《敦煌願文詞語辯考札記》，《西北民族大學學報》二〇〇七年第一期。

敏春芳：《敦煌願文詞語估解》，載鄭炳林、樊錦詩、楊富學主編：《絲綢之路民族古文字與文化學術討論會文集》，西安：三秦出版社，二〇〇七年。

敏春芳：《敦煌願文詞語例釋》，《敦煌學輯刊》二〇〇五年第一期。

敏春芳：《敦煌願文中的名詞加綴雙音詞》，《敦煌學輯刊》二〇〇六年第四期。

敏春芳：《敦煌願文中的同素異序雙音詞》，《敦煌研究》二〇〇七年第三期。

敏春芳：《敦煌願文中"覺"及其相關詞語解詁》，《敦煌學輯刊》二〇〇九年第三期。

敏春芳、哈建軍：《〈漢語大詞典〉漏收敦煌願文詞目補釋（一）》，《敦煌學輯刊》二〇一一年第二期。

牟海霞：《唐五代敦煌藥材資源——以敦煌漢文醫藥文獻爲中心探究》，西北師範大學碩士學位論文，二〇一五年。

［日］那波利貞：《關於按照佛教信仰組織起來的中晚唐五代時期的社邑》，《史林》一九三九年第二四卷第三號。

錢光勝：《敦煌願文中的地獄神考述》，《内蒙古社會科學》二〇〇八年第五期。

饒宗頤：《談佛教的發願文》，載《敦煌吐魯番研究》第四卷，北京大學出版社，一九九九年。

僧海霞：《唐宋時期"藥中王"訶梨勒醫方探析——基於敦煌醫藥文獻考察》，《敦煌研究》二〇一六年第二期。

沙武田、李玭玭：《佛教香花供養在唐五代敦煌地區的表現》，《敦煌學輯刊》二〇一八年第三期。

尚永琪：《3—6世紀佛教傳播背景下的北方社會群體研究》，吉林大學博士論文，二〇〇六年

宋家鈺：《佛教齋文源流與敦煌本〈齋文〉書的復原》，《中國史研究》一九九九年第二期。

宋軍朋：《〈物類相感志〉與〈格物粗談〉內容之比較研究》，華東師範大學碩士學位論文，二〇〇四年。

蘇金花：《唐五代敦煌綠洲農業研究》，中國社會科學院研究生院博士學位論文，二〇〇二年。

蘇諾：《古代保健"茶湯"的醫學史研究》，中國中醫科學院博士學位論文，二〇〇九年。

蘇青海、蘇純營：《醬醃菜的脆性變化及保脆措施》，《四川食品工業科技》一九九五年第三期。

孫修身：《張淮深之死再議》，《西北師范學院學報》一九八二年第二期。

［美］太史文：《療以善業——中古佛教患文》，余欣主編：《中國中古研究》第二卷，中西書局，二〇一九年。

［美］太史文：《論齋文的表演性》，載郝春文主編：《敦煌吐魯番研究》第十輯，上海古籍出版社，二〇〇七年。

譚蟬雪：《敦煌祈賽風俗》，《敦煌研究》一九九三年第四期。

王安琪：《敦煌寫本 P. 3771、S. 2717 整理與研究》，西華師范大學碩士學位論文，二○二一年。

王建軍：《敦煌社邑文書中的特殊量詞》，《中國語言學報》二○○八年第一三期。

王樂：《敦煌傘蓋敦煌傘蓋的材料與形制研究》，《敦煌學輯刊》二○○九年第二期。

王書慶：《敦煌寺廟"號頭文"略説》，王書慶、楊富學著：《敦煌佛教與禪宗研究論文集》，香港天馬出版有限公司，二○○六年。

王維莉：《唐五代宋初敦煌寺院四時節俗》，西北師范大學碩士學位論文，二○一一年。

王亞麗：《中古民俗文化管窺——以敦煌寫本醫籍爲中心》，《敦煌學輯刊》二○一一年第四期。

王豔明：《從出土文書看中古時期吐魯番地區的蔬菜種植》，《敦煌研究》，二○○二年第二期。

溫翠芳：《中古時代絲綢之路上的香藥貿易中介商研究》，《唐史論叢》二○一○年第一期。

吳新江：《〈敦煌願文集〉校點獻疑》，《古漢語研究》二○○一年第三期。

武學軍、敏春芳：《敦煌願文婉詞試解（一）》，《敦煌學輯刊》二○○六年第一期。

武學軍，敏春芳：《敦煌願文中〈漢語大詞典〉未見或書證不足的"死亡"義婉詞零拾》，《河北北方學院學報》二○○七年第五期。

解梅：《唐五代敦煌地區賽祆儀式考》，《敦煌學輯刊》二○○五年第二期。

徐曉麗：《歸義軍時期敦煌婦女社會生活研究》，蘭州大學博士學位論文，二○一三年。

薛倩倩：《〈敦煌願文集〉總括副詞淺析》，《語文知識》二○一二年第一期。

顏廷亮：《〈陽都衙齋文〉校録及其他》，《甘肅社會科學》一九九八年第五期。

楊寶玉、吳麗娛：《P. 3804 咸通七年願文與張議潮入京前夕的慶寺法會》，《南京師范大學學報》二○○七年第四期。

楊建軍、崔岩：《唐代佛幡圖案與工藝研究》，《敦煌研究》二○一四年第二期。

楊秀清：《社會生活的常識、經驗與規則及其思想史意義——以唐宋時歷敦煌地區爲中心》，《敦煌研究》二○○六年第四期。

楊秀英：《從願文復數表示法看復數詞尾"們"的産生》，《殷都學刊》二○○一年第二期。

楊秀英：《敦煌願文詞義試解》，《山東教育學院學報》二○○二年第三期。

楊秀英：《敦煌願文社會交際稱謂詞初探》，《敦煌研究》二○○三年第二期。

楊曾文主編：《中國佛教基礎知識》，宗教文化出版社，一九九一年。

依空：《敦煌佛教願文探微》，載劉進寶、高田時雄：《轉型期的敦煌學》，上海古籍出版社，二○○七年。

揚州博物館：《揚州城東唐墓清理報告》，《東南文化》一九八八年第六期。

曾良：《敦煌願文在漢語詞彙史上的研究價值》，《文獻》二〇〇〇年第一期。

張承東：《敦煌寫本齋文探析》，首都師範大學碩士學位論文，二〇〇四年。

張弓：《敦煌春月節俗探論》，《中國史研究》一九八九年三期。

張弓：《敦煌秋冬節俗初探》，載段文傑主編：《1990 敦煌學國際研討會文集·石窟史地語文編》，遼寧美術出版社，一九九五年。

張廣達：《"歡佛"與"歡齋"——關於敦煌文書中的〈齋琬文〉的幾個問題》，載《慶祝鄧廣銘教授九十華誕論文集》，河北教育出版社，一九九七年。

張琴：《〈敦煌願文集〉復音詞研究》，南京師範大學碩士學位論文，二〇一二年。

張生漢：《敦煌願文校讀劄記》，《河南廣播電視大學學報》二〇〇二年第四期。

張先堂：《中國古代的温室浴僧供養活動》，饒宗頤主編：《敦煌吐魯番研究》第十五輯，上海古籍出版社，二〇一五年。

張小平：《〈敦煌願文集〉校補》，《西域研究》二〇〇三年第二期。

張煜等：《唐宋時期中藏醫香熏療法的比較研究》，《中國傷殘醫學》二〇一二年第三期。

趙和平：《武則天爲已逝父母寫經發願文及相關敦煌寫卷綜合研究》，《敦煌學輯刊》二〇〇六年第三期。

趙家棟、付義琴：《俄藏敦煌 Дx. 11038〈投社狀〉校理》，《敦煌學研究》二〇〇八年第二期。

趙美傑：《贊寧〈物類相感志〉研究》，華東師範大學碩士學位論文，二〇〇八年。

趙琪等：《以敦煌遺書考證道地藥材的形成和發展》，《中醫藥導報》二〇一七年第三期。

趙琪等：《以敦煌醫學文獻考察唐代敦煌的醫學教育和醫療狀況》，《中醫藥導報》二〇一七年第八期。

趙鑫曄：《敦煌佛教願文研究》，南京師範大學博士學位論文，二〇〇九年。

趙鑫曄：《敦煌文獻訓詁拾零》，《新疆師範大學學報》二〇〇七年第四期。

趙鑫曄：《敦煌願文詞語考釋札記》，《敦煌學輯刊》二〇〇六年第二期。

趙鑫曄：《〈敦煌願文集〉校勘劄記》，《敦煌學研究》二〇〇六年第一期。

趙鑫曄：《敦煌願文〈齋琬文一卷並序〉典故考釋》，載《中國古代文學文獻學國際學術研討會論文集》，鳳凰出版社，二〇〇六年。

趙玉平：《唐五代宋初敦煌佛齋禮儀研究》，上海師範大學博士學位論文，二〇一五年。

鄭炳林：《晚唐五代敦煌市場的外來商品輯考》，鄭炳林主編：《敦煌歸義軍史專題研究續編》，蘭州大學出版社，二〇〇三年。

鄭炳林：《晚唐五代敦煌寺院香料的科徵與消費》，《敦煌學輯刊》二〇一一年第二期。

鄭志明：《敦煌寫卷"患文"的宗教醫療觀》，《普門學報》二〇〇三年第一五期。

周静：《〈敦煌願文集〉程度副詞研究》，陝西師範大學碩士學位論文，二〇一一年。

周雪芹：《從敦煌願文看唐宋時期民衆的佛教信仰》，中央民族大學碩士學位論文，二〇〇五年。

朱鳳玉：《敦煌通俗字書所呈現之唐五代社會文化研究芻議——以敦煌寫本〈俗務要名林·飲食部〉爲例》，《敦煌吐魯番研究》第十四輯，上海古籍出版社，二〇一四年。

朱鳳玉：《敦煌文獻中的廣告文學》，鄭炳林、鄭阿財主編：《港臺敦煌學文庫》第一四册，甘肅人民出版社，二〇一四年。

### 五、報刊文章

方朝暉：《視死如生：中國文化是把死亡當作生者世界的延伸》，《中華讀書報》二〇一二年四月二十三日。

趙天，王鵬：《粉妝盒蓋見證揚州唐人起居》，《揚州日報》二〇一〇年五月十三日第C04版。

資料篇

# 凡　例

　　一、本書研究篇所引用的齋文、齋儀皆爲作者重新釋録的清本，内容皆按原寫本的内容依次釋録，不别作次序上的編改。

　　二、齋文清本皆據敦煌寫本圖版釋録，圖版來源分别爲：北京大學圖書館、上海古籍出版社編《北京大學圖書館藏敦煌文獻》第一～二册，上海古籍出版社，一九九五年；武田科學振興財團、杏雨書屋編《敦煌秘笈·影片册》第一～九册，杏雨書屋，二〇〇九年～二〇一三年；俄羅斯科學院東方研究所聖彼得堡分所、俄羅斯出版社東方分部、上海古籍出版社編《俄藏敦煌文獻》第一～一七册，上海古籍出版社，一九九二年～二〇〇一年；法國國家出版社、上海古籍出版社編《法國國家圖書館藏敦煌西域文獻》第一～三四册，上海古籍出版社，一九九五年～二〇〇五年；英國國家圖書館、中國社會科學院歷史研究所編《英藏敦煌文獻（漢文佛經以外部分）》第一～一四册，四川人民出版社，一九九〇年～一九九五年；任繼愈主編《中國國家圖書館藏敦煌遺書》第一～一四六册，北京圖書館出版社，二〇〇五年～二〇一二年；《中國書店藏敦煌文獻》編輯委員會編《中國書店藏敦煌文獻》，中國書店，二〇〇七年。清本各齋文、齋儀的編號皆據原收藏單位的收藏編號。

　　三、原寫本或有殘缺，爲排版上的方便，均據原寫本款式及每行字數多少，以適當的空白佔位符"□"進行標示。

　　四、齋文清本的文本内容，先按敦煌寫卷收藏單位編號的音序排列，次按寫本編號先後排列。所釋録的齋文、齋儀皆附題記，題記先據圖版説明該寫本的完整情狀，次説明寫本的題名情形，再説明學界已有的釋録成果。寫本中原有題名者，皆依原有題名；無題名者，或依據學界已有定名，或據内容新擬，視具體研究情況而定。凡引用前賢、時賢的釋録成果，於校記中説明，或有挂一漏萬之處，尚望見諒。

　　五、原寫本中出現的衍文，清本正文中不釋録，於校記中説明。清本中有文字上的補、改，凡所補字，皆置於[ ]中；凡所改字，皆於原字後在（）中標出正字。文字補、改皆出校記，但中古同音假借字如以與、以矣、諸之、而如、須雖、晨辰等之類，只在同音假借字後標明正字，不出校記；明顯的抄寫錯訛如曰日、旦且、士土、形刑之類，亦不出校記。

　　六、清本中有"雙行文字並列"者，表示爲二選一的關係。如："經行路塞，羌戎而重覆若神明",應當讀如"經行路塞,羌戎而重若神明"或者"經行路塞,羌戎而畏若神明";再如"生不作福,沒後難知。未盡<sup>少無男女,老復孤貧。莫保</sup>百年,<sup>逆預</sup>修某七",應當讀如"生不作福,沒後難知。未盡百年,逆修某七"或者"少無男女,老復孤貧。莫保百年,預修某七"。

# 北大敦一九二號《諸文要集》一卷

此件書寫於唐大曆二年(七六七),首缺尾全,尾題"《諸文要集》一卷"。此件目前已有三個釋録本:白化文、李鼎霞釋録本(簡稱"白本"),載《中國文化》一九九〇年春季號第二期。趙和平釋録本(簡稱"趙本"),見趙和平《敦煌表狀箋啓書儀輯校》,江蘇古籍出版社,一九九七年,第四二四～四三九頁。王三慶釋録本(簡稱"王本"),見王三慶《敦煌佛教齋願文本研究》,新文豐出版公司,二〇〇九年,第一三八～一五二頁。

## 一、[願齋號頭]①

[佛法衆]寶,富樂[我群有],[福智惠雲],[清涼我火宅]。[歸依者],[無幽不燭];迴向者,有感必通。釋[梵所以圍繞],[聖賢以之仰則]。[大哉]能[事],[無]得而稱者歟!

## 二、嘆佛號頭

八[相垂跡]②,[放神光如聚日明];[四辯流]音,妙法弘如甘露灑。[雖]雙林晦影,萬塔分[形],[而威神之理尚存],[利益之功]不昧。

## 三、嘆[佛]號頭③

諸佛法身,覽義者齊[得]④;[衆聖惠解],[披文者頓開]。焕矣金言,爲暗室之燈炬;秘哉奧典,作病者之[良醫]。

## 四、[律師號頭]⑤

伏惟律師如玉之潤,如鏡之朗。誓防草繫,無求生以養(害)人⑥;思救[吞珠],[必亡身而

①　"願齋號頭"及正文所補内容,皆據斯六二一〇號之《願齋號頭》、伯三三〇七號之《願》補。斯九五〇九號《齋儀殘片》亦可參校。
②　"相垂跡"至結尾,皆據伯三三〇七號之《經》二補。斯九五〇九號《齋儀殘片》、俄敦一〇二八號＋俄敦二七五一號之《安傘文》亦可參校。
③　"佛",據文義補。
④　"得"及後文所補内容,皆據伯三三〇七號之《經》七補。斯九五〇九號《齋儀殘片》亦可參校。
⑤　"律師號頭",據文義補。
⑥　"養",當作"害",據伯三三〇七號之《律師》改。下文所補内容出處同。

殉物]。真禄（操）莫奪①，梵儀彌堅②。

### 五、禪師號頭

惟禪師道勝[之士也]③。[坐承法]印，頓悟禪宗。持惠鏡以照心，知心若幻；臨法池以鑒質，悟質如泡。無生之志（旨）洞明，不滅之智斯得。卷之則止水千里，伸之則懸崖萬仞。

### 六、法師號頭

惟法師戒忍雙净，定惠兼修。明鏡常朗，虛無不悟。開闡秘蜜，激揚隱奧，蓮花世界，指掌可觀；如意寶珠，觸目咸覩。

### 七、[誦經]號尾④

處謙光以日新，尊禮度而無散（歎）⑤。惟忠惟孝，如珪[如璋]⑥。[貞信不]踰（渝）⑦，松筠抱其操；清廉有則，冰鏡比其心。嘗（常）興禮誦之緣，競超檀那之業。

### 八、患差號尾

傾（頃）因攝養乖方，久嬰疴疾。默念大覺，用保微軀。善願既從，天佛咸啓。若欲醍醐之味，如飡甘露之漿。苦患頓除，身心遍悦；不勝感賀，敬豎良田。

### 九、凶齋號尾

豈謂逝水淪波，悲泉落照；百齡[莫]延⑧，千秋俄畢。存亡斷絶，痛切心魂。今建福緣，用之冥助。惟其[忘]斷輪迴⑨。

### 十、願齋號頭

既而殷信法雲，輪誠佛日，常恐識風騰皷，苦海波濤，所以家族平安，災殃殄滅。敬崇是福，每以修齋。我國家聰明文思，光宅天下，奄有四海，乘衣萬方，眷彼黎人，擇用良友，匡理王道，簡在帝心。普天庶類，莫不休悦，發揮佛事，敬謝金言。

---

① "禄"，當作"操"，據伯三三〇七號之《律師》"梵儀匪渝，真操莫奪"句例改。王本校作"録"。
② "梵儀"，原作"儀梵"，據伯三三〇七號之《律師》"梵儀匪渝，真操莫奪"句例乙正。
③ "之士也"，據斯九九八六號之《禪師》、伯三三〇七號之《法師》二補。下文同。
④ "誦經"，據文義補。
⑤ "散"，當作"歎"，據伯三三〇七號之《庶人》九改。
⑥ "如璋"，據文義及伯二〇四四號之《課邑》"令望令問，如珪如璋"句例補。
⑦ "貞信不"，據文義及伯三三〇七號之《庶人》九補。
⑧ "莫"，白本據文義補。
⑨ "忘"，據殘筆划及文義補。

## 十一、三寶都尾

惟願獲功德力,成菩提心。拔煩惱生死之災,作解脱堅[牢]之果①。遐齡永固,劫石踰而莫踰;福智長資,芥城盡而莫盡。

## 十二、歎刺史德政

惟公股肱王室,匡贊邦家;化重大川,委監方岳。於是剖符千里,建節百城;執扇宣風,褰帷演化。朱簾(輪)始憩②,下車揚仁惠之風,翠蓋將臨,拂座置檀那之供。

## 十三、上佐

惟公萱蘭蘊德,金石吐心。任頻(贊)褰帷③,職陵分竹。助宣[風]於千里④,茂績逾[崇];匡演化於百[城],[英]猷自遠。槐庭始闢,即陳清静之筵;雲蓋才傾,先獻芬芳之供。

## 十四、六曹

惟公擢質升榮,馳名從職。憲章黎庶,軌節人倫。播清幹於冰[壺]⑤,皎凝輝於水鏡。撫潢(黄)沙而恤獄,已流[恩]惠之謡;勗丹筆以緩形(刑),更遺寬平之譽。既[而]外敷皇化,約金科以拯四生;内藻玄微,披玉牒而崇三[寶]。

## 十五、縣令

惟公簪纓茂族,暐曄(奕葉)承家⑥。寔朝野之元龜,信人倫之藻鏡。於是任光墨綬,職綰銅章;製錦一曹,調弦百里。扇仁風而訓俗,青鸞已翔;宣真化以宇(字)人⑦,白鳥俄集。加以翹誠奈苑,會緇侶於槐庭;聳慮香園,獻芳珍於蘭供。

## 十六、丞

惟公金聲夙振,玉譽早聞;列位名班,昇榮美職。心珠下照,碧遊刃以宣風;仁鏡低臨,助牽絲而闡化。積(激)揚百里之美,獨綰一曹之政。虔恭寶坐,敬仰毫光。

① "牢",據斯四九二二號背+斯三四三號之《願文》補。
② "簾",當作"輪",據伯二八六七號之《刺史》改。
③ "頻",當作"贊",據弗魯格三四二號背之《長史司馬》改。
④ "風",此處及後文所補,皆據弗魯格三四二號背之《長史司馬》補。
⑤ "壺",此處及後文所補,皆據弗魯格三四二號背之《長史司馬》補。
⑥ "暐曄",當作"奕葉",此處及後文所補改,皆據弗魯格三四二號背之《六司》補改。
⑦ "宇",當作"字",據文義改。三本皆將"宇"逕釋作"字",按:"宇""字"形近易訛,伯二〇四四號背之《阿師子》末句"於是梵字(宇)之内"即其例。

## 十七、主簿

惟公才高命代,思逸陵雲。馳雅俗之憲章,擢縉紳之龜鏡。於是職監萬里,宣製錦之芳猷;任察一同,藻烹鱗(鮮)之美質①。均(約)金科而土(去)濫,佩玉印以全真。播千載之美聲,降(隆)一乘之勝軌②。

## 十八、尉

惟公鄧苑芳披(枝)③,荊巖閏玉。位陪製錦,匡藻化而揚輝;職輔調弦,奏清規而逸韻。恩流千里,灑春露於毫端;威勵四人,耀秋霜於簡際。是以嘉聲遠振,令問被宣;藻慮金園,馳誠寶地。

## 十九、文

斯乃棲襟[翰]苑④,歷想文場。獵百氏之精華,漱九流之淳粹。於是詞芳鄭(擲)地⑤,辯藻談(掞)天。故得擢職榮班,馳名簡住(竹)⑥。翹心奉國,想凈土以虔誠;稽首賓王,憑德雄而停慶。

## 二十、武

斯乃夙標勇悍,早植驍雄。七德在心,六奇居念。於是弦驚來箭,穿揚葉於垛前;馬急去鞭,控排(徘)花於坪上⑦。豈直啼猿抱樹,亦得落鷹翻空。故得位贊戎班,榮參武列。將欲底平四海,啓四弘以馳誠;嚴誡六兵,憑六道而稽首。

## 二十一、僧

棲神道樹,欲想禪池。知愛網之纏身,悟智舟之運亡。於是凝心四諦,譯念三乘,故得解素披緇,抽簪落髮。[厠]高名於寶地⑧。成法門之禎幹⑨,[爲]品物之津梁⑩。

---

① "鱗",當作"鮮",此處及後文所補改,皆據弗魯格三四二號背之《主簿》補改。
② "降",當作"崇"或"隆",據俄弗魯格三四二號背之《主簿》、伯三四九四號之《願文》改。
③ "披",當作"枝",據伯二八六七號背之《尉》條改。
④ "斯乃棲襟翰苑",底本原作"斯乃棲神道襟苑",其中"神道"有刪除符。"翰",據伯四六二六號之《文官》補。
⑤ "鄭",當作"擲",此處及後文所補改,皆據伯四六二六號之《文官》補改。
⑥ "住",當作"竹",據文義改。趙本録作"位"。
⑦ "排",當作"徘",據文義改。"徘花"即離枝飛花,與前"揚葉"相對。
⑧ "厠",據斯一五二二號之《僧》補。亦可據俄敦〇〇一六九號＋俄敦〇〇一七〇號＋俄敦〇二六三二號同句例補作"列"。
⑨ "禎",底本原寫作"枝",文末寫有校正字"禎"。斯一五二二號之《僧》等皆作"禎"。
⑩ "爲",據斯一五二二號之《僧》補。

## 二十二、尼

斯乃行本芬芳,性多秀孋。柔襟雪暎,淑質霜明。故得披妙服以凝真,解羅棠於實地;襲芳緣而化侶,落雲髮於金園。粧臺艷粉,棄若灰塵;花帳芳茵,厭如瓦礫。辭鏡臺而登月殿,背燈幌而入星宮;居三寶之妙門,爲四生之稱首。

## 二十三、律師

應生五濁,迹紹四依;行月燈(澄)明①,戒珠圓淨。律儀之規宿著,道品之典素殷。豈期業風罷扇,掩塵路以冥真;愛火銷灾,證灰身以示滅。於是經行路側,無聞振錫之音;藻(澡)性池傍,永絶乘杯之影。

## 二十四、禪師

性抱恬虛,志懷淡怕②;育(浴)想四空之宅③,怡神六度之門;超愛網以孤遊,拂塵羅而高蹈。繫情猿於意樹,羈識馬於身田。事(實)品物之津梁④,寔含靈之稱首。豈謂凝襟勝寂,入三昧以無歸;亂想正真,乘六通而莫返。於是幽栖樹下,空留宴息之蹤;貧里巷中,無復頭陀之影。

## 二十五、考

斯乃英譽早聞,芳猷素遠。人倫領袖,朝野具(俱)瞻。豈斯(期)舟壑俄遷,魂隨閲水。至孝等孝心應感⑤,嚴訓忽[乖]⑥。攀風[樹]以纏哀⑦,撫(俯)寒泉而永慕。金烏異(易)往,罔陋(極)之痛逾深⑧;銀箭難留,尊己(忌)[之]辰爰及⑨。

## 二十六、妣

斯乃性本柔和,行當貞潔。母儀含於淑質,慈範叶于謙恭。豈期灾入業厓(芽),奄鐘芳蘂,至孝等福潛靈祐,矕隔慈顏,俯寒泉以窮哀,踐霜露而增感。色養之禮,攀栱木而無依;顧復之恩,儜禪林而契福。

---

① "燈",當作"澄",據北敦〇〇〇一七號背之《律師》改。
② "怕",北敦〇〇〇一七號背之《律師》作"泊",義皆同。
③ "育",當作"浴",據"浴想禪池"等句例改。王本校"育想"作"育相"。
④ "事",當作"實",據北敦〇〇〇一七號背之《禪師》改。
⑤ "應感",原作"感應",據文義乙正。"應感"爲"應該如何"而實際"未能如何"。
⑥ "乖",據文義及"嚴訓乖違"等句例補。
⑦ "樹",此處及後文所補,皆據伯四九六三號＋伯四九六三號背之《亡考文》補。
⑧ "陋",當作"極",據斯五四三號背之《亡文》改。
⑨ "己",當作"忌"。"之",據斯五四三號背之《亡文》改補。

### 二十七、患差

公傾(頃)以寒暑差候,攝養乖方,染時疾於五情,抱煩疼於六府;力微動止,怯二鼠之張騰(侵藤)①;氣悋晨霄(宵),懼四蛇之毀篋。於是翹誠善願,瀝(歷)款能仁;故得法藥冥資,醫王潛祐,煩痾頓解,久患消除。甘露恒清,祥風永扇。

### 二十八、婦人患差

夫人傾(頃)以瘴癘纏身,風氣侵體。眉嚬目苦,輟鸞鏡於粧臺;鬢墮雲愁,頹鳳釵於枕席。於是馳誠勝境,瀝(歷)想玄津,蒙送香風,惠之甘露,因[之]爽晤②,自爾康和。惟願觀音駕月,灑芳液以清襟;大勢垂花,扇香風而盪慮。六塵永散,八苦長銷。延惠命於千齡,堅法身於十力。

### 二十九、金銅像一

斯乃鎔金寫妙,再啓金佛之姿;鑄寶圖真,還分寶樹之彩。珠(朱)脣凝笑,隱花句於花臺;蓮臉將開,披葉文於葉座。威靈罕測,諒瞻仰之難思;色相身求,因歸依而有屬。彫莊既畢,累願斯圓。敬設清齋,虔誠福慶。

### 三十、畫像

斯乃絢衆彩而繪聖,運妙色以儀真;蘭艷脣端,花圖臉際。翠山凝頂,粉月開毫;黛葉寫而眉鮮,青蓮頗(披)而目净。姿含萬彩,疑湛質於鷄峰;影佩千光,似分身於鷲嶺。

### 三十一、佛堂

斯乃竭寶傾珍,敬造佛堂一所。基如地踴,甍似空飛,棟累栟檀,梁裁文杏。彫窗吐月,洞戶迎風。簷斯(嘶)寶鐸之音,栱曳金繩之影。妙圖精舍,寔曰仁祠。嚴瑩既周,停申嘉慶。

### 三十二、慶經

斯乃疏襟法宇(雨)③,藻性真[源];輕萬金以重金言,棄千寶而尊寶偈。於是墨流肌血,繕[鹿]苑之芳祠(詞);筆折軀骸,紀龍宮之奧典。遙叶貫花之旨,遠開甘露之門;同開六度之因,並契三明之果。

---

① "張騰",當作"侵藤",據佛經"二鼠侵藤"喻改。
② "之",白本據文義補。
③ "宇",當作"雨",此處及後文所補改,據伯二七○二號之《慶經》改。

## 三十三、慶幡

斯乃素流方譽,夙播清規;長修勝境之因,每[叶莊]嚴之念①。於是繡尺繒而散綵,鏤霞綺以分輝。綴玉環珠,敬造神幡一口。雕文曳迴,影搖香閣之風;豔藻榮(縈)空,彩耀花園之美。架弘衢而蕩色,臨鳳刹以高縣(懸)。冥薰(熏)之惠乃資(滋),净福之因逾積。

## 三十四、丈夫

門負英豪,代標名族。[寔]閭閻之鼎蓋②,長幼承風;爲里閈之楷模,鄰伍欽德。實雄華而物望亦推③,揖乎賢[則]馳譽馳聲④,郡縣祇遵(尊)者也⑤。

## 三十五、婦人

族嗣英風,宗高彦(穆)伯⑥;温容韶雅,淑禮和柔,懃四德而穆六親,悦母儀而聞婦律。名流郡邑,霑寵禄之彌榮;聲振芳鮮,沐蘭閨之永譽。

## 三十六、男

幼沐黌儒,冀鴻漸而居陸;長勤幹勇,希振[翼]以鳴陰⑦。半武半文,不離衣訓;奉忠奉教,光備(被)邦家。終成閥閲之門,方佩簪纓之錦。名哉令子,具(其)難譽乎⑧。

## 三十七、女

花出妖(夭)姚,色開穠李。蘭芳郁而秀美,寶鏡添姿;金玉明而成珠,銀花曜彩。聲馳内外,譽滿家榮,穆穆謙[謙]⑨,何神仙之莫能比也。

## 三十八、新婦

内訓持家,紡績之功彌著;温和見譽⑩,雍穆之禮唯高。顏色未虧於四鄰,晨昏豈辭於

① "叶莊",此處及後文所補改,皆據伯二五八八號背之《慶幡文》補改。
② "寔",據文義補。
③ "推",伯三六七八號背之《丈夫》作"雅"。
④ "則",據文義補。
⑤ "遵",當作"尊",據伯三六七八號背之《丈夫》改。
⑥ "彦",當作"穆"。按:伯二三八五號背同句作"宗高麥伯"。斯二〇七一號背《切韻箋注》:"麥,莫獲反。"麥爲"穆"的借音字。穆伯之妻敬姜是古代與孟母齊名的女中楷模。
⑦ "翼",白本據文義補。亦可據"振羽堯雲"句例補作"羽"。
⑧ "具",當作"其",據伯三六七八號背之《男》改。
⑨ "謙",白本據文義補。
⑩ "見",底本原作"令",塗墨,旁寫"見"字,趙本釋作"是"。

堂上①。

## 三十九、奴婢

不謂報落青衣，業拘墨網。身無自在之役，名應驅馳之艱。心懼嗔嫌，功勤掃灑。既竊盜之余報，乃酬賞之往因。勗此虔誠，一從善願。

## 四十、慶文官

比者積勤俎豆，緼（蘊）習英儒；孝盡於家，忠盡於國。每祈天王一願，流品秩以居榮；大國一陳，方冀理人之政。常興願於至聖，致冥念於幽徒（途）②。才受官［已］天（添）禄③，既至福而潛助，豈敢寢而無陳，故此家庭設大齋而慶荷。

## 四十一、入宅

加以卜兆清居，選奇福地。召杠（功）人以構楫④，日暎紅梁；專工力以削成，月暈朱柱。簷櫺攢集，棟宇參差。華屋與玉砌爭光，綺院與瓊堂競色。既建功畢，祈合吉徵，或恐驚動土工（公）⑤，脛（輕）觸神鬼⑥，凡力匪能消伏，聖得（德）方可殄除，故就新居，虔誠妙供。

## 四十二、嘆聖僧

良功厥素，真相猶存。欲拔六通⑦，方凝九定。應恒沙之供，併在一時；運微塵之軀，都無少念。成茲本行，爲彼福田，既承七覺之威，畢座高僧之首。

## 四十三、慶經

萬佛同宣，三乘共軌。閱金言於掌内，垂玉露於毫端⑧。天（吞）寶偈於胸中。若乃動雷音，澍法雨⑨，驚聾俗，潤萌牙，誠八正之廣途，療三毒之良藥。芳連鷲嶺，花貫龍宮⑩。錦袟光而更輝，寶軸舒而復卷。

---

①　“堂上”後原本寫有“勤勤翼翼，實名家之子者歟”，已注明“已下不用”，故此不録入正文。
②　“徒”，當作“途”，據文義改。白本、王本皆釋作“微”，趙本釋作“從”。
③　“已”，據文義補，王本補作“於”。“天”，當作“添”，據文義改。
④　“杠”，當作“功”，據伯三六七八號背之《入宅》“召功人以構揖”句例改。白、趙、王三本皆釋作“匠”。
⑤　“土工”，當作“土公”，據伯三六七八號背之《入宅》“或恐驚動土公”句例改。白本、趙本釋作“出土”，王本釋作“幽土”。
⑥　“脛”，當作“輕”，據伯三六七八號背之《入宅》改。
⑦　“拔”，伯二六三一號之《聖僧》作“從”。三本皆釋作“擬”。
⑧　“天”，當作“吞”，據伯二六三一號之《聖僧》改。白本據文義改作“添”。
⑨　“雨”字後衍一“而”字。
⑩　“花”字後衍一“寶”字。

### 四十四、慶佛

其像乃卅二相,盡開金色。萬八千土(士)①,宛在玉豪。一禮一稱,福集如海;再觀再覯,罪泮冰山。

### 四十五、慶菩薩

菩薩乃四弘德備,十地功圓。頓超緣覺之乘,次補如來之座。念之者,隨心而降福;禮之者,應紅(躬)以消殃②。

### 四十六、義井

其井乃察星圖,徵水府,鑿窮郊,發濛泉。下環(寰)空以吸海,上呀(涯)天而吐雲③。草樹由是<sup>繁</sup>兹(滋),人畜於焉<sup>廣</sup>濟。惟願身齊聖名,將瓊玉以同堅;壽等靈泉,與金輪而不易。

### 四十七、美橋

橋乃靈仙作軌,<sup>神木</sup><sub>貞石</sub>爲材。等長虹之截川,疑半月之銜海。東西據地,南北千里非遥。上下依天,[左右旅]途無滯④。惟願仁慈廣運,爲物津梁。地惟(維)無縣度(懸渡)之賓,天河斷輸毛之鵲。

### 四十八、長幡

幡乃蜀兼(縑)裁[成]⑤,齊紈間<sup>錯</sup><sub>起</sub>。長虹貫日,未可比其[一]班⑥,綵鳳搏空,安得方其齊美。

### 四十九、二道場

幡<sup>齊</sup><sub>分</sub>尺素,妙飾丹青。<sub>相一會以齊德,十地名相,次取下"雲霞絕影"</sub>。總慈八相之目,方彼四門之化。黃羊應乳,詎假傳聞。白馬逾城,攸心在月。與調達而捕力,擲象空間;將車遲(匡)以俱馳,降[龍]天際⑦。[十地名相]⑧,[相一會以齊德];雲霞絕影,向初日以争輝⑨。

---

① "土",當作"士",據伯三一二二號之《慶佛文》改。白、趙、王三本皆釋作"世"。
② "紅",讀如"功",當作"躬"。白本改作"經"。
③ "呀",當作"涯",據文義改。白本改作"砑"。
④ "左右旅",趙本據文義補。
⑤ "成",白本據文義補。
⑥ "一",趙本據文義補。
⑦ "龍",據文義補。蓋與其前詞"象"對應。趙本補作"馬"。
⑧ 按:《二道場》的雙行注釋莫名其妙。細審之,當是傳抄中發生衍竄,原在文末的文字衍竄至文前。故此將雙行小注中的語句調整補於此處。不僅句式完整,文義亦通。
⑨ "向"字前衍"如龍"二字。

## 五十、浮圖

遠環荆坻<sub>博圬香泥</sub>，玄[其]玉趾①；成茲雁階，類彼蜂臺。寶龕將月殿爭輝，露盤與星樓錯影。白雲<sub>朝</sub>足級，<sub>明</sub>朗月添珠。靈相<sub>儼如</sub>永安，舍利斯在。

## 五十一、官事

不擇<sub>善</sub>良朋，橫<sub>謬</sub>纓羅網。<sub>命匹黃沙之內，魂搖丹筆之前。</sub><sub>類飛俄（蛾）之投火，同弱草之經霜。</sub>唯有一心，至求三寶。幸得近該天澤<sub>獄官無濫</sub>，微命再生；<sub>思答</sub>喜報洪恩，聿修香水。

## 五十二、逆修

生不作福，沒後難知。未盡<sub>百年</sub>，逆修某七。<sub>少無男女，老復孤貧。</sub>莫保<sub>百年</sub>，<sub>預修某七。</sub>

## 五十三、從良

比詮有德，乳哺代親。<sub>緣家務，策使非恒。</sub>奉事尊堂，并無衍谷<sup>（宰）</sup><sub>過</sub>。念慈（茲）仁孝，有彼成生。釋放從良，<sub>庶無拘錄，任爲南北。</sub>惟願人唯等秀，貴賤齊同。捨煩<sup>對（懟）</sup>惱之根機，結菩提之<sub>花尊</sub>眷屬。

## 五十四、放羊

當使岷（崐）山石上，長爲得道之資。王舍城中，永覩天生之報。

## 五十五、滿月

門宜貴子，夢得蘭英。自應<sub>卷（歡）</sub>來，玄符月上<sub>庶下通用</sub>。故知寶車搖影，嬌若凝珠。玉指調<sub>脣羞</sub>②，笑如花面。巧隨母惠，能逐父聰。[明]妒流星③，眉欺初月。惟願<sub>金柯</sub>瓊枝比秀，<sub>玉葉承榮</sub>金室流榮。既蒙膝下之恩，<sub>早蒙乳</sub>日有陵雲之氣<sub>懷霜之德</sub>。

亡取"金柯"以下云：豈徒體危朝<sub>露花</sub>，魂切咸（感）夜風。念欲<sub>承家流芳</sub>，痛隨（碎）珠璧。故於是日云云。

## 五十六、亡<sub>夫妻</sub>

自惟崇目遠襲，天匹金<sub>夫妻</sub>。冀保春月，[輝]榮九族④。豈期霜<sub>攻推</sub>千<sub>尊月</sub>，風切連枝，影吊孤魂。某乙等夜

---

① "其"，底本原空一字，據文義補。
② "脣羞"，底本"脣"字清晰，"羞"字處模糊，參考伯二三六一號之《滿月》釋錄。
③ "明"，據伯二三六一號之《滿月》補。
④ "輝"，據斯五三〇號背之《女莊嚴》"輝榮九族"句例補。趙本補作"共"。

泣朝悲,俄經[某]七①。

### 五十七、[願]②

惟太夫人族貴自天,風流惟月,深姿蘊玉,聖德惟霜。等孟母之鴻慈,載修庭閣;若曹大家之清藻,獨振閨闈。富貴若天,貞明比月。志<sup>教</sup>悅婦禮,儀葉母儀。還將訓子之<sup>方</sup>風,更佐<sup>爲</sup>字(字)人之美。

### 五十八、[亡考]③

蘊策懷謀,竭誠奉孝。信義周於鄉黨,禮樂貫于閭閻。豈謂逝水淪波,悲泉落照。百齡何逼,千秋永離。嗟存亡道年(乖)④,痛切心俯(腑)。今建福勝之會,冥資去識之魂。用薦幽靈,永脫苦難。

### 五十九、[嘆佛號頭]⑤

大覺之存也,惟清惟[寂]⑥;大覺之化也,曰慈曰悲。紺光遐照,白[法]圓明⑦,運啓(啓運)四生而五(悟)常樂者⑧,有[佛]矣[夫]⑨。

《諸文要集》一卷。

大曆二年(七六七)三月　學仕郎李英寫。

---

① "某",據文義補。
② "願",底本僅殘存"願"字右邊三撇,其後正文爲"願號",故補標題爲"願"。
③ "亡考",據文義補。
④ "年",當作"乖",據伯二五八八號之《亡文》"存亡道乖"句例改。
⑤ "歎佛號頭",據文義補。
⑥ "寂",據伯三三〇七號之《病》補。斯八一七八號、斯四九九二號背＋斯三四三號可參校。
⑦ "法",據伯三三〇七號之《病》補。
⑧ "五",當作"悟",據文義改。伯三三〇七號之《病》作"造"。
⑨ "佛",據伯三三〇七號之《病》補。"夫",據斯八一七八號之《願平安號》補。

# 北敦○○○一七號背《某僧佛事手帖》

此件首缺尾全，内容爲某僧自用的齋儀和其他佛事文樣，其中齋儀共計二十八篇，《國家圖書館藏敦煌文獻》擬名此件爲《某僧佛事手帖》。清本僅釋録其中的齋儀部分。目前有黄征釋録本，見黄征、吴偉編《敦煌願文集》，岳麓書社，一九九五，第二六三～二七〇頁。

（前缺）

## 一、[號]①

□□□□□□□□□十方，種覺道□□□□□□□□□□□□□□□□□□□□煩惱，爲涅槃之善緣。五□□□□□□□□□□□□□□□□□□無量樂。

一切種智[而爲根原]②，[甚深法藏莊嚴百體]。[意]樹開七覺之花，身田含八解[之果]。

□□□□□□□□□□□□□□□□等松筠，與山嶽而齊富。開金□□□□□□□□□□□□□□□□□網，出生死海，度愛欲河，入不二門。□□□□□□□□□□□□□□□□[臥安]覺安，天護龍護。

## 二、僧

□□□□□□□□□□□□□□□□□□[裹裹襌枝]③，明明惠日。詞峰既聳，則構領□□□□□□□□□□□□□深知常樂，妙解苦空。恒將佛惠爲心，□□□□□□。

## 三、僧

才高世表，弁（辯）若飛泉。智出一乘，[惠包三藏]④。□□□□，□□□□。□□□□，□□□暉；三業冰清，七枝恒清。

---

① "號"，據文義補。
② "而爲根原"，此處及本則後文皆據斯四九二號背＋斯三四三號之《願亡文》補。
③ "裹裹襌枝"，據斯八二九〇號之《僧》補。
④ "惠包三藏"，據斯八二九〇號之《僧》補。

## 四、僧尼患差

惟願法師位童（重）桑門①，聲被寰宇；敏（愍）四生之塗炭，乘百苦之縈纏。群生既宜，菩薩病（並）念；［獲］無崖之勝福②，陳物我之利安。惟願戒定惠增，慈悲喜滿；爲［四生］之道首③，作三有之津良（梁）。

## 五、亡禪師

惟願永離三塗，長辭［八難］④；觀慈尊而窮大（本）性⑤，聞政（正）法以悟無生。共圓實相之因，等會真如之［境］⑥。

## 六、和上

禪門洗心，虛空生白；蛾（鵝）珠護戒，忍草防非。惟願觀音引道，勢至來迎。出五濁之閻浮，生極樂之國。飢湌法意，渴飲禪漿；體［明］掛無染之衣⑦，心極遊解脫之境。門人等俱無灾障，大小各保長年；常無病累之痾，永安輕太（泰）之天。

## 七、法師

慈門法主，福地高僧；持波若之真文，受如來之付囑。懷仁慈於救蟻之歲，伏道德［於］登龍之晨（辰）。搖玉柄於談叢，則鷲林潤色；吐瓊花於辯囿，則鹿野生光。瞻末法以增悲，顧頹綱而結欷。

## 八、［號］⑧

引大海之法流，洗塵勞而不竭；傳智燈之長焰，皎幽闇而恒明。

## 九、［師］⑨

惟［師］等並釋門盛望，法苑英雄；播威得（德）於祇園，建鴻名於鹿野；爲四生［之］導首，作六趣之津良（梁）。惟願道心堅固，引群迷而悟真；智若江河，接有緣而尅達。蛾（鵝）珠在

---

① "童"，當作"重"，據文義改。
② "獲"，據殘筆劃及文義補。
③ "四生"，據此件之《師》補。
④ "八難"，據文義及斯四〇八一號之《馬》補。
⑤ "大"，當作"本"，據斯四〇八一號之《馬》改。
⑥ "境"，據斯四〇八一號之《馬》補。
⑦ "明"，據底本所殘"日"旁及文義補。
⑧ "號"，據文義補。
⑨ "師"，據殘筆畫及文義補。

體,寤寐無虧;縈草纏身,寸陰莫捨。

## 十、號

至極法身,湛常聖覺。大乘法藥,方等圓珠。十住明心,四依高士;滅罪良匠,救苦醫王。

## 十一、亡僧

戒珠沉彩,與朝露而無追;惠炬潛輝,共風燭而同往。

## 十二、律師文

惟律師應生五濁,跡紹四依;行月澄明,戒珠圓淨。至於四分十誦,猶涉海而護浮囊;七聚五篇,等救頭之猛炎。豈謂業風罷扇,掩塵迹以冥真;愛火銷灾,證灰身以示滅。於是經行路側,無聞振錫之音;澡性滂池(池傍),永絕乘盃之願。

## 十三、禪師文

惟禪師性抱括(恬)虛①,志懷淡泊;育(浴)想四空之宅②,怡神五度之門;超愛網以孤遊,拂塵羅而高蹈。禪枝飾茂,舒覺蘂於功德之林;定治含芳,敷淨花於[八]解之水③。縈情猨於意樹,羈試(識)馬於身田。斂念則器伏神龍,息慮則頂巢仙鶴。餌禪悅之食,口惙(輟)香飡;被慚愧之衣,刑(形)捐綺服。融是非於一觀,泯生滅而兩亡;實品物之津梁,寔含靈之稱首。豈謂凝襟勝寂,入三昧以[無]飯④;遊想輕安,乘六通而莫返。於是幽栖樹下,空留宴[息]之蹤⑤;貧里卷(巷)中⑥,無復頭陀之影。

## 十四、歎僧號

夫最清淨界,大悲所流;薩波若海,恒沙言教。並乃諸佛之師,菩薩之母;能生報應,巧顯法身。如意之寶無窮,譬優曇之罕遇者。聖者投身入火,爲慕一言;削骨剝皮,至(志)存書寫。誓使無明炬(巨)庭,揚惠日[以]常暉;生死暴河,乳(浮)法船而不絕⑦。

藥王藥上,慈潤香風;觀音妙音,澤垂甘露。身病心病,沁(罄)惠力[以]消除;今殃宿殃,

① "括",當作"恬",據北大敦一九二號之《禪師》改。
② "育",當作"浴",據"浴想禪池"等句例改。
③ "八",據文義補。
④ "無",據北大敦一九二號之《禪師》補。
⑤ "息",據北大敦一九二號之《禪師》補。
⑥ "卷",當作"巷",據北大敦一九二號之《禪師》改。
⑦ "乳",當作"浮",《敦煌願文集》據文義改。

都(覩)慈光而霧卷。七支清預(豫),更嚴七覺之花;八節休宜,還凝八定[之]水。三災不染,九橫無侵云云。

諸佛灑甘露,菩薩施醍醐,戒定惠增,慈悲喜滿。

諸大德等慈悲廣運,定惠增修;汲引之道時臻,化濟之心歲廣。如十哲在世,永作舟航;若千聖下生,恒爲津(根)柢①。

如來慈造,不捨蒼生;善逝垂哀,降臨斯會。所冀承慈(兹)廣祐,類及無崖。法炬闇而更輝,佛日離而還朗。悟菩提者繼踵,階聖果者肩隨。

## 十五、[亡僧]②

惟靈行著人師,德爲邦寶;住持嚴峻,利樂居懷;恬泊和志,温而克[敦]③。才之清也,州縣欽之;德之厚也,緇黃棄誠。爰及[韶]齒尊英④,盛年少俊,咸慕其德,並高其風。僉曰:作城惶(隍)之鹽刃(梅)⑤,爲福[人]之導首⑥。理應永安覺苑,敷七覺而祥育;恒蔭禪林,坐四[禪]而問道⑦。

## 十六、尼

超彼五淨,遊諸十方。蔭寶[殿]以安禪⑧,坐花臺而入道。捨彼有漏,取我無生;當乘從女之遊,共入龍花之會。

摩尼心珠,救拔三界困窮之苦;甘露法藥,治衆毒箭之疣。慈脩其心,善入佛惠。

惟願福惠雲聚,觀照六通。[證]四果而前驅⑨,達一乘之廣路。龍花之會,早得昇延;鹿苑之前,廣度群品。

## 十七、[誦《法華》]⑩

精進持淨戒,由(猶)如護明珠;能持是《法華》,一心不解(懈)怠;優鉢花之香,常從其口出;頭面接足禮,生生如佛相者,則某闍梨之謂也。內秘菩薩行,外現是聲聞;謙下諸比丘,遠離自高心者,則某上座之謂也。能以千萬種善巧之語言,分別而説法,如妙光法陝者,則某寺

---

① "津",當作"根",據文義改。
② "亡僧",據文義補。
③ "敦",據文義補。《敦煌願文集》補作"偕"。
④ "韶",據文義補。
⑤ "刃",當作"梅",《敦煌願文集》據文義改。
⑥ "人",據文義補。
⑦ "禪",據文義補。
⑧ "殿",據伯二五二六號《願》"坐花臺而聽法,入寶殿以安詳"句例補。
⑨ "證",據文義補。
⑩ "誦《法華》",據文義補。

主之[謂]也。常柔和和忍,不輕蔑於人;一心安樂行,無量衆所敬者,則某都陟之[謂]也。宿植德本,衆人愛敬;以慈修身,善入佛惠者,則某公之[謂]也。善知一切諸法之門,質宜無爲,志念堅固,則某公也。住於調柔地,設於上供養;珍饌飲食,百種湯藥施佛及僧者,今日齋主某公也。世世無口患,又無可惡相;額廣而平政(正),面目悉端嚴,爲人所喜見。願以此功德,普及於一切。

### 十八、[誦如來]①

我某公等:常無憂惱,又無怖畏;顏色鮮白,[七]衆樂見②。如是種種事,皆悉德(得)成就。於是諸佛前,寶幢縣(懸),勝幡[列]③,衆寶妙,香爐燒無價之香。亦以千萬種歌,詠諸如來。盡持以供養,昔所未曾有;無量百千萬,功德不可數。並用莊嚴開元天寶:壽命十二劫,廣護一乘道;百由旬内,無諸衰患。唯云云。

### 十九、號

諸佛出現,化感而往來;菩薩示生,總善權而濟物。或此没彼應,如朗月之現虧盈,圓性常存;或沉而乍出,似明珠而清濁水,如闇室之[現燈]明④。

### 二十、[禪師]⑤

伏[惟]禪師即妄奉真,輕刑(形)去體。

### 二十一、律

三聚證明,震鴻名於草繫;七枝芬馥,[隆]盛德於鴻珠⑥。

### 二十二、法

采華演教,法偈開宗。[立]方便之門⑦,啓自然之路。入莊嚴窟,四净俱修;昇解脱床,五乘並演。其僧徒[也],濟濟樂法;[緇]侣以(矣)⑧,詵詵[敷恩]⑨。棄煩惱之愛河,登涅槃之彼岸。

---

① “誦如來”,據文義補。
② “七”,據文義補。
③ “列”,據文義補。
④ “現”“燈”,據文義補。
⑤ “禪師”,據文義補。
⑥ “隆”,據伯三一二九號“盛德惟隆”句義補。
⑦ “立”,據文義及“立方便之門”句例補。《敦煌願文集》補作“開”。
⑧ “緇”,據文義補。
⑨ “敷恩”,據伯二三一三號背“濟濟敷恩”句例補。

## 二十三、尼

理應長流惠水，永豎津梁，龍女之得（德）［未申］①云云。門人等夙丞（承）瓔珞，早賜明珠。希厚德而摧魂，想［禪］堂而積慕②。

## 二十四、布薩文

恭聞菩薩戒者，乃是入道之梯橙，出世之舟船，大士之洪基，薩云若之正路。照明覺道，譬乎日月，莊嚴法身，喻之瓔珞。受持頂戴，遂竭生死之河；依教奉行，便顯如來之藏。自佛日西没，像法東流；大闡《木叉》，奉行持誦者，今則有釋都教授和尚爲此方流沙之導首，盛弘斯事也。我和尚願從今身，泊乎法體；半月半月（日），説戒宣傳。於是齊二衆之新學，對三世之聖賢；誦六八之防非，净三業之塵累。是時也，青靄入座，白雲滿空；花葉茸以謝芳，草搖落兮將暮；戒師宣以（異）地之法，維那行解脱之籌；即之光揚，結當來之勝果。總斯多善，先用奉資龍天八部、護世四王：增威光救人護國，賛普聖化無虧，將相恒居禄位，教授和尚福比河山，隨喜見聞俱登妙果。大衆虔誠，施一切誦。

## 二十五、律師

惟律師風神蕭穆，儀宇深沉；陶五部於襟虚，履三千於動静。閑居僧業，理復高名；長樂道房，義甄清譽。

## 二十六、社齋文

頂禮佛足哀世尊，於無量劫賀（荷）衆苦，煩惱已盡習亦除，梵釋龍神咸恭敬。是知諸佛功德，無量無邊；恒沙劫中，讚揚難盡。然今即席坐前齋主、合邑人等妙因宿殖，善牙發於今生；業果先淳，道心堅於此日。即知四大而無主，識五藴之歲空。遂乃共結良緣，同崇邑義。故能年三不闕，月六無虧；建豎壇那，常修法會。於是幡花布地，梵嚮陵天；爐燒六殊（銖），飡資百味。以一食施三寶，滅三毒去三灾；崇百味［以］供十方，價（解）十纏而資十力③。以此功德、廣大善緣，奉用莊嚴合邑人等：惟願災殃殄滅，是福咸［臻］④；天仙降靈，神祇校（效）耻。菩提種［子］，配佛日已（以）開牙；煩惱稠林，惠風飄而葉落。此（次）持［勝福］，亦用莊嚴齋主合門居眷、遠近親因（姻），大小休宜，咸蒙吉慶。然後上通三界，傍亙十方；並出邪途，咸登覺道。

---

① “未申”，據伯二六三一號之《亡尼》補。
② “禪”，據文義補。
③ “價”，當作“解”，據伯三三六二號背之《社邑》改。
④ “臻”，據伯三三六二號背之《社邑》補。

## 二十七、歎願文

蓋聞大覺能仁，處六塵而不著；吉祥調御，越三界以居尊。津五趣而證圓明，截四流而超彼岸。不生不滅，無去無來；神力難思，名言不測者矣！然今坐前齋主［妙］因多劫①，殖果今生：雖處愛河，常遊法海；知身如幻，非（飛）電［不］堅②。故能預豎良因，同崇福會；傾心寶刹，念僧祇園；延請聖凡，虔誠供養。於是播（幡）花匝地，梵響陵天；爐焚六殊（銖），湌資百味。以斯功德、廣大善緣，先用莊嚴齋主：唯願三千垢累，沐法水以雲消；八萬塵勞，拂慈光而永散。功德寶聚，念念滋繁；福智善牙，運運增長。官班日進，封禄逾唱（昌）；大小休宜，尊卑納慶。男則芳蘭桂，女則曜珠暉；俱延鶴問（聞）之休，共襲龍光之慶。合門俱（居）眷，同蔭福雲；内外親因（姻），各霑茲（滋）潤。然［後］上窮有頂，傍括十方；並沐良緣，咸登覺道。

## 二十八、放子出家願文

蓋聞逾城捨俗，專求佛道之方；棄馬辭官，願出群生之類。故知在家迫迮，等牢獄之重關；法里消遥，喻（如）虛空之自在。賢子志求勝法，屬意大乘；了火宅之無恒，知萬像而非有。情欣離俗，重積法門，歸向如來，求於聖道。於是慕僧徒而剪髮，應法縷以裁衣；振他化於天宫，拂魔王於寢殿。由像（猶象）王之迴顧，見師子之威儀；慕道樹以知歸，向菴羅而劍（斂）念。賢子上求佛果，下度群生；越煩惱之愛河，取（趣）菩提［之］彼岸。當令賢子，獲福如是。以此設齋、燒香、念誦種種功德，資益度子出家檀越、優婆夷等從今向去：三寶覆護，衆善莊嚴；災障清除，功德圓滿。然後十方三界，六趣四生，並出邪途，咸登覺道。

---

① "妙"，據伯三三六二號背之《社邑》補。
② "不"，據伯三三六二號背之《社邑》補。

# 北敦〇〇〇六二號背《齋儀抄》

　　此件首尾俱全，抄有《患文》一篇、《社文》一篇，故擬名此件爲《齋儀抄》。目前有三個完整釋録本：許國霖釋録本，見許國霖《敦煌雜録》，臺北新文豐出版公司，一九八五年，第二八五、二九七頁；方廣錩釋録本，見任繼愈主編《國家圖書館藏敦煌遺書》第一册《條記目録》，北京圖書館出版社，二〇〇五年，第一八頁；黄征釋録本，見黄征、吴偉《敦煌願文集》，岳麓書社，一九九五年，第六七六、六三二頁。

## 一、患文

　　慈悲普化，遍滿閻浮。大覺威雄，度群生於六道。故所（使）維摩現疾①，託在毗耶；諸賢問疾之徒，往於方丈之室。菩薩現病，應品類之根機；馬麥金槍（槍），表衆生之本業②。然今意者，[爲]病患之也③。唯公乃四大假合，尫疾纏身；百節酸疼，六情恍惚。雖復（服）人間藥餌④，世上醫王種種療治，未蒙詮（痊）損。復問（聞）三保（寶）之力⑤，是出世法王；諸佛如來，爲死（四）生之慈父。所以危中告佛，厄乃求僧；仰託三尊，請求家（加）護。唯願恒用加他之妙藥⑥，濟六道之沉痾；[以]自在[之]神通⑦，拔天人之重病。故知請（諸）佛聖力⑧，不可思儀（議），所有投成（誠），皆蒙利益。以此功德，先用莊嚴患者即體：唯願觀音加（駕）月⑨，灑芳亦（液）以清金（襟）⑩；大聖垂花（化），扇香風而湯（蕩）慮。然則六塵八苦長消，延惠命於千令（齡），堅法身於十力。

## 二、社文

　　夫開運[像]⑪、鑒昏衢、津萬物者，佛也；破業障、生惠牙、豁巨海、倒邪山者，法也；寔福

---

① "所"，當作"使"，據伯二八五四號、伯四九九六號之《患文》改。
② "衆"字後衍一"中"字。
③ "爲"，據伯四九九六號之《患文》補。
④ "復"，當作"服"，據伯四九九六號之《患文》改。
⑤ "問"，當作"聞"；"保"，當作"寶"，皆據伯二八五四號之《患文》改。
⑥ "加他"，即伽他，又譯寫作"伽陀"。
⑦ "以""之"，皆據伯二八五四號之《患文》補。
⑧ "請"，當作"諸"，據伯四九九六號之《患文》改。
⑨ "加"，當作"駕"，據北大敦一九二號之《婦人患差》改。
⑩ "亦"，當作"液"；"金"，當作"襟"，皆據北大敦一九二號之《婦人患差》改。
⑪ "像"，據伯二五四二號背之《嘆佛號頭》補。

田、竪良因①、崇舟檝者,僧也。始知三寶福田,其大矣哉!凡有歸依,皆蒙利益。然今此會焚香所陳意者,時有官録已(以)下諸公等惟(爲)三長邑義之家(嘉)會也。惟諸公等並是宗枝豪族,異姓孔懷。簡是良朋,擇諸賢友;綴資勝業,廣竪珍修。將珠翠而施衆僧,奉今(金)鈿而獻賢聖②。悟火宅之[恒]暑③,共結良緣;知生滅以非真,建資(兹)勝福。[福]資家國④,傍及三塗;有識有心,俱臻此祐。於是掃灑衢陌,懸烈(列)繒幡;嚴飾閭閻,敷張寶座。[請]諸佛⑤,延名僧;陳百味之珍饈,焚六殊(銖)之芳馥。總斯福善,先用莊嚴官録已下諸公等:惟願無邊罪障,即日消除;無量善因,此時雲集。法財自富,惠命遐長;灾害不入於門庭,障例(癘)勿侵於巷陌。家家快樂,室室歡娛;齋主助筵,咸蒙吉慶。然後干戈永息,風雨順時;法界蒼生,同霑兹福。

---

① "良"字前衍一"量"字。
② "今",當作"金",據文義改。
③ "恒",據文義及"火宅恒燃"句例補。
④ "福",據文義及斯四八六〇號背《當坊邑義創置伽藍功德記并序》"福資家國"句例補,當是底本脱了重文符。
⑤ "請",據文義補。

# 北敦〇四四五六號背《齋儀要集》

此件首缺尾全,《國家圖書館藏敦煌文獻》擬名此件爲《齋儀》。究其實,此件所抄的諸條齋儀並非完整的齋儀,而是如同北大敦一九二號《諸文要集》一樣只節抄齋儀段落,故擬名此件爲《齋儀要集》。目前尚無完整釋録本。

(前缺)

## 一、[亡兄弟]①

□□。[忽聞]凶釁②,量其痛哉!日月居諸,曠(壙)臨[俄]屆③。即有昆季兄弟等:想禄(緑)尊以增悲,痛[鶺]鴒而無響④。荊支(枝)一折,四鳥哀鳴。義重丘山,成念何以。至孝等舉號分列,湯泣昊天。無所用資,唯憑景福。

## 二、録事

公乃三辰降色,六氣延和;欸語自然,英聲天受(授)。遂得擢充得物,冰鏡持心。維到屆之崇司,紏群曹之劇務。

## 三、功曹

乃霞標直上,冰鏡孤懸。森森挺矛戟之鋒,落落吐風焱之氣。故使標襟列屆,灑譽崇番。生子智[慧]⑤,馭雲遊人物,爲皈門之地。

## 四、司倉

公乃情由(田)遠邁,性府寬融。皷篋百家,笙簧六義。遂得威慕列局,蕭穆曹寮。無虧奉公之規,自得當時之譽。於是像轉星豪,儼慈悲之靈想;經開寶偈,筌(詮)功德之涼源。所

---

① "亡兄弟",據文義補。
② "忽聞",底本缺,據斯二八三二號之《亡禪師》"忽聞凶釁"句例補。
③ "俄",據文義補。
④ "鶺",據文義補。
⑤ "慧",據文義補。

以竭撫歸衣（依），可以惠誠禮敬。祥幡颺影，遐標轉葉之風；神燈發暉，遥［凝］破惡之焰①。憑濟生而救苦，冀修福以消災。志重虔誠，功深願廣。

### 五、兵曹

位列兵謀，通文神武。怡六曹而迺職，守一法以司存。

### 六、判官

紹烈先風，忠貞自感。即戎求吏，政惠馳能。故使六局提綱有備，三軍器物事事咸修。無恃上之歌歟，有飲流之醉德。今者廣開妙宇，焚解脱之香；延集福天，希勝福之果。

### 七、産亡

何期一朝分産，魂銷剖蚌之前。五福無徵，命奄九泉之嘆。

### 八、節度使

伏惟公定（挺）生英靈，稟氣星像。才堪大夏，氣用掬（決）絶。附經齊（濟）之遠途（圖），有縱橫之大略。焦絶紛浸，彌掃欃槍；與天分憂，爲國重記（寄）。夷凶靜難，皇王無一日之虞；善政養人，梨（梨）甿有二天之蔭。故得威雄玉塞，塵静金方。諸番軍遥挺於武臣，北狄遠懷於飛將。縱衛清（青）白起，莫之與荆（競）；馬院（援）班超，焉可儔焉。

### 九、兵馬使

伏惟公稟造化秀氣，附人臣其（氣）骨也。月開心鏡，雲齊靈臺。得韓彭之謀，理張梁之計。制狄（敵）料於旨（指）掌，追奔捷於達丸。剛紀君（軍）容，整宿（肅）戎幕。語其文也，辭峰壁立已（於）千忍（仞）；論其武也，鋭相霄雲於九流②。津然將舛之雄才，赫矣天西之巨鎮。

### 十、都督

伏惟公清英秀氣，雄嵒橫深。識達九流，學傾八攬。冰霜勁節，瑶碧持躬。爲純和之風，爲安静之道。其清也，碧潭而見底；其直也，長松而出雲。部（布）遠近千里之風，爲方岳之主。

### 十一、縣令

伏惟公器宇沖貌（邈），輪表無爲，清和任真，理識通敏。公忠奉國，孝乃承家。夫象雙

---

① "凝"，據文義補。
② "霄雲於"，原作"於消雲"，據文義乙正。

飛,風化一變。自有驅鷄之妙,斷割標制錦之功。辨獄得分兼之能,理物有㳠(傍)迸(烹)鮮之道。公庭息誦(訟),司室多閑。每以虔誠六根,專主三葉。

## 十二、敕使

伏惟公含山嶽之秀氣,附凍(棟)梁之上才。出孝入忠,經文偉(緯)武。作皇王之耳目,爲贊普之福(腹)心。覆戎狄於陰山,布輪(倫)言於塞外。

## 十三、一切文官

泊儒作扙,溫雅成智。習藻鑒而同利用,勤施禮以先[智]能①。國擇時良,當官正色。器堪總用,要處袟而忠誠;矜察貞廉,[秉]恭嚴[而]肅穆②。善聲以遠,正闡彌遙。雄然芳振,朝庭之儀也。

## 十四、一切武官

性稟雄星,族標豪傑。偓文備武,棄筆從戎。忠誠勇義之勤,徇己厭輸之歑。素弓張月,白刃凝霜。陣敵虜而坐平,三軍斬指;設深謀而而(如)令,千里清塵。受榮袟以捐驅(軀),拜高班而納寵。大國之要,其在斯乎。

## 十五、金銅像

紫金洞妙,白玉開輝。相含妙色之明,光照真空之竟(境)。面像圓月,目品蓮花。瞻禮福生,稱揚罪滅。

## 十六、繡像

乃綺綵真容,韻成寶相。巧工畫妙,緋縷線而像如來;極思成能,續針鏵而模大聖。聞之善集,見乃殃除。

## 十七、素(塑)像

乃妙綵輕塵,香沉水净。如模真佛,巧素(塑)尊儀。朱開如說之脣,點出慈悲之目。旋繞者生福,敬禮者除愆。

---

① "智",據文義補。
② "秉""而",據文義補。

### 十八、畫像

妙盡丹青，巧呈朱採（彩）。像三身而作色，模五眼以明真。金縷施黃，珠纓發於紫色。歸依者不是，迴向者無猒。

### 十九、藥師

琉璃見影，明月開顏。乘過去之願往生，化今生之含識。

### 二十、寫經

嚴精玉帛勝，寫幽理之懸（玄）文，録難思之妙術。連珠作句，貫玉成行。轉讀者，靡不消災；受持者，無非罪滅。

### 二十一、造幡

綜錯紈綺，裁成綵帛。光浮五色，刑（形）像十方。旋轉空中，飛雲隨合。搖曳沖於天漢，業風乃清；輪王之位以成，報鄣之愆永滅。

### 二十二、轉經

樂聞大乘，［宣］至教而慶仰①；受持法海，轉寶偈已崇誠。聞者滅罪恒沙，誦者福生兜率。

### 二十三、觀世音菩薩

含慈救生，懷悲拔苦。隨聲念而即至，應物化刑（形）；遂邀請而便降，觀緣起而化來。稱名禮拜，利益無邊。

### 二十四、地藏菩薩

現身六道，流念四生。示跡於苦趣之中，作沙門像；說法於閻羅王界，隱菩薩刑（形）。憶想殀除，稱名罪滅。

### 二十五、聖僧

妙飾威儀，巧成容止。得賓頭盧之本狀，像羅漢之真儀。生結福善，滅諸苦怛。

---

① "宣"，據文義補。

### 二十六、地藏菩薩

其菩薩乃寶珠入掌，金縷嚴身。得生切利之天，常拔劍輪之苦。

### 二十七、花(華)嚴經

乃圓融[性]海①，印法界花。臺流刹上之花，身折嚴塵之念。

### 二十八、涅槃

乃醍醐佛性，琉璃涅槃。開額內之明珠，撥地中之寶藏。

### 二十九、勝天王般若

乃天王請法，調御談空。光明照於十方，流血灑於大地。

### 三十、楞伽經

乃寶山見影，金偈傳心。八識照於靈臺，三性懸於業鏡。

### 三十一、維摩經

奄羅妙開，方丈清談。男子納於須彌，毛端容於巨海。

### 三十二、法花(華)經

乃三界火宅，一乘牛車。引被(彼)化城，奪其寶所。

### 三十三、金剛經

降止住道，忍辱行擅。開四句之消災，勝三時之捨命。

### 三十四、藥師經

乃琉璃作號，灌頂章名。絕九橫之舒央(殃)，行十二之上願。

### 三十五、無常經

乃無常遷謝，有偏(變)輪迴。恐迷執於生身，偏流積於死報。

---

① "性"，據文義補。

### 三十六、多心經

乃初觀五蘊,復隔三科。爲菩薩之輪[王]①,作聲聞之法印。

### 三十七、千手眼經

千手接引,千眼遥觀。應念者聞聲,隨求者質見。

### 三十八、尊勝經

經名佛頂,咒演佛心。幢繞影而消殃,落微塵而滅罪。

### 三十九、隨願往生經

[遏]開净度②,入救娑婆。絶一念之因緣,照十方之國界。

### 四十、彌陁佛

佛乃西方見質,東國化刑(形)。十念圓明,千殃彌滅。

---

① "王",據文義補。
② "遏",據文義補。

# 北敦〇四六八七號《齋儀要集》

此件首缺尾全，從齋儀中抄録己需的嘆佛號頭、嘆德、莊嚴部分，與北大敦一九二號《諸文要集》性質相同，故此擬名爲《齋儀要集》。

（前缺）

## 一、［號頭］①

家常值□□□□□□□□□□□□□□□云云。

欲脩其福，非大覺而誰？知迺建□黃，具珍物而齋我弱釋菩薩□□□□□欲荅鴻休，廣［薦］真薰云云。

## 二、征迴

比爲銜詔遐征，[輪][履險]誠白刃之下②；運想真場，遂蒙萬聖靈扶。群兇雷卷，紫［塞］無事③；皇情坦然，欽荷不勝。清齋是建，時景云云。乃邀法侶，潔清齋，香飲雲下，天花雨散。拘此遐祐，夫何以家（加）！并用資薰其一。加以此日，具花蓋，飾軒除，真僧四座，香飲千饋。鴻德何廣，靈空莫際。先以莊嚴其二。爾其設香饌，宣妙經，天花霧霏，珍施行溢。以此福祐，奉翼［云云］。

## 三、兄弟

豈謂鴻鷹分行，鶺鴒失羽，悲深手足，痛結星霜。天道不仁，欲將何望。爰弘净業，用福幽靈云云。豈圖業［終］不留④，緣盡遂往，日月不駐。某七斯臨，昆季以天倫義重，花萼情深。九原嗟一去之悲，長夜起千秋之感云云。

## 四、亡兄弟

行同顔閔，無負幽明。災生一朝，恨入千古。鴻戴飛而心斷，鷹委行而聲悲。緬懷極拔，

---

① "號頭"，據文義補。
② "輪"，據文義補。
③ "塞"，據文義補。
④ "終"，據文義補。

莫過迴向<sub>云云</sub>。

## 五、男女

豈謂業緣素薄,哀福遷臻。坐慟行[悲]①,悉曰深日。

## 六、嚴病

惟願飲甘露而心調,拂香風而體健,色力增固,當而莫遷<sub>云云</sub>。惟願四大九橫,釋爾冰消。六根三報,飄如霧廓<sub>云云</sub>。惟願五情均豫,四大調適。殊法門之甘露,潤洽身四(田);得總持之妙藥,蠲除或(惑)病<sub>云云</sub>。煩惱若霧,囑月愛而消除;覺意净花,聽雷音而竟發。

## 七、嚴僧

惟願廣運三乘,津梁六趣。慈風永扇,法日常明。壽與天長,德將嶽鎮<sub>云云</sub>。德芳蘭桂,壽固金石。名流梵宗,長謠辯鼎之才;聲簡帝闈,災(載)見同車之貴<sub>云云</sub>。天金碧海,月秀珠明。尊卑永保於松筠,寺舍常和如水乳。

## 八、嚴官

風鏡轉清,冰壺湛照,福壽遐遠,歡娛日新。入領輔衡,出爲良守<sub>云云</sub>。惟願早登雲閣,高步銅龍,茅土山河,家榮國寵,金章紫綬,一日九遷<sub>云云</sub>。

## 九、嚴檀越

惟願保山嶽之富,提仙靈之壽。劫石告盡,芥城亦空。而此業不遺,籍籍常樂<sub>云云</sub>。十纏霧廓,千郢雲消。道心將天鏡齊明,福壽與金剛等固。瑰寶盈於舍宅,禄位昇於臺鼎<sub>云云</sub>。萬靈影衛,千聖雲扶。群橫都泯,衆善普會。開長者之庫藏,有願必從;得輪王之髻珠,所求如意。

## 十、嚴亡

風生珠樹,業聽苦空;水激金池,波閏(潤)常樂<sub>云云</sub>。七重寶樹,冀幽魂之有託;千業花池,灌金軀而無垢<sub>云云</sub>。願此繁祐,風行雨施;紫連(蓮)一開,百法長泳。萬萬其刼,熟(孰)云其終<sub>云云</sub>。持此鴻休,用光冥運。勝福羽而上涉天界,生蓮花而遊於净國<sub>云云</sub>。惟願凌妙識於薩雲若海,晤神照於般若多聞。高昇解脫之津,永謝輪迴之苦。然後歷諸佛國,被梵向(響)而遊净天;入聖賢池,沐法流而澡清慮<sub>云云</sub>。惟願蓮花世界,凝神法性之富;硫璃國土,證

---

① "悲",據文義補。

道菩提之樹。清刧濁刧,乘願永通;遐濟生靈,洪悲不絕云云。所冀東方處空,以標功德之廣大;南遊法界,以取普賢之願力。[果]盡未際①,恒爲眷屬因緣;永斷別離,長作菩提眷屬云云。恒沙若霧,因惠風而散彩;一切善根,憑法雨而增秀。會牛車以長往,獻龍珠而速證。靈空有盡,此願[無]窮云云。

### 十一、迴施

上願乾川交泰,日月貞明,盛業光於百王,芳名藹於[萬]古②。然後風後(候)浹,福雲布。遐及有心,齊登妙果云云。亦願花福無虧,鴻因不絕。盡虛空而到見(現),窮永刧而薰修。高脫塵勞,咸登樂果。伏願如來五眼,同共證明;諸佛千身,常隨擁護。[境]域國界③,同於花藏。

### 十二、女滿月

惟[女]寔似女娥懷寰(懷),遙分皇月之暉;離光司方,甫列乾坤之次。作嬪君子,詩命好配。德良儔禮,成子教方。忤鵞禄禖,胎睍虵夢。昭祥聖景,冥津<sup>遂成</sup>。固(故)得娠厄之際,神色自怡。三旬告期,五宗相賀。爰於此日,奉供聖靈,願孩子明惠日崇,容言歲益。清襟洽悟,[識]陵蔡室之知④;絃風韻高,奇掩謝庭之貌。

### 十三、女生日

惟貞閑麗淑,令潔端莊,秀裓雲崖,披蓮日浦。故於誕生之日,諦構福基。供列席而含等,香靉空而結霧。以此功德莊嚴夫人貴體:唯願睎百苦於晨露,擁千福於朝雲。壽孝逾於此何,色貌鮮於桃李。

### 十四、[僧]⑤

唯以光儀獨擅,雅志孤標。神慮泉深,星珠比影。禪池與清漿共潔,戒珠將皎月同圓。道德播於桑門,英聲振於流俗。

---

① "果",據文義補。
② "萬",據文義補。
③ "境",據文義補。
④ "識",據文義補。
⑤ "僧",據文義補。

# 北敦一三六六二號背《齋儀選抄》

　　此件首全尾缺,現有内容爲寫手從完整的齋儀中選抄适合己用的部分,既抄寫有完整的齋儀篇章,也節抄各條齋儀的號頭、嘆德部分。從筆跡看,是由兩個寫手先後接力完成了此項選抄工作。故此擬名爲《齋儀選抄》。

## 一、葬文①

　　竊以壽(受)[形]三界②,若電影之難留;稟質閻浮,似石光而速轉。然則寶山忽碎,玉樹俄摧;落寶質於長宵,墮梅花於暗裏。故能臨棺取別,哽咽斷腸;握手言離,永作黄泉之客。誰謂無常忽至,生死路分;殯送幽田,與神靈而永別。是以簡擇良日,嚴駕龍車;詮此吉晨(辰),歸依墓所。使至孝等一悶一絶,體内酸悲。扣棺槨以號咷,攀墓門而崩絶。散香烟於法界,請諸佛以來迎。道俗助念而悲哀,往[生]彌陀之國③。又持勝福,總用莊嚴亡靈去識:惟願逐彌陀而生净土,隨彌勒而下閻浮;變玉體而入西域,作神通而歸兜率。

## 二、號頭

　　夫衣冠禮樂[而]人修者④,[則]孔夫子之德也⑤。清虛淡泊而無形相者,則孝(效)老君之宗。蓋此二門,無非究竟。縱使乘龍控鶴,終歸生滅之[由]⑥;[飲露]湌風⑦,不勉(免)輪回六趣。惟我大師則不然矣!獨超三界,回拔六塵,十[地功圓]⑧,卅而登正覺。菩提樹下,發金口之微言;鹿野菀中,逐玉毫[之靈相]⑨。[不]生不滅⑩,爲三界之大師;無去無來,作四天之聖主。

---

① “葬文”,又稱爲“臨壙文”。
② “壽”,當作“受”,據斯六二一〇號之《臨壙文》改。“形”,據斯六二一〇號之《臨壙文》補。
③ “生”,據北敦八〇九九號之《臨壙文》補。
④ “而”,據文義補。
⑤ “則”,據文義補。
⑥ “生滅”前衍一“有”字。“由”,據斯五六三九號＋斯五六四〇號之《亡姚》補。
⑦ “飲露”,據文義補。
⑧ “地功圓”,據文義及“十地功圓”句例補。
⑨ “之靈相”,據文義及殘筆畫補。齋文中“金口微言”“玉毫靈相”常相對仗。
⑩ “不”,據文義及殘筆畫補。

### 三、號頭

原夫大雄一覺，吼法皷而驚天；四智齊明，雷（搥）法螺而括地。演一音而應隨類，無盲不開；灑三教而誘四生，無幽不囑（燭）。快哉大士！惟我釋迦。凡有皈依，咸蒙利益。

### 四、病差

惟願藥王藥上，灌般若之清津；三世如來，施醍醐之妙藥。身心安泰，無勞月氏之香。壽命延長，不假瓊田之草。觀音覆護，持錫杖以拂身；勢至慈悲，施神光而照體。耆婆妙藥，灌注身心；般若神湯，宣除五內；金剛力士，左右冥加。密跡神王，縱橫翼衛。當令病者，賀如是福。

### 五、[安居]①

惟師等共此宿緣，有願遇得相逢，蒙賜結夏安居。今將已末，遂蒙如來覆蔭，彼此安寧。寂寂如水波風，百滌之不動。三千威儀，不犯六萬細行。無虧戒律，清净無瑕；寶珠身中，永護持戒。便登佛位供養，速會菩提。彼此共晗慈光，證護無生之路。然今受戒某乙等皈依正法，迴向佛壇。望遣六垢七非，四蛇三毒永滅。故能卑躬禮謁，奉就明師，清净身心，受持禁戒。願使小於草繫，積劫護持；等若浮囊，終身不缺。長辭沒溺，早登聖道之梯；永離愛河，速到菩提之岸。又願人中天上，解脫之果俱圓；現在當來，自然之報[共著]②。

### 六、出家

故能割捨親愛，早慕緇流。報佛慈恩，供養三寶。願使三乘教跡，併覽胸懷；二諦苦空，總於心腑。三千刹土，等共歸依。百億閻浮，咸皆渴仰。但以出家功德，高居須彌。解脫善根，深於巨海。三塗地獄，救拔生緣。八難永梨（離），提攜眷屬。先亡因茲解脫，七世揖此停酸。大小永離十纏，尊卑長辭八苦。惟師乃辭親落髮，早越三魔；披如來衣，頓超五欲；僧袍小衣掛體，即入清净之門；法喜常飡，速證菩提之路。

### 七、[號頭]③

夫大師化緣已畢，猶是（示）滅於雙林。獨覺雅證，無生報盡，還取滅[於]廣聲。必爲居主，聖命終還般無餘；況乎六趣迷途，而能免於生死者也！

---

① “安居”，據文義補。
② “共著”，據文義補。
③ “號頭”，據文義補。

## 八、[除服]①

慈顏一掩，以(已)隔三周。堂宇寂廖，謂(惟)增嗢絶。但以服制有限，俗典難違。脱服以終，除凶就吉。何其覩(瞻)靈枕如(而)纏哀，望空牀如(而)灑淚。冥冥棄釋(去識)，知詣何方？寂寂幽魂，聚(趣)生何路？欲事(施)資財，爲(惟)福是憑。於是云云。

## 九、亡號

三界六趣，無超苦海之宅；四大五情，並歸磨滅之相。雖復瑤臺寶殿，鼎食貂冠，莫不歌薤露而長辭，聽松風而永謝。

---

① "除服"，據文義補。

# 伯二〇四四號背《諸文集抄》

　　此件首全尾缺，抄有齋儀、齋文和《押座文》《勸善文》《金光文禮贊》《疏文真載》等文獻，在性質上是諸種佛事文獻的集抄，故擬此件總名爲《諸文集抄》。清本只釋録其中的齋儀、齋文和《疏文真載》部分。這一部分目前有黄征釋録本，見黄征、吴偉編《敦煌願文集》，岳麓書社，一九九五年，第一四八～一六六頁。

## 一、[主簿]①

（前缺）

　　霧縠生千葉之蓮臺，□□□□□□□□□□□□□。公已領仇香之任，竚遷墨綬之榮。雲霄漸昇，歡娱不墜。

## 二、聞南山講

　　大雄出世，初演教宗。次開持範之門，爰唱毗尼之藏。禁防身口，軌範住持。控意馬已（以）停奔，視（識）心援（猨）而息奴（怒）。使七枝冰碧，寒生六月之風；三葉威儀，净徹九秋之水。自鶴林茂色，鷲嶺輪光。百年應夢甎之禎祥，五[戒]分金[人]之[教]喻②。義流華下（夏），翻譯寰中。我貢上人始自智首之[律]③，終記南山之制。由是前賢後哲，捧袂趍延（筵）；談柄揮而珠玉珊環，詞海傾而波瀾浩渺。刑（荆）吴楚越，咸洛淮何（河），抄威行而一國交音，人竟弘而諸家罷唱。上人琉璃瑩徹於心水，栴檀芬馥於情田。宿植净根，生知朗悟。而乃辭親去國，負笈尋師；駐止帝京，摳衣律序。竹窗夜坐，[更]漏闌而澀睫不眠④；銀漢曉傾，禁（金）鷄鳴而殘燈未息。孟（氓）耕九陌，積雪之夵（泰）。析鳳一毛，成麟變角。既器成瑚璉，業就毗尼，結束途呈（程），還歸鄉里。昨者經于鄱水，憩駕龍興。唯齊公上人知賢外舉，敷授視之高座，設蘋藻之盛筵；會人天於法堂，開毗尼之妙典。命余宣贊，紀述馨香，對金人捧文而祝。於是張翠幕，列畫圖；扣洪鍾，奏清梵。無疆勝善，上福皇家。佛日與舜日而齊

---

① “主簿”，據文義補。仇香是著名的主簿。
② “五戒分金人之教喻”，據兹篇宗旨補。
③ “律”，據文義補。貞觀初年天竺波羅頗迦羅蜜多羅三藏譯經，“律”多諮詢取正于智首。
④ “更”，《敦煌願文集》據文義補。

明，法輪共金輪而並轉。州縣牧宰，文武官寮，叶贊一人，招（昭）蘇萬彙。上人傳燈不倦，開後學之見知；定惠逾明，爲小乘之準的。齊上人發萌唱導，公德冥資；助供檀那等陳力修齋，休祥潛降。

## 三、[太保相公慶誕文]①

當岳瀆降靈之日，是申甫誕慶之辰。百祥而允屬禎期，五福而克臻幽贊。飛沉祝壽，品彙獻齡。伏惟太保相公涵黄陂萬頃，澄徹無涯；聳嵇松千尋，堅貞有節。抱璞玉渾金之大器，藴如珪如璋之芳猷。英聲而遠響雲間，雅望而迴振日下。天鍾全得（德），嶽降粹靈。懷霸國之宏謀，秉致君之大志。臺頭耀彩，鼎鼐書勳。功濟巨川，心扶景運。自統藩鎮，惠化叶和。位極上公，寵榮無對；名光中輔，勳業獨高。誠可謂真安危定難之功臣，實聖代明時之梁棟。巍巍蕩蕩，暎古邁今者也！伏願太保相公年齊龜鶴，永永無窮；壽比松椿，青青益茂。繼夔龍之功業，光顯册書；輔堯舜之明君，道諧昌運。子孫集慶，靛蕚聯芳。勳名與嵩華同[高]②，官禄共江潮不絶。伏惟太保相公天授忠貞，神資正氣。積濟川之重望，推輔弼以爲心；藴經國之宏謀，抱股肱之大志。自國朝多事，妖祲熾興，選上將之英才，定中原之氣識；懸生人之性命；繫社稷之安危。固（故）命太保相公登壇場，授（受）旄鉞；榮從衣錦，便統旌幢。一鎮邊城，累經星歲。布惠和於紫塞，振威令於黄沙。路不拾遺，戍無警急。兩收宫闕，皆著殊勳；文撫貔貅，咸歌異政。況復鑾與（輿）再幸，寇逆重生。爲踞皇都，恣爲叛背。我太保挺赤心而向國，金石不移；指白刃以戡兇，機謀闇設。果得狂徒自彌，朋黨潛銷。致萬乘回鑾，中興景運。鳳銜丹詔，寫赳赳之英姿；麟閣圖形，彰永永之勳業。九重之天書遠降，一人之聖旨併臨。睠矚意深，倚賴誠切。建封（豐）碑於棨戢（戟）之外，顯以崇勳；頌美譽於府城之中，用明懿績。視（峴）首空傳於異代③，何足比焉；黄涓（絹）徒夸於好詞，豈能擬也。鷄（嶠）原同慶，枝葉連芳。家藏盈袟詔書，位冠公侯極品。加以輟廄中之愛馬，獻天上之明君。騰驤而獨步雲衢，蹀躞而迴追電影。能將致遠之力，以陳戀主之心。同卜式之不惜家財，類霍光之無希華第。實邦國之柱石，爲朝庭之棟梁。有上將可以致（治）五君（軍），有賢相可以匡社稷。自然八方静謐，四海樂康。今者龍飛啓肇之月，祥光滿室之辰，萬國同懽，千靈[效]祉④。相公廣陳佛事，虔修道場；度僧以福報聖明，烈（列）樂而用慶昌運。伏惟太保相公登上將之任，握元戎之權。吐（度）曲逆[之]六奇，韜鈐冠古；軍（運）黄石之三略，機謀暎今。可以宣七德，咸（感）四夷。韓彭孫吴，又何足比；廉李衛霍，焉能以（與）儔！細柳屯營，識亞夫之軍令；燕然

---

① "太保相公慶誕文"，據文義補。
② "高"，據文義補。
③ "視"，當作"峴"，曾良《敦煌文獻字義通釋》據羊祜事典改。
④ "效"，據文義及"百靈效祉"補。

勒石,掩(驗)竇憲之戰功。加以信以守禮①,敬以好謙。樂子路之盟言,抱季布之誠諾。秉清慎而克己,守忠貞而律身。乾乾而臣節不虧,兢兢而夕惕若勵。今慮星神行運,分野爲灾;氛祲熾興,戈鋋再起。所以嚴修佛事,虔稽緇流。登郡城高潔之樓,持諸佛之真言。秘教所希,皇道永昌,兵戈長戢。龍神垂祐,霈澤應期。萬姓無灾,三軍安泰。城隍社庿(廟),護疆界而不起煙塵;土地靈祇,保鄉閭而常無瘴癘。野有如雲之稼,[家]積蓄廩之儲。皷腹齊歌,咸懽堯化。相公壽同衡岳,崇崇而永固南山;禄比滄溟,渺渺而長鎮西塞。

## 四、[願文]②

納百川者,其惟滄海;作群聖之首者,唯我調御能仁。由是位極金輪,尊超粟散。雖碧殿紫微之貴,咸居影嚮之中;淩空縮地之流,俱在刹塵之内。至哉我佛之力,難可讚揚者矣!公節己輸忠,孝能反甫(哺)。禮貫五常之首,義頃(傾)萬里之心,文逸九流之書,武縱七擒之德。可爲(謂)春蘭獨秀,松生寒谷者哉!加已(以)振揚清化,大闡薰猷;家傳萬石之符,門儼五侯之駕。早振金聲,風懷玉閣(練)。翰苑散朝霞之彩,詞林搖春樹之暉。鸚(鷹)處谷而羽已成,鶴辭卵而聲自遠。寔可爲(謂)名馳日下,不亞荀公之才;奏美雲間,時振陸士(氏)之德。[立事]有蘭狄之德③,立功有蕭曹之能。親承視(誓)禮,來葺雄軍;改職辭班,分憂兵(理)理(兵)。由是三軍嚭美,將士欽風;邊方静而月弓不張,虜塞遊而鏌鋣不現云云。於是吴延推志,劉寵護賢,美譽傳於三邊,聲華閒(聞)於六合。於是東皐稼穡,南畝絶憂;風不鳴而<sup>條林</sup>木自敷,雨不驟而川原[孳]息④。

## 五、[亡兄弟文]⑤

昔居他邑,憲(懸)隔歲年;文絶音書,馳誠每積。將爲(謂)責實納慶,永沐康寧。秦(奈)何哀信忽臨,轉禍祈福。靈山杳莫(寞),沙漢(漠)逍遥。有去無來,魂遊不返。瞻去時之路,痛切於心懷;悲念舊遊,哀纏骨内。冀而不返,大夜同歸;神理何虧,魂飛不覩!靈峰峨[峨]⑥,片玉先墜;渌水[攸攸]⑦,一珠忽沉。每懷侍老之言,永絶問《詩》之訓。念生前之人(仁)孝,雨淚此時;創(愴)没後之餘蹤,恐纏遊水⑧。念天之運如,不可智謀;[嘆]人之分離⑨,起(豈)能准定?云云。

———————————

① "加"字後衍一"伏"字。
② "願文",據文義補。
③ "立事",據後文"立功"之義補,齋文中"立功立事"常常並提。
④ "孳",據文義補。
⑤ "亡兄弟文",據文義補。
⑥ "靈"字前衍一"爲"字。
⑦ "攸攸",據文義補。
⑧ "遊"字前衍一"骨"字。
⑨ "嘆",據文義補。

## 六、〔患差〕<sup>①</sup>

南瞻片月，思鸞鳳已（以）分飛；北望女星，想銀河而夜渡。萱蘭各秀，琴瑟異邦；〔塞〕天連一片愁雲<sup>②</sup>，關山分兩處慢悒。預傳香於此日，畢果願於今晨（辰）。既蒙兩處康寧，合家清吉；可爲（謂）纏綿枕席，已歷歲年！珍味瓊漿，無心可樂。瑠璃枕上，淚樂（落）數行；百花座前，千般啓願。遂使男心憂懼，室女驚忙。是知佛作醫王，法稱良藥。諸大德達（建）息灾道場，嚴持香花；召請龍天八部，眞言不綴。六時㫋念，上通於三界；感梵王帝釋，降於法筵。密跡金剛，潛來加護。結〔福〕契而四魔竄<sup>③</sup>，振金杵而鬼魅<sup>消除</sup>。聖衆威（咸）臨，然燈祈福。花豔玲瓏，明月相續，徹見鐵圍山內。

## 七、〔亡禪師〕<sup>④</sup>

師乃道風清宿（肅），步步獨明。持〔百〕行而巨海難良（量）<sup>⑤</sup>，接千機而悲心莫測。當以（於）安禪山頂，澄思歸眞。〔覺〕道遍於閻浮<sup>⑥</sup>，敎法傳於砂界。念佛三昧，常德（得）見前。定惠總持，逈然自證。朝朝獨念，山獸爲憐（鄰）。端座思維，善神爲伴。不然者，德感（曷得）使送香火，敕命爲師？門人遍於秦川，邑會通流瞻部。將爲（謂）久居濁世，誘化群情；何圖緣盡西歸，掩（奄）從圖塔。乃礧嵬岌屹，當天地之心；萬刃巒峰，上侵雲漢。南瞻帝闕，臺殿峥嶸；北眺雲山，千峰卻倚。東連花葉，縣（懸）對淩（陵）原以爭光；西接仲山，峂峨聳目（日）。大師住此，能降二虎而歸心；一鎭西山，感聖女而風雷不起。則知茗花撲地，郁郁開錦繡之文。瑞草遍溪，松羅萬丈。聖燈時現，發萬類之勝心。野鳥銜花，飛來飛去。爲萬國歸心之地，作四衆福善之場。德宗親送於御香，不但（憚）路遥，〔訪〕瞻大聖。仙家上客，巡寶地已（以）經行；釋氏高僧，對靈禽而說法。大師靈骨金丞（函），永鎭於嵯峨；寫影流刑（留形），作萬人歸心之地。

## 八、雙生一亡

夫人慶流香閣，祥瑞蘭閨；感秀氣而孕雙珠，合異雲而育兩鳳。豈爲（謂）事不竟美，物無兩齊；沉片玉於泉臺，明一珠於掌上。悲歡交集，憂喜俱來。

<hr />

① “患差”，據文義補。
② “塞”，《敦煌願文集》據文義補。
③ “福”，據文義補。
④ “亡禪師”，據文義補。
⑤ “百”，據文義補。
⑥ “覺”，據文義補。

## 九、[帝德]①

聖越羲軒,德逾堯舜。乾坤永静,日月長明。洪恩普洽於八方,雨露霞(遐)霑於萬國。含元殿上,瑞氣朝凝;丹鳳樓前,祥雲暮起。

## 十、[縣令]②

堂僉美德,鄉選干能。有屈牛刀,迂資(兹)小邑。永和百姓,賴遇清明。茸(緝)理亂絲,織成鳳錦。銀牓散鄉,徒催二稅;朱牌曉示,望謬賦輸。孤貧撫掌而營生,農士行歌而樂業。朝羊不起,還如陶令之時;夜支(鳲)停喧,恰似子[游]之日③。量等江湖,德齊山嶽。詩書並全,文武雙彰。

## 十一、節使

聖代賢才,簪纓令族;忠勇獨立,文武兩全。可爲(謂)作當世之間生,一星合應。鎮萬岳而風塵自掃④,作柱石而天宇轉清。雖竇憲(憲)其未可及也。

## 十二、長馬

百靈作庇,祈禄位於丹墀(墀);萬里加威,曜才華於禁闕。慕王(玉)立無點,冰光射人;詩詞涼然,丹筆寒色。懸明鏡以照膽,揮利劍以割犀。叶贊而千里風清,入幕而三軍拭目。

## 十三、大將

神生碧峰,心掛霜月;威懾戎敵,氣凌秋空。揮寶劍而光飛夜星,彎凋(鵰)弓而臂絃新月。

## 十四、帝

道應龍圖,德含光簡;昭彰風彩(采),神瑩玉宮。月鏡開而天地轉清,雲雷皷而妖氣自彌(弭)。雄雄帝道,豈虛言哉!

## 十五、節

移山塞海,捧月擎天;壯冠皇都,名雄國圃。玉碎[色]而花前鳳合⑤,劍拂霜而天外星飛。

---

① "帝德",據文義及斯二八三二號之《帝德》補。
② "縣令",據文義補。
③ "游",據文義補。
④ "鎮萬岳而風塵自掃",底本原作"塵鎮萬岳而風自掃",有衍竄,據文義乙正。
⑤ "色",據文義補。"玉碎色"指玉色斑爛,有如花前鳳合。

## 十六、刺

珠環獸卷,雨逐車飛。詞花拆而香散百成(城),錦繡開[而]光暉千里。

## 十七、録

叶贊百城,分憂千里。身爲糺職,主印臨人。名貫六曹、榮慶榮班而寵位者。

## 十八、尉

位列仇香,官榮梅輻(福)。主印從宦,爲六曹之楷[模];毗贊一同,作百里(吏)之龜鏡。

## 十九、[女]①

清顏益麗,方日月之嬋娟;素質增妍,狀紅蓮之灼灼。

## 二十、[賀雨]②

青春景末,稍帶愆暘;朱夏旬終,轉增炎旱。迸洪塵而塞路,激暑氣而盈空。蒸嬾柳已(以)枝低,炙芳林已(以)葉卷。州官縣宰,親奠釋於新壇;合社耆年,懇至誠於古廟。纔申啓懇,果應期(斯)心挨(矣)。霧舒雲集,滂沱遍野。龍傾甘露,遍灑林原。暴雨狂風,遣送他方之界。芳苗萬傾(頃),金結錦川;稼穡千垅,恰如化出。麥成(粟)收於倉檁(廩),免曹(遭)風雨之災;黍禾秀於壠頭,喜無螟蟊之患云云。

## 二十一、[疏文真載·世事無常]③

稽首金容相好前,渌(綠)煙起處覩飛仙。祥雲了遶空中結,五天羅漢降清筵。鄭重玉毫生福惠,衆人莫閣片時間。跪悉(膝)捧爐生帝信,疏文具載説來看:修矩(短)之分,鬼神無改易之期;否泰之時,真俗有嘆傷之典。苗而不秀,宣交(父)之格言;林茂風摧,先儒之往教。歷觀前使(史),何代無斯者焉!

## 二十二、堂

惟公鼎族傳芳,勳庸宿著。神貌卓立,望之儼然。年始弱[冠]④,經明行修;纔至立身,登朝翊聖。珪璋合禮,文質可觀;天生奇才,經齊(濟)邦國。可爲(謂)鵬飛六合,鶴戾九天。爲

---

龍爲光，爲雲爲雨。豈期珠沉漢水，劍落吳江；未圖麟閣之儀，掩（奄）見泉臺之禍。於是閭人蒼（愴）哭，牧童不歌；如齊國喪於夷吾，似鄭人悲於子產。追思顏路（回），回（路）〔喟〕也以增悲①；憶昔宣尼，嘆白（伯）魚而起戀。少妻泣血，氣盡長城；稚子摧心，悲纏逝水。兄弟痛切，姊妹嗟傷，悲萼樹之彫花。

## 二十三、〔女生日〕②

貂蟬襲貴，鍾鼎連芳；母令再新於孟家，女史重彰於姜室。傾（頃）者明珠入夢，羅晃（幌）增春。降此天童，光宇（毓）貴族。孩子乃花麟逸足，鸞鳳彩毛，信馬氏之聰明，釋龍門而可造。某春景候③。如此良辰，孩子生日。喜氣曉浮於庭砌，暖風晝入於金閨；信江山之有窮，知福筭之無盡云云。

## 二十四、願

縮青絲而作髮，雲鬟峨峨；瑩明玉以凝姿，芳花灼灼云云。加以覩蟾光之水月〔非堅〕④，方達性空；瞻浮虛（雲）而變滅須臾⑤，知身是幻。遂乃遞相義（議）曰：人若長少，髮無素絲；樹若常資（滋），林無枯朽云云。

## 二十五、〔疏文真載·真諦〕⑥

福利人間，〔真〕帝（諦）信求⑦。手捧檀香，散呰玉爐。頂上<sup>祥煙雲<br>現碧煙</sup>，空裏逐風遊。慇懃才稽諸佛降，羅漢聲聞須遍求，百味珍修（羞）皆准備。

## 二十六、疏文真載·時也

斗星指南，景候白藏。玉露潤於瓊林，金風吹於片葉。閑雲佛（拂）盡，景色晴明。微風靜而遍野暉，煙雲散而山川媚云云。

## 二十七、〔社齋文〕⑧

夫教理難思，義彰沙劫；法門玄旨，罔達深詮。稟根性而談真，應初心之演妙。隨方剥

---

① "喟"，據文義補。
② "女生日"，據文義補。
③ "某春景候"，係小字注文竄入正文，提示齋文撰寫者在該處添上恰當的時氣內容。
④ "非堅"，據文義及"如水月之非堅"句例補。
⑤ "虛"，當作"雲"，據此件《社邑祈雨文》同句例補。
⑥ "疏文真載·真諦"，據文義補。
⑦ "真"，據文義補。"帝"，當作"諦"，據文義改。齋文中主要講真諦俗諦。
⑧ "社齋文"，據文義補。

（利）物①，聖德難思。瞻毫光而目覩千花，祈百福而爐生瑞氣。奉國及府縣官寮、諸家信士，我皇帝天地清謐（謐）②，日月光花（華）；四海賓聖德之君，萬邦賀英明之主。鸞臺添風彩，德重洽於中天；宮闕起祥雲③，恩赦霑於大國。秦川之内，色潤惟新；畿甸之中，占風光而絶麗。煙清遠岫，慶入丹墀。堯年召忠烈之臣，舜代足深謀之將。伏惟大尹偏承聖旨，深沐皇恩；傳［惠］政也無不遵崇④，立隄防也千家取則。伏惟長官瘟狀罷喧於武城，村鄧（屯）歌歡於井邑⑤。昔時陶令，争如侍御之能；舊日子游（由），未及宰君之政。伏惟烈（列）坐諸公：或有衣冠鼎族、臣將子孫，作五百之英賢，爲九三之君子。令問令望，如珪如璋。習文者風（夙）傳鳳藻，擲地金聲；好武者落雁穿楊，猿啼繞樹；能書者垂露返鵠迴鸞；才遶（饒）者樂雲林翫泉石而養性；承順者家傳推讓，門習禮風；奉親者母無嚙指之憂，父有琴聲之悦。不求榮禄，養性丘園。志好者習杆（成）儒風，與琴書而爲伴。加以覩蟾光之水月［非堅］，方達性空；瞻浮雲而變滅須臾，之（知）身是幻。乃相義（議）曰：人若長少，髮無素絲；樹若常滋，林無枯朽。各捨五家之分，共綴清齋，合邑之人，巨（俱）修白業，其願一也。傾（頃）爲去年之内，時遇愆暘，雲密布以復收，雨將淋而卻散。川原焰起，淹澤煙生。卉木蕉（焦）枯，花欲發而卻菱。萬人失業，南畝罷耕。百姓憂惶，莫知所酢（措）。其願一［也］。伏爲今年之内，甘雨應時，夏麥將熟，秋稼有望。縱有狂風暴雨，藤（騰）過請（諸）方；走電飛雷，祚應龍神之意。且見芳苗萬傾（頃），遥觀似錦無殊；稼穡千垹，恰如化出。故知大歉之後，的遇豐年。國添十載之糧，家貯五年之粟。其願［一也］。今年之内，瘴疫最多，遭患之人，危中難愈。故云：人發善願，天必從之。申懇切於患中，詞（祠）金人於愈後。又三春之際，百［姓］貧窮，例皆懸磬已（於）家虛，人失色而波迸，惶惶咸憂性命。賴沐天恩，賜粟用濟於貧虛，聲譽遠傳於邊國。［其］願一［也］。且喜番戎寧静，兵甲休征，農人懷樂業之歡，百姓嘆太平之歲。此處勝地，遠近應無。多賢貴以過從云云。

## 二十八、阿師子

素積貞儀，冰結是性；柔和立志，節操爲懷。律範之風，作一衆之標准。傾（頃）者貪奉釋教，染疾空門。忽離忍草之庭，便往鶴林之路。於是青蓮宇内，昔（稀）開諷誦之聲；白璧窗前，金（竟）無妙言之嚮。馳馳奈苑，睹儀想（相）以增悲；冥冥竹房，餘蹤見於傾尅（頃刻）。我師姑一念懷悵，兩目珠生。法乳俗眷之親，榆（逾）增摧折之痛。資魂去識，當遵有想（相）之齋；啓相來儀，建無涯之福。惟阿師子容質自美，性懷金石之堅；妙德之能，禮習母儀之訓。

---

① "剥"，當作"利"，《敦煌願文集》據文義改。
② "謐"，當作"謐"，《敦煌願文集》據文義改。
③ "祥"字前衍一"於"字。
④ "惠"，據文義補。
⑤ "鄧"，當作"屯"，據文義改。

傾（頃）者三從未備，一念勝緣；不戀羅綺之衣，敬募（慕）素褐之色。忽離家眷，絕吟女戒之言；受法從師，意明空門之偈。於是梵字（宇）之內，見釋衆已（以）慇懃；幽院之中，睹貞（真）儀而菀（婉）順。

## 二十九、［將軍］①

榮班獨步，爲軍府之爪牙；武藝孤高，作三軍之軌範云云。

## 三十、［滿月］②

其孩子乃色奪紅蓮，面開圓鏡；眉寫殘月，日（目）帶初星。容貌分暉，敢暎瓊瑤之色。由是諸親共賞，咸稱掌上之珠；父母同歡，競捧懷中之寶。月滿加（嘉）會③，今晨（辰）賀喜慶之宜。遂展香積之飡，用訓喜慶之會。

## 三十一、［公］④

惟公禮樂英才，人倫領袖；謙謙著君子之德，雄雄懷桂路之名。問孝昇夫子之堂，溫清（清）入魯參之室。可爲紅（謂鴻）儒，青松拂雲。智劍净而秋月霜飛，信花開而衆色滿云云。

公禮樂貫於五常，孝弟光於百行；拔干將之劍，中疑無踰之城。獻千計於虜庭，縱七擒於燕塞。弁張良之榮寵，效曾子之洪名。［鋼］劍利而秋霜飛⑤，雄心起而千里净云云。

## 三十二、［願齋號頭］⑥

聞金仙調御，有感必通；澤被四生，恩霑九有。眉舒毫相，下燭幽塗。普運慈悲，傍流沙界。有求尅應，如月赴於秋潭；有願必從，如聲赴響。不思議力，其大矣哉云云！加以信珠內朗，了世事水月皆空；深悟果因，知玉毫而可衣（依）託。是以虔心啓懇，鄭重金仙；保願休宜，展斯佳會云云。

## 三十三、［二月十五日］⑦

每聞周穆王五十二年二月十五日矣，嗚呼！丈六金軀，臥寶床而寂無言説；三千妙相，殮銀槨而永絕光明。是時也，嵐風忽起，黑霧填空；人天哀哭於跋提，鳥獸悲鳴於雙樹。乾坤震

---

① “將軍”，據文義補。
② “滿月”，據文義補。
③ “月滿嘉會”爲小字注文衍竄爲正文。
④ “公”，據文義補。
⑤ “鋼”，據文義補。
⑥ “願齋號頭”，據文義及北大敦一九二號之《願齋號頭》例補。
⑦ “二月十五日”，據文義補。亦可據伯二九四〇號補作“現歸寂滅”。

動,心迷者莫辯高低;日月蒼黄,悶亂者寧知昏曉!血流供(共)金河而混浩,哀聲與雷皷[而]諠轟。傳五夢於天中,摩耶驚愕;現雙足於槨外,迦葉摧形。葉變鶴林,表吉祥於善逝,沙堅金色,示真相於如如(來)。二月告歸,誠人心於遠豫;中夜入滅,驚勞生於睡眠。悲夫!慈舟既没,愛浪還深;惠日西沉,魔雲却布。人天號泣,永絶説法之音;世界空虚,莫睹白毫之相。遺法弟子,住持苾蒭,恓想雙樹之悲,攀咽荼(茶)毗之日云云。

### 三十四、大師

賢劫挺生,釋門樞要。學窮三歲,聲振五天。敷大教於王城,定邦宗於鹿苑。釋修練行,條(調)意馬而控御心猿。作大教之笙篁,爲空門之軌則云云。

### 三十五、[幢]①

其幢乃高幢迴掛,走鳳盤龍;飄騰碧落之中,蕩颳青空之外;下即利於六地,上能益於飛禽;修因徒(圖)出世之功,感果望輪王之位云云。

### 三十六、放生

乃見飛禽爲食,悞(誤)踐網羅;心懷啄粟之憂,身遇擒粘之難。長者乃起慈悲之惠,贖命放生。贏禽添刷羽之歡,迤象有騰空之悦。遥奔林木,電擊飛空;遠志高林,揩磨羽冀云云。

### 三十七、[幡]②

能匀綺彩,巧綴朱紅;高杆掛而樣(颺)碧空,蝀蝀飛而呈霄漢。風遥一匝,百處灾消;影現千家,萬般福集云云。

### 三十八、[救火]③

是日乃黑煙蓬勃,看咫尺而難分;紅焰争暉,覩飛騰而轉盛。光流壁[上],漸志(至)梁間。迸星爍於簷楹,灰燼落於地砌。賴遇此方人義,外並諸村,一户遭迱,百家競救。携漿給水,應事女以奔馳;集會多人,救紅光而息焰云云。

### 三十九、[現歸寂滅]④

恭聞天降志(至)人,則稱我佛。遠託周王之夢,先臨十刹之城。萬古傳陽(揚),千秋仰

---

① "幢",據文義補。
② "幡",《敦煌願文集》據文義補。
③ "救火",據文義補。《敦煌願文集》補作"火灾"。按:此爲答謝救火鄰人而舉辦的祈福齋會。
④ "現歸寂滅",據文義及伯二九四〇號之《現歸寂滅》補。

化者矣！伏惟我大師乃曹族高遠，人世莫攀；生乎羅衛之城，降跡無憂之樹。花開七步，多寶現珍；託在王宮，精習六藝。年至十九①，遊歷四門。覺命無常，心希一法。乃於周王壬申之歲，踰鳳城而出家。遠屆雪山，六年苦行，不起于坐，頂有鵲<sub>巢</sub><sub>居</sub>。磨練其心，乃成大道。遂感山神捧足，帝主和南。一佛出興，未之有也。鹿苑首唱，俱輪落髮以從真；鷲嶺再敷，八部欣我佛而起舞。遂使塵沙萬類，見性知真。外道邪徒，咸欽佛<sub>法</sub><sub>訓</sub>。將爲（謂）金仙作鎮，惠日長暉；豈期蒼生有福盡之衰，感佛［則］問醫（醫）之病。茌苒於提河之側，纏綿於雙樹之間。夜半子時，慇懃告滅。當此時也，日落山崩，風悲樹慘；覺花失色，法鳥哀鳴。野獸山禽，咸來哭佛；千徒萬類，碎首亡刑（形）。象王既殂，象子隨殞。人天泣血，嘆滅眼於當時；舍利分暉，後（復）傳光於此夕。時有像法弟子等夙承遺教，早猒浮生；處喧劇而性自閑閑，悟幽筌而常滋諷味<sub>云云</sub>。

### 四十、亡僧大祥

太虛爲心，化生爲務；圓鏡作智，磨尼（礪）瑩身。操玄珠於定惠之山，掌心印於一如之界。可爲（謂）造梵天之真境，獨步網（罔）明；涉楞加之中峰，孤懸戒月。門美貞操，爲松筠之益青；蕭恭堅冰，如玉壺之登監（澄鑑）。將爲（謂）法炬長焰，定海恒流；豈圖嵐風皷而葉墜禪林，夕務（霧）昏而花萎道樹。薪盡火滅，無上有期。魂兮何之，大祥俄屆。門人乃師資感切，儀積山河。痛蒼蒼之不仁，撫（俯）黃泉而流涕；戀尊顏而空悲歲月，履霜露而戀動三千。靈觀不存，生涯何計<sub>云云</sub>。

### 四十一、［亡女］②

朝臨［銅］鏡③，似桃李［之］花開；夜對金燈，若芙蓉之春發。可爲（謂）蓮［花］帳裏④，沉素質於九泉；明月庭前，折花枝於春樹。父母行尋舊跡，氣咽魂驚。霜（想）在日之花容⑤，時攀芳桂；見平［時］之針綵，哭向閑怱。家人掩淚而長辭，親戚含悲而哽咽<sub>云云</sub>。

### 四十二、［號尾］⑥

伏願營農者一收萬斛，經求者小往大來，仕官者遷職日新，居家者孝悌延遠<sub>云云</sub>。

---

① “十九”，原作“九十”，據斯四四一三號《二月八日文》“十九離塵”乙正。
② “亡女”，據文義補。
③ “銅”，《敦煌願文集》據文義補。
④ “花”，《敦煌願文集》據文義補。
⑤ “霜”，當作“想”，《敦煌願文集》據文義改。
⑥ “號尾”，據文義補。

## 四十三、軍[陣]亡①

金枝早折，玉樹先凋；識謝他方，魂飛異域。孤魂杳杳，赴鄉國以無斯（期）；辰魂沉沉，滯疆場而莫返云云。

## 四十四、大夫

名清百里，佐輔唐堯。九天無社稷之憂，七縣有風光之變云云。

## 四十五、長官

清風政里（理），惠化安人。桑田變改於往年，老幼行歌於巷陌云云。
伏願長官名傳百里，聲振九天；爲聖上之股肱，作黎民之父母云云。

## 四十六、女

夫人慶流香閣，祥瑞蘭閨；感秀氣而孕雙珠，合異靈而育兩凰（鳳）。豈爲（謂）事不竟美，物不兩齊；沉片玉於泉臺，明一珠[於]掌上。悲歡交集，憂喜俱來云云。

## 四十七、夫

賢哲間生，必假雲異。上即[上]應星象，下即下稟山河。作當世之間生，爲人倫[之]標准云云。

## 四十八、[亡孩子]②

每觀野雲於巖岫，知聚散而不堅；望秋月於碧霄，嘆[盈]虧而不久③云云。志氣英靈，天生俊骨。片玉掌上，月净驪珠；顔[華]如桃李乍開④，眉彎似悔（晦）月初吐。學步起坐分未（未分），乍語乍言，尊卑未辯。將冀永抽林笋，常臥冰魚；豈期翠指（枝）芳而風折高柯，蟾月朗而雲理（埋）玉質。父母有斷場（腸）之痛，念子無再返之期。玄夜忙忙（茫茫），魂兮何託云云。

## 四十九、天王

[身]佩龍泉，作聖主安邦之元師（帥）；手持雁塔，爲見佛之深因。覩之者，殑伽沙福；敬

---

① "陣"，據文義補。
② "亡孩子"，據文義補。
③ "盈"，《敦煌願文集》據文義補。
④ "華"，據文義補。

之者，無量罪滅<sub>身中</sub>。可爲(謂)淺深似春紅之亂墜，濃淡若秋葉之芳飛。巍峨相貌自分明，護世天王如化出。毛依(衣)細軟，爪甲殲(纖)長。浄持房室，守護圖倉。主人恩愛，詣佛燒香。乘次(此)功德，直往西方<sub>云云</sub>。

## 五十、夫人

淚[灑]玉筯，氣咽摧心。嗟一鳳之長辭，痛雙鸞之失侶。嗚呼！寂寂賓堂，芳筵徒在；寥寥繐帳，日日空懸。則知下班(斑)竹之淚，無復清顔；興崩城之哀，難申泉路<sub>云云</sub>。

## 五十一、州主

自臨嶽府，隄防轉新。仁風彰千里之聲，德政揚諸縣之美。狩(獸)移山谷，珠簅池塘。疲人再緝於高榆，襁負重修於盛業<sub>云云</sub>。

## 五十二、公

住持嚴操，守羊鹿於化城；了方便門，駕白牛於大道<sub>云云</sub>。

## 五十三、[亡女孩]①

蓮開菡萏，教理可依。遇長行而舌轉唐言，逢神況而牙勻梵語。童呈(程)告畢，句偈已終。一則仁師獎道(導)有能，二則幼童憨恪心厚。且仲由、顏子，魯國名高；釋氏生融，於奏(秦)價重<sub>云云</sub>。豈爲(謂)魂消玉質，魄散秦川；天藏織女之星，地掩恒娥之貌。父哀傷而徹骨，倍增慘愴之悲；母泣斷而無追，痛失掌中之寶<sub>云云</sub>。于日漸辭煩境，來詣金園。傳牛香而梵引青(清)風，捧金爐而雲生掌內<sub>云云</sub>。

## 五十四、[縣丞]②

目作千家之鏡，心爲萬里之燈；牛刀潛夜之暉，絃歌擁風之氣<sub>云云</sub>。

## 五十五、[師]③

況師乃蓮花章句，每日傾珠；出世雅言，終朝寫玉。父(復)能誨人不倦，以闡太猷；雲室竹房，口以傳受(授)；三周極説，引道門生。弟子承師，父(復)是當相之侶<sub>云云</sub>。

---

① "亡女孩"，據文義補。
② "縣丞"，據文義補。
③ "師"，據文義補。

## 五十六、［寫經］①

自白馬西至，玉毫之像初傳；摩騰東來，貝葉之文方演。公莩莩（咢咢）英事（士），光光哲人；禮樂立身，敬佛爲本。況乎廣求財寶，抄寫真經。乃綠標（縹）銀題，香飄花帶；行行貫玉，句句連珠。龍神所瞻，人天歌慶云云。

## 五十七、塔

乃寶輪上聳，與雲漢而凈（爭）高；龕室化城，若［從］他（地）而涌出②。鳳飛空裏，振神翼而迴翔；出洞空間，坐明珠而盤屈。金花［映］珮③，似夜月而玲瓏；梵嚮清音，與朝鍾而同韻。塔內毫相，神儀儼然云云。

## 五十八、［脱難］④

寶鏡雖明，猶被塵染；松筠志操，尚有霜凋。塵蒙鏡［而］豈能昏，霜凋松而焉能改？是知黃金被爍而不變，白玉縱點［而］飛霞（非瑕）⑤。若仲尼遊於陳邦，公冶長居於縲絏。［非］逢秦鏡藏之⑥，空悲鄒衍之心。高天麗日而雖明，巨（詎）監覆盆之下？逐（遂）乃傾心佛日，渴仰大乘。故得事皎無私，釋然消散云云。

## 五十九、［花供］⑦

獻花菩薩，最近佛前。身居七寶之臺，迴處千花之坐。頭垂瓔珞，臂掛天衣；各添無盡之香，供獻長生［之］果云云。

## 六十、［歎佛號頭］⑧

巍巍寶蓋，蹕祥雲而滿［空］⑨；鹿野春林，布天花而含彩。智燈帳焰，照幽闇以恒明；萬劫千秋，髻珠傳於後世。西天教法，一一相承；玄奧之門，法法傳示云云。

每聞納百川者，其惟滄海；作群聖之首者，惟我調御能仁。由是位極金輪，尊超粟散。雖碧殿紫微之氣，咸居影嚮之中；凌空縮地之流，俱在刹塵之内。至哉我佛之力，難可讚揚者矣

---

① "寫經"，據文義補。
② "從"，《敦煌願文集》據文義補。
③ "映"，據文義補。
④ "脱難"，《敦煌願文集》據文義補。
⑤ "飛霞"，當作"非瑕"，《敦煌願文集》據文義改。
⑥ "非"，據文義補。
⑦ "花供"，據文義補。
⑧ "嘆佛號頭"，據文義補。
⑨ "空"，《敦煌願文集》據文義補。

云云！

## 六十一、[元正]①

今以吞鷄練形之日，懸羊財氣之晨（辰）；風光扇明月之臺，叔（淑）氣癡舒霞之閣。男女慶履新之節，尊卑歌獻壽之晨（辰）。爾乃請佛筵（延）僧，虔虔今日云云。

## 六十二、[僧官]②

才包今古，學海滄溟；節操青松，心皎明月。軌範宗而寰中雪净，柯香壇而蒼葡之馨。宣五部即競吐千花，談《四分》乃星如蜀錦。累任綱紀，得梵宇之光暉；匡護精藍，水乳同色。可爲（謂）釋門住持，青宿僧綸，像季笙篁，緇徒標准云云。

## 六十三、[逆修]③

烈三光於九極，則萬像固明；丙（炳）二耀於六虛，則五運之功可著。桂含芳而香自遠，玉成器乃潤備其躬。福在修而可昌，善假資而可大。蟾滿輪而影净，福克建而必堅。齋預修而果圓，智光發而影足。非上士而不孝（效）④，非信士之不嚴。全收之福，可憑建津梁而託。是日修預前之勝福⑤，對春景而虔虔；稽首崇嚴净之筵，請靈山而香雲靉靉。花笑紅樹，柳萼緑條。鍾迎山谷之鸎，梵引弄嬌之曲云云。

## 六十四、[陣後得還]⑥

將爲藝（謂勢）同破竹，催甚（摧其）覆巢；乘勝追奔，剪伐元惡。豈期光（先）鋒力盡，後殿途遥；孤軍處斷絶之間，猛虎陷豺狼之口。陰陵失路，駐馬不行；臨陣見危，身居檻穽。可比夷吾在魯，宣父厄陳；古往今來，異時同殤。初聞凶信，續報佳聲；吉凶隔千里之途，悲喜在兩盈（檻）之際。況家無少弟，堂有老親；久虧持省之後，冀就承顏之孝。長男上（尚）幼，空瞻隴塞之雲；少婦悍居，虛泣長城之淚。追慕不及，修之以齋。[故]得枯樹枝條，再生花果；覆盆之事，重見花（華）暉。迴素幕爲珠軒，變凶庭爲吉户。太夫人淚痕猶濕，喜色新濃；初聞投杼之疑，却見倚門之慶。賢妻令子，昔時斷腸。此席心驚，番（翻）爲喜慶。悲泉户之重開，御天門之再啓。親憐（鄰）傷悼，吊客斂容；同嗟變服之因，並沐天光之照云云。

---

① “元正”，據文義補。
② “僧官”，《敦煌願文集》據文義補。
③ “逆修”，《敦煌願文集》據文義補。
④ “孝”，當作“效”，據文義改。
⑤ “修”字前衍一“有”字。
⑥ “陣後得還”，據文義補。

## 六十五、[亡僧]①

師乃幼懷聰慜，早慕釋門。落髮金刀，前懸明月。白雲立志，清風作模。掩室十年，持經萬部。龍添瓶鉢，天送香花。多寶現於金身，童子傳於半偈。化城寶所，悟頓漸之空門；觀入定放光，決自他之惑障。禪房半掩，通香火之往來；寶閣常[開]②，任聖賢之去住。因有漏身，染無妄疾，頻驚暘炎，如（而）嘆芭蕉。觀想患無常，知刹那生滅。豈期愛河未濟，慈舟已沉；大夜猷（猶）昏，惠炬思（斯）滅。嗚呼！子産喪鄭，牧童不歌；管仲亡齊，宣尼起戀。吾師既没，釋侶同哀；真俗三（之）人，易（異）時同得（德）。門人等昇堂受法，入室通經；講律臨壇，談經處座云云。

## 六十六、[和尚]③

和尚乃辰像降靈，金玉成質；心持百慮，動合久思。東塔毗尼，孤懸前月；西方對法，獨立論幢。爲像季之軌揆，作聖朝之碩德。若不然者，何以名傳僧史、貌瀉（寫）丹青？足履香壇，身遊御殿。安居晉僧，[巡]魯遊吳④，乃異時同德也。至若仲尼自（之）道，則卑牧謙光；子貢方人，金石難比。嗚呼！業成身退，功遂留名，天之道也；守常得終，居貧樂志，人之行也；悔（誨）人不倦，昏衢朗照，教之弘也。三者備矣，九品願成。示滅雙林，俄歸一性。邑居爲之相吊，行[旅]爲之慘然⑤。象（像）天竹（竺）戀如來之悲，似鄭人傷子産之痛。送葬之儀，菀（宛）如喪禮；追攀之事，尤愜佛經。門人等臨事而陳述曰：粵毗奈邪（耶）藏，至聖之格言。可以垂裕後昆，可以精修往行。調伏意馬，控練心猿；作大教之笙黃（簧），爲釋門之皈（龜）敬（鏡）。若乃圓如秋月，貞似寒松；爲龍爲光，可宗可仰。既明且哲，以保師身。五百年間，一人而現云云。

惟和尚乃法中寶，僧中龍；實象（像）季之笙簧，亦禪林之杞梓。四朝天闕，三任紀綱。觀百代之前文，覽五乘之奧旨。嗚呼！日月虧盈天之道，草木枯榮地之義，業成身退人之行。睹三才之成敗，知萬物之盛衰。疊足枕肱，怡然順世。迴廊之下，上（尚）睹芳蹤；法座之前，猶存舊跡。日月逝矣，俄經忌晨（辰）云云。

## 六十七、[歎佛號頭]⑥

聞[世]有五衰⑦，會有離散。人間八苦，恩愛分張。百年[有]畢犯之期⑧，九泉無再攀之

---

①　“亡僧”，據文義及斯六四一七號之《亡僧》補。

②　“開”，《敦煌願文集》據文義補。

③　“和尚”，《敦煌願文集》據文義補。

④　“巡”，《敦煌願文集》據文義補。

⑤　“旅”，據文義補。

⑥　“嘆佛號頭”，據文義補。

⑦　“世”，據文義補。

⑧　“有”，據文義補。

路。是知一生一死,世界常然;有盈有虧,天之常數。惟我法王凝質,理色去來;凡受(壽)生靈,熟(孰)能免矣云云!

## 六十八、[慶蘭若]①

每聞閑暇之内,懃虔釋門至事,欲爲召願光發。頃者以規模尅建,改隔(革)修崇。遂求上勝之材,處其樑棟之用;[卜]賢居吉地②,平判(攀)割錦之蹤。衝大羅天,上結截雲之脊;東西菀(宛)順,接棒構以相交;南北低昂,架柱盈(楹)而嶷起。花軒旖旎,駕瓦臻鱗。成色運巧之上,匠亞魯班之德。是以從初建造,願崇積福之因。恐犯神祇,誤損含生之命。故乃恓(栖)心上士,名邀寶刹之賢;遵思(斯)勝緣,大展榮家之福。於是香飛雲散,幡瑶(搖)彩筵。像界玉毫,讚弘金偈。洋洋景福,翼翼榆(愈)增。並用莊嚴云云。

---

① "慶蘭若",據文義補。
② "卜",據文義補。

# 伯二〇五八號《齋文節選》

　　此件首尾俱全，抄寫《大乘五方便北宗》《大唐進士白居易千金字圖》《南天竺國菩提達摩禪師觀》及齋文、齋儀段落。齋儀、齋文的篇目不成系統，屬於節録、選抄性質，故擬名此件齋儀齋文部分爲《齋文節選》。《敦煌願文集》釋録了其中的八篇。見黄征、吴偉編《敦煌願文集》，岳麓書社，一九九五年，第二四九～二五〇頁。

### 一、亡優婆姨

　　乃雍雍婦德，將月鏡而同明；穆穆女儀，共春蘭如（而）並復（馥）。忽悟中間，耆年暮（慕）道，絕深修因；頓悟真宗，希求覺路。將謂久居應世。

### 二、俗官

　　聲振九天，位臨一品；弼諧明主，秉要權衡；出塞朱愉（輪），萬人欽奉<sub>云云</sub>。

### 三、[亡大德]①

　　唯亡大德乃釋門後德，才播人寰；定惠將水鏡而俱清，戒律比鵝珠而皎潔。遂使道超安遠，萬法遍覽[而]無疑；德邁張陳，千門波濤而不滯。

### 四、尼僧

　　乃幼懷俊德，負藝懷能；英才每闡於五篇，探頤不虧於七聚。談經無服，蘊八敬而旦夕精持；進具修真，整三千而晨昏匪怠。

### 五、俗官

　　乃天資異俊，神受（授）英靈；才談七步之能，學覽三墳之旨。故得彎弧滿月，雲鶥騰浪而魂亡；伏（仗）劍流星，龍虎驚忙而驟步。

---

① “亡大德”，《敦煌願文集》據文義補。

### 六、[號尾]①

唯願形同大地，歷千載而常安；壽等須彌，跨萬齡而永固。然後朱輪紫蓋，盈滿家庭；百寶千珍，來臻境內。六親濟濟，九族詵詵；男標忠孝之名，女慕兼（堅）貞之節。

### 七、莊嚴孩子

惟願如來降念，保念堅強；法力超資，形顏日進。身同素月，漸滿漸圓；體若蓮花，日增日盛。聰明忠孝，與曾子而同居；多解多聞，類阿難而等比。

### 八、遠行

陰路霞（退）開，雲[煙]不雜②。關河通泰，沙漠無虞，早達[願]所，[以]得平安，慈雲嘉滿。

### 九、[莊嚴號]③

惟願弧（辜）恩負命之背（輩），願功德以證明；懷怨使恨之酬（儔），領福分而歡喜。迴向滿而不溢，保富貴於今生；高而大危（原未寫竟）。

### 十、[祭文]④

天王鳳胥，蓮府高原，家承孝義，舉郡名傳，將謂遐壽，五岳齊年，天何降禍，喪我瓊顏！[某]乙參茲微春，血淚成泉。今晨（辰）小別，再遇無緣。單酒冥祭，降下靈前。

### 十一、嘆佛文

若夫神妙無方，非籌算之能測；至理凝邈，豈繩準之所知？故以利見閻浮，龍飛道樹；施安品物，託寫迦維。淨五眼於三明，具六通於萬德；輝輝神於此界，放毫相於他方；動大地於敬（以驚）群迷⑤，震雷音而該（駭）群品。方始居於鹿苑，蔭彼（彼）小根；終灑潤於鶴林，沾茲大業。闡玉籈法聖之訓，揚金口惠日之光。瀅（蕩）瀅（蕩）巍巍，難可稱量者矣！厥今繪丹青於錦帳，相好三身；圖玉質於寶絲，莊旋紫磨。遂乃會僧（請）凡聖，祇（祈）告十方：延四衆於像前，焱天香於寶蓋。而（如）斯廣讚，誰之作焉？時則有持爐施主慶揚功德之福會也。惟某

---

① "號尾"，據文義補。
② "煙"，據斯一五二二號之《遠行》補。下文同。
③ "莊嚴號"，據文義補。
④ "祭文"，據文義補。
⑤ "於敬"，當作"以驚"，據伯二〇七二號之《嘆佛文》、伯二五八八號之《嘆像》改。下文同。

公乃英靈獨秀,六藝俱全;文波(比)子建之蹤①,武亞啼猿之妙。更能尋思坏質,而(如)水月之非堅;頓悟瓶軀,比蟾光而不久。所以虔恭上願,圖會(繪)真儀;粉墨光明,蓮花貫誓。福事已畢,虔請三尊;披讀煩怨(衍),希求上路。其像乃絢衆彩而會(繪)聖,運妙色以儀真;朱豔果於脣端,丹秀花於臉際。翠山凝頂,粉月開毫;黛葉寫而眉鮮,青蓮披而木(月)净。姿含萬彩,凝湛質於鷄峰;影佩千光,似再臨於鷲嶺。禮之者,無明海竭;睹之者,煩惱山摧。菩薩乃四弘德備,十地功充;頓超緣覺之乘,此(次)補如來之座。念之者,隨心所降[福];禮之者,應願[以]消災。以斯圖像功德、慶讚福因,先用莊嚴上界天仙、下方龍鬼:伏願威光增盛,護國治人;郡主官寮,並延遐受(壽)。又持勝福,次用莊嚴施主即體:惟願千祥湊應,萬福齊臻;榮禄以(與)劫石而不移,班爵以(與)青松而不變。願使年豐歲稔,家中傳六順之儀;月盛日增,子孫滿千生之俊。然後陰陽順序,日月貞明;地平天成,樂和禮洽。永截三塗之路,長開解脱之門;同離苦因,齊登覺界。

---

① "波",《敦煌佛教願文研究》認爲"波"當釋作"彼",蓋"氵""彳"手寫形訛,"彼"通"比"。

# 伯二〇五八號背《諸文雜抄》

　　此件首尾俱全，有兩個寫手。一個寫手節抄了齋儀二十二則、水則道場轉帖一則和書儀一則。另一個寫手抄寫了以"兒郎偉"爲發端詞的《驅儺願文》兩則。《驅儺願文》夾於《亡尼文》的段落中間。這種情形要麽是《驅儺願文》的寫手先抄，而後齋儀寫手視情形將先抄的文字完美地避讓開。要麽是齋儀寫手中途離開，《驅儺願文》寫手以爲齋儀寫手已經完工而接抄《驅儺願文》，齋儀寫手回來後則接著再抄齋儀。從篇目與内容看，此件與伯三五六六號＋伯三五六六號背《諸雜齋文》爲同一齋文系統。總覽此件全篇，在性質上都屬於諸文匯抄、雜抄，故擬名此件爲《諸文雜抄》。清本只釋録其中的齋儀部分。目前有黃征釋録本，見黃征、吳偉編《敦煌願文集》，岳麓書社，一九九五年，第二五一～二五二、三一九、三三四、三三八、三四〇、三四二、五一八、五二〇、六三九、六六四、六六七、七七〇、七七三、七七八頁。

## 一、患文

　　夫佛爲醫王，有疾咸救；法爲良藥，無苦不治。是以應念消矢（失）、所求必遂者，則我佛法之用也。然今即有坐前施主跪爐捨施所申意者，奉爲某公染患經今數旬，藥餌果醫①，不蒙抽減。謹將微斯（尠）②，投仗三尊；伏乞慈悲，希垂懺念諸家（之嘉）會也。惟患者乃四大假合，尪疾纏身；百節酸疼，六情恍惚。須（雖）服人間藥餌，奇聖神方；種種療治，不蒙痊愈。伏聞三寶是出世醫王；諸佛如來，爲四生福田之慈父。所以危中告佛，厄乃求僧；仰拓（託）三尊，乞祈加護。以斯捨施念誦功德、迴向福因，先用莊嚴患者即體：惟願四百四病，藉此雲消；五蓋十纏，因慈（兹）斷滅。藥王藥上，受（授）與神方；觀音妙音，施其妙藥。醍醐灌頂，得受不死之方；賢聖遙證知，垂惠長生之味。又持勝福，次用莊嚴持爐施主以（與）内外親姻等：惟願身如藥樹，萬病不侵；體若金剛，常堅常固。今世後世，莫絶善緣；此劫來生，道芽轉盛。然後先亡遠代，承念誦往生西方；見在宗枝，褓（保）禎祥而延年益受（壽）。摩訶般若，利樂無邊；大衆虔誠，一切普誦。

---

① "果"，《敦煌願文集》改作"累"。按：藥、餌、果爲世醫三類治病用藥，不見療效，則求佛冥療。
② "斯"，當作"尠"，據羽六九六號《患文號》"謹將微尠"句例改。

## 二、[亡男]①

惟亡男乃年方熾盛，妙智新成。由(遊)逸漂沽(孤標)②，英靈[獨]秀，河其今(何期金)枝早[折]，玉樹先彫。

## 三、亡齋文

夫無常苦海，六道同居；生死河深，死(四)生共受③。縱使高登十地，未免去留；受徹空禪，亦隨生滅。是之(知)有識者，莫不無常；受稟氣者，會歸終滅。厥今敷寶坐、列真儀、備天廚、焚六味者，有誰施作？時則有坐前施主奉爲亡父某七追福之加(嘉)會也。惟亡父乃天生素質，行乃寬弘；文武越於前賢，忠孝過於鼎代。若是亡母：乃貞容美德，閨訓自天；軌範不失於晨昏，婦禮靡虧於參問。將謂久居人代，示訓子孫；何徒(圖)業運難排，奄歸大也(夜)。至孝等痛傷骨髓，苦烈(裂)心肝；恒思牧養之恩，未報洪念之德。故於是日，延屈聖凡，烈(列)饌焚香，薦資白業。於是掃户開延(筵)，庭中列坐；因果敬於善德，設供越於純陀；爐焚海岸之香，供獻天廚之味。以斯設供功德、捨施迴向福因，總用莊嚴亡者所生魂路：惟願神遊淨刹，足蹈千花；遨遊智惠之門，出離淤泥之境。又持勝福，伏用莊嚴坐前齋主即體：惟願三寶覆護，長降貞祥；賢聖加威，盪(蕩)除災孽。然後行香眷屬，同獲福因；助供營齋，普霑少分；先亡遠代，悉得上生；六道有情，願登佛國。摩訶般若。

## 四、邑文

夫西方有聖，號釋迦焉！金輪滴(嫡)孫④，淨飯王子。應蓮花劫，續昔(息)千苗(昔)；影現三千，心明四智。魔軍鎮(宮振)動，墼(擊)法皷而消形；獨(毒)龍應(隱)潛，睹慈光而遍(變)質。梵王持蓋，帝釋嚴花；下三道之寶皆(階)，開九重之帝網。高玄(懸)法界(鏡)，廣照倉(蒼)生，爲(惟)我大師威神者也。厥今即有座前[合]邑諸公等乃妙因宿殖，善牙發於金(今)生；業果先淳，道心堅於此日。知四大而無主，五蘊而皆空。遂乃共結良緣，同崇邑義。故能年三不闕，月六無虧；建竪壇(檀)那，聿修法會。於是幡花布地，梵響陵天；爐焚六殊(銖)，飡資百味。以一食施三寶，滅三毒[而]去三灾；崇百味供十方，解十纏而資十力。與(以)此設齋功德、迴向福因，盡用莊嚴：惟願灾殃殄滅，萬福咸臻；天仙降靈，神祇效耻(祉)。菩提種子，配佛[智]以開牙；煩惱稠林，惠風飄而葉落。妙因多劫，殖果金(今)生；須(雖)處愛河，常遊法海。知身如幻，非(飛)電不堅。故得預竪良因，崇斯福會；傾心寶刹，虎(虔)念

---

① “亡男”，據文義補。
② “由逸沽漂”，當作“遊逸孤標”，據上圖〇六〇號之《長男亡》改。
③ “死”，當作“四”，據斯一八二三號、斯六四一七號等“四生共受”句例改。
④ “滴”，當作“嫡”，據伯三七七〇之《社文》號頭及伯三五六六號之《邑文》改，下文同。

僧祇;延屈聖凡,翹心供養。惟願三千垢累,沐法水以雲消;八萬塵勞,拂慈光而永散。功德寶聚,念念兹(滋)繁;福智善牙,運運增長。上通三界,傍括十方;人及非人,齊登覺路。摩訶。

## 五、燃燈文

夫仰啓蓮花藏界,清净法身;百憶(億)如來,恒沙化佛;清涼山頂,大聖文殊;鷄足巖中,得道羅漢;龍宮秘典,崈(鷲)嶺微言;道眼他心,一切賢聖:惟願發神足、運悲心,降臨道場,證明功德。厥今坐前社衆等乃於新年上律,肇啓嘉晨(辰);[建]净輪[於]寶方(坊)①,然後(惠)燈於今(金)地者,先奉爲龍天八部擁護疆場,國泰人安,田蠶善熟,令公延壽,寶祚長興。次爲合邑人等無諸災障之福會也。惟願社衆等乃並是甲門君子,孝悌名家;禮樂資身,文武絕代。知身虛幻,非(飛)電不堅。況於四序初晨(辰),三春首朔;同增上願,建福然燈。其燈乃神光殁(破)闇②,寶燭除昏;諸佛爲之觀(剡)身,菩薩尚自然臂。遂使千燈普照,百焰俱明;賢聖遥瞻,隨燈而集。鐵圍山内,賴此光明;黑闇城中,蒙斯燈照。是[以]二萬一(億)佛,同號然燈;八千定光,皆同一字。以此然燈功德、迴向福因,盡用莊嚴衆社即體:惟願身如藥樹,恒净恒明;體若金剛,常堅常固。今世後世,莫絕善緣;此世他生,善牙增長。門來善瑞,家納吉祥;天降真跡,地開覆藏。然後休兵霸(罷)甲,鐵戟銷戈;人修十善之因,永離三塗之苦。摩訶。

## 六、[患文]③

夫靈尊正覺,乃是出聖之良醫;幽奥大乘,愈蒼生之妙藥。所以法王法力,極(拯)濟無邊④;大士大心,矜憐非一。誓以神慈之力,濟六道之深恩;恒運四生,救人天之重病。然今坐前施主奉爲病患因緣之所建也。爲(唯)患者乃攝養乖違,如[嬰]沉疾⑤;默念大覺,用冀休寧。是日也,大集龍象,環開日(月)殿;捨施净才(財),[爐]焚寶香;金經既敷,廣布福延(筵)。[以斯]捨施念誦功德,先用莊嚴患者即體:唯願飲甘路(露)以調心,佛(拂)香風而體健;色力增固,應時莫遷;醍醐灌法身心,佛日愈清涼而去疾。即知慈尊福力,歎莫能盡。又持勝福,次用莊嚴施[主]合門居眷:三寶覆護,衆善資持,功德[圓]滿。摩訶。

## 七、[行城文]⑥

夫八相是(示)生,降即(跡)娑婆之界;誓心利物,故立方便之門。今者萬像圍城之日,太

---

① "建""於",據俄敦〇一〇〇八號《燃燈文》補,下句同。

② "殁",當作"破",據伯三一七二號《燃燈文一本》改。下文同。

③ "患文",據文義補。

④ "極",當作"拯",據文義改。

⑤ "嬰",據"頃自攝養乖方,忽嬰疹疾"句例補。"疹疾"義同"沉疾",言飲食不調之類的小病,如同纏綿沉疾,需要請求佛的冥療。

⑥ "行城文",據文義補,《敦煌願文集》補作"願文"。

子成道之晨(辰)。樂音竟走散(競奏皷)來仰(迎)①，梵響騰妙[而]前引②。意謂佃役(殄疫)難③，卻妖分(氛)；鬼魅逐千里之餘，參鐺(櫬鎗)藏[匿]衣(於)地户④。總斯多善，莫限良緣，先用奉資梵釋四王、龍天八部：伏願威光虎(熾)盛，福力彌增，興運慈悲，九(救)人護國。伏持勝福，次用莊嚴我河西節度使令公貴位：伏願南山作受(壽)，北極標尊；長爲菩薩之人王，永應如來之付囑。又持勝福，次用莊嚴釋門都僧統和尚貴位：[伏願敷揚政述]⑤，[鎮遏玄門]⑥，[色力堅於丘山]⑦，[惠命延於遐劫]⑧。又持勝福，次用莊嚴都衙已下諸官吏等：伏願奇才出衆，無乂召輪(武藝超倫)⑨，歸(俱)懷戌(恤)物之能⑩，共助明王[之]道。然後四方晏净，五稼豐登；役讀(疫毒)消除，普天安樂。

## 八、僧亡文

竊以龍宫現生，表無生於實相；鶴林視(示)滅⑪，標不滅於真儀。是以無去無來，始證三明之逕(境)⑫；非色非相，方開七覺之門。引權實以成因，啓津梁如(而)利[物]⑬；卷施叵測，顯誨(晦)難量者哉！厥今宏敷月殿、召請聖凡、爐焚六銖、飡資百味者，有誰施作？時即有坐前至孝奉爲故闍梨某七追念之福會也。惟闍梨乃幼負殊能，長通幽秘；精閑四分，動(洞)曉五篇。開遮玄合於法門，净禮雅扶(符)於實相。清而能政(正)，遠近欽風；威而加嚴，大小咸敬。理應流光萬傾(頃)，作[破]暗之燈⑭；沉暎(影)三河，斷迷津之逕。可謂弗(拂)塵世表，永昇功德之場；脱屍勞(牢)籠，長居大俄(我)之城。智燈分於泉徑，惠日掩於水門。晷尅(刻)不停，俄湮(經)某七。至孝等追惟罔極，痛結終身。思侍沽(恃怙)之深恩⑮，想劬勞之後(厚)德。但以金烏西轉，渌水飛波；峻息那容，掩(奄)從物化。於是庭羅百味，遠[皎]暎於天廚⑯；香散七珍，近芬芳於綺席。唯願以絲(斯)設齋焚香、捨施功德，盡用資薰亡闍梨所生神路：惟願禪池八水，連湹海而澄蘭(瀾)；覺樹七花，影心之(枝)而坐褥。解三惑之密網，摧五

---

① “樂音竟走散來仰”，當作“樂音競奏皷來迎”，據斯一一八一號背《行城文》改。
② “而”，據伯三五六六號＋伯三五六六號背之《行城文》補。
③ “佃役”，當作“殄疫”，《敦煌願文集》據文義改。
④ “參鐺”，當作“櫬鎗”。按：“鐺”爲“鎗”的又音。“匿”，據文義補。
⑤ “伏願敷揚政述”，據斯一一八一號背《行城文》補。
⑥ “鎮遏玄門”，據斯一一八一號背《行城文》、斯二五八〇背＋斯二五八〇號《豎幢傘文》補。
⑦ “色力堅於丘山”，據斯一一八一號背《行城文》補。
⑧ “惠命延於遐劫”，據斯一一八一號背《行城文》補。
⑨ “無乂召輪”，當作“武藝超倫”，據斯二五八〇號背＋斯二五八〇號《豎幢傘文》改。
⑩ “歸”，當作“俱”；“戌”，當作“恤”，據斯二五八〇號背＋斯二五八〇號《豎幢傘文》改。
⑪ “視”，當作“示”，據斯一四四一號背之《亡文》改。
⑫ “逕”，當作“境”，據斯一四四一號背之《亡文》改。
⑬ “物”，據斯一四四一號背之《亡文》改。
⑭ “破”，據伯三五六六號＋伯三五六六號背之《行城文》補。
⑮ “侍沽”，當作“恃怙”，《敦煌願文集》據文義改。
⑯ “皎”，據此件之《願齋文》補。

見之稠林;登涅槃山,坐菩提樹。又持勝福,次用莊嚴則我持爐至孝即體∶唯願三寶覆護,衆善資持;災障不侵,功德圓滿。然後先亡遠代,悉得上生;人及非人,咸蒙吉慶。摩訶。

## 九、願齋文

蓋聞法身空寂,保之者莫側(測)其源;佛性幽玄,思之者罕知其意。不生不滅,與庶品而作津梁;即色即空,拔郡(群)生於彼岸。澄心浄域,開八萬四千之法門,入五濁而救蒼生;分身百億,睹三千之大地如觀掌中,曆(歷)萬劫而旬不離方寸。致使晧晧(浩浩)蕩蕩,現無邊之法身;妙有妙無,隱真如之法海。自非十方雄猛,是三界特尊;大聖峴峴(巍巍),名言難可恻(測)矣! 厥今座前齋主某乙公悟未來之有果,預造橋樑;識先世之無因,修兹白業。故於今日,請佛延僧設齋之所建也。齋主某公迺後代俊德,英明怸(哲)良;冶(至)孝居身,天知禮樂。常以信捨爲念,虔仰釋門;含君子之風懷,敬重福田。託三寶而作歸依,率一心而崇萬善。所以年常發願,每歲獻僧;保護家門,無諸災障。於是庭羅百味,遠皎暎於天厨;爐散六銖,近芬芳於綺席。總斯多善,無限勝因,盡用莊嚴齋主合門居眷、表裏姻親等∶惟願香風拂體,法水盈襟;洗蕩塵勞,銘空景位。菩提妙藥,灌注身心;般若零(靈)津,解除煩惱。千殃電滅,萬善扶身;諸苦不侵,功德圓滿。合宅無横,同居歡喜之園;大小平安,共住彌陀佛國。四天讚念,常倫七珍;八部流恩,永離災障。舉足下步,恒詣道場。然後七世父母,連(蓮)花化生;人及非人,齊登佛果。摩訶般若。

## 十、二月八日逾城

夫能人(仁)善權,務濟群品;凡諸妙事,豈勝言哉! 今則伴(仲)春如(二)月,律中夾鍾;暗魂上於一弦,[霬]芳(英)生於八葉①。後身踰城之月,前佛拔俗之晨(辰);左豁星空,爲闕(右闕)月殿②。金容赫弈(奕),猶聚日之影寶山;白豪(毫)光暉,爲(若)滿月之臨滄海③。烏蔦前引,睚眦而張拳;狻猊後行,奮迅而矯尾。雲舒五彩,雨四花於[四]衢;樂奏八音,謂九功於八胤。是日也,立(玄)烏至④,鴻鴈翔;翠色入於柳枝,紅蘂含於柰苑。總斯多善,先用奉資梵釋四王、龍天八部∶惟願威光盛熾,神力無疆;擁護生靈,艾(乂)安邦國。又持勝福,次用莊嚴我當今天城(成)聖主貴位∶伏願聖壽延昌,淳風永播;金輪與法輪齊持(轉)⑤,佛日將舜日交暉;妖氛肅清,保寧宗社。又持勝福,次用莊嚴我河西節度使貴位∶伏願佐天利物,助聖安人;福將山嶽與(以)齊高,受(壽)等海泉如(而)深阮(遠)。又持勝福,次用莊嚴∶伏惟使臣、

---

① "霬",據據伯三五六六號+伯三五六六號背之《二月八日逾城》補。"芳",當作"英",《敦煌願文集》據文義改。
② "爲闕",當作"右闕",據伯二六三一號之《二月八日》改。
③ "爲",當作"若",據伯二六三一號之《二月八日》改。
④ "立",當作"玄",據伯二六三一號之《二月八日》改。
⑤ "持",當作"轉",據伯二六三一號之《二月八日》改。

僕射福同山嶽,萬里無危;奉招(詔)安邦,再歸帝釋(室)。又持勝福,次用莊嚴則我河西都僧統、內僧統和尚等貴位:伏願長垂帝擇(澤),爲灌頂之國師;永鎮臺堦,讚明王之利化。又持勝福,次用莊嚴都衙已下諸官吏等:伏願金柯蓋(益)茂,玉葉時芳;磐石增勳,維城作鎮。然後天下定,海內清;無聞征戰之明(名),有賴癰雄(雍雍)之化。

## 十一、[四門轉經文]①

厥今敷佛像衣(於)四門,結净壇於八表;中央建[大]悲之場②,釋衆轉《金光明》之部。設齋五晨,雅(迓)佛延僧,有誰作焉?時則有我河西節度使曹公,先奉爲龍天八部,雍(擁)護河皇(湟);聖主迴鑾,再安宇宙。次爲我令公已躬日納應祥、公主夫人長保休慶之所作也。伏惟我令公天從(縱)英雄,神段(假)靈智;才光即啓(稷契)③,得(德)美孫吳。運滔(韜)略而鎮五涼,受聖牟(庥)而清兩路。呼吸則風雲動,威努(怒)則戎敵摧;建虎節於龍沙,降雙由(輶)於紫府。故得虔恭像教,法院流心;建福讓(禳)災,宣傳海藏。遂所(使)經開龍藏,句句談般(不)二之章;呪讚秘方,聲聲唱無爲之理。十方賢聖隱跡④,來會於虛空;八部龍神盡監(證鑑)⑤,齊臻於合境。總斯多善,莫限良緣,先用奉資梵釋四王、龍天八部:伏願威光熾盛,福力彌增;興運慈悲,九(救)人護國。又持勝福,次用莊嚴我河西節度使令公貴位:伏願南山作受(壽),北極標尊;長爲菩薩之人王,永應如來之付囑。又持福行,次用莊嚴則我天公主貴位:伏願光韻轉茂,若桃李之芳;宋氏夫人長保貞松之美;郎君俊折(哲),負忠孝以臨人。然後天下定,海內清;無聞征戰之名,有賴雍夷(邕)之化。摩訶。

## 十二、[亡尼文]⑥

夫法身無像,流出報形;盧舍圓明,垂分化質。人悲八塔,鶴變雙林,此界緣終,他方感應。掬多散籌而影滅,僧伽攀樹已(以)亡枝。一切江河,會有枯竭;凡慈(兹)恩愛,必有別離。庸(痛)哉無常,頗(叵)能談測者矣!厥今嚴鴈塔、飾鷄園、焚寶香、陳玉志者,爲誰施作?時則有坐端齋主,奉爲亡尼闍梨某七追福諸(之)嘉會也。惟闍梨乃行葉(業)舒芳,性筠敷秀。柔襟雪暎,凝定水於心池;淑質霜明,皎禪枝於意樹。故得臨壇珂御(課諭)⑦,歸取(趨)者若林;啓甘露門,度之者何數。精求是務,利物爲懷;龍女之德未申,示滅之期已及。將欲將(長)然惠炬,永固慈林;成四果之勝因,修六行之軌躅。何其(期)拂塵世表,永昇功德之

---

① "四門轉經文",據文義補。
② "大",據文義及"中央建隨求之場"補。隨求菩薩與大悲菩薩皆指觀世音菩薩。
③ "即啓",當作"稷契",《敦煌佛教願文研究》據文義改。
④ 句首衍一"降"字。
⑤ "盡監",當作"證鑑",據斯六二〇一號《患文》改。
⑥ "亡尼文",據文義補。
⑦ "珂御",當作"課諭",據文義改。

天;脫屣煩籠,常遊大乘之域。但以桂影不亭,壁轉已(璧輪易)往;刹那四相,娥(俄)爾逾旬。至孝等仰神靈而軫淚,長乖示悔(誨)之聲;對蹤跡以纏哀,感傷風樹。縱使灰身粉骨,未益亡靈;泣血終身,莫能上答。故於是日,以建齋筵;屈請聖凡,薦資神識。於是清丈室,掃花庭;莊道場,嚴法會。虛空請佛,沙界焚香;廚營百味之飡,捨施七珍之會。以茲設供功德、迴向福因,先用奉資亡闍梨所生魂路:惟願袈裟幢之世界,證悟無生;瑠璃佛之道場,蠲除有相。雲飛五蓋,花落三衣;持頂上之明珠,破地前之劫石。又持勝福,次用莊嚴齋主即體:惟願六根敷秀,飄八水[之]波濤;心鏡常明,照三春之樓閣。求經童子,蜜(密)借光明;護法善神,常來違(圍)遶。然後廓周法界,包括塵沙;俱沐芳因,齊登覺道。

## 十三、[社齋文]①

夫調御稱尊,獨標天上;法王利見,厥號能仁。廣運慈舟,濟苦[海]之沉溺②;高懸佛日,朗法鏡[於]昏衢。天中之天,豈名言之可測!厥今青陽告慕(暮),嚴佛像於六街;花散南枝,結真場於巷陌。請諸佛如(而)會坐,渴仰虔恭。列香饌、奉名僧、慇勤發路(露)者,爲誰施作? 時即有合坊押衙、信士等乃見俵(域)中災勵(瘑)疾(病)相仍,掩歿恒時;人心愴切,侍(恃)憑佛力,故發勝心之福會也。惟之(諸)公乃並是間生英俊,文武全才;於家有清訓之能,奉國竭忠貞之節。故得八關在念,喜捨爲懷;勸率鄰坊,抽減自己。昨者時疾每去(起),死相分飛;疫勵(瘑)大行,是眾生之共業。千門罷眠,萬戶無安;不逢流水之醫,何以濟茲彤(凋)療? 故我令公[傾心]軫慮③,大闡法門;遶城廓而香氣氛氳,列佛像而寶帷輝煥。想諸佛而赴會,柳塞虛空;五部真言,棄邪魔而静難。慈悲理物,不害於人民;障沴休行,慇(愍)倉(蒼)生而安泰。總斯多善、無疆勝因,先用莊嚴梵釋四王、龍天八部:伏願威光盛,神力昌;鎮娑婆,護法界;鑄劍戟,闢田疇。使千秋無衰變之憂,萬歲罷戰爭之業。災殃霧廓,疫勵(瘑)消除;合境咸歡,謳謠蕭穆。四王護世,揮寶杵以摧魔;大聖觀音,垂悲願而拔厄。怨家債主,捨結濟生;行病鬼王,攝心罷怒。國王保受(壽),以(與)彭祝(祖)而同年;舉郡黎民,比麻姑而延蔭。行香寮佐,永獲勝因;備供傾心,莫聞憂苦。然後災風盪(蕩)盡,人修十善之因;夏順秋調,儲滿九年之實。摩訶。

## 十四、四門轉經文

竊以三乘演妙,功超色相之門;七覺明因,理出明(名)言之④際。佛日之日,懸大像於昏衢;天中之天,導郡(群)生於净域。威神自在,示現無方;玄風波(被)於大千,實際光於不二。

---

① "社齋文",據文義補。
② "海",《敦煌願文集》據文義補。
③ "傾心",據斯一一三七號"傾心軫慮"句例補。
④ "明",當作"名",據斯六九二三號背之《四門轉經文》改。下文同。

法雄利見,其大矣哉!厥今置淨壇於八表,敷佛像於四門;中央建隨求之場,緇衆轉金光明之部。遂得香煙合霧,交馳氣靄於八隅;玉句連之(珠),聲驟降十方之淨土。晝陳百味,獻佛像及水陸生靈;夜請真身,佛聲以(與)深雲爭響。如斯懇仰,誰之作焉?則我節度使曹公先奉爲龍天八部,擁護疆場;四天大王,盪除災孽。當今帝主,常坐蓬萊;十道爭馳,誓心獻款。以(次)爲我河西節度使令公寶位延長、公主夫人長承大蔭之所建也。伏惟我令公天假英雄,神資靈智。總懷聖計,德美孫吳之幾(機);怗靜西戎,量越田韓之勇。故能留情像教,望慈善以增修;渴仰虔恭,啟洪門而懇切。是時也,三冬纔畢,正歲初臨;僧徒課誦於八臺,灌頂神方於五日。總斯多善,莫限良緣,先用莊嚴梵釋四王、龍天八部、散諸(支)大將、護界善神:伏願威光熾盛,神力彌增;興運慈悲,救人護國。遂使年消九橫,月殄三災;萬姓饒豐樂之祥,合境無傷離人(之)厄。當今帝主聖壽尉昌,將相百僚盡邦形國。又持勝福,次用莊嚴河西節度使令公貴位:伏願敷弘至道,濟育蒼生;寶位以(與)乾像(象)而不傾,遐壽共神儀而不易。又持勝福,次用莊嚴常(尚)書郎君貴位:伏願金柯益茂,玉葉時常榮,盤(磐)石增高,維城作固。天公主助治,以(與)秋月而長圓;夫人應祥,保閨顏而永春;郎君俊哲,忠孝成名;小娘子貞明,芳姿皎潔。四方開泰,使人不滯於關山;壟畝嘉禾,競唱《南風》[之]雅韻。災殃霧廓,障沴消除。幸命負財,領茲福分;行香寮佐,竭誠盡忠;隨喜見聞,同增上願。然後河清海宴(晏),不聞刁斗之聲;四寇降階,永絕煙塵之戰。三災殄滅,盡九橫於海嶠;勵(癘)疫消除,送荒飢於地户。摩訶!

### 十五、賢者

性含淳粹,聰敏居懷;早達苦空,深之(知)幻化。所以來求法王,投誠寶房(坊);志心於不二法門,超寂而四禪可鑑。去二邊之忘(妄)想,不有不無;驅渴愛之樊(煩)籠,非真非假。

### 十六、優婆夷

捨家學道,志慕尋禪;求師而不倦晨昏,習業而無虧精進。澄心宴席,絕去埃塵;頓悟真源,超然離境。愛僧(憎)已斷,指迷津而復關心;無常若空,湛然性海。

### 十七、亡兄

清襟迥徹,志識淹和;邁姜氏之傳衣,逾卜生之讓宅。將謂克遵萬始,永茂三荊;在原之德未崇,陟崗之望俄輊。愴連枝而殞絕,咽同氣而摧心;晷刻不停,奄經某七。

### 十八、亡弟

兢淳毓性,敬愛照儀;推黎(梨)表謙退之能,讓棗結敦和之性。將謂留名萬代,侍順六親。何期風燭不停,奄經某七。

## 十九、軍將

五涼勝族，蓮府名家；匡輔君王，每存忠赤。覽九經而出衆，行七札以超郡（群）。將謂受（壽）等松年，傳名昭代。何期逝波奔逐，彖七俄臨。

又云：大自在天辰（神）[者]①，領蝗飛於（以）驟海隅；摩醯首羅聖者，罷災丘（兵）於（以）歸野塞。石勒將軍統握，刹那無過；天谷散[却]愁心②，萬庶重生。

## 二十、[四門轉經文]③

厥今虔恭奉聖，結勝壇於八荒；轉昌（唱）金言，連朝夜如（而）不絶。爐焚寶[香]④，供備天廚；請佛延僧、設齋散食者，有誰施作？時則有我河西節度使令公先奉爲龍天八部，静[安]四塞而衛護敦煌⑤；梵釋四王，雍日（擁遏）當時而蕩除妖孽⑥。亦爲蝗飛遶境，不犯草木之苗。謂大自在天神證（澄）解庶惱，摩醯首羅天主（王）伏以（刈）蝗軍。又願令公遐祚，公主夫人恒安，郎君小娘子居閨，合郡絶憂惶之道之所作也。

## 二十一、[亡小娘子]⑦

小娘子迺仙娥比質，素玉同芳；長播淑德於宮闈（幃），永傳嘉猷於閨閣。何圖金蓮赫曜，晝日潛輝；愛葉分芳，逢高落深。金支切切，睹戲處以增悲；合郡惶惶，對靈車如（而）灑淚。冥冥去識，諸（知）詣何[方]⑧？寂寂幽魂，趣生何路？天公主貌如桃李，匡軌範如（而）治敦煌；蹔處人寰，應千年降臨連（蓮）府。夫人三從實備，四德無虧，堅貞以（與）松柏同芳，遐壽共彌山永固云云。

## 二十二、[罷秋季文]⑨

厥今冬臨秋末，黄葉競彫；敷佛像，慶設香延（筵）；列幡花，歌鍾隘路。八音妙韻，如天樂再降人寰；懇切焚香，同彌勒兜率天降下。采蘭山之大憂（栖）⑩，立萬丈之長竿；一齋置制於連（蓮）宮，福德遍臨於諸寺者，有誰施作？時有我河西節度使令公先奉爲龍天八部，願降臨

---

① "辰"，當作"神"，據此卷"大自在天神"句例改。"者"，據文義補。
② "却"，據文義補。按：天谷爲元神所居之宫。
③ "四門轉經文"，據文義補。
④ "香"，據文義補。
⑤ "安"，據文義補。
⑥ "雍日"，當作"擁遏"，據文義改。
⑦ "亡小娘子"，據文義補。
⑧ "方"，據伯三五四六號之《亡娘子文》補。下文同。
⑨ "罷秋季文"，據文義補。
⑩ "憂"，當作"栖"，據文義改。

護蓮府蒼生;梵釋四王,伏魔軍而摧邪顯正。遐澄邇肅,四方無燧火之虞;社泰稷安,八表有輪琛之款。當今帝主,寶祚長隆;十道三邊,競來獻貢。令公已躬延壽,應鈎陳之永昌;天公主夫人保貞祥而吉慶,郎君小娘子岳石齊堅,宅內宗枝共迎寵渥之嘉會也。伏惟我令公龍沙秀異,玉塞英奇;爲文習七步之能,對敵善七擒之美。京西跪伏,瀚海來賓;六蕃跪膝於階廷,五郡皆來而啓顙。故得留心像教,虔敬釋門;渴仰修崇,無不華麗。其幡竿乃青松萬丈,上侵於霄漢之中;香木雙根,下連於幽冥之界。龍頭灌鐵,鳴鐸聲振於天邊;丹繪奇紋,祥翻(幡)飛騰於雲際。風遥一匝,百種罪垢而清除;竿遞蕭宮,千般災殃而蕩盡。福事已竟云云。

## 二十三、[燃燈文]①

夫惠鏡揚輝,朗三明者智炬;勝場疏躅,摧八難者法輪。於是廣照慈光,諒無幽而不燭;遐聞(開)妙軌,實有感而斯通。故使巨也(夜)還朝,返迷津而悟道;重昏再曉,馳覺路以歸真。赫以(奕)難名,傾哉罕測者也!厥今青陽瑞朔,慶賀乾坤;設香饌於靈龕,然金燈於寶室。官寮跪爐而致願,僧徒啓念於尊前者,爲誰施作?時則有我河西節度使令公先奉爲龍天八部,擁護敦煌;梵釋四王,恒除災孽。次爲令公已躬延壽,以(與)彭祖而齊年;公主夫人寵榮祿如(而)不竭,郎君小娘子受訓閨章,合宅宗枝常承大業。四方開泰,風雨順時;五稼豐登,萬人樂業諸(之)嘉會也。伏惟我令公天資濬哲,神假奇才;雄雄定山嶽之威,蕩蕩抱風雲之氣。臨機運策,韞三略之深謀;關上變龍,負六韜而定塞。彎狐(弧)伏獸,細柳未比於今時;仗劍流星,韓伯豈伴於此日。遂使千門快樂,野老舞舜日之風;萬戶無危,牧童唱堯年之慶。加以信珠頂捧,欽慕玄門;優獎人民,務憑福力。先陳至懇,想崑(鷲)嶺而傾心;設饌然燈,焚名香於寶地。今者坤止靈窟,是羅漢之指蹤;萬佛威容,是聖人之道迹。所以敦煌歸敬,道俗傾心;年馳妙供於仙岳,大設香油於萬室。振鈴梵太虛之內,聲徹五天。燈廣車輪,照欲(域)中之奇樹;佛聲接曉,梵響以(與)簫管同音。寶鐸弦歌,唯談佛德。其燈乃良宵發焰,若寶樹之花開;淨夜流揮(輝),以(似)天邊之布月。龍神夜睹,賢聖潛光;狀空裹之分星,對天堂之勝燭。是時也,青祈戒(衹屆)序,候律驚晨(辰);今何(金河)開北岸之流,寶池秀七花之藥。總斯多善,莫限良緣,先用奉資上界天仙、下方龍鬼:伏[願]擁護境域,珍沴消災;濟惠生靈,豐饒五穀。又持勝福,伏用莊嚴我令公貴位:伏願福同滄海,壽比龜山;同日月而九曜齊明,[扇]風化如堯年大治②。又持勝福,次用莊嚴天公主貴位:伏願閨俄(娥)保朗,常榮松柏之貞;夫人幽顏,永貴琴瑟之善;郎君同(固)壽,負忠孝以照人;小娘子祥延,茂芳容而皎潔。行香寮佐,福祿彌增;備供諸家,同增善願。然後休兵罷甲,注(鑄)戟消弋(戈);隘無燧火之憂,路有深(琛)珠之寶。摩訶。

---

① "燃燈文",據文義補。
② "扇",據文義補。

# 伯二二五五號背《諸文雜抄》

此件首缺尾全,抄寫齋儀和實用齋文、祭文、六十甲子納音,故擬名此件爲《諸文雜抄》。清本只釋録齋儀、齋文和祭文。《敦煌願文集》釋録了其中的六篇,黄征、吳偉編《敦煌願文集》,岳麓書社,一九九五年,第三四四、三四六、三五一、三五六、五五一、七六八頁。

(前缺)
與金剛比古(固)①。

## 一、[布薩文]②

諸佛現興,善權化物;群生瞻奉,鄙或(惑)消亡。雖法闡三乘,戒宣五部;然隨根利鈍,開合有差。凡所見聞,俱蒙勝益。此會事也,時我釋門尊宿及教授闍梨等爲勸道之主也。將使真風廣扇,佛日重明;緇徒申懺謝之端,士廣(庶)展聽聞之福③。於時開寶地,豎金幢;香煙與瑞色而浮空,清梵共笙歌而合響。籌稱解脱,頂戴受持;戒號防非,深心修覺。菩提等椏,[霑]甘露以抽芳④;覺樹祥花,結香園之未(味)果。以斯一一莫限良因,先用莊嚴梵釋諸王、龍天八部:伏願身光增益,聖力冥加;興念含生,匡兹教法。使陰湯(陽)應序⑤、風雨齊和;稼穡豐登,人人安樂。贊普壽齊聖石,群臣命等靈椿,官寮善被無疆,尊宿資福有識。然後災力永絶,教跡流通;凡厥含情,俱[登]覺道⑥。摩訶般若者,諸佛所師。大衆虔成(誠),一切普誦。

## 二、[患願文]⑦

入十方界、拔一切苦、放月愛光、施甘露藥者,其惟我釋氏能人(仁)焉!卓彼真慈,無緣普濟,梨(利)樂之道,夫何以加?然今陳雅志、捨所珍、豎良緣、祈妙福者,其誰施之?則有某

---

① "與金崗比古(固)",爲所缺齋儀的迴向部分。
② "布薩文",據斯六一七二號之《布薩文》補。
③ "廣",當作"庶",據斯六一七二號之《布薩文》改。
④ "霑",據斯六一七二號之《布薩文》補。
⑤ "湯"當作"陽",據斯六一七二號之《布薩文》改。
⑥ "登",據斯六一七二號之《布薩文》補。
⑦ "患願文",據斯四九九二號背+斯三四三號之《願文》補。

大德之謂矣。僧云：道器清秀，神儀爽然；精心示逾（諭），逸志高上。尼云：行淨明珠，戒含秋月；温柔作德，松竹堅心。捨施意者，頃自攝養乖方，忽瘦（嬰）疹疾；屢投藥石，未沐瘥除。所恐露命難留，風燈易滅。謹將衣物，投仗三尊；捹（悕）儜法財，冀清六府。今者良願既備，勝福成（咸）享，盡用莊嚴患律師即體：惟願塵沙垢或（惑），承念誦而消除；無量勝因，應如願而霧集。即使十方［大］事（士）①，垂慈悲願而護持；三世如來，腸（賜）醍醐之妙藥②。身病心病，念念雲佉（祛）；福根惠根，運運增長。亦願諸親眷屬，恒保休宜；法界有情，用賴斯慶。俗人云：乃深信因果，非乃今生，慕道情殷，誠惟曩劫。

### 三、［仲秋印砂佛轉經祈福文］③

夫越愛何（河）、登彼岸者，其惟真智焉！示寶所、滅化城者，其惟妙力矣！雖光宅大千，彌倫百億；四生咸度，萬德皆圓。曾無所濟之功，是爲能濟者也。厥此焚［寶］香④、列珍饌；療（僚）佐蕭蕭、緇侶詵詵者，曰何謂歟？則我當今聖主展慶延（筵）、保願崇福之所施建。伏惟聖主覽圖握鏡，奉天順人；千聖重光，萬邦一統。加以首出群表，位當一人；雖富九年之儲，慮闕三堅之福。由是仰靈山而啓願，登鳳各（閣）以宣威；百官頓首而從風，驛騎銜恩而出塞。使普天咸蓺於名（明）燈，轉《金剛》而祈勝福；率土敬陳於法供，會列無遮。冀千福慶於聖躬，萬善賴於遮（庶）品⑤。亦使峰（烽）飈不舉，萬里塵清；四鄰絶交諍之仇，兩國結舅生（甥）之好。我聖君之良願，其在兹焉！其有昌聖君之化、副明主之心者，則誰當之？有我皇太子殿下與良牧杜公、爰須（及）節兒、蕃漢部落使等皆風清臺閣，德暎朝庭。我教授乃道邁［澄］蘭⑥，才當五百；並股肱王道，撫育黎［黎］⑦。既奉論言，寧遑安處？遂乃躬親出廓（郭），印金相而脱沙堂；崇設無遮，陳百味之勝福。銀函闢經，［轉］萬卷而齊宣⑧；寶樹魚燈，秉千光而合耀。勝福既備，能事咸享。謹於秋季之中旬，式建檀那之會。於是擊鴻鍾，召青目，開寶帳，儼真儀；供列席而含芳，香靉空而結霧。當時也，金風曳響，飄奈苑之疏條；玉露團珠，困禪庭之忍草。光翼翼，福攘攘，虛空有量兮福長⑨。總用莊嚴我當今聖主：伏願開南山之初劫，作鎮［坤］儀⑩；懸北極之樞星，繼明翰（乾）象⑪。儲君願遐齡永固，妃后乃錦苑長榮，大論保富貴

---

① “事”，當補、改爲“大士”，據伯二八五四號之《患文》“惟願十方大士，垂悲願而護持”補改。
② “腸”，當作“賜”，據伯二八五四號之《患文》“三世如來，賜醍醐之妙藥”改。
③ “仲秋印砂佛轉經祈福文”，據文義補。
④ “寶”，據文義補。
⑤ “遮”，當作“庶”，據伯二三二六號背之《仲秋印砂佛轉經祈福文》改。
⑥ “澄”，據伯二三二六號背之《仲秋印砂佛轉經祈福文》改。
⑦ “黎”，據伯二三二六號背之《仲秋印砂佛轉經祈福文》改。
⑧ “轉”，據文義補。
⑨ “虛空”，原作“空虛”，據伯二三二六號背之《仲秋印砂佛轉經祈福文》改。
⑩ “坤”，據伯三二五六號＋伯三二五六號背之《轉經文》補。
⑪ “翰”，當作“乾”，據伯二三二六號背之《仲秋印砂佛轉經祈福文》改。

之[歡]①,將師(帥)納無邊之慶。五穀豐稔,千廂善盈;寮佐穆如,居人樂業。龍天八部,翼贊邦家;釋梵四王,冥加福力。然後窮無窮之世界,盡無盡之倉(蒼)生;並沐良因,成登覺道。

## 四、[亡式叉尼文]②

仰啓十方諸佛、諸大菩薩、羅漢聖僧、見前清眾,咸願證明。然今捨施所謂意者,時有式叉尼某乙彼處壽盡,所[使]衣物③,持入見前,大眾敬陳懺謝之所建矣! 然式叉尼乃柔衿雪暎,淑質霜明;奉淨戒則已於尅半珠;效尸羅乃全精止作。將冀高暉佛日,光潤法流。何圖奄(嬰)疾膏肓,俄然示滅。由是持生前受用衣鉢,祈没後[無]上之良因④。故於此時,廣陳福事。以斯念誦功德、捨施勝因,盡用莊嚴亡過式叉尼魂路:唯願神遊素(柰)苑⑤,託質花臺;逍遙十地之階,縱賞九仙之位。賓波羅樹下,長爲禪悅之林;阿耨達池[中]⑥,永條(滌)塵勞之水。

## 五、[天王文號]⑦

夫闡玄宗、開法眼、削垢惑、成真形,超塵沙生死之煩籠、入無量義處之空窒者,其如我[大]雄猛尊之謂歟⑧! 至若冒甲胄、振霸威、遏鬼神、殄妖孽,使風雲不雜、[梨庶獲安者]⑨,[則推我護世天王之願矣]⑩。

## 六、[新歲轉經祈福文]⑪

夫寶我長驅,梵綱遐列。使眾溺克舉,群蒙來蘇,三賢驟奔,千聖咸袟。總威神而普運者,實我大雄之力歟! 遼哉邈哉,不可得而稱矣。然今敷寶地、列真場、建薰羞、崇大會者,其誰爲之? 有我釋門教主爰及法將石公奉爲聖神贊普、次及法界有情之所建也。伏惟聖神道闡八方,威加四海;明齊日月,德合乾坤。故得雜虜歸心,蠻夷稽顙;大施法[會]⑫,弘建爲懷,崇崇聖君,可略言矣! 然有恭從其[言]⑬、命昌其化者,次有我二教授大德清河彭城公之謂

---

① "歡",據文義補。
② "亡式叉尼文",據文義補。
③ "使",據伯二三五八號背之《亡式叉尼文》補。
④ "無",據文義補。
⑤ "素",當作"柰",據北敦六四一二號之《願文》改。
⑥ "中",據北敦六四一二號之《願文》補。
⑦ "天王文號",據文義補。
⑧ "大",據伯二三五八號背之《四天王文》補。
⑨ "梨庶獲安者",據伯二三五八號背之《四天王文》補。
⑩ "則推我護世天王之願矣",據伯二三五八號背之《四天王文》補。
⑪ "新歲轉經祈福文",據文義補,此爲敦煌地區新年必有的公共祈福齋會。
⑫ "會",據文義補。
⑬ "言",據伯二三二六號之《新歲轉經祈福文》補。

也。伏惟二教授公量闊滄溟,情深物表;學該内外,道貫古今。談般若則不謝於詵唐,銳（説）詩書乃有齊於周孔。故使千衆仰則,一郡欽風;魏魏（巍巍）法梁,今昔未有。每以[公]訟之暇①,思酬國恩。若非廣建勝因,何以表其忠節？於是擇形要施建勝宮,彫[山節]引擁種之林②,成大夏（厦）之棟。其有專其事、成其願者,則有此寺剛（綱）首渤海高公爰及張、索二公、令狐寺等：皆松皇（篁）比節,[氣]介（概）爲心③;寢食不遑,務興福事。不逾歲月,功力畢焉;雨驟星馳,法堂嶷立。雖朱粉未就,而覆蓋已終;將聲法皷,誰可當人（仁）？則有首出千僧,才端三備者,則我法將會（當）焉！公俊骨天資,聰靈神假;威容挺特,縱辯流珠。談《維（唯）識》[則]疑是天親,演《維摩》乃狀同無垢。今屬年當歲首,月啓初春,敷演大乘,以資家國。起自元正上甲,故口發金題;洎乎令月下旬,罷宣寶偈。雖月蓋之供已殷,而純陀之會由（猶）闕。於是率其同志而召有緣,崇[其]浄業而施法會。言之未已,供料爭門;不逾一期,千會斯被。是日也,詵詵釋子,如歸香積[之]飡;濟濟衣冠,若往毗耶之室。和風動物,寒（塞）表[猶]寒④;冰拆（坼）禪池,煙含桃色。

## 七、願文

恭聞無崖真海中有聖丈夫,曰釋迦牟尼,則娑婆世界之法王矣。其惠也日明,其智也霜利。相開三十有二,口演八萬四千門。其門沖幽,修尅者必達真境;其化廓邈,誘進者必脱世間陰炭。於是解[紛]苦海[者]⑤,於焉息浪;往無不利者,斯焉取辭哉！夫有大聖力授（受）付囑者,熟（孰）能與於此焉！則我當今聖神贊普當建法之主也。伏惟聖主道闡八方,思（恩）加四海⑥;光臨（陵）日月,威震雷霆。故得雜虜服款以歸心,蠻夷稽首而投化。大弘釋教,子育衿（黔）黎;崇崇聖君,道無不在者也。加以冥心真境,好志重釋,宗樂佛乘。恤物安邦,莫先於福善;[除]災殄障⑦,是賴乎真乘。所以拜首於祇闍掘（崛）山,傾心於鷄園之侶。詔宣鳳闕,頒令普天;每年常住,國崇善既。

## 八、付一娘祭叔文

維歲次乙卯三月丙午朔十三日姪女付一娘等謹以清酌之奠謹祭於故叔叔之靈：伏惟靈性懷謙謹,敬愛親姻,濟度孤獨,行滿四鄰,何圖忽聞兇變,使我心酸。昨晨見在,今晨寂然。男女號扣,雨淚分分（紛紛）,南園色闇,北嶺潸潸。黃天不賜,禍及此門。此之拜別,再覩無

---

① "公",據伯二三五八號背之《新歲轉經祈福文》補。
② "山節",據伯二三二六號背之《新歲轉經祈福文》補。
③ "介",伯二三二六號背之《新歲轉經祈福文》作"其介",據音讀改作"氣概"。
④ "寒表",當作"塞表"。"猶",據伯二三五八號背之《新歲轉經祈福文》補。
⑤ "紛""者",據伯二三五八號背之《願文》補。
⑥ "思",當作"恩",據文義改。
⑦ "除",據伯二三五八號之《願文》補。

因。設祭荒郊，願神就前。伏惟，尚饗。

## 九、兄善石奴祭故弟四郎文

維歲次乙卯三月朔十七日兄善石奴以清酌之奠致祭於故弟四郎之靈。惟靈賢行衆推，溫恭成性。謙謙禮儀，善理嘉政，捕（哺）恤宗枝，能無偏併。六姻清範，人中最瑩。何感時疾，窮夕連年。食無之效，藥之不痊。石奴忝爲骨肉，悲苦難況。上蒼不借（藉），無處申論。男號泣血，女哭成泉。從今夷驅（一去），再覩無時。設祭交（郊）外，願汝收領。［伏］惟，尚饗。

## 十、祭亡姊文

維歲次乙卯六月朔廿一日，哀子某甲等謹以香茶乳藥之奠，敢昭告亡姊之靈。伏惟靈祭子等罪逆深重，不自死滅，上延亡姊，痛慣（貫）心髓，五內崩摧。輀車既解，將就玄宮。此一辭後，終天永畢。嗚呼哀哉，伏惟，尚饗。

## 十一、［行城文］①

夫禳災卻難者，莫代（大）於正覺雄尊；至（致）福延祥者，寔資於真乘密印。是以善住衰見，德（得）大總持；阿難被迷，遇佛頂而得悟。然今行城卻難者，囑（屬）以三冬起序，春色敷榮。恐役勵（疫癘）以侵人寰，［慮］拔分（妖氛）之害［品］物②。是以寮佐肅肅，啓顙於天王；緇侶乾乾（虔虔），傾心於寶偈。是以豎勝幢於五處，立標相於四門。使一郡無久（九）橫之憂，國土有千祥之慶。總斯多善，莫限良緣，奉福莊嚴犯識（梵釋）四王、龍天八部：唯願威光轉盛，神力益昌；護次（此）郡之人民，衛當今之明主。又持是福，次用莊嚴我尚書：伏願金剛作體，般若莊心；長爲社稷之重臣，永壽姜（受江）海之貴任。又持勝福，次用莊嚴：戒珠朗徹，心鏡常圓；爲品物之律行，作衆生之道眼。又持勝福，次用莊嚴都督、部落使以下諸寮菜（寮寀）等：惟願榮爲轉（輔）德，歡愚（娛）告鄉。摩訶般若，利落（樂）無邊；大衆乾成（虔誠），一切普誦。

---

① “行城文”，據文義補。
② “慮妖氛”，據伯三七七〇號之《置傘文》“慮災產以侵人，恐妖氛之害物”句例補。“品”，據文義補。

# 伯二三一三號背《夫歎齋分爲段》

　　此件首尾俱全,抄寫齋儀段落和懺悔文。所抄齋儀皆按同類構件立目,每目下匯集條目多則,故擬名此件爲《夫歎齋分爲段》。與此件性質相類的文書尚有斯四〇八一號、北敦一三六五〇號、伯二五四二號背、伯三三〇七號等。此件有黃征釋録本,見黃征、吳偉編《敦煌願文集》,岳麓書社,一九九五年,第二五五～二六〇頁。

## 一、[歎亡]①

　　亡者乃是人中至重,德貴餘高;慈濟無偏,怨親義一。何期儵爾,掩致(奄至)黃泉②,那忽須臾,長辭白日!

　　何期竹馬罷遊,沙塔崩壞! 庭前香桂,眼矚萎枯;室内明燈,灾風拂滅。飛丸去手,追更返而方難;菉(緑)葉辭柯,覓還蹤而叵會。日换月徙,星軼牛樞;兔走鳥追,寸陰不住。

　　神英爽逸,道器弘揚。八定以居,九纏將謝。正可闡范人世,俱越耶(邪)山;引化羣迷,同蹦欲海。但以無生早悟,歎捨陰體;净土業成,龘歸常樂。提河之痛,朝野皆優(憂);靈樹之悲,人天改色。

　　可謂楨(貞)松翁鬱,惧(遇)被霜彫;叢桂氛氳,俄逢雪落。懸烏落影於西巖,恒(姮)娥跨足於東嶺。豈惧(虞)三虫競總,遂捨芳妍;六賊争排,便思暮景。

　　英然樹德,鄉鄰軌其六能;卓爾修身,邦邑則其五禮。亡考崩背,心喪逾深;抱痛終身,與命俱盡。隨時奉獻,不以瓜祭爲輕;禮薄東牛,而擅西鄰之美。

　　形雖在俗,志遠垢塵;解破慳貪,博通法相。知身非我,識我非身。生與非生,悟之非滅。稱(秤)肉贖鴿,尚願爲之;飛走之財,寧能恪惜? 始聞泡暎(影),未捨塵囂;忽想彌陀,龘成厭世。可謂春發始苗,歎萎秋霜;楊柳初蒂,而變[解]雪③。

　　虚靈徒設,無復就養之方;振帳空舒,寧有及面之告? 日足雖莨(長),豈涉幽壤;月輝徒廣,寧燭深泉? 持兹定水,潤漬枯衣;用此戒香,遍勳(薰)穢惡。

---

① "歎亡",據此卷名例補。
② "掩致",當作"奄至",據文義改。
③ "解",據文義補。據伯二六四二號＋伯二六四二號背之《小娘子患》"解雪"詞例補。

## 二、歎施主

知福爲安身之本，善是養慮之基。簡信招朋，抽賢逼侶。邑義相承，共修功德。

神衿朗悟，正見居懷。恒怯三龍，常驚二鼠。知身非久，泡命難留。故能預種善根，逆修功德。

鄉摧住（柱）石，國喪瓊瑶。戴髮盡哀，能言淚滿。

華年始盛，妙志（智）新成。挺溢孤峰，英英獨秀。理應停光在世，紹繼家門。侍養二親，報酬罔極。何期金枝早折，玉樹莨（長）埋。奄背人儀，遷神化往。

慕經慕法，發須達之精成（誠）；敬佛敬僧，起育王之誓願。率種種心，營一美之供；斂人人意，崇一時之善。各抽糧饍之粟，儉約於三時；同咸（減）衣冠之餘，輕隨於四節。

## 三、嘆施主女

女名自古，婦德當今。善訓家風，流恩萬傾（頃）。

芳年始茂，玉貌初鮮。雅性韜韜（韜韜），妍葩萬美。

童顏美豔，素稟神姿。皎若宵燈，明同曉日。

信等明珠，何勞傍鏡？形同挺玉，不假外光。

唐唐美化，化備（被）八方；濟濟敷恩，恩沾四域。

## 四、願男子

靈軀雅溢，證得無畏之身；聖志高凝，現獲無生之智。

諸天光護，八部榮扶。禍累争消，嘉祥競集。

身如檀樹，鬱鬱恒清；命等法流，韜韜（滔滔）無竭。

斂板上堦，則君王悦目；言安氣軟，使百性（姓）歡心。

郭逐年消，殃隨月盡。才器日新，榮華歲就。

年康竹柏，竟天地而將久；位隆台相，攀日雲而共高。

經凶年而變吉，歷嶮地而成安。身無九橫，體離十總。

口業澄潔，若摩尼之珠；舌根無染，似蓮花之净。常宣妙法，恒説梵音。永滅穢言，長辭惡語。

願眼［觀］清净①，不睹幽衢；目囑（矚）如來，無邊嶮路。坐見千方，眼看萬國。

願福深智遠，命久年莨（長）。消九橫于身中，殊（誅）三灾于體外。

心慧與日月齊明，聲風等幽蘭同氣；八音注雨，四辯雲興。

得智慧火，燒煩總因。禪定妙水，洗除業垢。内外清净，令得惺（醒）悟。

---

① “觀”，據文義補。

## 五、願女

德類萃華,久榮萬歲;形同月滿,莨(長)麗千秋。

八萬塵勞,淨之慧水;百一病總,愈之法藥。

絕老病而延年,離憂苦而常樂。

願菩提善法,不久雲臻;煩總諸殃,一朝頓遣。永斷貪心,莨(長)辭愛染。塵勞穢質,厭若遭(糟)糠;六賊丘林,瞻如糞土。三車四御,廓路開通;八難深泥,俱時解脫。

## 六、願亡人

寶舟高運,越生死之莨(長)津;身御三乘,出將崩之火宅。

超八耶(邪)之嶮路,出四倒之幽林;汎般若之牢舟,登菩提之勝岸。

願三毒諸殃,消若春冰;四蛇之結,蕩如秋霧。含靈抱識,永却相親。剝體怨家,變成朋友。金剛寶劍,芟刈總林。智慧炬明,照除煩或(惑)。

願身同千葉之花,命偶萬春之壽;威光日盛,四海歸宗。

龍章鳳采,豔起千雲。主上發心,敘進不絕。

危殆之患,一念之傾(頃)冰消;沈頓之痾,彈指之間霧歇。

男則匡時佐世,位宦遷高;女則潔志閨門,禮儀昭備。六親長幼,福力扶持,九族尊卑,善根資益。人間郭總,不染身心;世上災危,去離形影。

身光皎皎,共法炬而同明;朗智輝輝,與摩尼而等耀。德竝金山,恒豐百寶;威同巨海,不乏千珍。

同青松之鬱鬱,等桂竹之離離。

男則馳名於上國,女則令壽於中閨。〔姿〕似百刃(仞)之輕羅①,光類千尋之素月。

金姿灼灼,粲若紅蓮;玉體鏘鏘,明猶夜月。

夫碎玉井中,藉照方了;珠沈膚內,因鏡乃明。故種智之山,因修乃尅;菩提之海,緣滿方成。

夫炳燭風間,飄光詎久?抱泡水上,現沒須臾。是以兩鼠催年,恒思嚙葛;四蛇促命,本自難留。

蓋聞輕藤墜井,終懷絕夢之悲;危樹臨持,會抱傾根之患。自非泛舟馳載,永承彼岸之心;世命如泡,寧免幽泉之疊。

夫四山逼命,千古未免其危;二鼠催年,百代同追其福。是以擾擾娑婆,俱悲夭傷之痛;浩浩閻浮,共泥枉奪之憂。

---

① "姿",據文義補。

# 伯二三八五號背《齋儀節抄》

　　此件首缺尾全，抄寫齋儀、齋文和《律抄》《衛元嵩十二因緣六字歌詞》《增壹阿含經須陀品第廿八》《佛經注解》。從《律抄》夾於齋儀中間及齋儀的書寫情形看，齋儀和齋文是後來纔抄寫於紙背的空白處。齋儀都是節抄段落，實用齋文抄件只有《寫經追福文》一件，故擬此件齋儀、齋文部分爲《齋儀節抄》。

（前缺）

## 一、[夫人]①

思戀情以號咷，對靈帳而傷嗟。湖竹之淚空垂，崩城之痛徒結。

## 二、[亡妻]②

彩雲朝媚，秀慕芳蘭；四德之譽獨彰，千姿之麗罕疋。柔襟雪暎，婦禮播於六親；淑質霜明，女範傳於九族。豈謂金俄（娥）魄散，璧月光沉；罷鸞鏡於粧臺，遺鳳釵於綺帳。

## 三、妻

乃分襟鸞鏡，爲保百年。何期稟氣不歸，奄蹤兩[異]③。致使纏魂闇室，霞義（覆儀）幽途④；玉質長辭，芳資（姿）遠別。今者已孝（以存）亡路別，冀缺之禮難追；幽顯道乖，悲感之心途（逾）徹⑤。公乃想夫妻之義重，每念傷酸；歎結髮之情深，彌增眷慕。

## 四、姊

族嗣矣（英）風⑥，宗高麥（穆）伯⑦；温容韶雅，淑禮和柔。勸四德，穆六親；悦母儀，開婦

---

① "夫人"，據文義及伯二〇四四號背之《夫人》補。
② "亡妻"，據文義及伯四〇六一號之《亡妻》補。
③ "異"，據羽〇八一號《亡妻》補。
④ "霞義"，當作"覆儀"，據伯四〇六一號之《亡妻》改。
⑤ "途"，當作"逾"，據伯四〇六一號之《亡妻》改。
⑥ "矣"，當作"英"，據北大敦一九二號之《婦人》改。
⑦ "麥"，當作"穆"，據文義改。穆伯之妻敬姜爲古代與孟母齊名的女中楷模。

德。名流石（百）郡①，霑寵禄之彌榮；聲振芳鮮，沐蘭範［之］永譽。

## 五、［寫經追福文］②

竊以名言本寂，三界儜流布之因；説聽兼忘，四辯假弘宣之力。故龍宮蜜（密）藏，蘊妙無邊；貝牒遺文，傳芳未泯。況乃化城微旨，朽宅真筌；跨十寶而曾臨，登四衢而廣運。踊塔之聖，證隨喜於當時；控象之賢，誓守護於來葉。喻星中之滿月，迴向者永出迷津；譬頂上之圓珠，信受者長昇法岸。伏惟先考工部尚書、荆州大都督上柱國周忠孝公，贈太尉、太子太師、太原王：風雲誕秀，岳瀆疏英；贊紐地之宏圖，翊經天之景運。先姚忠烈夫人太原王妃：蹈禮居謙，韜七誠而秉裕（俗）③；依仁踐義，總四德以申規。柔訓溢於丹闈，芳徽暎乎彤管；資（持）忠奉國④，盡孝承家；媛範光於九區，母儀冠於千古。弟子早違嚴陰，已經風樹之衰；重奪慈顔，倍切寒泉之慕。霜露之感，隨日月而逾深；荼蓼之悲，終天地而彌痛。爰憑法鏡，庶展荒衿，奉爲二親敬造《妙法蓮花經》三千部。豪（毫）分露彩，還（遠）符甘露之門⑤；紙散花編，遽（遥）叶貫花之典⑥。半字滿字，同開六度之因；大枝小枝，並契三明之果。伏願先慈傳輝慧炬，託蔭禪雲，百福莊嚴，萬靈扶護。臨玉池而濯想，踐金地以遊神；永步祇園，長乘輪座。傍周法界，廣匝真空；俱登十善之緣，共叶一乘之道。

## 六、［莊嚴吉］⑦

惟願昭昭佛日，獨影心靈；洋洋法流，偏鍾意海。壽命遐遠，點塵墨而不窮；福禄幽深，揆虚空而無際。飯來香積，無煩再熟之因；衣落天枝，靡要［八］蠶之繭⑧。兒郎則名題夜月，温閨珪璋；夫娘則譽重朝雲，清貞泉石。

惟願壽齊太華，福喻（逾）滄溟，長承善逝之威，永佑休明之主。

惟願椿年永固，桂質恒芳；得親友之衣珠，獲輪王之髻寶。

惟願光承帝寵，雅協天心；長爲明主之股肱，永作巨川之舟機。

惟願福禄惟永，歡娛轉新；壽命與松柏之齊年，寵禄與山河之永固。

---

① "石"，當作"百"，據文義改。
② "寫經追福文"，據文義補。
③ "裕"，當作"俗"，據文義改。"秉俗"與"申規"相對。
④ "資"，當作"持"，據文義改。
⑤ "還"，當作"遠"，據伯二〇七二號之《慶經》改。
⑥ "遽"，當作"遥"，據伯二〇七二號之《慶經》改。
⑦ "莊嚴吉"，據伯四〇六二號之《莊嚴吉》補。
⑧ "八"，據伯二八五四號之《正月十二日先聖恭僖皇后忌辰行香文》補。

## 七、孩子

惟願如蓮花之易長，似日月之開明；等松桂而恒春[①]，同金石而永固。萬神扶衛，千聖冥資；智益日新，福隨年積。

## 八、僧吉

道樹日增，靈算延遠；得如來之荷擔，爲苦海之舟航；道超十地之尊，德邁三賢之重。

長袪萬累，永謝百憂；心鏡逾明，身田益淨；六塵永散，八苦長消；甘露閏身，香風拂體。

## 九、[普莊嚴官][②]

皇枝帝戚，永固山河；文武職司，恒守宗廟。舉直措抂（枉），償（賞）罰無偏；順天養人，風猷善正。

## 十、帝

聖智明遠，聖化再新；聖壽延長，聖身安樂。文武百官，獻忠獻赤；軍都官寮，惟清惟直；妃后公主，貞吉清懷；道佛儒經，三輪常轉。

## 十一、願亡

識託西方，魂遊淨國；永辭生滅，長啓無爲。

願寢帶龍庭，垂緌鳳闕。名才遠播，延八節而增輝；寵祿高班，隨四時而特進。然後善芽兢集，若舞蝶之遶泉府；祥瑞來臻，若遊蜂之臨翠蕚。

常修正道，崇信法門；般若爲心，慈悲作量。平生垢重，沐法水以雲消；宿昔塵勞，拂慈光而永散。

## 十二、當官常樂號

家停駟馬，冠蓋相望；室留千金，寶衣重疊。美名美貌，日益日新；不美不祥，時消時散。福臨百姓，唯直唯清；上順帝心，下資人望。

願衣冠弈弈，榮祿邕邕；潔馴金馬之門，高議靈臺之上。五侯推其清白，四海仰其忠貞；比水鏡之照神光，方玉臺而臨翠蕚。聖壽與天地比堅，貞明與日月齊照；慈雲遠逼，澤及昆虫。

英猷佐時，嘉謀蓋代。股肱王室，作萬里之長城；綱紀朝庭，爲百寮之准的。

---

① "等"前衍一"主"字。
② "普莊嚴官"，據伯四〇六二號之《普莊嚴官》補。

金門受律，鵲印滿臺；擁蔭河隴之間，清塵萬里。

壽齡永固，劫石逾而不逾；<sup>命緒延長</sup>，芥城盡而不盡。

榮遷震輔，位陟台階。長舉日月之輝，永薦鹽梅之味。

朱軒<sup>鳳駕</sup>，與江漢而齊高，珥玉彫纓，將煙霞而兢遞。

# 伯二五四七號《齋琬文一卷並序》

　　此件首尾俱缺,中間殘缺亦多,"對葉裝,右端嵌以漆軸,爲裝潢史上之重要資料"①。此件梅弘理定名爲《齋琬文》。目前有兩個完整釋録本:王三慶釋録本,見王三慶《敦煌佛教齋願文本研究》,新文豐出版公司,二〇〇九年,第七一～一一四頁;朱義霞釋録本,見朱義霞《敦煌本〈齋琬文〉研究》,西南大學碩士學位論文,二〇一七年,第二四～一〇九頁。

## 一、齋琬文一卷並序②

(前缺)

　　[爰自和]揚聖德,終乎庇祐群靈。於中[兼俗兼真]、[半文半質],[就耳目之所歷],[竊]形跡之所經。應有所祈者,並此詳載之。總[有八十餘條],[撮一十等類]。[所刪舊例],獻替前規。分上、中、下目,用傳末葉。其所有[類號],[勒之於左]。

　　一、歎佛德

　　王宮誕質;踰城出家;轉妙法輪;示歸寂[滅]。

　　[二]、[慶皇猷]

　　[鼎祚遐隆];[嘉祥薦祉];[四夷奉]命;[五穀]豐登。

　　三、序臨官

　　刺史;長史;司馬;六曹;縣令;[文官]③;縣丞;主薄;縣尉;折衝;果毅;兵曹。

　　四、隅受職

　　文;武。

　　五、[酬慶願]

　　[僧尼];[道士];女官。

　　六、報行道

　　被使:東、西、南、北;征行:[東西]、[南北]。

　　七、悼亡靈

---

① 敦煌研究院編:《敦煌遺書總目索引新編》,中華書局,二〇〇〇年,第二四二頁。
② "齋琬文一卷並序",標題及正文内容皆據伯二九四〇號《齋琬文一卷並序》補,不另出校記。
③ "文官",據俄藏弗魯格三四二號背之《文官》正文補。

僧;尼;法師;律師;[禪師];[俗人]考、妣、男、女、婦人。

八、述功德

造繡像;織成;鐫石;彩畫;雕檀;金銅;造[幡];[造經];[造堂];造浮圖;造燈輪;開講;散經;盂盆;造溫室。

[九]、[賽祈讚]

[祈雨];[賽雨];[賽雪];[滿月];[生日];[散學];関字;藏鈎;散講;三長;平安;邑義;脫難;患差;受戒;賽戒;入宅。

十、祐諸畜

放生　[贖生]　[馬死]　牛死　駝死　[驢死]　羊死　犬死　猪死

（中缺）

## 二、[五稼豐登]①

[粵若恒星掩曜],[震]旦溢毫相之光;就[日凝暉],[乾元登首出之象]。[是]知法王利見,動地而化十方;睿后昇聞,則天而寧方國。[然則三分受命],[啓肇因播襫之功];十號居尊,終資净土之業。於是無邊刹土,共遵常樂之緣;有截環瀛,咸[依仁]壽之城。巍[巍]妙覺,津梁之[聖]境難思;蕩蕩聖皇,覆載之神侔罕測者矣。我君得一馭辰,通三握紀;包舜海而育物,蘊光日以承天。宣玉鏡之(以)昌暉,穆金輪之(而)寶化。仁霑寓縣,時新鳳曆之初;道格乾坤,景絢鶉居之始。春[土夏長],運亭毒而無私;雲行雨施,物(總)財成而不測②。金渾啓候,玉燭調時;家給千箱之儲,國富九年之福。俗比結繩之代,人歡擊壤之歌。預在含靈,咸遵獻壽。某等[模形]宇宙,庇影高深,敢薦芳緣,仰詶鴻造。[功德如上]。惟願保(寶)壽與二儀均壽,震光共七曜齊光。海晏河清,時和歲稔。皇嗣虞絃飛韻,聲掩長松之風;震域騰暉,景焕重輪之日云云。

## [序臨官第三]③

### 三、歎佛文

竊以慈氏降靈,掩十方而開實相;正真演化,被三界而皷玄風。妙覺圓明,人天資其汲引;善根方便,凡聖冀其津梁。諒知黄馬英[才]④,[登法橋而驤]首⑤;碧雞雄辯,仰慧日以延

---

① "五稼豐登",標題及正文内容皆據弗魯格三四二號背之《五稼豐登》補。
② "物",當作"總",《敦煌佛教齋願文本研究》據文義校改。
③ "序臨官第三",據目録内容補。
④ "才",據弗魯格三四二號背之《歎佛文》補。
⑤ "登法橋而驤",據弗魯格三四二號背之《歎佛文》補。

襟。勝躅芳猷，難得而揄揚者矣！

## 四、刺史

惟公股肱王室，匡讚邦家；任重濟川，委[臨方岳]①。[於是剖符千里]，[建節百城]；[露冕宣威]，[襃帷演]化。朱輪始憇，下車揚恩慧之風（後缺）

（中缺）

## 五、六司

惟公藍田[潤玉]②，[漢水明珠]，[擢質昇榮]，[馳名顯職]。[憲章黎庶]，[軌範人倫]。[播清]問于冰壺，昇皎明於水[鏡]。[撫黃沙以恤獄]，[已流恩惠之謠]；[晶丹筆於緩刑]，[更逸寬平之譽]。既而外敷皇化，約金科以[拯四生]；[加復內藻玄津]，[被玉律而歸三寶]。[須緣某事云云]。惟公等慶襲台庭，祥標鼎族，溢三明之雅亮（量），[籠八俊之英聲]。[既而毗政之道克融]，[翼化]之風彌劭。又能虔誠寶地，繫想玄樞。須緣某事云云。

## 六、縣令

惟公蟬聯茂緒，奕葉崇宗。寔朝野之元龜，信人倫之藻鏡。於是任光墨綬，職縮銅章，製錦一同，調絃百里。扇仁風而訓俗，青鸞已翔；宣惠化以字（治）人，白鳥俄集。加以翹誠奈苑，會緇侶於槐庭；聳慮香園，獻芳珍於蘭供須緣其事。云云。明府公志業沖遠，風神警悟；珪璋特達，杞梓蕭森。既而撫化一同，狎雉之風再闡；宣條百里，翔鸞之美克[融]③。須緣其事云云。

## 七、[文官]④

控蓮臺而<sub>放白毫</sub>者，諸佛縱神力！甄金散寶而搖動，肅坐桂殿<sub>以臨紫微而朝萬國</sub>者，我聖主揚化！公則日月星辰，含珠連璧以重光。練三魔而滿三祇，拔三塗而出三界；置九州而列九服，鎮九州而清九夷。歎如來聖主之慈悲，功德福田，詎知崖岸者矣！惟公以榮高銅墨，位居絃歌；下車流撫字之恩，振筆動雷風之迅。加以深崇妙覺，展敬如宗。頃屬某緣，冥心起願，故於。<sub>功德如上。</sub>惟願九煩霧卷，七障煙[晞]。[般若意珠]，常清意海；涅盤妙藥，永沃神衷。門閥克昌，家聲載遠。中外支屬，叶千慶以凝貞；隨喜見聞，延百福而昭泰。

---

① “臨方岳”，此處及後文所補皆據伯二八六七號之《刺史》補。
② “潤玉”，此處及後文所補皆據伯二八六七號之《六司》補。
③ “融”，據伯二八六七號之《縣令》補。
④ “文官”，標題及正文內容皆據弗魯格三四二號背之《文官》、伯二八六七號之《文官》補。《文官》有號頭，只是被寫手誤書於文尾，今按齋儀的樣式移置於文首。

### 八、縣丞

惟公金聲夙振，玉譽早聞。位列名班，榮昇顯職。心珠下暎，弼遊刃以宣風；仁鏡立臨，助牽絲而闡化。百里讚遷蝗之美，一同嗟去獸之芳。既而覆護四人，加以崇敬三[寶]①。[須緣某事云云]。

（中缺）

### 九、罷任

惟公秉德[沖素]②，[履道清虛]；[志勵冰霜]，[任深雨露]。[遂使兩歧麥]秀；五袴歌誼，茂績聞朝；嘉聲震野，或欽德義，臥泣當輪，有戀恩榮，銜悲叩馬，既還舊里，慶預遵途，珍味盈芳，寶香流馥。

### 十、出聽訟官

惟公英英神俊，名掛月輪；堂堂羽儀，姓題宮柱。清能簡約，忠亮孝誠；博究憲章，鉤深令範。將欲奉揚休命，聽訟天陲。或提挈紀綱，拔申淪屈。理喧喧之口，涉綿綿之途。冀保清宜，道崇嘉祉功德如上。唯願路清務簡，神念體安；訟者解其紛，過者歸其罪。清彼風俗，揚我德音。嘉樹既封，甘棠勿翦。

### 十一、得書手

惟某以少挺貞幹之節，長弘清素之風。麗藻共潘陸連華，飛筆與鍾張比迅。遂得代襲天祿，染翰石渠。比仲則之懸針③，同務光之倒韭。

### 十二、撰碑文

惟某方榮瀚墨，沉思窮華海之源；質述儼模，奮藻極陵雲之迅。文逾黃絹，彩繡丹碑；紀德傳芳，遂崇銘碣。設清齋於妙福，則少壯同懽；演妙法於香林，則疫盜咸屏。

### 十三、甘州任家口平安

惟公牽絲甘野，述職蕃維。地接犲狼之郊，路當沙漠之境。情謂死節，遠還報國之心；志願生還，近撫崇家之念。今既長幼平善，再臨右掖之門。貴賤咸安，並[返京都之]城④。

---

① "寶"，據俄藏弗魯格三四二號背之《文官》、伯二八六七號之《文官》補。
② "沖素"，據伯二八六七號之《罷任》補。
③ "之"後衍一"則"字，當刪。
④ "返京都之"，據"右掖"之義補。

## 十四、供奉

惟公□□□孝,嘉聲震於九天;多藝多能,德光□□□□。□□紫極,績著丹墀。□□□
□□□□□□□□□□□□□□□□榮顯彌著。

（中缺）

## ［隅受職第四］①

（前缺）

### 十五、□□

遠振;慕義者磨肩,恩惠遐霑;歸仁者□□,□□□□。□□□□□□□□□□□□貯。
身同大地,八風之所不傾;命等金山,四時之□□□□□□□□□□□□□□鹽梅之鼎俎。
然後摩尼在掌,遍游七寶之庭;妙覺居□□□□□□□□□。

### 十六、藩王

惟公輝聯帝里,遒暎蕃隅。作鎮彰懷遠之謀,□□□□□□□。□□□□□□□□□□□
□□□。既崇盤石之榮,復軫嗜闍之念。

### 十七、瀚海及迴紇等都督

□□□□□□□□□□□□營,早定玉關之寇。故得鑿門授鉞,將軍騰天上之聲;撫劍長
城,鼓角震地中之響。所以龍光京邸,受寄荒陬,歸鹿苑而延襟;望烽臺而跼影。功德如上。唯
願齊松柏之茂,同蘭桂之芳;爐薰不死之香,□□□□□□。□□□□□林,璨珠玉而成岳。

### 十八、□□

□□□□□□□□□□□□□割之利,所以臨邊是使,慰八狄□□□□□□□□□□□
傾以燒當冒頓構逆憑凌,賄賂相□□□□□□□□□□□□□□逐北龍堆之北,遂
得斬其梟帥,虜□□□□□□□□□□□□□□千里;禦冠三邊,橫行五嶺之限。稅駕
□□□□□□□□□□□□□。

（中缺）

---

① "隅受職第四",據目錄內容補。

## 十九、[患文]①

□□□□□□□□□□□□□□□□□□□□□□□□□□□□,火木變其寒暑,近日
遄風□□□□□□□□□□□□□□。□□□□□□□□□□□□□□□。□□□□□□□□
□□□□□□□□□。

## 二十、[願文]②

竊以玉毫騰相,排萬□□□□□;□□□□,□□□□之□□。□□□□,□□□□□□□;
□□□□,導昏城之惑侶。權機妙用,名言不測[也]!□□□□□□□□□□□□□於綿生,
植深因於往劫。真域是□□□□□□□□□□□□□□□故於此日,奉屈三尊。

## 二十一、[優婆夷]③

[清信優婆夷柔明植心]④,[婉順]成德。映張箴而緝禮,軼班史而流訓。加以虔心妙覺,
展志玄門,仰因某緣,廣修[珍供]。

(中缺)

## 二十二、[造燈輪]⑤

□□□□□□□□□□□。□□□□□相連,桂棟聳於雲間。□□□□□□□□□□□□□
□□□□□。[龍燭曜]其丹暉⑥;與滿月而齊朗。空中煥爛,[上通有頂之天]⑦;□□□□□□
□□□□□□□□。

## 二十三、[造像]⑧

□□□□□□□□□□□。頃緣某事,潛發誠衷,敬造某像。□□□□□□□□□□□月之
容。瞻仰者,惑障雲消;頂禮者,□□□□。□□□□□□□□□□□□。

---

① "患文",據文義補。
② "願文",據文義補。
③ "優婆夷",據文義及斯一八二三號背之《優婆夷》補。
④ "清信優婆夷柔明植心",據斯一八二三號背之《優婆夷》補。
⑤ "造燈輪",據文義及斯三三五四號＋伯二七六七號背之《燃燈嘆》補。其全文爲:"乃於新年啓正之日,初春上月之辰。爰施九仞之輪,當於寶塔之側。其燈乃美梁輝構,嵯峨與星漢相連;桂棟橫開,雄偉共煙葭競遠。明燈吐其朱焰,將麗日而爭明;龍燭曜其丹暉,與滿月而齊朗。空中煥爛,上通有頂之天;虛裹玲瓏,下照阿鼻之獄。"即目錄中的"造燈輪"。
⑥ "龍燭曜",據伯二七六七號背之《燃燈嘆》補。
⑦ "上通有頂之天",據伯二七六七號背之《燃燈嘆》補。
⑧ "造像",據文義補,即目錄中的《造像》。

## 二十四、[造經]①

□□□□□□□□□□□□□□□□□□□某緣,憑心起源,敬寫某經。若□□□□□□□□□□□□□□□,半滿之幽言咸具。鷲峰雞嶺之秘密,猿池鷺沼之甚深。檀字蓮書,香牋寶軸,足使頂戴受持。佛師[佛母]之深功②,書寫弘宣,法雨法雲之潤益。爰於此日,廣以清齋。

## 二十五、[開講]③

若夫業浪滔滔,憑六舟而遐濟;昏□□□,□□□□綿聯。由是皇覺應期,爰疎正術;法王啓導,□□□□□□□□□□□□□□□□□□□。

## 二十六、社邑

然今社邑諸宿老等寔是五陵豪[族]④,[六郡名家]⑤。[或代襲]簪纓⑥,或里稱冠[蓋]⑦;或[三明]表異⑧,或八俊標奇;知芥城之易空,悟藤井[之難久]⑨;[共崇是福]⑩,[各契]深誠⑪。

## 二十七、課邑

惟某並家傳杞梓,代襲冠纓。丈夫云:居少長[之中尊],處鄉閭之重望。女婦云:節[儉貞柔],溫仁善教⑫慕善如不及,遠[惡]如探湯⑬。結彼岸之良緣,羿菩提之勝侶。於是共敦誠[意]⑭,各罄珍財,冀彌勒於道初,供釋迦於季運。功德如上。

惟某等並是別宗昆季,追朋十室之間;異族弟兄,託交四海之內。可謂邦家令望,鄉黨楷模。麗水無可棄之珍,荊山有見知之寶。爾復信根成就,惠業燻(薰)修。怖三惡之長悲,愍四生之多苦。所以家家發菩提之意,各各起壇戒之心。共結勝因,僉崇妙善。功德如上。

---

① "造經",據文義補,即目錄中的《造經》。
② "佛母",據伯三五四一號之《抄經》補。
③ "開講",此節"疏正術""啓導",爲"開講"的號頭,故此補作"開講",即目錄中的"開講"。
④ "族",據伯二七六七號背之《社邑》補。
⑤ "六郡名家",據伯二七六七號背之《社邑》補。
⑥ "或代襲",據伯二七六七號背之《社邑》補。
⑦ "蓋",據伯二七六七號背之《社邑》補。
⑧ "三明",據伯二七六七號背之《社邑》補。
⑨ "之難久",據伯二七六七號背之《社邑》補。
⑩ "共崇是福",據伯二七六七號背之《社邑》補。
⑪ "各契",據伯二七六七號背之《社邑》補。
⑫ "之中尊""儉貞柔",據伯二七六七號背之《課邑》補。
⑬ "惡",據伯二七六七號背之《課邑》補。
⑭ "意",據伯二七六七號背之《課邑》補。

唯願善根永茂,方成佛樹之榮;惠命逾長,更振金剛之固。法財日富,給孤之寶盈家;天服時嚴,提伽之繒滿庫。神龍助護,贊美空中。凡聖咨嗟,宣功[冥路]①;[尊長新宿]②,萬壽無疆。妻室子孫,千秋永茂。

(中缺)

### 二十八、[関字]③

□□□□□□□□□□□□□□□,□擢猶賢。於是相命分朋,共爲博弈。聊申賭當,譬如手談。且圍篹敲碁,若□□□□□蜀;雙六打子,如李陵之在北蕃。遂使勝負雲殊,輸贏懸異。强者希承禪悦,弱者迴施檀襯。同啓誠心,敬崇清供。

### 二十九、藏鈎

惟某以獻歲芳年,早春閑夜。藏鈎戲謔,秉燭歡遊。故能薄賽少多,迴充功德。共珍齋功,以賀新正。

### 三十、獸暴蝗食苗

傾以螟螣傷苗,狼蟲害物。封狶斷於伊堯之代,暴獸興害於郊境之中。所以共設名齋,咸誠發願。望浹珠還之福,冀崇虎去之歡。

### 三十一、疫病

頃以[大遊]濁氣④,時多瘴癘之災。廣運蒸氛,便興疾疫之害。所以少長懼而敷妙饌,闔城肅而列香筵。冀痾瘵而絶寰中,屏魑魅而騰海外。

### 三十二、三長月

惟施主冀百齡而無恙,終四序而康寧。五形不虧,三長靡輟。

### 三十三、正月

故以太皥君臨之始,勾芒蒞政之初。香捻金爐,供陳瑤席。

---

① "冥路",據伯二七六七號背之《課邑》補。
② "尊長親宿",據伯二七六七號背之《課邑》補。
③ "関字",據內容、目録標題及伯二九四七號補。王三慶釋作《閦字》,黃征釋作《闢字》,趙鑫曄校作《鬬字》。
④ "大遊",據斯五八三七號之《疫病》補。

## 三十四、元日

惟某冀形隨景媚,齒逐年新。宅宇禎祥,尊卑保豫。故以居諸會臨之始,陰陽曆選[之]初;懸羊助氣之辰,吞雞練形之日。瑩堂宇,陳綺筵。□□□□□□□□□。獻歲元辰,蕩煩籠於故月。□□□□,建法會於新年。

當今吞雞練形之日,懸羊助氣之辰,拂華宇而列綺筵,燻寶香而陳清供。功德如上。唯願永逢元日,恒保上春;壽等松筠,富深江海;忠臣孝子,震響青蒲;婦德女儀,揚暉素篆;綠珠黃髮,左右磨[肩]①;[紺]馬青牛②,欄牢蹀足;隨珠趙璧,鎮滿階庭;綺服羅襦,常盈篋筍。

## 三十五、五月

故於景臨鶉首,律中蕤賓。擬天廚,參海岸。

## 三十六、九月

每至九秋氣爽,[千里月華]③;滌蕩七支,燻(薰)修十善。功德如上。

總結云:唯[願諸佛益長齡之]④算,龍天贈不死之符。盛德將山嶽而齊高,英名與煙霞而共遠。兒郎昆季,[節槩松筠]⑤,[姊妹夫娘]⑥,妍華桃李。妍華桃李。寶衣天降,明珍嶽浮。釜積虹金,倉盈𪇛粟。

## 三十七、諸齋月

[惟某體]安以嶽德⑦,扇以玄風。馨五家之資,樹三賢之福。

## 三十八、二月八日

每至景華東閣,氣淑西園。叡后薦珪之辰,聖主踰城之日。思法王之令德,蓰天駕於城隅。輕蓋將鮮雲[共飛]⑧,[雕幡與]長虹俱拖⑨。散寶花而翳景,奏韶管而聞天。香烕金爐,饌芳華蕈。

---

① "肩",據伯三七七二號之《元日》補。
② "紺",據伯三七七二號之《元日》補。
③ "千里月華",據伯三七七二號之《九月》補。
④ "願諸佛益長齡之",據伯三五四一號之《九月》補。
⑤ "節槩松筠",據伯三五四一號之《九月》補。
⑥ "姊妹夫娘",據伯三五四一號之《九月》補。
⑦ "惟某體",據伯三七七二號之《諸齋月》補。
⑧ "共飛",據伯三七七二號之《二月八日》補。
⑨ "雕幡與",據伯三七七二號之《二月八日》補。

### 三十九、[正月半]①

[故於鄴主]登高之日②，吳王射雉之辰。爐炳寶香，廚營珍味。

### 四十、二月半

（中缺）

### 四十一、[太后]③

[惟太后幽]閑淑順④，關睢之德自天；躬儉節用，葛藟之功成性。遽有絹衣之夢，奄同薤露之晞。

### 四十二、皇后

惟后志幽閑而守儉約，同父母之連輝。愛純素而嫉浮華，謹明德之交暎。奄有繡衣之夢，羽化陵雲。

### 四十三、皇太子

惟太子嗣明離之位，處望歸之尊。修身則日九退思，行孝則朝三問豎。奄辭上菀，駕鶴天衢。日躋不留，於臨某日。

### 四十四、妃

惟某妃泉石方其雅操，康（唐）棣譬其光華。皎秋月之臨鏡川，麗春叢之暎霞閣。何圖高岸爲谷，霜摧上菀之蘭；滄海成田，風落小山之桂。

### 四十五、王

仰惟某王日角月[維]⑤，龍顏鳳姿。照天鏡而服天衣，修五常而尊五美。禮賢待士，齊竟陵之抗談；恭儉溫仁，等河間之比議。誰謂神香失効，靈草無徵。山頹蔽日之峰，樹偃干雲之木。
惟願佛[衣淨]國⑥，總駕天衢。冠慧日而蔭法雲，撥籠樊而歸常樂。

---

① "正月半"，據伯三七七二號之《正月半》補。
② "故於鄴主"，據伯三七七二號之《正月半》補。
③ "太后"，據伯七七二號之《太后》補。
④ "惟太后幽"，據伯三七七二號之《太后》補。
⑤ "維"，據伯三七七二號之《王》補。
⑥ "衣淨"，據伯三七七二號之《王》補。

惟願某妃安重珪璋之望，逾輝唐棣之華。六行克顯，[五福]冥助①。

惟願拂衣淨國，總駕天衢。冠慧日而蔭法雲，撥籠樊而歸常樂。唯願某妃更重珪璋之望，逾妍唐棣之華。六行克彰，五福冥助。

惟願某王息等崇寵邁於劉陸，重位抗於元超。爲舟巨川，作鎮廊廡云云。

# 文官

## 四十六、都督

伏惟公雲[間]聳[翮]②，文先二陸之詞；塞外騰聲，武瞻三雄之勇。宜其[享延]多慶③，永固遐齡。不謂景迫春山，奄歸窀穸。孝等攀號[貫髓]④，[擗拥]摧心⑤。泣[草露]之難常⑥，悲風樹之不靜。居諸易往，某日俄臨。於是振華宇而列綺筵，燻寶香以陳清供。

惟公降山嶽之淑靈，含日月之精氣。褰褰虯舉，弈弈駿奔。膺八命而闡藩條，冠五列而開家業。不悟四流業謝，十地因圓。朝露不停，夕電俄傾。

## 四十七、刺史

惟刺史建旟分竹，望境垂風；恩惠所覃，民歌來詠。寔宜久留恩惠，龜鏡仁倫，誰謂[雲電不居]⑦，[風燭俄頃]⑧。

## 四十八、長史司馬

惟公職居榮顯，光贊六條；位望清華，毗助千里。馳[聲芳於]鳳闕⑨，暉名譽於帝京。長迪順理之風，永奉佐時之化。宜其享延多慶，永固遐齡。不謂逝水難留，驚飆易往，俄辭白日，忽奄黃泉。

## 四十九、判司等

惟公等慶襲台庭，祥標鼎族，溢三明之雅量，寵八俊之英聲。既而毗政之道[克融]⑩，[翼

---

① “五福”，據伯三七七二號之《王》補。
② “間”“翮”，據伯三七七二號之《都督》補。
③ “宜其”，據伯三七七二號之《都督》補。
④ “貫髓”，據伯三七七二號之《都督》補。
⑤ “擗拥”，據伯三七七二號之《都督》補。
⑥ “草露”，據伯三七七二號之《都督》補。
⑦ “雲電不居”，據伯三七七二號背之《刺使》補。
⑧ “風燭俄頃”，據伯三七七二號背之《刺使》補。
⑨ “聲芳於”，據伯三七七二號背之《長使司馬》補。
⑩ “克融”，據伯三七七二號背之《判司等》補。

化之風彌劭]①。

## 五十、縣令

惟公器[宇]淹曠②，風神秀逸。雅操絶倫，清暉獨[映]③。[温温撫字]，[湛春露於蕭]蘭④；虔[虔奉職]⑤，頃秋露於葵藿。

## 五十一、縣丞尉主簿

（中缺）

## 五十二、[亡妣]⑥

（前缺）

風不停，子欲養而親不待。惟某亡妣柔範居懷，風姿婉淑。四德逾茂，六行聿修。宜其永固遐齡，享延多慶。誰謂藏舟易往，脆影難留；風燭一朝，光馳千日。至孝等孝誠淺來，至感無徵。禍酷上延，慈顔永背。涕霑寒柏，歔欷之痛逾深；哭慟霜筠，哽咽之悲何極。四時遷序，禮約三年。撫終制以崩心，泣痛喪而貫髓。總帳將卷，茅苫永焚。奉屈緇徒，届兹私第。追崇勝福，冀儜迷襟。式薦良因，冥祈至祉。

# 畫像、燃燈、放生

## 五十三、像

像迺金容挺照，月面圓明，如從忉利之天，似起菩提之座。將疑説法，未開丹果之脣；狀欲經行，猶峙蓮花之步。

## 五十四、燈

燈迺香油鏡水，高樹侵雲，花映七輪，光暉八達。

---

① "翼化之風彌劭"，據伯三七七二號背之《判司等》補。
② "宇"，據伯三七七二號背之《縣令》補。
③ "映"，據伯三七七二號背之《縣令》補。
④ "湛春露於蕭"，據伯三七七二號背之《縣令》補。
⑤ "虔奉職"，據伯三七七二號背之《縣令》補。
⑥ "亡妣"，據文義補。

### 五十五、放生

放生迺免陳平之[執秤]①,[息朱亥之操刀],[方隨]長者之車,不入胡兒之騎。

又：飛禽之類,刷繡羽於花林,水陸之[儔],[濯錦鱗於翠沼]。[以斯勝祉],用薦幽魂,面月光臨。即申奉慶,庶使萬德奇相;俯導魂區,千日威光,[退清識路];[長揮毒箭],永出煩林。聞葉教而登仙,坐花臺而證忍。又持此福,莊嚴夫人貴體：福裕彌昌,祥靈[自遠]。[昭擇隣之美訓],緝閫扇之芳規。流媛則於中闈,掩柔風於懿戚。

至孝等高搴愛網,不踐[迷方]②,三障煙晞,二嚴雲被。門風克劭,家緒再昌。棟梁柱石之林,蟬聯繼踵;白鳳雕龍之秀,烏弈[駢]輝。上願七耀無衍,三才有度;普該心識,廣被幽明。共出苦源,齊登佛道。

至孝等竭誠無感,荒酷忽鍾。循步蘭陔,以隔瞻顔之奉;舉思松帳,每知泣血之誠。日逾往而逾悲,年益深而益慕。懷恩罔極,禮制有期;茅苫永焚,總帳將卷。敬追[崇福]③,[冀停迷心]。[憑有]作之良因,契無爲之勝果。罄諸珍貨,敬造尊答。考妣通用者,歡德即次云。不謂柯條[代謝],[歲月環周]。[風燭]一朝,光馳千日。諸親長男女等通用者,歡德即次。不謂陰陽驟改,氣序環周;風燭一朝,[光流千日]。[至孝等懷恩罔極],痛結終身;禮制有期,去凶就吉。

### 五十六、在道燒香

仰惟亡考風雅清沃,器宇淹和;亡妣母儀令淑,女德信貞。④[何圖人代不留],[長歸大夜]。[素車總帳],[向松路以低]昂,哭響悲風,趣泉門而[而哽咽]。[孝等思念無已],[寄捻寶香云云。月節、親別,按敘德取用]。[長謂□□□□],[不悟景侵西岫],[水闊東川]。[雲雷來居],[風燭俄屆]。

### 五十七、[臨壙追福]⑤

蓋聞無餘涅槃,金[棺永謝];[有爲生死],[火宅恒然]。[但世界無常],[光陰遷變]。[故]有二時運轉,四相奔流,明闇[交遷],[晨]昏[遞謝]。[電光飛而暫曜],[驚風燭以摧明];[似上苑之花]凋,等祇園之葉落。然今亡者[壽盡今生],[形隨物化]。[捨兹白日],[奄就黄泉]。[體逐時移],[魂沉土]壤。孝等攀號擗踊,五[內分崩],[戀慕慈顔]。[痛摧心髓],[於是龍輴軒駕],[送靈識於]荒郊;素蓋分行(飛空),列[凶]儀於[亘道]。[存亡永隔],[追念碎身];[悲叫號咷],[哀聲滿路]。[故筮兆地]以安墳,擇吉祥而置墓。[謹延清衆],

---

① "執秤",此處及此篇後文皆據伯三七七二號背之《放生》補。
② "迷方",此處及此篇後文皆據伯三七七二號背之《放生》補。
③ "崇福",此處及此篇後文據伯二九九一號背之《三周畢供文》補。
④ "亡考風雅清沃,器宇淹和;亡妣母儀令淑,女德信貞",此處及此篇後文據伯二九九一號背之《在道焚香》補。
⑤ "臨壙追福",標題及正文皆據伯二九九一號背之《臨壙追福》補。

［就此荒郊］，［奉爲亡靈臨壙追福］。仰惟亡<sup>考風神俊穎，儀宇肅清。</sup>[何圖代逐風塵]，[魂歸北壟]。<br>
<sup>妣娍體崇蘭，志鮮凝露。</sup>
［孝等望山門而擗踊］，［俯泉路而號咷］。［揚推梵冀導幽靈］，［燻寶香薦陪冥駕］。［願使<br>
云云。］

（中缺）

## 五十八、［亡兄］<sup>①</sup>

［宜其克］遵萬始，永茂三荆。在原之德未崇，陟崗之望俄軫。愴［連枝而殞絶］，［咽同氣<br>
而摧心］；晷刻不停，奄經某日。由是廣崇［福］利，奉冀資燻（薰）。

## 五十九、弟亡

［惟亡弟兢淳毓性］<sup>②</sup>，［敬］愛昭誠；推梨表謙退之能，讓棗結敦和之性。猗猗棣萼，吐四<br>
照而［連跗］；［靡靡蘭］英，滋九畹而攢秀。不謂蠐貽毀貫，雁影虧行，痛結深衷，悲添望［緒］。<br>
［敬於某日］，式罄珍資，奉供三尊，福津九壤。

## 六十、兄弟通用

逸氣與雲霞俱上，［雅志將泉石共貞］<sup>③</sup>。［孝悌標懷橘］之年<sup>④</sup>，英靈對桃李之歲。何期松<br>
門之念，恨花萼而何依，棠樹之悲，痛連枝而莫返<sup>云云</sup>。

惟亡兄寔迺清襟迥［徹］<sup>⑤</sup>，志識温和；邁姜氏之傳衣，踰卜生之讓宅。宜其克［遵］萬始，<br>
永茂三荆；在原之德未崇，陟崗之望俄軫。愴連枝而殞絶，咽同氣而摧心；晷刻不留，奄經某<br>
日。由是廣崇福利，奉冀資燻（薰）［云云］。

## 六十一、弟［亡］<sup>⑥</sup>

惟亡弟兢淳毓性，敬愛昭誠；推梨表謙讓之能，讓棗結敦和之性。猗猗棣萼，吐四昭而連<br>
跗。［何期松門之念］，［恨花］萼而何依，棠樹之悲，痛連枝而莫返<sup>云云</sup>。

## 六十二、官庶等妻亡

［惟某夫人行日馳芳］<sup>⑦</sup>，［六行之］風彌扇；笄年表譽，四德之善夙彰。野陳賓敬之容，冀

---

① "亡兄"，標題及此篇正文皆據伯二九九一號之《亡兄》補。<br>
② "惟亡弟兢淳毓性"，此處及本篇後文皆據此卷下篇與伯二九九一號之《亡弟》補。<br>
③ "雅志將泉石共貞"，據伯二九九一號之《兄弟通用》補。<br>
④ "孝悌標懷橘"，據伯二九九一號之《兄弟通用》補。<br>
⑤ "徹"，據伯三一一四號背之《亡兄》補。<br>
⑥ "亡"，據此卷上篇《弟亡》補。<br>
⑦ "惟某夫人行日馳芳"，此處及後文皆據伯二九九一號之《官庶等妻亡》補。

無異妻之偶;家[峻母儀之節],[有符班女之規]。庶使仙嶺行雲,共靈山而並固;雕梁落景,將旭日以長懸。[豈期積善無徵],[親仁遂爽]。[既亡魂]於負壑,終滅性於藏山。雙鸞對棲,泣單鏡之孤碎;二[龍相護],[悲隻劍之先沉]。[以白鷺騰波],[嗟]逝川之易遠,丹烏落日,傷愛景之難留。但以漏刻[相催],[某日俄及]。

### 六十三、[老長]①

[惟某氏謹而知禮],[不謝鮑蘇之妻];[樂]道安貧,豈裕梁鴻之婦。有著採蘋[之禮],[無虧祭服之功]。[穆穆母儀],[詳詳婦德]。[而梅三實],[遽落九泉]。痛結髮之長乖,悲金蘭之永絕。云云。

### 六十四、[少長]②

[惟某氏貞明婦德],[披雲霞而開月鏡];[婉麗女儀],[間叢薄而舒花]錦。既而金蘭始契,[偕老未期]。(後缺)

(中缺)

### 六十五、[亡新婦]③

[窈窕如風曳河陽之柳],[郁穆若香飛上苑之葉];[暎翠蔓而霧裏蓮生],[對明臺而鏡前花發]。[貞操立性],[孝敬自天]。[何圖奄曆泉心],[俄經某七]。[又乃妍華桃李],[令問珪璋],[有播女功],[無愆婦德]。[亡道何促],[霜露先]侵,魂飛九泉,形[銷萬古]。[憶忠貞之孝]行,喜溫常均;念恭敬之清心,晨昏匪[懈]。[故於是日],[設齋追福]。

惟想金蘭之義重,念結髮之情深。故於此時,□□□□。□□□□,□□□□。

### 六十六、[亡男]④

□□□□□□,□□□□。□□□□,□唯報國,志在夷除。揚戈月穹之西,舞劍天衢之北。不謂形□□□□□□□□□□□□□□□分而塗地,所以嘉其義勇,痛彼云亡。共爲持香,齊誠設□□□□□□□□□□□□□□□□凤厠軍營,差以毫釐,遂乖千里。良謂官非父母,曾無□□□□□□□□□□□□□所以命隨朝露,奄及花臺。既爽生前之心,方祈死後之福。於是投□□□,□□□□□□□□□□□□□□□□□。□□□岱之魂,即往菩提之路。

---

① "老長",標題及此篇正文皆據伯二九九一號之《老長》補。
② "老長",標題及此篇正文皆據伯二九九一號之《少長》補。
③ "亡新婦",標題及此篇正文皆俄敦二八三二號＋俄敦二八四〇號＋俄敦三〇六六號之《亡新婦》補。
④ "亡男",據文義補。

# 禽獸等亡

## 六十七、馬死

不謂浮雲滅影，吳門無曳練之徵；流水停車，魏苑絕尋香之智。既而代勞已遠，便生念惜之情，愴悼唯深，遂發檀那之願。

## 六十八、牛死

以田單之下，長無熱尾之勞；何敬家中，永絕爭橋之用。故以農功雖畢，肇牽之路闕如；物化已彰，河漢之涯沉影。所以設齋軫悼，願托人形；功德備修，轉生天道。

## 六十九、鸚鵡赤觜鴝死

以能言之鸚鳥，順育多年。身被尚黑翠綠之衣，口瑩含丹之色情總三才辭，忽從凋殞，識譏之慧遂沉；感動人慈，念惜之心便起。所以設齋茲日，發願今辰。希生［人天］之中①，永離飛禽人間之弋。

## 七十、僧尼亡

竊以龍宮現生，表無生於實［相］；鶴林示滅，標不滅之真儀。是知無去無來，始證三明之境；非色非想（相），方開七覺之門。引權實以成因，啓津梁而利物，卷舒叵測，顯晦難量者哉！惟法師亡靈乃體龍象之神［德］②，［狀師子之威容］③。巍巍負山嶽之姿，浩浩蘊江河之量。至於貫花玉牒，融妙旨於一音；綴葉［金章］，［暢幽宗於四句］；［昇法座則霞］開霧卷，擬談柄則雨散煙飛。涌詞浪於言泉，控［玄源於口海］。［衢罇獨滿］，［希瀉器之］無遺。慧炬孤明，冀傳燈之不絕。豈謂朝波閱水，［淪法棹於四流］。［夜壑藏舟］，［溺仁航］於五濁，故［使］十方哀結，懼景落而行迷；四眾悲號，［痛梁摧而凶極］。

## 七十一、［律師亡］④

［惟律師］應生五濁⑤，跡紹四依；行月澄明，戒珠圓淨。律儀之規［夙著］，［道品之奧素殷］。［守禁而積勝因］，［精修而□□□］。［至於四分］十誦，猶涉海而護浮囊；七聚［五篇］，［才救頭而防猛炎］。［以爲大毗尼□］，［□□□而俱珍］；［尸波羅蜜］，［登寶橋而］普濟。可

---

① "人天"，據文義補。
② "德"，據伯三五〇三號《庚午年十二月六日閻願深書亡僧文》補。
③ "狀師子之威容"，據伯三五〇三號《庚午年十二月六日閻願深書亡僧文》補。
④ "律師亡"，據文義補。
⑤ "惟律師"，據伯三五四一號之《律師》補。

謂嗣徽[迦葉],[作智水之□□];[踵武波羅],[擅靈文之玉檢]。

（中缺）

## 七十二、[僧亡]①

（前缺）

[法師]云②：承龍樹之盛躅,繼馬鳴之紀綱。禪師云定極九門,禪超八地。律師云：祖釋迦之高蹤,嗣波羅之玄軌。經師云：□□□□□,□□□□□。[入青蓮室]則四静俱修③,昇解脱門則三乘并演。理應久留至德,慈訓人天,不謂時運不停,已盡某日。

## 七十三、[尼法師]④

惟某尼法師端莊令淑,雅操清貞。禪枝擢穎而貫靈,慧炬揚輝而皎日。晉道磬而[韻]轍⑤,齊妙智而抗徒。足貴織成之衣,堪贈前花之約。

## 七十四、尼律師

矯節貞潔,儀範肅清。[誠]法宇之大梁⑥,抑桑[門]之重鎮⑦。練五篇之幽蹟,窮七聚之[至]微⑧。量轍比其威猷,道俗方其[雅操]⑨。

## 七十五、尼律師

儀宇婉麗,神器肅清。戒香氛氲,禪池皎潔。若迺常遊八定,超僧果之連鑣;沈坐三朝,與法相而齊駕。以前尼法師上下,取尼寺主文中"不謂"以下語從之。惟某尼寺主凤標雅素,早著妍華。碧水將禪池共清,丹桂與戒香連馥。飛聲流俗,擅德桑門。[德]賢止所威嚴⑩,智勝而方清正。詎謂拂塵高蹈,濯累清昇。坐玉宇而歸真,登金山而長往。

## 七十六、僧尼弟子亡

惟某僧弟子青襟孝性,童子仁心。學表驅烏之年,名彰救蟻之歲。穆穆儀宇,洋洋道風。

---

① "僧尼亡",據文義補。
② "法師",據文義補。
③ "入青蓮室",據文義及"既入青蓮之室"句例補。
④ "尼法師",據文義補。
⑤ "韻",據文義補。
⑥ "誠",據文義補。
⑦ "門",據文義補。
⑧ "至",據文義及殘筆畫補。
⑨ "雅操",據文義補。
⑩ "德",據文義補。

乃崐山之瓊峰,爲檀林之嘉穎。

惟某尼弟子屬琴之歲,英靈共秋月同明;賦雪之年,道牙與春萌[競茂]①。法宇之露,方雅操而未清;河源之桃,比光儀而匪麗。僧不用此語。次總云:庶傳燈於末代,冀和道於[見知]②。年齡幾何,泉門先及。念其侍省,依稀目前;想以形容,蕭然松路。悲夫! 苗而未秀,天何喪焉!

## 七十七、[道士]③

惟某師德邁青谿,道超紫府。玄壇真法,九轉爲益。□□□□□□□□□□□□□□與山岳而俱存;命等陰陽,共乾坤□□□□□□□□□□□□□□□□忽逐西頹之間,居諸遞運,某日俄臨。□□□□□□□□□□□□□□傷鶴林之痛,故於今日云云。

## 七十八、[軍使]④

(前缺)

[於是我大師薄伽梵承列聖]之寶,捨金輪之尊,七花捧步以[標奇],[九川徵龍而現異],[梵天稽]首,波旬伏膺。萬類汩心而轉靈,百波盪溟而非[助]。[其道也],[身混]群有;其智也,心包大空;投誠者所謂越迷津、超苦輪。[導以黔庶],福乎天人。巍巍乎! 蕩蕩乎! 我世雄德山孤峻者矣。云云。

稟中和之氣,育大道之靈。公侯子孫,軒冕華烈。天子欽皽[犖]之將,朝端重穿札之材。公騏驥騰[驤],鴻鳴響徹。北辭宸禁[之]衛,西鎮穹廬之邊。玉潔[冰清],[括囊成美],故我國家授之以天爵,錫之以金章。勤[王大漠]之川,勒石燕然之地,頃以戈[鋋]務陳,天[海]塵清。愍士卒以[災危],[崇檀施四濟拔],[於是敞翠]幕,開月營,海香郁毓以雲飛,虹[幡窈窕而電曳]。(後缺)

---

① "競茂",據斯二七一七號背之"共春萌而競茂"句例補。
② "見知",據"傳燈不倦,開後學之見知"句例補。
③ "道士",據文義及殘筆畫補。
④ "軍使",標題及此篇正文皆據伯三五三五號之《軍使》補。

# 伯二五八七號《齋儀節抄》

此件首尾俱全,節抄齋儀段落六則,篇目不成系統,故此擬名此件爲《齋儀節抄》。

## 一、難月

斯乃身纏五障,縱蕩六塵。今既月臨,分舛命若經危,杖(仗)衆生以延齡,祺(祈)萬靈而垂護。

## 二、[歎]德①

公乃宿殖良因,生資惠解;門崇十善,信受一乘;三寶爲可仰之資,六度爲可崇之行。清心奉佛,虔仰真宗。

## 三、賀雨

頃以甘澤初霽,綵雲尚繁。碧山洗拂以逾青,林院盪滌而增閏。以資之福,廣利三堅。

## 四、莊嚴

願佛御鷹連行,佳蟬接位。五侯七寶,羅紫綬於家庭;萬子千孫,擁朱軒於朝野。

## 五、滿月文

夫法王應世,聖子歸門;沐浴九龍,蓮華捧足。但能求願,即感智慧之男;發願歸依,便生有相之婦。然今坐前齋主故能捧花奉佛,敬信精誠,三寶弘恩,蒙生貴子,遂得諸天童子,影現閨中;空裏遊仙,忽然而至。所生父母,慶賀弘恩,滿月設齋,弘揚大壽。

## 六、行迴

積年爲國,奉使從征;討擊兇奴,剪除夷狄。但以山河阻隔,路遠途遙;雲山萬重,負戈累載;將身對敵,虛面承節。慮恐命謝他方,魂歸異域。於是翹心百聖,冀遙助而加威,敬設清筵,永保休宜。

---

① "歎",據殘筆畫及文義補。

# 伯二六三一號《諸雜齋文》

此件首缺尾全，節抄齋儀和論義文段落，篇目不成系統，屬雜齋文性質，故擬名此件爲《諸雜齋文》。

## 一、[慶經像祈福文]①

[厥今此會者]，[即有齋主公以榮通貴里]，[若列宿而衛北辰]；[任重股肱]，[將鑿空而鎮西域]。[奉爲東軍國相令公崇資福祐之所施設]。[伏惟令公天降英靈]，[地資秀氣]。[股肱王室]，[匡護邦家]，[智及濟川]，[威臨方]岳。憂勞士庶，弘化人倫，四序因而靡塞，八節賴之合律。次則都督公奉爲令公畫像寫經之所施設。其像也，頂開毫相，光顯眉間，足蹈千輪，兇(胸)提萬字。覩者則無明海傑(竭)②，禮者[則]煩惱[山]崩③。其菩薩也，四弘德備，十地功圓；頓超緣覺之乘，此布(次補)如來之座④。其寫經也，貫花妙典，寫貝葉之靈久(文)⑤，漸頓之教必陳，半滿之言咸具。使受持頂戴，佛師佛母之深功，書寫弘宣，法雲法雨之潤益。今既能士(事)克備，勝願咸享。大建檀那，用申迴向。

## 二、[願文]⑥

然以金河路上，飛譯(驛)雲奔⑦；玉塞途中，忽承雷令。就龍興之精舍，啟鹿苑之真容。崇設無遮、廣陳百味者，即有何(河)州節度使某公雖則居高履薄、受貴思恭、恕己奉公、忠勤効上、所爲當朝相國保願公功之嘉會也。伏惟國相公功成調鼎，智及濟川；長承聖主之恩，永處臺階之重。德四門而來方貢，輔政九重；順律呂以理陰陽，百官[總]紀⑧。慶延萬歲，壽應千年。宗子密若荆林，仁德芳如檉樹。次則有何(河)州節度[使]握明條而安兩道，懷機密而謀四方；抹(秣)馬河西，橫行清(青)海。兵雄隴上，守地平涼。教(較)武則劍氣橫開，蒐閒

---

① "慶經像祈福文"，據文義補。此篇所缺失的齋意部分，可由伯二六一三號之同名齋文補齊。不另出注。
② "傑"，當作"竭"，據斯一四四一號背之《歎像》改。
③ "則""山"，據文義及斯一四四一號背之《歎像》改補。
④ "此布"，當作"次補"，據斯一四四一號背之《歎像》改。
⑤ "久"，當作"文"，據伯三五四一號《抄經》改。
⑥ "願文"，據文義補。
⑦ "譯"，當作"驛"，據文義改。
⑧ "總"，據伯二九七四號《患文》補。

（練）則陣雲朝合①。座（坐）籌惟握（幄幄），決勝斯期；戰士成功，金戈永息。於是巍巍寶塔，影滅千殃；赫赫魚燈，福清萬劫；詵詵釋子，振金錫而來儀；濟濟衣冠，慕香飱而入會。是時也［云云］。

## 三、［慶蘭若］②

蓋聞育王致塔，白日分光。須達買園，黃金布地。創天師之寶座，弘大覺之崇基。庭陰（蔭）雙林，池開八水。前賢施効帝主，真心建造功成。檀那稱首，則福流沙劫，曷可詳哉！厥今陶唐古堞，瑞應多奇；塞出流沙，人居善業。官僚沐大臣之庇，百姓承白化之風。永固桑田，長乘（承）世嗣。然覆載之恩既重，舟楫之澤殊深。遍沐［福］祚③，蠋賦斯及。是則巍巍之恩須荅，懇懇之力齊心。二都督唱道（導）於先，三部落使和聲應［後］④。百姓雲集，寮吏同攜，建一所伽藍，興百［般］之役⑤。千梁偃蹇，上桵仙途；數仞降基，傍通李佇；詹（簷）垂天際，榱列橫空；周匝四廓，俳佪五達；負良工之架迴，或斲或彫；盡圖畫之奇能，既丹既曛。東綵藥師之變，妙極他方；西圖淨土之容，信茲極樂。維摩問疾，方丈虛容。素像神儀，光浮赫弈；此旬功畢，大會即時。頂有專使，口傳尚命，虔跪尊前，飛驛遠臨。故表慶讚，是日也，香煙靄合，梵響雷昇。清衆慕臨，讚揚功事。以斯建寺種種善因，先用莊嚴令公：伏惟功成霸業，名垂鄰方；聖主垂恩，四海歸信；菩提妙果，決定昇遊；極樂彌陁，終期授記。莊嚴二都督：惟願名［財］勝福⑥，隨四序而逾增；寵位高班，畢千齡而靡絕。長作釋門［之］信士，進趣菩提；永爲聖主之忠臣，匡輔皇化。又莊嚴：惟願長承帝澤，永固天心；寵祿時新，榮聲遠播。

## 四、［二月八日］⑦

某乙聞法王降達（誕）⑧，爲拯生靈；八相權宜，三身利樂。掩輪［王］之寶位⑨，訪道幽巖；證最後［之］涅槃，誓居深谷。所以逾城夜分，得果初晨（辰）；留像法於人間，使得通於塵劫。自示加維衛國，每習神蹤；淨飯王城，爭享勝業。今者岸柳未坼，邊雲尚寒；出蓮葉而（如）似再現閻浮，飛寶蓋而疑重遊天閣。幡花隘路而前引，梵唄盈空而沸騰；鳴鍾皷而龍吟，［奏］笙歌而鳳儷⑩。群寮並集，緇素咸臻；衆善既備兮無虧，禍畢馳兮掃盡。總

---

① "間"，當作"練"，據伯三七七〇號之《張族慶寺文》改。
② "慶蘭若"，據文義補。
③ "福"，據文義補。
④ "後"，據文義補。
⑤ "般"，據文義補。
⑥ "財"，據伯三二〇九號《讀釋文》補。
⑦ "二月八日文"，據文義補。
⑧ "達"，當作"誕"，據伯三七六五號《二月八日文》改。
⑨ "王"，據伯三七六五號《二月八日文》補。
⑩ "奏"，據伯三七六五號《二月八日文》補。

斯景福,先用莊嚴梵釋四王、龍天八部:伏惟威光怛赫,神力無涯;我大中皇帝聖壽遐長,保安國祖(祚)①。令公臺階益茂,福祿增高;邊外節寮,咸居禄位。上使榮班日漸,寵位時增。隨善官吏,共納休吉。即風雨弱,稼穡[豐]登②。五兵戢,萬國通,莫不並出稠林,咸登覺路。

## 五、[行城文]③

某乙聞我法王之利見也,大矣哉!故降神兜率,現影王城,觀妙色有若於瘡癰,猒寶位乃逾於宮闕,抑四魔而登正[覺]④,居三界而獨稱尊。神化難量,叵能談也。今者春陽令月,地拆萌芽,鳥向(嚮)含春,風搖翠柳。於是豁開奈菀,同(洞)啓連(蓮)宮;金相煥爛於四衢,銀毫暉舒於八極。隱隱振振,如從刀利之天;巍巍俄俄,似起菩提之座。尊卑務(霧)集,執蓋持花。大小雲奔,爭陳法曲。廣能仁之化跡,冀珍千祅;揚大聖之辭榮,悕臻萬福。所冀四王護世,八部冥加。欃槍掃於天門,疫癘藏於地户;慶雲布野,喜色凝空;倒載干戈,修文偃武。總斯功德,迴奉龍天八部、護世四王。帝主天階益岐,寶歷(曆)恒昌;心同諸佛之心,壽比金剛等固;朝庭卿相,助理和平;邊外節寮,塵清塞表。

## 六、[春時]⑤

春風創扇,寒起(氣)抽威。殘雪尚滿[於]郊原,春冰欲嘆於池沼。
新歲初揚,玖陰凝序。北堂影臨於春色,南庭上司於冬威。
上元獻歲,玉律移春;瑞色浮雲,韶光匝野。
韶揚葉媚,滌紺殿以流暉;新烏初飛,遶禪林而弄羽。
韶風扇揚,春景臨人;對揚草而剖花,背陰林而吐葉。
風兼暖氣,香沉朱梅之煙;花柳驚春,林變祇園之色。
金揚垂柳,葉散千條;南庭新枝,花開五色。

## 七、[夏時]⑥

沖(仲)吕庭幽未暑⑦,猶乃殘春;花耀日光,葉垂□□。

---

① "祖",當作"祚",據文義改。
② "豐",據文義補。
③ "行城文",據文義補。
④ "覺",據伯二八五四號《二月八日文》補。
⑤ "春時",據文義補。
⑥ "夏時",據文義補。
⑦ "沖",當作"仲",據文義改。

　　[炎陽御節]①,[朱景采時]②。炎氣騰空,火雲正扇;鑠金之景,[隔翠幕以臨人]③;[餉石之]光④,透微雲而赫物。

## 八、[秋時]⑤

上秋　金晨由□,□□□□。□□□□,□□□□。□□林之路,散瑠璃之地。

金商　火退西流,金風在扇;出塞遐暑,一葉飛空;露白金天,風秋沖序;殘炎尚暑,亭(停)於於(餘)威。

無射　重揚(陽)内火,序囑(屬)高秋。霜風及功德之林,玉露及禪庭之草。

## 九、[冬時]⑥

應鍾　愛景流暉,晨霜已散。寒風不扇於庭樹,暖氣充臨於道場。

黃鍾　寒霜透幕,冷氣侵雲。愛景流暉,照人不暖。

大呂　凝冬列(烈)寒,凄風加冷。瑞雪已降,祥雲未除。玄雲掩藹,郁玉業而臨川;素雪飄飄,散瓊花而遍野。

　　雪洛(落)於天,疑光覆地;輕飄瑞雪,凝柳業(葉)之驚飛;碎玉疎林,似梅花之透落。

## 十、[歲時]⑦

初入三春,新逢十五。燈龕火樹,爭然[九]百(陌)之時⑧;舞席歌筵,[大]啓千金之夜⑨。

時當二月,景在八辰。菩薩猒王宮[之]時,如來逾城之日。欲以都人仕女,執蓋持幡。蹤行白飯之成(城),似訪朱髦之跡。

　　雙[林]入滅之時⑩,法行無常之日。人天號咷,自故(古)興嗟。世界虛空,於今尚痛!

　　和風動物,媚景親人。道樹應律以含芳,法華啓召而開發。

　　韶景凝暉,青揚(陽)拆蘂。兩儀交泰,萬物咸亨。

　　金風響切,寶樹斯彤。寒色漸起於禪庭,合露凝而於奈苑。

　　玄鳥至,鴻鷹[翔]⑪。翠色入於柳枝,紅蘂含於奈苑。

---

① "炎陽御節",據伯三三六二號之《祈雨》補。
② "朱景采時",據伯三三六二號之《祈雨》補。
③ "隔翠幕以臨人",據伯三三六二號之《祈雨》補。
④ "餉石之",據伯三三六二號之《祈雨》補。
⑤ "秋時",據文義補。
⑥ "冬時",據文義補。
⑦ "歲時",據文義補。
⑧ "九",據斯二八三二號之《十五日》補。"百",當作"陌",據斯二八三二號之《十五日》改。
⑨ "大",據斯二八三二號之《十五日》補。
⑩ "林",據斯二八三二號之《二月十五日》補。
⑪ "翔",據此件之《二月八日》補。

花繁鳥集,葉茂鸚喧。炎雲蒸野,暑色侵人。絲竹相參,鐘梵合響。

金風曳響,飄奈菀之疎條,玉露團殊,困禪庭之忍草。

和風動揚,寒表猶威。冰拆禪地,煙含桃色。元(原)田初緑,桃苑纏紅。

## 十一、二月八日

夫能仁善權,務濟群品;凡諸妙事,豈勝言哉！今則沖(仲)春如(二)[月]①,律中夾鍾;暗魂上於[一弦]②,[蓂荚]生於八葉③;後身踰城之月,前佛拔俗之晨(辰);左豁星空,右闢月殿。金容赫弈,猶聚[日]之影寶山④;白毫暉光,若滿月之臨滄海。烏蒭前引,睚眦而張拳,猰㺄後行,奮迅而矯尾。雲舒五彩,雨四花於四衢;樂奏八音,歌九功於八胤。是日也,玄鳥至,鴻鷹翔;翠色入於柳枝,紅藥含於奈菀。物(總)斯繁善,先用上資龍天八部:惟願威光孔熾,神力無壃;擁護生靈,艾(乂)安邦國。大中皇帝聖壽尅昌,淳風永播;金輪與法輪齊轉,佛日將舜日交暉;妖氣肅清,保寧宗社。朝庭將相:伏願鹽梅大鼎,舟楫巨川;禄極萬鍾,位霑八座。榮班日漸,寵袟時遷。冠蓋盈門,弓裘繼業。然[後]九農闢,百谷登,兩國平,萬方泰,干戈戢,弓矢櫜。動植霑恩,傅(溥)天咸化。

## 十二、[僧患文]⑤

夫覺體潛融,絶百非於實相;法身凝湛,圓萬德於真儀。是則金色開容,掩大千之日月;玉毫揚彩,暉百億之乾坤。然而獨拔繁籠,上(尚)現雙[林]之疾(寂)⑥;孤超塵累,猶辭丈室之痾。況乃蠢蠢四生,集火風而爲命;忙忙六趣,積地水以成軀。浮幻影於乾城,保危形於朽宅,詎能刈夷患本,前(剪)拔憂根,盛衰之理未亡,安危之跡斯在。然今捨所珍、祈妙福者,有誰施之? 則有[某]公大德之謂(爲)矣。伏惟法師瑩戒珠而澄八水,總三藏而括五乘;衆生處百勞之輪,菩薩致(治)六府之患。雖業無體,緣之則生;形病是空,嬰之則苦。惟禪師定極九門,禪超八地;閑居僧業,功超四空。是非一如,怨親無二。惟律師應生五濁,迹超(紹)四依⑦;行月澄明,戒珠圓淨。沙彌青襟孝性,童子仁明。學表驅烏,名彰救蟻。尼行凈明珠,戒含秋月;温柔作德,松竹堅心。式叉尼乃柔襟雪暎,淑質霜明;奉凈戒則已於尅半珠;效尸羅乃全精止作。俗人爲人素雅,性重玄風,久植真言,深知妙理。捨施意者,頃自攝養乖方,忽瘦(嬰)疹疾;屢投藥食,未沐瘳除。所恐露命難留,風燈易滅。謹將衣物,投仗三尊;悕儜法

---

① "沖",當作"仲",據文義改。"月",據伯三五六六號之《二月八日逾城文》補。
② "一弦",據伯三五六六號之《二月八日逾城文》補。
③ "蓂芳",據伯三五六六號之《二月八日逾城文》補。
④ "日",據伯三五六六號之《二月八日逾城文》補。
⑤ "僧患文",據文義補。
⑥ "林",據斯五四五三號之《僧患文》補。"疾",當作"寂",據斯五四五三號之《僧患文》改。
⑦ "超",當作"紹",據北大敦一九二號之《律師》改。

財，冀清六府。今者良願既備，勝福咸享，盡用莊嚴患大德律師即體：惟願十方大士，垂悲願而護持；三世如來，賜渥湖（醍醐）之妙藥。身病心病，念念雲佉（祛）；福根惠根，運運增長。亦願諸親眷屬，恒報（保）休宜①；法界有情，用賴斯慶。伏惟我大中皇帝陛下：祚承大業，聖備無壃，克修永固，誕應天命，威加四海，恩使八維，流演一乘，以安萬姓，故得皇儲贊翼，忠諫納於良規，正理明朝，匡弼齊於輔佐。伏惟令公自天蹤德，惟岳降靈；位烈（列）中［樞］②，權臨困（閫）外。欲使三邊再靜，兩國重安。惟折秦帝之籌，亦用蘇君之語。莊嚴：惟願公名由暑，善響聞天。第貴日新，所願皆護。

## 十三、［論義號］③

某乙聞 全（詮）戒者律④，詮定者經，詮惠者論。則知戒爲佛法平也（野）⑤，衆善因之而生；定爲功德聚（叢）林⑥，萬德因之而長；［惠］乃昏衢明鏡⑦，菩提因之而證。是知三學被［時］⑧，如猶鼎之三足⑨，［一不可廢矣］⑩。至若研窮性相、辨析幽微、再到（倒）邪山、重光僧教者，則談論之作，其功大焉！故龍樹欝興，玄風廣扇；提婆再出，法教重明。大矣哉，寔正法之增盛矣！今者某時衣僧大會之前，若不廣立義宗，何表法門之像秘？若不變生微答，何以顯析幽微？故小人交昇論座，自葵（愧）虛薄，戰忤交流，伏願慈悲，少賜無畏。

## 十四、［行城文］⑪

夫至覺騰芳，功用齊致；大雄冥運，動物斯均，王宮孕靈，示有生於千界。踰城［夜］遁⑫，求無上之三身，其誰謂歟？則我大能跡者。今當太族（簇）之律，拆木之辰。合簮轧轧，緇侶蕭蕭，追蹤盛會，像設環城，高播（幡）［輝］雲⑬，靈花匝地，金容赫旳，玉馨和鳴，烏蒭引前，梵王擁後。管弦曄暭，鍾皷鏗鍠。青歌入於九肖（霄），紅塵超於千百（阡陌）⑭。是時也，梅花始笑，喜鵲欲巢。翠柳變於南枝，青冰融於北岸。景福建兮［吉］祥萃⑮，佛日照兮妖氛［清］⑯。

---

① “報”，當作“保”，據文義及“恒保休宜”句例改。
② “樞”，據文義補。
③ “論義號”，據文義補。
④ “全”，當作“詮”，據伯二五四二號背《嘆佛號頭集》、北敦一三六五〇號《嘆佛號頭集》改。
⑤ “也”，當作“野”，據文義改。伯二五四二號背、北敦一三六五〇號《嘆佛號頭集》作“地”。
⑥ “聚”，當作“叢”，據伯二五四二號背《嘆佛號頭集》、北敦一三六五〇號《嘆佛號頭集》改。
⑦ “惠”，據伯二五四二號背《嘆佛號頭集》、北敦一三六五〇號《嘆佛號頭集》補。
⑧ “時”，據伯二五四二號背《嘆佛號頭集》、北敦一三六五〇號《嘆佛號頭集》補。
⑨ “如猶”，原爲“而如猶”，句首“而”字爲衍文。
⑩ “一不可廢也”，據伯二五四二號背《嘆佛號頭集》、北敦一三六五〇號《嘆佛號頭集》補。
⑪ “行城文”，據文義補。
⑫ “夜”，據據伯三七七〇號背之《二月八日》補。
⑬ “播”，當作“幡”，據伯三七七〇號背之《二月八日》改。“輝”，據伯三七七〇號背之《二月八日》補。
⑭ “千百”，當作“阡陌”，據伯三七七〇號背之《二月八日》改。
⑮ “吉”，據伯三七七〇號背之《二月八日》補。
⑯ “清”，據伯三七七〇號背之《二月八日》補。

## 十五、[願]文①

惟公體業清明，風神雅令；學深北海，譽重西河。玉藻雲飛，金聲殷地。不美虛蛇之筆，寧欽倚馬之詞。文高二陸[之]前，識達百家之外；問一知十，顏子之爲人；萬卷五行，應君之立性。惟願棟梁家國，龜鏡人倫；聲聞九天，光流萬里。

## 十六、都督

惟願榮班漸積，福命高遷；恒蔭家庭，鎮（振）光軍國。

## 十七、姒

母儀騰秀，惠聞（問）馳芳；柔範自居，風姿洮（婉）淑；猒榮華而慕道，隱俗修真；繼佽母之勝緣，潛通大道。所冀久留慈訓，育子擇鄰，奄棄一朝，魂消萬古。至孝等想慈顏之日暮，倍益悲辛；思鞠育之恩深，無階答効。謹陳勝願，大建齋延（筵）；邀屈聖凡，用酬厥德。

## 十八、[亡考]②

常聞功成妙智、道登緣覺者，佛也；玄理幽寂、至教精淳者，法也；禁戒守真、威儀出俗者，僧也。故號三寶，爲世[間之]依[足]③，寔六趣之舟檝矣！考[云云]④。豈謂皇天不予，兇禍遄臨，君子道消，大邦喪寶。未騁高衢之駿，俄驚巨夜之悲。若不憑此福門，何以出資（兹）冥路。

## 十九、兄弟

豈謂鴻鷹分行，鶺鴒失羽，悲深手足，痛結星霜。天道不任（仁），欲將何望。爰弘淨業，用薦幽靈；故於此時，建修白業。

## 二十、高僧尼

伏惟願大德利物降生，冠衆<sup>禪英</sup>之首。況乎釋氏永七<sup>祖覺</sup>之榮。<sup>僧開尼發</sup>甘露門<sup>若度</sup>恒沙者，自像教興行，未之有也。有<sup>願病</sup>[者]云：自惟命多枉淑，攝斷乖回，四大愆和，八苦流逼，所以假如來之福蔭，敬企哀羚（憐）；仰菩薩之威光，虔希覆護。功德，既以至成（誠），斯感聖力冥加，遂得宿長（障）永銷，沉痾露解。門人等禪庭尼<sup>云</sup>“宮”早秀，訓行天生。願歌唄同歡，親羅共慶。是日也，佛祈三世，僧召千方。天香梵薰，棲金雲而作蓋；海供前引，<sup>庭連</sup>玉樹以成林。幽顯普該，

---

① “願”，據文義補。
② “亡考”，據文義補。
③ “間之”“足”，據斯六四一七號之《亡尼》補。
④ “云云”，據文義補。

聖凡周會；齊酬前願。如向陳列，福祐乃多。並用莊嚴某〔僧：禪河疊聳，尼：菀花重映〕，戒月凝〔孤〕明；奪師子之威容〔亡云：計(繼)師子之前蹤〕，播龍宮之秘藏〔亡云：傳鶴林之遺教〕。供主等使八纏根朽；惟公緇林挺秀，白業逾芳貞。道冠前超，德苻(傅)今後。

## 二十一、聖僧

良工厥素，真相猶存。欲從六通，方凝九定。應恒沙之供，併在一時；運微塵之軀，都無少念。成茲本行，爲被福田。既永(承)七覺之威①，畢座高僧之首。

## 二十二、慶經

萬佛同宣，三乘共軌。閱今(金)言於掌內，垂玉露於毫端〔吞寶偈於臆中〕。若乃動雷音，[澍]法雨②；驚聾俗，潤萌芽；誠八正之廣途，療三毒之良藥。芳連鷲嶺，式(實)貫龍宮③。錦袟光而更輝，寶軸舒〔終〕而復卷〔始〕。

## 二十三、征使

幸因王事，遠使殊方接(屆)戒場。去若星奔〔且有期〕，來如電河(何)擊月。上憑天佛，庶免安危。佇彼重勞，預茲作慶。

## 二十四、從良

比詮有德，乳哺代親〔緣家務，策使非恒〕。奉事尊堂〔卑〕，并無衍谷(辜)〔過〕。念慈仁孝，有彼成生。釋放從良〔庶無拘録，任爲南北〕。惟願人唯等秀，貴賤齊因。捨煩〔怨對(懟)／惱〕之根機，結菩提之花〔尊／眷屬〕。

## 二十五、滿月

門宜貴子，夢得蘭英。自應卷(歡)來〔庶下通用〕，玄符月上。故知寶車搖影，嬌若凝珠。玉指調唇〔羞〕，笑如花面。巧隨母惠，能逐父聰。明妒流星，眉如初月。惟願金柯瓊枝比秀〔玉葉承榮／金室流榮〕，既蒙乳〔膝〕下之恩，日有陵雲之氣〔懷霜之德〕。

亡取金柯以下云：豈謂體危朝露〔槿〕，魂切〔切〕感夜風；念欲承家〔流芳〕，痛隨(碎)珠辟(璧)〔花／落〕。故於是日[云云]。

## 二十六、考大祥

夫有生則滅，四諦之初門；陟器偕毀，三界之彝則。但生有修短，器有堅脆，不殫其分，傷

---

① "永"，當作"承"，據北大敦一九二號之《嘆聖僧》改。
② "澍"，據北大敦一九二號之《慶經》補。
③ "式"，當作"實"，據北大敦一九二號之《慶經》改。

如之何？尊考端操凝明，精心[淳]粹①；達養自逸，保氣無虧。冀申積善之微，用叶靈仙之壽。豈謂宿殃不次，忽染洪災，見氏無微，奄歸巨室，六龍奔逸，二鼠推移，恍然若存，大祥俄至。公孝倫曾閔，無切思業；泣血居哀，摧心在疾。微感天地，精貫神祇。羸[形]卒於再周②，絕粒逾乎信宿，而遊魂無懴介之祉，來蔭闕資成之用。

### 二十七、亡姒遠忌

齒跡蘭闈，標清柰菀。恭惟四得（德），與四弘而兼勵；習對六修，將六行而齊美。方冀母儀標範，慈訓永尊（遵）；納敬養之所遺，貴非勞之所奉。而命有定分，身非永在存。蹔疲恭於歲時，萬静沉於巨室。日月遄運，遠忌俄今臻。以育我之重恩，碎身難報。憶晨昏之禮，則損絕迷圖；仰温清之規，則肝心擔裂。雖歲月綿邈，而眷變彌深。每相（想）慈恩，已曾（增）霜露之感；俄終（原文後缺）

### 二十八、亡尼

意樹先抽，心花早發；戒香外郁，定水内清；習愛道之貞風，參耶輪之雅志；精求是務，利物爲懷。龍女之得（德）未申，示滅之期已及。

### 二十九、僧

惠日揚暉，蘭遮五衆。總三乘之妙旨，利樂群寮；演三教之微言，津樑庶品。理應長明佛日，繼續僧輪，何圖染疾高荒（膏肓），見患躬於方丈。闍王感夢，殷上樑摧。悲梵傳聲，林間水噎。

### 三十、産没

何期一朝分産，魂消剖俸（蚌）之前③；五福無徵，命掩懸孤（弧）之下④。

### 三十一、病

不爲五蔭成軀，六情被體；身處危亡之地，殃瘵俄臨；命居喘息之間，優（憂）惶屢集。履冰彌積，蹈武唯須。虔虔啓顙之心，恍恍崇成之願。上憑至聖，慈念下流，中啓賢宜，悲恩遍休，僧得康念，六識再清，今得誠心，冠遂本志。

---

① “淳”，據文義補。
② “形”，據文義補。
③ “俸”，當作“蚌”，據伯二五四三號背“魂消剖蚌之前”句例改。
④ “孤”，當作“弧”，據文義改。

## 三十二、官

惟願振芳聲於鳳闕,垂令問於當今;流雅譽於鸞臺,揚高名於後代。惟願郭縄永滌,業罪長社(赦);福慶從此克隆,智性因而同朗。然後[振]芳聲於帝里[①],翔翼雲衢。流雅潤於駕池,躍鱗清漢。惟願飛蝗避境,膏雨應旬,麥秀兩歧,禾抽五穗,耕者讓畔,路不拾遺。明王羞於清能,士庶標其禮義。

## 三十三、僧患

惟願地神踊躍,藉轉讀而冥加;空裏靈祇,駕香[雲]而權護[②]。

---

① "振",據斯四五〇四號背《開經文》補。
② "雲",據文義補。

# 伯二六四二號＋伯二六四二號背
## 《齋儀選抄》

此件爲伯二六四二號和伯二六四二號背相續而成，内容爲齋儀。寫手在正面紙儘後，接續寫於紙背，接續處文字爲《難巷文》的"備供傾＋心"。其篇目不成系統，屬於選抄性質，故擬名此件爲《齋儀選抄》。目前有杜海、鄭炳林釋録本，見杜海、鄭炳林《敦煌文書伯二六二四號〈釋門文范〉釋録》，《敦煌學輯刊》二〇一八年第一期。

### 一、[燃燈文]①

厥今虔恭奉聖，廣闢真場；結浄壇於八方，龕金容於九地；邀僧奈菀，聖會祇園；經開無相之宗，呪念有爲之句。是以爐焚百寶，樂奏八音，散食燃燈連朝夜不絶者，有誰施作？時則有我河西節度使云云。當今帝主等北辰而永昌；府主太保膺五星而順化；夫人寶體，同桂月而恒芳；諸幼郎君、小娘子比松筠而不變，兩班大將各盡節於轅門，内外宗枝長承厚蔭之福會也云云。加以情企智覺，欽仰能仁，每歲年終，廣施此會，陳珍捨玩，披肝於大尊之前；棄位塵心，露膽於玉毫之側。金爐霧散，上逼香積之宫；樂梵交鳴，下振蓮花之界；開經般若，玉軸再啓於金函；四門散食，灌頂神方於五日。

### 二、[遠忌]②

厥今宏敷内閣，儼灑深宫；會三世之如來，邀雞園[之]碩德③。爐焚龍惱，飡熾七珍；供聖筵僧，啓加（嘉）願者，有誰施作？時則有河西節度使府主太保先奉爲龍天八[部]④，願添鴻水以潤陸田；梵釋四王，静四邊[而]煙塵不起。太保益壽，合場康寧，無虧過往，大傅遠忌之晨（辰）追[念]諸福會也⑤。伏惟我大傅云云。將謂[壽同]山岳⑥，似劫石而不移；永鎮龍沙，爲萬人之父母。何圖保命有期，早歸極樂，但以金烏運轉，玉兔輪迴。晷尅（刻）頻催，遠晨（辰）俄

---

① "燃燈文"，據文義補。
② "遠忌"，據文義補。
③ "之"，據本卷下篇《遠忌文》補。
④ "部"，據文義及常用句例補。
⑤ "念"，據文義補。
⑥ "壽同"，據本卷下篇《遠忌文》補。

屆。無處控告,唯福是憑。投仗福門,薦資神識。於是云云。

### 三、[歲末結壇祈福文]①

夫三界所尊者,唯佛云云。厥今舊年將末,幢幡廣豎於瓊樓;新歲次臨,僧佛請崇於寶閣。置淨壇五辰虔禱,經聲不絶於晨昏;奏樂竹兩上祈恩,佛響不虧於傾剋(頃刻)。兼捨珍異,奉佛施僧,稽首三尊,跪盧(爐)陳願者,爲誰施作?時則有我節度使太保先奉爲龍天八部,伏河外之狼星;梵釋四王,定龍沙之妖孽。當今帝主永鎮皇基,十道爭馳。三邊奉欸。次伏爲我太保己躬延算,福山將五岳齊高;統握返方,德政共八元並秀。夫人寵受,千姿永茂於松篁;合宅長春,百福轉明於朱(珠)玉之加(嘉)會也。伏惟我太保應生五百,業冠三台;稟海岳之英靈,負星辰之秀哲;神文傑出,超萬古之賢儒;聖武天生,越千年之良將。秉臨河外,四人欽慕於仁風。化洽敦煌,睿功早謠於三善。加以心堅善願,志切福因,敬佛敬僧,安人治物,遂於玄英脱朔,太呂末旬,嚴佛像於中殃(央),豎良津於八表,經開玉軸,五辰之無暇披陳,佛唱金仙,四夜之一佛一拜。銀燈發焰,通明無間之中。寶蓋香分,馨馥娑婆周遍。盤添百味,散施於水陸飛空。瓶置八功,灌濟於飢羸熱惱。勝事既就,罷玉軸於今辰;善願已圓,捨奇珍於此日。是時也,玄雲掩藹,郁玉葉而臨川;素雪飄飄,散瓊花而遍野。以斯結檀(壇)轉唱功德,捨施啓願勝因,先用奉資上界四王、下方八部:伏願威光熾盛,福力彌增;興運慈悲,救人護國。願使年消九橫,月殄三災,五穀豐堯舜之年,行路滿歌謠之樂。又將是福,奉用莊嚴當今皇帝貴位:伏願長懸舜日,永播堯年。延鳳色於千齡,保龍都於萬歲。又將是福,伏用莊嚴我節度使太保貴位:伏願神荷(符)應位,龜鶴齊年。鴻旌永耀於龍沙,碧節常持於玉塞。又將是福,次用莊嚴宮母夫人貴位:伏願珍朱(珠)簾内,長降王母之年;明月樓前,長照花容之色。又持是福,次用莊嚴諸娘子郎君貴位:伏願娘子玉顔永茂,千祥大集於閨宮;郎君才操時芳,萬福長流於小(少)海。然後休兵罷甲,鑄戟消戈,人修十美之因,并證無生之道。摩訶。

### 四、[小娘子患]②

仰啓蓮花藏界,清淨法身;百億如來,恒沙化佛;清涼山頂,大聖文殊;鷄足巖中,得道羅漢;龍宮秘典,鷲嶺微言;道眼他心,一切賢聖:惟願發神足、運悲心,降臨道場,證盟功德。厥今青陽應候,請諸佛於梵天,卉木爭春,闡金言於寶地。是以爐忝(添)百和,香煙霧散而釋空,財捨七珍,祈恩必瑞遂者,有誰施作?時則我河西節度使太傅捧爐啓願,先奉爲龍天八部,護陬界而怗清;梵釋四王,靜櫬槍而安社稷。痾消疾散,萬人咸康泰之歡;障滅福崇,百姓賴安家之業;當今帝主永帶(戴)天冠,十道爭馳,八方順化。太傅鴻壽,以(與)五岳而長存,

---

① "歲末結壇發願文",據文義補。
② "小娘子患",據文義補。

尚書以（與）昆季郎君並瓊花而盛茂。次爲小娘子金軀抱疾，列（裂）五内之不安；藥餌無方，痛六情而未息之福會也。伏惟太傅天資鳳骨，地傑龍胎。廣含海岳之能，氣膺風雲之量。遂使秉安遐塞，羌戍慕化而降階，託定邊僵（疆），隣蕃奉欵而來獻。加以傾心大教，懇志玄門，轉五部之幽宗，開一乘之秘典，是以金經罷啓，玉軸還終，再收於琉璃匣中，卻復於龍宮藏内。其經乃釋迦留教，貝葉傳芳。實理靈文，頓無澗斷，一句一偈，滅罪恒沙，一念一尋，除殃萬劫。是日也，銀爐發焰，金像輝容，捨無價之珍奇，施有爲之錦綵。以斯衆善，伏用莊嚴上界天仙、下方龍鬼：伏願威陵肅物，降福禎祥；滅妖星於天門，罷刀兵於地户。又持勝福，次用莊嚴太傅貴位：伏願出旌節以静萬方，入坐朝堂，百寮取則云云。來逢元日，恒屬上春。命等松筠，壽同海岳。又持勝福，伏用莊嚴尚書以（與）諸郎君貴位：伏願前星永耀，小（少）海溺蘭（澄瀾）①。磐石增高，維城作鎮。又持勝福，伏用莊嚴患小娘子即體：唯願觀音駕月，灑甘潤之清漿，聖志垂幸，扇香風而蕩慮。然則六塵永散，八苦長消，延惠命於千齡，堅色身於十劫。所有捐魂幽譖（闇），承兹福力而往生；負命辜財，解怨結而莫爲讎對。後願農夫順序，家家不失於東皋，水利供津，户户倍收於南畝。東朝馹騎，願備梯船；紫詔碧幢，早臨絕塞。舊年災蘖隨解雪而分飛。新歲嘉祥等蓮生而增益。然後流沙境域，萬里無塵，蓮府城中，災非永滅。摩訶般若，利樂無邊，大衆虔誠，[一切普誦]。

## 五、[患文]②

次爲夫人已躬染患，四大相違，針藥雖施，未蒙痊減諸（之）福會也。伏惟夫人云云。可謂業風動性，水有逝流，殃疾纏身，力微難止，慮恐四蛇毀[篋]③，怯二鼠侵騰（藤）；雲露之軀，俄然變滅。伏聞三寶是出世醫法王，諸佛如來爲四生之慈父，所以危中告佛，厄乃求僧。仰拓（託）三尊，乞求加護。患弟子自云：應生五濁，位處王宮（公）④，每緣大小中間，廣造不善之業，無名所覆，煩惱自纏。不覺不知，隨惡流轉，或因恃勢，狂（枉）法受財，曲順人情，無端作理，或因益味，宰煞衆生，傷斷命根，皆令食噉。

## 六、[除服]⑤

厥今捧銀盧（爐）而陳願、瞻玉像以懇誠、獻百味之齋筵、資九泉之靈識者，爲誰施作？則有執盧（爐）某人奉爲故某大祥追念之福會也。惟故某乃敦仁厚禮，蘊素謙和。肅穆焉君子之風規，朗鑒焉賢人之令範。本冀積勳遐壽，永固喬松，何圖天壽有涯，奄然夜壑。孤子等哀

① "小海溺蘭"，當作"少海澄瀾"，據伯三二〇九號《讚釋文》改。
② "患文"，據文義補。
③ "篋"，據此件下篇《患文》補。
④ "宫"，當作"公"，據此件下篇《患文》改。
⑤ "除服"，據文義補。

摧過禮,悲扇花以(已)無由;號慟崩心,恨趨庭而有戀。蕭蕭松韻,益愁歔於隴泉;滴滴路林,添淚盈於草樹。若女人即云:惟靈某四德遐著,六行高標;孟家之訓道(導)昭彰,謝氏之貞明皎潔。所謂閨幃積慶,溫清長保於綵蘭。豈期樹靜風搖,容顔永歸於蒿壤;哀子等痛抽智臆,恨寒筍徒泣於筠篁;悲切肝腸,軫冰魚罔陳於凝河。愁雲漠漠,悲風樹之難停;苦霧(霧)蒼蒼,恨齧指之何日。但以流水難返,幽關轉深。雖奠饗以將終,每動修而不替。今則禮周千日,罷悲泣於素幃;服滿三年,備齋修於私弟(第)。將隳蘭帽,俄脫縗麻,飾草服於街庭,掛吉衣於户牖,於是開定宅,烈(列)香筵,白眉降自於五天,清梵聲揚於七净。以斯設齋功德,捨施迴向福因,謹用奉資亡靈所生神道:伏願一花捧足,承白業以生天。百寶嚴身,駕紫雲而聽法。又持是福,次用莊嚴持爐某人貴位:伏願靈龜仙鶴,同增不朽之年;月島煙江,共助無窮之福。又持是福,次用莊嚴榮(營)齋居眷以(與)合門大小等:伏願百年康吉,八節休宜,祥煙不散於門庭,瑞氣長懸於户宇。然後云云。

## 七、[患文]①

厥今宏敷寶閣,結勝壇於瓊樓,命聖邀僧,轉金言於秘典。爐梵百和,虔恭懇慕於尊前,路(露)膽披忓(肝),志切陳願於聖側者,有誰施作? 時則有我府主太保先奉爲龍天八部云云。太保鴻業,似劫石而無移;郎君俊才,竭忠貞而輔主;四方開泰,路無阻滯之憂;內外清平,盡賀無壃之福。次爲夫人已躬染患,四大相違,針藥雖施,未蒙痊減諸(之)福會也。伏惟夫人云云。可謂業風動性,水有逝流,殃疾纏身,力微云云。患弟子自云[云云]。

## 八、[患文]②

厥今宏敷寶殿,嚴灑清宮,請兜率之能仁,結净壇於寶閣,延僧轉念,開大藏之金言,爐梵寶香。隊隊齊勳於上界,然銀燈連朝夜而不絶,散净食施水陸生命殷懃側席啓願三晨(乘),兼捨净財,虛望少福者,有誰施作? 時則有我府主太保先奉爲龍[天]八部③云云。次爲太保已躬染患,纏染微疾,俄經累旬,雖設神方,財捨奇珍,未虧痊差之福會也,伏惟太保云云。可謂業風動性,水有逝流,殃疾纏身,力微難至(止),每慮四蛇[毀]俠(篋)④,二鼠侵騰;雲露之虧,俄然變滅。患太保自云:生居五濁,位處王公,每因團露之旬,廣造不善之業,無名所覆,煩煩(惱)自纒。不覺不知,隨惡流轉。[或]累土興兵武戰⑤,傷煞萬人命根;或動土修崇,冒犯兇

---

① "患文",據文義補。
② "患文",據文義補。
③ "天",據文義補。
④ "毀",據此件上篇《患文》補。
⑤ "或",據文義補。

神;或因經行奪字,汙穢伽藍;[或]拂撲蚊虻①,損傷蟲蟻;或因憶(益)味②,屠煞牛羊,燖剝雞豬,彈射禽獸;或因獵逐兔奔狐,安繳下箭,衆生怕怖,無處藏身,煞命之恐,走犬飛鷹,卒陳難盡。或因貸借送頓,遮功德之資,粗生隱没;道場布施口善心違,出數極多,臨時改易;或因恃勢,枉法受財,謡謗牙人,逼迫而取;或因兇言鄙語,抵笑尊長;[或]惡口穢詞,數滅三寶。況於十惡五逆,無不皆違。口四身三恒常慘毒,如斯之罪,無量無邊,由(猶)若恒沙難可之數。今對佛前、法前、僧前,披捍(肝)懺滌,願罪[消滅]③;所有怨家債主,領受今日今時轉經結壇設齋功德,解怨捨結,莫爲讎對。

## 九、[僧患]④

體龍象之神德,狀師子之威容,巍巍負川(山)岳之姿⑤,浩浩蘊江河之量,至于貫花玉牒,融妙旨於一音;綴葉金章,暢幽宗於四句;昇法座則霞開霧卷,擬談柄則雨散煙飛。涌[調]浪於言泉⑥,控玄源於口海。衢轛獨滿,希瀉器之無遺;惠炬孤明,冀傳燈之不絶。惟患師乃戒珠内净,心鏡圓明;談無相[而]妙諳苦空⑦,守禪戒而鵝珠草繼(繫)⑧。豈謂業風動性,水有逝流;往(尪)疾纏身⑨,力微難進。每恐四蛇[之]毆[篋]⑩,怯二鼠之侵藤(藤);霧露之軀,俄然變没。律師自云:生居末法,像名出家;戒行常虧,故違悮(誤)犯⑪;經行精塔,坐臥金田;佛法僧財,貪求無足。如斯之罪,無量無邊;由(猶)若恒沙,難可之(知)數。今對清衆,懺謝宿愆;所有負財,領受功德。解怨捨結,發歡喜心;放捨患兒,還復如舊。

## 十、[四月時序]⑫

朱明初律,仲吕中旬。

## 十一、[時疾]⑬

昨以火風差互,小疾時臨。恐轉見而流行,乃賴憑而福德。

---

① "或",據文義補。
② "憶",當作"益",據上篇《患文》改。
③ "消滅",據文義及"願罪消滅"句例補。
④ "僧患",據文義補。
⑤ "川",當作"山",據伯二五四七號背之《僧尼亡》改。
⑥ "調",據斯一四四一號背之《亡文》補。
⑦ "而",據文義補。
⑧ "繼",當作"繫",據伯四九一五號《願文》改。
⑨ "往",當作"尪",據文義改。
⑩ "篋",據本卷《患文》補。
⑪ "悮",當作"誤",據文義改。
⑫ "時序",據文義補。
⑬ "小疾",據文義補。

## 十二、和尚

乃神資特達,器量宏深;五百庭(挺)生,千賢間出。故得靈臺獨鑒,智府孤明。湛八水於心源,六塵衆清;芳七花於意樹,三草抽輝。禪河疊聳,戒月凝清;奪師子之威容,播龍宮之秘藏。

## 十三、律師

斯乃風神蕭穆,儀宇深沉;陶五部於清襟,履三千之動靜。閑居僧業,理復高名;長樂道房,義懋清譽。

## 十四、法師

乃智達三墳,才通五典,研窮八素,學遍九丘。宣吐涌泉,若大海之無竭;口談般若,以河注之難窮。異骨挺生,奇毛間委。惠日常明,戒珠恒淨。花開七覺,聲動四隣。梁棟桑門,法財常滿。

## 十五、兄弟

厥今坐前齋主奉爲賢兄弟某七追念諸(之)福會也。惟亡兄乃英靈獨秀,奇傑超倫。文武雙全,忠孝兩備。連枝義重,將讓位而無殊;同氣情深,贈傳衣之順色。理應貞松恒秀,五嶽相崇,何圖逝水洪波,漂蓬逐浪,禍分金藥,哀傷四鳥之悲,妖折玉芳,哽噎三荊之痛。孫恨盈盈同氣,一旦丟九泉;穆穆孔懷,忽焉萬古。鶺鴒失羽,恨花萼而長辭;鴻雁分飛,恐幽途[之]遠隔。千年永別,首目頓虧。希(稀)世難逢,股肱俄折。趨庭絶訓,瞻机桉而哀號;生路無蹤,望空牀[而]灑誠。無門控告,爲(惟)福是憑。某七俄臨,設齋追福。是日夜(也),請三世之佛,敷灑清宮;邀二部淨人,弘宣妙偈。廚榮(營)純陁之供,爐焚淨土之香,幡花散滿於庭中,鍾梵啾流於法席。以斯設齋功德[云云]。

## 十六、脱服文

厥今坐前施主捧爐虔跪、設齋所申意者,奉爲亡考大祥追福之嘉會也。惟亡考乃天假神資,智雄英傑;謀能尅獲,長策濟時;用武不下於田單,習文亦超於子貢。是姅即云高門盛族,美德精華;女軌常明,孤標獨秀。理應久居人代,育子謀孫。何圖業運難排,掩(奄)從風燭。至孝等攀號[靡]及①,雖叫(叩)地而無追②;欲報何階,昊天網(罔)極。但以四時遷易,俄屆大祥;

① "靡",據斯五六三七號之《亡考姅三周》補。
② "叫",當作"叩",據斯五六三七號之《亡考姅三周》改。

律度星環,三周斯畢。意欲終身至孝,禮制奈何?耻受吉衣,哀離凶服。今者空床頓遣,以上(止)哭泣之聲①;堂宇寂寥,永絶號咷之響。故於是日,以建齋延(筵),屈請聖凡,奉資靈識。於是開月殿,闢星宫;龍象雲臻,鴛鷺霧集。建齋逾於善德,設供越於純陀;爐焚净土之香,饌烈(列)天廚之味。以斯設齋功德、迴向福因,盡用資薰亡靈所生魂路:惟願隨彌勒(陀)而生净土②,逐彌勒再會閻浮;聞政(正)法頓悟無生,遇諸佛同登妙果。

## 十七、[亡姥]③

惟亡姥乃英靈獨秀,奇傑孤標。於家有清訓之儀,於君立盡終(忠)之効。文超七步,筆操月落而雲飛;武越由臺(基)④,總負亞夫之勇。將謂乾坤等壽,覆掩宗枝,何圖捨世早終,掩(奄)歸冥路。遂暮(慕)劬勞之德,義切昊天;懷罔極之恩,哀傷五内。但以朱光騀影,緑水飜波,信宿相催,某七俄届。至孝等自云:孝誠虧感,早隔慈顔;攀風樹而不停,望寒泉而永别。縱使羸刑(形)碎體,未益幽冤;泣血終身,莫能尚(上)報。故於斯日,以建齋延(筵),屈請聖凡,聿修厥德。是日也,香水灑於私遞(第),敷寶座於家庭;開玉藏而轉金言,蔵金容横輝幢傘,遂佛[請]三世⑤,僧會十方;廚供香積之饍延(筵),爐焚净土[之百味]⑥。以斯設齋功德[云云]。

## 十八、亡姚

斯乃性本和柔,行常貞潔,母儀含於淑質,慈軌叶於謙恭,行順和於六親,美卹憂憐[於]九族⑦。[又云]⑧:四德天資,稟柔和[之]雅則;六行神秀,含婉約之貞芳。宜家守三備之能,訓子善六條之妙。理應久居人代,訓範子孫,何圖業受有終,奄歸冥路。但以逝水東注,染(洪)波之浪難迴⑨;光影西山,孰制峒峯之日。至孝等自云:禍愆靈祐,釁隔慈顔。舞(俯)寒泉以窮哀⑩,踐霜露而增感。色養之體,攀拱木而無追;乳哺之恩,停禪林而契福。縱使傷軀斷髓,無益幽路之灰魂;泣血碎身,詎能用酬之亡識?故於是日,建此齋延(筵),屈請聖凡,奉資靈識。

---

① "上",當作"止",據斯五六三七號之《亡考姚三周》改。
② "彌勒",當作"彌陀",據斯五六三七號之《亡考姚三周》改。
③ "亡姥",據文義補。
④ "臺",當作"基",據斯一八二三號之《亡考文》改。
⑤ "請",據斯一八二三號《亡考文》補。
⑥ "之百味",據斯一八二三號《亡考文》補。
⑦ "於",據斯五五七三號《亡齋文一道》補。
⑧ "又云",據文義補。
⑨ "染",當作"洪",據斯五五七三號《亡齋文一道》改。
⑩ "舞",當作"俯",據北大敦一九二號《姚》改。

### 十九、難巷文

厥今玄冬膚族,僧徒課念於六街;節屆嚴凝,敷真場於巷伯(陌);請諸佛於會坐,渴仰虔恭。列香饌、奉名僧、慇勤側席啓加(嘉)願者,爲誰施作? 時則有本方(坊)都頭官吏信士等並是間生異俊,文武全才;於家有清訓之能,奉國播忠貞之美。故得八關在念,喜捨爲懷;勸率村坊,抽撼(減)自己。今者經開龍藏,掃疾沴於他方;衆善咸臻,千門安泰而樂業。病消疾散,得逢流水之醫①;供食千般,以資水陸之分。故我太保〔傾心〕軫慮②,大闡法門;合城而香氣氛氳,列幡花而寶撞(幢)暉煥。請諸佛而赴會,側塞虛空;五部真言,弈邪魔而静難;慈悲治物,不捨晨昏;障沴休行,慜蒼生而安泰。總斯多善,無限勝因,先用莊嚴梵釋四王、龍天八部:伏願威光轉盛,神力〔彌〕昌③,鎮婆婆,護法界;鑄劍戟,闢田疇。千秋無衰變之災,萬歲罷戰爭之業。災殃霧廓,疫勵(癘)消除;合境咸歡,訶謠肅穆。四王護世,揮寶杵而摧魔;大聖觀音,垂悲願而拔濟。怨家債主,捨結濟生;行病鬼王,攝心罷努(怒)④。太保延壽,以(與)彭祖而同年;舉郡黎民,比麻姑而延蔭。行香寮佐,永護勝因;備供側(傾)心⑤,莫聞邊苦。然後災風盪盡,人修十善之因;夏順秋調,儲滿九年之實。摩訶。

### 二十、〔遠忌文〕⑥

厥今宏敷内閣,儼灑深宮;會三世之如來,邀雞園之碩德。爐爇龍惱,食獻七珍;供世(聖)筵僧⑦,啓加(嘉)願者,有誰施作? 時則有河西節度使府主太保先奉爲龍天八部,添鴻水以閏(潤)陸田;梵釋四王,静四邊〔而〕煙〔塵〕不起⑧。太保益壽,合境康寧,次爲過往,大傅遠忌追晨(辰)諸(之)福會也。伏惟我大傅云云。將謂受(壽)同山岳,似劫石而不移;永鎮龍沙,爲萬人之父母。何圖保命有期,早歸極樂,但以金烏運轉,玉兔輪迴。晷尅(刻)頻催,遠晨(辰)俄届。無處控告,唯福是憑。投仗福門,薦資神識。於是掃户開筵〔云云〕。

### 二十一、〔印砂佛文〕⑨

厥今三春首朔,四序初分。就夜(野)外而印千尊⑩,引溝渠而脱萬像,是以爐焚百寶,樂

---

① "流水",原作"水流",據文義及伯三四〇五號《國有災癘合城轉經》乙正。
② "傾心",據"傾心軫慮"句例補。
③ "彌",據文義補。
④ "努",當作"怒",據伯三〇五八號《邑齋文》改。
⑤ "側",當作"傾",據伯三〇五八號《邑齋文》改。
⑥ "遠忌文",據文義補。
⑦ "世",當作"聖",據本卷上篇《遠忌文》改。
⑧ "而""塵",據本卷上篇《遠忌文》補。
⑨ "印沙佛文",據文義補。
⑩ "夜",當作"野",據弗魯格二六三號＋弗魯格三二六號之《印砂佛文》改。

奏八音，散食四方，祈恩旋繞者云云。加以妙因宿值（植），善芽發於今生；業過（果）先登（淳）①，道心堅於此日。知四大而無主，[識]五蘊而皆空②；料體性而不堅，似電光而迷轉。昔聞童子聚砂，上（尚）有成佛之功能，懇仰鴻門，賴福因而籌算。遂乃脱萬像之真容，印恒沙之遍跡。更能焚香郊外，請凡聖於福事之前；散食香澆，遍施於水陸之利。以斯脱佛功德、迴向福因[云云]。

① “過”，當作“果”；“登”，當作“淳”，據伯三三六二號背《社邑》改。
② “識”，據伯三三六二號背《社邑》補。

# 伯二六六八號背《嘆德二則》

　　此件首尾俱全，先後抄寫《河西都僧統官名》《八關齋戒一卷》《維摩詰經疏》，另一名寫手於卷首空白處抄寫了齋儀嘆德二則，故此擬其名爲《嘆德二則》。

## 一、尼

　　内行八敬，外修四德；業[通三藏]①，心悟一乘。得愛道之先宗，習蓮花之後果；形同（固）女質，[志操]丈夫②，即世希之有也。

## 二、兄弟

　　骨肉[情深]③，天倫義重。給（急）難斯濟，花蕚於依。何期樹葉生死，彫嗟孔懷！愁嘆[一]單兩悲④，泣念昆季長折。

---

① "通三藏"，據斯四九九二號背＋斯三四三號之《亡尼文》補。
② "志操"，據斯四九九二號背＋斯三四三號之《亡尼文》補。
③ "情深"，據殘筆畫及文義補。
④ "一"，據文義補。

# 伯二八二〇號《雜齋文一卷》

此件首尾俱全,寫卷中部題名《雜齋文一卷》。

## 一、賽願平安

伏以能仁利濟,善巧無邊。春雷震演法之音,秋月做毫光之色。嶮路上爲梯爲凳,暗益群生;欲流中如艦如舟,潛扶萬量。[所申]意者①,發清浄願,信希眷屬平安。烈(列)香積於招提,[豎]津良(梁)於梵刹②。伏願宅逢勝善,屋瞻殊祥;尊卑[平安]③,即攀[緣]與④;動寧運動,所爲喜慶;公私不僥,廡累不侵;遐年齊數於芥城,遠壽同堅於劫石。仍覬永固,黔庶咸安。夷狄無暴亂之虞,還(寰)海絶烹煙之警。然後橫該豎祐,盡濟窮邊,所有含生,普安妙樂。

## 二、綱社平善

伏以道師悲智,廣大難窮。非身應逐類之身,無説暢隨機之説。爲最高主,百千之價客獲珍;作大舡師,五百之網賓得渡。即跪香英信,經高紫陌,涉曆(歷)紅塵,既賒雲水。逞(誠)須仗佛僧之力,是以來寶刹,禮金像。朝霞與紺彩相暉,瑞氣共香瑩交暎。伏願休宜日積,所爲也如願如心;禧戩時臻,所克也通遂尊卑。又美門蘭書清,人人皆鶴壽龜齡,各各盡松貞桂茂。然後風雨調序,烝梨普安;法界有情,同霑巨善。

## 三、生日

伏以釋雄現相,瑞彩貫於十方;善才降形,伏藏流於七寶。接濟演五乘三藏,牢籠開方便千方。含劫量在刹那之間,融法界向微塵之内。即某爲稟靈喜會,降質良晨(辰)。希福會之延長,烈(列)蘭脩之供會。伏願松筠比算,金石方年。吉慶唯新,年花(華)不顧。混宅昌盛,全室康寧。年年無瘴泠之虞,歲歲有休葉之慶。然後十方三界,過現未來,凡屬有情,同霑巨善。

---

① "所申",據文義補。
② "豎",據文義補。"良",當作"梁",據文義改。
③ "平安",據"眷屬平安"義補。
④ "緣",據文義補。希冀眷屬平安即心有"攀緣",齋文中有"攀緣"用例。

## 四、不安求善

伏以一真堅固,永無變異之端;四大壞浮,終有疲羸之撓。無求變異,託以惠心。將免疲羸,憑乎福力。[所申]意者①,以女弟子吳氏見染衰疾,故就此晨(辰),供陳香餗。伏願衆聖以神通護助六腑安寧,諸佛以寶手摩挲[肌]膚輕爽②。惠風[過]處③,菱花復秀於青枝;法雨降時,領葉重敷於紅藥。仍覬上下和睦,尊卑吉祥;百福雲臻,千殃電捲。然後四夷賓化,八表來儀;雨順風調,民康道正。

## 五、社衆弟子設供

右所申意者,伏爲自身安樂、家眷無災,遂乃特啓願誠,今辰酬賽。於是財袖五分,供備六和。牛[香]巡海棠之前④,魚梵遶螭梁之石。勝利既作,諸佛必鑒於丹誠;景福斯隆,賢聖照臨於私懇。然後自今向去,經求而所作叶和;眷屬親姻,內外而咸蒙吉慶。

## 六、三長意

伏以除災招福,須憑積善之心;保子安孫,必假銷穰之懇。覺烏奔兔走,悟石火以非堅;覩歲去年來,嗟電光而不久。浮生荏苒,頻頻而易謝於四時;幻世須臾,往往而難停於八節。每至三長令月,共建道場;五夜良晨(辰),乃同精修於齋設。麵碾玉粒,米簸銀沙,特獻三世如來,供什芳(十方)之賢聖。希中天之調御,儜赴花筵;召境內之龍祇,願臨香會。莫不丹心陳欵,佛禮三身;虔懇而素饌,心專在皈依,而志切然。願家家長幼,盡獲康寧;戶戶女男,俱蒙葉慶。災隨霧捲,福逐時生。在公在私,常安常樂。更希風雨順時,山川蔟蕚,桑麻合敘,境色馨香。耕者不倦於東皋,種萌無榮於南畝。田蠶獲,稼穑收。六畜常沐於滋榮,水草常甘於永歲。餘希念誦,以福休祥。幸對三賢,用申一祝。謹疏。

## 七、亡父母同用

右伏以若説修行之路,義深而莫越覺知;如論養育之恩,[德]大而莫越父母⑤。豈謂一辭人世,永隔泉門。無申報德緣由,唯仗設齋追薦。是以去離塵戶,來就鹿苑。設此清齋,追彼幽識,神靈不昧,啓祝應知,承斯殊勝之良因,速出暗冥之界。然保自身葉慶,大小無虞,今朝既竭於丹誠,諸佛寧幸於懇志。伏希表白。謹疏。

---

① "所申",據文義補。
② "肌",據文義補。
③ "過",據文義補。
④ "香",據文義補。牛香,即牛頭栴檀香,下文有"一炷牛香"。
⑤ "德",據文義補。

### 八、橫事

右所申意者,被惡人羅織(織),抑押其身。欲爭論而理,且虛疑銷停而莫非自忍。今則唯憑佛力,願作證明。遂抽己分之財,供獻祇園之德,修齋勝善,并已周圓。今對佛前,伏希表白。

### 九、慶經

右伏以弟子久攀覺樹,曩契宗源。稽首龍宮,傾心貝葉。莫不家抽玉帛,特令良工,書西域鷲嶺微言,寫東度滿卷玉偈。歘日無私,土地靈祇,長安四序,仰對佛前,用申慶讚。

### 十、亡考

右所申意者,奉爲亡考某薦資生界,當乾神儀不昧,親詣家庭。鎮斯殊勝之良因,亨納追崇之妙祉。伏願紅蓮碧沼,淨域超果,聞法拔陰,諸天嚮利樂而邀游佛國,一家長清韻[而]並納貞祥。內外宗親,同增福祐。請爲表白,謹疏。

### 十一、解夏①

### 十二、難月用

伏以桂節松枝(姿),常負堅貞之操;芳花嫩柳,須滋雨露之功。切以弟子難月將臨,須憑福善之因,今則特抽所秘之衣物,親詣蓮宮,希衆僧念誦之深恩,護子母之安吉。伏願諸(原未寫竟)

### 十三、[亡考]②

聞白日流光,洪波激箭;促仁(人)間之等壽,減世上之年華。是知駕鳳乘鸞,未免漂淪之患。莫不觀空悟道,方歸寂滅之源者,即有孤子奉爲亡考府君初七之晨(辰),虔奉香花,飾資冥寞。唯考靈府君青雲懿範,紫府鴻儒(儒)。崐山藏白玉之名,麗水洞黃金之價。本冀壽同仙鶴,慶比巢蓮。奈何風樹不停,温恭難待,遂使孤孝等泣昊天之血,殞罔極之軀。秋風而禧樹含霜,鯉庭香墜;夜月而蘭花泛露,岱岳魂飛。鳴乎,千秋一去兮夜窒忙忙(茫茫),萬古不來兮泉臺杳杳。由是銅壺玉漏,望謝玄移,初七既臨,饋憑珍踈,莫不蓮牟(眸)涵滔,蒼[蔔]氛氳③,蘋蘩薦而香積雲開,青眼集而貝多花秀。鴻休梵福,妙墨難量。先用資薰亡考生界:

---

① 僅有標題,無文本內容。北敦一三六六二號背中有"結夏安居"齋會的文本,與百姓的齋會不屬一類。
② "亡考",據文義補。
③ "蔔",據伯三九八一號《亡齋文》補。

伏願足步珠樓玉殿,手持蘂金紅蓮,高辭五濁塵勞,迴禮十富輪相。

## 十四、亡夫

嗟呼!鳳泣菱花,鸞悲湘水。萬古而雲愁楚樹,千秋而淚染秦城。移天既墜於九泉,没地徒傷於二竪者,即有某敬爲亡夫某郎初七之晨(辰),饋展香羞(饈),擢乎生界。伏唯亡夫魯國儒流,月宮仙桂。勁節而長松修竹,高飛而洞鶴春雲,本冀蘿蔓兔(菟)絲,附金帳而保貴。豈謂玄珪趙璧,俄瞬息以生霞(瑕)。嗚呼,秦樓月白兮,蕭史不來;縱嶺猿啼兮,王橋(喬)以(已)去。遂使賢某室小娘子霞殘玉筯,露濕花鈿。卷簾而暄(萱)草離離,鴛鴦羅帶;獨坐而銀紅(缸)寂寂①,翡翠孤鴻。哀界(解)男將孝女何依②,擧案與齊眉而永謝。由是堯蓂不駐,齋七易臨。爰就此晨(辰),構子(玆)香會,莫不禮金黃相,葵沉水香,梁塵落而魚梵清,貝葉開而柳煙爆。鴻休可大,妙墨難量。先用資勳亡夫生界:伏願塵勞[山]上③,捨有漏之攀緣;花藏海[中]④,聽無生之妙理。賢室娘子:伏願抑蒼梧之恨[淚]⑤,保紫火之貞姿;嚴松不段(憚)於歲寒⑥,玉貌長敷於婉娩。

## 十五、亡妻

聞蒙邑皷盆,方外達去來之理;高陵別鶴,絃中哀伉儷之情。明月空啼風,飄逝水芙蓉。于日疎玉罄,捧金爐,薦蘋蘩之嘉延(筵),福庭臺之生界。伏惟亡室塗山淑慶,趙國揚臺。齊眉而玉臉初著,半笑而雲鬢欲墜。本冀鳳凰對舞,蕙蘭同歡。吟柳絮以歡延(筵),饋椒花而獻壽。豈謂雪翻瓊樹,風墜鵲巢,煙飛而落浦蒼忙(茫),日暮而無(蕪)山悽慘,遂使賢夫郎傷看粉糱,痛切扉蕪。淚流而朝露晞身,聲噎而斷絃難續。嗚呼!浮生有限,泉路有歸。銀燭空幃照綺羅,玉簫何處吹雲雨,由是一馳一邁,如箭如流。某七今晨(辰),須憑餝薦,莫不僧陳鷹緒,像掛螺文,優缽羅花,涵沼香殘伽河,注醍醐味,無涯巨善,莫可宣揚。先用資薰亡過小娘子生界:伏願[碧]琉璃水⑦,洗五濁之塵勞;纓絡紅蓮,獻一花而解脫。

## 十六、亡兄

悲夫!樷哥(棠萼)無徵,天倫不祐;手足斷而荆花零露,緖離枝梧桐颻分丹鳳不來。雲月蒼茫而六龍何處者,即有某敬爲亡兄某七之晨(辰)。餝塵(陳)香花,福巖(嚴)生界。伏願惟靈玉瑩

---

① "紅",當作"缸",據北敦一四八九一號《亡夫》改。
② "界",當作"解",據文義改。
③ "山",據北敦一四八九一號《亡夫文》補。
④ "中",據北敦一四八九一號《亡夫文》補。
⑤ "淚",據北敦一四八九一號《亡夫文》補。
⑥ "段",當作"憚",據文義改。
⑦ "碧",據《男意》補。

秋光,桂含春色雪而(旭日)①;九流輶學,青雲獨步成身。本冀金枝鴿源(原)②,鶴鳴仙路,豈謂魂歸岱岳,價墜璖林!紅日西傾而逝水忙忙,夜魂孤飛而泉關寂寂。遂使賢兄離心易痛,驪足難追,庭前之細雨梨花,隨[眼]片片③;天際之歸駕落照,滿目蒼蒼。由是昧[旦]如流④,齋七今晨(辰),莫不延敷玉像,手捧金爐,縹然而楊柳煙飛,芳馥而栴檀合[氣]⑤。量河沙之有數,輒功德已無窮。總用資薰亡兄此晨(辰)生界:伏願出娑婆世界,上兜率陁天;禮玉毫金色之容,聽離俗苦空之偈。賢弟伏願谷谿仙鶴,齊仙壽於千秋;銀漢福星,曜福河於萬傾(頃)。

## 十七、男意

縱嶺乘鸞,秦樓駕鳳,誰見二仙卻返,終成千古別離。是知玉樹難高,凝霜花於曉葉;驪珠易碎,沉素彩於滄溟。嗟顏回有不秀之苗,傷子夏致失明之患者,信士敬爲亡男初七之辰,爰薦蔬羞,擢乎生界:伏惟没故郎君敏富詩書,先恭兼讓。雅澹而月含秋水,貞明而雪覆琪花。本冀彩服來衣,奉温清而就養,豈謂鵬衢鶴羽,殪莫之幽魂。嗚呼!碧流東去爲誰催,白日西傾何事速。遂[使]慈父愛母⑥,三秋而腸斷巴猿;[花]蕚荆枝⑦,萬古而情悲塞雁。由是星馳玉漏,月墜銀河,初七既臨,須憑巨福,莫不蓮浮紫紺,霧慘金爐,綺繡張而龍像多,香積巖而雪滿,如斯妙善,莫可宣揚。先用資薰亡男生界:伏願碧琉璃水,逍遥般若之源色;究竟天解,脱履菩提之路⑧。賢父伏願靈芝仙鶴,休祥光積善之門;馬史隣經,珠玉被賢人之室。夫仁(人)伏願玉桂聳賢貞之質,居風拂蘭蕙之容。九霄而霧宿流祥,紫符而群仙降瑞。

## 十八、亡女

悲夫南國東鄰,萬古去桃源莫返;秦雲楚雨,一朝歸無(巫)峽不迴⑨。是知鳳管鸞簫,月落而香迷錦繡;玉釵蟬鬢,花颻而樹鏁莓苔。謝庭之柳絮空飛,蔡室[之]未(朱)絃已絕者⑩,即有信士敬爲亡女之晨(辰),爰薦香蔬,飾乎幽壤。伏惟亡過小娘子玉洞神仙,蟾宮淑態。泛艷而吳[地]翡翠⑪,妍婷而越水芙蓉。本冀煙趙懷春,偶松蘿而貴旋,奈何風霜暗苦,碎桃花於花鈿,嗚呼,陽臺收洛浦之魂,胡蝶掩繡窗之夢,遂使賢父母泉枯淚眼,火逼愁腸。昔(惜)傾城絕代之容,臥淥(綠)野黃沙之地。只見殘華蔓草,茫茫而暗長空庭;片玉明珠,杳杳

① "雪而",當作"旭日",據文義改。
② "鴿"字前衍一"領"字。
③ "眼",據文義補。
④ "旦",據文義補。
⑤ "氣",據文義補。
⑥ "使",據文義補。
⑦ "花",據文義補。
⑧ "提"字前衍一"薩"字。
⑨ "無",當作"巫",據文義改。
⑩ "之",據文義補。"未",當作"朱",據文義改。
⑪ "地",據文義補。

而不知何處;由是電馳金箭,水滴銅壺,初七既臨,須憑巨福。莫不延五天之上士,禮滿之月,能仁數聲,鶴磬而淒清,一炷牛香而慘淡,靈空有盡,鴻福無窮,先用資薰亡小娘子生界:伏願白蓮華兮功德水,詹蔔香[兮]般若林。輕霞籠七寶瓊樓,纖手撥萬重珠網。賢父母伏願冰清玉潤,禍去福來;滄海並於鴻休,大椿齊於上壽。

## 十九、忌日①

## 二十、還願意

聞虛谷鴻鍾,應流聲而不盡;他心化佛,隨願力以難思。分身於天上,人間盡是慈雲惠雨。宣法於毗盧,花藏莫非良藥福田。群生志在於情虔,聖道遐通於利濟。於日香花滿座,玉餗如雲。邀鶴嶺之真徒,答鴻恩於梵席者,即有信士之良歟也。伏惟信士當代人間[臥]龍②,秋天水鏡。淡泞而雲歸仙島,絪祥而鳳儷儒林。加以意出繁花,心惟積善,實謂陰陽變易,禍福難圖。命宮不作於休祥,楚礎暫生於瑕翳。遂乃通祈覺路,願饋僧田,是知諦發人心,誠通惠眼。故得災星迴曜,銀河光太極之前;玉樹重春,戩福厚崇山之上。既蒙嚮應,寧負初終(衷)。今則大敞瓊筵,爰酬聖造。莫不三聲梵匝,塵飛瑪瑁之梁,七葉花敷,雲繞貝多之樹。鴻恩既滿,妙善將圓,總用奉資信士所履:伏願高門望族,季輪(倫)之珠玉珍(增)多③;保命靈符,梅福之年華更遠。伏願夫人玉釵蟬上,縮無(巫)山黛色之雲④;金鳳華間,固落(洛)浦如賓之貴⑤。伏願郎君趨庭問禮,長光季悌之風;雁緒鴒原,[□□□□□□]。伏願小娘子菱花永對芙蓉樹,綺羅長透欝金香。蟬(嬋)娟潔而趙國冰霜,父母歡而楚天雲雨。

## 二十一、平安文

蓋聞佛示權身,月含眾水。普霶一雲一雨,不惟中葉中枝。攝萬有而法性皆空,赴群心而神功不昧。於日[也],霞籠綺席,瑞遶朱門。嚴鼎餗於華堂,萊鴻休於禄位者,即有信士保慶平安,有斯良歟。儒門開鎖,義府雌黃。秀百步之香蘭,早垂仙露;聳一枚之月桂,盡帶春雲。加以意幻空花,心遊實際。拜鷲嶺之文像,歸齡鶴之齋筵。莫不寶座金爐,沉香雅梵,僧[眾]蕭穆而龍象玉象⑥,葉花涵滔而青蓮白蓮。洗六塵於清凈海中,崇百福於彌盧山上。可使良緣善利,將九族而同榮;玉液神丹,共八仙而比壽。如斯勝事,莫可宣揚。先用奉資信士所履:伏願雄飛就(鷲)日,高萬里之逞(程)途;金色巢蓮,得千年之富貴。賢夫人伏願曹門女

---

① 僅有標題,無文本内容。
② "臥",據文義補。
③ "珍",當作"增",據文義改。
④ "無",當作"巫",據文義改。
⑤ "落",當作"洛",據文義改。
⑥ "眾",據文義補。

戒,流懿範於香幰;道韞[德]風①,保歡娛於總帳。郎君子伏願鷁鴻羽翼,翔天上之煙霞;學海波蘭(瀾),振人間之聲價。小娘子伏願紅蓮白芷,花光翠黛之容;臻手(首)娥媚,玉動保神仙之態。

## 二十二、生日

有若祥籠月角,瑞繞山庭。九苞呈<sup>嵐</sup>鸞之文,一室揆騏驎之狀。於日香凝翠幄,喜動瓊軒。禮黃金滿月之容,祝慶兆懸孤(弧)之慶者②,即有信士敬爲自身生日斯良欸也。伏願信士學海名儒,英賢問望。孝悌而來(萊)衣孟筍③,凌雲而片玉桂枝。加以達命知機,勤心至道。由是紫氣謝星河之日,金蘭符鄭夢之辰。[莫]不絲竹之音④,乃建休祥之事。可使玉池心水,紅[蓮]開八福之華⑤;仙鶴齡椿,紫符續萬年之壽。莫不五天龍像(象),三島煙霞。踈鶴馨於銀爐,吟唄多於玉坐,惠風拂而蔓殊花落,雅梵揚而蒼蔔飛雲。戩福彌深,陳(塵)沙莫喻。先持景福,奉陪信士所履:伏惟三山鑲翠,齊祿位以穹崇;八水秋澄,注齡襟而浩渺。賢室夫人束花從容,三才而雅合<sup>鴛鸞</sup><sub>鸞鳳</sub>;蟬蠐雲垂,四德而聲諧琴瑟。郎君伏願蟠桃仙桂,枝條而長在丹霄;鶬羽崑<sup>鱗</sup><sub>鸞</sub>,變化而高辭碧海。小娘子伏願武陵谿畔,三春而桃紅李白;玉鏡臺前,一笑而朝雲暮雨。

## 二十三、慶功德

十方净土,隨正念而往生;八解空門,悟真如而見佛。<sup>齋意</sup>。青山壽比,日月爲年。長芳吉慶之榮,永保千祥之慶。

## 二十四、夫人

光榮瑁戶,玉顏不改於秋光;雅訟香堦,紅日長芳於春色。

## 二十五、夫人

金釵鳳髻,永保寒松;玉質娥媚,長芳翠行。伏願千秋甲子,長爲不朽之年;萬頃波蘭(瀾),永注無窮之福。

## 二十六、夫人

伏願顏耀夜月,澄洛浦之波蘭(瀾);鬢動春雲,拂遠山之嵐翠。

---

① "德",據文義補。亦可據"孟家之訓導昭彰,謝氏之貞明皎潔"句例補作"貞"。
② "孤",當作"弧",據文義改。
③ "來",當作"萊",據文義改。
④ "莫",據文義補。
⑤ "蓮",據文義補。

伏願災禍併遣,並風掃於輕雲;福慶咸來,若河添於巨海。

伏願禍患祛於福河深淨,災殃散於壽嶽隆高。祿位崇邅,財帛自至。

伏願壽逾靈桂,色不老於歲寒。福等澄江,時自來於祥慶。

## 二十七、僕射

伏願福隆受(壽)永,進祿位於明時;寶劍雕弓,立功名於聖代。

## 二十八、文官

伏願岌岌壽山,比松華之翠高;澄澄福海,等滄溟之龍闕。

伏願軒羃日進,同崇台苗之榮;朱紫時遷,貴極人臣之重。

伏願福崇山嶽,壽固松雲(筠)。佇接駕行,高昇雲路。

## 二十九、官僚

伏願壽山聳峻,福海澄波;速遷調鼎之榮,處踐含香之寵。

## 三十、夫人

伏願朱顏長在,堅福壽於煙蘿;惠質恒春,保閨閫之善慶。

## 三十一、文官

伏願龍吟碧海,鳳載清消(霄)。早登峭峻之堁,速入班朝之位。

## 三十二、夫人生日

伏[願]琉璃户內,金刀翦長命春幡;琥珀堂中,織女降長生之藥。

## 三十三、夫人

伏願真珠簾內,長隆王母之年;香閣臺中,永茂娥姐之色。

伏願福田山上,點數片之春雲;壽命海中,皎輪迴之孤月。

伏願紅顏永潔,比秋月而澄月;玉貌長輝,似春花而競發。

## 三十四、亡意

伏願三途永脱,九品受生。兜率宫中,禮慈氏之主。

## 三十五、亡

伏願五槳雲内,垂净識於三天;千葉蓮中,座花臺而九品。

伏願壽堅松竹,福比丘山。榮禄永注於千春,富貴長昌於萬載。

## 三十六、忌日

玄寢易關,白駒難繫。闃寂雲墜,煙月淒凉。而鶴弔松竹,是以哀慕難任,履君子有終身之道;思親不已,軫孝誠[達]所志之心①。逝壑流兮星霜歲多,壠樹洞兮霜滿千日。香凝襌服,梵遶紅梁。蘭羞饋三德之延(筵),鴻福薦六幽之識者,即有信士奉爲考妣遠忌之晨(辰),有斯良欵。信士乃始終不贊,覆載寧亡! 受髮膚遺體[之]思②,靡覿其志;[承]百行五常之道,感有其身。是以每屆忌晨(辰),廣數良祐。莫不降龍盂(御)虎,錫關蒙軸,函琅香風。乘福惠,輪苦趣,獲超昇之路。如斯之福,莫可宣揚。先用奉資考妣生界:伏願[往]極樂生天之處③,早證無爲;儻淪洄浴浪之中,速超彼岸。信士伏願鵬翔渤澥,鶴立蓬萊,福星長照於命宮,沴氣不侵於禄位。

① “達”,據文義補。
② “之”,據文義補。
③ “往”,據文義補。

# 伯二八五〇號《齋意四則》

此件首尾俱全，抄寫齋意四則，故擬名此件爲《齋意四則》。目前主要有黄征釋錄本，見黄征、吴偉編《敦煌願文集》，岳麓書社，一九九五年，第二七九～二八〇頁。

## 一、[歲末結壇祈福文]①

厥今廣延凡聖，豎展金容；開龍藏之深文，闡無爲之秘典。香焚六[銖]②，節氣滿於宫庭；樂奏八音，佛響振於霞際。三辰壇會，送食四門；散花燃燈，虔恭捨施者，爲誰施作？時則有坐前持爐某官先奉爲龍天八部，擁護流沙；梵釋四王，保持玉塞；中天帝主，永鎮低那；連（蓮）府大王，遐延久載；親征張掖，統鴻軍以静東羌；討伐狼徒，願清平而歸西國；慈母公主永蔭長春，小娘子、郎君中外康吉諸（之）福會也。

## 二、[秋末結壇祈福文]③

伏惟某官天資正氣，神授韜[鈐]④；志仰玄門，慮城爲輿。鉗（潛）懷所國之宏規，[韜]韞安邊之上略⑤；加以情歸大教，侵（金）人[是]思⑥。郡（傾）爲月厄之患，遂乃延凡請聖，結勝壇於中庭；唱佛轉經，邀尊容於内閣。真言罷啓，寶偈收還；散食清齋，福陳資國。是日也，霜秋棄跡，黄葉離枝；建福壇而會興禎[祥]⑦，去災非奔馳于異域。總斯美者，先用莊嚴龍天八部⑧：伏願加威神力，晏隴道一方之[静]⑨；善深冥扶，引鴻軍卻歸西塞。大王保壽，共天地而俱存；上下康寧，盡贊歡呼之慶；公母、夫人清泰，轉甲子[以]延齡；小娘子桂葉芬芳，守宫圍（闈）而天寵；坐前郎君昆[季]⑩，竭中（忠）赤[而]佐明王；幡（旛）武書文，羌敬（境）霞陬（湊）。

① "歲末結壇祈福文"，據文義補。按："節氣滿"指二十四節氣運轉完滿，即歲末，作罷冬季道場以祈康吉。
② "銖"，據文義補。
③ "秋末結壇祈福文"，據文義補。按：此爲秋季禳災祈福解"月厄"，齋意相當明確。
④ "鈐"，據伯藏文一一〇四號《爲兄遠忌追福文》"神授鞱鈐"句例補。
⑤ "韜"，據文義補。
⑥ "侵"，當作"金"，據文義改。"是"，據文義補。
⑦ "祥"，據文義補。
⑧ "龍天八部"前衍"奉爲"二字。
⑨ "静"，據文義補。
⑩ "季"，據文義補。

之（諸）府衙參寮各盡教於宮庭，佐佑（左右）恭勤，並輪誠而補（輔）主。然後[云云]。

## 三、[患文]①

厥今廣延清衆，敦（邀）集緇徒；經開龍藏之文，梵徹頂宮之響。爐焚蘇合，華散漫（曼）陀；捨施净財，其意懇願者，奉爲某官染患經今累旬，藥餌雖施，不蒙瘳減。得謹（謹將）寡尠②，投仗雄門；伏乞濟危、希垂拔厄之福會也。伏惟某官天生異哲，雅量神資；奉國爲竭力之忠，佐世顯赤誠之志。遂及四大不順，五情非安；力無起動之由，命恐時朝變滅。無方抽械（減），唯託福田；拔濟劣微，求蠲痛切。伏聞大聖是出界之能仁，諸佛如來爲蒼生之慈父。所以危中懇望，厄乃祈僧；仰三寶而加威，頰（挾）悲力而獲免。患某官自云：生居凡處，長住居高。或運憍奢，或懷我慢；或倒侍德，撫鉞揮斬；[或]刺衆生③，從名競譽；或妄欺百姓，打擲楄頭；或悔（侮）下平人，心生異惡，[或]意罵不息，口說慎談，不覺不知，積深廣葉（業）。今既臥病，始悟前愆。伏願慈悲，懺滌除滅，願罪消滅。

## 四、[轉經文]④

厥今宏敷弟（第）宅，儼灑清宮；請三世之真容，轉金經於静室。會明僧別開龍藏，設妙供獻佛及僧；點銀燈晝夜光輝，念經呪能消衆難者，有誰施作？時則有坐前某官先奉爲龍天八部，護國護人；佛日恒輝，法輪常轉，刀兵罷散，四海[通]還⑤；疾疫不侵，攙槍永滅；又願我大王寶位以（與）五岳齊高，夫人郎君等春（椿）松而競苔；亦願某官合家福延萬葉諸（之）福會也。惟某官乃天生英俊，異性憬（姓標）奇；文武雙全，忠孝兼備。

---

① “患文”，據文義補。
② “得謹”，當作“謹將”，據文義及齋文“謹將寡尠”句例改。
③ “或”，據文義補。
④ “轉經文”，據文義補。
⑤ “通”，據文義及“四海通還”句例補。

# 伯二八五四號《諸雜迴向文》

此件首尾俱缺,寫卷的中部有題名《諸雜迴向文》。目前有黄征釋録本,見黄征、吴偉編《敦煌願文集》,岳麓書社,一九九五年,第三八四～三八六、四六一～四六二、五一三、五四九、六一九～六二二、六六九、六七一、六七四、七二〇～七二四頁。

(前缺)

## 一、[先聖皇帝遠忌文]①

□□□□□□□□□□□□□□□□□稽顙,何圖神遊寶界,掛弓[劍]於千齡②;日月[光臨]③,[聖]德昇於九五。伏願以兹行香功德,迴向福因,先用[莊嚴]先聖靈識:伏願拂衣净國,縱駕天衢;冠惠日而蔭法雲,撥煩籠而歸常樂。然後散霑法界,普及有情;賴此勝因,咸登樂果。摩訶般若,以用資薰;大衆虔誠,一切普誦。

## 二、國忌行香文

我釋迦可久可大之業,迴超言象之先;我國家有翼善傅之勤,高步羲軒之首。猶以鶴林示滅,萬佛同遷相之儀;鼎湖上仙,百王留變化之跡。求諸今古,難可詳焉! 厥今開寶殿,闢星宫;爰集緇徒,行香建福。所陳意者,有誰施之? 則我河西節度使臣張議潮奉爲先聖某皇帝遠忌行香之福事也。伏惟先聖皇帝瑶圖纘緒,襲貞命於三微;瑞歷(曆)符休,總文明於四海。穆清天下,大造生靈;咸遵復舊之業,廣闢惟新之典。遽(詎)謂喬山命駕,汾水長辭;掛弓劍於千齡,痛衣冠於萬寓。惟願以兹行香功德、迴向福[因],總用奉資先聖靈識:伏願騰神妙覺,會諸佛於心源;浪詠無生,出群仙之導首。然後上通有頂,傍括十方;俱沐勝因,齊成佛果。摩訶般若,利樂無邊;大衆虔誠,一切普誦。

---

① "先聖皇帝遠忌文",據文義及下篇類似《先聖皇帝遠忌文》補。
② "劍",據此件《國忌行香文》補。
③ "光臨",據"光臨日月"句例補。

### 三、先聖皇帝遠忌文

蓋聞泡幻不停，閱孔川而莫駐；刹那相謝，歷莊陳而何追。自非作慧檝於昏冥，爇慈燈於闇室，則何能遨遊佛岸，澡八解於無生；超拔畏途，排七違於少選者矣！厥今宏開寶地，廣闢真場；緇侶詵詵，衣冠濟濟；花紛五色，爐焚六銖，啓加（嘉）願者，有誰施之？則我河西節度使臣張議潮奉爲先聖某皇帝，亦云某皇后遠日行香之福事也。伏惟先聖某皇帝道邁百王，聖逾千古，彎弓按劍，落日龍驚。萬方獻穎而子來，百蠻稽顙而臣伏。何圖拂袖崑臺之上，乘雲白帝之鄉。故於忌辰行香建福。皇后云：伏惟先聖某皇后幽閑淑順，《關雎》之德自天；明德連輝，《葛藟》之功成性。遽有繡衣之夢，掩（奄）同薤露之晞。故於忌辰，行香追福。惟願以茲行香行德、迴向福因，先用莊嚴先聖靈識皇后即云先后靈識：惟願拂衣淨國，總（縱）駕天衢；冠惠日而飲（蔭）法雲，撥煩籠而歸常樂。然後散霑法界，普及有情；賴此勝因，咸登樂果。摩訶般若，利樂無邊；大衆虔誠，一切普誦。

### 四、亡文

夫三界並是虛幻，四大假合成身；五蘊念念相［摧］①，六識刹那不住。縱使聲聞緣覺，上（尚）有死事無常；況乎凡夫，豈得長生之路！故以緣會即聚，緣散即除者歟！然今此會所申意者，奉爲亡妣某七功德之嘉會也。惟亡妣乃母儀騰秀，蕙問馳芳；柔軌自居，風姿婉淑。猒榮華而慕道，隱俗修真；繼怗（佐）母之勝緣，潛通大道。所翼久流慈訓，育子擇憐（鄰）；奄棄一朝，魂消萬古。至孝等相（想）慈顏之日暮，背（倍）益悲辛；思鞠育之恩深，無階答効。謹陳勝願，以建齋延（筵）；邀請聖凡，用酬厥德。於是幡花布地，梵響凌天，爐焚六銖，飡茲（資）百味。惟願以茲設齋功德、焚香勝因，先用莊嚴亡者所生魂路：惟願永辭生滅，長啓無爲；託寶殿而入西方，座（坐）蓮臺而生淨國。觀音一睹，勢至來迎；朝聞法音，夕登聖位。又持是福，即用莊嚴施主合門居眷等：惟願三寶覆護，衆善莊嚴；灾障不侵，功德圓滿。然後散霑法［界］，普及有情；賴此芳因，登正覺道。摩訶般若，拔苦濟危，時衆虔誠，一切普誦。

## 諸雜迴向文

### 五、［患文］②

夫佛日流暉，朗覺花於三界；慈雲遍覆，蔭福芽［於大］千。天上天下之尊，三乘一乘之

---

① "摧"，據斯五九五七號之《亡僧尼捨施文》補。
② "患文"，據文義補。

主；有願感應，興念[蒼生]者，其惟我大雄尊。厥今福事遄設、敬豎良因者，則有某大德<sub>或云寺主等言</sub>爲其已躬染疾之所施矣。大德自云攝養乖方，忽瘦（嬰）疹疾；屢投藥食，未沐瘳除。所恐露命難留，風燈易滅。謹持衣物，投杖（仗）三尊；悕儜法財，冀清六府。今者良緣既備，勝福咸亨，盡用莊嚴患大德即體：惟願十方大士，垂悲願而護持；三世如來，賜醍醐之妙藥。身病心病，念念雲袪（祛）；福根惠（慧）根，運運增長。亦願諸親眷屬，並報（保）休宜；法界有情，同賴斯慶。摩訶般若，利樂無邊；大眾虔誠，一切普誦。

## 六、［患文］①

竊以法身靈（凝）寂②，弘濟之利無涯；道體幽玄，廣運之功叵測。故知尼連河內，非有垢而現除；毗藍園中，實無塵而永滌。是以動[植]汎七花之菀③，以沐一乘；彌陁瑩八德之池，用清九品。今茲會者，則有敦煌貴族、釋子亳華某乙大德爲其己身微疾之福事也。惟上京甲族，神假其（奇）真。非歲探玄，清劫塵而入道；齠年落綵（髮），攀惠鏡而明心。金縷換（煥）衣，光流佛刹。近瘦（嬰）厥疾，五情無視聽之歡；雖靡增加，六府熊（罷）晨中之饍。於是虔誠啓願，祈懺[悔]於千僧④；注想傾陳，設壇那於即日。以茲捨施功德、迴向福因，盡用莊嚴其闍梨即體：惟願形同大地，歷千載而常安；命等須彌，跨萬齡而不朽。八功德水，灌注身田；九橫稠林，摧殘殄滅。然後散霑法界，普施蒼生；賴此勝因，咸登樂果。摩訶般若，利樂無邊；時眾虔誠，一切普誦。

## 七、［患文］⑤

夫慈悲普化，遍滿閻浮；大覺雄威，度群迷於六趣。故使維摩現疾，應品類之根機；馬麥金鏘，表眾生之本業。然今施主某公祈妙福、捨所珍意者，爲病患之所建也。公乃四大假合，痛惱纏身；百節酸疼，六情恍惚。雖服人間藥餌，世上醫王種種療治，未蒙痊損。復聞三寶是出<sub>[世]</sub><sup>[世]間</sup>之法王，諸佛如來爲四生之慈父。恒用伽陁之妙藥，濟六道之沉痾；以自在之神通，拔人天之重病。所以危中告佛，厄裏求僧；仰託三尊，乞祈加護。惟願以慈（茲）捨施功德、念誦勝因，先用莊嚴患者即體：惟願神湯灌口，痛惱雲除；妙藥茲（滋）身，災殃霧卷。飲雪山之甘露，惠命遄長；餌功德之香飧，色身堅固。又持是福，次用莊嚴施主合門居眷、內外親姻等：惟願諸佛備體，龍天護持；災障不侵，功德圓滿。然後散霑法界，普及有情；賴此勝因，咸登樂果。摩訶般若，利樂無邊；大眾虔誠，一切普誦。

---

① “患文”，據文義補。
② “靈”，當作“凝”，據斯六四一七號之《社邑文》嘆佛號頭“法身凝寂”句例改。
③ “植”，據文義補。
④ “悔”，據文義補。
⑤ “患文”，據文義補。

## 八、豎幢傘文

夫大覺弘悲,多門級(汲)引;能仁渲(宣)教,感應隨機。皆稱解脫之功,莫非能濟者也。今囑(屬)三春令月,四序初晨(辰);延百福以豎勝幢,珍千殃而旌白傘。將冀保休家國,載育黎元;三邊無烽燧之優(憂),一郡沐康寧之慶。總斯厥旨,盛事興焉!其誰施之?則我釋門僧政(正)和尚爰及郡首、都督、刺使(史)等奉爲當今大中皇帝建茲弘業也。今既福事廓備,勝善咸亨,總用上資梵釋四王、龍天八部:唯願身光增益,聖力冥加;興念蒼生,匡茲教法。聖神皇帝:伏願南山作壽,北極齊安;魚水同心,君臣合運。然後四方晏靜,五稼豐登;疫癘消除,普天安樂。摩訶般若,利樂無邊;大衆虔誠,一切普誦。

## 九、［慶像轉經文］[①]

竊以皇王出震(鎮),蹤(縱)神武而靜八荒;調御應機,遊勝(神)通而導千里。於是霜戈夕曜,掃攙槍以濟橫流;惠劍晨麾,廓塵勞而清慾海。故使殊方詭俗,煦堯景以歸仁;異黨邪群,陶釋風而仰化。是知彰善匿惡,步驟之理存矣!絢德懲姦,真俗之宜著矣!厥金(今)轉金經於寶地,集四衆於蓮宮,並畫彌勒變一軀,毗沙門天王兩軀,事無疆之福者,則我釋門教授和上爰及郡首、都督等奉爲尚書北征保無災難之所爲也。唯願以茲轉經功德、畫像勝因,先用莊嚴尚書貴位:伏願波澄瀚海,霧廓燕山;尅樹功名,保無災難。然後兵雄隴上,勇氣平原;士馬無傷,旋還本郡。摩訶般若,利樂無邊;大衆虔誠,一切普誦。

## 十、星流發願文

夫諸佛興悲,無緣普被;有情見異,感跡緣差。故使歸向者,福逐願生;輕毀者,禍從心起。則知禍福自致,非聖愛憎者歟。厥今白帝屆序之晨(辰),今(金)風落葉之日;集四衆於寶地,開五印之真文,日盡三朝啓嘉願者,有誰施之?則有我釋門都統和尚爰及刺使(史)等傾(頃)爲星流變異,慮恐不祥,豎福禳災之所爲也。今既福事廓被(備),勝善咸享,先用上資梵釋四王、龍天八部:惟願威光熾盛,神力無疆;掃彗勃(孛)於天門,珍災殃於地戶。然後四方晏靜,五稼豐登;疫癘消除,普天安樂。摩訶般若,以用資薰;大衆虔誠,一切普誦。

## 十一、行城

夫法王降誕,爲極(拯)生靈;八相權宜,三身利樂。猒輪王之寶位,訪道幽巖;證最後［之］涅槃,誓居深谷。所以逾城夜分,得果初晨(辰);留像法於人間,使得通於塵劫。自爾迦維衛國,每習神蹤;淨飯王城,爭亨(享)勝業。今者岸柳未坼,邊雲尚寒;步蓮葉而似再現閻

---

① "慶像轉經文",據文義補。

浮，飛寶蓋而疑重遊天閣。幡花隘路而前引，梵唄盈空而沸騰；鳴鍾鼓而龍吟，吹笙歌而鳳儛。群寮並集，緇素咸臻；善既備兮無虧，禍必馳兮掃盡。總斯景福，先用奉資梵釋四王、龍天八部：惟願威光熾盛，福力彌增；興念蒼生，匡兹教法。復持勝善，次用莊嚴我當今大唐大中皇帝：伏願天皆（階）益峻，寶歷（曆）恒昌；心同諸佛之心，壽比金剛等固。次持勝善，即用莊嚴我河西節度吏部尚書：伏願腹心王令，助聖安邊；壽以（與）天長，嘉聲劫遠。又持勝善，次用莊嚴我副使安公：惟願長承帝澤，永固天心；寵禄時新，榮聲遠播。又持勝善，次用莊嚴我河西釋門都統和上：惟願謁愛河而偃塵岳，飡法喜而憩禪林；撥五位之重雲，圓三明之皎日。然後散霑法界，普洎有情；賴此勝因，齊登覺道。摩訶般若，以用資熏；大衆虔誠，一切普誦。

## 十二、[行城]①

我法王之利見也，其大矣哉！故降神兜率，現影王城。觀妙色有若於瘡癩，猒寶位乃逾於宮闕；抑四魔而登正覺，居三界而獨稱尊。神化難量，巨能談也。今者春揚（陽）令月，地坼萌芽；鳥向（響）含春，風搖翠柳。於是豁開奈苑，洞啓蓮宮；金容相煥爛於四衢，玉銀毫暉舒於八極。隱隱振振，如從刀利之天；巍巍俄俄（峨峨），似遶加維之闕。尊卑霧集，執蓋持花；大小雲奔，爭陳法曲。廣能仁之化跡，冀珍千殊；楊（揚）大聖之辭榮，悕（希）臻萬善。所冀四王護世，八部冥加；攙槍掃於天門，疫癘藏於地户。慶雲布野，喜色凝空；倒載干戈，修文偃武。總斯功德，迴奉龍天八部、護世四王：伏願威光孔盛，神力無疆；擁護生靈，艾（乂）安邦國。復持勝福，次用莊嚴我大中皇帝：聖壽尅昌，淳風永播；金輪與法輪齊轉，佛日將舜日交暉；妖氣肅清，保寧宗社。復持勝善，即用莊嚴我河西節度吏部尚書：伏願松篁比壽，金石齊年；保富貴於今生，渲休祥於來劫。復持勝善，次用莊嚴敦煌群首（郡守）、都督、刺使（史）等：唯願榮班日漸，寵位時增；福比河沙，壽逾山積。復持勝善，次用莊嚴我河西釋門都統和尚：伏願福康千月，壽保無窮；爲灌頂之國師，贊明王之利化。復持勝善，次用莊嚴我釋門都僧政（正）和尚爰及法律闍梨等：唯願法身堅固，惠命崇高；爲佛法之棟樑，作人天之眼目。然後散霑法界，並洎有情；俱出蓋纏，齊成佛果。摩訶般若，以用資熏；大衆虔誠，一切普誦。

## 十三、四天王文

夫乾坤之間，萬物咸育；日月之照，四生皆蒙。蠢蠢周流，非法王莫能自覺；攸攸患屬，非天主無以匡持。故諸佛興嗟，降神千界；四王靡化，各王一方。將使魔鬼懾伏而潛藏，群品康災（哉）而安樂。所以按智惠之劍，利可吹毛；帶勇猛之鉾，净如曉日；操旁偟之戟，迅若流星；挂長彤之弓，曲猶鈎月。或扼腕而靈祇開闢，或嗔目而妖媚吞聲。調風雨於人寰，降休響

---

① "行城文"，據文義補。

(祥)於天界。我聖神皇帝合如來[之]囑付,登宇宙之雄尊;遠託明神,用清邦國。故一月兩祭,奠香乳兮動笙歌;三心重陳,焚海香而奏魚梵。總斯多善,莫限良緣,先用莊嚴我當今皇帝:伏願寶位永固,金石齊年;四海澄清,萬方朝貢。又持是福,次用莊嚴尚書貴位:伏願長承五福,永謝百憂;榮班與劫石齊休,紫壽(綬)等金剛比古(固)云云。

## 十四、祭四天王文

粵至聖者,唯我世尊;至神者,則天王矣。所以授(受)佛付囑,護法弘經;威鎮蒼生,福資軍國。由是濁劫之內,災厄互興。若不精懇神靈,何以珍茲氛(紛)擾? 故得道俗同志,官吏傾心;清寶地而列真儀,闢梵延(筵)而陳香饌。八音競奏,聲寥亮於祇園;三寶爭弛,福禳(穰)和於沙界。總斯殊勝,無限良緣,先用莊嚴四天王等:惟願威靈轉盛,福力逾增;護國安人,掃清妖孽。亦使風雨應節,稼穡豐盈;邊庭無征戰之勞,中內有昇平之慶。又持勝善,次用莊嚴我當今皇帝:伏願皇靈萬壽,聖道咸享;廓鎮四方,威清萬里。我尚書貴位:信願道高往古,福積今時;克播芳香,邕義(雍熙)戎俗。然後休兵罷甲,鑄戟消戈;萬里塵清,三邊晏靜。般若威力,極(拯)難除災;大衆虔誠,一切普誦。

## 十五、天王文

某乙聞:須迷盧半(畔),有殊勝宮,所居天王,厥名護世。威容挺特,神用頗(叵)量,願廣悲深,鎮居此界。或掌擎寶塔,表慈育於含靈;或足踐夜叉,示威嚴而靜妖孽。故得萬機虔仰,詣四海而奉香飡;輔相歸心,獻金帛而祈勝福。我都督、刺使(史)一承繪身,竭意增修;每月兩時,躬臨奠祭。是日也云云。總斯多善,無限良緣,盡用莊嚴梵釋四王、龍天八部:伏願威光盛,福力增;衛生靈,護軍國。使四時允時,八表常清;妖氛永掃於他疆,是福咸臻於城內。亦願官吏克保休宜;法界有情,同賴斯[慶]①云云。

## 十六、豎幢傘文

夫除災靜難者,莫善於佛頂密言;集福延休者,事資於行城念誦。今者春揚(陽)令月,寒色猶威;請二部[之]僧尼,建[白幢]於五所者,其誰興之? 時有我都督爲合邑黎元報(保)[願功德之所建矣]。(後缺)

---

① “慶”,據此卷“用賴斯慶”句例補。

# 伯二八六七號《齋琬文·序臨官第三》

此件首尾俱缺，《敦煌遺書總目索引新編》據梅弘理的成果定名爲《齋琬文》，其內容爲《齋琬文》的《序臨官第三》部分。目前有王三慶釋録本，見王三慶《敦煌佛教齋願文本研究》，新文豐出版公司，二〇〇九年，第七八～八六頁。

## 一、歎佛文

竊以慈氏降靈，掩十方而開實相；正真演化，被三界而皷玄風。妙覺圓明，人天資其汲引；善權方便，凡聖冀其津梁。諒知黃馬英才，登法橋而驤首；碧雞雄辯，仰慧日以延襟。勝躅芳猷，難得而揄揚者矣！

## 二、刺史

惟公股肱王室，匡贊邦家；任重濟川，委臨方岳。於是剖符千里，建節百城，露冕宣威，襃帷演化，朱輪始憩，下車揚恩慧之風；翠蓋將臨，拂座置檀那之供。惟公珪璋特秀，標逸氣於百城；山岳降靈，扇仁風於千里。憂勞士庶，弘化人倫；瀟灑拔萃之英，蓊鬱千雲之峻。故能體真正之實相，思福閏（潤）之良因，建勝善以投誠，仰慈雲而結懇。須緣某事云云。伏惟公五陵貴族，三輔良家；匡贊大藩，羽儀朝野；綜六經［而］蓋代①，該七德以冠時。仁廉將定水俱澄，風化供（共）禪林等茂。須緣某事。惟願金香郁列（烈），逆散春溫：玉粒凝甘，密符齡箅。於是蝗飛避境，雨逐迴車；芳績著於一方，英聲播於千里。

## 三、都督

惟公名高列（烈）日，氣勵青雲。星戈動而太陽迴，月弓鳴而巨石裂。近以邊陲紛紀，仗劍前驅，既而紅旗颺天，霜鉾曜日，命寄鋒鋌之上，形馳白刃之間。竊自遠謀，不能無懼，望靈山而啓顙，仰兜率以翹誠，於是一揮劍而千里平，再攘臂而百城静。今者事清歸馬，奉國奉家；畫策曹鍾，銘功變鼎。玖以明珠玉眾（琮）②，駿馬輕裘，併入檀財，慶誧恩造。須緣某事云云。

---

① "而"，據俄弗魯格三四二號背《齋琬文》"刺史"條補。
② "眾"，當作"琮"，據文義改。

惟公夙標沖雅之德，早扇淳長之風。訓物以忠孝之性，受職以清簡爲任。英聲飛乎帝苑，茂實播乎天庭。遂得夕謁龍樓，朝遊［鳳闕］①。

### 四、長史司馬

惟公萱蘭蘊德，金石吐心；任贊褰帷，職陪分竹。助宣風於千里，茂實逾崇；匡演化於百城，英猷自遠。槐庭始闢，即陳清净之筵；雲蓋纔傾，先獻芬芳之供。須緣某事云云。惟公稟慶山川，降靈辰象；襲金章之令德，承玉鉉之芳苗。故能寄想禪林，留心慧苑。須緣某事云云。惟願壽仙（山）岳而齊固，財江海而同盈。兒郎則穆穆光風，館閣乃亭亭桂月。

### 五、六司

惟公藍田閏（潤）玉，漢水明珠；擢質昇榮，馳名顯職。憲章黎庶，軌範人倫。播清問于冰壺，昇皎明於水鏡。撫黄沙以恤獄，已流恩惠之謡；晁丹筆於緩刑，更逸寬平之譽。既而外敷皇化，約金科以拯四生；加復内藻玄津，披玉條而歸三寶。須緣某事云云。惟公等慶襲台庭，祥標鼎族，溢三明之雅亮，籠八俊之英聲。既而毗政之道克融，翼化之風彌切。又能虔誠寶地，繫想玄樞。須緣某事云云。

### 六、縣令

惟公蟬聯茂緒，奕葉崇宗。寔朝野之元龜，信人倫之藻鏡。於是任光墨綬，職縮銅章，製錦一同，調絃百里。扇仁風而訓俗，青鸞已翔；宣［惠］化以字人②，白烏俄集。加以翹誠奈苑，會緇侶於槐庭；聳慮香園，獻芳珍於蘭供。須緣某事云云。明府公志業沖遠，風神警悟；［珪］璋特達③，杞梓蕭森。既而撫化一同，狎雉之風再闡；宣條百里，翔鸞之美克融。須緣某事云云。

### 七、［文官］④

控蓮臺而放白豪照十方者⑤，諸佛縱神力！［甄金散寶而］摇動⑤，［肅］坐桂殿以臨紫微而朝萬國者⑥，我聖主揚化！公則日月星辰，含珠連璧以重光。練三魔而滿三祇，拔三塗而出三界；置九州而列［九服］⑦，［鎮九州而清九夷］⑧。［歎如來］聖主之慈悲⑨，功德福田，詎知崖岸者矣！惟公以榮高銅墨，

---

① "鳳闕"，據文義補。
② "惠"，據俄弗魯格三四二號背《齋琬文》"縣令"條補。
③ "珪"，據俄弗魯格三四二號背《齋琬文》"縣令"條補。
④ "文官"，據俄弗魯格三四二號背《齋琬文》"文官"條補。
⑤ "甄金散寶而"，據伯二五四七號背之"文官"條補。
⑥ "肅"，據伯二五四七號背之"文官"條補。
⑦ "九服"，據伯二五四七號背之"文官"條補。
⑧ "鎮九州而清九夷"，據伯二五四七號背之"文官"條補。
⑨ "嘆如來"，據伯二五四七號背之"文官"條補。

位屈絃歌;下車流撫字之恩,振筆動雷風之迅。加以深崇妙覺,展敬如宗。傾屬某緣,冥心起願,故於功德如上。惟願九煩霧卷,七障煙晞。般若意珠,常清意海;涅盤妙藥,永沃神衷。門閭克昌,家聲載遠。中外支屬,叶千慶以凝貞;隨喜見聞,延百福而照泰。

## 八、縣丞

[惟公金聲夙振]①,[玉]譽早聞②。位列名班,榮昇顯職。心珠下暎,弼遊刃以宣風;仁鏡[立臨]③,[助牽絲而闡化]。百里贊遷蝗之美,一同嗟去獸之芳。既而覆護四人,加以敬崇三寶。須緣某事云云。

惟公志氣泉涌,贊撫字於一同;逸思雲飛,助宣風於百里。須緣某事云云。

## 九、主簿

惟公才高命代,思逸陵雲;馳雅俗之憲章,挹縉紳之龜鏡。於是職監百里,宣製錦之芳猷;任察一同,藻烹鮮之美質。約金科而去濫,佩玉印以全真。播千載之英聲,崇一乘之勝軌。須緣某事云云。伏惟公人倫龜鏡,朝箄棟梁,然慎四知,又除三惑。加以崇儒重佛,悅禮敦詩。故得王仲腐毫,楊雄閣筆。

## 十、尉

惟公鄧苑芳枝,荊巖閏(潤)玉。躍鱗舜海,騰繡質於龍門;振羽堯雲,播英名於鳳闕。於是位陪製錦,匡藻化而揚輝;職輔調絃,奏清規而逸韻。恩流百里,灑春露於毫端;威勵四民,耀秋霜於簡際。由是嘉聲載遠,令問攸宣。加以藻慮金園,馳誠寶地。須緣[某事]云云。

惟公青田戒路,綠地生光。羽風盡三異之功,翼化闡一同之術。加以虛心至道,深悟虔(虔)誠,故於功德如上。

惟願業崇嵩岳,德富崑溟,慶逐時來,災隨節往。壽齊彭祖,歲等王喬。富貴難倫,榮華莫擬。官城(承)五品,祿暨千鍾。嘉偶載昌,幽閨茂實。賢郎等允文允武,迺孝迺忠;夫娘等花萼騰芳,貞閑麗質。遂使八禪定水,沐浴[於]心田池④;四正憝風,摧殘於惑樹。

## 十一、加官

惟公以擢職明時,昇榮聖日,宣風菀俗,聲稱遠聞。屢彰連最之功,聲加遷喬之路。所以

---

① "惟公金聲夙振",據伯二五四七號背之"縣丞"條補。
② "玉",據伯二五四七號背之"縣丞"條補。
③ "立臨",據伯二五四七號背之"縣丞"條補。
④ "於",據文義補。

營齊（齋）列供，方資鍾鼎之暉。疊蓋飛幢，冀接槐衢之陰。

## 十二、録事參軍

惟公南金蓄鋭，北地從官。文雅居懷，聲明（名）克著。加以心崇妙業，道契真宗，頃屬某緣，遂發鴻願功德如上。

惟願福源流祉，劫石窮而不窮，命緒延祥，恒沙盡而未盡。瓊田朗性，常勝慧日之暉；珠澤明心，長浹禪波之潤。

## 十三、御史

惟公詞族入仕，禮感登壇。茂策聞天，不受漢皇之帛；清詞擲地，詎延陳后之金。然以鶴鳴九皋，白駒彰賢哲之頌；鵬飛六月，聰馬息豺狼之貪。冰清雪白，出入[符]宸宸天子之心①。烏噆蟬吟，冠冕碎諸侯之膽。

## 十四、畿外官

惟公資令德之靈，稟沖和之性。温人（仁）出志，節儉居心。蒞職以廉平，導人以忠孝。莫不仰慈雲以延首，望清吹以翹[誠]②。懷威以静方，遠安邇[泰]③；肅仁以被物，薄職輕徭。故得推轂作藩，受寄心膂。功德如上。

惟願飛蝗避境，膏雨應旬。麥秀兩歧，禾抽五穗。耕者讓畔，路不拾遺。明公著於清能，士庶標其禮義。

## 十五、文貢

惟公體業清韶，風神簡令。學深北海，譽重西河。萬卷五行，應君之立性；問一知十，顏子之爲人。揚懿德於聖朝，擅芳猷於素里。無煩射策，懸鑒清通。賀以宿心，崇慈勝福。功德如上。

唯願棟梁家國，龜鏡仁（人）倫。聲聞九天，光流萬里。

## 十六、赴任

惟公體冰玉以清潤，資水鏡而貞明；居身以謙讓爲懷，在公以廉平爲務。將臨所部，風駕謡衢，遠涉山川，近憂氛祲。功德如上。

唯願金香郁列（烈），逆散春温：玉粒凝甘，密符齡筭。於是蝗飛避境，雨逐迴軒；成績著

---

① "符"，據文義補。
② "誠"，據文義補。
③ "泰"，據文義補。

於一方,英聲播於千里。

## 十七、罷任

惟公秉德沖素,履道清虛;志勵冰霜,任深雨露。遂使兩歧麥秀,五袴歌謳;茂績聞朝,嘉聲震野;或欽德義,臥泣當輪;有戀恩榮,銜悲叩馬。既還舊里,慶預遵途。珍味盈芳,寶香流馥。

## 十八、出聽訟官

惟公英英神俊,名掛月輪;堂堂羽儀,姓題宮柱。清能簡約,忠亮孝誠;博究憲章,鉤深令範。將欲奉揚休命,聽訟天陲。或提拎紀綱,拔申淪屈。理喧喧之口,涉綿綿之途。冀保清宜,道崇嘉祉。功德如上。

# 伯二九四〇號《齋琬文一卷并序》

　　此件首全尾缺,首題《齋琬文一卷並序》。目前主要有三個釋録本:王三慶釋録本,見王三慶《敦煌佛教齋願文本研究》,新文豐出版公司,二〇〇九年,第七一～七七頁;黃征釋如録本,見黃征、吳偉編《敦煌願文集》,岳麓書社,一九九五年,第六六～七二頁;朱義霞釋録本,見朱義霞《敦煌本〈齋琬文〉研究》,西南大學碩士學位論文,二〇一七年,第二四～四二頁。

　　詳夫慧日西沉,紀神功者奧旨;玄颷東扇,隆聖教者哲人。於是慷慨摩騰,御龍車而遊帝里;抑揚僧會,啓金相而耀皇畿。莫不搖智劍以孤征,警法蠡而獨步。摧邪辯正,其在兹乎!洎有龍樹抽英,冠千齡而擢秀;馬鳴馳譽,振萬古而流光。廬山則杞梓成林,清河則波瀾藻鏡。可謂異人間出,髦彦挺生;振長錫而播清風,沉圓杯而浮德水。紹繼則往而(持)三寶①,匡化則應供十方。弈葉傳燈,蟬聯寫器;開物成務,匠益人天者焉!但爲代移正象,人變澆淳;或藉名教以尋真,或假聲光而悟道。所以爲設善權之術,傍施誘進之端;示其級(汲)引之方②,授以隨宜之説。故乃違代高德,先已刊制齊儀。庶陳弊道之規,冀啓津梁之軌。雖並詞驚擲地,辯架譚(掞)天;然載世事之未周,語俗緣而尚缺。致使來學者未爰瞳蒙,外無繩准之規,内乏隨機之巧。擢令唱道,多卷舌於宏筵;推任宣揚,競緘脣於清衆。豈直近招譏謗,抑亦遠墜玄[猷]③!猶沉聖跡之威光,缺生靈之企望者。但緇林朽簿,寂路輕埃;學闕未聞,才多不敏。輒以課詃螺累,偶木成[林]④,狂簡斐然,裁成《歎佛文》一部。爰自和宣聖德,終乎庇祐群靈,於中兼俗兼真、半文半質,[就]耳目之所歷⑤,竊形跡之所經,應有所祈者,並此詳載。總有八十餘條,撮一十等類。所則舊例,獻替前規。分上、中、下目,用傳末葉。其所類號,勒之於左。

　　一、歎佛德:<small>王宮誕質;踰城出家;傳(轉)妙法輪;示歸寂滅。</small>

　　二、慶皇猷:<small>鼎祚遐隆;嘉祥薦祉;四夷奉命;五穀豐登。</small>

　　三、序臨官:<small>刺史;長史;司馬;六曹;縣令;縣丞;主薄;縣尉;折衝。</small>

---

① "而",當作"持",據北敦一四一一一號背、伯二一七八號背《齋琬文一卷並序》改。
② "級",當作"汲",據文義改。
③ "猷",據文義補。王三慶《敦煌佛教齋願文本研究》補作"風"。
④ "林",據文義補。
⑤ "就",據文義補。

四、隅受職：文;武。

五、酬慶願：僧尼;道士;女官。

六、報行道：被使：東、西、南、北;征討：東西、南北。

七、悼亡靈：僧尼;法師;律師;禪師;俗人考、妣、男、婦、女。

八、述功德：造繡像;織成;鐫石;彩畫;雕檀;金銅;造幡;造經;造堂;造浮圖;[造燈輪]①;[開講]②;[散經]③;[盂盆]④;[造温室]⑤。

九、賽祈讚：祈雨;賽雨;賽雪;滿月;生日;散學;関字;藏鈎;散講;三長;平安;邑義;脱難;患差;受戒;賽入宅。

十、祐諸畜：放生;贖生;馬死;牛死;駞死;驢死;羊死;犬死;猪死。

## 一、讚佛功德第一　　四條

竊以實相凝空,隨緣以呈妙色;法身湛寂,應物感而播群形。幽顯冀其津梁,人天資其級(汲)引⑥。自祥開道樹,變現之跡難量;捧駕王城,神化之規叵測。加以發願(源)鹿野,覺海浮浪於三千;光照鶴林,知(智)炬潛輝於百億⑦。府(俯)運善權之力⑧,廣開方便之門;邈矣能仁,邈哉[妙]覺者也⑨!

**王宮誕質**四月八日

斯乃氣移琁律,景絢朱躔;祥風蕩吹於金園,瑞日融輝於寶樹。蔑舒八葉,搖翠影於周霄;桂寫半輪,掩浮光於魯夕。池花含秀,十方開捧步之蓮;天雨流芳,九龍灑濯襟之液。恒星落耀,佩日揚輝;味甘露以凝滋,蓋鮮雲而颺影。黃鸎囀樹,爭吟聖喜之歌;素蝶縈空,競引蓬山之儷。毛翔(群)羽族⑩,總百億而同瞻;神境天宮,亘三千而率奉。

**踰城出家**二月八日

斯乃韶年花媚,景仲序芳春;皇儲拔翠之辰,帝子遺榮之日。於是琁枝逗影,乘月路以霄征;瓊萼馳襟,躡星衢而夕照。稅金輪於寶柱,騰王馬於珠城;韶光絢而天際明,和風汎而霞莊净。龍駒駕逈,將淑氣而同飛;鶴蓋浮空,共仙雲而並曳。遂使九重哀怨,驚睿軫於丹墀;萬品懷惶,捕神蹤於鹿野。于時妙花擎日,清梵携風;浮寶蓋於雲心,颺珠幡於霞腹。幢撥天而亘道,香翳景[而]駢空⑪;緇俗遝邐而星奔,士女川原而霧集。同晞(睎)歸聖景,望披塵外之

---

① "造燈輪",據伯二五四七號《齋琬文一卷並序》補。
② "開講",據伯二五四七號《齋琬文一卷並序》補。
③ "散經",據伯二五四七號《齋琬文一卷並序》補。
④ "盂盆",據伯二五四七號《齋琬文一卷並序》補。
⑤ "造温室",據伯二五四七號《齋琬文一卷並序》補。
⑥ "級",當作"汲",據伯二七三三號《行城文》號頭改。
⑦ "知",當作"智",據伯二七三三號《行城文》號頭改。
⑧ "府",當作"俯",據伯二七三三號《行城文》號頭改。
⑨ "妙",據伯二七三三號《行城文》號頭補。
⑩ "翔",當作"群",據斯五七四二號背《王宮誕質》改。
⑪ "而",據文義補。

蹤;共屬良辰,廣樹檀那之業。於是供陳百味,座拂千花;投寶地以翹誠,叩金園而瀝想。

### 轉妙法輪正月十五日

獻春候節,元朔晞陽;鮮雲吐秀於丹霄,和吹飛音於青陸。道樹朗玉豪之相,禪河瑩金色之容;廓氣霧於魔宮,扇祥風於鹿菀。於是勝幢迴建,惠鼓初[振]①;空流希有之音,辯奏未聞之說。理容真俗,包四諦以爲門;道絕名言,假三輪而成行。既遵聖軌,寔曰法輪;運含識而出畏途,導群迷而登彼岸。於是慈雲布彩,葉大小而皆霑;惠雨涵津,衆淺深而普洽。警真乘之勝序,請智鏡之芳辰;妙力難思,神功罕測。

### 現歸寂滅二月十五日

斯乃青祇戒(屆)序,候律驚辰;金河泛八解之瀾,寶地秀七花之蕊。于時一音遄震,吼百億而雷奔;五色光飛,照三千而電發。藻鴛池之德水,標鶴樹之祥林;嚴綺閣於雲心,莊淨芳(坊)於鏡面。遂乃金棺焰起,佛日於是淪輝;銀槨煙飛,慈雲以之罷潤。遂使塵方力士,仰生地以馳魂;沙界含靈,俯提河而灑血。可謂善逝調機之夕,能仁控寂之辰;啓方便之幽關,示薰修之勝軌。

## 二、慶皇猷第二　　四條

### 鼎祚遐隆

竊以法蓋遙臨,承帝雲而演慶;慈舟廣運,浮聖海而通祥。藻七淨於珠旒,果隆珠帳;發三明於金鏡,道暢金輪。遐開不二之門,潛匡得一之化。崇基所以岳鎮,景祚所以天長。伏惟皇帝陛下澤掩四空,德敷千界。仁深被物,遐通有頂之區;積惠澄襟,普照無邊之域。滌薰風於庶品,沐甘露於群生;基餘劫石之基,祚迭恒沙之祚。丹墀葉慶,紫極延祥。就日騰暉,與星虹而等耀;皇雲流彩,共樞電而同鮮。寶運遐隆,琁儀永泰。於是傾埏疊憘,磬宇馳懽,率土懷生,咸思薦壽。某等忝居黎首,同獻丹誠;仰讚皇猷,式陳清供。惟願凝流演福,與四時而並臻;端宸通詳,應萬物而彌顯。三靈普潤,六氣常和;玉燭然而慧炬明,金鏡懸而法輪滿。

### 嘉祥薦祉

竊以道格圓穹,天無秘寶;慧覃方礡,地不潛淪。故使録錯摛英,式表雙瞳之德;玄珪效祉,爰標三漏之功。莫不列穀金編,流芳玉篆;聖上風高驟帝,化軼馳王。動植霑恩,飛沉賴慶。故使昭彰瑞牒,書殫東墩之豪;鬱藹祥圖,紀盡南山之竹。斯乃素麟踐野,挺一角以呈祥;丹鳳棲同(桐),揚九色而表瑞。甘露凝珠而綴葉,慶雲瑩玉而霏柯;連理則合幹分枝,嘉和(禾)則殊苗共穎。百(白)狼躑躅,驚皓質於翻霜;赤雀紛綸,奮朱毛而皎日。河清一代,湛碧浪而浮榮;芝草千莖,擢紫英而絢彩。莫不祥符萬古,福應一人;永契璿儀,長階寶歷。某

---

① "振",據文義補。

等忝齊圓首，仰載皇猷；擊壤馳懽，何酬聖澤？敢陳清供，式慶嘉祥。薦輕露於福原，獻纖塵於壽岳。惟願集木（休）徵於宇宙①，藻佳氣於環瀛。契福資（紫）宸②，共圓穹而等祚；通祥青陸，與輪月而同高。花萼興徭，［長］隆於棣屏③；肅維成德，永茂於禮輝。

———————————

① "木"，當作"休"，據伯二三四一號之《燃燈文》改。
② "資"，當作"紫"，據伯二三四一號之《燃燈文》改。
③ "長"，據伯二三四一號之《燃燈文》補。

# 伯二九九一號《齋儀抄》

此件先抄寫《禮懺文》，另一寫手在卷尾的空白處抄寫了齋儀三則，故擬名此件齋儀部分爲《齋儀抄》。

## 一、官齋行道

夫駕象藍園，開瑞花於千步；伏龍石室，放靈光於一尋。自闡教五天，祇樹與黄金並價；寂言二月，雙林將白鶴齊形。於是慧日融心，朗覺花於意樹；慈雲比蓋，蔭福牙於大千。天上天下之尊，三乘一乘之主，大雄壯觀，其在兹乎！伏惟太宗文武皇帝聖胎先習，賢首降生。清動植於山河，洗乾坤於日月。故得伐香敦，延大樞。仰惟衛之靈姿，卷祇闍之絶影。我皇帝陛下道邁羲和，德過堯舜；人歸獄頌，神武自天。日月可以重光，乾坤因而再造。爰因忌日，遂闡良緣，大集僧徒，轉經行道。以[此]衆多功德①，無量善根，奉用莊嚴先聖靈識：惟願上菩提座，登降三空，昇自在天，遨邀五净；復憑願力，上資我皇帝陛下：壽齊北極，命固南山；天龍將地馬俱享，日殿與月宫相曜。皇太子至孝先於三善，聖德棻於重離。諸王永固於維城，公主演慶[於]旋（琁）蕁②。百辟盡忠以奉職，萬類減（咸）化以常安③。旁周一切群生，普及十方含識，共拔塵勞之境，同臻妙樂之因。

## 二、僧尼飾詞

[僧]④

惟法師智達三墳，才通五典。研窮八素，學遍九丘。宣吐涌泉，若大海之無竭；口談般若，似河江之難窮。異骨挺生，奇毛（髦）間秀。殊才卓絶，德行超倫。泥洹寶劍，斬十使之枝條；般若金刀，剪無明之根本。六情忻悦，五蘊清衷。罪滅障銷，形[清]體吉⑤。

---

① "此"，據斯三三五四號背之《官齋行道》補。"衆多"，原作"多衆"，據斯三三五四號背之《官齋行道》乙正。
② "於"，據斯三三五四號背之《官齋行道》補。"旋"，當作"琁"，據斯三三五四號背之《官齋行道》改。
③ "減"，當作"咸"，據斯三三五四號背之《官齋行道》改。
④ "僧"，據文義補。
⑤ "清"，據文義補。

尼

　法師形開七相，體備三才。氣美闌風，顏逾桂月。湖中漢女，攬玉鏡而羞前；江上湘妃，躡金履而敢進。身含百福，體離千殃。命遠傅俱，年高壽福。饑湌正法，習奈女之遺風；渴飲大乘，勝善賢之美行。遂使虬龍兩劍，掩（奄）一在而一沉；棲鳳雙木，忽半生而半死。

## 三、官府得脫

　身無釋行，口無擇言。義重鄉間，仁倫眾［中］①。苽田李下，情避嫌疑。温樹盃泉，生知傳忠。頃以枉羅［視］聽②，［橫被縶］維③。廣落桂枝，永遊蓮葉。而皇天親有德，諸佛念無辜。遂乃事潔隨珠，理明秦鏡。逾標令德，益震嘉聲。可謂彰勁草於疾風，識孿松於歲慕（暮）。今者功德如上。唯願長無九橫，永離百憂；播美震階，揚芬素里。

---

① “中”，據文義補。
② “視”，據斯三三五四號背之《官事得免》補。
③ “橫被縶”，據斯三三五四號背之《官事得免》補。

# 伯二九九一號背《齋琬文·悼亡靈第七》

此件首尾俱缺,《敦煌遺書總目索引新編》據梅弘理的成果定名爲《齋琬文》,内容爲《齋琬文》的《悼亡靈第七》。目前有二個釋録本:王三慶釋録本,見王三慶《敦煌佛教齋願文本研究》,新文豐出版公司,二○○九年,第九六～一○九頁;朱義霞釋録本:見朱義霞《敦煌本〈齋琬文〉研究》,西南大學碩士學位論文,二○一七年,第九○～九八頁。

### 一、三周畢供文考妣一切取

蓋聞藏山易遠,空驚造物之奇;逝水不停,幾積聖人之歎。雖有形爲累,眷延促以增悲,而無住可期,在生滅而俱謝。自非踰城覺路,攝景妙途,則何以静苦海[之]沸騰,息輪迴之運轉。厥今龕開錦像,席備幡花,爐焚百寶之香,供列千珍之味,有誰施作? 時則有座前[執]爐哀子某人奉爲亡妣追福之嘉會也①。伏惟亡[妣]疏神王嶠,光暉寶乘之珍;滴溜珠泉,彩暎連城之璧。仁信克著,禮則彌深。揚懿範於八紘,播英聲於九服。事親以孝,事君以忠。竭力於家,盡命於國。理應長爲舟檝,永濟巨川,何圖厚夜不歸,隨逝水而莫返;但以陽烏落影,陰兔流暉,兩曜相催,小祥俄届。至孝等孝誠無感,荒酷忽鍾。循步蘭陔,以隔瞻顔之奉;舉思松帳,無延泣血之誠。日逾往而逾悲,年益深而益慕。懷恩罔極,禮制有期;茅苫永焚,總帳將卷。敬追崇福,冀停迷心。憑有作之良因,契無爲之勝果。若是薦追馨諸珍財,敬造尊答。考妣通用者,歎德即次用。不謂柯條代謝,歲月環周。風燭一朝,光馳千日。諸親長男女等通用者,歎德即次。不謂陰陽驟改,氣序環周;風燭一朝,光流千日。[至]孝等懷恩罔極②,痛結終身;禮制有期,去兇就吉。

### 二、在道焚香

仰惟亡考風雅清沃,器宇淹和亡妣母儀令淑,女德信貞。何圖人代不留,長歸大夜。素[車]總帳③,向松路以低昂;哭響風悲,趣泉門而哽咽。孝等思念無已,寄捻寶香云云。月節、親别,安(按)敘德取用。長謂[□□□

---

① "執",據文義補。
② "至",據斯四九九二號背 + 斯三四三號之《亡文》"至孝等懷恩罔極"句例補。
③ "車",據俄敦一四三六號"素車總帳"句例補。

□]①,不悟景侵西岫,水闊東川。雲雷來(不)居,風燭俄屆。惟某亡考稟質英靈,風標邈遠,資神挺秀,器識淹凝。信順顯於鄉閭,意氣出於[倫黨]②。[知]苦空之可厭③,崇習誦以棲勤。净業未融,遽光風燭,東川不借,西岫沉暉。灰管屢遷,奄辭千日。

### 三、兒女幼稚父母俱亡

惟某至孝嚴蔭早違,陟岵之懷逾切;慈顔重隔,在屺之恨彌深。疊萬苦以纏悲,警四序而增感。遽移灰律,奄及祥期。觸緒崩號,感時摧咽。爰憑正覺,庶展窮懷。奉爲亡靈,敬造某像。

惟某早隔嚴規,訴昊天而崩感;重違慈範,踐霜露而摧傷。槐燧屢遷,棘心逾切;永纏荒慕,奄屬祥期。戀几帳而增哀,撫筵懷而罔極。爰憑妙福,少歷翹誠。其爲亡靈,[敬]造功德④。

惟某以幼年嬰禍,無怙之痛難勝;近歲纏憂,銜恤之哀逾切。率容薦毁,爰託相於慈雲。奉爲尊靈,清豎瑞福云云。

### 四、妣

夫人四德光備,六行昭宣。内範冠乎良箴,中饋苞乎美誠。寔宜永眄慈[訓]⑤,克隆芳規,不期風落秋霜,霜彫夏槿。安仁園里,徒望輕軒。日碑門前,空思闔扇,惟門風積善,族望高華,德被有輝,家聲無韻(隕)⑥。理應人慈永訓,撫洽閨闈,何期忽期一生,同歸萬古。

惟某四德含章,六行標舉,清廉甚田稷之母,禮儀重孟軻之規。何圖樹欲静而風不停,子[欲]養兒(而)親不待⑦。

某妣柔範居懷,風姿婉淑,四德逾茂,六行聿修。宜其永固遐齡,享延多慶,誰謂藏舟易往,脆影難留,風燭一朝,光馳千日,至孝等孝誠淺末,至感無徵,禍酷上延,慈顔永背。涕霑寒松,歔欷之痛逾深;哭動(慟)霜筠,哽咽之悲何極⑧。四時遷序,禮約三年。撫終制以崩摧心,泣痛哀而貫髓。緦帳將卷,茅苫永焚。奉屈緇徒,屆兹私第。追崇勝福,冀行迷襟。式薦良因,冥祈至祉。

---

① "□□□□",此處有脱文,可據文義及常用句例補作"久居人代"。
② "倫黨",據伯三七七二號之《考》補。
③ "知",據伯三七七二號之《考》補。
④ "敬",據伯三七七二號之《兒女幼稚父母俱亡》補。
⑤ "訓",據伯三七七二號之《妣夫人》補。
⑥ "韻",當作"隕",據伯三七七二號之《妣夫人》補。
⑦ "欲",據伯三七七二號之《妣夫人》補。"兒",當作"而",據伯三七七二號之《妣夫人》改。
⑧ 句首衍一"之"字。

## 五、畫像燃燈放生

### 像

像迺金容挺照，月面圓明，如從忉利之天，似超菩提之座。將疑説法，未閉丹果之脣；狀欲經[行]①，猶峙連（蓮）花之步。

### 燈

燈迺香油鏡水，高樹侵雲，花暎七輪，光暉八達。

### 放生

放生迺免陳平之執秤，息朱亥之操刀。方隨長者之車，不入胡兒之騎。

又：飛禽之類，刷繡羽於花林，水陸之儔，濯錦鱗於翠沼。以斯勝祉，用薦幽魂，面月光臨，即申奉慶。庶使萬德奇相，俯導魂區，千日威光，遐清識路；長揮毒箭，永出煩林。聞葉教而登仙，坐花臺而證忍。又持此福，莊嚴夫人貴位體：福裕彌昌，祥靈自遠。昭擇隣之美訓②，緝閫扇之芳規。流媛則於中閨，掩柔風於懿戚。

至孝等高賽愛網，不踐迷芳，三障煙晞，二嚴雲被。門風克劭，家緒再昌。棟梁柱石之材，蟬聯繼踵；白鳳雕龍之秀，烏弈駢輝。上願七曜無愆，三才有度；普該心識，廣被幽明。共出苦源，齊成佛果。

## 六、臨壙追福

蓋聞無餘涅槃，金棺永謝，有爲生死，火宅恒然。但以世界無常，光陰遷變。故有二時運轉，四相奔流，明暗相摧，昏晨遞謝。電光飛而暫曜，風驚燭以摧明；似上苑之花彫，等祇園之葉落。然今亡者受（壽）盡今生，形隨物化。捨兹白日，奄就黃泉。體逐時移，魂沉土壤。孝等攀號擗踴，五内分崩；戀慕慈顔，痛摧心髓。於是龍轜獻（軒）駕，送靈識於荒郊；素蓋分行（飛空），列[凶]儀於亘道。存亡永隔，追念碎身；悲叫號咷，哀聲滿路。故筮兆地以安墳，擇吉祥而置慕（墓）。謹延清衆，就[此]荒郊，奉爲亡靈臨壙追福。

仰惟亡<sup>考風神俊穎，儀宇肅清。</sup>何圖代逐風塵，魂歸北壟。孝等望山門而擗踴，俯泉路而號咷。揚推梵冀導幽靈，燻寶香薦陪冥駕。願使云云。

惟孝等追惟罔極，痛結窮塗。擗厚地以纏哀，仰窮倉（穹蒼）而泣血。將申卜龜，式啓泉扃。龜□□楚，莫瘞斯畢。故能遇僧勝侣，請佛真圖。俯泉穴以閉筵，邇荒途而敬席。留驂引梵，響遏行雲。變鶴往經，聲和天韻。惟願[云云]。

----

① "行"，據伯三七七二號之《像》補。
② "昭擇"，原作"擇昭"，據文義改。

### 七、爲考妣起塔

惟<sup>某考讚德如前，</sup>思劬勞之厚德，戀恃怙之深恩。故就山門，建茲靈塔。塔迺上排天路，峙漢月而掛雲星；下鎮地維，抗江河而帶厚陸。復以爐香結霧，與林煙而共爇；風鐸吟雲，將雅梵而俱轉。用此功德，爲其考妣，就此山原，收骸起塔。願使亡者<sup>云云</sup>。準前敘，即次云。考云：慕[尊]顏而遠痛①，仰庭訓之深恩。妣云：思撫恤之厚德，望膝下之深恩。僧云：思撫恤之厚德，追獎勵之深恩。總結云：敬聚遺形，或標□□□，□嶁餘仞，槃階數圍。薦竭山而共浮，逾劫石而無朽。

[至孝]等攀號茶毒，痛結五情，已經某日。至孝等攀慈恭德，五內分崩，望影思恩，四大摧裂。雖復悲纏六府，可(何)益亡靈。泣血三年，寧有資於魂路。惟當修因淨境，集福良田。方可濟此幽靈，用資罔極，居諸易謝，某日俄臨。於是庭羅百味，遠皎暎於天廚；爐散六殊，近芬芳於錦薦。於是飾華宇，奉靈儀，謹設芳因，冥祈至祉。於是綺陳華館，席列芳馨，式薦幽魂，冥茲(資)識路。<sup>造某功德等並像準上。</sup>云云。庶使近出愛河，遙通彼岸。慈光惠相，定水澄金。登月殿而怡神，坐金臺而納豫。惟願禪池八水，連意海而澄蘭(瀾)；覺樹七花，暎心枝而吐縟。解三惑之密網，摧五見之稠林；登涅槃山，座菩提樹<sup>云云</sup>。遂使祥蓮捧足，踐金地以怡神；提樹開襟，坐花臺而庇影。伏垣(願)至孝等祿位日躋，榮班歲漸。作四海之舟檝，爲一人之股肱。門緒克昌，家聲載遠。靈柯茂崇，桂馥蘭芬，楨幹芳枝，松滋柏蔭。閨庭長幼，嘉祉冥扶。中內九親，良緣永茂。荀家之一門八俊，遠尚風猷；楊氏之四大五公，高推雅望。蔭三葉之[盛]開②，保寒暑而無侵。入一實之至門，淨囂聖而不累。惟孝等百神影衛，無善福而不臻；千聖加威，有殃災而併歇。富則天垂碼瑙③，地躍珊瑚。貴則代襲簪纓，門傳冠冕。惟願孝等官高九棘，壽報萬齡。侍玉宸於丹墀，奉金輿於紫極。

### 八、[亡兄]④

寔乃清襟迥徹，志識淹和；邁姜氏之傳衣，逾卜生之讓宅。宜其克遵萬始，永茂三荆；在原之德未崇，陟崗之望俄軫。愴連枝而殞絶，咽同氣而摧心；晷刻不留，奄經某日。由是廣崇福利，奉冀資燻。

---

① "尊"，據文義補。
② "盛"，據文義補。
③ "碼惱"前衍一"馬"字。
④ "亡兄"，據文義補。

## 九、亡兄

惟亡弟兢淳毓性,敬愛昭夷(儀)①;推梨表謙退之能,讓棗結敦和之性。猗猗棣萼,吐四照而連跗;靡靡蘭英,滋九畹而攢秀。不謂螻蛭毀貫,雁影虧行,痛結深衷,悲添望緒。敬於某日,式馨於資,奉供三尊,福津九壤。

## 十、兄弟通用

逸氣與雲霞俱上,雅志將泉石共貞。孝悌標懷橘之年,英靈對桃李之歲。何期松門之念,恨花萼而何依;棠樹之悲,痛連枝而莫返。惟兄寔清襟迥[徹]②,志識温和上同。

# 官庶等妻亡

## 十一、官庶等妻亡

惟某夫人卯日馳芳,六行之風靡扇;笄年表譽,四德之善夙彰。野陳賓敬[之容]③,[冀]無異妻之偶④;家峻母儀之節,有符班女之規。庶使仙嶺行雲,共靈山而並固;雕梁落景,將旭日以長懸。豈期積善無徵,親仁遂爽。既亡魂於負壑,終滅性於藏山。雙鸞對棲,泣單鏡之孤碎;二龍相護,悲隻劍之先沉。以白鷺騰波,嗟逝川之易遠;丹烏落日,傷愛景之難留。但以漏刻相催,某日俄及。

## 十二、老長

惟某氏謹而知禮,不謝鮑蘇之妻;樂道安貧,豈裕梁鴻之婦。有著採蘋之禮,無虧祭服之功。穆穆母儀,詳詳婦德。而(如)梅三實,遽落九泉。痛結發之長乖,悲金蘭之永絕云云。

## 十三、少長

惟某氏貞明婦德,披雲霞而開月鏡;婉麗女儀,間叢薄而舒花錦。既而金蘭始契,偕老未期。歲何暮而桃李早凋,代何促而珪璋遽掩。先儀去矣,風生翡翠之帷;遊魂[何處]⑤,塵積盤龍之鏡。自娥月上,淑女成虹。同上語。

---

① "儀",據伯三六六五號《亡兄》改。
② "徹",據伯三一一四號背之《亡兄》補。
③ "之容",據伯二五四七號背《官庶等妻亡》補。
④ "冀",據伯二五四七號背《官庶等妻亡》補。
⑤ "何處",據文義補。

# 兒女及孩子并新婦等亡

## 十四、兒

惟賢息器識掩遠，風神秀朗。夙挺鳳毛之異，方期麟角之成。不悟欝欝貞松，遽凋風序；亭亭芳桂，奄羅霜辰。顧膝下而無追，晞掌中之載切。晷刻遷逝，奄及某辰。爰輯勝緣，庶祈冥祐。

惟亡息英芳迥秀，踰桂嶺之花叢；神儀素遠，狀崑山之麗玉。望德（得）永崇家代，紹嗣高門；風霜卒飛，奄摧仁子。父哀痛絕，母泣心嗟。慨歎未收，忽經某日。

惟大息資忠履孝，蘊義懷仁。稟廊廟之材，恢社稷之鎮。何圖甘泉先竭，良才易摧。長乖膝下之歡，永隔過庭之影。

## 十五、孫子

惟某□□□□懷智明色，受識清魂。可謂桂肇丹而含馥，蘭纔紫而流芳。冀壽百齡，式華九族，承禮青冑，襲義崇門。不意庭玉將榮，掩虹[□]於九地；槿珠七曜（後缺）。

# 伯三一○六號背《祈雨文》

此件首尾俱缺，《敦煌遺書總目索引新編》定名爲《祈雨文》。此件雖殘缺甚多，卻能反映出當時祈雨所使用的各種手段。

（前缺）

□□□□□□□□□□□□□□□於十地。草木□□，寧蠲鑠石之憂；魚鱉爲人，莫救焦黍之旱；飛牲走弊，仰河漢而無徵；瘞玉埋金，祭靈山而莫遂；青鳴布葉，暎鳳畛而消黃；翠畎疏莖，竟蘭皋而卷渌。[南]門徒悶①，陰石空鞭。巫尪非致雨之零（靈），畢罕無興雲之驗。四人惶懼，萬姓憂心。對坤宇而虔誠，仰零（靈）壇而致敬。湘中石鷰，詎假鳳翔。關里湮人，空□□土。野無卉草，井竭兹泉。石牛之背無塑，土龍之首□□。

---

① "南"，據文義及殘筆畫補。

# 伯三一一四號背《齋儀抄》

此件首全尾缺，抄有齋儀兩篇，故擬名此件爲《齋儀抄》。

## 一、[願文]①

厥今灑庭宇，儼真場，請三世之聖賢，會雞足之清衆，式崇嘉會、建福精誠啓嘉願者，爲誰施之？時即有某切誓發願賀佛慈恩之福會也。惟某公乃可謂信根堅懇，秀氣貞純。散善種於身田，擢法牙於心池。故能妙達苦空，深明因果，[悟]積善之招慶②，信香緣於有微。懼四蛇如（而）來侵，恐二鼠之煎逼，故能鏡中顯影，鑒影色而是空；水上觀泡，知泡想（相）而不實。所以歸依三寶，迴向佛僧。敬設檀那，一中（衷）供養。是日也，掃户開延（筵），庭中列座；甘露一灑，香風四薰；像列金儀，僧鋪錦席。總斯多善，莫限良緣，先用莊嚴施主即體：唯願四煩惱海，即爾消除；九横十纏，因斯永滅；福隨日長，命逐時增；十善扶身，七珍常滿。又持是福，次用莊嚴施主合門表裏姻親等：惟願命而（如）高山之岳，輔大國之明君；壽等乾坤，作聖主之心乎（腹）。五侯交漢，飛紫蓋於龍庭；七寶[恒]暉③，控珠軒於鳳闕。千災離體，萬善扶身，命逐年增，十善護體，共丹桂之恒榮，等明珠之渼水。

## 二、亡兄

清襟迴徹，志識淹和；邁姜氏之傳衣，逾卜生之讓宅。將謂克遵萬始，永茂三荆；在原之德未崇，陟崗之望俄軫。愴連枝而殞絕，咽同氣而摧心；晷刻不停，奄經某七。

---

① "願文"，據文義補。
② "悟"，據文義補。
③ "恒"，據文義補。

# 伯三一二九號光道大師
# 《諸雜齋文》卷下

此件首全尾缺，王三慶定名爲光道大師《諸雜齋文》下卷。目前有王三慶釋録本，見王三慶《敦煌佛教齋願文本研究》，新文豐出版公司，二〇〇九年，第二九一～三二八頁。

## [《諸雜齋文》]卷下①

京右街副僧録内殿三教首座光道大師賜紫　　　仁貴撰

① "諸雜齋文"，王三慶據内容擬題，兹從之。
② "安化柳僕射疾愈賽願文"，據正文内容補。
③ "西山和尚忌日文"，據正文内容補。
④ "三"，據正文内容補。
⑤ "賀息兵免禍兼慶影燈文"，據正文内容補。
⑥ "九"，據正文内容補。
⑦ "慶經並捨墮"，據正文内容補。

田常侍慶［畫祇園壁］①　［十三］②

易常侍慶功德及鳳翔未解圍遙乞平善　十四

西隱三藏爲先師中祥　十五

［昭武相公遠忌文］③　［十］六④

邠寧太保生日　十七

雲陽和尚大會　十八

邠寧太保慶道場　十九

［爲國夫人設齋文］⑤　［二十］⑥

［希貞］和尚捨墮⑦　廿一

魏尚書新市後拗立地宅功畢慶讚　廿二

［□□步杜將軍慶］十王堂⑧　廿三

尼大德貞信慶功德　廿四

金剛碇慶修功德　廿五

［希貞和尚慶百部法華］經［畢］⑨　廿六

先修十會　廿七

枉隱三藏慶功德酬願　廿八

［雲陽和尚捨墮文］⑩　［廿九］⑪

侍中郎君博士爲韓夫人［設文］⑫　卅

延安太保爲侍中生日　卅一

［□□和尚慶經文］⑬　［卅二］⑭

西隱大德度人設　卅三

通惠禪院真寂大師慶千佛文　卅四

---

① “畫祇園壁”，據正文內容補。
② “十三”，據正文內容補。
③ “昭武相公遠忌文”，據正文內容補。
④ “十”，據正文內容補。
⑤ “爲國夫人設齋文”，據正文內容補。
⑥ “二十”，據正文內容補。
⑦ “希真”，據正文內容補。
⑧ “步杜將軍慶”，據正文內容補。
⑨ “希真和尚慶百部法華經畢”，據正文內容補。
⑩ “雲陽和尚經墮文”，據正文內容補。
⑪ “廿九”，據正文內容補。
⑫ “設文”，據正文內容補。
⑬ “和尚慶經文”，據正文內容補。
⑭ “卅二”，據正文內容補。

[净觀大師慶願文]①　　[卅五]②

田僕射慶修宅　卅六

侍中於天王院掫置鍾樓動土　卅七

[□□□社衆造佛]涅槃③　卅八

## 一、安化柳僕射疾愈賽願文并喜男觀省　一

　　□□□□，□□□□□音；大覺無私，必因求而應願。伏惟僕射道光前哲，德邁時[賢]④，□□□□□之楷模，作儒墨千齡之宗匠。若以擊水搏風，須有程限；而□□□□□，□□□淹。然崇臺緩而必高，大器晚而必濬，將欲爲霖作礪，補□□□，□□□以分符，俟宣風而按節。昨者因馳五馬，將布六條，久涉□□，□□□□，忽霑微恙，漸至沉痾。縱禄位以殷優，假聖威而衛護。金□□□，□□□安，賴香火之因緣，致夤(寢)興之調泰，願之一也。

　　又以愛子郎中□□□□，□□□華。已聞問絹之名，久著養堂之譽。昨者暫違榮養，□□□□。□□恩信之言。解二蕃讎嫌之慮。果從妙選，克著殊功。不違嚴□□□，□□□□之命。今者駋軒纔至，寵澤旋臨。既安憑几之恩，乃慰倚□□□，□□□貴之日。家珍應瑞之晨，爲珠既耀於掌中，作礪必榮□□□，□□□錫。爰建道場，想三十二之相儀，禮萬五千之名號。咒持梵語，經誦□□，□□□□於六時，旋遶豈停於五夜。勝事既畢，慶讚今晨。並用莊嚴□□□□：[壽]逭彭祖⑤，位極孔光。爲霖當旱暎之時，作棟致聖明之代。郎□□□□□，事父榮家，隔雲母之屏風，對龍樓之聖主。

## 二、[僧尼大德先備香花擬將]法門寺供養值兵戈阻隔迴造延(筵)⑥　二

　　□□□□□□有鐵輪王，號無憂主，因無憂求哀以懺罪，爲煞八萬四千。夫□□□□□□，令造八萬四千寶塔，內置一寶瓶。一一瓶中，安其舍利。於□□□□□，遍南贍部州，建卒睒波塔。依光依處，各往興功。不□□□□□，□□法門精舍。塔號無憂，是八萬四千數之一也。塔中舍利，時□□□，□□□□，中指節骨，色如玉繭，堅若金剛。光欺照乘之珠，價奪□□□□，□□者千災珍滅，頂戴者百福俄臻。雖非開啓之時，常有巡遊□□。菩提樹下，不睹一丈六尺之金軀；娑羅林間，又不分八斛四斗□□□。□□□里，共欺緣軑。幸爲末法之僧尼，得禮遺形之塔廟。方欲各申□□，□□□□，[或]備花鬘⑦，或齎香藥，或營品

---

① "慶觀大師慶願文"，據正文内容補。
② "卅五"，據正文内容補。
③ "社衆造佛"，據正文内容補。
④ "賢"，據文義補。
⑤ "壽"，據文義補。
⑥ "僧尼大德先備香花擬將"，據目録内容補。
⑦ "或"，據文義補。

饌，或設湯茶，盡己精設，皆陳□□，□□□□，道路艱危，空懷憶佛之心，不滿獻佛之願。於是迴茲盛□，□□□□，□□香火之緣，用表師資之敬。於是請他方之賢聖，命合墠之僧[眾]，□□□□，□□□養。所冀國安人泰，惡止善行，雨順風調，禾豐歲稔，四方兵□，□□□□□□；□里生靈，永保團圓之兆。

### 三、[西山]和尚忌日文① 　三

　　□□□□，□□□□，隨刑(形)隱顯，順器方圓，約根性而淺深，逐因緣而利鈍。或頓□□□，□□□□□□；或俗或真，並入菩提之路。爰有大士不倦化緣，影現支那，名□□□。□□□□□力，祈福禳災，布在眾聞，不煩縷述。我國師和尚，道情□□□，□□□□，□□生緣，將酬願力。耖歲語驚於父母，立年名顯於王侯；□□□□□□□，語笑有殊於東土。至於咒香止旱，結縷禳災，佛圖澄之秘□□□，□□□之功莫測。若不然者，曷得皇恩遠降，紫詔遝宣，入座御床，□□□□，□□□侍，爭分海上之香；萬乘歡迎，特賜髻中之寶。由是教傳□□，□□□□，□□學天竺之聲，士女傳梵音之咒。所冀常弘三密，永究四生，□□□□，□□□濟。不謂眾生緣盡，賢聖願終，日沉有漏之山，舡纜無明之□，□□□□，□寫茅堂，門人泣對於梵庭，山鳥啼林(淋)於塔廟。西山和尚心燈□□，□□□□□；□隔古今，而法無前後。常於忌日，每切追修，誘化眾人，俄成大會。

### 四、[慶州]高僧安和尚忌文② 　禄山之四

　　□□□□，□□□無，賢聖有緣而即現，靈祥有感而必彰，靈祥現而不擇□□，□□□□□輯父母。洎乎晉宋之代，隋唐之朝，繼有奇人，隨緣利□，□□□□，□□□男。外即逆於人情，內即順於佛意。或遊酒肆，以醒□□□□；□□□功，以殺止於未殺。故經云："先以欲勾牽，後令入佛智。"又云："眾□□□□，□□□得出。"爰有國朝聖者歿故安和尚，發號譚詔，俗姓安氏，□□□□，□□□□，挈瓶至此，昂藏體貌，梗硬言譚，渾俗陶真，居凡□□。□□□□□□，共食而後述愆非；將欲破彼盃觴，同飲而然陳過失。食之□□，□□□□。食豬即豬命無存，飲酒即酒味無減。因觀神異，方悟聖□□□□；□□□喰，合境結香花之會。故知菩薩深旨，逆順難量；凡夫淺根，□□□□。[和尚]語門人曰："吾本無機，現茲異相。彼緣有旨，用釋他疑。既教□□□□，□□□□之境。"言訖，命水沐浴，梵香，如入定依，儼然坐化。至今詞貌□□□□，□□□形顏色，求祈必應，謗毀無徵，永福生靈，長光寺宇。□□□□，□□□□，□師之真，想師之道，同心歸敬，共力追修。爰備清齋，用申□□，□□□届，紫塞鴈歸，望梅柳而春色方凝，倚嵒巒而寒光尚耿。□□□□，□□因以樞依；鳥坐生憂，聽馨聲而

---

① "西山"，據正文內容補。
② "慶州"，據目録內容補。

鼓翼。

## 五、[節度副使]孫尚書慶宅文①　五

　　□□□□，□□擇友。移風易俗，可三年以見成；革故鼎新，乃一日而必葺。伏惟□□□□□□，□□誕靈；應瑞高門，來光聖代。加以文雄筆健，學贍才優。踵□□□□□，□咸推黄絹；繼謝惠連之佳句，則盡賞碧雲。曾投北闕之詩，□□□□□□。伏自燕臺受辟，衛幕從知。操檄而善愈頭風，秉筆而能祛□□，□□□□，□□拂鍾；著龜無宿疑，模邪無遺割。贊佐而間無不補，裨酬□□□□。□□□□□之功，步軍府殊常之專。固（故）得職遷上介，官列少蓬。情殷樽□□□，□□□□□内。昨以緣無廨宅，而□□葺私居，不遠銜章，俄成甲弟（第）。□□□□，□□□往復蹄輪；西接西園，夾路而徘徊水竹。規模已就，制度合儀。既□□□，□□□榮；爰憑福善，以用修禳。建揭諦之道場，誦總持之教□。□□□□，□□今晨，並用祥符尚書禄壽。

## 六、[道標村賀雨]賀息兵免禍兼慶影燈文②　六

　　□□□□，□□□□用意；修福禳禍，誠達士之棲心。祥生積善之家，災起正人之□。□□□□□□，□□戎馬爭馳，禍及神州，災延寓縣，商旅不通於道路，農家減□□□□，□□□□□跧，夜旁柴門之泣。伏賴鄰封長驅鋭卒，遠救疲民，解千里□□，□□□□□，當莊社衆同連禍難，共喜清平。家無缺落之人，村有完□□□，□□□□□，常懷廣濟之心；村號道標，必作衆善之首。遇失途者，和顏□□□□，□□□語安存；分衣減食，以相哀想；割席分床，以共安止。而又遵崇□□，□□□□□□□；朝禮慕（暮）參，同控即出恭入敬。名傳緇素，行伏鄉原。寶□□□□□，□□孤之見性。

　　又欲延明破闇，應節助陽，共熱蘭燈，同燃寶炬。□□□□，□□忉利之天；帝綱朝懸，似入花嚴之會。南瞻峻嶺，殘雪猶存；北□□□，□□□□，男社至而霜袍肅肅，女邑來而綵服邑邑。牛香焚寶座□□，□□□□□之外。伏願清信社衆等皆登上壽，盡保常安；眷屬團圓，□□□□，□□□難，隨故歲以消除；富貴榮華，逐新年而草長。

## 七、[故]尚父忌日文　七

　　□□□□□□□所忌。貪功敗己，往哲難防。故韓信遭雲夢之機，田橫受海隅□□。□□□□，□在天時，得失存亡，不由人事。

　　伏惟故北平王尚父之靈，受□□□，□□□□。跡聖代之八元，繼漢朝之三傑。明誠可

---

① "節度副使"，據目錄内容補。
② "道標村賀雨"，據目錄内容補。

以貫日，志氣可以干霄。□□□□□□，□勳庸於千古。當社稷傾危之際，鑾輿播越之時，逆師時摧□□，□□□□□□。痛三百年之宗社，惜十九葉之寶圖。遂乃斷意亡家，誓心報□，□□□□□□，按劍呼軍，狀竭擇（澤）已（以）取魚，若傾山而壓卵。由是重明日之再闢，□□□□□□，復聖朝于輦轂，自此彝倫式序，品彙昭蘇，寶因毅烈之□，□□□□□清，君臣道合，魚水情同，刊盛績於鼎鍾，示殊恩於帶礪，言□□□，□□□□寵澤，即不謂不深。奈禍福無期，修短有定，蒼荒薨變，寂□□□。□□□□之霜，未遂比干之雪。流年莫駐，諱日俄臨，爰備熏修，用資□□，□□□率。影入花籠，禮八萬歲之尊慈，壽四千年之神福。人□□□，□□□□之勳；天上資修，永取菩薩之果。夫人白業不昧，紅蓮受生，同昇□□□□，□□□遙之坐云云。

## 八、李侍中爲亡男十五郎追七　八　分聚骨肉

□□□□□□，煞身成人；毅之烈者也，唯貞與義。前哲攸難，所以馬援移孝；□□□□，□□□□從義。伏惟司空十五郎天資毅烈，神助忠貞；少慕文房，長親□□，□□□□□□略，効諸葛亮七縱七擒，山南獨豎於功名，魏北再成於勳□。□□□□□□，蕃部憑凌，騷擾郡城，振驚戶口。我大王與侍中爲民父母，□□□□，□□□□，寧安寢膳。遂乃聊興師旅，遠用干戈，選將推兵，分都領衆。□□□□，□□□□，既遵嚴命，克赴良辰，辭弟（第）誓心，絕席立志，功不成而不返，□□□□□，□□□場，親受矢石。搴旗奪弰之勢，有類於榆寨；斬路功成之威，□□□□□。□□□□，後無救軍。蒼鷹遭狐兔之機，猛虎陷豺狼之口。故知□□，□□□□，□□生榮，烈士酬恩。乃終明於死節，灰身報主，粉骨還家，寧慚吞炭，□□□□，□□□□。我侍中悲傷，一臂長緘問絹之言。國夫人痛貫五情，永絕□□，□□□□，念爾盛年，爰備齋因，用資神識。

## 九、［田夫爲］子移居修造① 九

□□□□，□□□□，峻宇雕墻，其唯福祥。若無造化之功，寧有安居之所？伏惟太□□□□，□順遐彰，令範無疑，箴知有則。加以高堂訓子，虛閣延賓；效陶□□□□，□□勞抒。三千俗里，孟家方得於善鄰；一止郊園，謝氏不愜於農邑。故□□□□□，□□□郎，榮登將相之門，貴達公卿之列。官既遷於永土，位必顯於旌□，□□□□□，復受分茅之寵。太夫人每慮賢郎歸覲，車蓋爰來，西無拜主之□，□□□□□□，遂呈心匠，乃出家財，選彼良工，建茲華弟（第），連甍接棟，廣廡虛廊，□□□□□□，□栱共丹楹互照。霜斤既罷，甲弟（第）俄周，遂設聖賢，用安土地，於□□□□□，□□齋酬宿願。當冀入宅之後，觸事諧和；門開列戟之榮，地湧覆□□□□。□□□□，還同程鄭之家；子貴孫榮，不異謝殷之貴。

① "田夫爲"，據目錄內容補。

## 十、□□□□□慶經并捨墮文　十

□□□□，□□□□。財施則近感天身，法施則遠招佛果。財施則色身獨受，法施則□□□□。□□□永保歡娛，法施即漸除煩惱；財施即衆生所敬，法施即賢聖所□，□□□□□□□□□□，而智惠增益。今者知財施是處六欲之本，固願爲兜率□□，□□□□□之由，乃誓取菩提之果。況和尚始從具戒，乃及從心，凡所施爲，並依典教。□□□□□，□□□利他，不爲有住之心，並作無爲之想，離八般障礙之法，成三種清□□□。□□□□之因，並是超凡之本。和尚乃風塵不雜，行解相應，名稱普聞，聲光□□，□□□□，□□法施，約五十余年，普遍有情之類。和尚雖年遵（尊）屬邁，焚修之□□□；□□時訛，節操之心靡改。每入夏而課經百部，或經冬而咒誦千首；□□□□□，□韻每聞於閭里。和尚以□心睹史，注想慈尊，是以六事齊修，二因兼□，□□□□□，□聞不退之音。後往龍花，頓悟苦空之理。是捨凡之捷逕，乃□□□□，□□□著引其前，神備道安讚其後。況和尚久看教典，頗喻因緣，□□□□□，□□□之願。今又經終百部，錢滿千繩，命合墭之僧尼，請他方□□□，□□□□，□施普願證明，更無高下之心，不作自他之相，助生天之福業，資出世[之舟船][①]，□□□□無以奪其毫，水火無以侵其分。和尚以修心歲久，住道年深，外伏神□□□，□□□於草木，達美譽於王侯。欽崇之道益深，鄭重之心尤切。昔融□□□□□□，□芝生帳幄之中；今和尚以曉夕精勤，瑞竹産道場之内。可表□□□□，□□□拔之資，豈須待於化龍，終日自留於解虎。和尚則以祥爲懼□，□□□□□□□，名聲既布於俗門，道德必操於僧史。從來數會，皆歸迴向，□□□□□，□□生之路。勝事既作，殊因必圓，總用莊嚴和尚法壽。伏願以三輪之□，□□□□□，休（修）百部之真文，資六根之勝果。彌勒貯慈悲之願，釋迦垂□□□□，□□□前修，必得符於後願。門人等（原文未抄竟）

## 十一、[寧州]慶鐘樓文[②]　十一

□□□□□，□□與鼓；威衆之目者，旗之與幡，軍俗以權。伏爲釋氏之以警□□□，□□□以共同，乃損益而有異。況乎鍾者，屬於吾宗，善息刀輪，能消□□，□□□□驗神，持策而彰徵。寮寮迎出定之僧，殷殷導迷徒之客。爰□□□，□□□□，若無鍾梵之聲，不是茄藍之所。此寺名標勝境，地枕雄崗；□□□□，□□輪煥，旦夕雖聞於梵響，朝昏每闕於鍾聲。資財之力未任，鎔□□□□□，□寺敬文大德，名揚日下，身寄鄉中，不重朝天，唯勤佛事。常□□□，□□□□。遂訒王侯，爾祈奏請，果符志願，尋遂宿恩，覃選自於仙宮，□□□□□□，韻美不慚於虔稚，聲洪耳絕於蒲勞，河（何）須霜降之功？不在水□□□，□□共喜，緇素

---

① "之舟船"，據文義及"出世之舟船"句例補。
② "寧州"，據目録内容補。

同歡,未昇雲外之樓,權掛殿前之屋。文公大德□□□□□,□□價周。乃命良工,選兹勝地。於是蟻旋運土,雀躍營才(材),盡文公□□□□,□□□般輪之手。不歲樓臺崛起,周星裝校皆嚴;千梁聳出於雲□,□□□□□□路。一望盡山河之際,再登見天地之心。霞生户牖之間,霧□□□□,[於是]懸簨簴①,掛洪鍾,命諸官,邀四眾,一撞一擊,聲騰萬井之中;□□□□,□□千峰之外,轟轟復聞經之耳,闕吒全禮佛之軀,功能備載於□□,□□□□於後代,匪但光榮寺宇,抑亦壯觀城池。若非堅固之心,曷立殊常□□,□□□□,勝事俄周,共建齋羞,用申慶贊。於是闢芳院,列華延(筵),請朱□□□□,□□□而應供,樂聲寮(嘹)亮,雅梵虛徐,總用莊嚴。

## 十二、[浄戒大師慶印]金剛經文②　十二

無上覺者,神力難思;最上乘者,法力無量。是□□□□□之本,如來爲眾聖之尊。雖詮八部之名,終出二空之境。則有大品小品□□□□,□□□源流宗派。其金剛道行,則隨喻立名。須(雖)真法財,則約人標稱,然□□□□,□現不同;至理至言,其歸一揆。是以無言童子樂説聲聞,乍聽即踊,□□□□,□□涕淚,悲泣其有,功稱能斷,理號圓明,出生死之中,流列涅槃之□,□□□□之復,勝三時捨身,轉四句之因,多七寶施佛。所以皆相信奉,競□□□,□□□□,勸僧勸俗,盛行寰内,周布人天。兒童知九類四生,婦女會六□□□,□□□□不斷,法教流通,弘揚必在於德人,勸誘實因於志士,則右街講□□□□□□大師,當兹仁矣!

大師宿懷廣誓,克副良緣,示生於聖代明時,□□□□□乖歲,聰明天假,德業神資,洪音可比於海潮,峻辯有同於河決。□□□□□,□著聲光,醍醐清萬乘之心,甘露灌六宫之頂,莫不真珠簾□,□□□□,□花飄講座之前,重蓆增論臺之上。近者注深宸宸,□□□□□□,首延光生,大教停睹,法雷再震,膏雨重霏,奪道安化晉□□,□□□遊吴之譽。

昨者暫離上國,來化雄蕃,問望既高,因緣亦重,大師□□□□,□□□臣,遂命印《金剛經》,求堅固力。於是選旃檀之香木,命般伯之良[工]③,□□□□,□躬刻鶴。文蹤顯焕,寧慚乎鳳紀龍圖;字體分明,豈謝□□□□□。然後墨搜王屋,紙採淡谿,印成而轉異操瓴,行下而無勞秉□。□□□□玉册,緘若金縢,五天之梵筴爰來,三洞之寶符莫比。先敗散□□□,□□及眾白衣,長爲出世之因,永作超凡之果。勝事既作,殊功亦周,□□□□□,用深慶贊。於是延殊五綵,供備八珍,命合墰僧尼,請他方賢聖,□□□□,□□之秘密方陳;末後愍懃,純陀之香花已畢。勝事既設,殊功□□,□□□□太尉侍中禄壽:伏願勳庸永固,寵澤唯新,雙油萬春,一注□□,□□□□,常蒙撫諭之恩;遠近僧尼,永保護持之力。

---

① “於是”,據文義補。
② “浄戒大師慶印”,據目録内容補。
③ “工”,據文義補。

### 十三、[田常侍]慶畫祇園壁<sup>①</sup>　十三

□□□□□像,優塡憶佛於身前;白疊圖真,阿育想佛於滅後,莫不逢緣超□,□□□□,[真]儀雖變於鶴林,影像猶存於龍窟。今信心常侍因師説經,□□□□,□□舍衞國,國豐四德,恨不生於彼方;聞祇陀園園畫三尊,慙不預於□□,□□□□。乃捐寶貨,懇召良工,爰就兹堂,乃圖往跡。於是搜妙思,想靈蹤,□□□□,□□布金之地;彩毫方運,光輝疊玉之基。迴身而臺樹俄成,隨□□□□□。真俗異境,凡聖殊途。外化表戒之威儀,還如往日;内净入定之相□,□□□□;[雖]無問答之言<sup>②</sup>,乃有六因之意。今則丹青已畢,金碧俄周,莊□□□□□□,應必資於上壽。伏願常侍職居武幕,官列貂璵。事主既盡於□□,□□□□於孝悌,自隨台旆,頗歷星霜。公名已著於和門,令德早傳□□□,□□□□行必信,輸誠而盡節盡忠,曾無譣陂之言,皆守謙恭之□。□□寵府,權掩衡門,雖路隔山河,而心馳魂夢,晝則祈求賢聖,夜□□□□□。□□果達精誠,保安寢膳。今則重來舊地,遠副群情,停成剪滅之□,□□□□□寵。常侍乃貯兹兩願,盡契宿心,爰於分貴之辰,用表裨酬□□;□□□□□,□□功德,營齋福田,共用莊嚴。

### 十四、[易常侍慶功]德及爲鳳翔未解重圍遙乞平善文<sup>③</sup>　十四

□□□□□□,乃聖者之用心;施恩濟危,唯賢人之留念。固君子施不報之惠,聖□□□□□立,皆依典教之文,盡契修行之理。伏惟常侍,果毅超群,英明□□;□□□□,□貫風雲,爲一方福德之星,作四海通流之寶。加以忠貞事主,氣□□□,□□戎莫大之憂,助軍府非常之力,濟難而赴湯煮(蹈)火,扶危而殉命□□,□□□不惜千金,繳囊而睹緣萬户。去歲值梁園兵過,今冬遭鄜時師來,□□□□□□空,勞倦而詞容全改。今則邠城稍静,户口纔安,念鳳府方危,□□□□,□社稷而寧殊壘卵,念城隍而不異綴旅。若非賢聖之威,孰救□□□□,更入捐寶貨,重課金文。假一萬卷之威靈,潛消沴氣;解重□□□□□,遽致清平。君臣諧魚水之歡,中外叶龍雲之契。勝事既作,殊□□□,[總用莊]嚴常侍禄壽:伏願金剛堅固之力,增彼壽山;將般若智惠之□,□□□□。□□而必諧必允,操心而盡達盡通,常蒙元帥之恩,永沐大朝□□。□□□儀益著,長播六姻;婦女增輝,永光九族,郎君即弓裘不□,□□□□□誠無虧,長承膝下之歡,永耀掌中之寶。

### 十五、西隱三藏爲先師中祥文　十五

□□□□□,□在悛心;應病處方,元圖愈疾。藥病相應,而其身必差;師資□□,□□□

---

① "田常侍",據目録内容補。
② "雖",據文義補。
③ "易常侍",據目録内容補。

□弘。傳燈始自於一燈，傳法使自於一法。于日精修品饌，潔滿香花，請□□□□□，邀數坊之士女，即三藏大德公奉爲先師和尚中祥追薦神□□□□□行貞，道高氣直；慈能接物，正乃摧邪，蘭薰如雨後之香，□□□□□之色。加以誨人不倦，憫物惟深，特開方便之門，普施修行之路。□□□□□，或贊歎於天宮，談真而是苦是空，誘進而念佛念法。莫不馨□□□，□□□□□情，悉斷薰辛，皆親香火。或受之以三歸三敬，或教之以五會五音，□□□□□，盡處門人之列。所冀道風永扇，戒事長懸，豈期緣盡□□，□□□□。嗚呼！衆人方困，長者何之？狂子尚迷，醫王已逝。門人三藏大德□□□□，□沐慈憐，承願而入室昇堂，受道而傳衣付法。今則榮精三□□□，□□獻壽之科，身處朝天之列，莫不光輝師主，壯觀門庭，將酬□□□□，□以馨香之會。諸社衆齋頭等咸蒙道引，盡感維持；得悟□□□，□□□勝會；願助良緣，共備清齋，用資白業。伏願和尚魂歸睹□□□，□□□□□；出九品之蓮臺，聞一乘之妙法。慈心未息，重行苦海之舟；願□□□，□□□堂之燭，門人三藏大德，願聲華轉遠，道德唯高，早霑紫綬之恩，長□□□□□。念社衆等早悟真常，捨凡籠於朽宅；慇除妄想，隳愛網於□□。□□□□善既精，感果而功德圓滿。

### 十六、[昭武]相公遠忌文<sup>①</sup>　十六

□□□□□，□□□格言；冥薦齋羞，能仁之誠說。固（故）得禋祀合禮，昭穆有儀；□□□□，□□斯在。伏惟昭武相公之靈：乘時傑出，間世挺生；負霜□□□□，□□□之妙略；忠貞天假，孝悌神資；性忌迴邪，道持讜正。傾藏以□□□□，□□未賓；皇屋重傾，翠華再幸。尋興讚號，旋立僞朝，君□□□□□悲，父子貯支離之苦。實謂神祇助順社稷，鍾靈果感英髦，□□□之騁災，相公與尚父同心協力，致命亡家，共破僞庭，同安宗社。由是□□□□，□景鍾；寵極人臣，恩隆祖袮。不謂災因外矜，禍及全家，十年之□□□□，□□之敗亡何速。嗚歟！高鳥既靜，良弓不留；敵國既除，謀臣□□。□□□□棣萼，而亦罪及鴒鶺，雖明功過之由，孰辨玉石之本。流年莫駐，□□□□，□□□晨，曾無遺薦。家童云：實賴當道太保與昭武相□。□□□□在姻親，雖行奉詔之由，每軫無辜之念。至於許收神櫬，□□□□□，靈轝歸父母之鄉，旋入墳塋之闕。每遇時朝，禴祭祥忌，齋羞□□，□□□□，□□拯救，莫不幽明共感，存歿皆知。鬼懷結草之酬，人貯銘□□□，□□□君夫人，絲羅義重，琴瑟情深，生陳舉桉之儀，歿展摧垣之□。□□□□□，三年之禴奠無虧；婦禮周旋，千日之悲容不改。然即星辰□□，□□□□，追思之道更深，敬奉之心彌切。爰憑福善，用假資勳神識□□，□□□□。伏願故昭武相公乘五通之駿足，坐九品之蓮臺；遽拋短□□□，□□來生之報。

---

① "昭武"，據目録内容補。

## 十七、邠州太保生日文　十七

□□□□□□，□作股肱；君即德合乾坤，臣乃用作霖雨。莫不乘時傑出，應世□□；□□□□，爲民父母。伏惟太保伊川降粹，維嶽誕靈；謫天上星辰，任□□□□；□旄問俗，仗鉞臨戎。自形家國之儀，光傳後史；移孝資忠之□，□□□□。□□豈讓於韓壇，静虜寧慚於衛幕。然後煩苛盡削，政令必□，□□□□之徒，篲掃讒邪之輩。固（故）得衙庭肅肅，若亞夫人在[軍]營①；衢路兢兢，狀□□□□□。[期]月而軍儲旋給②，隔年而税賦不徵。商價（賈）自安，公私不撓（擾）。若不然者，□□□□□，□□知人。入里而夜户不扃，出門而秋毫不犯。百姓荷息肩之惠，□□知挾纊之恩。鼓腹行歌，共樂清平之代；銜盃率舞，同歡福德□□。□□□□□□彌，處處見焚香念佛；美事既達於天聽，恩波即降於絲綸。寵□□□，□□□□。是以門鐫玉石，貌寫生祠，以喻將來，傳于不朽。時也日行□□，□火西郊，是元戎誕粹之辰，國寶呈祥之日。蘭夢霄（宵）應，桑弧盡□，□□□□□璋；今稱瑚璉，荷勍勞之臣德。所以請佛延僧，酬顧下之深恩，所□□□□□，清甲第，起華延（筵），布道場，持寶偈，虛徐雅梵，寮（嘹）亮笙□，□□□□，□善無盡。伏願太保松資益筭，佛保壽靈，年年之寵澤唯新，□□□□□□□。

## 十八、希貞和尚捨墮文　十八

□□□□□□□，能散不貪者寶，高僧剩而不留，固薄俱羅擲出金錢，□□□□；□□□器，未若此日。集清衆，會緇倫，依經而行彼檀那，據律而弘兹□□。□□□裹，長爲不失之財；平等田中，永作無窮之果。見之於和尚心□□□□久，功行方深，見諸佛入聖之基，識衆聖超凡之路。於是磨礱□□，□□□林，夜禪而控馭心猿，曉坐而調伏意馬。不以干戈亂其志，不□□□□□，觀名利而若冤讎，顧資財而如涕唾。然則累開檀會，□□□□，□□有恨之財，每作無爲之施，施無能施之者，受無能受之人。□□□□□□□空，與物而三輪清静。故知積福增智，終希兩足之尊；興慈□□，□□二乘之果。和尚居雖深院，坐必閑關，道德既高，名聲自遠。歸依□□□□□，□益者似蟻投膻，既難阻於往來，亦可從於邀命。和尚乃旋得旋□，□□□□□□；不化不求，自有從容之備。故知道不可測，福不可量，見世之力尚□□，□□□□□廣大。今又搜求衣缽，減割資緣，命合塲之衆僧，作一方之□□，□□□爲，懺疏自陳；舉意舉心，聖賢同鑒。伏願和尚法壽延長，比羅□□□□□；色身堅固，同大迦葉入定傳衣。今生之道業既高，來世之因□□□；□□兜率，禮四千年補處之尊；後向龍花，見八萬歲化身之佛。門人□□□□，□□□室，同傳道業，共繼佳聲，長聞教誡之言，永保

---

① "軍"，據文義補。
② "期"，據文義補。

蔭庥之力。

### 十九、[魏尚書新]市後刱立第宅慶齋文① 十九

□□□□□□，□時在人，不假擇鄰，何須易俗，瑞草豈從於根長，靈芝不自於種□。□□□□□，遂賴福緣之所感。若不然者，曷得幾年廢地，已作丘墟；一旦興功，俄□□□。□□□輝閭里，抑亦壯觀城池，高門啓而車馬同歡，大廈成而鷰雀相賀。□□□□華第，始入高居，爰備齋羞，用申慶贊。伏惟尚書識量寬弘，神情洒□；□□□□，□行無虧；踵前賢正直之規，首（守）往哲端明之道，不以權豪恃其□，□□□□□□心，常分克己之財，每貯濟人之念。若不然者，曷得與王侯契結□□，□□□□姪因依，不問尊卑之禮。尚書自復茲府，未有所居，不欲擾於□□，□□□□□室，爰尋廢地，得彼荒基。屬官者納價輸金，係主者交財□□，□□□□□土木，建彼軒墉，巧拙俱呈，公私不礙。由是連甍接棟，魚鱗與□□□□；豎牖橫窗，鳥影共蟾光來照。南北顯尊卑之位，東西明主客之階，□□□□□□□無福之地。伏願入宅之後，門榮族貴，家多程鄭之財；位重官□，□□□□□。或有穿掘土地，抵犯神祇，誤損生靈，潛隳窟穴。是以明憑佛□，□□□□□□金文，連開玉偈。所冀承茲迴向，長消累劫之殃；賴此資勳，□□□□□□。□將勝善功德，殊福因緣，總用莊嚴尚書禄壽。伏願青若楚山，□□□□□翠；福如滄海，永收萬螫之珍，龍神每護於行藏，賢聖恆加於動静。

### 二十、□□□□□□步杜將軍慶十王堂文 二十

□□□□□名，標於禮典；隄防業道，著在尊經。固敬神如見在之心，懼業起不無□□。□□□□死府，昧爽雖殊；善業惡緣，報應乃定，非聰明不能曉了，非□□□□□□，既通三世之因，可解九幽之難。于日跋涉曲道，登陟高崗，□□□□，□□拜佛，即我將軍刱營一室，特塑十王，功績周圓，用申慶贊。將軍是□□□□，□□□鍾靈；禮樂忠貞，弓裘奕世。加以增修器業，益著勳庸，位光駕鷺□□，□□□姚之烈。今則干戈在野，鑾輅省方，咸藉良能，共蘇瘝瘵。是以元戎□□，□□□仁，再居馬步之權，重佐番垣之任。我將軍常以奉公之暇，理務之□，□□□□，棲心善業。既乃深明罪福，而乃洞曉因緣，知三寶乃可託可投，於□□□□□□□，爰憑佛力，亦仗陰功。是以數備齋筵，長焚香火，爰興土木，刱□□□，□□□楹，分霞奪日。中安地藏，慈悲之相可觀；傍列冥官，威德之容□□。□□□□，非希今日之恩；再禱再祈，乞保他時之會。所冀十王照鑒，三寶證[盟]②，[在生]者悉願康寧③；已往者咸垂庇護，兵革早消於疆土，鑾輿速返於宮□，□□□□□漸平，户口永安於邨土。伏以茲利益，莫

---

① "魏尚書新"，據目録内容補。
② "盟"，據文義及齋文常用句例補。
③ "在生"，據文義補。

大休祥，總用莊嚴。

## 二十一、[尼大德]貞信慶功德文① 　廿一

　　□□□□□其象，要假多絲；一僧不能致其福，要假多僧。託衆僧爲出罪□□，□□□□恩之境。于日具威儀而禮清衆，稽首足以訴丹誠。徵其厥□，□□□間，即有丘比尼貞信大德，恨生死難度，歲華易遷；念四相以增悲，□□□□積懼，聊陳功課，式用慶修。願衆聖以昭彰，託衆僧而保證。貞信大□□□□，髫年落彩；冰霜作志，竹柏居貞。律風生而心地涼，戒事懸而□□□；□□□必懃必作，開煩惱者必退必除。外傳净土之經，内習韋提之觀。□□□□□，□解生知，驗果推因，求真息忘（妄），想蓮花色之往色，敢不競□；□□□□□良緣，寧無所慕。常慮行乖曩劫，業繫多生，心未契於聖□，□□□於幽顯。是以精懃課誦，懇告焚修，吟寶偈即不啻千章，咒真言□□□□□，從年竟歲，曾不解衣；度日經霄（宵），略無欹（倚）枕。今則功勞克就，□□□□，□不慶揚，何申迴向？而又素無貯畜，久乏資緣。或減割緇囊，或□□□□，□青蚨於兹院，邀白足於衆園，廣備珍羞，普申供養。所冀上資□□□，□□報四恩，傍霑三有。各隨疏意，盡己標心，自利利他，功德圓滿。

## 二十二、金剛碇慶修功德文 　第二十二

　　□□□□□，□色顯於三千；正覺韜光，遺形傳於八萬。是以尊遊龍窟，形塑鷲□。□□□□之容，爰從天竺；鏤玉鎔金之質，廣備支羅。奇工尚柱於八□，□□□□□五府，故經曰法滅，其在資（兹）乎！像廢像興，固應時也。此院□□□□，□石城塢，高低井邑，徘徊而只在目前；遠近山川，繚繞而不離□□。□□□名公碩德，多肯住持；貴客高人，盡思遊謁。儒公師主，永公大德，□□□□□，大轉法輪，盡講明門，晚譚净土。莫不緇徒負笈，來盡成鱗；信□□□□，□皆薰種。門人儒座之早承指數，頗得精華，既昇龍猛之堂，不□□□□□。由是連聲論鼓，繼豎法幢，燈光寧淡於傳時，乳味不求於□□。□□□□□哲，上唱下隨，既垂出缽之機，不枉投針之遇。儒公每於講説之暇，禮□□□，□□□於殿堂，兼及闕於刑（形）象。自恨三衣之外，五綴之猶空；一室之中，雙□□□□。□□普憑檀越，隨分結緣，日化日收，旋營旋置。星霜未換，土木俄周，粉□□□□□□，丹艧共朝曦競色。然則教傳净土，佛禮慈尊，但歸一實之□，□□□□之執。固（故）知彌陀彌勒，報化雖殊；現國現身，慈悲不別。今則丹青□□，□□□□，莊嚴而稍類龍花，鋪置而元同净土，長作焚修之所，永爲集福□□。[遂得街巷里]坊②，入暮而常聞磬韻；千門萬户，清晨而盡覺香煙，使瞻禮者福□□□□，□□者災隨鵁退。勝事既設，殊功亦周，若不廣備齋筵，何以表兹□□！□□□品饌，

---

① “尼大德”，據目録内容補。
② “遂得街巷里”，據文義補。

事華鬘,鑪飛龍鬪之煙,磬和海潮之韻。僧尼肅肅,登重□□□□□;士女姺姺,遶迴廊而攀樹頂。以資(兹)多福,莫限良因,總用莊嚴。

## 二十三、[希貞]和尚慶百部法花經華文① 第廿三

□□□□,□□莫及;將兹妙法,喻彼蓮花。表生死之淤泥,顯菩提之真性。況此經□□□□,□□聲聞,難逢狀優曇鉢花,罕遇若盲龜植木。由是聞資實相,啓彼□□,遶□□□於遠方,示一乘於凝際。醫王告誓,圖迴狂子之心;長者云行,要速貧□□□。□□□□賜輪王之髻寶,解醉客之衣珠。三車應童稚之根,一雨洒人天之種。固□□□□□,首出衆經,使受持者百福莊嚴,讀誦者六根清浄。今有希貞和[尚]□□□□,□□此經,功不至於三秋,數已終於百部。是以憑空往返,未足爲難,要□□□,□□□□,八百之卷軸畢備,六千之功德周圓,不妨禪誦經行,不廢焚修禮懺。□□□□歲久,住道年深,不以衣服飾其身,不以資材閏(潤)其屋,旋得而旋施,頻□□□□;不化而不求,數啓齋羞之會。今又捨身錢十萬,俵施衆僧,皆由自己□□,□□□□。究竟田中,轉閏(潤)無爲之種;豎牢藏裏,更添不失之財。前修□□□□,□□無以齊其行。

以兹持經功德,捨隨良緣,摠用莊嚴和尚福□,□□□□疑疑,惠海汪汪,比那律而法壽延長,類飲光而色身堅固。門人□□□□,心寶長春;習定林中,覺花競秀。然後福霑幽顯,善及存亡,八難三塗,盡□□□□□;□□九類,俱霑留念之恩,同生兜率之天,盡遇龍花之會。

## 二十四、[先]修十會齋文② 第廿四

□□□□□悲,智者先知;居安思危,賢人預見。況幽冥路廣,生死河深,非福[無以置歡娛]③,[非]齋無以資後果④。于日廚營品饌,室列芳延(筵)。請賢聖於他方,□□□□□□,即有齋主先修十會頓設者兹會矣! 伏惟齋主禮樂修□,□□□□;義兼朋友,恩及支羅。防非而尺璧不貪,慕善而寸陰是競。加以□□□□,□□本空;念四相以增悲,睹二髦(暉)而積恨。緬思前境,寧不預修? 內憑□□□□,□□十王之力。是以搆橋樑於嶮徑,修舡筏於危津。清齋爲過世之糧,□□□□□之福。初七至於終七,小祥及以大祥,皆爲自己之功,不假憑他之力。□□□□,□□實證,明十善業道現前,[曉]三惡道之滅壞⑤。言惟成帝,福不唐捐,□□□□□□之福壽。伏願信根不朽,願力常堅;松篁長比於壽年,江海永同

① "希貞",據目錄內容補。
② "先",據目錄內容補。
③ "無以置歡娛",據後文《雲陽和尚大會齋文》句例補。
④ "非",據文義補。
⑤ "曉",據文義補。

於□□。

## 二十五、西隱大德慶功酬願文　第廿五

□□□□，□□萬機；順器方圓，隨根深淺。若以宿無道種，徒考多生；□□□□，□□□世。今三藏大德藝解生知，聰明宿植。真言梵語，聞卷□□□□；□□□□，禪心亡情乃喻。而又誨［人］不倦①，弘教常傳，頻開灌頂法筵，□□□□之戒。莫不如風偃草，似雨投沙。争登長者之門，競赴醫王□□。□□□□，□□香火，久啓道場，廣事花鬘。常聞門［傳］鈴杵②，誦咒而功能□□，□□□嚮遏行雲。或遍及俱胝，或數窮億兆。所以福資萬乘，□□□□；□□迴駕之徵，速睹銷兵之狀。重使彝倫式敘，品彙昭蘇；君□□□寰海，會車書之信然。願封疆寧怗，户口安和，沴氣潛□，□□□契。有兹多願，爰備一齋，今對聖凡，用申慶贊。是時也，□□□□，□□俄新，東風開歲之旬，北斗建寅之事，賢聖赴香花之會，僧□□□□□□。功能既類於河沙，福壽必同於劫石，伏願大德……

## 二十六、［雲揚］和尚捨墮文③　第廿六

□□□□，□之戒也；少欲知足，僧之行也。故優波離房無宿食，大迦業身没□□。□□□□緇倫，名光貝葉。其有知教悟理，見賢思齊，靡謝古人，寧慚後□，□□雲揚和尚也。和尚住道年深，修因歲久，漸疏人事，寧遊貴達之門，至慕佛□□□□□□域。不以時訛革其性，不以世難易其心，衣（意）珠獨耀於身中，髻寶□□□□□。□□緇倫共聚，未嘗不顯發金言文；或因信士同延（筵），須是稱揚寶偈□□□□。□□□意，盡悟真常。分覺分修，爲因爲果。和尚自移瓶錫，來化邻䢴。爲俗□□□□，□空門之善友。而又常看藏教，兼課真言，或數洛叉，或遍周億，□□□□，□□□聞。卅餘年禮懺長爲，不啻一萬餘日。麻衣覆體，疏食□□，□□□□，□財不爲。己物新好者旋來旋施，貴在裝修；故惡者自著自收，□□□□。［每］開施會④，命闍塌之僧尼；數啓齋筵，通他方之徒衆。今又罄捐□□，□□資緣；除彼三衣，唯留一榻。道具免將於俗用，盡自新修［於］緇裳；貴□□□□，□□□刱製。或收香㑊，或貯齋資，日往月來，錢及七萬。君子乃□□□□□人，乃棄而遠之，咸知敗德之因，悉悟害身之本。難捨能捨，□□□□□□；難行能行，行彼難行之行。莫不三輪清静，三事體空，□□□□□心，不作自他之相。而又捨大門一具，見錢五鐪，自有私成，允陪□□，□□□□所施會，願置十筵。今此道場以爲數足，莫不筵筵歡喜，會會周□。□□□□□之因緣，作龍花之基址。昔大唐三藏，開施會於玉花；强晉道安，□□□□襄漢。其於標心用意，迴向所資，

---

① "人"，據文義補。
② "傳"，據文義補。
③ "雲陽"，據目録内容補。
④ "每"，據文義補。

自有懇誠,皆形懺疏。所冀諸□□□,□□□□咸知;事與願諧,道隨心長。以茲捨隨功德,念誦勝因,盡用莊嚴,□□□□,□道體然。願王臣受福,軍俗無虞,四州之災害不生,千里之禍亂□□,□□□空,共獲良因,一切衆生,同霑利益。

### 二十七、[侍中郎君博士爲韓]氏夫人設文[①]　第廿七

□□□□□,□天地平成;秦晉有儀,即家國光大。博士乃門傳將相,韓氏乃世繼公□。□□□□□一時,勳德共傳於當代。是以儀陳百兩,備禮千箱;家人所以送□,□□□□□之。韓氏夫人承規婉娩,稟訓邕(雍)容;婦德天資,母儀神助。葛之覃□□□,風之藻兮成章,無虧鼓瑟之歡,靡闕採蘩之體。榮連盛族,德□□□。□□之道可觀,琴瑟之歡攸久。所冀尊莪萋萋,蟲聲嚶嚶,宜子□□□□,□鶺鶺之繁衍。不謂霜凌晚恩,血妬春梅,祥雲易散□□□,□□難留於水上。博士痛良偶早逝,奇花易萎,鏡慘孤鸞,琴□□□,□雲莫莫,襄王方表於昔時;暮雨瀟瀟,子建始明於今日。欲起鼓□□,思舉案之心。是設清齋,用資白業。當願夫人碧池受氣,紅蓮化生。

### 二十八、[延安太保]爲侍中生日文[②]　第廿八

[恭聞壹千年而]聖人生[③],五百年有賢人出;出即扶危濟難,伊皋之道可觀;生即霸國□□,□□之風不讓。伏惟侍中道高四嶽,德重八元;位亞孔光,官超楊震;體國□□而安,人懷享育之心。清名顯著於兩朝,問望益光於四海。伏自重開□□□,□□韓壇,誓掃君讎,終除國蠹。由是堅壁城壘,揀閱師徒,若亞夫□□□,□□君之立法。作師者盡難兄難弟;摠戎者皆令子令孫,勢若□□□□,□若鵰鶚儔觀,廓清寰海,渾合車書,君臣之道轉深,魚水之歡□□。□□□名延安太保,天資孝悌,神受(授)機謀,有魯陽迴日之能,蘊廣利穿雲□□,□□□□,遂領蕃條。指甘雖間於晨昏,裨益不虛於歲事。今者驅軍十萬,□□□□,□□父母之鄉,誓敵伏讎之黨。莫不兵皆狼虎,將盡雄羆,指揮而陣□□□,□叱而庶頭星發。坐睹聲同破竹,勢類覆巢。同謝安破苻主之師,則祥□□□;□□□摧犬戎之輩,勢假風雲。冀折屐之歡,遽拜隔屏之寵。伏遇侍□□祥之日,台星應瑞之晨(辰),爰憑五利之齋,奉續千齡之筭。

### 二十九、□□和尚慶經文　第廿九

□□□□□□之法也,師已解之;難行者僧之行也,師已行之;難鄙者人間名位,師能□□;□□□世上資財,師能捨之。此乃上不負於佛恩,下不辜於師主。內不辜於父□,□□□

---

① "侍中郎君博士爲韓",據目録内容補。
② "延安太保",據目録内容補。
③ "恭聞壹千年而",原文此處約殘缺六字,據前後文義及"運偶千年之聖"句例補。

□信心，實謂像教之楷模，乃是緇林之龜鏡，可以名標僧史，德附□□，□□□□，傳于不朽。和尚始從落髮，今及從心，積德累功，修身慎行，知福[也爲安身]之本①，知惠也是入聖之因。是以累捨衣資，長看藏教，遇因緣而知無不□，□□□而見無不爲。至於開浴設齋，莫若是合城合坋；或時焚香禮佛，無□□□□□。數珠爲起坐知聞，經卷作朝夕伴侶。又持一乘妙法，八卷蓮經，獨悟□□，□□□□，開口覺青蓮之氣，啓函見白月之光。莊嚴非但於六根，利益必沾□□□。□□□□則數終百部，日滿十旬，兼課真言，并稱佛號。或即遍終億兆，或即數□□□，□□自己之功，不假憑他之力。莫不白衣稽手，緇侶降心，苦節爲僧，昔日之□□□□；□情住道，往時之安會何偕。寧慚晉帝之車，不羨吳皇之輩，而□□□□能施衆僧，既福惠以雙修，假聖凡而共證。從來善業，願爲兜率之因；□□□□，□□龍花之果。或有見聞隨喜，或有愛敬歸依，共發勝心，同生內院。各願□□□□□主，盡得聞經；逢八萬歲之慈尊，皆蒙授記。然後向忙忙(茫茫)六趣，蠢蠢四□，□□□□，□苦與樂。菩提路遠，終懷得到之心；生死河深，遠滿超過之誓。

### 三十、栖隱三藏度人設文　第卅

□□□□□□，無計獲於明珠；俗士不入空門，無因求於聖道。得聖道即長拋生死，□□□□□免貧窮，若非猛利之心，難安安閑之境。固(故)如來贊出家功德，勝造□□□□；□□因緣，多施金於沙界。出家者如拋重擔，似解深冤，脫桎梏於圓扉，□□□□大獄。如銷毒藥，似喻沉痾，雖未聞證果之名，猶且得生天之報。遂使優□□□，□□□□以掛緇衣；有相后妃，卸珠冠而除紺髮。茲皆臨終懼業，垂命□□，□□□感，長時受福。又如醉夫悟剃，戲女暫披，猶爲解脫之因，永捨□□□□。今行者根基已熟，事藝兼精，願披忍辱之衣，乞厠和合之海。三藏乃□□□□，□囊周施。寶地來而火宅空，金刀下而魔宮振。便永棲心奈苑，勵□□□，□□之教法能修，四智之菩提必取。是時也，寒雲夜濟(霽)，爰(暖)日朝舒，遊人罷□□□，□葉盡而鳥巢出。繇是張陳盛會，請命高僧，煎茶依陸漸之方，□□□□安之法。香煙不散，疑喜氣以兼凝；梵響偏長，恐歡聲以共和。事既□□，□□□臧，總用莊嚴三藏法壽。

### 三十一、[通]惠禪院真寂大師慶千佛文②　第卅一

□□□□□無相，佛身者有寶有權，權即證覺利生，寶即冥真契德。權謂隨機□□，□□究理歸源。自利之道既成，利他之門須啓，乘慈悲願，顯彼色身，如日影現□□□，□□聲傳於百谷。即有净土穢土，大身小身，應十地之機宜，投二乘之種性。□□□□□□□之相，或

---

① "福也安身"，據伯二三一三號背"福爲安身之本"句例補。
② "通"，據目錄内容補。

三千界中所見之身。降生與入滅雖殊，悲濟共慈緣不別。□□□□□□，□內有千如來，最初即號曰拘留，最後即名爲樓至。四佛以出己入般□□□，□□□□，未成正覺。我釋文佛同在劫中，彌勒慈尊亦居數內，若欲生生□□，□□□□，可以預結良緣，多修勝福。黨（儻）或今迷不喻，强頓偷生，則後悔難□，□□莫及。若遇此一千諸佛之後，即頓失人身。又經云："十餘劫之中，空無佛世因□，□□□作，長溺苦源，既無憫物之人，寧有超凡之望。"今者紅堂塑像，粉壁□□，□□□□，後名賢劫，顯顯報相，獨居百寶之花；歷歷化容，各慶千輪之月，皆□□□，□是良工。弘之者誰？當院真寂大師及院主大德矣！大師與大德，並禪林穎□，□□□髦，惠解生知，聰明天假。傳付而皆依祖德，化緣而悉稟師宗，常行克□□□，□□□他之行。將欲永弘秘印，大振玄風，來化王侯，請興利益，於是變□□□□□，迴陌巷爲寶方（坊），房廊與寶殿俱周，塑畫與丹青盡畢。遂使亡機淡□□□，□盃振錫之流，咸投宴坐之方，共慕經行之所。大師以憂人心切，接物情□，□□□□，將安土地。去歲以干戈在野，戎馬生郊，喜不犯於城池，苟免侵於□□。□□□□，悉自台慈，咸知覆護之恩，共感生成之力，是以躬勞道德，重飾真□。□□□□□□四衆之心，繪賢劫千佛之像。工窮妙思，影現奇容，相好圓而醉象降，□□□□□龍泣，啓户而七珍交映，褰扉而五彩相宣，如登善住之樓，似入花□□□。□□長爲聖跡，永作良因，使瞻禮者舉趾和諧，歸依者操心契合。諸□□□□，知因辯果，厭俗求真，行善無遺，良緣必作。共備香花之會，用申□□□□，須憑諸佛之恩，上報元戎之德。伏願太尉侍中，台星永耀，國棟常堅，□□□□□鼎彝，寵禄永期於帶礪。國夫人伏願千佛影衛，長光千乘之家，千□□□□□，□續千齡之筭。真寂大師及院主大德並願龜年鶴壽，長爲化道□□；□□□□慈航，永接失途之衆。諸信士等，並願信根不朽，善種常薰，汪汪而□□□□，凝凝而壽山增峻。

### 三十二、[淨]觀大師慶願文[①]　第卅二

　　□□□□□□者，忠臣烈士；弘教度人者，碩德高僧。彼有仁而王聖道昌，此有人而□□□□。伏惟淨觀大師業茂生融，道齊安遠；經明論著，曇無最起獨前[賢][②]；□□□□，湯惠休寧妨後哲。加以藝精譚演，德善化緣，霈法雨於□□□□，□懸河於龍樓鳳闕。固（故）得恩傾萬乘，喜動六宮，頒命服於玳瑁□□，□□□於真珠簾下。今則□□□道著，名重身高。惟親香火之緣，以謝利名之□，□□□之聖教，助飾凡詞；或即苟徇俗機，事乖真理，進取而寧無歧路，譚諧而豈□□□，□□爲法之心，常懼違情之過。又以自居班列，須備朝儀。或服飾奢華，或□□□□，□□突僧衆，或污黷伽藍，或身口意愆，或見聞疑罪，雖久懷憂悔，而□□□□，□對聖凡，盡傾肝腦。所冀水還香海，永息他名；鳥入寶山，盡同一色。爰□□□□，□託

---

良緣,時辦清齋,用陳丹懇。是時也,周正啓序,堯曆俄新,寒光將謝,□□□□。□□□色,蒙於草樹,是迎新送故之月,乃消災益壽之時。開筵既屬於良□,□□□□於盛會。伏願大師高名不朽,盛德惟隆;墻慚(攙)空門,棟梁釋教。狻猊座□,□□□□之師;鸞鷺群中,常作護持之主。然願五行貞吉,九曜昭迴;十地永安,法轉(輪)常轉。

### 三十三、[田]僕射修宅設文① 第卅三

□□□□□,珍寶可尊;具六種功能,列七般殊[珍]②。歸依者遠超三界,迴向者近免三塗,若非宿□□□,□□□生逢遇。況齋主僕射久修福業,深種善根。始自歸依,長爲利益。伏願□□□□□嶽,氣觀風雲,忠貞可邁於古今,言行不逾於終始。加以輕財重分,無慚□□□□□;救物扶危,有類於率及折檻。固(故)得名傳四海,行服五侯;爲鄉黨之福星,作人倫之□□。□□以干戈蔚擾,户口憂疑,僕射乃輟寐忘喰,赴湯蹈(蹈)火,佐輔而寧空心力,彌□□□□□財,貴成不戰之功,乃就久安之計。果睹群蟄宵遁,聚蟻潛抽,懼草木作□□,□□濠爲湯石。今纔封疆頓静,户口旋歸,賴侍中帷幄之機,荷土地山河之固。又昨□□□□,□□□崇,雖命良工,全由心匠,從長捨短,革故鼎新。新者不日而成,故者一旦如失。□□□廡,俄分主客之階;峻宇高堂,各列尊卑之位。昇降而皆依至度,徘徊□□□□□,朱簷闕而鳳翼垂,紺瓦排而龍鱗起。然後臨軒栽竹,覆井植桐,粉墉□□□□□,素壁繪袁安之雪。親姻乍至,難尋舊日之基;雞犬咸疑,誤入新豐之□。□□□□已就,巧拙俱停,既興土木之工,恐犯方隅之禁。爰憑三寶,將謝百神,□□□□,廣營福善。伏願僕射信根不朽,惠鏡常明,福海轉深,壽山唯峻。

### 三十四、[侍中於天王院]刱置鍾樓動土文③ 第卅四

謹按大藏《因果經》文,善乃修佛殿塔,則□□□□□人王;若乃建寺樓臺,則世世作公侯卿相。若乃書經畫像,則感一品之官□;□□□□□□,□□萬鍾之俸禄。聞法則聰明廣博,懸幡則壽命延長,好生則福及子孫,□□□□□裔嗣。若要聲揚四海,嚮遏萬夫,資黄馬之劇譚,縱碧雞之雄辯,□□□□□請越,居尊則故(顧)盼威揚,莫若施玉磬於伽藍,掛金鍾於梵刹。我侍中□□□□秉坤靈,利若吳鉤,鑒如秦鏡,言唯契道,語必通神。於此因緣,必能□□,□□□□,曾爲佛寺,額號龍興。殿宇峥嶸,房廊顯敞,鎮五龍之南客,禳萬馬□□□,□□□兇醜不侵,廢後則暴流頻至。我侍中將安萬户,用保一城,重取舊基,□□□□,初欲懸於簨簴,先乃築於層臺。固(故)須啓告龍神,兼且安於土地,□□□□□,□吉良晨(辰),蟲蠁方陳,畚插齊舉。所冀興工已後,千聖輪祥,百靈效祉,□□□□,□我疆壘,恩

---

① "田",據目録内容補。
② "珍",據文義補。
③ "侍中於天王院",據目録内容補。

及高低，惠周遠<sup>近</sup>，百姓歡呼，三軍諤美。事主兢兢，居家□□，□□□□，克勤克己，耒耜重興，干戈漸弭。雨順風條（調），秋隆夏韡。粟滿囷[倉]①，□□□匪，境净煙塵，鄰同魚水，土[地]安寧②，龍神歡喜，壽永靈長，常保終始。

### 三十五、□□社衆造佛涅盤文　第卅五

□□□□□，□云圓寂。圓謂體含三德，不減不增；寂謂相離十非，無垢無染。長抛□□，□□喧囂，是安閑寂净之方，乃歸本還元之所。名雖四種，得者七人，□□□□，□□示現，爲破執常之想，令詮究理之心，表無相以無常，明有爲而[有]終③。□□□□，座視金河，遍遊三昧之門，將復一真之性。或逆入順入，全超半超，依四禪□□□，□□□之圓寂。於是枕肱壘足，北首面西，中（仲）春夜半子時，寂然告滅。是時[也]，□□□□，□府哀號，飄風驟，雲山吼，水波逆。聲聞緣覺，形摧枯木之容；□□□□，□現奢華之血。然後案輪王之古式，方俟葬儀；募力士以捧持，競□□□。□□而金棺自舉，遶俱尸之大城；逶巡而聖火潛焚，應闍維之盛□。□□□□□願力，猶專碎金剛身，遺舍利骨。遂得八國嚴衛，四兵肅容，各□□□，□□寶塔。嗚嘘！聞名感戀，恨不滅身，睹相攀哀，寧存生性。今院主輝□□□，□喻金文，常懷憶佛之心，每貯壞梁之痛。爰搜深信，每勸未萌，□□□□□涼，念四河而嚀咽。假使燒身練臂，難逢紫磨之身；勵志傾□，□□□□之相。惟於忌日，共備齋延（筵），供佛飯僧，持花獻蓋。所冀遺形寶□，□□□□□上人間；末後金文，永闌於他方此界。賢聖假護持之力，王臣知屬付之□；□□□□□道場，鍾梵鎮聞於寺宇。

### 三十六、[雲陽和尚大]會齋文④　第卅六

聞齊心整身曰齋⑤，防非止惡曰戒。戒是出<sup>家</sup><sub>世</sub>之梯[航]⑥，□□□□□之資糧。非福無以置歡娱，非智無以斷煩惱。所以如來福圓智滿，□□□□，□盡習除，稱三界主。是知福不可不積，智不可不增。若非洞曉斷□，□□□□；可以亡情世路，勵志空門，爲難園百代之楷模，作像教一方之祥瑞，□□□□□尚當之矣！和尚以罄捐之後，大會之餘，不化不求，旋得旋施。時開一□，□□□□，□備香湯，齋營品饌，莫不全由道力，悉自心誠。操心既契於聖賢，□□□□□土地。若不然者，曷得千門禮足，萬衆虔心，朝朝而競覓歸依，日日而□□□□。□□社衆弟子等，因師化道，盡自迴心，擺脱塵襟，隳張愛網。發言即應，□□□□，□憑般若

---

① “倉”，據文義補。
② “地”，據文義補。
③ “有”，據文義補。
④ “雲陽和尚大”，據目録内容補。
⑤ “齋”字前衍一“戒”。
⑥ “航”，據文義補。

之舡,同趣菩提之路。和尚今乃盛會,亦有私誠,先願國界安寧,兵戈□□;□□同慶,戶口無虞。四州之災害不生,千里之禍亂不作。上憑諸佛,下託衆僧,□□□□□□,若續千秋之壽。伏願和尚道樹當途,永蔭疲羸之者;福河橫路,長□□□□□。□星將戒月俱懸,龜鏡與鵝珠競耀。色身堅固,法壽延長。所願所修□□,「偈四」千年之彌勒①,普願相逢;人(任)八萬歲之慈尊,咸皆值遇。

### 三十七、[邠寧太保慶]道場文②　第卅七

晴光下矚,無幽不彰;聖智潛通,有願皆應。伏惟□□□□□□,河嶽稟靈。蘊經文緯武之才,懷匡國濟時之略。伏自下車邠地,大洽群心,□□□□□,作百穀之膏雨。加以通宵不寐,每念生靈;度日亡(忘)飡,唯憂軍府。入月□□□□,[經]年而稅賦咸蠲③。意在安人,情深育物。固(故)得三軍披靡,百姓歡呼,皆知□□□□□之地。若不然者,曷得龍神效祉,土地輸祥,迴成有收復之功,寇殄見清□□□。[民]康俗阜④,家家重抱子弄孫;夏稔秋成,處處告盈倉溢廩。我太保猶□□□□□,土地未安,乃密仗陰工,明憑佛力。於是捨請捧建道場,廣備幡花,頻□□□,□□行道,必萬佛以光臨;口念心持,想百靈而影衛。伏願太保臨戎道著,邊□□□□;□煙報政[於]功成,睿渥長新於雨露。

### 三十八、[□□爲國夫人設齋]文⑤　第卅八

昔者班家納慶,乃誕婕妤;鄭氏稱祥,爰生悅懌。盡己□□□□,□□□□貞圓;不居天子之家,即降諸侯之室。伏惟國夫人玄浦呈祥,坤宮孕□,□□□□,蘋藻傳芳。母儀可繼於前文,婦德必光於後典。加以從夫舉案,訓子擇鄰,□□□□□辭,頗有葛覃之詠。若不然者,曷得家昌族盛,仗鉞分符,咸開烈(列)戟之門,□□□□□。門停青雲之馬,戶排流水之車。西園之蘭麝馨香,東閣之笙歌寮(嘹)[亮]⑥,□□□□,□翠嚴身,行則錦幛千里,座即雲屏四合。此乃是國夫人賢和共致,宛順□□,□□□□之功,內假撫綏之力。故得名傳九族,美貫六姻,受大朝天子之寵光,加烈□□□□□。我侍中即誕生此月,夫人即分貴兹晨,稟靈既共於多生,受福必同於□□。□□眷屬,下降明時,河畔星辰,來應聖代。是時也,日行東陸,氣爽西郊,是□□□□□辰,乃洛浦呈祥之日。莫不相門增慶,蘭室生光,六姻陳續壽之珍,三寶□□□□□。□國夫人常以貴不忘善,果不昧因,每重佛門,長憑法力;累捨珍玩,頻開□□,□□□賢,保安尊幼。又闢虛院,開建道場,轉金剛經,求堅固力,昊音梵字,

---

① "偈四",據文義補。
② "邠寧太保慶",據目録内容補。
③ "經",據文義補。
④ "民",據文義補。
⑤ "爲國夫人設齋",據目録内容補。
⑥ "亮",據文義補。

聲聲□□□□□；玉軸金文，句句而延年益壽。勝事既廣，福乃無涯，先奉莊嚴太尉侍中□□□□，□□厚地，劍倚長天，桂上壽於仙經，耀珠勳於史册。國夫人伏願歡榮□□□□，□□□聲惟新。壽比碧桃，芳同丹桂。百神擁衛，長居九仞之堂；千佛護持，永食萬□□□。□□□□□□□□常安百福□□□□□□。（下缺）

# 伯三一四九號《齋儀抄》

此件首尾俱全，抄有齋儀三篇，故擬名此件爲《齋儀抄》。目前有黃征釋録本，見黃征、吳偉編《敦煌願文集》，岳麓書社，一九九五年，第三七五、四六三、六〇三頁。

## 一、施粥

厥今洞開齋室，列座真容，筵僧會設粥之誠，捧鑪焚寶香之次者，有誰所作？時則有某公奉爲某人生居濁劫，長乃欲流；未諳悟幻之軀，遂掩幽途之路。況自從捨化，俄經數秋；不委神魂往生何界？今者親枝哀眷，睹遺留日增感悲；雖痛[心]碎身①，恨無門憑申控告。所以年初建福，遍蜂（鳳）臺而朗星燈；歲首虔供，會合衆而陳寶粥。雖非香積，味而（如）上界初來；就座閻浮，饌同天厨新獻。惟亡某人云云。

## 二、新歲年旬上首於四城角結壇文

厥今舊年將末，新歲初迎，結壇於四門四隅，課念滿七晨七夜。心傳密印，散淨食於十方；燈朗神明光，照昏冥於三界。香焚百和，起霧遍於娑婆；禮懺六時，梵響吼於鷲嶺者，有誰所作？時則有我河西節度使某公先奉爲龍天八部，護衛敦煌；梵釋四王，鎮安神境。次伏爲某公己躬延壽，同五岳而齊崇；天公主少娘子郎君比四溟而不竭諸（之）所作也。伏惟我令公神姿傑世，天縱英雄；聖武動而星流，龍筆捐而月落。故得安危濟弱，河西效德政之功；易俗移風，鶉首建拓邊之節。遂乃青蛇纔出於匣，戎煙伏命於階墀；白虎未上於槍，兇醜納忠於戟佐。加以光隆佛日，大扇玄風；棄邪師書命求神，慕真宗能仁壞孽。所以逐年歲後，膺首迎祥；九會結壇，七晨珍沴。於是呪開梵句，隨句誦而消殃；經轉華音，隨音聽而瘴滅。食來香積，散施而焰口昇霞；財捨堅牢，獻佛而怨家解釋。淨儲五穀，加持助貯而（如）須彌；密水四流，法力遍洪而（如）大海。朝尋經典，盪厶年而（年末之）不祥②；夜唱佛名，湊新春而著瑞。十方三世諸佛，隨請潛滿而（於）虛空；地上地前聖賢，膺響雲奔而降會。山川土地靈異，發歡喜電擊證盟；社神稷品祇仁，起本所歸依主願。是時也，蒼龍喜色，一陽肇而魚躍泉；玄户收

---

① "心"，據文義補。
② "厶年而"，當作"年末之"，據文義改。按：年末歲初的結壇祈福，開始與結束各有齋文，此篇爲結束時用的齋文。

光，芸葉開而荔草秀。總斯多善，莫限良緣，先用莊嚴梵釋四王、龍天八部：伏願云云。使龍王雨主，九夏疸無傷苗；海聖風神，三秋霜無損穀。敦煌永泰，千門唱舜日之歌；蓮府恒昌，萬户舞堯年之喜。伏持勝福，司空云云。次用莊嚴天公主貴位：伏願寵顔日厚，門來納慶之珍；重若瑚璉，永貴鎮祥之璧。夫人恒茂，戀花蕚之芬芳；郎君神聰，慕忠貞而治物；小娘子婉順，守雍禮而居閨；諸宅姻親，轉鴻恩而久室。

### 三、造幡銀塗畫綵

竊聞大悲膺真，證至真之無上；能仁利覺，標覺行以開慈。故知示之菩提之路，引解脱之門；説[之]四畏之途①，闡究竟之位。遂則彌陁舒十六觀，想觀三品之淺深；藥師列十二願，文顯九橫之災祟。方便乃藏八萬四千濟諭，皆是不可思議；現千百億化之身，總是釋迦牟尼佛。故我大師之勇，實莫能量；奇哉異哉，罕思者矣！厥今洞敷精室，嚴灑幽居；虔仰道場，會僧祇（祈）福。造幡九口，銀寶所成；製額一條，彩珍化出者，有誰施作？時則有釋中律僧沙門某公抽咸（減）之（淄）衣，將成二色。先奉爲國安人泰，使主延齡。次爲己躬無災，枝眷存亡獲益之所作也。惟律伯乃驅（後缺）。

---

① “之”，據文義補。

# 伯三二三二號《患文》

此件首尾俱全，抄寫《患文》一篇。

厥今宏敷[寶]地①，廣闡真場，請[龍象]而雲臻②，開如來之勝教。焚香側席，不厥兩時；音樂弦歌，供養諸佛；歌(割)捨珍財，貢獻明僧。啓告尊前，仰憑福力，夫何以加？時則[有]座前執爐郎君先奉爲龍天八部[云云]。[次爲我司]空己躬鴻壽③，保祚延長；公主郎君延長吉慶。三爲患使君己躬天垂小疾，感動衆心。四大似覺不安，八節有乖違之困。伏恐宿垢[累]障④，除蕩不周；伏恐今世新添，來招斯患。況聞三寶之力，不可思議；大衆之恩，希心有望，所以開佛靈相，尋經法言，慇懃啓告而不虧，懇切精誠於三日諸加(之嘉)會也。伏惟我使君天生鳳骨，應世超倫。文武雙全，忠孝兼備。故得精靈花蘂，歷落宗枝。貞廉不闕於勤王，信義靡虧而効節。加以傾心三寶，深悟佛門。膺節迎祥，大憑福力。願使龍天八部調瑞氣以定邊壃，梵釋四王聞妖邪而清蓮府。其經乃如來闡教，廣説真乘。般若之宗，上品六會，談論教理，不滯有無。應念消災，隨應必獲。今者星臺掩户，玉軸罷而還宫。又持是福，奉用莊嚴患使君貴位：命同劫石，永保千春；福比貞松，恒清恒茂。亦願生居鼎族，長植(值)高門。著衣不招(昭)織父(婦)之恩，喫食未悟耕夫之困。縱玆訪(放)蕩，才致高位，欺隣(凌)長在於心懷，搙剥不停於早(朝)夜。雄心壯浪，喜[惡]多端⑤，煞生不記；投名侵損，令人之恐切。更恐當位，苦樂不均，狂懷中(枉壞忠)良，取人財貨，細思此事，無量無邊。略記標名，表陳清衆，披肝露膽，不敢覆藏，諸佛照臨，希垂懺念。應有宿生辜負，捨恐結[而]速值蓮臺；現世新薰，憑佛門而轉禍爲福。病消疾散，四大調和；即覺順安，百節□□。□□□□□□□，萬歲不虧於社稷。合郡歡喜，四路大開。無有不順之聲，長稱延年祥之慶。

---

① “寶”，據文義補。
② “龍象”，據殘筆畫及文義補。
③ “次爲我司”，據文義補。
④ “累”，據文義補。
⑤ “惡”，據文義補。

# 伯三二六〇號《論義文》

此件首全尾缺，抄寫《論義文》一篇。圖版定名爲《祈願文》。

聞二儀耀瑞，有天致敬於金仁；五帝呈祥，分布羅含於日月。乾成八宿，坤定四瀆。孔子垂於明經，周公建於美德。休哉勝矣！難可具述。惟我大雄世尊，現化多門，誕生應跡，度萬代禮瞻之士，救無邊惡墮之人。惻度則日月爲珠，散之未盡；想邈則乾坤爲景，教已難窮。渺渺魏魏（巍巍），浩浩蕩蕩，故聖力之莫可知也。今者宏開論座，豎啓金容，幡花繚繞而盈場，于（魚）梵湫流於法慶。英賢滿會，近百如林。並就（鷲）嶺之明師，乃靈臺之俊士。

# 伯三二六三號背《新春靈巖建福文》

　　此件首尾俱全，爲敦煌地區新春靈巖建福用的齋儀，寫手只抄了道場和迴向部分，嘆佛、嘆德部分留空，故擬名此件爲《新春靈巖建福文》。

　　傾心去禍除災，無過於宕泉建福。是時也，麗日初長，鮮雲乍舉。始開發生之候，百卉舉蘂之初。王公仕女，威儀隊隊出城。簡鵲重裝，舒繡發而暎日。春風不畏，遠届靈嵓。寮佐交馳，同增勝會。陳珍捨玩，披肝於［三］寶之前①，棄位澄心，露膽於千龕之内。金爐靉靉，上熏香積之宮；五樂和鳴，下振道苑之界。

　　［伏願令公］己躬弘受（鴻壽）②，應山岳而保西陲。太監舍人獲安，迴騎早臨天關。天公主夫人吉慶，長同合韻之歡。郎君玉葉瓊枝，貴蔭永長無竭。支羅親族富樂長年。釋俗群官扶忠穆穆，合郡黎庶各保延令（齡）。疫疹消除，垢重蕩滅。傷魂幽識，捨怨結速值蓮臺。辜命負才（財），承斯總歸凈土。即此云云。四方開太（泰），使［人］不滯於關山。壟畝加（嘉）禾，牧童加（賀）兩歧之堯（謡）③。蝗飛保境，滿願府主之誠；霜雹無因，以保農夫之業。

---

① "三"，據文義補。
② "伏願令公"，據文義及此件正面"厥今春暉發動，令公欽慕於仙嵓"句義補。
③ "加"，當作"賀"，據文義改。

# 伯三二七六號背《雜文集抄》

　　此件首尾俱全,抄寫齋儀六篇、《結社修窟功德記》《常定政事樓廳記》。結社修窟、敦煌郡三臺新制樓廳等營建事務在功畢後,通常都會舉辦慶揚齋會,《功德記》《樓廳記》等屬於與佛事緊密相關的雜文,故擬名此件爲《雜文集抄》。清本只釋録其中的齋儀六篇。

## 一、[印砂佛文]①

　　竊以釋迦大聖,願力誓度於閻浮;千眼慈尊,悲濟同化於南澹。分真實體,處處現相之多般;演秘密乘,方方説淺深之三種。真或(惑)深悟,覩見曉實理,速出生死之因;淺智瞻觀,發敬信[心]②,必獲無邊之福。希奇能仁,大覺雄威,不可測談者哉!厥今年初上月,共發精心,脱佛印沙,虔誠啓願者,有誰云云。時即有座前持爐三官與社邑等奉爲珍玄冬之嚴冷,送舊歲之災殃;應奉氣之陽和,迎新年之瑞福之所作也。惟社衆乃天生異質,地傑高才。於家懷存道之心,匡國抱忠誠之意。早智(知)色身不實,夙曉四大非賢(堅)③,恒樂真定,敬崇三寶。今則俱來沙岸,選擇平净之場,脱諸佛之真容,印如來之妙相。官差焚供於上界,賢聖無不而遥霑,鈴梵佛(沸)鳴於下方,苦趣皆聞而伏恩。嬝(燈)光朗曜,盡照阿鼻地獄。食散四方,濟饑十類。將斯莫計勝福,并令迴施資薰釋梵以部龍神,舒慈每灌於家國。又持云云。我府主令公貴壽:伏願位齊仙鶴,壽等神龜。宫中内外金枝,常保安康之樂。又持云云。惟社衆等即體:惟願三千垢障,沃法水以雲消;八萬塵勞,弗(拂)慈光而永散。功德寶聚,念念慈(滋)繁如春花;智慧善牙,運運增茂而(如)秋菜。又持云云。主人合家大少,俱蒙清净之因,七祖靈魂,並獲無壃之福。役使飛空水陸帶情之徒,咸悟真如,早登三菩提。

## 二、[燃燈文]④

　　厥今[三]春首朔⑤,四序初分。建燈輪於佛像之前,捧金爐而陳情啓願者,有誰所作?時

---

① "印砂佛文",據文義擬題。
② "心",據文義補。
③ "賢",當作"堅",據斯四四七四號《敦煌鄉信士張安三父子敬造佛堂功德記》"四大非堅"句例改。
④ "燃燈文",據文義擬題。
⑤ "三",據文義補。

則有座前持爐某社衆等一則蕩舊年之災禍，乡（殄）滅非邪；迎新歲之禎祥，普臻瑞應者之所作也。伏唯我持爐使君與社衆等並金枝誕質，玉葉降生。各懷文武之全才，盡負神姿之美體。加以深謀志（智）策，能恬浄（静）於四方；恤憂弔民，專佐輔於一主。而乃悟世榮是結苦之本，曉福事爲恒樂之因。無不違之先祖願心，於年初而同增勝善。是日，早上向河沙岸上，印萬佛之真容；夜間就梵刹精宮，然（燃）神燈之千盞。其燈乃日明晃晃，照下界之幽塗；光炎巍巍，朗上方之佛刹。更乃舉步而巡遶佛塔，虔恭而和念齊舉。捧香花，供[上]部之聖賢①；振鈴梵，徹十類之耳界。五音齊奏，八樂散轟，齊齊動樑上之塵埃，拍拍騎迴鸞之儛道。將斯上善，無限良緣，盡[用]莊嚴迴施資益，先奉爲國安仁（人）泰，社稷恒昌，佛日重明，普天安樂。又持云云。

### 三、俗患文

仰啓蓮花藏界，清浄法身；百億如來，恒沙化佛；清涼山頂，大聖文殊；鷄足巖中，得道羅漢；龍宮秘曲（典）②，崣（鷲）嶺微言；道眼他心，一切賢聖。惟願[發]神足③，運悲心；降臨道場，證明[功]德。厥今廣延清衆，[開]闡一乘④，爐焚寶香，虔供啓願，捨施念誦者，有誰施作？時則有坐前執爐施主奉爲某官染患已來，今經累旬之福會也。惟患某官乃堂堂美德，神假英靈。文武雙全，忠孝兼備。須（雖）居欲網之内，心攀正覺之書。遂則寒暑集退，攝養五情。診（疹）氣雲消，温（瘟）風霧卷。伏聞三寶是出世諸（之）法王，諸佛如來爲死（四）生之父母。惟患某官自[云]多生業障，難可計知。見世辛熏（新薰），煩惱記憶，今對佛前法前僧前，希垂懺滌。願罪消滅，所有幸命負財，俱受功德。發歡喜心，放免患兒，仍復於舊。以斯捨[施]功[德]，迴向福因，先用莊嚴惟患官即體：伏願四佰疾[病]⑤，藉此雲消；五蓋十纏，因茲斷滅。摩訶般若！

### 四、臨壙文

夫以受刑（形）三界，若電[影之難留]⑥；[稟質閻浮]⑦，[似石光而殄]滅⑧。然則寶山俄碎，玉樹初彫；落桂只（質）於長途，墮梅花於暗裏。故能臨棺取别，百咽斷腸，握手言離，永赴黃泉之路。誰謂無常忽值（至），生死路分；殯送幽田，靈而取别。是以諫擇良日，嚴駕龍車；選此吉晨（辰），歸依幕（墓）所。至孝等六情分列（裂），五體崩摧；扣棺槨以號咷，攀墓門而望

---

① “上”，據文義補。
② “曲”，當作“典”，據伯三三五一號背之《俗患文》改。
③ “發”，據文義及斯四五〇六號《燃燈文》“發神足”句例補。
④ “開”，據伯三三五一號背之《俗患文》補。
⑤ “病”，據伯三三五一號背之《俗患文》補。
⑥ “影之難留”，據斯六九二三號背之《臨壙文》補。
⑦ “稟質閻浮”，據斯六九二三號背之《臨壙文》補。
⑧ “似石光而殄”，據伯三一七二號背之《臨壙文》補。

絕。散香烟於法界，請諸佛以來迎；道俗助念而悲哀，行路傷嗟而啼泣。龍轜顯（軒）駕，送靈識於荒郊；風旋前行，送金顔於野室。惟願已（以）玆捨施功得（德）、焚香念誦勝因，盡用莊嚴亡靈所生魂路：惟願壁支（碧池）受氣①，紅蓮化生；法水潤身，香風動識。於一念，頃五（悟）百法明門。遊曆（歷）十方，奉事諸佛。又持勝福，此（次）用莊嚴執爐施主合門表裏親姻等：惟願業郭、報障，以（與）秋葉如（而）爭飄；定根、惠（慧）根，共春萌而競符（茂）②。善聲、善響，常遊六趣之中；净業、净因，恒居五蘊之境。然後七世父母，蓮花化生；蠢動含靈，俱臻斯福。摩訶般若！

## 五、社齋文

夫人（大）覺能仁③，處六塵而不差（著）④；吉祥調御，越三界以居尊。濟五趣而［證圓明］⑤，［截四流而］超彼岸⑥。不生不滅，無去無來，［神力難思］⑦，［言不測者矣］⑧。

厥今印成萬佛、拜謁一心、蹞（伏）跪而捧香祈福而啓願者，即座前持爐社衆某等蓋爲春冬更改、年歲相交、送古（故）［納］新⑨，懇設斯善之所作也。伏惟社衆乃：僧則志靈精朗，曉通八藏之五乘，俗則神識迥然，討盡九經之史［文］⑩。可謂緇倫獨步傳智燈，爲釋衆之股肱；可謂俗類英流抱貞清，作君侯之心服（腹）。而又識過去之因果，崇未來之善緣。遂結邑義之良朋，逐載修榮之福。乃今值舊年已末，新歲初開，祈福瑞而資身，蕩災痾而遠體。共發净意，各起清心，脱寶相於河源，印金容於沙界。香焚上供，祈八部而遥霈；燈照下方，救三塗而獲益。散食遍施，十類蒙飡；鈴梵和唱，八難苦息。將斯［勝］福，並用莊嚴，先資國土民氏，次益社衆體氣，伏願龍天八部，密護城隍；釋梵四王，冥扶社衆。我府主壽齊仙鶴，八表歸投；大將轅門，忠情納効。又持云云。

## 六、社齋文

夫人（大）覺能仁⑪，處六塵而不着；吉祥調御，越三界以居尊。濟五趣而證［圓］明，截四［流］而超彼岸。不生不滅，無去無來，福（神）力難思，言不側（測）者矣。厥今時即有坐前施主捧爐虔跪設齋所申意者，奉爲三長邑義保願平安諸（之）所建也。伏惟諸社衆等並是高門

① “壁支”，當作“碧池”，據六四一七號之《臨壙文》改。
② “符”，當作“茂”，據六四一七號《戒榮文一本》“臨壙文”改。
③ “人”，當作“大”，據斯五五七三號之《社齋文》改。
④ “差”，當作“著”，據斯五五七三號之《社齋文》改。
⑤ “證圓明”，據斯五五七三號之《社齋文》及此件下一篇《社齋文》補。
⑥ “截四流而”，據斯五五七三號之《社齋文》及此件下一篇《社齋文》補。
⑦ “神力難思”，據斯五五七三號之《社齋文》及此件下一篇《社齋文》補。
⑧ “言不測者也”，據斯五五七三號之《社齋文》及此件下一篇《社齋文》補。
⑨ “古”，當作“故”，據文義改。“納”，據文義補。
⑩ “文”，據文義補。
⑪ “人”，當作“大”，據斯五五七三號之《社齋文》改。

君子，百郡名家，玉葉瓊枝，蘭貞桂馥。出忠於國，［入］孝於家①；靈（令）譽播於罠（寰）中②，秀雅文（聞）於掌（宇）內③。替（體）榮華之非實④，攬（覽）人事之虛無；志在歸依，情在（存）彼岸⑤。遂使共結良緣，同修勝福；會齋凡聖，蓮坐華（花）臺；崇敬三尊，希憑福力。是日也，開月殿，啓金函，轉大乘，敷錦席。厨饌純陀之供，爐焚百和之香；幡花散滿於庭中，梵唄弢（啾）流求（於）此席⑥。惟願以茲設齋功德、迴向勝因，總用莊嚴諸衆社等即體：伏願災殃殄滅，是福咸臻；天仙降靈，龍神効所。菩提種子，結集積於身田；智惠萌芽，永芬芳於意樹。又持勝福，此用莊嚴齋主即體：惟願福同春樹，坐葉生花；罪等浮雲，隨風變滅。摩訶般若，利樂無邊。

---

① “入”，據伯四五三六號之《社齋文》補。
② “靈”，當作“令”；“罠”，當作“寰”，據伯四五三六號之《社齋文》改。
③ “文”，當作“聞”；“掌”，當作“宇”，據伯四五三六號之《社齋文》改。
④ “替”，當作“體”，據伯四五三六號之《社齋文》改。
⑤ “在”，當作“存”，據伯四五三六號《之《社齋文》改。
⑥ “弢”，當作“啾”，據文義改。

# 伯三二八二號背《雜齋文》

此件首尾俱全，抄寫齋儀四篇，《敦煌遺書總目索引新編》定名爲《雜齋文》。

## 一、齋願文

夫法身凝寂，非色［相］之可觀①；實智圓明，豈人天之所側（測）。不生不滅，越三界以居尊；無去無來，運六通而自在。歸依者，霞（遐）超苦海；迴向者，永離蓋纏。大聖神功，遏（曷）可言矣！然今清信佛弟子某公陳斯會者，爲其報（保）願平安崇斯福也②。惟齋主宿種善根，非於一佛；深達法性，知身是空。於（如）泡幻之不堅，悟菩提之可託。所以年常發願，希大小以平安。每載興齋，用資家國。今且合門清吉，小大康寧，故能賀十方佛之弘恩，答聖賢之厚德。是日也，焚寶香而陳清供，希萬善而冥資，災障不侵，福壽延遠。然後散霑法界，普施有情，並沐真風，咸登樂果，仰希時衆，發至誠心，般若莊嚴，一切普誦。

## 二、臨曠（壙）文

夫以雲中輝電，掩忽難留；石裏徹光，須臾變滅。將知四大虛役，五蔭非真。脆命［難］留③，風塵役造。然今至孝等攀靈車而躃踴，泣血崩心，叩棺郭（槨）而號咷，五情分烈（裂），泉門一奄（掩），載（再）覿無期。地户重關，更開何日。冥冥獨識，［與］兄弟而長離④，吉吉（寂寂）孤魂，共六親而永隔。於是龍車憲（軒）［駕］⑤，送靈識於荒郊；素蓋飛空，列凶儀於亘道。垂恩深厚，罔極未酬。恨不滅身，求濟拔苦。故能散香烟於法界，請諸佛以來迎；流雅梵於荒田，望神仙而接引，用此功德，莊嚴亡者去識：惟願超資（兹）火宅，居淨土之金臺，越此危塗，入花林之佛國。遊遊七覺，獨步虛空；照照金池，縱落玉苑。形居寶帳，身處靈臺，足踏蓮花，分明見佛。

---

① "相"，據伯三四九一號《願文》補。
② "報"，當作"保"，據伯三四九一號《願文》改。
③ "難"，據文義補。
④ "與"，據文義補。
⑤ "駕"，據文義及"龍車軒駕"句例補。

### 三、[患文]①

仰稽十方諸佛、諸大菩薩、四向四果羅漢聖僧、現前清衆，咸願證明。然今施主爲已躬染患，臥疾數朝，藥餌頻頭（投），未能詮（痊）損。所以危中告佛，厄理（裏）求僧；仰託三尊，乞其（祈）加護。惟願以斯種種功德，無限勝因，先用莊嚴患者即體：惟願諸佛益長年之算，龍天贈不死之夫（符）。臥安覺安，天護龍護，合家大小，報（保）願平安。内外因（姻）親，咸蒙吉慶，然後散霑法界，普洎有情，並沐良緣，咸登覺道。摩訶般若，有願尅從，大衆乾成（虔誠），一切普誦。

### 四、燃燈文

竊聞神光破闇，寶燭除昏；諸佛爲之捥（剜）身，菩薩爲之燒臂。千燈普照，萬炎（焰）俱明；狀若空裏而分星，似天邊而（之）布月。龍仙夜覩，浮影飛來；賢聖遙瞻，垂空降集。鐵圍山下，藉此光明；黑闇城中，賴斯光照。是以二萬億佛，同號燃燈；三千定光，皆同一字。然今厥有合邑諸公等[云云]②，故能人人例（勵）己，各各率心，就此寶方（坊），燃燈供養。願此功德，並用莊嚴合邑諸公等即體：惟願三千垢累，沐法水以雲消；八萬塵勞，拂慈光而永散。功德寶聚，念念兹（滋）繁；福智善牙，運運增長。然後上窮有頂，傍括無涯；賴此勝因，齊成佛果。摩訶般若，拔苦濟危，時衆虔誠，一切普誦。

---

① "患文"，據文義補。
② "云云"，據文義補。此處在實際撰文時應當添加"嘆德"部分。

# 伯三三〇七號《夫嘆齋分爲段》

此件首尾俱缺，所抄齋儀皆按同類構件立目，每目下匯集條目多則，與斯四八〇一號、伯二三一三號背等性質相同，故擬名此件爲《夫嘆齋分爲段》。

（前缺）

## 一、[醫得官]①

[患]者蒙其秘術②，比戶賴其神功。故得班位玉階，乘肥丹闕云云。惟願□□□□□□□□□□□，福祿彌廣。爲生妙藥，作大醫王。應手病消，隨心疾愈。

## 二、除服

禮章有限，典籍難違。服制見周，除兇就吉。正思（絲）麻有限③，追念[之心]何窮④；靈几雖除，昊天之恩無忘。

## 三、[歎佛]⑤

大聖法王，證無爲於浩劫；洪悲□□，□□□而知歸。亦何止三僧企耶，住一生補處。乘白象而下臨兜率，攀寶枝而右脇生□。□□□足而蓮開於七步，舉手稱尊於十方而異哉，蓋諸佛如來不思儀（議）善巧之化也。其一。

王宮誕靈，開妙相於四八；鹿園震辯，轉法輪於十二。神光遠燭，妙音遐暢。已度者，咸令出離；未度者，悉作因緣。蓋方便之門，難得而議矣。其二。

法身微妙，起點塵而渾成；應跡紛絢，均數沙而利見。粵我慈覺，光臨忍土，非生示生，俯孕金輪之族；無相現相，遐開玉毫之景。啓三明而利物，弘十力以乘時。日月無以儔其朗，天地不足方其用。至矣哉，難得而名者矣！其三。

---

① "醫得官"，據文義及俄敦〇一三〇九號等《齋琬文》名目《醫得官》補。
② "患"，據文義補。
③ "思"，當作"絲"，據文義及伯三八〇六號之《脫服德》"可謂絲麻之飾有改，永慕之志何期。靈枕雖除，昊天之恩難報"句義改。
④ "之心"，據殘筆划及文義補。
⑤ "歎佛"，據文義補。

## 四、病

入十方界、拔一切苦、放月愛光、施甘露藥者，惟大醫王。卓彼真慈，無緣普救，利樂之道，夫何以加？其一。

粤光宅千界，運轉四生，開甘露門，與弟一樂者，其惟我大雄猛尊！諸法之王，洪得（德）弘慈，莫可談矣！其二。

大覺之體也，惟清惟寂；大覺之化也，曰慈曰悲。紺光遐照，白法圓［明］①，啓運四生而造常樂者，有佛矣焉。其三。

## 五、亡

法身之德也，十方普遍；法身之用也，百福莊嚴。天地焚燎而不驚，陵谷推遷而常樂。自兹已降，熟（孰）能了生滅之原。其一。

三界六趣，無非苦空之宅；四大五情，並歸磨滅之相。假使頂生御寓，憑七寶之永固；藍子星天，亨萬劫而遐壽。莫不忘想滅識，輪迴於大夢；刹那爲命，馳謝於小年。其二。

欲有色有，五蔭流形於聚沫；少年大年，三相促影於奔電。雖復飛緌曳組，鼎食軒遊，莫不歌《薤露》而長往，聽松風而永寂。其三。

夫本有之結，寔由自我。漸染莫際，紛紜大來。或（惑）身不可以頓成，報色何能而永固，惟釋迦告滅，權興鶴樹之謡；弟子云亡，詎比流星之託。此没彼應，豈徒然哉！其四。

原夫色即是空，五蔭以之虛寂；生已必滅，六道於焉代謝。

## 六、願

智不以福，則好不圓；戒不以福，則［如］沙②。入般若乃拔三惡道苦，生十方佛前。沐浴金流，逍遥紺殿。手雨七寶而給施一切、足發千輪而光騰沙界者，其惟齋法乎！然厥德穹崇，登其峰也，寡（果）非清信之士，何能造焉。其一。

佛法衆寶，富樂我群有；福德智雲，清涼我火宅。歸依者，無幽不燭；迴向者，有感必通。釋梵所以圍繞，聖賢以之仰則。大哉能事，無得而稱者歟！其二。

我種智法王，廓利塵刹，敷揚厥旨，楷模後混（昆），麾餘鴻微。均一康以濟窮，有不可得而諭言。其四。

漪彼善逝，金相玉毫，性韞萬德，利用浩劫也。其五。

睿覺之化也，萬靈必歸；聖君之化也，八宏攸仰。其六。

---

① “明”，據北大敦一九二號之“嘆佛號頭”補。
② “如”，據文義補。

諸佛以濟物成德，其德云大；百王以擇才爲用，其用云廣。其七。

夫齋者，衆善之本，福無以加，永言拯拔之功，豈虛言也哉。其八。

大明流空，繁星失曜。大覺出現，群聖潛輝。焜煌天地之外，清寂思議之表。蕩蕩千域，真風盛行。則知信海澄清，佛日現琉璃之影；慈山作鎮，法雲飛甘露之原。入此門者，何樂如之。其九。

四魔孔熾，十使紛馳。法王之德，皆能降伏。

## 七、經

釋迦［之］文，如來之聖德也。自愛寶土，應生濁劫；導和千界，光震百靈。於是雙林現泥日之跡，其來遠矣。若乃遺葉，偈演真言，真僧挺生，信士傑出。信人吾師天德之訶致也，不［亦］偉哉！其一。

八相垂跡，放神光而（如）聚日明；四辯流音，妙法弘如甘露灑。雖雙林晦影，萬塔分形，而威神之理尚存，利益之功不昧。其二。

王宮演法，湛釋容於滿月；鹿苑馳芳，流妙旨於甘露。苦海由其息浪，昏衢於是大明。萬可思議，其惟秘典。其三。

一乘般若，是稱了義。四句法門，能生妙福。同甘露之藥，有纍咸銷；等明［王］之寶①，無求不遂。其四。

給園妙説惠岸遝旨，雖珍滿三千，比受持而非福；句盈一四，望了義而成果。淨圓滿三種具足。其五。

大聖入般涅槃，惟傳十二分教。金口所説，玉毫宣證。喻之以明珠，得者曉於無方；［比］之於甘露味者，期於不死。至如真如寶際之音，無微而不申；大乘滿字之典，有奧而咸闡。慈雲以之增蔚，法日由是常明。大矣哉，無得而稱也。其六。

諸佛法身，覽義者齊得；衆聖惠解，披文者頓開。焕矣金言，爲暗室之燈炬；曰火後典，作病者之良醫。

## 八、［律師］②

法王之寶也，曰戒定惠。晤（悟）之不易，行之［亦］難③。暢玄旨而契聖心者，其惟律師歟！抗節戒珠，非律不行。澄澈深湛，若海静而息浪也。

---

① "王"，據殘筆劃及文義補。
② "律師"，據文義補。
③ "亦"，據殘筆劃及文義補。

### 九、禪

洪空[而]無象者,謂之法界。清寂而常樂者,名曰真如。<sup>彌倫法界之道　不捨煩惱而歸諸涅槃</sup><sup>幽讚真如之贖,不莊榮施而有大功德</sup>者,則我天人師佛薄伽梵也。

### 十、法師

覺者付命,惟其上德。列(烈)節峻行,明微闡幽,法航高颺,愛海橫截。拯彼淪溺,繼真業於法王,誰其象之? 則法師其人也。恭維自少而長,父德博業,匡護法衆,焜融靈化,盛揚玄音,高振義網,利樂之道,何可談揚! <sub>其一。</sub>

自大聖拂衣,真風歇謝,不有說者,厥理誰宣? 不有受者,斯文何設? 其有振釋氏,<sup>應休明</sup><sup>鑠金河</sup>之耿光,爲法門之大匠,卓此之妙,歸乎法師。<sub>其二。</sub>

既其宣示聖法,曉諭凡流,群生感悟,咸來寂聽。塵念不作,道心遂發,庶善畢歸,衆賢滿座,非夫法師? 神用充舉,□□□斷,其孰能致於是歟? <sub>其三。</sub>

### 十一、律

惟律師如玉之潤,似鏡之朗。誓防草繫,無求生以害人。思救吞珠,必身亡而殉物。<sub>其一。</sub>

律師不[假]天付,淳化才明。劫植壹賓,覺範不雜於人寰,既亦縱容戒都,律儀獨斷,季象有則,賴其人哉! <sub>其二。</sub>

律師命戒之士也。夙事明門,保鬸釋族。雖遇諸怨對,應若形(刑)司,而梵儀匪渝,真操莫奪,則知霜雪之下,惟松竹之斯在。<sub>其三。</sub>

### 十二、法師

羽儀金地,輝澈鏡林。燃燈佛前,親看授記。兜率天上,希聞說法。<sub>其一。</sub>

戒忍嬰淨,定慧爰脩。明鏡常朗,靈舟不忤。開闡秘蜜,擊揚隱奧,則蓮花世界,指掌可觀;如意寶珠,觸目咸覩。<sub>其二。</sub>

道勝之士也。坐承法印,頓悟禪宗。持惠鏡以照心,[知心]若幻①;臨法池以鑒質,[悟質]如泡②。無生之大旨洞明,不滅之深致(智)斯得。<sub>其三。</sub>

### 十三、禪師

刉安全真,委誠護法。直道是袋,稠林不入。自金光掩曜,鶴林變彩,玄風幾墜,禪師振

①　"知心",據北大敦一九二號之《禪師號頭》補。
②　"悟質",據北大敦一九二號之《禪師號頭》補。

之。其七。

禪師識達神秀，形和思深。常以天下趨風，侯王拜首，可謂悲護之開雲也。復能希宣象法，綱紀僧門，摧折石之邪流，擊分河之異黨。

禪師詞致清警，理悟遐出。戒月〔恆〕明，道風逾扇。同入法界，高張法門。伸之則絶崖萬仞，卷之則止水千里。其九。

出家者，若鴻鵠之翩飛，超然遐逝；似虛空之寬曠，釋爾獨遊。其十。

聞鷲山金口之偈，奧義無遺；龍宮寶藏之説，真言具闡。法幢傾而復正，佛日翳而更明。其十二。

名流梵宇，業清真境。朗昏劫，然（燃）法燈，冥者皆明，明終不盡。高堂湛鏡，萬像咸覩。其十三。

## 十四、官人

即此虔跪大齋主某公：惟公軒冕龜龍，文章杞梓。冀用承廟堂之舊業，纂伊吕之洪烈。其一。

惟公星俊雲傑，河英嶽靈。應休明之帝臣，爲大邦之國寶。志氣得於天縱，聲援滿於人口。爾其備歷清要，早登雄職。天子有分優之念，屢假公才；蒼生興五袴之謡，長聞典郡。其二。

中和自然，茂義天發。才華居雅望之首，盛族爲軒冕之先。自公述職，撫臨百姓，居其不撓。其三。

入輔帝命，出總皇經。藻心耿詞，直道正色。郡縣無事，黎人以康。其四。

禮樂傳芳，軒裳演慶。雅器早標於人口，公才久振於時聲。代不容賢，蒼生有感。其五。

抱德履明，秉心清操。蒞職匡人，奉揚天休。其六。

門襲珪組，心包火鏡。英姿稟河嶽之氣，風神秀天人之際。然則義而好禮，謙而益光，學仞山積，詞泉風渙（焕）。其七。

憲章人物，〔禮〕樂名家。儒行清越，作孔門之秀；長道抱德，爲聖道之臣。輔翼皇風而全盛者，賴其人也。其八。

推度箭遠，精思凝邈。仁孝有裕，榮禄當年。其九。

使君公信惠天然，欽明睿覺。解駕弭節，左右其功。其十。

明宰公孝義天生，沖和性立。佩公忠而有譽，拱清白而成風規。頃者以天子納皇居念，憂我蒼生，銓庭衡鏡，虔求俾公典邑。

## 十五、諸官云述職

惟公爲學苑〔茂〕才①，法門貞信，雖職參清秩，神遊名理之門，跡寓市朝，心浪風塵之表。

---

① “茂”，據殘筆划及文義補。

蕭然無滯,曠爾不迁。其十一。

惟公兄弟鴻雁接翼,跗蕚連暉。標學峰之羽儀,擅詞林之楚秀。聚星表德,雙龍闡譽。加以志諧大願,道均宿植,信珠圓潔,意海澄瀾。其十三。

將軍公五校馳芳,六軍警譽。事兼内外,才備文武。故能尚欽釋教,情遊正道。津良(梁)是建,勝業時崇。其十四。

惟公天授劍術,神與驍勇。允忠竭節,腹心一人。其十五。

別駕、長史、司馬等心包金石,德蘊萱蘭。助宣千里之風,匡贊百城之化。其十六。

我良宰某明府公寬猛不孤,威儀有德。清風自達,霜鏡長飛。神出天人之際,位接大夫之秩。其十七。

丞、薄、尉等:心珠下映,弼遊刃於宣風;恩惠俯臨,助牽絲而闡化。令譽溢滿,英聲遠聞。其十八。

諸官等:紫授英寮,王畿俊乂。筆精雄於斷割,才器雜於包含。並擁雲轡以騰驤,降鹿園而赴會。其十九。

## 十六、庶人

惟檀越端明允和,恢懿博達。[才]富流略①,詞遊雅正。其一。

廼臨化皇風,跡淪大隱。深聞四願,虔奉一心。其二。

進退有禮,差池(馳)有經。仁深性成,道勝天發。誓言無輟,精誠轉多。其三。

並聰靈纍劫,款願多生。委身命於真如,事佛僧於己任。其四。

並是近坊士女,傍寺良鄰。貞信爲朋,競起清薰,檀那作念,常興禮頌之緣。其五。

馳遊正路,信惠增明。敬奉三寶福因,解紛六塵境界。其六。

日滋不捨於清高,歲計更傾於猒離。可謂蓮花一生,何止於芳香;英金百煉,不昧於光色。其七。

惟檀越等:處謙光以日新,遵禮度而無斁。惟忠惟孝,可大可久。以貞信不渝,松筠抱其節。朗晤無玷,日月入其懷。布金方駕,獻益齊軫。其九。

## 十七、優婆夷

體質貞芳,神情鑑朗。母儀婦行之則,已周於俗諦;五戒三歸之路,更洽於真乘。符净德之信心,追勝鬟之惠解。其一。

善因宿植,妙理生知。在貴而不怙(驕)奢,處俗而能了悟。其二。

上孝下慈,旁恭内順。珠明冰鑑,皎如懸月。其四。

---

① "才",據文義補。

清暉著範，譽高曹氏之門；令德孤標，聲滿班家之訓。其五。

凝慎温明，貞柔自古。峻乃歸戒，甘心釋門。敬養之事，雖（遂）欽念於多時；讚効之心，乃清［明］於此日①。其六。

男女：謵爾敏識孤卓，聰靈間起。茂學無師而自達，宏才早誠（成）而飛聲。孝養成則，謙恭有章。其七。

賢女：惠性自然，貞凝天發。蓮明碧（後缺）

---

① "明"，據文儀補。

# 伯三三四六號《諸雜文集》

此件首尾俱缺，抄寫《轉經文》《二月八日文》《盂蘭盆文》《讚阿彌陀佛序》《廣願文》等，性質上屬於諸雜文的匯集，故擬名此件爲《諸雜文集》。清本只釋録其中的齋儀部分。

## 一、[轉經文]①

（前缺）

□□王。非佛無以護國城，非王莫能弘佛教。更相弘護，共濟蒼生。於是帝日重明，法雲再闡，此之功德，[惟]我薄伽梵②！厥今宏開寶地，廣闢真場，開五印之真文，啓嘉願者，則有某官奉爲國界安寧、禳災曁福之所爲也，惟願以茲轉經功德，迴向福因，先用莊嚴梵釋四王、龍天八部：伏願威光熾盛，神力無壃；興念蒼生，救人護國。伏持勝善，次用莊嚴我郡首史君等：唯願南山作壽，北極齊安；長爲大國之重臣，永作釋門之信士。然後散霑法界，普施蒼生，賴此勝因，齊登樂果。摩訶般若，利樂無邊。大衆虔誠，一切普誦。

## 二、二月八日文

夫法王降誕，爲拯生靈；八相權宜，三身利樂。猒輪王之寶位，放（訪）道幽巖；證最後[之]涅盤③，誓居深谷。所以逾城夜分，得果初晨（辰）；留像[法於人間]④。（後缺）

## 三、[盂蘭]盆⑤

蓋聞釋迦悟道，報慈母於天中；聖者證通，救生身於地獄。故知曾子行孝，典籍稱傳；董永事親，留名後世。是以目連慈母，在世慳貪，死墮三陰，身居惡趣。臨河飲水，猛火入煙（咽）；對事欲飡，變成爐炭。目連深觀六趣，遍視三塗。遂見母身受於大苦，遂即號咷白佛，請説救母之方。但以聖德悲憐，遂使濟我（餓）。然今唯那村舍人等故知九旬下末之濟（際），

---

① “轉經文”，據文義補。
② “惟”，據文義補。
③ “之”，據斯五九五七號之《二月八日文》補。
④ “法於人間”，據斯五九五七號之《二月八日文》補。
⑤ “盂蘭”，據文義補。

三秋上朔之初,諸佛歡喜之時,羅漢騰空之日。謹依經教所習,目連奉爲七世先亡敬造盂蘭盆供養,但以塔前花菓,異種難名;盤上珍修(羞),衆諸難識。故能成(誠)心獻佛,共免地獄之酸;竭意奉僧,果拔泥犁之苦。惟願亡［靈］冀净蔭於西方①,見彌陁之聖衆;［沐］浴一乘之冰②,永攀七覺之花。高步無生之林,常遊苦空之位。得八自在,獲六神通,遊歷十方,遍視(事)諸佛。

---

① "靈",據文義補。
② "沐",據文義補。

# 伯三三六二號背《諸文要集》

　　此件首全尾缺，寫手按己需摘抄諸條齋儀的相關構件，在性質上與北大敦一九二號《諸文要集》相同，故擬名此件爲《諸文要集》。與《諸文要集》稍有不同的是，此件在相同的構件名目下，又集抄多則類似段落，兼具有斯四八〇一號等《夫嘆齋分爲段》的特點。

## 一、病

　　火風不適，地乖水宜，病惱增加，尪羸漸極。恐身隨井竭。命逐騰危，故發僧上之心，欣求最勝之福。諸佛垂救，不捨慈悲，傾以膏肓殊候，湊（膝）里（裏）不安①，藥餌無徵，仙方罕愈，是以虔誠勝福，歷想妙因，捨施淨財，以求加護。

## 二、奴婢

　　不謂報落青衣，業拘黑網。身無自在之役，名應驅馳之艱。心懼嗔嫌，功勤掃灑。既竊盜之餘報，乃酬償之往因。勗此虔誠，以從善願。

## 三、［亡］號頭②

　　面（緬）尋大教③，皆崇孝理之功；歷考前修，並得保仙（報先）之禮④。非［神道不可以追薦］⑤，［非法力不可以清昇］⑥。濟拔昏衢，［唯我大覺世尊］⑦。志（至）妙之力，曷能談惻（測）者矣！

## 四、社邑

　　乃妙因宿植，善牙發於今生；業果先淳，道心堅於此日。知四大而無主，識五蘊而皆空。

---

① "湊里"，當作"膝裏"，據文義改。
② "亡"，據殘筆畫及斯五一五號之《亡號》補。
③ "面"，當作"緬"，據斯五一五號之《亡號》改。
④ "保仙"，當作"報先"，據斯五一五號之《亡號》改。
⑤ "神道不可以追薦"，據斯五一五號之《亡號》補。
⑥ "非法力不可以清昇"，據斯五一五號之《亡號》補。
⑦ "唯我大覺世尊"，據文義補。

遂乃共結良緣,同崇邑義。故能年三不闕,月六無虧;建竪壇那,崇修法會。於是幡花布地,梵嚮凌天;爐焚六珠(銖)①,飯資百味,以一食施三寶,滅三毒、去三灾;崇百味[以]供十方②,解十纏而資十力云云。惟願灾殃殄滅,是福咸臻;天仙降靈,神祇效耻。菩提種子,配佛[性]以開牙③;煩惱稠林,惠風飄而葉落。

妙因多劫,殖果今生;雖處愛河,常遊法海。知身如幻,非雷(飛電)不堅④。故得預竪良因,崇斯福會;傾心寶刹,虔念僧祇;延屈聖凡,翹心供養云云。惟願三千垢累,沐法水以雲消;八萬塵勞,拂慈光而永散。功德寶聚,念念兹(滋)繁;福智善牙,運運增長。

並是流沙士子,塞下賢豪。把人義於交遊,熟(樹)信行於鄰里。温恭無失,禮樂周身。知泡幻之不堅,悟乾城之非固。所以更相召集,結託良緣,建此齋延(筵),以祈勝福。是時也,三長令月,十齋良時。開月面之真容,聚星羅之清衆,香飯雲下,天花雨空。追賢友,命良朋,同會道場,共崇妙法。惟願七枝業净,八苦長辭,智福俱圓,永保山河之壽。

## 五、願

信珠皎潔,智水澄清;人(仁)義立身,忠孝存性。悟浮泡之若幻,體坯質而非常;虔念三尊,每求多福。由是年年啓願,遮九橫而長消;月月傾心,冀三灾而永滅。然則積善匪懈,果愜懇求;舉族康强,合門清吉;既蒙佛慈廣庇,法力以冥加;拂華宇而烈(列)綺筵,薰寶香以陳清供云云。惟願命齊金石,體固松筠。萬歲千秋,英風莫絕。家饒七寶,門離五衰。珪組傳芳,衣冠習慶。

## 六、[嘆佛]⑤

仰啓玉豪(毫)素面,紺髮星牟(眸),八輩上人,六和清衆,龍宮秘典,就(鷲)領(嶺)微言,無學怒慧聖薄伽梵,惟願發如意足[云云]。

## 七、禪師

坐承法印,頓悟禪宗。持惠鏡以照心,知心若幻;臨法池以鑒質,悟質如泡。無生之志洞明,不滅之智斯得。卷之則止水千里,伸之則懸崖萬仞。

---

① “珠”,當作“銖”,據“六銖香”改。
② “以”,據斯六三一五號《祈雨文》補。
③ “性”,據斯五五七三號《社齋文》補。
④ “非”,當作“飛”,據斯五五七三號之《社齋文》改。“雷”,亦作“電”。
⑤ “嘆佛”,據文義補。

## 八、亡父

惟靈德行衆推，忠貞罕及。束髮從宦，壯冠而立。鄉閭仰止，朋友盛揖。禮樂行乎州里，信義傳於城邑。將謂壽算霞令（遐齡）①，百年無變。

## 九、願文

夫法身凝寂，非色相之可觀；實智圓明，豈人天之所惻（測）。不生不滅，越三界以稱尊；無去無來，運六通而自在。歸依者，無不霞（遐）超苦海；迴向者，永離於蓋纏。大聖神功，遏（曷）可言矣！

## 十、[亡尼]②

惟亡尼種落高門，宗枝豪貴。辭俗日淺，歸信逾深，誓求不二之門。來至三危之地，尋師問法，禮盡樞衣，得聞無住之宗，便遣有爲之相。意珠皎净，戒月孤明。將謂光肅法門，顯揚真教，何期採覺花而不返云云。昆季等乃喪姊他方，望鄉川而哽咽；遺灰權殯，恨白骨而何歸。共乳之痛（情）既深③，分翼之痛更切；銜哀旦暮，不捨斯須。將酬撫育之恩，必豎檀那之會。

## 十一、[優婆夷]④

惟優婆夷道牙清茂，法種良深；義必宗枝，福霑内外。

## 十二、[九月齋]⑤

恭聞清涼火宅，必假智雲。利樂群生，實惟法藏。襲其美者，誰之能焉？則有釋門教授諸尊宿等相與而議曰：邦聚康安，百姓荷聖明之化；佛日恒照，二衆欣大覺之暉。爰以素律之季，聞金偈於中旬；無射晦辰，終玉袟於此日。是時也，蟋蟀在户，鴻雁南飛，白雲滿空，遠送寒色。加以誦菩薩戒藏，净四衆之身心，唄魚梵清音，焚六銖之海岸。總斯云云。莊嚴聖神贊普：惟願聖壽與天地比堅，聖化與日月齊照。惟夫人綵雲朝媚，茂實芝蘭；葛藟之譽獨彰，桃夭之容罕定。有著採頻之事，無虧祭脈之功。肅肅母儀，雍雍名德。道牙清茂，法種良深。擅忍爲心，齋戒不輟，精祈啓願，專意翹誠，每歲三長，供僧五七，傾誠動物，懇志感神，故於三長福月，選此齋辰，焚寶香，賀如來，誉玉饌而報諸佛，是時也，拂丹榮，列方延（筵），嚴紫宸，

① "霞令"，當作"遐齡"，據文義改。
② "亡尼"，據文義補。
③ "痛"，當作"情"，據文義改。
④ "優婆夷"，據文義補。
⑤ "九月齋"，據文義補。文中時節"無射晦辰"和"三長福月，選此齋辰"，可確定此齋儀僅用於九月。

邀凡聖,乘杯滿星宮之殿,振錫臨春菀之延(筵)。於是福攘攘、光翼翼。

### 十三、[闍梨]①

惟闍梨可謂神降秀氣,天稟靈骨;山庭孕彩,特異凡倫;即知五百挺生,千年間出;心澄碧海,徹照驪珠;惠鏡圓天,光通皎日;學窮三藏。辯折千人;清白出群,謙和統衆。

### 十四、[亡律師]②

惟律師幼而居俗,早彰聰哲之奇;長乃披緇,更振護鵝之節。隨師問道,遊歷五涼。想念親因(姻),旋歸鄉邑。一自至心,精苦轉深,宴居山巖取净。遂行不倦於寒暄,持誦寧疲於歲月。然以苦心役志,委命捐軀,勁節不移,星霜屢改,勞形日久,氣疾縈纏,藥石無徵,針艾靡效,奄棄閻浮之境,移神極樂之方。晷刻不停,某七俄及。

### 十五、亡

惟公育德佑時,含章發譽;雄圖括地,英氣陵雲。榮名久著於三危,顯職助宣於千里。清簡[爲]志③,冰碧居心。得鄉里之歡[心]④,振蕃漢之聲譽。理應長爲舟檝濟巨川,何期驚波易往,逝水難留,君子道消,大[邦]喪寶⑤,時運不駐,某七俄臨。至孝等慈情戀著,痛切心肝,躃踴嗁咷,哀聲滿路,攀[靈]轝而殞絕,望泉戶而搥胸。爰就荒郊,行香念誦。

頃以三如敬仰,馹馬邀迎。遊化五涼,密傳一相,將謂不逾歲祀,旋駕枌榆,何圖示滅殊方,灰身異邑。念晦跡於姑臧,望青山而哽咽,惟公稟危峰之秀異,天假其才;蘊墨沼之芳蘭,神資雅量。名高烈日,氣逸青雲。

### 十六、[祈雨]

今者恩赦普天,福霑率土。皇華宣九重聖旨,紫塞奉萬乘方符。施人及馬、地、水、牛、羊,救命然燈,甘鮮供佛。時則我教授仰恭詔命,俯順絲綸,召鷹塔乘杯,開龍宮貝葉,經聲不絕於七日,玉軸將收於此辰。廣建齋延(筵),慶揚國祚。是時也,炎陽御節,朱景采時,畏日銷金,蒸雲釀毒,炎氣騰空,火雲正扇。鑠金之景,隔翠幕以臨人;餂石之光,透微雲而赫物。

---

① "闍梨",據文義補。
② "亡律師",據文義補。
③ "爲",據文義補。
④ "心",據文義補。
⑤ "邦",據伯二六三一號之《亡考》補。

# 伯三四〇五號《諸雜齋文》

此件首尾俱全,抄寫齋儀十一篇,篇目不成系統,《敦煌遺書總目索引新編》定名爲《諸雜齋文》。

## 一、轉經散道場文

所以我皇虔恭大教,至慕玄門;憂獎人民,預求福力。於是先陳至懇,想鷲嶺而傾心;請佛延僧,結壇場於梵宇。六時轉念,二部齊恭;聲震雲宵(霄),龍天咸萃。必使國安社稷,人泰豐年。千家賀聖主之恩,萬户感帝王之力。以兹福果,並用莊嚴我皇聖躬:唯願福延滄溟,壽比鼇山;捧日月而九曜齊明,[扇]風化而(如)禹湯大洽①。卜年八至而寶祚長興,朕兆千秋,永隆西漢。

## 二、大齋文

域中法施,莫善於壇那;請佛延僧,莫過於設供。是以我皇帝廣修福會,嚴淨伽維。跪爐至念於雙林,願垂降重(踵);焚香望鷄足之靈龕,宿恭上聖。唯願受佛付囑,溥應供於閻浮。不捨蒼生,乘杯必降,助我皇之寶位,以(與)帝禹而齊明;國泰安邊,並唐堯而不異。金剛八聖,捧寶杵而隨軒;梵釋四王,將龍天而擁護。使帝宮宴静,朝堂無晦食之憂;八表風煙,但有投降之欵。昭昭佛日,朗照於玉階。度法善神,布威光於畿佃(甸)。

## 三、正月十五日窟上供養

三元之首,必然燈以求恩;正旦三長,蓋緣幡之佳節。宕泉千窟,是羅漢之指縱;危嶺三峰,實聖人之遺跡。所以敦煌歸敬,道俗傾心。年馳妙供於仙巖,大設馨香於萬室。振虹(鴻)鍾於筍簴,聲徹三天。燈廣車輪,照谷中之萬樹。佛聲接曉,梵響以(與)簫管同音;寶鐸絃歌,唯談佛德。觀音妙旨,薦我皇之徽猷;獨煞將軍,化天兵於有道。

---

① "扇",據文義補。

## 四、營窟槀

創兹靈窟,締構初成。選上勝之幽巖,募良工而鑴鑿,簷楹眺望,以(與)月路(露)而輝鮮;門枕清流,共林花[而]發彩①。龕中素象(塑像),模儀以(與)毫相同真;侍從龍天,亦威光而怛赫。往來瞻仰,爐煙生百和之香;童野仙花,時見祇園之尊。既虔誠而建窟,乃福薦於千齡。長幼闔家,必壽延於南岳。請僧設供,慶廣于兹,長將松柏以(與)齊眉,用比丘山而保壽。

## 五、國有災癘合城轉經

天垂災沴,乃水旱相仍。疾疫流行,皆眾生之共業。昨以性隍(惶)屬疾,百姓不安。不逢流水之醫,何以濟兹彫(凋)瘵?是以我皇[傾心]軫慮②,大闡法門;繞寶刹而香氣氛氳,列勝幡而寶幢輝曜。想龍天而驟會,柳塞虛空;天空梵王,震威光而必至。二部大眾,經聲洞曉於闔城,五部真言,去邪魔之疫屬,使災風永卷,不害於生民;障氣漂除,息千門之氛浸,然後人安樂業,帝祚唯禎,以(與)二曜而齊輝,竝三光而潔朗。

## 六、帝宮有疾

清宮洞澈,帝宅宸居。是萬聖潛護之廷,乃百靈肅恭之所。昨以嬪妃小疾,累日未瘳。莫非建福宮闈,延僧轉念。藥師指教,然燈以續明;寶刹懸幡,乃加持於疾苦。必使晨昏減遏,即日就安。永離四大乖違,定獲金剛之體。淨財壇施,用慶兹辰。稽顙金容,福山唯峻。

## 七、水旱霜蝗之事

德能禳災,功用必遂;福可去邪,其應必至。所以霜蝗起陸,因人心而感之;知過必改,天有酬酢。今者我皇理國,子育黎元。既霜風早降,致傷兩作之苗;螟蝗夏飛,必殞年成之實。哀投上帝,懇祈天曹,置壇場於野次,列金象(像)於田疇。延僧開般若之真詮,慕(募)法師聲揚於大教。鍾磬之音遍野,經聲梵讚連天。四王必垂愍於生人,五帝寧傷於怯界。我皇稽顙,誠謂至功於人民;手執金爐,願息霜蝗之難。

## 八、兵賊侵擾

大雄流教,正在周文;白馬馱經,法蘭親至。安壇場於洛陽闕下,以道論功。契發神蹤,六通無比,所以周興八百,兵戈不違,盜賊不起於隣封,狂寇泯蹤於塞北。今者蒼生福淺,致有傷殘,飛累歲之狼煙,頻遭寇歎。我皇理化,意在安人,望樂業於畿中,静鳶鵐於磧表。萬

---

① "而",據文義補。
② "傾心",據斯一一七三號《天兵文》"傾心軫慮,大闡法筵"句例補。

法之本,莫善於伽藍;去賊殄戈,應投於三寶。今乃傍開寶殿,羅列幡幢,啓請聖僧,降于朕域。神通不捨於邊甿,威力去戎而不撓,使龍沙無晏開之憂,西漢泯除於燧火。

### 九、安傘

上元下葉,是十齋之勝辰;安傘行城,實教中之大式。所以聲鍾擊皷,排雅樂於國門。命二部之僧尼,大持幡蓋,蓮花千樹,登城邑而周旋。士女王公,悉攜香而布散,梵音以(與)佛聲震地。念誦傾心,簫管絃歌,共浮雲爭響。我皇降龍顏於道側,虔捧金爐,爲萬姓而期恩,願豐年而不儉,五稼倍收於南畝,三農不廢於桑麻,家給年登,千廂足望。

### 十、二月八日

釋尊下降,度明託陰於中天;母門摩耶,現受胎之大跡。無憂樹下,從左脇而誕生;堅牢地神,捧金盤而跪聖。年方弱冠,容貌卓奇,力舉鼇山,掌擎大象。彎弧而金皷齊穿,角勝而千夫披美。夜乘白馬,飛出王城,直入雪山。七年修道,乃成正覺,廣度群生,化周群品,示有涅槃。既歸圓寂之中,方便留質身骨。俗諦流識,記之往日;漠(模)儀象體,繞邑而周遭。冀迎福於茲辰,薦我皇之寶位。東宮太子乘曆運於玉階。公主嬪妃承天休於萬歲。百官宰相咸受禄於千齡。左右親軍布忠貞於帝主。長承天澤,門興百萬之資。永讚堯年,巍巍而不盡。

### 十一、僧俗逆修彙

經文闡教,偏讚逆修。人壽短長,莫能自保。琰摩天子,受記普賢。唯權生人,預修齋七。今某施主深信因緣,曉知坯幻,了四大而無注(主),識五蘊而不堅;割捨家珍,敬崇弘願。□□□□,今廣設逆修,都成十供。請十王之次舍,秦廣居尊,末供輪王。將爲導首,終天之後,便獲往生。中陰之中,無因而入,既乘福果,必託節於天宮,善使攜持,謁金城而則去。是以我師演教,方便而拔濟有情,示有微言,接茲寵聵,設供以後,克取良途,十王指蹤,安居極樂。

# 伯三四九四號《齋儀》

　　此件首尾俱全，冊葉裝。内容爲齋儀，與斯一四四一號背出自於同一齋儀系統，是該齋儀系統的《慶揚文第一》和《讚功德第二》。對比斯一四四一號背，此件的篇目應該未經過改編，故擬名此件爲《齋儀》。目前主要有二個釋録本：王三慶《敦煌佛教齋願文本研究》，二〇〇九年，第一八二～二一二頁；宋家鈺《斯一四四一號等：敦煌本〈齋文〉書復原研究》，見宋家鈺、劉恕編《英國收藏敦煌漢藏文獻研究——紀念敦煌文獻發現一百周年》，中國社會科學出版社，二〇〇〇年，第九八～一一二頁。

## ［慶揚文弟一］①

### 一、［佛堂］②

　　竊以鶴樹真儀，寫靈暉於石室；龍宮實相，圖妙鏡（境）於銀臺。故有分身化身，應感如來（水）含千日③；非色妙色，爲體若鏡攬萬形。包大地而載山河，孕曾（層）穹而懸象緯；動植資其化育，品物仰起其津梁。大哉調御之功，遐以矣能仁之力！ 雖則［談］天之辯④，指慧日以迷方；甄海之靈，詠禪河而失步。猗與（歟）正覺，難可勝言者哉！ 厥今敷月殿，啓金函，轉大乘，邀二部，廚饌純陁之供，爐焚净土之香者，爲誰施作？ 時則有坐前齋主慶揚設供諸（之）福會也。惟公乃稟質英靈，肅（夙）標和雅；人倫領袖，鄉侣（間）具（俱）瞻。遂乃曉知怀（坯）幻，深悟光陳難留；割捨煩誼，希求未來之祐。遂乃罄割赤仄，抽減連（璉）瓊；建雀利之浮圖，砌和壁（璧）以斯畢。加以遍虛空而請佛，該法界而延僧，會七衆而雲臻，祈無邊之上願。福事已竟，虔仰三尊，爐焚檀栴，散花净土。其佛堂乃竭寶傾珍，捨資剖産；製似碧霄之熒晃，建而（如）兜率之蓮宫；地砌琛珠之寶，簷鋪檀栴之財（材），架鱗風（麟鳳）以爭空，鏤駕鴦而競起；梁裁文店（紋鈿）⑤，發紅綵而雲心；棟累栴檀，僾蟾光於霞腹。鵬窗孕月，動（洞）户迎雲。簷

---

① “慶揚文弟一”，據斯一四四一號背之題目補。
② “佛堂”，據斯一四四一號背之《佛堂》補。
③ “來”，當作“水”，據斯一四四一號背之《佛堂》改。
④ “談”，據斯一四四一號背之《佛堂》補。
⑤ “文店”，當作“紋鈿”，指大梁的漆飾，據文義改。斯五六三八號之《佛堂文》作“文點”。

嘶寶鐸之音,拱曳金繩之影。妙圖精捨(舍),寔日入祠;嚴瑩既周,儜申嘉慶。是日也,陳清供,列芳延(筵),邀龍象之數人,轉如來之玉句,廚營百味,爐列名香,幡花散滿於庭中,鈴梵啾流於此席。以斯建福功德、慶讚良緣,先用奉資上界四王、下方八部:伏願威光轉盛,國泰人安;郡主官寮,並延遐壽。伏時(持)勝善,此(次)用莊嚴施主即體:唯願禄峻五嶽,壽保滄瀛;榮班與日月無虧,家富以自然之珍寶。願所(使)年肖(消)九橫,月殄三災;兼資七祖亡靈,齊登紅蓮菡萏。然後一乘十力之有(祐),溥施福於含靈;八難六趣之途(徒),賴此同超彼岸。

## 二、歎像文

若夫神沙無方,非壽算之能測;至理凝邈,豈繩准之所知?故以利見閻浮,龍飛道樹;施安品物,託寫迦維。淨五眼於三明,具六通於萬德;輝輝神於此界,施毫相於他方;動大地以敬(驚)群迷,震雷音而該(駭)群品。[方]始居於鹿[苑]①,蔭波(彼)小根;終灑潤於鶴林,霑滋(茲)大業。闡玉皷法聖之訓,揚金口慧日之光;盪盪巍巍,難可稱量者矣!厥今繪丹青於綿帳,相好三身;圖玉質於寶絲,粧施紫磨。遂乃會僧凡聖,祇告十方;延四衆於像前,焚天香於寶蓋。如斯廣讚,誰之作焉?則有某公慶揚功德諸(之)會也。惟公乃英靈獨秀,六藝俱全;文誽(比)子建之蹤②,武亞啼猿之妙。更能尋思坏質,而(如)水月之非堅;頓悟瓶軀,比蟾光而不久。虔恭上願,圖繪真儀;粉墨光明,蓮華貫誓。福事已畢,虔請三尊;披請(讀)煩愆③,希求上路。具(其)像乃絢衆彩而繪聖,運妙色以儀真;朱豔果於唇端,丹秀花於臉際。翠山凝頂,粉月開毫;黛葉寫而眉鮮,青連(蓮)披而目淨。姿含萬彩,凝湛質於鷄峰;影佩千光,似再臨於鷲領(嶺)。禮之者,無明海竭;睹之者,煩惱山摧。菩薩乃四弘德備,十地功充;頓超緣覺之乘,次補如來之坐。念之者,隨心而降福;禮之者,應願以消災。以斯圖像功德、慶讚福因,先用莊嚴上界天仙、下方龍鬼:伏願威光增盛,護國治人;郡主官寮,並延遐受(壽)。伏時(持)勝福,次用莊嚴施主即體:惟願十祥湊應,萬福齊臻;榮禄以(與)劫石而不移,班爵以(與)青松而不變。願使年豐歲稔,家中傳六順之儀;月盛日增,子孫有千生之俊。然後陰陽順序,日月貞明;地平天成,樂和禮洽。永截三塗之路,長開解脫之門;同離苦因,齊登覺果。

## 三、慶經文

夫疏襟法雨,藻性真源。輕萬壁(璧)以重金言,棄千寶而尊寶偈。於是墨流凱血,繕鹿菀之芳詞;筆折軀骸,紀龍宮之奧典。莫不毫分露彩,遠苻(符)甘露之門;紙散[華]編④,遥叶

---

① "方""苑",據伯二〇五八號之《嘆佛文》補。
② "誽",當作"比",據文義改。
③ "請",當作"讀",據伯二〇五八號之《嘆佛文》改。
④ "華",據伯二五三八號背《寫經追福文》"紙散花編"("花",當作"華")補。

［貫］花之旨①；半字滿字，同開六度之因；大枝小枝，並契三明之果。厥今有信士某公契無爲之勝果，罄捨奇珍；憑有作之良緣，弘闡大教。遂乃請恒沙諸佛，證勘金經；擢虛世之英靈②，繕寫云畢。如斯崇善，則我公奉爲某事作焉！其公乃天與奇才，神姿（資）英傑；包藏何（河）岳，納吐風雲。爲方面之良臣，授閫外之忠將。更能受師之教，欽慕弘揚；祈聖延僧，會斯慶讚。其經乃皆金口之談言，並大乘之勝法。開卷則衆福臻集，發聲則萬禍俱消③。偈乃破闇除昏，呪則遣邪殄魅。加以行［行貫］玉④，開小卷而演荊山；句句連珠，閱［微］言而比滄海⑤。一披一請，便生智惠之芽；再念再思，遂滅無明之惑。以斯讚經功德、會供良緣，先用莊嚴梵釋四王、龍天八部：伏願威光轉盛，福力彌僧（增）；郡主千秋，豐資稼穡。伏惟（持）勝善，次用莊嚴施主即主（體）：惟願形同椿柏，命等松筠；福湊無疆，珍財轉盛。遂使家中傳義，世世爲荊樹之風；子孝孫慈，代代有傳衣［之］美。然後幽扃七祖，承斯皆覩蓮宮；蠢動含靈，遇此同超彼岸。

### 四、［慶幡文］⑥

夫素流方譽，夙番（播）清規；長龍（隆）勝境之因，每叶莊嚴之念。於是繡天繒而散綵，鏤霞綺以分暉；綴玉環聯，珠繒貫彩。厥今有信士某公虔恭增善，建繞圓蓋之神幡；罄割資［財］⑦，絲布雲中五色之光彩。亦使灰魂備（被）祐，頓超三有之身；殄障消災，建斯神幡之德。其公乃英靈獨秀，清鑒不群；承家盡孝悌之誠，奉國竭忠貞之節。遂能傾心慕教，敬奉聖蹤。福事已終，焚香祈福。其幡乃鶵文曳迴，影遥香閣之飛；豔藻縈空，彩輝華園之日。架弘衢而蕩［色］⑧，臨鳳刹以高懸。冥薰之惠乃滋，淨福之基逾積。建之者，生福無際；覩之者，滅罪恒沙。以兹造幡功德、燒香勝因，先用莊嚴梵釋四王、下方八部：伏願威光轉盛，護國致（治）人；使主千秋，人民安樂。伏持勝因，次用莊嚴施［主］即體：惟願禄榮高峻，如五岳［而不］隤⑨；命等溟深，比三光而恒照。然後亡靈七祖，無苦不除，內外咸安，尊卑納慶。

## 讚功德篇弟二

### 五、開經文

竊以妙景揚暉，煦塵方而開日月；法流疏浪，浹沙界而注江河。圓音覆圓，蓋於高天；方

---

① "貫"，據伯二五三八號背《寫經追福文》補。
② 此句前衍"憑有作之"四字。
③ "發聲"前衍一"所"字。
④ "行貫"，據斯一四四一號背之《慶經》補。
⑤ "微"，據斯一四四一號背之《慶經》補。
⑥ "慶幡文"，據文義補。
⑦ "財"，據伯二八三八號背之《慶經文》補。
⑧ "色"，據伯二八三八號背之《慶經文》補。
⑨ "而不"，據北敦〇六四一二號《願文》補。

等振方,興於厚地。於是銀鉤吐曜,編象負之真文;玉牒飛英,紀龍宮之奧典。敷貫花于法水,澄八解以洗塵勞;霏貝業於慈雲,浮四空而超火宅,故使碧雞雄辯,憑道樹而棲襟;黃馬英人,尊(遵)法橋[而]驟影①。首哉秘躅,實難得而祥延(詳焉)②!厥今有信士某公津梁在念,喜捨爲懷;誓轉十二部尊經,弘五時之聖教。於是邀六通於十方地,振錫來儀;延四果於三天,乘杯戾止。閱貫花於辯囿,披貝業于叢談;葉疏梵上而白雲浮,洪鐘發而玄霜起。瑩明珠於濁水,則性海波瀾;泫甘露於稠林,則我山清嶠。象等(牙)開藥③,重啓雷音;馬瑙流光,還臨月影。於時虹[幡]曳迴④,或卷舒於煙澤;鳳蓋陵虛,乍徘徊於日域。花明七净,祴祴含芳;香散六銖,鑪鑪引馥。是時也,橫開曰(月)殿,敷龍象于寶宮;竪藏金容,轉五乘之玉句[者]⑤,則我某公奉爲某事作之。伏惟公珪璋挺秀,標逸氣於百成(城);山岳降靈,扇人(仁)風於[千]里⑥。故能體正真之實相,思福潤之良途;建勝善以投誠,仰慈雲而結懇。以斯開經功德、焚香勝因,總用莊嚴施主即體:惟願三明備體,永登無畏之身;八解澄心,早證無生之理。願使家盈七寶,長承五品之榮;宅溢八真(珍),常值登都之寵。然後灰魂七祖,承斯目睹龍花,胎卵四生,並證真如彼岸。

## 六、散經文

竊以法蠡常寂,振百億而無聲;惠炬恒明,光大千而不焰。故有圓珠半珠之旨,隨行月而虧盈;貫花散花之談,轉祥危以開合。故乃掩輝摩竭,用啓息言之津;杜口毗耶,以通德(得)意之路⑦。既而三邪返徹,設真駕於四衢;八倒還原,艤仁航以六度。故使乘杯羽客,憑覺海而問津;控鶴玄賓,仰慈雲而訪道。壯哉二諦,難得揄揚者焉!厥今藏金容於寶殿,匼匝幡花;轉金句於星宮,香煙靉靆。龍象湊集,半珠闕而復圓;二部雲臻,散花分而再貫。如斯啓願,誰之施作?則有某公奉爲某事作之。伏惟公風蘭孕馥,月桂踈芳;行業先敷,意花早合。四弘契想(相)⑧,十信冥懷;敬降(陳)莫大之筵⑨,式詠能仁之教。若乃金言電擊,四諦之理[將終]⑩;玉牒雲披,五時之教斯極。掩銀鉤於月殿,罷玉軸於星宮;珠幡卷而彩紅(虹)飛⑪,寶蓋低而騫鳳隱。魚山梵静,梁塵故飛;虹海香停,院煙猶馥。龍庭返轡,象駕旋鑣;酌海不窮,飲河將滿。七衆聚而還散,八藏虧而復盈;甘露恒青(清),祥風永扇。以斯轉經功德、無

---

① “尊”,當作“遵”,據斯五九五七號之《開經文》改。“而”,據斯五九五七號之《開經文》補。
② “祥延”,當作“詳焉”,據文義及斯五九五七號之《開經文》改。
③ “等”,當作“牙”,據斯五九五七號之《開經文》改。
④ “幡”,據斯五九五七號之《開經文》補。
⑤ “者”,據斯五九五七號之《開經文》補。
⑥ “千”,據斯五九五七號之《開經文》補。
⑦ “德”,當作“得”,據伯二二二六號背之《散經文》改。
⑧ “想”,當作“相”,據伯二二二六號背之《散經文》改。
⑨ “降”,當作“陳”,據伯二二二六號背之《散經文》改。
⑩ “將終”,據伯二二二六號背之《散經文》補。
⑪ “紅”,當作“虹”,據伯二二二六號背之《散經文》改。

限勝因,總用莊嚴施主即體:唯願官班日進,方延五鼎之尊;峻洽時遷,坐列萬鍾之祿。子孫昌盛,眷屬駢羅;花萼芬芳,閨闈茂[盛]①。然後合家長幼,並沐清貞;過往幽魂,咸登覺道。

## 七、願文

蓋聞法體希夷,妙達有無之竟(境);真如綿邈,迴超生滅之方。混彼此之情端,泯是非之心慮。離名言於相詮,示[說]聽於聞知②。故以託聖質於天宮,降靈軀於帝宇。權證成於道樹,假敷教於鹿園。此及(即)無刑(形)之刑(形),刑(形)於百億;無說之說,遍於三千。所以四生沉六度之舟,九道運五乘之駕;火宅以之需賴,迷途於是中暉。既本不然③,終寧有滅者也! 厥今有施主六度爲美,十信明(冥)懷;廣闢福門,希求勝願。故能邀二部[如]飛雨集④,祈四眾而雲奔;捨如(而)罄盡家資,望如(而)福山水固。如斯之德,玉臂焚香勝勛(績)之功,則我某官奉爲某事作之。伏惟公才高冠世,思逸陵雲;馳雅俗之憲章,擢縉紳之龜鏡。於是職監百里,宣製錦之芳猷;任察一同,澡(藻)烹鮮之美實⑤。約金科而去濫,佩玉印以全真。播千載之英聲,隆一乘之勝軌。遂使弘揚聖教,受囑金口之蹤;抽捨珍絲,歆望當來之福。以斯捨施功德、無限勝因,總用莊嚴施主即體:惟願冰鏡轉清,瑤花挺秀;家榮國寵,茅土山河;惟教(孝)惟忠,立功立事。然後家眷大少,並同劫石爲居(期)⑥;內外親姻,保宜江相(湖)不竭⑦;先亡遠代,咸(銜)福並湊(證)紅蓮⑧;蠢動含靈,遇此同超彼岸。

## 八、願齋文

竊聞至聖法王,運一乘而化物;大雄利見,越三界以居尊。故能廣布慈云,普洽無邊之潤;怒開惠日,咸暉有識之緣。方顯王中之王,爲四生之父母;像外[之像]⑨,建六趣之津梁。妙覺巍巍,理絕名言者矣! 厥今座前齋主陳玉宇、捧金爐、焚寶香、設清供所申意者,奉[爲]保平安諸(之)所建也⑩。唯公乃擢秀英林,仁賢雅操,識量重邈,體氣孤高。見伏(火)宅之相煎,早求解脫;知佛乘之可託,預建齋延(筵)津(梁)。希惠日以乾心,仰慈雲而結懇。故得如來授手,菩薩加威,內外咸安,尊卑納慶,是以割寒冬之厚絮,仰答鴻恩;抽夏服之輕衣,賽酬善願。故於還日,以建[齋]延(筵)⑪,屈請聖凡,希求聖旨。是日也,灑庭宇,儼綺延(筵),玉粒盈廚,芳

---

① “盛”,據伯三〇八四號之《散經文》補。
② “說”,據文義補。
③ “既本”,原作“本既”,據斯一四四一號背之《願文》乙正。
④ “如”,據文義補。
⑤ “實”,伯二八六七號等作“質”。
⑥ “居”,當作“期”,據斯一四四一號背之《願文》改。
⑦ “相”,當作“湖”,據斯一四四一號背之《願文》改。
⑧ “咸”,當作“銜”,據文義改。“湊”,當作“證”,據斯一四四一號背之《願文》改。
⑨ “之像”,據“像外之像”句例補。
⑩ “爲”,據文義補。
⑪ “齋”,據伯三五四五號之《願齋文》補。

饌宿設。總斯殊勝，福祚增多。先用莊嚴齋主即體：唯願長<sup>守</sup><sub>爲</sub>富貴，永稱其心，遐齡益而大昌，身力强而彌盛。家眷大少，并沐休宜，内外親姻，咸蒙吉慶，然後七世父母，紅蓮化生。蠢動含靈，俱發覺路。

## 九、四門轉經文

竊以三乘演妙，功超色相之門；七覺有因，理出名言之際。佛日之日，懸大像於皆（街）衢；天中之天，導群生於净域。威神自在，示現無方；玄風被於大千，實際光於不二。法雄利見，其大矣哉！厥今置净壇於八表，敷佛像於四門；中央建佛頂之場，緇衆轉蓮花之部。遂得香煙合霧，交馳氣靄於八隅；玉句連［珠］①，聲<sup>驛</sup><sub>降</sub>十方之净土。如斯懇仰，誰之作焉？則我使主某公先奉爲國泰人安，刀兵永罷；次爲己躬福山不壞諸（之）所建也。伏惟公天俊英雄，神資靈智，幼懷聖計，德美孫吳之機；怗静西戎，量越韓田之勇。故能留情僧教，望慈善以增修；渴仰虔恭，啓洪門而懇切。是時也，三春首朔，四序初分；揚（陽）和運改以環周，陰氣交馳於霞際。殘霜共白雲相禮，含胎以（與）柳色争新；僧徒課誦於四臺，灌頂神方以（已）七日。總斯多善，莫限良緣，先用莊嚴梵釋四王、龍天八部、散諸大將、護界善神：伏願威光轉盛，福力彌增，興運慈悲，救人護國。遂使日消九横，月殄三災；萬姓饒豐樂之聲，合郡無傷離之厄。伏持勝福，次用莊嚴當今皇帝貴位：伏願敷弘至道，濟育蒼生；寶位以（與）乾象而不傾，遐壽以（與）坤儀而不易。又持勝善，伏用莊嚴我施主貴位：伏願萬佛迴光，百神擁衛，金張（章）以金剛不壞②，子壽（紫授）與紫蓮齊芳③。命天地而俱長，覆（福）山河而永固④。然後陰陽順序，日月貞明；五稼豐登，萬人安樂。

---

① “珠”，據斯五九五七號之《四門轉經文》補。
② “張”，當作“章”，據伯二八五四號背《正月十二日先聖恭僖皇后忌辰行香》改。
③ “子受”，當作“紫授”，據伯二八五四號背之《正月十二日先聖恭僖皇后忌辰行香》改。
④ “覆”，當作“福”，據文義改。

# 伯三五三五號＋伯三五三五號背
## 《雜齋文集》

此件首缺尾全，現存内容爲齋儀七篇及《唐玄宗生日頌壽文》《大唐開元十六年七月卅日敕爲大惠禪師建碑於塔設齋讚願文》，故擬名此件爲《雜齋文集》。清本只釋録其中的齋儀部分，目前有王三慶釋録本，見王三慶《敦煌佛教齋願文本研究》，新文豐出版公司，二〇〇九年，第一一二～一一四頁。

### 一、[官齋行道]①

（前缺）

[皇太子至孝先]於三善，聖德椒於重離。諸王永固於維城，公主演慶於琁萼。百辟盡忠以奉職，萬類咸化以常安。旁周一切群生，普及十方含識，共拔塵勞之境，同臻妙樂之因。

### 二、軍使

睿乎太極分儀，三光列曜。素王教禮樂之訓，黃老闡清虛之宗。雖汲引[多]途②，而尚迷真教，於是我大師薄伽梵承列聖之寶，捨金輪之尊。七花捧步以標奇，九川徵龍而現異。梵天稽首，波旬伏膺。萬類泪心而轉靈，百波盪溟而非動。其道也，身混群有；其智也，心包大空。投誠者所謂越迷津、超苦輪。導以黔庶，福乎天人。巍巍乎！蕩蕩乎！我世雄德山孤峻者矣云云。

稟中和[之]氣③，育大道之靈。公侯子孫，軒冕華烈。天子欽皷鼙之將，朝端重穿札之材。公騏[驥]騰驤④，鴻鳴響徹。北辭宸禁之衛，西鎮穹廬之邊。玉潔冰清，括囊成美，故我國家授之以天爵，錫之以金章。勤王大漠之川，勒石燕然之地，頃以戈鋋務陳，天海塵清。愍士卒以災危，崇檀施四(而)濟拔⑤，於是敞翠幕，開月營，海香郁毓以雲飛，虹幡窈窕而電曳。

---

① "官齋行道"，標題及此篇内容皆據伯二九九一號背之《官齋行道》補。
② "多"，據文義補。
③ "之"，據伯二五四七號背之《軍使》補。
④ "驥"，據伯二五四七號背之《軍使》補。
⑤ "四"，當作"而"，據文義改。

繁綴百寶，儼然豪尊。請龍象以旋環，岌鵷鸑而飛奏(湊)。爾其玉饌潔，清梵吟，飯來香積之盂，菓薦閻浮之樹。於時也，大火云至，朱星始臨，能仁降誕之辰，金樹浮輝之節，草色芳茂，雲峰碧解，崇乎勝因，建以嘉祉云云。

聰明文思，光宅乾坤，齊北極而恆明，比南山而獻壽。萬姓月(悦)來蘇之美，四海歌穆清之風。允武允文，邁固宗廟云云。忠以奉國，孝以承家，按長劍以整天軍，習短兵而禦戎寇。功列雲臺之上，名標青史之前。雄雄將門，鬱鬱多裕云云。或侯伯曹胤，或河山異靈，盡驤首於天池，悉鵬博於雲漢云云。士卒等危殃[殄]滅[1]，色力雲奔。弃(起)長戟則鐵騎生威，建大功則金門伏奏云云。

### 三、凉府

其地也，故雍州之西界，實武威之舊區。黄河一曲疏其東，白雲數片浮其上。前凉後凉之接躅[2]，吕光之殊途；歷祀五百年，沐我皇之恩矣。

### 四、甘州

其地也，未當鶉首，實控永年之郊；正是屋蘭，更遭臨澤之壤。禹分九土，導弱川之向西流；李陵爰書，接貳師而坐張掖。既遷漢魏之化，遂賴我唐之風焉。

### 五、建康軍

其地也，政開封[域]之國[3]，沮渠受邑之郊。實在北凉之西，乃宅西戎之左。處乾坤之分，當二蕃之要衝。前瞻白雲之巖，卻帶居延之曲。是我國家之勝境也，惟賢者而居之矣。

### 六、肅州

其地也，州得酒泉之郡，鄉連會川之郊。控驛馬之途，援玉門之險。少卿以之訓卒，貳師以之揚麾。雄之者斯五六百歲，遂賴我唐之聖化也。

### 七、沙州

其兹也，地竦龍勒，境控陽關。廣至分其中，宜禾在其間。[物]阜川土[4]，西被流沙，稽古而言，實在兹乎。故知風煙鬱蓊，遥接菖蒲之原；車馬駢闐，競出敦煌之郭。寔我皇之有道，惟輯寧之有方焉！

---

① "殄"，據文義補。
② 句首衍一"前"字。
③ "域"，據文義補。
④ "物"，據文義及殘筆畫補。

# 伯三五四一號《齋琬文選集》

　　此件首尾俱缺,《敦煌遺書總目索引新編》據梅弘理的成果定名爲《齋琬文》。然此件雖屬《齋琬文》,卻非原本,每個大類都只選抄了一小部分,故擬名此件爲《齋琬文選集》。現存內容依次分屬《酬慶願第五》《報行道第六》《賽祈贊第九》《述功德第八》《悼亡靈第七》。目前有王三慶釋錄本,見王三慶《敦煌佛教齋願文本研究》,新文豐出版公司,二〇〇九年,第九〇~九六頁。

（前缺）

［提伽］之繒,常盈篋笥。

## 一、五月

故於景臨鶉首,律中蕤賓。陳彼天廚,馨斯海岸。

## 二、九月

每至九秋氣爽,千里同華;滌蕩七支,薰修十善。云云。

總結云:唯願諸佛益長年之算,龍天贈不死之符。盛德將山嶽齊高,英名與煙霞共遠。兒郎昆季節檗松筠,姊妹夫娘,妍華桃李。寶衣天降,明珍嶽浮。釜積虹金,倉盈巏粟。

## 三、二月八日

每至景華東閣,氣淑西園。叡后薦珪之辰,［聖主踰城］之日①。思法王之令德,御天駕於城隅。輕蓋將鮮雲［共飛］②,鵷幡與長虹俱拖。散寶花而翳景,奏韶樂而聞天。香緘金爐,饌［芳］華薲③。

---

① "聖主逾城",據伯三七七二號＋伯三七七二號背之《二月八日》補。
② "共飛",據伯三七七二號＋伯三七七二號背之《二月八日》補。
③ "芳",據伯三七七二號＋伯三七七二號背之《二月八日》補。

## 四、二月半

每到桑津［浴罰］之日①，提河晏［駕之辰］②。［思］鹿野而纏懷③，望鶴林而軫思。

## 五、四月八日

朱景馳於南陸，火星耀於［東郊］④。［祝融蒞職之辰］⑤，［牟尼載］誕之日⑥。

## 六、七月半

每至皇王［薦新堂之月］⑦，［羅漢答顧復之時］⑧，飯四果僧，供十方佛。

## 七、臘月八日

［每至律中太呂］⑨，景會言（玄）枬，百工獻藝之辰，八水浴僧之日。

## 八、願文

夫玉毫騰相，超十地以孤遊；金色流耀，跨萬靈而獨出。權機妙用，拯朽宅之迷徒；感應遐通，導昏城之惑侶。歸依者，苦源必盡；迴向者，樂果期（斯）深。大哉法王，名言所不測也！然今齋主可謂靈衷爽悟，識達清淳，承家盡孝悌之誠，奉國效忠貞之節。況乃深因植於曩劫，勝業著於茲生。以法宇爲究竟之場，以真原是歸依之地。虔誠表願，稽首弘心；奉屈三尊，式崇白業。惟願壽山岳鎮，福樹松貞，宿障掃而盡無餘，智岸生而生恒茂。

## 九、入宅

乃杏梁新構，桂柱初雕。地鎮龍蛇，圖居奕壔。華庭曜［彩］⑩，碧牖含煙，四方磕匝而仁隣，二氣貞淳而吉慶云云。願上方［天］主⑪，雨下摩尼之珠；下界地藏，踴出蓮花之藏。丹井流潤，漸呈遐齡，嘉樹澄陰，庇增高譽。夫娘則花萼端肅，志麗邑樂。兒郎則門著珪璋，望標冠冕。

---

① "浴罰"，據伯三七七二號＋伯三七七二號背之《二月半》補。
② "駕之辰"，據伯三七七二號＋伯三七七二號背之《二月半》補。
③ "思"，據伯三七七二號＋伯三七七二號背之《二月半》補。
④ "東郊"，據伯三七七二號＋伯三七七二號背之《四月八日》補。
⑤ "祝融蒞職之辰"，據伯三七七二號＋伯三七七二號背之《四月八日》補。
⑥ "牟尼載"，據伯三七七二號＋伯三七七二號背之《四月八日》補。
⑦ "薦新堂之月"，據伯三七七二號＋伯三七七二號背之《七月半》補。
⑧ "羅漢答顧復之時"，據伯三七七二號＋伯三七七二號背之《七月半》補。
⑨ "每至律中太呂"，據伯三七七二號＋伯三七七二號背之《臘月八日》補。
⑩ "彩"，據文義補。
⑪ "天"，據斯二七一七號之《慶新宅》補。

### 十、造幡

幡乃衆繒間雜，五色合成，綺飾縱橫，馨芬亂墜，縈盤風裏，繚繞雲間，類鳳翥於梵宮，若龍迴而皎日。光嚴殿塔，顯赫靈儀。

### 十一、抄經

乃行行貫玉，開小卷而冠荊山；句句連珠，閱微言而比滄[海]①。一披一讀，便生智惠之芽；再念再思，遂滅無明之惑。云云。乃貫花[妙]典②，寫貝葉之靈文，甘露微言，錄金牋之聖旨。半滿之言咸[具]③，漸頓之教具陳。猿池鷺沼之甚深，鷲嶺雞峰之秘密，足[使受持]頂戴④，佛師佛母之深功，書寫弘宣，法雲法雨之潤[益]者也⑤。

### 十二、造像

乃德相熙怡，似發蓮花之步；靈姿端妙，真圖滿月之[容]⑥。[瞻仰]者⑦，惑障雲消；頂禮者，塵羅霧卷。云云。

乃妙畫丹青，巧呈朱[彩]⑧，[像]三身而作相⑨，模五眼以開明。金線錯而生光，珠纓飾而發彩。歸依不足、迴向無猒者也。

### 十三、僧患

惟師瑩戒珠而澄清八水，總三藏而囊括五乘；以衆生處百勞之輪，菩薩致(治)六府之患⑩。雖業無體，緣之則生；形病是空，嬰之則苦。今者四大增損，十氣縈繾，恐晨露之易晞，慮風燭之[難]久⑪，罄捨衣缽，廣豎福田。用此善根，莊嚴[患者]即體⑫：惟願智火而[燋業]種，法雨而潤道芽。苦霧卷而心鏡開，垢累蕩而[身田淨]⑬。[慈悲法]父⑭，放月愛之靈光；自

---

① "海"，據伯三四九一號之《慶經文》補。
② "妙"，據伯二六三一號之《慶經像文》補。
③ "具"，據伯二六三一號之《慶經像文》補。
④ "使受持"，據伯二六三一號之《慶經像文》補。
⑤ "益"，據伯二六三一號之《慶經像文》補。
⑥ "容"，據伯三八〇〇號之《後迴向發願文》補。
⑦ "瞻仰"，據伯三八〇〇號之《後迴向發願文》補。
⑧ "彩"，據北敦〇四四五六號之《畫像》補。
⑨ "像"，據北敦〇四四五六號之《畫像》補。
⑩ "致"，當作"治"，據文義改。
⑪ "難"，據斯五六一六號之《僧患文》補。
⑫ "患者"，據斯五六一六號之《僧患文》補。
⑬ "身田淨"，據斯五六一六號之《僧患文》補。
⑭ "慈悲法"，據斯五六一六號之《僧患文》補。

在觀音,施醍醐之妙藥。示[現之疾]①,[豁若冰消]②;真實福田,俄然雲集。身心遍悦、氣力輕安者焉。

## 十四、法師

海納九流,學該萬卷。才吞百氏,識洞五明。[宣吐涌泉]③,[若大海之無竭]④;口談般若,似河注之難窮。異骨挺生,奇毛[間委]⑤。[惠日常明]⑥,[戒珠恒净]⑦,可謂斬蔭樹之剚刀,濟濁河之惠筏者也。

## 十五、律師

惟律師應生五濁,迹紹四依;行月澄[明]⑧,[戒珠圓净]⑨。[律儀之規]夙著⑩,道品之奧素殷。守禁而積勝因,精修而□□□。[至於四分十誦]⑪,猶涉海而護浮囊;七聚五篇,才救頭而防猛炎。以爲大毗尼□,□□□而俱珍;尸波羅蜜,登寶橋而普濟。可謂嗣徽迦葉,作智水之□□;踵武波羅,擅靈文之玉檢。豈謂業風罷扇,掩塵迹以冥真;愛[火銷]灾⑫,證灰身於(以)示滅。於是經行路側,無聞振錫之音;澡性池傍,永絶乘[杯]之影⑬。

## 十六、禪師

惟禪師戒香芬郁,定水澄清。披忍辱之疎裳,行平等之親敬。心燈皎皎,破歷劫之重昏;惠劍暉暉,剪稠林之根本。於一念,頃悟不空空;坐三昧,門近無等等。寔生靈之眼目,乃濁海之舟航也。

## 十七、尼師

可謂夙標雅素,早著妍花。碧水將禪池共清,丹桂與戒香連馥。飛[聲流俗]⑭,[擅德素

---

① "現之疾",據斯五六一六號之《僧患文》補。
② "豁若冰消",據斯五六一六號之《僧患文》補。
③ "宣吐涌泉",據伯二六四二號＋伯二六四二號背之《法師》補。
④ "若大海之無竭",據伯二六四二號＋伯二六四二號背之《法師》補。
⑤ "間委",據伯二六四二號＋伯二六四二號背之《法師》補。
⑥ "惠日常明",據伯二六四二號＋伯二六四二號背之《法師》補。
⑦ "戒珠恆净",據伯二六四二號＋伯二六四二號背之《法師》補。
⑧ "明",據北敦〇〇〇一七號之《律師文》補。
⑨ "戒珠圓净",據北敦〇〇〇一七號之《律師文》補。
⑩ "律儀之規",據北敦〇〇〇一七號之《律師文》補。
⑪ "至於四分十誦",據北敦〇〇〇一七號之《律師文》補。
⑫ "火銷",據北敦〇〇〇一七號之《律師文》補。
⑬ "盃",據北敦〇〇〇一七號之《律師文》補。
⑭ "聲流俗",據伯二五四七號之《尼律師》補。

門]①。繼蓮色之高縱，襲愛道之清軌者也。

## 十八、[臨壙文]②

　　[聞無餘涅槃]，[金棺]永謝；有爲生死，火宅恒然。但世界無常，[歷二時而運轉]；[光陰遷易]，[除]四相以奔流。等風燭以俄消，似電光而暫[耀]。[然今亡者壽盡今生]，[形隨物化]；捨兹白日，奄就黄泉；至孝等攀號[擗踴]，[五内分崩]；[戀慕慈顔]，痛摧心髓。於是龍輀獻（軒）駕，送靈識[於郊荒]；[素蓋分]行，列凶儀於亘道。存亡永隔，追念何依；悲叫號咷]，[哀聲滿路]。[於是兆卜勝地以安墳]，[擇吉祥而置墓]。謹延清衆（後缺）。

---

①　"擅德素門"，據伯二五四七號之《尼律師》補。
②　"臨壙文"，此處及後文皆據北敦〇二一二六號《臨壙文》補。

# 伯三五七五號《齋儀集抄》

此件首尾俱缺，内容爲齋儀，篇目不成系統，其中《禮席》不見於敦煌地區流行的兩大齋儀系統，當係寫手匯集各類齋儀以備自用，故擬名此件爲《齋儀集抄》。

（前缺）

## 一、[亡兄弟]①

[光陰]逝矣②，某七俄臨。至孝等以人倫義重，花萼情深；九泉嗟一去之悲，長夜起千秋之感。吁嗟賢哲，掩喪連枝；夜室芳幽，泉澄詎朗。欲期資助，惟福是憑。故於此晨（辰），齋薦魂路。功德云云。

## 二、逆修

惟公孝友承家，謙恭處俗。者（則）律閑雅，清信證明。後能馳心彼岸，投足化城。悟泡幻之不堅，知浮生之蹔有。所以生前造善，全收七倍之功；没後崇齋，惟霑一分之益。是以豎四弘之誓願，精五力以虔城。建此逆修，於今某七。功德云云。

又：惟公信珠久净，心境（鏡）恒明；是知弘（紅）顔以（易）念念之間，白髮變須臾之際。惠心内照，檀會外施。今生植來世之因，即日種後身之福。故能預開善路，掃灑天堂；抽減净財，爰修某七。云云。

## 三、願齋

然有悟其理而向歸心者，厥有施主某乙公：惟公俊代後德，英明悊（哲）良；治（至）孝居身，天知禮樂。常以信捨爲念，虔誠釋門；含君子之風，懷悲智之量。此般焚香意者，報願平安之所崇也。公乃家傳正信，敬重福田。託三寶而作歸依，率一心而崇萬善。所以年常發願，每歲獻僧；保護家門，無諸災障。於是啓擗所居，清嚴法座，珍脩妙饌，爐焚寶香，稽空界之聖凡，延祇園之法侣，榮恥斯廣，果報難量。先用莊嚴齋主即體：惟願諸佛家備，龍天護持，

---

① "亡兄弟"，據文義補。
② "光陰"，據文義補。

災障不侵,功德圓滿。夫人壽命長遠,惠悟清新;名高女史之針(箴),譽滿閨蘭之訓。兒郎弟姪鶴立成班,姊妹夫娘仙霞永古(固)。

### 四、禮席

惟公雖居欲界,每發勝心。慕清土之長居,猒三塗之苦患。年依二八,桃李争輝。咸遇陰陽,遂成禮娉。欲傷生聚宴,恐功非儀。害命求婚,慮招後報,遂變清醴爲净水,化血肉以作香飡。六畜免屠割之殃,人席[無]諸(誅)煞之咎①。云云。

### 五、病損

傾爲攝養乖宜,[違]和沉疾②。然念大覺,用保休寧。善願既從,天佛咸契,[若]飲醍醐之味③,如食甘露之漿。患苦頓除,身心適悦。不勝戴荷,敬樹良因。功德云云。

### 六、[諸功德]④

造像則罪山落刃;轉經則苦海停酸;禮佛則三障雲消;誦呪則六根清净;印佛則[塵勞永散]⑤;設齋則餘糧果報;施食則長命因[緣]⑥。功德等於恒沙,福類同於巨海。

### 七、入宅

其宅乃陰陽合會,[龜]兆相扶⑦;八卦吉祥,五行通利;四方平正,八表堪居。離坎分南北之堂,震兑列[東]西之室⑧。左青右白,妙採乾坤;前朱後玄,雅合陰陽之道。惟願入宅已後金龍邅宅,玉鳳銜珠;地涌珊瑚,天垂馬(瑪)瑙。四王持劍,斬斫魔軍;八部冥嘉(加),蕩除鬼魅。人增壽命,各保長年。功德云云。

### 八、鍾文

鐘稱法皷,一吼遍於三千。故使外道迴心,郡(群)邪(後缺)

---

① “無”,據文義補。
② “違”,據俄敦〇〇九一五號之《患差》補。
③ “若”,據北大敦一九二號、斯六二一〇號之《患差號頭》補。
④ “諸功德”,據文義補。
⑤ 此處原文空缺半行,可據《印砂佛文》常用莊嚴句例“三千垢累,沐法水以雲消;八萬塵勞,拂慈光而永散”補作“塵勞永散”。
⑥ “緣”,據俄敦四五三三號之殘句補。
⑦ “龜”,據北敦一五七七九號背《入宅文》補。
⑧ “東”,據北敦一五七七九號背《入宅文》補。

# 伯三六○一號《齋儀・悼亡靈》

此件首尾俱全，內容爲齋儀，現存篇目均屬悼亡靈類齋儀，故擬名此件爲《齋儀・悼亡靈》。

## 一、亡僧尼捨施文

夫法界並是虛幻，四大假合成軀；五蔭（陰）念念相催，六識刹那不住。縱使聖位小乘之衆，尚有託患無常；況乎識漏凡夫，孰免長生之路？故知緣會即聚，緣散即離；逝風飄於識浪，奔波葉菓，運四生之舶者矣。厥今坐前施主捨施所申意者，奉爲某闍梨自捨化已來，不知神識往生何路。謹將生前受用衣物，投扙（仗）三尊；伏乞慈悲，希垂濟拔。惟闍梨乃美才碩德，釋衆高僧；談讀則三教俱通，問疑則千人頓絕（斷）①。將謂久留教內，作釋衆之標尊。何圖生死難常，離會之緣斯畢。遂使神鍾（鐘）無響，寶鐸摧音；二部無問道之因，真俗絕法潤之澤。今者親羅思之恩蔭，隨（隳）影滅形②；難助灰魂，無處控告，投扙（仗）福門；薦擢冥靈，無越白法。惟願以茲捨施功德、迴向福因，先用資薰亡闍梨所生神道：惟願身騰六牙之象，長遊兜率之宮；足踏千花，永棄閻浮之境；迴超沙界，高步金蓮；長辭五濁之中，願出六天之外。或有宿生垢障、見世新薰，［銜怨遇會之時］③，並願承斯福力，解怨捨結，霧散雲消。世世生生，恒爲眷屬。又持騰福，此用莊嚴施主即體：惟願祿位日親，榮班歲漸。作四海之舟戢（楫），爲一人之股肱。門敍克昌，嘉聲再遠。靈柯茂葉，桂馥蘭芬。然後功津有識，道洽無垠，莫不並出蓋纏，俱登佛果。

## 二、［脫服］④

夫生者有爲之始，相續之義由（猶）存；滅者無常之終，變現之緣都泯。故聖人者，無生現生而利物，無滅示滅以同凡。則湛居妙海之中，高步真宗之際。利樂之道，不可得而言哉！

---

① "絕"，當作"斷"，據伯三七六五號之《亡僧捨施文》改。
② "隨"，當作"隳"，據伯三七六五號之《亡僧捨施文》改。
③ "銜怨遇會之時"，據伯三七六五號之《亡僧捨施文》補。
④ "脫服"，據文義及斯四九九三號背＋斯三四三號之《脫服》補。

厥今敷月西（殿）①，展金容；爐焚净土，供列天廚之饌[者]，爲誰施之？時則有坐前至孝奉爲故父大祥追念之福會也。惟父乃生知異俊，别秀奇能。三端早播於人倫，六藝妙通而曉識。理應久居世上，永覆門風，何圖大運有期，掩歸弘夜。至孝等自云：哀哀慈父，育我劬勞。泣血終身，莫能上報。慈顔一棄（去）②，已隔三周，堂宇寂寥，惟增哽噎，但以禮章有限，俗典難違。服制已終，除凶就吉，今者空床頓遣，已止哭泣之聲；庭砌無蹤，永絶號咷之響。營齋宅内，建福家中，列饌焚香，薦資幽識。是日也，張倚（綺）幕，掣幡幢，蘊名香，請凡聖，答先靈之德，濟亡苦之酸；總用莊嚴亡父所生神路：惟願駕仙鶴以西遊，常居净土；嚴寶車而東邁，上品往生。聞正法以悟玄空，體大道而歸[常]樂③。當來之世，以作善緣。莫若今生，愛别離苦。又持是福，次用莊嚴執爐至孝内外親因（姻）等：惟願福隨日長，沴逐時消。垢障蠲除，煩囂永滅。然後窮界海，盡生靈，出苦原，登覺道。

## 三、亡僧文

竊以龍宮現生，表無生於實相；鶴林示滅，標不滅於真儀。是以無去無來，始證三[明]之鏡（境）④；非色非相，方開七覺之門。引權實以成因，啓津梁而利物；卷舒叵（叵）測，顯晦難梁（量）者矣！厥今廣邀四部，大闢福門；爐焚寶[香]⑤，虔恭啓願者，爲誰施作？時則有坐端施主奉爲某闍梨自捨化已來，不知神識往生何逕（徑），謹將生前受用寡尠，叩觸三尊；伏願慈悲，希垂濟拔。惟亡僧乃幼負殊能，長通幽秘；精閑《四分》，動（洞）曉五濁。開遮玄合於法門，净亂雅扶（符）於實相⑥。清而能政（正），遐邇欽風；威而加嚴，大小咸敬。若是尼：雍容淑質，天生稟清净之風；儼進威儀，體性温和[柔]之德⑦。澄心静慮，泯萬竟（鏡）於空花⑧；密護鵝珠，儼七枝於有部。理應流光萬傾（頃），作頗（破）闇之燈；沉影三河，斷迷津之逕（境）⑨。豈謂弗（拂）塵世表，永昇功德之場；脱屣勞（牢）籠，長居大乘之域。智燈分於泉逕（涇），惠日掩於山門；氣序無容，掩（奄）從物化。至孝等[自云]⑩：門人荼毒，涙雙樹之悲；俗眷攀號，長（悵）鶴林之痛。無處空（控）告，惟仗福門；薦擢冥靈，無超法海。惟願已（以）兹捨施功德、焚香念誦勝因，盡用莊嚴亡闍梨所生神路：惟願足踏紅蓮出三界，逍遥獨步極樂香（鄉）；安養世界睹彌陀，智（知）足天宮遇彌勒。當當來代，還與至孝作菩提之眷囑（屬）；莫若今生，愛别離苦。又持勝福，次用莊嚴持

---

① "西"，當作"殿"，據伯三七六五號之《亡姑文》補。
② "棄"，當作"去"，據文義改。
③ "常"，據伯二三四一背《臨曠文》"體大道而歸常樂"句例補。
④ "明""境"，據伯三八一九號＋伯三八二五號之《亡文弟五》"始證三明之境"句例改。
⑤ "香"，據文義補。
⑥ "扶"，當作"符"，據文義改。
⑦ "柔"，據伯三七六五號之《亡僧捨施文》補。
⑧ "竟"，當作"鏡"，據伯三七六五號之《亡僧捨施文》改。
⑨ "逕"，當作"境"，據伯三七六五號之《亡僧捨施文》改。
⑩ "自云"，據伯三七六五號之《亡僧捨施文》補。

爐至孝及内外親因（姻）等：惟願禄位日新，榮班歲漸；作四海之舟檝，爲一人之股肱。門敘（緒）尅昌，嘉聲之再遠；靈柯茂葉，桂馥蘭芳。然後功津有識，道洽無垠。莫不並出蓋纏，［俱登佛果］①。

## 四、亡考

將謂長居（松篁）比壽②，金石齊年。何圖毫鳥來蹤，魂歸白（泉）路③；日月不祐，某七俄臨。至孝等思劬勞之義重，五内崩摧；念膝下之深恩，四大貫烈。無處憑告，唯仗福因；屈請聖凡，大崇白業。於是張翠幕，懸繒幡，梵響盈空，香煙匝席。總斯福善，先用資薰亡靈去識：惟願神遊素（柰）苑④，託質花臺；逍遥十地之階，縱嘗（賞）九仙之位。賓鉢羅樹下，長爲禪悦之林；阿耨達池中，永滌塵勞之垢。又持勝福，次用莊嚴齋主即體：惟願龍神潛衛，釋梵冥資；百福盈家，七珍常滿。菩提種子，長積於身田；智惠萌牙，芬芳於意樹。

## 五、亡夫人文

竊聞諸行無常，生死流煙（湮）而奔浪；視（示）生滅法，六趣所以沉淪。嗟有命諸（之）難停，痛無常之易往。悲哉生死，曷可談言者哉！厥今佛其（請）三世，僧招十方，爐焚六珠（銖），湌兹（資）百味者，有誰施作？ 時則有坐前執爐施主奉爲亡母大祥追念之福會也。惟亡母乃雍雍婦德，將月鏡而同明；穆穆女儀，共春蘭而並馥。忽悟中間，耆年暮（慕）道，絕染修因；頓悟真宗，希求覺路。將謂久居仁（人）代，永覆宗仗（枝），何圖水欲净（静）而風不停，子欲養而親不待。但以業風動性，水有逝流，形電驅馳，於臨某七。至孝等自云：孝誠無感，嚴訓早違。攀風樹以纏哀，望寒泉而永慕。級（即）使羸形碎體，未益幽魂，泣血終身，莫能上塔（答）。故於是日，聿建檀那，崇修白業。於是清第宅，列真儀，盧（爐）焚海岸之香，供列天廚之饌，總斯殊勝，無壇福因，先用莊嚴亡妣所生魂路：惟願永辭三界，長截四流，託寶殿而化生，坐金蓮而悟道。

---

① "俱登佛果"，據文義及常用句例補。
② "長居"，當作"松篁"，據伯二五八四號等"松篁比壽，金石齊年"句例改。
③ "白"，當作"泉"，據文義改。
④ "素"，當作"柰"，據北敦〇六四一二號《願文》同句例改。

# 伯三七六五號《齋儀抄》

此件首尾俱全,抄寫齋儀四篇及《佛經難字》。清本只釋録其中的《齋儀抄》。

## 一、[轉經文]①

厥今垂陳寶殿,儼(嚴)灑龍樓;請奈苑之明僧,轉十二之分教;三長供養,月六修齋;每捨净財,啓加(嘉)願者,有誰施作? 時則有我府主令公先奉爲龍天八部護賽(塞)表而恒昌,梵釋四王擁龍沙而永泰;令公寶位等劫石而齊堅,夫人花顏比貞松而不變;司空等諸郎君昆季常增盤石之榮,應(陰)小娘子以(與)内外金枝恒輝爭春之貌之福會也。伏惟我府主令公天資鳳骨,地傑龍胎,廣含江海之能,氣應風雲之量。自從秉安遏塞,鎮静封壃,年常豐實於三農,風雨不愆於四序。故得名傳日下,譽播八宏;謀行而萬里從風,計動乃六蕃向化。耕歌野老,咸康皷腹之歡;牧燧樵人,共樂無爲之泰。又於五乘教裹,敬慕而阿育大王;三寶門中,精崇而給孤長者。常年於三長齋月,九僧請入於内宮。輪寺之五時,微言盡藏,宣談於寶閣,七珍布施。百味祇供,幡花妙備於真鮮,鈴磬雅陳於金席。今則環軸已畢,經梵收音,捧爐尊前,啓揚迴向。總斯多善,莫限良緣云云。又持勝福,次用莊嚴我府主令公貴位:伏願南山作壽,北極標尊;常爲菩薩之人王,永作河西之父母。又持勝福,伏用莊嚴夫人貴位:伏願鮮(仙)顏轉茂,桃李馳芳,播柔服於邦家,匡母儀於王室。司空等郎君文攄(藻),夏葉爭芳。應(陰)小娘子姊妹紅顏,春花競馥。城隍泰樂,五稼豐登;障疫不侵,普天安樂。然後窮無窮之世界,盡無盡之蒼生,賴此勝因,齊登覺道。

## 二、[脱服文]②

時則門人諸尼徒以(與)坐前持爐至孝等,奉爲故師闍梨大祥追念之福會也。惟闍梨乃研(妍)花淑順,皎節肅清。實法宇之大樑,抑桑門之重鎮。四衣蜜護,金色之美號遐彰;八敬明遵,愛道之芳名遠播。諫五篇之幽顯,窮七祖之玄微。尼衆畏其風猷,道俗欽其德望。本冀祥花永茂,助揚佛法僧儀;寶樹長春,覆護門人眷屬。奈河(何)三秋降雪,偏傷奈苑之枝;五月行霜,獨碎祇園之葉。遂即尼徒含悲於大宇,已曆(歷)大祥;俗眷哀泣於私宮,俄經二載。雖盈悲嘆,再會無由。互相思報於師恩,齊願修齋而展益。所以精嚴寶地,會三世而脫服除兇;灑掃金田,延十方而停哀就吉。於是庭羅百味,遠皎暎於天厨;爐散六銖,近分方(芬芳)於綺席。以斯設齋功德、迴向捨施福因[云云]。惟願金沙池畔,頂拜彌陁;龍花會中,瞻禮慈氏。坐七層之寶道(塔),廣度有情;昇五色之花臺,三會説法。又持勝福,次用莊嚴設齋門弟枝眷等:惟願七花備體,八水洗心;垢鄣消除,功德圓滿。

### 三、[亡僧捨施文]①

厥今三尊會合,四部雲臻。焚海岸之名香,施資僧之妙物。啓嘉願者,有誰施作? 時則有某人奉爲某人自捨化已來,今經數朔,不知神識遊翫何方,故將生前受用衣物、僧人所須,渴仰鴻門,希望福祐諸加(之嘉)會也。惟故闍梨乃云云。將謂久居梵宇,永暮(慕)釋風,何圖捨世早終,鶴林變滅②。於是經行樹下,莫聞振錫之聲;禪誦房中,永絕遊魂之際。故使六親動(慟)哭,攀床帳以增悲;久(九)族酸哀,暮(慕)殘刑(形)而倍泣。限以生死路隔,縱使泣血而何階,鶴樹既彫,須(雖)自頸而莫暮(慕)。以知大雄聖力,有求必獲於使求;像法慈門,啓願定蒙於勝益。故將生前三衣之具、四事之儀,投仗福門,奉資靈識。是時也,僧來奈苑,聖駕祇山。幾多之呪梵盈場,無限之經論滿會。管弦合響,上通二十八天;鈴鈸和音,傍遍三千世界。於是財施珍妙,三衣上服而無虧;割捨遺餘,活具資生而不少。以斯捨施功德、啓願勝因,先用奉資亡闍梨所生神道:惟願一花捧足,承白業以生天。百寶嚴身,駕紫雲而聽法。又持勝福,次用莊嚴持爐施主即體:惟願靈龜仙鶴,同增不朽之年;月鼉煙江,共助無窮之福。

### 四、[逆修]③

夫佛般若山,巍巍無邊;法般若海,森森可窮;僧般若舟,遥遥無際。登之者,越生死之囂塵;度之者,逾涅槃之彼岸。三寶境界,不可思議。凡所皈投,皆蒙利益。厥今宏開寶殿,廣闢真場,會三世之如來,命祇園之碩德。爐焚百寶,廚饌七珍,供聖延僧,啓嘉願者,有誰施作? 時則有持爐闍梨奉爲己躬逆修追福之加(嘉)會也。惟闍梨乃矯節清潔,儀範肅清,寔法宇之大梁,抑桑門之重鎮。諫五篇之幽顯,窮七祖之玄微。曇輒比其風猷,道俗芳其德望。故得真乘在意,秘印居懷;悟風燭以難期,知石光而易滅。遂使久行

---

① "亡僧捨施文",據文義補。
② "滅"字後衍一"色"字。
③ "逆修",據文義補。

梵宇，坐臥金田，向三寶之資財，亦貪求而犯觸，今乃逆修勝福，早建良緣，備供珍羞，用申［保護］①。［於是拂］華宇②，嚴道場，焚寶香，烈（列）清供，以斯設［齋］功德，無限勝因，盡用莊嚴施主闍梨即體［云云］。

---

① "保護"，據斯四四二七號《逆修》補。
② "於是拂"，據斯四四二七號《逆修》補。

# 伯三七七〇號《雜齋文抄》

此件首全尾缺。先後抄寫《十戒經》和齋儀、齋文九篇，齋儀的篇目不成系統，故此擬名此件齋儀齋文爲《雜齋文抄》。

## 一、[願文]①

某乙文（聞）無崖真海中有聖丈夫，曰釋迦牟尼，則娑婆世界之法王矣。其惠也日明，其智也霜利。相開三十有二，口演八萬四千門。其門沖幽，修剋者必達真境；其化廓邈，誘進者必脱世間陰炭。於是解紛苦海［者］，於焉息浪；往無不利者，斯焉取辭哉！然今敷月殿、儼真場、崇勝因、列芳饌者，其誰施之？則有宰相論贊没熱何周節度尚乞惠加爲其宰相尚結力絲臺階益壽、榮位傳新及合家願保平安之所爲也。伏惟相公天降英靈，地資秀氣。股肱王室，匡贊邦家。弘化人倫，憂勞士庶。於是剖符千里，建節百城。露冕宣威，褰帷演化，則我宰相論贊没熱河岳降靈，風神秀逸。懷仁抱義，德邁神精。喜禪花之長春，惡人生之倏忽。慮大名（命）之難固②，預併妖氛；罹崇寂之易傾，重修勝福。由是標情勝［場］③，表伏三危。崇設無遮，廣陳百味。詵詵釋子，振金錫而來儀；濟濟衣冠，慕香湌而入會。是時也，霜外結次，凍浦凝寒；風緒霄嚴，寒光曉映。考兹殊妙，最上福田，並用莊嚴宰相上結力絲貴位：伏願才智日新，福同山積，壽命遐遠，鎮應臺階。

## 二、[願文]④

夫法身圓寂，迥超權實之門；至道幽深，高謝色空之際。玄風廣扇，靜三濁於緣河；江雨傍流，消六塵於欲海。然今敷寶地、儼真場、崇勝因、列芳饌者，即有權兵玉塞，遥望慈門；飲馬金河，虔心聖教者，誰也？其有瓜州大節度使論紇熱渴支保願崇福之嘉會也。伏惟節度使公剖苻（符）闃外，義得天心。忠勤効上，恕己奉公。教（較）武則劍氣橫開，蒐間（練）則陣雲

---

① "願文"，據文義補。
② "大名"，當作"大命"，據文義改。
③ "場"，據文義補。
④ "願文"，據文義補。

朝合①。座籌帷幄，決勝斯期。戰士成功，金戈永息。今記能事，尅[修]清薰②。金爐凝乎紫煙，紺光迴乎白日。是時也，韶風弗(拂)柳，翠景臨人。對陽草而割花，結陰候而吐葉。總斯多善，無畺(疆)福因，盡用莊嚴瓜州節度使論紇熱渴支：惟願榮位轉辛(新)，壽逾山積。光乘帝寵，福比河沙。然後流沙統城，萬里無虞。玉塞關河，千秋晏謐。般若神呪，諸佛所師。大衆虔成(誠)，一切普誦。

[又德]③：恕己奉公，忠勤効上。蒐間(練)則陣雲朝合，教(較)武則劍氣橫空。破敵權萬全之計，戰士成決勝之期。

## 三、[置傘文]④

夫覩相興善者，無出於應化之身。攘災祛禍者，莫過乎佛頂心呪。然無身之身，故現身而濟難，無說而說，說心呪而持危。盛事之興，莫大於玆矣。今者敦煌之府內，豎白法之勝幢，設佛頂於四門。使黑業之殄掃，厥今此會，其誰施之？時則有節兒藍軍爰及良牧杜公爲城皇(隍)保安之所爲也。伏惟節兒都督公平育物，罄節安邊。慮災産以侵人，恐妖氛之害物，所以互相計設，務[在]安人⑤。若論護國匡邦，無過斯幢傘。是時也，三[陽]領(令)月⑥，寒色猶威，白馬初春，看垂陽(楊)而未暖。於是緇侶詵詵，衣冠翼翼，總斯一一，莫限良緣，先用奉資護世四王、龍天八部：惟願增威力，益神通，倂妖氛，驅疫勵(癘)。又持是福，即用莊嚴我當今聖神贊普：惟願壽永[固]⑦，等乾坤，六夷伏，四海賓。次持勝福，即用莊嚴節兒都督公：[惟]願長承五福，永謝百憂；榮班與劫石齊休，[紫]壽(綬)與金剛比固⑧。又持功德，莊嚴□□□□二悉諾等：功名攸著，善響聞天。大衆虔誠，一切普誦。

## 四、[社齋文]⑨

夫西方有聖，號釋迦焉！金輪嫡孫，淨飯王子。應蓮花劫，續息千苗(昔)；影示三才，心明四智。魔宮振動，擊法皷而消刑(形)；毒龍隱潛，覩慈光而變質。梵王持蓋，帝釋嚴花；下三道之寶階，開九重之帝網。高懸法鏡，廣照蒼生，惟我大師威神者也。然今此會所申意者，奉爲三長邑義之嘉會也。惟合邑諸公等：氣稟山河，量懷海岳；璞玉藏德，金石固心。秉禮義以立身，守忠孝以成性。故能結異宗兄弟，爲出世親鄰；憑淨戒而洗滌衆愆，歸法門而日新諸

① "間"，當作"練"，據此件《張族慶寺文》改。
② "修"，據文義補。
③ "又德"，此嘆德部分系後來補寫於夾行間，以備撰文時選擇，故以"又德"爲目單獨立條。
④ "置傘文"，據文義補。
⑤ "在"，據伯二六一三號之《安傘文》補。
⑥ "陽"，據伯二六一三號之《安傘文》補。
⑦ "固"，據伯二六一三號之《安傘文》補。
⑧ "紫"，據伯二六一三號之《安傘文》補。
⑨ "社齋文"，據文義補。

善。冀福資於家國，永息灾殃。每至三長，式陳清供。唯願以斯設齋功德、迴向福因，先用莊嚴合邑諸公等：惟願身如玉樹，恒净恒明；體若金剛，常堅常固。今世後世，莫絕善根；此生他生，道芽轉盛。又持是善，次用莊嚴齋主合門居眷、表裏姻親等：三寶覆護，衆善莊嚴；灾障不侵，功德圓滿。然後云云。

### 五、捨施發願文

仰啓蓮花藏界、清净法身、百憶（億）如來、恒沙化佛、清涼山頂大聖文殊、雞足巖中得道羅漢、龍宮秘典、鷲嶺微言、道［眼］他心①、一切賢聖，唯願發神足，運悲心，降臨此時，證明所謂（爲）。厥有施主知身虛假，體命非常；好樂福田，增修白法。惟願以斯捨施功德、念誦勝因，總用莊嚴施主即體：惟願福同春樹，吐葉生花；罪若秋林，隨風彫落。給孤之寶，鎮滿階庭。提［伽］之繒②，常盈篋笥。然後該有識，備無垠，賴芳因，登覺道。摩訶般若，有願尅從；時衆虔誠，一切普誦。

### 六、［竪幢傘文］③

夫大覺弘悲，多門級（汲）引；能仁演教，感應隨機。皆稱解脱之功，莫非能濟者也。今囑（屬）三春令月，四序初晨（辰）；延［百］福以竪勝幢④，珍千殃而精（旌）白傘。將冀保休家國，再（載）育梨（黎）元；三邊無烽燧之優（憂），一郡沐康寧之慶。總斯厥旨，［盛］事興焉⑤！其誰施之？則我沙州乞律本等奉爲當［今］聖神［贊］普建兹弘業也⑥。今既福事郭（廓）備，勝善咸亨，先用奉資梵釋四王、龍天八部：唯願威光熾盛，福力彌增，興運慈悲，救人護國。聖神贊普聖壽延遠，日往月來，寶位恒昌，金石比壽。然後四方晏净，［五］稼豐登⑦；疫都（毒）消除⑧，普天安樂。

### 七、穰災文

夫諸佛興悲，無緣普備（被）；有情見異，感即（跡）緣差。故使歸向者，福逐願生；輕毁者，禍從心起。則知禍福自致，非聖愛憎者歟。厥今爰集緇徒，競持幡蓋，列四門之盛會，旋一郡之都城。像設金容，雲飛鷲嶺；迦維猒欲，豈同年哉！所冀四王護世，百福潛加，欃槍掃於天

---

① "眼"，據"道眼他心"句例補。
② "伽"，據"提伽之繒滿庫"句例補。
③ "竪幢傘文"，據伯二八五四號之《竪幢傘文》補。
④ "百"，據伯二八五四號之《竪幢傘文》補。
⑤ "盛"，據伯二八五四號之《竪幢傘文》補。
⑥ "今""贊"，據文義補。
⑦ "五"，據伯二八五四號之《竪幢傘文》補。
⑧ "都"，當作"毒"，據文義改。

門,疫癘藏於地户;慶雲布野,喜色凝空;倒載干戈,修文[偃武]①。總斯功德,迴奉龍天八部云云。

## 八、張族慶寺文

悟真聞大通垂應,梵王上萬億之宮;能仁化成,帝釋獻千花之殿。給孤園内,地布黃金。襄法施臺,陵圖褾寶。莫不層臺橫偉,超出世間。瑩飾光華,茲福難測矣。厥今風驚光野、花臨僕殿之晨(辰),宿轉坤星、桂月霄圓之日。横敷鷹塔,萬種星羅;廣闢雞園,千衆雲列。尚書躬駕,請佛盡於十萬;張族倚軒,會僧尅[於]清衆。香紛異馥,花散奇馨。飯疑香積飛來,供列純陁之味。樂陳大厦之音,梵奏魚山之韻。[衆賢]滿座②,龍象盈場者,則我河西節度使尚書公、爰及宗人望族慶揚之作建福事也。伏惟我尚書涯窟龍種,丹穴鳳雛。稟氣精靈,生便五色。金門賜詔,天委忠心。變戎馬之生郊,成禮樂之風俗。擁旌賀節,竭力盡忠,報主酬恩。丹誠懇切。所以握明條而開一道,懷機密而謀四方。秣馬三危,橫行五郡,兵雄隴上,守地平原。教(較)武則劍氣橫空,蒐練則陣雲朝合。劬勞爲戰,功勝三場。有死而榮,無生而辱。所以惠解殊然,信珠恒潔。或於管内,遍修緝於伽藍;費用珍財,□□□□□□。□□□□□□□□□□□□□,傾家而竭府庫。又見神師古塔,耆舊相傳,建立年深,因將崩剥,遂化授城張族而謂之曰:余等並是南陽昆季,墨沼連支,仗劍邊城,久居歲月。或榮班紫授,或樹命金詞,或經使(史)在懷,或陳謀効節,或憂(優)遊養身,或適性閑居,或志重桑門,或殷誠善道,今者世之虛幻,時將艱危,若不爲善資身,何以保寧清吉?人之不肖,貽厥有漸。親昵則百從何疎,宗盟則一族無異。襄災啓福,莫大於崇建金坊;創造伽藍,又莫先於修故塔。上行下効,惟愜本懷,異口同音,三繼其善。由是我尚書傾家有張族等質良工,約限裁基,揆日興建。星馳雨驟,各呈妙能;雷動雲奔,功成事畢。於是魏(巍)峨月殿,上聳雲霓;廣厦星空,傍吞霞曉。烏輪未舉,金容豁白於晨朝;兔月藏昏,曦暉照明於巨夜。丹窗紺風,日耀紫霄,寶柱金門,含風吐日。斜昂巍嶼,寫龍甲之參差;環栱連綿,狀紅霓之出没。重檐軒蠹,化鸞鳳而俱飛;倒井垂蓮,類天花而競發。幡懸八綵,雲合回廊,影搖香閣之風,色奪花園之日。加以招提積業,無住有基,任持一七,真僧衣糧。四時正斷。希哉盛事,人其邇瞻,勝願咸享,今晨慶贊。是日也,[玄]霜耀彩③,應九乳而朝凝;玉露浮光,集三危而夜結。□□□□,法供盛陳;迴向復終,福事云畢。總斯多善,莫限良緣,先用上資梵釋四王、龍天八部:身光增益,神力冥加。興念蒼生,救人護國。

---

① "偃武",據斯六一七二號之《行城文》補。
② "衆賢",據文義及"衆賢滿座"句例補。
③ "玄",據文義補。

## 九、俗講莊嚴迴向文

以此開讚大乘甚深句義所生功德，無量無邊，先用奉資梵釋四王、龍天八部：伏願威光熾盛，福力彌增；興運慈悲，救人護國。使四時順序，八表無虞；九橫不侵，萬人安樂。亦使法輪常轉，佛日長明，刀兵不興，疫毒休息。經聲歷歷，上徹天宮；鍾梵泠泠，下臨地獄。刀山落刃，劍樹摧鋒；爐炭收煙，冰河息浪。針咽餓鬼，永絶我饑羸；鱗甲畜生，莫相[食噉]①。歌謠乾闥，弦管長鳴；鬭諍修羅，旌旗永折。散支大將，護國護人；歡喜龍王，調風調雨。惡星變怪，掃出天門；異獸靈禽，潛藏地户。懷胎難月，母子平安；征客遠行，鄉關早達。獄囚繫閉，枷鎖離身；病臥纏眠(綿)，起居輕利。亡過眷屬，頂拜彌陀；合道場人，常聞正法。亦願盲者見道，聾者再聞，啞者能言，愚者得智。如斯不完具者，願承此法力因緣，悉得諸相具足。然後天成地平，河清海晏；五稼豐[稔]②，[千箱吉]盈③。官布恩波，人和樂節；仰希時衆，[齊竭]精誠④。奉爲龍天八部、土地靈祇，大聲[稱念]阿彌陁佛。伏持勝福，次用莊嚴當今皇帝：伏願永垂闡化，四海一家；廣扇仁風，三邊鎮静。時衆運至誠心，稱念觀世音菩薩。已下例此念佛或菩薩。又持勝福，次用莊嚴皇太子：伏願前(乾)星永耀，少海澄蘭。磐石增薰，維城作鎮。又持勝福，次用莊嚴將相百官：唯願鹽梅大鼎，舟楫巨川；泉石先以貞其心，松篁然後方其壽。使萬方清泰，八表無虞，四海安和，保無征戰。又持勝福，次用莊嚴我司空貴位：伏願金剛爲體，般若爲心。長爲大國之重臣，永作蒼生之父母。又持勝福，次用莊嚴諸官吏等：伏願美名美貌，日益日新；不美不祥，時消時散。下臨百姓，唯直唯清；上順帝心，常忠常赤。又持勝福，次用莊嚴僧録大德：敷揚正述，鎮遏玄門，色力堅於丘山，惠命逾於賢(遐)劫。又持勝善，次用莊嚴諸尊宿大德等：伏願駕三車而誘物，嚴六度以莊懷。使法[門]無衰變之憂⑤，釋衆保康災(哉)之樂。又持勝福，次用莊嚴諸禪律大德等：惟願弘悲不倦，匡救無疲。宣至道以利蒼生，建法幢以祇品物。又持勝福，次用莊嚴諸尼大德等：惟願四依常滿，八敬長圓，意樹恒春，心燈永曜。即使八功德水，去垢除災，七净妙花，莊嚴其體。又持勝福，[次用莊嚴]鄉官父丈檀越優婆夷等：惟願(後缺)

---

① "食噉"，據斯四五〇四號背《開經文》補。
② "稔"，據斯四五〇四號背《開經文》補。
③ "千箱吉"，據斯四五〇四號背《開經文》補。
④ "齊竭"，據斯四五〇四號背《開經文》補。
⑤ "門"，據伯二八〇七號之《七月十五日夏終設齋文》補。

# 伯三七七〇號背《雜齋文一卷》

　　此件首尾俱全,抄寫齋儀、牒狀等,後有尾題:"此卷內蕃漢二代表嘆皇帝及吐蕃贊普諸官吏迴向發願及戒懺諸雜齋文等一卷。"故此擬名此件爲《雜齋文一卷》。

## 一、[嘆佛號頭]①

　　某乙聞大儀運像,羅合宇宙之間;品物流形,波濤朝(乾)坤之擦(際)。明則有日月,幽則有鬼神。惟孔父垂文,周公建德,美矣哉!伏哉勝哉,熟(孰)如我大雄獨尊!利見多矣,誕生靈跡,降質深宮,道高天地之先,化出陰陽之表。懷悲念,福燭三千;運救人,澤被沙界!

## 二、[嘆佛號頭]②

　　夫西方有聖,號釋迦焉!金輪嫡孫,淨飯王子。應蓮花劫,續息[千昔]③。

## 三、二月八日

　　夫智覺騰芳,功用齊致;大雄冥運,動物斯均,王宮孕靈,示有生於千界。踰城夜遁,求無上之三身,其誰謂歟?則我大師能跡者矣。厥今當春大簇之律,坼木之辰。合簪乳乳,緇侶肅肅,追蹤勝會,像設環城,高幡慧(輝)雲,靈花匝地,金容赫旳,玉磬和鳴,烏蒭引前,梵王擁後。管弦[曄]蝛④,鍾皷鏗鍠。青歌入於九[霄]⑤,紅塵超於阡陌。是時也,梅花始笑,喜鵲欲巢。翠柳變於南枝,青冰融於北岸。景福建兮吉祥萃,佛日照兮妖氛清。[金言流]兮邪山摧⑥,萬夫和兮地軸轉。總斯多善云云。

---

①　"嘆佛號頭",據文義補。
②　"號頭",據文義補。
③　"千昔",據斯五五六一號之《社齋文》補。
④　"曄",據伯二六三一號之《行城文》補。
⑤　"霄",據伯二六三一號之《行城文》補。
⑥　"金言流",據文義及殘筆畫補。

# 伯三七二二號背《齋儀集抄》

此件首缺尾全，現存齋儀十二篇，篇目不成系統，其中《婚禮文》不見於敦煌地區流行的兩大齋儀系統，係寫手匯集各類齋儀以備自用，與伯三五七五號性質相同，故擬名此件爲《齋儀集抄》。

## 一、[加官]①

（前缺）

忠誠日著，茂績年盈。盛德增修，聲猷遠振。心冥至教，譽總條司。階袟累遷，考課居最。郎君娘子云云。

## 二、死亡文

夫以天長地久，尚聞傾覆之期；日月貞明，猶有虧盈之度。況乎人生三界，性稟五常，豈能免此淪迴、離其生死者矣。今爲亡考某辰追福。惟亡考稟靈山岳，挺秀風雲。懷公義於鄉閭，盡忠孝於家國。理合楷模桑梓，蔭蓋家門，何期月落秋松，霜彫夏花。日月流速，俄經某辰。

## 三、亡妣

素標六行，早著四功。能履義於仁門，亦傳規而習禮。理應常敷內則，永勵母儀，何期玉樹彫華，芳蘭掩馥。既而日月相代，時克（刻）不留，捨化以來云云。至孝絕漿之痛，叩地不追；泣血之悲，終天罔極永結[五情]②。縱欲寒園取筍，凍浦求魚，難薦奉[母]之情，無展溫清之禮。惟闓大羅教主，小有丿（靈）君，駕三素之祥雲，翊九六之妙氣。遊行下界，濟拔亡魂。開六度之因，設九等齋法，以爲亡者出離之階梯，所以至孝等丹禱運心，精修妙供，於是灑飾庭宇，莊嚴某場。供列七珍，香積百和。願亡者神遊碧落，逸影金臺。縱任無爲，逍遙自在，永離三塗之苦，長辭八難之災。列字玉篇，標名金簡；當願亡者，獲福必是。合家大小並願玄風蕩性，萬

---

① “加官”，據文義補。
② “五情”，據文義補。

累雲消,上善資身,千災霧卷。年同金石,歷千古而無虧;質比松筠,隣(陵)歲寒而獨茂。

## 四、遠忌并邑

嘗聞天長地久,尚有傾淪;日月貞明,猶聞蝕食。況乎無常熾火,貴賤同炎。生死業同,賢愚等吷。至如深波大海,由(猶)變桑田。假合成身,安能長保? 自非神凝造化,心契人源,果證三清,功齊九聖,豈得離夫生滅,免此憂悲者! 今此齋意者,一爲亡妣遠忌之辰設齋追薦;又爲邑願功德,因此崇修。[惟]考稟山岳之精①,總陰陽之氣;履仁履義,唯孝唯忠。妣形儀令淑,雅志幽閑,泉石比其清貞,蘭桂方其芬馥,何圖奄從萬古,長逝九泉,光陰驟遷,俄經遠忌。至孝痛深岡樹,悲貫蓼莪。終身不忘不追,滅性之悲何及! 是乃爰憑上善,拯救沉魂。奉爲亡靈設齋追福,又減淨財,爲造某功德。又合邑人等天生靈智,深達苦空,知三寶之可憑,體五家之非有。作津樑於即日,樹福善於今時,常以共立勝因,敬崇邑願。故於今日,同建芳筵,仰希聖澤垂慈,證明功德。持是云云。願亡者長辭八難,永離三塗,駕紫鳳而上朱宮,控頳鱗而遊丹霄。逍遙自在,解脫無爲。合邑諸信士等願三光丿(靈)聖,恒賜扶持。九府神兵,常使映僞。無窮之命,永固嵩華。莫限之財,恒盈倉庫。合家長幼願道氣傍流,靈津有閨(潤),體無三障,身免千災,宅舍安寧,衰殃殄滅。男貞女孝,夫穆妻邕,學官高遷。財貨盈積,然後胎卵四生,三塗五苦,同霑斯福,並賴齋功,有識有情,俱登正道。

## 五、燃燈文

恭聞星迴於天,拱之者辰(宸)極。川流於地,朝宗者滄溟。是知道爲萬品之尊,法爲衆教之首。故得神鬼神帝,存地存天,超四句而希夷,絕事(是)非而恍惚。大道沖用,歎莫能思。今此意者,齋主某乙等並以惠鏡常懸,知色身之易往;智燈恒照,識淨路之可憑。善貸難思,神功不測。深明勝福,早識良因。達三界之皆空,悟六塵之虛假。同修因果,共立善功。於此淨居,燃燈供養。時屬三長令月,景氣流芳,彫飾道場。莊嚴尊像,或燃燈禮懺,或念誦燒香,靈幡與和風共飄,麗色與浮光競耀。珠星吐焰,靄碧落以流芳。香氣氛氲,雜韶光而分映。冀將來之福,比新花而競開;過往愆瑕,若冰消而灑液。功圓願滿,式建清齋,爰此慶成,謹持清供。伏願十聖浮空,九丿(靈)齊駕,證明功德,成就福因。以此善功,裝(莊)嚴齋主:願玄風云云。諸助齋信士等壽等安期,年齊白石,財寶逾於金谷,富實贍於銅山。萬代千生,常保安樂云云。

## 六、亡男文

恭聞天長地久云云。之所崇設。亡男斯乃早標愛敬,業稟仁和;學行兼敦,藝能獨邁。理

---

① "惟",據文義補。

應紹興堂構，揚名顯親，何圖嚴霜早落，秀木先摧，時克（刻）不留，日夜相代，自從捨化，某日俄經。父母乃永懷想念，鎮切兇襟，思鞠育之情，哀喪明之痛，縱使千悲碎骨，不益靈儀，唯聞秘錄丿（靈）經，救茲魂識。今故邀延法衆，就此所居，敬設清齋，已陳追念。

### 七、亡女

可謂蘭菊騰芳，冰霜結操。四德無替，三從有遵。方應永奉母儀，長懃女訓，豈謂雲收壼影，日晦梁光，謝門銷白雪之才，管室罷遊園之應。但以銅壺變景，玉律移灰，日月居諸，奄經某日。父母以哀深鞠育，痛切心靈，爰設筵齋，用申追念。伏願十極土三清聖衆，遠降無邊之澤，遙垂普救之恩，原捨亡魂，遊神自在。當願魂遊紫閣云云。

### 八、婚禮文

原夫無色之色，示妙色於人間云云。今所爲婚姻禮備，迴席充齋。敬仰虔誠，以崇慶願也。齋主某公並敦煌望族，閭里名家，共結婚姻，正當秦晉。所以兩家卜筮，悵邑以成親；一日兩斯成就，吉辰而邀訝。方欲俯從俗典，罇俎珍脩，亨族延賓，以歡<sup>紹嗣</sup><sub>適娉</sub>。斯乃福是人倫之本，齋實萬善之[基]①。所以迴此皇庶，爰修清供，庶希靈澤，蔭護見前；敬就今辰，廣延親眷，薰修善業，崇蔭福田。更屈法徒，莊嚴供養。伏願十萬大道，乘玉輦而來儀；三代[大]士②，駕金鸞而降下。充塞宅內，周遍虛空。攝受丹心，證明功德。當願以茲勝善，無量勝因，先用莊嚴齋主及親家翁母：即使三災永離，九厄長消。雲除曩劫之災，霧卷積年之罪。身同松柏，冬夏常榮。心等瑪瑙，內外貞淨。新婦夫妻等願福業來臻，善緣湊集。命齊椿壽，質類松筠。男女敷榮，子孫昌熾。家盈天寶之貨，室足良井之財。宅舍光華，人神叶贊。亦願二義（儀）交泰，四氣朗清。五穀熟成，萬人安樂。天下地上，水陸衆生，咸離苦因，俱登正道。

### 九、生男女滿月

蓋聞可道非道，道之資化乃彰；上德不德，德畜之功殆遠。三元以之亭毒（成熟）③，一氣於是氤氳。故有瓊胎挺質，遙灌紫晨之慶；星精結孕，遠開玄妙之祥。況乎受氣陰陽，消形天地。並賴生成之力，俱資鞠育之恩。今此意者，爰有齋主爲孩子滿月之辰設齋慶願。斯乃夫妻娉合，已曆（歷）暄寒，忽蒙雨半，資神九天，流胤遂得，靈童啓户，賢子歸門。可謂掌耀明珠，庭開玉樹。蒸嘗以之永嗣，堂構於是克昌。誕育已來，於今滿月。於是六親同慰，九族咸欣。死（斯）賴生成，仰酬聖造，伏願十極土[云云]。

---

① “基”，據文義補。
② “大”，據文義補。
③ “亭毒”，當讀如“成熟”，據高亨《老子正詁》改。

## 十、生女

夫妻娉合,已歷寒暄,忽蒙雨半,凝津九天。庶佑時臨月滿,遂誕桃李之姿。若月浦之開運,狀星官之吐綵。仰酬聖造,賀此生成。九族同歡,六姻咸慶。爰於滿月,設此清齋。三轉密香,一中樹善。伏願十極土三清大道,遠降無邊之澤,遙垂護念之恩,使象報周圓,功德成就。當願以茲云云。所生孩子男:當龍朱保氣,青帝營魂。冠金石而齊聖,引松筠而比操。敷詩閱禮,惟孝惟忠,父母有榮養之歡,賢子展色難之禮。亦願以斯勝善,保護家門。當願云云。女:當願柔姿芬郁,騰馥氣以含輝,月貌輕盈,皎仙霞而漏彩。總茲四德,兼備三從。災鄣净於閨門,福慶興於宗族。以斯景福,無限良因,總用資薰齋主:願身如寶璧,内外澄明。命等良泉,常流不竭。田疇歲闢,倉廩年盈,禍與朝露俱消,福同春葉等郁。合家蒙慶,眷屬清安。受功德於法橋,洗塵勞於善水。一人發願,功不掩獨資。亦願六道四生,十方三界,同霑此福,共沐玄津,法界有情,咸歸正道。

## 十一、雜願文

伏聞丿(靈)源虛湛,絕視聽之端;至道希夷,窮言像之外。雖彼大象無象之物,所以變形玄之又玄。乘機所以顯跡,是知上方國土,示百萬之法身。三界諸天,現八十一之靈相。峨峨玉質,處玉清之宮;皎皎金姿,坐金輝之殿。開明三景,星日天丿(靈)。汲引四生,信唯聖力,凡厥歸敬,皆獲護持。然今齋主斯乃清廉成性,慎密自天,言中規而乃彰,身合禮而方舉。傾者枉羅視聽,橫被推窮,公乃希賢聖以照臨,仰青天而託蔭,遂得理明秦鏡,事潔隨珠,寒松蕭而更貞,秋水皎而逾净。故於今日,敬設清齋,用答慈恩。以酬雪願。伏願云云。

## 十二、征行迴

斯乃金石冠心,松筠勵節。驅車出塞,負戟從戎。望馬首以晨征,候雞鳴而夙駕。出生入死,屢迫遊魂,陷敵摧剉,彌增壯氣。死(是)危生易殞[①],脆命難常,遂注想玄丿(靈),虔誠至道。度嶮無逢寇賊,入軍不被甲兵,父子妻兒平安相見。故於今日,敬設清齋,延請法徒,用酬慶願。伏願云云。常願門盈十善,庫積千珍,福禄日昌,榮華歲盛。千災永遺,萬福來臻,深發信心,<sup>彌</sup>增惠性,敬重三寶,成樹福田。富貴增敷,壽命遐遠,男忠女順,福樂無窮。見在霑利益之恩,過往獲上天之報。然後云云。

---

① "死",當作"是",據文義改。

# 伯三七七二號＋伯三七七二號背《齋琬文》

此件首尾俱缺,《敦煌遺書總目索引新編》據梅弘理的成果定名爲《齋琬文》,其内容爲《齋琬文》的《酬慶願第五》《報行道第六》《悼亡靈第七》。目前有王三慶釋録本,見王三慶《敦煌佛教齋願文本研究》,新文豐出版公司,二〇〇九年,第八九～一〇三頁。

## 一、[元日]①

(前缺)

[當今吞雞練形之日]②,[懸羊助氣之辰],[拂華宇而列綺筵],[燻寶香]而陳清供。功德如上。唯願永逢元日,恒保上春;壽等松筠,富深江海;忠臣孝子,震響青蒲;婦德女儀,揚暉素篆;緑珠黃髪,左右磨肩;紺馬青牛,欄牢蹀足;隨珠趙璧,鎮滿階庭;綺服羅襦,常盈篋笥。

## 二、五月

故於景臨鶉首,律中蕤賓。擬天廚,參海岸。

## 三、九月

每至九秋氣爽,千里月華;滌蕩七支,燻(薰)修十善。功德如上。

總結云:唯願諸佛益長齡之算,龍天贈不死之符。盛德將山嶽而齊高,英名與煙霞而共遠。兒郎昆季,節檗松筠,姊妹夫娘,妍華桃李。寶衣天降,明珍嶽浮。釜積虹金,倉盈崱粟。

## 四、諸齋月

惟某體安以嶽德,扇以玄風。馨五家之資,樹三賢之福。

## 五、二月八日

每至景華東閣,氣淑西園。叡后薦珪之辰,聖主踰城之日。思法王之令德,徎天駕於城

---

① “元日”,據文義及伯二五四七號背之《元日》補。
② “當今吞雞練形之日”,此處及後文皆據伯二五四七號背之《元日》補。

隅。輕蓋將鮮雲共飛，雕幡與長虹俱拖。散寶花而翳景，奏韶管而聞天。香槭金爐，饌芳華葦。

## 六、正月半

故於鄴主登高之日，吳王射雉之辰。爐炳寶香，廚營珍味。

## 七、二月半

每至桑津浴鹽之日，提河晏駕之辰。思鹿野而纏懷，望鶴林而軫命。

## 八、四月八日

朱景馳於南陸，火星耀於東郊。祝融蒞職之辰，牟尼載誕之日。

## 九、七月半

每至皇王薦新嘗之月，羅漢答顧復之時。飯四果僧，供十方佛。

## 十、臘月八

每至律中大呂，景會玄枵。百功（工）獻藝之辰，八水浴僧之日。功德如上。

總云：唯願同上。

## 十一、僧尼道士女官

竊以妙力難思，神功罕測，趣包生滅，理會有無。至若正覺流慈，遍三千而顯聖。大雄演智，冠百億以標尊。洎乎漢夢宵通，微言再闡，周星夜隕，至教遄宣，由是慧日流暉，慈雲布潤，化城易憩，變現之力良多。朽宅難居，誘引之門不一。

僧：惟其棲神道樹，浴想禪池，知愛綱之縲身，悟智舟之運已，於是凝心四諦，譯念三乘，故得解素披緇，法服舒而六天喜，抽簪落髮，慧刀奮而四魔驚。參勝侶於金園，廁高名於寶地。迴超三界，獨拔四流。爲品物之津梁，成法門之棟幹。

尼：斯乃行業舒芳，性筍敷秀。柔襟雪暎，凝定水於心池；淑質霜明，皎禪枝於意樹。故得解羅裳於寶地，披妙服以儀真。落雲髮於金闈，襲芳緣而出俗。粧臺艷粉，棄之若灰塵；花帳芳茵，猒之如瓦礫。辭鏡臺而登月殿，背燈燭而入星宮；居三寶之妙門，爲死（四）生之稱首。

## 十二、歎亡文

蓋聞藏山易遠，空驚造物之奇；逝水不停，幾積聖人之歎。雖有形爲累，期延促［以］增悲，而無久住可期，在生滅而俱謝。自非踰城覺路，攝景妙途，則何以静苦海［之］沸騰，息輪迴之運轉。

蓋聞泡幻不停，閱孔川而莫駐；刹那相謝，歷莊隟而何追。自非作慧橄於冥昏，爇慈燈於闇夫，則何能遨遊佛岸，澡八解於無生；超拔畏途，排<sub>七圍五蘊</sub>於少選。

### 十三、帝崩

惟某皇帝德侔天地，明參日月，震雷霆之威，施雨露之澤。孰謂拂袖崑臺之上，乘雲白帝之鄉，四海失<sub>生止復壽</sub>之恩，萬方絕來蘇之望。惟某王等仰劬勞之厚德，號慟九天，思一匡之大恩，痛貫六府<sub>云云</sub>。

### 十四、太后

惟太后幽閑淑順，關雎之德自天；躬儉節用，葛藟之功成性。遽有繡衣之夢，奄同薤露之晞。

### 十五、皇后

惟后志幽閑而守儉約，同父母之連暉。愛純素而嫉浮華，謹明德之交暎。奄有繡衣之夢，羽化陵雲。

### 十六、皇太子

惟太子嗣明離之位，處望歸之尊。修身則日九退思，行孝則朝三問豎。奄辭上苑，駕鶴天衢。日景不留，於臨某日。

### 十七、妃

惟某妃泉石方其雅操，康（唐）棣譬其光華。皎秋月之臨鏡川，麗春叢之暎霞閣。何圖高岸為谷，霜摧上花之蘭；滄海成田，風落小山之桂。

### 十八、王

仰惟某王日角月維，龍顏鳳姿。照天鏡而服天衣，修五常而尊五美。禮賢待士，齊竟陵[之]抗從；恭儉溫仁，等河間之比議。誰謂神香失効，靈草無徵。山頹蔽日之峰，樹偃干雲之木。唯願拂衣淨國，總駕天衢。冠慧日而蔭法雲，撥籠樊而歸常樂。唯願某妃更重珪璋之望，逾妍康（唐）棣之華。六行克彰，五福冥助。惟願某王息等崇寵邁於對陸，重位抗於元超。為舟巨川，作鎮廊廡<sub>云云</sub>。

## 十九、文官

### 都督

伏惟公雲間聳翮，文先二陸之詞；塞外騰[聲]①，武瞻三雄之勇。宜其享延多慶，永固遐齡。不謂景迫春山，奄歸窀穸。孝等攀號貫髓，擗踊摧心。泣草露之難常，悲風樹之不静。居諸易往，某日俄臨。於是振華宇而列綺筵，燻寶香以陳清供。

惟公降山嶽之淑靈，含日月之精氣。褰褰虬舉，弈弈駿奔，膺八命而闡藩條，冠五列而開家業。不悟四流業謝，十地因圓。朝露不停，夕電俄傾。

### 刺史

惟刺史公建旗分竹，望境垂風；恩惠所覃，民歌來詠。寔宜久留恩惠，龜[鏡]仁（人）倫，誰謂雲電不居，風燭俄頃。

### 長史司馬

惟公職居榮顯，光贊六條；位望清華，毗助千里。馳聲芳於鳳闕，暉名譽於帝京。長迪順理之風，永奉伏時之化。宜其享延多慶，永固遐齡。不謂逝水難留，驚飆易往，俄辭白日，忽奄（掩）黃泉。

### 判司等

惟公等慶襲台庭，祥標鼎族，溢三明之雅量，寵八俊之英聲。既而毗政之道克融，翼化之風彌勁。

### 縣令

惟公器宇淹曠，風神秀逸。雅操絕倫，清暉獨暎，温温撫字，湛春露於蕭蘭，虔虔奉職，頃秋露於葵藿。

### 縣丞尉主簿

惟公氣衝星野，聲逸天墟。龍浮鏡水之川，鶴嘯鐘霜之隙。故得位毗生異，職贊六奇。八難，疏潤一同。蘭和子賤之琴，珪馥泉明之酒。忠現獻贊，孝盡温清。語處分同總上。

## 二十、武官

### 將軍

伏惟公堅戟金埠，内資心智。橫戈玉塞，外託爪牙。前結陣於浮雲，後揮鋋於明月。加以才逾飲石，位重衒珠，故得犲狼豕奔，兇渠瓦解。豈謂高峰落仞，廣厦摧梁。指決之恩惠不忘，輟想之悲戚何已。

---

① "聲"，據伯二五四七號之《都督》補。

### 二十一、官庶考妣兄弟女子等

#### 考

惟某先考疏神王嶠，光暉寶乘之珍。演溜珠泉，彩映連城之璧。仁信克著，禮則彌深。揚懿範於八紘，播英聲於九服。事親以孝，事君以忠[①]。竭力於家，盡命於國。理應長爲舟檝，永濟巨川，何圖厚夜不歸，隨逝湍而莫返。但以陽烏落景，陰兔流暉，兩曜相摧，某日<sup>中祥大祥</sup>俄屆。

惟某先考演慶昌源，延暉秀岳；風神邃遠，器宇清高。不謂景迫春山，奄歸窀穸。

惟某先考仁風雅智，標領袖於鄉閭；睿德洪才，響金聲於上國。理應恒爲物軌，永蔭家門，何圖報分有期，奄歸大夜。

惟某亡考寔迺依仁履信，守義居貞。處朝庭而謇謇，居鄉閭而恂恂。宜其固保康和，成贊家國，不悟景侵西岫，水閱東川。雲電不居，風燭俄謝。

惟某亡考稟質英靈，凤標邃遠，資神挺秀，器識淹凝。信順顯於鄉閭，意氣出於倫黨。知苦空之可厭，崇習誦以棲勤。净業未融，遽光風燭，東川不借，西岫沉暉。灰管屢遷，奄辭千日。

### 二十二、兒女幼稚父母俱亡

惟某至孝嚴蔭早違，陟岵之懷逾切；慈顔重隔，在屺之恨彌深。疊萬苦以纏悲，警四序而增感。遽移灰律，奄及祥期，觸緒崩號，感時摧咽，爰憑正覺，庶展窮懷。奉爲亡靈敬造某像。<sup>功德如上。</sup>

惟某早隔嚴規，訴昊天而崩感；重違兹（慈）範，〔踐〕霜露而摧傷[②]。槐燧屢遷，棘心逾切；永纏荒慕，奄屬祥期。戀几帳而增哀，撫筵懷而罔極。爰憑妙福，少慰翹誠。其爲亡靈敬造某功德。

惟某以幼年嬰禍，無怙之痛難勝；近歲纏憂，銜恤之哀逾切。率容薦毀，爰託相於慈雲。奉爲尊靈，清樹〔瑞〕福[③]云云。

#### 妣

惟某<sup>亡妣某夫人</sup>四德光備，六行昭宣。內範冠乎良箴，中饋苞乎美誠。實宜永貽慈訓，克擅芳規，不期風落秋松，霜彫夏槿。安仁園里，徒望輕軒。日磾門前，空思闈扇，惟門風積善，族望高華，德被有輝，家聲無隙。理應仁慈禮訓，撫洽閨闈，何期忽棄一生，同歸萬古。

惟某亡妣四德含章，六行標舉，清廉甚田稷之母，禮儀重孟軻之親。何圖樹欲静而風不

---

① "君"字前衍一"親"字。
② "踐"，據伯二九九一號之《兒女幼稚父母俱亡》補。
③ "瑞"，據伯二九九一號之《兒女幼稚父母俱亡》補。

停,子欲養而親不待。

　　惟某亡姒柔範居懷,風姿婉淑,四德逾茂,六行聿修。宜其永固遐齡,享延多慶,誰謂藏舟易往,脆影難留,風燭一朝,光馳千日,至孝等孝誠淺末,至感無徵,禍酷上延,慈顏永背。涕霑寒柏,歔欷之痛逾深;哭慟霜筠,哽咽之悲何極。四時遷序,禮約三年。撫終制以崩心,泣痛喪而貫髓。總帳將卷,茅苫永焚。奉屈緇徒,屆茲私弟(第)。追崇勝福,冀得迷襟。式薦良因,冥祈至祉。

### 二十三、畫像燃燈放生

#### 像

　　迺金容挺照,月面圓明,如從刀(忉)利之天,似超菩提之座。將疑説法,未閉丹果之脣;狀欲經行,猶峙蓮華之步。

#### 燈

　　迺香油鏡水,高樹侵雲;花暎七輪,光暉八達。

#### 放生

　　迺免陳平之執秤,息朱亥之操刀。方隨長者之車,不入胡兒之騎。

　　又:飛禽之類,刷繡羽於花林;水陸之儔,濯錦鱗於翠沼。以斯勝祉,用薦幽魂,面月光臨,即申奉慶。庶使萬德奇相,俯導魂區,千日威光,遐清識路;長揮毒箭,永出煩林。聞葉教而登仙,坐花臺而證忍。

　　又持此福,莊嚴夫人貴體:福裕彌昌,祥靈自遠。昭擇隣之美訓,缉閫扇之[芳]規①。流媛則於中閨,掩柔風於懿戚。

　　至孝等高襄愛網,不踐迷芳,三障煙晞,二嚴雲被。門風克劭,家緒再昌。棟梁柱石之林,蟬聯繼踵;白鳳雕龍之秀,烏弈駢輝。上願七耀無愆,三才有度;普該心識,[廣被幽明]②。

---

① "芳",據伯二九九一號之《放生》補。
② "廣被幽明",據伯二九九一號之《放生》補。

# 伯三八〇〇號《齋文一卷》

此件首全尾缺，首題《齋文一卷》，現存齋儀六篇。

## 一、縣令殞夫人設大祥

有若今日，爽氣澄空，金飈潛扇，月殿橫啓。寶座平敷，净展花幡，積香饌對佛號訴，哀慟增悲者，伏爲亡考長官大祥之所設也。伏惟府君門傳閥閱，代習美儒。當任之日，常以清勤爲功，正化是務。頌亭（訟庭）無事①，盧鵲停喧。揚名美聲，遠振寰宇。所冀長承天禄，永歲調琴，豈期禍自穹蒼，哲人斯逝。致使夫人淚枯雙目，竹染成斑。爰託净宮，持心妙覺云云。孤子等恨趨庭無示禮之訓，入户乖承奉之期云云。

## 二、阿師子度得

聞鏗鎗沙界，崢嶸大千。放毫光而紅日潛暉，啓紺目而群星掩曜。山魏魏（巍巍）佛日，不可思議者歟！有若今日，月殿重啓，星宮再開。傳名香於七衆之前，跪瑶席於二嚴之座。盛事若此，誰人當之？則阿師子奉酬光（先）願展斯會也②。惟阿師子坤佐冰容，神資麗質。清白也，如碧潭見底；戒行也，若朗月流空。加以捨秦箏於畫閣之前，棄紅粉於水精簾下。既入青蓮之室，還遊清净之宮。手焚解脱之香，心合貫花之偈。頃爲蠆乖攝理，疾苦纏綿。既摧愛道之儀，遂損蓮花之色。仙丹稱其上妙，徒飛九轉之功；道術言其最幽，空展五行之算。數途求損，疾狀宛然。乃於千花座前，遂啓三條之願。禮經贖像，願除三世之災；二衆清齋，稀救一時之難。口發是願，所苦頓袪。啓三願於彼時，展[齋]筵於今日③。禮經也，一萬五千之聖號；贖像也，開七聖之圓光。齋修合寺之筵，不異花龍之會。於是張翠幕則青煙匝地，奏漁梵則聲過行雲。懸長幡而化佛排空，列錦茵而時看鳳舞。時屬蘆花飜於雪彩，霽色結於殘霞。堦前鋪白練之霜，天際度南飛之鷹。其善也廣，其福也深。總用莊嚴阿師子所履：惟願菩提之樹，花朵朵而開敷；定水縈紆，色澄澄而鎮渌。當院諸同學：亦願戒花含於玉露，道品扇於香風。白蓮還向月中開，桂樹一支金地秀，諸云云。心澄八水，道貫五乘；定寄煙霞同鶴

---

① "頌亭"，當作"訟庭"，據斯四六四二號之《願文》改。
② "光"，當作"先"，據文義改。
③ "齋"，據文義補。

飛,不向人間驚彩鳳。

### 三、慶鍾

　　聞壯萬人之膽者,莫先於皷;息千峰之劍輪者,不過乎鍾。鍾能徹於大千,皷響聞於八表。大哉鍾皷,不可闕於寰區歟! 有若今日,月面高展,星衆雲羅,稽首於千花會中,跪膝於黃金地上,盛事若此,誰人當之? 則有諸公慶賀洪鍾有斯會矣。仰惟諸公等並德抱風雲,量吞江漢,信義播於寰中,文武施於大國。加以翹一心而信向金人,發一言而萬人皆美。於是召良匠,豎洪鑪,地神諕躍於金田,天仙隱暎於空界。候二儀於頃尅,圓四氣於刹那,鑿寶金而地鍬亂施,立胎模而蓮花踴出。獸炭爇洪鑪之內,金鑛消朱焰之中。火星雜流星而亂飛,翠煙連碧霄如一色。風神皷怒,猛焰發而紅光爍天;金鑛既消,赤溜瀉而喊聲動地。倏忽之頃,事告圓成。開蓮模而喜氣橫空,出洪鍾而春光遍野。橫梁架於雲際,龍鑠懸於大空,一擊天門爲之軋開,再擊群魔爲之稽首。振宮殿之岌嶪,動珠網之玲瓏。雄雄滿於大千,歷歷徹於八表。變餓鬼爲天仙之衆,化地獄爲清凉之池。隨喜見聞,總霑福事,[功]既圓畢①,願滿本心。大建清齋,慶乎今日。

### 四、滿月

　　聞金仙鬱興,降自輪王之位表;二嚴雙著,當生上品之家。是知尊貴之門,必感英靈之子。今日翠幕展凝煙之色,綵幡開涵莟之花;魚梵奏而梁塵飛,玉磬擊而金偈發。盛事若此,此誰人當之? 則有某公爲孩子滿月建斯會矣。惟公稟氣挺生,風神雅操;才高往哲,學富當今。實可謂明月一團,迥掛霄漢。公之夫人淑質貞白,珪璋一門。今日趨禮月面,陳乎厥心,爲孩子滿月。惟孩子玉質團素,鮮花淡紅。一門爭憐掌上珠,六親亂抱懷中寶。於是鴛鴦褥上,每作鸞聲;翡翠樓前,時看鳳子。紅綾紫綾之上綵,金刀裁長命之衣;黃花綠花之繡羅,濃淡暈蜩蟬之服。眷屬同歡於此日,親姻共樂於今晨。歡榮別是一家春,聖幢聳出重重福。於是花座星布,畫像霞開。真僧儼至[如]錦褾爭開②,佛像門舒而毫光灼爍。總斯上善,難可讚揚。奉用莊嚴公之所履:惟願清風播美,聲滿寰中;德望遐欽,名傳海內。夫人亦願支(芝)蘭比德,月桂逾香,明珠必誕於潘安,光榮遠近之親族。

### 五、慶橋

　　是日崆峒大野,忽見千花;渺漭平川,漁(逾)出蓮座。五雲送香疏(酥)之供,九霄聞天樂之聲。無數信人,稽首佛足。大哉盛會,誰人當之? 則有都維那等爲造橋斯成喜慶之嘉會

---

① "功",據文義補。
② "如",據文義補。

也。惟公性浄秋江，德滿春海。文武並著，信義雙施。加以翹一心而向信金人，崇萬善而敬仰三寶。若[不]然者①，何以捨施珍帛，共造斯橋。其橋拯溺救危，利益何限。其處也，北臨譙國，南抱穎川。西跨洛陽之衢，東接江淮之路。六國直道，莫越於兹；九土要津，在乎此矣。湖稱車網，縈紆象九曲之池；水號玉泉，皎皎湛三秋之月。遂使行人隔歸鄉之路，百崇（踪）滯千里之程。寸步之間，非橋不越。公等遂訪名山，伐梓杞喬木。插大柱於洪波之内，架巨梁於雲霞之端。半月飛來綠水頭，灣虹見出清波上。趙郡昔時之號，天津往日之名。何如今日桂花攢一條，壯氣橫霄漢。人遊其上，如登三道之堦；馬驟往來，若控九衢之路。須尅不滯，速疾如流，誰不謂歌揚？誰不謂稱讚？福田之内，此福最深。功德之中，此功最大。修建既畢，斤斧告終。大設清齋，慶夫今日。我國家舜日高懸，堯雲低覆。凝瑞氣於九重城上，控龍馬於六條之街。萬邦共獻於一人，四海和清於八極。司空壯氣橫吳門之上，月膽澄楚水之中。箭不發而神威射人，劍不掛而匣中龍吼。中丞捧忠貞之志，懷明月之心，掛秦鏡以臨人，登玉臺而鑒事。長官風清百里，製錦千家。犬不吠而朗月高縣（懸），雞不鳴而長宵自浄。於是廓落碧天，低展道場之幕；光黄霞色，高張畫像之幡。香一道而入碧空，梵聲[清]而出天外②。

## 六、倒輪

聞韶景初開，焕三光於天際；陽和創啓，慶萬物於青春。紅日雖流於碧空，月光尚帶於寒色。我國家所以光佛日，慶新春。豎萬户之紅燈，助陽和於暗景。于日蓮花界内，大展芳筵，則有諸公豎燈倒輪有斯會矣。仰惟諸公等並星象稟德，河海異靈，信義播於人寰，忠孝奉於家國。加以竭信心之分，精丹懇之懷，集上妙之香花，構無疆之大會。則青陽太蔟之月，然燈巨夜之時；月華正滿之宵，洪輪豎於金刹。於是珠星散彩，紅炎流輝；隱暎見於神仙，朎朧分於月面。幾處排蓮花之盞，七層輝熠燿之光。

---

① "然"，據文義補。
② "清"，據文義補。

# 伯三八〇六號背《諸文選集》

　　此件首尾俱全,抄寫齋儀,從篇目結構看,與北大敦一九二號《諸文要集》相同。其文本內容,既抄録全文,又節選段落,與《諸文要集》略有不同。故擬名此件爲《諸文選集》。

## 一、[願文]①

　　乃深因植於曩劫,勝業著於兹生。以法宇爲究竟之場,以真原是歸依之地。所以虔誠表願,稽首弘心;奉屈三尊,崇兹白業。公乃器宇疏朗,神氣蕭然。清風拂其文章,金玉漸其輝暎。加以崇重三寶,輕賤七珍。壇度之志不移,敬信之誠[無]渇(竭)②。悟危藤之易朽,知石火之難留。爰憑善逝之因,聿建壇那之會。斯乃崇重釋教,信受大乘;知五蘊之皆空,悟百年之飄忽。根境雨寂,視萬像之雲花;物我雙亡,觀十方而同水月。是以虔求勝福,鏡相芳因;不吝珍珠,式崇壇會。

## 二、禪師

　　定極九門,禪超八池。閑居僧業,功超四空。是非一如,怨親不二。

## 三、律師

　　應生五濁,迹紹四衣(依);行月澄明,戒珠圓淨。

## 四、沙彌

　　青襟孝性,童子明人(仁)。學表驅烏,名彰救蟻。

## 五、脱服德

　　然今即席執爐虔跪至孝等自云:罪積彌天,殃深厚地,禍不自滅,上延亡姱（妣）。泣血終身,莫能上報。慈顔一奄(掩),以(已)隔三周,堂宇寂寥,惟增哽絶,但以禮制有限,俗典難違。

---

① "願文",據文義補。
② "無",據伯二七三三號《行城文》"敬信之誠無竭"補。"渇",當作"竭",據文義改。

脱服已終,除凶就吉。可謂絲麻之士(飾)有改,永幕(慕)之志何期。靈枕雖除,昊天之恩難報。故於是日,張綺幕,擎幡幢,蘊名香,請賢聖,以斯殊勝功德,無限勝因,先用莊嚴亡者所生神路:惟願乘七花之凈域,遊八解之禪池。超十地之無窮,證無生之勝境。又將勝福,此用莊嚴至孝合門等:惟願除萬殃於此夕,壽千[齡]於多生①。三寶之所護持,永受無爲之樂。

### 六、畜生

永離愚癡,常辭痦瘂。轉傍生之艱壽,獲人天之樂果。

### 七、[患文]②

夫覺體潛融,絶百非於實相;法身凝湛,圓萬德於真儀。是則金色開容,掩大千之日月;玉毫揚採(彩)③,暉百億之乾坤。然而獨拔繁羅,上(尚)現雙林之疾(寂);孤超塵累,猶辭仗(丈)室之痾。況乃蠢蠢死(四)生,集火風而爲命;忙忙六趣,積地水以成軀。浮幻影以(於)乾城,保危形[於]朽宅,詎能刈夷患本,剪拔憂根,盛衰之理未亡,安[危之]跡斯在。然今捨所珍意者,有誰施之云云。患者即體:惟願神湯灌口,痛惱雲除。妙藥茲(滋)身,災殃霧散。飲雪山之甘露,惠命遐長;藥餌功[德]之香湌④,色身堅固⑤。

### 八、莊嚴贊普

惟願永誰(垂)闡化⑥,四海一家;廣扇人(仁)風,三邊鎮凈(静)。南山作壽,北極齊安;長爲菩薩之人王,永應如來之付囑。

### 九、莊嚴節度

兹(慈)生蠢動⑦,子育畎黎。懷仁[自]納於嘉祥,副聖獨標其忠謹。龍乾鳳駕,出入九重。寶馬金纓,兩邦尊貴。代天理物,助聖安人,福將山岳以齊高,壽等海泉而深遠。

### 十、娘子

仙顔轉茂,桃李馳芳。播煥(褖)服於邦家,光母儀於王宅。

---

① "齡",據文義補。
② "患文",據文義補。
③ "採",當作"彩",此處及後文皆據斯二八三二號之《患文號》改、補。
④ "德",據伯二八五四號之《諸雜迴向文》補。
⑤ "色身堅固",原作"色身之堅固",據伯二八五四號之《諸雜迴向文》改。
⑥ "誰",當作"垂",據北敦〇七八六一號《置傘文》改。
⑦ "兹",當作"慈",此處及後文皆據斯六三一五號《開經文》改、補。

## 十一、夫人

體花永曜，若雲裏之分星；質(姿)貌恒春，而(如)月中之桂樹。永保千秋之寵，恒居萬代之榮。纖障無遺，百福雲集。

## 十二、歎燈文

燈乃良霄(宵)發焰，若寶樹之花開；静夜流輝，似青空之星綴。破三途之暗，照百億真容。功得(德)已終，用資慶度。

## 十三、願文

蓋文(聞)我薄伽梵大師、大聖大覺世尊者，超萬像而孤雄，絶百非而無疋。故[得超]生死海①，現化娑婆；隱涅槃山，歸乎寂滅。布慈雲於火宅，苦海晨清；設芳教於迷津，昏衢夜朗。巍巍功德，聚靈空不可量；蕩蕩福田②，門廣闊無列祭(際)。然今即席坐前齋主修福像於往劫，善可(柯)發於今生。欣净業於當來，資勝因於此日。遂乃尊昇令契，大小精誠；虔奉一心，同興上願。於是辦清供，列芳筵。四部阿僧祇衆並湊齋壇，梵釋龍天來觀法會。以斯功德，廣大善緣，先用莊嚴坐前施主：惟願罪消落刃，壽性海於今晨；福樹增榮，敷[貫]花於此日③。門來善瑞，宅納吉祥。風送寶衣，雨霖天服；男芳蘭桂，女曜珠暉。俱延鶴問之休，共習龍光之慶。居門眷屬、內久親姻同作福雲，各霑滋潤。然後窮無窮之世界，盡無盡之蒼生；莫不俱賴勝因，咸登覺道。

## 十四、[歎佛]④

夫六根清净，常樂無窮；三[障纏身]⑤，苦業斯在。故我大師薄伽梵開方便玄門，立勝因净境。救諸子於火宅，嚴飾三車；度有情之迷津，施行八正。智慧刀劍，摧伏魔軍，神通兵甲，護持寶藏。天上天下，無有能如；人非人等，咸從歸攝。於是慈雲廣閏(潤)，塵俗霑濡。惠日長明，昏衢照徹。海印三昧，萬像包現於[化]身⑥；蓮花一乘，盡際流通於金口。巍巍蕩蕩，可略言焉。

惟我大雄，獨稱調御。相好自在，號天中之天。懸素質以開脣，散青蓮而妙眼。胸題萬

---

① "得超"，據文義補。
② "福田"前衍一"炬"字。
③ "貫"，據文義及"敷貫花於法水"句例補。
④ "歎佛"，據文義補。
⑤ "障纏身"，據文義補。齋文中"六根清净""三障離身"爲"常樂"，三障纏身則爲"苦業"。
⑥ "化"，據文義補。

字，足捧千輪，舒臂天下，垂六一過於膝①。佛之功德，不可思議；恒沙劫中，揄揚難量。

## 十五、[願文]②

蓋聞我薄伽梵大師神功自在，威儀不側(測)，妙力難思。演般若[於]逝多林間，願樂者殤伽沙衆；説涅槃於躍堤河測(側)，迴向者八十億百千。故得一十六國之王，莫不湌風而合掌；二十八天之聖主，咸悉伏道而傾心。真際實際，沖用[而]罕規；大空小空，善權而不測者矣。厥今清信士識苦空之長劫，知生死之非恒。懷二鼠之憂忙，怯四蛇之侵慮，故於今日，就此所居。嚴尊象，列幡花，爐焚栴檀龍腦之香，請轉三乘之奧典。其經乃三乘致(至)教，金口微言。樂聞則天神護衛，讀誦[則]業海澄清；祈請則當時瑞應，尅果乃鹿苑雙林。故能揮般若之利劍，斬煩惱之魔軍；拔智慧之剴刀，砍無明之[垢]結③。使十纏五蓋，若春日之爍輕[雪]④；入三部四流，賴秋豪之擬炎。然後上窮有頂，下及無間。俱出愛河，齊登彼岸覺道。

## 十六、行城文

至覺騰方(芳)，功用齊致；大雄方便，動物斯均。王宮孕靈，示有生於千界；踰城夜遁，求無上之三身，其誰謂歟？則有我大師之跡也。今三春中律，四序初分。絮折南枝，冰開北岸，律坼木晨。簪纓乢乢，緇侶肅肅，追蹤盛會，像設還(環)城，幡幢慧(輝)雲，靈花匝地，金容赫亦(奕)，玉馨和鳴，侍衛昂藏，管弦暉螛。是日也，梅花始笑，喜鵲欲巢。翠柳變於南枝，青[冰]泮於北岸⑤。總斯殊勝，先用莊嚴龍天八部：伏願威光盛，神力增。邪魔掃天外之遥，役勵電(疫癘疹)人寰之跡。又持勝善，盡用莊嚴我當今皇帝：伏願皇階峻，帝業昌，朝庭獻神惻(測)之謀，大國賀康災(哉)之樂。又持勝善，盡用莊嚴我釋門教授和尚等：伏願金剛作體，般若爲心。然後城皇(隍)官侣(吏)等；伏願營(榮)班寵，後(厚)禄僧(增)，城人賀清正(政)之謀，帝闕播哥遥(歌謡)之訟(頌)。然後四方晏净(静)，萬國來投。摩訶般若，得樂無邊，大衆乾成(虔誠)，一切普誦。

## 十七、社文

然今諸宿老等寔謂五陵豪族，六郡名家。或代襲簪纓，或里稱冠蓋，或三明表異，或八俊標奇。知芥城之易空，司藤井之難分，共崇至福，各契深誠。

並是別宗昆季，追朋十室之間；異族弟兄，託交四海之内。可謂邦家令望，鄉黨楷模。麗

---

① “垂六一過於膝”，據文義當作“垂手過膝”。
② “願文”，據文義補。
③ “垢”，據文義補。
④ “雪”，據文義補。
⑤ “冰”，據斯六一〇一號《行城文》補。

水不(無)可棄之珍①,荆山有見[知]之寶②。爾復信根成就,惠業燻(薰)修。怖三惡之長悲,愍死(四)生之長苦。所以家家發菩提之意,各各起壇戒之心。共結勝因,斂崇妙善。功德如上。惟願善根永茂,方成佛樹之榮;惠命逾長,更凝金剛之固。法財日富,給孤之寶盈家;天服時臨,提伽之繒滿庫。神龍助護,贊美空中。凡聖資(咨)嗟,宣功冥路,尊親長宿,萬壽無壃。妻室子孫,千秋永茂。

---

① "不",當作"無",據斯六一一四號之《社文》改。
② "知",據斯六一一四號之《社文》補。

# 伯三八一九號＋伯三八二五號《齋儀》

　　此兩件筆跡、行款完全一致，不能直接綴合。其現存内容爲斯一四四一號背齋儀系統的《慶揚文弟一》《讚功德文弟二》《禳災文弟三》《患文弟四》《亡文弟五》部分。此件目前主要有二個釋録本：王三慶《敦煌佛教齋願文本研究》，二〇〇九年，第一八二～二一二頁；宋家鈺《斯一四四一號等：敦煌本〈齋文〉書復原研究》，見宋家鈺、劉恕編《英國收藏敦煌漢藏文獻研究——紀念敦煌文獻發現一百周年》，中國社會科學出版社，二〇〇〇年，第九八～一一二頁；

## ［慶揚文弟一］①

（前缺）

### 一、［歎像］②

　　［其像乃絢衆彩而繪聖］③，運妙色以儀真；朱艷果於脣［端］，丹秀花於臉際。翠山凝頂，粉月開毫；黛葉寫於（而）眉鮮，青蓮披而目净。姿含萬彩，疑湛質於鷄峰；影佩千光，似再臨於鷲嶺。禮之者，無名海竭；覩之者，煩惱摧滅。

　　或是菩薩：其菩薩乃四弘德備，十地功充。頓超緣覺之乘，次補如來之坐。念之者，隨心所降福；禮之者，應願以消災。

### 二、慶經

　　其經乃真悟則圓常，［廣闡］四德之利④。《華嚴》談法果之宗，《維摩》契不思議解脱之門，《法花》［明］開示悟入之路⑤，《愣伽》乃澄波性海，《思益》乃融含真原，《金剛》歎四句之深功，《藥師》發十二之大願，《多心》頓遣之（諸）相，《觀音》乃隨類現形。皆金口之談言，並大乘之

----

① “慶揚文弟一”，據斯一四四一號背補。
② “歎像”，據斯一四四一號背之《歎像》補。
③ “其像乃絢衆彩而繪聖”，底本缺，據斯一四四一號背之《歎像》補。下文所補同此。
④ “廣闡”，據文義補。
⑤ “明”，據伯二〇七二號之《開經》補。

勝法；開卷則衆福臻集，發聲則萬禍俱消。偈乃破闇除昏，咒則逐邪殄魅。加以行行貫玉，開小卷而演荆山；句句連珠，閱微言而比滄海。一披一讀，便生智慧之牙；再念再思，遂滅無明之惑云云。

### 三、幡

其幡乃鵰文曳迴，影瑤（搖）香閣之風；艷操（藻）縈空，彩輝花園之日。架弘衢而蕩色，臨鳳刹以高懸；冥薰之惠乃滋，净福之基逾（愈）積。建之者，生福無量；覩之者，滅罪恒沙。以斯造幡功德云云。已上文頭、尾、時氣，共初佛堂文通用，更不要加添。

## 讚功德文弟二

### 四、開經

竊以妙景揚暉，煦塵方而開日月；法流疏浪，浹沙界而注江河。圓音覆員（圓），蓋于高天；方等振方，興於厚地。於是銀鈎叱曜，編象負之真文；玉牒飛英，紀龍宮之奧[典]。（以下原缺）

### 五、[社齋文]①

[蓋聞光暉鷲嶺]，[弘大覺以深慈]；[敷演龍宮]，[契天明之勝福]。[廣開方便之門]，[靡顯津梁之路]。[歸依者]，[有障必除]；[迴向者]，[無灾必殄]。[故知諸佛威力]，[其大矣哉]！[厥今坐前齋主捧爐啓願所申意者]，[奉爲三長邑義保願功德之嘉會也]。[伏惟諸社衆乃並是高門勝族]，[百郡名家]；[玉葉瓊枝]，[蘭芬桂馥]。[出忠於國]，[入孝於家]；[令譽播於寰中]，[秀雅聞於宇內]。[加以傾心三寶]，[攝念無生]；[越愛染於稠林]，[悟真如之境界]。[體榮華之非實]，[覽人事之虛無]；[志在歸依]，[情存彼岸]。[遂乃共結良緣]，[同增勝福]；[會齋凡聖]，[蓮坐花臺]；[崇敬三尊]，希求聖旨。故能年三不闕，月六無虧；建竪檀那，聿修法會。是日也，開月殿，啓金函，轉大乘，敷錦席。厨饌純陁之供，爐焚净土之香；幡花散滿於庭中，鍾梵啾流於法席。以此設齋功德、無限勝因，先用莊嚴諸賢衆即體：惟願灾殃彌滅，是福咸臻；天仙降靈，神祇效耻。菩提種子，配佛[性]以開芽②；煩惱稠林，惠風飄而葉落。又持勝福，次用莊嚴持香施主即體：惟願福同春卉，吐葉生花；罪等浮雲，隨風變滅。然後三界六趣，有形無形，俱沐勝因，齊成佛果。摩訶云云。

---

① "社齋文"，標題及正文部分，宋家鈺據斯四九七六號背《社齋文》補，兹從之。此處所録爲筆者的校釋清本，原文請參考斯四九七六號背《社齋文》校釋。亦可據伯三一二八號背《社齋文》補。
② "性"，據斯五五七三號之《社齋文》補。

# 禳災文弟三

## 六、安傘文

夫大覺弘悲，多門吸引；能仁演化，感應隨機。皆稱解脱之功，莫非能濟者也。今囑（屬）三春令月，四序初分；延百福以竪勝幢，殄千殃而精（旌）白傘①。將奉保休家國，子育黎元；四方晏静，無衰變之憂；[十道]郡牧②，有康寧之慶。總斯多善，莫限良緣，先用莊嚴梵釋四王、龍天八部：伏願威光轉盛，福力彌增，興運慈悲，救人護國。當今皇帝，聖壽剋昌；將相百寮，盡邦形國。又持勝善，次用莊嚴使主貴位：伏願南山作壽，北極標尊，長爲菩薩之人王，永作河西之父母。次將勝善，奉資我都僧統貴位：敷揚智述，鎮遏玄門；色力堅於丘山，惠命逾於賢（退）劫③。又持勝善，次及我軍州官吏等：榮班歲厚，禄位時遷。憨王之志轉明，幹濟之端益遠。然後河清海晏，永霸（罷）干戈；五稼豐登，人民安樂。摩訶云云。

## 七、二月八日文

智（至）覺騰芳，功勇（用）齊智（致）；大雄方便，動物斯均。王宮孕靈，寔有生於千界。逾城夜遁，求無上之三身。今以三春中律，四序初分。柳絮南枝，冰開北岸，遂乃梅花始笑，喜鵲欲巢；真俗旋城，幡花隘路。八音競奏，聲謡兜率之宮；五樂瓊簫，嚮振精（金）輪之界。總斯多善，莫限良緣，先用莊嚴梵釋四王、龍天八部：伏願威光盛運，救國護人；濟惠生靈，年豐歲稔。又持勝善，奉次我使主司徒貴位：伏願五嶽比壽，以（與）日月而齊明；禄極滄瀛，延麻姑之萬歲。然後休兵霸（罷）甲，鑄戟銷戈；萬里澄清，三邊晏静。摩訶云云。

# 患文弟四

## 八、[患文]④

竊以覺體潛融，絶百非於實相；法身凝湛，圓萬德於真儀。於是金色開容，掩大千之日月；玉毫揚採（彩），暉百億之乾坤。然而獨拔煩羅，尚現雙林之疾（寂）；孤超塵累，猶辭丈室之痾。浮幻影於虔誠（乾城），保危形於朽宅。詎能刈夷患本，剪拔幽根？盛衰之理未亡，安危之端斯在。厥今有坐（座）前施主念誦所申意者，奉爲某人病患之所施也。惟患者乃遂爲寒暑匡候，攝養乖方；染流疾於五情，抱煩痾於六府；力微動止，怯二鼠之侵騰（藤）；氣愜晨宵

---

① “精”，當作“旌”，據伯二八五四號之《置幢傘文》改。
② “十道”，據文義及斯五六一六號之“四方晏静，罷戈甲而和寧；十道澄清，御禎福而腹皷”句例補。
③ “賢”，當作“退”，據伯三六七二號之《燃燈文》改。
④ “患文”，據文義補。

（宵），懼四蛇之毀愾（篋）。於是翹成（誠）善誓，歷款能仁；診（沴）氣雲青（清），温（瘟）風務（霧）卷。伏聞三寶是出世法王，諸佛如來爲四生之父母，所以厄中告佛，危及三尊；仰拓（托）勝因，咸望少福。以此功德、念誦福因，先用莊嚴患者即體：惟願四百四病，藉此雲消；五蓋十纏，因兹斷滅。藥王藥上，受（授）與神方；觀音妙音，施其妙藥；身病心病，即日消除；臥安覺安，起居輕利。所有怨家債主、負財負命者，領功德分，莫爲讎對，放捨患兒，却復如故。又持勝善，次用莊嚴施主即體：惟願千殃頓絶，萬福來臻，大小清宜，永無災厄。然後先亡父母，目覩龍蓮；胎卵四生，齊成佛果。摩訶云云。

### 九、難月文

若夫至覺幽深，真如綿邈，神功巨惻（測）。外獻七珍，未證菩提，遂捨轉輪之位；内修萬行，方證無上之尊。然今施主焚香意者，奉爲某人患難之所爲也。患者乃遂因往刧，福湊今生；咸（感）得婦女之身，難離拓（脱）胎之患。今者旬將已滿，朔似還周；慮恐有傷毀之唆（煞），實懼值妖災之苦。故即虔心懇切，望三寶以護持；割捨珍財，仰慈雲而啓顙。伏聞三寶是濟危拔苦之能人，大士弘悲，無願不從而惠化。以斯功德、念誦勝因，總用莊嚴患者即體：惟願日臨月滿，果生奇異之神童；母子平安，定無憂嗟之厄。觀音灌頂，得受（授）不死之神方；藥上扷摩，垂惠長生之味。母無痛惱，得晝夜之恒安；産子仙同（童），似披蓮而化現。又持勝福，次用莊嚴施主合門居眷等：惟願身如松嶽，命等山河；福廣惠深，彌增佛日。然後四生離苦，三有獲安；同發菩提，成正覺道。摩訶云云。

## 亡文弟五

### 十、[亡僧文]①

竊以龍宮現生，表無生於實相；鶴林示滅，標不滅於真儀。是以無去無來，始證三明之境；非色非相，方開七覺之門。引權實以成因，啓津梁而利物。卷舒巨測，顯晦難量者哉！厥今則有坐前施主跪雙足、捧金爐、焚寶香陳願者，奉爲過往闍梨某七追福諸加（之嘉）會也。惟亡靈乃體龍象之神德，狀師子之威容；巍巍負川（山）嶽之姿②，浩浩藴江河之量；涌調浪於言泉，控玄源於口海。豈謂朝波閲水，淪法悼（棹）於四流③；夜壑藏舟，溺仁航於五濁。故使十方哀結，懼景落而行迷；七衆悲號，痛梁摧（摧）而凶極。至孝等積罍尤深，殀尅尊陰；攀號一絶，痛列五情。日月往來，俄經某七。故使法場霸（罷）訓，恨兔月而西沉；禪室寂然，怨逝

---

① "亡僧文"，據文義補。
② "川"，當作"山"，據伯二五四七號背之《僧尼亡》改。
③ "悼"，當作"棹"，據伯三五〇三號之《庚午年十二月六日闔願深書亡僧文》改。

水之東浪。是日也,吉祥之草,分滿凶庭;功德之林,影連魂彰(帳)①。鴻鍾野切,清梵朝哀;香焚鶴樹之門,供展苑園之内。遂請十方賢衆,降此小延(筵);會三界凡僧,希求少福。因過(果)敬於善德,設供越於純陀;敷玉相於净坊,焚天香於此室。總斯多善、無限福因,先用奉資亡靈去識:惟願神生净土,識坐蓮臺;花開聞解脱之香,舉足昇涅槃之果。又持勝善,次用[莊嚴]齋主即體②:惟願災殃電滅,障逐雲消;長夜清宜,永年康吉。然後豎通法界,傍括四生,並沐勝因,咸登覺道。

## 十一、尼德

覺花重影,戒月孤凝;七聚精知,五篇妙達。參耶輸之雅志,集愛道之貞風;利物爲懷,哀傷在念云云。

## 十二、亡父母文

無常苦海,六道同居;生死河深,四生共受。縱使高登十地,未免去流(留);受絶空禪,亦隨生滅。然今坐前齋主啓願所申意者,奉爲亡考某七追福諸(之)嘉會也。惟亡靈乃稟質英靈,蕭(夙)標和雅,人倫領袖,鄉侣具(閭俱)瞻。理應久居人代,訓範子孫;何圖捨世有終,奄歸大夜。至孝等[自云]③:孝誠虧感,早隔尊顔;攀風樹而不亭(停),望寒泉而永別。縱使捨軀剖髓,無益幽魂;泣血終身,莫能上答。故於是日,以建齋延(筵),屈請聖凡,用資神識。是日也,清遞(第)宅,列真儀,龍象雲臻,鴛鸞務(霧)集。建齋逾於善德,設供越於純陁;爐焚百和之香,廚饌七珍之味。總斯多善、無限勝因,先用莊嚴亡者所生魂路;惟願神生净土,識坐蓮台;常辭五濁之中,永出六天之外。又持勝善,奉用莊嚴齋主眷屬等:伏願心同朗月,春夏恒明;體侣貞松,秋冬不變。然後七世父母,蓮華化生,人異(與)非人,咸蒙吉慶。

## 十三、亡妣德

乃雍雍婦德,將月鏡而同明;穆穆女儀,共春蘭如(而)並馥。一切頭、尾、時候,共《丈夫文》同用。

## 十四、亡男

號同前。厥今有坐(座)前施主設齋所申意者,爲亡男某七追念之嘉會也。惟男天生聰俊,異世英靈;文武初明,孝兼家國;年方熾盛,欲保遐齡。何圖玉樹先彫,金枝早折;奄從風燭,某七俄臨。每泣蟾光之影,猶掌失珠;灑血哀傷,難捐湘壁(璧)。無蹤再會,唯福是憑;故建

---

① "彰",當作"帳",據斯五六三七號之《亡考妣三周》改。
② "莊嚴",據文義補。
③ "自云",據文義補。

齋延（筵），用資幽息。

## 十五、亡女

乃芳年艷質，綺歲妖妍；臉奪紅蓮，顏分柳葉。始欲桂枝盛茂，皎皎於晨昏；瞻（蟾）影方輝[1]，澄澄於水面。將謂久流世應（留應世），侍母［恭尊］。（後缺）

---

[1] "瞻"，當作"蟾"，據斯三四三號背＋斯四九九二號之《亡女文》改。

# 俄敦○○一四一號《齋文抄》

此件首缺尾全，現存內容爲兩篇齋文，前一篇僅存莊嚴部分，後一篇是完整的社齋文，故擬名此件爲《齋文抄》。目前有趙鑫曄釋錄本，見趙鑫曄《敦煌佛教願文研究》，南京師范大學博士學位論文，二○○九年，第六八頁。

## 一、[□□□]

（前缺）

□□□□慶。然後三界六趣，若人若天，稟識稟形，咸登樂果。摩訶般若！

## 二、社齋文

諸佛見劫濁未清，苦輪不息；法雖無得，緣則常慈。大聲隨類而必告，一兩稱物而皆合，志聖之作，豈其也哉！然今屈玉指、掘（攫）金爐、陳雅願者，厥有社官已下諸英寮等三長崇設之嘉會也。惟諸公等四海高族，衣纓子孫，學若玄（懸）河，才登七步。復能棄俗綱，趣真如；簡良朋，擇賢友；崇妙業，掇奇珍。諸公共集，鄰側同臻；敬造清齋，式崇邑義。於是龍宮既闢，鹿苑豁開；聶聶（獵獵）繒幡，向碧空而散綵；顒顒金像，與白日而爭光；香焚牛頭，餅陳象耳。總斯多善，無限勝因，總用莊嚴合邑諸公等：惟願常[修]正道①，崇信法門，般若爲心，慈悲作量。平生垢重，沐法水以長消；宿苦塵勞，拂慈雲而永散。又持是福，次用莊嚴齋主內外支羅等，惟願龍神替（潛）衛，釋梵冥資，百福盈門，七珍常滿。菩提種子，永積於身田；智惠萌牙，芬芳於[意]樹②。然後四海晏，八表清；戢干戈，纛弓矢；百穀稔，萬康豐；賴此無疆之因，福用有生之類。摩訶。

---

① "修"，據斯四九九二號背＋斯三四三號之《莊嚴僧》補。
② "意"，據伯三六○一號之《亡考》補。

# 俄敦○一二○○號《諸文要集》

　　此件首尾俱缺,中間亦有殘損,與俄敦○○九一五號、俄敦○六五四三號、俄敦○六六○五號、俄敦○二八三二號＋俄敦○二八四○號＋俄敦○三○六六號＋俄敦一二五九五號＋俄敦一二六○五號＋俄敦一一七九一號＋俄敦一一七六三號＋俄敦一二七六八號＋俄敦一一七九○號＋俄敦一一八三一號等皆爲一人所抄。抄寫齋儀的各個構件,主要是"嘆德"部分,與北大敦一九二號《諸文要集》性質相類,故擬名此件爲《諸文要集》。目前有趙鑫曄釋録本,見趙鑫曄《敦煌佛教願文研究》,南京師範大學博士學位論文,二○○九年,第八五～八六頁。

## 一、[孩子嘆]①

（前缺）

[豈謂庭摧玉樹],掌碎明珠。霜彫[上苑之蘭],[風落小山]之桂。遂使父心切切,看戲處以增悲;[母意惶惶],[睹揺車]而掩泣,溟溟（冥冥）去識,知詣何方? 寂寂[幽魂],[趣生何路]。[故於]是日,建此芳筵。云云。

## 二、念藥師佛

藥師乃□□□□□□□□□□□□□□□□□□□□□。[應]念消災②,尋聲獲果。

## 三、念釋迦牟尼

□□□□□□□□□□□□□。□□□□□□,□□嶺之仙苗。見影發心,聞名滿願。

## 四、[女人社邑文]③

□□□□□□□□□□。[十]念圓明④,千殃殄滅。但以□□□□□□□□□□。□□

---

① "孩子嘆",據文義及斯五六三七號之《孩子嘆》補。以下正文皆據斯五六三七號之《孩子嘆》補。
② "應",據文義補。
③ "女人社邑文",據文義補。此件爲女人社按其立定的社條舉行常規建福活動的齋文。
④ "十",據"十念圓明"句例補。

□闊，田種不登。皆由福力全無，□□□□□□□□□之崇成。家家賫上妙珍修（羞），人人赴□□□□。□□□□長□□門。聚落村坊，列儀尊容；延迎僧〔徒〕，〔供〕敬清齋。並是高門士女，豪族夫娘。□□□□□□，□和内外；承四德而作行，温雅宗枝。故能□□□□，□佛法之□□；同祈願福，專至教□□□。□□立約，每月六齋。

## 五、菩薩

幡乃寫□□□□□□□□□□□□□丹，青眉分月而旋毫，目□□□□□□□□□□。正見居懷，常（後缺）

# 俄敦○一二二八號《二月八日文》

此件首尾俱全，内容爲《二月八日文》。目前有趙鑫曄釋録本，見趙鑫曄《敦煌佛教願文研究》，南京師范大學博士學位論文，二○○九年，第八六～八七頁。

[法]王降誕①，爲濟生靈。八相權宜，三身利樂。厭金輪之寶位，訪道幽巖；證最後之涅槃，誓居深谷。所以逾城夜分，得果初辰。留像法於人間，使傳通於塵劫。自爾迦維衛國，每習神蹤；浄飯王城，爭馳勝業。今者[三春]中律②，地坼萌芽；鳥嚮含新，風摇翠柳。是以㪥開奈苑，洞啓蓮宫；金容燦爛於四衢，玉毫舒光於八極者，有誰施作？時則有我府主大王先奉爲龍天八部，護國護仁（人）；佛日恒暉，法輪常轉；刀兵罷散，四海通還；疫癘不侵，欃槍永滅；所有妖災殄滅，應是瑞色雲臻；風雨順時，普天安樂。

---

① “法”，據斯一四四一號背之《二月八日文》補。
② “三春”，據斯一四四一號背之《二月八日文》補。

# 俄敦〇二八三二號＋俄敦〇二八四〇號＋俄敦〇三〇六六號＋俄敦一二五九五號＋俄敦一二六〇五號＋俄敦一一七九一號＋俄敦一一七六三號＋俄敦一二七六八號＋俄敦一一七九〇號＋俄敦一一八三一號
## 《諸文要集》

此件由趙鑫曄博士綴合,綴合後首缺尾全,已於俄敦〇一二〇〇號中説明此件與北大敦一九二號《諸文要集》性質相類,故擬名此件爲《諸文要集》。目前有趙鑫曄釋録本,見趙鑫曄《俄藏敦煌文獻綴合四則》,《學行堂文史集刊》二〇一二年第二期。

(前缺)

### 一、[亡妻]①

思(斯)乃彩含珪璧(璧),秀掩支(芝)蘭;四德之[譽獨彰]②,千[姿之麗]罕定③。揉(柔)襟雪映,婦德播於六姻;淑質霜明,女軌傳於九族。不謂恒娥魄散,壁(璧)月光沉;罷鸞鏡於粧臺,遺鳳釵於綺帳。

### 二、亡女

乃芳年艷質,綺歲妖妍,臉奪紅蓮,眉分翠柳。纖容窈窕,媲巫嶺之片雲;淑態逶迤,比落川之迴雪。豈謂珠星匿耀,寶[婺]倫(淪)輝④。埋玉貌於黃泉,掩紅顔於幽壤。

斯乃娥娥迴絕,[如]日月之開雲⑤;灼灼無雙,若明珠之暎水。方欲修[懃]四德⑥,[侍母

---

① “亡妻”,據文義及殘筆畫補。
② “譽獨彰”,據伯二三八五號背之《亡婦》補。
③ “姿之麗”,據伯二三八五號背之《亡婦》補。
④ “婺”,據伯二二三七號之《亡女文》補。
⑤ “如”,據文義補。
⑥ “懃”,據殘筆畫及“懃四德而穆六親”句義補。

恭尊]①；豈謂不盡芬芳，早從風燭；光儀亡没，想像如存。[建此薰修]②，[福]資魂路③。

### 三、亡兄弟

豈謂盈盈同[氣]④，一旦九[泉]；[穆穆孔懷]，忽焉萬古。撫其唐[棣]，[恨花蕚以]長辭；觀其[鶺鴒]，痛連枝而永隔。[人代忽去]，[光]陰遽遷。自遊魂不返，于兹某日。是[日凡]聖咸烈（列）⑤，百味兼陳。式薦仁祠，用資冥路。

### 四、亡新婦

窈窕如風曳河陽之柳，郁穆若香飛上苑之葉，暎翠晃（幌）而霧裏連（蓮）生，對明[臺]而鏡前花發⑥。貞操立性，孝敬自天。何圖奄曆泉門，俄經某七。又乃妍華桃李，令問珪璋，有播女功，無忝婦德。亡道何促，霜露先侵，魂飛九泉，形銷萬古。憶忠貞[之孝]行⑦，喜温常均；念恭敬之清心，晨昏匪懈。故於是日，[設齋]追[福]。

### 五、亡尼

乃意樹先抽，心花早發；戒香外郁，定水[内清]⑧。[習愛道]之貞風，參耶輪之雅志。精求是務，利物爲懷。龍[女之德未]申，[示]滅之期已及。

### 六、二月八日

斯乃韶年媚景，仲[序]芳春⑨；[皇儲]拔翠之辰，[帝]子遺榮[之]日。是知珍枝遥影，乘月路以霄征；瓊蕚馳襟，躡星衢而夕遁。税金輪于寶位，騰王馬於朱城；超（韶）光絢[而]天際明，和風雨霞莊[净]。龍駒駕迥，將淑氣而同飛；鶴蓋[浮]空，共仙雲而並曳。遂使九重哀[怨]，驚睿軫而（於）丹墀；萬[品]懷惶，捕神蹤於[鹿]野。于時妙花擎日，清梵携風，浮寶蓋於雲心，颺珠幡於霞腹。幢撥天而亘道，香翳景而駢空；緇白巡跡而星奔，士[女川原]而霧集。同悕聖景，望[披]高路之蹤；令囑（屬）良辰，廣[樹檀]那之業。於是供陳百味，座[拂千]花；投寶地以翹誠，叩金園而瀝想。

---

① "侍母恭尊"，據起筆殘筆畫及斯一四四一號背之《亡女》"侍母恭尊"句例補。
② "建此薰修"，據斯八二一八號《亡考文》"由是建此薰修，福資魂路"句例補。
③ "福"，據殘筆畫及"福資魂路"句例補。
④ "氣"，此處及本節後文皆據斯二八三二號《亡兄弟》補。
⑤ "日凡"，據文義補。
⑥ "臺"，據文義補。
⑦ "之孝"，據"族内置忠貞之孝"句例補。
⑧ "内清"，此處及本節後文皆據伯二六三一號《亡尼》補。
⑨ "序"，此處及後文所補，皆據伯二九四〇號之《二月八日》。

## 七、邑

公等並三河令［族］①，四海英雄；宿素純和，溫良貞秀。各辭俗務，投心釋門。共結勝緣，崇斯邑義。

## 八、錄事

公舉才是雄，爲官司伯。糾不平之務，策稽怠之公。掌效霜台，職居冰皎。難稱之德，何可而言！

## 九、博士

溫儒是經，博史爲藝；訓國子之政，爲修父伯之嚴；引於鴻漸，至於鶴鳴，斯洪量之數矣！

## 十、醫博士

學業神農，志勤者（岐）伯。識上中下藥，慈以救人；處大小品方，［仁以］濟物②。兩國之安衆，其德難名者也！

## 十一、縣令

族結蟬聯，策篇弈葉；品藻蒙俗，龜鏡朝廷。加以墨緩光班，銅章委職。負才制錦，威傳訓俗之歌；虛坐鳴琴，更扇人（仁）風之曲。白烏來集，一同之政有征；青鶯才飛，百里之［聲］彌震。撫字多暇，遠近奔欽者與！

又云：列鏡曾（層）台，暉［通］夜月；鐘搖迴架，韻入朝霜。舃履空飛，儉務驅雞之［停］③；蝗群越境，童歌訓雉之聲。琴詞七弦，曲盡武城之樂；錦開五彩，風動河陽之花。子游潘君，即其人矣！

---

① “族”，據殘筆畫補。
② “仁以”，據斯六四一七號之《亡男文》“懷濟物之深仁”句義補。
③ “停”，殘筆劃似爲“庭”，當作“停”。

# 俄敦一一二二二號《亡考文》

此件首尾俱全，内容爲《亡考文》。目前有趙鑫曄釋録本，見趙鑫曄《敦煌佛教願文研究》，南京師范大學博士學位論文，二〇〇九年，第一四八～一四九頁。

厥今嚴敷司弟（私第），浄列真場；請摩利之賢人，邀傾城之重德。爐焚龍腦，供辦天廚，捨施設齋啓加（嘉）願者，奉爲故尊父某七追福之加（嘉）會也。伏惟亡靈乃門負英豪，代標名族。作閭簷（閻）之梁棟，幼曉三墳；爲鼎鼐之鹽梅，夙和八素。而又蕴孫子之韜鈐，負黄公之智略。將謂乾坤等[壽]①，育子謀孫，何圖斂跡門庭，奄歸泉路。至孝等摧（摧）心殞絕，悲痛難息②；仕（思）訓誨之洪恩③，念生身之大蔭。灰身喪命，再覩之限無由；粉體捐軀，鬼趣之殃莫代。是以藏舟易往，脆影難留。炎暑推移，某晨（辰）俄届。故於是日，以建齋延（筵），請佛迎僧，用資魂路。是日夜（也），真場廣闢，梵宇宏開，龍象下而四圍，斾檀繞而數匝。繁祉斯廣，功德難量，總斯多善，莫限良緣，先用莊嚴亡靈所生魂路[云云]。

---

① "壽"，據伯二六四二號之《亡考文》補。
② "息"，原作"仕息"，而"仕"當屬下句，據文義乙正。
③ "仕"，當作"思"，據文義改。

# 弗魯格二六三號＋弗魯格三二六號
# 《諸文集抄》

俄藏弗魯格二六三號、弗魯格三二六號本是一卷而被裂爲兩件，經《俄藏圖版》綴合後，首缺尾全。内容爲諸種佛事用文的抄件，其中有齋文和齋儀。從性質上講，此件與北大敦一九二號《諸文要集》相同，但《諸文要集》重點在"要"，即只抄録每篇齋儀切要的號頭、號尾、嘆德、莊嚴部分，而此件各篇大都是抄録全文，故擬名此件爲《諸文集抄》。清本只釋録其中的齋文和齋儀部分。目前有趙鑫曄完整釋録本，見趙鑫曄《敦煌佛教願文研究》，南京師范大學博士學位論文，二〇〇九年，第三五～六〇頁。

## 一、[開經文]①

[以斯開經]功德②，[總用莊嚴施主即體]：[惟願三明備體]，[永證無畏之身]；[八]解澄心，早[登無生之路]。[願使家盈七寶]，[長承五品之榮]；[風]送七珍，常值[明登之寵]。[然後先魂七祖]，[承斯目睹、耳聽]寶樹之音；並證無生彼岸。

## 二、散經文

竊以法蠡常寂，震百億而無聲；惠炬恆明，光大千而不焰。故有圓珠半珠之旨，隨行月而虧盈；貫花散花之[談]③，轉祥風以開合。故乃掩輝摩竭，用啓息言之津；杜口毗耶，以通得意之路。託（既）而三耶（邪）五（返）徹④，悦（税）真賀（駕）於四衢⑤；八倒還原，艤仁航於六度。故使承坏（乘杯）羽客，憑覺海而問津；控鶴玄賓，仰慈雲而訪道。壯哉二諦，難得揄揚者焉！厥今薆金容於寶殿，匼匝幡花；轉金鉤於星宫，香煙靉靆。龍象湊集，半珠闕而復圓；二部雲臻，散花紛而再貫。如斯啓願，誰知（之）作焉？則有某公奉爲某事作之諸家（嘉）會也。伏惟某公風蘭孕馥，月桂踈（舒）芳；行業先敷，意花早合。四弘契相，十信冥懷；敬陳莫大之延

---

① "開經文"，殘存内容爲《開經文》的莊嚴部分，故此補標題爲《開經文》。
② "以斯開經"，此處及後文内容皆據伯三〇八四號＋伯三七六五號之《開經文》補，不另注。
③ "談"，據伯三四九四號之《散經文》補。
④ "託"，當作"既"；"五"，當作"返"，據伯三四九四號之《散經文》改。
⑤ "悦"，當作"税"；"賀"，當作"駕"，據伯三四九四號之《散經文》改。

（筵），式永（詠）能人（仁）之教。斯若乃金言電擊，四諦之理將終；玉牒雲披，五時之教斯極。掩金鉤於月殿，罷玉軸於星宮；珠幡卷而彩紅（虹）飛，寶蓋泣（低）而騫（騫）鳳隱①。魚山梵靜，梁塵故飛；虹海香停，院煙猶馥。龍庭返響，烏駕旋鏡；酌海不窮，飲河將滿。七衆聚而還散，八藏虧而復盈；甘露恆清，祥風永扇。以斯轉經功德、無限勝因，［總用莊嚴］施主即體②；惟願官班日進，方延五鼎之尊；峻洽時遷，坐列萬鍾之祿。子孫昌盛，眷屬駢羅；花萼芬芳，閨閫（蘭）茂盛。然後合宅長幼，並沐清貞；過往幽魂，咸登覺道。摩訶。

### 三、轉經文

蓋聞大雄寥廓，浩汗無邊；量等虛空，體同無極。納須彌於芥子，坼大地於微塵；吸巨海於腹中，綴山河於毛孔；摧天摩（魔）於舍衛，伏外道於迦維③；擊法皷於大千，振鴻鍾於百億；演金言於靈鷲，敷寶座於菴羅；發豪（毫）相於東方，布慈雲於西域。敬述如來功德，寂嘿難側（測）者哉！厥今宏敷月殿，豎敞金容；幡花匝匝於盈場，鈴鐸扣鳴於滿會。是時也，緇流虔念，暢大教之金言；玉藏重開，秘（演）如來之秘蜜（密）④。如斯弘闡，誰知（之）作焉？則我令公先奉爲國泰人安，無聞征戰之名；五稼豐登，保遇堯年之樂。次爲己躬福慶，延壽於［遐］齡⑤；合宅宮人，願寧清吉諸（之）所建也。伏惟我令公撫運龍飛，垂（乘）乾御宇⑥；上膺青光赤符之瑞，下披流虹繞電之禎。按圖而廣運睿謨，理化而珠（殊）方［款］塞⑦。故能虔誠像教，法苑留心；建福讓（禳）灾，宣傳海藏。遂使經開般若，句句談不二之章；呪讚秘方，聲聲昌（唱）無爲之理。十方賢聖，隱跡來會於虛空；八部龍神，證鑒齊臻於四迴。總斯多善，莫限良緣，先用莊嚴梵釋四王、龍天八部：伏願擁護境域，殄滅消灾；濟惠生靈，豐饒五穀。遂請十方大士，遍弘願以護疆場；三世如來，傅慈悲以安萬姓。故得風調雨順，歲熟時康；道塞清平，謌謠滿路。又持是福，伏用莊嚴我令公貴位：［伏］願［永］垂闡化⑧，四海一家；廣扇人（仁）風，三邊鎮静。然後天下定，海內清；天地盡而福不窮，江海傾而祿不竭。摩訶。

### 四、［轉經文］⑨

**號頭同前。**厥今霞（遐）開玉殿，敷備瓊宮；煥金容以（與）日月争暉，建幢幡以（與）祥雲兢彩。

---

① “泣”，當作“低”，據伯三四九四號之《散經文》改。
② “總用莊嚴”，據伯三四九四號之《散經文》補。
③ “迦維”，原作“維迦”，據伯二八三八號背之《轉經文》改。
④ “秘”，當作“演”，據伯二八三八號背之《轉經文》改。
⑤ “遐”，據伯二八三八號背之《轉經文》補。
⑥ “垂”，當作“乘”，據伯二八三八號背之《轉經文》改。
⑦ “珠”，當作“殊”；“款”，據伯二八三八號背之《轉經文》補。
⑧ “伏”“永”，據伯二八三八號背之《轉經文》補。
⑨ “轉經文”，據文義補。

四部會臻於蓮宇,官寮虔敬於三尊;請[千聖]於大尊①,邀摩梨之首座。經轉如來之教,玉軸還周;爐焚龍寶之香,俳佪靉靆。如斯廣會,誰之作焉?則我令公先奉爲國泰人安,次爲己躬聖壽無疆諸(之)所建也。伏惟我令公膺天明命,握[玉]符而理金渾②;[運]屬璿樞③,啓天心而承霸業。是以聖人誕世,必候時而膺圖;睿哲降祥,亦盤桓而獨秀。況上標文皇(星)④,深藏武德:乘時御宇,豈不休哉!故得八開(關)在念,六度明(冥)懷;每歲春秋,弘施兩會。更能降十方净土,隱影來湊瑞於衆中;小界聲聞,並湊雲奔於此供。是日也,緇流修定,俗輩練心;合境虔恭,傾國懇顙。供延(筵)大會,該法界而召净人;饌備七珍,未烈(味列)香積。遂乃樂音前引,鈴梵後從;幢幡匝匝於盈場,鐘唄鴻鳴而域滿。總斯多善,罕側(測)良緣,先用莊嚴上界四王、下方八部:伏願威光轉盛,福力彌增;興運慈悲,救人護國。遂請恒沙大士,不違洪願以齊(濟)人;賢劫千尊,慈悲平等而護救。雞足大聖,擁佐國人;守界善神,不離此符(府)。龍王歡喜,風雨順時;五稼豐饒,行詞堯舜之大樂。又持勝善,伏用莊嚴我令公貴位:伏願形同大地,福極西江;廣闡真宗,牢增佛日。然後河清海晏,不聞刁斗之聲;四寇降階,永絕煙塵之戰。三灾殄滅,九横不侵於海隅;癘疫消除,送飢荒於地户。摩[訶]。

## 五、四門轉經文

竊以三乘演妙,功超色相之門;七覺名(明)因,理出名言之際。佛日之日,懸大像於昏(四)衢⑤;天中之天,導郡(群)生於净域。威光自在,示現無方;玄風被於大千,實際宏於不二。法雄利見,其大矣哉!厥今置浮壇於八表,懸佛像於四門;中央建佛頂之場,緇衆轉《蓮花》之部。遂得香壇合霧,[交]馳氣靄於八隅⑥;玉句連[珠]⑦,聲驟降十方之净土。如斯懇仰,誰知(之)作焉?則我令公先奉爲國泰人安,刀兵永罷;次爲己躬福山不壞諸(之)所建也。伏惟我令公積因感德,乘權降靈;受權(灌)頂而垂衣⑧,膺轉輪而馭寓。無扁(偏)無黨,運慈悲而育黔黎;須休勿休,當囑累而弘政(正)法。故能留情像教,望慈善以增修;渴仰虔恭,啓洪門而懇切。是時也,三春首朔,四序初分:陽和弟(遞)改以環周,陰氣交馳於霞際。殘雪共白雲相禮,含胎以(與)柳色爭新;僧徒課誦於四臺,灌頂神方已七日。總斯多善,莫限良緣,先用莊嚴梵釋四王、龍天八部:伏願威光熾盛,福力彌增,興運慈悲,救人護國。遂使年消九横,月殄三灾;萬姓饒豐樂之祥,合國無傷離之苦。又持勝善,伏用莊嚴我令公貴位:伏願敷弘至

---

① "千聖",據伯二八三八號背之《轉經文》補。
② "玉",據文義補。
③ "運",據伯二八三八號背《轉經文》之補。
④ "皇",當作"星",據伯二八三八號背之《轉經文》改。
⑤ "昏",當作"四",據伯二八三八號背之《四門轉經文》改。
⑥ "交",據伯二八三八號背之《四門轉經文》補。
⑦ "珠",據伯二八三八號背之《四門轉經文》補。
⑧ "權",當作"灌",據伯二八三八號背之《四門轉經文》改。

道，濟育蒼生；寶位以（與）乾像（象）而不傾，退壽以（與）坤儀而不易。然後陰陽順序，日月貞明；五稼豐登，萬人安樂。摩訶般若。

## 六、入宅文

竊聞刹號莊嚴，環七珍之梵宇；方（坊）稱妙樂，浮百寶之仙宮。於是八定高樓，暎珠臺而育彩；三空妙閣，陵鏡殿以通輝。曳珠網於禪林，烈（列）金繩於福地；諒勝緣之妙境①，寔净葉（業）之崇基。隱隱難名，巍巍罕側（測）。施主風蘭播馥，月桂疏（舒）芳；堂構克隆，折新（析薪）傳葉（業）。於是卜居勝地，揆日籌庸；跨滯（帶）閭閻，羅慈（茲）甲弟（第）；彤楹霧合，綺棟雲浮；洞户迎風，高窗孕月；簷舒鳳起，砌引花明；開（井）植雙桐②，門縈五柳。宏規既就，勝葉（業）先崇；嚴營閑庭，式榮（崇）清供。香然百和，院起初煙；梵吼三天，梁飛新吹（炊）。

## 七、然燈文

竊以惠鏡揚輝，朗三明者，志（智）炬；勝場流（疏）濁③，堆（摧）八難者，法輪。於是廣照慈［光］④，諒無幽［而］不燭；退開妙軌，實有感而斯通。故使巨夜還朝，返迷津而悟道；重昏再曉，馳覺路以歸真。赫弈（矣）難名，傾哉罕測者也。厥今合邑諸公等乃於新年上律，肇啓加晨（嘉辰）。建净輪於寶坊，燃惠燃（燈）於金地者⑤，有誰施作？時即有官録已下諸社衆等保願平安諸（之）福會也。惟［公等］天生俊骨⑥，神假英靈；文武雙全，忠孝兼備；須（雖）居慾網之内，心攀正覺之書。但以清歲推（摧）人，白駒過隙；未免三途之苦，常飄（漂）四瀑之流。況於四序初晨（辰），三春上律。遂則宏開月殿⑦，豎曉燈輪；建慈力之誓蹤，契四弘之滿願。其燈乃神光破闇，寶燭除昏；諸佛爲之剡身，菩薩上（尚）自然（燃）臂。遂使千燈普照，百焰俱明；賢聖遥觀，隨燈而集。鐵圍山内，賴此光明；黑闇城中，蒙斯燈照。是［以］二萬億佛⑧，同號然燈；三千定光，皆同一字。以此然燈功德、迴向福因，先用莊嚴上界四王、下方八部：伏願威光轉盛，福力彌增；國泰人安，永無征戰。又持勝福，伏用莊嚴施主即體：惟願蕩千灾，增萬福，善葉（業）長，惠牙開。同種智之圓名（明），等法身之堅固。然後四生九類，包括塵砂，俱休（沐）芳因，齊成佛果。摩［訶般若］。

---

① "諒"前衍一"境"字。
② "開"，當作"井"，據斯五六三七號之《入宅》改。
③ "流"，當作"疏"，據斯五六三八號之《燃燈文》改。
④ "光"，據斯一四四一號背之《燃燈文》補。
⑤ "惠燃"，當作"惠燈"，據文義改。
⑥ "公等"，據文義補。
⑦ "則"字前衍一"輪"字。
⑧ "以"，據斯一四四一號背之《燃燈文》補。

## 八、社文

夫大覺能仁,處六塵而不著;吉祥調御,越三界以居尊。濟五趣而證[圓]明①,截四[流]而超彼岸②。不生不滅,無去無來;神力難思,言不惻(測)者矣。厥今坐前施主捧爐虔跪、設齋所申意者,奉爲三長邑義保願平安諸(之)所建也。伏惟社衆等並是高門君子,百郡名家;玉葉瓊枝,蘭芬桂馥。出忠於國,入孝於家;靈(令)譽播於寰忠(中),秀雅文(聞)於掌(宇)內③。替(體)榮業(華)之非寶(實),攬(覽)人事之虛無;志在歸依,情在彼岸。遂使共結良緣,同修勝福;會齊凡聖,蓮坐花臺;崇敬三尊,希憑福力。是日也,開月殿,啓金函,轉大乘,敷廣席。廚饌純陀之味,爐焚百和之香;幡花散滿於庭中,梵唄啾流於此席。惟願以慈(茲)設齋功德、迴向勝因,總用莊嚴社衆等即體:惟願灾殃殄滅,是福咸臻;天仙降靈,龍神効耻(祉)。菩提種子,結集積於身田;智惠萌芽,永芬芳於意樹。又持勝福,次用莊嚴施主即體:惟願福同春莫(草)④,吐葉生花;罪等浮雲,隨風變滅。然後三界六趣,有形[無形]⑤;俱沐勝因,同登聖果。摩訶般若。

## 九、臨曠(壙)文

蓋聞無餘涅盤,金棺永寂;有爲生死,火宅恆然。但世界無常,光陰遷變。故有二儀運轉,死(四)相奔流;明闇交遷,昏辰弟(晨遞)謝。入松枝而蹔向(響),飄炬燭以墮(摧)明;似上苑之秋[花]⑥,等其(祇)園之葉落⑦。然今亡者壽盡今生,隨緣設化;捨玆白日,掩(奄)就黃泉;體逐時遷,魂歸幽壤。於是龍車軒駕,送靈識於荒劫(郊);素蓋緋紅(飛空),烈(列)凶儀於且(亘)道。存亡永隔,追念摧心;悲叫號咷,哀聲滿路。逐(遂)能卜善地以安墳,選吉祥而置墓。於是降延請(清)衆,就此荒郊,奉爲亡靈臨曠(壙)追福。惟願以斯捨施功德、焚香念誦勝因,盡用資薰亡靈所生魂路:惟願八大菩薩,遙降日宮;三城(世)如來⑧,遠乘蓮坐。於是天神執蓋,下接幽魂;地祇捧花,上乘其足。破無明之固殼(殼),卷生死之風雲;入智惠門,向菩提路。又持勝福,次用莊嚴持爐至孝、內外親姻等:惟願三寶覆護,衆善資時(持)⑨;灾障不侵,功德圓滿。摩訶般[若]。

---

① "圓",據斯五九五七號之《邑文》補。
② "流",據斯五九五七號之《邑文》補。
③ "文",當作"聞";"掌",當作"宇",據伯四五三六號之《社齋文》改。
④ "莫",當作"草",據斯五九五七號之《邑文》改。
⑤ "無形",據斯五九五七號之《邑文》改。
⑥ "花",據伯三〇八四號+伯三七六五號之《臨壙文》補。
⑦ 句首衍一"等"字。
⑧ "城",當作"世",據斯五九五七號之《臨壙文》改。
⑨ "時",當作"持",據斯五九五七號之《臨壙文》改。

## 十、二月八日文

法王降誕，爲拯生靈；八相懂（權）宜①，三身利樂。掩（厭）輪王之寶位，訪道幽巖；證最後[之涅]盤②，誓居深谷。所以逾城夜分，得過（果）初晨（辰）；留像法於人間，所（使）得通於塵劫。自爾加維衛國，每習神蹤；净飯王城，爭享勝業。今者岸柳未坼，邊雲尚寒；出連（蓮）葉如似再現閻浮，飛寶蓋而重於（遊）天閣③。幡花臨路而前引，梵貝（唄）盈空而沸騰；鳴鍾皷而龍吟，秦（奏）笙歌而鳳儷④。群寮並集，緇素咸臻；善既備兮無虧，[禍]畢除兮掃盡⑤。總斯多善，莫限良緣，先用奉資梵釋四王、龍天八部[云云]。

## 十一、亡僧尼捨施文

夫三界並是虛幻，四大假合成軀；五蔭（陰）念念相催，六識刹那不住。縱使聖位小乘之衆，尚有託患無常；況乎識漏凡夫，熟（孰）免長生之路？故知緣會即聚，緣散即離；逝風飄[於]識浪，奔波業水（果）⑥，運四生之舶者矣。厥今坐前施主捨施所申意者，奉爲某闍梨自捨化已來，不知神識往往（生）何路⑦，謹將生前受用衣物，叩觸三尊；伏乞慈悲，希垂濟拔。惟某闍梨乃美才碩德，釋衆高僧；談演則三教俱通，問疑則千人頓斷。將謂久留教内，作二衆之標尊。何圖生死之至難邀，離會之緣斯畢。遂使神鍾無響，寶鐸摧音；二部無問道之門，真俗絶法潤之澤。今者姻眷思之恩蔭⑧，隳影滅形，難助灰魂，[憑]福控告⑨。以斯捨施功德、迴向福因⑩，先用莊嚴亡靈所生魂路：惟願身騰六牙之像（象），長遊兜率之宮；足踏千花，永棄閻浮之境；向（迴）超沙界，高出（步）金蓮；長辭五濁之中，願出六天之外。或有宿生垢障、見世新薰，銜死（怨）遇會之時，並願蒙斯福力，解死（怨）捨結，霧散雲消。世世生生，恆爲法眷。又持勝福，次用莊嚴施主即體[云云]。

厥今廣邀四部，大闡福門，爐焚寶香，虔恭啓願，捨施依（衣）鉢者，有誰施之？即有坐前施主奉爲某闍梨自捨化已來，不知神識往生何逕，謹將生前受用寡尠，感躅（觸）三尊；伏乞慈悲，希[垂]救拔⑪。惟闍梨乃幼負殊能，長通幽秘；精閑《四分》，動（洞）曉五篇。開遮玄合於

---

① “懂”，當作“權”，據斯五九五七號之《二月八日文》改。
② “之涅”，據斯五九五七號之《二月八日文》補。
③ “於”，當作“遊”，據斯五九五七號之《二月八日文》改。
④ “秦”，當作“奏”，據斯五九五七號之《二月八日文》改。
⑤ “禍”，據斯五九五七號之《二月八日文》補。
⑥ “水”，當作“果”，據伯三六〇一號之《亡僧尼捨施文》改。
⑦ “神識”，原作“識神”；“往往”，當作“往生”，據伯三六〇一號之《亡僧尼捨施文》乙、改。
⑧ “眷”字前衍一“春”字。
⑨ “憑”，據文義補。
⑩ “迴向”，原作“向迴”，據文義乙正。
⑪ “垂”，據此卷“希垂濟拔”補。

法門，净（静）亂雅扶（符）於實相。清而能政（正），遐邇欽風；威而加嚴，大小咸敬。若是尼德①，即云：雍容淑質，天生稟清净之風；儼進威儀，體性温和柔之德。澄心净慮，泯萬鏡於空花；蜜（密）護鵝珠，儼七枝於有部。理應留（流）光萬傾，作破闇之燈；沉影三何（河），斷迷津之境。豈謂沸（拂）塵世表，永昇功德之「場」②；脱履勞（牢）籠，長居大乘之城（域）。智燈分於泉涇，惠（慧）日掩於山門；氣序無容，掩（奄）從物化。至孝等自云：門人蔡（荼）毒，淚雙樹之悲；俗眷攀號，傷鶴林之痛。無處糺（求）告，投扙（仗）福門；薦擢冥靈，無超白法。以兹捨施功德、焚香念誦勝因，總用資薰亡靈所生魂路：惟願足踏紅蓮出三界，逍遥獨步極樂香（鄉）；安養世界覩彌陀，知足天宮遇彌陀（勒）③。當當來代，還以（與）至孝作菩提眷屬；莫若金（今）生愛別離苦。又持勝福，次用莊嚴施主即體：惟[願]禄位日新，榮班歲漸；作四海之[舟]檝④，爲一人之股肱。門敍（緒）尅昌，嘉聲再（載）遠；靈柯[茂]葉⑤，桂馥蘭芳。然後功津日識（熾），道洽無垠。莫不並出蓋纏，俱登佛果。摩訶般若。

## 十二、亡姈文

夫生者有爲之始，相續之義由（猶）存；滅名（者）無常之中⑥，變現之緣都盡。故聖人者，無生[而]現生利物⑦，無滅而視（示）滅同凡。則湛居妙海之中，高出（步）真宗之祭（際）。利樂之道，不可得而言矣。厥今敷月殿，儼（嚴）真場；爐焚六銖，廚榮（營）百味者，爲誰施作？時即有持爐至孝奉爲亡姈某七追念諸（之）福會也。惟亡姈乃堂堂美德，六郡英酉（猷）；播武藝以先鳴，應[良]家而入選⑧；地靈天骨，雅量重依（於）當時。銜勑命則不顧其軀，事家眷乃存忠盡孝。將謂長居人代，永掩宗枝。何圖否泰有期，風燈運從。但以藏舟易遠，蟾影難留；風燭一朝，慈顔萬古。居之（諸）遞謝，時運不亭（停）；晷尅（刻）相摧，某七俄屆。至孝等自云：攀號蔡（荼）毒，痛結五情；念位（泣）几延（筵）⑨，悲纏六府。無處投告，惟福是憑；將拔幽靈，無過白業。故於是日，延請聖凡；就此家庭，奉資靈識。於是施羅百味，遠曉影於天廚；爐焚海岸之香，供烈（列）天廚之味。惟願[以斯]設齊功德⑩、一一念誦勝因，總用資薰亡姈所生魂路：惟願坐蓮臺而居上品，乘般若而往西方；飡法味而會無[生]⑪，超一乘而燈（登）彼岸。

---

① “尼德”，原作“德尼”，據文義乙正。
② “場”，據斯五九五七號之《亡僧尼捨施文》補。
③ “陀”，當作“勒”，據斯五九五七號之《亡考文》改。
④ “舟”，據斯五九五七號之《亡考文》補。
⑤ “茂”，據斯五九五七號之《亡考文》補。
⑥ “名”，當作“者”，據斯五九五七號之《亡考文》改。
⑦ “而”，據斯五九五七號之《亡考文》補。
⑧ “良”，據斯五九五七號之《亡考文》補。
⑨ “位”，當作“泣”，據斯五九五七號之《亡考文》改。
⑩ “以斯”，據文義補。
⑪ “生”，據斯五九五七號之《亡考文》補。

目覩之（諸）佛，心悟無生；神遊五淨之宮，逍遥六天之境。然後合家［長］幼①，都崇清淨之因；內外之（枝）羅，並［受］無境之益②。先亡遠代，悉得上生；人及非人，咸登覺道。摩訶般若，利樂無邊，大衆虔誠，一切普誦。

### 十三、難月文

夫玉毫騰相，超十地以孤遊；金色流輝，跨萬靈而獨出。權機妙用，拔朽宅之迷徒；感應遐通，［導］昏城之或（惑）侣③。歸衣（依）者，苦原必盡；迴向者，樂果斯深。大哉法王，名言所不測者矣！厥今坐前施主捧爐虔敬、捨施啓願所申意者，奉爲某人難患之所建也。惟患者乃清貞淑順，婦禮善閑；智懷孤明，母儀咸備。遂因往劫，福湊今生；感居女質之軀，難離負胎之患。今者旬將已滿，朔以環周；慮恐有傷毀之唉（煞），實擢（懼）值妖灾之苦④。故而虔心懇切，望三［寶］似（以）護持⑤；割捨真（珍）財，仰慈門而啓顙。伏聞三寶是濟厄拔苦之能人；大士弘悲，無願不從而惠化。以斯捨施功德、念誦焚香，總用莊嚴患者即體：惟願日臨月滿，果生寄以（奇異）之神同（童）⑥；母子平安，定無優（憂）嗟之苦厄。觀音灌頂，受不死之［神］芳（方）⑦；藥上捫摩，垂惠長生之味。母無痛惱，得晝夜之恆安；産子仙童，以彼（似披）蓮而化現⑧。又持勝善，伏用莊嚴殿持爐施主、合門長幼等：惟願身而（如）松岳，命等蒼冥；靈祈（哲）之智朗然⑨，悟解之心日進。父則常居禄位，母則盛德恆存；兄弟忠孝過人，姊妹永終貞潔。然［後］四生離苦⑩，三有獲安；同發菩提，成政（正）覺道，摩訶般若。

### 十四、脱服文

夫色空不可以定質起，滅理而自相遷［移］⑪。鐵圍之山，畢主（必致）於灰燼⑫；金剛之際，棄（豈）免於煙燕。惟我大覺世尊，運津梁於不死之地；真乘志（至）教，開解脱於無漏之林。至矣難名，在於斯矣！厥今坐前施主捧爐虔跪、設齋所申意者，奉爲亡姼大祥追福之嘉會也。惟亡姼乃天假神姿，智雄英傑；謀能尅獲，長策濟時；用武不下於田單，習文亦超於子貢。是姼即云：高門盛族，美德精華；女軌常明，孤標獨秀。理應久居人代，育子謀孫。何圖業運難

---

① "長"，據斯五九五七號之《亡考文》補。
② "受"，據斯五九五七號之《亡考文》補。
③ "導"，據斯五九五七號之《難月文》補。
④ "擢"，當作"懼"，據斯一四四一號背之《患難月文》改。
⑤ "寶"，據斯一四四一號背之《患難月文》補。"似"，當作"以"，據斯一四四一號背之《患難月文》改。
⑥ "寄以"，當作"奇異"；"同"，當作"童"，據斯一四四一號背之《患難月文》改。
⑦ "神"，據斯一四四一號背之《患難月文》補。
⑧ "以彼"，當作"似披"，據斯一四四一號背之《患難月文》改。
⑨ "祈"，當作"哲"，據斯一四四一號背之《患難月文》改。
⑩ "後"，據斯一四四一號背之《患難月文》補。
⑪ "移"，據斯五九五七號之《脱服》補。
⑫ "畢主"，斯五九五七號之《脱服》作"畢至"，當作"必致"，據文義改。

排,掩(奄)從風燭。至孝等攀號靡及,雖[叩]地而無追①;欲報何階,異上(昊天)罔極②。但以四時遷易,俄屆大祥;律庚(度)星環③,三周斯畢。意欲終身至孝,禮製(制)奈何？恥受吉衣,哀離凶服。今者空[床]頓遺④,以止哭泣之聲;堂宇寂寥,永絕號[咷]之響⑤。故於是日,以建齋筵,屈請聖凡,就此家庭,奉資靈識。於是開月殿,闢星宮;龍象雲臻,鴛鷟霧集。建齋逾[於]善德⑥,設供越於純陀;爐焚淨[土]之香⑦,饌列天廚之味。以斯設齋功德、迴向福因,盡用資薰亡靈所生魂路:惟願隨彌勒(陀)而生淨土⑧,逐彌勒而再會閻浮;聞政(正)法頓悟無生,遇諸佛同登妙果⑨。又持勝福,次用莊嚴齋主即體:惟願菩提日長,功德時增;法水洗而罪垢除,福力資而壽命遠。然後一乘十力之有,普施福於含靈;八難六趣之途,賴此同超彼岸云云。

## 十五、[亡尼文]⑩

尼乃素聞清節,操志靈謀。六親仰仁惠之風,玖(九)族賴温和之德。加以違營(榮)出俗,得愛道之方縱(芳蹤);奉戒湌禪,繼蓮葉(華)之軌躅⑪。豈謂風摧(摧)道樹,月暗掩於禪堂,掩(奄)然遊魂,邈以(矣)長別。但以金鳴(鳥)西轉,玉兔東移。時運不停,俄經某七。至孝等自云:禍愆令(靈)祐,豐隔慈襟。付(俯)寒泉以窮哀,殘霜露以增感。邑(色)養之禮⑫,攀拱木而無追;顧腹(復)之思(恩)⑬,守禪林而慶福。無處控告,爲(唯)福是憑。薦拔魂靈,無過白業。於是幡花匝地,梵響陵天。諸佛遍滿於虛空,延僧盡於聖凡。爐焚海岸,供獻天廚。施設精誠,聽(聊)資少善⑭。以斯設齋功德[云云]。

## 十六、[臨壙文]⑮

厥今哀聲叫切,請諸佛於空中;泣淚傷嗟,命真僧於道側,專心祇(祈)禱、兼捨淨財、迴向披陳、啓嘉願者,爲誰施作？則有至孝某官奉爲故某人臨壙追福諸加(之嘉)會也。伏惟某人

---

① "扣",據伯二六四二號＋伯二六四二號背之《脱服文》補。
② "異上",當作"昊天",據伯二六四二號＋伯二六四二號背之《脱服文》改。
③ "庚",當作"度",據伯二六四二號＋伯二六四二號背之《脱服文》改。
④ "床",據伯二六四二號＋伯二六四二號背之《脱服文》補。
⑤ "咷",據伯二六四二號＋伯二六四二號背之《脱服文》補。
⑥ "於",據伯二六四二號＋伯二六四二號背之《脱服文》補。
⑦ "土",據伯二六四二號＋伯二六四二號背之《脱服文》補。
⑧ "彌勒",當作"彌陀",據斯五六三七號《亡考妣三周》改。
⑨ "妙"字前衍一"心"字。
⑩ "亡尼文",據文義補。
⑪ "蓮葉",斯一五二二號背、斯六四一七號之《亡尼》皆作"蓮花",當作"蓮華"。
⑫ "邑",當作"色",據斯六四一七號之《亡尼》改。
⑬ "思",當作"恩",據斯六四一七號之《亡尼》改。
⑭ "聽",當作"聊",據斯六四一七號之《亡尼》改。
⑮ "臨壙文",據文義補。

乃天生傑俊，神受(授)英靈；守忠孝於邦家，懷寬弘於旦宿。故得文超七步，武越穿楊，可謂廈之棟樑，實是海之船艦。本冀椿齡並筭，[奉]侍明王①，治(祇)務宗親②，豈期壽量有終，致寶樹枝堆(摧)葉落。捨茲白日，掩(奄)就黃泉。體逐時遷，魂歸幽壤。至孝等自云：心誠自性，忠孝灌深(貫身)③；思養誨之洪恩，念劬勞之厚蔭。縱使灰身粉骨，無益冥路之殃纏；泣血碎心，莫能救中蔭之患苦。泉門一掩，再覿無期；地戶從(重)關，更開何日。存亡永隔，追念何違(依)④? 悲叫號咷，哀聲滿路。故能卜善地以安墳，選吉祥而置墓。於是降延清衆，就此荒郊，奉爲亡靈臨壙追福。以斯捨施功德，迴向福因，先用莊嚴亡靈去識：惟願神遊淨土，[永]離劫濁⑤；頓悟無生，速座(坐)蓮臺。遇諸佛同登妙果。瑠璃殿上，廣度有情；百寶臺前，三會説法。勞(牢)籠至孝，俱獲善緣。莫若今生愛別[離]苦⑥。又持勝福，次用莊嚴至孝以(與)表裏親姻等：惟願長守富貴，永稱其心；男博四(駟)馬之名，女播三從之道。然後七世父母，蓮花化生，遠近枝羅，俱霑勝益。

## 十七、[印砂佛文]⑦

厥今三春首朔，四序初分。就野外而印千尊，引溝渠而脱萬像。是以爐焚百寶，樂奏八音：散食四方，祈恩旋遶者云云。加以妙因宿值(植)，善芽發於今生；業果先登，道心堅於此日。知四大而無主、五蘊而皆空；料體性而不堅，似電光而迷(速)轉⑧。昔聞童子蒙(聚)砂，上(尚)有成佛之功能；懇仰鴻門，賴福因而籌算。遂乃脱萬像之真容，印恒砂之遍跡。更能焚香郊外，請凡聖於福事之前；散食香湌，遍施於水陸之利(分)⑨。以斯脱佛功德，盡用莊嚴上界天仙[云云]。

## 十八、[造經巾]⑩

綾羅間彩，錦繡分輝；祥郊(麟)對現而咸(衡)珠，寶貝珍奇而造出。銅鈴振嚮，聲聲拔濟於苦源；爐爇鳴(名)香，煙雲隊隊於上界。

---

① “奉”，據文義及“盡忠孝以奉明王”句義補。
② “治”，當作“祇”，據文義改。
③ “灌深”，當作“貫身”，據文義改。
④ “違”，當作“依”或“偎”，據斯五九五七號之《臨壙文》改。
⑤ “永”，據文義補。
⑥ “離”，據斯五九五七號之《亡僧尼捨施文》補。
⑦ “印砂佛文”，據文義補。
⑧ “迷”，當作“速”，據斯五六三九號＋斯五六四〇號之《臨壙》號頭改。
⑨ “利”，當作“分”，據斯四四五八號《印砂佛文》改。
⑩ “造經巾”，據文義及斯四五三六號之《亡妻文》“造經巾”補。

## 十九、[造像]①

夫法身凝寂,非色相之可觀;實智圓明,豈人天之所測。不生不滅,越三界已若(以居)尊②;無去無來,運六通而自在。歸依者,遐超苦海;迴向者,永離蓋纏。大聖魏魏(巍巍),名言罕測者矣! 遂聞釋迦降世,度脱萬德之沉墜;彌勒垂慈,應襄祛之初會。閻浮界内,無不稱傳;天上人間,俱稱我佛。厥今則有天公主、司空乃見三界大像建立年深,破壞增多,人不敬信。所以割捨真(珍)異,廣發勝心,創造頭冠,胸衣別製。並已功畢,妝飾俸儀,跪爐虔誠,仰憑福力者,先奉爲龍天八部何(呵)護疆場,梵釋四王安邊定離;次爲司空寶位地久天長,國母天公主保儀(宜)吉慶;郎君、小娘子福禄轉新,内外宗枝長承富樂;四方開泰,使人早還;夏順秋調,農夫賀慶諸(之)嘉會也。伏惟我司空雄特神資,英骨天與,鷰鴿爲相,猿臂標奇。得孫吳之謀,履張陳之計;三軍暗會,千里坐平;七縱七擒,百發百勝。加以傾心佛日,再闡周星,每歲迎新,大崇福力。頭冠則梵天取樣,胸衣乃七寶莊成。串穿同初下寶階,旋遶[現]八十種好③。造之者除殃萬劫,覩之者滅罪塵沙。以斯敬造功德,迴向福因,先用奉資我司空貴位:伏願福如山海,不動不移:命等江河,無枯無竭。六根調悵(暢),四大伏儀(休宜),灾障雲消,功德圓滿。又持勝福,次用莊嚴天公主、郎君、小娘子貴位:伏願金剛蜜跡,衛護身心,才器日兹(滋),聲名歲近(進)。施雲施雨,爲龍爲光。凡厥親姻,並皆榮樂。然後上通有頂,傍括十方,俱沐芳因,齊登佛果。

## 二十、[入宅文]④

刹號莊嚴,環七珍之梵宇;方(坊)稱妙果,浮百寶之仙宮。於是八定高樓,瑛瓊臺而育彩;三空妙閣,陵鏡殿以通暉。曳珠網於禪林,列金繩於福地;莊(壯)哉之力,難可談之。厥今坐前齋主所申意者,奉爲慶宅之福會也。惟公乃風蘭播福(馥),月桂流芳;雅量超群,神才絶代。故能卜居勝地,以召功人,而成巧妙。宏規既就,勝業先崇;嚴麗閑庭,建斯清供。香然百味,院起初煙;梵吼三天,經連四室。其宅乃陰陽合會,龜兆相扶;八卦吉祥,五行通利;四方平正,八表堪居。離坎分南北之堂,震兑置東西之室。左青右白,妙愜乾坤;前朱後玄,雅懷(合)陰陽之道⑤。召杼人於(以)構茸,日影紅梁;專功力以削成,月暉珠柱。詹(簷)楹鑽(攢)集,棟宇參差;玉砌争光,綺院競色。現建功畢,祈合吉微(徵)⑥。或恐驚動土功(公),輕

---

① "造像",據文義補。
② "已若",當作"以居",據斯六四一七號之《社邑文》改。
③ "現",據文義補。
④ "入宅文",據文義補。
⑤ "懷",當作"合",據伯二八三八號背之《入宅文》改。
⑥ "微",錄作"徵",據伯二八三八號背之《入宅文》改。

觸神將；凡力未[能]消伏①，聖德方可殄除。故就新居，虔誠妙供。於是灑庭宇，嚴綺延（筵）；玉粒盈廚，芳饌宿設。邀磨梨之首座，會三界之淨土（人）②；轉念焚香，設齋祈福。以斯功德、無限勝因，總用莊嚴施主合門長幼等入宅已後：惟願金龍遶宅，玉鳳銜珠；地涌珊瑚，天垂瑪瑙。四王持劍，斬斫魔軍；八部冥加，殄除鬼魅。人曾（增）壽命，各保長年：憂患消除，慶流後胤。千祥頓集，萬福齊臻；十善資身，千殃霧廓。施主命同劫石，曆（歷）千固（古）而不虧；娘子質比松筠，陵歲寒而不變。男貞女潔，子盛孫昌；皆傳磊落之才，並有神資（姿）之貌。然後四神歡懌，護宅安人；五常（帝）喜忻③，永無灾難。

## 二十一、[慶寺窟文]④

厥今三秋已末，大王欽慕於伽藍；玄英欲臨，宮人傾心而懇切。頓捨真（珍）財，發勝心而修大寺，啟嘉願者，有誰施作？時則有我河西節度使大王，先奉爲龍天八部擁軍國以定灾殃，四天大王押鬼魅而清管界，大唐聖帝永治乾坤、願照西垂（陲），恩加無滯；次伏惟（爲）我大王己躬延壽，以（與）彭祖而齊年；公主夫人保坤儀、合其德；副使司空雄勇，盡忠孝以奉明王；諸幼郎君俊才，探百藝光揚大業；小娘子姊妹受訓桂彰（珪璋），應是枝羅長承大蔭之福會也。伏惟大王膺天文，備德鳳骨雄才；稟地理，降祥龍胎傑俊。蘊黃公之美略，三端絕舉世之神資；抱孫子之韜鈐，六藝有超倫之遠智。寧戎靜塞，千門賀舜日之清；歲稔時禮，萬戶拜堯年之慶。加以信珠爲捧，慕玄風而漢帝思真；惠鏡居懷，轉法輪而周照再闡。是以先陳至懇，相（想）鷲嶺而傾心，尅意崇修，創建大寺，於中虔禱。不悋珍財，罄[捨千般]⑤，[功德斯畢]⑥。[其窟乃嵯峨貞石]⑦，[鏨鑿崆峒]⑧；[透曜星流]⑨，[聲通上界]⑩，[龍天起樣]⑪，[切利無殊]⑫。[彩]會（繪）圓天⑬，光暉影日。其寺乃三殿架迥，以（與）月路而相連；樑棟旆檀，約明堂而趣（取）樣。彫文尅（刻）鏤，似鱗鳳而爭鮮；寶鐸承昂，隨風聲而膺（應）嚮。不延期歲，化成寶宮，綵繪畢功，如同萬里。釋迦四會，了了分明；賢劫頂生，威光自在。十方諸佛，模儀似毫相真身；賢劫千尊，披蓮齊臻百億；西方淨土，唯談不二之言；東方藥師，專濟十二上願；文

---

① “能”，據斯五六三七號之《入宅》“凡力匪能消伏”句例補。
② “土”，當作“人”，據伯二八三八號背之《入宅文》改。
③ “常”，當作“帝”，據斯五六三七號之《入宅》改。
④ “慶寺窟文”，據文義補。
⑤ “捨千般”，據伯三五四二號＋伯三五四二號背《無遮大會齋文》補。
⑥ “功德斯畢”，據伯三五四二號＋伯三五四二號背《無遮大會齋文》補。
⑦ “其窟乃嵯峨貞石”，據伯三五四二號＋伯三五四二號背《無遮大會齋文》補。
⑧ “鏨鑿崆峒”，據伯三五四二號＋伯三五四二號背《無遮大會齋文》補。
⑨ “透曜星流”，據伯三五四二號＋伯三五四二號背《無遮大會齋文》補。
⑩ “聲通上界”，據伯三五四二號＋伯三五四二號背《無遮大會齋文》補。
⑪ “龍天起樣”，據伯三五四二號＋伯三五四二號背《無遮大會齋文》補。
⑫ “切利無殊”，據伯三五四二號＋伯三五四二號背《無遮大會齋文》補。
⑬ “彩”，據伯三五四二號＋伯三五四二號背《無遮大會齋文》補。

殊師利,定海岸以濟危;普賢真身,等鷲嶺諸聖衆。不空絹索,攝養衆生;如意輪王,尋聲獲果。十聖弟[子]①,助佛宣陽(揚);四天大王,當方定難。造之者,隨心而降福;覩之者,滅罪以恒沙。

## 二十二、[賽天王文]②

厥今宏敷寶地,廣闢真場,請龍象而雲臻,開如來之勝教。焚寶香,祈恩兩上;設香饌③,妙曰三尊;散百味,水陸生靈;轉金經,仰憑福力;燃銀燈,晨昏不絶;唱佛名,聲遍大街;捨净財,得覆本心;列鴻願,禳灾静難者,有誰施作? 時則有我司空先奉爲龍天八部護連(蓮)府却殄灾殃,梵釋四王伏刀兵而清内外,當今帝主永帶天冠、十道澄清、八方傾化,司空己躬鴻壽千年、永蔭於河隍,故父大王承福力、生十方净土,國母天公主夫人誓同助治,郎君小娘子繼踵紹先,内外枝羅長承富樂,兩班大將、官寮各發勝心,合郡民氏同需少福諸(之)會也。伏惟司空膺天文,備鳳骨雄才云云。加以信珠頂捧,惠鏡居懷,所以嚴凝之際,大闢福門,延請緇徒,五晨(辰)轉念。其經如來闡廣,説真乘般若之宗,談論教理,不滯有無。應念消灾,隨願必獲,偈讚妙理,無不宣陽(揚)。句匪深切,半滿俱集;念之者隨心而降福,求之者應願以消灾。今者星臺掩户,玉軸罷而還宫[云云]。

## 二十三、[歲末結壇祈福文]④

加以虔恭大教,致慕玄門,憂將人民,豫憑福力。先陳至懇,相(想)鷲嶺而傾心;請佛延僧,結壇場於勝地。緇徒課念,聲聲洞曉於合城;夜鳴佛名,句句齊通於上界。必使國安社稷,人泰豐年,千家報三寶之恩,萬户賀司空之德。是時也,玄英律暮,大吕初臨。

## 二十四、[春末禳灾轉經文]⑤

坐前郎君自云:生居鼎族,育乃毫(豪)宗;不知耕織之勞,只受自然衣食。在於凡位,未曉業因,放湯(蕩)身心,不途非一。或假形勢,明明狂(誆)人,返設軌模,喜怨無極。或憖王之次,往來宣傳,捏觸之間,亦有改轉。或春辰秋夜,吟酒謌娱,戀樂停杯,虚傳禍福。或因戲喜(嬉),趁兔奔狐,彈射飛禽,彎(斝)犬唱(猖)煞。今者年侵三玖,粗悟已前之愆;瞥念尋思,元實(寔)自造之苦,更遇甲旬植厄,恐有灾難及身。延(眼)前若不懺陳,後乃悔將無極。古聞能仁闡教,萬劫宣傳;濟難拔厄,無過清衆。須(斯)則時當青春已末,朱夏初旬,七日因

---

① "子",據文義補。
② "賽天王文",據文義補。此爲"一月兩祭"的賽天王齋文。
③ "饌"與下字"妙"有乙竄,據文義乙正。
④ "歲末結壇祈福文",據文義補。亦可命名爲《罷四季文》,此篇爲冬季結束而舉行的結壇祈福齋文。
⑤ "春末禳灾轉經文",據文義補。中國春季末有傳統磔禳之俗,此爲用齋會行傳統禳禍之俗的齋文。

(殷)勤,希望福力。遇因罷軸,割捨少財,露膽披肝,希垂濟厄。以斯轉經設齋功德,無限勝因,總用莊嚴坐前施主即體:惟願官班日進,方延五鼎之尊;俊(峻)洽時遷,坐列千鍾之禄。子孫昌盛,眷屬駢羅,花蕚芳芬,閨蘭茂盛,然後合家大小,並休(沐)清貞,過往幽魂,咸登覺路。

## 二十五、[下元]①

我府主司空慈悲並化,兩曜齊明;造功德而豈罷朝昏,供佛僧而未曾漸(暫)憩②。實謂人中菩薩,虚傳淨飯之君;五百揀(間)生,謾説波羅國主。安邊定難,常懷韓信之沉譏(機);撫弱淩强,休説張良之秘略。置德狼煙自息,戎虜休征,樵童祝永壽如山,野老賀南風普扇。仙門興盛,家家辦供修齋;户户黎民,各儲十年倉穀。

## 二十六、[夏末結壇祈福文]③

厥今蘡賓縷還,節會臨(林)鍾,川林呈滋茂之容,寶樹等祇園之鬱。立精舍於劼(郊)外,建大像[以]鎮娑婆④。[遍]烈(列)幡花⑤,歌鍾隘路。八音妙韻,而(如)天樂再降人寰;懇切焚香,化現天堂於此地。福德遍林(臨)於閻浮者,有誰施之? 時則有我河西節度使司空先奉爲龍天八部,願降臨謹連(護蓮)府蒼生⑥;梵釋四王,伏魔軍而摧[邪]顯正⑦。遏澄邇肅,四方無燧火之虞;社泰恒安,八表有輪琛之欵。當今皇帝,寶祚長隆;十道三邊,競來獻工(貢)。司空己躬保壽[云云]。

## 二十七、[俗講莊嚴迴向文]⑧

某乙聞:大儀運像,羅含宇宙之間;品物流刑(形),波濤乾坤之際。明則[有]日月⑨,幽則有鬼神。雖孔父垂文,周公建德。美矣盛矣,休哉勝哉! 熟(孰)如我大雄獨尊,利見多矣!受生靈跡,降質深宫;道高天地之光,化出陰陽之表。依悲念物,智燭三千;運慈救人⑩,澤被沙界。既無生現生而應物,亦無滅[示滅]以同凡⑪。由是道樹長開(辭)⑫,雙林永奄(掩),法

---

① "下元",據文義補。此爲下元節所用的齋文。
② "漸",當作"暫",據文義改。
③ "夏末結壇祈福文",據文義補。亦可命名爲《罷四季文》,此篇爲夏季結束而舉行的結壇祈福齋文。
④ "以",據文義補。
⑤ "遍",據文義補。
⑥ "謹連",當作"護蓮",據伯三五四六號之《慶幡》改。
⑦ "邪",據伯三五四六號之《慶幡》改。
⑧ "俗講莊嚴迴向文",據文義並參考伯三七七〇號之《俗講莊嚴迴向文》補。
⑨ "有",據伯二八〇七號之《俗講莊嚴迴向文》補。"月"字下衍一"之"字。
⑩ "慈救",原作"救慈",據伯二八〇七號之《俗講莊嚴迴向文》乙正。
⑪ "示滅",據伯二八〇七號之《俗講莊嚴迴向文》補。
⑫ "開",當作"辭",據伯二八〇七號之《俗講莊嚴迴向文》改。

雲西蔭，教網東流；貝葉從此傳芳，貫花以之布綵。於是摩騰入漢，寶偈中興；康會尋吴，金言重闡。自後英賢間出，才士挺生；邪岳峯摧，見海涸竭。教之興也，良在于兹。且夫佛乘妙理，幽秘難量；豈以凡所知，[豈]以文儒側(測)?[1] 是以播傳者，務宣聖旨；翫習者，由(尤)貴詞疎。良由梵漢之稱未融，頓漸之宗由(猶)浄(滯)[2]。及乎後秦羅什，再譯慈經；碩德三千，共祥智利(詳至理)[3]。故德(得)玄文大演，奥義孤明；前賢歎美而宣揚，後哲誓弘而製作。所以天台讃釋，義立五重；資聖弁(辯)明，疏開兩軸。法梁因斯漸闊，品迷憑此超昇。若非聖主慇誠，賢臣匡[護][4]，應如來付屬(囑)之代，當智(至)教啓運之秋；曷能化利生靈，福霑家國?伏願我當今皇帝祚承大業，聖備無疆；克終永圖，誕應天命；威加四海，恩俠(遐)八維[5]；流演一乘，以安萬[姓][6]。故得皇儲贊翼，忠諫納於良規；正理明朝，匡弼齊於補(輔)佐。伏惟我河西節度使司空龍台挺特，膺文星統握河隍；鳳骨奇能，稟武宿再清隴右。機行獲泰，五郡復值而煙銷；計動無虧，四寇休征而蹤伏。遂得大光佛日，重建法幢。使千秋保去獸之謡，萬户唱移蝗之化者，則我司空之德也。次則伏惟天公主夫人間生異德，弘婦道於宫門；夙藴工頻(公平)[7]，播母儀於王室。次則伏惟諸郎君天生鳳骨，異世英靈，懷七德之深謀，播六韜之大略。故得文場闡曉，濯錦之藝早彰；儒孝兼明，承鳳之才夙藴。次則伏惟都僧統和尚、河西法主五郡尊仰，英毛(髦)叚神智之卓云云。次則伏惟使君都衙天生異俊，處世不牟於衆群；文武雙全云云。次則伏惟都僧録等雄望高門，靈枝茂族。次則伏惟都官吏等英靈獨秀，奇傑孤標，傳懿行於軍州，播高名於府上云云。次伏惟都教授法律闍梨等靈英匠伯，神假天才。

## 二十八、[遠行][8]

師子一吼，外道崩摧；法皷蹔明(鳴)，天魔稽首。巍巍蕩蕩，難可稱焉！凡有歸依，皆蒙利益。然今此會焚香意者，爲男遠行之所崇也。惟男乃積年運(軍)旅，爲國從征，遠涉邊戎，虎(虔)心用命。白雲千里，望歸路而何期？青山萬重，思顧(故)鄉而難見。離(慮)恐身投沙漠[9]，命謝干戈，惟仗白(百)靈，仰憑三寶。故於是日，灑掃庭宇，嚴飾道場，請佛延僧，設齋追福。又捨浄財，造某功德，並以(已)成就。謹因此晨(辰)，用申慶讚。所有設齋轉經功德，總用莊嚴行人即體：惟願觀音引路，勢至逢迎；[十方]千佛，一一護持；四天大王，雙雙圍繞；恒

① "豈"，據伯二八〇七號之《俗講莊嚴迴向文》補。
② "浄"，當作"滯"，據伯二八〇七號之《俗講莊嚴迴向文》改。
③ "祥智利"，當作"詳至理"，據伯二八〇七號之《俗講莊嚴迴向文》改。
④ "護"，據伯二八〇七號之《俗講莊嚴迴向文》補。
⑤ "俠"，當作"遐"，據文義改。
⑥ "姓"，據伯二八〇七號之《俗講莊嚴迴向文》補。
⑦ "工頻"，當作"公平"，據文義改。
⑧ "遠行"，據文義補。
⑨ "離"，當作"慮"，據斯四九九號背＋斯三四三號之《願文》改。

沙菩薩,共[供]慈悲①;百億釋迦,常爲覆護。願早迴還,平安相見。

## 二十九、患文

某公染患已來,經今數旬,葉餌頻投。投仗三尊,乞垂加護。其患者乃自從無始曠劫已來,至於今日,造十惡業,身三口四意三業道,廣造諸罪。謹因今日,對三寶前,披肝露膽,不敢覆藏,盡皆懺悔,願罪消滅。某日已來,轉大乘至教金言,舒卷則無明海清,彼(披)誦則智惠泉踊(涌)。以斯殊勝功德,迴向福因,盡用莊嚴患者即體:此世他生,或有怨家債主、負財負命者,願領受功德福分,發歡喜心。

①　"供",據斯四九九號背＋斯三四三號之《願文》補。

# 弗魯格三四二號背《齋琬文》

此件首缺尾全，王三慶《敦煌本〈齋琬文〉一卷研究》定名爲《齋琬文》，內容爲《齋琬文》的《慶皇獸第二》《序臨官第三》。目前有三個完整釋録本：王三慶釋録本，見王三慶《敦煌佛教齋願文本研究》，新文豐出版公司，二〇〇九年，第七六～八三頁。趙鑫曄釋録本，見趙鑫曄《敦煌佛教願文研究》，南京師范大學博士學位論文，二〇〇九年，第六〇～六七頁。朱義霞釋録本，見朱義霞《敦煌本〈齋琬文〉研究》，西南大學碩士學位論文，二〇一七年，第三五～五六頁。

## 一、四夷奉命①

竊以道圓真俗，三界所以歸誠；澤被華夷，四海於焉効歎。莫不瞻風鷲嶺，驟建影於慈門；望同長安，轉葵心於帝里。故使無邊蠢類，咸尊善逝之恩；有截黎元，共載皇王之澤。巍巍蕩蕩，周（固）難得而言焉②！我皇玉鏡澄暉，普照三千之城；金輪按軌，傍周百億之區。會兩儀之宅心，朝萬國之歡命。於是東夷則遥寨卉服，浮碧浪於（以）雲奔；西戎乃趣華鄉，越葱巖而霧集。南蠻革俗，蔑危路以馳誠；北狄歸心，委穹廬而抗策③。莫不殊方魁首，形疊影而朝宗；異域道君，各重驛而來貢。豈直梯山納讚，航海輸賝。仰龍關以梟飛，瞻鳳樓而準趣④。皇上垂衣供（拱）化，無得而稱焉！某預在陶均，咸思薦福。龍居宰運，祥應節而彌新；鳳宸臨朝，慶乘時而必獲。芥城雖極，羅圖之作益昌；恒沙可窮，鼎祚之榮逾遠。福被遥山，震德崇美譽以日新；棣屏穟暉，疊嘉慶而攸委。

## 二、五稼豐登

粵若恒星掩曜，震旦溢毫相之光；就日凝暉，乾元登首出之象。是知法王利見，動地而化十方；睿后昇聞，則天而寧方國。然則三分受命，啓肇因播襆之功；十號居尊，終資净土之業。於是無邊刹土，共遵常樂之緣；有截環瀛，咸依仁壽之城。巍巍妙覺，津梁之聖境難思；蕩蕩

---

① "四夷奉命"前原有"皇帝"二字，據伯二四九〇號之《目録》，不録。
② "周"，當作"固"，據文義改。
③ "委"，原作"委委"，衍一"委"字。
④ "鳳樓"，原作"鳳樹樓"，衍"樹"字。

聖皇,覆載之神侔罕測者矣。我君得一馭辰,通三握紀;包舜海而育物,蘊光日以承天。宣玉鏡以昌暉,秩金輪而寶化。仁霑寓縣,時新鳳曆之初;道格乾坤,景絢鶉居之始。春土夏長,運停(亭)毒而無私;雲行雨施,物財成而不測。金渾啓候,玉燭調時;家給千箱之儲,國富九年之福。俗比結繩之代,人歡擊壤之歌。預在含靈,咸遵獻壽。某等寞(模)形宇宙①,庇影高深,敢薦芳緣,仰誚鳴走(鴻造)②。功得(德)如上。惟願保(寶)壽與二儀均壽,震光共七曜齊光;海晏河清,時和歲稔;皇嗣虞絃飛韻,聲掩長松之風;震域騰暉,景煥重輪之日。

### 三、歎像文

竊以慈氏降靈,掩十方而開實相;正真演化,被三界而皷玄風。妙覺圓明,人天資其汲引;善根方便,凡聖冀其津梁。諒知黃馬英才,登法橋而驤首;碧雞雄[辯]③,仰慧日以延襟。勝躅芳猷,難得而揄揚者矣!

### 四、刺史

惟公股肱王室,匡讚邦家;任重濟川,委臨方岳。於是割花(剖符)千里④,建節百城,露冕宣威,襄帷演化,天輪始憩,下車揚恩慧(惠)之風;翠蓋將臨,拂座置檀那之供。惟公珪璋特秀,標逸氣於百城;山岳降靈,扇人(仁)風於千里。憂勞士庶,弘化人倫;濟(瀟)灑拔萃之英⑤,翁鬱千雲之峻。故能體真正之實相,思福潤於良因,建勝善以投誠,仰慈門而結懇。須緣其事。又云:惟公五陵貴族,三輔良家;匡讚大潘(藩),羽儀朝野;綜六經而蓋代,該七德以冠時。仁廉將定水俱澄,風化共禪林等茂。須緣其事。惟願金委(香)郁列(烈)⑥,逆散春溫;玉粒凝甘,蜜符齡箅。於是蝗飛避境,雨逐迴車;芳績著於一方,英聲播於千里。

### 五、都督

惟公名高烈日,氣勵青雲。星戈動而太陽迴,月弓鳴而巨石裂。近以邊陲紛糺,扙劍前驅。既而紅旗颺天,霜鉾曜日,命寄鋒鋩之上,形馳白刀(刃)之間。竊自遠謀,不能無懼;望靈山而稽顙,仰兜率以翹誠,於是一揮劍而千里平,再攘臂而百城靜。今者使(事)清歸馬⑦,奉國奉家;盡(畫)策曹鍾⑧,銘功變鼎。玖以明珠玉衆(琮)⑨、駿馬輕裘,併入檀財,慶誚恩造。

---

① "某等",原作"某等等",衍一"等"字。
② "鳴走",當作"鴻造",據伯二五四七號背《五穀豐登》改。
③ "辯",據伯二五四七號背《嘆佛文》補。
④ "割花",當作"剖符",據伯二八六七號《刺史》改。
⑤ "濟",當作"瀟",據據伯二八六七號《刺史》改。
⑥ "委",當作"香",據據伯二八六七號《刺史》改。
⑦ "使",當作"事",據據伯二八六七號《都督》改。
⑧ "盡",當作"畫",據據伯二八六七號《都督》改。
⑨ "衆",當作"琮",據文義改。

## 六、長史司馬

惟公宣（萱）蘭蘊得（德）①，金石吐心，任讚褰惟（帷），職陪分竹。助宣風於千里，茂實逾崇；匡演化於百城，英猷［自］遠②。槐庭始關，即陳清净之筵；雲蓋纔傾，先獻芬芳之供。須緣其事。又云：惟公稟慶山川，降靈［辰］象③；襲金章之令德，承玉鉉之芳苗。故能寄想禪林，留心慧苑。云功得（德）如上，須緣其事。惟願壽仙岳而齊固，財江海而同盈，兒郎則穆穆先風，館閣乃亭亭桂月。

## 七、六司

惟公藍田潤［玉］④，漢水明珠，擢質昇榮，馳名顯職。憲章黎庶，軌範人倫。播清問于冰壺，昇皎明於水鏡。撫黄沙以恤獄，已流恩惠之謡；昴丹筆於緩形（刑），更逸寬平之譽。既而外敷皇化，約金科以拯四生；加復内藻玄津，被玉律而歸三寶。須緣其事，即玄（云）。惟公等慶襲胎（台）庭⑤，祥標鼎族，溢三明之雅亮，籠八俊之英聲。既而毗政之道克融，翼化之風彌劭。又能虔誠寶地，繫想玄樞。

## 八、縣令

惟公蟬聯茂緒，奕葉［崇］宗⑥。寔朝野之元龜，信人倫之藻鏡。於是任光墨綬，職縮銅章，製錦一同，調絃百理（里）。麻（扇）仁風而訓俗⑦，青鸞已祥（翔）；宣惠化以字人，白鳥俄集。加以翹誠奈苑，會緇侶於槐庭；聳慮香園，獻芳珍於蘭供。須緣其事，又云：明府：公志業沖遠，風神驚（警）悟⑧；珪璋特達，杞梓蕭森。既而撫化一同，狎雉之風再闡；宣條百里，翔鸞之美克［融］⑨。須緣其事云云。

## 九、文官

惟公以榮高銅墨，位居絃歌；下車流撫字之恩，振筆動雷風之迅。加以深崇妙覺，展敬如宗。傾屬某緣，冥心起願，故於。功德如上。惟願九煩霧卷，七障煙晞。般若息（意）珠，常清意海；涅盤妙藥，永沃神衷。門閥克昌，家聲載遠。中外支屬，叶千慶以凝貞；隨喜見聞，延百福

---

① "宣"，當作"萱"；"得"，當作"德"，據伯二八六七號《長史司馬》改。
② "自"，據伯二八六七號《長史司馬》補。
③ "辰"，據伯二八六七號《長史司馬》補。
④ "玉"，據伯二八六七號《六司》補。
⑤ "胎"，當作"台"，據伯二八六七號《六司》改。
⑥ "崇"，據伯二八六七號《縣令》補。
⑦ "麻"，當作"扇"，據伯二八六七號《縣令》改。
⑧ "驚"，當作"警"，據伯二八六七號《縣令》改。
⑨ "融"，據伯二八六七號《縣令》補。

而照泰。

## 十、縣丞

惟公金聲凤振,玉譽早聞。位列名班,榮昇顯職。心珠下暎,弼遊刃以宣風;仁鏡立臨,助牽絲而闡化。百里讚遷蝗之美,一銅(同)嗟去獸之芳。既而覆護四人,加以崇敬三寶。<sub>須緣</sub>其事云。

惟公志氣泉涌,替撫字於一同;免(逸)思雲飛①,助宣風於百里。

## 十一、主簿

惟公才高[命]代②,思逸陵雲;馳邪(雅)俗之憲章,挹縉紳之龜[鏡]③。於是職監百里,宣製錦之芳猷;任祭(察)一同④,藻烹鮮之美質。約金科而去濫,佩玉印以金(全)真⑤。播千載之英聲,崇一乘之勝軌。<sub>須緣其事。</sub>惟公人倫龜鏡,朝箏棟梁,然慎四知,又除三惑。加以崇儒重佛,悅禮敷(敦)詩⑥。故得王仲腐毫,楊雄閣筆。

## 十二、尉

惟公鄧苑芳枝,荊巖潤玉。躍鱗爵(舜)海⑦,騰繡質於龍門;振羽克(堯)雲⑧,播英聲於鳳闕。於是位陪(原末寫竟)。

---

① "免",當作"逸",據伯二八六七號《縣丞》改。
② "命",據伯二八六七號《主簿》補。
③ "鏡",據伯二八六七號《主簿》補。
④ "祭",當作"察",據伯二八六七號《主簿》改。
⑤ "金",當作"全",據伯二八六七號《主簿》改。
⑥ "敷",當作"敦",據伯二八六七號《主簿》改。
⑦ "爵",當作"舜",據伯二八六七號《尉》改。
⑧ "克",當作"堯",據伯二八六七號《尉》改。

# 斯五一五號《雜齋文抄》

　　此件前後皆缺，内容爲齋儀。從現存的篇目看，涉及亡文、患文、臨壙、還願、逆修、除脱諸事，篇目不成系統，是從齋儀中挑選切合己用的部分抄成一卷，故擬名此件爲《雜齋文抄》。此件目前有郝春文釋録本，見郝春文編著《敦煌社會歷史文獻釋録》第二卷，社會科學出版社，二〇〇三年，第四五七～四六一頁。

## 一、[亡文]①

（前缺）

　　□□□□□□□□□□□□□□□□□□焦，六塵怯（祛）而永浄。甘露一灑，能□□□□□□□□□□□□□□□增福。今者叩（扣）洪鍾，走（奏）魚梵②，散爐煙，集□□□□□□□□□□□□□□消災；玉軸金文，廣洪宣而資助。所申意者，□□□□□□□□□□神姿；智雄英達，謀能剋獲。大國稱珍，□□□□□□□[長]辭人代③，天界遷昇。萬天失雨露，□□□□□□□□□□□□□驍騎，遠届流沙。集慶資神，廣修勝事，余□□□□□□□□□□還龍宫，福備恒沙。功圓已畢，以兹種種無限勝因，惣用莊嚴大論公：神武□□，□□寶□。識託龍庭，再登國祚之階，永繼百王之[道]④。又將勝福，次用莊嚴：惟願榮班日進，寵禄遂（歲）增。節兒諸官：願功名尅（克）著，清素永聞，常爲邦國之忠臣，恒紹人王之社稷。

## 二、[還]願⑤

　　常以奇才獨拔，智溢（益）超群；悟世非常，設齋修福。年年列供，月月延僧。願家國平安，所求稱遂。今得如願，報佛慈恩。故於良晨（辰），聿修白業。以兹種種功德，無限福田，先用莊嚴龍天八部，願使風調雨順，百穀豐登，疫疾不行，兵戎永息，合家長幼，並得休宜，遠

---

① "亡文"，據文中"長辭人代，天界遷昇。萬天失雨露"句義補。
② "走"，當作"奏"，據文義改。
③ "長"，據文義補。
④ "道"，據文義補。
⑤ "還"，據文義及文中"今得如願"句義補。按：伯二八二〇號之《還願意》與此相類。

[近]親羅①,俱同告(吉)慶②。又將勝善,次用莊嚴營齋助會:惟願三災不染,九橫長消,百福
資身,含生同益。然後上窮空界,傍括十方,一切含靈,同霑斯福,摩訶般若,所願尅從,大衆
虔誠,一切普誦。

### 三、逆修

佛陁者,超修萬行,果滿三身;遺教娑婆,法流空寂;不住生滅,永絶心緣,無影無刑(形),
證真常樂。然今檀越堅勝虔恭所申意者,逆修設齋之所爲也。惟齋主公擬超苦海,獨拔死
生。預飾天宮,能先修[福]③。於是日,嚴治悌(第)宅,華飾廳堂,爐煙六殊,幡花遍列,延鷄園
之法侶,請梵宇之真僧,飯供香飡,儭施金玉。聽如來之秘典,聞半偈之雪山,滅曩劫之災殃,增
長年之勝福。以玆種種功德,無限勝因,先用莊嚴齋主貴體:惟願開長者之庫藏,所願尅從;得
龍王之髻珠,所求如意。亦將勝福,次用莊嚴合門居眷,表裏姻親:惟願從福延福。已下云云。

### 四、亡號

緬尋大教,皆崇孝理之風④;歷考前修,並得報先之禮。非神道不[可]以追薦⑤,非法力不
可以清昇。故得騰願海以宣[揚]⑥,雍(擁)福山而讚翼。亡妙之罷,其在玆乎?然今跪雙足
持爐陳本心之雅意者,爲歿故賢妻初七之所崇設。惟賢室可謂雍雍美[質]⑦,貌等令悋(凝
脂)⑧;令德不虧,謹潔治家,若麻姑之儀無失。豈期明珠先碎,玉貌長伕。閨儀罷鸞鏡之容,
寶帳別鴛鴦之伴。賢夫思紅顔之不見,痛割心腸;念結髮之情深,更長難度。男女悲而流血,
家族憶而哀號。竟無益於幽魂,設檀那以資助。以玆功德,無限勝因,惣用莊嚴亡妻所生魂
路:唯願天宮妙室,相見逢迎,皷樂弦歌,常歡快樂。又持勝福,次用莊嚴齋主合門眷屬、表裏
親羅:惟願積財積算,若樹蹄伽之富崇高;惠命逾長,比西王母之不殞。然後福通三界,傍括
四生,十類含靈,俱登覺道,摩訶一念,拔苦濟危。大衆[虔誠]⑨,[一切普誦]⑩。

### 五、亡考

伏惟先考名行衆推,信義傳德。爲鄉閭之令則,作邦國之鹽梅。冀期壽等青松,凌霜不

---

① "近",據文義及齋文"遠近枝羅"常用句例補。
② "告",當作"吉",據文義改。
③ "福",據文義補。
④ "風",伯三三六二號背之《亡號頭》作"功";伯二二二六號背之《亡考文》作"因"。
⑤ "可",據伯二二二六號背之《亡考文》補。
⑥ "揚",據伯二二二六號背之《亡考文》補。
⑦ "質",據文義補。
⑧ "令悋",當作"凝脂",據文義改。
⑨ "虔誠",據文義及常用句例補。
⑩ "一切普誦",據齋文常用句例補。

變,何圖掩(奄)辭白日,永就泉臺。不由歡會之期,常隔親鄰之苦。至孝等思劬勞之恩重,念訓獎之情深。建此檀那,福資冥路,以茲種種功德,無限勝因,先用莊嚴亡考所生魂路:惟願識託西方,神遊淨刹。給孤園内,常聞八解之音;耆樹林間,沐浴塵勞之垢。又將勝福,次用莊嚴齋主某父(公)即體①:惟願家無九橫,永保休宜,宅納吉祥,門來善瑞。然後災害頓遣,福禄咸臻。普及含靈,同霑斯益。摩訶般若!

## 六、除脱

　　□□□□□□□□□□。惟願三周之禮已終,俗典難違,乃是先賢之令。故於是日,嚴治家室,廣設□□□□□□□□□三界,神生淨方(坊),紅蓮花開,更□□□□□□□牀蹈(榻)亦除,漸染優遊之性。又□□□□□□□□□□□姻親:惟願福如春草,不藝自[生]②,□□□□□□□□□□□□有識,傍括十方,一切含生,同霑斯[福]③。

## 七、臨壙

　　夫佛法僧寶,功德超三界之尊;□□□□□□□□聖,愚痴者必墜三塗,若盲竄失深[阱]④,□□□□□□□□□焚香郊外,祈請衆僧,臨壙行香,福□□□□□□□□□惣用莊嚴亡靈去識:惟願浮雲菩提樹下,朝聞解脱之音;給孤園中,□□□□□□□□□孝等:惟願菩提之水,灌溉心田;智惠□□□□□□□□□□□河,壙野含生,同霑福利,並將迴向□□□□□□□□□。

## 八、病患

　　大慈愍衆生,故令我歸依。善拔[衆毒箭]⑤,[故稱大醫王]。[世醫所療治],[雖差]還復生。如來所治者,必(畢)竟不復發。[世尊甘露藥],[以施諸衆生];[衆生既服已],[不死]亦不生。然今虔恭焚香意者,時則□□□□□□□□□□□□□。惟禪師道德崇高,蘊解脱之妙□,□□□□□□□湛而常清,混風波[而]不濁,理應體□□□□□□□□罄患,門弟等[以]和上少疾⑥,食止不甘,聞□□□□□□□□□德急難。建茲清薰,報斯厥德,以此□□□□□□□□用莊嚴和上尊體:伏願金剛之體□□□□□□□□□傳法燭,遍照三千;戒日逾明,恒□□□□□□□□□□□益,摩訶般若,利樂無邊,迴向菩提。

---

① "父",當作"公",據文義改。
② "生",據文義補。
③ "福",據文義補。
④ "阱",據文義補。
⑤ "衆毒箭"至"不死亦不生",皆據《法苑珠林》卷十六《涅槃經》補。
⑥ "以",據文義補。

## 九、［患文］①

　　□□□□□□□□□□□黨臥麻；智劍蹔揮，苦海迴而永竭。□□□□□□□□□□□□□□未蒙抽減，門弟等戀談柄而□□□□□□□□□□□□帳智益，不垂霞饍，席不安身，醫藥□□□□□□□□□□□□□□八邪之□□□□□□□□劍增揮，惡朋（下缺）。

---

① "患文"，據文義補。

# 斯五四三號背《佛事文集》

  此件首缺尾全，内容爲《戒懺文》《大乘布薩維那文》《表嘆文》等佛事文書，故擬名此件爲《佛事文集》。其中有齋文三篇，清本只釋録其中的齋文。此件目前有郝春文釋録本，見郝春文編著《敦煌社會歷史文獻釋録》第三卷，社會科學出版社，二〇〇三年，第四五七～四六一頁。

## 一、[患文]①

  [仰]啓十方靈覺②、三世特尊、八萬修羅、空不空藏、法身大士、小果聲聞、梵釋龍天，證明功德。然今即席坐端持爐施主，比爲寒暑差候，攝養乖方；染流疾於五情，抱煩痾於六府；力微動止，怯二鼠之侵騰（藤）；氣愋晨宵，懼四蛇之毀篋。於是翹誠善逝，曆（歷）款能仁。故得法藥冥資，縈煩衿而露結（潔）③；醫王潛祐，祛毒療而霜明。診（疹）氣雲消，温（瘟）風霧卷。身如藥樹，衆惱之所不彫；命若金剛，世法無能碎壞。三寶潛祐，八部冥扶；斷有漏原（源），成菩提果。

## 二、亡文

  夫有生必滅，四諦之初門；陃器皆毁，三界之彝則。但生有修短，器有堅脆，不殫其分，傷如之何？然今則[有即]席持爐施主奉爲亡考某日追福之所建也④。若是考：惟靈氣稟沖和，生知禮樂；言也不二，行也無差；鄉閭標其賢，郡邑推其譽，理應久居瑕（遐）壽，訓導家庭，何圖業而有徵，忽從化往。若是比（妣）即云：惟靈齒積蘭幄，標清奈院；供（恭）惟四德⑤，與四弘而[兼]例（勵）⑥；習對六修，將六行而齊媚（美）⑦。何期靡卒康寧之祉，俄嬰禍伏之災。魂往逝川，形隨勿有。志（至）孝自云：孝誠虧感，嚴訓比（妣）云"慈蔭"早遷。攀風樹以纏哀，撫（俯）

---

①  "患文"，據文義補。
②  "仰"，據文義及常用句例補。
③  "結"，當作"潔"，據羽六九六號之《俗患文》改。
④  "有即"，據文義補。
⑤  "供"，當作"恭"，據伯二六三一號之《亡妣遠忌》改。
⑥  "兼"，據伯二六三一號之《亡妣遠忌》補。"例"，當作"勵"，據伯二六三一號之《亡妣遠忌》改。
⑦  "媚"，當作"美"，據伯二六三一號之《亡妣遠忌》改。

寒泉而永慕。壁輪易往，罔極之痛踰深；銀箭難留，某忌之辰斯及。欲憑幽贊，惟托薰修，欽望三尊，陳兹寶饌，是時也，肅華弟(第)，餝户庭；綺筵斯嚴，美飪備例(列)。幡蓋垂蔭，香氣滿空，衆靈密歆，嘉貺圓集，以兹良祐，總有資勳亡靈去識：惟願拂蕩芬(紛)[滅][1]，清昇彼岸；蔭七重寶樹，坐千葉蓮花。優(悠)游長樂之階，永舉(居)無生之境。亦用功德莊嚴施主障緾蕩滌，垢累消除，富貴日遷，世榮相繼，大小清吉，萬善勳修，含識有情，俱登大道。

## 三、課邑文

離生滅成無上菩薩者，惟我大雄世尊；救拔苦難出幽途者，其能有調御也。不可測，不可量，難爲相而有也。然今座前持爐焚香施主設齋意者，因爲社邑所慶也。諸邑人等并上國良材，京華貴族。或山東英妙，或河北詞人，隨任金河，争名玉塞，各敘鄉園之意，乃成連璧之交。他鄉旅情，結志恩重。義同花蕚，禮逐温恭。心慕佛田，智明惠鏡。知身四大，與水火而何堅；覺命懸絲，危同卵而何固，乃相率意，共暨齋因。就芳庭以飾綺筵，饌香飯而陳清供，魚梵演逸，香氣滿空，尊儀赩然，聖凡同會。以斯廣福，總用資熏諸邑人等：惟願福若須彌遮於陋室，光如明月照眩蓬門。早棄塞上之憂，速赴帝京之路。門無九横，財滿七珍，法界蒼生，齊登佛果。

---

① “滅”，據文義及殘筆畫補。

# 斯六六三號《齋文抄》

　　此件首尾完整，内容爲《四門轉經文》《印砂佛文》，爲實用齋文的抄件，故擬名此件爲《齋文抄》。目前有一個完整釋録本：見郝春文編著《敦煌社會歷史文獻釋録》第三卷，社會科學出版社，二○○三年，第四六五～四六九頁。

## 一、[四門轉經文]①

　　仰啓蓮花藏界、清静法身、百億如來、恒沙化佛、清涼山頂大聖文殊、雞足巖山得道羅漢、龍宮秘典、鷲嶺微言、道眼他心、一切聖賢，唯願發神足，運悲心，降臨道場，證明功德。厥今置净壇於八表，敷佛相於四門，中史（央）建觀音之場，釋衆轉金言之部，設香饌供三世諸佛，散净食與水陸生靈，合境虔恭傾誠懇顙者，爲誰施作？時則有我府主太保瑞福攘災之加（嘉）會也。伏惟我太保門傳閥閲，應賢五百之年；嶽瀆生資，當期半千之士。文過周孔，雅操入木而七分；彎弓穿揚，舉矢猿啼而遶樹。寬弘治衆，百姓嘆昊瑞之風；設法安人，千家賀堯年之慶。加以信珠皎净，心鏡先明，憑釋教以定八方，奉聖賢而安社稷。先陳志懇，相鷲嶺而傾心，請佛延僧，結净壇於九地。六時轉念，經聲動曉於合城；士庶詵詵，鈴梵洪鳴於滿城。是時也，太楊（陽）北照，凝凍相容。僧徒念誦以周圓，灌頂精誠已五日。總斯多善，無限勝因，先用莊嚴梵釋四王、龍天八部：伏願威光轉盛，福力彌增；興運慈悲，救人護國。當今聖主永坐重城，十道争馳，赤心向國。又持是福，次用莊嚴我太保貴位：伏願福如海嶽，承虎節而延祥；禄極江淮，治河西而世代。國太吉慶，比日月而漸圓。公主夫人恒昌，保芳顔而永潔。刺使（史）尚書等固受（壽），願接踵而紹隆。諸小娘子延長壽，貞蘭而皎皎。然後何（河）清海晏，不聞憂苦之聲，四寇來降，永絶烽煙煙塵之戰。三災殄滅，盡九横於海隅，勵（癘）疫消災，送饑荒於地户。散露法界，普及有情，賴此勝因，城（咸）登覺道②，摩訶般若。

## 二、印砂佛文

　　夫曠賢大劫，有聖人焉，出釋氏宫，名薄伽梵。心凝大寂，身意無邊；慈氏（示）衆生，號之

---

① "四門轉經文"，據文義及斯五九五七號之《四門轉經文》、伯二○五八號背之《四門轉經文》補。此篇之號頭又常用於《燃燈文》《患文》。
② "城"，當作"咸"，據文義及齋文"咸登覺道"常用句例改。

爲佛。厥今坐前社邑等,故於三春上律、四序初分,脱塔印沙啓加(嘉)願者,奉爲[己]躬保願功德之福會也①。唯公乃金聲夙鎮(振),玉譽早聞,列位名班,昇榮憲職。遂乃妙因宿殖(植),善牙發於今生;業果先淳,道心堅於此日。[知]四大而無注(主)②,曉五蘊而皆空,脱千聖之真容,印恒沙之遍跡。更能焚香郊外,請僧徒於福事之前;散澆遍所於水陸之分,以此印佛功德,迴向福因,先用莊嚴梵釋四王、龍天八部:伏願威光轉勝,福力彌增;[興運慈悲]③,救人護國。願使聖躬延受(壽),五穀豐登;管内人安,歌謠滿城。又持勝福,伏(復)用莊嚴施主即體:惟願身而(如)玉樹,恒浄恒明;體若金剛,常堅常固。今世後世,莫絶善緣;此世他生,善牙增長。然後散霑法界,普及有情;賴此勝因,齊成佛果,摩訶般若。

---

① "己",據斯五五七三號之《印沙佛文》補。
② "知",據斯五五七三號之《印沙佛文》補。"注",當作"主",據斯五五七三號之《印沙佛文》改。
③ "興運慈悲",據此件之《四門轉經文》補。

# 斯一四四一號背《齋儀選集》

　　此件首尾均缺,正面抄寫《勵忠節抄》。背面抄寫齋儀、維摩押座文、雲謠集雜曲子等。其中的齋儀又分爲兩個部分:前一部分抄寫禳災文、患文、亡文三類齋儀,共計八篇。抄有兩篇二月八日文、二篇安傘文。二月八日文刪改號頭、兩篇安傘文均未寫竟。抄寫者試圖集抄、訂正同類齋儀的目的明確。後一部分則是依據完整的《齋儀》進行選抄和改編,如"慶揚文弟一"的《慶幡》只選抄了一篇,還進行了改編;"讚功德文弟二"中的《散經》《四門轉經文》没有抄,又將"慶揚文弟一"中的《嘆像》《慶經》兩篇歸入了"讚功德文弟二";因爲卷子的前一部分已經抄寫了"禳災文弟三"中的四篇,"禳災文弟三"就没有再行選抄。故擬名此件爲《齋儀選集》。

　　郝春文《英藏敦煌社會歷史文獻釋録》指出此件與伯三八一九號＋伯三八二五號、斯五六三七號等屬於同一齋儀系統,依據這幾件保存的篇目可恢復這一系統《齋儀》的篇目結構。王三慶《〈雜齋文〉一本之系聯研究》復原了這一系統《齋儀》的篇目結構與内容。目前主要有四個釋録本:郝春文釋録本,見郝春文編著《敦煌社會歷史文獻釋録》第六卷,社會科學出版社,二〇〇九年,第三三〇~三三七、三四八~三五七、三七二~三八一頁。王三慶釋録本,見王三慶《敦煌佛教齋願文本研究》,二〇〇九年,第一八二~二一二頁。宋家鈺釋録本,見宋家鈺《斯一四四一號等:敦煌本〈齋文〉書復原研究》,載宋家鈺、劉恕編《英國收藏敦煌漢藏文獻研究——紀念敦煌文獻發現一百周年》,中國社會科學出版社,二〇〇〇年,第九八~一一二頁。黄征釋録本,見黄征、吴偉編《敦煌願文集》,岳麓書社,一九九五年,第三一~六五頁。

## 一、二月八日文

　　法王誕跡①,託質深宫;是(示)滅雙林,廣利郡(群)品。王宫孕靈,寔有生於千界;逾城半夜,求無上之三身。今以三春中律,四序初分;柳絮南枝,冰開北岸,遂乃梅花始笑,喜鵲欲巢;真俗旋城,幡花隘路。八音兢湊(奏),聲謡兜率之音(宫)②;五樂瓊簫,嚮振精(金)輪之界。總斯多善,莫限良緣,先用莊嚴梵釋四王、龍天八部:伏願威光盛運,救國護人;濟惠慈

① 按:此文的號頭,抄寫者起先抄自原本《齋儀》的號頭:"智覺騰芳,功用齊智;大雄方便,動物斯均。"隨後抄寫者圈去原本號頭,另换與後文相同的號頭。
② "音",當作"宫",據伯三八一九號＋伯三八二五號之《二月八日文》改。

悲,年豐歲稔。伏(復)持勝善,次用莊嚴我河西節度使尚書貴位:伏願五嶽比壽,以(與)日月而齊明;祿極蒼(滄)瀛,延麻姑之萬歲。然後休兵罷甲,鑄戟銷戈;萬里澄清,三邊晏静。

### 二、安傘文

大覺紅(弘)慈①,多門[汲]引;能仁演化(原未抄竟)。

### 三、二月八日文

法王誕跡,託質深宮;示滅雙林,廣利群品;凡諸勝事,難可談矣!今則仲春上和,少陽盛事(時);太子逾越之日,天王捧足之辰。釋氏星羅,士女雲集,奔騰隘路;像設金園,寶蓋旋空,環城豎福。總斯多善,無疆勝因,龍天云云。又持勝福,盡用莊嚴我僕射貴位:捧金爐兮解脱香,時清平兮國人康;君臣合運兮如魚水,大唐萬歲兮日月長。然後風調雨順,歲稔時豐;疫癘消除,吉祥雲集。

### 四、患難月文

至覺幽深,真如綿邈,神功叵惻(測)。外獻七珍,未證菩提,遂捨轉輪之位;内修萬行,方證無上之尊。然今坐(座)前施主捨施念誦所申意者,奉爲某人患難諸(之)所建也。惟患產乃清貞淑順,婦禮善閑(嫻);智德孤明,母儀物(總)備②。遂因往劫,福湊今生;感居女質之軀,難離負胎之患。今者旬將已滿,朔似環周;慮恐有傷毀之唆(煞)③,實懼值妖災之苦。故即虔心懇切,望三寶與(以)護持;割捨珍財,仰慈門而啓顙。復聞三寶是濟厄拔苦之能仁;大士紅(弘)悲,無願不從而惠化。以兹捨施功德,念誦焚香,總用莊嚴患產即體:惟願日臨月滿,果生奇異之神;母子平安,定無憂嗟之厄。觀音灌頂,得受不死之神方;藥上捫磨(捫摩)④,垂惠長生之味。母無痛惱,得晝夜之恒安;[產子仙童],似披連(蓮)而化現。又持勝福,次用莊嚴持爐施主合門長幼等:惟願身如松嶽,命等蒼冥;靈哲之智朗然,悟解之心日進。父則長居祿位,母則盛德恒存;兄弟才藝過人,姊妹永修貞潔。然後死(四)生離苦,三有獲安;同發菩提,成無(正)覺路。

### 五、印砂佛文

夫曠賢大劫,有聖人焉,出釋是(氏)宮,名薄伽梵。心凝大寂,身意無邊;慈示眾生,號之

---

① "紅",此處及後文所改補,皆據伯三八一九號+伯三八二五號之《安傘文》改補。
② "物",當作"總",據文義改。
③ "唆",當作"煞"。按:"唆",《集韻》又"數化切",當據音讀校作"煞"。《敦煌願文集》改作"酸",《英藏敦煌社會歷史文獻釋録》改作"咎"。
④ "捫磨",當作"捫摩",此處及後文所改補,據伯三七六五號之《難月文》改補。

爲佛。厥今合邑諸公等,故於三春上律,四序初晨(辰),脱塔印砂啓加(嘉)願者,先奉爲國泰人安,欃槍永滅;次爲己身共保清吉之福會也。惟合邑諸公等:並是緇中俊傑,衆内高仁;學業幽深,詞鋒影俗。知四大如(而)無注(主)①,曉五蘊而皆空;脱千聖之真容,印恒沙之遍跡。更能焚香郊外,請凡聖於福事之前;散食香湌,普施[於水]六(陸)之分②。以斯脱佛功德,啓願勝因,先用莊嚴梵釋四王、龍天八部:伏願威光轉勝,福力彌增;興運慈悲,救人護世。[惟]願使郡君延壽,五穀豐堯舜之年;國秦(泰)人安③,行路滿歌瑶(謡)之樂④。又持勝福,次用莊嚴合邑諸公等:惟願身如玉樹,恒净恒明;體若金剛,常堅常故(固)。今世後世,莫絶善緣;次(此)世他生,善芽增恨(長)。然後散霑法界,[普及有情]⑤;賴此勝因,齊登佛果。

## 六、燃燈文

竊以惠竟陽(鏡揚)暉,朗三明[者]智炬⑥;勝場流(疏)濁⑦,摧(摧)八難者法輪。於是廣照慈光,諒無幽而不燭;遐開妙軌,寔有感而斯通。故使巨夜還朝,返迷津而悟[道]⑧;重昏再曉,馳覺路以歸真。赫矣難名,傾哉罕惻(測)者也。厥今合邑諸公等,乃於新年上津(律)⑨,肇歲加晨(嘉辰);建净輪於寶芳(坊),然惠燈于金地者,如斯之福也。惟合邑諸公等乃六度爲美,十信名(冥)懷⑩;廣善福門,欲求勝願。遂乃橫開月殿,豎曉燈輪;建慈力之誓從,啓四紅(弘)之滿願。又乃架迴聳七層之刹,蘭炷炳而花鮮;陵虛構四照之台,桂爐焚而香散。籠懸寫月,焰起分星;光曜九天,輝流百億。亘十方而歷供,杲(果)滿今晨(辰);豎千福之芳緣,[因圓此日]⑪。其燈乃神光破闇,寶燭除昏;諸佛爲之刎身,菩薩爲之燒臂。遂使千燈普照,百焰歸(俱)明⑫;賢聖遥瞻,隨燈而集。鐵圍山内,賴此光明,黑闇城中,蒙斯光照,是以二萬憶(億)佛,同號燃燈,八千定光,皆同一字。以斯燃燈功德,無限勝因,先用莊嚴上界四王、下方八部:伏願威光轉勝,福力彌增;國泰人安,永無征戰。又持勝福,次用莊嚴合邑諸公等即體:惟願蕩千災,增萬福,善業長,惠牙開;同種智之圓明,似法身之堅固。然後廓周法界,包括塵沙;俱休(沐)芳因,咸登覺路。

---

① “注”,當作“主”,據斯六四一七號之《印沙佛文》及《四大無主偈》改。
② “於水”,《英藏敦煌社會歷史文獻釋録》據斯六六三號之《印沙佛文》補。“之”字前衍一“地”字。下文所改補皆據斯六六三號之《印沙佛文》。
③ “秦”,當作“泰”,據文義改。
④ “瑶”,當作“謡”,據伯二六四二號+伯二六四二號背之《新年四門結壇發願文》改。
⑤ “普及有情”,據斯六六三號之《印沙佛文》補。
⑥ “者”,據斯五六三八號之《燃燈文》補。
⑦ “流”,當作“疏”,據斯五六三八號之《燃燈文》改。
⑧ “道”,據斯五六三八號之《燃燈文》補。
⑨ “津”,當作“律”,據斯五六三八號之《燃燈文》改。寫本中“氵”“彳”常相混用,如津律、波彼等。
⑩ “名”,當作“冥”,據斯五九五七號之《散經文》“十信冥懷”句例改。
⑪ “因圓此日”,據伯二三四一號之《燃燈文》補。
⑫ “歸”,當作“俱”,據斯五九五七號之《燈文》改。

## 七、[安傘文]①

大覺紅（弘）慈，多門（原未抄竟）。

## 八、[三周]②

伏惟神氣疏朗，志雅端嚴；朝夜（野）羽儀③，人倫龜鏡；名流宇外，德備衆中。加以識洞玄門，情融妙覺；性堅金石，志令（陵）松筠。乃嗟九（久）處疆場，載離寒暑；虧色養之節，慚征戍之勞。豈謂風燭一期，光馳千日。[至]孝等懷恩罔極④，禮制有期；茅苫欲除，總帳將卷。想恩顏而益遠，痛幽壤之逾深；廣答洪恩，極禮追福。以斯多善，總用莊嚴[云云]。

# 慶楊（揚）文弟一

## 一、佛堂

余聞鶴樹真儀，寫靈暉於碩室；龍宮實相，圖妙鏡（境）於銀臺。故有分身化身，應感如水含千日；非色妙色，爲體若鏡攬萬形。包大地而載山河，孕曾穹而懸象緯；動植資其化育，品物仰起（其）津梁。大哉調御之功，邈以（矣）能人（仁）之力！雖則談（掞）天之辯，指惠日以迷方；甄海之靈，詠禪海而失步。倚以（猗歟）正覺⑤，難可勝言者哉！厥今有信士某公曉知坏患，深悟光[隙]難留⑥；割捨煩誼，希求未來之佑。遂乃罄割赤仄，抽減璡瓊；建雀利之浮圖，砌和壁（璧）以斯畢。加以遍虛空而請佛，該法界而延僧，會七衆以雲臻，祈無邊之上願。福事已竟，虔仰三寶之尊，爐焚栴檀，散[幡]花於淨土⑦。佛堂乃竭寶傾珍，捨資剖産；制似碧宵之熒晃，建而（如）兜率之蓮宮；地砌琛珠之寶，簷鋪檀梅之材，架鱗（麟）鳳以爭空，鏤鴛鴦而競起；雕窗孕月，動（洞）戶迎雲。嚴塋既周，儜申嘉慶。以斯建福之德，慶讚良緣，總用莊嚴上界四王、下方八部：伏願威光盛運，國泰人安；郡主官僚並延遐壽。伏持勝善，次用莊嚴施主即體：惟願福峻五嶽，壽保滄瀛，榮班以（與）日月而無虧，家富以自然之珍寶。願所（使）年消九橫⑧，月殄三災；兼資七[世]祖父[亡]靈⑨，齊登紅蓮菡萏，然後一乘十力之有（祐），普施福於含靈；八難六趣之途，賴此同超彼岸。

---

① “安傘文”，據文義及此件、伯三八一九號＋伯三八二五號等補。
② “三周”，據文義及斯二八三二號之《三周》等補。
③ “夜”，當作“野”，據斯二八三二號之《三周》改。
④ “至”，據斯四九九二號背＋斯三四三號之《亡文》“至孝等懷恩罔極”句例補。
⑤ “倚以”，當作“猗與”，據伯三一九九號之《慶佛堂》改。
⑥ “隙”，據伯三一九九號之《慶佛堂》補。
⑦ “幡”，據伯三一九九號之《慶佛堂》補。
⑧ “所”，當作“使”，據伯二六四二號＋伯二六四二號背之《新年四門結壇發願文》“願使年消九橫”改。
⑨ “世”“亡”，據文義補。

## 二、幡

其幡乃鵬文曳迴，影瑤（搖）香閣之風；艷操（藻）縈空，彩輝花園之日。架弘衢而蕩色，臨鳳刹以高懸；建之者，生福無量；覩之者，滅罪恒沙。以斯造幡功德云云。

# 讚功德文弟二

### 三、開經

竊以妙景揚暉，煦塵方而開日月；法流疏浪，浹沙界而注江河。圓音覆圓，蓋于高天；方等振方，興於厚地。於是銀鉤吐曜，編象負之真文；玉牒飛英，紀龍宮之奧典。敷貫花于法水，澄八解以洗塵勞；霏貝葉於慈雲，浮四空而超火宅，故使碧雞雄辯，憑道樹而棲襟；黃馬英人，尊（遵）法橋而驟影。首哉秘躅，實難得而祥（詳）焉！厥今信士某公津梁在念，喜捨爲懷；誓轉十二部經，弘［揚］五時之教①。於是邀六通於十地，振錫來儀；延四果於三天，乘杯戾止。閱貫花於辯囿，披貝業于談叢；疏梵上而白雲浮，洪鐘發而玄雪（霜）起②。瑩明珠于濁水，則性海波瀾；泫甘露于稠林，則我山清嶠。象牙開藥，重啓雷音；馬瑙流光，還臨月影。于時虹［幡］曳迴③，或卷舒於煙尋（潯）；鳳蓋陵虛，乍徘徊於日域。花明七净，祴祴含芳；香散六銖，爐爐引馥。是日也，横開月殿，邀龍象于寶宮；堅（豎）薇金容④，轉五乘之玉句者，則我某公奉爲某事作之。伏惟公天生聰俊，文武雙全；於家有治理之名，奉國有盡忠之節。故能體正真之實相，思福潤之良途；建勝善以投誠，仰慈雲而結懇。以斯開經功德、轉念勝因，總用莊嚴施主即體：惟願三明備（被）祐，永登無畏之身；八解澄心，早證無生之理。願所家盈七寶，長丞（承）富樂之榮；宅溢八珍，常植（值）豐饒之喜。然後亡靈七祖，承此目覩龍華；胎卵四生，並證真如彼岸。摩訶。

### 四、歎像

其像乃絢衆彩而會（繪）聖，運妙色以儀真；朱艷菓於唇端，丹秀花於臉際。翠山凝頂，粉月開毫；黛葉寫於眉鮮，清蓮披而目净。姿含萬彩，疑湛質於鷄峰；影佩千光，似再臨於鷲嶺。禮之者，無明海竭；睹之者，煩惱山摧。

或是菩薩：其菩薩乃四弘德備，十地功充；頓超緣覺之乘，次補如來之坐。念之者隨心所降福，禮之者應願以消災。

---

① "揚"，據斯五九五七號之《開經文》補。
② "雪"，當作"霜"，據斯五九五七號之《開經文》改。
③ "幡"，據斯五九五七號之《開經文》補。
④ "堅"，當作"豎"，據斯五九五七號之《開經文》改。

## 五、慶經

其經乃真悟則圓常，[廣闡]四德之利①。《華嚴》談法果之宗，《維[摩]》[契]不思議解脫之門②，《法花》[明]開示悟入之路③，《愣伽》乃澄波性海，《思益》乃融含真原，《金剛》歎四句之深功，《藥師》發十二之大願，《多心》頓遣之（諸）相，《觀音》乃隨類現形。皆金口之談言，並大乘之勝法；開卷則衆福臻集，發聲則萬禍俱消。偈乃破暗除昏，咒則逐邪殄魅。加以行行貫玉，開小卷而演荊山；句句連珠，閱微言[而]比滄海④。一披一讀，便生智惠之牙；再念再思，遂滅無明之惑。

## 六、願文

夫法體希夷，妙出有無之境；真如綿邈，迴超生滅之方。此及（即）無形之形，形於百億；無説之説，遍於三千。所以四生沉六度之舟，九道運五乘之駕；火宅以之需賴，迷途於是中暉。既本不然，終寧有滅者也！厥今有施主六[度]爲美⑤，十信明（冥）懷⑥；廣闡福門，希求勝願。故能邀二部[如]飛雨集⑦，祈四衆而雲奔；捨如（而）罄盡家資，望如（而）福山水固。如斯求願、玉臂焚香勝績之功，我某官之作也。伏惟公忠孝絕代，信義立身，雅量超群，智識強盛。遂乃弘陽（揚）聖教，受囑金口之蹤；抽捨珍絲，欽望當來之福。以斯捨施功德、無限勝因，先用莊嚴施主即體：惟願冰鏡轉清，瑤花挺秀；家榮國寵，茅土山河；惟孝惟忠，立功立事。然後家眷大小，並同劫石爲期；内外親因（姻），保宜江湖不竭；先亡父母，咸（銜）福並證紅蓮；胎卵含生，遇此同超[彼]岸⑧。摩訶。

# 患文弟四

## 七、[患文]⑨

竊以覺體潛融，絕百非於實相；法身凝湛，圓萬德於真儀。於是金色開容，掩大千之日月；玉毫揚採（彩），暉百億之乾坤。然而獨拔煩羅，尚現雙林之疾；孤超塵累，猶辭丈室之痾。

---

① "廣闡"，據文義補。衆經闡述"常樂我浄"四德，共向圓常。此句趙鑫曄《敦煌佛教願文研究》補作"四德之利業"。
② "摩""契"，據伯三八一九號＋伯三八二五號之《慶經》補。
③ "明"，據伯二〇七二號之《開經》補。
④ "而"，據伯三八一九號＋伯三八二五號之《慶經》補。
⑤ "度"，據此件之《燃燈文》"六度爲美"句例補。
⑥ "明"，當作"冥"，據斯五九五七號之《散經文》"十信冥懷"句例改。
⑦ "如"，據文義補。
⑧ "彼"，據伯三四九四號之《願文》"遇此同超彼岸"句例補。
⑨ "患文"，據文義補。

浮幻影於虔誠(乾城)①,保危形於朽宅。詎能刈夷患本,剪拔幽(憂)根? 盛衰之理未亡,安危之端斯在。厥今有座前施主念誦所申意者,奉爲某人病患之所施也。惟患者乃遂爲寒暑匡後(候),攝養乖方;染流疾於五情,抱煩痾於六府;力微動止,怯二鼠之侵騰(藤);氣惙晨霄(宵),懼四蛇之毁愜(篋)。於是翹成(誠)善誓(逝)②,歷款能仁;診(沴)氣雲青(清),温(瘟)風務(霧)卷。伏聞三寶是出世法王,諸佛如來爲四生之父母,所以厄[中]告佛③,危及三尊④;仰拓(托)勝因,咸望少福。以此功德、念誦福因,先用莊嚴患者即體:惟願四百四病,藉此雲消;五蓋十纏,因兹斷滅。藥王藥上,受(授)與神方;觀音妙音,施其妙藥;身病心病,即日消除;臥安樂(覺)安⑤,起居輕利。所有怨家債主、負財負命者,領功德分,莫爲讎對;放捨病兒,却復如故。又持勝善,次用莊嚴施主即體:惟願千殃頓絶,萬福來臻,大小清宜,永無災厄。然後先亡父母,目覩龍蓮;胎卵四生,齊成佛果。摩訶云云。

### 八、難月文

若夫智(至)覺幽深,真如綿邈,神功叵惻(測)。外獻七珍,未證菩提,遂捨轉輪之位,内修萬行,方證無上之尊。然今施主焭(焚)香意者⑥,奉爲患難之所施也。患者乃遂因往刼,福湊今生;感德(得)婦女之身,難離拓(脱)胎之患。今者旬將已滿,朔似還周;慮恐[有]傷毁之唆(煞)⑦,實具(懼)值妖災之苦。故即虔心懇切,望三寶以護持;割捨珍財,仰慈雲而啓顙。伏聞三寶是濟危拔苦之能人;大士弘悲,無願不從而惠化。以斯念誦功德,總用莊嚴患者即體:惟願日臨月滿,果生奇異之神;母子平安,定無[憂]嗟之厄⑧。觀音灌頂,得受不死之神方;藥上拄摩,垂惠長生之味。母無痛惱,得晝夜之恒安;産子仙同(童),似披蓮而化現。又持勝福,次用莊嚴施主合門居眷等:惟願身入松嶽,命等山河;福廣惠深,彌僧(增)佛日。然後四生離苦,三有獲安;同發菩提,成正覺道。摩訶云云。

## 亡文第五

### 九、[亡僧文]⑨

竊以龍宮現生,表無生於實相;鶴林示滅,標不滅於真儀。是以無去無來,始證三明之

---

① "虔誠",當作"乾城",據伯二六三一號之《僧患文》改。
② "成",當作"誠";"誓",當作"逝",據斯五四三號之《患文》改。
③ "中",據斯五五四八號之《患文》補。
④ "及",據斯五五四八號、伯二八五四號等《患文》,也可作"裏"。
⑤ "樂",當作"覺",據斯五五四八號之《患文》改。
⑥ "焭",當作"焚",據伯三八一九號 + 伯三八二五號之《難月文》改。
⑦ "有",據伯三八一九號 + 伯三八二五號之《難月文》補。
⑧ "無"字前衍一"受"字。"憂",據伯三八一九號 + 伯三八二五號之《難月文》補。
⑨ "亡僧文",據文義補。

境;非色非相,方開七覺之門。引權實以成因,啓津梁而利物。卷舒叵測,顯晦難量者哉！厥今則有坐前施主跪雙足、捧金爐、焚寶香陳願者,奉爲過往闍梨某七追福諸加(之嘉)會也。[惟]亡靈乃體龍象之神德,狀師子之威容;巍巍負川(山)嶽之姿①,浩浩蘊江河之量;湧調浪於言泉,控玄源於口海。豈謂朝波閱水,淪法悼(棹)於四流②;夜壑藏舟,溺仁航於五濁。故使十方哀結,懼景落而行迷;七衆悲號,痛梁墔(摧)而凶極③。至孝等積釁尤彌深,殃尅尊陰;攀號一絕,痛列五情。日月往來,俄經某七。故使法場罷訓,恨兔月而西沉;禪室寂然,怨逝水之東浪。是日也,吉祥之草,分滿凶庭;功德之林,影連魂彰(帳)④。鴻鍾野(夜)切,清梵朝哀;香焚鶴樹之門,供展苑園之內。遂請十方賢衆,降此小廷(筵);會三界凡僧,希求少福。因果敬於善德,設供越於純陀;敷玉相於淨坊,焚天香於此室。總斯多善、無限福因,先用奉資亡靈去識:惟願神生淨土,識坐蓮臺;花開聞解脫之香,舉足升涅槃之果。又持勝福,次用莊嚴齋主即體:惟願災殃電滅,障逐雲消;長夜清宜,永年康吉。然後豎通法界,傍括四生,並沐勝因,咸登覺道。

## 十、尼德

覺花重影,戒月孤凝;七聚精知,五篇妙達。參耶輸之雅志,集愛道之貞風;利物爲懷,哀傷在念。

## 十一、亡父母文

無常苦海,六道同居;生死河深,四生共受,縱使高登十地,未免去流(留);受絕空禪,亦隨生滅。然今坐前齋主啓願所申意者,奉爲亡考某七追福諸加(之嘉)會也。惟亡靈乃稟質英靈,肅(夙)標和雅⑤,人倫領袖,鄉侶具(儔)瞻。理應久居人代,訓範子孫;何圖捨世有終,奄歸大夜。至孝等自云孝誠虧感,早隔尊顏;攀風樹而不亭(停),望寒泉而永別。縱使捨軀剖髓,無益幽魂;泣血終身,莫能上答。故於是日,以建齋延(筵),屈請聖凡,用資神識。是日也,清遞(第)宅,列真儀,龍象雲臻,鴛鷺務(霧)集。建齋逾於善德,設供越於純陀;爐焚百和之香,廚饌七珍之味。總斯多善、無限勝因,先用莊嚴亡者所生魂路:惟願神生淨土,識坐蓮台,常辭五濁之中,永出六天之外。又持勝善,奉用莊嚴齋主眷屬等:伏願心同朗月,春夏恒明;體侶貞松,秋冬不變。然後七世父母,蓮華化生,人異(與)非人,咸蒙吉慶。

---

① “川”,當作“山”,據伯二五四七號背之《僧尼亡》改。
② “悼”,當作“棹”,據伯三五〇三號之《庚午年十二月六日閻願深書亡僧文》改。
③ “墔”,當作“摧”,據伯三五〇三號之《庚午年十二月六日閻願深書亡僧文》改。
④ “彰”,當作“帳”,據斯五六三七號之《亡考妣三周》改。
⑤ “肅”,當作“夙”,據斯四九二號背+斯三四三號之《願文》改。

## 十二、亡姚德

雍雍婦德,將月鏡而同明;穆穆女儀,共春蘭如(而)並馥。一切頭尾、時候,共《丈夫文》同用。

## 十三、亡男

號同前。厥今有坐前施主設齋所申意者,爲亡男某七追福之嘉會也。惟男天生聰俊,異世英靈;文武初明,孝兼家國;年方熾盛,欲保遐齡。何圖玉樹先彫,金枝早折;奄從風燭,某七俄臨。每泣蟾光之影,猶掌失珠;灑血哀傷,難捐湘壁(璧)。無蹤再會,唯福是憑;[故建齋筵]①,用資幽息。

## 十四、亡女

乃芳年艷質,綺歲妖妍;臉奪紅蓮,眉分柳葉。始欲桂枝茂盛,皎皎於晨昏;瞻(蟾)影方輝②,澄澄於水面。將謂久流世應(留應世)③,侍母恭尊;何圖業逝奔臨,奄歸大夜。所以母思玉質,父憶花容,五内哀悲,肝腸寸絶,無門再感,唯丈(仗)福因。故於某七追福念誦,希求少福。是日也,宏敷弟(第)宅,僧會十方,饌列七珍,爐焚百味。以斯設齋功德、迴向福因,先用奉資亡靈去識:惟願澄神八解,回證三空;授記於彌勒之前,傳心於釋迦補處。又持勝福,次用莊嚴坐前施主即體:惟願千祥永應,萬福來臻,災障不侵,功德圓滿。然後散霑法界,普及有情,賴此福因,齊成佛果。

## 十五、優婆夷

捨家學道,志慕尋禪。求師而不倦晨昏,習葉(業)而[無]虧精進④;澄心晏席,絶去埃塵,頓悟真源,超然離境。

---

① "故建齋筵",據伯三八一九號+伯三八二五號之《亡男》補。
② "瞻",當作"蟾",據斯三四三號背+斯四九九二號之《亡女文》改。
③ "久流世應",當作"久留應世",據伯二〇五八號"將謂久居應世"句例改。
④ "葉",當作"業",據伯二〇五八號之《優婆夷》改。"無",據伯二〇五八號之《優婆夷》補。

# 斯一五二二號《齋儀選抄》

此件有兩個殘片，均首尾殘缺，内容爲捨施疏、涅盤經難字、布破曆和齋儀。其中齋儀有十八篇，篇目不成系統，當是抄寫者應己需而從齋儀中選抄合用的部分，如《得書手》源自於《齋琬文》等，故此擬名爲《齋儀選鈔》。目前有郝春文釋録本，見郝春文編著《英藏敦煌社會歷史文獻釋録》第七卷，社會科學文獻出版社，二〇一〇年，第二一三～二一五、二一八、二三四頁。

（前缺）

## 一、[得書手]①

[惟某以少挺貞幹之節]②，[長弘清]素[之風]③。麗藻共潘陸連華，飛筆與鍾張比迅。[遂得代襲天禄]，[染翰石渠]。[比仲則之懸針]，[同務光之倒韭]。

## 二、[病損]④

□□□□□□□□□□□□□□□路，梵樂孔熾，戎馬生郊。寄□□□□□□□□□□□□□。[一]朝蠲損，百福詶（酬）恩者焉。

## 三、[慶功德]⑤

□□□□□□□□□□□□□□□□□，[德]行逾增，[譽]名廣著。重之以仁，□□□□□□□□□□□□□□□靡。惶惶翼翼，聞歌聞詠，□□□□。

## 四、[開講]⑥

[若夫業浪滔滔]，[憑]六舟而遐濟。昏城霄霄，作□□□□□。□□□□□，□□□□

---

① “得書手”，據伯二五四七號之《得書手》補。
② “惟某以少挺貞幹之節”，據伯二五四七號之《得書手》補。
③ “長弘清素之風”，據殘筆畫及伯二五四七號之《得書手》補。
④ “病損”，據文義並參考伯三五七五號之《病損》補。
⑤ “慶功德”，據文義補。此篇爲造某功德後的慶揚文。
⑥ “開講”，據文義並參考伯二五四七號之《開講》補。

□。〔由是皇覺應期〕，〔爰〕疎正術；法王啓導，廣運迷□□□□□□□□□□□□□□□□□□□□之地。

### 五、〔亡男〕①

□□□□□□□□□"□□□□□□□□高，仁孝聞于廿齡。□□□□□□□□□□□□□家先撿，六銖方施。□□□□□□□□□惟願秉文住武，入孝〔於家〕②；□□□□，光暉獨秀。

### 六、新婦

新婦則□□□□，婉麗淑質。妍花狀□□□□，□□□□□□洛浦。四德流美，百兩言歸。〔希永〕保休宜③，冀和琴瑟，去彼陰□□□，仍陳清净之延（筵）。惟願〔百靈〕影衛，千聖冥加，冀益女功，彌彰婦德。

### 七、僧

惟某棲神道樹，浴想禪池，知〔愛網〕之縲身④，悟智舟之〔運亡〕⑤。所以凝心四諦，欽念三乘，故得解素披緇，法服舒而六天喜；〔抽簪落〕髮⑥，惠刀奪而四魔驚。參勝侶於金園，厠高名於寶地。〔成法門之〕禎幹⑦，爲品物之津梁。

### 八、尼

斯乃行業舒芳，性筠敷秀。柔襟雪暎，凝定水於心池，淑質霜〔明〕⑧，皎禪支於意樹。故得解羅棠於寶地，披妙服以凝真。落雲髮於金閫，襲芳緣而出俗。粧臺艷粉，棄之若灰塵；花帳芳茵，厭之如〔瓦礫〕⑨。

### 九、像

乃金容挺照，月面圓明，如猶忉利之天，似起〔菩提之座〕⑩，〔將疑〕説法，未開丹果之脣；

---

①　"亡男"，據文義補。
②　"於家"，據文義及齋文"入孝於家"句例補。
③　"希永"，據殘筆畫及文義補。
④　"愛網"，據北大敦一九二號之《僧》補。
⑤　"運亡"，據北大敦一九二號之《僧》補。
⑥　"抽簪落"，據北大敦一九二號之《僧》補。
⑦　"成法門之"，據北大敦一九二號之《僧》補。
⑧　"明"，據伯三七七二號＋伯三七七二號背之《僧尼道士女官》補。
⑨　"瓦礫"，據伯三七七二號＋伯三七七二號背之《僧尼道士女官》補。
⑩　"菩提之座"，此處及下文皆據伯二五四七號之《像》補。

狀欲經行,猶峙蓮花之步。

## 十、[燈]①

[燈乃香油鏡面]②,高樹侵雲。花皎(映)七輪③,光暉八達。

## 十一、[亡考妣三周]④

至孝等留戀[慈顏]⑤,[痛摧心髓]⑥;再想温清(清),千秋痛咽。雖復悲纏六府,未盡[益於亡靈]⑦;[泣血三年]⑧,寧[有]資於魂路⑨? 所以修因净境,集福良田;式[薦幽魂]⑩,[□□□□]⑪;[□□□□]⑫,[昊天]罔極⑬。

## 十二、兄弟姊妹

熟(孰)謂盈盈同氣,一旦九泉;穆穆孔懷,忽[焉萬古]⑭。[傷鶺]鴒之永隔⑮,痛花萼之長凋。光陰遽遷,于兹某[七]⑯。

## 十三、奴婢

不謂報落青衣,業拘墨網。身無自在,名[應驅馳]⑰。[念]恭謹之小心⑱,愍晨昏之匪懈,故於是日,爲設清齋。[惟願霧卷塵]累⑲,永拔煩籠;[往]生於諸佛之家⑳,共作菩提之眷屬。

---

① “燈”,據文義及伯二五四七號之《像》補。
② “燈乃香油鏡面”,據伯二五四七號之《像》補。
③ “皎”,當作“映”,據伯二五四七號之《像》改。
④ “亡考妣三周”,據文義補。
⑤ “慈顏”,據文義及伯二九九一號之《臨壙追福》“戀慕慈顏”句例補。
⑥ “痛摧心髓”,據文義及伯二九九一號之《臨壙追福》“戀慕慈顏,痛摧心髓”句例補。
⑦ “益於亡靈”,據伯二九九一號之《爲考妣起塔》“悲纏六府,何益亡靈”句例補。
⑧ “泣血三年”,據伯二九九一號之《爲考妣起塔》補。
⑨ “有”,據伯二九九一號之《爲考妣起塔》補。
⑩ “薦幽魂”,據伯二九九一號之《爲考妣起塔》“式薦幽魂,冥資識路”句例補。
⑪ “□□□□”,可據伯二九九一號之《爲考妣起塔》“式薦幽魂,冥資識路”句例補作“冥資識路”。
⑫ “□□□□”,可據伯二三四一號之《臨壙文》補作“爱屬閔凶”。
⑬ “昊天”,據伯二三四一號之《臨壙文》補。
⑭ “焉萬古”,據伯二六四二號＋伯二六四二號背之《兄弟》補。
⑮ “傷鶺”,據殘筆畫及伯二六四二號＋伯二六四二號背之《兄弟》“鶺鴒失羽”句例補。
⑯ “七”,據文義補。
⑰ “應驅馳”,據北大敦一九二號之《奴婢》補。
⑱ “念”,據殘筆畫及伯二五四七號之《亡新婦》“念恭敬之清心”句例補。
⑲ “惟願霧卷塵”,據殘筆畫及文義補。
⑳ “往”,據文義補。

## 十四、寺主

惟某禪池共(與)清泉共潔①,戒珠將皎月同圓。可謂昂藏智□,恢廓法宇。至于理僧徒之繁務,秉法紹之肅清。與僧友(後缺)。

## 十五、[俗士修道]②

素緇有異,現形維摩。雖樂郡(群)生,名不資德。謙下忍惡,摧人我山。行不二門,任佛性海。法雷時震,百福俱生。惠澤普霑,道芽憎(增)長。十方諸佛,乘寶殿之禪樓。菩薩聖僧,[座]蓮舟[而]云集③。

## 十六、遠行

蔭(陰)路霞(退)開,雲煙不離。關河通太(泰),沙漠無虞。早達願所,以[得]平安④。

## 十七、[亡尼]⑤

素聞清節,操志雲謀。六親仰仁惠之風,九族賴温和之德。加以違榮出俗,德(得)愛道之方(芳)蹤;奉戒飡禪,繼蓮花之軌躅。豈謂風吹道樹,月暗闍堂。掩然遊魂,邈以長行。

---

① "共",當作"與",據文義改。
② "俗士修道",據俄敦一六九號＋俄敦一七〇號＋俄敦二六三二號背《俗士修道》補。
③ "座""而",據俄敦一六九號＋俄敦一七〇號＋俄敦二六三二號背《俗士修道》補。
④ "得",據伯二〇五八號之《遠行》補。
⑤ "亡尼",據伯三五六六號＋伯三五六六號背之《亡尼文》補。

# 斯一六八六號《諸雜文抄》

　　此件《英藏》圖版題爲《大蕃歲次辛丑五月二日沙州釋門都教授和尚畫功德佛像記》，敦煌研究院編《敦煌遺書總目索引新編》題爲《大蕃歲次辛丑五月二日沙州釋門都教授和尚畫本行集變等記》。按：實爲《諸雜文抄》，現存有都教授和尚繪本行集變畫題記一通、求己躬齋意一篇、嫁行齋文一篇。目前有郝春文釋録本，見郝春文編著《英藏敦煌社會歷史文獻釋録》第七卷，社會科學文獻出版社，二〇一〇年，第四五三頁。因題記與齋會無涉，清本僅釋録齋意與嫁行文。

## 一、[齋意]①

　　厥[今]投誠梵宇②、渴仰慈門、敬捨珍財、披肝虔敬者，[爲]資益己躬之所建也③。

## 二、[嫁行文]④

　　雍儀叔（淑）質，並天上之仙娥；玉貌逶迤，實人間之莫比。故得名傳狼岫，譽播燕山。求千載之良姻，結萬年之玉眷。今則榮爲已就，發日逼臨，慮路上之災非，伏聞三寶能濟厄危，諸佛如來有求必遂。是以來投寶地。親詣金田。爐焚百和之香，財施七珍之服。[伏願]三尊衛護⑤，寶體無危；八部加威，行呈（程）安泰；人馬平善，早達上州；遂稱其心，以和琴瑟。然後先亡玉葉，咸沐良緣；見在金枝，俱霑勝益。

---

① “齋意”，據文意補。
② “今”，據文義及常用句式補。
③ “爲”，據文義補。
④ “嫁行文”，據文義補。
⑤ “伏願”，據文義補。

# 斯一八二三號《亡齋文》

此件有兩個殘片，殘片一的正面抄寫亡齋文兩篇，目前有郝春文釋録本，見郝春文編著《英藏敦煌社會歷史文獻釋録》第八卷，社會科學文獻出版社，二〇一二年，第九三～九五頁。

## 一、[亡考文]①

蓋聞金烏常轉，生死[之浪]以[深]②；玉兔恒輪，愛欲之河難返。界城實巨，運數推而會終；[報]境雖高③，輕衣拂而必盡。所以逝川覺其迅疾，莫（昊）歎其奔。[影]像喻其非真④，水珠方其無實。厥今座前齋主捧爐祈願所申意者：奉爲亡姊某七功德之所建也。惟亡姊乃英靈獨秀，奇傑孤標。於家有清訓之儀，於君立盡終（忠）之効。文超七步，筆操月落龍飛；武越由基，惣負亞夫之勇。將謂乾坤齊壽，育子謀孫，何圖捨世早終，奄歸冥路。遂乃慕劬勞之德，義切昊天；懷罔極之恩，哀傷五内。但以朱光驟影，緑水飀波；信宿相催，俄經某七。至孝等自云：孝誠虧感，早隔尊顏；攀風樹而不停，望寒泉而永別。縱使羸（羸）形[碎]躰⑤，未益幽冤；泣血終身，莫能上答。故於斯日，以建齋筵，屈請聖凡，用酬厥德。是日夜（也），香湯灑於私弟（第），敷寶座於家庭；開玉藏而轉金言，爇金容横輝幢傘。遂乃請佛三世，僧會十方；廚供香積之饍筵，爐焚净土之百味。惣斯多善，無限勝因，先用莊嚴亡靈所生魂路：惟願長辭惡道，絶愛水之三塗；永離蓋纏，斷貪河於八苦；竟遊碧沼，泛般若之舟航；託質青蓮，證涅槃之彼岸。又持勝福，次用莊嚴：齋主合門居眷、内外親姻等，伏願心同朗月，春夏恒明；體侶貞松，秋冬不變。然後七世父母，蓮花化生，人以（與）非人，咸蒙吉慶。摩訶般若，利樂無邊。

## 二、亡妣文

蓋聞無常苦海，六道同居；生死河深，四生共受。縱使高登十地，未免去流（留）；受絶空禪，亦隨生滅。是知有識者，莫不無常；壽（受）稟氣者，會歸終（殄）滅。然今座前齋主捧爐啓

---

① "亡考文"，據文義補。
② "之浪以深"，據斯四五六四號背《號頭》補。
③ "報"，底本殘，據殘筆劃及文義補。
④ "影"，據文義補。
⑤ "羸"，當作"羸"；"碎"，底本殘，據伯二六四二號＋伯二六四二號背之《亡姊》補。

願所申意者：奉爲亡妣某七功德之所建也。惟亡妣乃性本柔和，行常貞潔，母儀含於淑質，慈軌叶於謙恭，行順弘於六親，美卹憂於九族，理應久居人代，訓範子孫，何圖業受有終，奄歸幽路。但以逝川東注，洪波之浪難迴；光影西山，孰制崛峯之[日]①。[至孝等自云]：[禍愆靈祐]，[釁]隔慈顔，撫（俯）寒泉以窮[哀]，[踐霜露而增憾]。[色養之體]，攀拱木而無追；乳哺[之恩]，[儜禪河而契福]。[縱使傷]軀斷髓，無益幽路之[灰蒬]；[泣血碎身]，[詎能酬報之亡]識？故於是日，已建齋筵，[屈請聖凡]，[用資冥路]。[是日也]，宏敷寶室，嚴灑清[宮]，[轉三世之金言]，[誦神方之秘]密。幡花迨匜，爐燹百[味之香]；[廚饌七珍]，[何異純陀之]供。惣斯多善，無限勝因，[先作莊嚴亡靈所生魂路]：[惟願神生浄]土，識坐蓮臺，花開[聞解脱之香]，[舉足登涅槃之果]，[當當]來代，還與至孝作菩提[善因]，[莫若今生愛別離苦]。[又持勝福]，次用莊嚴齋主合門居[眷]、[内外親姻等齊登佛果]。[摩訶般若]！

　　□山禪師文。

---

① "日"，此處及後面正文中缺字皆據斯五五七三號之《亡齋文一道並序》補。

# 斯一八二三號《嘆優婆夷》

　　此件爲斯一八二三號殘片二,抄寫《癸卯年正月至十一月都師道成於樑户張員住手上就庫零散領油抄》。另一個寫手在正、背面空白處抄寫《嘆優婆夷》各一遍。此則《嘆優婆夷》見載於《齋琬文》,抄寫兩遍,當是寫手練筆書寫。目前有郝春文釋録本,見郝春文編著《英藏敦煌社會歷史文獻釋録》第八卷,社會科學文獻出版社,二○一二年,第一○○頁。

## ［優婆夷］[①]

　　然今清信優婆夷柔明植心,婉順成德。映張箴而緝禮,軼班史而流訓。加以虔心妙覺,展志玄門,仰因菓緣,廣修珍供。

---

① "優婆夷",據文義補。

# 斯二一四六號《齋文類抄》

此件首缺尾全，由多紙粘接而成。現存内容皆爲公共齋會所用的齋文，有酬慶願、贊功德、禳災類齋文十二篇，故此擬名爲《齋文類抄》。目前有郝春文釋録本，見郝春文編著《英藏敦煌社會歷史文獻釋録》第十一卷，社會科學文獻出版社，二〇一四年，第二二四～二三一頁。《大正新修大藏經》《敦煌願文集》對此件中的部分齋文進行了釋録。

## 一、[布薩文]①

[夫]諸佛現興，善權化物；群生瞻奉，鄙惑消亡。雖法闡三乘，戒[宣五部]，[然隨根利]鈍，開合有差。凡所見聞，俱蒙勝益。此會事也，時我[釋門尊宿]爰及教授闍梨[等]爲勸導之主也。將使真風廣扇，佛日重明；[緇徒申懺]謝之端，士庶展聽聞之福。於時開寶地，豎金幢；香煙與瑞[色而如空]，[清]梵共笙歌而合響。籌稱解脱，頂戴受持；戒號防非，深[心修學]。菩提藏種，霑甘露以抽芳；覺樹祥花，結香園之味果。以斯一一[莫限良緣]，先用莊嚴梵釋諸王、龍天八部：伏願身（神）光增益②，聖力冥[加]；[興]念含生，匡兹教法。使陰陽應序，風雨聲和；稼穡豐登，人民樂業。又持勝福，莊嚴聖神贊[普]：伏願壽齊聖石，命等靈椿。官寮善被無疆，尊宿福資有識。然後兵刀永絶，教跡流通；凡厥含情，俱登覺道。

## 二、布薩文

夫法王應現，威振大千；法教興崇，弘通是務。況宣傳戒藏，每月二時；精守不逾，福資家國。於是幢（撞）鍾召衆，奏梵延僧；香騰五雲，幡暉衆綵。總斯多善，無限良緣，即用莊嚴上界天仙、龍神八部：惟願威靈潛衛，聖德冥加。使日月貞明，陰陽克序，和風應節，甘雨順時。四人有樂於安邊，萬里無虞於永歲。即願[佛]法永扇③，釋教弘敷，一切含靈，俱登覺道。

## 三、布薩文

夫竊見流沙一方，緇徒累百。其能秉惠炬，建法幢，弘志（至）教於即時，豎津梁於來世

---

① "布薩文"，據斯六一七二號之《布薩文》補。此篇正文所缺，皆據斯六一七二號之《布薩文》補。
② "身"，當作"神"，據斯六一七二號《布薩文》改。
③ "佛"，據布薩文義補。

者，豈非我教授之謂歟！故能使二部律儀，策懃而不倦；三[乘]軌躅①，相繼而無窮。布薩之法，洗滌於煩籠；住持之功，繼明於動植。唯願以斯白業、無蘊（疆）福因②，先用莊嚴梵釋四王、龍天八部：即願福德逾增，威光轉盛；消除役厲（疫癘），利樂生靈；三邊無變怪之憂，百穀有豐登之樂。又用功德，奉資聖神贊普：伏願明齊舜宇（禹），美叶堯湯；布恩惠於八方，視黬（黔）黎於一子。次用功德，莊嚴我節兒上（尚）論：伏願榮高往歲，慶益今辰。此（次）用莊嚴都督杜公：惟[願]福逐年長③，壽逾金石。然後散霑法界，普及有情。

## 四、罷四季文

夫佛日舒光，無灾不遣；般若流演，何福不臻。今者啓八龍之寶藏，開五印之真文，會二百之梵輪，於三旬而轉誦者，則我當今聖神贊[普]保願功德之端敘矣④。伏惟聖神贊普道邁義軒，功超堯舜，握圖御歷，秉録匡時，八表廓清，廣弘十善。家（加）以别崇妙福，特竪芳因；建四季道場，希萬機永古（固）。由是照（詔）自舟（丹）闕⑤，遠令敦煌，每歲修崇，恒爲常式。今兹會者，則春季之終畢矣！是日也，元（原）田初緑，桃菀讝（纈）紅，玉牒向終，金言告罷。賴此殊勝、無蓋（疆）福因，先用莊嚴[云云]。

## 五、[行城文]⑥

夫應化無方，神用不倦。恩霑動植，福洽生靈。天中之天，獨擅其務，至於妙事，豈足繁詞？此瑞（端）之興⑦，抑有由矣！今則三春中律，四序初分，絮拆南枝，冰開北岸。廣法王之化跡，冀珍千祑；揚大聖之辭榮，悕臻萬善。於是不屌月殿，夜擊霜鍾，爰集緇徒，競持幡蓋；列四門之勝會，旋一郡之都城；像設金容，雲飛鷲嶺；眉開毫月，花步蓮宮；傾市傾城，搖山蕩谷，迦維猒慈，豈用年哉！所冀四王護世，百福潛加，櫬槍掃於天門，疫厲（癘）藏於地户；慶雲有也（布野）⑧，喜色凝空，倒載干戈，修文偃武。總斯功德，迴奉龍天八部：惟願威光怛赫，神力無涯，災害不生，禍亂不作。又持勝福，上資聖神贊普：唯願萬國納貢，四海來庭；寶歷（曆）恒昌，金石比壽。又持勝福，莊嚴節兒都督：唯願壽命逾遠，禄極萬鍾；部落使官遼（僚）門傳九戟。然後散霑法界，普洎有情；賴此勝因，咸登樂果。

---

① “乘”，據文義補。
② “蘊”，當作“疆”，據文義及齋文常用句例改。
③ “願”，據齋文常用句例補。
④ “普”，據文義補。
⑤ “照”，當作“詔”；“舟”，當作“丹”，據文義改。
⑥ “行城文”，據文義補。
⑦ “瑞”，當作“端”，據斯六一七二號之《行城文》“此會之端，抑有由矣”句義改。
⑧ “有也”，當作“布野”，據伯二六三一號《行城文》“慶雲布野”句例改。

### 六、行城文

我法王之利見也，大矣哉！故降神兜率，現影王城。觀妙色有若於癰瘡，猒寶位乃踰於宮闕，御四魔而登正覺，居三界而獨稱尊。神化難量，叵能談也。今者春陽令月，地拆萌芽；鳥嚮含春，風搖翠柳。於是豁開奈菀，洞啓蓮宮；金相煥爛於四衢，銀毫暉舒於八極。隱隱振振，如旋白鈑（飯）之城①；巍巍俄俄（峨峨），似繞迦維之闕。尊卑霧（霧）集，大小雲奔；笙歌競奏而啾留（嚠），法曲爭陳而槽榍（嘈切）②，所冀百福被矣，千障雲祛；覿勝相兮獲因，瞻妙色兮生福。總斯多善，莫限良緣，先用莊嚴梵釋四王、龍天八部：唯願增威力，益神通，併妖氛，驅疫癘（癘）。次持勝福，奉用莊嚴我當今聖神贊普：伏願壽永固，等乾坤，六夷賓，四海伏。次用莊嚴節兒尚論、爰及都督杜公：爲雲爲雨，濟枯涸於明朝；部落使諸官，建忠貞於聖代。然後上窮空界，傍括十方；賴此勝因，成正覺道。

### 七、行城文

應化無窮，作用不倦，恩霑動相（植）③，福洽生靈。天中之天，獨擅其務；至於妙事，豈足繁詞？此會之湍（端）④，抑有由矣！今則四序將盡，三春肇來；送故納新，除災建福；冀清封壘，保艾蒸黎。於是月殿不扃，霜鍾夜擊；爰集緇侶，悉索幡花。出佛像於四門，遶重城而一匝。儼然相好，鷲嶺雲飛；煥爛毫光，蓮峰降步。傾城傾市，蕩谷搖山，舍衛踰城，豈用年矣。即冀四王護世，百福潛加；欃槍掃於天門，疫癘藏於地户。庶（淑）雲布族（簇）⑤，喜色凝空；倒載干戈，修文偃武。總斯功德，迴施龍天八部：惟願威光怛赫，神力無涯；災害不生，禍亂不作。又持景福，上資聖神贊普：惟願萬國納貢，四海來庭；寶曆恒昌，金石比壽。皇太子殿下洊雷遠震，少海長清。夫人蘭桂永芳，妃嬪稱花獻頌。又持勝福，總用莊嚴我都督杜公禄極萬鍾。然後[云云]⑥。

### 八、行軍轉經文

夫諸佛興悲，無緣普備；有情見異，感迹緣老（差）⑦。故使歸向者，福逐願生；輕毀者，禍隨心起。則知禍福自致，非聖愛增（憎）者歟⑧！然今此會轉經意者，則我東軍國相論掣脯敬爲西征將仕（士）保願功德之建修也。伏惟相公天降英靈，地資秀氣；岳山作鎮，謀略坐籌。

---

① "鈑"，當作"飯"，據斯六一七二號之《行城文》、斯二八三二號之《二月八日》改。
② "槽榍"，斯六一七二號之《行城文》作"槽檝"，此處爲擬聲詞，據杜甫《琵琶行》，當校作"嘈切"。
③ "相"，當作"植"，據此件上一篇《行城文》改。
④ "湍"，當作"端"，據斯六一七二號之《行城文》改。
⑤ "庶"，當作"淑"；"族"，當作"簇"。據文義改。
⑥ "云云"，據齋儀常用句式補。
⑦ "老"，當作"差"，據斯六一七二號之《轉經文》、伯二八五四號之《星流發願文》改。
⑧ "增"，當作"憎"，據伯二八五四之《星流發願文》、伯三七七〇號之《禳災文》改。

每見北虜興師，頻犯邊境；抄劫人畜，暴秏（耗）田苗①，［遂］使人邑不安②，峰（烽）颺數舉。我國相悖然忿起，怒髮衝冠。遂擇良才，主兵西討。雖料謀指掌，百無一遺；然必賴福資，保其清吉。是以遠啓三危之侶，遥祈八藏之文；冀仕（士）馬平安，永寧家國。故使虔虔一志，諷誦《金剛》；濟濟僧尼，宣揚《般若》。想此殊勝，夫何以加？先用莊嚴護世四王、龍神八部：願威光盛，福力憎（增）③；使兩陣齊威，北戎伏欵。又用莊嚴行軍將相：伏願才智日新，福同山積；壽命遐遠，鎮坐台階。諸將仕（士）等三寶撫護，萬善莊嚴。然後［云云］④。

## 九、轉經文

我法王之利見也，難可詳焉！其有歸依者，果無不尅矣！然今啓龍藏、虔一心、擊洪鍾、邀二衆者，其誰施之？則我國相論掣晡敬爲西征將仕（士）保願功德之所建矣！伏惟相公乃何（河）岳降靈，神威動物，咸（銜）恩出塞，撫俗安邊。一（以）昨春初，扶陽作孽，摽掠人畜。由是大舉軍師，併除兇醜。雖曰兵强仕（士）勇，然福乃禍師。是以遠杖流沙，積祈轉念。今者能事遐列，勝福斯圓。總用莊嚴行軍將相即體：願使諸佛護念，使無傷損之憂；八部潛加，願起降和之意。然後人馬咸吉，仕（士）卒保康；各守［邊］垂，永除征戰。然後散霑法界，普及有情，賴此方（芳）因，咸登覺道。

## 十、置傘文

夫除災靜難者，莫善於佛頂蜜（密）言⑤；集福延休者，事資於行城念誦。今者春陽令月，寒色猶威；請二部之僧尼，建白幢於五所者，其誰施之？時則有節兒都督爲合邑黎元報（保）願功德之所建矣⑥。伏唯節兒都督公平育物，罄節安邊。恐瘮（沴）疾流行⑦，災央（殃）倐起。是以預修弘願，建竪良因，行城將殄於妖氛，竪幢用臻乎福利。今既能事備，勝願享，福長空，量難比。以兹勝利，先用莊嚴梵釋四王、龍神八部［云云］⑧。

## 十一、置傘文

夫覩相興善者，無出於應化之身；穰災怯（袪）禍者⑨，莫過乎佛頂心呪。然無身之身，故

---

① “秏”，當作“耗”，據斯六一七二號之《轉經文》改。“秏”同“耗”。
② “遂”，據文義補。
③ “憎”，當作“增”，據斯六一七二號之《轉經文》改。
④ “云云”，據齋儀常用句式補。
⑤ “蜜”，當作“密”，據伯二八五四號之《竪幢傘文》改。
⑥ “報”，當作“保”，據齋文常用句“保願功德”改。
⑦ “瘮”，當作“沴”，據文義改。齋文中常“沴”“災”對舉。
⑧ “云云”，據齋儀常用句式補。
⑨ “怯”，當作“袪”，據伯三七七〇號之《置傘文》改。

現身而齊（濟）難①；無説而説，説心呪而持危。盛事之興，莫大於玆矣！今者敦煌之府，内竪白法之勝幢，［外］設佛頂於四門②，使黑業之殄掃。厥今此會，其誰施之？時則有二節兒岳牧、杜公等爲城埠（隍）報（保）安之所建也③。唯節兒都督以慮敦埠（煌）西極，境接北胡，躍馬控弦，寇盜無準。恐艾踐稼穡，百減衣食之源；九農匪登，使萬人懷馨懸之念。所以互相設計，務在安人；若論護國匡邦，無過建斯幢傘。即冀除災殃於不毛之地，併疫厲（癘）於無何有之郷；五穀無霜雹之災，萬品登人（仁）壽之城。先資是福，奉用莊嚴聖神贊普：伏願寶位永固，金石齊年；四海澄清，萬方朝貢。亦持此善，莊嚴節兒都督：爲霜爲雨，齊（濟）枯旱於明朝；部落使諸官，建中（忠）貞於聖代。又持是善，亦用莊嚴二教授闍梨：伏願極（濟）拔殊苦④，超出輪迴；壽等寒松，福如春草。然後薄霑動植，遍及無疆，賴此勝因，登正覺道。

## 十二、置傘文

夫延祥展慶，必賴於勝幢；掃孽除災，要資於兒力。故使善住聞其增壽，慶喜尅獲本心。魑魅畏之逃刑（形），天魔怖而求救。大哉神兒，無得而稱者歟！今屬和風動物，蟄户將開；幡蓋俳佪，緇倫肅穆者，何所謂耶？時則有我節兒尚論及都督杜公等：並乃養人如子，憂國同家；恐妖氛肆惡於域中，品物屢遭於迍厄。是以三陽令月，啓三福於釋尊；四季初辰，竪四門之［福］利⑤。總斯殊妙、最上福田，盡用莊嚴梵釋四王、龍神八部：伏願威光盛，福力增，育黎元，護軍國。我聖神贊普：唯願聖躬堅遠，日往月來；寶位恒昌，天長地久。節兒都督松皇（筭）比壽，福慶相資。部落使諸官等：唯願助理平和，惟清惟直。然後四時順，五穀登，百殃除，萬祥集。般若神兒，諸佛所師；大衆虔城（誠），一切普誦。

---

① "齊"，當作"濟"，據伯三七七〇號之《置傘文》改。
② "外"，據文義補。
③ "埠報"，當作"隍保"，據文義改。
④ "極"，當作"濟"，據文義改。
⑤ "福"，據"竪幢用臻乎福利"句義補。

# 斯二七一七號背《雜齋文抄》

　　此件首缺尾全,抄寫有《齋儀》《齋文》《珠英集》《請僧説法文》《雜抄》等内容。其中的齋儀、齋文篇目不成系統,故擬名此件爲《雜齋文抄》。目前有兩個釋録本:郝春文釋録本,見郝春文編著《英藏敦煌社會歷史文獻釋録》第十四卷,社會科學文獻出版社,二〇一六年,第二二~二五頁。黃征釋録本,見黃征、吳偉編《敦煌願文集》,岳麓書社,一九九五年,第六五五~六五八、七一一~七一二、七一六~七一七頁。

## 一、[亡妻文]①

　　[柔襟雪]暎,婦禮播於六姻;淑質霜明,女範傳於九族。不謂金娥[魂散],[璧月]光沉;罷鸞鏡於粧臺,匱鳳釵於綺帳。

## 二、逆修

　　加以性珠久净,心鏡先明;知泡幻之不堅,悟浮生之難駐;每驚二鼠,恒懼四蛇。是知紅顔易念念之間,白髮變須臾之際;惠心内朗,壇會外施;今生植來世之勝因,即日種後身之福利。故能[先]開净土②,預掃天門,抽摵(減)净財,爰修某七。

## 三、净人

　　謙恭立性,謹敬爲心。驅馳不失於四辰(晨)時昏,唯諾無虧於禮節。自可克終百福,奉事三尊,奈何九横來侵,一期終七。日月流速,居諸不停。存没殊途,于兹某日。

## 四、[慶經]③

　　某經乃一四句偈,能爲六道之師;八萬法門,悉稱諸佛之母。的心頂載(戴),罪滅福生;啓意受持,六根清净。

---

① "亡妻文",標題及正文缺字皆據斯三四三號背+斯四九九二號之《亡妻文》補,不另注。
② "先",據斯六四一七號之《願齋》補。
③ "慶經",據文義補。

## 五、慶新宅

翔(詳)夫一乘一念,達[一]如以照娑婆①;二智二嚴,立二端而顯真俗;三乘三寶,開三藏以證三空;四念四懃,獲四果而弘四德;五根五力,淨五眼以照五明;六識六賊,藉六度而平六道;七覺七分,轉七到以成七尊;八正八邪,端八風而歸八解;九橫九緾,列九品而明九因;十惡十善,遵十地而興十號。然今齋主可謂清白遠著,志德遐聞。雅量與江海俱深,勁節共青松等峻。二珠合彩,藻瓊雪而不逾;八桂芬芳,霑玉霜而莫變。故於是日,大啓良緣,敬設請齋,慶兹住宅。斯乃鶹文尅(刻)鏤,綺飾分明;既若豎應(樹鷹)飛來②,又似龍神湧現。丹窗紺瓦,暉暎紫霄;寶柱金門,含風吐日。斜昂巘剕,寫龍甲之參差;環栱聊綿,狀虹霓之出没;重簷軒剪,化鸞鳳之翔空;井厠垂連,類天花之競落。於是闢金地云云。持此設齋功德、焚香轉念勝因,先用莊[嚴]廟主:惟願邪摩(魔)惡鬼,併(屏)跡人寰;魑魅妖精,潛藏地穴;役(疫)毒休行,吉祥咸集;年無九橫,月去三災;大小清宜,尊卑納慶;門來善序,宅納吉祥;風送寶[衣]③,雨林(霖)天服④;倉盈金粟,庫積珍珠;宅富人興,永安千載。又願上方天主,雨寶尼之珠;下方地祇,湧蓮花[之]藏。白桂滿室,祇(殖)荆鵲而不窮⑤;紫金盈階,布祇園而匪盡;保齡遐算,共春鶴而俱翔;顯職重名,與台鼎而參列。宅主知五蘊[之]皆空⑥,悟百年之飄忽。根境兩寂,視萬像若空花;物我雙亡,觀十方而(如)水月。是以虔誠勝福,銳相芳園,不吝珠珍,式崇壇會。施主自云:久居使責,移就出寬,因此修營稱心。是以契陰陽而會合,克八卦以相扶,龜易占而吉祥,亦兆卜而應端。其宅乃四方平正,八表堪居;離坎分南北之堂,震兌列東西之位。左青右白,能引乾坤之規;前朱後玄,雅合陰陽之氣。故能羅嚴佛像,列席新庭,爐焚六銖,廚榮(營)百味⑦。惟願業障報障,與秋葉而爭飄;定根惠根,共春萌而競茂。善聲善響,常遊六趣之中;淨業淨因,恒居五蘊之境。

## 六、[慶幡]⑧

其幡乃梵天綵(採)樣,垂四股而空飛;兜率裁成,分二肱而雲繞。丹身素項,銀水動而白蓮開;青臂金蹄,朱影朗而雪花現。遂乃十地菩薩,行行降於排空;四大聖王,對對親爲衛護。藥師願下,神幡引地獄重關;彌陀會前,寶幢豎天堂户蔽。所以造之者增福無量,禮之者滅罪恒沙。

---

① "一",《英藏敦煌社會歷史文獻釋録》據文義補。
② "豎應",當作"樹鷹",此處形容新宅門樓鶹龍畫鳳,勢若林鶹。
③ "衣",據伯三八〇六號背之《願文》補。
④ "林",當作"霖",據伯三八〇六號背之《願文》改。
⑤ "祇",當作"殖",據文義改。
⑥ "之",據文義補。
⑦ "榮",當作"營",據斯五六三七號之《優婆夷》改。
⑧ "慶幡",據文義補。

## 七、[嘆德]①

惟公乃間生靈（令）德，夙負英雄。望高朱紫之風，族重琳琅之貴。幼閑弓馬，早懷沈謀。扇七德之宏才，蘊六機之俊德。故得久澄（鎭）沙漠，歷任轅門；張良之勇略過人，樊噲之深謀異衆。排兵列陣，判命豈惜於微軀；疋馬單槍，登危莫辭於勞苦；修城下壁，每竭輸忠；臥雪眠沙，累施臣節。

## 八、[押衙爲亡考軍使百日設齋文]②

厥今宏邀弟（敷第）宅，晃螚金容；請聖邀凡，焚香設供；兼捨浄財，含悲哀懇者，有誰施作？時則有座前持香齋主、哀子押衙奉爲故尊父軍使百晨（辰）追念之福會也。伏惟故尊父軍使乃間生靈（令）德，夙負英雄；懷百藝以資身，效千端而輸國。故得轅門務節，虔心敬仰于中華；綱紀敦煌，抱直累陳於逆耳。將謂山嶽齊壽，納忠懇于王庭；松竹同滋，獻一門之枝眷。何今天侵人願，喪獻奇才！衙左（佐）則齊<sup>歎悲</sup>助哀，府主乃偏<sup>情分</sup>戀惜。但以金烏西轉，玉兔東移，兩耀相催，俄經百日。至孝哀子自云：攀號罔極，痛尊影而一去無迴；躄踴摧心，恨抛子而千秋永隔。蹤（縱）使肝腸寸絶，五體分離，望想慈顏，終無由再見。尋迴無路，仰慈門酬訓養之恩；六趣之中，仗福力引往生善趣。

## 九、[嘆男德]③

星辰膺運，河嶽降靈。攬文而七步成章，集武而六奇雅妙。故得中朝獨步，宣恩遠委于關西；鳳闕孤標，術（銜）命遐通於萬里④。經行路塞，羌戎而<sup>重曇</sup>若神明；已屆遐方，生靈而敬同父母。加以傾心佛日，欽仰鴻門，同赴道場，光揚福事者。峨嶺萬丈，得衆塵而所成；海納千尋，憑百川而至潛。仰惟（以下原缺文）

---

① "嘆德"，據文義補。斯四九九二號背＋斯三四三號命此類嘆德樣文爲《空德》。
② "押衙爲亡考軍使百日設齋文"，《英藏敦煌社會歷史文獻釋録》據文義補。
③ "嘆男德"，據文義補。
④ "術"，當作"銜"，據文義改。

# 斯二八三二號《諸文要集》一卷

　　此件爲首缺尾全,其内容是將齋儀、實用齋文中适合己用的部分匯於一編,與北大敦一九二號《諸文要集一卷》的性質完全相同,故此擬名此件爲《諸文要集》一卷。此件抄本主要抄寫齋儀的"嘆德""齋意"和"時氣"部分。齋文的撰寫者要對齋會舉辦時的具體時節進行或詳或略的描寫,以烘託道場氛圍,此爲齋文的"時氣"部分。如伯二五二六號敘寫端午時氣:"時屬月仲朱明,星君火力。高樓則清風自滿,垂柳乃涼氣飛來。蜀葵則早發祥花,梅榴乃正開新葉。芳春四遠,薰戒香以氛氲;光彩陸離,混真元而競色。種種功德。"伯三八〇〇號之《阿師子度得》敘時氣云:"時屬蘆花飜於雪彩,霽色結於殘霞。堦前鋪白練之霜,天際度南飛之鷹。"齋文中敘寫時節的部分,在齋儀裏稱爲"時氣""時景""景候",如斯四九九二號背+斯三四三號之《優婆夷》明確指出:"但是頭尾、時氣共前《亡母文》不别,通用。"伯二〇四四號背之《誕慶》中亦明確地注明了在"嘆德"之後要根據時景加入"某春景候"的内容。因此,"時氣""景候"也是齋文的組成部分。完整的實用齋文應該有六個部分:嘆佛、嘆德、齋意、道場、時氣、莊嚴。此件節抄了各個時節的"時氣"文樣。目前主要有二個完整釋録本:郝春文釋録本,見郝春文編著《英藏敦煌社會歷史文獻釋録》第十四卷,社會科學文獻出版社,二〇一六年,第二四〇～二七八頁。黄征釋録本,見黄征、吴偉編《敦煌願文集》,岳麓書社,一九九五年,第七三～一〇二頁。

　　(前缺)

## 一、[願號尾]①

　　惟願公高搴惑網,譴累冰消。榮命保於南山,歡賞齊於北極。然後攀性花於道樹,苦海波清;照心鏡於禪池,邪山霧廓。

## 二、夫人

　　覺花莊性,道鏡明心。福壽比於山河,淑容芳於桃李。

---

① "願號尾",據文義及此件《患號頭》、北大敦一九二號之《願齋號頭》《患差號尾》等名例補。

### 三、三周

伏惟神氣疏朗,雅志端嚴。朝野羽儀,人倫龜鏡。名流宇外,德備衆中。加以識洞玄門,情融妙覺。性堅金石,志令(陵)松筠①。乃嗟久處彊埸,載離寒暑,虧色養之節,懸征戍之勞。豈謂風燭一期,光馳千日。[至]孝等懷恩罔極②,禮制有期。茅苫欲除,總帳將卷。想尊顏而益遠,痛幽壤之逾深。廣答洪恩,極禮追福。以斯多善,總用資薰。

### 四、患號頭

夫大慈愍衆生,故令我皈依;善拔衆[毒]箭③,故稱大醫王。[世]醫所療治,雖差還復生。如來所治者,必家(畢竟)不復發。

### 五、亡夫

氣雄志高,天與其性;才調不撓,風骨殊倫。豈爲(謂)彼蒼者天,殲我良士。孝子哀徹號叫,酸痛盈懷。恨琴瑟之去留,哭鴛鴦之永逝。殘魂坐泣,淚瀉如泉。半影將銷,形骸若碎。入室無賓致禮,倍增悲結之心;出戶有隔幽泉,反益孤得(特)之思④。無以遠託,唯福是資。流光奄然,初七俄屆。

### 六、亡妻

性和氣溫,淑質恭穆;秉箴誠以修緝,理婦儀以成家。豈期風燭忽臨,奄乎坰野;喪我良偶,哀叫酸聲。想容顏以生悲,念[名]德而增哭⑤。閨闈闃寂,羅晃(幌)無光。粧臺長閉於幽泉,綺服沉埋於深壤。忽思痛切,心骨俱摧。目淚將收,焚香啓福。日於(月)遄移,已經初七。嚴庭<sup>院</sup>字,散<sup>設</sup>幡花。賢聖降臨;緇素務(霧)集。

### 七、女人

蔵(臧)誠有規⑥,修容韞德。悲夫天壽已盡,衆(終)之示滅⑦。奚謂珠沉漢蒲(浦),玉碎荊山;追念之心,痛傷何極。於是孤神寂寂,長從辰路之人;獨識遊遊,永作夜臺之客。鳳釵在匣,無由重掛之期;鸞鏡塵埃,何有再營(瑩)之日。但以金鳥西謝,陳駟東馳,泉扃不開,爰

---

① "令",當作"陵",據文義改。
② "至",據斯四九九二號背+斯三四三號之《亡文》"至孝等懷恩罔極"句例補。
③ "毒"及後文所補字,據斯八一七〇號之《僧患文》及《法苑珠林》卷十六《涅槃經》補。
④ "得",當作"特",《英藏敦煌社會歷史文獻釋録》據文義改。
⑤ "名",據殘筆畫補。
⑥ "蔵",當作"臧"。
⑦ "衆",當作"終",《英藏敦煌社會歷史文獻釋録》據文義改。

及某日。

## 八、夫人

情田本潔,與水鏡而莫儔;志烈冰霜,擬寒松而非疋。早彰雅頌,夙著仁慈。何圖遽逐泉風,奄從岊路。孫子等扣地摧絕,號天泣血。恨慈顏遠隔,思侍奉之無由。丁酷至深,荼毒何及。但以炎涼亟往,灰管屢移。略(暑)刻不停①,某乙(七)俄屆。

## 九、女人患

氣稟松筠,貞節孤立。動用合禮,諧和厥心。敷德理於家,有聲聞於外。熟(孰)謂風水相交,便起波濤之疾。地火違越,已成伏枕之痾。惶惶滿家,求藥盈路。子憂生於白髮,女侍損於紅顏。復傷同氣之心,每歎親羅之念。不逢鶡鵲,冀託金師。願投法水之津,濯洗危身之患。

## 十、[女人患差]②

結清進(淨),集祥福,則近事女之作也。貞節孤立,常心禮儀;不貪色境之塵,有志菩提之路。頃鍾艱疢,危命將懸;啓告金師,冀欲冥療。作念已畢,聖心垂矜,清涼暗投,契(爇)惱將息。方知樂因既發,苦果尋飜;正信纔興,邪山自到(倒)。若欲保安家眷,會遊(由)福德之功;護念資身,要藉善根之力。

## 十一、女亡

性和貌寬,孤操閨室。長未成立,傾殞其身。嗟盛顏以埋沉,歎叢花之早落。哀生父母,痛及連枝。

## 十二、女

蘭儀擢秀,蕙問馳芳;貞操霜明,清矜月朗。豈謂寶山魔碎,玉樹俄摧。送妙質於[長]憤(墳)③,殯於壙野。臨歸(棺)取別④,氣絕長辭。幽路懸遥,未知何託。生如蹔寄,殞若常(長)歸。冥路遊遊,親知永隔。

## 十三、亡兄弟

惟公有天生之性,抱風雲之才。敦信克和,仁孝恭謹。何期盈盈同氣,一旦九泉;穆穆孤

---

① "略",當作"暑",據文義改。
② "女人患差",據文義補。
③ "長",據斯五六三九號+斯五六四〇號之《臨壙文》"落桂質於長墳"句例補。
④ "歸",當作"棺",據齋文常用"臨棺取別"句例改。

(孔)懷①，忽焉萬古。撫之棠棣，恨花蕚以長離；思彼鶺鴒，痛連枝而永隔。人代忽起(去)，陰光遞遷，自遊魂不飯，奄經某日。

## 十四、[公]②

惟公蘭芳秀實，雅量超群；德並貞松，神風獨朗。每恐驚波易起，飛電難留。慮隟驅之侵年，恐柔桑之夢知。福事(是)安身之本，善爲養性之原。方欲出煩惱之愛河，趣菩提之妙境。於是尊卑合契，大小同心。仰三寶以歸依，泛六波而濯想。爐燃百和，饌溢八珍；魚梵揚音，聖凡務(霧)集。以斯多[善][云云]。

## 十五、[亡號頭尾]③

恭聞覺體潛融，絕百非於實相；法身凝湛，圓萬德於真儀。於是金色間(開)容④，掩大千之日月；玉毫揚彩，輝百億之乾坤。然而獨拔繁羅，猶現雙林之滅；孤超象(塵)累，尚辭丈室之痾。況蠢蠢四生，集火風而爲命；忙忙六趣，積地水以成軀。浮幻影於乾城，保危形於朽宅。假八萬劫，詎免沉淪。時但一刹那，終歸磨滅者。

唯願諸親眷等三災霧卷，五福雲屯。海嶽有崩竭之期，福今(津)有衰殞之限。然後屆禪林而榮道樹，敷法藻而啓覺花。優遊同自在之天宮，快樂等他化之妙境。家傳鐘鼎之[貴]⑤，代襲冠冕之榮。男則惟孝惟忠，六藝光于家國；女則唯誠唯慎，四德播於閨闈。徽猷與天地而齊長，令問等山河之不朽。伏惟太守公奇才天縱，撫安以仁慈之心；異策通神，於家國而竭[忠孝]⑥。矜憐貧弱，仁明克和；禮樂敦政，風清草靡。文傑詞雄，百姓畏而愛之；憂恤孤寒，得一言而獲暖。是以人無憂色，老幼行歌；亂詞不興，姦欺泯絕。不遺所請，敬諾無移。然後十殃殄滅，猶猛風之掃細塵；萬善俱臻，似迅流而奔大海。

## 十六、經

乃銀鉤吐耀，玉牒飛英。敷貫花以沐塵勞，演四句而清火宅。

## 十七、亡禪師

惟[禪師]性净天機，貞純自本。妙年慕道，便挹高風。授(受)記于花嚴尊者之門，手附於如來密印，悟而能悟如瓶。是以千里轉燈，四生減(咸)仰。理合摩尼之寶，獨耀池珠；廣傳

---

① "孤"，當作"孔"，據斯四九九二號背＋斯三四三號之《亡兄弟文》改。
② "公"，據文義補。
③ "亡號頭尾"，據文義補。
④ "開"及後文"塵"，據羽七四五號《患文》改。
⑤ "貴"，據文義及此件"貴傳鍾鼎"句例補。
⑥ "忠孝"，據文義及伯三七二二號背之《亡考文》"盡忠孝於家國"句意補。

法燈,闇相自泯。何圖有爲示生,無爲將滅。時到雙林奄神,士庶驚哀,天地失色。自日月逾深,霜星屢改,空存忌日,試(式)用追崇。門徒等親奉意珠①,花葉相映;想像尊儀,攀慕如昨。無已(以)遠託,惟福是資。謹於此辰,追斯福祐。時雨初霽,纖塵不飛;涼風自來,頓隔炎暑。陳衆味,具甘鮮。爇解脱香,展無生蓋。總此良田,伏願神居極樂,惠眼遥觀;道證無生,遠(願)垂加護,提拔我群品,舟楫我生靈。同證真師,[用]資門人等②:代代不絕,燈燈轉明;惠命逗長,色身堅固。

## 十八、[時氣]③

春雲散野,淑氣浮天;幡華爛漫,淑景争耀。

屬以元正初啓,萬物唯新。淑氣浮雲,韶光動色。

瑞雲藏暉,炎光奄弊(掩蔽);香雨沉灑,時和肅清。

朱律謝期,金風扇物。時雨沉灑,郊原肅清。

景光燦爛而諍(争)輝,草樹罪(翠)微而變色④。

秋雲靄靄以增愁,細雨霏霏而洫(絮)泣⑤。

冬日悄悄而至孝增悲,寒風切切而哀聲遍郭。

庭凝瑞雪,若已散之天華;空度晴雲,似將飜之貝葉。

## 十九、[號頭]⑥

白藏已謝,玄英復臨。野鷹江南,飛塘弄月。山鸚嶺北,隱穴潛躬。醎海龍王,噴愁雲而作蓋;金山風伯,飄瑞雪而成華。喟然歎曰:人生在世,猶泡幻之不堅;苦樂萬途,乃自擊之可驗。但貧苦者,由慳貪而不得;富樂者,因布施而來。三寶福田,義爲大也。假使七珍共滿室,未救冥路;資糧一毫,寄于堅牢藏中,劫壞詎能傷損!

## 二十、增(僧)

伏惟大師證如來心,迥超八定。施大教綱,兼濟四禪。遂使萬乘迴顏,下龍輈而展敬;后妃發信,捨鸞轝而敷心。旦(且)海内歸依,如草生地;貴品高仰,如雲湊山。我和上渾貴賤於一如,無心易於平等,隨悲濟物,直至於兹辰。惟此院大德親校真言,諦而無謬,以悲增故,住菩

---

① "等",底本爲草書寫法。"等"字草書"才""才"與楷書"才"的區别就在於草書"等"比楷書"才"多了一個"點"划,後文"資門人才"即其例。有的時候連點划也會被忽略掉,如斯四六四二號之《李十一父》中的"福才山河",即"福等山河"。等字有多種俗寫字形,詳參黄征《敦煌俗字典》第一版,第80頁。

② "用",據齋文"用資家國"句例補。

③ "時氣",據文義補。

④ "罪",《敦煌願文集》校作"菲",《英藏敦煌社會歷史文獻釋録》校作"翠"。

⑤ "洫",當作"絮",《敦煌願文集》改作"血"。

⑥ "號頭",據文義補。

薩威儀。持戒則精苦於秋霜，發惠則悲光於春日。故得果蘭心地，花蘭詞條。言歷歷而成章，理班班而逸目。德出群仵（伍），高峰貫于白雲；善下於心，海水澄於秋月。

## 二十一、某法師

［善說］十二分之宗旨①，玄談高論之文；觀門於十方，了達於五重，方便語有相，入無相，與聖智相應／詮有爲，入無爲，［證］如來真教②。

## 二十二、闍梨

水净禪戒，雲開月心。以大悲前行，迴平濟物。日唯一食，減半共于病人；三服持身，餘仗施於貧下。門人等追摧心意，奪神駭痛，人天眼滅，法炬沉輝。哭一聲則大地生悲，動愁眉則天雲慘色。某乙日旦，［並］各裁抑③，尋思是情，可以撥苦修齋，排憂薦福。鍾梵共玄音而雙美，百味與明德而齊馨。紅幡奄（掩）亭午之輝，香積注斷雲之際。伏願出三賢，超九聖，跨法雲地，生天王花。十方佛來，垂手灌頂。於是罄［捨］衣資，沐浴身心，内外虛净，嚴飾院宇，廣薦珍羞。煙焚衆香，供設千味，翠幕橫挈，紅幡豎張。玄元降而紫氣浮天，調御至而白毫市（匝）地④。三仙弈弈，整裝而赴道場；四果詵詵，仗金錫而入法會。

恭惟法性無邊，等虛空而稱實際；化身隨用，應百億而坐蓮臺。十號於是尅彰，三乘因而並烈。故使龍天釋梵，盡遊甘露之門；雜卉長林，普閏（潤）大雲之澤。邈彼慈善，儼乎威神。自在凝然，未增生滅者矣。其（豈）［期］明朗月無光⑤，甘露罷潤。法樑中折，祇樹風悲。

唯願戒行清潔，自守浮囊；護惜威儀，如王重寶。

惟願性珠月朗，照菩提花；惠鏃露明，湛真如海。

惟願諸佛慈光，洗除心垢；甘露良藥，灌注身田。

美竹折西南之節，驚風吹東北之雲。夫人痛割于心，永懷君子。恨幼男失訓，則心摧骨驚；嗟小女無依，氣咽魂斷。空顧花月，獨照愁心；半影鸞臺，飛入虛室。

## 二十三、女人

貴族靈源，清風雅量。貌含桃李，心勁笙簧；譽重朝雲，青貞松石。生從父母，早以東隣；及適他宗，曾聞南國。何期天靈不顧，奄墮秋霜。冀延松竹之青，豈謝榮枯之歲。形沉落日，魄逐雲飛。粧台閉于玄宮，綺服埋於夜壑。

---

① “善說”，據斯六四一七號之《僧患》“玄談不二之門，善說二乘之教”句例補。
② “證”，據“證如來心”“證如來之教”等句例補。
③ “並”，據文義及齋文“並各”詞例補。
④ “市”，當作“匝”，據文義及齋文常用句例“幡花匝地”改。
⑤ “期”，據文義補。

### 二十四、[寫經追福文]①

伏惟公骨氣朗練，天和沖虛。外揚烈光，內秉清潔。於家懷孝竭之成（誠），奉國盡忠貞之節。名高千里，位烈（列）百城；忠孝兩全，文武兼濟。公當人（仁）不讓，爲國之憂。正化臨人，如風靡草。蒼生從教，若影隨形。甘棠樹下，霜威肅然；聽訟階前，寂焉無事。姦雅（邪）屏跡②，[若]秦鏡之當軒③；正直無欺，麗矣（儷吴）刀之出匣④。外戶不閉，囹圄皆空；路不拾遺，里無諍訟。是知才當濟世，志在憂民。伏惟夫人體含芳桂，映月浦而凝姿；德茂蘭閨，烈（列）母儀於紫握（幄）。加以夜聽洪鍾之嚮，斂玉掌而遥恭；朝師清梵之音，整羅依（衣）而遠敬。公同建當來之津梁，立現世之船栿；救先亡之幽魂，酬乳哺之深恩；寫貝葉之金經，轉蓮花之妙偈。於是帷垂廣院，幕覆長空；清樓香灑，翠閣花開。牛王碩德，坐無垢之道場；三洞黃冠，執玉簡而入會。清風與惠風合扇，佛日將聖日交暉。供辦天廚，香燃海岸。種種福田，恒沙叵算。奉用資勳（熏）先亡云云。伏願公官[隨日]長⑤，禄逐時增。常爲聖代之肱股，永作明時之爪拒（距）。伏願夫人諸郎君文章逾遠，乘寶馬而參朝；小娘子則蘊麗閨（珪）璋，駕珠輪而[入]帝室⑥。合門家眷：惟願壽逾金石，永堡（保）珪璋。慶逐月興，災隨日遣。

### 二十五、[三寶都尾]⑦

惟願道增福茂，命保遐延。開五眼而離十纏，净三輪而圓六度。

惟願道牙增長，法皷常鳴。開解脱之門，照長年之福。

惟願罪花彫落，福樹兹榮。用大地之金銀，服長生之妙藥。

惟願六根積惡，乘念誦以消除；三業善因，應五殊而霧集。

惟願病刀落刃，疾樹摧鋒；二鼠延長，色身堅固。

惟願道鏡微銷，疑生石碎；珠明空水，花秀禪林。

惟願戒珠日益，恒爲三友（有）之隄防⑧；定水澄明，永作四生之道[首]⑨。

惟願戒珠圓净，德業清高；八敬恒遵，四儀無替。

---

① “寫經追福文”，據文義補。
② “雅”，當作“邪”，據文義改。
③ “若”，據文義補。
④ “麗矣刀”，《〈敦煌俗字典〉讀後記》校作“儷吴刀”，是。
⑤ “隨日”，《敦煌願文集》據文義補。
⑥ “入”，《敦煌願文集》據文義補。
⑦ “三寶都尾”，據文義及北大敦一九二號之《三寶都尾》例補。
⑧ “有”，據北敦〇〇〇一七號背之《僧尼患差》“作三有之津梁”句例改。
⑨ “首”，據北敦〇〇〇一七號背之《亡禪師》“爲四生之導首”句例補。

## 二十六、慶義井

慈心普濟,善念俱憐。故能置義井於途中,引妙泉于路側。致使來賓去客,得免渴乏之憂;去馬來牛,共飲清泉之藥(樂)。

## 二十七、脫服

三年受服,服盡于今朝;累歲嚴靈,靈終於即夕。但以先王立禮,禮畢難違。終制有時,時不可越。机(機)前桑側,無聞哭泣之聲;帳後階前,永絕悲號之響。營齋宅內,脫[彼]凶裳①;建福家庭,著斯吉服。因兹受吉,吉則長安。藉此除兇,兇尋永散。

## 二十八、十二月時景兼陰晴雲雪諸節

### 正月

上旬:甲子新問,孟春初建。今年遲景,入韶序以未深;去歲殘冰,帶餘雪而上(尚)在。

中旬:年光初啓,淑序新登。暖氣未深,寒風尚切。

下旬:[月]行蒼陸②,斗建責(載)陽。去年纔隔於兩旬,今歲欲攀於一月。

### 二月

上旬:深春仲月,日在上旬,氣景漸暄,園林欲變。

中旬:仲月雖深,詔(韶)光上(尚)淺。桃花灼灼,未吐金紅;柳葉依依,纔舒半綠。

下旬:仲春將暮,麗景彌暄。看處青苔階前,淥(綠)樹不吐紅花。

### 三月

上旬:月在暮春,景臨遲日。嬌花似笑,言鳥如歌。

中旬:淑景甚暄,暮春將半。家家綠桑,繞碧砌以垂帷;片片落花,灑[綠]庭而(如)碎錦③。

下旬:淑序將暮,殘春幾何。家[家]嫩草如袍,處處落花堪掃。

### 四月

上旬:三春纔終,四月惟夏④。新樹轉綠,殘花上(尚)紅。

中旬:孟夏將半,炎光漸盛;新花向[榮]⑤,百果將繁。

---

① "彼",《敦煌願文集》據文義補。
② "月",譚蟬雪《敦煌歲時文化導論》據文義補。
③ "綠",據文義補。"綠庭"爲春景常用詞,如唐詩"陰佔綠庭煙"、宋詞"綠庭春晝長"等。
④ "四月"後衍一"夏"字。
⑤ "榮",據文義補。《敦煌歲時文化導論》補作"茂"。

下句：孟夏將終，啼鶯語鷰；尚繞殘花，綠葉新條巢。

## 五月

上句：中（仲）夏初登，炎光已盛。白雲片片，葉作奇峰。淥（綠）樹垂陰，低成曲蓋。

中句：畏景懸空，融風綠物。長衢廣陌，少有行車。萬户千門，恒搖團扇。

下句：炎風蕩沼，不覺微涼。非懼非驚，唯知流汗。

## 六月

上句：年當季夏，景在上旬。吳牛喘月之時，溽暑燋山之日。

中句：示（炽）日如火①，雲周若峰。一點風來，即知陶（陶）暑。纖毫樹影，便欲納涼。

下句：赤道欲窮，未明（月）將熱②。風來樹下，彌覺氣炎。日危門前，倦搖團扇。

## 七月

上句：火德新登，急金停事。當孟秋之際，雖日漸涼。辭季夏以非遥，尚多餘熱。

中句：孟秋新半，殘暑未除。涼風時來，餘熱尚在。

下句：金風漸高，露將一變。一葉將落，何草而不黃。

又：涼風轉切，百嫁（稼）將登。平袟西成，九畏有望。

## 八月

上句：秋半新暑，浮涼轉切。窗前日度，不足赫羲；樹下風來，已多蕭索。

中句：秋草碧色，秋水淥波。涼風吹斷歸雁之聲，落葉動愁人之思。

下句：木落窮秋，鴻飛季月。涼風颯至，驚漢帝之詞；墜葉紛紛，動安仁之思。

## 九月

上句：三秋欲暮，九月仍初。兼（蒹）葭蒼蒼，白露爲焱（嚴）霜之日；鴻雁肅肅，流火〔戒〕受（授）衣之時③。

## 十月

上句：素秋纔謝，玄律初昇。霜霰重重若鋪，圓（圍）林森其一變。

中句：十月之交，是稱陽月。寒風漸勵（厲），嵐氣彌深。

下句：孟冬將暮，寒律漸深。已見瓶中之冰，足知天下之凍。

## 十一月

上句：嵐氣惟嚴，祁寒正初。

下句：仲冬欲暮，玄律正嚴。凋陰凍寒，豈惟窮谷。層冰積雪，只近炎鑪。

_____

① “示”，當作“炽”，據文義改。
② “未明”，當作“未月”，爲六月之別稱。
③ “戒”，據文義補。九月秋末，準備入冬，授衣、備暖爐，十月一日開爐取暖，戒流火，唐人以十月一日爲“戒火節”。唐劉言史《立秋》詩：“兹晨戒流火，商飈早已驚。”

## 十二月

上旬：冬季初應,寒氣正凝。風利如刀,冰堅似石。

中旬：季冬將半,煞氣正嚴。水纔[滴]以(已)成冰①,風颿來而似箭。

下旬：玄各(冬)欲謝②,青陸將回。寒懼退以彌嚴,冰夏(下)泮而俞(逾)昨。

## 二十九、[歲時景候]③

### 歲日

月正元日,律應新年。四時別起於三春,萬物更添於一歲。

### 十五日

初入三春,新逢十五。燈籠火樹,爭然九陌之時;舞席歌延(筵),大啓千燈之夜。

### 二月八日

時當二月,景在八晨(辰),在菩薩猒王宮之時,如來踰城之日。是以都入(人)仕女,執蓋懸幡。疑[行]白飯之城④,似訪朱駿之跡。

### 二月十五日

仲春二月,十五半旬。雙林入滅之時,諸行無常之日。人天號哭,自古興悲。[世界]虛空⑤,於今上(尚)痛。

### 三月三日

暮春上巳,禊事良辰。三月重三,水神捧水心之日。

### 四月八日

時屬四月維八,如來誕時。七步蓮花,既至於[是]日⑥;九龍吐水,亦在於茲辰。

### 五月五日

節名端午,事出三閭。既稱長命之辰,亦爲自夭之日。

### 七月七日

屬以蟬方澡(噪)樹,鵲正填河。牽牛渡銀漢之辰,織女上針樓之夜。

### 七月十五日

盂蘭大啓,寶供宏開。羅卜請三尊之時,青提免八難之日。故得家家烈(列)饌,處處敷延(筵)。生千種之花,非關春日;陳百散之味,正在香盆。

---

① "滴",據文義補。
② "各",當作"冬",《敦煌願文集》據文義改。
③ "歲時景候",據文義補。
④ "行",據伯二六三一號之《二月八日》補。
⑤ "世界",據伯二六三一號之《二月十五日》補。
⑥ "是",據文義補。

**九月九日**

將（絳）菊初繁①，香英正嬾（爛）②；桓景登高之日，潛蘺（籬）下鞠（菊）之辰。

**冬至日**

咎（暑）移長慶，氣改周正；復卦別生於一陽，黄鍾更從於甲子。

**臘月八日**

時屬風寒月，景在八辰。如來説《温室》之時，祇試（室）浴衆僧之日③。故得諸垢已盡，無復煩惱云（之）痕④；虚净法身，皆霑功德之水。

**臘日**

嘉平應節，惜（昔）臘居辰。良詞貴（祠黄）石之時⑤，野折如來之日。

**歲除日**

銅渾欲改，玉律將移；明年只在於明辰，今歲唯殘於今夜。

**春初雨雪**

和風入律，膏雨應時。樹未緑而先發，草帶黄而以（已）潤。

**春半後雪**

由（油）雲四起⑥，甘雨載零。點萬葉而垂珠，落千花而灑玉。

## 三十、帝德

龍德在天，大明御極。懸舜日於乾坤，噴堯雲於六合。道證寰宇，恩霑率土。使三邊伏威，四夷消喪。

又德：德過堯舜，道越羲軒；化洽寰宇，恩霑率土。清四夷以殄魔軍，御六龍而安萬國。

## 三十一、夫歎齋分爲段

爰夫金烏旦上，逼夕暮而藏輝；玉兔宵（宵）明，臨曙光而匿曜。春秋互立，冬夏遞遷。觀陰陽上（尚）有施謝之期，況人倫豈免去留者。則今晨（辰）某乙公所陳意者何？奉爲考妣大祥之所設也。惟靈天資沖邈，秀氣英靈；禮讓謙和，忠孝俱備已上歎德。者爲（則謂）巨椿比壽，龜鶴齊年。何期皇天罔祐，掩（奄）降斯禍。日居月諸，大祥俄届。公乃奉爲先賢

---

① “將”，當作“絳”，絳菊即齋文中的“紫菊”。曾良《敦煌文獻字義通釋》認爲“將”爲“檻”之音借字，“檻菊”爲時人在檻籬旁種的諸種養生菊花。

② “嬾”，當據音讀作“爛”，九月菊花爛燦。

③ “祇試”，當作“祇室”，即“祇園”。

④ “云”，當作“之”，據文義改。

⑤ “良詞貴石”，《敦煌歲時文化導論》據張良祭祀黄石公典故校作“良祠黄石”。

⑥ “由”，當作“油”，《敦煌願文集》據文義改。

之則，終服三年。素衣霸（罷）於今晨（辰），淡服仍於旬日。爰於此晨（辰），崇齋奉福齋意。是日也，嚴清甲弟（第），素幕橫舒；像瞻金容，延僧白足；經開貝葉，梵奏魚山；珍羞具陳，爐香馤馥道場。如上功德，奉用莊嚴亡靈：願騰神妙境，生上品之蓮台；寶殿樓前，聞真浄之正法莊嚴。

### 三十二、亡女事

艷比東隣，美同南國；花容始發，玉貌初開。何期桂葉先彫，芳蘭罷秀；三春苑内，漂落芙蓉。明鏡台前，沉埋片玉。鮮花纔發，已遂狂風；嫩葉將抽，掩（奄）從霜雪。父母念其濫血，悲切傷心；親戚想望平生，悉爲哀感。

### 三十三、律師事

美玉三磨，純金百鍊。行［堅］嶺外之松，戒浄秋天之月。

又德：某乙德重神資，法器天假；宿負鵝珠之譽，能全草繋之心。迴四分之寶，爲方（坊）之令德。將爲（謂）長輝法炬，永曜昏衢；豈爲（謂）忽輟慈光，長歸大夜。

### 三十四、因産亡事

惟靈貌踰南國，資（姿）越東隣；全（權）軌天生，規章自舉。班氏之風，光於九族；孟母之德，福於六姻。將爲（謂）諸天比壽，至聖齊年。何期天降斯禍，靈（令）［福］爲災①，因産歸於巨夜。嗟乎！驪珠未見兮驪龍并没，子鷟未分兮巢柯［共］摧②。

### 三十五、［亡兄弟］③

原夫生滅理常，始終彝跡。聖且未免，人其若何！是以［玄］元興大患之嗟④，仲尼有逝川之歎。去留運往，其大矣哉！伏惟公負［澄］清之才⑤，懷山嶽之量。忠勤奉國，孝弟（悌）承家。士（事）君竭九殷之誠，直躬秉難奪之志。文行守信，温恭惠和。有匡時救人之才，懷［訓］俗安人之術⑥。所望壽齊歸（龜）鶴，永固長春，豈期積善無徵，奄同風燭。但以逝水東注，堯境西沉。日諸（居）月居（諸），其七俄屆。公乃連枝意重，花萼情深。忽虧鴻雁之行，又折鶺鴒之羽。金影塞浮，玉劍長沉云云。

---

① “福”，據文義補。
② “共”，據文義補。指因産難而母子共亡。
③ “亡兄弟”，據文義補。
④ “玄”，趙鑫曄《敦煌佛教願文研究》據文義補。
⑤ “澄”，據文義補。
⑥ “訓”，據文義補。

## 三十六、[亡女]①

伏惟靈素質凝資，貞儀令淑。動娥眉之精彩，振務(婺)女之仙花。四德共春色齊輝，六行與秋霜比潔。容雲成彩月，臨浦昭彰。豈謂翫雲和(河)而不歸②，向桃原(源)而長往云云。

## 三十七、滿月事

惟夫人清風溢路(露)，桂竹陵霜。千賢奪星中之星，麗質瑩(瑩)荊山之玉。加以慶流香閣，吉降芳閨。感仙童之降靈，耀瓊光之珍瑞。親屬歡片玉之浮輝，父母慶明珠而在掌。

## 三十八、[患差事]③

聞日月雖明，假星晨(辰)以成象；君王志(至)聖，藉良將以安邊。故位分三事，前王建副二[之]官④；邦具百寮，往帝興匡佐之任。今有外爲匡佐、內清孝心、啓願修齋、投誠大覺者，斯何謂[焉]云云。公等奉爲本使元戎，小有違和，今得痊損，軍府慶慰報願，謹設清齋之所爲[也]。伏惟公神降秀氣，英骨天然；冰霜足用，[江]漢情多⑤。有丘陵河海之心，[含]天地風雲之氣⑥。張設皇網，萬姓高欽；撫育清規，三軍奉仰。震芳聲於宇內，馳令美於寰中。故得千里塵清，三邊霧卷。朝庭聞善政之歌，里巷賀來蘇之慶。近爲勞邊心苦，小有違和，貴德易乖，姦疾潛起。公等自拜旌麾，偏承厚遇。分憂佐理，委任專城。忽聞違和，日夜憂灼；惶惶滿城，求藥無路。不逢編(扁)鵲，寄託金人。願得痊和，清齋是賽。作念已竟，聖力潛加。清涼闇投，熱惱斯退。既蒙願遂，焉敢慢諸。乃建清齋，以酬佛力。是日也，清灑蓮宮，嚴麗華宇；供陳香積，坐[敷]金容⑦；遠邀靈山大覺，近請五峰聖賢云云。

## 三十九、[行回事]⑧

居傾絕塞，境接胡林；戎羯往來，侵抄莫准。于當童稚，俄屬彼師。遂離父母之鄉，身叩戎夷之地。自幼成長，備歷艱危。聽南風以起悲，瞻北雁而成信。關山可望，生死難明。子懷泣血之悲，母作隔生之料。幸以天假其命，人願有徵。誓旨不捨于劬勞，明珠再生於掌上。其來也，踏山履水，盡狀夜行。向日月而爲心，望星辰而作路。行盡北地，達乎中天。忽聞華下(夏)之風，重會慈顏之面。於是庭張翠幕，宅曳花幡。[爐]香鬱鬱而伴愁雲，梵響零零而

---

① "亡女"，據文義補。
② "和"，當作"河"，《敦煌佛教願文研究》據文義改。
③ "患差事"，據文義補。
④ "之"，據文義補。
⑤ "江"，《敦煌佛教願文研究》據文義補。
⑥ "含"，據文義補。
⑦ "敷"，《敦煌願文集》據文義補。
⑧ "行回事"，據文義補。

添哭響。

## 四十、十二月時

屬新年之初，百靈納慶；南浦之水，仍有殘冰。桃李之(栀)梅乍含春，色秀已(異)香傳滿手(宇)①。花散盈襟，梵音宛轉而入雲；[爐香馚馥]②，鍾磬合雜而滿寺。

十二月時也，威風烈地，雪氣陵雲；冰壯長河，露凝大野。

## 四十一、從軍陣平安迴

惟公懷忠奉國，抱義匡時；名標畫閣之中，聲震寰宇之外。忽見妖星夜朗，煞氣朝凝。胡笳鳴而⸃曉吹朔風⸃驚，漢馬斯(嘶)而陣雲合。

## 四十二、時[氣]③

刺刺金風，稜稜玉霜；寒天色青，愛日光白。

遠山雲收，大野合霽。草蒼蒼而垂露，風蕭蕭而寒聲。

炎風弄雲，綠山增翠；葉綴珠露，花文錦霞。

紺苑林翠，織桂葉而成⸃文幃⸃；青山草深，吐銀花而散結。

月滿珠殿，風青(清)寶珠。

## 四十三、晴

百里無雲，晴空若鏡。紅日流照，煙塵不飛。

晴空若鏡，太陽光普。窅(皎)無片雲，[□□□□]。

## 四十四、初陰

龍吟滄海，雨生碧雲。細雨微微，清而欲灑。

## 四十五、雨

雲生滄海，雨落晴[空]。階墀濺濕而來泥，詹(檐)隴垂流而相續。

## 四十六、卒(猝)雨

一道雲起，數聲震雷。雨灑清(晴)空，風搖淥(綠)樹。

---

① "手"，當作"宇"，據文義改。
② "爐香馚馥"，據文義及相關句例補。
③ "氣"，據文義補。

## 四十七、雨晴

殘雲初卷,甘雨纔收。葉重重而垂珠,花點點而新洗。

## 四十八、霧

雲煙白月（日）[①],霧暎清林;滴露如珠,凝露可菊（掬）。

## 四十九、雪

天中柳絮,片片飛來;雲外梨花,紛[紛]迸亂。
同：凝雲廣布,分分（紛紛）雪飛。地變山川,枝爲玉樹。

## 五十、風

長風颸颸,吹草樹以伝昂;清吹颮颮,動幡花而搖颻。

## 五十一、風昏

黃雲離被,紅日慘澹;猛風颶起,輕塵悖飛。

## 五十二、正月

南鴈告歸,東風解凍。樹變春色,旁生淥（綠）枝。
和氣收寒,冰開碧沼。陽風入樹,花動淥（綠）枝。

## 五十三、二月

南林風暖,北浦猶寒;柳葉欲舒,梅花半坼。

## 五十四、三月

離（梨）花聚空,灼[灼]涵日;嫩柳吐[葉],珊珊動風。鷰飛入户,鶯聲滿林;嫩草半茸,華花落撲地。

## 五十五、四月

[四月]俄初[②],三春纔畢;庭前新果,尚未推花;林上黃鶯,深藏密葉。

---

① "月",當作"日",《敦煌願文集》據文義改。
② "四月",據文義補。

## 五十六、五月

炎光灼爍，菡菡（燠燠）逼人；密葉森陰，重重作蓋。

## 五十七、六月

［□□□□］[1]，氣在三秋；日晨（辰）流光，炎風送暑。

## 五十八、七月

蟬聲聒樹，秋色動林；涼風初生，颯然入室。

## 五十九、八月

玉霧團卓（綽），百穀將來；金風動林，一葉初落。

## 六十、九月

胡風拂樹，黃葉將飛；菊秀金花，霜凝若露。
拂樹秋聲，黃葉亂下；滿園霜色，菊秀叢開。
颯颯秋風，驚林拂樹；叢叢黃菊，映葉初開。

## 六十一、十月

日照寒林，風掃枯葉；霜明野草，鴈叶（噎）長空。

## 六十二、十一月

風掃枯林，霜露野草；滿目凝蕭，寒色愴然。

## 六十三、十二月

陰風劍揚，寒色凝空；雪點清山，冰堅溝壑。
悲風颺颺，添孝子之斷魂；哀聲滿空，憶愁人之膚切。
雲中若（苦）雨，與悲淚而俱垂；白雪添愁，處寒心而轉切。
庭中苦霧，霞總帳以酸嘶。日色照於長空，青煙愁［於］庭樹。
氣哀哀而作愁雲，淚霏霏而成若（苦）雨。
秋中啼鳥，盡作哀聲；簷外悲風，更增慘巳（嘶）。

————————————

[1]　此處脫文，可據此件前一條《六月》補"未月將熱"四字。

## 六十四、[亡女]①

夫人傷摧膝下之花,兄弟痛發青春之妹。

## 六十五、三日

惟姟子稟乾坤而爲質,承山嶽已(以)作靈。惠和也,而(如)春花秀林;聰敏也,則秋霜並操。將謂宗枝永茂,冠蓋重榮。豈期珠欲圓而忽碎,花正芳而降霜。致使聚沙之處,命伴無聲;桃李園中,招花絕影。或則池邊救蟻,或則林下聚砂。遊戲尋常,不逾咫尺。豈謂春芳花果,橫被霜霰之凋;掌上明珠,忽碎虎狼之口。嗟姟子八歲之容華,變作九泉之灰;[嘆]豔比紅蓮白玉②,[化]作荒交(郊)之土③。

## 六十六、律座主散講

伏惟天機迴拔,神議(儀)朗然。解越古賢,行踰先哲。詞鋒上聳,高出白雲;義海竭源,碧潭見底。若乃剖文前之義,則亂寫驪珠;釋義[後]之文,則橫枕白玉。於是戒劍將利,秋霜見羞;律鏡高懸,太陽將暗。盛則盛矣,明則明焉。實可謂尚(山)嵋貞松,倚懸岩而千尺;長天皎月,照澄潭已(以)萬尋。加以數處檀林,一枝獨秀;千家暗室,共照一燈。

夫金鏡西照,律教東流。摩騰肇白馬之淨蘭,僧會應赤烏之嘉歲。八藏傳漢明之首,四分譯姚興之時。散筆深(彩)於覺明,振雲風於北巍(魏)。英哲繼躅,律焰增明者誰?即有律座主當矣。伏惟神機透出,間氣挺生。行高也,松搜流以倚天;其操也,律風簫而(如)寒笳。可以清曉冰月,苦節凝霜。得戒月而心罷拂塵④,防七枝而天花自發。可謂一片秦鏡,珊珊滿堂。處泉也,如孤峰出雲;昇座也,若長天點月。若不然者,曷得楚才雲集,愛道星馳。鳴寒磬已(以)赳時,引香風而繞座。問義者,如渴鳥投泉;奉行者,如饑魚隨餌。聽士朱明之首,捧袂趣風。白藏之晨,律言掩曜。告罷此筵,惻愴何極。時屬景帶九旬,蓮台罷陟。花苑寂寂,煙塵斷飛;人將去留,水月無色。階前淥(綠)草,煙惹去人;繞砌紅花,競笑留客。

厥聞動大千界,聲色無以擬其情;拯厥生靈,覆載之力方其化。故以人歡帝業,世仰慈風;荷大覺之鴻休,帶皇王之聖理。伏惟負挺拔之資,懷遠大之略;貴傳鍾鼎,大(代)襲軒裳。烈(裂)土專征,分符佐國者,則我相國彭城王寔當其人矣。伏惟我檀州刺史、御史大夫南陽張公:出三臺之門⑤,拜二天之位;躬(骎)弓毬於驥足,多落雁[如]星飛。[加]以懸寶鏡于秦

① "亡女",據文義補。
② "嘆",據文義補。
③ "化",《敦煌願文集》據文義補。
④ 底本有乙竄,《敦煌願文集》已録正。
⑤ "臺"字後衍"之臺"二字。

台,每及臨人,[至於]肝(旰)食①。長史清春擢桂,白面從官。百城恩洽,委裯(翊)贊之良才;千里政能,在瑚璉之刀尺。我縣長官寬簡臨人,調弦御俗。風霜勵節,水鏡清心。童子馴雉于桑間,野差(老)康歌於境上。伏有上將侍御侯公:才備三端,謀深七縱。玉塞作高名之將,燕臺爲獨步之臣。賓客康公、高公:並氣稟山嶽,成生傑國;才名絶代,識量弘深。柳營馳百戰之功,月陣決萬全之策。軍州僚彩(寀),春擇唯賢;縣佐群公,清聲更美。爰有此寺綱維宿德諸闍梨等:並神貌孤秀,堂堂古容。爲柱石於梵場,作緇門之綱紀。更有清信優婆塞,殷心善女人,莫不競暮(慕)空門,争攀道樹。高修勝事,意有何憑? 奉爲上都安國寺大法和尚傳經告罷,慶講修齋,舉斯意也。伏惟法和尚龍門貴族,道樹瓊枝;出愛網以辭親,猒浮榮[而]入道。所以棲心六度,爲鷲嶺之明燈;拔擢四生,作巨川之舟檝。或説如來性海,則花雨諸天;講《大般涅盤》,則鴈爲千葉。故以西辭帝闕,東謁昭王。我相公如漢遇摩騰,秦逢羅什。和尚所以誓修香刹,用報深仁。長講真經,將酬相府。更復將經自遠,化邊人于白檀。義方佛性,菀(宛)似目前;教喻真空,豁然心地。況聞(開)題大吕,罷卷深春。共建清勳,逾(揄)揚盛事。於是詣寶察(刹),拭蓮宫。敷道場而綺繡争春,掛幡花而雲霞對日。盡將勝祐,伏獻我皇家。伏願聖躬永固,帝業長春。相公禄位與天地齊休,惠命等江山而共壽。大夫功名轉大,長史則冠蓋騰芳,侍御則開國承家,將軍等日動(勳)日貴,府縣僚彩(寀)幕下雙賢,並願榮名日新,公門納吉。伏願我法和尚龍天雍(擁)衛,釋梵冥資;慈雲灑潤於三千,惠日垂光於百億。此寺綱維闍梨等:道風與律風俱扇,戒月與春月齊明。助供維那岸上人:定水澄清,鵝珠日瑩。徒聽(聽徒)尼衆等:道樹發三春之色,覺花含二月之芳。俗衆善女善男:法雨潤于身田,道牙生於心地。然後釋門清泰,梵宇康寧;聖澤洋洋,無遠不届。

## 六十七、[轉經文]②

佛稱調御,亦號遍知。有願尅從,無求必(不)應③。惟公氣宇沖邈,天骨卓然。神情[也],與寶劍争暉;意净也,若秦臺照膽。信也(施)千里④,義重斷金。公乃捧心珠於蓮宇,散信花於佛前;揮素手已(以)傳香,斂神儀而趣席。梵堂啓[而]噴出爐煙,寶地灑而時傾香飯。佛從捨(舍)衛,擁八部已(以)來延;僧自嶇嵐,烈(列)四衆而分坐。賓頭盧釋子,從昨日飛錫而來;白足上人,今朝騰空降下。是日也,鑪上香煙,輕飛碧色;堦前緑樹,散布清音。仙客降大羅之天,僧尼烈(列)布金之地。道場烈,滿目花生;噴金鑪,令(靈)空務(霧)合。攢思(斯)景祐,量等太虚,先用莊嚴公之所履:惟願多生業障,今日今時,並(冰)消除滅;世財法寶,兩相隨現,用無窮盡。伏願北堂長樂,常供甘翠(脆)之歡;東閣長開,不罷琴蹲(樽)之興。惟願

---

① "至於",底本脱文,據文義補。
② "轉經文",據文義補。
③ "必",當作"不",《敦煌願文集》據文義改。
④ "也",當作"施",據文義改。

夫人桃李之顏,長春萬代;歸(龜)鶴齊壽,永保千春。管絃日奏新聲,福慶年增後(厚)禄。男即三端備體,嚮徹鸞台;女即爲烈(位列)九嬪,生紫宮之閣。小娘子身隨日長,雙頰透出簾籠。然據(後)公私上下,水乳和同;出入往來,善神視衛。拔折羅大將,<sup>驅疫氣</sup>于他方<sup>去惡鬼</sup>;蹄頭賴吒,案八神而從後。報障業障,隨念佛[而]片逐雲消;劫後善牙,因設供而運[運]曾(增)發。

## 六十八、[夫人]①

惟夫人德過曹氏,[行]著班家②。母儀也,世上傳名;箴誡也,流於雅操。

惟願夫人青俄(娥)長茂,等椿栢與(以)休年;玉臺桂貞,並江河之麗日。珊瑚户内,長鬱多羅之星貌;玟瑁窗間,點紅顔與(以)初暉。善因集,如舞蝶湊花;祥瑞真(臻),<sup>如</sup>蓬猶(蜂游)<sup>等</sup>翠蕚。

惟夫人妖(夭)桃與娥眉同翠,紅粉與仙佳(桂)齊芳。羅服常卦(掛)於瓊身,箴誡長流於胤族。

## 六十九、[小娘子]③

小娘子蟬鬢欲飛,戀紅顔而難進。巫山盡月,質是眉生。惟小娘子俄俄(娥娥)玉貌,若桃李[而]爭暉;色逐芙容(蓉),似春光而發秀。

惟小娘子娥眉長渌(綠),雲鬢初輕。等菴園而頓啓真門,同龍女[而]坐成佛果。男即令問令望,實(保)國安家。女即嶺上寒梅,一枝獨秀。

## 七十、[郎君子]④

賢郎君文武不墜,中(忠)孝雙障(彰);心飛白鶴之風,得(德)秀青雲之表。

郎君不勞鑿壁,動(洞)覽詩書;不賈(假)聚熒(螢),以(已)包三史。

## 七十一、[嘆德]⑤

惟公五百間生,當代英哲;門傳鼎族,玉葉相丞(承);量吞江海,氣灌燃(貫煙)霞。搖鳳筆而端落花開,動清文而日下舒錦。夫人管絃日奏新聲⑥,福慶年增候(厚)禄。福等江山,才同海澤。門標世封之榮,宅納千春之樂。[是]時也,道場烈,滿目花生;噴金鑪,令(靈)空務(霧)合。

---

① "夫人",據文義補。
② "行",據文義補。言其德行如一,堪爲人範。亦可據"外著班家之惠"句例補作"惠"。
③ "小娘子",據文義補。
④ "郎君子",據文義補。
⑤ "嘆德",據文義補。斯四九九二號背+斯三四三號命此類嘆德樣文爲《空德》。
⑥ "日"字前衍一"即"字。

## 七十二、[亡妣]①

夫人乃邕邕豔質，穆穆凝姿。嫩葉含芳，花發朝夕。春見花開，知有情之是妄；秋見葉落，悟衆色之皆空。孝子等想孤魂而泣淚，覿覯誨以增悲；思乳脯（哺）之深恩，恨幽魂而阻隔。

## 七十三、律[師]②

公戒珠光潔，道樹芳榮。燃[神]燈③，照黑闇之間；繫（擊）法皷，聞大千之外。然[後]及（爲）四生舟檝④，作六趣津梁。榮七代先靈，離六姻纏縛。

## 七十四、[亡律師]⑤

佛説無常，咸吞衆物；佛説常樂[我]淨⑥，恬怕[無營]⑦。假使大小鐵圍，必從隳毀；非想壽命，劫盡倫（淪）亡。是故過去金師，奄歸雙樹；未來慈氏，生必王宮。是聖人所得者，不感不生；凡境惻（側）[身]者⑧，去留未免。粵有爐爇金香，張施甘饌者，則有即座孝子、比丘乃（及）尼衆等，奉爲云云。故尊宿律和尚舉發之所設也。伏惟和尚華山氣像，澄泉寶珠；量闊太虛，德深溟渤。可謂法王柱石，律網大綱；火宅慈雲，一方甘露。建壇之日，同爭請，百城皆節；使歸依，王侯頂拜。況今歲傳戒，方等未終。何圖他[生]果成⑨，天宮業就；奄然靈變，頓罷化緣。諍起塔於兩州，欲茶（荼）毗而未畢。於是北盡幽薊，南盡帝都，莫不聞之。膽驚失聲，彈指咸日。一川戒月，夜落秋天；巨壑大舟，潛移逝水。孝子等恨不久居左右，有闕溫清。颸蓬遠荷，[負]袂（簇）追聽。忽聞凶聲，痛貫心髓；哀號訴天，碎身無地。遞相謂曰：將何欲（以）報師徒之恩⑩？無如諷念金言、飯僧之福。是時也，片片悲雲，凝空未散；關關啼鳥，聲近香樓。梵宇開扉，爐煙芬覆（馥）。以兹勝妙，莫限[良]因，先用奉資和尚靈識：欄楯華碧，引向西方；足步金繩，魂游寶地。千葉蓮座，擁入天宮。五色採（彩）雲，往詣佛國。

---

① "亡妣"，據文義補。
② "師"，據文義及北大敦一九二號之《律師》名例補。
③ "神"，據文義補。
④ "後"，據文義補。"及"，當作爲"爲"，據北敦〇〇〇一七號背之《禪師》"爲四生之導首，作六趣之津梁"句例改。
⑤ "亡律師"，據文義補。
⑥ "我"，據文義補。"常樂我淨"爲佛教涅盤四德。
⑦ "無營"，據文義及支循《四月八日讀佛詩》"恬怕無所營"句例補。
⑧ "身"，據文義補。《敦煌願文集》補作"塞"。
⑨ "生"，據文義補，《敦煌願文集》補作"方"。
⑩ "徒"字後衍"之徒"二字。

## 七十五、[賽願平安]①

過去諸佛，坐十劫之道場；當來遍知者，處法臺於沙界。佛大聖所願，叶諧今日。張曳幕以接華宇，敷珍席而周廣筵。七衆成林，五部魚貫。韻清梵以[停]步②，跪花筵而秉爐。心傾玉毫，拜首皇覺。大檀那主則我某乙官公，伏惟公氣含風雲，[稟]質象天③；欽承國況（貺），寵錫天宗。內爲元首股肱，塞垣膽憚。伏惟公崆峒降靈，武略神授。明則霽海生月，清則玉壺暎冰。書六條而千里風清，帶二天[而]百城潤色。軍州文武官莫不義同魚水，契合經倫。功蓋一時，名貫千古。興此延（筵）者，傾爲云云。郊生戎馬，蒸（征）人乾流。公以憂人爲心，蒼生是念。冀保軍州無事，內外清休。此非至聖弘慈，安能若是。所以大庫藏用，單（殫）誠散奉（俸）禄之財。捨巨喬（橋）之粟，振（賑）給軍幕（募）百姓，廣建良因。是日也，拂金臺而請佛，嚴寶坐以延僧。賢聖雲屯，龍神務（霧）集。

## 七十六、[轉經文]④

竊聞佛日[揚]揮（暉）⑤，照幽溟而開實相。如來分身，百億演化，歷十方而遍滿大千。布慈雲而法雨騰滋，灑甘露而[衆]星（生）霑潤⑥。設三乘教綱，群生遇以心開。廣演五部之衆經，六趣聞而[入]道⑦。大悲之力，旋轉無窮，難可稱歎（譽）者哉！伏惟我[當]今皇帝：道合乾坤，德過堯舜。布三皇之風，垂五常（帝）之澤⑧。加復躬行十善，等赤子於群分；自運慈舟，總蒼生[而]普濟。悲增願力，權爲粟散之王；聖德臨軒，應此身而化物。伏惟尚書：性稟孝慈，量含滄海；能臣能子，匡國匡家。蘊機神之智，垂汎愛之心；布君子之[清]風⑨，偃人民之草擇（澤）。[伏惟]行軍⑩：負山嶽之志，抱人子之心；於國盡竭力之功，在家懷孝悌之禮。恩霑道俗，聲滿大邦。伏惟中丞：凜凜丈夫，雄雄大士。彎弓即桂月將墜，鳴絃乃塞雁不飛。盡心懷千里之謀，[蘊]德負寒霜之志⑪。威權（摧）白刃⑫，使夷狄以魂驚。立策前途，變通雲日。侍御史及諸判司十甘（等）：心清水鏡，志烈孤霜；學海名流，衣官（冠）鼎族。軍將三軍等：皆是秀骨天生，氣量毫（豪）爽；叱吒得飛蒼落雁，鳴絃即走獸咸驚。縣宰扇百里之風，懷澄[清]

① “賽願平安”，據文義補。此篇轉經齋文雖主齋意空缺，而“保願平安”的次齋意在文中已說明，與伯二八二〇號之《賽願平安》相類，故擬此篇名爲《賽願平安》。
② “停”，據文義補。
③ “稟”，據文義及“稟質閻浮”“稟質英靈”句例補。
④ “轉經文”，據文義補。
⑤ “揚”“暉”，據文義及“珮日揚輝”“慧日揚輝”等句例補、改。
⑥ “衆”，據文義補。“星”，當作“生”，據文義改。
⑦ “入”，據文義補。
⑧ “常”，當作“帝”，據文義改。
⑨ “清”，據文義及齋文“守君子之清風”“抱君之清風”“韜君子之清風”等句例補。
⑩ “伏惟”，據文義補。
⑪ “蘊”，據文義及齋文“蘊德”詞例補。
⑫ “權”，《敦煌願文集》校作“摧”。

之氣①。親垂天澤，歌謠帝鄉。乃有三異之德，人封五袴之財。上順帝心，下[資]人望②。諸賢慰(尉)公等：濟濟英賢，滔滔君子。懷仁抱義，立策盡身。故能稽首靈山，歸心淨刹。割所愛之珍帛，遠降清凉；捨無價之名衣，崇斯妙供。其山也，疊嶂千重而孤峰萬刃，輕蘿掛月[而]青松偃[雲]③；紅花色類而異種難名，緣(綠)草芬芳而香滿巖谷。其所也，孤峰聳刃，上接紅霓；綠水潺湲，潛通澤前。望天城蘭若，如觀掌上之文；迴顧諸峰，似對菴摩勒果。是[日]也，韶光向盡，朱夏初臨。百花競秀於巖間，芳草騰香於邃谷。[是]時也，獻千般之美饍，萬聖降臨；設無價之名飡，龍神以集。更有他方菩薩，來此會中；異國真僧，咸應茲供。用斯福祐，廣濟群生。先以資薰我[當]今皇帝：伏願長居帝闕，永爲大國之王；福壽萬齡，鎮作蒼生之主。尚書以清心奉國，早座(坐)廟堂。中丞天書曲臨，北門永鎮。侍御及諸公等赤心佐國，常簡帝心。中(忠)孝榮[家]，永興三寶。衆多施主：願福若春山之樹，清風拂而紅花亂飛；生身如孤嶺之松，秋月照而片片常翠。

### 七十七、皇甫長官病可事

伏惟長官氣亮(量)弘深，風神雅秀。手(守)司徒法則，令譽偏高；執中丞典璋(章)，英華獨美。即知同吹一管，氣善者音清；共撫一琴，弦和者聲雅。帶(戴)朝星而李(理)務，侵夜月而退功。可爲(謂)一軍(郡)風規，萬戶冰鏡。且舊客遍野，新歸滿鄉；路絕荒田，村無壞壁。囹圄之內，雀羅以張；公門之前，桃李長合。吾君故年仲秋，卒有佳宜(議)，問於同寮，曰：孤寘(寡)惸獨，務心存也；累堭溝渠，官所首也。參謀以(已)定，乃命有司登門而際(緝)禮④，纔施向熟而尊容覺變。爲是書(盡)日公府，神勞豈(氣)損耶？爲是登陟峙眜，力盡身浣(浼)耶？爲是規度隙影，風氣所衝耶？爲是板竹(筑)龍聚，神用所及(極)耶？不知何因，忽至於此。宜(疑)有不樂，則萬人咨嗟；似沐康和，則百里歡笑。守衣(醫)者盡其述，竭(謁)聖者極其詞。僧尼磬(罄)轉念之力，儒官申道引之妙。我長官既內起宿敬，夫人久叶順心，乃將奉(俸)祿之資，爲經像之福，畫阿彌陁佛一鋪，丹青開相好之義(儀)；造大菩薩幡一十口，曝盡端嚴之妙。幡乃弘光殿(電)影，耀五彩於華堂；經也瓊軸金題，陳一乘於寶案。潘(幡)之動也，引吾君身力一輕；經也(頁)開也，洗吾君心神一清。重悅肌膚，如月圓之漸漸；再清神氣，似澄水之汪汪。即知法門無虛寄之聞，神裏(理)有招(昭)然之應。吾君有俊鶻三隻，矜持數時；解以絛聯，任自飛騫。望雲霄而欲去，顧檐楹而又來。盤桓階庭，似戀軒屏。兩點星目，向君坐(座)而由(猶)窺；數繒花毛，接遊風而逐扇。

---

① "清"，《敦煌願文集》據文義補。
② "資"，據伯二三八五號背之《願亡》"上順帝心，下資人望"句例補。
③ "而""雲"，據文義補。
④ "際"，當作"緝"，據文義改。此處指有司上門慰問孤寡惸獨。

### 七十八、[亡妣]①

聞夫[有]生有滅②,倏忽百靈(齡)。是法皆空,電露何准。我釋迦大覺,上(尚)現滅於雙林;稟識有靈,曷可逾於苦海。茲席淚盈雙目、氣噎傳香、長跪捧鑪、愁煙掌起春(者),奉爲云云。伏惟靈素質温柔,志懷貞淑。習閨帷<sup>而</sup>母儀蕭蕭,播婦禮則聲聞洋洋。訓子行孟氏之風,和親有謝家之則。所既(冀)大椿比壽,靈鶴齊年。豈爲(謂)疾云云,奄然遊矣。至孝攀號躄踊,[思]奉橘已無因③;泣血崩心,痛問安之無處。控告[無門]④,惟福是資。於是佛開月面之尊,僧轉金言之偈;玉饌接中天之供,爐焚合上界之香。已(以)斯景祐,福不可量,先用莊嚴云云。伏願馬惱(瑪瑙)臺上,躡花筵而[遏]引鳳雛⑤;瑚(琥)珀林中,彈明珠而遥驚孔雀。入香水池内,撫拍青波;向金砂淺流,捧紅蓮而要佛攜手。

### 七十九、[亡號頭]⑥

常聞或夭或逝,聖哲不能易其年;有矩有續,天地不能促其壽。陰生陽謝,岱[嶽]無再返之期⑦;日往月來,地户有長婦(伏)之魄⑧。於是哀動神里、傾心福門者,誰[之作]也云云。

### 八十、[誦經]⑨

大哉覺皇,光臨贍部,億千垂化。慈惠利生無等侶者,其惟大悲觀世音菩薩焉! 有真言號廣大無礙,悲心誦持,功德福利,不可量也。厥有捧爐瞻仰尊顔者誰? 即有比丘尼建斯會者,奉爲誦真言終畢、答諸佛菩薩之恩也。惟阿師子乃一聞妙句,喜躍心靈;發意誦持,專精不倦。一句未畢,誕聞告終;懸河迅流,瓶寫傾注。若非九(久)遠親近,安可見聞。故知生生習而逾增,世世修而益廣,言不虚也。願即事後,衆聖潛衛,戒月常懸。法鏡掛於心臺,意珠照於昏域。檀那違(圍)遠,鸞鳳翔臻;常作人天之師,永爲法王上足。

### 八十一、[亡妻]⑩

桃李當年,適奉君子。歡娱未展,琴瑟頓乖。遂乃紅粉落於鏡前,點涕痕於席上。片玉

---

① "亡妣",據文義補。
② "有",《敦煌願文集》據文義補。
③ "思",據文義補。
④ "無門",據文義及"無門控告"句例補。
⑤ "遏",據文義補。
⑥ "亡號頭",據文義補。
⑦ "嶽",據齋文"岱嶽魂飛""魂歸岱嶽"句例補。《敦煌願文集》據文義補爲"山"。
⑧ "婦",當作"伏",據文義改。《敦煌願文集》作"歸"。
⑨ "誦經",據文義補。
⑩ "亡妻",據文義補。

沈泉，一珠落浦。紅顔絶跡，香閣無聲。

### 八十二、郎君

二龍並駕，則雙珠[共]曜於掌中①；一雁辭行，乃片月孤明於臺上。

### 八十三、賢女

素質凝霜，清心洗玉。翠眉不畫，則柳葉天生；紅頰未粧，而桃花自吐。

### 八十四、[新婦]②

賢新可美，四德兼芳。全其禮則家風益清，佐其夫[則]人（仁）義增敬。一門俱善，長幼同賢。

### 八十五、[號尾]③

[其]時也，孟春之首，萬物慶新；金園設齋，奉獻諸佛。法皷隱隱而出途息苦，魚梵寥亮而雄徹九天。感上界而聖衆生心，知下方而廣作諸福。總斯勝利，先益國家八表常清，寰中無事；州牧懸（縣）宰，榮禄尅昌。伏願履新歲巳（以）長壽。

### 八十六、元日

夫以獻歲發春，元正啓運。騰三陽而送故，迎萬象以惟新。昨夜星霜，與窮陰而並謝；今朝天地，浮喜色以歸來。

### 八十七、[號尾]④

[伏願]恒沐天休⑤，永承唐寵。蕃夷克伏，鎮清漢邊。榮命保於南山，歡賞齊於北極。福禄堅永，松筠寶（保）貞。歡娛益昌，令望充溢。保康寧於萬古，垂佛蔭於千春。門來八座，宅納三臺；天地齊年，榮貴終古。惠命堅久，福樹恒芳。空花掃盡於精（情）田⑥，性珠增瑩於心地。法鏡高懸，惠香芬郁；心珠自瑩，定水澄清。法樑横亘於天衢，智炬且（直）揚於闇室⑦。早悟塵心，速偕真境。珠明若戒，朗月澄神。命延江海之深，福若丘山之重。

---

① “共”，據文義補。《敦煌願文集》補作“並”或“齊”。
② “新婦”，據文義補。
③ “號尾”，據文義補。
④ “號尾”，據文義補。
⑤ “伏願”，據文義補。
⑥ “精”，當作“情”，《敦煌願文集》據文義改。
⑦ “且”，當作“直”，《敦煌願文集》據文義改。

## 八十八、尼

塵事不染，逍遥清居。踵愛道前蹤，繼蓮花後業。心隨佛日而問(吻)合①，識含智月以澄清。脫屜醫約，澄澄鑒神。常御雲樓，永登香閣。鶯武(鸚鵡)林下，振像王威。度未度人，解未孫(訓)者②。

## 八十九、[轉經文]③

穿滄渾源，日月貞其廓；傍薄發象，山河杜(度)其固。故得銀函東度，金疊南飜。秦境來傳，竺蘭斯記。似得滄海之驪珠，亦似崑山之片玉。是知分疊之義不殊，折金之理斯在。戒法華經，纓珞與垢衣殊相；穢土浄土，阜埁將寶地分刑(形)。不然者，曷得天下英毫(豪)諷誦，霑於環宇！是知甘露之門，明珠滿藏；旃檀之菀，香象成羣。時則花搖瑞日，葉吐香風。寶殿迴出於雲霄，洪樓俯臨於日月。美哉得(德)欽，曷可丹記。伏惟我皇帝：龍德在天，大明御極。懸舜日於乾坤，噴堯雲於六合。道極寰中，恩霑率土。使三邊伏威，四夷消喪。伏惟尚書：運偶千年之聖，莫不五百之賢。岌嶷如金山，傍倚大虛；調(洞)徹若秋月④，午臨碧海。揮袖則出於風雲，開懷則同於水鏡。故行恩光於郡<sup>木</sup>(幕)府，撫俗遍於閭[閻]⑤。作萬里之長城，布天心於闑外。[伏惟]行軍亞尹：滄溟未足比其量，松篁無以比其操。嶷如斷山，稟(凜)然有難犯之色。總統中權，分威外闑。實可謂月照寒紅(江)，晴光徹底。幕府諸公等：才也峻秀，華嶽三峰未足齊其高；量也洪深，北溟[浩淼]未足窮其濟⑥。凜凜然寒山帶冰，皎皎如秋天桂月。成詞含怒，則長河鼎沸。畏之則三軍膽懾，愛之則行路欣歌。故得僥訛隔(革)心，清風滿寒(塞)⑦。縣宰門傳七貴，祖習(襲)五侯。清松比德，日月爲心。調絃百里風生，制錦一壺冰結。是[時]也，景色澄廓，風無纖埃。河草初暖而抽黃，庭蕢訝(芽)塞而未綠⑧。乃張曳幕，施翠屏，周迴錦茵，上下華蓋。於是吹蠡會衆，鳴磬飯僧。香煙吐翠而庭際雲[舒]⑨，蓮影花開而空中座見。復願以此功德[云云]。是[日]也，月近珠明，春深柳暗。樹幡也，蟫蝀在目；焚爐也，雲煙滿空。嚴道場，跪飯賢，種種聖祐，穩穩福田。

---

① “問”，當作“吻”，《敦煌佛教願文研究》據文義改。
② “孫”，當作“訓”，據其又音改。《敦煌佛教願文研究》據文義改作“解”。
③ “轉經文”，據文義補。
④ “調”，《〈敦煌願文集〉校點獻疑》改作“洞”。
⑤ “閻”，《敦煌願文集》據文義補。
⑥ “浩淼”，據文義補。
⑦ “寒”，當作“塞”，《敦煌佛教願文研究》據文義改。
⑧ “訝”，當作“芽”，據文義改。此句言庭中蕢草處處發芽，滿塞庭中卻又未全綠的景象。
⑨ “舒”，據文義補。

## 九十、夫亡

庭前悄悄，望圓月以增悲；帳[中]寥寥①，對孤燈而更切。聞念以孤鸞獨處，林（臨）鏡匣而增悲；別鶴分飛，覩琴聲而氣盡。

## 九十一、[亡孩子]②

昔者素王所歎，苗而者於不秀，只有項託[之]早亡；秀而者於不實，只歎顏迴（回）之少夭。巳祐（以古）方今③，然不殊意者。孩子乃肌明片玉，目凈瓊珠。頰[如]桃李之花開④，眉彎彎[似]海（晦）月初曲⑤。能行三步五步，起坐未分；學語一言兩言，尊比（卑）未辯⑥。豈謂鳳鷃無託，先彫（凋）五色之毛；龍駒未便，先懽（摧）千里之是（足）⑦。慈母日悲，沈掌上之珍；嚴[父時]痛⑧，失帳中之玉。飾展薰修，用薦孩子冥路。

## 九十二、釋迦讚

夫法中有王，牟尼大聖。上從兜率，下應王宮。乘白象於王宮，乘白象於紫雲之中，降神儀於摩耶右脅。是知有緣西感，法水東流。託夢漢宮，夜明周室。天上天下，獨號人師。三千大千，是稱正覺者，釋迦牟尼矣。時有西受降城使趙公氣宇弘峻，淵鑒澄凝；文武濟時，德超今古。乃家崇正信，門傳善風。探玄珠於巨海之中，求法寶於福山之上。遂捨奉禄，敬造尊容。金面初開，如瞻滿月。故使歸依者，消殃而置福；迴向者，去危而獲安。百寶香前，散威儀於座側。能事既畢，彩飾成歟！作禮焚香，敬讚曰：巍巍聖尊，妙相難論。化洽三界，誘歸一門。慈悲廣大，辯說無礙。金口宣揚，邪山自碎。圓滿相，圓滿容，善一重兮妙一重。

　　僧凈端

---

① "中"，《敦煌願文集》據文義補。
② "亡孩子"，據文義補。
③ "巳祐"，《英藏敦煌社會歷史文獻釋録》據文義改作"以古"。
④ "如"，《英藏敦煌社會歷史文獻釋録》據伯二〇四四號之《亡孩子》補。
⑤ "海"，當作"晦"，《英藏敦煌社會歷史文獻釋録》據伯二〇四四號之《亡孩子》改。
⑥ "比"，當作"卑"，《英藏敦煌社會歷史文獻釋録》據據伯二〇四四號之《亡孩子》改。
⑦ "懽"，當作"摧"；"是"，當作"足"。《敦煌願文集》據文義改。
⑧ "父時"，據文義補。

# 斯三三五四號背＋伯二七六七號背
## 《齋儀選抄》

　　此件由斯三三五四號背和伯二七六七號背綴合而成，綴合後首全尾缺，中間下部有十六行殘缺數字，各行所缺文字，除《祈雨》外，皆可據它本補齊。現存八篇齋儀中，篇目不成系統，有四篇來源於《齋琬文》，可見此件所抄寫的齋儀屬於選抄性質，故擬名此件爲《齋儀選抄》。目前有郝春文釋録本，見郝春文編著《英藏敦煌社會歷史文獻釋録》第十六卷，社會科學文獻出版社，二〇二〇年，第七一～七五頁。

### 一、官齋行道文

　　夫駕象藍園，開瑞花於七步；伏龍石室，放靈光於一尋。自闡教五天，祇樹與黃金并價；寂言二月，雙林將白鶴齊形。於是慧日融心，朗覺花於意樹；慈雲比蓋，蔭福牙於大千。天上天下之尊，三乘一乘之主，大雄壯觀，其在兹乎！伏惟某皇帝聖胎先習，賢首降生；清動植於山河，洗乾坤於日月。故得伐香皴、延大堛，仰惟衛之靈姿，卷祇闍之絕影。我陛下道邁羲軒，德光堯舜；人歸獄頌，神武自天。日月可以重光，乾坤因而再造。爰因忌日，遂闡良緣，大集僧徒，轉經行道。以此衆多功德，無量善根，奉用莊嚴先聖靈識：惟願上菩提坐，登降三空，昇自在天，遨遊五淨；復憑願力上資皇帝陛下：壽齊北極，命固南山；天龍將地馬俱亨，日殿與月宮相耀。皇太子至孝光於三善，聖德楙於重離。諸王永固於維城，公主演慶於琁蕚。百辟盡忠以奉職，萬人咸化以常安。旁周一切群生，普及十方含識，共拔塵勞之境，同臻妙樂之因。

### 二、官事得免

　　惟某清廉成性，慎密自天。言中範而乃彰，身合禮而[彌]顯①。頃者枉羅視聽，橫被縶維，請佛日以照臨，仰法雲而垂蔭，冀得理明[秦]鏡②，事潔隨珠；寒松肅而更貞，秋水皎而逾净。故於今日，慶答鴻恩，惟願年無九橫，永離百憂。飾儀宇於功德之香，瑩心靈於般若之

---

① "彌"，據殘筆畫及文義補。
② "秦"，據殘筆畫及文義補。

水。[將]擢千尋之幹①，還澄萬傾（頃）之陂。德標青蒲之内，聲[振]白雲之外②。

### 三、逆修齋

惟某覺泩漚之易壞，知火石之難留。痛五蘊之微躬，慨六塵之假質。欲冀捨部洲之機利，託兜率之净居。預建福因，逆修某七。

### 四、社邑

然今社邑諸宿老等寔是五陵豪族，六郡名家。或代襲簪纓，或里稱冠蓋，或三明表異，或八俊標奇；知芥城之易空，悟藤井之難久，共崇是福，各契深誠。

### 五、課邑

惟某並家傳杞梓，代襲冠纓。丈夫云：居少長之中尊，處鄉閭之重望。女婦云：節儉貞柔，温仁善教。慕善如不及，遠惡如探湯。結彼岸之良緣，羿菩提之勝侶。於是共敦誠意，各罄珍財，冀彌勒於道初，供釋迦於季運。功德云云。

惟某等並是別宗昆季，追朋十室之間；異族弟兄，託交四海之内。可謂邦家令望，鄉黨楷模。麗水無可棄之珍，荆山有見知之寶。爾復信根成就，惠業薰修。怖三惡之長悲，愍四生之多苦。所以家家發菩提之意，各各起壇戒[之心]③。[共]結勝因，僉崇妙善。功德云云。

惟願善根永茂，方成佛樹之榮；惠命逾長，更[振金]剛之固⑤。法財日富，給孤之寶盈家；天服時嚴，提伽之繒滿庫。龍神[助護]⑥，讚美空中。凡聖咨嗟，宣功冥路。尊長親宿，萬壽無壃。妻室子[孫]⑦，[千秋永茂]⑧。

### 六、燃燈歎

惟某[賢邑乃自云]⑨：長居大夜，永固昏迷；火宅限以重關，險路失其[明徑]⑩。[將願趨]藥王[之]先[貴]⑪，導喜見之高蹤。遂能翹至想於玄門，罄誠[啓成佛於正道]⑫。[乃]於

---

① “將”，據文義補。
② “振”，據殘筆畫及斯八二九〇號之《亡夫》“振嘉聲於白雲之外”句例補。
③ “之心”，據伯二五四七號之《課邑》補。
④ “共”，據伯二五四七號之《課邑》補。
⑤ “振金”，據伯二五四七號之《課邑》補。
⑥ “助護”，據伯二五四七號之《課邑》補。
⑦ “孫”，據伯二五四七號之《課邑》補。
⑧ “千秋永茂”，據伯二五四七號之《課邑》補。
⑨ “賢邑乃自云”，據伯二二三七號之《然燈文》補。
⑩ “明徑”，據伯二二三七號之《然燈文》補。
⑪ “將願趨”“之”“貴”，據伯二二三七號之《然燈文》補。
⑫ “成佛與正道”，據伯二二三七號之《然燈文》補。

新年啓正之日①，初春上月之辰。爰施九仞之輪，當於[寶塔之側]②。[其燈乃美]梁[輝]構③，嵯峨與星漢相連；桂棟橫開，[雄偉共煙蕿競遠]④。[明燈]吐其朱焰⑤，將麗日而爭明；龍燭曜其丹暉，[與]滿[月而齊朗]⑥。[空中焕爛]⑦，上通有頂之天；虛裏玲瓏，下照阿鼻之獄。

### 七、祈雨

比見土龍燒道，玄寺無徵；泥人鶴立，往時□□。□□□□□，自我西郊，所以展敬真宗，虔誠妙覺；傾心懇思，勵□□□。□□□□，[往]依調御⑧；儼邀蓮座，直詣蓮宮。敬設清齋，仰祈甘雨。□音遠震，梵響遐傳。敕彼八龍，蔭我千里慧雲；玉葉靉[靆]⑨，醴泉霶霈於厚地。草木霑潤，浹野抽翹。菽麥承滋，彌川合穎。□□□□，收獲千箱。寡婦搖杞，儲兼十歲。上願天心永暢，壽果金輪。[下願]地德含光⑩，禎符玉女云云。

### 八、皇王

竊以法蓋遙臨，乘帝雲而演慶；慈舟廣運，浮聖海而通祥。藻七淨於珠旒，果崇珠帳；發三明於金鏡，道暢金輪。故使萬國之懽心，能匡得一之淳化。崇宗所以嶽鎮，景祚所以天長。伏惟皇帝陛下澤掩四空，德光千祀。垂仁被物，遐通有頂之區；積慧澄襟，普照無邊之域。滌薰風於庶品，沐甘露於群生。期逾劫石之期，祚逸恒沙之祚。丹墀表慶，紫極延祥。就(鷟)日騰暉，與星虹而等耀；望雲流彩，共樞電而同鮮。寶運遐崇，璇儀永泰。於是傾埏疊憘，罄宇馳懽；率土懷生，咸思薦壽。某等忝居黎庶，[同獻丹誠]⑪，[仰讚皇猷]⑫，[式陳清供]⑬。

---

① "乃"，據伯二二三七號之《然燈文》補。
② "寶塔之側"，據伯二二三七號之《然燈文》補。
③ "其燈乃美""輝"，據伯二二三七號之《然燈文》補。
④ "雄偉共煙霞競遠"，據伯二二三七號之《然燈文》補。
⑤ "明燈"，據伯二二三七號之《然燈文》補。
⑥ "與滿月而齊朗"，據伯二五四七號《燃燈》補。
⑦ "空中焕爛"，據伯二五四七號《燃燈》補。
⑧ "往"，據文義補。
⑨ "靆"，據殘筆畫及文義補。
⑩ "下願"，據文義補。
⑪ "同獻丹誠"，據殘筆畫及伯二九四〇號之《鼎祚遐隆》補。
⑫ "仰讚皇猷"，據殘筆畫及伯二九四〇號之《鼎祚遐隆》補。
⑬ "式陳清供"，據殘筆畫及伯二九四〇號之《鼎祚遐隆》補。

# 斯三九一四號《壽昌夏末結壇祈福文》

　　此件首尾皆全,是壽昌縣夏末結壇祈福齋會所用的齋文。敦煌地區在每個季末都要舉行換季的祈福齋會,其道場稱爲《季末道場》,其齋文稱爲《罷四季文》。斯二一四六號之《罷四季文》實爲《罷春季文》,此件爲《罷夏季文》。伯二〇五八號背中有《罷秋季文》。弗魯格二六三號＋弗魯格三二六號中有《罷夏季文》《罷冬季文》,《罷冬季文》又多稱爲《歲末結壇祈福文》。此件目前有三個主要釋録本:郝春文釋録本,見郝春文編著《英藏敦煌社會歷史文獻釋録》第十七卷,社會科學文獻出版社,二〇二一年,第四八一～四八三頁。鄭炳林釋録本,見鄭炳林《敦煌碑銘讚輯釋》(增訂本),上海古籍出版社,二〇一九年,第七九六～七九七頁。黃征釋録本,見黃征、吳偉編《敦煌願文集》,岳麓書社,一九九五年,第五九四～五九七頁。

　　蓋聞我佛應化,悲願起於三千;救苦興慈,巡歷<sup>拔接</sup>[於]八萬①。獨尊利現,示教多門;感聖揚雄,神力難測者也。厥今九秋來至,建勝會於壽昌;七日清齋,置隨求於西角。幡花備席,樂奏八音;供養三時,梵唄無暇。雨上巡遶,香湯遍灑於六街;經呪真言,演暢聲馳於四陌。錢銀數貫,奉獻上地靈神;玉饌香湌,供佛延僧請聖。闔城士庶、女弟童男、牧野村人咸稱乞告者,爲誰施作? 時則有我河西節度使尚書先奉爲金山聖迹,以定遐蕃;玉女渥洼,保清社稷。江神海獸,護一界之民(人)民;歡喜龍王,順風調而應節。人無楚切,不染分介之災;牛馬六畜駞羊,疫毒時消時散。亦乃[爲]當今帝主②,福被遐陬,四海趨風,八方順化。尚書寶位,千年崇鎮於河隍;永耀麾旌,萬載撫安於隴右。國母公主寵泰不失於瓊宮。刺史郎君雅志芳能而繼嗣。小娘子桂質,棄垢而貞。内外城隍咸昌寧謐之福會。伏惟我尚書天才降世,雄氣神資;按星劍而羌虜魂擎,杖(仗)韜略而諸蕃膽喪。臨機運策,善韓白之深謀;匡濟生靈,扇堯年之大化。近覩災侵入界,妖禍鄰(臨)人;恐害民(人)民,邀僧仗佛,所以遥瞻大覺,置道場於金山;遠望神威,延聖凡於西角。故得像敷月面,輝八相之靈光;經讚無爲,佛聲驟九頂之上。遂使墮蕃落井,傷煞孤魂;失土離鄉,奔波絶户。或是從軍北戰,歿殞沙場;或謂討掠南征,身埋棄世;奉公東使,逢賊雲亡;或是遠遣西遊,他州違(遺)骨③;斷親絶嗣,不葬幽

---

① "於",據文義補。
② "爲",據文義補。
③ "違",當作"遺",《英藏敦煌社會歷史文獻釋録》據文義改。

靈,客鬼巡門,越鄉移界;或是山丘野澤,洛(落)水火燒,牧放牛羊,狼殘虎齘;或是貧寒凍煞、缺食乏衣,春夏秋冬、居巢住穴;或謂犯龍蛇,觸海獸風神。爲復七魄先亡,爲是近時懷恨,並願聽經聲來就道場,逐鈴音而降法會;霑福霑利,領受錢財。燈光照引於善途,唄梵通馳於香積。轉生天路,速處蓮花,莫惱害我敦煌,棄災星於境外,願禍消滅三祝。是時也,經收寶篋,像卷銀筒;捨七珍已(以)珍妖災,仰三尊乞加保護。即使吉神吉將,主善族堅守川園(原);凶將凶神,趁非邪他鄉遠走。帝皇永壽,鳳闈延春;四海恩彼(被),八方頻澤。尚書禄位,同峻嶽之崇高;節政退陬,誓押關西之境。國母公主播美理於深闈,匡順民(人)民,保貞松之莫變。刺史郎君兄弟,雄才芳佐於[吾]君①;六藝轉清,福比筍簹之歲久。小娘子内外閨(桂)蘭茂實於香車,玉樹金枝不變寒雲之色。又持勝福,次用莊嚴則壽昌都衙副使、監使、押衙、都知以(與)水官兵馬使等:伏願文武備曉,弓裘永佑於譙王,福峻禄深,班位常增而清吉。安人撫域,不失於規模;邊上忠勤,保貴恒昌於萬載。閣城大小賢者以(與)優婆夷、清信女男、表裏上下:伏願心恒佛日,福低嵩山,意切宗乘,財盈滿室。六畜強盛,家家貴富而新榮;七寶來庭,户户豐添而海藏。蝗飛避境,猛虎移川,莊野謳歌,牧童舞喜;芝泉鬱茂,草芥豐林;社廟靈祇,繞堅廓宇。然後休戈罷甲,戰馬亭銜;五穀時收,歲稔成豐。

---

① “吾”,《英藏敦煌社會歷史文獻釋錄》據殘筆畫及文義補。

# 斯四〇八一號《夫嘆齋分爲段》

　　此件首缺尾全，先抄寫《受八關齋戒文》，後抄寫《夫嘆齋分爲段》。所謂"夫嘆齋分爲段"，是指將完整的齋文分解成嘆佛、齋意、嘆德、道場、莊嚴等構件，然後再按構件將同一性質的類似段落集抄在一起，以備齋文寫作時按構件快速摘選所需的段落，進而構建成完整的實用齋文，是對齋儀進行的結構性的改編，以實現"即類求文"的目標。此件的後一部分即屬"夫嘆齋分爲段"。對齋文構件的解析，參見斯二八三二號之《夫嘆齋分爲段》、俄敦〇一二八五號＋俄敦〇二一七二號之《夫嘆齋分爲段》。清本只釋錄其中的《夫嘆齋分爲段》，現有二個完整釋錄本：郝春文釋錄本，見郝春文編著《英藏敦煌社會歷史文獻釋錄》第十八卷，社會科學文獻出版社，二〇二二年，第三五七～三六一頁；黃征釋錄本，見黃征、吳偉編《敦煌願文集》，岳麓書社，一九九五年，第一七二～一七五頁。

## 一、嚴病

　　藥王藥上，受(授)與神方；觀音妙音，施[以]良藥①。醍醐灌頂，法雨閏身；萬福雲臻，千災霧卷。

　　四枝(肢)休太，五藏安和；畢千載之遐靈(齡)，盡百年之長算。

　　諸佛益長年之算，龍天贈不死之花(符)②；威德與山岳齊高，英聲與烟霞比遠。

　　神湯灌口，痛惱雲除；妙藥兹(滋)身，灾殃霧卷。

## 二、僧

　　惠雲含閏，法力冥資；靈算遐長，芳因永固。七枝清豫，更嚴七覺之花；八節休宜，還凝八定之水。

　　戒珠恒净，道鏡長懸。[真乘]保其身田③，如來益其[善]功④。文殊彌勒，碎魔鬼而令安；

---

① "以"，據文義補。
② "花"，當作"符"，據斯三四三號＋斯四九九二號背之《患文》改。
③ "真乘"，據文義及斯四六二九號＋斯四六二九號背《患文》"真乘法藥，得潤身田"句例補。
④ "善"，據文義及"同修因果，共立善功"句義補。

地藏觀音，[灑甘露]而使净①。

十纏九横，逐念咸消；三障六塵，隨願皆滅。頓入一乘之境，長遊八正之門。爲大海之津梁，作群生之眼目。

齊天地之壽，同蘭桂之花；爐薰不死之香，臺監（鑑）長生之鏡。

六根調於六律，四大休於四時；七覺敷於七支，八德操於八識。

## 三、報願

寶座遐設，金容啓顔；佛供騰芳，爐煙發色。

形同大地，歷千載而常安；命等須彌，跨萬齡而不朽。朱輪紫蓋，與雲漢而齊高；飾玉彫瓔，將煙遐（霞）而共遠。

百靈影衛，千聖冥扶；壽與天長，福將劫遠。

香風拂體，法水灑心；洗滌八萬塵勞，蕩除[五蓋]三障②。

諸佛護念，蕩業障而遐齡；菩薩威加，拂災殃而雲散。陀羅[尼]印③，印五藏而清涼；月愛净光，入四支（肢）而快樂。

灾殃雨散，福利雲臻；履八節而恒安，順四時而休豫。三寶覆護，萬善莊嚴；靈算筵（延）長，果報無盡。

命同金石，九横之所不侵；財積丘山，五家莫之能繞（饒）。

三灾霧卷，五障雲消；六善扶持，百靈影衛。

千灾永謝，百福咸臻；天仙降靈，龍神効祉。

八功德水，灌洗身田；九横稠林，摧殘殄滅。

年無九横，月遣三灾；命比大椿而不彫，壽同劫石而無盡。

## 四、僧

惟願八解之水，澡心鏡而澄明；七覺之花，莊高樹而揚彩。

慈雲密蔭，四大休宜；法水冥津，六根清吉。

慈雲遍布，長增菩提之牙；法炬恒暉，照於無明之路。

千輪耀彩，百福莊嚴；果報自然，寢居快樂。六府調暢，四大清宜；戒定惠增，慈悲喜滿。

竭愛河而偃塵岳，湌法喜而憩禪林。撥五位之重雲，圓三明之皎日。敷覺花以營（瑩）心鏡，凝定水以潤身田；揚惠炬而臨大千，皷法棹而舟苦海。

---

① "灑甘露"，據"觀音駕月，灑甘潤之清漿""觀音駕月，灑芳液以清襟""諸佛灑甘露，菩薩施醍醐"等句義補。
② "五蓋"，按：五蓋是三障之外的性障，皆需蕩除，故此補爲"五蓋三障"。
③ "尼"，《敦煌願文集》據文義補。

聞修兩惠,普照兇(胸)襟;真俗三明,雙開懷抱。

## 五、難月

惟願靈童易育,門嗣尅昌;母子平安,灾殃永殄。

天護佛護,菩薩威加;臥安覺安,身心清吉。早得分難,母子平安。

四王來護,三寶威加;母子康寧,報(保)居齡算。

## 六、亡

惟願遨遊净土,儔身業於七池;消散蓮臺,戲心花於八水。

承斯勝福,净域神遊;甘露入心,醍醐灌頂。

觀音救護,勢至來迎;朝聞法音,夕登聖位。

菩提樹下,擿(摘)四果於禪枝;涅盤山中,採七花於覺路。拂衣净國,總駕天衢;冠惠日而蔭法雲,撥煩籠而歸常樂。

馳神五净,高謝六塵;驅駕白牛,長辭火宅。身證八解,遊二諦之玄津;心結七花,會五乘之因果。

入總持之惠苑,遊無漏之法林;證解脱之空門,到菩提之彼岸。

永御千花之帳,恒聞八解之音;離變易之無常,會真如之法界。

形遊佛國,影入花臺;逍遥功德之林,散誕天仙之界。

承七花之净國,遊八解之天宮;迴十地之無窮,登一生之補處。

## 七、束行

惟願金剛力士,執劍前行;飛天神王,持刀後衛。使他鄉旋駕,再會歡悞(娛);此土親姻,同榮快樂。

百神來護,千聖冥扶。道路塞而通途,遥隔而再續。關山莫雍(壅),道路無隅(虞);再會本鄉而恒安,重榮快樂而無盡。

## 八、畜

惟願永捨無明,長辭瘖啞;斷傍生之惡趣,受勝果於人天。

永離三途,長辭八苦;觀慈尊而窮本性,聞正法已契(以啓)無[生]①。共圓實相之姿,等念真如之境。

轉前生之重鄣,消見在之深痾;捨惡趣之劣身,獲天堂之勝果。

---

① "已契",當作"以啓",據羽〇七七《願文》改。"生",據羽〇七七《願文》補。

# 斯四二四五號背《結壇發願文抄》

　　此件首尾完整，中間有題名《發願一道》，實爲《結壇發願文》。從抄寫内容看，既有散寫句子，又有成段抄寫，間有脱漏，且未抄完，顯然是抄寫者爲練手而隨手抄寫，故擬名此件爲《結壇發願文抄》。

　　厥今壇安内閣，盤供深宫，結勝壇於瓊樓，請僧欽凡之晨供養者。

　　發願一道

　　加以留情像教，注想玄風，結勝壇於瓊樓，會真僧於雁塔。兹會也，張繡傘，卦（掛）銀幡，左奉錫而右龍盤，前摩尼而後帝納。無勝净餝，清困餓而六道普通；盤獻榮花，供觸受而四生飽滿。篆字盤内，牛香印而五色雲飛；蓮花盛中，魚燈爇而千道光發。磬聲以鈴聲云云。食來香積，可滿玉而彫金；湯自仙宫，乃瓊漿而玉液。今則之（兹）晨先罷，披肝膽於尊；五眼必明，遂衆誠於厥後。更能重經象焉，釁（罄）捨珍財。何鬼魅而不消，應禎祥而必集。總斯多善，公主太子金枝郁蔭物之花，事從司空玉樹茂安民之榮。兩班大將（原文抄至此而止）。

# 斯四四一三號《二月八日》

此件首尾完整,中間有七行的行首殘缺一至二字,首題《二月八日》。

夫大雄御(揄)揚,總萬德以爲身。正覺臨民,蘊百靈而作業。十力不共之法,以灌於身田;七弁無畏之言,用護於心因。故得唱獨尊之說,吼無比之聲。化相難窮,名言莫測。今此會者,春光稍喧,東風解凍。菩薩逾城之日,天王捧烏之辰。棄榮華而入道之初,猒恩愛是出家之首,所以秉[松]筠志①,居檀特山。十九離塵,三十成道,於焉留教,傳芳[當]今②。是時也,月準二日唯八,年韶媚景,仲序芳春。於是金輪引前,如轉奈菀之法輪;設(色)蓋浮空,似耶離之寶車不移。蓮花步而匝迦毗城,故於遊四門,設本因會。以[此]勝福,莫限良緣,先用莊嚴奉資龍天八部、聖神贊普[逆]渗掃靡③,座前尊賢,禄位恒昌,預會群寮,福山永鎮;城隍士女,保命千春;此界含靈,同霑善慶。

---

① "松",據文義及殘筆畫補。
② "當",據文義補。
③ "逆",據文義及殘筆畫補。

# 斯四四七四號《佛事文抄》

　　此件首缺尾全，抄有齋儀和其他佛事文，故擬名此件爲《佛事文抄》。清本只釋録其中的齋儀部分。目前有黄征釋録本，見黄征、吳偉編《敦煌願文集》，岳麓書社，一九九五年，第一七九～一八二頁。

（前缺）

## 一、[慶橋]①

　　□□□□□□近覩花幢千種□□□□□□□□□□□□雲，控龍馬於六條[之街]②，□□□□□□金地上。

## 二、長官

　　心明秦鏡，筆動文[星]③。[萬家]賀仁惠之風④，百里仰烹鮮之化。若不然者，曷得清風偃於美草，瑞氣起於千門！聞善事而匍匐皆從，搆花筵而雲奔赴會。月面高展於紺目，繒幡亂爍於霞光。爐煙飛遶座之雲，漁（魚）梵[奏]鉢囊之曲⑤。時屬緑絲垂於五柳，淑气凝於千門。欲綻桃花萬顆珠，擬折繁條[千]數（樹）色⑥。

## 三、賀雨

　　爲久愆陽，長川銷爍。自春及夏，惟增赫弈之輝；祥雲忽飛，但起嚣塵之色。鹿野無稼，蒼生罷農。於是士庶恭心，緇侶虔敬。遂啓天龍於峰頂，禱諸佛於伽藍；及以數朝，時持不絶。是以佛興廣願，龍起慈悲；命雷公，呼電伯。於是密雲朝[凝]⑦，闊布長空；風伯前驅，雨師後灑。須臾之際，滂野田疇。遥山帶月媚之容，遠樹加豐濃之色；芳草競秀，花藥争開；功

---

① “慶橋”，據文中“控龍馬於六條之街”等，當是爲慶橋用的齋文，故擬題爲“慶橋”。
② “之街”，據殘筆畫及伯三八○○號之《慶橋》補。
③ “星”，據殘筆劃及文義補。
④ “萬家”，據殘筆劃及文義補。
⑤ “奏”，據殘筆畫及文義補。
⑥ “千”，據文義補。“數”，當作“樹”，據文義改。
⑦ “凝”，《敦煌願文集》據文義補。

人懷擊壤之歡，田父賀東臯之詠。

## 四、律

節行孤峻，冰泉是清；戒月懸於碧空，皎娥（鵝）珠於水鏡。

## 五、禪

澄心水鏡，早悟玄門；禪律俱修，戒珠圓浄。

## 六、尼

積誠雅素，謹節踰崇；行等蓮花，清如愛道；安人琅玗，駐質金雪。爲顔（惟願）禄位日遷①，榮資轉貴。

## 七、慶藍若

聞大聖金仙，大隱虛無之際；洎乎五百之歲，像教鬱興。是知大師釋伽，不可思議者矣！今日大院虛敞，宿浄道場，千花[獻]月面之尊②，廣坐烈（列）珍羞之供。盛會若此，誰人當之？則有信士等：惟公等月（目）練秋霜，心浄寒水；凜凜風骨，英英德人。實可謂香桂林中，森森不雜。若不然者，何以結志同心，共造斯院？布金平地，不異祇園。敬造瓦堂一所，塑僧伽和尚一軀。園牆匼匝，廊宇徘徊，功積頗多，今並成就。瓦堂乃虹蜺數道，化出奇梁；一段青煙，遥分瓦色。和尚且邈普先王之本質，一處不遺；寫金蘭（襴）之土衣，千般[色彩]③。□□□□□□常懷敬上之心。惠嚴處右而兢兢，惠岸[左跪]而測測④。門樓也，是一院[之]眉首⑤，爲外禦之[門衡]⑥。遠近親觀⑦，貌（邈）哉氣色⑧。行廊也，[乃]五間高敞⑨，安乎方外之眉；兩道長簷，每集聽經之鳥。行牆[也]⑩，乃窈窕一條，若白雲抱映於仙苑；周迴四合，如□□□□□千花。當下手之日，斤斧齊運，砰硠振（震）天。木星迸而入碧空，瓦布魚鱗翠煙色。計日功就，翕而成焉。乍疑忉利下中天，又似龍宮擁金地。其殿[也]，勢壓虬堈，接譙城之偃蹇；迴聳霄漢，連雲閣以巍峨。虹梁加（駕）蟠螈橫空，枓栱[如]星攢夜月⑪。簷喜鳳翼，疑[若樹

---

① "爲顔"，當作"惟願"，據文義改。
② "獻"，據文義補。
③ "色彩"，據文義補。
④ "左跪"，據殘筆畫及文義補。
⑤ "之"，據文義補。
⑥ "門衡"，據文義及殘筆畫補。
⑦ "遠近親觀"，原作"遠親近觀"，據文義乙正，謂遠看、近看的觀感。
⑧ "貌"，當作"邈"，據文義改。
⑨ "乃"，據下文句式補。
⑩ "也"，據下文句式補。
⑪ "如"，據文義補。

鷹]飛來①；瓦布魚鱗，狀星宮而涌出。鴟尾也，如雙鸞之對舞；其獸也，若鯨鯢背於青山。遥觀一段碧煙生，近覩千般花種色。其像[也]，召郢匠，邀蓮模；端嚴開月面之容，紺髮彎旋螺之色。兩點紅蓮成寶足，千葉花開坐净身；眉間一道白毫光，宛轉[三世十]方佛②。其石銘也，取玉石於崑嶺，召郢匠於秦川。其文也，花攢渌林；其札也，雲飛宇下；[其]鐫也，在郢人之手。隨筆勢以盤旋，盡巧思以澄心，逐毫峰（鋒）而宛轉。以彰不朽之號，將傳萬代之功。卓立蓮宮，屹然不壞。當下手時，削却浮疎之金。斤斧運而聲振（震）徹天，木星迸[而]雲飛碎錦③。功成即日，大慶今朝；月圓十五碧天中，江日矇矓渌波上。

## 八、藏鉤

公等投名兩扇，列位分明；看上下以探籌，覩（賭）爭勝負。或長行而遠眺，望絕跡以無蹤；遠近勞藏，或度貌而難惻（測）。鉤母[者]怕情而戰戰④，把鉤者膽碎以兢兢。恐意度心，直擒斷行。或困（因）言而[失]馬（碼）⑤，或困（因）笑以輸籌；或含笑而命鉤，或緬鮮（覣涎）而落節⑥。連翩九勝，蹣跚十強；叫動天崩，聲遙海沸。定強弱於兩朋，建清齋於一會。

## 九、探油

齋主所言意者，乃爲自身境界，有所願從。爲買賣矇矓，難分皂帛（白），被人枉墼，文契無憑。携鐺火於伽藍，共探油而取驗。于時[也]，炎騰碧焰，火盛青煙，展手域（於）中，無纖毫之痛。既蒙是祐，敢辜佛恩？謹設清齊（齋），用酬先願。無上法王，上披提婆。所謗周公，聖者猶有管蔡流言；況乃凡庶，寧無白珪之點？王道雖直，覆盆之下難明；善惡未分，一時俱執。惟公稟性克和，行惟懿素；情質恭貌，信義成人。述不貳過而立身，實三思而尅己不（否）。事出非意，流滂（謗）及躬，厄於囹圄之中。豈料白珪精而被點，美玉瑩而遭瑕。告天，天遠不聞；問地，地厚難徹。賴秦鏡一照照盡，心鏡俱清，颯然水（冰）釋⑦。遂得覆盆返照，無辜之狀昭然。雲忽卷而天地明，霧豁開而星月朗。在籠之鳥，再刷羽於長空；涸轍（澤）之魚，復皷鱗於江海。寒灰重煖，落葉還春。寒松百丈，靄靄羅風；秀嶺千尋，下連溝壑。喬松偃蓋，著處生煙；危石截雲，遍鋪紅錦。

---

① "若樹鷹"，據斯二七一七號背之《慶新宅》門樓"既若樹鷹飛來，又似龍神涌現"句例補。
② "三世十"，據文義補。
③ "而"，據文義補。
④ "者"，據文義補。
⑤ "困"，當作"因"，據文義改。"失"，底本殘，據文義及殘筆畫補。"馬"，當作"碼"。"失碼"與"輸籌"相對。
⑥ "緬鮮"，當作"覣涎"，據文義改。指臉部"覣䐴""涎臉"的落差反應而被判定爲藏鉤者。
⑦ "水"，當作"冰"，據文義改。

### 十、中丞

瑞雲作蓋,細雨隨車。猛獸去而大野空,明珠還而川色媚。伏願我國家日月高照,龍樓永安。相公福壽千春,聲揚萬里。長官鳴琴橫膝上,鳳舞至堦前;政聲滿於寰中,清化霑於百里。我國家道化萬邦,威臨八極;風清北塞,日照南天。尚書威静寰中,心歸鳳闕;鼙皷振(震)山河之響,精幢暉日下之光。相公氣排霄漢,量納太虚;鎮(鎮)三吴[而]宇宙廓(廓)清①,壓九江而香鳳(風)滿國。

### 十一、使君

氣含白雲,心吐明月;文善九功之美,武明七德之奇。自臨此州,風規一變。

### 十二、長官

製錦臨人②,宣威百里;清琴撫俗,德邁中牟。

### 十三、都使

明月在心,秋霜練膽;長榮冠古,雄光射人;志列龍泉,威静邊境。

### 十四、大使

天資沖邈,風骨卓然;志照孤山,身如寶鏡。彎弓月走,舞劍星流;筆陣雲飛,辭林花落。

### 十五、歎壙

是以受形三界,若電影之難留;人之百齡,[似]隙光而非久③。是知生死之道,熟(孰)能免之? 縱使紅顏千載,終歸[墳]上之塵④;財積丘山,會化黄泉之土。是日[也],輀車颼颼,送玉質於荒郊;素蓋翩翩,餞凶儀而亘道。至孝等對孤墳而蹣跼,淚下數行;扣棺槨以號咷,心摧一寸。泉門永閉,再覩無期;地户長關,更開何日。無以奉酬罔極,仗諸佛之威光。[至]孝等止哀停悲⑤,大衆爲稱十念;

南無大慈大悲西方極樂世界阿彌陀佛三遍

南無大慈大悲西方極樂世界觀世音菩薩三遍

---

① “鎮”,當作“鎮”,《敦煌願文集》據文義改。
② “製”字後衍一“衣”字。
③ “似”,據殘筆畫及文義補。
④ “墳”,據文義補。
⑤ “至”,據文義補。

　　南無大慈大悲西方極樂世界大勢至菩薩三遍

　　南無大慈大悲地藏菩薩一遍

向來稱揚十念功德，滋益亡靈神生浄土：惟願花臺花蓋，空裏來迎；寶座金床，承空接引。摩尼殿上，聽説苦空；八解池中，蕩除無明之垢。觀音勢至，引到西方；彌勒尊前，分明聽説。現存眷屬①，福樂百年。過往亡靈，神生浄土。孝子等再拜奉辭，和南聖衆。

---

① "存"字後衍一"脺"字。

# 斯四六四二號《雜齋文抄》

此件首尾皆缺,其内容既有齋儀,也有實用齋文的抄件,篇目不成系統,故擬名此件爲《雜齋文抄》。現有黄征釋録本,見黄征、吴偉編《敦煌願文集》,岳麓書社,一九九五,第一二四～一三四頁。

(前缺)

## 一、[觀音菩薩]①

[應邀而]降②,觀緣起化。稱名禮拜,利益無窮。

## 二、[地]藏菩薩日③

現生六道,留念四生。示迹於苦趣之中,作沙門像;説法於閻羅王界,隱菩薩形。憶想殃除,稱名罪滅。

## 三、月號

夫釋迦出世,爲大因緣;所以逐物現生,隨人起化。或王宫誕迹,或道樹逞(呈)祥。非因[化]生④,豈有應而無應? 三尺爲尸羅而分,丈六爲聲聞而栖。無邊大士而量高,無見頂相而方著。何異水清日出,鈴色障彰。[起化]難議⑤,斯此之謂矣。

## 四、逆修

加以躡履釋門,悟有身之[易]脆⑥;窺闚真教,知物色之無常。既由過去而有此生,即因現在而感當果(來)⑦。三世論(淪)滑,四生詎逃? 若不預備資糧,何以樂乎冥道? 所以策勤

---

① 正文"觀緣起化"即北敦〇四四五六號之《觀音菩薩》"觀緣起而化來"的異文。故此擬題"觀音菩薩"。
② "應邀而",據北敦〇四四五六號之《觀音菩薩》"遂邀請而便降"句例補。
③ "地",據北敦〇四四五六號之《地藏菩薩》補。
④ "化",據文義補。
⑤ "起化",據文義補。
⑥ "易",據文義補。
⑦ "果",當作"來",《敦煌願文集》據文義改。

［修］佛①，深懲政困（正因）②。身修自祈，自得竭精誠之志。割貪惜之財，營逆修十供清齋，今則某七。

爲（惟）道<sup>生不作福，没後難知。</sup>③<sup>未盡</sup>少無男女，老復孤遺。<sup>莫保</sup>百年，逆修某七。

### 五、道場

於是飾華弟（第），嚴綺庭；屛帷四合而煙凝，花敷五色而雲萃。長播（幡）挈拽，豔起空中；矩旆連懸，暈飛簷下。請真容而稽顙，紫磨金姿；延彩像以虔恭，白豪（毫）玉色。旋迎法寶，開妙袟以先浮；啓召聖僧，賓頭盧而降趾。僧尼肅穆，如從舍衛大城；道衆併闐，若赴崆峒方所。長者居士，咸契良因；清信夫娘，同緣善會。梵［聲］寥亮④，香氣氛氳；百味珍羞，一時供養。

### 六、八日

於是設雲幕，敷華［筵］⑤。綺珍滿庭，屛幃匝院。懸繒幡蓋，拂寶座以請如來；燒香散花，捧錦袟而啓其（真）法⑥。金容洞照，旭日浮光；玉軸開暉，朝［雲］伴綵⑦。緇衣釋子，持應嚴以來儀；黃巾道門，執章簡而庚至。清羞妙饌，甘露天廚；一一虔誠，敬崇福會。

### 七、考

雄豪挺生，英傑風骨；識談幽賾，德負沖綿。親族畏其威嚴，鄉儻（黨）戢（揖）其韶雅⑧。將謂天長地久，海固山牢。豈圖生必歸終，法乎常者。至孝酷毒稱天，崩心毀乎五内；號咷擗地，殞性滅乎六情。既懷罔極之恩，［無］闕昊天之報⑨。故於某日，敬設清齋；就此家庭，謹崇福會。

### 八、妣

惟靈體坤載德，寔嶽降祥；蘊行潛芳，美傳清譽。含弘先大（代），操志昇聞；乾乾（虔虔）啓誠，爲乎在道者也。將爲（謂）柏舟之固，蘋藻留儀。嗚呼！世道淪湑，指薪交謝；冥神匪

---

① “修”，據文義補。
② “政困”，當作“正因”，《敦煌願文集》據文義改。
③ 按：《逆修》下有兩則齋儀，後一篇在抄録時即有衍竄，抄者無端留出多個空格，係抄者在抄寫時犯疑的結果。今據北大敦一九二號之《逆修》原有句式録正。
④ “聲”，據斯五六三九號＋斯五六四〇號之“梵聲嘹亮”句例補。
⑤ “敷華”，原作“華敷”，《敦煌願文集》據文義改、補作“敷華筵”。
⑥ “其”，當作“真”，《敦煌願文集》據文義改。
⑦ “雲”，《敦煌願文集》據文義補。
⑧ “戢”，當作“揖”，據文義改。
⑨ “無”，據文義補。

觀，幽臺豈春。至孝等號咷竭情，割餘（荼）毒之心碎；擗踴哭泣，分酷裂而骨驚。舐犢之念難追，將鷁之恩詎沐？倚廬望斷，涉屺哀盈。寂寂窮泉，驅驅時運；二儀遞謝，某七儀（俄）臨。就此寺［院］①，［設齋追福］②。鳴鴻鍾而豁金地，羅寶饌而闢香筵。

## 九、［度僧文］③

闍梨迺齊心不諭（渝）④，寂慮惟一。俄而沐仙水，命真刀。裂裟再來，鬢髮自落。豈不是闍梨［啓］至誠之門⑤，致皇上休明之莫遺。不然者，何以有斯盛事哉？良宰蘇公寬猛不孤，威儀有典；清風自振，霜氣長飛。諸群公才（等）並黃綬英寮⑥，王畿俊乂；筆精雄於斷割，才器［雜］於包含⑦。並擁雲罍以騰驤，降鹿園而赴會。自餘諸公等，［或道］或俗⑧，咸慶忱而相臨；且故且新，並悲懼而兢慰。復用此家（嘉）功德，莊嚴闍梨：命［如］江海，福類丘山；旃檀更繞於桑門，水乳長和於寺舍。崇崇千萬，作帝城之僧首也。但某乙早年落髮，累歲披緇；道葉虛微，謬登僧衆。不能學<sub>古人夕惕之事</sub><sub>君子臨深之誠</sub>，乃使悔悋相遭，遂蹈形（刑）科；攀法服而不迴，望金地［而］何及。可謂天恩照灑，宰相矜憐，粉骨銘軀，豈能詶答？但悲蒲柳之暮，重入念緇，一念桑榆之光，再歸法侶。雖死之日，猶生之年。更勞一郡官寮、合城道俗，同於此寺，慶喜鄰在（左）。某乙小人，不勝悚息<sub>云云</sub>。

## 十、李十一父

嘗聞真乘總至用之力，沛（濟）甘露而灑四河；法王示戢（楫）濟之勳，普涼雲而清萬劫。其有陰渝結趣，久閉昏茫；所感而興悲，<sub>赴涉</sub>求而軫念。莫大之力，難可詳諸（之）。今日意者，爰有大白馬寺大德嗣安法師奉爲前懷州李司法周忌追齋。惟李公天假聰明，早負承家之譽；情高文雅，幼飛才子之聲。符（符）彩風流，聳玉林之一樹；波瀾吐納，得竹前之千尋。可謂軒冕龜龍，文章杞梓。冀用承廟堂之舊業，纂伊呂之洪烈。忽因家累，得罪南荒，竄投魑魅之鄉，流落蠻夷之國。不圖黃天不弔，凶門遄臨；君子道消，大邦喪寶。未騁高衢之駿，俄驚巨夜之悲。凡是故人，孰不哀悼！法師道業清邈，文章峻雄。江漢不空，可比蹤於楊馬；釋門有俊，方接武於騰蘭。而李公天然至交，雅道相感。自江吳，次河洛，近接太行之勝，遠探汾水之遊。每諷一言、詠一物，二公皆目擊神會，情來興俱。雖疾宙（驟）破山，風雨如晦，而携手相視，何忘乎盛哀？安公相送天涯，同舟海口；飡寢不離於須刻，宴言豈捨於斯須。聯翩暄寒，

---

① “院”，據文義及齋文常用句式補。
② “設齋追福”，據文義及齋文常用句式補。
③ “度僧文”，據文義，此爲某人再次削髮爲僧的慶揚齋文，故擬題爲“度僧文”。
④ “齊”，當作“齋”，《敦煌願文集》據文義改。“諭”，當作“渝”，據文義改。
⑤ “啓”，據文義補。
⑥ “才”，當作“等”，據伯三三〇七號之《諸官云述職》其十九改。
⑦ “雜”，據伯三三〇七號之《諸官云述職》其十九補。
⑧ “或道”，《敦煌願文集》據文義補。

十五載于茲矣。自南北一間，存亡忽分；而心摧骨驚，氣咽魂斷。雖則鍾期飛而百（伯）牙痛，罕生遊而國子悲。方之二公，未足喻之①。烏呼！天喪斯父，丘何不幸；獨漏紫泥之澤，長辭白日之暉。世業微茫，帝京已隔於生路；海山岑寂，異城空留於舊名。聲義者，欽想像而無追；周旋者，痛幽明（冥）之頓隔。人生到此，天道寧淪？李公復有疇昔諸預齋人，郎官某乙才（等）與李公早歲相知，撫塵交好。念長沙之卑濕，賈誼無歸；痛湘水之情深，屈原永逝。世人以榮枯之分，相背相趨；知己以一死一生，交情乃見。同於此日，並爲追崇。於是廣闢真場，橫疏梵宇；龍象下而四遶，旃檀圍而數匝。供列千品，疑香積而飛來；爐騰五雲，乃欲天而奉獻。時七月云朔，三秋告初。南火徂（徂）流，退流炎而欲半；西風飀颸，報涼氣而新飛。是日乃諸佛齊臨，群靈並降。萬福備，千祥集；可以寵光［冥］路②，悲濟幽途。生時以國網相羈，數年不見於都邑；歿後以河山介闊，萬里須應於靈苻（府）。庶望響（想）象象筵，希夷諦聽；納無邊之福善③，秉莫大之清薰，並用資莊李公神道碩（所）使：高傳法印，獨見心王。瘴海炎魂，歸入清涼之域；鬼關陰魄，來登極樂之天。伏願法師名流梵宇，長謠辯鼎之才；聲簡帝心，坐見同車之請。諸公等並命同椿松，福等山何（河）。六月鵬飛，高步雲臺之峻；九皋鶴唳，俱登紫綬之榮。復用資莊齋人等即體：當使靈芝化德，仙桂齊年。大願相薰，永保公侯之族；潛心有濟，長乘諸佛之威。然後破修羅之疑網，懼（去）波旬之醜［逆］④；磅礴大千之域，空同真忘之原。伏願國化康強，皇恩撫洽；育萬靈而暢天地，截四海而荒鐵圍。莫不並沐唐風，俱霑佛果。惟內侍等：天祆有孚，標鑒秀朗；砥身礪節，翼亮聖躬。奉忠信於輪城，憼夙夜於匪懈。朝［覲］宸扆⑤，夕謁公宮；精實真言，探微審諦。唯願乘寶而直謁道場，坐蓮臺而得成正覺。

## 十一、［星使大夫］⑥

大雄猛尊，神妙罕測；智周千界，教設萬門。雖示福多途而濟苦，其一福之最者，其惟齋焉！厥席齋意，粵我星使大夫其公。［惟公］歷落俊德⑦，英明冀才；孝可以穆宗親，忠可以翼神宸。須（雖）以世遵，交（郊）畿未清。聖上憂邊，擇賢出塞。公於是承詔命以適天外，布綸言而尉（慰）異蕃。故得金方無草切（竊）之憂⑧，玉塞絕煙塵之色。若非君臣道感，其熟（孰）能如斯？今馹騎還京，路由此邑；方欲祈福，祐答皇恩。一心肅誠，喜捨珍帛；就此寶界，飾建清齋。大集名緇，廣申供養；嘉餗演溢，珍厥難名。於是魚梵聞天，霜鍾隱地；時當朱夏，暑氣

---

① “喻之”，底本作“之喻”，據文義乙正。
② “冥”，《敦煌願文集》據文義補。
③ “善”字後寫有“無”，旁有刪去符，《敦煌願文集》錄入正文並歸於下句。
④ “逆”，據文義補。
⑤ “覲”，《敦煌願文集》據文義補。
⑥ “星使大夫”，《敦煌願文集》據文義補。
⑦ “惟公”，據齋文常用句式補。
⑧ “切”，當作“竊”，《敦煌佛教願文研究》據文義改。

騰空；仙花飛來，聖賢必萃。總此嘉貺，上資聖顔：帝道遐昌，神祁（祇）照應；攙槍殄滅，寰宇肅清。大夫公長奉聖恩，永保天寵；門益千重之慶，家承萬世之昌。判官已下：災衰銷，福祿萃。然後該有識，括無涯，入眞門，並濟蓮界、白界，光甘露口。燭彼巨暗，滌此繁溪；百卉齊榮，萬有蘇洗。故全身求於半偈，界（解）寶輕於四句①；三惠具足，六度行圓。莫不以大教發暉，光寵佛日者爾。伏惟我光天文武大聖皇帝祚承大業，聖備無疆，興義兵以掃妖氛，握圖籙而馭寰宇。可謂金鏡一照，萬國齊明。厥席齋意者，粵有我此郡牧太原王公而爲唱首也。伏惟公聖代英才，明時邦鎮；枕節玉立，炳心鏡明。可謂鎮地山河，助天星象。則有助供大檀越中使判官弘農楊公氣逸心遠，情和志閑，孝以承家，忠能奉國。可謂鯨遊江漢，鴻翥雲霄。別駕杜公清幹飛聲，洞達時政；白雪凝操，明月照心。可謂雨潤清巖，煙光碧岫。長馬、邑宰諸文武官等：或交（文）堪經濟，或武可防閑。可謂冰鏡爲心，物象無隱；霜劍在手，勇決必申。則有我當筵法將五涼璟公皇化高明，桑門秀傑；俊辯天啓，英才神資；博達四流，洞明三教。可謂甘涼蘭桂，香噴流沙。則有諸寺大德弁（並）此寺尼衆等：並三歸法空，一心處静；警或（驚惑）諸子②，大濟羣生。可謂佛法棟梁，蒼生眼目者也。厥地五涼之極境也，英髦間生，靈迹竭出，神沙隱憐以橫塞，三危巉崿而連雲。象閣凌空，白雲入牖；墨池隱映，渌水澄波。頃者元戎授鉞河西，季（冀）我王公岳鎮茲邑。公於是襄幃演化，人詠來蘇。將欲上答皇恩，下泊蒼品。遂拜首金闕，精祈福門，命我法將璟公闡揚御注金偈。起自朱夏三長之初，厥於此辰，能事將畢。頃以羣動解福（縛），小怪旋（現）灾，公於是殷斯勤斯，仗佛祈祐。昔宋景公三青（請）不忍，妖蝗（星）自移③；今我君侯一心肅誠，飛蝗去境。更聞賊寇殄滅，寶祚廓清；厥此一筵，具申數美。亦猶明牧與諸寮契：願鄉城士庶歡（歡）心。不以廣建清齋，曷能匡進？於是闢龍界，敞華筵；薰爐燎而熛蓋凝，表刹禎而騰光曜。或恭眞範，有肅有淪。時也，天花暗來，散點流（琉）璃之地；香梵四合，聲聞日月之宫。屬以節號朱揚（陽），炎光入席；時當季末，暑雲飛空。總此繁禧，上資帝祚；伏願皇道謐，天地平；邊表塵清，河山秀閏。伏願我使君公繁禧必萃，纖障無遺；軒冕承昌，鼎閟傳嗣。判官公天顧彌厚，[寵]寄逾深④；壽比椿松，福齊山岳。別駕公景福潛運，嘉祥大來；榮貴日新，英聲不朽。長馬、邑宰諸文武官等：郭（障）類雲額（遏），塵解（界）氣泉（全）⑤；萬善聿臨，百祿齊致。當筵法將璟公：三毒泯，三惠增；居濁劫以庇生靈，注法雨而濟羣品。諸寺大德並此寺尼衆等：釁隙不作，福履照融；長承諸佛之恩，永保法王之化。鄉城信士等：殊序殄，惠命修；意海澄清，覺花芬馥。然後圍羅萬有，控帶恒沙，脱使（斯）煩籠，並濟蓮界。

---

① "界"，當作"解"，《敦煌願文集》據文義改。《切韻》"界""解"同音。
② "警或"，當作"驚惑"，《敦煌願文集》據文義改。
③ "蝗"，當作"星"，《敦煌佛教願文研究》據文義改。
④ "寵"，據伯二八○七號之《七月十五日夏終設齋文》"寵寄逾深"句例補。
⑤ "解"，當作"界"；"泉"，當作"全"，據文義改。

### 十二、亡妣

母儀秀發，閨訓流芳；總班氏之門風，得謝家之令則。可謂人門久住，母儀永固。不圖夜　豁潛再，歸乎大限。時序遷陌，儀（俄）經中祥。此勝事也，明敕王公，報國恤人之致焉！伏惟　當今皇帝聖德廣，神謀深。故得殘寇歸風，忠良輔我。兩道使主楊公痛宸腸（腹）心[①]，分閫　（閫）授鉞；務寧邊庶，擇才臨人。判官強公器量疏達，風神俊明。中使公才可庇人，忠堪奉　國。使君識達時政，風惠鑒（通）明。別駕公業德高標。長使公文雄儒首。紀錄則道美千古。曹寮　乃名推一時。令長且照著人（仁）明，丞尉之風規秀雅；咸悟論趣，寫心福田。不以廣竪勝因，　曷能匡進？故衆口相和，一心肅誠。就此啓祚之初，獻新之日，萃四衆，節香花，殷斯勤斯，大　申旋遶。法音搖韻，天樂飛聲；和風動春，媚景含色。總此嘉況（貺），奉獻皇居：伏願聖祚尅　昌，邊塵不雜；元戎保祐，賢季周遷。強公增榮，中使益貴；使君冀樂，嗣佐且康。州縣曹寮，　咸賴斯善；鄉城門使，同躋此固。

### 十三、[亡妣][②]

恭聞北辰居其所而衆星拱之，西天現其佛而群聖翼之。其處世也[③]，名稱周於十方；其歸　寂也，聲教流於入（八）極。百蠻尚爲信向，萬國曷無歸崇？風其區者，十室有九；述其道者，前帝　後王。如赫日之照長空，等大雲之布橋漢。斥爲陰教，豈不謬哉！然有知其道勝，去而爲虔奉　者，即我此州別駕杜公京兆金柯，濮楊（陽）瓊萼；命代材韻，間生故賢；仁恕居心，寬厚成性。以　禮接物，以茲（慈）育人；[以]明照姦[④]，以斷割滯。深心平等，遵擇（釋）教之真規[⑤]；吾皆善之，　得老氏之通理。實謂巨邦國寶，大慶良賢。理當曳履南縚，投肱北闕；作霖雨[於]大旱，爲鹽　梅於和美。而乃牛刀割鷄，半刺茲邑。善政之聲出遠，毗佐之道在乎！時人不賴之，熟（孰）　與我理？雖居候向海，而繼育黎甿（甿），蒼生荷之。眹（傾）爲母建齋意者，以今三長首月，景　物惟新；萬聖咸臻，察乎善惡。遂乃[心]銘至教[⑥]，志謂真乘[⑦]；邀請數僧，就家轉念。所願罪　山落刃，福樹增榮；身命堅於百齡，喜慶延於千紀；室家有康和之樂，小大無灾療之憂。

### 十四、[轉經][⑧]

爰自元正，洎乎今夕，轉念既畢，能事迺周；建此齋延（筵），鬱爲稱慶。於是邀此名釋，命

---

① “腸”，當作“腹”，《敦煌佛教願文研究》據文義改。
② “亡妣”，據文義補。
③ “世也”，底本原作“也世”。
④ “以”，《敦煌願文集》據文義補。
⑤ “擇”，當作“釋”，《敦煌願文集》據文義改。
⑥ “心”，據文義補。
⑦ “志謂”，原作“謂志”，據文義乙正。
⑧ “轉經”，據文義補。

彼真仙；迺殷迺誠，以設[清齋]①。然則慶之大者，必資於周志；福之廣者，黎（利）賴乎贊成。時則有敕使等並迁[於]玉趾，謁乎金容；往觀道場，張皇齋祀。我大師釋尊損因遐劫，福智廓備；鬱法王將以拯[淪]湑之四生，示成道於八相。降自[兜]率②，徒（投）生迦毗，以爲戒定惠樂，出家可就；老痛死苦，處俗必榮。控紺馬而瑜（逾）城，步青霄而超世；降魔龍樹，轉法鹿園。能事既[周]（原未寫竟）。

## 十五、[二月十五日]③

惟能仁誕迹，融金聚之真身；調御秉時，炳玉毫之光耀。所以示鐵圍於右掌，雨雲花於大千④。毛端畜（蓄）停海之波，微蓋包梵宮之相。於是化緣既畢，痛皆（偕）鶴林；示滅灰身，奄虛含儼。六震坤維之像，重開千輻之輪。自紅（白虹）衝貫於太陽⑤，香木爐焚於力地，則我大師化畢涅槃之相也。悲夫！佛日既沉，衆生眼（恒）滅；苦海濤溢，世間虛空；無[所]佑（歸）依⑥，哀哉可念！熟（孰）能救拔者歟？時則有若涅槃邑官録諸闍梨及尼衆等：乃是禪林杞梓，奈苑瓊枝；水鏡凝心，水（冰）壺咬（皎）慮⑦。其行如月，光明丹桂[之]暉；其戒如香，芬郁白檀之氣。實謂蒼生舟檝，像季棟樑；更能糾合同人，[共]發暉紅（恢弘）⑧。又有信士押牙某公、判官某等：並乃[德]業尠中⑨，河山粹氣；文武成則，禮樂道高。貞信逾堅，崇明得本；聿來此會，同捻寶香。囑（屬）斯諱日⑩，棲咸（悽感）難任。白黑傷嗟，道俗悲慕；搥胸哽咽，念報佛恩，勠力齊心，建兹芳會。是時也，陽暄二月，清春漸和；翔雲變金紫之容，道樹奄（掩）玉毫之色。殞芳鶴蓋，令寶帳而分暉；綺靡天花，遂（逐）香雲而繚繞。純陀妙供，自他界而持來；阿若嬌陳，遇此筵而得道。以兹無限殊勝良緣，先用莊嚴我長史王公：爲主上之腹心，作聖朝之冠冕；恒遊寶地，常庇道門；周千（遷）調鼎之能，尠荷析薪之慶。又用功德，莊嚴合邑諸闍梨等：願神靈意海，行結（潔）冰堅；寶炬燃心，清珠戒體；想徒（圖）唯寂，肅物唯清。爲法要之明謀，典僧樞而利物。又用功德，莊嚴押牙、諸判官公等：願使依正兩報，劫石窮而不窮；福惠二嚴，芥城盡[而]無盡。然後天地交泰，日月[貞明]⑪；凡身有情，成正覺路。

---

① “清齋”，據文義補。
② “兜”，《敦煌願文集》據文義補。
③ “二月十五日文”，據文義補。
④ “雨”字後衍一“日”字。
⑤ “自紅”，當作“白虹”，據文義改。
⑥ “所”，據文義補。“佑”，當作“歸”，據文義補。
⑦ “水”，當作“冰”。“咬”，當作“皎”。據文義改。
⑧ “共”，據文義補。“暉紅”，當作“恢弘”，據文義改。
⑨ “德”，據文義補。
⑩ “囑”字前衍一“善”字。
⑪ “貞明”，據北敦〇四六八七號之《迴施》“乾川交泰，日月貞明”句例補。

## 十六、[願文]①

　　釋迦以[覺]花披於大千②，開道流於沙劫；皆金輪御世，玉鏡高明。海宮開龍藏之經，寶地湧（擁）像王之坐，皆薰修國界，翊衛皇家。念茲在茲，可略言矣！伏惟我寶應元聖文武皇帝雨露噴於窮陸，貞明朗於高霄；滌蕩殷周，抑揚虞夏。伏惟我節度某公英傑之首，忠義之先。其才天生，像天星之立也；其量神受（授），得神謀之拔也。且膺（鷹）揚四鎮，摯至擊荒陬③；秘略以安邊，運謀以肅静。伏惟我鎮使某公體英偉之才，抱忠義之節；風範[孤]削④，形儀蕭然。若碧海浮天，青山入漢；巖吐雲氣，潭搖月光。其德萬仞，不可偕也。時則有若某公等連山勢高，鼎[蕭]惟雄⑤；文武不墜，謙恭尅彰。蕭然水碧之心，明明君子之德也。次有某公德重名高，雄神挺秀；明鏡立策，利劍坐謀。負匡朝佐命之才，有定遠安邊之略。次有某公等璨爛精業，縱橫變作。理物以德，輔佐能忠。若濟巨川，畢（必）資舟檝。次有某公等天生其量，神與身德；霜珠藻白，水鏡澄明；器爲國珍，才重人寶。次有某公聳秀正骨，氤氳間生，官烈（列）東宫，聲飛漠北。次有公等器宇恢弘，風骨清邈；郁郁才藝，含瓊吐金。衙官等掌方岳之喉舌，虞候也警衛軍容，將使[也]謀静疆場。孔目官吏道清楚，判禄尤閑。案牘已下諸官清白騰名。耆壽等道心朗然。諸寺大德等戒香芬馥。莫不福光萬古，澤被一人；咸興大心，志願非小。此無遮大齋者，厥有意焉。曩屬中原未清，邊動兵革；泂（刁）斗不息，戎馬生郊。豈非海内蒸（烝）人厭亂者矣！我皇帝於是淳得（德）遠被，叡志遐通。抵虎排熊之豪，應（鷹）揚摯擊之傑，莫不執鋭爭先，爰（援）旗請奮；神[光]電轉⑥，禍亂煙清；華夏尅寧，邊鄙不聳（悚）。我節度使有三曰，今者雖國以（已）治理，荒外未平。犬戎有犯塞之心，黎庶困艱食之急。不有持假福惠，善代年和，除危就安，寧過福慶？所以建大策，立遠圖，使管内軍鎮，崇闡玄猷；讚詠《大乘》，稱揚《般若》。奉勳（熏）修於國界，峻我皇階；普懇念[於]疆場，壯我邊鄙。某副大使公素非因人，有恭節制。遂指爲（撝）所管，唱導衆寮。願聖人去禍未萌，佐元戎開太平之路。公且自下車此邑，風化大行。志勤公門，不務私業；陰陽順序，年歲豐登；人無弊勞，馬不傷骨；囹圄寂寂，介胄閑閑。頌（訟）庭草生，東閣風起；日者牛（後缺）

①　"願文"，據文義補。
②　"覺"，據文義補。按："佛者，覺也。"
③　"至"，本爲"摯"的注音小字，寫手誤抄爲正文，今據文義改正。
④　"孤"，據文義補。
⑤　"蕭"，《敦煌願文集》據文義補。
⑥　"光"，據文義補。

# 斯四六五二號背《禳蝥蝗文》

　　此件首尾俱全，倒書於《佛經疏釋》的夾行之間，《英藏》圖版定名爲《祈靈蝗莫食嘉穀願文》，今據伯三四〇五號之《禳水旱霜蝗之事》名例，擬名爲《禳蝥蝗文》。

　　竊聞大悲有願，普超無緣。苦厄災危，悉令殄[滅]①，是佛所幼（祐）生靈之義。今者屬以秋禾始秀，夏麥未登。雖存於人心，然未充於人口。不謂蝥蝗入境，恃賴群威，風聚雲居，遍諸山澤。遂使川原動色，寮吏憂懸。申懇願於三尊，冀招延於百福，我釋門之中以慈濟爲務，由是召緇伍，闢龍宮，擊鴻鐘，奏魚梵。金經初啓，而蝗乃戢翼不飛；玉軸將終，而蝗乃潛形解散。至哉聖力，能速如然。將是轉讀功德、精誠勝因，先用奉資龍天八部：惟願增福力，運悲心，庇生靈，殄災累。我[聖皇]萬壽千齡②。國相群寮金章玉鉉。都督公榮班歲漸，寵禄時增；揚惠心於異域，布仁風於千里。又用功德，迴施靈蝗之衆：唯願承經威力，發歡喜心；遠出郊壃，莫食嘉穀；甘泉茂草，以自資持；盡此一願，得生天上。然後三老之下，富樂無疆；六趣之中，俱登妙果。

---

① “滅”，據文義補。
② “聖皇”，據文義補。

# 斯四六五四號《亡齋文》

　　此件係單獨一紙粘接於兩紙中間，首尾完整，紙上所抄兩篇亡齋文亦完整，故擬名此件爲《亡齋文》。

## 一、[亡孩子]①

　　曾聞天垂象蓋，霏雨露於乾元；人煦子孫，繼枝榮於後代。地之養物，故號生成；母之養孩，如苗得秀。秀如（而）不實，設計（涉及）尤深。可添失望之悲，堪啓傷情之恨。於時即有某公伏惟亡孩子年周修齋之素誠也。亡孩子生前秀質，稟性和光。如珠之器未全，落日之風已扇。關關語噗，戩美美於堂前；竹馬揮鞭，縱嬌顏於膝下。聲聲葉慶，步步呈祥，似鳳子之披雲，如鸞鷁之<sup>如（而）</sup>在世②。嚴父慈母，恩愛雙深；長子中兄，連枝義重。將爲（謂）久延清俊，永繼玄孫，何圖不遂成童，早終人世。日月遄速，影質皆沉，特設清齋，苗雖秀如（而）不堅，子雖養如（而）無侍。六七既至③，哀號倍深。特設清齋，用資前路。以此行香功德，設齋勝因，先用莊嚴亡者是日生界：伏願神先（仙）路上，永玉路於瓊臺；歡喜蘭中，折芳連（蓮）於碧砌。伏願齋主嚴父慈貞松，萬歲將比壽年，四海巨深，閉同榮裕。慈母伏澄澄秋沼，水浄而朋積波蘭（瀾）；皎皎蟾輝，高明[而]光敷同則④。然後四生六類，咸沐勝因，法界有情，同登妙喜。

## 二、[亡夫文]⑤

　　若春秋秀發，花開而蜂惹香殘；人處榮華，恩受而夫妻奉重。況陰陽合德，琴瑟和鳴，是天地之中情，乃成親之大段。今日共祭，遷謝難逃。生滅悲歡⑥，追傷易啓。于日有某敬爲亡夫初七崇齋構斯福會者也⑦。伏惟靈英傳令德，武振當時。志若風雲，文標出格。而能奉道，每敬玄門，信珠光暉於情田，義禮美傳於君子。未終百歲，忽墜九泉，傾尅（頃刻）之間，初七

---

① "亡孩子"，據文義補。
② 此句當讀如："如鸞鷁之在世"或者"如鸞鷁而在世"。
③ "六"字前衍一"年"。
④ "而"，據文義補。
⑤ "亡夫文"，據文義補。
⑥ "悲"字前衍一"追"字。
⑦ "敬"字前衍一"是"字。

俄届。賢妻動（慟）哭，傷嘆哀鳴。難追入室［之］歡①，倍切把良之恨。無恩奉託，爲（惟）福是資。故於此晨，大啓齋會。伏願神［光］照鑒②，來詣家中；不異平生，領納功德。得功德已。西方花裏，端拱焚香；供［奉］彌陀③，一生捕處。賢妻夫人：伏願哀苦雲散，福智遝臻。入出行藏，福護［無］偏④。散周法界，普施有情。大衆悉心，一切普念。

---

① "之"，據文義補。
② "光"，據文義補。
③ "奉"，據文義補。
④ "無"，據文義補。

# 斯四九七六號背《社齋文》

此件首尾俱全,首題《社齋文》。現有兩個主要釋錄本:寧可釋錄本,見寧可、郝春文輯校《敦煌社邑文書輯校》,江蘇古籍出版社,一九九七年,第五一四～五一五頁;黃征釋錄本,見黃征、吳偉編《敦煌願文集》,一九九五年,第六四四～六四五頁。

蓋聞光暉鷲嶺,弘大覺以深慈;敷演龍宮,契天明之勝福。廣開方便之門,靡顯津梁之路。歸依者,有障必除;迴向者,無災必殄。故知諸佛威力①,其大矣哉!厥今坐前齋主捧爐啟願所申意者,奉爲三長邑義保願功德之嘉會也。伏惟諸社衆乃並是高門勝族,百郡名家;玉葉瓊枝,蘭芬桂馥。出忠於國,入孝於家;靈(令)譽播於寰中②,肅(秀)雅文(聞)於手(宇)內③。加以傾心三寶,攝念無生;越愛染於稠林,悟真如之境界。替(體)榮華之非實,攬(覽)人事之虛無;志在歸依,情存彼岸。遂乃共結良緣,同增勝福;會齋凡聖,蓮坐花臺;崇敬三尊,希求勝福。故能年三不闕,月六無虧;建豎檀那,崇修法會。是日也,開月殿,啟金函,轉大乘,敷錦席。廚饌純陀之供,爐焚淨土之香;幡花散滿於亭(庭)中,鍾梵啾流於法席。以資(茲)設齋功德、無限勝因,先用莊嚴上界四王、下方八部:伏願[威]光熾盛④,護國救人;使主千歲,年豐歲稔。伏持勝善,次用莊嚴諸賢社即體:惟願灾殃殄滅,是福咸臻;天仙降靈,神祇效恥。菩提種子,配佛[性]以開芽⑤;煩惱稠林,惠風飄而葉落。又持勝福,次用莊嚴持爐施主即體:爲(唯)願福累(類)春樹,吐葉生花;罪等浮雲,隨風影滅。然後三界六趣,有形無形,俱沐勝因,齊成佛果。摩訶般若,利樂無量!大衆[虔誠]⑥,[一切普誦]⑦。

---

① "知諸",原作"諸知",據伯三五四五號+伯三五四五號背之《社齋文》乙正。
② "靈",當作"令",據伯四五三六號背之《社齋文》改。
③ "肅",當作"秀",據伯三五四五號+伯三五四五號背之《社齋文》改。"文",當作"聞";"手",當作"宇"。據伯四五三六號背之《社齋文》改。
④ "威",據伯三五四五號+伯三五四五號背之《社齋文》補。
⑤ "性",據斯五五七三號之《社齋文》補。
⑥ "虔誠",據文義及"大衆虔誠"句例補。
⑦ "一切普誦",據文義補。

# 斯四九九二號背＋斯三四三號
## 《諸雜齋文一本》

　　此件爲斯四九九二號背和斯三四三號綴合而成，接合處文字爲《僧患文》："某甲律師聰惠殊常，清明秀異；柔和自温，軌範生知。落採從真，偏伽誦習。嚴心進具，轉益修持。辰昏不假於諮承，旦暮無虧于參問。遂使火風不適，寒暑乖違。"此件雖經綴合，仍然首尾皆缺。從篇目結構看，篇目不成系統，與包含《啓請文》《解夏》等雜齋文的斯三八七五號《諸雜齋文一本》、伯二八二〇號《雜齋文一卷》相類，故擬名此件爲《諸雜齋文一本》。目前尚無綴合後的完整釋録本。斯三四三號正、背面有二個釋録本：郝春文釋録本，見郝春文編著《英藏敦煌社會歷史文獻釋録》第二卷，社會科學文獻出版社，二〇〇三年，第一三一～一四二、一五七～一五九頁。黃征釋録本，黃征、吴偉編《敦煌願文集》，岳麓書社，一九九五年，第一～三〇頁。斯四九九二號有黃征釋録本，見黃征、吴偉編《敦煌願文集》，岳麓書社，一九九五年，第一三九～一四三頁。

（前缺）

## 一、[願平安]①

　　[大覺之存也]②，[惟清惟寂]；[大覺之化也]，[曰慈曰悲]。[紺光退照]，[白法圓明]，契（啓）運死（四）生[而悟]常樂者③，有是（佛）矣夫④！[厥今意]者⑤，爲保願功德平安之所建也。惟公植福[曩]辰⑥，樹因[退]劫⑦，早悟真空之理，知幻有之非堅。若不託佛依僧，何以報（保）宜清吉。所以佺（置）其嘉撰（饌），付徹資財。故於此時，大陳齋席。於是嚴第宅，烈（列）幡花；僧請祇園，飯陳香積。以此殊勝，夫何以嘉（加）？先用莊嚴施主：願百神影衛，無

---

① "願平安"，據斯八一七八號、北大敦一九二號、斯九五〇九號、伯三三〇七號等定名補。
② "大覺之存也"，此篇齋文所用號頭即北大敦一九二號、伯三三〇七號所記録的號頭，據以補於此，以成完篇，不一一出注。
③ "契"，當作"啓"，據北大敦一九二號之《嘆佛號頭》改。"而悟常樂者"，據北大敦一九二號之《嘆佛號頭》補。
④ "是"，當作"佛"，據伯三三〇七號之《病》改。
⑤ "厥今意者"，據殘筆畫及文義補。
⑥ "曩"，據斯八一七八號、北敦八〇九九號之《願文》補。
⑦ "退"，據北敦八〇九九號之《願文》補。

福善而不臻；千聖加威，有灾殃而並遣。門承伐柷（閥閱），代襲冠榮；長幼咸安，親族吉慶云云。

## 二、[轉經號頭]①

夫佛日舒光，無灾不遺；般若流渲，何福不臻。今者啓八龍之寶藏，開五印之真文，會二百之梵輪，於三旬而轉誦者，則我施主云云。

## 三、呪願小兒子意

[小兒子]則五神扶衛②，持六藝於龍門；小娘子則八臂護持，四德傳於鳳閣。男則如金如玉，榮國榮家；女則如芳如蘭，仁行於教。官[則]報跨（保齡）遐壽③，共春（椿）鶴而俱長；顯織（職）重名，與台鼎而參烈（列）。萬神扶衛，千聖冥資；智益日新，福隨年積。娘子神衿穎悟，儀範端嚴。飡法喜而無煩，惠命不斷；今之術□□□④，□□□□。

## 四、願文

諸佛見劫濁未清，苦輪不息；法雖無得，緣則常慈。大聲隨類而必告，[一]兩稱物而皆洽⑤，志（至）聖之作，豈其者哉云云。惟公等並俊撼（風）[挺]烈⑥，盛德標奇；有負左（佐）時之財（才），有懷濟代之量。乃相謂曰：夫益者三友，宜合契一志。雖拘世網之內，而慮出形骸之外。遂葺現生之津路，聚來報之資糧；牙（雅）習六齋，脩（循）環累月。今兹會者，即其事歟！惟齋主公宿植善緣，早知因果；敬信爲懷，崇重無掇。所願國安人泰，家吉社宜。是以佺（值）捨珍脩（饈），今之行供。於是云云。願獲功德身，成菩提心；拔煩惱[生死]之灾，作解脫堅牢之果云云。

## 五、空德

並是四海毫（豪）族，衣纓子孫。學若玄（懸）河，七（才）登七步⑦。復能棄俗網，趣真如；簡良友，擇賢朋；掇棄（奇）珍，崇妙業。諸公共集，隣側同臻；敬造清齋，式崇邑義云云。願身而（如）玉樹，恒净恒明；體類金剛，常堅常固。今世後世，莫絶善根；此世來生，道牙增長。願門承善慶，宅納吉祥；天降音（奇）珍⑧，地開伏藏。門庭濟濟，常聞法樂之音；室內邕邕，更有和風之鄉。男資六藝，芳廊廟之中；女含四德，婉順閨之美云云。

---

① “轉經號頭”，據文義補。
② “小兒子”，據文義補。
③ “則”，據文義補。“報跨”，當作“保齡”，據斯二七一七號背之《慶新宅》“保齡遐壽”句例改。
④ 據文義及常用句式，“今之術”後當有脫文，姑以佔位符“□”補之。
⑤ “一”，據俄敦〇〇一四一號背之《社齋文》補。
⑥ “撼”，當作“風”，據文義改。“挺”，此處及後文中校、補字，皆據斯八一七八號之《社齋文》。
⑦ “七”，當作“才”，據俄敦〇〇一四一號背之《社齋文》改。
⑧ “音”，當作“奇”，據斯六四一七號之《願文》補。

## 六、［僧患文］①

夫經稱法藥，佛號醫王。歸城（誠）者，業海澄青（清）；隨喜者，障山落刃。法之威力，其大於茲。某甲律師聰惠殊常，清明秀異；柔和自温，軌範生知。落採（髮）從真，偏伽（遍加）誦習。嚴心進具，轉益修持。辰（晨）昏不假於諮承，旦暮無虧於參問。遂使火風不適，寒暑乖違；五情不安，四大無順；伏枕累夕，未能起居。雖藥食屢施，竟無瘳咸（減）；表（爰）憑法力，用益身田；謹捨珍財，乞求加護。是以經開《般若》，爐焚天香；福事既圓，咸（賢）衆斯集。以斯轉經功力、念誦之因，總用資薫此律師：惟願承斯福力，業障雲消；累世愆尤，從茲湯（蕩）滌。或威儀微細，難護難持；或戒品甚深，不知不俁（悟）；或經行殿塔，涕唾伽藍；或進止之間，觸貝（忤）尊長。如斯等障，亦願消除。即使心花早茂，意樹常榮；患苦即日而湯（蕩）除，福善應時而圓備。色力堅固，同白日如（而）漸圓；身心獲安，等紅蓮而轉盛云云。

## 七、悔文

仰啓無邊刹土，一體法身，塵沙界中，十方化佛，真容形像，舍利浮圖，四帝五乘，三賢十地，山間得道，羅漢聖人，天眼他心，現前清衆，咸願證明，降臨此會。然今意者：疾苦纏晴，火風不適。昨已捨施，轉誦大乘；今再披陳，發路（露）懺悔。

某甲從無始已來，至於今日。身居愛網，久受輪迴，染習猶深，生爲女質。幼年入道，施受近圓。戒品雖霑，每多虧犯，情耽染欲，煩惱纏心，雖免尫怨，恒（横）生邪相。或攝他自利，惡求多求，邪命貪生，無慚無愧。贊死勸死，害物傷胎。或欺誑聖賢，妄言綺語；心虛口實，見是言非；自顯己能，蔽他善事；犯五逆罪，作一闡提，於三毒中，造十惡業。或僻執邪見，輕毀大乘。樂著二邊，傲蔑尊德；縱恣解（懈）怠，放逸貢（功）高；諂曲憍奢，疾妒我慢。睡眠惡作，嗔恚愚癡；五蓋十纏，三毒四到（倒），俱生分別，逼切身心，若重若輕，無量罪障。或曾任網首，檢校多虧，衆物之財，混亂雜用；人情借貸，妄忮不還，米穀燋新（薪），輕重侵損；呵嗎（罵）徒侶，迷處衆僧；柯（呵）責净人，横加作使。或修殿塔廓宇堂房，擾亂僧祇，傷煞蟲蟻，恐爲怨結，惱逼身心，八敬不修，三乘虧失，圖名持戒，虛號出家，篇聚威儀，遍皆違犯。日夜長久，遂俚（致）覆藏，自作教他，見聞隨喜。如斯罪垢，無量無邊。今對佛前，盡皆發路（露），願六通運足，八解融心，乘寶駕以託西方，坐連（蓮）臺而至彼國云云。

## 八、願文

入十方界、拔一切苦、放月愛光、施甘路（露）藥者，其惟我釋是（氏）能人（仁）焉！卓彼真慈，無緣普濟，利樂之道，夫何以加？然今陳雅志、捨所珍、竪良緣、祈妙福者，其誰施之？則

---

① "僧患文"，據文義補。

有某大德之謂矣。僧云：道器清秀，神儀爽然；精心示逾（諭），逸志高上。尼女云：行淨明珠，戒含秋月；溫柔作德，松竹堅心。捨施意者，頃自攝卷（養）乖方①，忽瘦（嬰）疢疾，屢投藥食，未沐瘳除。所恐路（露）命難留，風燈易滅。謹將衣物，投仗三尊；俙（悕）儜法財，冀情（清）六符（腑）。今者良願既備，勝福成（咸）享②，盡用莊嚴患律師即體：惟願塵沙垢或（惑），承念誦而消除；無量勝因，應如願而霧集。即使十方［大］事（士）③，垂慈悲願而護持；三世如來，賜醍醐之妙藥。身病心病，念念云佉（祛）；福根惠根，運運增長。多（亦）願諸親眷屬④，恒報（保）休宜；法界有情，用賴斯慶。俗人云乃深信因果，非乃今生；暮（慕）道情殷，誠惟曩劫。夫越愛河、登彼岸者⑤。

## 九、亡姊文

夫苦海波濤，四生以之漂没；愛河奔朗（浪），三有猶（由）是沉倫（淪）。假使自在諸王，未能保歡悮（娛）之劫；神通衆聖，亦隨方造示滅之期。則禍福更蒙，興衰相奄（掩）。其惟我希夷正覺十力雄尊，不死不生，獨超難思者也。厥今惻（側）足捧爐虔跪所申意者，奉爲亡姊某七功德之嘉會也。惟亡姊乃母儀秀發，佳訓流芳；四德生知，六出於（行自）天⑥。亦合久住於世，育子謀孫。豈其（期）業韻（運）難停，忽奄（掩）風燭，居諸易往，時運不停，亡没已來，某七俄屆。至孝等攀號擗踴，茹（茶）毒酸辛。望龍（壠）樹以增悲，附（俯）寒泉而泣血。縱使灰身粉骨，未益亡靈；唯福是憑，齋薦（薦）冥路。於是清申弟（甲第）⑦，嚴尊容，焚寶香，陳清供。考斯勝福，莫限良緣，先用奉資亡靈去識：惟願白毫引道，一念昇於梵天，紅蓮化生，剎那遊於佛國。又持勝善，次用莊嚴至孝等：大者如山不動，小者比海不傾；智惠運運而生，煩惱粉粉而落。然後地獄火滅，天堂户開；有色有心，齊登覺道。

## 十、［亡尼文］⑧

夫世想（相）不可以久流（留），泡幻何能而永貯？從無忽有，以有還無。如來有雙樹之悲，孔丘有兩盈（楹）之歎。然今所申意者，爲亡尼某七功德之所崇也。惟亡尼乃内行八敬，外修四德；業通三藏，心悟一乘。得愛道之先宗，習蓮花之後果；形固女質⑨，志操丈夫［之］

---

① “卷”，當作“養”，據伯二六三一號之《僧患文》改。
② “成”，當作“享”，據伯二六三一號之《僧患文》改。
③ “大”，據伯二六三一號之《僧患文》“惟願十方大士，垂悲願而護持”句例補。《敦煌願文集》補作“即使十方［善］事”，可資參考。
④ “多”，當作“亦”，據伯二六三一號之《僧患文》改。
⑤ 據伯二二五五號背，此句是另一篇《祈福發願文》的號頭衍入。
⑥ “出於”，當作“行自”，據伯二三四一號之《亡姊文》改。
⑦ “申弟”，當作“甲第”，據文義及“清甲第”句例改。
⑧ “亡尼文”，據文義補。
⑨ “固”，《英藏敦煌社會歷史文獻釋録》録作“同”，據文義校作“雖”。

節①，世希之有也。可謂含花始發，忽被秋霜；春葉初榮，偏逢下雪。何期玉樹先彫，金枝早落。父心切切，母意惶惶；睹喜（嬉）處以增悲，對嬌車而灑淚。冥冥去識，知詣何方？寂寂幽魂，聚生何路！欲祈資助，惟福是憑。於是幡花布地，梵嚮陵天，爐焚六殊（銖），飡茨（資）百味。以斯功德，並用莊嚴亡尼所生魂路：惟願神超火宅，生淨土之蓮臺；識越三塗，入花林之佛國。然後云云。

### 十一、亡僧號

夫法身無像，流出報形；盧舍圓明，<sup>垂分</sup>身化質；人悲八塔，鶴變［雙］林②；此界緣終，他方減（感）應。掬多散籌而影滅，僧伽攀樹而身亡；泉埋錦石，巖吐香蓮。紺馬浮空，駄金棺而漸遠；青龍邀座，帶珠月而却道。一切江河，會有枯竭；凡慈（茲）恩愛，必有離別。痛哉無常，頗（叵）能談惻（測）者矣！然今所申意者，奉爲亡師某七功德之所崇也。

### 十二、禪師

四神凝慮，六度冥懷；玄（懸）法鏡於心臺，浪（朗）戒珠於性海。慈林定（挺）秀③，將覺樹而蘭芳；惠炬楊暉（揚暉），澄桂輪而含影。渾金模玉④，潭（諒）屬其人，成（誠）梵宇之棟梁⑤，寔法門之龍象。亦合久居住世，表慈緇徒；何圖敢（感）化有終，是乎生滅。門人茶毒，同<sup>傷悲</sup>［雙樹］之憂⑥；俗眷攀號，共切鶴林之痛。悲風樹之易慟（動），追誓（逝）水之難留；九（久）隔尊顏，机（几）筵希設。於是爐焚海岸，梵轉魚山；邀衆等於王城，進香飯於方室。即願生涅槃之境界，佛日重明；定覺海之波蘭（瀾），法船長駕。然後云云。

### 十三、願文

夫玉毫勝相，超十地以孤遊；金色流暉，夸（跨）萬令（靈）而獨出。權機妙用，拔朽宅之迷途（徒）；感應遐通，道昏衢於惑呂（侶）。歸依者，苦原皆盡；迴向者，樂果期（斯）深。大哉法王，名言所不惻（測）也。厥今敷法座、烈（列）真容、捧金爐陳願者，有誰施之？時則有坐端齋主保願平安之所建也。惟公乃稟質英靈，凤標和雅；資神庭（挺）秀，氣識淹凝；信義滿於鄉間，禮節綸（踰）於倫黨。於是信珠久淨，心鏡先明；知［泡］幻之不堅⑦，悟浮生之難保；每驚二

---

① "之"，據文義補。
② "雙"，據伯三五六六號＋伯三五六六號背之《亡尼文》補。
③ "定"，當作"挺"，據文義改。
④ "模玉"，指母模仁。《敦煌願文集》《英藏敦煌社會歷史文獻釋錄》皆改作"樸玉"。
⑤ "棟梁"前衍一"降"字。
⑥ "雙樹"，據伯三六〇一號《亡僧文》"門人茶毒，淚雙樹之悲；俗眷攀號，恨鶴林之痛"句例補。
⑦ "泡"，據斯二七一七號背之《逆修》補。

鼠，常衢（懼）四蛇。是知紅顏[易]念念之間①，白髮變須臾之際；有心內發，壇會外施；今生植來世之因，即[日]種後身之福②。於是幡[花]布地③，梵嚮陵天；爐焚六殊（銖），湌資百味。以斯功德、廣大善因，先用莊嚴座前齋主：惟願三千垢累，沐法水以雲消；八萬塵勞，拂慈光而永散。功德寶聚，念念滋繁；福智善牙，運運增長。官班日進，寵祿逾昌；大小休宜，尊卑納慶。男芳蘭桂，女曜珠輝；俱延鶴問（聞）之休，共襲龍光之慶。合門居眷，同蔭福雲；內外親姻，各霑滋潤。然後上通三界，傍括十方，並沐良緣，摩訶般若云云。

## 十四、亡文

經曰："瞻部州中，遷亦（易）是本；迷盧極大，泯滅須臾。"況扶危之身，可謂堅久？惟大覺者，倫流莫霑。我今所師，高附此矣！闕（厥）今此會茹毒咸（銜）悲意者，奉爲亡考姚追福之嘉會也。伏惟考君英譽早聞，芳猷素遠；閭閻鼎蓋，郡邑推賢。豈期風燭難留，掩（奄）歸大夜；日月不駐，某七斯臨。至孝等懷恩望（罔）極，痛貫五情；泣血幽扃，悲傷六府。無處控告，惟福是資。爰於此時，竟（敬）設清齋，奉薦（薦）魂路。於是列釋座，建尊容，爐焚海岸香，供設天廚饌。總斯殊勝，無限良緣，並用資勳亡考神道：惟願足踏紅蓮出三界，逍遙獨步極樂鄉；安養世界睹彌陀，之（知）足天宮遇彌勒。又持勝福，次用莊嚴至孝合門家眷等：惟願福康千月，壽寶（保）百齡；常佉（祛）病累之惱，永安輕利之泰。然後竪通三界，傍洎四流，俱離苦因，咸登覺道。

## 十五、[社齋文]④

夫坼昏綱、爍煩何（痾）、萬類開覺而發心者，佛；崇智山、室（釋）生路、六道絶而永亡者，法；觀其用、調其與（御）、一受證斷而逞昇者，僧。是知佛法僧寶，最上福田。其有歸依者，果無不曉矣。然今闕（厥）席，時有清信士某公建慈（茲）福事者，爲其邑義功德之嘉會也。惟諸公等並乃流沙望族，墨沼英靈；居家盡孝悌之誠，奉國竭忠懇之節。更能悟佛乘之可託，知幻質之難亭（停），同發勝心，歸依三寶。於是清弟（第）宅，列珍羞，爐香鬱郁以蒸空，梵響清零（泠）而肅物。總斯繁耻（祉）、無疆勝因，先用莊嚴合邑諸公等：惟願九橫滅，三災除，百福臻，萬祥集。又持勝福，次用莊嚴齋主及諸家眷等：惟願蕩[千]殃⑤，增萬善，净業長，道芽生；同種智而圓明，等法身之堅固。然後霑有識，備無艮（垠），賴芳因，登正覺。

---

① "易"，據斯二七一七號背之《逆修》句例補。
② "日"，據斯二七一七號背之《逆修》補。
③ "花"，據此件之《亡尼文》補。
④ "社齋文"，據文義補。
⑤ "千"，據斯一四四一號背之《燃燈文》"蕩千災，增萬福"句例補。

## 十六、脱服

斯乃生恩至重,掬(鞠)育情深;盡禮苫盧,屈身草土。哀哀父母,生我劬勞;泣血終身,莫能報得。慈顏一去,再睹無期,堂宇寂寥,昊天罔極。但以禮章有[限]①,俗典難違;服制有終,除凶就吉。然今絲麻有異,生死道殊。靈凡(几)既除,設齋追福。

## 十七、願亡文

託質紅蓮,清昇彼岸,蔭七重寶樹,坐千葉蓮花。憂(悠)遊常樂之階,永舉(居)無生之境。願一切種智而爲根原,其深法藏莊嚴百體。意樹開七覺之花,身田含八解之果;蕩除心垢,流潤法牙。身若金山,八風之所不動云云。

願神遊乃(奈)菀,託質花臺;逍遥十地之階,縱賓(賞)九仙之位②。寶鉢羅樹下,長爲禪悅之林;安褥達池中,[永]滌塵勞之垢③。

願龍神潛衛,釋梵冥資;百福盈家,七珍常滿。菩提種子,長積於身田;智惠明(萌)牙,芬芳[於]意樹④。

願駕一乘之惜(驥)⑤,遊八正之門;廣六度之舟,截四流之海。然後坐連(蓮)臺如(而)聽法,入寶殿以安祥。辭四(死)生之泥犁⑥,到涅盤之彼岸。

願永食天禄,常簡帝心;明(鳴)珮趍鏘,珪章(璋)[秀朗]⑦。列管隱隱,與碧海如(而)齊深;德望峨峨,等孤峰而迴秀。布恩義而蕩蕩,正真性而滔滔。振玉嚮於八方,播金聲於四海。夫人堂堂之美,濟濟之儀,比朗月之長明,並神珠之永照。

願[災]殃解散⑧,若高風之建(卷)白雲⑨;業障消除,等涅槃而湯(蕩)輕雪。不扶人啓,望上天心;功名共山樂(嶽)齊高,福禄以(與)烟霞並遠。官榮日進,方延五鼎之尊;峻哈(洽)時遷,坐列萬鍾之禄。子孫昌盛,眷屬駢羅;花萼芬芳,閨闌(桂蘭)茂晟。

## 十八、莊嚴僧

願常修正道,崇信法門。般若爲心,慈悲作量。平生垢重,休(沐)法水以長消⑩;宿昔塵

---

① "限",據伯三八〇六號背之《脱服》"但以禮制有限,俗典難違"句例補。
② "賓",當作"賞",據北敦〇六四一二號背之《願文》改。
③ "永",據北敦〇六四一二號背之《願文》補。
④ "於",據伯三二七六號背之《社齋文》補。
⑤ "惜",當作"驥",據伯二五二六號、伯二五四三號背之"願駕一乘之駿馬"句例改。
⑥ "四",當作"死",據伯二五二六號、伯二五四三號背之"辭生死之泥犁"句例校改。
⑦ "秀朗",據斯四一九一號之《浴佛文》"珪璋秀朗"句例補。
⑧ "災",據伯二五四三號背《願文》"願災殃解散,若高風之卷白雲"句例補。
⑨ "建",當作"卷",據伯二五四三號背《願文》"願災殃解散,若高風之卷白雲"句例改。
⑩ "休",當作"沐",據俄敦〇〇一四一號背《社齋文》"平生垢重,沐法水以長消"改。

勞,拂慈光如(而)永散。

### 十九、郎君子意

[郎君子]則五神扶衛①,持六藝於龍門;小娘子則八臂護持,四德傳於鳳閣。男則如金如玉,榮國榮家,女則如芳如蘭,仁行依教。官[則]報跨(保齡)遐壽,共春(椿)鶴如(而)俱長;顯識(職)重名,與臺鼎如(而)參烈(列)。萬神扶衛,千聖冥資②;福益日新,智隨年積。娘子神衿穎悟,儀範端嚴;湌法喜而無煩,惠命不斷;金之術□□□③,□□□□。

### 二十、僧統

菩提妙願,念念薰修;般若智燈,心心益照。爲佛法主,弘護教門;福命俱高,才名轉峻。

### 二十一、都河玉女娘子文

天威神勇,地泰龍興。逐三光而應節,隨四序而聘申;陵高山如(而)掣電,閃霹靂如(而)巖崩。吐滄海,泛洪津;賀(駕)雲輦④,衣霓裙。纖纖之玉面,赫赫之紅脣。噴驪珠而水漲,引金帶如飛鱗;與牛頭如(而)觕(蹴)聖,跨白馬而稱尊。邦君伏願小娘子炎光掃殄,春色霞鱗。都河石堰,一修永全;平磨水道,提坊(堤防)峻堅。俾五稼時稔,百姓豐年;天沐高(膏)雨,地湧甘泉;黃金白玉,報賽神前。十方諸[佛]⑤,爲資勝緣;龍神八部,報願福田。

### 二十二、願文

蓋聞大雄寥廓,浩汗無邊;量等虛空,體同無極。納須彌於芥子,拆(坼)大地以(於)微塵;吸巨海於腹中,綴山河於毛孔;摧天魔於舍衛,伏外道於迦維;擊法皷於大千,振鳴鍾於百億;演金言於靈鷲,敷寶坐於奄羅;發豪(毫)相於東方,布慈雲於西域。敬述如來功德,寂嘿難測者哉!然今此會焚香意者,爲男遠行之所崇也。惟男積年軍旅,爲國從征,遠涉邊戎,虎(虜)心用命。白雲千里,望歸路而何期?青山萬重,思顧(故)鄉而難見。慮恐身投沙漠,命謝千(干)戈,惟仗白(百)靈,仰憑三寶。故於是日,灑掃庭宇,嚴飾道場,請佛延僧,設齋追福。又捨净財,造某功德,並以(已)成就。謹因此晨(辰),用申慶讚。所有設[齋]轉經種種功德,總用莊嚴行人即體:惟願觀音引路,世(勢)至逢迎;[十方]千佛⑥,一一護持;四天大王,雙雙圍遶;恒沙菩薩,供共慈悲;百億釋迦,常爲覆護。願早迴還,平安相見。

---

① "郎君子",據文義補。
② "聖"字後衍一"名"字。
③ 據文義及常用句式,"金之術"後當有脫文,姑以佔位符"□"補之。
④ "賀",《敦煌願文集》據文義改作"駕"。
⑤ "佛",據文義補。
⑥ "十方",據文義補。

## 二十三、患文

　　某公染患已來,經今數旬,藥食頻投,未蒙詮(痊)損。所以危中告佛,厄乃求僧;仰託三尊,乞垂加護。其患者乃自從無始曠大劫來,至於金(今)日,造十惡業,身三口四意三業道,廣造諸罪。謹因今日,對三寶前,披肝露膽,不敢[覆藏]①,[盡皆]懺悔,願罪消滅。某日已來,[轉大乘經典]、金石微言,舒卷則無明海[清],[披誦則智]惠(慧)泉踴(涌)。以斯殊勝功德,迴[向莊嚴]患者:此世他生,或有怨家債主、負財負命者,願領功德分,發歡喜心,[解怨捨結],放捨患兒,還復如故。又患者即體:耆婆妙藥,灌主(注)身心;般若神湯,恒流四大。諸佛益長年之算,龍天贈不死之符。又持是福,即用莊嚴。

---

① "覆藏",此處及後文所補字,皆據弗魯格二六三號 + 弗魯格三二六號之《患文》補。

# 斯三四三號背＋斯四九九二號
## 《諸雜齋文一本》

　　此件係斯四九九二號背＋斯三四三號綴合本的背面，背面接合處文字爲《亡女文》："故於某七良晨，設齋追念。於是清邐宅，烈真儀，爐焚海岸之香，供饌天厨之味。總斯多善，無疆勝因，先用莊嚴賢息所生魂路。"此面僧人用多張舊紙修補過，故此背面内容混雜，既有佛教典籍《觀世音經》等，又有部分《齋儀》。齋儀的性質與正面相同。

### 一、脱服文①

### 二、[亡妣文]②

　　[夫法身圓寂]③，[迥超權實之]門；至道幽深，高謝大（色）空之際。玄風廣扇，静[三濁於緣河]；[江雨清流]，[消六]塵於欲海。故知三身應節，十力神凝，圓光□□□□□□□道。厥今坐前施主：英靈獨秀，文武[雙全]④。[於家有清訓之儀]⑤，[奉]國守忠貞之道⑥。雖未悟之幽教，淺覺光□□□□，[惟亡妣乃四德天資]⑦，[稟柔和]之雅則⑧，六行神秀，含苑（婉）約之貞風⑨。宜[家守標三備之能]⑩，[訓子善六條之]妙⑪。更能探幽志（至）理，行則金連（蓮）。

### 三、[號頭]⑫

　　蓋聞十號靈覺，道觀百王；三界獨尊，分身百億。所以現兜率，質王宮，是（示）金色之

---

① 只有篇名，無正文。
② "亡妣文"，據文義補。
③ "夫法身圓寂"，底本被修補塊覆蓋，據伯三七七〇號之《願文》補，下文同，不另注。
④ "雙全"，據斯五六三八號之《佛堂文》補。
⑤ "於家有清訓之儀"，據斯五六三八號之《佛堂文》補。
⑥ "奉"，據斯五六三八號之《佛堂文》補。
⑦ "惟亡妣乃四德天資"，據殘筆畫及伯二六四二號＋伯二六四二號背之《亡妣》補。
⑧ "稟柔和"，據殘筆畫及伯二六四二號＋伯二六四二號背之《亡妣》補。
⑨ "苑"，當作"婉"，據殘筆畫及伯二六四二號＋伯二六四二號背之《亡妣》補。
⑩ "家守三備之能"，據殘筆畫及伯二六四二號＋伯二六四二號背之《亡妣》補。
⑪ "訓子善六條之"，據殘筆畫及伯二六四二號＋伯二六四二號背之《亡妣》補。
⑫ "號頭"，據文義補。

[真]身，吐玉豪(毫)之實相。行即蓮華捧足，坐乃寶座承軀，出則帝釋引前，入即梵王從後。演《涅槃》地陸振動，說《般若》天雨四花。百福莊嚴，如滿月[之映]芳林①；千花晃耀，如盛日之照寶山。師子一吼，外道崩摧；法皷聲明(鳴)，天魔稽首。巍巍蕩蕩，難可稱焉！凡有歸依，皆蒙利益。

### 四、[亡號頭]②

恭聞覺體潛融，絕百非於實相；法身凝寂，圓萬德於真儀。於是金色間(開)容③，掩大千之日月；玉豪(毫)揚彩，輝百億之乾坤。然而獨拔繁(煩)羅，猶現雙林之滅；孤超象(塵)累，尚辭丈室之痾。況蠢蠢四生，集火風而爲命；忙忙六趣，積地水以成軀。浮約(幻)影於乾城，保危形於朽宅。假八萬劫，詎免沈淪；時但一刹那，終歸磨滅者。

### 五、[散講號]④

夫金鏡西照，律教東流。摩騰肇白馬之净園，僧會應赤烏之嘉歲。八藏傳漢明之首，《四分》譯姚興之時。散筆深(彩)於覺明，振雲風於北巍(魏)。英哲繼躅、律焰增明者誰？即有律座當矣！

### 六、[嘆佛號]⑤

夫大雄一覺，吼法皷而驚天；四智齊明，雷(搉)法螺而括地。演一音而應隨類，無盲不開；展三教而誘四生，無幽不囑(燭)。決(快)哉大士，惟我釋迦，凡有歸依，咸蒙利益。

### 七、亡兄弟文

號同前。厥今坐前齋主所申意者，奉爲兄弟某七追念之加(嘉)會也。惟亡靈乃風(凤)樹勇捍(悍)⑥，早擅驍雄；七德在心，六奇居念。更能彎弓射月，鷹泣空中；舉矢接飛，猿啼繞樹。故得位顯戎班，榮參武列。將欲騰威四海，啓四弘以馳誠；嚴誡六兵，憑六通而稽首。何圖逝水洪波，漂蓬逐浪。福(禍)分金藥(蘗)⑦，哀傷四鳥之悲；妖(夭)折玉芳，硬(哽)噎三荆之痛。每恨盈盈同氣，一去九泉；穆穆孔壞(懷)，忽焉萬古。意擬千年永別，首目頓虧；稀萬(世)難逢⑧，股肱俄斷。趨庭絕訓，瞻機(几)案而纏哀；生路無蹤，望空牀而灑淚。無門控告，惟福是

---

① "之映"，《敦煌願文集》據文義補。
② "亡號頭"，據文義補。
③ "開"，此處及後文所有改，皆據羽七四五號《患文》改。
④ "散講號"，據文義及斯二八三二號之《律座主散講》補。
⑤ "嘆佛號"，據文義補。
⑥ "風"，當作"凤"；"捍"當作"悍"，據北大敦一九二號之《武》改。
⑦ "禍"當作"禍"；"藥"，當作"蘗"，據伯二六四二號＋伯二六四二號背之《兄弟》改。
⑧ "萬"，當作"世"，據伯二六四二號＋伯二六四二號背之《兄弟》改。

憑。故於此晨(辰),設齋追福。是日也,請三世諸佛,敷備清宮;邀二部静(净)人,洪(弘)宣妙偈。廚饌香積,爐列名香;幡花匝匝而盈場,領(鈴)梵鴻鳴而滿室。總斯多善、莫限良緣,先用奉資亡靈去識:惟願彌陀接引,將居净土之宮;慈氏會中,先爲龍花初首。然後三寶覆護,衆善莊嚴;災障不侵,功德圓滿。摩訶般若。

## 八、武宮(官)亡男女文

### 武言亡男

厥今坐前施主所申意者,奉爲亡男某七追福之加(嘉)會也。惟亡男乃天生俊骨,異[世]超倫[1];神假英靈,孤標挺特。年方熾盛,妙智新成;文詮七步之才,武及啼猿之妙。將謂久居人代,報父母之顏;何圖玉樹先彫(凋),金枝早折。奄從風燭,恨桂芳落値愁霜;棄背人寰,怨顏子短終之苦。每泣蟾光之影,猶掌矢(失)珠;灑血哀傷,難(歎)捐湘壁(璧)[2]。無蹤再會,唯福是憑;故於此晨(辰),設齋追念,是日也云云。

## 九、亡女文

厥今所申意者,奉爲亡女追七設供諸(之)福會也。惟亡女乃芳年豔質,綺歲妖妍,臉奪紅蓮,眉分柳葉。纖容窈窕,若巫領(嶺)之行雲;叔(淑)態透地(迤),比洛川之迴雪。始欲桂枝盛茂,皎皎於晨昏;蟾影方輝,澄澄於水面。何圖珠星匿曜,寶愁(婺)淪輝[3];埋玉貌於黃泉,殞紅顏於灰壞。所以母思玉質,斷五内而哀悲;父憶花容,叫(絞)肝腸而寸絶。無門尋告,唯福是憑。故於某七良晨(辰),設齋追念。於是清遞(第)宅,烈(列)真儀,爐焚海岸之香,供饌天厨之味。總斯多善,無疆勝因,先用莊嚴賢息所生魂路:惟願足蹋紅蓮出三界,逍遙獨步極樂鄉;安養世界睹彌陀,知足天中(宮)遇彌勒。當當來代,還以(與)父母作[菩提眷屬][4],花開花合善因。莫若今生,愛別離苦。又持勝[福]云云。

## 十、小孩子文

邕邕獨秀,同碧玉以影弘(紅)蓮;旼[旼]孤懸[5],等雲山之朗月。

## 十一、女孩子

俄(峨)眉降質,辟(譬)月浦而呈姿;婺女來儀,落(若)星姻而孕暐。將謂瞱花漸發,如桂

---

① “世”,據伯三八一九號＋伯三八二五號之《亡男》“惟男天生聰俊,異世英靈”句例補。
② “難”,當作“歎”,據文義改。
③ “愁”,當作“婺”,據伯二二三七號背之《亡女》改。
④ “菩薩眷屬”,據俄弗魯格二六三號＋弗魯格三二六號之《亡僧尼捨施文》“還與至孝作菩提眷屬”補。
⑤ “旼”,據文義補。

魂[之]流輝①；眉柳增鮮，似林間之秀出。豈謂庭摧玉樹，掌碎明珠；霜彫上苑之蘭，風落小山之桂。遂使父心切切，母意惶惶；看戲處以增悲，睹搖車而掩注(泣)②。冥冥去識，知詣何方？寂寂幽魂，趣生何路？思念無益，唯福是資；延請聖凡，設齋軫掉(悼)云云。共男孝一。

### 十二、賢者文

厥今施主所申意者，奉爲亡賢者小祥追念諸(之)嘉會也。惟賢[者]乃宿植德因③，幼懷聰憨(敏)；博通三教，妙達一乘；惠悟絕群，行名超世。雖居白衣之服，還修不二之因；混迹居凡，母(每)曉真如之理④。內緣淨慮，絕我相於四生；外棄煩誼，頓證如來之教。

### 十三、優婆[夷]⑤

乃母儀騰秀，蕙問馳芳；柔範自居，風資(姿)婉淑。猒榮華而慕道，隱俗修真；繼佉母之勝緣，晉(潛)通大道。棄囂奢而(如)瓦礫，澄心於不二之門；捐瓔珥[如]灰塵⑥，流(留)意於無爲之理。六度俱守，十業非虧；深曉四空，朗智(知)五假。理應久居人代，遍苦行[以]修真⑦；闡化真宗，作唱道之初首。何圖業運難停，奄從風燭；日月不注(住)，遊水不停。至孝等云云。但是頭尾、時氣共前《亡母文》不別，通用。

### 十四、亡妻文

號準前。厥今所申者，奉爲賢妻某七追念之加(嘉)會也。惟妻乃彩輝桂壁，秀掩芳蘭；四海之譽獨彰，千姿之禮早正。柔襟[雪]影(映)⑧，婦禮播於六姻；淑質霜明，女範[傳]於九族⑨。將謂久居人代，偕老齊亡。何圖一已先傾，半身老苦。豈謂金俄(娥)魂散，璧月光沉；霸(罷)鸞鏡於粧臺，貴(匱)鳳釵於綺帳。魂歸冥路，恒(恨)母子之分離；灑血燈前，望還形而再感。但以情心彌切，無路尋蹤；唯仰聖教之猷，福門控告。故於是日，以建齋筵，邀屈聖凡，用鳳(奉)神識，遂乃薆開玉相，廣竪幢幡；轉念焚香，且榮(廚營)百味，總斯崇善，並用莊嚴亡妻神識：惟願彌陀接引，勢至逢[迎]⑩；□□□□□□□□□□□□之果。又持(下缺)

---

① "之"，據斯五六三七號之《女孩》補。
② "注"，當作"泣"，據俄敦○一二○○號之《孩子嘆》改。
③ "者"，據斯五六三七號之《賢者》補。
④ "母"，當作"每"，據斯五六三七號之《賢者》改。
⑤ "夷"，據文義及斯五六三七號之《優婆夷》補。
⑥ "如"，據斯五六三七號之《優婆夷》補。
⑦ "以"，據斯五六三七號之《優婆夷》補。
⑧ "雪"，據伯二二三七號背之《亡婦》補。
⑨ "傳"，據伯二二三七號背之《亡婦》補。
⑩ "迎"，據俄弗魯格二六三號＋弗魯格三二六號之《遠行》補。

# 斯五五六一號《齋儀選抄》

此件爲册頁裝，首尾完整，抄有齋儀六篇，篇目與類屬皆不成系統，故此擬名此件爲《齋儀選抄》。目前有黄征釋録本，見黄征、吴偉編《敦煌願文集》，岳麓書社，一九九五年，第六九〇～六九九頁。

## 一、丈夫患文

夫慈悲普化，遍滿閻浮；大覺威雄，度群迷於六道。故使維磨現疾，託在毗耶。諸賢問疾之徒，往於方丈之室。菩薩現疾，應品類之根機；馬麥金創(槍)①，表衆生之本業。惟願發神足，運悲心，降臨道場，證明所謂。然今座前施主捧爐啓［願］②、捨施所身(申)意者，奉爲某人染患經今數旬，藥耳(餌)頻申，未蒙抽搣(減)；今投道場，虚(希)求濟拔諸(之)所見(建)也。惟患者乃英靈俊傑，文武雙全；於家訓五教之儀，奉國守亡軀之效。遂乃寒暑匡候，攝養乖方；染流疾於五情，抱煩痾於六府。力微動止，怯二鼠之侵騰(藤)③；氣悋晨霄(宵)，懼四蛇之毁篋。於是翹城(誠)善逝，力(歷)款能仁。故得法藥冥資，鑒(縈)煩襟而露結(潔)④；醫王潛祐，袪毒瘳而霜明。診(疹)氣雲霄(消)，温風務(霧)卷。伏聞三寶是出世之法王，諸神如來爲四生之慈父。所以危中告佛，厄乃求僧；仰託三尊，乞祈加護。以兹捨施功德、念誦勝因，先用莊嚴患者即體：惟願觀音駕月，灑方(芳)液以清金(襟)⑤；大聖乘花，扇香風於(以)蕩慮。然則六塵永散，八苦長消，延惠命於千靈(齡)，堅法身於十力。身病心病，即日逍(消)除；臥安覺安，起居輕利。患者自云：或有此世他生怨家債主、負財負命者，願今日今時，賴此道場，證明功德，即日轉生人道天中，解怨捨結，放捨患如(兒)，還復而(如)故。又持勝福，此(次)用莊嚴施主即體：惟願明財勝福，隨四序而逾增；寵位高班，必(畢)千靈(齡)而永故(固)⑥。然後先忘(亡)遠代，悉得上生；内外親因(姻)，咸蒙吉慶。摩訶般若。

---

① "創"，當作"槍"，據(唐)宗密撰《圓覺經大疏釋義鈔》卷十三"佛示現受金槍馬麥之類"句例改。
② "願"，據文義及齋文"捧爐啓願"句例補。
③ "騰"，當作"藤"，據佛經"二鼠侵藤"喻改。
④ "鋈"，當作"縈"，據斯五四三號背之《患文》改。"結"，當作"潔"，據羽六九六號之《俗患文》改。
⑤ "方"，當作"芳"；"金"，當作"襟"，據北大敦一九二號《諸文要集》"婦人患差"改。
⑥ "必"，當作"畢"；"靈"，當作"齡"；"故"，當作"固"，據伯三二〇九號背《讚釋文》改。

## 二、社齋文

夫西方有聖，號釋迦焉！金輪王孫，净飯王子。應連（蓮）花劫，續息千昔；影現三身，心明四智。魔宮振動，墼（擊）法皷而消刑（形）；毒龍隱僭（潛）①，覩慈光而變質。下三道之寶階，開九重之帝網；高縣（懸）法智（鏡）②，廣照蒼生，唯我大師，獨步斯矣。厥今焚香設齋意者，奉爲三長邑儀（義）保願平安之福會也。唯官録已下合邑人等並是晉昌勝族，九郡名流。故能結異宗兄弟，足（爲）出世親鄰③。憑净戒而洗滌衆愆，歸法門而聿修諸善。既伯（冀百）福資於家因（姻），永息灾殃；每至三長，用陳清供。唯願合邑人等福用（同）春樹④，吐菜（葉）生花⑤；罪如秋林，隨風飄落。飢飡法食，渴飲禪漿；永離三途，恒居净土。摩訶般若，利樂無邊。

## 三、僧患文

奉啓三身四智，五眼六通；十地十心，塵妙（沙）菩薩⑥，四向四果、無量聲聞、八大龍神，四天王衆、冥幽空顯、道力地心。伏願去定花臺，降斯法會；今日今時，證明所謂。厥今廣延清衆，開暢真乘；大會緇倫，香煙匝席；時（持）爐啓願⑦，捨施衣鉢者，有誰施作？時則即有某公奉爲某闍梨已躬染患諸（之）福會也。惟師乃戒珠内净，心鏡圓明；談無相［而］妙諳苦空⑧，守禪戒而鵝珠草繼（繫）⑨。豈謂業風動性，水有逝流；往（尪）疾纏身⑩，力微難進。每恐四蛇［之］毀［篋］⑪，佉（怯）二鼠之侵藤（藤）⑫；霧露之軀，俄然變没。律師自云：生居末法，像名出家；戒行常虧，故違惧（誤）犯⑬；經行精塔，坐臥金田；［佛］法僧財⑭，貪求無足。如斯之罪，無量無邊；由（猶）若恒沙，難可知數。今對消（清）衆⑮，懺謝宿愆；所有負財，領受功德。解怨捨結，發歡喜心；放捨患兒，還復如舊。惟願以慈（兹）捨施功德、一一念誦勝因，盡用莊嚴患者即體：惟願智火而燒業種，法雨而潤道芽；苦霧卷而心鏡開，垢累蕩而身田净。慈悲法父，放

---

① “僭”，當作“潛”，據伯三三七〇號《齋文抄》“社文”改。
② “知”，當作“鏡”，據伯三三七〇號《齋文抄》“社文”改。
③ “足”，當作“爲”，據伯三三七〇號《齋文抄》“社文”改。
④ “用”，當作“同”，據此件《尼患文》改。
⑤ “菜”，當作“葉”，據此件《尼患文》改。
⑥ “妙”，當作“沙”，據斯六七〇三號《難巷文》號頭改。
⑦ “時”，當作“持”，據義及齋文常用句例改。
⑧ “而”，據文義補。
⑨ “繼”，當作“繫”，據伯四九一五號《願文》改。
⑩ “往”，當作“尪”，據文義改。
⑪ “篋”，據伯二六四二號＋伯二六四二號背之《患文》補。
⑫ “佉”，當作“怯”，據伯二六四二號＋伯二六四二號背之《患文》改。
⑬ “惧”，當作“誤”，據文義改。
⑭ “佛”，據伯二六四二號＋伯二六四二號背之《僧患》補。
⑮ “消”，當作“清”，據伯二六四二號＋伯二六四二號背之《僧患》改。

愛月之靈光；自在觀音，施醍[醐]之妙藥①。視(示)現之疾②，蠡若冰消；真寶福田，俄然往矣。然後散霑法界，普及有情，賴此勝因，齊登覺道。摩訶般若！

## 四、尼患文

惟患尼乃夙標雅素，早棄精(情)花③；碧水將禪池共清，丹桂以(與)戒香蓮(連)馥。飛聲流俗，壇(擅)德桑門④；繼連(蓮)色以高蹤，習愛道之精軌。遂乃火風不適，地水乖違；五情不安，四大無順。伏枕累席，莫能起居；藥餌頻施，全無袖搣(抽減)。謹將微尠，割捨淨財，投扠福門，希垂救厄。患尼自云：生居女質，長自凡流；常遊苦海之中，未離欲塵之境。虛[霑]緇衆⑤，浪忝披真；徒受圓滿之尸羅，全犯叵知之限約。或將非律之繡綺，杯[過]褁衣⑥；或求醫利之名聞，詐行異行；或經行殿塔，污泥伽藍；或反應上言，抵突師長；或因自讚，隱毀他人；或不細思，忘(妄)談長矩(短)；或因執掌常住，分寸搜捽；或是犯捉之間，將輕換重。如斯等罪，陳訴難周；前世怨家，詎知頭數？蓋在凡緣所閑，不覺[不]知⑦；今臥疾中，始悟前障。無門訴告，懺懇尊前；伏願慈悲，希垂救拔。怨家債主，領受斯福；捨結濟生，十惡之愆，並願消滅三跪。惟願以慈(茲)捨施功德，無限勝因，總用莊嚴患者即體：惟願藥王藥上，授與神方；觀音妙音，施其妙藥。醍醐灌頂，法雨潤身；萬福雲臻，千灾霧倦(卷)。身病心病，即日消除；臥安覺安，身心輕利。又持勝福，此(次)用莊嚴特(持)爐施主即體：惟願福同春樹，吐葉生花；罪等浮雲，隨消散滅。然後家眷大小，並保休宜；遠近親羅，咸蒙吉慶。摩訶般若。若有患兒開藏轉經，但言：厥今開大藏，轉金經；邀龍象之數人，談不二之宗教者，奉爲某人染[患]之所建也。

## 五、俗丈夫患文

仰啓千花藏界，清淨法身；百億如來，恒沙化佛；清涼山頂，大聖文殊；鷄足巖中，得道羅漢；龍宮秘典，鷲嶺微言；道眼他心，一切賢聖。惟願發神足，運悲心；降臨道場，證盟所謂。厥今坐前所主捧爐虔跪、捨施啓願所申意者，奉爲某人己躬染患諸(之)所建也。惟患者乃英靈俊傑，文武雙[全]⑧；於家訓五教之儀，奉國守亡軀之效。遂乃寒暑匡候，攝養乖方；染流疾於五情，抱煩痾於六府。力微動止，怯二鼠之侵藤(藤)；氣愵晨霄(宵)，懼四蛇之毀怯(篋)⑨。於是翹誠善逝，力(歷)款能人(仁)。故得法藥冥資，鑋(縈)煩襟而露結(潔)；醫王潛祐，祛毒

---

① "醐"，據斯六七〇三號《難巷文》補。
② "視"，當作"示"，據斯六七〇三號《難巷文》改。
③ "精"，當作"情"，據羽六九六號之《尼患文》改。
④ "壇"，當作"擅"，據羽六九六號之《尼患文》改。
⑤ "霑"，據斯五五八〇號之"尼患文"補。
⑥ "杯"，斯五五八〇號之"尼患文"作"丕"；"過"，據斯五五八〇號之"尼患文"補。
⑦ "不"，據斯五五八〇號之"尼患文"補。
⑧ "全"，據此卷之《丈夫患文》補。
⑨ "怯"，當作"篋"，據此卷之《丈夫患文》改。

療而霜明。診(疹)氣雲消,温(瘟)風霧倦(卷)。伏聞三寶是出世之法王,諸佛如來爲死(四)生之慈父。所以危中告佛,厄乃求僧;仰託三尊,乞祈加護。惟[願]以慈(兹)[捨]施功德①、焚香念誦勝因,盡用莊嚴患者即體:惟願耆婆妙藥,灌注身心;般若神湯,恒流四大。身病心病,即日逍(消)除;臥安覺安,起居輕利。伏特(持)勝福,次用莊嚴施主即體:惟願三寶覆護,衆善資持;灾障不侵,功德圓滿。然後一毫十力之善,將七代而俱榮;八難六趣之中,過此同登彼岸。摩訶般若。

## 六、難月文

夫玉毫騰相,超十地以孫(孤)遊②;金色流輝,跨萬齡而獨出。權機妙用,拔朽宅之迷徒;感應遐通,[導]昏城之或(惑)侶③。歸依者,苦原必盡;迴向者,樂果斯深。大哉法王,名言所不測者[矣]!奉爲某人患難諸(之)所建也。惟患者乃清貞淑順。婦禮善閑;智德孤明,母儀咸備。遂因往劫,福湊今生;感居女質之軀,難離負胎之患。今者旬將已滿,朔似環周;慮恐有傷毀之唆(煞),實懼值妖灾之苦。故即虔心懇切,望三寶以護持;割捨珍財,仰慈門而啓顙。伏聞三寶是濟危拔苦之能人(仁);大士弘悲,無願不從而惠化。以兹捨施功德、念誦焚香[福因]④,總用莊嚴患者即體:惟願日臨月滿,果生奇異之神意(童)⑤;母子平安,定無憂嗟之苦厄。觀音灌頂,受(授)不死之神方;藥上捫摩,垂惠長生之味。母無痛惱,得晝夜之恒安;産子仙童,似被蓮而化現。又持勝善,伏用莊嚴持爐施主、合門長幼等:惟願身如松岳,命等蒼冥;靈折(哲)之智朗然⑥,悟解之心日進。父則常居祿位,母則盛德恒存;兄弟忠孝過人,姊妹永終修貞潔。然後四生離苦,三有獲安;同發菩[提]⑦,成政(正)覺道。摩訶般若。

---

① "願""捨",據文義及齋文常用句例補。
② "孫",當作"孤",據斯五九五七號之《難月文》改。
③ "導",據斯五九五七號之《難月文》補。
④ "福因",據文義補。
⑤ "意",當作"童",據伯三八一九號+伯三八二五號之《難月文》改。
⑥ "折",當作"哲",據伯三八一九號+伯三八二五號之《難月文》改。
⑦ "提",據伯三八一九號+伯三八二五號之《難月文》補。

# 斯五五七三號《諸雜文集一本》

此件册頁裝，首尾俱全，雜抄《五臺山讚》《十恩德》《嘆佛詩》及齋儀等佛事文獻，因此擬此件總名爲《諸雜文集一本》，清本只釋録其中的齋儀部分。

## 一、亡齋文一道

無常苦海，六道同居；生死［河深］①，［四生］共受②，縱使高登十地，未免去流（留）；受絶空禪，亦須（隨）生滅③。是知有識者，莫不無常；受稟氣者，會歸殄滅。然今坐前齋主捧爐啓願所申意者，奉爲亡妣某七功德之所建也。爲（惟）亡妣乃本性柔和，行常貞潔。

## 二、印沙佛文

夫曠賢大劫，有性（聖）人焉④！出釋氏宮，名薄伽梵。心凝大寂，身意無邊；慈氏（示）衆生⑤，號之爲佛。厥今則有座前施主，故於三春上律，四序初分；脱塔印沙啓加（嘉）願者，奉爲己躬保願功德之福會也。爲（唯）施主乃並是甲門君子，孝弟（悌）承家；智量紹郡（超群）⑥，行明絶大（代）⑦。遂則妙因宿植，善牙發於今生；葉過（業果）先淳⑧，道心堅於此日。知四大而無主，曉吾（五）蘊而皆空；脱千聖之真容，印恒沙之變（遍）跡。更能焚香交（郊）外，請食得（僧徒）於福事之前⑨；散食香湌，變（遍）施於水六（陸）之［分］⑩。以次（此）脱佛功德、啓願勝因，總用莊嚴施主即體：伏願身而（如）玉水（樹），恒净恒名（明）；體若金剛，常堅常故（固）。今世後世，莫絶善緣；此世他生，善芽憎（增）長。然後散霑法界，普及有情；來（賴）此勝因，齊燈（登）佛果。摩訶般若，利洛（樂）無邊；大衆乹成（虔誠）云云。

---

① "河深"，據此卷下篇《亡齋文一道》及斯一八二三號之《亡妣文》補。
② "四生"，據此卷下篇《亡齋文一道》及斯一八二三號之《亡妣文》補。
③ "須"，當作"隨"，據斯一八二三號之《亡妣文》改。
④ "性"，當作"聖"，據斯四四五八號《印砂佛文》改。
⑤ "氏"，當作"示"，據斯四四五八號《印砂佛文》改。
⑥ "紹郡"，當作"超群"，據斯四四二八號《印沙文》改。
⑦ "大"，當作"代"，據斯四四二八號《印沙佛文》改。
⑧ "葉過"，當作"業果"，據斯四四二八號《印沙佛文》改。
⑨ "食得"，當作"僧徒"，據斯四四二八號《印沙佛文》改。
⑩ "分"，據斯四四二八號《印沙佛文》補。

### 三、亡齋文一道小序

無常苦海,六道同居;生死河深,死(四)生共受①。縱使高登十地,未免去流(留);受絶空禪,亦須(隨)生滅。是知有識者,莫不無常;受稟氣者,會歸殄滅。然今坐前齋主捧爐啓願所申意者,奉爲亡妣某七功德之所建也。爲(惟)亡妣乃本性柔和,行常貞潔。母義(儀)含於叔(淑)質②,慈軌叶於謙恭;行順弘於六親,美卹幽(憂)於九族。理應久居人代,訓範子孫。何圖業受有終,奄歸幽路。但以誓(逝)川東注,洪波之朗(浪)難迴;光影西山,孰制危峰之日。至孝等自云:禍愆靈祐,盟(蒙)隔慈顏;撫(俯)[寒]泉以窮哀,踐霜露而增感。色養之體,攀拱木而無追;乳哺之恩,停禪林而契福。縱使相區(傷軀)斷髓③,無益幽路之灰魂;泣血碎身,詎能酬報之亡識? 故於是日,已(以)建齋筵,屈請聖凡,用資冥路。是日夜(也),宏敷寶室,嚴灑清宮;轉三世之金言,誦千佛之移蜜(秘密)④。幡花匝匝,爐焚百味之香;廚饌七珍,何異純陀之供。總斯多善、無限勝因,先用莊嚴亡靈所生魂路:惟願神生净土,識坐蓮臺;花開聞解脱之音(香)⑤,舉足身(昇)涅槃之果⑥。當當來代,還與至孝作菩提善因,莫善(若)今生,愛別離苦。又持勝福,次用莊嚴齋主合門居養(眷)、内外親姻等齊登佛果。摩訶般若云云。

### 四、社齋文

夫大覺能仁,處六塵而不著;吉祥調御,越[三]界以[居]尊⑦。濟五趣而證圓明,截四流而超彼岸。不生不滅,無去無來;神力難思,言不測者矣! 厥今則有坐前施主跪雙足、焚寶香、虔一心、設請(清)供所由(申)意者,奉爲三長邑義過去各劫,而種善根;今世之中,會遇三寶。同興上願,敬設清齋之所施也。伏惟三官衆社等:高門君子,塞下賢禮;資身寬弘,絶代兩金(襟量)⑧。忠孝[兩全]⑨,文武兼明;曉知坏(坯)幻⑩,飛電不緊(堅)⑪。故能與(預)竪良緣,崇兹勝福;會齋凡聖,蓮[坐花]臺⑫;恭敬三尊,希求勝志。遂乃年三不闕,月六無虧;建堅(竪)檀那⑬,聿修法會。之(兹)日也,開月殿,啓金函,轉大乘,敷錦席。廚饌純陀之供,爐焚净土之香;幡花散滿於庭中,種(鐘)梵啾流於法會。以[兹]設齋功德,無限勝因,先用莊嚴上

---

① "死",當作"四",據斯一八二三號之《亡妣文》改。
② "義",當作"儀";"叔",當作"淑",據伯三二五九號《亡妣文》改。
③ "相區",當作"傷軀",據伯三二五九號《亡妣文》改。
④ "移蜜",當作"秘密",據伯三二五九號《亡妣文》"誦神坊之秘密"句例改。
⑤ "音",當作"香",據伯三八一九號+伯三八二五號之《亡僧》改。
⑥ "身",當作"昇",據伯三八一九號+伯三八二五號之《亡僧》改。
⑦ "三""居",據斯六九二三號背之《社文》號頭補。
⑧ "兩金",當作"襟量",據文義改。
⑨ "兩全",據斯二八三二號之"忠孝兩全,文武兼濟"句例補。
⑩ "坏",當作"坯",據伯三四〇五號之《僧俗逆修槀》改。
⑪ "緊",當作"堅",據此卷《佛堂内開光明文》"飛電不堅"句例改。
⑫ "坐花",據伯三一二八號背《社齋文》補。
⑬ "堅",當作"竪",據伯三一二八號背《社齋文》改。

界四王、[下]方八部：伏願威光盛運，福力彌增；國主千秋，萬年豐歲。伏持勝善，又用莊嚴諸社衆等即體：伏願灾殃珍滅，是福感（咸）臻；天山除（降）靈①，神祈郊（祇效）耻②。菩提種子，配佛性以開牙，煩惱稠[林]③，惠[風]飄而葉落④。又持勝善，伏願（用）莊嚴持爐施主即體：惟願三寶覆[護]，衆[善]莊嚴；灾障不侵，功德圓滿。然後散霑法界，普及有情；遇此勝因，齊成佛果。摩訶般若云云。

### 五、佛堂內開光明文

實相凝空，隨緣以呈妙色；法身湛寂，應物感而播群形。幽顯冀其津梁，人天資其級（汲）引。自祥開道樹，變現之跡難量；捧駕王城，神化之規叵測。加以發原鹿野，覺海浮浪於三千；光照鶴林，知（智）炬潛輝於百億。府（俯）運善權之力，廣開方便之門；邈矣能仁，傾哉罕測者也！厥今則有坐前清信施主先因種善，今世增加，頓悟苦空；創成佛刹，慶陽（揚）設供諸（之）福會也。惟施主乃天生英俊，文武雙全；於家有情（清）訓之儀，奉國竭忠貞之節。知身虛幻，非（飛）電不堅；袖（抽）捨家資，修崇佛塔。加以遍虛空而請佛，該法界而延僧；會七衆以雲臻，祈無邊之上願。其佛堂乃基如地涌，錯瓴甓以開花；甍似飛空，鏤鴛鴦而鳳起。梁裁文點（紋鈿）⑤，架虹彩於雲心；棟累旃檀，像蟾光於霞腹。雕窗孕月，洞戶迎雲；簷斯（嘶）寶[鐸]之音⑥，拱曳金繩之影。妙圓精舍，寔曰人倫（仁祠）⑦；嚴塋既周，停申嘉慶。以兹慶福功德、會供良緣，先用莊嚴上界四王、下方八部：伏願威光轉盛，國太（泰）仁（人）安；聖主百寮，並延段（遐）壽。伏持勝善，次用莊嚴施主即體：惟願禄高五岳，受（壽）保山河；榮班與日月而無虧，家富以自然之珍寶。[然]後年消九橫，月殄三灾；兼資七祖亡靈，齊登紅蓮菡萏。磨訶般若云云。

### 六、臨壙文

蓋聞無餘涅槃，金棺永寂；有爲生死，火宅恒然。但世界無常，光陰千遍（遷變）⑧，故有二儀運轉，四相奔流，明闇交遷，晨昏遞謝。入松枝而暫響，飄炬燭以摧明，似上苑之花彫（凋），等祇園之葉落。然今亡者受（壽）盡今生，形隨物化；舍（捨）兹白日，掩（奄）就黃泉；體逐時遷，魂歸幽壤。至孝等攀號擗勇（踊），五內分崩，戀暮（慕）慈顏，痛摧心髓。於是龍儒（轜）軒

---

① "除"，當作"降"，據伯三一二八號背《社齋文》改。
② "祈郊"，當作"祇效"，據伯三一二八號背《社齋文》改。
③ "林"，據伯三一二八號背《社齋文》補。
④ "風"，據伯三一二八號背《社齋文》補。
⑤ "文點"，當作"紋鈿"，據文義改，指大梁的漆飾。伯二五八八號背《佛堂》有"梁裁文杏"句例，"梁裁文杏"強調大梁的材質爲文杏，與"紋鈿"的側重點不同。
⑥ "斯"，當作"嘶"。"鐸"，據斯五六三八號《諸雜文一本》"佛堂文"補。
⑦ "人倫"，當作"仁祠"，據北大敦一九二號之《佛堂》改。
⑧ "千遍"，當作"遷變"，據伯二九九一號之《臨壙追福》改。

駕,送靈識於荒廛;素蓋緋紅(飛空)①,列凶儀於亘道。存亡永隔,追念摧心;悲叫號咷,哀聲滿路。遂能卜善地以安墳,選吉祥而置墓。於是降延清衆,就此荒効(郊),奉爲亡靈臨曠(壙)追福。無限勝因,總用莊嚴亡靈所生魂路:惟願永辭三界,長絶四流;託寶殿而往西方,坐金連(蓮)而承五(乘悟)道②。當當來代,還以(與)至孝作菩蕥善因;莫若今生,愛別離苦。摩訶般若,利樂無邊;大衆乾(虔)[誠]。

---

① "緋紅",當作"飛空",據伯三二八二號背之《臨壙文》改。
② "承五",當作"乘悟",據伯四六九四號《臨壙文》改。

# 斯五五九九號《齋儀》

此件册頁裝，首尾俱缺，其内容爲斯一四四一號背所屬齋儀系統的《亡文第五》，現存有七篇。

## 一、[男子]①

（前缺）

於柔和，軍府皆稱於鏗斷。將謂蘊斯才藝，一方永作於公方，何期私宅災臨，玉貌長辭於白日。兒姪顔容之上，班班淚痕；親姻瞼睫之前，連連滴血。

## 二、娘子

娘子乃嬌姿迥拔，花貌無雙。笄年抱落落之情懷，亂歲負恢恢之性器。而又針頭逞巧，繡龍風以潛翔；機上逞功，對鴛鴦而織出。莫不纖纖玉指，熠熠朱脣；運五音而鬼哭神哀，弄四滌而雲停霧宿。將謂永伸繾綣，生守白頭，何期割斷恩情，死歸黄土，嗚呼痛切，悲不可言！唯恨青天，怨嗟厚地。兄弟顔容之内，涕淚交流；姊妹瞼睫之前，血垂點滴。況於衙佐内外，官寮悲悼盡同，傷嗟更切。

## 三、尼

尼乃幼而有貌，長乃不群。臉奪十日之牡丹，眉揄（逾）三春之柳葉。而又性懷恬礭，志抱溫柔，遂削青絲，堅持白業；戒持八敬，清類冬冰；法進百門，潤同春日。撫恤徒衆，一諾而上下和同；添補鴻居，萬種而殷實常住。將謂宗核寺宇，軌範後徒，何期有此分張，喪其法寶。徒弟攀切，空血淚而齊流；親族悲嗥，實肝傷而寸斷。

## 四、公

乃鷟鷟奇姿，麒麟瑞渌。稟山河之秀氣，誕質凡間；應岳瀆之神靈，降生明代。實謂小（少）年郎，將承爵袟於甘羅之秋；可畏後生，受虎符於辟强之歲。矧乎巧工難述，罕遇斯焉！

---

① "男子"，據文義補。

彫龍則淨(靜)陂生波，刻鳳乃騰空變翼，故得幼閑儒素，夙蘊武經。顏子之書劍兩全，陳彭之深謀雙備。近以狼煙犯界，勇意先鋒，戰陣而未桉孤虛，作略而掟風電轉。立大丈夫之雄毅，一擬當千；報君主之深恩，魂歸白刃。嗚呼！掌珠失耀，寶劍沉江。未申樊噲之功，遂掩鴻門之會。鄉人戀惜，使士卒以哀悲；軍府驚嗟，致生靈而哭望。孤(姑)婆苦痛，恨不疾而殃奔；叔父唱哉，怨何禍而來至！小娘子肝腸寸斷，甚世爲親。枝羅氣噎填胸，何時再覩。

## 五、尼

尼乃資靈福地，葉秀朱門；非魚傾國之祥，自有過人之態。而又齔歲慕道，落青絲於紺殿之前；二八尋真，受具戒於金壇之下。故得四依密護，八敬明導。蓮花未比於高縱，愛道方堪而敬跡。葺治寺宇，廣薦鴻基。成尼衆之精華，作教戒之師法。

## 六、娘子

娘子乃白桂無貼，素月蟾輝。標婀娜之風姿，而(如)姮娥之逐月。遂乃飛鳳入地，出適李氏之高門；素服親魚，應聘敦煌之上族。故得慕容罕比，將寬猛以安親；婦道無虧，著溫躬之善紀。莫不裁羅刻錦，刀邊而奇巧多般；刺繡補方，針下生神功絕妙。撫恤家眷，溫言而細語；臨苗緝治，孩童美諺而清風動物。

## 七、僧統

僧統乃戒珠獨朗，律寶孤明；泓澄窮法海之千源，岑崒越我山之萬仞。故得毗尼一藏，踏底窮通。大小三乘，如(後缺)

# 斯五六三一號背《僧》

　　此件首尾俱全，正、背兩面皆爲學童習字，爲一人所寫。正面習字爲社司轉帖，背面習字有二篇：一篇爲嘆僧德，一篇爲蒙童練習筆畫和間架結構的《上大人》。據此知"齋文"亦爲學童需要熟悉和練習的實用文體之一。

　　天生淳善，本性甜（恬）和。自小捨俗而歸真，智大知非而辯正。故得玄通經論，窮十二部之蜜（秘）言。禁守律儀，奉三千戒之要行。可謂清談釋子，達理英才。道德振於一時，明村（淑）傳於十寺①。吾問佳譽，超位酬勞。更能苦節而修身，必可轉遷而何脱。

---

① "村"，爲"叔"的俗字，當作"淑"，據文義改。

# 斯五六三七號《齋儀》

　　此件首缺尾全。宋家鈺已指出此件與斯一四四一號背抄自於同一《齋儀》系統，且兩件的相同篇目有細微差異。前已説明斯一四四一號背具有明顯的集抄、改編特點，而此件相應篇目的内容要豐富一些，或許更接近於原本。此件目前主要有三個釋録本：王三慶《敦煌佛教齋願文本研究》，二〇〇九年，第一八二～二一二頁。宋家鈺《斯一四四一號等：敦煌本〈齋文〉書復原研究》，見宋家鈺、劉恕編《英國收藏敦煌漢藏文獻研究——紀念敦煌文獻發現一百周年》，中國社會科學出版社，二〇〇〇年，第九八～一一二頁；黄征、吳偉《敦煌願文集》，岳麓書社，一九九五年，第二三七～二四五頁。

（前缺）

## 一、［臨壙］①

　　［蓋聞無餘涅槃］，［金棺永寂］；［有爲生死］，［火宅恒然］。［但世界無常］，［光陰遷變］，［故有二儀運轉］，［四相奔流］，［明闇交遷］，［晨昏遞謝］。［入松枝而暫響］，［飄炬燭以摧明］；［似上苑之花凋］，［等祇園之葉落］。［然今亡者壽盡今生］，［形隨物化］；［捨兹白日］，［奄就黄泉］；［體逐時遷］，［魂歸幽壙］。［至孝等攀號擗踊］，［五内分崩］，［戀慕慈顔］，［痛摧心髓］。［於是龍轜軒駕］，［送靈識於荒塵］；［素蓋飛空］，［列凶儀於亘道］。［存亡永隔］，［追念摧心］；［悲叫號咷］，［哀聲滿路］。［遂能卜善地以安墳］，［選吉祥而置墓］。［於是降延］清衆，就此荒塵，奉爲亡靈臨曠（壙）追福。以兹捨施功德、無限勝因，總用莊嚴亡靈所生魂路：惟願永辭三界，長絶四流；托寶殿而往西方，坐金蓮而承（乘）悟道。當當來代，還與至孝作菩提善因；莫若今生，愛别離苦。然後七世父母，紅蓮化生，遠近親羅，咸蒙吉慶。摩訶。

## 二、僧尼三周

　　夫生死擾擾，恒迷弱喪之途；六趣忙忙，詎識輪迴之轍。是以溺情貪愛，絶相真如。蹈苦海以忘歸，竄邪山而長往。懸藤易絶，執危機以自妄；聚沫難居，翫虚形而不厭。淪兹夢幻，

① "臨壙"，標題及正文部分，宋家鈺據斯五五七三號之《臨壙文》補，兹從之。此處所録爲筆者的校釋清本，原文請參考斯五五七三號之《臨壙文》校釋。

縱是謗謠；長嬰有漏之勤,誰拂無明之患? 厥今坐(座)前齋主某人焚香啓願所申意者,奉爲和尚大祥追福諸加(之嘉)會也。伏惟和尚神資特達,氣量宏深；五百庭(挺)生,千賢間出。故得靈臺獨鑒,智府孤明。湛八水於心源,六塵爰净；芳七花於意樹,三草抽輝。禪何(河)疊聳,戒月清凝；奪師子之威容,播龍宮之秘藏。<small>或是尼：覺花重影,戒月孤凝；七聚精知,五篇妙達。参耶輪之雅志,集愛道之貞風；利物爲懷,哀傷在念。</small>理應乾坤不變,以(與)法寶而無虧；劫石齊年,將天地而不易。何圖寶幢堆(摧)折,四衆無依；日月推移,掩(奄)歸大夜。至孝某人自云：積釁尤深,望昊天而灑涙；哀傷五内,瞻案機(几)以悲唉(煞)。遂所(使)四時遞往,六律奔馳,義(儀)畢三周,俄臨斯日。意欲終身至孝,禮制[有期]①。奈何恥受吉衣,哀離凶服。今者法場罷訓,悲道樹而先堆(摧)；涸竭禪池,寉雙林而泣血。空床頓遺,絶四衆之來蹤；就吉除凶,斷號唉之哀響。是日也,吉祥之草,分滿凶庭；功德之林,影連魂帳。洪鐘夜切,清梵朝哀；香焚鶴樹之門,供列菴園之會。以兹設齋功德、無限勝因,先用莊嚴亡和尚去識：惟願從涅盤而再去,佛日重興；所(使)惠海而長波,法船恒駕。又持勝福,次用莊嚴齋主等即體：惟願福同春草,不種自生；罪若秋林,霜霑彫落。然後森括有無之際,該羅動値(植)之間；並證勝因,齊登佛果。摩訶。某(其)尼文頭、尾并同。

### 三、亡考妣三周

夫色空不可而(以)定質起,滅理而自相遷[移]②。鐵圍之山,畢(必)致於煨燼；金剛之際,不免於埋蕪。惟我大覺世尊,運津梁於不死之地；真乘至教,開解脱於無漏之林。至矣難名,在於兹矣! 厥今坐前齋主捧爐啓願所申意者,奉爲考妣大祥追福諸(之)嘉會也。惟亡考乃美譽早聞,芳猷素遠；人倫領袖,鄉閭具(俱)瞻。<small>亡妣德：乃雍雍婦德,將月鏡如(而)同明；穆穆女儀,共春蘭如(而)並馥。</small>理應久居人代,育子謀孫。何圖業運難移,掩(奄)歸大夜。至孝等攀號靡及,雖叩地而無追；欲報何階,縱昊天而罔極。但以四時遷易,俄屆大祥；律度星還,三周斯畢。泣除喪而灑血,哽噎何依；撫終制以崩心,哀傷五内。意以盡身終畢,永慕劬勞；禮制有期,時不可越。今者空床頓遺,以止哭泣之聲；堂宇寂寥(寥),永絶號唉之響。營齋宅内,脱[兹]凶服③；却掛吉衣,建福家庭。[靈几雖除]④,昊天之恩無忘。是日也,開月殿,闢星宮；龍象雲臻,鴛鴦霧集。建齋逾於善德,設供越於純陀；爐焚净土之香,饌列天廚之味。以兹設齋功德、無限勝因,先用莊嚴亡考妣所生魂路：惟願隨彌陀而生净土,逐彌勒而下閻浮；聞正法頓悟無生,遇諸佛同登妙果。又持勝福,次用莊嚴齋主合門居眷、表裏姻親等：惟願菩提日長,功德時增；法水洗而罪垢除,福力資而壽命遠。然後先亡遠代,悉得上生；人異(與)非人,咸

---

① "有期",據此件之《亡考妣三周》"禮制有期"句例補。
② "移",據斯五九五七號之《脱服》補。
③ "兹",據文義補。
④ "靈几雖除",據伯三三〇七號之《除服》補。

蒙吉慶。摩訶。

### 四、孩子嘆

邕邕獨秀,同碧玉以影紅蓮;皎皎孤懸,等雲山之朗月。豈謂庭摧(摧)玉樹,掌碎明珠;霜彫(凋)上苑之蘭,風落小山之桂。遂使父心切切,母意惶惶;看戲處以增悲,覩搖車而掩注(泣)①。冥冥去識,知詣何方? 寂寂幽魂,趣生何路? 思念無已,唯福是資;謹延聖凡,設齋追念。

### 五、女孩子

可謂俄(峨)眉降質,辟(譬)月浦而呈姿;婺女來儀,落(若)星姻而孕膝(曦)②。將謂臉花漸發,如桂魄之流輝;眉柳增鮮,似林間之秀出。豈期風摧澤葉,霜折芳苗;碎掌內之明珠,失窈窕之美色。

### 六、賢者

宿植德因,幼懷聰慧;博通三教,妙達一乘;惠悟絕群,行名超世。雖爲白衣之服,還修不二之因;混跡居凡,每曉真如之利(理)。內緣净慮,絕我想於四生;外棄煩喧,頓證如來之教。理應久居人代,遍告行以修真;闡化禪宗,作唱導之初首。何圖業運難停,奄從風燭。至孝等云云。其賢者在生,亦同用。

### 七、憂婆夷

母儀騰秀,蕙問馳芳;柔范自居,夙(風)姿婉淑③。猒榮華而慕道,隱俗修真;繼伕母之勝緣,潛通大道。棄囂奢而(如)癱疾,澄心於不二之門;捐瓔貝而(如)灰塵,留意于無爲之道。六度俱守,十業非虧;深曉四空,朗知五假。將謂久居人代,永訓禪宗;於家立慈範之儀,族內置忠貞之孝;何圖業運已逼,東波之浪難迴;奄去九泉,西山之光孰制(掣)? 至孝等想慈顏之日暮(慕),陪憶(倍益)悲哞(辛);思鞠育之恩深,無階答効。謹於是日,大建齋延(筵);屈請聖凡,用酬上德。是日也,弟(第)宅宏敷,金園卜勝。青蓮聖衆,聞法皷以來儀;龍象高繒(僧),隨梵聲而集會。堅固林內,迦陵銜净妙之花;阿耨池邊,風吹忍辱之草。廚營百味,爐焚净土之香;梵唄盈場,供列香積之饌。總期多善云云。其賢者時候亦同。

---

① "注",當作"泣",據俄敦〇一二〇〇號之《孩子嘆》改。
② "落",當作"若";"膝",當作"曦",據文義改。"膝",亦可據斯三四三號背+斯四四九二號之《女孩子》校作"暉"。
③ "夙",當作"風",據伯二九九一號背之《亡姚》改。

# 諸雜篇弟六

## 八、入宅

　　竊聞刹號莊嚴,環七珍之梵宇;方(坊)稱妙果,浮百寶之仙宮;於是八定高樓,暎瓊台而育彩;三空妙閣,陵鏡殿以通輝;曳珠網于禪林,列金繩於福地;諒勝緣之妙境,寔浄葉(業)之崇基。隱隱難名,巍巍罕測。厥今坐(座)前齋主捧爐啓願所申意者,奉爲慶宅嘉祥諸(之)福會也。惟施主乃風蘭播馥,月桂流芳;雅量超群,神才絕代。故能卜居勝地,揆日方施;罄赤仄以召功人,割珍財而說幻妙。彫盈(楹)霧合,綺棟雲浮;洞戶迎雲,高窗孕月;簷舒鳳起,砌引花明;井植雙桐,門榮五柳。宏規既就,勝業先崇;嚴麗閑庭,建斯清供。香然百味,院起初煙;梵吼三天,經連四室。其宅乃陰陽會合,龜兆相扶;八卦吉祥,五行通利;四方平正,八表堪居。離坎分南北之堂,震兌置東西之室。左青右白,妙愜乾坤;前朱後玄,雅合陰陽之道;加以卜兆清居,選祈福地。召杍人以構楫,日影虹梁;專功力與(以)削成,月輝珠柱。簷楹攢集,棟宇參差。華庭與玉砌爭光,綺院與瓊素競色,現建功畢,祈合吉徵。或恐驚動土公,輕觸神將;凡力匪能消伏,聖德所可殄除。故就新居,虔誠妙供。是日也,陳清供,列芳延(筵);召十方邀四部。阿僧祇衆,並湊齋壇,釋梵天龍,來降法會。以斯設齋功德、無限勝因,總用莊嚴齋主合門長幼入宅已(以)後:惟願金龍繞宅,玉鳳銜珠;地湧珊瑚,天垂瑪瑙。四王持劍,斬斫魔軍;八部冥加,殄除鬼魅。人增壽命,各保長年;憂患消沉(除)[①],慶流後胤。千殃頓斷,萬福咸臻;湌般若以無饑,飲醍醐而療渴。門盈寶藏,宅牣珍泉;園收須達之金,儲滿九年之實。玄風蕩性,萬類雲消;十善資身,災殃霧廓。齋主則命同劫石,曆千古而不虧;娘子則質比松筠,陵歲寒而不變。男貞女潔,子盛孫昌,皆全磊落之才,並有神姿之貌。然後四神歡懌,護宅安人;五帝喜忻,永無災難。摩訶。

## 九、僮僕德

　　奴[乃]在務克勤[②],在身恭謹;勞無慍色,苦無恨聲。每兢供侍之心,長有順遵之意。理應延靈(齡)益壽,保捧(奉)終身。但以三想遞遷,四大衰朽;俄辭人代,奄謝幽魂。今者齋主仁慈內積,恩惠溥施;務(悟)僮人已盡終,念平生之驅策。既思苦效,寧不哀傷? 覩蹤勛(跡)而雨淚含悲,值南畝而噫嗟不絕。無門酬念,唯福是憑;故於此晨(辰),設齋追福。於是像敷寶座,經轉金言;會僧聖凡,廚筵香饌。以斯設齋功德、建福勝因,總用莊嚴亡魂所生之路:惟願嗔罵之恨,變成法味之歡;鞭撻之冤,還生捧蓮之喜。永辭三界,承寶殿首會龍花;長絕四

---

流,證無爲初登妙果。所有宿因曩業,於八解滌而俱無;現障餘緣,四風吹而蕩盡。當當來代,還以(與)齋主作同爐善因;彌勒下生,爲花開眷屬。又持勝福,次用莊嚴云云。其婢時候、莊嚴亦共此同用。

## 十、婢德

惟乃柔和淑質,恭謹爲懷;敬上有鞠躬之心,撫下無嫌慍之貌。兢兢在念,驅馳守勤恪之誠;戰戰晨昏,侍奉有忠赤之道。雖居苦役,三從之禮窮閑;沾在羈身,四德之能暗曉。理應松年不變,遐壽延齡。豈期白業已終,魂歸黑路;無方再覩,資佑酬勞;謹於此晨(辰),設齋追福云云。莊嚴同前奴文内。

## 十一、馬

竊惟慈契無類,窮總機而成等覺;悲含有識,通感化而無遍知。於是聖軌虛融,辟三千之廣路;神功潛運,開不二之妙門。敷四等於四生,怨親普濟;懷一子於一切,飛走咸津。大矣衆德之厲!壯哉生之潤澤!威光之所救燭,利具難量者焉!厥今坐前齋主捧爐啓願所申意者,奉爲駿馬日久,今已云亡,設齋祈願諸(之)福會也。伏惟齋主宿懷忠惠,素叶仁慈;愛育洽于高卑,哀憨淡於貴錢(賤)。其馬乃神蹤駿骡,性本最良;色類桃花,目如懸鏡;鬚高臆闊,膁小腹平。促骨起而成峰,長肋密其如辮。騁高原以縱轡,狀浮雲之颺天;馳豐草以飛鞭,等流星之入霧;陵東道而潛響,望北風以長嘶;戀主比于賢良,識恩同於義公。忽以驅馳失候,檢馭乖常;魂躡電而不還,影逐風而莫返。已絕如龍之跡,空留似鹿之形。喬(憶)其致遠之功,念以代勞之效,不謂浮雲滅影,吾門無曳練之徵;流水停車,魏花絕尋香之智。既而代勞以速,便生念惜之情;愴悼逾深,遂發壇那之會。故於是日,以建齋筵;列饌焚香,用資幽路。以斯設齋功德、無限勝因,總用莊嚴亡馬轉識:惟願永離三途,長辭八難;觀慈尊而窮本性,聞政(正)法以稽無生;共圓實相之姿,等會真如之境。頓超六道,早登不二之門;因越四生,速值龍花之首。又持勝福,次用莊嚴云云。

## 十二、牛

厥今座前齋主捧爐啓願所申意者,伏緣弟子收養之畜,用以代勞;近有一牛,遇病殞殁之福會也。其牛乃形色姝(殊)絕,力用超倫。驚(擎)丹轂以雷奔,控梅軒而風躍;�(躑)危塗而往覆(復),馭澡轍以途(圖)安。入谷[有]據坂之功①,登山足陵峰之力;包(刨)野塵而穴地,吼川響以驚天。馳軫居百乘之前,在牧爲萬群之首。豈直穿衣藻詠,叩角興歌;履水爲江,霑涇成雨。忽以力疲金軛,氣絕彤轅;形銷漢主之筵,影滅齊軍之陣。田單之下,長無熱

---

① "有",據文義補。

尾之勞；何敬家中，永絶争橋之用。故以農功雖畢，肇牽之路闕如；物化已彰，河漢之涯沉影。所以設齋軫悼，願托人形；功德備修，轉生天道云云。其時候、莊嚴，同前馬文。

### 十三、犬

犬乃知恩戀主，曉夕衛於門庭；識辯（辨）親疏，出入防於内外。周巡院圃，落草動而先驚；往返園林，風葉飄而已覺云云。

### 十四、疫病

傾（頃）以大遊鈎氣，時多瘴勵（癘）之災；廣運妖氛，便興疾疫之害。所以長幼懼而敷妙饌，闔城肅而列香延（筵）；冀痾疾而絶寰中，屏魍魅而騰海外云云。

### 十五、征去

某公乃謀略軼群，英雄冠世；彎弓落月，舞劍霜頽。奉天命而討邊方，旌旗曜日；盡地窮而清國界，鐵騎連雲。會鵬翼而張天，攘衣奮臂；忿鯨鱗之横海，發怒衝（衝）冠。將欲賀（荷）戟前驅，思生後念；庶安五福，冀保三軍云云。

### 十六、征還

某公乃志幹貞秀，神氣逸群；經文髫齒之前，緯武冠年之後。掃除一室，有清四海之心；登臨一丘，便懷捧日之志。念鯨鱗之横海，則切齒勵（厲）聲；望鵬翼之川（穿）天，則攘之奮臂。於是清惟從命，荷戟前驅；鐵騎運行，霜鋒貫日。裹糧聚甲。悉險山川；礪筴（鋏）弦弓，俱懷蕭煞。竊生福念，翹仰聖靈；彈拓（柘）月而雲頽，麾白髦而草偃。事清歸焉，奉國承家。野音（斁功）書于太常①，英名勒於鐘鼎。故於是日，賽酬鴻願，慶答恩榮；香捻六銖，供陳百味。以斯云云。

### 十七、釋禁

厥今座前施主所申意者，奉爲酬三寶之力，得免形（刑）苦之福會也。其某公乃比爲躬纏圜圄，倦長夜於陛（狴）牢；影局圓扉，摩苦羈情[於]獄吏。幸免寬宥，釋縲紲於寒灰；蒙福聖慈，捨深愆之重咎。此會意者，雖緣狂（枉）羅視聽，横執無辜。於是啓仗十方，冀諸佛以冥扶，庶龍天而影衛。遂得理明秦鏡，事潔隋珠；寒松簫（蕭）而更貞，秋水皎而逾净。故於是日云云。

---

① "野音"，當作"斁功"，趙鑫曄《敦煌佛教願文研究》據文義改。

## 諸色篇弟七

### 十八、國忌‧睿宗大聖皇帝忌六月廿日

我釋迦有可久可大之葉（業），迴超言象之先；我國家有翼善溥聖之勳，高步羲（義）軒之首。猶以鶴林示滅，萬佛同遷相之儀；鼎湖上仙，百王留變化之跡。求諸今古，難可祥（詳）焉！厥今宏開玉殿，廣豎幢幡；鍾梵盈場，香煙霧合者，誰之施作？則我河西節度某公奉爲睿宗大聖真（貞）皇帝忌晨（辰）行香追念諸（之）嘉會也。伏惟睿宗大聖真（貞）皇帝陛下瑤圖纘緒，襲貞命於三微；瑞歷（曆）符休，總文明于四海。穆清天下，大造生靈；咸遵復舊之榮，廣闡惟新之典。遽（詎）謂喬（橋）山命駕，汾水長辭；負弓劍於千齡，痛衣冠于萬寓。今者節度某公宸心罔極，悲歲月而逾深；聖感增攀，痛星霜而永結。故於是日，大設追崇；天下清心，持香行道。於是鹿園遐敞，雞岫橫臨。帝釋飛來，送虛空之堂殿；梵王下降，布雲雨之香花。是時也，毒暑流金，拂宴林而自滿蕭瑟；赫曦飛火，扣禪河而一變天時。合郡傾心，來赴蓮華之會；群官啓手（稽首），共過鸚鵡之林。僧尼鬱鬱，口宣不二金言；士庶詵詵，共受無爲之道。總斯多善、無限勝因，總用莊嚴睿宗大聖真（貞）［皇］帝陛下：伏惟躋神妙覺，迴悟圓真。朗證無生，高視鐵圍之外；往來化物，還乘金座之中。伏持勝福，次用莊嚴當今皇帝貴位：伏願皇圖化鎮，聖德常新；高居北極之儀，永固南山之壽。又持勝福，次用莊嚴我節度使某公貴位云云。

# 斯五六三八號《諸雜文一本》

此件爲册頁裝,封面題《諸雜文一本》,扉頁題《諸雜文一卷》。首全尾缺,現存有齋文三篇。從其題名來看,應該還包括有齋文以外的其他佛事文獻。

## 一、佛堂文①

竊以實相凝空,隨緣以呈[妙]色;法身湛寂,應物感而播群形。[幽]顯異其津梁,人天資其吸(汲)引。自常(祥)開道樹,變現之跡難量;捧駕王城,神化之規叵側(測)。加以發原鹿野,覺海浮浪於三千;光照鶴林,知(智)炬[潛]輝於百憶(億)。俯運善權之力,廣開方便之門,邈大(矣)能人(仁),傾哉罕測者也!厥今則有坐前清信施主先因種善,今世增[加],頓悟苦空;創成佛刹,啓陽(揚)設供諸(之)福會也。惟施主乃天生英俊,文武雙全;於家有情(清)訓之儀,奉國竭忠貞知(之)節。之(知)身虛幻,非(飛)電不堅;抽捨家資,修崇佛塔。加以遍虛[空]而請佛,該法界而延僧;會七衆以雲臻,祈無邊之上願。其佛堂乃基如地涌,錯瓴甓以開花;甍似飛空,鏤鴛鴦而鳳起。梁裁文點(紋鈿),架紅(虹)彩於雲心;棟累旃檀,倰蟾光於霞腹。雕窗孕月,洞户迎雲;簷嘶寶鐸之音,栱曳金繩之影。妙圖精舍,寔曰人倫(仁祠)②;嚴瑩既周,停申加(嘉)慶。以資(兹)慶福功德、會供良緣,先奉莊嚴上界四王、下方八部:伏願威光轉盛,國泰人安;聖主百集寮,並延遐壽。伏持勝善,次用莊嚴施主即體:惟願禄高五岳,受報(壽保)山河;榮班以(與)日月而無虧,家富以自然之珍寶。然後年消九横,月殄三災;兼資七祖亡靈,齊燈(登)紅蓮菡萏。摩訶般若。

## 二、慶像文

若夫神沙無方,[非]壽[算]之能測③;至理凝邈,豈繩准之所之(知)?故以[利]見閻浮④,龍飛道樹;施安品物,託寫迦維。净五眼於三明,具六通於萬德;輝輝神於此界,放毫相於他

---

① 《佛堂文》與斯五五七三號之《佛堂内開光明文》爲同文異本,改、補皆見斯五五七三號,不另出注。
② "人倫",當作"仁祠",據北大敦一九二號之《佛堂》改。
③ "非""算",據伯三四九四號之《嘆像文》補。
④ "利",據伯三四九四號之《嘆像文》補。

方;動大地以敬(驚)群迷,鎮(震)雷音而該(駭)品物①。[方]始居於鹿苑②,蔭波(彼)小根③;終灑潤於鶴林,霑兹大業。闡王(玉)皷法[聖]之訓④,揚金口慧日[之]光;盪盪魏魏(蕩蕩巍巍),難可稱量者矣!厥今則有執爐施主開月殿、儼(嚴)真場、會聖凡、崇妙饌者,奉爲繪像慶揚諸(之)所施也。惟公乃英靈獨秀,文武雙全;六藝資身,三端絕代。更能尋思杯(坏)質⑤,如水月之非堅;頓悟瓶軀,化(比)石光而不久⑥。虔供上願,國會(圖繪)真儀⑦;粉墨光明,蓮花貫誓。福事以(已)畢,奉請三尊;披讀煩愆,希求上路。其像乃絢[衆]綵而會(繪)聖⑧,蘊妙色以儀真;朱豔過(果)於脣端⑨,丹秀花於臉際。翠山凝頂,粉月開毫;黛葉寫而眉鮮,青蓮披而目凈。姿含萬彩,凝湛質於鷄峰;影佩千光,似再臨於鷲嶺。禮之者,無明海竭;覩之者,煩惱山摧。**或是菩薩:**其菩薩乃四弘備德,十地功充;頓超緣覺之乘,次補如來之坐。念之者,隨心如(而)降福;禮之者,應願以消災。以此圖畫功德、慶讚福因,先用莊嚴上下(界)天仙⑩、下方龍鬼:伏願威光增盛,護國治人;帝王官寮,盡資叚(遐)福。又持勝善,次用莊嚴施主即體:惟願千祥齊湊,萬福咸臻;榮禄以(與)劫石而不移,班爵以(與)清松而不變。願使年豐歲稔,家中傳六順之儀;月盛日增,子孫有千坐(生)之俊⑪。然後陰陽順序,日月貞明;地平天成,樂和禮[洽]⑫,永截三塗之路,上開解脱之門;同離苦因,齊燈(登)佛果。摩訶(訶)般若。

## 三、然燈文

竊以惠境陽(鏡揚)輝,朗三明者智矩(炬);勝場疏躅,摧八難者法輪。於是廣照慈光,諒無幽而不燭;遐開妙軌,實有感而斯通。故使巨夜還朝,返迷津而悟道;重昏再曉,馳覺路以歸真。赫矣難名,傾哉罕側(測)者也。然今某公乃於新年上律,肇歲嘉晨(辰);建净輪於寶坊,然惠燈於金地。如斯啓福,則我某公奉爲某事**或合邑人等,臨事稱之**諸(之)所作也。惟施主乃靈(令)望宗標⑬,門襲風俊;英姿出衆,雅量超群。雖昇(生)欲網之内⑭,而攀正覺之書。但以

---

① “鎮”,當作“震”,據伯三四九四號之《嘆像文》改。“該”,當作“駭”,據(唐)彦琮《唐護法沙門法琳別傳》卷三“動大地以驚迷徒,震雷音而駭群品”改。
② “方”,據伯二〇七二號之《慶像文》補。
③ “波”,當作“彼”,據(唐)彦琮《唐護法沙門法琳別傳》卷三“始垂雲於鹿野,蔭彼小根。終灑潤於鶴林,霑兹大葉”改。
④ “王”,當作“玉”。“聖”,據伯三四九四號之《嘆像文》補。
⑤ “杯”,當作“坏”,據伯二〇七二號之《慶像文》改。
⑥ “化”,當作“比”,據伯二〇七二號之《慶像文》改。
⑦ “國會”,當作“圖繪”,據伯二〇七二號之《慶像文》改。
⑧ “衆”,據伯二〇七二號之《慶像文》補。
⑨ “過”,當作“果”,據伯二〇七二號之《慶像文》改。
⑩ “下”,當作“界”,據伯二〇七二號之《慶像文》改。
⑪ “坐”,當作“生”,據伯二〇七二號之《慶像文》改。
⑫ “洽”,據伯二〇七二號之《慶像文》補。
⑬ “靈”,當作“令”,據文義改。
⑭ “昇”,當作“生”,據文義及斯五九五七號之《燈文》“雖居欲網之内,心攀正覺之書”句義改。

清歲催人,白駒過隙;未免三塗之杕,常漂四澩(瀑)之流①。況於四序初辰,三春上律。遂則横開月殿,竪曉燈輪;建慈力之誓蹤,契(啓)四弘之上願②。其燈乃架迥[聳]七繪(層)之刹③,蘭炷(後缺)。

---

① "澩",當作"瀑",據斯五九五七號之《燈文》改。
② "契",當作"啓",據斯五九五七號之《燈文》改。
③ "聳",據斯一四四一號背之《燃燈文》改。

# 斯五六三九號＋斯五六四〇號《諸雜齋文》

此件爲斯五六三九號和斯五六四〇號綴合而成。其内容雖可直接綴合，然而書手非止一人，王三慶已指出這是多位書手分工合作以完成大型齋儀抄寫工作的結果。與斯一四一號背不同的是，此件無明確的篇目分類，故此王三慶擬此件名稱爲《諸雜齋文》。目前有二個主要釋録本：王三慶釋録本，見王三慶《敦煌佛教齋願文本研究》，新文豐出版公司，二〇〇九年，第二三〇～二五八頁；黃征釋録本，見黃征、吳偉《敦煌願文集》，岳麓書社，一九九五年，第二〇三～二二一頁。

## 一、［亡孩兒］①

曾聞荆山有玉，大海明珠；骨秀神清，紅顏紺白。似笑似語，解父母之愁容；或坐或行，遣傍人之愛美。掌擎來（未）足②，憐念偏深；弄抱懷中，喜愛之無盡。或是西方化生之子，或從六欲天來；暫時影現，限滿還歸净土。何期花開值雪，吐蘂逢霜；我邇（俄爾）之間③，掩（奄）從風燭。東西室内，不聞呼母之聲；南北堂前，空見聚塵之跡。懸情永隔，再會難期；玉貌榮榮，託生何路！則有齋主敬爲亡孩子某七齋有是設也。惟孩子化生玉殿，遊戲金臺；不歷三塗，無爲八難。捨閻浮之短壽，覿净土已（以）長生；捨有漏之形軀，證菩提之妙果。

## 二、［患差］④

夫濟生拔苦，憑十號之能仁；嫉惡消灾，假三乘之妙典。釋迦大聖，爲三界之醫王；達摩真文，是四生之良藥。若能一心懇結、五體投誠，有福之咸臻，無灾而不滅。即有捧爐信士爲自身患疾，今得痊除，敬設請（清）齋，有是會矣。伏惟齋主信珠在性，惠鏡居懷；崇君子之得（德）風，修賢仁之正行。伏以火［風］不順⑤，地水乖違；危月厄年，遭遇疾患。欲得慈光普照，惠雨霑身；熱［惱］剪煩⑥，一時須遣。雪山大士，假佛日之清風；鷲嶺醫王，灌醍醐之妙藥。遂

---

① “亡孩兒”，《敦煌佛教齋願文本研究》據文義補。
② 來”，當作“未”，《敦煌願文集》據文義改。
③ “我邇”，當作“俄爾”，《敦煌願文集》據文義改。
④ “患差”，據文義補。《敦煌佛教齋願文本研究》補作“患文”。
⑤ “風”，《敦煌願文集》據文義補。
⑥ “惱”，《敦煌願文集》據文義補。

得心病身病，即日消除；臥安覺安，起居輕利。

### 三、[女生日]①

玉女辭雲之日，仙人降下之辰；初呈雲玉之資（姿），以表彩蘭之瑞。喜氣曉浮於庭内，祥光上滿於金閨；浮（芙）蓉透水上之花，寶氣盈庭中之色。于日一家拜慶，九族歡榮；咸將至福之資，共獻清（青）春之壽。

### 四、[亡姊]②

恭聞浮生有濟③，莊舟（周）起嘆於西池；幻質無常，魯火（父）軫思於東水④。惟無上覺，獨免去流（留）。苟非玄化（牝）之門⑤，難造無生之境。于日[也]，梵吟哀韻，爐慘悲風；邀八輩之僧倫，禮三身之大覺。惟靈照（昭）彰素範，婉順承家；陳（成）詩誠之自身，蘊謙貞而立德。將爲（謂）北堂永鎮，遐保千齡；豈謂算期[俄終]⑥，奄歸泉路。是以日月迅速，某七俄臨；捨嚴訓而白[日]長辭⑦，掩慈顏而夜臺莫返。哀子遊香惹袖，思奉旨以無由；竹馬喧庭，嘆早歌而莫及。自從傾輩（背）⑧，觸途興幽路之悲；既奄（掩）慈顏，覩物起松風之嘆。觸途孝道，惟福是資；故於某七之辰，用薦神道。於是邀僧請佛，彩像遐舒；供辦純陀，香梵雲靄。

### 五、[慶誕文]⑨

至聖聿興，發輝方便；誕金軀於右脅，舒玉彩於中天；捨人王而證法王，指（擲）俗諦而階真諦⑩。清涼覺海，沐浴者塵勞業鎖（銷）⑪，解脱真場，登躡者煩籠垢净。于日[也]，陁（施）張綺席，陳烈（列）畫圖；命庶宛（素苑）之緇流⑫，薦鶴齡之壽者，即公慶誕之日有斯佳會也。驥（隋）珠作性⑬，秦鏡爲心；森然杞梓之材，邈矣珪璋之質。加已（以）投情十地，遊認三乘；善懷不及之心，惡有探傷之誠。**齋主意。**

公伏能貴生重命，請福祈恩；憑齋戒之功勳，保松筠之算壽。故於白玉增暉之日，清萍曜彩之辰；爰抽榆莢之資，皈我蓮宮之衆。夫如是者，九天仙籍，更添益算之籌；千載貞松，用等

---

① "女生日"，據文義補。
② "亡姊"，據文義補。《敦煌佛教齋願文本研究》補作"亡母"。
③ "濟"，《敦煌願文集》據文義改作"際"。
④ "火"，當作"父"，據斯五三〇號背"莊周道廣，叵能救生死之源；魯父才深，奚可免輪迴之苦"改。
⑤ "化"，《《敦煌願文集》校點獻疑》改作"牝"。
⑥ "俄終"，據此件《女莊嚴》"算壽俄終"句例補。
⑦ "日"，《敦煌願文集》據文義補。
⑧ "輩"，當作"背"，《敦煌願文集》據文義改。
⑨ "慶誕文"，《敦煌佛教齋願文本研究》據文義補。
⑩ "指"，當作"擲"，據文義改。《敦煌願文集》作"捐"。
⑪ "鎖"，當作"銷"，《敦煌願文集》據文義改。
⑫ "庶宛"，當作"素苑"，《敦煌願文集》改作"鹿苑"。
⑬ "驥"，當作"隋"，《敦煌願文集》釋作"驟"，改作"隋"。

鶴齡之固。於是香焚牛首，幡搖鳳枝；像開滿月之容，共烈（供列）晴霞之色。伏願慈風扇瑞，請福慶於門蘭（闌）；惠日呈祥，銷千殃於家室。

### 六、［女滿月］①

聞山藏志（至）寶，必秀潤於群峰；漸（潤）有明珠，灾（定）澄清於衆水②。家欲昌而閨蘭感夢，門欲盛而貴子呈祥。是知鳳非梧而不栖，賢非傑而不降。于日［也］，敷陳組繡，像設幡花；六情（親）而喜色盈襟，一宅而歡容可掬。珍蔬美饌，異果名香；備精細於佛僧，冀福嚴於孩子。夫人伏願三從皎潔，四德照（昭）明；淑順而蘭菊含芳，叶和而芙蓉迴坼。加以明珠入夢，羅曜增春；降此天童，光乎盛族。惟孩子貌圓相足，態媚姿奇；瑩目開而星光始分，素臉凝而月角猶隱③。保（抱）愛而（如）隨珠在掌，捧翫而趙璧君（居）懷④；既安善於三旬，乃崇齋於一日。於是衣袍錦彩，纓貫瓊瑤。巡僧手以摩頭，冀佛光而照體。孩子伏願天［賜］惠點⑤，神助精明；居繦褓之清休，處蘭車而吉慶。

### 七、［亡考］⑥

每聞無常百變，生死遷移；六道輪迴，豈知邊際。非生非想，由（猶）有報盡之期；豈況凡夫，那能免斯者矣。于日傳香僧手，含悲慘容，即有跪香孤子奉［爲］亡考某七修齋有是崇設。伏惟亡靈溫相素遠，沖和保禎⑦；謙恭爲懷，用行爲本。將謂長居人世，訓子擇鄰。何期大夜忽臨，掩（奄）從風燭。志（至）孝等號天叩地，難酬訓育之恩；粉骨碎軀，豈報生身之禮。無處追薦，惟福是憑；故於此辰，薦呼魂路。於是宿（肅）淨庭宇，嚴結道場；佛請三身，僧邀四果。以此多善，並用資嚴亡考生界者也。伏願神生淨土，識往西方；蓮花化生，坐登上品。志（至）孝等亦願百靈讚衛，千佛護持；灾障不侵，功德圓滿。然後願合家長幼，並各吉祥；土地龍神，同需此福。

### 八、［遠行］⑧

自從一去，歲月淹深；音信寂然，死生難辯。父母懸心遠望，曾無暫捨之心；懷念情深，常抱迴惶之懇。往來人使，咸言寂絶無蹤；夢想之中，知何所在？寸心難捨，常思再覩之期；夢

---

① “女滿月”，據文義補。《敦煌佛教齋願文本研究》補作“生日文”，按：“安善三旬”非生日，爲滿月。
② “灾”，當作“定”，《敦煌願文集》據文義改。
③ “月”，《敦煌願文集》改作“日”。按：男童用“日角”，女童用“月角”。
④ “君”，當作“居”，《敦煌願文集》據文義改。
⑤ “賜”，據文義補。
⑥ “亡考”，《敦煌佛教齋願文本研究》據文義補。
⑦ “禎”，《敦煌願文集》改作“貞”。
⑧ “遠行”，《敦煌佛教齋願文本研究》補作“征行”。

悟(寤)心驚①,慮恐隔生永別。儻若他鄉身在,承佛威力以歸家;若乃命謝幽途,坐紅蓮花而見佛。

### 九、[難月]②

每聞釋加生净飯王宮,慈氏降龍花之會。無憂樹下,地神捧七寶之蓮花;歡喜園中,九龍吐灌頂之香水。則知幽幽溪谷,必長貞松;濟濟名家,尅告(生)貴子③。推影(惟願)夫人免(娩)難之日④,如遊歡喜之園;分解之時,手攀無憂之樹。是男則六根清净,如秋月之初圓;是女則玉貌無雙,如蓮花如(而)在水。夫人熊羆入夢,山岳降靈;體抱珠胎,身懷玉孕。且如明月在水,似[朝]日[於]雲間⑤;美玉居荊,如寶山如(而)映海。由是紅蓮吐蘂,慮恐逢霜;瓊樹含芳,怯遭風雪。所饌清供,有是設也。于日[也],延僧請佛,願假慈悲;讚誦觀音,希垂衞護。誕生之日,如遊歡喜之園;分解之時,似攀無憂之樹。生必仙子,尅保神童;母子平安,慶蒙交泰。

### 十、[亡孩子]⑥

每聞朝花一落,終無反(返)樹之期;細雨辭天,豈有歸雲之路。是如雲飛電響,倏忽難留;石火之光,須臾變滅。人生三界,皆有無常;壽命短長,那能免矣! 于日慘慘垂淚、忡忡佛前所申意者,即有齋主敬爲亡孩某七修齋有是設也。惟孩子鳳鶴俊骨,天降異靈;弄影巡床,多般語笑。解行而三步五步,解父母之愁容;學語而一言兩句,別尊卑之顏色。將爲(謂)成人長大,侍奉尊親。何期逝水無情,去留有恨。朝風忽起,吹落庭梅;玉碎荊山,珠沉逝水。父念切切,垂血淚以無休;母憶惶惶,但哀號而難止。東西室内,不聞喚父之聲;南北階前,空是(視)聚沙之處。親因(姻)念想,再覩何期? 内外含酸,慘傷無盡。惟孩子將齋僧功德,用資魂路。

### 十一、[亡妻]⑦

<sup>曾聞</sup><sub>悲夫</sub>芳枝麗蕚,開彫(凋)而但見榮枯;翠柳鮮條,春秋而須(隨)期變滅。是知泡幻非久,浮世難恒;雖叶桃李之顏,終歸蒿里之貌。于日[也],憂誠忽降,淚目難開。一條之青瞼血,流衣(溢)[於]兩瞼。紅蓮何處者? 即有齋主敬爲亡過小娘子某七修齋有期(斯)會也。惟小娘子芳枝(姿)麗質,芙蓉而解語堂階;美貌叶和,桃李之能言香閣。可謂一枝花坼,兩瞼蓮

---

① "悟",當作"寤",《敦煌願文集》據文義改。
② "難月",《敦煌佛教齋願文本研究》補。
③ "告",當作"生",《敦煌願文集》據文義改。
④ "推影",當作"惟願";"免",當作"娩"。《敦煌願文集》據文義改。
⑤ "朝""於",據文義補。
⑥ "亡孩子",《敦煌佛教齋願文本研究》據文義補。
⑦ "亡妻",據文義補。《敦煌佛教齋願文本研究》補作"亡小娘子"。

開;對鸞鏡以含嬌,去鳳釵而益態。本冀繡幃錦幄,調絲竹以弄宮商;盡(錦)閣香幃①,習管絃而時呈妙典。何期花彫隕(玉)樹②,蓮謝瑶池;三春之桃李逢霜,二月之櫻梅但(值)雪③。遂使慈親同墜淚,傷嗟何處。遊空存蘭眼,争似汝身留。去歲香幃暖,今朝莊露秋。幾般鸞鳳歸,應付別人收。於是玉毫金偈,開時而(如)萬種祥光;寶軸花文,吟讚而名(各)般勝利。伏願小娘子寶池金水,芙蓉而素手長攀;珠綱瓊花,逍遥而玉顔迥坐。

### 十二、[慶誕]④

每聞白毫貫日,五彩騰芳;真覺能仁,出興天竹。日輪光内,覩白象而降生;明月胎中,現黄金之妙想(相)。于日花延(筵)盛啓,翠慕(幕)横張;虔心而喜氣盈懷,跪捧而祥[光]遞座者⑤,則有齋主爲自身誕貴之辰設斯妙供。惟願齋主清直蘊行,性潔寒泉;謙謙懷君子之風,蘊蘊有松筠之操。每覩身居世綱,心出塵勞;慕慈光而乞保休祥,仰善緣而廣開利樂。今者瑞氣扶疏之日,佳祥誕貴之辰;受命清眸,廣崇白業。遂感門蘭(來)善瑞⑥,身納貞祥;將延龜算之年,永保歡悮(娱)之福。陳齋意者,寶(實)在資(兹)焉!佛日照章(昭彰),伏垂照燭。於是經開貝葉,爐焚寶香;景祐福田,先用莊嚴齋主:伏願壽齊山岳,禄並滄溟;功德鬱鬱而自生,煩惱分[分]而自落。合宅清吉,長幼咸安;土地、龍神,威光自在。散周沙界,普及有情;莫不賴[此]勝因,齊登覺道。

### 十三、蠶延(筵)願文

伏惟恓(棲)心鄉里,養性丘園;分地利以供輪,育蠶絲而應奉。伏慮火虛中毳,四癡九燋;致春夏以失時,遣秋冬而無望。今則併申丹懇,虔備清齋;傾心於牛王沙門,啓首向馬鳴菩薩。所希蠶農稱意,絲繭遂心;緵紬倍獲於常年,絹白(帛)全勝於往歲。王母賜[養]蠶之術⑦,麻姑呈補繭之方;蛟人曳履以携盤,務(婺)女騫(褰)裳而操使;后土夫人食飼,九天玄女祇供;龍王灑四壁之塵,電母點長明之燭。蠶食[乃]如風如雨,成繭乃如岳如山;一收萬倍之絲綿,絹白(帛)千箱之羅綺。

### 十四、先修十王會

每聞牟尼大覺坐千葉蓮花,金身含聚日之暉,玉毫吐月輪之照。佛之化也,有感必通者。

---

① "盡",當作"錦",據此卷下一篇《亡妻》"錦幃香閣"句例改。
② "殞",當作"玉",《敦煌願文集》據文義改。
③ "但",當作"值",《敦煌願文集》據文義改。
④ "慶誕",《敦煌佛教齋願文本研究》據文義補。
⑤ "光",《敦煌願文集》據文義及"喜氣曉浮於庭内,祥光上落於金閨"句例補。
⑥ "蘭",當作"來",《敦煌願文集》據文義改。
⑦ "養",《敦煌願文集》據文義補。

于日有趁蓮庭而虔虔、夕惕仰而石德,而手捧金爐、跪申厥由者,疏以前款。伏惟公義信成德,迥然不群;鐵石爲懷,忠貞立操。雖已渾跡人世,常興奉佛之心;敬達幽開(關)①,乃憑先修之力。即知身如幻化,命若浮雲。嗟石火而蹔時,歎風燭之難保。每見年光不駐,與逝水如(而)東流;意欲洗滌塵勞,先布覺花之路。是以精修妙共(供),直開甘露之門;稽首金人,願託當來之果。時以雁行表烈(列),輪(論)功稱揚;遞互相乘,次當某七。今者法橋既備,任水淺深;資糧以(已)施,何愁路遠。於是鈴鈴魚梵,郁郁爐煙,宿修香積之飡,請佛千花之坐。攢思(斯)勝福,涉算巨儔,總用扶持公之所履:惟願壽羅碧岫,昌同桂輪;德海澄清,福山轉峻。然後願十王明鑒,來降道場;善惡部官,同臨此會。鑒斯誠懇,普爲護持;賴茲勝因,齊登覺道。

## 十五、[社邑文]②

竊聞如來普救大千,飾(釋)毫光如(而)摧伏煩惱;慈雲浩瀚,灑法雨而蕩滌冤魔。是知佛已(以)慈濟爲先,人用福田爲本。是日也,香花滿座,皷樂轟天;畿鄉之歌舞連宵,無限之佛聲震響。即有齋頭及諸郎君等釀斂清齋,一爲乞倍勝之田蠶,二乃當常歲之佳會云云。伏惟某等盡乃家傳十善,名播五常;韜君子之清風,修菩提之自(志)業③。上乃允文允武,敬佛重僧;了悟佛門,各知因果。依三長之月,共設清齋;願六畜之資生,保各家之安泰④。是日[也],煙籠遠岫,敬(境)布雲祥(祥雲);歌聲與鑿(磬)聲交音⑤,佛聲與梵聲嘹亮。如上勝祉,先用莊嚴扶持諸多齋頭:伏願人人長壽命,各各保長年;四時無彫變之憂,八節有歡榮之泰。然後仕官者,職禄驟遷;在私者,咸蒙吉慶。

## 十六、先修意

加以廣柚(抽)玉帛,大捨珍修(羞),瓊花供三德之尊,紙墨獻十王之號。是時也,金鞍玉轡,隨馬彫裝;寶帳(帳)銀幰,高駝皆負;青蚨亂綵,咸鋪坐側。並上天曹地府、六道冥官、不昧陰靈,各垂領納。繇是欲柚(抽)金玉,預作前田(由);蘋蘩烈(列)八德之尊,駝馬獻十王之位。總斯多善,並用莊嚴。

## 十七、亡夫

聞樛羅共翠,上干碧落之雲;琴瑟扶空,韻激清流之水。是知時來即往,緣散必離;一旦

---

① "開",當作"關",《敦煌願文集》據文義改。
② "社邑文",據文義補。《敦煌佛教齋願文本研究》補作"三長邑"。
③ "自",當作"志",此言追求福善以清昇彼岸。《敦煌願文集》據文義校改作"白"。
④ "之安",原作"安之",據文意乙正。
⑤ "鑿",當作"磬",《敦煌願文集》釋作"鑾"。

之恩愛終亡，百歲之難(歡)娛定滅①。于日[也]，血垂紅瞼，兩行之淚落清珠；身掛素衣，一片之肝腸剖者，即有某代爲亡夫搆斯香會者也。伏惟亡靈在生，文添珠玉，江淹之夢筆重收；武動乾坤，玄女之曉持書付(符)。可謂佩鏌鋣之寶劍，牛斗雲衝；彎瑚璉之彫弓，猿啼遶樹。本冀外光台粗(合族)②，内益家風；將素首以同歡，去泉臺而共往。何期雙鸞一鷔，兩劍單跪(歸)沉；齊眉之禮奚申，跪膝之儀孰要？嗟呼！銀燈閑夜燭，金帶舊時容。不見當時貌，教余何處逢。恩情心未斷，流淚轉添濃。雨(兩)劍沉三尺③，尋思恨噎胸。於是波山聖足，扶金錫以搖空；柰苑高僧，整雲衣而赴會。無邊聖利，功德難窮，謹用莊嚴亡靈去識：伏願珊瑚林莩，高攀而鸞鳳和鳴；琥珀珠瓔，緩步而天童納曲。夫人伏惟花顔益態，玉貌恒芳；嬋娟而鳳鬢長榮，窈窕而鸞臺永同。

## 十八、[亡妻]④

聞天覆地載，萬物而雅氣長時⑤；陰靜陽喧，八節而風雲律序。知緷(纏)綿恩愛⑥，終慚比日之魚；結髮糟慷(糠)，孰有桃晴之意。于日含悲千聖，抱泣三尊；焚一辦(瓣)之旃檀，邀四衣(依)之真侶⑦，即有某乙公爲亡妻搆斯香會也。惟靈雍容淑順，禮樂溫柔；内懷宿女之風，外著班家之惠。本冀高樓鸞鳳，幽臥衾裳；相扶琴瑟之歡，共飾縑緗之慶。何期錦幬香閣，空在夜月之餘；丹檻蘭皆(階)，只見朝儀之色。嗟呼！曰：膠漆榮兮久，綢繆意若何？深閨塵露縠，幽悵(帳)隕輕羅。雲鬢金蟬墜，鳳釵玉雀蹉。秦筝花謝後，頃歇舊時歌。別無堪赴，唯福可憑；魚梵[唄]音⑧，陪(倍)兹功德。伏願金花寶水，長添白玉之瓶；桂樹瓊臺，永處青蓮之葉。然後別將小善，奉及某公。伏願太真靈樂(藥)，時湌玉液之漿；洞啓天台，再入桃原(源)之谷。

## 十九、[亡考]⑨

聞抄峰至峻，三灾届而灰爐穹崇；巨海深沉，七日暉而塵飛瀚浪。是知有形有質，皆歸生滅之由；無相無爲，始免輪[迴]之患⑩。于日，悲深《薤露》，泣過高柴；陳六昧之香羞，薦九泉之靈識。伏惟靈孰人(淑仁)厚禮⑪，蘊素謙和；蕭(肅)穆馬(焉)君子之風規⑫，朗鑒焉賢人之

---

① "難"，當作"歡"，《敦煌願文集》據文義改。
② "台粗"，當作"合族"，據文義改。
③ "雨"，當作"兩"，《敦煌願文集》據文義改。
④ "亡妻"，《敦煌佛教齋願文本研究》據文義補。
⑤ "長時"，《敦煌願文集》校作"常時"。
⑥ "緷"，當作"纏"，《敦煌願文集》據文義改。
⑦ "衣"，當作"依"，《敦煌願文集》據文義改。
⑧ "唄"，據文義補。
⑨ "亡考"，《敦煌佛教齋願文本研究》據文義補。
⑩ "迴"，《敦煌願文集》據文義補。
⑪ "孰人"，當作"淑仁"，《敦煌願文集》釋作"敦仁"。
⑫ "蕭"，當作"肅"；"馬"，當作"焉"，《敦煌願文集》據文義改。

令範。本冀積勳延慶，永固橋（喬）松。何圖天豐良材，杳然夜壑。孤子等喪摧過禮，悲扃枕以無由；號慟崩心，恨趨庭而有戀。簫簫松韻，益愁歎於隴泉；滴滴露光，添淚盈於草樹。烏兔交迭，〔晷〕尅（刻）俄遷①；追修不亭（停），早臨某七。於是敞花地，烈（列）香筵；白眉降自於五天，清梵悠揚於宅內。如斯勝善，涉算難量亡靈生界。伏願梵音搖拽（曳），騰空而托化西方；景福汪洋，瑕（遐）累而逍遙法苑。孤子等憂匈（凶）之下，賢聖蜜（密）助其孝誠；禮備之間，出入保康於軍用（戎）。然後三千剎土，九百群生，咸歸般若之妙原，盡躋無爲之聖道。

## 二十、〔亡姊〕②

伏惟比（姊）靈四德遐著，六行高標；孟家之訓道昭彰，謝比（姊）之貞明皎潔。所謂閨幃積慶，溫清（清）長奉於採蘭。何哉夜壑縈紆！容顏永歸於泉攘（壤）。哀子等痛抽胸臆，恨寒箏徒泣於筍篁；痛切肝腸，軫冰魚因陳於凝沍。愁雲幕幕，悲風樹之難期；若（苦）霧蒼蒼，恨瞻指之何日。今者將臨某七，構此大齋；福善無涯，總扶冥寞。伏願九萼〔花〕墜③，飄輕穀於梵宮；萬葉蓮敷，卓芳姿於覺路。

## 二十一、〔亡兄〕④

伏惟賢兄問望昭著，清白遐稱；爲家國之規章，作人倫之冰鏡。本望龜巢紅蘂，鶴息時田。何圖天壽有涯，俄然下世。孝子等嘆鶺鴒原上，四鳥烏（鳴）咽於高峰；鴻雁行中，兩〔羽悲〕傷於陟岵⑤。恍惚幽夜，泉扁畦空望於遊川；哽噎靈儀，闃闃户徒追於落日。湍馳銀箭，電轉金盤；追祉相連，又臨某七。由是召四衣（依）之真侶，披雲而降自於寶方（坊）；構三德之佳珍，張遐（霞）而盈乎甲弟（第）。伏惟五雲繚繞，飄净識於率陁之宮；八得（德）洪濤，泛神儀於阿耨之岸。

## 二十二、賢弟

伏願福深禄厚，命固榮長；三灾霜謝於晴（情）田，萬善雲臻於壽城。然後塵塵境土，剎剎含生；咸擢苦原，齊登覺〔道〕。

## 二十三、賢弟

懃明熟約，雅素沖和。與朋友也，不墮於金蘭之芳；處孝謙也，克叶謙增（曾）顏於譽。本

① "晷"，《敦煌願文集》據文義補。"尅"，當作"刻"，《敦煌願文集》據文義改。
② "亡姊"，《敦煌佛教齋願文本研究》據文義補。
③ "花"，據文義補。
④ "亡兄"，《敦煌佛教齋願文本研究》據文義補。
⑤ "羽悲"，據伯藏文一一〇四號"鶺鴒原上，四鳥鳴咽於高峰；鴻雁行中，兩羽悲傷於陟岵"補。

望永輝律蕚,長扇温良。豈圖一夕千秋,杳然冥寞。賢兄等恨切,孔懷志(至)重,天輪(倫)俄逝於重泉;同氣情深,手足旋傾於厚夜。潺溪淥水,幽噎增涕泗之悲;蒼翠青松,簫(蕭)颷助淒涼之韻。日馳月駃(駛),漸遥冥路之人;福往資來,大展聲香之會。伏願佩六天之瓔珞,遨遊而永解塵衣;聞八正之真乘,逍遥而長親聖衆。

## 二十四、賢兄

伏願壽深江漢,福聳丘山;障累不撓於祥門,福慶大集於高户。

## 二十五、亡男

伏惟郎君幼懷聰慜,少抱温和;家國爲之珠珍,朋僚爲之冰雪。所望紹隆嗣族,芳茂門蘭。何期霜侵桂葉之香,魄返荆秦(榛)之路①。致使賢兄悲深喪目,庭虧問禮之蹤;慈母痛切肝腸,堂絶獻甘之跡。空遺書劍,有苗不實於芳蘭;更想形儀,泣絶趨庭之誨。陽昇陰謝,昧去明來;齋局頻頻,俄臨某七。於是宿擗(闢)館宇,朝烈(列)花筵;命真子於鹿園,構純陀於鷲嶺。伏願功池泛棹,蓮艘而親禮嚴儀;般若雲垂,登殿而面瞻相好。賢兄伏願福何(河)滉漾,流注於法身性田。慈母命桂扶疏,鬱映於覺圓道樹。咸擢苦源,齊登覺道。

## 二十六、[亡夫婦]②

聞悲夫可悲者,生滅置復,復懷於古人;[恨夫可恨]者③,別離動愁,[愁]吟於往哲④。驗至理之寂寞,何嘆何嗟;聽浮世之所親,可悲可恨。於日爐煙慘淡,[悲]伉儷以沉泉⑤;魚梵徐祥(響),恨孤鸞之獨舞者。

## 二十七、齋主

爲伏願停停(亭亭)福樹,不彫(凋)翠葉之榮;屹屹壽山,永聳煙嵐之外。

## 二十八、忠(中)丞

願明珠作體,投奉(秦)鏡爲心⑥;匡贊邦家,肱月王之室。

---

① "秦",當作"榛",《〈敦煌願文集〉校點獻疑》改。
② "亡夫婦",據文義補。
③ "恨夫可恨",據下文"可悲可恨"文義及前文"悲夫可悲"句例補。
④ "愁",《敦煌願文集》據文義補。
⑤ "悲",據文義補。
⑥ "奉",當作"秦",《敦煌願文集》據文義改。

## 二十九、押衙

願氣宇英雄，容資(姿)森聳；文過十(七)步，武越萬人。

## 三十、院主

願道風清爽，法水澄清；禪林開净妙之華，法衆獲真如之果。

## 三十一、禪

願安心不二，實相一如；澄練三堅，净修五纏。

## 三十二、律

願先賢名稱，宇宙律風；戒月高玄(懸)，鵝珠皎净。

## 三十三、法

願德詞高峻，義海橫深；發言生華，談清振玉。

## 三十四、僧

願[三]明通達①，五蘊資身；四智圓明，早登正覺。

又：願鵝珠永耀，戒月恒明；長爲佛下之寬，永作明中之受。白銀世界，永悟真如；琉璃之會，蕩除有漏。

## 三十五、尼

願心如寶鏡，性本無瑕；意若明珠，恒時皎净。

又：願定香分覆(芬馥)，戒月澄明；道樹長扶，覺華永茂。

又：願戒珠皎潔，惠日長輝；永作人師，常爲道首。

## 三十六、沙彌

願菩提樹下，福因果之禪林；般若池中，採紅蓮而見佛。

① “三”，《敦煌願文集》據文義補。

## 三十七、[迴施]①

伏願朝收百寶,慕(暮)獲千金;灾障不侵,福壽延永。

伏願灾隨霧卷,福逐雲臻;命喻(如)金石之年,壽等椿松之歲。亦願永辭三界,長絶四流;託寶臺而化生,承金蓮而悟道。

伏願身居寶坐,上昇兜率之宫;足蹈蓮臺,西往彌陀之國。

## 三十八、[女莊嚴]②

願玉顔轉翠,桃李恒芳;鎮居功德之林,永住吉祥之地。

伏願珍珠簾内,長春王母之年;明月樓前,永保恒娥之壽。

## 三十九、郎君

伏願雁行順序,禄(緑)萼連榮;歷寒暑而災障不侵,居膝下而百年歡慶。

## 四十、疾念誦

伏以蹔乖寢膳,臥疾經時;朝風晝觸於屏幃,愁雲暮結於庭際。鴛鴦悵(帳)下,邑邑而憂[色]潛生③;翡翠簷間,漠漠而清煙亂起。

## 四十一、疾愈意

公謙謙君子,洛洛(落落)英才;常懷三義之心,每有斷金之美。頃因離宫,大動玉質,瘵身羸如六出之花雪④,[病]貌頜[似]九秋之葉⑤。遂乃仰憑皇覺,齋清(青)服以虔誠;信啓金仁(人),蒙索(素)毫而遠照。喜得六根清泰,如月照秋江;三障雲消,似紅蓮舒於碧沼。是知信誠不昧,靈鑒照(昭)彰;慈雲布而熱惱清涼,惠影臨而沉痾頓息。既蒙諸佛護念,寧無慶賀之心?表(爰)於此晨(辰),用申慶讚。

## 四十二、女莊嚴

伏願碧山覺壽,紅樹增春;必期鏤玉之誠,獲展星河之慶。

伏願蓮花點於性海,明月照於心臺;常(長)居翠柳之年⑥,永鎮芙蓉之悵(帳)。

---

① "迴施",據文義及北敦〇四六八七號之《迴施》補。
② "女莊嚴",據文義及此件《女莊嚴》例補。
③ "色",據斯五三〇號背之《病愈意》補。
④ "雪",當是"六出之花"的小字注文,在抄寫中衍竄爲正文,兹據文義乙正復原。
⑤ "病""似",據文義補。
⑥ "常",當作"長",據伯三一六三號《陽都衙齋文》"長居翠柳之身"句例改。

伏願青絲不變,紅粉增春;德齊巖下之松,壽等日中之桂。

伏願緑眉狀月,長分八字之鮮;玉貌如春,獨佔[三]春之色①。

### 四十三、郎君子

伏願文遙(搖)五彩之筆,高硯(視)洪流②;學富九經之書,低看鮑謝。折東堂之仙桂,香發子(宇)中;馳魯儒之典墳③,名傳海内。禄(緑)尊相映,玉樹蓮(連)芳;同禮趨庭,長光膝下。

### 四十四、女莊嚴

松羅(蘿)益翠,結鳳彩而長春;庭玉蓮(連)芳,鬱仙桂而恒泰。

### 四十五、夫人

伏願浩海常流,資景福而逾遠;壽山聳峻,等群岳而轉高。

### 四十六、武莊嚴

金障(章)永耀④,紫綬長榮;財盈四海之珍,福[逾]五侯之俸⑤。事官清吉,榮禄日新;所謀長遂於宿心,動静永康于元吉。

### 四十七、亡考姃意

將爲(謂)北堂扇枕,慶及温清(清)。何期忽飜浪以傾舟,俄庭風而滅燭。孤子想幽冥之(而)氣竭,思膝下以增悲。未申獻橘之誠,空攀傳(傅)衣之意。思立身之孝道,扣地無追。悲風樹之不停,痛寒泉之永隔。

### 四十八、亡莊嚴

伏願琉璃殿内,踏香砌以經行;寶樹林間,擒仙花而奉佛。又:碧池授記,紅蓮化生;法水潤心,香風動識。

伏願甘露臺側,生生聞般若之音;解脱林中,處處見龍會(花)之會⑥。

伏願五雲捧足,逍遥歸解脱之宫;百福資靈,放曠出愛纏之苦。

---

① "三",《敦煌願文集》據文義補。
② "硯",當作"視",據斯五三〇號背之《郎君子》改。
③ "魯儒",原作"儒魯",據文義乙正。
④ "障",當作"章",據北敦〇四六八七號之《嚴官》"金章紫綬"句例補。
⑤ "逾",《敦煌願文集》據文義補。
⑥ "會",當作"花",據斯五三〇號背之《亡莊嚴》改。

### 四十九、[亡]十歲以下男子

芙蓉灼灼,可類芳顔;秋月亭亭,同奇麗質。親羅喜門風之望,鄉鄰歎巷陌之珍。嗟呼!氣欲成[而]忽銷,花正芳而忽墜。致使嚴父慈[母]哭愛子而長伏①,樣(棣)蕚連枝②;痛雁行之空闊,夕雲慘慘。

### 五十、女莊嚴

性閑皎月,體净秋霜。幼質也,麗南國之風資(姿);禮[儀]也③,蓋西施[之]美貌。本冀門榮碎(翠)柳,光益宗枝;四德傳芳,輝榮九族。奈何黄天不佑,算壽俄終。蓮花霎而桂影沉暉,芳樹彫而蘭姿罷郁。念恒娥奔月宫之長往,嗟逝水流還(寰)海以不歸④。哀腸(傷)父母之酸⑤,痛結姻親之念。

### 五十一、文德歎

德量弘深,榮欽禮樂;志超今古,動合神朋(明)⑥;神氣高土壘之雲,仁量闊滄溟之水。

### 五十二、武德歎

風雲稟性,星象間生;信立義存,仁深德重。秉文秉武,爲紫府之良才;盡忠盡貞,作元戎之心腹。若不然者,曷德軍城(得君臣)見重,職掌[榮]班⑦;聲振人寰,名芳府邑。

### 五十三、莊嚴尚書

伏願德光金簡,爲聖上之股肱;聲振玉階,顯名彰於日下。

又:伏願般若智水,灌注身田;旃檀香成(風)⑧,資助性海。榮名尅著,保(寶)禄高遷;金紫與日月而争輝,福壽比山河而永固。

### 五十四、女人念誦

高臺寶鏡,雲侵絶代之容;笑日瓊花,霧掩南園之貌。乃知功德之嚴净,託佛力以潛消;施上件之名衣,表傾誠於佛日。投誠奈苑,啓首金人;會七辯之緇流,演千身之化佛。是可以

---

① "母",《敦煌願文集》據文義補。
② "樣",當作"棣",《敦煌佛教齋願文本研究》據文義改。
③ "儀",《敦煌願文集》據文義補。
④ "還",當作"寰",據文義改。
⑤ "腸",當作"傷",據斯五三〇號背之《女莊嚴》改。
⑥ "朋",當作"明",據斯五三〇號背之《文德歎》改。
⑦ "榮",據伯二〇四四號背之《武德》"榮班獨步"句例補。
⑧ "成",當作"風",據斯五三〇號背之《莊嚴尚書》改。

修塵累於多劫，是可以逾（愈）熱惱於今晨（辰）。深願既發于衷心，功德必資於貴體。伏願諸天甘露，承懇款而降臨；大聖加威，注醍醐於頂内①。或有多生累業②，憑念［誦］以消除③；現世愆尤，賴殊因而殄滅。

### 五十五、［尼闍梨逆修百日齋］④

夫聖得（德）慈尊，降跡娑婆之界；顯金容於仗（丈）六，白毫相以騰暉。雪山竟八字之言，龍宫闡三乘之教；談色塵之不有，假緣合如虛無。度性海則不惻（測）其淺深，採寶山而拒之（詎知）遠近⑤？幽暝寂寞，無始無終；理絶百非，不生不滅。凡所陳諸情，［夫］何以加⑥？厥今宏敷寶殿，廣瑞幡花；請雞足之上人，命龍象之聖衆。設齋百味，兼捨家財，爐焚寶香啓嘉願者，爲誰施作？時則有尼弟子闍梨曉之（知）凡夫患體，如蟾暎（影）之難亭（停）；拋只（泡質）非常，似石光之不久。割捨衣具，廣發勝心，敬設逆修，金（今）至百日。先奉爲龍天八部，護佐邊方；宋（守）界善神⑦，加威聖力；亡過父母，不歷三塗；己躬保宜，災殃解散諸（之）福會也。惟尼闍梨乃性本柔和，謙恭尅己。八敬每彰於衆内，［四］衣（依）恒護如（而）無虧⑧；奉上不犯於公方，恤下如同於一子。嘉（加）以傾心三寶，攝念無生，悦愛深（染）於稠林⑨，悟真如之境界。是以崇重賢善，信敬三尊；棟相（動想）當來，生開净域。尼闍梨自云：生居女質，處在凡流；出家不報［於］之（知）恩，行里（禮）每乖於聖教⑩。致使三千細行，一無護持；八萬律儀，常多虧犯。身三口四，日夜不亭（停）；經教名聞，全無尋問。今者年當之（知）命，日落西傾；大報至時，無人救拔。强怒（努）强力，建次（此）微筵；邀屈聖凡，心生慚愧。以斯設供功德，捨施迴向福因，盡［用］莊嚴尼闍梨即體：惟願菩提日長，功德時增；法水洗如（而）罪垢除，福力兹（滋）如（而）壽命遠。又持勝福，此（次）用莊嚴過往婆父：承兹福力，永離三塗；見佛聞經，悟真常樂。榮康眷屬，同獲福因；隨喜見聞，俱霑少分。然後上通三界，傍盡十方；垃沐勝因，俱霑佛果。

### 五十六、［造幢傘文］⑪

**號頭同。** 厥今虔恭奉聖，每慕良緣；捨錦綵於彌勒之前，製雲傘於金軀之上。爐焚百寶，樂

---

① “頂”字後衍一“於”字。
② “業”字前衍一“止”字。
③ “誦”，《敦煌願文集》據文義補。此句底本原作“念以憑消除”。
④ “尼闍梨逆修百日齋”，《敦煌佛教齋願文本研究》據文義補。
⑤ “拒之”，當作“詎知”，《敦煌願文集》據文義改。
⑥ “夫”，據文義補。
⑦ “宋”，當作“守”，《敦煌願文集》據文義改。
⑧ “四”，《敦煌願文集》據文義補。“衣”，當作“依”，《敦煌願文集》據文義改。
⑨ “深”，當作“染”，《敦煌願文集》據文義改。
⑩ “里”，當作“禮”，據文義改。《敦煌願文集》改作“李”。
⑪ “造幢傘文”，據文義補。《敦煌佛教齋願文本研究》補作“安傘文”；《敦煌願文集》補作“司徒”。

奉(奏)八音；請佛延僧，披肝啓願者，有誰施作？時則有我河西節度使府主司徒、天公主先奉爲國安人泰，風雨膺期；[村]民有舜日之歡①，野老拜堯年之慶。亦[爲]己躬清泰，甲子延祥。小娘子、尚書、郎君恒居禄位之福會也。伏惟我司徒位縉台衡，榮扶鼎鍊。譽高百壁(辟)，才華實映於古今；賢應半千，雅量大内而稱美。加以翹情善逡，假百康以爲心；十信居懷，大竪三堅之福。是時也，芳春仲序，物候韶華；素蝶縈空，廣莊樓而豔粉。故於是日，廣竪良緣；請彌勒於大内之中，施綵傘彌萬年之障。惟願已(以)兹焚香請佛、造傘功德，盡用奉資梵釋四王、龍天八部：伏願威稜肅物，降福禎祥；滅攙槍於天門，罷刀兵於地户。又持勝福，次用莊嚴我令公貴位：伏願福逾江海，無竭無傾；壽比貞松，恒青恒茂。長爲善教，作菩薩之人王；永保西關，爲倉(蒼)生之父母。又持勝福，次用莊嚴天公[主]貴位：體花永曜，質貌恒春。夫人、郎君瓊歌寶樂，永壽(受)千秋之寵，長居萬代之榮。合宅清宜，尊卑納慶。然後云[云]。

## 五十七、賢者

乃性含淳淬(粹)②，聽(聰)懗居懷；早達苦空，心知幻境。所以來求法會(王)，投成(誠)寶[坊]；志(至)心於不二之法門，推寂[而]四禪[之]可鑒。起二邊之忘(妄)想，不有不無；驅渴愛之煩籠，非真非假。

## 五十八、優婆夷

乃性本柔和，行常貞潔；母儀含於淑質，慈梵(範)叶於謙恭③。故得歸心大教，志慕禪宗；探不二之真言，闡甚深之秘典。

## 五十九、[中和節結壇祈福文]④

厥今結勝壇於五所，敷佛像於四門；經開寶藏之文，呪演如來之教。香焚檀筑(炷)⑤，合氣覆[於]蓮池⑥；樂競箛絲，佛響振於霄際。五晨(辰)渴仰，施净食令飽濕生；六上燃燈，垂慈光於盲識。殷勤祈願，施珍財者，爲誰作焉？時則有我河西節度使府主司空先奉爲龍天八部，保鎮龍沙；社稷諸王，國安邊府。月災害難，休棄離鄉；時膺祥禎，赴臨競湊。禾稼倍登於新歲，甘露降節於斯年；佛日重興，法輪常轉。東京聖帝，化洽永壽[於]玉都；西府司空，鎮握

---

① "村"，據"村夫野老"詞例補。
② "淳"，當作"粹"，此處及此則後文改字皆據伯二〇五八號背、伯三五六八號＋伯三五六八號背之《賢者》改，不另出校。
③ "梵"，當作"範"，據伯四〇六二號之《妣》"慈範叶於謙恭"句例改。另有"慈軌叶於謙恭"句例。
④ "中和節結壇祈福文"，據文義補。
⑤ "筑"，當作"炷"。據伯二八二〇號之《亡女》"一炷牛香而慘淡"句例改。
⑥ 此句底本原作"合氣覆滿繞蓮池"，其中覆、滿、繞爲並列待選用字，"於"，據文義補。

金湯而永久同（固）①。國母天公主寶體而延齡。小娘子、郎君竝芳顔而競茂之福會也云云。加以歸心大覺，翹想玄門；結勝壇以靜妖氛，轉真言而祈祥福。金經隱啓，玉軸收終；設食清齋，燃燈共（供）養。是日也，青陽罷氣，仲序思（是）舒；會弘聖祇以春供，明僧飛災［而］棄蔞。總斯多善，莫限良緣，先用莊嚴云云。

## 六十、［故都衙］②

伏惟故都衙令望高枝，英猷盛族；量深泉海，志利水（勵冰）霜③。將雅操以臨人，秉奇才而向國。豈謂云［云］。年芳（方）莊歲，便處轅門；挺星劍於狼山，彎月［弓］於海畔。雄才特達，俊彥孤標；治人無怨抑之聲，用軍有投醪之感。謀高畫餅，計遠指梅；領神（袖）敦煌④，實爲龜鏡。

## 六十一、［武將］⑤

名惟（威）塞上，譽振遐蕃；定五［方］之山河⑥，別九重之優寄。撫綏黎庶，怗靜封疆；鄰道而畏［之］若神，外蕃而敬之父母。

## 六十二、［僧］⑦

精通三藏，博覽五乘；戒月與江水爭清，定心共貞松不變。包含經論，聲振五天；探頤《瑜珈》，名高十聖。

## 六十三、［將軍亡］⑧

堂堂美德，侃侃威稜。張滿月之弓，沙場立效；發流星之箭，塞外傳名。遇此凶哀，攀裹倍切。號天則天高而不膺，叫地則地厚而難聞；每戀生蹤，申屈無路。

## 六十四、［亡夫人］⑨

母儀夙備，婦道但（恒）彰⑩；比南越之佳人，亞西施之美麗。奈何鴛衾半卷，鳳枕孤遺；泣

---

① “同”，當作“固”，《敦煌願文集》據文義改。
② “故都衙”，《敦煌願文集》據文義補。
③ “利”，當作“勵”；“水”，當作“冰”，據伯二八六七號之《罷任》“志勵冰霜”句例改。
④ “神”，當作“袖”，《敦煌願文集》據文義改。
⑤ “武將”，《敦煌願文集》據文義補。
⑥ “方”，《敦煌佛教齋願文本研究》據文義補。
⑦ “僧”，《敦煌願文集》據文義補。
⑧ “將軍亡”，據文義補。
⑨ “亡夫人”，據文義補。
⑩ “但”，當作“恆”，《敦煌願文集》據文義改。

到(倒)長城,[悲]纏逝水①。

## 六十五、[官]②

貞廉潔己,誠悒居懷,恒聞清政之功,每播公忠之道③。

## 六十六、[故水官]④

伏惟故水官生懷挺特,<sup>雄</sup>勇壯自天。瓊璋志朗於明時,蔣(將)節勤誠於國主。故得務臨渠泊,注洪水以溉六用;夏順秋調,遍甘滋而秀五穀。而幼(又)托邊定難,彰虎膽之全才;濟弱扶危,保塞垣之堅宋(聳)。將謂長光德藝,永負國門。何圖尺逝有期,掩(奄)歸物化。

## 六十七、[故軍使]⑤

伏惟 故尊父軍事(使)天資[自]持⑥,異衆不群;蘊雄志而定難輪(輸)誠⑦,秉節勤而沙場爲國。致使安民治域,彰美操於孩童;撫育縣情,順和光於高下。將謂長榮保(寶)壽,永蔭門庭。何圖天限有期,掩(奄)從雲路。是以長男、中子同化(話)歸遷,離穢土之難望,逝淨方(坊)而隔別。但以金烏轉運,玉兔潛移;晷尅(刻)相催,某七俄屆。

## 六十八、[使臣]⑧

使臣軒騎,旦夕轉益於康寧;跂(歧)路通流,功事早圓而迴駕。伏願長承帝澤,永沐皇恩;東路早見於通和,平善喜迴於桑梓<sup>云云</sup>。

## 六十九、[臨壙]⑨

蓋聞受形三界,若雷影而庭(霆)流;稟性閻浮,似電光之速轉。然則寶山掩(奄)碎,玉樹俄摧;落桂質於長墳,埋花容於壙野。臨棺取別,哽噎斷腸;舍離恩慈,永作黃泉之客。啓音(青)烏之兆⑩,禮俙(備)九原;崇白薦之燊(塋),嘶聲駟馬。魂驚素柳,招泉路以飄飂;風起白

---

① "悲",據伯二〇四四號背之《堂》"少妻泣血,氣盡長城;稚子摧心,悲纏逝水"句例補。
② "官",據文義補。
③ "道"之後抄有一篇非齋會所用的佛事文獻。
④ "故水官",《敦煌願文集》據文義補。
⑤ "故軍使",《敦煌願文集》據文義補。
⑥ "自",據文義補。"天資自持",《敦煌願文集》《敦煌佛教齋願文本研究》均釋作"天資挺特"。
⑦ "輪",當作"輸",《敦煌願文集》據文義改。
⑧ "使臣",《敦煌願文集》據文義補。
⑨ "臨壙",《敦煌願文集》據文義補。
⑩ "音",當作"青",《敦煌佛教願文研究》據文義改。

雲①，振松扃而蕭索。厥今請僧徒於郊外，捨施利於輀前；懇志哀非，陳斯願者，奉爲亡靈臨壙追福之嘉會也。惟亡公乃志同崑玉，意並寒松；懷文抱擲地之才，韜武有猿啼之略。將謂長延世上，永處人間。豈期天壽潛移，訃臨徵切。遂所（使）夙力（風刀）解骨②，被二鼠之侵年；毒火熒（縈）軀，爲四蛇［之］促命。俄辭自（白）日，將入玄泉。（下缺）

---

① “白雲”“白楊”二詞，於義皆可。《敦煌佛教願文研究》認爲當以“白楊”爲勝。

② “夙力”，當作“風刀”，《敦煌佛教願文研究》據文義改。

# 斯五九五七號《諸雜齋文一本》

此件冊頁裝，首尾皆缺。從篇目結構看，此件與斯三八七五號《諸雜齋文一本》完全相同，故擬名此件爲《諸雜齋文一本》。

## 一、［結壇轉經祈福文］①

（前缺）

寶位恒昌；天公主遐齡，合宅吉慶之福會也。伏惟我使主負天資之貌，含江海之鴻才；備日角之威，納乾坤之美德。懷風雲之神操，帖靜六戎；抱文武之雄謀②，兼精三略。故得南蕃順化，垂肱跪膝而來降；北狄歸心，披帶拜舞而伏款；東開雜驛，朝恩頻賜而寵榮；西竄昆崙，戎王圖真而頂謁。何（河）隍善治，黃霸將比今時；壟塞會昌，龔遂復同此日。加以虔恭至覺，披訴能仁；每歲良晨（辰），結壇祈禱。幡幢匝匝，請三世諸（之）如來；鈴磬鳴音，會十方之大士。經開寶藏，秦（清）梵演而金言；花散天馨，真俗捧而玉掌。銀爐煙動，龍惱引而百味成；寶瓶水流，净食獻而千般備。五朝課念，經吟已達海宮；六夜至誠，佛聲徹於九地。遂請鷄足山聖者，飛錫來降道場；三峗山神王，乘雲湊於此會。總斯多善、無限勝因，先用莊嚴梵釋四王、龍天八部：伏願威光轉盛，護［衛］社稷③；災沴不侵，福力彌增。濟［惠］黎萌④，報（保）豐歲實。年消九橫，國有萬喜之歡；時殄三災，境納千祥之慶。上方首羅大將，掃蝗軍不犯疆場；下界大海龍王，卷風雹不施霜疽。又持勝福，伏用莊嚴我府主貴位：伏願南山比壽，常爲黎庶之尊；北極同延，永作蒼生之主。恩榮日重，東海窮而不窮；寵位時增，西溟盡而不盡。三台烈（列）品，遐邇且跪而遵風；七郡封侯，戎夷低心［而］伏款。北方聖天公主居閨，助治安跪（危）；壽等貞松，桃李芳顏不變。廣平夫人宋氏入閣，忠諫紅（弘）舒，月桂仙娥，劫石長存，保美中承（丞）。郎君兄弟忠孝，藝備三明。小娘［子］姊妹花叢婉順，善貞四德。諸宅至親眷屬，山岳固而恒榮；内外沐蔭宗枝，江海涌而不竭。亦願先亡幽魂尊重承蓮，早座（坐）玄宮；近故國太、夫人福感，速登佛果。遂有怨家債主，隨經聲歡喜心生；負命辜恩，逐呪音解怨捨

① "結壇轉經祈福文"，據文義補。
② 句首衍一"僕"字。
③ "衛"，據文義補。
④ "惠"，據"濟惠生靈，豐饒五穀"句例補。

結。然後城隍官吏,納忠赤同受國恩;百姓安家,保豐年永無征戰云云。

## 二、二月八日

竊聞智(至)覺騰芳,功勇(用)齊著;大雄方便,動物斯均。王宮孕靈,寔有生於千界;踰城夜遁,遂得果於初晨(辰)。今者三春中律,四序初分;玄光建卯於震(貞)明,吉日垂風而首節。金容千鋪,幡花引而環城;清衆萬餘,鈴梵鳴而匝城。是時夜(也),桃花始笑,早燕思巢;柳絮茂於南枝,輕冰開於北際。總斯多善,莫限良緣,先用莊嚴梵釋四王、龍天八部:伏願威光轉盛,福力彌增;興運慈悲,救人護國。復持勝福,此(次)用莊嚴我當今皇帝貴位:伏願再安宇宙,瞬(舜)日恒清;四海共納於一家,十道咸歡無二域。又持勝福,次用莊嚴我河西節度使尚書貴位:伏願應乾備德,寶位以(與)五岳[而]同堅。坤極治民,寵袟並三台而永固。天公主保壽,而(如)滄海無傾移;郎君小娘子延長,等江淮而不竭。然後三邊晏靜,人歌永泰之祥;四寇休征,共賀興寧之慶。災隨舊歲,霧散雲飛;福建新春,萌芽齊湊。

## 三、啓請文

弟子某甲等合道場人同發勝心,歸依啓請十方諸佛,三世如來;湛若虛空,真如法體;蓮花藏界,百億如來;大賢劫中,一千化佛;誓居三界,功德山王;同侶白衣,維摩羅詰;菩提樹下,降魔如來;兜率宮中,化天大覺;無量劫前,大通智勝,十六王子;恒沙劫後,釋迦牟尼,五百徒衆;東方世界,阿閦毗佛;南方世界,日月燈佛;西方世界,無量壽佛;北方世界,最[勝]音佛。四維上下,亦復如是:一一法身,恒沙世界;一一世界,百千如來;一一如來,微塵大衆;一一大衆,皆是菩薩;一一菩薩,具六神通;三界有情,誓當濟拔。惟願去金剛座,趣鐵圍山,來赴道場,證明弟子發[露]懺悔①。又更啓請:天上龍宮、五乘奧典、人間嵓(鷲)嶺、十二部經、大涅槃山、大般若海,願垂沃潤,濟拔沉淪;又更啓請:無學辟支、斷或(惑)羅漢、三賢十聖、五眼六通,發慈悲心,從禪定起,來降道場;又更啓請:東方提頭賴吒天王,主領一切乾闥婆神、毗舍闍鬼並諸眷屬來降道場;又[更啓]請:南方毗樓勒叉天王主領一切鳩盤吒鬼、毗脇多鬼並諸眷屬來降道場;[又更啓請西方毗樓博叉天王主領一切諸大毒龍及富單那鬼並諸眷屬來降道場]②;又更啓請:北方毗沙門天王,主領一切夜叉羅刹、二十八部、藥叉大將並諸眷屬來降道場;又[更啓]請:上方釋提恒因主領一切日月天子、星宿五官、三十二神、四金剛首並諸眷屬來降道場;又[更啓]請下方堅牢地神主領一切山岳靈祇、江河魍魎並諸眷屬來降道場;又[更啓]請:三界九地、二十八部、那羅延神、散諸大將、金剛密跡、轉輪聖王、護塔善神、護伽藍神、三歸五戒、菩薩藏神、閻羅天子、噉人羅刹、行病鬼王、五道大神、太山傅軍(府君)、察命

---

① "露",據俄敦四四一三號、斯三八七五號之《啓請文》補。
② "又更啓請西方毗樓博叉天王主領一切諸大毒龍及富單那鬼並諸眷屬來降道場",據斯三八七五號之《啓請文》補。

思(司)録、五羅八王、三月六傳、奏使考典、預定是非、善惡童子、大阿鼻獄、羅刹夜叉、小奈落迦、牛頭獄(獄)卒①,諸如是等雜類鬼神皆有不思儀(議)大威神力,並願空飛雨驟,電擊雷奔,來降道場,證明弟子某方道場可(所)修功德,並願發歡喜心,誓當懺悔。既蒙賢聖來降道場,我等至成(誠),深生慚愧,[至心歸命]②,敬禮常住三寶。

## 四、開經文

　　竊以妙景揚暉,照塵方而開日月;法流疏浪,浹沙界而主(注)江河。圓音覆圓,蓋於高天;方等振方,興於厚地。於是銀鉤吐曜,編象負之真文;玉牒飛英,紀龍宮之奧典。敷貫花於法水,澄八解以洗塵勞;羅貝葉於慈雲,浮[四]空而超火宅③。故使碧鷄雄辯,憑遞(道)樹而棲襟④;黃馬英人,遵法橋而驟影。大哉秘躅,實難得而祥(詳)焉!厥今某公津梁在念,喜捨爲懷;誓轉十二部尊經,弘揚五時之聖教。於是邀六通於十地,振褐來儀;延四果於三天,乘坏戾止。閱貫花於辯圃,披貝葉於談叢;踈梵上而白云浮,洪鍾發而玄霜起。指明珠於濁水,則性海波澄;法甘露於稠林,則俄(我)山清嶠。象牙開藥,重啓雷音;馬瑙流光,還臨月影。于時虹幡曳迴,或卷序(舒)於煙潯;鳳蓋陵空,乍俳佪於日域。花明七淨,摵摵(祴祴)含芳;香散六銖,爐爐引馥。是時也,宏開月殿,邀龍象於寶宮;竪蘊金容,轉五乘之奧曲(典)者,則有我某公作焉。惟公乃珪璋特秀,標逸氣於百城;山岳降靈,扇人(仁)風於千里。[故能]體政(正)真之實想(相)⑤,思福潤於良途;建勝善以投誠,仰慈雲而結懇。以斯開經功德,總用莊嚴施主即體:惟願三明備體,[永]證無畏之身⑥;八解澄心,早登無生之路。願使家盈七寶,長永(承)五品之榮;風送七珍,常值朝恩之寵。然後先魂七祖,永(承)斯目覩[龍華]⑦,耳聽寶樹之音;[胎卵四生]⑧,並證無生彼岸云云。

## 五、散經文

　　竊以法蠡常寂,震百億而無聲;惠炬恒明,光大千而不焰。故有圓珠半珠之旨,隨行月而虧盈;貫花散花之曇(談),轉祥風以開合。故乃掩輝磨竭,用啓息言之津;杜口毗耶,以通德(得)意之路。既而三耶(邪)返徹,悦(稅)真駕於四衢⑨;八到(倒)還原,艤仁航於六度。故使乘杯(杯)羽客,憑覺海而問津;控鶴玄賓,仰慈雲而訪道。壯哉二諦,難可揄揚者焉!厥今齋

---

① "獄",當作"獄",據俄敦一〇七三五號、斯三八七五號之《啓請文》改。
② "至心歸命",據斯三八七五號之《啓請文》補。
③ "四",據斯一四四一號背之《開經》補。
④ "遞",當作"道",據斯一四四一號背之《開經》改。
⑤ "故能",據斯一四四一號背之《開經》補。
⑥ "永",據斯一四四一號背之《開經》補。
⑦ "龍華",據斯一四四一號背之《開經》補。
⑧ "胎卵四生",據斯一四四一號背之《開經》補。
⑨ "悦",當作"稅",據伯二二二六號之《散經文》、津藝一六八號《轉經文》改。

金容於寶殿，匝匝幡花；轉金鈎於星宮，香煙靉靆。龍象湊集，半珠闕而復圓；二部雲臻，散花分而再貫。如斯啓願，誰知（之）作焉？則有某公奉爲某事作之諸家（之嘉）會也。伏惟某公風蘭孕馥，月桂疎芳；行業先敷，意花早合。［故得］四弘契相①，十信冥懷；敬陳莫大之延（筵），式永能人（仁）之教。若乃金言電擊，四諦之理將終；玉葉（牒）雲披，五時之教斯極。遂乃掩金鈎於月殿，罷玉軸於星宮；珠幡卷而綵紅（虹）飛，寶蓋低而騫鳳隱。魚山梵浄，梁塵故飛；虹海香停，院煙猶馥。龍庭返轡，象駕旋鑣；酌海不窮，飲河［將］滿②。七衆聚而還散，八藏虧而復盈；甘露恒清，祥風永扇。以斯轉經功德、無限勝因，［總用莊嚴］某公即體③：惟願官班日進，方延五鼎之尊；峻洽時遷，座烈（列）萬鍾之禄。子孫昌盛，眷屬駢羅；花萼芬芳，閨闈茂盛。然後合宅長幼，並沐清貞；過往幽魂，咸登覺道云云。

## 六、轉經文

蓋聞大雄寥廓，浩汗無邊；量等虛空，體同無極。納須彌於芥子，坏大地於微塵；吸巨海於腹中，綴山河於毛孔；摧（摧）天魔於舍衛，伏外道於迦維；擊法皷於大千，振鴻鍾於百億；演金言於靈鷲，敷寶座於菴蘿；發毫相於東方，布慈雲於西域。敬述如來功德，寂默難側（測）者哉！厥今宏敷月殿，竪敵（敞）金容④；幡花匝匝於盈場，鍾鐸扣鳴聲（於）滿會⑤。是時也，緇流虔念，暢大教之金言；玉藏重開，演如來之秘密。如斯弘闡，誰知（之）作焉？則我府主某公先奉爲國安人泰，無聞征戰之名；五稼豐登，保遇堯年之樂。次爲我使主己躬福慶，延壽於遐齡。合宅宮人願寧清吉之所建也。伏惟我府主乃莫不撫運龍飛，垂（乘）乾御宇⑥；上膺青光赤符之瑞，下披流虹繞電之禎。按圖而廣運睿謨，理化而殊方款塞。故能虔恭像教，法苑流心；建福讓（禳）災，宣傳海藏。遂使經開《般若》，句句談不二之章；呪讚秘方，聲聲唱無爲之理。十方賢聖，隱跡湊會於虛空；八部龍神，證鑒齊臻於四迴。總斯多善，莫限良緣，先用莊嚴梵釋四王、龍天八部：伏願擁護境域，殄滅消災；濟惠生靈，豐饒五穀。十方大士，遍紅（弘）願以護疆場；三世如來，傳慈悲以安萬姓。故得風調雨順，歲熟時康；道泰清平，謳謡滿路。有（又）將勝福，復用莊嚴我府主貴位：伏願永垂闡化，四海一家；廣扇人（仁）風，三邊鎮静。然後天下定，海内清；天地盡而福不窮，江海傾而禄不竭云云。

## 七、轉經文

號頭同前。厥今霞（遐）開玉殿，敷備瓊宮；葳金容以（與）日月争輝，建幢幡以（與）祥雲競彩。

---

① “故得”，據文義補。
② “將”，據伯三四九四號之《散經文》補。
③ “總用莊嚴”，據文義補。
④ “敵”，當作“敞”，據弗魯格二六三號＋弗魯格三二六號之《轉經文》改。
⑤ “聲”，當作“於”，據伯二八三八號背之《轉經文》改。
⑥ “垂”，當作“乘”，據伯二八三八號背之《轉經文》改。

四部會臻於蓮宇,官寮虔敬於三尊;請千聖[於]大師,邀摩利之首座。經轉如來之教,玉軸還周;爐焚龍寶之香,俳俏靈戁。如斯廣會,誰知(之)作焉?則我府主某公先奉爲國泰人安,次爲己躬聖壽無疆之所建也。伏惟我使主某公膺天明命,握[玉]符而理金渾①;眷(運)屬璿樞②,啓天心而承(承)霸業。是以聖人誕世,必候時而膺圖;睿哲降祥,亦盤桓而獨秀。況上標文皇,深藏武德;乘時御宇,豈不休哉!故得八關在念,六度明(冥)懷;每歲春秋,弘施兩會。更能降十方净土,隱影來湊於衆中;小界聲聞,並驟雲奔於此供。是日也,緇流修定,俗輩練心;合境虔恭,傾城懇顙。供延(筵)大會,該法界而召净人;備饌七珍,味烈(列)香積。遂乃樂音前引,鈴梵相從;幢幡匝匝於盈場,鍾唄鴻鳴而域滿。總斯多善,罕側(測)良緣,先用莊嚴上界四王、下方八部;伏願威光轉盛,福力彌增;興運慈悲,救人護國。遂請恒沙大士,不違洪願以濟人;賢劫千尊,慈悲平等而護救。鷄山大聖,護佐國人;守界善神,不離此府。龍王歡喜,調順風雨於四時;五稼豐饒,行歌堯舜之大樂。又持勝善,復用莊嚴我府主貴位:伏願形同大地,福極西江;廣闡真宗,牢增佛日。然後河清海晏,不聞刁斗之聲;四寇降階,永絕煙塵之戰。三災殄滅,九橫不侵於海嵎;疫癘消除,送飢荒於地戶云云。

## 八、四門轉經文

竊以三[乘]演妙③,功超色想(相)之門;七覺明因,理出名言之際。佛日之日,懸大像於四衢;天中之天,遵(導)群生於净域。威神自在,示現無方;玄風被於大千,實際光於不二。法雄利見,其大矣哉!厥今置净壇於八表,懸佛像於四隅;中央建佛頂之場,緇衆轉《蓮華》之部。遂得香壇(煙)合霧④,氣靉八隅;玉句連珠,聲驟十方之净土。如斯懇仰,誰知(之)作焉?則有我府主先奉爲國安人泰,刀兵永罷;次爲己躬福山不壞之所建也。伏惟我府主稷因成德,乘權降靈;受灌頂而垂依(衣),膺轉輪而馭寓。無扁(偏)無黨,運慈悲而育黔黎;須休勿休,當囑累而弘政(正)法。故能留情像教,望慈善以增修;渴仰虔恭,啓洪門而懇切。是時也,三春首朔,四序初分;陽和弟政(遞改)以環周⑤,陰氣交馳於霞際。殘雪共白雲相禮,含胎以(與)柳色爭新;僧徒課誦於四臺,灌頂神方已七日。總斯多善,先用莊嚴梵釋四王、龍天八部:伏願威光熾盛,福力彌增,興運慈悲,救人護國。遂使年消九橫,月殄三災;萬姓饒豐樂之祥,合國無傷離之苦。又持勝善,復用莊嚴我府主貴位:伏願敷弘至道,濟育蒼生;寶位以(與)乾坤(象)而不傾⑥,霞(遐)壽以(與)坤儀而不易。然後陰陽順序,日月貞明;五稼豐登,萬人安樂云云。

---

① "玉",據文義補。
② "眷",當作"運",據伯二八三八號背之《轉經文》改。
③ "乘",據伯三四九四號之《四門轉經文》補。
④ "壇",當作"煙",據伯二八三八號背之《四門轉經文》改。
⑤ "弟政",當作"遞改"或"遞運",據伯二八三八號背之《四門轉經文》改。
⑥ "乾坤",當作"乾象",據伯二八三八號背之《四門轉經文》改。

## 九、入宅文

竊聞刹號莊嚴，環七珍之梵宇；方（坊）稱妙樂，夫（浮）百寶之仙宮。於是八定高樓，映珠臺而昱彩；三空妙閣，陵鏡殿以通輝。曳珠網於禪林，烈（列）金繩於福<sup>地境</sup>；諒勝緣之妙境，寔净業之崇基。隱隱難明（名），巍巍罕側（測）者焉！惟公乃風蘭播馥，月桂疏芳；堂構尪隆，折心（析薪）傅業①。於是卜居勝地，揆日興功；跨滯閭閻，羅慈（玆）甲弟（第）；彫楹霧合，綺棟雲浮；洞户迎風，高窗孕月；簷舒鳳起，砌引花明；井植雙桐樹，門縈五柳。宏規既就，勝業先崇；嚴營閑庭，式崇清供。香然百和，院起初煙；梵吼三天，梁飛新吹（炊）。

## 十、燈文

竊以惠鏡揚輝，朗三明者志（智）炬；勝場流（疏）濁②，摧八難者法輪。於是廣煦慈[光]③，諒無幽而不燭；遐開妙軌，實有感而斯通。故使巨夜還朝，返迷津而悟道；重昏再曉，馳覺路以歸真。赫弈（矣）難名，傾哉罕側（測）者也。厥今合邑之（諸）公等乃於新年上律，肇啓加晨（嘉辰）；建净輪於寶坊，然惠燈於金地者，有誰施作？時即有官録已下諸社衆等保願平安之福會也。惟公乃天生俊骨，神假英靈；文武雙全，忠孝兼備；須（雖）居欲網之内，心攀正覺之書。但以清歲推人，白駒過隙；未免三途之苦，常飄四瀑之流。況於四序初晨（辰），三春上首。遂乃宏開月殿，豎曉燈輪；建慈力之誓蹤，啓四弘之滿願。加以虔恭正覺，披訴能人（仁）；每歲良晨（辰），燃燈啓願。其燈乃神燈破闇，寶燭除昏；諸佛爲此剜身，菩薩上（尚）自然臂。遂使千燈普照，百焰俱明；賢聖遥觀，隨燈而集。鐵圍山内，賴此光明；黑闇城中，蒙斯光照。是以二萬億佛，同號燃燈；三千定光，皆同一字。惟願以斯然燈功德、迴向福因，先用莊嚴上界四王、下方八部：伏願威光轉勝，福力彌增；國泰人安，永無征戰。又持勝福，復用莊嚴施主即體：惟願蕩千災，增萬福，善業障（長），惠牙開。同種智而圓明，等法[身]之堅固。然後四生之類，括苞（包）塵沙；俱沐芳因，齊成佛果云云。

## 十一、邑文

夫大覺能仁，處六塵而不著；吉祥調御，越三界以居尊。濟五趣而證圓明，截四流而超彼岸。不生不滅，無去無來；神力難思，名言不側（測）者矣。厥今坐（座）前施主捧爐虔跪、設齋所申意者，奉爲三長邑義保願平安之所建也。惟邑人乃並是高門君子，百郡名家；桂華瓊之（枝），蘭芬馨福（馥）。出忠於國，入孝於家；靈（令）譽播於寰中，秀雅文（聞）於掌（宇）内④。

---

① "折心"，當作"析薪"，據伯二八三八號背之《四門轉經文》改。
② "流"，當作"疏"，據斯五六三八號之《燃燈文》改。
③ "光"，據斯五六三八號背之《燃燈文》補。
④ "文"，當作"聞"；"掌"，當作"宇"，據伯四五三六號"風雅聞於宇内"句例改。

體榮華之非實,攬(覽)人事之虛無;志在歸依;情存彼岸。遂乃同崇勝善,共結良緣;延請聖凡,虔誠供養。是日也,開月殿,啓金函,轉大乘,敷錦席。厨饌純陀之供,爐焚浄土之香;幡花散滿於庭中,梵唄啾流於此席。惟願以資(兹)設齋功德、迴向勝因,總用莊嚴社邑即體:惟願灾殃殄滅,福慶咸臻;天仙降靈,龍神湊會。惟願菩提種子,結集積於身田;智惠萌芽,永芬芳而(於)意樹。又持勝福,次用莊嚴施主即體:惟願福同春草,吐葉生花;罪等浮雲,隨風變滅。然後三界六趣,有形無形,俱沐勝因,同登聖果云云。

### 十二、臨壙文

蓋聞無餘涅槃,金棺永寂;有[爲]生死①,火宅恒燃。但世界無常,曆(歷)二時如(而)運轉;光陰遷易,馳四想(相)以奔流。電光飛而蹔耀,等風燭以俄消。然今亡靈壽盡今生,形隨勿(物)化;捨資(兹)白日,掩(奄)就黄泉;體逐時遷,魂隨幽壤。遂乃攀號擗踊,五内分崩;戀慕慈顏,痛堆(摧)心髓。於是龍輀軒駕,送靈識於荒郊;素蓋緋紅(飛空)②,列凶儀於亘道。存妄(亡)永隔,追念何依;悲叫號咷,哀聲滿路。遂以卜勝地以安墳,選吉晨(辰)而置墓。謹延請(清)衆,就此荒郊,奉爲亡靈臨曠(壙)追福。惟願以斯捨施功德、迴向念誦勝因,盡用莊嚴亡靈所生魂路:惟[願]八大菩薩,遥降日宫;三世如來,遠乘蓮座。於是天神執蓋,下接幽魂;地祈(祇)捧花,上乘(承)其足。破無明之固鼝,卷生死之昏雲;入智惠門,向菩提路。又將功德,次用莊嚴持爐至孝、内外親姻等:惟願三寶覆護,衆善資持;灾障不侵,功德圓滿云云。

### 十三、二月八日文

法王降誕,爲極(拯)生靈③;八相權宜,三身利樂。掩輪王之寶位,訪道幽巖;證最後之涅槃,誓居深谷。所以途(逾)城夜分④,得過(果)初晨(辰);留像法於人間,所(使)得通於塵劫。自示加維衛國,每習神蹤;浄飯王城,爭享勝業。今者岸柳未坼,邊雲尚寒;出連(蓮)葉如似再現閻浮,飛寶蓋而[疑]重遊天閣⑤。幡花臨路而前引,梵貝(唄)盈空而沸騰;鳴鍾皷而龍吟,奏笙歌而鳳儛。群寮並集,縉素咸臻;衆善既備兮無虧,[灾]禍畢除兮掃盡。總斯多善,莫限良緣,先用莊嚴梵釋四王、龍天八部[云云]。

### 十四、亡僧尼捨施文

夫三界並是虛幻,四大假合成軀;五陰念念相催,六職(識)刹那不住。縱使聖位小乘之

---

① "爲",據伯二九九一號之《臨壙追福》補。
② "緋紅",當作"飛空",據伯三二八二號之《臨壙文》"素蓋飛空,列凶儀於亘道"句例改。
③ "極",當作"拯",據斯六九八一號《二月八日文》改。
④ "途",當作"逾",據斯六九八一號《二月八日文》改。
⑤ "疑",據伯二六三一號之《二月八日文》補。

衆,尚有託患無常;況乎識漏凡夫,熟(孰)免長生之路？故知緣會即聚,緣散即離,逝風飄
[於]識浪;奔波業水(果)①,運四生之舶者矣。厥今坐(座)前施主捨施所申意者,奉爲某闍梨
自捨化已來,不知識神往生何路。謹將生前受用衣物,叩觸三尊;伏乞慈悲,希垂濟拔。惟某
闍梨乃美才碩德,釋衆高僧;談演則三教俱通,問疑則千人頓斷。將謂久留教内,作二衆之標
尊。何圖生死之至難邀,離會之緣斯畢。遂使神鍾無響,寶鐸摧音;二部無問道之門,真俗絶
法潤之澤。今者姻眷思之(諸)恩蔭,隳影滅形;難助灰魂,無過白業。無處控告,乾(虔)仗三
尊;伏乞慈悲,請申迴向。以斯捨施功德、迴向福因,先用莊嚴亡靈所生神道:惟願身騰六牙
之像(象),長遊兜率之宮;足踏千花,永棄閻浮之境;迥超沙界,高步金蓮;長辭五濁之中,願
出六天之外。或有宿生垢障、見世新薰,銜怨遇會之時,並願蒙斯福力,解怨捨結,霧散雲消。
世世生生,恒爲法眷。又持騰福,次用莊嚴施主即體[云云]。

### 十五、[亡僧尼捨施文]②

厥今廣邀四部,大闡福門;爐焚寶香,虔恭啓願,捨施依(衣)鉢者,有誰施作？時即有坐
前施主奉爲某闍梨自捨化已來,不知神識往生何逕,謹將生前受用寡尠,感觸三尊;伏乞慈
悲,希垂救拔。惟闍梨乃幼負殊能,長通幽秘;精閑《四分》,動(洞)曉《五篇》。開遮玄合於法
門,净亂雅扶(符)於實相③。清而能政(正),邇邇欽風;威而加嚴,大小咸敬。若是尼德,即云:雍
容淑質,天生稟清净之風;儼進威儀,體性温和柔之德。澄心静慮,泯萬鏡於空花;密護鵝珠,儼七枝於有部。理應留
(流)光萬傾(頃),作破闇之燈;沉影三河,斷迷津之境。豈謂拂塵世表,永昇功德之場;脱屣
勞(牢)籠,長居大乘之域。智燈分於泉涇,惠日掩於山門;氣序無容,掩(奄)從物化。至孝等
自云:門人茶毒,淚雙樹之悲;俗眷攀號,傷鶴林之痛。無處糺(求)告,投扠(仗)福門;薦(薦)
擢冥靈,無超白法。惟願以兹捨施功德、焚香念誦勝因,總用資薰亡靈所生魂路:惟願足踏紅
蓮出三界,逍遥獨出極樂香(鄉);安養世界覿彌陀,知足天宮遇彌勒。當當來代,還以(與)至
孝作菩提眷屬;莫若今生,愛别離苦。又特(持)勝福,次用莊嚴施主即體:惟願禄位日新,榮
班歲漸;作四海之舟檝,爲一人之股肱。門敍(緒)尯昌,嘉聲再(載)遠;靈柯茂葉,桂馥蘭芳。
然後功津日識(熾),通洽無恨(垠)。莫不並出蓋纏,俱登佛果。摩訶般若。

### 十六、亡姈文

夫生者有爲之始,想(相)續之義由(猶)存;滅者無常之中,變現之緣都盡。故聖人者,無
生而現生利物,無滅而視(示)滅同凡。則湛居妙海之中,高出真宗之祭(際)。利樂之道,不
可得而言之者矣！厥今敷月殿,儼(嚴)真場;爐焚六銖,厨營百味者,有施施作？時即有特

---

① "水",當作"果",據伯三六〇一號之《亡僧尼捨施文》改。
② "亡僧尼捨施文",據文義補。
③ "扶",當作"符",據文義改。

（持）爐至孝奉爲亡姥某七追念諸（之）福會也。惟亡姥乃堂堂美德，六郡英耆；播武藝以先鳴，應良家而入選；地靈天骨，雅量重依。當時銜敕命則不顧其軀，事家眷乃存忠盡孝。將謂長居人代，永掩宗枝。何圖否泰有期，風燈運促。但以藏舟易遠，蟾影難留；風燭一朝，慈顔萬古。居之（諸）遞射，時運不亭（停）；晷尅（刻）相摧（催），某七俄屆。至孝等自云：攀號荼毒，痛結五情；念泣凡延（几筵），悲纏六府。無處控告，惟福是憑；將拔幽靈，無過白業。故於是日，延請聖凡；就此家庭，奉資靈識。於是施羅百味，遠影於天厨；爐焚海岸之香，供列天厨之味。惟願以斯設齋功德、一一念誦勝因，總用資薰亡姥所生魂路：惟願坐蓮臺而居上品，乘般若而往西方；飡法味而會無生，超一乘而燈（登）彼岸。目覩諸佛，心悟無生；神遊五净之宮，逍遥六天之境。然後合家長幼，都宗清净之因；内外枝羅，並壽（受）無疆之益。先亡遠代，悉得上生；人以（與）非人，咸登覺道。摩訶般若。

## 十七、脱服文

夫色空不可以定質起，滅理而自相遷移。鐵圍之山，畢至（必致）於灰燼；金剛之際，棄（豈）免於埏蕪？唯我大覺世尊，運津梁於不死之地；真乘志（至）教，開解脱於無漏之林。至以（矣）難名，在於斯矣！厥今坐（座）前施主捧[爐]虔跪、設齋所申意者，奉爲亡姥大祥追福之嘉會也。惟亡姥乃天假神姿，智雄英傑；謀能尅獲，長策濟時；用武不下於田單，習文亦超於子貢。是姝即云：高門盛族，美等（德）精華；女軌常明，孤標獨秀。理應久居人代，育子謀孫。何圖業運難排，掩（奄）從風燭。至孝等攀號靡及，雖叩地而無追；欲報何階，昊上（天）罔極。但以四時遷易，俄屆大祥；律度星環，三周斯畢。意欲終身至孝，體制奈何？耻受吉衣，哀離凶服。今者空床頓遣，以止哭泣之聲；堂宇寂寥，永絶號[咷]之響。故於是日，以建齋延（筵），屈請聖凡，就此家庭，奉資靈識。於是開月殿，闢星宫；龍像（象）雲臻，鴛鸞霧集。建齋逾於善德，設供越於純陀；爐焚净土之香，饌列天廚之味。以斯設齋功德、迴向福因，盡[用]莊嚴亡靈所生魂路：惟願隨彌陀而生净土，逐彌勒而再會閻浮；聞政（正）法頓悟無生，遇諸佛同登妙果。又持勝福，次用莊嚴齋主即體：惟願菩提日長，功德時增；法水洗而罪垢除，福力資而壽命遠。然後一乘十力之有，普施福於含靈；八難六取（趣）之途，賴此同超彼岸云云。

## 十八、亡姑文

竊聞之（諸）行無常，死（四）流湮（因）而奔浪[1]；視（示）生滅法，六趣所以沉淪。嗟有命之難停，痛無常之易往。悲哉生死，曷可談言者哉！厥今宏敷寶地，梵響盈場；請鷄足之聖僧，邀六和之清衆；厨榮（營）百味，供饌七珍者，有誰施作？時即有持爐至孝奉爲亡姑某七追念之福會也。惟亡姑乃四德天資，稟柔和之雅則；六行神秀，含菀（婉）約之貞芳。宜家<sub>守標</sub>三備之

---

① “死”，當作“四”；“湮”，當作“因”，據斯五九二七號之《亡孩子文》“四流因而奔浪”改。

能,訓子善六條之妙。將謂長歡色養,永保遐齡。何圖業運難排,掩(奄)歸大野(夜)。至孝等自云:哀哀慈母,孕育劬勞;泣血終身,莫能尚(上)報。慈顔一去,不復觀瞻;五體摧傷,惟增硬咽。但以金烏西轉,玉兔束輪;初景驅馳,于臨某七。故於是日,延請聖凡,就此家庭,奉資靈識。於是庭羅寶坐,請三佛於十方;嚴辦珍羞,屈六和於五衆。無勞鶩子之念,甘饌自來;不假元伯之期,良朋並萃。香焚百和,花散四天;梵吐一音,響流三界。惟願以兹設齋功德、焚香念誦勝因,總用資薰亡妣所生神路:惟願入總持之惠苑,遊無漏之法林;證解脫之空門,到菩提之彼岸;汎智舟於法海,登般若之高山;離變易之無常,會真空之法界。又持是福,次用莊嚴齋主合門居眷、內外親姻等:惟願龍天擁護,常寧萬善之歡;八部增威,恒有千祥之慶。門榮五品,蔭不異於王親;室富積金,貯越銅雀之寶。

## 十九、難月文

夫玉毫騰相,超十地以孤遊;金色流輝,跨萬靈而獨出。權機妙用,拔朽宅之迷徒;感應遐通,道(導)昏城之或沼(惑侶)。歸依者,苦原必盡;迴向者,樂果斯深。大哉法王,名言所不側(測)者矣!厥今坐前施主捧爐虔跪、捨施啓願所申意者,奉爲某人患難諸(之)所建也。爲(惟)患者乃清貞淑順,婦禮善閑,智德孤明,母儀咸備。遂因往劫,福湊今生;感居女質之軀,難離負胎之患。今者旬將已滿,朔似環周;慮恐有傷毀之唆(煞),實懼值妖災之苦。故即虔心懇切,望三尊護持;割捨珍財,仰慈門而啓顙。伏聞三寶,是濟危拔苦之能人;大士弘悲,無願不從而惠化。以兹捨施功德、念誦焚香,總用莊嚴患者即體:惟願日臨月滿,願生奇異之神童;母子平安,定無憂嗟之苦厄。觀音灌頂,受(授)不死之神方;藥上捫摩,垂惠長生之味。母無痛惱,得晝夜之恒安;産子仙童,似被蓮而化現。又持勝善,伏用莊嚴持爐施主合門長幼等:惟願身而(如)松岳,命等蒼冥;靈折(哲)之智朗然,悟解之心日進。父則常居祿位,母則盛得(德)恒存;兄弟忠孝過人,姊妹永終貞潔。然[後]四生離苦,三有獲安;同發菩提,成政(正)覺道云云。

## 二十、[僧尼得度]①

夫聖德慈尊,降跡娑婆之界;顯金容於丈六,白豪(毫)相以騰暉。雪山敬(竟)八字之言②,龍宮闡三乘之教;談色塵而不著,假緣合而非無。度性海不測其淺深,採寶山巨(詎)知遠近?幽冥寂寞,無始無終;理絕百非,不生不滅。凡所陳請,夫何以嘉(加)?厥今霞(遐)開玉殿,[敷]備瓊宮③,藹金容以(與)日月爭暉,建幢幡以(與)祥雲競彩。四部會臻於蓮宇,官寮虔恭於三尊;請千世之大尊,邀摩梨之首座。經轉如來之教,玉軸還(環)周;爐焚龍寶之

---

① "僧尼得度",據"度僧尼於寶地"文義補。
② "敬",當作"竟",據伯二八五七號之《慶佛堂門樓文》改。
③ "敷",據此件之《轉經文》補。

香，俳佪靈駅。如斯廣會，誰之作焉？時則有我河西節度使太保先奉［爲］龍天八部，擁護敦煌；四天大王，盪除災孽。大唐聖主，永座（坐）蓬萊；十道争馳，誓心歸仗（依）。次爲太保己躬延壽，應山岳而永昌；公主夫人，寵榮禄而不竭；郎君、小娘子，受訓珪璋；内外枝羅，常承富樂。四方開泰，使人不失於前程；壠畝嘉禾，競昌（唱）《南風》雅韵諸（之）福會也。伏惟我太保五才神將，鎮一道之關河；七德兼明，匡六州之横俗。故得烽煙不舉，斥侯（堠）無虞。東作西城（成），萬户匪虧於農事；春生夏長，九功惟序於豐年。甲馬無征，塞下清晏。耕歌野老，咸康皷［腹］之歡①；牧竪樵人，共樂無爲之泰。加以崇重三寶，敬信居懷；每歲春秋，弘施兩會。更能降十方净土，隱影來瑞於衆中；小界聲聞，競湊雲奔於此供。真流修定，俗輩練心；合境虔恭，傾誠懇頼。遂乃樂音前引，鈴梵後從；幡花匼匝而盈場，梵吼（唄）鴻鳴而滿會。是時也，節當九夏，設香饌於金田；㘽（蝶）舞尋花，度僧尼於寶地。經開龍藏，玉軸再啓於銀函；廣捨珍財，望弘門而除殃殄沴。總斯多善、無疆勝因，先用奉資上界天仙、下方龍鬼：伏願威光盛運，千秋無蟲冷之災；夏順秋調，萬歲有豐盈之喜。當今帝主，定八方再就玉階。願照西陲，［馳］於奏（玉軸）雙由（輈）早至②。又持勝善，伏用莊嚴我太保貴位：伏願南山等壽，同王母之延齡；位極五侯，比麻姑之萬歲。東開鳳閣，作聖主之腹心；西定戎煙，鎮龍沙而永泰。又持勝福，次用莊嚴天公主貴位：伏願閨俄（娥）寶朗，常榮松柏之貞；夫人應祥，永貴琴瑟之美；朗君玉昆金季，負忠孝以臨人；小娘子姊妹清廉，保紅顔而轉茂；合宅親族，長承雨露之榮；内外宗枝，共讚明王之慶；農夫順序，家家不失於東皐；水治洪津，穀麥實同於堯載；四方清泰，奉使不阻於艱危；南北休征，誓結心如魚水。所有傷魂幽識，承此會速值西方；辜命負財，因捨施領兹福分；行香寮佐，各盡節於轅門；備供傾城，欽領十善，同心懇禱，然後河清海晏，不聞刁斗之聲；［四寇降階］③，［永絶煙塵之戰］。三災電滅，盡九横於邊隅；勵（癘）疫［消除］，［送飢荒於地户］。

---

① “腹”，據伯三七六五號背之《社邑文》補。
② “馳”，據文義補。“於奏”，當作“玉軸”，指車；“由”，當作“輈”。以上皆據文義改。
③ “四寇降階”，據斯三八二五號之《轉經文》補。下文所補同此出處。

# 斯六一七九號《持齋供佛捨施文》

　　此件爲實用齋文的抄件，首尾俱缺。其首的號頭缺失，其尾的迴向殘缺數字。其齋意及嘆德表明：知名高僧因爲不懈供佛、持齋修身而舉辦了累積功德的捨施慶揚齋會，故擬名此件爲《持齋供佛捨施文》。

（前缺）

　　供此日不違之所設也。伏惟和尚覺苑笙篁，空門杞梓。覽儒宗而備曉，諺釋典而窮研。而乃戒月孤高，若秋天之皎月；定香芬馥，如春月之禮香。莫不德重一州，名揚十寺；君侯倚注(柱)，內閣課持。每慮安危，常思得失。今身若不立願，他劫恐失善因，故於今晨(辰)，尅定齋供。香焚百味，饌烈(列)七珍。飯清衆於[席]中①，散普食於法[會]②。將斯勝福，奉[用莊]嚴③，先即資[薰]龍沙土地：保安[塞表]④，百姓康和。[大王]鴻基⑤，夫人仙[寵]⑥，長作一方之母父，[契福]萬戴(載)而堅牢⑦。[次用]莊嚴施主和尚[即體]⑧：[惟]願今生僧食，[天食]佛飡⑨；普等群[生]⑩，[受]無畏施⑪。如願[捨施]⑫，法輪洹(恒)行，次[及]過往⑬。大王國太[福感]⑭，承此福祐，[速]登淨天⑮。然及[法界]衆生⑯，一切種[智]⑰，受法喜飡，永出[迷津]⑱。

---

①　“席”，據文義補。
②　“會”，據文義補。
③　“用莊”，據文義補。
④　“薰”，據文義補。“塞表”，後一字殘筆畫似爲“表”，故據文義補爲“塞表”。
⑤　“大王”，據後文“大王國太”義補。
⑥　“寵”，據殘筆畫補。
⑦　“契福”，後一字殘筆畫似爲“福”，故據文義補爲“契福”。
⑧　“次用”“即體”，據文義及齋文常用句例補。
⑨　“天食”，據文義補。僧人持齋，過午不食。早晨爲天食，中午爲佛食，故此據文義補作“天食”。
⑩　“生”，據文義補。
⑪　“受”，據殘筆畫及“受無畏施”句例補。
⑫　“捨施”，殘筆畫剩“施”字右半邊，據文義補。
⑬　“及”，據文義補。
⑭　“福感”，據殘筆畫及“近故國泰夫人福感，速登佛果”句例補。
⑮　“速”，據文義補。
⑯　“法界”，據殘筆畫補。
⑰　“智”，據文義及“一切種智”句例補。
⑱　“迷津”，據文義、殘筆畫及“永出迷津”句例補。

# 斯六三一五號《齋文抄》

此件首尾皆缺，現存内容爲《祈雨文》《燈文》，係實用齋文的抄件，故此擬名爲《齋文抄》。

## 一、[祈雨文]①

（前缺）

□□□□□□□□□□□□□□。跡應三千之界，作四生之慈父。□□□□□□□□□□□□雨，控九龍而灑甘津。亘娑婆而敷惠，□□□□□□□。然今跪雙足、捧金爐、焚寶香、陳歆意者，其誰施之？時則有玄泉諸禮士等並共啓一心，各減家儲，就此靈龕，請佛延僧，設齋崇願意者。囑（屬）以朱明仲夏，曙氣炎空，百草無光，家家[田]苗樵凎。慮恐三春拰（枉）力，九秋不登，所以各摶私儲，崇兹嘉會。唯願大慈垂念，釋梵加威。難陁跋、難陁及娑竭羅龍王等，各願受佛付囑，不捨衆生，興運慈悲，救國[護人]。遂使須臾，四暝普遍音（陰）雲；瞬息駭雷，何恰一時之慈澤！故使山河重浪，原野敷榮；花發新條，草含翠葉。麥秀兩岐於萬頃，嘉禾合穗於千壇。稽首再賀於前恩，鼓腹歌謡於聖造，唯願莊施法雨，永蔭慈雲；甘露遍空，醍醐秀實。國富恒沙之土，農增九年之儲。咸賴時康，福慶遐遠。唯願以兹設齋種種功德，一一良緣，先用莊嚴釋梵四王、龍天八部：唯願降神足，運悲心，灑甘津，施雨澤。又持是福，莊嚴張女郎神、江神、海神、何（河）神等：唯願令（領）功德分，發歡喜心；運靈通，降神德，益河流之千渚，施甘澤以濟時。又持是福，莊嚴諸施主等：唯願佛護神護，所願遂心；亦使以一食施三寶，滅三毒以去三災，崇百味以供十方，解十纏而資十力。合家大小，并保休宜；遠近支親，[咸蒙吉慶]②。

## 二、燈文

夫神光破闇，寶燭除昏。諸佛爲之割身，菩薩爲之燃臂。遂使千燈普照，百焰俱明；狀若空裏之分星，似等天邊之布月。龍仙夜睹，浮影飛來；賢聖遥瞻，乘空降集。鐵圍山內，賴此燈明；黑闇獄中，蒙斯光照。是以二萬億佛，同號燃燈，三千定光，皆稱一字。時則有我沙州

---

① "祈雨文"，據文義補。
② "咸蒙吉慶"，據斯五五六一號之《尼患文》"家眷大小，並保休宜；遠近親羅，咸蒙吉慶"句例補。

節兒等年歲就此靈龕，訪千賢之勝跡，習萬代之神蹤，共建燈輪，續明供養。如上功德，無限勝因，先用奉資我當今贊［普］：［壽固南山］①，［福極］西陲②。心同諸佛之心，體若金剛之體。公卿將相，百佐群寮（後缺）

① "壽固南山"，據文義及伯三三七六號"令公固壽，同海岳而保西陲"句義補。
② "福極"，據文義及殘筆畫補。

# 斯六四一七號《諸文雜抄》

此件首缺尾全，抄寫金光寺僧人所用的齋文、唱道文、狀文等，出自眾人之手，在性質上屬諸文雜抄，故擬名此件爲《諸文雜抄》。清本只釋録其中的齋文部分。此件中的齋文目前有黃征釋録本，見黃征、吳偉編《敦煌願文集》，岳麓書社，一九九五年，第三〇七、三二九、四五四、四八〇、五二三、五四三、六三四、六三六、七〇三、七〇五、七三四、七五四～七六二、七八九～七九一頁。

## 一、[社邑文]①

夫法身疑（凝）寂，[非色相之可觀]②；[實相圓明]，[豈人天所]不惻（可測）。不生不滅，越三[界以居尊]；[非色非相]，[運六通而]自在。歸衣（依）者，無幽不[燭]；[迴向者]，[有感必通]。[所以]釋迦違（圍）遶，賢聖視之有[則]，[其唯佛也]，[至大矣哉]！厥今開像廓（閣），列珍（真）儀；爐焚海岸之香，[廚營純陀之]饌者，有殊（誰）施作？時則有社子某公奉爲三[長邑]義保願平安之福會也。爲（唯）合邑人等並是鄉閭貴勝，四海豪族；衣纓子孫，孝弟（悌）承家；宣陽合得（揚令德），博達古今，識亮（量）遠明。有（又）知身是幼（幻）化，達命爲空。若不崇斯福因，恐刹那將至。遂乃人人勵己，各各傾心；就此家廷（庭），廣崇檀（壇）會。是日也，幡花紛霏，珍施演溢；設香飯，焚寶香；延僧盡於凡聖，諸（請）佛遍滿虛空；就此家廷（庭），一朝供養。以此設齋轉經功德，先用莊嚴合邑人等：唯願悟衣中之無價，識額上之明珠；梵王殊（垂）福德之輪，帝釋下長年之算。又願福若輪王，貴而更貴。又持功德，[次用莊嚴]行香助供人等：十善俱備，百福莊嚴；有願尅從，無滅無應。然[後]竪通三界，傍括無崖；賴此勝因，俱登佛果。摩訶不（般）若，利樂無邊。大眾賢（虔）聖（誠），一切普誦。

貞明陸年庚辰歲二月十六日金光明寺僧戒榮裏白轉念

## 二、社邑文

夫法身凝寂，非色相之可觀；實相圓明，豈人天所惻不（可測）。不生不滅，越三界以居

---

① "社邑文"，據殘筆畫及文義補。
② "非色相之可觀"，據此件下一篇《社邑文》補。下同，不另注。

［尊］；非色非相，運六通而自在。歸衣（依）者，無幽不燭；迴向者，有感必通。所以釋迦［圍］邁，賢聖視之有則。其唯佛［也］，志（至）大矣哉！然今即席合邑人等每年三長設齋之所崇也。合邑人等並是鄉閭貴勝，四海豪族；衣纓子孫，孝悌承家；宣揚令德，博達古今，識亮（量）遠名（明）。又知身是幻［化］，達命爲空。若不崇斯福因，恐刹那將至。遂乃［人人勵］己，各各傾心；就此［家］廷（庭），廣崇［壇會］。［是日也］，幡花紛霏，珍施演溢；設香［飯］，［焚寶香］；［延僧盡］於凡聖，諸（請）佛遍滿虛空；就［此家庭］，［一心］供養。以此設齋轉念功德，先用莊嚴合邑人等：惟願悟衣中之無價，識額上之明珠；梵王垂福德之輪，帝釋下長年之算。又願福若輪王，貴而更貴。又持功德，［次用莊嚴］行香助供人等十善俱備，百福莊嚴；有願尅從，無滅（感）不應。然後豎通三界，傍括無崖；賴此勝因，俱登佛果。摩訶不（般）若，利樂無邊。　　　　　戒榮文［一］本。

### 三、印沙佛文

常聞三十三天，崇法社如（而）成勝報；五百王子，丞（承）［宿］業已（以）得同胎①。是諸（知）尋因尅果，向應相酬；至哉妙哉，可略言矣！厥今時即有義社之（諸）公等：故於年常上春之月，各各率心，脫塔印沙啓加（嘉）願者諸（之）福會也。惟合邑諸公等並是敦煌盛族，辯縱碧鷄；俱持文武之能，久丞（承）鄉曲之譽。結朋友而崇妙善，希求過（果）［以］見（建）勝因②。今生種來世之津，見身託當來之福。脫塔則迎新送故，印沙乃九橫離身。罪垢若輕雪而飛消，三業等秋霜如（而）解散。以兹少善功德，總用莊嚴三官、合邑諸公等：惟願三千垢累，沐法水以雲消；八萬塵勞，弗（拂）慈光如（而）永散。功德寶聚，念念慈（滋）繁；智惠（慧）善芽，運運曾（增）長。然後合家大小，俱崇清净之因；内外枝羅，並受無疆之福。摩訶般若，利樂無邊；時衆虔成（誠），一切普誦。　　　　　戒榮文一本。

### 四、臨壙文

無餘涅槃，金棺永寂；有爲生死，火宅恒然。但世界無常，曆（歷）二時而運轉；光音（陰）遷易，除四相以奔流。電光非（飛）而暫曜，等風燭以鵝（俄）消。然今亡靈壽盡今生，刑（形）隨物化；捨兹白日，奄就黄泉。至孝攀號擗勇（踊），五内分崩；戀墓（慕）慈顏，痛摧心髓。於是龍輀獻（軒）駕，送靈識於交（郊）荒；素闉（蓋）紛紅（飛空）③，列凶儀於亘道。存亡永隔，追念何依；悲叫號咷，哀聲滿路。於是擇勝地以安墳，選吉祥而至（置）墓。謹延請（清）衆，就［此］荒郊；奉爲亡靈臨曠（壙）追福。惟願碧池受氣，紅蓮化生。法水潤身，香風動識。於一念，傾（頃）悟百法明門；遊曆（歷）十方，奉事諸佛。又將功德，復用莊嚴持爐施主合門居眷、

---

① “宿”，據北敦一三五六〇號之《嘆佛》補。
② “過”，當作“果”；“見”，當作“建”，據北敦〇七八二四號背《印佛文》改。
③ “紛紅”，當作“飛空”，據伯三二八二號背之《臨壙文》改。

内外親姻等：惟願三寶覆護，衆善莊嚴；災鄣不侵，功德圓滿。摩訶般若，利樂無邊；大衆虔成（誠），一切普誦。　　　　　戒榮文一本。

## 五、願文

夫法身空寂，湛妙質依（於）靈山；聖主無生，應身形於法界。然則滅而不滅，四相之所莫遷；生所未生，八苦莫之能辦。唯我大師種覺，號爲常樂之原。解脱法身，清勝（昇）彼岸。力名堅固，身號金剛；具十力以降天魔，現六神而摧外道。大哉牟尼，難可詳矣！厥今具（跪）雙足、捧金爐、焚寶香、轉經捨施啓加（嘉）願者，有誰施焉？時則有坐（座）前信士，先奉爲龍天八部，擁護君（郡）國；次爲先亡父母，承（成）生净土；三爲施主己躬，合家保願平安之福會也。惟施主乃信珠皎潔，智水澄清；人（仁）義立身，終存悟（忠孝存）性①。〔悟〕浮泡之若患（幻），體杯（坏）質而非常；虔念三尊，每求多福。於是年年啓願，遮九橫如（而）常安；日日傾心，願三災如（而）〔永〕滅。然則積善匪懈，妙果懇求；既（舉）族康强，合門清吉；已（既）蒙佛慈悲，法力命（冥）加；拂花（華）宇如（而）列上延（筵），薰寶香以陳清供。唯願以資（兹）轉經捨施功德、焚香設齋勝因，總用莊嚴梵釋四王、龍天八部：伏願威光轉盛，福力彌增，興運慈悲，救民護國。又持勝福，次用莊嚴若爲先亡父母之者：惟願化生寶殿，遊歷金臺；不礫（歷）三塗，無經八難。捨閻浮之促壽，〔獲〕净土之長年；棄有漏之微軀，悟無生之樂果。當當來道（代），還共至孝等作菩提眷屬；莫若今生，愛別離苦。又將功德，伏用莊嚴家中所有病患之者：唯願藥王藥上，灑甘露以清漿；觀音妙音，施醍醐之妙藥。身病心病，即日消除；臥安覺安，起居輕利。若有難月之者：惟願靈同（童）啓胤，福子歸門；壯（狀）若空利（裏）之分星，一似披蓮如（而）用（涌）出。子無聲啼之響，母無痛腦（惱）之憂；母子平安，早得分難。若〔爲〕施主己躬、爲合家保願平安之者：惟願門來善瑞，宅納吉祥；天降其（奇）珍，地開伏藏。然後四方晏静，五稼豐登；災障不侵，功德圓滿。摩訶般若，利樂無邊。

## 六、亡考文

夫無常苦〔海〕②，〔六道〕同居；生死何（河）深，四生共受。縱使高燈（登）十地，未免起（去）流（留）；壽（受）絶空禪，亦隨生滅。然今施主蹦跪俸（捧）鑪、設齋所申意者，奉爲亡考亦云亡妣遠晨（辰）追念之福會也。惟亡考乃英譽早聞，芳猶（猷）素遠；人倫令（領）〔袖〕，鄉吕具霑（閭俱瞻）。若是亡妣：母儀騰秀，珪（閨）訓流方（芳）；四德生之（知），六行云（出）於天利（理）。將〔謂〕久居人也（世），永蔭家亭（庭）。何圖業運難排，奄從風燭。至孝等自云：孝成（誠）無敢（感），早禹（隔）慈顏；攀風樹而不亭（停），望寒泉而永慕。縱使贏刑（形）碎體，未益〔幽〕魂；泣血終身，

---

① "終存悟性"，當作"忠孝存性"，據伯三三六二號之《願》改。下文同。
② "苦"，據斯一四四一號背之《亡父母文》補。下文同。

莫能上報。故於是日，就此家亭（庭），延屈聖凡，奉爲亡靈設齋追福。於是清弟（第）宅，列真儀，爐焚海岸之香，供列天厨之撰（饌）。惟願已（以）兹設齋功德、迴向勝因，盡用莊嚴亡考妣所生魂路：惟願化生寶殿，遊曆（歷）金臺；不曆（歷）三塗，無經八難。捨閻浮之足（促）壽，獲浄土之長年；棄有陋（漏）之微軀，悟無生之樂果。有（又）持勝福，次用莊嚴施主即體：惟願命同金石，體固筠雲；萬歲千秋，英雄莫絶。家饒七寶，門離五衰；珪玉轉芳，於官習慶。摩訶般若，利樂無邊；大衆虔成（誠），一切普誦。　　　　　　戒榮文一本。

## 七、[置傘文]①

大覺弘悲，多門吸引；能仁演教，感應隨機。皆稱解脱之功，莫非能際（濟）者也。今囑（屬）三春令月，四序初晨（辰）；延百福以竪勝幢，珍千殊而精（旌）白傘②。將奉保休家國，載育黎元；四方無衰變之憂，郡睦（牧）有康寧之慶。總斯多善，莫限良緣，先用莊嚴梵釋四王、龍天八部：伏願威光熾盛，福力彌增，興運慈悲，救人護國。又持勝福，復用莊嚴我當今皇帝貴位：伏願永安宇宙，舜日恒清；四海共納於一家，十道咸歡無二域。有（又）持勝福，次用莊嚴我河西節度使太保貴位：伏願南山作壽，北極標尊；常爲菩薩之人王，永應如來之付囑。又持勝福，復用莊嚴管内釋門二都僧統和尚貴位：伏願敷揚政述，鎮遏玄門；色力堅於丘山，惠命俞（逾）於退却（劫）。又持勝福，次用莊嚴曹常侍及張衙推貴位：伏願左（佐）天利物，助聖安邊；福將山岳以齊高，壽等海泉而深遠。都僧政（正）、都僧録諸僧政（正）法律等：伏願駕三車而利物，嚴六度以莊懷。使法門無衰變之憂，釋衆保康災（哉）之樂。又持勝福，次用壯（莊）嚴董別駕已下諸官寮等：伏願奇才出衆，武藝超倫；俱懷恤勿（物）之能，助我太保之化。然後三邊晏静，人歌永泰之祥；四寇休征，共賀興寧之慶。災隨舊歲，霧散雲飛；福建新春，百萌齊湊。

## 八、[燃燈文]③

竊聞惠鏡陽（揚）輝，朗三明者智炬；勝場流（疏）濁④，摧八難者法輪。於是廣照慈[光]，諒無幽[而]不燭；遐開妙軌，實有感而斯通。故使巨夜遷朝，返迷津而悟道；重昏再曉，馳覺路以歸真。赫亦（矣）難明（名），傾哉罕惻（測）者也。厥今時則有我府主太寶（保）乃今於新春上律，肇啓加（嘉）晨（辰）；建浄輪於寶方（坊），然惠登（慧燈）於金地者，有誰施焉？時則有我太寶（保）先奉爲國安仁（人）泰，刀兵不興；次爲己躬寶壽延祥、合宅吉慶之福會也。伏惟我府主太寶（保）乃負天資之貌，含江海之鴻才；備日角之威，納乾坤之美德。懷風雲之神操，

①　“置傘文”，《敦煌願文集》據文義補。
②　“精”，當作“旌”，據伯二八五四號之《竪幢傘文》改。
③　“燃燈文”，《敦煌願文集》據文義補。
④　“流”，當作“疏”，據斯五六三八號之《燃燈文》改。

怗静六戎;抱文武之雄謀,兼精三略。故得南番順化,垂肬跪膝而來降;北狄歸心,披帶拜舞而伏款。東開雜驛,朝恩頻賜而寵榮;西虀崑崙,戎王圖真而頂謁。何(河)隍(湟)善治,黄霸將比今時;墾塞會昌,龔遂復同此日。加以虔恭至覺,披訴能仁;每歲年初,然登(燈)啓願。其燈乃神燈破闇,寶燭除晘;諸佛爲之剡身,菩薩上(尚)自然臂。遂使千登(燈)普照,百焰俱明;賢聖遥貼(瞻),隨登(燈)光而競集。鐵圍山内,賴此光明;黑闇獄中,蒙斯光照。是以二萬億佛,同號然燈;三千定光,皆同一子(字)。我府主放(訪)千賢之聖跡,謀萬代之金輪;共建燈輪,續相供養。總斯多善,莫限良緣,先用莊嚴梵釋四王、龍天八部:伏願威光熾盛,福力彌增,興運慈悲,救人護國。遂使年消九横,國有萬喜之歡;月殄三災,境納千祥之慶。又持勝善,復用莊嚴使主太實(保)貴位:伏願敷弘至道,濟育蒼生;保(寶)位以(與)乾坤(象)而不傾,遐壽以(與)坤儀而不易。天公主以(與)夫人保壽,而(如)滄海而無傾移;郎君小娘[子]延長,等江淮而不竭。又持勝善,盡用莊嚴執爐内臣、中丞、都頭等:奇才出衆,武藝超倫;俱懷恤勿(物)之能,助我太保之化。然後陰陽順序,日月貞明;五稼豐登,萬仁(人)安樂。

## 九、[臨壙文]①

蓋聞無餘涅槃,金棺永寂;有爲生死,火宅恒然。但世界無常,曆(歷)二時如(而)運轉;光陰遷易,馳四想(相)以奔流。電光飛而蹔耀,等風燭以俄消。然今亡靈壽盡今生,形隨勿(物)化;捨資(兹)白日,掩(奄)就黄泉;體逐時遷,魂隨幽壤。遂乃攀號僻(擗)踊,五内分崩,戀慕慈顔,痛惟心髓。於是龍輀軒駕,送靈識於荒郊;素蓋緋紅(飛空),烈(列)凶儀於亘道。存安(亡)永隔,追念何依;悲叫號咷,哀聲滿路。遂以(乃)卜勝地以安墳,選吉晨(辰)而置墓。謹延請(清)衆,就此家庭,奉爲亡靈臨曠(壙)追福。惟願以斯捨施功德、迴向念誦勝因,盡用莊嚴亡靈所生魂路:惟願八大菩薩,遥降日宫;三世如來,遠乘蓮坐。於是天神執蓋,下接幽魂;地祈(祇)捧花,上乘(承)其足。破無明之固縠,卷生死之晻雲;入智惠門,向菩提路。又將功德,次用莊嚴持爐至孝、内外姻親等:惟願三寶覆護,衆善資持;災障不侵,功德圓滿。摩訶般若,利樂無邊;大衆虔誠,一切普誦。

## 十、亡僧

竊聞諸行無常,四流因如(而)奔浪;是(示)生滅法,六趣所以沉淪。嗟有命之難停,痛無常之易往。悲哉生死,曷可談言者哉! 厥今敷彰錯綵②、邀請聖凡、鑪燒六銖、資(湌)湌(資)百味者,爲誰施焉? 時則有坐前至孝哀子奉爲亡闍梨終七追念之福會也。惟闍梨乃幼負殊能,長通幽秘;精閑四分,洞曉五篇。開遮玄合於法門,净亂雅扶(符)於實想(相)。清而能政

---

① "臨壙文",《敦煌願文集》據文義補。
② "錯綵",原作"綵錯",據文義乙正。

（正），遠近欽風；威而更嚴，大小咸敬。理膺（應）流光萬傾（頃），作破闇之燈；沉影三河，斷迷津之逕。豈謂佛（拂）塵世表，永昇功德之場；脫履煩籠，長居大乘之城。智燈分於泉徑，惠日闇於山門；四序遄流，終祥俄届。至孝門人等自云：門人荼毒，<sup>涕</sup><sup>垂</sup>雙［樹］之悲；俗眷攀號，傷鶴林之痛。故於是日，就此家庭，延屈聖凡，鷹（薦）資神識。於是庭羅百味，遠［皎］影於天厨；爐焚六銖，近分（芬）芳於錦席。惟願已（以）資（兹）設齋轉念功德、焚香福因，總用資薰亡靈所生魂路：惟願坐蓮臺而居上品，丞（承）般若而往西方，飡法喜已（以）會無生，超一乘而登彼岸。目覩諸佛，心悟無生；神遊五淨之宮，遨遥（遊）六天之境。又持勝善，次用莊嚴執盧（爐）［施］主及營供合門親眷等：惟願從福至福，永超生死之源；從明入明，常啓菩提之路。然後上通有頂，傍括十方；賴斯福因，齊霑覺路。摩訶般若。

### 十一、亡僧

厥今宏敷月殿，廣召緇倫；梵響盈場，箏歌滿會；爐焚百藥，供列七珍；長幼虔恭，捧爐啓願者，有誰施作？時則有至孝奉爲闍梨終七追念之福會也。惟故闍梨乃幼負殊能，長通幽秘；精閑四分，洞曉五篇。開遮玄合於法門，净禮（亂）雅扶（符）於實相①。清而能政（正），遠近欽風；威而更嚴，大小咸敬。理應流光萬傾（頃），作破暗之燈；沉影三河，斷迷津之逕。豈謂拂塵世表，永昇功德之場；脫屍煩籠，長居大乘之城。志（智）燈分於泉逕，惠日暗於山門；四序遄流，終祥俄届。至孝等門人荼毒，涕雙垂（樹）之悲；俗眷攀號，傷鶴林之痛。故於是日<sup>云云</sup>。

### 十二、亡尼

竊聞功成妙智、道登（證）緣覺者，佛也；玄理幽寂、至教精淳者，法也；禁戒守真、威儀出俗者，僧也。故號三寶，爲世間［之］依（醫）［王］②，是六趣之舟楫矣！厥今敷彰錯彩③，邀請聖凡<sup>云云</sup>。惟闍梨乃素聞清節，操志靈謀；六親仰仁惠之風，九族賴温和之德。加以違榮出俗，德（得）愛道之芳蹤；奉戒飡禪，繼蓮花之軌躅。豈謂風摧道樹，月暗禪堂；掩（奄）然遊魂，遽與（矣）長別。但以金烏西轉，玉兔東移；時運不停，俄經百日。至孝等自云：禍愆靈祐，曡隔慈襟；俯寒泉以窮哀，踐霜露而增感。色養之禮，攀拱木而無追；顧腹之恩，儜禪林而契福。無處控告，唯福是憑，薦拔亡靈，無過白業。於是幡花匝地，梵響陵天，諸佛遍滿虚空，延僧盡於凡聖。爐焚海岸，供獻天厨；施設精誠，聊資少善<sup>云云</sup>。

### 十三、亡考

演慶昌源，延暉秀岳；風標邃遠，器宇清高。奉公輸戰勝之能，不失田單之操；處衆多德，

---

①　“禮”，當作“亂”，據此件上篇、斯五九五七、伯三六〇一號改。“扶”，當作“符”，據文義改。

②　“王”，據文義補。

③　“錯彩”，原作“彩錯”，據文義乙正。

學及西河;於家譽孝弟(悌)之名,寔有感筍之業。將謂久留仁(人)世,永覆宗枝。何圖云云。但以業風動性,水有逝流;影電驅馳,于臨某七云云。珍羞霞錯,羅百味而參差;玉饌星繁,間八珍而雜沓。還疑香積之國,猶如歡喜之園云云。

## 十四、僧患

厥今廣延二部,開闡真乘;大會緇倫,香烟滿席;持爐啓願,捨施衣鉢者云云。患闍梨乃戒珠內淨,定水外清;玄談不二之門,善説二乘之教。可謂業風動性,水有逝流;雲露之軀,俄然變滅。患闍梨自云:生居末法,位處凡流;煩惱海深,無明雲厚。心猨不繫,騰五欲林;意馬無羈,縱六塵境。望對清衆,露膽披肝;幽顯聖凡,證盟護念。從生死際,至苦惱形;繫惡業繩,處塵勞獄。或因利名,起嫉妬心;或處人天,妄生貪患。覺(角)静競起,有欲無猒;色心俱迷,多虧少護。內懷腐敗,外現端嚴;或用三寶資財,或侵四方僧物。違背聖道,憎嫉善人;懷(壞)淨信心,汙伽藍地。如斯等罪自殄,教他今日今時,願皆消滅。所有負財負命,領受功德;解怨捨結,發歡喜心;放免患僧,還復如舊云云。藥王藥上,受(授)與神方;觀音妙音,施其妙藥。醍醐灌頂,萬福雲臻;智惠(慧)善芽,運運增[長];心病云云。

## 十五、僧亡

宏開寶殿,廣竪良緣;梵響盈場;香烟滿會者云[云]。奉爲某闍梨自掩逝己來,不知靈識往生何界。謹將生前受用寡尠,投仗福門。伏願慈悲、希垂濟拔之福會也。惟僧乃神慮淵深,星珠比映;禪池共清泉共潔,戒珠將皎月同圓;道德精於桑門,美聲振於流俗。理應長然惠燭,永茂慈林;成四果之勝因,修六行之軌躅。詎謂云云。峻貌無停,掩(奄)從物化。至孝昆季等痛鶺鴒而摧羽,對咎(舊)迹以纏哀;悲骨肉之同胞,恨法泉而枯竭。無處控告,唯投福門;將拔幽靈,莫過白法云云。

## 十六、[亡男百日齋]①

蓋聞浮華不久,類[秋]花落於芳園②;夢世凋殘,似春林變乎枯謝。況生因福善,果感百年;滅自終身,魂昄永夜。由是霞光曜彩,顯渺無垠;倏忽去留,因緣有盡。今古若此,誰能免斯? 唯佛世尊,卑(俾)超生死者也。厥今悲含千聖,抱泣三尊;焚一瓣之旃檀,邀四衣(依)之真侶,從良捨施啓嘉願者,有誰施作? 時則有我國母天公主奉爲故男尚書諸郎君百日追念之福會也。伏惟故尚書天資惠氣,岳降英靈;懷濟物之深仁,蘊調元之盛業。故得分符千里,建

---

① "亡男百日齋",據文義補。《敦煌願文集》補作"故男尚書諸郎君百日追念文"。按:此篇《百日齋》有兩段都尾,一段以兄弟身份,一段以母親身份。在兩段都尾之間有錯簡《從良》一篇。

② "秋",《敦煌願文集》據文義補。

節百域；常彰龔遂之風，戶歎吳忠（仲）之化①。長史乃文星曜彩，豹變資神。司馬書劍全才，英猷獨步。諸郎君［堅］釖（靭）拔皆（階）②，［文］含夢錦之能③；雅量超倫，武備由基之略。理應棣萼相映，玉樹蓮（連）芳。何圖一日千秋，查（刹）然冥寞。所恨孔懷志重，天輪俄逝於重泉；同氣情深，手足頓傾於厚夜。潺溪淥（綠）水，幽澄增涕泗之悲；蒼萃（翠）青松，蕭颼助淒涼之韻。日馳月駛，渺遙冥露（路）之人；福往資來，大展馨香之會。致使國母悲深喪目，庭虧問禮之蹤；痛切肝腸，堂絕獻甘之跡。空遺書釖，有苗不實。芳蘭更想形儀，泣斷趨庭之誨。陽升陰謝，昧去明來；齋局頻頻，俄臨百日。其從男云［云］。於是得湌梵運（韻），供備香湌；命真子於鹿園，構純陀於鷲嶺。

## 十七、［從良］④

其從良乃比詮有德，乳哺代親；奉孝尊堂，並無愆過。念慈（此）仁孝，有彼成生。伷（驟）放從良，庶無拘鉤（錄）⑤。願使人天等秀，貴賤齊同；斷怨［懟］之根幾（機）⑥，厥（結）菩提之［花］萼⑦。

## 十八、轉經文

竊以法蠡常寂，振百億而無聲；惠炬恒然，光大千而不焰。故有圓珠半珠之志（旨），隨行月而虧孕（盈）；貫花散花之談，轉祥風以開合。故乃掩曜摩竭，用啓息言之津；杜口毗耶，以通德（得）意之路。既而三邪返徹，稅真假（駕）於四衢；八倒還原，義（艤）人（仁）航於六度。故使乘坯（杯）羽客，憑覺海而問津；控鶴玄門，仰慈雲而訪道。壯哉二諦，難得逾（揄）揚者矣！厥今坐（座）前施主轉念迴向所申意者，奉爲某［公］諸（之）事福會也。惟公乃風蘭播腹（馥），月桂踈方（舒芳）；行葉（業）先敷，意花早合。四弘契相，十地冥懷；敬陳莫大之延（筵），式詠能仁之教。若乃金經電擊，四諦之理將終；玉牒雲披，五時之教斯極。掩銀鈎於月殿，覇（罷）玉軸於西珠（星宮）；幡花卷而彩紅（虹）飛，寶蓋低而寒風（鳳）隱。魚山梵淨，梁塵故飛；虹海香亭，院煙猶馥。七眾聚而還散，八藏虧而復孕（盈）；甘露恒清，祥風永扇。以斯轉經功德、迴向福因，總用莊嚴施主即體：惟願官班日進，方延五鼎之尊；峻洽時遷，坐列萬種（鍾）之樂。子孫昌盛，眷屬芬芳；花萼長扶，閨闈茂盛。然後合宅長幼，並休清貞；過往灰魂，咸登覺路。

---

① "忠"，當作"仲"，據文義改。按：吳仲即仲雍。
② "堅"，據文義補。
③ "文"，據文義補。
④ "從良"，據北大敦一九二號之《從良》補。按：此係寫手因錯行而將《從良》衍入《百日齋》中，茲據北大敦一九二號之《從良》以錄正。
⑤ "鈎"，當作"錄"，據北大敦一九二號之《從良》改。
⑥ "懟"，據北大敦一九二號之《從良》補。
⑦ "厥"，當作"結"。"花"，據北大敦一九二號之《從良》補。

# 羽七四九號《臨曠文》

此件首尾俱全，首題《臨曠文》。

我佛化身，於王宮生；雙樹示滅，見此［靈］相①，令群類猒往死矣。今至孝泣血捧爐，［痛］楚骨髓②。天雖大，比父之恩尚小；地雖廣，預（喻）母之慈不周。山重海深，亦不足類父母恩愛矣。遂瞻山崗，擇吉地，列封樹，鑿函局。三才既圓，四神具備，宅兆已就，而安措之。至於泉門，擗踊無算。望慈顔之何日，閉窀穸而有晨（辰）。摧裂肝心，五情崩潰。遂延屈緇侶，爐焚名香，念佛念僧，用資神道，惟願魂遊淨國，託蔭花臺，聞無量法音，見恒沙諸佛，獲大圓智，得智慧心，永離閻浮愛別離，一人表白，獲將力微，大衆虔誠，普爲念誦。

---

① "靈"，據文義補。
② "痛"，據文義補。

# 羽七五〇號《入宅文》

此件首尾俱全,底部中間四行有殘缺,首題《入宅文》。

粤我止(至)尊,身如淨瑠璃,妙色無瑕穢。度人如稠林而不見度者,此是如來廣大圓滿大悲心。敬陳齋意[者],爲修造此宅,近日遷居,設齋慶落矣。凡移居修造,孕觸陰陽。吉年未來,借日修造,逆黃順黑,慮有相妨;恐起土不安,筑墙不便,或犯月建,或沖日遊。如斯辜愆,與造□□,恐成災變,遂歸佛法,匡建道場,□□□□□□□,焚名香,清灑低(第),敷牀坐,屈緇黃,求□□□□□報。願一居以後,門興人貴,百子千孫,福禄□□。□□□□□□接軌,素綏排扉。千殃自銷,□□輻湊。擊鐘鼎,赫哉盛哉,復以[此]福,傍括無邊,上通有頂,凡厥形類,廣霑勝因,清衆齊心,普爲念誦。

# 中國書店〇七〇號《行人文》

此件首尾俱全,首題《行人文》,《齋琬文·報行道第六》中稱爲《被使》。

## 行人文

蓋聞佛身有卅[二]相①,八十好以隨形。巍巍乎金山,蕩蕩乎明月!假令智周塵界,心普恒沙;贊揚法身,難窮真景。今齋主敬爲某之遠行<sup>如行迴,即是行迴</sup>設齋,[如]斯妙供②,爲以<sup>行迴</sup>即云"頃因"王事。遠介殊方,劾以丹誠。馨輸臣節,鴻名未著<sup>行迴言"鴻[名]以(已)著"</sup>③。久處轅門<sup>若迴,無官即云"命駕還鄉",若得官[則]"錦服還鄉"</sup>。託以勝因,廣爲大會。清浄弟(第)宅,弘立齋延(筵),邀屈沙門,呼迎親侶,焚香作祀,興集福田。惟某公獨聳芳條,孤貞擢干;將法雨以洗枝葉,用惠風以開静花。罪垢頓除,福田增益。寔惟親懿,俱會良緣。六道蒼生,恒離苦網。一人表賀,實謂力微;信男信女,施一切普誦。

---

① "二",據文義補。
② "如",據文義補。
③ "名",據文義補。

# 後　　記

　　"篆字盤内,牛香印而五色雲飛;蓮花盛中,魚燈爇而千道光發。""珍蔬美饌,異果名香。"初讀敦煌齋文時,其中的道場描述就深深地吸引了我,焚香、魚燈、美饌、梵響、陳願所凝成的齋會畫面自此鐫刻在腦海中。此後每當歲時節慶、親友生日、學生畢業,"香煙吐翠而庭際雲舒"的陳願畫面就浮現於腦際,於是興起了進一步研讀齋文的想法。

　　非常感謝山東師大歷史文化學院!在我服務滿五年時,學院給了我兩年的脱産訪學時間。通過郝春文師的引薦,得以到蘭州大學敦煌學研究所隨鄭炳林師研讀敦煌文獻,齋文成爲這二年敦煌文獻研讀的重點。衷心感謝兩位老師的悉心指導!

　　在蘭州生活期間,結識了網友"敦煌之子"。這位長者網友爲我詳細解説了二十世紀敦煌地區生産隊時期的農作流程、生産工具、作物種類以及諸多農作安排的具體緣由,爲我介紹了敦煌的諸種美食和人文習俗。老人豐富的生活經歷,使我更加深刻地理解了齋文應用的地域文化背景,無比感謝這位長者網友!

　　除去"嘆佛號頭"外,優美的齋文文本帶來昔日敦煌人民美好的生活情懷。限於經費的原因,未能將所有釋録的齋文清本儘數收録,現有的經費只能勉强做到將正文所引用過的齋文清本收録。

　　敦煌齋會文獻除本身的文獻價值外,留給我們的歷史遺産有二:一是齋會作爲歷史時期"廚營百味"的飲食盛筵,其遺留給我們的成果是區域飲食風格以及以"石香""藥食"爲核心的健康飲食理念,健康的身體是所有生命愉悦歷程的根基。二是齋會作爲歷史時期"梵響遐傳"的文化盛筵,其通過齋文誦念在社區以"賢""善"爲核心價值觀的正能量宣傳,對敦煌地區"坊巷禮傳於孝義"風俗的形成有著不可磨滅的歷史貢獻,古人社區文化建設的方式值得我們今天借鑑。

　　齋文頌揚敦煌是"禮樂資身"的禮儀之鄉,是"珍饌飲食"的美食之鄉,信然!

周尚兵

二〇二三年三月三〇日

於山東師范大學長清湖校區常春藤寓所

**圖書在版編目(CIP)數據**

敦煌寫本齋文所見敦煌民衆的精神世界與日常生活 /
周尚兵著. —上海：上海古籍出版社，2024.3
ISBN 978-7-5732-1025-8

Ⅰ.①敦⋯　Ⅱ.①周⋯　Ⅲ.①敦煌(歷史地名)－社會
生活－研究　Ⅳ.①K928.6

中國國家版本館 CIP 數據核字(2024)第 048834 號

**敦煌寫本齋文所見敦煌民衆的精神世界與日常生活**

周尚兵　著

上海古籍出版社出版發行

（上海市閔行區號景路 159 弄 1-5 號 A 座 5F　郵政編碼 201101）

（1）網址：www.guji.com.cn

（2）E-mail：guji1@guji.com.cn

（3）易文網網址：www.ewen.co

上海惠敦印務科技有限公司印刷

開本 787×1092　1/16　印張 43.25　插頁 3　字數 891,000

2024 年 3 月第 1 版　2024 年 3 月第 1 次印刷

ISBN 978-7-5732-1025-8

B·1374　定價：198.00 元

如有質量問題，請與承印公司聯繫